스펄전 설교전집 35

# 요한계시록

KB192664

스펄전 설교전집 35

The Treasury of the Bible

# 스펄전 설교전집
# 요한계시록

역자 김원주

CH북스
크리스천
다이제스트

# 차례

■　요　한　계　시　록

요 한 계 시 록

제

1

장

—

# 요한의 첫 번째 송영

—

"우리를 사랑하사 그의 피로 우리 죄에서 우리를 해방하시
고 그의 아버지 하나님을 위하여 우리를 나라와 제사장으로
삼으신 그에게 영광과 능력이 세세토록 있기를 원하노라 아
멘." ─ 계 1:5-6

요한은 가슴이 벅차서 기쁜 찬송을 드리지 않을 수 없게 되자 일곱 교회에
전하는 메시지를 곧바로 시작할 수가 없었습니다. 그 메시지를 주신 분의 이름
을 대고, 그분이 어떤 분인지 말하기가 좀처럼 쉽지 않았습니다. 주 예수의 이름,
곧 "충성된 증인, 죽은 자들 가운데에서 먼저 나신 자, 땅의 임금들의 머리"라는
이름을 언급하자마자 마음이 뜨겁게 타올랐습니다. 요한은 성령께서 불러주신
것이라 할지라도 그냥 차분히 앉아서 쓸 수가 없었습니다. 일어서지 않을 수 없
었고, 무릎을 꿇고 주 예수님을 찬미하며 경배하지 않을 수 없었습니다. 본문의
말씀은 커다란 경건의 간헐천에서 갑작스럽게 물줄기가 위로 뿜어져 나오는 것
과 같습니다. 요한의 영은 한동안 잠잠히 있었습니다. 그러다가 예수님께 대한
그의 사랑이 갑자기 분수처럼 쏟아져 아주 높게 솟아올라 수정 같은 사랑의 물
줄기가 반짝이며 하늘을 수놓는 것처럼 보입니다. 본문의 말씀을 읽을 때, 조수
(潮水)가 점점 차오르는 것처럼 사랑의 감정이 점점 더 충만해지는 것을 보기 바
랍니다. "우리를 사랑하사 그의 피로 우리 죄에서 우리를 해방하시고 그의 아버
지 하나님을 위하여 우리를 나라와 제사장으로 삼으신 그에게 영광과 능력이 세
세토록 있기를 원하노라 아멘."

예기치 않은 때 이같이 강하게 애정을 표출하는 점에 있어서는, 다른 사도들도 요한과 마찬가지입니다. 사도들은 거룩한 주님에 대한 사랑이 아주 강렬하여서 주님의 발소리만 들어도 맥박이 빨리 뛰기 시작했고, 주님의 목소리라도 들으면 넋이 다 나갈 지경이었습니다. 사도들은 자기가 몸 안에 있는지 몸 밖에 있는지 모르는 가운데, 구주의 이름을 찬미하지 않을 수 없었습니다. 그래서 무슨 일을 하고 있든지 간에, 사도들은 하던 일을 당장 멈추고 주 예수님께 경배와 송영을 드려 분명하게 경의를 표할 수밖에 없었습니다. "우리 가운데서 역사하시는 능력대로 우리가 구하거나 생각하는 모든 것에 더 넘치도록 능히 하실 이에게 교회 안에서와 그리스도 예수 안에서 영광이 대대로 영원무궁하기를 원하노라 아멘"(엡 3:2,21). 또 사도는 이같이 말했습니다. "영원하신 왕 곧 썩지 아니하고 보이지 아니하고 홀로 하나이신 하나님께 존귀와 영광이 영원무궁하도록 있을지어다 아멘"(딤전 1:17). 이 점은 사도 유다도 마찬가지입니다. 유다는 이렇게 말합니다. "능히 너희를 보호하사 거침이 없게 하시고 너희로 그 영광 앞에 흠이 없이 기쁨으로 서게 하실 이 곧 우리 구주 홀로 하나이신 하나님께 우리 주 예수 그리스도로 말미암아 영광과 위엄과 권력과 권세가 영원 전부터 이제와 영원토록 있을지어다 아멘"(유 1:24,25). 사도들의 마음은 찬양이 가득 차고 넘쳤습니다.

이 점을 생각할 때, 우리에게 "항상 기뻐하라"(살전 5:16), "여호와를 항상 송축하라"(시 34:1), "쉬지 말고 기도하라"(살전 5:17)고 명령하는 말씀의 뜻을 이해할 수 있을 것 같습니다. 이렇게 말한다고 해서, 우리가 언제나 경건의 활동을 하고 있어야 한다는 뜻은 아닙니다. 그렇게 하기로 하면 우리는 다른 의무들을 소홀히 할 수밖에 없을 것이기 때문입니다. 우리에게 "쉬지 말고 기도하라"고 명령하는 사도는, 기도 외에도 다른 중요한 많은 일들을 하라고 하였습니다. 그러므로 우리가 골방에 들어가 문을 걸어 잠그고 계속해서 무릎 꿇고 기도만 한다면, 아주 크게 잘못하는 것입니다. 생활에는 다른 의무들이 있고 반드시 해야 할 일들이 있습니다. 그리고 그런 일들을 하는 가운데서 하나님께 지극히 참된 예배를 드릴 수 있습니다. 기도하는데 온통 시간을 쓰기 위해, 부름받은 일상적인 일을 하기를 그치는 것은, 다른 많은 의무들은 희생한 채 한 가지 의무만을 하나님께 바치려는 것입니다. 그러나 우리의 마음이 기회가 생길 때마다 즉각적으로 기도하고 찬양할 수 있는 상태에 언제나 있게 된다면, "쉬지 않고 기도할" 수가 있습니다. 그런데 우리가 어느 때든지 기도하고 찬양할 준비가 되어 있다면, 즉 때를 얻든지 못 얻든지 상관없이 어느 때든지 즉시 경배하고 기도할 수 있게 된다면, 그것이 훨씬 더 나은 일입니다. 우리가 언제든지 기류를 타고 높이 날아 오르지는 못할지라도, 새처럼 기회가 오면 즉시 날 수 있습니다. 즉 언제나 바람 을 타지는 못할지라도, 날개가 있다면 하늘로 날아오를 수 있습니다. 우리 마음 은 언제든지 불을 붙일 수 있는 봉화와 같아야 합니다. 엘리자베스 여왕 시절에 적의 침입이 예상되었을 때, 몇몇 산꼭대기에 나무와 타기 쉬운 재료들 더미가 항상 준비되어 있었습니다. 그리고 파수꾼들이 곁에 서서, 적의 배들이 먼 바다 에 나타났다는 표시가 보이면 즉시 장작더미에 불을 붙일 준비를 하고 있었습니 다. 모든 것이 준비되어 있었습니다. 장작더미에는 젖은 나무를 쓰지 않았습니 다. 일이 닥쳤을 때 불을 붙일 방법을 찾아 돌아다니게 되어 있지 않았습니다. 불을 붙일 연료가 항상 준비되어 있었습니다. 모닥불이 언제나 벌겋게 타고 있 지는 않았지만 언제든지 즉각적으로 불길을 일으킬 수 있도록 준비되어 있었습 니다. 여러분은 "하나님이여 찬송이 시온에서 주를 기다리나이다"(시 65:1)라는 말씀을 읽어보지 못했습니까? 이와 같이 우리도 구주의 눈길만 한 번 마주쳐도 경배의 찬송이 타오를 수 있도록 마음을 준비합시다. 못 자국 난 주님의 귀한 손 길만 한 번 느껴도 지극히 기쁜 예배를 드리고자 하는 마음이 타오를 수 있도록 준비합시다. 어느 곳에 있든지, 경배의 예복을 입고서 우리 구주를 찬미하는 천 사의 일에 즉시 가담할 수 있도록 합시다. 우리가 언제나 찬송을 드리고 있을 수 는 없지만, 항상 감사로 충만할 수는 있습니다. 바로 이것이 참된 찬송을 부르는 마음입니다.

　이렇게 요한의 경우에서 보는 바와 같이, 자연스럽게 표출되는 주님께 대한 사랑이, 오늘 아침 내가 설교하려고 하는 주제입니다. 무엇보다 나는 여러분에 게, 그와 같이 사랑이 솟구치는 마음의 상태를 생각해 보라고 말씀드리고, 그 다 음에 그와 같이 사랑이 마구 솟구치는 상태 자체를 좀 더 면밀하게 살펴보려고 합니다. 이는 여러분과 내가 종종 그와 같이 찬양에 도취되고, 예배에 온통 마음 을 빼앗길 수 있기를 바라는 마음이 크기 때문입니다. 나는 우리 마음이, 바람이 스치고 지나갈 때마다 매혹적인 소리를 울려내는 에올루스의 하프(바람을 맞으면 저절로 울리는 악기) 같았으면 좋겠습니다. 장미가 언제든지 향기를 퍼트릴 준비 가 되어 있는 것처럼, 우리도 언제든지 하나님을 찬양할 열망을 품고 있을 수 있습니다. 경배라는 복된 활동을 지극히 즐거워하게 되면, 마음이 냉랭한 사람들은 예배드릴 것을 전혀 생각하지 못하는 때에도 우리는 즉각 예배에 임할 수 있을 것입니다. 서포크(Suffolk)의 목사인 웰치씨(Mr. Welch)에 대한 글을 읽은 적이 있습니다. 그 목사님은 종종 사람들에게 울고 있는 모습을 보였는데, 왜 우는지 묻자, 그리스도를 좀 더 사랑하지 못해서 운다고 말했답니다. 우리 가운데 많은 사람들이, 주님을 좀 더 찬양하지 못해서 울 수는 없습니까? 성령께서 우리가 이 점을 깊이 생각함으로 그 방향으로 나갈 수 있도록 인도해 주시기를 바랍니다!

### 1. 첫째로, 경배하려는 심정이 마구 솟구쳐 나오는 마음의 상태에 대해서 생각해 봅시다.

교회들에게 편지를 막 쓰기 시작하다가, 펜을 내려놓고 주님을 찬양하지 않을 수 없었던 이 사람은 누구입니까? 그의 경건한 어조를 보면, 이 사람의 성품이 어떤지 알 수 있을 것입니다. 우리는 여기서 그의 아주 깊은 속내를 보게 될 것입니다. 그가 열광적인 상태에 빠져서 속마음을 아무 스스럼없이 털어놓기 때문입니다. 이제 그가 어떤 사람인지 알게 될 것이고, 우리도 그처럼 마음에 찬양이 가득 넘치게 되려면, 어떤 사람이 되어야 하는지 배워야 할 것입니다. 우리가 성경의 다른 부분에서 그의 이력에 대해 알고 있는 것을 가지고, 요한에 대해 장황하게 이야기하는 것은 쉬운 일입니다. 그러나 이 시간에는 본문 말씀만 다루도록 하겠습니다. 그래서 첫째로 나는, 떠오르는 태양으로부터 빛이 번쩍이듯이 찬양을 쏟아내는 이 사람, 곧 송영을 드리는 이 사람은 무엇보다 자기 주님이 어떤 분인지 확실히 깨달은 사람이라는 점을 살펴보도록 하겠습니다. 본문의 첫 마디는 "그에게" 입니다(영어 흠정역 성경에서는 첫 마디가 "Unto Him" 이나, 개역개정은 "우리를" 이라고 말함 – 역주). 그리고 사도는 말을 마치기 전에, 두 번째로 "그에게 영광과 능력이 세세토록 있기를 원하노라" 고 말하지 않을 수 없습니다. 주님의 모습이 눈앞에 분명히 보이는 것입니다. 사도는 그리스도께서 실제로 보좌에 앉아 계시는 것을 봅니다. 많은 신자들이 저지르고 있는 큰 잘못은, 그들에게 그리스도는 사실상 문서로만 계시는 분이라는 것입니다. 신화보다는 좀 더 확실하지만 여전히 희미한 과거에 존재하셨던 분, 오래 전에 이 땅에 살면서, 우리를 구원하기 위해 아주 놀라운 일을 많이 행하신 역사적인 분이지만, 현재 살아 계시는 빛나는 실재와는 거리가 먼 분으로 생각한다는 것입니다. 많은 사람들은 예수님을 생각할 때, 떠나가셨는데 어디로 가셨는지 모르는 분으로 생각합니다. 그래서 그들에게 주님은 율리우스 카이사르나 그밖에 고대 위인들 가운데 어느 한 사람처럼, 실재적이지도 현존하지도 않는 분입니다. 아주 나쁜 습관이긴 한데, 어쨌든 우리에게는 성경의 사실들을 가공한 이야기로 돌리고, 견고한 사실들을 공허한 개념으로 바꾸며, 장엄하고 존귀한 믿음의 사실들을 실질적인 사실의 문제로 보기보다는 꿈 같은 희미한 공상으로 생각하는 습관이 있습니다. 하나님의 그리스도를 살아 계시는 분으로 알고, 주님께서 들으시도록 말을 하며, 그 얼굴을 보고, 주님께서 우리 안에 거하며 항상 우리와 함께 계시되, 세상 끝날까지 함께 계신다는 것을 아는 것은 개인적으로 중대한 일입니다. 예수님이 요한에게는 추상적인 개념이 아니었습니다. 예수께서 요한을 너무도 사랑하셨기 때문에 추상적인 개념으로 존재할 수가 없었습니다. 사랑은 생명을 약동시키는 위대한 힘이 있습니다. 사랑은 아주 멀리 떨어져 있는 사람에 대한 인상을 아주 생생하게 만들고, 그 사람이 아주 지척에 있는 것처럼 느끼게 만듭니다. 요한의 부드럽고 넓은 마음에는 그리스도께서 흐릿한 개념으로 존재할 수 없었습니다. 요한은 주님을 생각할 때, 함께 이야기를 나누고 그 품에 몸을 기대었던 복되신 주님으로 뚜렷이 기억하였습니다. 사도가 찬송을 시작하자마자 곧바로 "그에게" 라고 하여, 바로 주님을 언급하는데서 그 점을 알 수 있을 것입니다.

사도는 송영에서 언급하는 행위 하나하나에서, 우리가 예수님을 보도록 만듭니다. 송영에서 사도는 "우리를 사랑하신 그에게"라고 말합니다. "하나님의 사랑에게" 라고 하여, 우리가 속성이나 영향력 혹은 정서에 주목하도록 하지 않습니다. 나는 그리스도의 사랑을 생각할 때 감사한 마음이 크지만, 그 사랑을 주시는 그리스도께 대해 훨씬 더 감사하게 됩니다. 어쨌든 여러분은 사랑을 말하고 칭송할 수 있습니다. 그러나 사랑을 추상적인 개념으로만 알고 있다면, 그게 무슨 의미가 있습니까? 추상적인 개념으로서 사랑은 마음을 따뜻하게 하지도 못하고, 영혼에 영감을 주지도 못합니다. 아는 사람에게서 사랑을 받을 때, 우리는 그 사랑을 소중하게 여깁니다. 다윗은 알지 못하는 어떤 전사의 사랑에 대해서는 관심을 보이지 않았지만, 요나단의 사랑에 대해서는 참으로 높게 평가하였습니다. 그래서 요나단의 사랑에 대해 "그대가 나를 사랑함이 기이하여 여인의 사랑보다 더하였도다!"(삼하 1:26) 하고 노래하였습니다. 사랑을 노래하는 일은 달콤합니다. 그러나 거룩한 마음은 "우리를 사랑하신 그에게" 찬송드리기를 훨씬 더 기뻐합니다.

　　죄를 씻는 일에 대해서도 그와 같습니다. 우리가 죄에서 씻음을 받았다면, 당연히 용서하시는 자비를 영원히 노래할 만합니다. 그러나 기쁨의 중심은 "그의 피로 우리 죄를 씻으신"(개역개정은 "그의 피로 우리 죄에서 우리를 해방하신" ― 역주) 분을 찬미하는 것이 되어야 합니다. 주님께서 우리를 씻으셨는데, 주님 밖의 어떤 과정을 통해서가 아니라 화목을 위하여 그 자신이 피를 흘리심으로 씻으셨다는 사실에 유의하도록 합시다. 속죄의 피를 흘리신 상처를 볼 때, 이마에 깊은 상처를 입은 몹시 상하신 용모를 볼 때, 우리를 죄에서 철저히 씻기 위해 창에 찔린 심장을 볼 때, 우리는 피로 씻는 일을 지극히 고귀하게 생각하게 됩니다. "우리를 씻으신 그에게." 제자들은 대야를 들고 제자들의 발에 물을 부으신 그 손과, 발 닦을 수건을 두르신 그 허리를 사랑하지 않을 수 없었습니다. 형제들이여, 우리도 그 같이 해야 합니다. 그러면 주께서 자기 피로 씻으신 일에 대해서, 대체 우리가 얼마나 주님을 찬송해야 충분할 수 있겠습니까? 우리는 "일찍이 죽임을 당하사 사람들을 피로 사서 하나님께 드리셨으니 주는 합당하시도다"(계 5:9)고 하며 새 노래를 부르는 것이 마땅합니다. 우리가 주님을 깨달았을 때, 그리고 그 사랑뿐 아니라 이같이 귀한 사랑의 행위들이, 거룩한 마음으로 우리를 생각하시는 그분에게서 나온다는 것을 아주 뚜렷이 알았을 때, 이런 사실이 우리의 찬양에 실질과 진정성을 부여해 줍니다.

　　우리가 "왕들과 제사장들"이라고(개역개정은 "나라와 제사장" ― 역주) 하더라도, 그와 같습니다. 우리를 왕과 제사장으로 삼으신 분이 바로 예수님이십니다.

> "제단을 돌며, 제사장들이 고백합니다.
> 그들의 의복이 눈처럼 희다면
> 그것은 구주의 의였고,
> 구주의 피가 의복을 그처럼 희게 만들었다고."

　　왕으로서 우리의 존엄과 제사장으로서 우리의 신성함은 모두 그리스도에게서 나온 것입니다. 우리는 물줄기를 볼 뿐만 아니라, 그 원천인 샘도 생각하도록 합시다. 우리에게 왕관을 씌우고 우리를 보좌에 앉히시는 유일하고 복되신 군주 앞에 절하고, 우리에게 흰옷을 입히고 기름을 부으시는 신실한 대제사장을 찬송하도록 합시다. 이 장엄한 광경에서 나타난 거룩한 행위자를 보고, 그가 항상 살아 계시므로 그에게 영원한 영광을 돌려야 한다는 것을 잊지 않도록 합시다. 요한은 바로 하나님께 예배합니다. 요한의 마음이 하나님의 의복이나 왕관, 하나님의 직책에 쏠려 있지 않고 바로 하나님에게 향해 있습니다. 주님의 사랑을 받던 이 사도는 "내가 그를 보았다"고 말합니다. 그리고 그 광경이 마음을 가득 채웠고, 그래서 그의 마음에는 오직 예수님뿐이었습니다. 향로의 연기는 주님께 올라가야 했고, 찬송도 주님께 드려야 했습니다. 오직 주님께 드려야 했습니다.

　　나는 이 자리에 계신 모든 신자들이 진정으로 그리스도를 마음에 모실 수 있기를 바랍니다. 그렇지 않으면 아무도 참된 그리스도인이 될 수 없습니다. 이렇게 요한 사도가 그리스도를 인식하듯이, 나는 여러분이 이 교훈, 곧 우리의 거룩한 믿음이 사실과 실재에 근거해 있다고 생각해야 한다는 점을 깨닫기 바랍니다. 우리는 교묘히 만든 이야기를 따르는 것이 아닙니다(벧후 1:16). 여러분은 그리스도께서 하나님의 생명을 가지고 계심을 믿습니까? 여러분은 "참 하나님"이신 그리스도께서 성육신하여 베들레헴에서 나셨다는 것을 또한 믿습니까? 여러분은 이 신성과 인성의 결합을 인류의 모든 역사에 가장 강력한 의미를 지닌 역사적 사실로 봅니까? 여러분은 예수께서 이 땅에 사셨고 유대 땅을 밟고 다니셨으며 우리를 위해 수고하셨음을 믿습니까? 예수께서 정말로 죄인들을 위해 실제로 죽으셨다고 믿습니까? 예수께서 장사되셨고 제 삼일에 죽은 자들 가운데서 다시 살아나셨다고 믿습니까? 이런 것들이 어떤 책에 나오는 이야기이거나 잘 아는 친구의 생애에서 볼 수 있는 사실들입니까? 하나님의 아들이 죽으셨고 죽은 자들 가운데서 다시 사셨으며 나의 대표자로 영원히 살아 계신다는 이 사실이 내게는 모든 역사 가운데 가장 웅대한 사실입니다. 역사에서 많은 진술들이 진실임이 입증된 바가 있습니다. 그러나 인간 기록에서 어떤 사실도 예수 그리스도께서 죽은 자들 가운데서 부활하셨다는 사실의 절반만큼이라도 입증된 것이 없습니다. 이것은 꾸며낸 이야기가 아니고 우화도 비유도 아니라, 말 그대로 사실이며, 신자의 확신이 바로 이 사실에 달려 있습니다. 그리스도께서 부활하시지 않았다면 여러분의 믿음은 헛것입니다. 그러나 그리스도께서 진정으로 다시 살아나셨고 지금 성부 하나님 우편에 계시며 얼마 있지 않아 우리의 재판장으로 오신다면, 여러분의 믿음은 정당한 것이고, 때가 되면 그 보상을 받게 될 것입니다. 사실의 종교를 믿으십시오. 그러면 여러분의 생활과 성품에 작용하여 그 진실성을 입증하는 신앙을 갖게 될 것입니다. 그러나 공상의 종교는 머릿속으로 꾸며낸 종교에 불과하고, 거기에서는 실제적인 것이 아무것도 나오지 않을 것입니다.

살아 계시는 인격적인 그리스도를 모시는 것은 사랑과 믿음과 소망의 훌륭한 근거를 얻는 일입니다. 어쨌든 사람은 확실히 존재하지 않는 것을 사랑할 수는 없습니다. 사람은 자기가 이해할 수 없는 것을 사랑하지 못합니다. 내가 스톡웰에서 보육원을 막 시작할 무렵에, 훌륭한 보육원을 아주 잘 알고 있는 한 신사가 이렇게 말하였습니다. "아이들의 부모에게서 조금이라도 감사하다는 말을 들을 생각을 아예 하지 말고 시작하십시오. 그러면 실망하지 않을 것입니다." 이어서 그 까닭을 말하였습니다. "내가 지금까지 한 보육원을 돕고 있는데, 아주 오랫동안, 지극히 예외적인 경우를 제외하고는 나는 보육원에서 받아들인 아이들의 어머니에게서 한 번도 고맙다는 표시를 받아본 적이 없습니다." 그런데 내 경험은, 아이들이 받은 도움에 감사하는 편지를 많이 받아보았습니다. 이 차이를 어떻게 설명할 수 있겠습니까? 우리 보육원이 다른 보육원보다 더 많은 일을 한 것이 아닙니다. 그런데 다른 보육원은 누군지 잘 모르는 사람이 우두머리로 있는 위원회에 의해서 운영됩니다. 그리고 이 위원회라는 것이 사람들에게는 다소 모호한 존재로 인식됩니다. 그래서 불쌍한 어머니들은 누구에게 감사를 표해야 할지 모르고, 따라서 아무에게도 감사의 말을 하지 않게 되는 것입니다. 그런데 우리 경우에는, 가난한 사람들이 이렇게 말합니다. "스펄전 목사님이 오신다. 저분이 우리 아이들을 보육원에 받아주셨다." 이들은 나를 볼 때, 우리 보육원을 돕는 마음이 너그러운 많은 사람들의 외형적인 대표자로 보는 것입니다. 그들은 나를 압니다. 그것은 그들이 나를 볼 수 있기 때문입니다. 또 나를 보면서 "하나님께서 복 주시기를 바랍니다" 하고 말하는 것은, 하나님께 복을 주시라고 구할 누군가가 그들 앞에 있기 때문입니다. 그런 감사의 표시를 받을 특별한 자격이 내게 있는 것이 아닙니다. 내가 받는 것보다 훨씬 더 많은 감사를 마땅히 받을 사람들이 많이 있습니다. 그런데 내가 그런 감사의 인사를 받는 것은 가난한 사람들이 단순히 막연한 어떤 추상적인 존재를 생각하는 것이 아니라 내 이름을 알고 나라는 사람을 알기 때문입니다. 내 예를 들어서 죄송합니다. 설교의 뜻을 전달하는데 적합해서 한 번 이야기했습니다. 여러분이 이해할 수 없는 그리스도라는 어떤 존재를 모시고 있다면, 기대할 수 있는 만큼 뜨거운 애정으로 그리스도를 사랑할 수 없습니다. 여러분이 지성으로 그리스도를 이해할 수 없다면, 마음으로 그리스도를 품을 수 없습니다. 그러나 여러분이 복되신 주님을 분명히 알았다면, 주님께서 여러분에게 참된 존재가 되었다면, 즉 진정으로 여러분을 사랑하고 여러분의 죄를 씻으시며 여러분을 왕과 같은 제사장으로 삼으신 분이 되었다면, 여러분은 주님을 사랑하지 않을 수 없습니다. 여러분을 그처럼 진실되게 사랑하신 분, 여러분이 그처럼 확실하게 아신 분을 사랑하려는 충동을 막을 수 없을 것입니다.

이 사실은 또한 믿음에 발판을 제공합니다. 여러분이 주 예수님을 안다면, 주님을 신뢰할 수 있다고 느낍니다. "주의 이름을 아는 자는 주를 의지하리이다"(시 9:10). 그리스도를 잘 아는 친구로 삼은 사람들은, 곤경의 때에 그리스도를 의지하기를 어려워하지 않습니다. 알지 못하는 그리스도를 의지할 수 없습니다. 그러나 성령께서는 예수 그리스도를 계시하실 때, 믿음도 또한 길러주십니다. 바로 이 성령에 의해 여러분의 소망도 생생해지게 됩니다. 그래서 여러분은 이렇게 말합니다. "아, 예. 나는 예수님을 알아요. 예수께서 자신의 약속을 지키실 것을 확실히 압니다. 주님은 '내가 다시 와서 너희를 내게로 영접하리라'(요 14:3)고 말씀하셨어요. 나는 주님께서 다시 오실 것이라고 확신합니다. 주께서 자신의 택한 백성들을 속이는 것은 주님답지 않기 때문입니다." 신자가 예수님을 생각하고 예수께서 세상 끝날까지 자신을 사랑하실 것을 깨달을 때, 눈이 소망으로 밝게 빛납니다. 그리고 이 예수님을 믿기 때문에 신자는 말할 수 없는 기쁨과 충만한 영광으로 기뻐합니다. 그러나 한밤중에 갈릴리 호수에 있었던 제자들처럼 주님을 단지 유령이나 귀신으로 생각한다면, 우리는 두려워하고 무서워서 소리지를 것입니다. 살아 계시는 그리스도 외에는 아무것도 참된 그리스도인을 만족시키지 못할 것입니다.

다음으로, 이렇게 주님께 대하여 뜨거운 사랑을 표출한 사도 요한은, 자신이 주님께 감사하며 찬송드리지 않을 수 없는 복을 받았음을 확실히 아는 사람이었습니다. 의심하는 마음에서는 그런 애정이 솟구치지 못합니다. 의심의 냉랭한 기운은 모든 것을 얼어붙게 만듭니다. 우리가 더 큰 확신에 이를 수 있다면 좋겠습니다! 요즘은 그리스도인들이 이런 식으로 말하는 것을 종종 듣습니다. "우리를 사랑하셨을 것으로 기대하는 그에게, 우리를 씻으셨을 것으로 생각되는 그에게,

우리를 왕으로 삼으셨을 것으로 때로 믿는 그에게, 그에게 영광을 돌립시다." 슬프게도, 이 송영은 너무 약해서 여러분이 바라는 만큼의 영광을 담고 있는 것 같지 않습니다. 사실, 여러분이 복을 받았다는 것을 모른다면 받은 복에 대해 마땅히 감사해야 하는지, 하지 않아야 하는지조차도 모르는 것입니다. 그러나 사람이 자기에게 언약의 자비가 있다는 것을 알 때, 성령께서 그리스도인들에게 주시는 거룩한 확신이 그의 속에 예수님께 헌신하고자 하는 거룩한 열정을 일으킵니다. 그 사람은 자기가 누리는 바가 무엇인지 알고, 그 복을 누리게 하시는 분을 찬미하게 됩니다. 나는 여러분이 주님의 사랑을 받은 자이기 때문에 예수께서 여러분의 주님이신 것을 확실히 알고, 그래서 "주께서 나를 사랑하셨고, 나를 위해 자신을 주셨다"고 주저 없이 말할 수 있기를 바랍니다. 먼저 여러분이 예수께서 여러분을 사랑하신다는 그 점에 확실히 서기 전에는, "주님이 모든 것을 아시오매 내가 주님을 사랑하는 줄을 주님께서 아시나이다"(요 21:17)라는 말을 결코 할 수 없을 것입니다. "우리가 사랑함은 그가 먼저 우리를 사랑하셨기"(요일 4:19) 때문입니다. 요한은 자신이 주님의 사랑을 받았다는 것을 확실히 알았고, 더 나아가서 자신이 씻음을 받았다는 것을 아주 분명하게 알고 있었습니다. 그래서 그는 온 영혼으로 찬양을 쏟아내었습니다. 여러분이 예수님의 피로 죄에서 씻음을 받았다는 것을 알면 좋겠습니다! 어떤 신자들은 자신이 깨끗이 씻음을 받았다는 말을 하기 두려워하는 것같습니다. 그러나 여러분, 여러분이 예수님을 믿는 신자라면, 그것은 분명한 사실입니다. "이제 그리스도 예수 안에 있는 자에게는 결코 정죄함이 없기"(롬 8:1) 때문입니다. "아들을 믿는 자에게는 영생이 있고"(요 3:36), "모세의 율법으로 너희가 의롭다 하심을 얻지 못하던 모든 일에도 이 사람을 힘입어 믿는 자마다 의롭다 하심을 얻느니라"(행 13:39). 그리스도께서는 "너희가 깨끗하니라"고 말씀하셨습니다. "목욕한 자는 발밖에 씻을 필요가 없느니라 온 몸이 깨끗하니라"(요 13:10). "너희가 깨끗하니라."

> "나를 위해 흘리신 구주의 보혈을 보니
>   참으로 기쁩니다!
>   주께서 나를 하나님과 화목시키셨음을
>   성령의 확신으로 압니다."

이같이 기초가 튼튼한 확신을 갖게 되면, 여러분은 말할 수 없는 기쁨에 이르게 되고, 곧이어서 마음 깊은 곳에서 사랑으로 주님을 경배하고자 하는 욕구가 샘솟을 것입니다. 그러면 이 같은 말로 주님을 찬송하게 될 것입니다. "우리를 사랑하사 그의 피로 우리 죄를 씻으신 그에게 영광과 능력이 세세토록 있기를 원하노라 아멘"(계 1:5,6).

우리는 지금까지 아주 분명한 두 가지 요점을 이야기해 왔다고 생각합니다. 사도 요한은 자신의 주님이 어떤 분인지 분명히 알았고, 주께서 자기에게 주신 복을 굳게 잡았습니다. 그러나 요한은 또한 자신이 모든 성도들과 함께 교제를 나누고 있음을 아주 강하게 느꼈고, 또 느끼고 있었습니다. 여기서 성도들이라고 하여 복수 명사를 쓰고 있다는 점에 유의할 필요가 있습니다. 사도가 "나를 사랑하사 그의 피로 내 죄를 씻으신 그에게" 라고 말했을지라도, 우리는 이상하게 생각하지 않았을 것입니다. 그러나 송영의 가사가 그렇게 되었더라면 찬송의 아름다움이 사라졌을 것입니다. 그리고 그 송영은 요한의 찬송처럼 들리지 않았을 것입니다. 요한은 그리스도의 사랑을 그대로 반영하는 사람입니다. 그래서 그는 혼자서 살 수 없고, 거룩한 은혜를 혼자만 누릴 수 없는 사람입니다. 요한은 틀림없이 모든 형제들을 불러 모으고 그들의 이름을 친밀하게 부를 것입니다. 그렇지 않으면 요한은 자신의 반쪽을 잃은 사람처럼 될 것입니다. 사랑하는 여러분, 여러분과 나는 이 "우리" 라는 말을 아주 자주 쓰는 것이 마땅합니다. 이는 우리 주님께서 우리에게, 기도할 때 "하늘에 계신 우리 아버지여, 오늘 우리에게 일용할 양식을 주시옵고 우리가 우리에게 죄 지은 자를 사하여 준 것 같이 우리 죄를 사하여 주시옵고"(마 6:9,11,12) 하고 기도하라고 가르쳐 주셨기 때문입니다. 예수님께서는 우리에게 "내 아버지여" 하고 부르라고 말씀하시지 않습니다. 우리는 내 아버지라고 부르기도 하고 또 그렇게 부르는 것이 마땅합니다. 그러나 보통 기도할 때 우리는 "우리 아버지여" 하고 불러야 합니다. 그와 같이 보통 찬송할 때 우리는 "우리를 사랑하사 그의 피로 우리 죄를 씻으신 그에게"라고 말해야 합니다.

사랑하는 형제 여러분, 여러분께 한 가지 묻겠습니다. 여러분은 주님의 은혜와 사랑을 여러분 혼자만 받지 않았기 때문에 진심으로 주 예수님을 훨씬 더 사랑하고 훨씬 더 찬송하게 되지 않습니까? 그렇지요? 주님의 그 복된 사랑이 여러분의 자녀를 품고, 여러분의 이웃과 교회 교우들을 환영하며, 여러분 앞서 떠나간 무수한 사람들, 여러분 주변의 수많은 사람들, 그리고 여러분 뒤에 올 헤아릴 수 없이 많은 사람들을 받아들였습니다. 바로 이 사실 때문에 우리가 말할 수 없는 기쁨으로 은혜로우신 주님을 찬송하는 것이 마땅합니다. 우리가 이 구원에 대해 생각할 때, 주님의 구원이 우리 중 한두 사람이 마실 수 있는 잔이 아니라, 사막에 파놓은 샘으로서, 항시 물이 흘러서 그리로 지나가는 모든 사람에게 항상 생명과 구원과 회복을 주는 샘이라는 사실이 우리에게는 훨씬 더 큰 기쁨을 줍니다. "우리를 사랑하신 그에게." 내 주님이시여, 주께서 나를 사랑하심을 인하여 주님을 찬송합니다. 그러나 때로 나는, 내가 개인적으로 주님의 구원을 받지 못하였다 할지라도, 주께서 내 아내를 사랑하심을 인해서, 내 자녀들과 주변의 사랑하는 친구들을 사랑하심을 인해서 주님을 경배할 수 있겠다고 생각합니다. 때로는 내가 주님의 자비를 받아야 한다는 것보다, 이 모든 불쌍한 양들이 주님의 우리로 인도되어 주님의 안전한 보호를 받아야 한다는 것이 주님의 구원에서 더 중요한 면이라고 생각합니다. 그리스도의 사역자는 본능적으로, 그리스도께서 많은 사람을 사랑하신 것을 인하여서 그리스도를 사랑하게 됩니다. 주님을 위하여 일하는 진실한 사역자라면 누구나 그런 마음으로 봉사할 것이라고 생각합니다. 사람이 모든 형제에 대한 사랑으로 가득한 넓은 마음을 갖지 않는 한, 아무도 지금 우리가 본문에서 보는 것처럼 그와 같이 기쁨에 찬 경배를 드릴 수 없을 것입니다. 그러나 넓은 마음을 갖는다면, 구속받은 무수한 사람들이 우리를 두르고 있는 것을 볼 때, 말할 수 없는 기쁨으로 이렇게 소리칠 것입니다.

> "사람들의 영혼을 사랑하시고
> 그의 피로 우리를 씻으신 그에게
> 우리를 왕처럼 높이시고
> 하나님의 제사장으로 삼으신 그에게
>
> 그에게 모든 혀가 찬양하며
> 모든 마음이 사랑을 바치며
> 땅에서는 모든 감사의 영예를 돌려드리고
> 하늘에서는 더 고귀한 찬송을 드리도록 합시다."

이같은 송영을 드리는 마음의 상태에 대해서는 이만큼 말하도록 하겠습니다.

## 2. 둘째로 사랑이 솟구치는 상태 자체를 보도록 합시다.

그것은 송영인데, 송영이 이것만 있는 것은 아닙니다. 이 송영은 많은 것 가운데 하나입니다. 요한계시록에는 송영이 자주 나옵니다. 계시록의 처음 몇 장에서, 송영은 앞으로 나아갈수록 따라 뚜렷하게 발전합니다. 여러분이 가지고 있는 성경을 보면, 이 처음 송영에서는 두 가지 사실만 주께 돌리는 것이 나올 것입니다. "그에게 영광과 능력이 세세토록 있기를 원하노라 아멘." 그런데 4장 9절에서는 "그 생물들이 보좌에 앉으사 세세토록 살아 계시는 이에게 영광과 존귀와 감사를 돌리느니라"고 찬송드리는 것을 봅니다. 여기에는 주님께 명예를 돌려드리는 말이 세 마디가 나옵니다. 11절에 가서 보면 똑 같은 말이 나옵니다. "우리 주 하나님이여 영광과 존귀와 권능을 받으시는 것이 합당하오니." 이 구절들을 보면 송영이 두 마디에서 세 마디로 발전하였습니다. 그 다음에 5장 13절을 봅시다. "내가 또 들으니 하늘 위에와 땅 위에와 땅 아래와 바다 위에와 또 그 가운데 모든 피조물이 이르되 보좌에 앉으신 이와 어린 양에게 찬송과 존귀와 영광과 권능을 세세토록 돌릴지어다." 여기서는 찬송하는 가사가 네 마디 나옵니다. 이것을 볼 때 꾸준하게, 그러나 확실하게 진보가 있습니다. 7장 12절에 이르면, 주님께 명예를 돌려드리는 가사들의 수가 완전하게 다 나옵니다. 그래서 이후로는 그 이상의 수를 볼 수 없습니다. "찬송과 영광과 지혜와 감사와 존귀와 권능과 힘이 우리 하나님께 세세토록 있을지어다 아멘."

여러분이 하나님을 찬송하기 시작하면, 계속해서 찬송하지 않을 수 없습니다. 찬송하는 일은 마음을 빼앗습니다. 찬송은 마치 물결치는 강처럼 더 깊어지고 더 넓어집니다. 찬송은 어떤 점에서 눈사태와 같습니다. 눈사태가 처음에는 산에서 새의 날갯짓으로 생긴 눈송이에서 시작될 수 있습니다. 그런데 그 눈송이가 다른 눈과 뭉쳐지면서 눈덩이가 되어 굴러갑니다. 그리고 이 구르는 눈덩이가 점점 더 많은 눈과 뭉쳐지면서 마침내는 거대한 눈뭉치가 되어 숲을 쓸고 가면서 우레와 같은 소리를 내며 골짜기로 쏟아져 내립니다. 그리고 그 엄청난 양으로 한 촌락을 덮어버립니다. 이렇게 찬송은 감사의 눈물로 시작할 수 있습니다. 그리고 이내 가슴은 사랑으로 부풀어 오르고 감사한 마음이 차오르면서 노래가 나옵니다. 그리고 이 노래는 큰 소리의 찬송으로 터져나오고, 이 찬송은 하늘로 올라가 영원하신 하나님 보좌 주위에서 영원히 울려 퍼지는 찬송과 함께 할렐루야를 부르게 됩니다. 하나님께서, 우리가 이 세상에서 가지고 있는 것보다 더 큰 능력을 잠시 후에 성령을 통하여 우리에게 주신다는 것은 참으로 자비로운 일이 아닐 수 없습니다! 우리가 지식을 초월하는 그리스도의 사랑을 계속해서 더욱더 배운다면, 죽을 수밖에 없는 이 몸이라는 좁고 활기 없는 틀 속에 갇혀 있는 한, 결국 우리는 고통스런 궁지에 이르게 될 것이기 때문입니다. 보잘것 없는 혀와 입이라는 이 장치는 우리의 열심을 표현해 내기에는 처음부터 부적합한 것입니다.

"말은 공기에 지나지 않고 혀는 흙에 지나지 않으나
　주님의 자비는 거룩합니다."

우리는 이 속박에서 벗어나 우리 영의 정서에 더 적합한 어떤 것을 입기를 원합니다. 나는 기꺼이 그렇게 하고 싶지만, 임마누엘의 땅의 가수들이 부르듯 부를 수는 없습니다. 그러나 베리지(Berridge)처럼 이렇게 말할 수 있을 것입니다.

"나를 이 진흙집에서 꺼내 주십시오.
　그러면 내가 그들처럼 큰 소리로 찬송하겠습니다."

이러한 송영은, 마치 우리에게 자주 찬송할 것을 상기시키는 것처럼, 계시록 전체에 걸쳐서 거듭거듭 나옵니다. 그리고 이 송영은 앞으로 나가면서 점점 더 발전하는데, 이는 우리에게 감사하는 마음도 점점 더 커져야 한다는 것을 암시하는 것으로 보입니다.

자, 이렇게 찬송이 터져 나온 것에는 그 만한 이유가 있었습니다. 그 행위를 면밀히 살펴보면, 요한이 이렇게 열광적으로 자신의 구주를 경배하는 이유를 알수 있습니다. 첫째로, 요한은 "우리를 사랑하신 그에게" 찬송을 드립니다. 시간 관계상 이 매력적인 주제에 대해 길게 얘기할 수 없어서, 간단하게 한두 가지 사실만 살펴보도록 하겠습니다. 영광 가운데 계시는 우리 주님은 육체로 세상에 계섰던 때와 같이 지금도 우리를 진정으로 그리고 뜨겁게 사랑하십니다. 우리 주님은 세상이 있기 전부터 우리를 사랑하셨고, 지금도 온 마음으로 우리를 사랑하십니다. 그리고 불이 화로에서 꺼지고 사람들이 잠자리에 들 때 스러지는 불꽃처럼, 해와 달과 별들이 모두 사라졌을 때에도 우리를 사랑하실 것입니다. "예수께서 우리를 사랑하셨습니다." 예수 그리스도는 어제나 오늘이나 영원토록 동일하십니다. 이 사실이 지닌 현재의 성격을 깊이 생각하면, 이 순간 거룩한 찬송을 드리고 싶은 마음이 생길 것입니다.

주님은 우리 죄를 씻으시기 전에 먼저 우리를 사랑하셨습니다. "우리를 사랑하사 우리 죄를 씻으신 그에게." 우리가 죄로 더러웠을 때, 사실 죄로 죽었을 때 그리스도의 사랑이 우리에게 왔다는 이 사실이, 그리스도의 사랑을 보여주는 영광스러운 점의 하나입니다. 그리스도의 사랑이 우리에게 이를 때, 우리가 씻겨지고 정화되며 깨끗하게 되었을 뿐만 아니라, 우리가 더럽고 악할 때, 우리 안에 주님의 사랑을 받을 만한 것이 아무것도 없을 때, 그리스도의 사랑이 우리에게 임하였습니다. 그리스도께서 우리를 사랑하셨고, 그 다음에 우리를 죄에서 씻으셨습니다.

"우리를 사랑하신 그에게"라는 이 말이 우리 주님을 알아볼 수 있게 하는 묘사라는 점을 생각하시기 바랍니다. 요한은 주 예수 그리스도를 가리키고 싶어하였고, 그가 말한 것은 "우리를 사랑하신 그에게"라는 말뿐이었습니다. 요한은 자기가 그렇게 말할 때 누구를 가리키는지에 대해 아무도 잘못 생각하지 않을 것이라고 확신했습니다. 왜냐하면 예수님과 비교해서 우리를 사랑한다고 말할 수 있는 사람은 달리 있을 수 없기 때문입니다. 요한을 두고 "예수께서 사랑하시는 그 제자"(요 21:20)라고 하였듯이, 지금 이 종이 주님을 묘사할 때 그와 같은 용어를 써서 "우리를 사랑하신 그에게"라고 말하는 것을 보면 재미가 있습니다. 사랑이라는 단어가 들어가는 이런 말들을 들을 때, 누구든지 그 말이 요한을 가리키고, 주 예수님을 말한다는 사실을 분명히 알 수 있을 것입니다. 사도는 "우리를 사랑하신 이에게"라고 말했을 때, 사람들이 "저 사람이야말로 사람들의 친구요, 혹은 사람들의 아버지나 형제이시라"고 말할 것을 두려워하지 않았습니다. 전혀 두려워하지 않았습니다. 예수 그리스도께서 보여주신 것과 같은 사랑은 없습니다. 그리스도께서 사랑에 있어서 단연코 최고의 승리자이시며, 태양이 비교할 수 없이 찬란한 빛으로 별들을 무색케 하듯이 그리스도의 사랑 앞에서 다른 모든 사랑은 빛을 잃고 맙니다.

그 다음에, "우리를 사랑하신 그에게" 라는 말은 마치 그리스도께서 우리를 위해 행하신 모든 것을 말하는 것처럼 보입니다. 그렇지 않으면 적어도, 그 말은 그리스도께서 지금까지 행하신 일 가운데 가장 위대한 일, 그 밖의 모든 일을 다 감싸버릴 그 일을 첫째로 언급하는 것처럼 보입니다. 사도는 "우리의 본성을 취하신 그에게, 우리에게 영광스런 모범을 보이신 그에게, 우리를 위해 중재하시는 그에게" 라고 말하지 않고 "우리를 사랑하신 그에게" 라고 말합니다. 마치 이 한 가지 일이, 실제로 그러듯이, 모든 것을 포함한 것처럼 말합니다.

그리스도께서 우리를 사랑하셨습니다. 이 사실은 크게 감탄하고 놀라게 만드는 문제입니다. 형제 여러분, 이것이 내게는 그 끝을 헤아릴 수 없는 놀라운 사실입니다! 예수께서 나를 불쌍히 여기신다는 것은 이해할 수 있습니다. 예수께서 나를 동정하신다는 것을 얼마든지 이해할 수 있습니다. 그러나 영광의 주님께서 우리를 사랑하신다는 것은 깊고 위대한 천상의 생각입니다. 나의 유한한 지성으로는 이 생각을 다 파악할 수 없습니다. 형제 여러분, 와서 잘 정제된 이 포도주를 마시기 바랍니다. 예수께서 여러분을 사랑하십니다. 그 사실을 굳게 붙잡으십시오. 여러분은 이 말이 의미하는 바를 인간의 능력의 정도에 따라 조금밖에 알지 못합니다. 그런데 하나님의 무한하신 아들은 여러분을 옛적부터 사랑하셨고 지금도 사랑하십니다! 주님의 마음은 여러분의 마음과 굳게 결합되어 있기 때문에 여러분이 행복하지 않으면 주께서 행복하실 수 없습니다.

주님께서 자신의 본성에 따라 스스로 여러분을 사랑하신다는 것을 기억하도록 하십시오. 그러므로 주님은 무한한 사랑으로 여러분을 사랑하십니다. 주님의 사랑은 주님 자신처럼 변할 수 없고 결코 변치 않을 것입니다. 아우구스투스 황제는 친구를 선택하는데 더뎠지만, 택한 친구에 대해서는 신실하기로 유명하였습니다. 황제는 이렇게 말하곤 하였습니다. "사랑이 사라지면 떠나가는 일은 오래 걸리지 않는다." 찬송 받으실 우리 주님은 일찍부터 우리를 사랑하셨지만 결코 우리를 떠나가시지 않습니다. 주께서 "내가 결코 너희를 버리지 아니하고 너희를 떠나지 아니하리라"(히 13:5)고 말씀하시지 않았습니까? 예수님의 사랑은 순수하고 온전하며 거룩한 사랑입니다. 주님의 본성이 영원하고 결코 소멸하지 않는데, 주님의 사랑도 그러합니다. 주께서는 더 이상 사랑할 수 없듯이 우리를 사랑하십니다. 결코 그보다 못하게 우리를 사랑하시지 않으십니다. 주님은

온 마음과 영과 뜻을 다해 우리를 사랑하십니다. 종종 우리가 마음을 다해 목소
리를 높여 하나님을 찬송하는 일에 구실이 필요하다면, 이것만큼 큰 구실이 없
지 않습니까? 우리가 하루에 일곱 번이라도, "우리를 사랑하사 그의 피로 우리
죄를 씻으시고 그의 아버지 하나님을 위하여 우리를 나라와 제사장으로 삼으신
그에게 영광과 능력이 세세토록 있기를 원하노라 아멘" 하며, 주님 앞에서 크게
기뻐해야 마땅하지 않겠습니까? 아, 복되신 주님의 머리에 새로운 왕관을 드렸
으면 좋겠습니다! 항상 새로운 주님의 사랑의 선물에 대해 새로운 찬송을 드렸
으면 좋겠습니다! 주님을 찬양하라! 온 땅과 온 하늘이여, 주님을 찬양하라!

　　그 다음에, 사도는 "그의 피로 우리 죄를 씻으신" 이라고 하여서, 자기가 주
예수님을 그렇게 찬미해야 하는 두 번째 이유를 말합니다. "우리를 씻으셨다." 당
시에 우리는 더러웠습니다. 우리가 부정했음에도 불구하고 주님은 우리를 사랑
하셨습니다. 주께서는 다른 어떤 것보다 더러웠던 우리를 씻으셨습니다. 어떻게
주님께서는 **우리를** 씻기 위해 그렇게 자신을 낮추실 수 있으셨습니까? 주님께서
우리와 같이 더러운 자를 상대하시려 했단 말입니까? 그처럼 거룩하신 분이 우
리의 본성과 행실의 구역질나는 죄책에 손을 대려고 하셨단 말입니까? 그렇습니
다. 주님은 우리를 그처럼 사랑하셔서 검은 우리의 죄를 씻으셨습니다. 뿐만 아
니라 아주 깨끗이 씻으셨습니다. 즉 "주님은 우리를 씻으려고 한두 번 해보신 것
이 아니라 우리 죄를 실제로 완전히 씻으셨습니다." 우리에게 묻은 얼룩은 아주
깊이 배어 있는 지독한 것입니다. 그 얼룩은 지울 수 없는 것처럼 보였습니다.
그런데 주님께서 "우리 죄를 씻으셨습니다." 우리는 한밤중처럼 깜깜했는데, 검
은 얼룩이 하나도 남지 않았습니다. "나의 죄를 씻어 주소서 내가 눈보다 희리이
다"(시 51:7)라는 말이 여기 계신 모든 신자에게 이루어졌습니다. 그러면 주님께
서 어떻게 우리를 씻으셨는지 생각해 봅시다. "그의 피로" 씻으셨습니다. 사람들
은 자기 피에 대해 조심합니다. 피는 사람들의 생명이기 때문입니다. 그러나 용
감한 사람들은 자기 조국을 위해서 혹은 가치 있는 어떤 목적을 위해서 피를 쏟
습니다. 그런데 예수께서는 우리같이 무가치한 자들을 위해서 쏟으셨는데, 이는
그의 구속으로 말미암아 자기 백성의 죄악을 영원히 제거하기 위해서였습니다.
이같이 우리의 죄를 씻기 위해 얼마나 큰 희생이 치러졌습니까! 그 값이 너무 커
서 나는 감히 말할 수가 없었습니다. 여러분이 그 자리에서 영광의 주님이 여러
분을 위해 죽기까지 피를 흘리시는 것을 보았다면, "안 됩니다, 주님, 나 같은 자

를 위해 치르시는 그 값이 너무 큽니다" 하고 말했을 것이라고 때로 느끼지 않습니까? 그런데 주님은 그러한 값을 치르고 우리의 죄를 씻으셨습니다. 형제 여러분, 우리의 죄를 속하는 주님의 사역은 영원히 이루어졌습니다. 주께서 피를 흘리셨고, 우리를 죄에서 씻으셨습니다. 그래서 우리는 깨끗해져서 장래의 더러움에 대한 두려움에서도 벗어났습니다. 그런데 주님께서 이 일로 말미암아 영광을 얻을 수 없겠습니까? 우리가 이 일로 말미암아 주님께서 통치하시는 일을 원하지 않겠습니까?

> "일찍이 죽임을 당하신 그분,
> 고통하며 죽으신 평강의 왕이
> 다시 일어나셔서
> 그의 전능하신 아버지 하나님 곁에서
> 통치하시는 것이 합당합니다."

이 송영은 그 자체에 정당성을 지니고 있지 않습니까? 이 같은 은혜를 생각하고도 찬양드리지 않을 수 있는 사람이 누가 있겠습니까?

그렇지만 이것이 전부가 아닙니다. 우리를 사랑하신 주님은 일을 절반만 하고 끝내시지 않습니다. 그래서 주님은 자기 피로 우리 죄를 씻으셨을 때, "그는 우리를 왕으로 삼으셨습니다"(개역개정은 "우리를 나라로 삼으신" – 역주). 이게 무슨 말입니까? 오늘 아침 우리가 왕입니까? 우리는 아직 왕관을 보지 못하고 홀을 들고 있지 않습니다. 그렇지만 주님은 우리를 왕 같은 제사장으로 삼으셨습니다. 우리는 우리 자아를 다스리고 있습니다. 그런데 그것은 은혜가 없이는 이루기 힘든, 사실 이룰 수 없는 통치입니다. 우리는 주님과 천사들 앞에서 명예를 얻고, 사람들 사이에서 왕으로 활동하는 것입니다. 우리의 생각, 우리의 목표, 우리의 소망과 열망은 단지 육신적인 사람들의 그것보다 고귀합니다. 우리의 본성은 그들의 본성보다 높은 질서에 속해 있습니다. 이는 우리가 성령으로 거듭났기 때문입니다. 사람들이 우리를 모르는 것은 그들이 우리 주님을 모르기 때문입니다. 우리는 그들에게 없는 유산이 있습니다. 우리는 사라지지 않는 생명의 면류관을 준비해 놓았습니다. 주님은 우리를 왕으로 삼으시고, 주님 앞에서 우리에게 능력을 주셨습니다. 그렇습니다. 만물이 우리 것이므로, 주님은 우리를 부요하게 만드신 것입니다. 왕들에게는 특별한 보화들이 많이 있습니다. 우리에게는 지극히 귀한 은혜가 풍성하게 있습니다. 주님은 우리가 이 세상에서도 사람들 가운데서 땅을 차지하고 풍성한 평강을 맛보도록 하셨습니다.

　　더 나아가서, 주님은 우리를 제사장으로 삼으셨습니다. 어떤 사람들은 경건 치 못하게 스스로 나서서 주님의 백성들 위에 제사장 노릇을 하려고 합니다. 고 라와 다단과 아비람이 그런 자들입니다. 그들은 그들 자신과 그들의 악한 조직 이 나락에 떨어지지 않도록 두려워할 필요가 있습니다. 하나님의 백성들은 누가 되었든지 간에, 모두 제사장들입니다. 예수 그리스도를 믿는 자는 누구나 믿는 그 순간부터 제사장입니다. 수염을 깎지 않고 머리를 자르지 않으며 화려한 제 사장복을 입지 않았을지라도 제사장인 것입니다. 참된 신자에게는 평상복이 제 의(祭衣)이며, 모든 식사가 성례이고, 모든 행동이 제사입니다. 우리가 마땅히 살아야 하는 대로 산다면, 우리 집은 성전이고, 우리 마음은 제단이며 우리의 삶 은 주께 드리는 봉헌입니다. 우리의 말은 주께 거룩히 드린 것이고, 집의 평범한 그릇들은 제단 앞에 놓은 대접입니다. 사람들에게 특별한 성격을 부여하는 것은 성령의 거룩히 구별하심입니다. 이렇게 해서 신자들은 세상의 제사장들이 되는 것입니다. 세상은 말을 하지 못합니다. 우리는 그 점에 대해 이야기해야 합니다. 온 우주는 거대한 기관과 같은데, 이 우주는 잠잠히 있습니다. 우리가 우주의 열 쇠를 돌리면, 음악이 하늘을 향해서 울려 퍼집니다. 우리는 모든 사람을 위한 제 사장이 되도록 되어 있습니다. 우리는 어디로 가든지 사람들을 가르치고, 그들 을 위해 하나님께 중보기도를 드려야 합니다. 기도와 찬송에서 우리는 주께서 받으실 만한 제사를 드려야 합니다. 우리 자신이 주 예수 그리스도로 말미암아 하나님께서 받으실 만한 살아 있는 제물이 되어야 합니다. 아, 이것이 얼마나 고 귀한 신분입니까! 여러분과 내가 어떻게 하나님을 섬길 수 있게 되었단 말입니 까! 순교자 피터는 엘리자베스 여왕에게 이렇게 말했습니다. "왕과 여왕들은 다 른 어떤 사람들보다 하나님께 더 복종해야 합니다. 첫째는 하나님의 피조물로서 복종해야 하고, 둘째는 직무상 하나님의 종으로서 그같이 복종해야 합니다." 이 말이 우리에게도 적용됩니다. 보통 사람들도 하나님을 섬겨야 한다면, 하나님께 서 자기 이름을 위하여 왕과 제사장으로 삼으신 사람들은 얼마나 더 하나님을 섬겨야 하겠습니까!

　　이 송영은 무엇이라고 말합니까? "그에게 영광과 능력이 세세토록 있기를 원하노라." 첫째로, "그에게 영광이 있기를" 원한다고 하였습니다. 사랑하는 여러분, 오늘 아침 주님께 영광을 돌립시다! 아직 그리스도의 구원을 받아들이지 않은 분이 지금 이 말을 듣고 있습니까? 지금 그리스도의 구원을 받아들이십시오. 그리고 여러분의 구주께 이같이 영광을 돌리십시오. 예수께서 여러분을 구원하실 것이라고 믿지 못하셨습니까? 주님께 영광을 돌리기 위해 여러분이 할 수 있는 최상의 일은, 여러분이 비록 죄인이지만 주께서 여러분의 죄를 제거하실 수 있다고 주님을 믿는 것뿐입니다. 여러분은 구원을 받았습니까? 그렇다면 사랑하는 형제 여러분, 주님의 이름을 칭송함으로써, 끊임없이 경배를 드림으로써 주님께 영광을 돌립시다. 찬송으로 주님을 영화롭게 하고, 생활로써 주님께 영광을 돌리시기 바랍니다. 여러분이 주님의 제자라면 마땅히 해야 하는 대로 행하십시오. 성령께서 여러분을 도우시기를 바랍니다.

그 다음에 이 송영은 또 주님께 통치권(개역성경에서는 "능력" — 역주)을 돌려드립니다. 내 마음은 예수께서 통치하시기를 간절히 바랍니다. 나는 오늘 아침 주님께서 지금까지 주께 반역을 해왔던 불쌍한 마음을 정복하시기를 바랍니다! 반역자여, 항복하시기 바랍니다! 당신의 왕과 구주께 항복하십시오! "그의 아들에게 입 맞추라 그렇지 아니하면 진노하심으로 너희가 길에서 망하리니 그의 진노가 급하심이라"(시 2:12). 이제까지 주님께 복종하지 않은 마음을 정복하는 권세를 주님께 돌립시다. 주님을 사랑한 마음을 온전히 통치하시는 권세를 주님께 돌립시다. 내 주님이여, 내 마음을 다스려 주소서. 더욱더 다스려 주소서. 모든 대적과 모든 적수를 내던지시고, 가장 높은 곳에서 영원히 다스리소서. 스스로 그리스도인이라고 하는 모든 사람들의 마음과 생활에서 주님의 보좌를 더욱더 확고히 세우소서. 형제 여러분, 그렇게 되어야 하는 것이 마땅하지 않습니까? 주님께서 우리를 사랑하사 우리 죄를 씻으셨으므로 마땅히 우리를 다스리셔야 하는 것이 분명한 사실이 아닙니까? 아, 우리 주님께서 세상을 점점 더 넓게 통치하셔서 광야에 거하는 자들이 주님 앞에 엎드리고, 주의 원수들은 먼지 속에 뒹굴게 될 것입니다. 만왕의 왕, 만주의 주시여, 영원히 다스리소서.

그 다음에, 사도는 그에게 영광과 능력이 "세세토록 있기를 원하노라"는 말을 덧붙입니다. 여기서 어떤 사람들은 이 "세세토록"이라는 말이 단지 잠시 동안을 의미한다고 말할지 모르겠습니다. 그들은 영원한 형벌은 단지 잠시 동안뿐이고, 영원한 생명도 그와 같이 잠시 동안이며, 따라서 이 찬양도 한계를 지닐 수밖에 없다고 말할 것입니다. 나는 그런 뜻으로 "세세토록" 이라는 말을 하지 않습니다. 여러분도 그렇게 생각하실 것입니다. 우리 주님께서 무한히 영광을 받으시고 영원히 통치하시기를 기도합니다. 그리스도의 능력과 권세가 이 세대에 미치고, 다음 세대, 그 다음 세대에 이어져서, 마침내 주님이 오시고 "여호와께서 영원무궁 하도록 다스리시도다"(출 15:18) 하고 말하게 될 수 있기를 바랍니다. 할렐루야! 천사가 날갯짓을 하고 사람이 찬송할 수 있는 한, 하나님께서 사시는 한, 우리를 사랑하사 우리 죄를 씻으신 주 예수 그리스도께 영광과 권세가 있으시기를 바랍니다.

     이제 본문의 마지막 단어를 보게 되었습니다. 본문은 "아멘" 이라는 말로 끝이 납니다. "세세토록 있기를 원하노라 아멘." 여러분은 이 송영에 대해 진심으로 "아멘" 이라고 말할 수 있습니까? 그리스도께 영원히 영광과 권세가 있기를 진심으로 바랍니까? 주님께서 여러분을 사랑하셨다는 것을 안다면, 여러분은 진심으로 그렇게 되기를 바랄 것이라고 생각합니다. 주님께서 여러분의 죄를 씻으셨다는 것을 안다면, 여러분은 진심으로 그렇게 되기를 바랄 것입니다. 자, 장엄한 침묵 가운데서 고동치는 심장으로 "아멘" 하고 말하도록 합시다. 마음으로 그렇게 말했다면, 여러분도 나와 함께 한 목소리로 우레처럼 크게 아멘이라고 외칠 수 있었습니까? 자, "우리를 사랑하사 그의 피로 우리 죄를 씻으시고 그의 아버지 하나님을 위하여 우리를 나라와 제사장으로 삼으신 그에게 영광과 능력이 세세토록 있기를 원하노라 아멘." 다시 한 번 "아멘" 이라고 합시다(이때 많은 회중이 설교자와 함께 아멘이라고 외쳤다). 다윗의 기도가 이 점에 이르렀을 때, 이새의 아들 다윗의 기도가 끝이 났습니다. 우리의 기도도 그와 같이 되고, 오늘 아침 예배도 그와 같이 되기를 바랍니다. 하나님께서 경배 받으실 그의 아들을 통해서 여러분에게 복 주시기를 바랍니다. 아멘. 아멘.

제
2
장

—

# "그가 구름을 타고 오시리라"

—

"볼지어다 그가 구름을 타고 오시리라 각 사람의 눈이 그를
보겠고 그를 찌른 자들도 볼 것이요 땅에 있는 모든 족속이
그로 말미암아 애곡하리니 그러하리라 아멘." — 계 1:7

1장을 읽으면서 우리는 어떻게 주님의 사랑을 받은 제자 요한이 아시아의
일곱 교회들에게 "은혜와 평강이 너희에게 있기를 원하노라"고 인사하였는지
보았습니다. 복된 사람들은 복을 뿌려줍니다. 하나님의 복이 우리에게 임할 때,
우리는 다른 사람들에게 하나님의 복을 빌게 됩니다.

은혜가 충만한 요한의 마음은 이 축복 기도를 마치고 성도들의 왕이신 주님
을 경배하는 자리로 올라갑니다. 우리의 찬송이 노래하듯이 "거룩한 자들이 지
성소에 이르는 것입니다." 사람들에게 복을 비는 일에 익숙한 사람들은 하나님
을 찬송하는 일에도 민첩할 것입니다.

요한이 우리에게 남겨준 것은 놀라운 송영입니다. "우리를 사랑하사 그의
피로 우리 죄에서 우리를 해방하시고 그의 아버지 하나님을 위하여 우리를 나라
와 제사장으로 삼으신 그에게 영광과 능력이 세세토록 있기를 원하노라 아멘."
나는 몇 가지 이유 때문에 개역성경의 번역을 선호하지 않지만, 이 경우에 두운
(頭韻)의 면에서는 개역성경(the Revised Version)의 번역을 좋아합니다. 아무튼
개역성경의 번역에 따르면, 참으로 우리 구속자께서 우리를 사랑하사(loveth us)
죄에서 해방하셨습니다(loosed us. 개역개정 난외주에서는 "우리 죄를 씻으시고" — 역

주). 그러나 그의 피를 언급한 것을 볼 때는, 우리를 해방하였다기보다는 우리 죄를 씻으셨다는 뜻이 더 적합합니다. 그런데 우리가 그 구절을 "우리를 사랑하사 (loved us) 우리를 씻으신(laved us) 그에게" 로 읽는다면, 두운을 지키면서도 죄를 씻으셨다는 의미를 그대로 유지할 수 있습니다. 우리를 사랑하사 우리를 씻으셨다. 이 두 마디를 확실히 깨닫도록 하십시오. 그리고 이 두 마디로 기쁘게 기도와 찬송을 올리도록 하십시오. "우리를 사랑하사 그의 피로 우리 죄를 씻으신 그에게 영광과 능력이 세세토록 있기를 원하노라."

　　다음에, 요한은 주님께서 우리를 왕과 제사장으로 삼으시는 가운데 우리에게 주신 지위에 대해 말합니다. 그리고 이 사실로부터 요한은 왕권과 권세가 주님께 있다고 말합니다. 요한은 "땅의 임금들의 머리" 라고 부르는 대왕을 지금까지 칭송해 왔습니다. 요한은 우리의 거룩한 주님께 당연히 있는 왕권과, 그의 정복으로 말미암아 얻은, 그리고 그의 수고에 대한 보상으로서 아버지의 선물로 받은 권세를 다루고 나서, 이어서 주님이 "우리를 왕으로 삼으셨다" 고 말하였습니다. 요한은 우리 주님의 왕권을 그의 구속받은 자들에게도 적용합니다. 우리가 주님을 찬송하는 것은 주님 자신이 왕이시기 때문이고, 그 다음에는 주께서 왕을 세우시는 자, 곧 명예와 존귀의 원천이시기 때문입니다. 주님께서는 스스로 왕의 위엄을 충분히 갖추고 계실 뿐만 아니라, 자신의 존귀를 어느 정도 자기 백성들에게 주시기도 합니다. 주님은 우리가 보잘것없는 죄인임을 아시고도, 이렇게 평범한 재료들을 써서 왕을 만드십니다. 우리가 이런 점을 인하여 주님께 경배드려야 하지 않겠습니까? 왕관을 벗어 주님의 발 앞에 던져야 하지 않겠습니까? 주께서 우리에게 왕관을 주셨지만, 주님께 다시 돌려드려야 하지 않겠습니까? "그에게 영광과 능력이 세세토록 있기를 원하노라 아멘." 주님은 그 신적 본성 때문에 왕이십니다! 우리는 주님의 자녀로서의 권리 때문에 왕입니다! 빈궁한 자를 거름더미에서 올리사 귀족들과 함께 앉게 하시는(삼상 2:8) 주는 왕을 세우시는 분이십니다. 주님은 왕으로 세우신 모든 이들의 사랑을 받기 때문에 주는 만왕의 왕이십니다! 주는 주의 형제들이 마땅히 찬송드릴 분이십니다! 주여, 영원토록 다스리소서! 주께 호산나를 부르고, 할렐루야 찬송을 드립시다. 천지의 주님이시여, 지금 있는 만물과 장차 있을 만물이 모든 영광을 극진히 주님께 드리게 하옵소서. 형제 여러분, 여러분은 임마누엘을 찬송할 것을 생각하면 마음이 뜨거워지지 않습니까? 나는 온 세상을 하나님께 대한 찬양으로 가득 채우고 싶습니다. 아, 수많은 입이 주 예수님의 영광을 노래하였으면 좋겠습니다! 요한에게 쓸 말을 주신 성령께서 우리 영을 사로잡으신다면, 우리는 주님을 경배하는 것이 지극히 큰 기쁨이라는 것을 알게 될 것입니다. 우리가 주 하나님이신 예수님께 대한 예배에 몰두할 때만큼 하늘에 가까이 갈 수 있는 때가 없습니다. 거추장스런 이 몸을 벗어나서 내 영혼이 충만한 영광 가운데 계신 주님을 바라볼 때 경배하듯이, 지금 그렇게 주님을 경배할 수 있으면 좋겠습니다!

여기서부터 요한의 경배가 주님의 재림에 대한 기대 때문에 더 커지는 것 같습니다. 요한이 "볼지어다 그가 구름을 타고 오시리라"고 외치는 것을 볼 때 그렇습니다. 그의 경배가 그의 기대를 일깨웠습니다. 이 기대는, 요한이 송영에서 쏟아놓은 경건한 사랑의 뜨거운 열기로 그의 영혼에 줄곧 잠재해 있었습니다. "볼지어다 그가 오시리라"고 말함으로써, 요한은 자신의 경배의 원천이 무엇인지를 보여주었습니다. 요한은 믿음으로 주님을 분명하게 인식하고, 두 번째로 더 고귀한 주님의 모습을 볼 때까지 경배하였습니다.

주께서 속히 오시리라는 확신 때문에 요한의 공경심이 더 깊어지고, 경배가 더욱 뜨거워졌다고 봅니다. "볼지어다 그가 오신다" 혹은 "그가 오시리라." 요한은 주님께서 지금 오고 계시는 중이라고 주장합니다. 노동자들이 주인이 오는 소리가 들리면 더욱 부지런히 일하게 되듯이, 성도들도 자신들이 예배하는 분이 가까이 오고 계시는 것을 알면, 틀림없이 그와 같이 분발하게 될 것입니다. 주님께서 아버지 하나님께로 가셨기 때문에 이 세상에 잠시 우리만 남겨놓으셨습니다. 그러나 주님은 "내가 다시 와서 너희를 내게로 영접하리라"(요 14:3)고 말씀하셨습니다. 우리는 주님께서 약속을 지키실 것으로 확신합니다. 요한이 경배하고 있는 동안에 확신이 그의 마음에 더욱 차오릅니다. 그래서 송영의 끝부분에 이르러서 요한이 주님을 대면하게 되어 "볼지어다 그가 오시리라"고 외치지 않을 수 없었는데, 그것은 당연하고 적합한 일입니다. 요한은 마음이 청결한 자들 가운데서 예배한 후에 주님을 봅니다. 그리스도를 경배한 후에, 요한은 그리스도께서 심판좌에 앉고 하늘 구름을 타고 오시는 것을 봅니다. 일단 천상적인 것들을 다루기 시작하면, 우리는 얼마나 멀리까지 갈 수 있을지, 얼마나 높은 데까지 오를 수 있을지 모릅니다. 교회들에 복을 비는 일부터 시작한 요한이 지금은 주님을 봅니다.

성령의 도우심으로 우리가 복되신 주님의 놀라운 재림을 공손하게 생각할 수 있기를 바랍니다. 그때, 주의 오심이 주의 백성들에게는 기쁨이 되고, 불경건한 자들에게는 두려움이 될 것입니다.

　본문에 세 가지 사실이 들어있는데, 어떤 분들에게는 흔해빠진 것으로 보일 것입니다. 그것은 우리가 믿는 평범한 점들이지만, 그것만큼 중요한 사실들이 없습니다. 첫 번째 사실은 우리 주 예수께서 오신다는 것입니다. "볼지어다 그가 구름을 타고 오시리라." 두 번째 사실은 우리 주 예수 그리스도의 오심을 모든 사람이 보리라는 것입니다. "각 사람의 눈이 그를 보겠고 그를 찌른 자들도 볼 것이요." 세 번째 사실은, 이런 주님의 오심으로 큰 슬픔이 일어나리라는 것입니다. "모든 족속이 그로 말미암아 애곡하리니 그러하리라."

### 1. 첫째로, 우리 주 예수 그리스도께서 오신다는 사실을 생각하는 동안 성령께서 도우시기 바랍니다!

　이 감탄의 어조는 한 번 생각해 볼 만한 점이 있습니다. 옛 로마 사람들이 말하곤 하였듯이, 여기에 감탄사가 붙어서, "볼지어다, 그가 오시리라"고 말하고 있습니다. 옛날 책에서, 출판업자들이 난외주를 만들어 특별한 절들을 언급하였는데, 여기에 나오는 "볼지어다"라는 감탄사가 그와 같은 것입니다. 그것은 지금 읽고 있는 것을 잘 보라고 우리에게 주의(Nota Bene)를 주는 것입니다. 여기에 우리가 붙들고서 보아야 할 어떤 것이 있다는 것입니다. 우리는 지금 "와 보라!"고 외치는 소리를 듣습니다. 성령께서는 불필요한 말을 사용하시지 않고 감탄사를 과도하게 쓰시지도 않습니다. 성령께서 "볼지어다!" 하고 외칠 때, 그것은 깊이, 지속적으로 주의를 기울여야 할 이유가 있습니다. 성령께서 여러분에게 멈춰 서서 깊이 생각하라고, 오래 서서 바라보라고 명령하실 때, 여러분은 그 말을 듣고서 그냥 돌아서겠습니까? 아, 지금까지 헛된 것을 바라보아 왔던 여러분, 와서 예수께서 오신다는 사실을 보십시오. 지금까지 이것을 보거나 저것을 보고, 생각할 만한 가치가 있는 것은 생각하지 않았던 여러분, 이렇게 지나가는 모습과 광경들은 잊어버리십시오. 그리고 그 어떤 것도 비교할 수 없는 광경을 한 번만 보십시오. 그것은 환희에 찬 군주의 모습이 아니라 영광 가운데 오시는 만왕의 왕의 모습입니다. 감람산에서 하늘로 올라가신 예수께서, 제자들이 본 그대로 세상에 다시 오실 것입니다. 와서 이 위대한 광경을 보십시오. 이제까지 세상에서 볼 만한 일이 있다면, 바로 이 광경입니다. 보십시오. 이제까지 주님의 영광

과 같은 영광이 있었는지 보십시오! " 보라 신랑이로다!"(마 25:6)라고 하는 한밤
중의 소리에 귀를 기울이십시오. 이 소리는 실제로 여러분과 관계가 있습니다.
"가서 그를 맞이하라." 여러분, 이 소리는 바로 여러분에게 하는 말입니다. 아무
생각 없이 눈길을 돌리지 마십시오. 주 하나님께서 친히 여러분에게 보라고 요
구하십니다. 하나님께서 여러분에게 "볼지어다!" 하고 명하십니다. 하나님께서
보라고 명령하시는데, 보지 않을 생각입니까? 여러분의 구주께서 "볼지어다" 하
고 외치시는데, 눈을 감고 있겠습니까? 영감의 손길이 길을 가리키는데도, 그 길
을 보지 않을 것입니까? "볼지어다, 그가 오시리라." 여러분, 여기를 보십시오.

    본문의 말씀을 주의 깊게 읽어보면, 이 "볼지어다" 는 말은 주님의 오심을 생
생하게 인식해야 한다는 것을 나타냅니다. 나는 요한이 보이는 것 같습니다. 요한
은 지금 영으로 있습니다. 그런데 갑자기 그는 깜짝 놀라서 더 예리하게 더 심각
하게 주의해서 보는 것 같습니다. 요한이 본래 아주 멀리까지 보는, 눈이 밝은
사람이었지만, 지금 그의 정신은 보통 때보다 더 생생하게 깨어 있습니다. 우리
는 요한의 생각이 아주 높고 그의 시각이 예리한 점 때문에, 언제나 요한을 독수
리에 비유합니다. 그런데 갑작스럽게 요한조차도 아주 놀랄 만한 광경 때문에
깜짝 놀라는 듯이 보입니다. "볼지어다! 볼지어다!" 하고 그는 외칩니다. 주님의
모습을 본 것입니다. 요한은 "주께서 장차 오실 것이라"고 말하지 않습니다. "나
는 주님이 보인다. 주님이 지금 오고 계신다" 고 말합니다. 요한은 분명 주님의
재림을 생생하게 깨달은 것입니다. 그는 주님의 재림을 아주 확실하게 생각하므
로, 그에게 사실이 되어 버린 것입니다. 요한으로서는 말하고, 심지어 글로 쓰지
않을 수 없는 사실이 된 것입니다. "볼지어다! 그가 오신다"(개역개정에서는 "볼지어
다, 그가 오시리라" – 역주). 여러분과 나는 주님의 오심을 이처럼 생생하게 인식한
적이 있습니까? 아마도 여러분은 주께서 오실 것을 믿을 것입니다. 우리 모두 그
사실을 믿기 바랍니다. 주 예수께서 먼저 한 번 오셨다는 것을 믿는다면, 우리는
주님께서 두 번째 오실 것도 믿습니다. 그런데 이 두 가지 사실을 똑같은 진리로
확신하고 있습니까? 아마도 우리는 주님의 초림을 생생하게 알고 있을 것입니
다. 베들레헴에서 골고다까지, 골고다에서 감람산까지, 우리는 주님의 족적을
따라가며, "보라 세상 죄를 지고 가는 하나님의 어린 양이로다"(요 1:29)는 복된
외침이 무슨 말인지 알고 있을 것입니다. 그렇습니다. 말씀이 육신이 되어 우리
가운데 거하셨고, 우리가 그 영광을 보니, 아버지의 독생자의 영광이요, 은혜와

진리가 충만하였습니다. 그런데 우리는 주님께서 구원을 위하여 속죄하는 제사를 드리는 일과 상관없이 다시 오신다는 사실도 마찬가지로 확실하게 깨닫고 있습니까? 우리가 즐거운 교제로 만날 때, 서로에게 "예, 우리 주님이 오십니다" 라는 말을 합니까? 이 말이 우리 가운데 확실히 믿는 예언이 되어야 할 뿐만 아니라, 또한 영으로 그려보고 마음으로 기대하는 광경이 되어야 합니다. 나는 종종 그 장면을 상상할 때는 두려운 광경을 떠올렸지만, 믿음으로 생각할 때는 훨씬 더 나은 광경을 그려볼 수 있었습니다. 상상 속에서 나는 주님의 전차가 가까이 오는 소리를 들었고, 주님을 영접할 수 있도록 집안을 정리하려고 애썼습니다. 나는 주님을 따라다니는 커다란 구름 그림자를 보았고, 그러면 내 세속적인 열망이 스러지는 것을 느꼈습니다. 나는 지금도 그 마지막 나팔 소리를 마음속으로 들을 수 있습니다. 무시무시하게 울려 퍼지는 그 나팔소리에 깜짝 놀라 나는 진지하게 행동하게 되고, 생활에 힘을 얻습니다. 하나님께서 내가 좀 더 철저하게 그 장엄한 사건에 영향을 받으면서 살게 해주시기를 바랍니다!

형제자매 여러분, 와서 이 사실을 보십시오. 우리가 이 집에서 나갈 때, 다같이 서로에게 "보라 그가 오신다!" 고 말할 수 있기를 바랍니다. 주께서 부활하신 후에, 한 사람이 동료에게 이렇게 말했습니다. "주께서 과연 살아나셨다"(눅 24:34). 나는 오늘 밤 여러분이 주께서 과연 오고 계신다는 것을 그만큼 확실하게 느끼시기를 바랍니다. 여러분이 서로에게 그와 같이 얘기할 수 있기를 바랍니다. 우리는 주님께서 오실 것이며, 지금 오고 계시는 중이라고 확신합니다. 그러나 그 사실을 좀 더 생생하게 인식하는데서 오는 유익은 말할 수 없이 클 것입니다.

주님의 이 오심은 열심히 선포해야 하는 것입니다. 요한은 그냥 조용하게 "그가 오신다" 고 말하지 않고 아주 힘있게 "볼지어다, 그가 오신다" 고 외칩니다. 마치 왕의 선구자가 사람들의 주의를 끄는 나팔을 불어서 먼저 왕의 메시지를 전하는 것처럼, 요한은 "볼지어다!" 하고 외칩니다. 옛날에 포고 사항을 알리고 다니던 마을의 관원이 입버릇처럼 "예, 그렇습니다! 예, 그렇습니다! 예, 그렇습니다!" 하고 말하였듯이, 혹은 사람들이 자신의 발표에 주의를 기울이도록 하는 어떤 특별한 형식을 사용하듯이, 요한은 우리에게 한참 말하다가 멈추고서 "볼지어다, 그가 오신다!" 하고 외칩니다. 그는 "볼지어다!" 라는 강조어를 사용해서 사람들의 주의를 끕니다. 사도가 가지고 오는 것은 보통 메시지가 아닙니다. 사도는 우리가 그의 말을 평범한 이야기로 대하게 하고 싶지 않았습니다. 그는 온 마음을 기울여 그 사실을 공표합니다. 그 사실을 큰 소리로, 엄숙하게, 권위 있게 선포합니다. "볼지어다, 그가 오신다."

형제 여러분, 주님의 첫 번째 오심 다음으로, 이보다 더 자주 선포해야 할 진리는 없습니다. 그리고 이 재림을 잊어버린다면, 여러분은 초림의 모든 목적과 취지를 온전히 설명할 수 없습니다. 주의 만찬에 있어서, 주님의 초림을 인식하지 않으면, 주님의 몸을 분별할 수 없게 됩니다. 그러나 주께서 "내가 올 때까지"라고 말씀하시는 것을 듣지 못하면, 주님의 잔을 온전히 마실 수 없습니다. 여러분은 뒤를 돌아볼 뿐 아니라 앞을 바라보아야 합니다. 우리 모든 목회자의 사역도 그와 같아야 합니다. 목회자들은 십자가에 달리신 주님과 보좌에 앉으신 주님을 보아야 합니다. 우리는 일찍이 한 번 오셨고, 이제 다시 오실 분을 생생하게 인식해야 합니다. 그렇지 않으면 우리의 증거가 훼손되고 한쪽으로 치우치게 될 것입니다. 우리가 초림과 재림 가운데 어느 하나를 빼놓으면, 설교하고 가르치는 일이 절름발이 사역이 될 것입니다.

다음으로, 이 사실은 확실하게 주장해야 하는 것입니다. "볼지어다, 그가 오신다." "아마 그가 오실 것이다"라고 말해서는 안 되고, "아마 머지않아 나타나실지 모른다"고 해서도 안 됩니다. "볼지어다, 그가 오신다"는 말은, 이 사실을 선포하는 사람이 마음으로 깨달았듯이, 절대적으로 확실한 교리로 주장해야 합니다. "볼지어다, 그가 오신다." 모든 선지자가 주님이 오실 것이라고 말합니다. 에녹부터 시작해서, 성령의 감동으로 말한 마지막 선지자에 이르기까지, 모든 선지자들이 "주께서 그 수만의 거룩한 자와 함께 임하시느니라"(유 1:14)고 선언합니다. 여러분은 하나님의 권위로 말한 사람치고, 직접적으로든지 아니면 암시적으로든지 하나님의 아들의 임함을 말하지 않는 사람은 한 사람도 보지 못할 것입니다. 하나님의 아들이 임하는 그때에는 여인에게서 난 수많은 사람들이 하나님의 법정에 소환되어 자기 행위대로 보응을 받을 것입니다. 하나님의 모든 약속들의 성취가 "볼지어다, 그가 오신다"는 이 예언에 달려 있습니다. 우리에게는 이 예언에 대해 주께서 친히 하신 약속이 있습니다. 이 점 때문에 우리는 주님의 오심을 배나 확신할 수가 있습니다. 주님은 종종 제자들에게 자신이 떠나갈지라도 그들에게 다시 오실 것이라고 확실하게 말씀하셨습니다. 주님은 오실 때까지 지켜야 할 작별의 표지로서 우리에게 주의 만찬을 남겨 주셨습니다. 떡을 뗄 때마다, 우리는 이것이 지극히 복된 의식이지만, 일시적인 것이며, 지금 이 자리에 없는 주님께서 다시 한 번 우리와 함께 계실 때는 그치게 될 것임을 생각하게 됩니다.

　사랑하는 형제 여러분, 그리스도께서 오시는 것을 방해할 것이 있겠습니까? "볼지어다, 그가 오신다" 는 이 말을 연구하고 생각해보고 나서, 과연 그는 오신다고 내 자신에게 말했습니다. 그리스도께서 오지 못하도록 막을 사람이 있겠습니까? 주님의 마음은 땅에 있는 그의 교회와 함께 있습니다. 전투를 치르신 곳에서 주님은 승리를 축하하기 원하십니다. 주님의 기쁨은 사람들에게 있습니다. 모든 성도들이 주의 나타나실 날을 기다리고 있고, 주님도 그 날을 기다리고 계십니다. 고통하며 신음하는 땅도 주의 오심을 고대합니다. 주께서 오시면 이 땅도 고통에서 해방될 것입니다. 피조물이 잠시 동안 허무한데 굴복하고 있습니다. 그러나 주께서 다시 오실 때 피조물도 썩어짐의 종노릇 하는 데서 해방되어 하나님의 아들들의 영광스런 자유에 이르게 될 것입니다. 주님께서 이미 처음에 한 번 오시지 않았다면 우리는 주님께서 두 번째 오실 것에 대해 의문을 품을 수 있을 것입니다. 그러나 주께서 베들레헴에 오셨다면, 주께서 머지않아 감람산에 서실 것을 확신하십시오. 주님께서 오서서 죽으셨다면, 또 오서서 통치하실 것을 의심하지 마십시오. 주께서 오셔서 멸시받고 사람들에게 거절당하셨다면, 또 오셔서 자기를 믿는 자들에게서 칭송받으실 것을 의심해야 할 이유가 있습니까? 주님의 틀림없는 이 재림은 확실하게 주장해야 하는 것입니다.

　사랑하는 친구 여러분, 주께서 다시 오실 것이라는 이 사실을 우리는 즉각적으로 관심을 가져야 할 것으로 가르쳐야 합니다. "볼지어다, 그가 구름을 타고 오시리라." 보라, 그 사실을 보십시오. 그 사실을 묵상하십시오. 그 사실은 생각할 만한 가치가 있습니다. 여러분 자신에 관한 것입니다. 그 사실을 거듭거듭 연구하십시오. "그가 오신다." 땅이 흔들리고 해와 달이 사라지고, 하늘과 땅이 주님 앞에서 도망가는 이 모든 일이 지금 아주 가까이 다가와서 요한은 그 일이 이미 이루어진 것으로 말합니다. "볼지어다, 그가 오신다."

　그 배경에는 이 의미가 깔려 있습니다. 주께서 이미 오고 계시는 중이라는 것입니다. 주님께서 은혜와 섭리 가운데 행하고 계시는 모든 것이 주님의 재림을 위한 준비입니다. 인간 역사의 모든 사건들, 곧 만물을 다스리기 위하여 주께서 지극히 큰 엄위로 결정한 모든 중대한 결정들, 이 모든 것이 주의 나타나시는 날을 위하여 이바지하고 있습니다. 주께서 오는 일을 미루신다고 생각지 마십시오. 그렇게 생각하다가는 어느 날 갑자기 주님께서 아주 급하게 여기로 돌진하실 것입니다. 주님은 지혜가 허락하시는 대로 속히 그 일을 이루기로 이미 정해놓으셨습니다. 무엇 때문에 주님의 재림이 현재 지연되고 있는지 우리는 알지 못합니다. 그러나 주님은 아십니다. 그러면 그것으로 충분합니다. 예수께서 승천하신 이후로 거의 2천년이 지났고, 그런데 예수께서 아직까지 오지 않으셨기 때문에 우리는 마음이 불안합니다. 그러나 여러분은, 어떤 일이 일어나도록 정해졌는지, 주님의 계획에는 얼마만큼의 시간이 경과하는 것이 절대적으로 필요한지 우리는 알지 못합니다. 주님이 오시기까지 그 장구한 중간 시기를 채운 것은 작은 일들이 아닙니다. 그 중간에 끼어든 세기들은 놀라운 일이 많이 일어났습니다. 만물의 절정이 이르기 위해서는 수많은 일들이 하늘에서도 필요했을지 모릅니다. 우리 주님이 오시면, 주님의 무한한 지혜를 따라 얘기할 때, 주께서 할 수 있는 한 빨리 오셨다는 것이 드러날 것입니다. 왜냐하면 주님은 스스로 지혜롭고 완전하고 거룩하게 행동하시지 않을 수 없기 때문입니다. 주님은, 여러분과 내가 종종 그러듯이 두려움이나 열정 때문에 서둘러 행동하시는 일이란 없습니다. 주님은 영원의 여유와 전능하심의 평온 가운데 거하십니다. 주님은 우리처럼 날과 달과 년 수를 따라서 일을 이루셔야 하고, 그렇지 않으면 주님의 일생의 사역이 이루어지지 않은 채로 남아 있는 일이란 없습니다. 주님은 영원한 생명의 능력에 따라, 꾸준히 앞으로 나아가시며, 주에게는 천년이 하루에 지나지 않습니다. 그러므로 주님께서 지금도 오고 계시다는 사실을 확실히 아십시오. 주님은 지금 모든 것이 그 길로 향하도록 조정하고 계시는 중입니다. 모든 일이 그 장엄한 절정을 향해서 작용하고 있습니다. 이 순간, 그리고 우리를 떠나가신 그 순간부터 주 예수께서는 다시 돌아오고 계십니다. "볼지어다, 그가 오신다!" 주님은 지금 오시는 중입니다! 주님은 매시간 점점 더 가까이 오고 계십니다!

그 다음에, 우리는 주님의 오심에는 독특한 표지가 따를 것이라는 말을 듣습니다. "볼지어다, 그가 구름을 타고 오시리라." 일찍이 한 번 오신 분이 하나님의 아들이신지, 혹은 그분이 과연 오시는지에 대해서는 물어볼 필요가 없을 것입니다. 이것은 은밀한 문제가 아닙니다. 주님의 오심은 저기 구름처럼 분명한 일이 될 것입니다. 광야에서는 낮에는 볼 수 있는 구름 기둥으로, 밤에는 마찬가지로 볼 수 있는 불 기둥으로 여호와의 임재를 알 수 있었습니다. 구름 기둥은 여호와께서 성소에서 그룹들 사이에 거하신다는 것을 보여주는 확실한 표지였습니다. 주 그리스도의 오심의 표지도 그런 것입니다.

    "모든 눈이 인자의 상징인
    그 구름을 볼 것입니다."

    기록된 대로, "그 때에 인자의 징조가 하늘에서 보이겠고 그 때에 땅의 모든 족속들이 통곡하며 그들이 인자가 구름을 타고 능력과 큰 영광으로 오는 것을 볼"(마 24:30) 것입니다. 나는 지금, 우리 주님께서 구름에 앉아서 혹은 "구름을 타고" 혹은 "하늘 구름을 타고" 오실 것을 말하는 성경의 모든 구절을 다 인용할 수는 없습니다. 그런 표현들은 성경에 아주 많이 나옵니다. 이런 표현은 주님의 오심이 장엄하다는 것을 보여주지 않습니까? 주님은 구름을 전차로 삼으십니다. 주님은 많은 수행원들을 데리고 오십니다. 이 수행원들은 세상의 군주들에게 경의를 표하라고 명할 수 있을 만큼 고귀한 존재들입니다. 천사들과 그룹들과 스랍들, 하늘의 모든 군대를 데리고, 구름을 타고 주님은 오십니다. 자연의 모든 세력들, 뇌운(雷雲), 빽빽한 구름과 함께 오시는 만군의 주님께서 당당하게 입성하여 온 세상을 심판하실 것입니다. 주님께서 원수들을 물리치고, 천둥으로 땅의 적들을 흔들며 번개의 불꽃으로 사르실 두려운 전쟁의 날에, 구름은 주님 발에 묻은 티끌에 지나지 않습니다. 주께서 나타나시는 이 위대한 날에 모든 하늘이 한껏 성장(盛粧)을 하고 모여들 것이고, 자연의 지극히 장엄한 모습이 충만하게 펼쳐질 것입니다. 예수께서 오실 때, 사람들에게 멸시를 받고 거절 받은 슬픔의 아들로서 오시지 않고, 여호와께서 시내 산에서 빽빽한 구름과 두려운 흑암 가운데 오셨듯이 오실 것입니다. 주님의 오심은 마지막 심판이 될 것입니다.
    구름은 주의 오심의 장엄함뿐 아니라 그 힘을 나타내기 위해서도 사용되었습니다. "너희는 하나님께 능력을 돌릴지어다 그의 위엄이 이스라엘 위에 있고 그의 능력이 구름 속에 있도다"(시 68:34). 이것을 선지자 다니엘은 7:13에서 왕의 표지로 제시하였습니다. "내가 또 밤 환상 중에 보니 인자 같은 이가 하늘 구름을 타고 와서." 일찍이 머리 둘 곳이 없으셨던 하나님의 아들의 영광은 바로 하나님의 영광입니다. 자연에서 지극히 장엄한 물체들은 만민의 왕의 귀환에 따르는 분명한 영광을 나타내기에 매우 적합할 것입니다. "볼지어다, 그가 오신다."

어린 아기의 배내옷을 입고 오시거나 지친 인간의 모습으로, 혹은 죽음의 부끄러운 모습을 띠고 오시는 것이 아니라, 하늘의 모든 영광을 대동하고서 오십니다. 하나님의 알현실의 휘장이 주님의 신분을 나타낼 것입니다.

또한 이 구름이 불경건한 자들에게는 주의 오심의 두려움을 표시합니다. 주의 성도들은 다 함께 구름 속으로 끌어올려져 공중에서 주님을 만날 것입니다. 그러나 여전히 땅에 남아 있을 자들에게는 구름이 검게 변하고 흑암의 두려움을 가져올 것입니다. 그때 회개하지 않은 자들이 이 두려운 광경, 곧 인자가 하늘 구름을 타고 오는 것을 볼 것입니다. 구름이 그들에게 공포심을 가득 안겨줄 것입니다. 그들이 이렇게 두려워하는 것은 당연합니다. 그 구름이 그들 위에서 한없이 커졌다가 갑작스럽게 그들 머리에 심판을 쏟아낼 것이기 때문입니다. 그때 크고 흰 보좌가 나타날 텐데, 주의 백성들에게는 소망으로 밝고 찬란하게 빛날 것입니다. 그러나 그 보좌가 나타날 때, 죄를 짓고 살면서도 형벌 받지 않을 것으로 믿었던 모든 사람들에게는 한 점 흠 없는 정의의 희고 찬란한 빛 앞에서 소망이 사라지고 말 것입니다. "볼지어다, 그가 오신다. 구름을 타고 오신다."

나는 오늘 밤과 같은 분위기가 좋습니다. 내 설교의 주제는 달리 상상력을 필요로 하지 않기 때문입니다. 이러한 주제에 상상을 가미한다면, 그 자체의 단순함으로 사람의 마음에 와 닿는 아주 장엄한 주제를 볼품없이 훼손하게 될 것입니다. 그 의미가 여러분에게 생생해질 때까지 잠깐 동안 분명하게 생각해 봅시다. 예수 그리스도께서 오고 계십니다. 아주 찬란한 영광 가운데 오고 계십니다. 주께서 오시면, 적들의 공격과, 불경건한 자들의 박해, 회의론자들의 냉소가 미치지 못하는 아주 높은 곳에 있는 보좌에 앉으실 것입니다. 주님은 하늘 구름을 타고 오고 계십니다. 우리도 다른 신자들과 함께 주의 오심을 목격하게 될 것입니다. 이 진리를 깊이 생각하도록 합시다.

**2. 두 번째로 관찰할 사실은 이것입니다.**
**우리 주님의 오심을 모든 사람이 보리라는 것입니다.**

"볼지어다 그가 구름을 타고 오시리라 각 사람의 눈이 그를 보겠고 그를 찌른 자들도 볼 것이요."

나는 이 묘사로부터 첫째, 주님의 오심은 말 그대로 나타나심이 되고, 실제로 볼 수 있는 광경이 되리라고 헤아려봅니다. 이 재림이 영적으로 표현된 것이고, 사람들이 마음으로 인식하게 되어 있는 것이라면, 그 표현은 "각 사람의 마음이 그를 인식하리라"고 되어야 할 것입니다. 그러나 그렇지 않습니다. 그 구절은 "각 사람의 눈이 그를 보리라"고 되어 있습니다. 자, 마음은 영적인 것을 볼 수 있습니다. 그러나 눈은 명백히 물질적이고 보이는 것만 볼 수 있습니다. 주 예수 그리스도께서는 영적으로 오시지 않을 것입니다. 그런 의미라면 주님은 언제나 여기 계시기 때문입니다. 주님은 정말로 실질적으로 오실 것입니다. 모든 눈이 그를 볼 것이고, 심지어 미움으로 바라보고 주님을 찌른 자들의 눈도 주님을 볼 것이기 때문입니다. 가서 꿈을 꾸고서 스스로에게 "아, 이 모든 것에는 어떤 영적인 의미가 있다"고 말하지 마십시오. 주님이 말 그대로 실제로 나타나시는 것은 불가능한 일이고, 하나님의 그리스도를 영적으로 나타내는 일이 있을 것이라고 생각하여 성령의 이 교훈을 없애버리지 않도록 하십시오. 그렇게 생각한다면 성경의 기록을 바꾸는 일이 될 것입니다. 주 예수께서는 첫 번째 오셨던 그대로 두 번째로 세상에 오실 것입니다. 죽은 자들 가운데서 부활하신 후에 구운 생선 한 토막을 드셨던 바로 그 그리스도, "나를 만져 보라 영은 살과 뼈가 없으되 너희 보는 바와 같이 나는 있느니라"(눅 24:39)고 말씀하신 그분, 물질적인 몸을 가지신 이 예수께서 하늘 구름을 타고 오실 것입니다. 주님께서 올라가신 그 모습대로 내려오실 것입니다. 주님을, 사람들이 말 그대로 볼 것입니다. 이 말은 정직하게 읽을 때, 다른 어떤 방식으로도 읽을 수 없습니다.

"각 사람의 눈이 그를 보리라." 그렇습니다. 나는 정말로 말 그대로 내 눈으로 주님을 볼 것을 기대합니다. 오래 전에 잠들었던 성도가 비록 벌레에 몸이 파먹혔을지라도 자신이 육체 가운데서 하나님을 볼 것을, 다른 사람의 눈이 아니라 자기 눈으로 하나님을 볼 것을 믿고 기대하였듯이, 나도 주님을 내 눈으로 볼 것을 기대합니다. 현대인들은 의심하지만 실제로 몸의 부활이 있을 것입니다. 그런 부활이 있기에 우리는 눈으로 예수님을 볼 것입니다. 마음속에 떠오르는 가상의 꿈같이 어렴풋한 땅에서, 마음속으로 인식할 수는 있지만 보지는 못하는 땅에서 우리 자신을 발견하게 되지 않을 것입니다.

우리는 신비하고 어렴풋하며 감지할 수 없는 공기와 같은 존재가 되지 않을 것입니다. 우리는 말 그대로 영광스런 주님을 볼 것입니다. 주의 나타나심은 결코 환영이나 그림자 춤과 같은 것이 되지 않을 것입니다. 심판의 날만큼 현실적인 날은 없을 것입니다. 영광의 보좌에 앉아 계신 인자만큼 생생한 광경은 없을 것입니다. 여러분은 이 진술의 힘을 느껴볼 수 있도록, 그 진술을 마음에 받아들일 생각이 있습니까? 오늘날 우리는 사실들에서 너무 멀리 떠나 있고, 신화와 관념의 영역에 너무 깊숙이 빠져들었습니다. "각 사람의 눈이 그를 볼 것이라." 여기에는 망상이 없을 것입니다.

주님을 살아 있는 모든 사람이 볼 것이라는 말을 유의해서 봅시다. 각 사람의 눈이 그를 볼 것입니다. 즉 왕과 소작농민이 볼 것이고, 아주 학식이 많은 자와 무식하기 이를 데 없는 자가 볼 것입니다. 전에 맹인이었던 사람들이 주께서 나타나실 때 볼 것입니다. 나는 소경으로 태어났지만 주님을 아주 뜨겁게 사랑한 사람을 알고 있습니다. 그는 자신의 시력이 주님을 볼 때까지 유보되었다는 점을 자랑스럽게 말하곤 하였습니다. 그는 이렇게 말하였습니다. "내가 처음으로 볼 분이 주 예수 그리스도가 되실 것입니다. 내가 새로이 뜬 눈에 처음으로 비치는 모습은 영광 가운데 계실 인자가 될 것입니다." 그의 이 말은 지금 해를 볼 수 없는 모든 사람들에게 큰 위로가 됩니다. "각 사람의 눈이 그를 볼" 것이므로, 여러분도 아름다운 그리스도를 볼 것입니다. 더러운 것과 교만이 가득한 눈에는 이 일이 별로 즐겁지 않을 것입니다. 여러분은 이 광경을 별로 바라지 않을 것입니다. 그러나 여러분은 좋아하든 좋아하지 않든 간에 그 모습을 보지 않을 수 없습니다. 여러분들이 지금까지는 좋은 것들에 대해 눈을 감고 지냈습니다. 그러나 예수께서 오시면 여러분은 그를 보지 않을 수 없습니다. 땅에 거하는 모든 사람이 같은 순간에 보지는 않을지라도, 같은 확실함으로 한때 십자가에 못 박히셨던 주님을 볼 것입니다. 그들은 숨을 수 없고 주님을 보지 않을 수도 없을 것입니다. 사람들이 그 광경을 보기를 두려워할 것이지만, 마치 어둠을 좋아하는 도둑에게 햇빛이 비치듯이 그 광경이 그들에게 임할 것입니다. 그들은 아주 당혹스럽지만 자기들이 인자를 본다는 것을 인정하게 될 것입니다. 그들은 그 광경에 너무 압도되어서 도무지 그 사실을 부인할 수 없을 것입니다.

죽은 지 오래된 자들도 주님을 볼 것입니다. 가룟 유다와 빌라도, 가야바, 헤롯에게는 그것이 얼마나 두려운 광경이 되겠습니까! 구주는 없고 필요하지도 않다고, 혹은 예수는 단지 사람일 뿐이며 그의 피는 속죄를 위해 흘린 것이 아니라고 일생 동안 말한 자들에게 그 광경이 어떻게 비치겠습니까! 주님을 비웃고 욕하던 사람들이 죽은 지 오래 되었지만 모두 다시 일어날 것이며, 다른 모든 사람과 같은 운명에 처해질 것입니다. 즉 자기들이 욕하던 그분이 하늘 구름을 타고 오시는 것을 볼 것입니다. 죄수들은 재판장을 보고서 걱정을 합니다. 재판을 알리는 나팔소리가 범죄자들에게는 도무지 아름다운 음악이 아닙니다. 그러나 회개하지 않은 죄인이여, 그대는 그 소리를 듣지 않을 수 없습니다! 무덤 속에 있을지라도, 당신은 인자의 목소리를 듣지 않을 수 없고, 살아서 무덤에서 나와 당신이 선악 간에 몸으로 행한 일들을 받아야 합니다. 죽음이 당신을 감출 수 없고, 지하납골당이 당신을 숨길 수 없으며, 썩음과 부패도 당신을 구원할 수 없습니다. 당신과 당신의 친구들을 심판하실 주님을 육체 가운데서 보지 않을 수 없을 것입니다.

　　특별히 주님을 찌른 자들도 주님을 볼 것이라는 점이 여기서 언급됩니다. 여기에는 주님을 십자가에 못 박은 자들과 창으로 옆구리를 찌른 자들, 실로 잔혹한 십자가형에 참여한 모든 자들이 포함됩니다. 여기에 이들 모두가 들어가지만, 그 외에도 많은 사람들을 그 말에 포함될 것입니다. "그를 찌른 자들"이 결코 적지 않을 것입니다. 누가 주님을 찔렀습니까? 한때 주님을 사랑한다고 고백하고 나서, 다시 세상으로 돌아간 사람들은 어떻습니까? 한때 잘 달리던 사람들이 "무엇 때문에 달리기를 멈추었습니까?" 이들이 전에 주님을 사랑한다고 고백하던 그 입으로 이제는 그리스도에 대해 욕을 합니다. 일관되지 못한 생활로 예수의 신성한 이름에 불명예를 끼친 사람들도 주님을 찌른 것입니다. 주님의 사랑을 거부하고 양심을 억누르며 주님의 책망을 거절한 사람들도 주님을 찌른 것입니다. 슬프게도, 여러분 가운데 아주 많은 사람들이 지금 주님의 구원을 아주 소홀하게 대함으로 주님을 찌르고 있을 것입니다! 매 주일 예배당에 가서 주님에 대해 들었지만 여전히 듣기만 하여, 자신의 영혼을 주님의 무한한 사랑에 복종시키기보다는 멸망시키는 사람들, 이들도 주님의 애정 어린 마음을 찌른 것입니다. 나는 오늘 밤 여러분에게 효과적으로 호소하여, 여러분이 더 이상 주님을 찌른 자들 가운데 있지 않기를 바랍니다. 여러분이 지금 예수님을 보고 죄에 대해 슬퍼한다면, 주께서 여러분의 죄를 제거하실 것입니다. 그러면 여러분은 그 날에 주님을 보기를 부끄러워하지 않을 것입니다. 여러분이 주님을 찔렀을지라도, "우리를 사랑하사 그의 피로 우리 죄를 씻으신 그에게" 찬송드릴 수 있게 될 것입니다. 그러나 여러분이 계속해서 주님을 찌르고 주님께 대항하여 싸운다면, 여러분은 여전히 그 날에 주님을 보고 두려움과 낙담에 떨어지게 될 것입니다. 우리가 아무리 나쁘게 행동할지라도, 여러분과 나는 주님을 볼 것입니다. 그럴 경우에, 주님의 모습은 우리에게 어떠한 공포를 주겠습니까!

몸 상태를 생각하면, 오늘 밤 여러분에게 설교하는 것이 적합하지 않은 것 같습니다. 그러나 지난 주일에 나는 형편이 된다면 오늘 밤에 설교하겠다고 말씀드렸습니다. 설교할 형편이 거의 안 되는 것 같았지만, 약속을 지키지 않을 수 없습니다. 나는 또 여러분을 위해서 여러분과 함께 있기를 간절히 바랐습니다. 내가 앞으로 여러분 가운데 복음을 전할 수 있을 기회가 어쩌면 많이 남아 있지 않을 수도 있습니다. 나는 몸이 아플 때가 종종 있습니다. 내가 얼마나 빨리 임종을 맞을지 누가 알겠습니까? 그래서 나는 남아 있는 모든 육체적인 힘과, 섭리에 의해 주어지는 기회들을 다 사용하고 싶습니다. 우리는 언제 갑자기 생명이 끊어져, 이웃들에게 유익을 끼치는 기회를 영원히 잃게 될지 알 수 없습니다. 선을 행할 수 있는 한 번의 기회를 사용하지 못한 채 데려감을 당하는 것은 안타까운 일일 것입니다. 그래서 나는 이 위대한 진리의 그늘 밑에서 여러분에게 간절히 호소하고 싶습니다. 우리 모두가 주께서 나타나시는 날에 주님을 볼 것이므로 여러분에게 준비하고 있으라고 권하고 싶습니다. 그렇습니다. 나는 그 큰 무리들 가운데 서 있을 것입니다. 여러분도 거기에 있을 것입니다. 그때 여러분의 기분이 어떨 것 같습니까? 어쩌면 여러분은 예배의 자리에 참석하는 것이 익숙하지 않을 것입니다. 그러나 여러분은 거기에 있을 것이고, 그 장소가 여러분에게 엄숙하게 느껴질 것입니다. 여러분이 성도들의 집회에는 결석할 수 있지만 그 날의 집회에는 결석할 수 없을 것입니다. 여러분은 큰 무리 가운데 한 사람으로 거기 있을 것입니다. 여러분은 마치 주님 앞에 선 단 한 사람인 것처럼 생생하게 주 예수님을 볼 것이고, 주께서는 여러분이 주님의 법정에 소환된 단 한 사람인 것처럼 여러분을 확실하게 볼 것입니다.

여러분은 두 번째 대지를 마치는 시점에서 이 모든 사실을 진심으로 생각해 보시겠습니까? "각 사람의 눈이 그를 보겠고 그를 찌른 자들도 볼 것이요" 라는 이 말을 조용히 속으로 따라해 보십시오.

### 3. 이제 나는 세 번째 대지로 설교를 끝내야 하겠습니다.

더 확장해서 설명할 필요가 있는데, 이만큼 하고 끝내야 하니 마음이 괴롭습니다. 세 번째 대지는 **주님의 오심이 큰 슬픔을 일으키리라**는 것입니다. 본문은 주의 오심에 대해 무엇이라고 말합니까? "땅에 있는 모든 족속이 그로 말미암아 애곡하리라."

"땅의 모든 족속." 이 슬픔은 아주 보편적이 될 것입니다. 어쩌면 여러분은, 그리스도께서 오실 때 주님을 노래와 음악으로 환영하는 기쁜 세상에 오실 것이라고 생각했을 것입니다. 주님의 입김에 멸망할 불경건한 자들이 소수가 있을 것이지만, 인류의 대다수는 주님을 기쁨으로 영접할 것이라고 생각했을 것입니다. 그런데 실상은 얼마나 다른지 보십시오. "땅의 모든 족속," 즉 땅에 속하는 모든 부류의 사람들, 땅에서 태어난 사람들, 모든 민족과 종족과 방언에서 나온 사람들이 주께서 오실 때 울며 이를 갈 것입니다. 여러분, 이것은 슬픈 전망입니다. 우리에게는 기분 좋게 예언할 것이 없습니다. 여러분은 이 점을 어떻게 생각합니까?

다음에, 이 슬픔이 아주 클 것입니다. 사람들이 "애곡할" 것입니다. 나는 매우 인상적인 이 단어를 영어로는 그 뜻을 충분히 표현할 수 없습니다. 그 단어를 길게 발음해야 그 본래 의미가 전달될 것입니다. 그것은 마치 사람들이 손을 굳게 붙잡고 흔들면서 큰 소리로 울음을 터트리는 것입니다. 혹은 동양의 여인들이 괴로운 나머지 옷을 찢고 목소리를 높여 슬픈 곡조를 내는 것과 같습니다. 땅의 모든 족속이 소리 내어 울 것입니다. 어머니가 죽은 아이를 애도하듯이 울며, 자신이 투옥되어 아무 희망도 없이 죽을 수밖에 없는 운명이라는 것을 안 사람이 울듯이 울 것입니다. 땅의 모든 족속이 구름을 타고 오시는 그리스도를 볼 때 겪을 절망적인 슬픔이 그러할 것입니다. 그들이 여전히 회개치 않고 있다면, 잠잠히 있지 못할 것이고 자신들의 고통을 억누르거나 숨길 수 없을 것입니다. 그들은 슬퍼할 것이고, 혹은 자신들의 공포를 숨김없이 나타낼 것입니다. 예수께서 구름에 앉아 계시며 충만한 권세로 그들에게 심판을 받도록 소환하실 때, 어떤 소리가 하늘 높이 올라가겠습니까! 그때 "모든 족속이 그로 말미암아 애곡할" 것입니다.

여러분도 그들 가운데 있으면서 애곡할 것입니까? 여러분도 많은 사람들이 크게 당황하는 가운데 있으면서 낙담할 것입니까? 여러분이 어떻게 그 자리를 피할 것입니까? 여러분이 땅의 모든 족속 가운데 한 사람으로, 여전히 회개하지 않고 있다면, 다른 사람들과 함께 애곡할 것입니다. 여러분이 지금 그리스도께로 달려가 그 안에 숨고, 주께서 자기 죄를 씻으신 일을 인하여 주님의 이름을 찬송할 천국 백성 가운데 한 사람, 곧 주님의 피로 씻으신 그의 택한 백성 가운데 한 사람이 되지 않으면, 이렇게 하지 않으면, 그리스도의 심판대 앞에서 사람들이 애곡할 때, 여러분도 그 가운데 있게 될 것입니다.

그 다음에, 그리스도께서 오실 때 사람들이 보편적으로 회개하는 일이 있지 않으리라는 것이 아주 분명합니다. 사람들이 보편적으로 회개하게 된다면 그들이 울지 않을 것이기 때문입니다. 그렇게 보편적인 회개가 일어난다면, 사람들이 소리 높여 "하나님의 아들이시여, 어서 오십시오. 어서 오십시오!" 하고 외칠 것입니다. 그리스도의 오심이 찬송가에서 말하는 대로 될 것입니다.

> "들으라, 저 환호성이 터지는 소리를!
> 들으라, 저 우렁찬 승리의 음악을!
> 예수께서 지극히 높은 자리에 오르신다.
> 아, 그 광경을 보니 말할 수 없이 기쁘도다!"

이러한 환호성은 주님의 백성들에게서 나옵니다. 그런데 본문을 보면, 인류의 많은 무리가 슬퍼하며 울 것입니다. 따라서 이들은 하나님 백성들 가운데 있지 않을 것입니다. 그러므로 주께서 오시는 날에 구원을 찾으려고 하지 마십시오. 지금 예수를 믿고, 당장 주님을 여러분의 구주로 맞이하시기 바랍니다. 지금 여러분이 예수를 즐거워하면, 그날에는 주님을 훨씬 더 기뻐하게 될 것입니다. 그런데 여러분이 주님이 오실 때 애곡하게 될 것이라면, 지금 당장 애곡하는 것이 좋을 것입니다.

또 한 가지 진리를 살펴봅시다. 예수께서 말일에 오실 때, 사람들이 주님에게 큰 것을 기대하지 않으리라는 것이 아주 확실합니다. 여러분은 요즘에 사람들이 "더 큰 소망"에 대해 이야기하는 것을 압니다. 오늘날 그들은 성경에서 전혀 지지를 받지 못하는 가공의 이야기인, 사후의 회개와 회복이라는 무익한 희망으로 사람들을 속입니다. 땅의 이 족속들이, 그리스도께서 오실 때 자기들이 모두 죽고 더 이상 존재하지 않게 될 것을 기대하였다면, 그로 인해 하나님의 진노를 피할 수 있기 때문에 기뻐할 것입니다. 불신자마다 "그거야말로 진심으로 바라던 바"라고 말하지 않겠습니까? 그들이 주께서 오실 때 보편적인 회개가 있고, 감옥에 오랫동안 갇혀 있던 영혼들에 대한 전체적인 죄수 석방이 있을 것으로 생각한다면, 그들이 울겠습니까? 예수께서 오셔서 모든 사람의 회복을 선포하실 것으로 생각한다면, 그들은 울지 않고 기뻐서 소리칠 것입니다. 그렇지 않습니다! 그들이 주님으로 인하여 애곡하는 것은, 주의 오심이 회개하지 않는 자들에게는 철저한 절망으로 눈앞을 깜깜하게 만들기 때문입니다. 주의 첫 번째 오심이 그들에게 영생을 주지 않는다면, 주의 재림도 그들에게 영생을 주지 않을 것입니다. 예수께서 구주로 오실 때 여러분이 그의 상처 속에 숨지 않는다면, 예수께서 재판장으로 오실 때 숨을 곳이 없을 것입니다. 그들은 주 예수님을 거절함으로써 그들에게 마지막 남은 희망마저 돌아보지 않았기 때문에, 울며 슬퍼할 것입니다.

왜 그들이 주님을 인하여 애곡합니까? 그들이 영광 가운데 계신 주님을 보고, 자기들이 주님을 얕보고 멸시한 것이 생각나기 때문이 아니겠습니까? 그들은 주님이 와서 자기들을 심판하시는 것을 볼 때, 일찍이 주님이 집 문 앞에서 자비롭게 "내게 문을 열라"고 말씀하셨으나 주님을 영접하지 않았던 것을 기억할 것입니다. 그들은 주님의 피를 거절하였고, 주님의 의를 거부하였습니다. 그들은 주님의 거룩한 이름을 우습게 여겼는데, 이제 그 악에 대해서 책임을 져야 합니다. 그들이 주님을 경멸하였는데, 이제 예수께서 오실 때는 자기들이 더 이상 주님을 함부로 대할 수 없다는 것을 알게 됩니다. 어린아이의 장난치던 날은 끝이 났습니다. 이제 그들은 자기 인생에 대해 엄숙하게 설명해야 합니다. 보십시오. 책들이 펼쳐져 있습니다! 그들은 자기들의 죄를 기억하고, 그 죄들이 아주 꼼꼼하게 기록되어 있는 것을 알고 경악하며 책을 덮습니다. 그들은 거기에 대해 설명해야 합니다. 씻음을 받지 못하였고 용서받지 못한 그들로서는 거기에 대해 설명할 수가 없고, 다만 "저주를 받은 자들아 내게서 떠나가라"는 판결밖에 받을 것이 없습니다. 바로 이것이 그들이 주님으로 인하여 슬퍼하고 애곡하는 이유입니다.

여러분, 편하고자 하는 본성대로 하자면 나는 여러분에게 기분 좋은 것들만 설교할 수 있을 것입니다. 그러나 그것은 내 사명이 아닙니다. 나는 좀처럼 부드러운 복음을 전하기를 바랄 수가 없습니다. 이미 아주 많은 사람들이 부드러운 복음을 전하여 여러분에게 큰 해를 입히고 있기 때문입니다. 나는 여러분의 불멸의 영혼을 사랑하기 때문에, 여러분에게 아첨하는 말을 하지 않습니다. 나는 그 마지막 날에 내 설교에 대해 답변해야 하기 때문에, 여러분에게 진리를 말하지 않을 수 없습니다.

"여러분 죄인들이여, 주님의 얼굴을 구하십시오.
그의 진노를 여러분은 감당할 수 없습니다."

오늘 밤 하나님의 자비를 구하십시오. 나는 여러분에게 하나님과 화목하라
고 간청하기 위해 몸이 아프지만 이 자리에 섰습니다. "그의 아들에게 입 맞추라
그렇지 아니하면 진노하심으로 너희가 길에서 망하리니 그의 진노가 급하심이
라 여호와께 피하는 모든 사람은 다 복이 있도다"(시 2:12).

그러나 여러분이 내 주 예수님을 모시지 않는다면, 예수께서 오서서 그 점
에 대해 그와 같이 보응하실 것입니다. 주께서 지금 오고 계시는 중입니다. 주께
서 오시면 여러분은 그로 인하여 애곡할 것입니다. 여러분이 예수님을 친구로
삼고, 기쁨으로 주님을 만날 수 있으면 좋겠습니다! 왜 여러분은 죽으려고 하십
니까? 주님은 자기를 믿는 모든 사람들에게 생명을 주십니다. 믿고 생명을 얻으
십시오.

하나님께서 오늘 밤 여러분의 영혼을 구원하시고 주께서 영광을 받으시기
를 바랍니다. 아멘.

제
3
장
—

# 밧모 섬의 그리스도께서 주신 교훈

—

"그의 오른손에 일곱 별이 있고 그의 입에서 좌우에
날선 검이 나오고 그 얼굴은 해가 힘있게
비치는 것 같더라." ─ 계 1:16

지금까지 우리는 요한이 주께서 자기에게 주의 영광을 계시하신 방식에 대해 조심스럽게 묘사한 점을 살펴보았습니다. 그 인물은 대단하여 거의 상상할 수 없을 정도라고 말씀드렸습니다. 요한의 말을 들을 때, 그를 그리는 것은 거의 불가능한 일일 것입니다. 어떤 예술가든지 그 인물을 펜으로 표현하려고 한다면, 요한이 전달하려고 했던 것과는 다르게 아주 이상하고 기이한 모습이 될 것입니다. 어떤 사람이 많은 물소리와 같은 목소리를 그릴 수 있겠습니까? 혹은 그 발을 어떻게 풀무불에 단련한 빛난 주석과 같이 그릴 수 있겠습니까? 그 모습을 기술적으로 정확하게 표현하는 것이 불가능한 일은 아니라 할지라도 지극히 어려울 것입니다. 데생에 뛰어난 화가라도 그 인물을 어떤 형태로 표현하려고 애쓰다 보면 틀림없이 영적인 이상을 놓치고 말 것입니다. 사실 이 천상적인 모습에 대한 세부 묘사들이 매우 교훈적이긴 하지만, 그 모습을 전체로 생각할 때는 마음에 남는 인상이 없습니다. 사람이 다른 사람들에게 전달할 수 있는 어떤 인상이 떠오르지 않는다는 말입니다. 필시 밧모 섬의 이 선지자도 자기가 본 것을 가지고 어떤 개념을 형성할 수 없었을 것입니다. 우리는 요한이 그 놀라운 광경을 보고 기절하였다는 것을 압니다. 그는 그 광경에 완전히 압도되어서, 비록 하나님의 명령으로 쓰고 있었지만 자신의 이해를 초월하고 모든 사람의 지각을 초월하는 점들을 썼던 것입니다.

그 광경의 어떤 부분을 보고서 생긴 인상은 불가피하게 그 전에 본 다른 부분에 대한 인상을 지우고 맙니다. 예를 들면, "그의 눈은 불꽃같다"는 표현을 생각해 봅시다. 여러분은 그 개념이 이해가 됩니까? 게다가 거기에 "그 얼굴"이라는 말을 더해 보십시오. 물론 이 얼굴에는 눈이 포함되어 있습니다. "그 얼굴은 해가 힘있게 비치는 것 같더라"고 말합니다. 해의 찬란한 영광 앞에 서면 밝은 불꽃은 빛을 잃고 맙니다. 즉 찬란한 영광으로 빛나는 얼굴을 보면 개별적인 대상인 눈은 시야에서 사라지는 것입니다.

그 광경은 영적입니다. 그래서 각각의 요소를 세부적으로 살펴서 거기에서 어떤 교훈을 얻을 수 있습니다. 그러나 그 광경은 우리가 화폭에 그릴 수 있는 어떤 초상화와 같은 모습을 제공하지는 않습니다. 전체적으로 볼 때, 그 광경은 우리가 상상으로 파악할 수 있는 모습이 아닙니다. 아마도 요한은 모든 것을 본 후에, "형상은 보지 못하였느니라"(신 4:12)고 말하였을지도 모릅니다. 왜냐하면 요한이 본 것은 보기 드문 모습들을 많이 모아놓은 것이지만, 그것이 하나로 합쳐져서, 사람이 눈으로 볼 수 있거나 마음으로 그려볼 수 있는 어떤 하나의 형상이 될 수 없기 때문입니다. 나는 이 점을 대단히 기쁘게 생각합니다. 그 점에서 나는 유일하게 지혜로우신 하나님 우리 구주의 사려 깊음을 볼 수 있기 때문입니다.

사람의 마음은 우상 숭배로 흐르는 경향이 있습니다. 우리가 다른 어떤 신을 찾지 않는 때에도, 우리는 참되신 하나님을 볼 수 있고 만질 수 있는 어떤 형상으로 만들어 예배하고 싶은 마음이 있습니다. 그것은 하나님의 뜻에 정면으로 배치되는 일입니다. 우리의 악한 마음은, 우리의 생각을 돕고 예배를 강화할 수 있을 것이라고 보는 어떤 형태, 상징 혹은 어떤 상(像)에 기대려는 경향이 있습니다. 이 모든 것은 악에서 나오고 악으로 향합니다. 결코 변경할 수 없는 하나님의 엄한 명령을 기억하시기 바랍니다. "너를 위하여 새긴 우상을 만들지 말고 또 위로 하늘에 있는 것이나 아래로 땅에 있는 것이나 땅 아래 물 속에 있는 것의 어떤 형상도 만들지 말며 그것들에게 절하지 말며 그것들을 섬기지 말라 나 네 하나님 여호와는 질투하는 하나님인즉 나를 미워하는 자의 죄를 갚되 아버지로부터 아들에게로 삼사 대까지 이르게 하거니와 나를 사랑하고 내 계명을 지키는 자에게는 천 대까지 은혜를 베푸느니라"(출 20:4-6). 하나님은 영이십니다. 그러므로 하나님은 형상으로 표현할 수 없습니다. 그래서 우리는 하나님을 생각하는 것을 돕기 위해 어떤 것을 수단으로 사용해서는 안 됩니다. 그것은 도움이 되지 않고 방해물이 될 것이기 때문입니다. 보이지 않는 하나님을 예배하는 데서는 볼 수 있거나 만질 수 있는 것을 제거해야 합니다. 하나님에 견줄 수 있는 것은 정말로 아무것도 없기 때문입니다. 하나님과 관련해서 어떤 형상을 만드는 행위 자체가 하나님을 모독하는 일입니다. 사람들이 형상 자체를 예배하지 않고, 형상의 도움을 받아 하나님을 예배한다고 말하는 흔해빠진 변명을 나는 압니다. 그러나 이것은 정확히 제2계명이 금하는 바입니다. 세속적인 물체는 영적인 예배에 도움이 되지 않습니다. 세속적인 물체는 마음에 덫이 되고, 정신을 하나님에게서 끌어냅니다. 나는 개신교라고 하는 교회들에서 아주 신성하게 대하는 물질적인 제단뿐만 아니라, 사람들이 그 앞을 지나가면서 절함으로써 분명히 우상 숭배적인 공경을 표시하는 제단 위에 있는 십자가를 볼 때마다 마음이 두려움에 사로잡히고, 분노로 피가 끓는 것을 느낍니다. 오늘날 하나님의 어린 양, 즉 작은 양 새끼의 그림을 보는 것은 아주 흔한 일입니다. 이스라엘 가운데 있었던 송아지 형상처럼 사람들은 이 그림을 신앙심을 가지고 바라봅니다. 우리는 지금 천주교로 돌아가고 있고, 과거 이교 신앙으로 돌아가고 있는 것입니다! 그것이 십자가이든지 십자가에 못 박힌 예수상이든지 혹은 하나님의 어린 양이든지 간에, 여러분이 어떤 형상을 갖느냐 하는 것에는 별 관심이 없습니다. 그것이 볼 수 있거나 만질 수 있는 어떤 것이라면, 하나님의 예배에서 엄격하게 금지된 것입니다.

우리 주님의 초상화가 공경심을 가지고 대하기에 적절한 주제였다면, 우리가 이것보다 더 강력하게 주님께 요구할 수 있는 것은 없을 것이라고 생각합니다. 그랬다면 우리는 성도들의 교육에 항상 마음을 쓰시는 성령의 특별한 배려로 지금 주님의 형상을 간직하고 있을 것입니다. 그러나 우리에게는 어떤 그림도, 권위 있는 어떤 조상(彫像)도, 사실 주님의 비길 데 없는 형상을 나타낸다고 생각할 만한 그 어떤 것도 없습니다. 최상의 형상이라고 하는 이런 것도 우리가 인정하지 않는다면, 사람의 고안으로 만든 우상들을 용납하지 않도록 합시다.

성상파괴자들이 오늘날 나타난다면, 우리 교회들을 오염시키는 그런 형상들을 산산이 부수는 일을 제대로 해낼 것입니다. 그러므로 그런 것들을 없애버립시다. 그런 것들은 하나님의 집에 어울리지 않습니다. 그런 것은 영적 예배에 도움이 되지 않습니다. 오히려 질투하시는 하나님을 아주 노여워하시게 만듭니다. 하나님은 그런 예배를 참된 예배를 더럽히는 영적 간음으로 보십니다.

광야에서 유대인들이 모세가 송아지라고 부르는 것을 만들었을 때, 사실은 소의 형상에 신적 영광을 부여하려고 했던 것이라고 생각지 않으시기 바랍니다. 유대인들은 애굽에서 황소가 신의 모든 상징들 가운데 가장 훌륭한 것이라고 배웠습니다. 즉 황소는 힘의 구체적 표현입니다. 그러므로 황소가 하나님의 능력을 나타내는데 적합하게 보였습니다. 그들은 사실상 이렇게 말한 것입니다. "우리는 유용하고 힘있는 수소의 형상을 가지고서 하나님의 보이지 않는 능력을 경배하자." 그래서 그들은 자신들의 귀금속을 가지고 수소의 형상을 만들고서, "이스라엘아 이는 너희를 애굽 땅에서 인도하여 낸 너희의 신이로다"(출 32:4) 하고 말했습니다. 모세는 이 의식을 존중하지 않고 화를 내었습니다. 모세는 그 수소 형상을 송아지라고 부릅니다. 왜냐하면 그 형상을 이제 새로 만들었고 크기도 작았기 때문입니다. 그래서 모세는 그 수소를 심하게 조롱하여 "송아지"라고 불렀습니다. 그 점에서 모세는 우리에게 모범을 보여준 것입니다. 우리가 우상 숭배의 죄에 조금이라도 참여하지 않기 위해서는, 우상 숭배의 대상을 그처럼 경멸해야 하기 때문입니다. 우리는 우상에서 자신을 지켜야 합니다. 블레셋 사람들이 자기들의 신을 파리들의 신이라고 불렀을 때, 유대인들은 그 신을 똥의 신이라고 조롱하여, 가상의 신을 끔찍하게 싫어함을 보여주었습니다. 나는 개혁에 앞장 선 청교도 신앙의 선조들이 로마 가톨릭 교회가 우상으로 타락시킨 것들을 비웃고 경멸한 것에 대해 비난할 마음이 없습니다. 아무리 신성한 것들이라도, 그 동기가 어떠하든지 간에, 지극히 큰 범죄로 이끄는 경배의 대상으로 높여질 때 신성함을 완전히 잃어버리기 때문입니다. 나는 십자가에 못 박힌 예수상의 상처에 입을 맞추는 순수한 마음은 칭찬할 수 있지만, 그 행위의 우상 숭배적 태도를 혐오하지 않을 수 없고, 그 형상이 소름이 끼치도록 싫습니다. 히스기야가 놋뱀이 예배의 대상이 되었을 때 그것을 완전히 깨부수지 않았습니까? 그리고 히스기야는 그것을 느후스단, 곧 한낱 놋조각일 뿐이라고 불렀습니다. 사람들에게서 신앙적 관심을 받을 만한 놋조각이 있었다면, 그것은 그토록 많은 사람들을 낮게 하는데 쓰였던 그 놋뱀이었습니다. 바르게 사용되었을 때, 그 놋뱀은 하나님의 복을 전달하는 수단이었지만, 우상화되었을 때는, 아주 오래되어 쓸모없는 금속으로 산산이 부서지고 말았습니다. 그래서 주 예수님께서 요한의 마음에 그렇게 특별하게 자신을 계시하셨을 때조차도, 영적이고 상징적인 방식으로 계시하셨으며, 또 계시에 사용된 놀라운 모습들이, 그것을 보고서 예배의 목적에 쓸 수 있는 어떤 형상을 고안해 낼 수 없는 성격의 것들이었다는 사실이 나는 기쁩니다.

형제 여러분, 볼 수 있는 외적 계시에 대해서는 전혀 경의를 표하지 않을지라도, 그같이 자신을 계시하신 주님께는 모든 명예와 영광과 존귀와 능력과 권세를 영원히 돌립시다. 아직은 우리가 눈으로 볼 수 없는 그분께, 가까이 할 수 없는 빛 가운데 거하시는 참 하나님이신 그분께, 곧 그리스도 예수 우리 구주께 지금뿐만 아니라 영원히 감사하는 온 마음으로 경의를 표합시다.

이렇게 해서, 우리 주님께서 이 광경이 묘사하는 모습을 실제로 그대로 갖고 계시다는 천하고 세속적인 생각을 여러분 마음속에서 깨끗이 제거한 다음에, 나는 여러분에게 여기서 영적인 교훈을 훨씬 더 찾고 깊이 간직하라고 말씀드립니다. 이 하나님의 계시에서 주 그리스도를 우리 앞에 묘사하는 그 형상들 가운데 세 가지를 생각해 보도록 합시다. 이 형상들은, 하나가 다른 것과 아주 중요한 관계를 맺고 있습니다. "그의 오른손에 일곱 별이 있고 그의 입에서 좌우에 날선 검이 나오고 그 얼굴은 해가 힘있게 비치는 것 같더라." 여기에 나오는 형상들은 번역자의 의도에 의해 한 절 속에 들어 있을 뿐만 아니라, 요한의 마음에서도 긴밀하게 연결되어 있어서 우리에게도 이 모든 것이 혼합되고 결합된 모습으로 비치도록 되었습니다.

### 1. 우리는 이 첫 문장에서 수단이
### 우리 주 예수님에 대해서 갖는 위치를 배웁니다.

"그의 오른손에 일곱 별이 있고." 여기서 별은, 천사들 혹은 사신, 혹은 많은 사람들이 생각하듯이 하나님께서 교회의 사자로 사용하신 사역자들, 교회에서 바깥 세상으로 나가는 사역자들이라고 말합니다. 이 단어가, 한 사람이 받았든지 아니면 많은 사람이 받았든지 간에, 교회를 교육하고 깨우치기 위해 주신 교회 전체의 선물을 의미할 수 있습니다. 하나님께서는 어떤 사람들에게 성령의 기름을 부어서 다른 사람들을 회심시키고 교화할 수 있도록 정하셨는데, 이들이 교회의 하늘에 별과 같은 존재들입니다.

수단은 일시적으로 사용하기 위한 것이며 어둠의 때를 위해 준비한 것이라는 사실에 유의해야 합니다. 교회가 바로 "금 촛대" 입니다. 촛대는 밤에 가장 잘 제 목적대로 사용됩니다. 해가 떠오르고 한낮이 오면, 등불이 필요합니까? 필요 없습니다. 전투하는 교회는 주위가 어둡다는 사실에 존재의 이유가 있습니다. 복음의 사역자들, 그들은 어떤 사람입니까? 그리스도에게 필요한 존재들입니까? 그렇지 않습니다. 해는 별이 필요 없기 때문입니다. 별은 지금 주위가 어둡기 때문에 필요합니다. 별은, 주님께서 친히 자기 영광으로 빛을 비추실 때까지 뜨겁게 타오르는 빛으로서 어둠과 싸워야 합니다. 주님은 친히 나타나실 때 도구들을 사용하실 것입니다. 주님이 "별" 이라고 부르는 사람들조차도 지나가는 밤 동안만 작용하는 일시적인 장치들일 뿐입니다.

이 사실을 볼 때 우리는 자신에 대해 매우 겸손하게 생각해야 합니다. 형제 여러분, 이 사실은 우리의 연약함을 실례를 들어 보여줍니다. 우리가 일등성의 발광체들이었다면, 어둠이 더 이상 남아 있지 않을 것입니다. 별들이여! 여러분은 하나님의 빛을 받아 빛을 내는 존재들입니다! 별들이여! 여러분은 멀리까지 미치는 번쩍이는 빛으로 길이 저문 나그네를 기쁘게 합니다! 하지만 결국, 여러분은 참으로 보잘것없는 존재들입니다! 여러분이 힘껏 빛을 비추어도, 밤은 여전히 그대로 있기 때문입니다. 여러분들이 하나님의 등불이지만, 어둠을 줄일 수는 있을지 몰라도 제거할 수는 없습니다. 사역자들이 자기 역할을 다 하였다면, 세상에 더 이상 그들이 나타나지 않았을 것입니다. 그러나 그들이 끊임없이 계속 필요하다는 사실이 그들의 부족함을 입증합니다. 하나님을 가장 잘 섬기는 여러분, 여러분이 하나님을 더 잘 섬긴다면, 어린 자로부터 큰 자에 이르기까지 모든 사람이 하나님을 알므로, 아무도 다른 사람에게 "하나님을 알라" 고 말하지 않을 날이 곧 오리라는 것을 기억하십시오. 이 수단이 교회로서 복된 통일을 이루어 가장 잘 사용될 때에도 등불, 곧 촛대에 지나지 않는다는 사실을 생각하십시오. 해같이 빛나는 우리 주님께 비교할 때 이 촛대가 할 수 있는 일이 무엇이겠습니까? 이 수단을 특별히 선별하고 계몽하고 들어올린다고 해도, 그것은 별에 불과합니다. 별이 무슨 일을 할 수 있습니까? 별들이 다 모인다고 해도 밤을 낮으로 바꿀 수 있습니까? 이 사실은 우리가 수단에 대해 생각할 때 좋은 출발점이 됩니다. 우리는 교만해지기 쉬운데, 이 사실이 우리에게 겸손함을 가르쳐 줄 수 있기 때문입니다. 하나님께서 그의 종들을 별이라고 부르심으로써 그들에게 큰 영예를 주시기를 기뻐하셨을지라도, 밤이기 때문에 그들이 필요한 것뿐이며, 그들의 빛은 너무 약해서 밤을 이길 수 없고, 어둠을 빛으로 변화시킬 수도 없다는 것은 분명합니다.

그럴지라도, 그 판단이 지극히 지혜로우신 주님께서 수단을 **훌륭한** 것으로 말씀하십니다. 주 예수께서는 자신이 쓰시는 대리인들을 멸시하시지 않습니다. 주께서 사람들의 구원을 위해 복주어 사용하시는 증언자들을 별에 비유합니다.

별은 안내자입니다. 그래서 주님의 참된 사역자들입니다. 저 하늘에 떠 있는 별들은 길이 없는 바다에서 헤매고 있는 사람들에게, 미로 같은 숲속에서 길을 잃은 사람들에게 헤아릴 수 없이 많은 봉사를 해 왔습니다. 북극성은 많은 노예들이 자유에 이르도록 안내하였습니다. 길을 잃고서 누워 죽음을 기다린 절망적인 사람들에게 별은 말할 수 없이 큰 기쁨을 안겨 주었습니다! 하나님의 빛으로 빛을 비추어 많은 사람을 의로 돌아오게 한 사람들은 복이 있습니다. 그들은 별처럼 영원히 빛나지 않겠습니까? "그 어린 아이가 있던 곳 위에" 떠 있던 그 유명한 별처럼 서 있는, 하나님 말씀의 설교자들이 있지 않습니까? 그 별들은 먼저 나그네들을 예수님께로 인도하였고, 그 다음에는 주님이 거하시는 곳 위에서 계속해서 신실한 사랑을 가지고 빛을 비추었습니다. 우리는 십자가에 못 박히신 그리스도를 전합니다. 하나님은 우리가 다른 어떤 것을 전하는 것을 금하십니다! 우리는 예수님을 가리키며 항상 이렇게 말합니다. "보라, 세상 죄를 지고 가는 하나님의 어린 양이로다." 방황하는 사람을 평강의 길로 안내하는 우리의 직무는 참으로 명예로운 것입니다. 우리 사역자가 이 일을 할 수 있다면, 우리 목회자들 가운데 지극히 작은 자라도 명예를 얻을 것입니다.

어떤 별, 곧 샛별은 낮의 선구자입니다. 사람은 누구나 샛별을 보면 기뻐합니다. 낮이 아주 가까이 왔다는 것을 알기 때문입니다. 자기 뒤에 오시는 주님의 발소리를 들려주는 하나님의 사자는 복이 있습니다! 영원한 날에 대한 풍성한 약속을 전하여 하나님을 빛나게 한 사람들이 있었고, 감사하게도 지금도 그런 사람들이 있습니다. 그들은 사람들에게 그리스도의 오심을 포고합니다. 그들은 그리스도를 아주 분명하게 전하여서, 우리 회중 가운데 십자가에 못 박히신 그리스도가 아주 뚜렷하게 나타나게 합니다. 그들은 자기 주님 안에 숨습니다. 그리스도 외에는 높일 것이 아무것도 없습니다. 그들은 사람들 마음에 그리스도 외에는 아무것도 가져오지 않습니다. 그들의 유일한 주제는 그리스도입니다. 첫 번째 오셔서 자기 백성을 그들의 죄에서 씻으시고, 두 번째 오실 때는 그들을 자기 영광에 이르게 하실 그리스도만을 전합니다. 그런 사람들에 대해서 "그가 또한 그 별들을 만드셨도다" 하고 말할 수 있을 것입니다. 왜냐하면 이들은 예수 그리스도의 영광을 위해 증언하는, 하나님이 세우신 사역자들이기 때문입니다.

하나님이 기뻐하시는 수단들을 별들에 비유한 것은 훌륭한 비유입니다. 별들은 밤의 위로와 위안이 되기 때문입니다. 사람들이 "아름다운 별"을 노래하는 것은 당연한 일입니다. 어둠 속에서 반짝거리는 빛은 언제나 아름답고 기쁨을 주기 때문입니다. "복된 좋은 소식을 가져오는 자의 산을 넘는 발이 어찌 그리 아름다운가!"(사 52:7). 우리는 별을 통해서 이 땅에 오는 빛의 헤아릴 수 없이 많은 양을 제대로 평가하지 못합니다. 그러나 별들이 완전히 사라진다면, 우리는 밤의 어둠이 훨씬 더 짙어진다는 것을 금방 알게 될 것입니다. 애굽의 밤처럼 칠흑같이 깜깜함을 느끼게 될 수도 있습니다. 그와 같이 우리는 비범한 재능으로 우리를 놀라게 하지 않는 일반 사역자들을 과소평가하는 경향이 있습니다. 그 빛이 아무리 약할지라도, 우리는 이 별들을 결코 없어도 좋다고 할 수 없을 것입니다. 짙은 어둠이 앞을 내다볼 수 없는 어둠으로 발전하지 않도록 지키는, 무명의 온유한 많은 목회자들을 두신 것에 대해 하나님께 감사합시다. 말씀을 전하는 일을 멸시하지 맙시다. 하나님께서 일하는데 사용하시는 모든 사역자들을 인해서 하나님께 감사합시다. 하나님은 자기의 신실한 종들을 별에 비유하십니다. 여러분은 이들을 위에서 천상의 빛을 비추는 별들로 확실하게 생각하도록 하십시오. 이들은 어떤 사람들이 생각하듯이 그렇게 하찮은 존재들이 아닙니다. 그들을 모두 이름으로 부르고 인도하시는 하나님께서는 그들을 잊지 않으십니다.

수단은 명예로운 위치를 차지합니다. 그 별들이 처음이자 마지막이신 주님의 우편에 있는 것을 보기 때문입니다. 하나님의 사역자들은 별입니다. 그런데 하늘 저쪽에 떠 있는 별이 아니라, 그들의 크신 주님이 오른손으로 붙들고 있는 별입니다. 아, 참으로 그것은 놀라운 위치입니다! 하나님의 진실된 종들은 지극히 높은 위치에 있습니다! 주님의 오른손이 그들을 만드셨습니다. 만물의 창조주 외에는 아무도 별을 만들 수 없습니다. 그리스도의 사역자들을 세우시고, 그들에게 비출 빛을 주시는 분은 하나님이십니다. 이 점 때문에 그들이 존귀하게 평가받고, 하나님께서도 그들을 자기 오른편에 두십니다. 어떤 사람들이 신실한 설교자들을 어떻게 생각하든지, 주님께서는 그들을 오른손으로 붙드는 자들로 삼으십니다. 그들이 하나님 말씀을 반대하는 자들에게 멸시를 받을 수 있지만, 부끄러워할 필요가 없습니다. 그들이 하나님의 오른손에 있는 한, 그들은 세상의 왕들과 제후들보다 존귀하기 때문입니다. 하나님의 종들인 여러분, 여러분이 아무도 알아주지 않는 가운데서 주님을 섬기고 희미하게 빛을 반짝이며, 아무도 여러분을 주목하지 않고 사람들에게서 아무 명예도 받지 못하지만, 전혀 신경 쓰지 마십시오. 주 하나님께서 여러분에게 빛을 주셨다면, 여러분은 하나님께서 귀하게 보시는 자이며, 하나님은 여러분을 그의 오른편에 세워두실 뿐만 아니라 오른손으로 붙잡고 계시기 때문입니다.

　　그러면, 어떻게 참된 수단이 은혜로 유지되는지 봅시다. 주님의 택하신 종들은 특별한 보호를 받습니다. 그들은 주님의 오른손에서 빛나기 때문입니다. 여기가 그리스도의 사역자들이 있어야 할 곳입니다. 이는 그들이 전선의 전방에 있고, 이중적인 위험에 처해 있기 때문입니다. 사역자들의 직분에는 시험이 따르고, 성공할 때에도 위험이 있습니다. 여러분이 영혼을 그리스도께 인도하면, 마귀는 여러분에게 원한을 품을 것입니다. 여러분이 능력 있게 말씀을 전하면, 모든 악의 군대가 화살촉을 뾰족하게 갈고 창끝을 여러분에게로 향할 것입니다. 교회의 별들은 그리스도의 손 안에 있어야 할 필요가 있습니다. 지옥의 모든 마귀들이 그들을 보고 헐떡일 것이기 때문입니다. 그들이 별 하나라도 떨어트릴 수 있다면, 기뻐서 날뛸 것입니다! 하나님의 모든 종들을 지키시는 주님께 영광을 돌립시다. "그의 권세가 크고 그의 능력이 강하므로 하나도 빠짐이 없느니라"(사 40:26).

　　우리 주 예수께서 오른손에 일곱 별을 쥐고 계십니다. 이 사실은 우리 각 사람이 전적으로 주님께 의존되어 있음을 가르치지 않습니까? 다른 별들은 그들 본래의 천체의 영역에서 빛날 수 있습니다. 그러나 그리스도의 별들은, 주님께서 끊임없이 힘을 발휘하여 그들을 굳게 붙잡고 앞으로 내미실 때에만 빛을 발할 수 있습니다. 그들이 주님의 손 안에 있지 않다면, 더 이상 별이 될 수 없을 것입니다. 교회에서, 선교 센터에서 혹은 주일학교에서 주님을 위해 일하고 있는 친구 여러분, 절대로 자신을 의지하지 마십시오. 여러분의 타고난 능력이나 습득한 지식 혹은 축적한 경험에 기대어 확신을 갖도록 하지 마십시오. 오직 여러분을 붙들고 계시는 주님의 오른손만을 의지하십시오. 영광스런 구주의 손은 의지할 만한 것입니다. 결코 마비되는 법이 없는 팔을 보십시오. 결코 지치지 않는 손을 보십시오. 조금이라도 여러분 자신을 의지하지 말고 오직 세상 끝날까지 여러분을 굳게 붙들, 힘있고 솜씨 좋은 주님의 오른손을 의지하십시오.

그 다음에, 사랑하는 여러분, 참된 수단에 따르는 특별한 안전을 봅시다. 주님의 손 안에서 빛나는 별을 누가 꺼트릴 수 있습니까? 나는 마귀가 이 별들을 향해 불이 터져라고 입김을 불어대지만, 별들을 깜박거리게도 하지 못하는 것을 봅니다. 예수께서 지키시는 자들을 누가 해칠 수 있겠습니까? 여러분은 훌륭한 어떤 설교자들이 어떻게 어둠 속에 빠져서 마치 타버린 초의 심지처럼 연기를 피워 온 예배당 안을 매케한 냄새로 가득 채웠는지 압니다. 그리고 공적 사역자들이 부정하거나 성실하지 못하게 되었을 때, 어떻게 그들의 결국이 그 자신에게 슬픈 일이 되고 주변 사람들에게 해롭게 되는지 압니다. 하나님께서 죽어가는 사역자들의 연기 나는 심지로부터 하나님의 교회를 구원해 주시기를 바랍니다. 하나님을 의지하여 빛을 발하고 주의 보호하심 속에서 빛나는 사역자들은 복이 있습니다. "그렇습니다. 그들을 세우시는 권능이 주께 있습니다"(롬 14:4). 주님께서 그들을 결코 꺼지지 않는 등불로 세우시지 않습니까? 그렇다면 주께서 그들을 틀림없이 안전한 곳에 세우시지 않았겠습니까?

바른 수단은 지혜롭게 사용됩니다. 왜냐하면 바른 수단은 주님의 손에 있기 때문입니다. 이 세대는 시장에서 노는 아이들처럼 주님의 종들의 태도와 방식을 좋아하지 않습니다. 그러나 지혜는 이 세대의 자녀들에게도 옳다 인정함을 받습니다. 주님은, 자신이 보낼 자를 통해 소식을 전하십니다. 주께서는 지혜와 사려분별을 통해서 별들에 불을 붙이시기도 하고, 별들을 옮기시기도 합니다. 주님께서는 별들의 위치와 광도(光度), 뜨고 짐을 정하십니다. 주 그리스도시여, "모든 성도가 주의 수중에 있습니다"(신 33:3). 그러나 특별히 주께서 사람들에게 당신의 말씀을 전하는 대언자로 삼으신 자들이야말로 주의 수중에 있습니다! 이스라엘의 사사들이 무한하신 지혜의 명령에 따라 오고 갔듯이, 주 예수님의 택하신 사역자들도 그와 같이 오고 갑니다.

어쩌면 여러분은 내가 이 주제를 너무 중시하고 있다고 생각할지 모르겠습니다만, 그런 의도는 없습니다. 내 의도는 매우 실제적입니다. 부활하신 주님께서 교회에 더 많은 별들을 주시고, 이미 주신 별들은 굳게 붙들어 주시기를 교회가 기도해야 한다는 것입니다. 교회의 부흥이 이 별들과 아주 밀접한 관계가 있음이 틀림없기 때문입니다. 그것을 인식하든지 하지 않든지 간에, 그 사실만큼은 의심할 바 없이 확실합니다. 교회의 부흥은 목회자에 의해 많이 좌우됩니다. 여러분에게 마음이 따뜻하고, 사랑이 많으며 열심 있는 복음 설교자가 있다면, 오래지 않아 열심이 있고 진실하며 경건한 일꾼들이 주위에 모여드는 것을 보게 될 것입니다. 그러나 죽어 있는 목회자, 곧 냉랭하고 미지근하며 열심이 없고 경건도 없는 목회자가 있는 곳에서 여러분은 무엇을 봅니까? 회중들은 강단의 따분한 상태를 반영하지 않습니까? 목자가 그러하면 양도 그러하지 않습니까? 우리는 서로에 대해서 상호작용을 합니다. 형제 여러분, 우리 목회자들을 위해 기도해 주십시오. 오늘날 교회가 중대하게 필요로 하는 한 가지는 좀 더 신실한 목회자라는 것이 나의 굳은 확신입니다. 우리는 불꽃은 좀 더 적어지고, 별은 더 많아질 필요가 있습니다. 하나님께서 주신 한 사람은 대학이 배출한 천 명만큼이나 가치가 있습니다. 하나님께서 한 사람을 택하여 "가라, 내가 네게 주는 능력으로 복음을 전하라"고 말씀하실 때, 그 사람은 학식이 있고 훈련받은 많은 사람들이 감히 시도해 볼 생각도 못할 일을 성취할 것입니다.

왜 우리에게 하나님의 말씀을 강력하게 전하는 설교자들이 더 많이 생기지 않습니까? 우리가 더 많은 설교자들을 보내주시기를 기도하지 않기 때문입니다. 우리 목회자들 가운데 어떤 이들은 그런 사람들이 나오는 것을 조금 두려워합니다. 자기들이 그들 때문에 빛을 잃게 될까봐 염려하기 때문입니다. 그리스도께서 오른손으로 교회에 주시는 선물 가운데 목사와 복음전도자보다 나은 것이 있을 수 있겠습니까? 다시 한 번 하나님께서 여기저기에, 오십 군데에, 불타는 마음을 가지고, 진리를 전하되 모든 진리를, 오직 진리만을 전하는 우렁찬 목소리를 지닌 사람들을 보내시기 전에는 교회가 조금이라도 위대한 전진을 할 수 없을 것입니다. 시대의 풍조에 굴복하지 않고, 그런 것에 조금도 신경 쓰지 않으며, 만군의 주님께서 자기들과 함께 계시고 성령께서 자기들 위에 계시므로 결코 굴복하지 않고, 오는 모든 사람들에게 주님의 말씀을 주장할 사람들이 필요합니다. 나는 이 시간 여러분이 그리스도께서 일곱 별을 손에 쥐고 계신 사실을 깨닫고, 이렇게 기도하기를 바랍니다. "주님, 다시 주님의 손에 별을 가득 쥐소서. 주님의 말씀을 전하는 불타는 설교자들로 이 시대의 어둠에 빛을 비추어, 주님의 은혜의 영광을 찬송할 수 있게 하옵소서." 도구의 위치에 대해서는 이만큼 하도록 하고, 이제는 비슷한 주제들을 살펴봅시다.

### 2. 이제, 둘째로, 참된 능력의 위치를
### 아주 주의 깊게 살펴보라고 말씀드립니다.

본문의 세 문장 가운데 두 번째 문장, "그의 입에서 좌우에 날선 검이 나오고." 교회의 전투력인 검의 힘은 목회자들에게 있지 않습니다. 전투의 승리는 목회자들에게 있지 않고 주님께 있습니다. 나는 그동안 목회자들의 위치에 대해서 말하였습니다. 그들은 별이라고 말씀드렸습니다. 그들의 유용함에 대해서 이야기했습니다. 그러나 다음 상징은 그들을 의지할 힘으로 보지 않도록 합니다. 우리는 "그의 입에서 좌우에 날선 검이 나오고"라는 말씀을 읽습니다. 그 날 승리하는 힘이 이 별들에게서 나오지 않고 주님의 입에서 나옵니다.

교회의 참된 힘은 직접적으로 그리스도에게 있습니다. 우리에게는 연합된 광채로 항상 은하수를 밝게 빛내는 모든 별들이 있을 수 있습니다. 그러나 악을 죽이거나 죄를 정복하는 힘이 그 별들에 있지 않습니다. 교회의 별들이 빛나는 것은 하나님께서 그들을 빛나도록 만드시기 때문입니다. 그들의 광채는 그들 자신의 것이 아닙니다. 별들이 빛을 내는 것은 주님께로부터 받은 빛 때문입니다. 그러나 악을 이기고 완고한 마음을 찢고 양심을 찌르며 왕 노릇하는 죄를 죽이는 힘은 오직 주님에게만 있습니다. "그의 입에서 좌우에 날선 검이 나오고." 그러므로 영광이 사람에게 있지 않습니다. 능력은 하나님께 속했기 때문입니다. 하나님의 사람의 재능이나 경험을 자랑하지 마십시오. 그는 죽이는 일도 살리는 일도 할 수 없기 때문입니다. 교회의 능력은 주님의 임재에 있습니다. 주님은 사람들에게 능력을 맡기지 않으셨습니다. 주님께서 친히 능력을 갖고 계시므로, 우리는 주님께 능력을 구해야 합니다. 교회의 무한한 자원을 보십시오. 모든 능력이 예수님 안에 있고, 예수님은 그의 백성들과 함께 계십니다.

능력은 그리스도의 말씀에 있습니다. "그의 입에서 좌우에 날선 검이 나오고." 사랑하는 여러분, 영혼을 구원하는 능력은 하나님의 말씀입니다. 그 능력은 하나님 말씀에 대한 내 설명도 아니고 여러분의 설명도 아니며, 내 부연 설명도 아니고 여러분의 부연 설명도 아닙니다. 그 능력은 하나님 말씀에 대한 내 예화에 있지 않고, 여러분의 예화에도 있지 않습니다. 영혼을 구원하는 능력은 별들에 있지 않고 별들을 만드신 말씀에 있습니다. 하나님의 말씀이 만물의 원천입니다. 그러므로 그리스도의 말씀이 아닌 설교는 모두 아무 소용이 없는 것이라고 생각하십시오. 주님의 말씀이 아닌 신학은 모두 썩은 쓰레기라고 믿으십시오. 설교의 전체 내용이 주님의 말씀이 아닌 경우에는, 예배당에 가서 유창한 설교를 들은 것으로 만족해서는 안 됩니다. 형제 여러분, 여러분이 자녀들을 가르치든 부모를 가르치든 간에, 주님의 말씀을 가르치지 않았다면 조금도 유익을 끼치지 못했다는 것을 아십시오. 영혼을 구원하기 위해서 우리는 주님의 말씀을, 오직 주님의 말씀을 가지고 있어야 합니다. 아주 경건한 구원의 사역자들이여, 여러분이 가지고 있어야 하는 것은 여러분의 말이 아닙니다. 아주 인상적으로 복음을 전하는 자들이여, 여러분이 가지고 있어야 하는 것은 여러분의 말이 아닙니다. 아주 설득력 있게 호소하는 사역자 여러분, 여러분이 가지고 있어야 하는 것은 여러분의 말이 아닙니다. 여러분이 가지고 있어야 하는 것은 주님의 말씀입니다. 영원히 거하고 만물을 자기에게 복종시킬 주님의 말씀뿐입니다. 주님의 목소리는 레바논의 백향목도 부러트립니다. 주님의 말씀이 있으면 우리는 모든 일을 할 수 있고, 주님의 말씀이 없으면 아무것도 할 수 없습니다.

여러분이 가지고 있어야 하는 것이 주님의 말씀일 뿐만 아니라 주께서 친히 말씀하시는 것도 주님의 말씀이라는 점을 다시 한 번 살펴봅시다. 그렇다면 그리스도께서 지금도 교회에서 주의 말씀을 전하십니까? 그렇습니다. 사람을 구원하는 것은 성경에만 있는 진리가 아닙니다. 그것은 성령께서 생명을 주어 사람들 마음에 와 닿게 하시는 진리입니다. 놀라운 일을 일으키는 것은 예수께서 1800년 전에 하신 말씀의 문자가 아닙니다. 그것은 동일한 말씀이지만, 주님께서 살아 있고 마음을 굴복시키는 애정 어린 그 자신의 목소리로써 사람들의 귀와 마음에 지금 전할 때 쓰시는 그 말씀입니다. 나는 그리스도의 말씀을 헛되게 말할 수 있지만 주님은 목적에 맞게 말씀하십니다. 베드로의 손에 들린 검은 귀를 베지만, 그리스도의 입에서 나온 검은 죄를 죽이고 사람들을 그리스도께 굴복시킵니다. 여러분이 귀한 진리로 가득한 어떤 설교를 들었지만 그 설교가 여러분에게 아무 유익을 주지 못했습니다. 그리고 다른 때에 같은 진리를 들었을 때는, 그 진리가 신성한 능력으로 여러분을 압도하였습니다. 이 차이는 어디에서 오는 것입니까? 처음 경우에는 그것이 설교자의 입에서 나간 하나님의 말씀이었고, 다음 경우에는 하나님의 입에서 나간 하나님의 말씀이었던 것이 아니겠습니까? 그렇습니다. 예수께서 말씀하실 때는 모든 말씀이 예리한 검과 같아서 죄를 죽입니다. 내 사랑하는 주님께서 내게 말씀하실 때는, 마음이 녹아 회개합니다. 아무것도 예수님의 말씀에 맞설 수 없습니다. 예수께서 말씀하시면 그대로 됩니다! 형제 여러분, 나는 내 자신의 설교를 믿지 못합니다. 그러나 내 주님께서 말씀하시는 것에 대해서는 전적으로 신뢰합니다. 주님의 말씀은 헛되이 주님께로 돌아오지 않습니다. 주님의 입에서 나간 말씀은 한 마디도 헛되이 땅에 떨어지지 않을 것입니다. 여러분은 반짝이는 별들에 지나지 않는 우리에게서 돌이켜 우리 주님께로 가시기 바랍니다. 주님의 입이야말로 주의 교회의 정복하는 능력입니다.

말씀은 그 자체로 하나님의 목적에 부합합니다. 하나님의 말씀은 좌우에 날이 섰고 예리하기 때문입니다. 주께서 말씀을 하실 때는, 그 말씀이 작용하는 것을 볼 수 있습니다. 성령께서 표적에 맞춰 사용하실 때, 복음은 아주 예리합니다. 사람들의 교훈은 어떤 것도 그처럼 꿰뚫는 힘이 없습니다. 설교자 여러분, 여러분이 하나님의 말씀을 무디게 만들거나 그 날을 무엇으로 덮지 않도록 조심하십시오. 그렇게 하는 것은 복음을 아주 날카롭고 예리하게 만드신 주님을 거역하는 일일 것입니다. 복음에는 사람의 마음을 상하게 하는 것들이 많이 있습니다. 우리가 하나님의 진리의 원수가 되지 않으려면, 복음을 함부로 고치거나 그 어조를 누그러뜨리려고 하지 않아야 할 것입니다. 사람의 교만을 건드리도록 되어 있는 진리는 비록 사람들에게 화를 돋우고 그들의 자기의(義)를 괴롭히게 될지라도, 그 본래의 방식대로 진술해야 합니다. 사람에게 상처를 주고 죽이는 교리를 숨기거나 그 어조를 누그러트려서는 안 됩니다. "여호와의 말씀이니라 내 말을 받은 자는 성실함으로 내 말을 말할 것이라"(렘 23:28). 사람들이 참된 복음을 들으면 당황하고 근심합니다. 거짓 복음을 들으면, 사람들이 자다가 망할 수가 있습니다. 검을 빼십시오. 검은 상처를 주기 위해 만든 것입니다. 검의 날카로움을 유익하게 사용하십시오. 복음은 양쪽에 날이 섰습니다. 이는 아무도 복음을 가지고 장난치지 못하도록 하기 위해서입니다. 사람들이 그 칼의 등을 만졌다고 생각할 때, 손이 뼛속까지 깊이 베인 것을 보게 될 것입니다. 복음의 위협을 보든지 아니면 복음의 약속을 보든지 간에, 복음은 죄를 베어냅니다. 검을 위로 쳐들든지 아래로 내치든지 간에, 검은 상처를 내고, 죽여야 하는 곳에 깊은 상처를 냅니다. 그러므로 우리는 교회의 능력이 예수께서 친히 말씀하시는 그 말씀 외에 어디에도 있지 않다는 것을 알도록 합시다. 주님의 순결하고 온전하며 예리한 말씀을 굳게 붙들도록 합시다. 주님께서 입에서 말씀을 능력있게 발하여 사람들의 마음과 양심을 찔러 주시기를 기도합시다.

### 3. 성령께서 이 사실을 여러분이 단단히
### 기억하도록 해주시기 바랍니다!

이제 우리는 세 번째 요점, 곧 **참된 영광의 원천**이라는 놀라운 문제를 살펴보아야 하겠습니다. 교회 안에서 참된 영광의 원천은 교회가 그 얼굴을 즐거워하는데 있습니다. "그 얼굴은 해가 힘 있게 비치는 것 같더라." 예수께서 교회를 기뻐하시면, 그 교회는 한낮의 부흥을 누립니다.

형제 여러분, 그리스도의 얼굴이 해같이 빛난다는 개념을 이해하려고 노력하시기 바랍니다. 나는 여러분이 앞에서 다루었던 주제들을 생각해 보도록 하겠습니다. 우리가 일곱 별입니까? 이 별들은 여전히 주님의 손에 있습니다. 그런데 그 별들을 한 번 보십시오. 해가 일단 떠오르면, 그 별들이 어디 있는지 보이지 않습니다. 젊은이 여러분! 여러분이 처음으로 목사가 하나님의 능력으로 설교하는 것을 들을 때는, 그 목사가 여러분의 모든 것이 됩니다. 하나님께서 그가 여러분의 어둠에 빛을 비출 수 있게 하시고, 그래서 한동안 여러분은 그의 빛을 즐거워합니다. 그런데 여러분이 그 길에서 더 걸어가 하나님의 영광으로 빛나는 주 예수 그리스도를 직접 보게 되면, 여러분은 바울이나 아볼로나 게바를 기뻐하지 않고, 오직 예수님만을 기뻐하게 될 것입니다. 별들이 여전히 반짝거리고 있지만, 해가 한낮에 찬란하게 빛을 비추면, 여러분은 그 별들을 볼 수 없습니다. 그래서 인간이라는 도구가 항상 유용하지만, 그리스도께서 친히 충만하게 나타나시면, 그 도구는 아주 저 아래로 내려갑니다. 우리는 그 별들을 인해서 감사합니다. 그 별들은 우리의 유익을 위해 그동안 복되게 사용되었습니다. 그러나 해가 뜨는 날에는 그 별들을 언급할 수가 없습니다. 우리가 주님을 보았지만 그래도 주님의 종들을 귀하게 봅니다. 그러나 그들은 여전히 종이고, 종에 지나지 않으며, 예수께서 모든 것의 주이십니다. 예수님의 한 시간은 모든 사도의 일 년보다 낫습니다. 예수님과의 직접적인 교제는 세상의 최고의 설교보다 우리에게 훨씬 더 강력한 유익을 끼칩니다.

여러분이 우리 주님의 얼굴이 "해가 힘 있게 비치는 것 같다"는 개념을 파악한다면, 주님의 입에서 나온 양날 선 검은 어디에 있는지, 나는 묻고 싶습니다.

여러분은 이 검을 잊지 않았을 것입니다. 그러나 또한 해같이 빛나는 주님의 얼굴에서 그 검을 알아보기가 어려울 것입니다. 우리가 그리스도 자신을 즐거워할 때, 그의 말씀을 덜 생각하지는 않지만, 주님 자신에게 몰입하게 되는 것 같습니다. 진리의 경륜과 체계는 주님 안에서 구체화되고 요약된 것을 반영하는 것에 지나지 않는 것으로 보입니다.

나는 오래 머물고 싶은 자리를 빨리 떠나지 않으면 안되겠습니다. 성도들이 볼 때, 그리스도의 영광은 그리스도 자신에 있습니다. 주님의 얼굴은 영광의 중심지입니다. 그리스도께서 이루신 일과, 아버지 하나님께서 그 보상으로 그리스도를 영화롭게 만드신 점을 생각해 보십시오. 그리스도의 본성과, 그리스도께서 그 본성과 결합한 완전한 인성을 생각해 보십시오. 주님의 모든 완전한 속성들을 생각해 보십시오. 특별히 주님의 사랑, 곧 자기 백성을 향한 무한하고 변함없는 사랑을 생각해 보십시오. 이것이 우리를 유쾌하게 하고, 우리 모두를 기쁨과 즐거움으로 채우는 태양입니다. 우리에게 주님의 사랑하시는 은총보다 필요한 것이 있습니까? 나는 하나님께서, 우리가 지금부터 주님만을 찬송하고, 주님의 아름다움만을 보도록 해주셨으면 좋겠습니다. 주께서 여러분을 사랑하되, 여러분을 위하여 죽으려고 할 만큼 여러분을 사랑하시며, 실제로 여러분을 대신하여 죽으셨고, 여러분을 위하여 아버지께로 올라가시며 여러분을 위하여 만물을 충만케 하시고, 여러분을 위하여 찬란한 영광 가운데 통치하신다는 것을 생각해 보십시오. 이 모든 것이 지극히 영광스러운 사랑이 아닙니까! 주님의 얼굴이 여러분을 향하고 있다는 것을 일단 알면, 여러분은 그의 은혜와 은총에서 이전에 생각조차 하지 못했던 영광을 보게 될 것입니다. 그리스도 예수 우리 주 안에서 하나님의 찬란한 사랑을 한 번 보십시오. 그러면 이후부터는 촛대도 별도 필요 없게 될 것입니다. 그리스도 예수의 얼굴에 나타난 하나님의 영광이 여러분에게는 일곱 해와 같을 것이기 때문입니다.

그리스도의 은혜를 교회가 누린다면, 그 은혜는 모든 목적을 이루는데 효과가 있다는 점을 살펴봅시다. 해가 떠 있는데, 별들을 갈망할 이유가 있습니까? 인간적인 도구가 없을지라도, 주 예수님이 계시다면 충분하고도 남을 것입니다. 검이 주님의 입에서 나가 목적을 이룰지라도, 주님의 얼굴은 충분합니다. 햇빛은 검으로 한 번 치는 것만큼이나 이기는데 효과적입니다. 그리스도께서 교회 안에서 빛을 비추시도록 하십시오. 그러면 주께서 그의 찬란한 영광으로 적들을 물리치실 것입니다. 그리스도께서 교회 안에서 빛을 비추도록 하십시오. 그러면 교회가 바라는 모든 온기와 기쁨을 누리게 될 것입니다. 주께서 교회 안에서 빛을 비추도록 하십시오. 그러면 여러분은 모든 생명과 성장, 모든 즐거움과 달콤함, 여호와의 동산이 내놓을 수 있는 모든 완전함을 누리게 될 것입니다. 우리 주님께서 우리와 함께 하시고 우리를 기뻐하시며 우리의 노력을 지지하시면, 교회로서 우리는 국가로부터 기부금을 받고, 지혜자들의 인정을 받으며 지체 높은 사람들의 후원을 받았을 때보다 더 나은 부흥을 누리게 될 것입니다. 하나님의 교회를 최고의 도구로 만들기 위해서 필요한 것은 교회가 모든 일에 주님을 기뻐하고, 그러므로 하나님의 얼굴 빛 가운데서 행하는 것뿐입니다. "여호와여 주의 얼굴을 들어 우리에게 비추소서"(시 4:6). "주의 얼굴빛을 비추사 우리가 구원을 얻게 하소서"(80:3). "즐겁게 소리칠 줄 아는 백성은 복이 있나니 여호와여 그들이 주의 얼굴 빛 안에서 다니리로다"(89:15). 그것은 참으로 놀라운 빛입니다! 우리는 태양의 광선에서 반드시 필요하고 없어서는 안 되는 혜택을 받습니다. 우리 주 예수님 안에서 현세와 영원에 필요한 모든 것을 얻습니다. 의의 태양이 떠오를 때 주님은 치료하는 광선을 비추십니다. 그때 우리는 튼튼하게 되어 나가서 외양간의 송아지처럼 자랄 것입니다. 주께서 그 얼굴을 우리에게 비추시게 합시다. 그러면 우리는 지극히 높은 소원을 이룰 것입니다.

　　우리 주님의 찬란한 밝기는 가늠할 수 없고, 주님의 영광이 완전히 나타나면 죽을 수밖에 없는 사람으로서는 그 영광을 감당할 수도 없다는 것을 마땅히 알아야 합니다. "그 얼굴은 해가 힘 있게 비치는 것 같더라." 그러므로 요한은 주님의 얼굴을 응시할 수 없어서 주님 발 앞에 죽은 것처럼 엎드러졌습니다. 여러분이 계속해서 해를 응시하는 것은 위험한 일입니다. 망원경을 정면으로 해에다 맞추고 눈을 갖다대는 것은 지극히 어리석은 일입니다. 우리는 눈을 보호해야 합니다. 그렇지 않으면 눈으로 해를 쳐다볼 수 없습니다. 사랑하는 여러분, 주 예수께서 실제 계시는 그대로, 완전한 위엄 가운데 자신을 나타내시면, 우리는 너무 기뻐서 죽고 말 것입니다. 주님께서 사랑의 모든 물줄기를 우리 마음에 쏟아 부으시면, 우리의 약한 몸은 그런 천상적인 발견에 따르는 지극히 복된 흥분을 견딜 수 없을 것입니다. 여러분은 주님에 대해 다소 알고 있으며, 더욱 주님을 알기를 갈망합니다. 그것이 당연한 일입니다. 여러분의 생명이 그렇게 가도록 되어 있기 때문입니다. 그러나 주님께서 자신을 얼마만큼 계시할 것인지는 언제나 주님이 판단하셔야 합니다. 이는 "그가 우리의 체질을 아시며 우리가 단지 먼지뿐임을 기억하시기"(103:14) 때문입니다. 주님은, 우리가 주님의 영광스러운 현현의 지극히 놀라운 복을 받을 수 있도록 준비되기까지는, 자신을 온전히 나타내시는 일을 유보하십니다. 아마도 영원에 가서도, 주님은 다소간 유보하셔야 할 것입니다. 주께서 자기 영광을 완전히 계시하실 경우, 우리 보잘것없는 사람으로서는 감당할 수 없는 위대함이 주님께 있기 때문입니다. 주님께 주님을 보여 달라고 외치십시오. 그러나 주께서 여러분에게 "네가 내 얼굴을 보지 못하리니 나를 보고 살 자가 없음이니라"(출 33:20)고 말씀하실지라도, 놀라지 마십시오. 경건한 사람, 월쉬 목사는 주께서 그에게 나타나셨을 때 이렇게 외치지 않을 수 없었습니다. "주님, 잠깐만이요! 제가 한낱 토기에 불과한 것을 기억하옵소서. 이 기쁨을 더 누린다면 저는 죽을 수밖에 없습니다." 어떤 사람은, 그가 그 광경을 보고 나서는 죽어도 여한이 없었을 것이라고 했습니다. 나도 전적으로 동감입니다. 사람들은 "죽기 전에 반드시 나폴리를 보아라"고 말합니다. 그런데 어떤 사람은 그 말을 고쳐서 "나폴리를 보고서 살아라"고 말합니다. 참으로 이것이 그 두 가지 보는 것 가운데 더 나은 것입니다. 나는 주님을 보고 살아서 주를 찬송하고 싶습니다. 아, 주님을 보고서 그의 형상을 따라 영광에서 영광으로 변화되었으면 좋겠습니다! 어쩌면 우리 가운데 어떤 사람들은 이렇게 즐거운 방식으로 죽을지도 모릅니다. 주님께서 우리 영혼에 그의 영광을 거대한 폭포수처럼 쏟아부으시므로 우리가 바닥을 헤아릴 수 없는 무한한 기쁨의 바다 속으로 쓸려 가버릴 수도 있을 것입니다. 주님이 수문을 여셔서, 영광의 바다가 우리의 임종의 자리를 채우게 하기를 기뻐하실 수도 있습니다. 우리 삶의 작은 강은 잔물결을 치며 바다로 흘러내려 가고, 인생의 마지막 시간에는 낮게 흐릅니다. 바로 그때 끝없는 바다로부터 밀려오는 조수가 강으로 올라와 강물과 만나면 강둑까지 바닷물이 차오르게 됩니다. 몸과 마음이 쇠약해지고 주님께서 영원히 여러분의 기업이 되기 위해 오실 때, 여러분은 이 비유를 깨닫게 될 것입니다.

형제 여러분, 다시 한 번 말씀드립니다. 그리스도의 얼굴이 그처럼 밝게 빛난다면, 우리가 이제까지 보거나 알지 못했던 모든 빛과 모든 영광을 어디에서 찾아야 할지를 알게 됩니다. 그 광경에 어떤 아름다움이 있습니까? 그 광경을 아름답게 만드는 것은 해입니다. 우리 주변에 그토록 찬란하게 빛나는 것이 있습니까? 그 물체를 그렇게 밝게 빛나게 만드는 것은 해입니다. 해가 어둡다면 어떤 풍경도,

어떤 아름다움도 보지 못할 것입니다. 어둠은 아름다움의 무덤입니다. 예수님이 계시지 않는다면 인간의 모든 덕은 끝이 날 것입니다. 세상의 어떤 것에 아름다움과 우수함과 거룩함, 선함, 우아함이 조금이라도 보이는 것이 있습니까? 그것은 오직 예수님에게서 나오는 것입니다. 그 모든 미덕은 다 주님에게서 오는 것임을 알고 주의 이름을 찬송하도록 하십시오.

또한 주님의 얼굴을 보고 주님과 교제하며 사는 여러분, 기뻐하십시오. 여러분의 얼굴도 빛날 것이기 때문입니다. 여러분은 그 일곱 별을 오랫동안 보면 그 후에는 그 별들처럼 빛을 반사할 수 있을 것입니다. 여러분이 예수님을 보고, 늘 그 얼굴 빛 가운데 거하면, 여러분의 얼굴, 성품, 생활이 여러분도 알지 못하는 사이에 점점 더 빛날 것입니다. 우리는 성경에서 모세가 자기 얼굴이 빛나는 것을 몰랐다는 기사를 읽습니다. 모든 사람이 그 사실을 알았는데, 그 자신만 몰랐습니다. 사람들은 여러분이 어디에서 그런 밝은 빛을 얻게 되었는지 궁금해할 것입니다. 나는 상아 궁전의 향기를 풍기는 몇몇 사람들을 압니다. 그들은 말과 행동에서, 그들 자신에게서 향기가 납니다. 모든 사람이 거룩함의 향기를 좋아하는 것은 아닙니다. 영적인 사람의 마음만이 그런 향기를 맡고 기분이 상쾌해집니다. "이 향기가 어디에서 왔는가? 아, 내게도 이 향기가 있으면 좋겠다! 그런 향기가 내 삶에서 풍겨났으면 좋겠다!" 하고 사람들은 외칩니다. 옛날에, 사람들이 비둘기를 새장으로 끌어들이려고 할 때, 어떤 새들의 날개에 값비싼 향수를 바른 다음에 내보내면, 비둘기들이 그 향기가 너무 좋아서 그 새들을 따라 새장으로 들어왔다는 말을 들은 적이 있습니다. 아, 여러분과 내가 그리스도 가까이에 늘 거함으로써 아주 향기롭게 되어 다른 사람들이 우리를 따라 예수님과 그의 사랑을 볼 수 있게 되었으면 좋겠습니다! 아무튼, 우리가 사랑하시는 주님을 봄으로써 우리 얼굴이 빛나고, 다른 사람들이 우리 얼굴의 빛을 봄으로써 하늘에 계신 아버지 하나님께 영광을 돌릴 수 있기를 바랍니다!

사랑하는 여러분, 하나님께서 여러분에게 복 주시기를 바랍니다! 우리가 더 잘 들을 수 있고 더 잘 설교할 수 있는 마음의 틀을 가질 수 있으면 좋겠습니다. 정말로 나는 이 위대한 빛과 내 자신의 고통스런 연약함을 생각할 때, "마음에는 원이로되 육신이 약하도다"(마 26:41)고 하신 주님의 말씀이 떠오릅니다. 그럴지라도, 우리 주님께서 그 크신 자비하심을 따라 당신을 우리에게 계시하여 주시기를 바랍니다. 아멘.

제
4
장
—

# 영광스러운 주님과 기절하는 제자

—

"내가 볼 때에 그의 발 앞에 엎드러져 죽은 자 같이 되매 그
가 오른손을 내게 얹고 이르시되 두려워하지 말라 나는 처
음이요 마지막이니 곧 살아 있는 자라 내가 전에 죽었었노
라 볼지어다 이제 세세토록 살아 있어 사망과 음부의 열쇠
를 가졌노니" — 계 1:17-18

주 예수 그리스도에 대한 저급한 생각들은 신자에게 매우 해롭습니다. 여러
분이 주님께 대한 평가를 낮추면, 그 밖의 모든 것에 대한 평가도 그만큼 낮아지
게 됩니다. 구주를 가볍게 생각하는 사람은 죄의 악함도 그만큼 가볍게 생각합
니다. 따라서 그는 현재와 미래에 대해 무관심한 만큼 과거에 대해서도 무감각
하게 됩니다. 그는 죄에 대한 속죄를 가볍게 생각하기 때문에 당연히 따르는 죄
에 대한 형벌도 대수롭지 않게 생각합니다. 악에 대한 거룩한 공포뿐 아니라 의
를 위한 그리스도인의 활동에 대해서도 낮게 생각합니다. 주 예수님을 가볍게
생각하는 사람은 주님께 하찮은 봉사밖에 드리지 않습니다. 그는 구속주의 사랑
을 아주 높게 보지 않기 때문에 그의 영혼이 열정으로 타오르지 않습니다. 자기
를 부정한 일에서 구속한 피를 생각하지 않는다면, 그는 그 피를 작은 것으로 보
고, 자기에게 일생의 봉사를 요구하기 충분한 것으로 생각하지 않습니다. 받은
은총을 과소평가하면, 감사하는 마음이 약해집니다. 적게 사랑하는 사람은 적게
봉사하고, 큰 사랑을 받았다는 것을 알지 못하는 사람은 적게 사랑합니다. 그리

스도를 가볍게 생각하는 사람은 자신의 안전에 대해서도 보잘것없는 위로밖에 얻지 못합니다. 별 힘이 없는 구주와 함께 있다면, 나는 여전히 위험 가운데 있습니다. 그러나 구주께서 능하신 하나님이어서 온전히 구원하실 수 있다면, 나는 그의 보호하시는 손 안에서 안전하고, 나의 위로는 풍성하고 충만합니다. 이런 식으로, 그리고 그 밖의 수많은 방식으로 우리 주님을 온당치 않게 평가하는 것은 신자에게 아주 큰 해를 끼치게 될 것입니다. 주께서 우리를 이 악에서 구해 주시기를 구합니다.

우리의 마음이 넓어져서 주 예수님을 아주 높게 생각한다면, 그것은 주님께 대해 마땅히 그렇게 생각해야 하는 것일 뿐입니다. 우리가 이 세상에서 아무리 주님을 높게 생각할지라도 부족할 뿐입니다. 주님은 정말이지 우리가 드릴 수 있는 가장 높은 찬송보다 더 높은 찬송을 받으실 만한 분입니다. 하늘이 땅보다 높음같이, 주님은 우리의 가장 고귀한 생각보다 높으십니다. 천사들이 지극히 기쁜 축제의 날에 목이 터져라 큰 소리로 외치고 더할 수 없이 기쁜 목소리로 찬송을 드릴 때에라도, 그 찬송은 주님의 뛰어나심에 미치지 못합니다. 주님은 하늘 높이 날아오르는 스랍의 생각보다도 높으신 분입니다! 형제 여러분, 독수리의 날개를 탄 것처럼 날아오르십시오. 여러분의 영혼이 구주님을 있는 힘껏 경배하고 찬송하도록 하십시오.

예수님에 대한 생각이 확대되고 고양될 때, 다른 문제들에 대해서도 바른 생각을 갖게 됩니다. 주님의 사랑과 속죄의 제사를 생각할 때, 우리가 떨어졌던 타락의 깊이를 보게 되고, 그처럼 사랑스러우신 분을 찔렀고, 생명의 주를 죽게 만든 죄를 온 마음으로 미워하게 됩니다. 예수께서 우리를 위하여 행하신 일을 합당하게 평가할 때, 감사하는 마음이 자라고, 그와 함께 사랑도 자랍니다. 그리고 사랑이 자라면 자신을 주님께 바치지 않을 수 없고, 그처럼 자신을 주님께 드리면 영웅적인 헌신의 행동을 하기에 이릅니다. 그렇게 되면, 우리는 담대하게 주님을 위하여 말하고, 필요하다면 주님을 위해 고난을 받을 수도 있습니다. 그래서 주님의 영광을 더하기 위해서라면 우리에게 있는 모든 것을 포기하고, 그러면서도 조금이라도 희생했다는 생각을 하지 않을 수 있다는 것을 느낍니다.

그리스도를 높게 생각하십시오. 그러면 그리스도에 대한 여러분의 기쁨도 높아질 것입니다. 여러분의 안전감이 더욱 확고해질 것입니다. 그리고 그 안전감과 더불어, 주님의 손 안에서 확신을 갖고 쉬는 마음을 언제나 지켜주는 신성한 기쁨과 평안을 맛볼 것입니다. 여러분이 높아지고 싶다면, 그리스도에 대한 생각을 높이십시오. 세상의 하찮은 것들보다 높아지고 싶다면, 만물보다 높으신 주님을 훨씬 더 높고 고귀하게 생각해야 합니다. 예수께서 오르실 때 땅은 낮아집니다. 여러분이 하나님 아버지께 영광을 돌리고 싶은 때에도, 그 아들을 높이십시오. 그렇게 하면, 여러분의 영혼이 거룩해지고, 아들을 영화롭게 하시기를 기뻐하시는 모든 영들의 아버지 하나님과 좀 더 친밀한 교제를 갖게 될 것입니다.

오늘 아침, 내 목적은 여러분 마음속에 주 예수님을 높고 영광스런 보좌에 앉으시게 하는데 도움이 될 수 있는 몇 가지 진리를 말씀드리는 것입니다. 오늘 아침, 내 표어를 이야기하자면 이렇게 말할 수 있을 것입니다.

"왕관을 가져와
만민의 주이신 그분께 씌워드립시다."

나의 간절한 바람은, 오늘 이 자리에 모인 많은 분들이 마음으로 주님께 많은 왕관들을 씌워드리는 것이며, 또 여러분이 그런 믿음을 발휘하는 것입니다. 다른 말로 하자면, 사랑의 기쁜 경배를 드림으로 주님께 큰 영광을 돌리기를 바랍니다.

## 1. 본문을 보면, 여기서 첫 번째 주목하게 되는 것은 압도를 당한 제자의 모습입니다.

그 점에 대해 잠시 생각해 봅시다. 요한은 "내가 볼 때에 그의 발 앞에 엎드려져 죽은 자 같이 되매"라고 쓰고 있습니다.

주님의 사랑을 받은 이 제자는 영화롭게 되신 주님을 특별히 볼 수 있는 은혜를 받았습니다. 이 찬란한 계시 앞에서 독수리 같은 그의 눈도 침침해졌고, 경건한 그의 영혼은 압도당하고 말았습니다. 그의 영혼이 깊이 압도되었지만, 무아지경에 빠지지는 않았습니다. 그 광경을 처음 보았을 때, 틀림없이 요한은 먼저 말할 수 없는 기쁨을 느꼈을 것입니다. 요한이 그토록 사랑했는데 오랫동안 보지 못했던 주님을 보았을 때, 틀림없이 그의 영혼에 기쁨이 왈칵 쏟아져 들어왔을 것입니다. 그리고 그로 말미암아 깊은 감동을 받았다면, 무아지경과 같은 기쁨이 있었을 것으로 보입니다. 그런데 우리 주님께서 요한에게 "두려워하지 말라"고 말씀하신 것을 보면, 그렇지 않았다는 것이 분명합니다. 거룩한 기쁨보다 두려움을 훨씬 더 강하게 느낀 것입니다. 요한이 불행하게 느꼈다고는 말하지 않겠습니다. 그러나 그를 주님의 발 앞에 엎드리게 만든 것이 기쁨이 아닌 것은 확실합니다. 이 사실을 놓고 생각해 볼 때, 우리가 현재 몸의 상태에서 그리스도를 밝히 보게 되는 은혜를 받는다면, 그것이 우리에게 지극한 기쁨이 되지 않으리라는 것을 알게 됩니다. 그것이 감당하기 어려운 광경일 것이라고는 생각할 수 있지만, 우리가 어떤 상태에 이르게 될지는 알 수 없습니다. 새 포도주를 헌 부대에 넣으면, 부대를 터트리게 될 것입니다. 이 육신의 눈으로 보게 되면, 지극히 복된 그 광경을 보는 것이 황홀경의 경험이 아니라 기절하여 거의 죽는 것처럼 될 것입니다. 우리는 현재 상태에서 지극히 아름다우신 그리스도를 본다면, 틀림없이 "내가 그를 보니 내 마음이 기쁨으로 뛴다"고 말하지 못하고, 요한처럼 "내가 볼 때에 그의 발 앞에 엎드러져 죽은 자 같이 되었다"고 고백하지 않을 수 없을 것입니다. 모든 것에는 때가 있습니다. 육신을 입고서 지내는 동안은 우리의 구속자를 얼굴과 얼굴을 대하여 보기에 적합하지 않습니다. 우리가 충분히 준비되었을 때 그렇게 볼 수 있을 것입니다. 우리는 아직 너무 약해서 지극히 뛰어나고 영원한 영광의 무게를 감당할 수가 없습니다. 이렇게 말한다고 해서, 우리가 그리스도의 은혜로 아주 잘 준비되어서 주께서 지금이라도 우리를 이 몸을 벗어나게 하신다면, 주의 얼굴의 찬란한 광채를 감당할 수 있다고 말하는 것이 아닙니다. 그보다는, 혈과 육은 하나님의 나라를 유업으로 받을 수 없는데, 예외적으로, 죽을 수밖에 없는 사람이 주님을 볼 수 있게 될지라도, 육신을 입은 사람으로서는 스스로 사형 판결을 느끼게 되고, 주님의 계시 앞에서 죽는 것처럼 엎드러질 것이라고 말하는 것입니다. 그러므로 우리는 하나님께서 "자기의 보좌 앞을 가리시고 구름으로 그 위에 퍼시는"(욥 26:9, 개역개정은 "그는 보름달을 가리시고 자기의 구름을 그 위에 펴시며" — 역주) 것에 대해 감사해야 합니다. 해가 힘 있게 비치듯이 빛나는 그 얼굴을 보지 못하도록 앞을 휘장으로 가리는 것은 주님의 사랑입니다. 이 땅에서 하나님을 위하여 고난을 받는 가운데서 주님을 섬기고 주의 뜻을 행하는 동안에, 주님께서 찬란한 계시로써 여러분을 압도하여 여러분이 주님을 섬기거나 주님을 위하여 고난 받는 능력을 빼앗지 않으시는 것에 대해 감사하기 바랍니다. 하나님이 구름과 흑암으로 자신을 두름으로써 자기 위엄을 그 백성에게 숨기시는 것이 하나님의 영광스러운 은혜를 보여주는 한 예입니다. 이렇게 하시는 것은 하나님께서 그의 성도들이 몹시 바라는 지극한 복을 거절하시려는 것이 아니고 아직은 그들이 감당할 수 없는, 때에 맞지 않은 기쁨을 겪는 일에서 성도들을 보호하시기 위함입니다. 우리가 주님과 같이 될 때 주님을 계신 그대로 볼 것입니다. 그러나 그때가 되기 전까지는, 그렇게 주님을 보는 것이 우리에게 합당치 않습니다. 우리가 주님의 발 앞에서 계속적으로 죽은 사람처럼 엎드려져 있지 않고 잠시 동안이라도 세상살이의 의무들을 이행할 수 있는 것은, 주께서 밧모 섬의 이 선지자에게 비추셨던 찬란한 빛으로 자신을 우리에게 계시하시지 않기 때문입니다.

여러분은 주님의 사랑하시는 이 제자가 갑작스럽게 기절하게 된 것을 주의 깊게 보고, 먼저 그 원인이 무엇이었는지를 유의할 필요가 있습니다. 이 사도는 "내가 주를 보았다"고 말합니다. 요한은 예수께서 땅에 계실 때 그를 보았습니다. 그러나 죽은 자들 가운데 처음 일어나신 자로서, 땅의 열왕의 왕으로서 충만한 영광 가운데 계시는 모습을 보지는 못했습니다. 우리 구주께서 구속을 위해 사람들 가운데 거하실 때, 어떤 명성도 취하지 않고 종의 모습을 취하셨습니다. 이 이유 때문에 주님은 하나님의 광채를 보이는 일을 자제하셨고, 육신을 통해 신성을 나타내실 때에도 이따금 그 빛을 누그러뜨려서 비추셨습니다. 그런데 예수께서 옛적에 그러셨듯이, 금띠를 두르고 해가 힘 있게 비추듯이 빛나는 얼굴로 찬란한 모습으로 나타나시자, 주님의 사랑하시던 제자라도 그 모습을 감당할 수 없었습니다. 요한은 벽옥과 녹옥의 아름다운 보좌를 용감히 볼 수 있었고, 수정처럼 맑은 유리 바다를 말할 수 없는 기쁨으로 볼 수 있었지만, 주님 자신은 그로서는 감히 바라볼 수 없는 모습이었습니다. 천국과 지옥의 문이 열려 앞에 펼쳐졌을 때에도 기가 죽지 않았던 사도였지만, 주님을 보았을 때는 죽은 것처럼 엎드러졌습니다. 하늘과 땅의 어떤 것도 영광스런 주님과 비교될 수 없습니다. 우리가 주님의 영광을 보고 그 영광에 참여하는 날이 어서 왔으면 좋겠습니다. 주님께서는 우리에 대해 그런 뜻을 가지고 계십니다. "아버지여 내게 주신 자도 나 있는 곳에 나와 함께 있어 아버지께서 창세 전부터 나를 사랑하시므로 내게 주신 나의 영광을 그들로 보게 하시기를 원하옵나이다"(요 17:24). 영광스런 주님의 모습을 보려면, 우리는 정결해지고 힘 있게 될 필요가 있습니다. 하나님께서 친히 우리의 능력을 확대하고 강화하시지 않으면 안 됩니다. 우리가 아직까지는, 다볼 산에 있었던 제자들처럼 주님의 찬란한 빛을 보면 틀림없이 정신이 혼미해질 것이기 때문입니다.

요한이 기절하게 된 이유가 있었습니다. 그리스도의 모습이 요한을 그처럼 압도한 이유는 무엇이었습니까? 본문에서 볼 때, 부분적으로 그 이유는 두려움이었습니다. 그러면 사도는 왜 두려워하였습니까? 요한은 주 예수님께 사랑을 받던 사람이 아니었습니까? 또 요한은 주님께서 자기를 사랑하셨다는 것을 알지 않았습니까? 그렇습니다. 그러나 그 모든 사실에도 불구하고, 요한은 두려워했습니다. 그렇지 않았다면 주께서 그에게 "두려워하지 말라"고 말씀하시지 않았을 것입니다. 부분적으로 그 두려움은 주님의 신적인 힘과 위대함 앞에서 자신의 연약함과 미천함을 의식한 데서 생겼습니다. 한낮 벌레가 용광로와 같은 태양 속에서 어떻게 살 수 있겠습니까? 죽을 수밖에 없는 사람이 어떻게 하나님의 빛을 보고도 눈을 감지 않을 수 있겠습니까? 혹은 많은 물소리와도 같은 하나님의 음성을 듣고도 귀를 막지 않을 수 있겠습니까? 우리는 그처럼 연약하고 어리석으며 하찮은 존재여서, 전능하신 하나님을 얼핏 보기만 하더라도 두려움과 공경심 때문에 땅에 엎드리지 않을 수 없습니다. 다니엘은 자신이 힛데겔 강가에서 놀라운 광경을 보았을 때, 힘이 다 빠져버렸다고 말합니다. 왜냐하면 깨끗하다고 생각했던 자신의 모습이 아주 추하게 변해 버려서, 얼굴을 땅에 대고 엎드려져 깊이 잠들어 버렸기 때문입니다. 아마 이때 요한도 그리스도의 정결함과 한 점 흠 없는 거룩함을 어느 때보다도 인상깊게 보았을 것입니다. 그리고 자신의 결점을 의식하게 되자, 요한은 이사야가 "화로다 나여 망하게 되었도다 나는 입술이 부정한 사람이요 나는 입술이 부정한 백성 중에 거주하면서 만군의 여호와이신 왕을 뵈었음이로다"(6:5)고 하였을 때와 같은 심정을 느꼈던 것입니다. 요한이 믿음으로 우리의 의이신 주님을 보았을지라도 신적인 거룩함을 처음으로 놀랍게 보게 되었을 때 그 광경을 감당할 수가 없었습니다. 내가 생각할 때, 요한은 우스의 족장인 욥이 "내가 주께 대하여 귀로 듣기만 하였사오나 이제는 눈으로 주를 뵈옵나이다 그러므로 내가 스스로 거두어들이고 티끌과 재 가운데에서 회개하나이다"(42:5,6) 하고 말하였을 때와 같은 심정을 느꼈을 것입니다. 지극히 경건하고 성결한 마음을 가진 사람들은 하나님의 위엄과 거룩함을 충만하게 깨달을 때 자신과 주님 사이의 엄청난 불균형을 깊이 인식하고서, 마음이 낮아지고 거룩한 두려움에 사로잡히고 심한 공포마저 느끼게 됩니다. 칭찬할 만한 공경심도 우리 본성의 연약함 때문에 두려움으로 변하는 것입니다. 공경심이 그 자체로는 선한 것이지만 과도하게 될 때는 사람에게 치명적인 것이 됩니다.

요한을 기절하게 만들었던 두려움이, 한편으로는 그가 자신의 주님에 대해 잘 알지 못하였거나 잊고 있었던 데서 발생하였다는 것도 분명한 사실입니다. 우리가 복음서 가운데 하나를 쓰고 뛰어난 세 편의 서신을 쓴 요한에게 이런 말을 할 수 있겠습니까? 그렇습니다. 그것은 틀림없는 사실입니다. 주님께서 그의 두려움을 없애기 위해 그에게 지시를 하고 가르쳐야 하셨기 때문입니다. 요한이 두려움에서 벗어나기 위해서는 새로운 지식이 필요하였거나, 아니면 예전에 알았던 진리를 다시 새롭게 확실히 깨달을 필요가 있었습니다. 요한은 그분이 주님이심을 알게 되자 곧 힘을 회복하였습니다. 자기 앞에 서 계신 놀라운 분이 그에게 자신이 처음이요 마지막이며, 세세토록 살아 계시는 전능하신 하나님이심을 알라고 명하셨습니다. 두려움에 대한 최상의 치료책은 예수님에 대한 지식입니다. 우리는 주님을 더 잘 알게 될 때 의심의 절반은 덜게 됩니다. 의심이라는 박쥐와 올빼미들은 햇빛을 감당할 수 없습니다. 예수님의 인격과 사역, 직무, 관계, 이런 것이 내게 위로입니다. 주님과 관련된 모든 진리가 두려움을 이기게 하는 근거입니다. 우리 마음이 주님께 대한 온전한 사랑으로 가득 찰 때, 사탄이 하늘로부터 떨어지듯이 두려움이 쫓겨날 것입니다. 여러분의 주님을 공부하십시오. 주님을 아는 것을 일생의 목적으로 삼으십시오. 성령의 깨닫게 하심을 구하고, 큰 특권인 주님과의 교제를 추구하십시오. 그러면 마치 밤에 활개치던 새들이 동이 트면 날아가 숨듯이, 낙담과 고통이 사라질 것입니다. 우리가 항상 기뻐할 수 있는데도 슬픔 가운데 지내는 것은 어리석은 일입니다. 예수께서 자신의 영광스런 신분과 성품에 대해 애정을 가지고 말씀하신 후에는, 요한이 조금이라도 두려움을 느꼈다는 이야기를 읽지 못합니다. 성령의 조명(照明)을 받자, 지나친 두려움을 일으킨 은밀한 오해와 잘못된 판단이 그의 마음에서 깨끗이 사라졌습니다.

그러나 이렇게 그 원인과 이유에 유의하면서도, 요한이 압도당했던 그 정도에 대해서는 잊지 않아야 합니다. 요한은 "내가 그의 발 앞에 엎드러져 죽은 자 같이 되매"라고 말합니다. 그는 죽지 않았지만 "죽은 자 같이" 되었습니다. 말하자면, 예수님의 얼굴의 광채에 눈이 멀어, 더 이상 볼 수 없게 되었다는 것입니다. 많은 물소리와 같은 음성에 그의 귀가 먹어, 신체적 기능이 더 이상 작용하지 않았다는 것입니다. 엄청난 압박을 받다 보니 그의 영혼도 의식을 잃었습니다. 그는 생각할 수 없었고, 행동은 더더군다나 할 수 없었습니다. 그런데 주님 앞에서 철저히 비워지고 벗겨지며 결딴나고 죽임을 당하는 것이 우리에게 복입니다. 우리의 힘은 우리의 약함에 있고, 우리의 생명은 우리의 죽음에 있습니다. 우리의 힘과 생명이 완전히 사라질 때, 비로소 우리는 강해지기 시작하고 진정으로 살아서 활동하게 됩니다. 주님의 발 앞에 엎드러지는 것은 올바른 경험입니다. 그 앞에 죽은 자같이 누워 있는 것은 최상의 경험입니다. 주님의 발 앞에 오는 자는 하나님 나라의 신비를 배웁니다. 희미한 율법의 빛을 받은 모세는 만군의 여호와 앞에서 신을 벗으라는 말을 들을 필요가 있습니다. 그러나 요한은 확실히 모세보다 훨씬 더 앞으로 나갔습니다. 요한은 그보다 더 몸을 낮췄고, 무한한 엄위 앞에서 죽은 자와 같았기 때문입니다. 그리스도 안에서 죽음은 참으로 복된 죽음입니다! 그리스도 안에서 생명은 참으로 신성한 것입니다. 내가 이 순간 그리스도를 볼 수 있지만 보는 즉시 죽는다고 한다면, 나는 즐거이 그 제안을 받아들일 것입니다. 그리스도의 얼굴을 보는 것은 아주 기꺼이 죽음의 대가를 치를 만한 최상의 복이기 때문입니다. 그런데 내 속에 있는 모든 것이 죽는 그 죽음은, 내 육신과 타락한 본성이 죽는 것입니다. 그리고 바로 그리스도의 얼굴을 보기 위해서 그 같이 죽는다면, 나는 예수님을 보기를 더욱더 간절히 바랄 것입니다. 주님의 입에서 나오는 양날 가진 검이 나를 둘러싸고 있는 모든 죄를 치기를 바랍니다. 주님 얼굴의 찬란한 빛이 내 속에 있는 악의 뿌리들을 태우고 불사르기를 바랍니다. 주님께서 흰말을 타고 내 영혼 속으로 들어오셔서 이기고 또 이기시며, 옛 뱀에게 속한 모든 것과 그의 고안물들을 내던지고 모든 생각을 사로잡아 주께 굴복시키시기를 바랍니다. 나는 전능하신 주님의 은혜에 침을 받아, 정복하시는 주님의 귀한 발 앞에 엎드러졌으면 좋겠습니다.

　　기절한 이 사도를 보면서, 또 한 가지 달리 살펴볼 것이 있는데, 그것은 사도가 압도당한 위치에 대한 것입니다. "내가 죽은 자 같이 되었다" 는 것은 참으로 아름다운 생각입니다. 그런데 어디에서 내가 그렇게 되었습니까? "내가 그의 발 앞에 엎드려 죽은 자 같이 되매." 그 자리에서 죽는 것은 다른 어디에서 사는 것보다 나은 일입니다. 상한 갈대를 꺾지 않으시고 꺼져가는 심지를 끄지 않으시는 주님은 항상 온유하시고 애정이 깊으십니다. 우리가 자신의 연약함을 분명하게 인식하는 만큼, 주님은 자신의 인자를 우리에게 보여주실 것입니다. 주님은 어린 양들을 품에 안으시고, 어린 것과 함께 있는 양들을 부드럽게 인도하십니다. 약함이 주님의 사랑을 얻습니다. 사랑하시는 제자가 자신의 발 앞에 엎드러지는 것을 보시고, 주님은 즉시 제자가 익숙히 알고 있는 사랑의 손을 그에게 대시고 힘을 북돋아 그를 일으키십니다. "그가 내 영혼을 소생시키시고"(시 23:3). "피곤한 자에게는 능력을 주시며"(사 40:29). 주님은 우리의 연약함을 동정하시며, "두려워하지 말라 나는 처음이요 마지막이니라" 고 말씀하십니다. 죽은 것같이 되는 것은 바람직한 일이 아니었습니다. 그러나 예수의 발 앞에서 죽은 것 같이 되는 것은 안전하고 유익합니다. 우리 시인이 세속적인 모든 속박에서 벗어나기를 바라는 마음을 표현하면서, 이렇게 말하는 것은 당연한 일입니다.

> "내게 아무 힘이 없으니 힘을 얻기 위해
> 내 힘이 주의 발 앞에 엎드러집니다."

## 2. 지금까지 이 제자가 주님의 얼굴빛에 압도된 것을 보았으니, 이제는 요한이 회복되는 것을 보도록 합시다.

요한은 죽은 상태로 오래 있지 않았습니다. 주님께서 그에게 오른손을 대시며 "두려워 말라"고 말씀하셨기 때문입니다. 하나님의 자녀들이 지극히 무기력하며 약하게 되고 자신이 부정하고 하찮은 존재라는 것을 알고 고통스러워 할 때, 주님께서는 그들을 회복시키고 소생시키실 방법이 많이 있다는 것을 여기서 살펴봅시다.

먼저 주님은 몸을 낮추고 가까이 오심으로써 그 일을 하십니다. "그가 손을 내게 얹고." 우리 구주께서 큰 병을 고치는 일에서 언제나 환자에게 손을 대셨다는 것은 주목할 만한 사실입니다. 주님은 말씀 한 마디로 고치실 수 있었지만, 환자들에게 애정 어린 동정을 보여주기 위해 나병환자에게, 맹인의 눈에, 귀머거리의 귀에 손을 대셨습니다. 이같이 함으로써 주님은 몸을 낮추어 우리 본성의 연약함을 어루만지셨습니다. 주님은 말씀 한 마디면, 요한을 회복시키실 수 있었습니다. 주님은 멀리 서 계시거나 "나를 만지지 말라" 는 말씀으로 자신을 지키지 않으셨습니다. 그보다는 손을 대심으로써 치료를 시작하셨습니다. 다른 어떤 손도 사도를 일으킬 수 없었지만, 그를 위해 못 박힌 손은 무한한 능력이 있었습니다. 임마누엘이신 우리 왕의 손에는 전능한 치유력이 있습니다. 성령께서 우리 마음을 감화하여 그리스도께서 우리와 맺으시는 관계, 그리스도께서 우리에 대해 느끼시는 동정심, 예수님의 마음속에 가득한 형제애와 동정을 알게 하실 때, 우리는 위로를 받습니다. 예수께서 우리를 형제라 부르기를 부끄러워하지 않으신다는 것을 아는 것이 고난당하는 하나님의 자녀에게는 끊임없는 위로의 샘이 됩니다. 주님의 임재를 느끼고, 주님의 손길을 알고, 주께서 "두려워하지 말라 내가 너와 함께 함이라 놀라지 말라 나는 네 하나님이 됨이라"(사 41:10)고 말씀하시는 것을 듣는다면, 그것은 쇠약해지는 우리의 영혼에 새 생명이 됩니다. 아, 이 사실이 우리에게 얼마나 큰 복이 되는지 모릅니다. "그가 그들의 모든 환난에 동참하사"(사 63:9). 주님은 우리의 역경을 위해 나신 형제이며, 우리의 연약함을 어루만지고 동정하는 애정 깊은 친구이십니다. "그가 손을 내게 얹고." 하나님의 자녀여, 우리의 형제이신 그리스도께서 여러분 영혼에 나타나시기를 기도하십시오. 그리스도께서 여러분의 고통과 같은 것을 친히 다 겪으셨으므로 그 고통을 공감하신다는 사실을 가르쳐 주시기를 구하십시오. 여러분은 주님과 함께 있고, 주님은 여러분과 함께 계십니다. 머리가 지체의 고통을 느끼는 것처럼 확실히, 예수께서는 자기 백성의 모든 고통을 함께 느끼십니다. 이제 부활하신 주님 앞에 죽은 것 같이 누워 있는 여러분은 이 사실에서 위로를 얻도록 해야 합니다. 주님이 여러분 가까이 오시는 것은, 여러분을 죽이시기 위해서가 아니라, 사람이 친구와 말하듯이 여러분과 얘기하며 지극히 친밀한 교제를 나눔으로써 여러분을 소생시키시고자 함입니다. 크게 사랑받은 사람이여, 주님의 위대하심에 너무 압도되어서, 주님의 사랑 곧 주님의 크신 사랑, 이 시간 여러분에게 손을 대시는 주님의 친밀한 사랑을 잊지 않도록 하십시오.

주님의 그 행동에는 신성한 힘의 전달이 담겨 있습니다. "그가 오른손을 내게 얹고." 그것은 은총의 손, 또한 능력의 손입니다. 하나님은 아무것도 없는 자들에게 힘을 주십니다. 약한 자에게 능력을 주십니다. 하나님의 자녀가 매우 낮은 자리에 처하게 되었을 때, 그를 높일 수 있는 것은 단순히 어떤 주제를 고려하거나 검토하는 일이 아닙니다. 병든 사람들은 교훈 이상의 것이 필요합니다. 그들에게는 약과 양육이 필요합니다. 기절하는 영혼에게는 실제적인 힘과 에너지가 공급되어야 합니다. 감사하게도 예수께서는 자기 백성이 약해졌을 때 성령으로 말미암아 에너지를 그들에게 전달하실 수 있고, 또 전달하십니다. 예수께서는 우리가 생명을 얻고 더 풍성히 얻도록 하기 위해 오셨습니다. 하나님의 전능하심은 우리를 위해 있는 것입니다. 그래서 우리는 심지어 우리의 약함을 자랑하기까지 할 수 있습니다. "내 은혜가 네게 족하도다 이는 내 능력이 약한 데서 온전하여짐이라"(고후 12:9)는 말씀은 복된 약속입니다. 이 약속이 우리 가운데 많은 사람들에게 말 그대로 성취되었습니다. 우리 자신의 힘이 사라지면, 하나님의 능력이 흘러들어와 그 빈 자리를 채웠습니다. 그 과정은 설명할 수 없습니다. 그것은 설명하기보다는 경험해야 하는 비밀이고 신비입니다. 그러나 하나님의 성령이 우리에게 오시면 무엇보다 우리가 거듭나게 되듯이, 하나님의 능력이 새롭게 우리 영혼에 들어오면 우리는 약하고 무력한 데서 새로운 에너지를 얻고 일어서게 됩니다. 그러므로 오늘 영혼이 쇠약해지고 있는 여러분, 용기를 내십시오. 주님을 기다리는 자들은 새 힘을 얻을 것입니다. 모든 능력은 주님께 속하였으므로, 주께서 아무것도 없는 사람들에게 능력을 풍성하게 주실 것입니다. 용기를 갖고 주님을 기다리십시오. 주님을 의지하는 사람은 결코 부끄러움을 당하지 않을 것이기 때문입니다.

그 다음에 주님의 입에서 한 마디가 흘러나왔습니다. 주님은 "두려워하지 말라"고 말씀하셨습니다. 이 말씀으로 주님은 병에 치료약을 바르신 것입니다. 그리스도는 의사일 뿐 아니라 그리스도 자신이 약이십니다. 바다를 잠잠케 하신 주님의 음성이 또한 우리의 모든 두려움을 내쫓으십니다. 이 책에서 볼 때, 하나님의 말씀은 매우 위안이 됩니다. 그리스도의 사역자들에게서 들을 때, 하나님 말씀은 큰 능력을 지니고 있습니다. 그러나 하나님 말씀의 실제적인 참된 능력은 말씀이신 예수 안에 있습니다. 진리가 주님의 입에서 새롭게 흘러나올 때, 그것은 능력입니다. "내가 너희에게 이른 말은 영이요 생명이라"(요 6:63)고 주께서 말씀하셨는데, 참으로 맞는 말입니다. "두려워하지 말라"는 이 말씀은 안절부절 못하는 요한의 마음에 말할 수 없이 큰 힘으로 다가왔습니다. 우리가 가장 깊은 내면에서 성령으로 이 음성을 들을 수 있으면 좋겠습니다.

> "내가 '너는 내 것이라' 속삭이시는
> 당신의 천상의 목소리를 들을 수 있다면,
> 이 달콤한 말씀을
> 지극히 신성한 곡조에 맞춰 노래할 수 있을 것입니다."

사실 많은 음성이 있고, 음성마다 나름의 의미가 있습니다. 그러나 예수님의 음성은 어조마다 지극한 천상의 복이 담겨 있습니다. 사랑하는 주께서 내게 말씀하시면, 그것은 천사의 교향곡보다 아름다울 것입니다. 주님께서 "두려워하지 말라"는 말 한 마디밖에 하시지 않을지라도, 주께서 입을 열어 우리에게 말씀하시는 것을 보는 것은 온 세상만큼 가치가 있었습니다. 그런데 여러분은, 지금도 주께서 우리에게 말씀하시는 것을 들을 수 있느냐고 묻습니다. 있습니다. 성령으로 들을 수 있습니다. 주님의 영은 지금도 사람들의 마음과 교제를 나누십니다. 그래서 성령은 성경의 말씀을 영혼에 깊이 깨닫게 하시어, 그 말씀이 더 이상 문자가 아니라 그리스도의 소생케 하는 생생한 말씀이 되게 하실 수 있습니다. 여러분은 내가 무슨 뜻으로 이렇게 말하는지 아십니까? 모른다면, 여러분에게 더 이상 무슨 말을 할 수 없습니다. 안다면, 여러분에게 더 이상 설명이 필요 없을 것입니다. 예수께서는 마음에 말씀하십니다. 진리는 단순히 말로 오지 않고, 성령의 증거로 힘 있게 옵니다. 주님의 영광을 보고서 당혹스러워 하며 근심하는 신자 여러분, 예수께서 가까이 오셔서 여러분에게 손을 대고 말씀하시는 것은 여러분의 속사람이 성령으로 힘을 얻고 능하게 하려는 것임을 확실히 아십시오. 요한이 죽은 것같이 자지 않았다면, 주님의 음성을 듣지 못하고 그 손길을 느끼지 못했을 것입니다. 그런 위치로 다시 높이 오르기 위해 떨어지는 것은 즐거운 일입니다.

자신의 종을 온전히 치료하기 위해, 이어서 주님은 그 종을 압도한 바로 그 문제에서 더 충분한 지침을 주셨습니다. 이열치열이 될 때가 있습니다. 어떤 의미에서 "술을 한 모금 마시면 머리가 취한다"는 말이 하나님의 계시에 적용된다면, "제대로 마시면 대체로 정신이 다시 말짱해진다"는 말도 적용될 것입니다. 그리스도를 한 번 언뜻 보고서 거룩한 사람들이 기절하게 된다면, 그리스도를 더 분명하게 보면, 사람들이 다시 정신 차리게 될 것입니다. 우리 주님은 요한의 두려움을 없애기 위해, 영광과 능력 가운데 계시면서 요한에게 지시를 하셨습니다. 형제 여러분, 참으로 요한은 그런 천상의 지시를 받기에 적합한 상태에 있었습니다. 겸손한 자는 언제든지 천상의 비밀을 배울 준비가 되어 있는 것입니다. 요한은 도장을 찍을 준비가 되어 있는 밀랍과 같았습니다. 혹은 다른 모든 글씨가 깨끗하게 지워진 종이와 같았습니다. 우리는 알고 있다고 생각하기 때문에, 모르는 것입니다. 안다는 교만함이 죽을 때 참된 지혜가 생기는 법입니다. 주님은 주님 앞에서 가장 낮게 누워 있는 사람들을 가장 사랑스런 학생으로 보십니다. "온유한 자를 정의로 지도하심이여 온유한 자에게 그의 도를 가르치시리로다"(시 25:9). "겸손한 자에게는 지혜가 있느니라"(잠 11:2). 예수께서 선생으로 계시면서 자신에 관한 것으로 마음을 가르치는 곳에서는, 영혼이 재물을 유업으로 얻고 그 보화가 가득하게 됩니다. 하나님의 지혜인 그리스도께 배우는 사람들은, 비록 주님의 문 앞에서 지켜보는 동안에는 죽은 것 같이 누워 있을지라도, 복이 있는 자들입니다. 그들이 복이 있는 것은, 생명을 얻고 여호와의 은총을 얻을 것이기 때문입니다.

### 3. 이제 우리는 설교의 핵심이 들어 있는 세 번째 요점을 다룰 것입니다.

지금까지 주의 사랑하시는 제자가 기절하였다가 후에 다시 깨어난 것을 보았습니다. 이제는 **이 제자가 이어서 주님께 교훈을 받는 일**을 잠시 생각해보도록 합시다. 사랑하는 교우 여러분, 지금 본문에서 우리 앞에 펼쳐지고 있는 이 영광스런 진리에 주목하시기 바랍니다. 요한은 무엇보다 주님 자신의 인격에 대해 교훈을 받았습니다. "두려워하지 말라 나는 처음이요 마지막이니 곧 살아 있는 자라 내가 전에 죽었었노라." 자신의 인격에 대해서, 예수께서는 제자에게 자신이 참으로 하나님이심을 계시하셨습니다. "나는 처음이요 마지막이라." 이 말은 하나님 외에는 어느 누구에게도 사용할 수 없습니다. 하나님 외에 아무도 처음인 자가 없고, 하나님 외에 아무도 마지막인 자가 없습니다. 하나님 외에 누구도 처음이요 마지막이 될 수 없습니다. 자, 우리 주 예수 그리스도는 분명 처음이셨습니다. 그는 세상에 태어나시기 전부터 계셨습니다. 성경에 "나를 위하여 한 몸을 예비하셨도다"(히 10:5)는 말씀이 나옵니다. 그렇다면 그리스도께서는 준비된 몸을 입으실, 전부터 계신 분이셨습니다. 주님은 "보라, 내가 하나님의 뜻을 행하러 왔나이다"(10:7) 하고 말씀하신 분입니다. 그리스도께서 세상에 오셨으나, 그리스도는 영원부터 아버지 품속에 거하셨습니다. 세례자 요한은 구주보다 먼저 세상에 태어났습니다. 그는 이 구주의 선구자였는데, 그가 무슨 말을 합니까? 그는 이렇게 증거합니다. "내 뒤에 오는 사람이 있는데 나보다 앞선 것은 그가 나보다 먼저 계심이라"(요 1:30). 주님은 존재의 순서에 있어서 제일 처음이시기 때문에 명예의 순서에서도 제일 앞자리에 계십니다. 요한이 사람으로서는 연장자였지만, 주 예수님은 하나님으로서 영원부터 계셨습니다. 여러분이 원한다면 역사를 거슬러 올라가 보십시오. 한 걸음에 모세 때까지 거슬러 올라가 보십시오. 그때에도 그리스도는 여러분 앞에 계십니다. 성경이 "그들 가운데 어떤 사람들이 주를 시험하다가 뱀에게 멸망하였나니 우리는 그들과 같이 시험하지 말자"(고전 10:9)고 말하고 있기 때문입니다. 사람들이 소란을 피웠던 그 광야에도 그리스도께서 계셨습니다. 그때 음성으로 땅을 흔드셨던 분이 그리스도이시고, 이제 땅뿐만 아니라 하늘도 흔드실 분이 바로 그리스도이십니다. 더 거슬러 올라가 아브라함에게로 가봅시다. 거기에서도 우리는 언약의 사자를 발견합니다. 우리 주님께서는 분명하게 말씀하십니다. "아브라함이 나기 전부터 내가 있느니라"(요 8:58). 예수님은 하나님이 말씀하시듯이 말하십니다. 우리 인류의 두 번째 조상인 노아에게까지 거슬러 올라가 봅시다. 거기에서도 우리는 감옥에 있는 영들, 곧 "전에 노아의 날 방주를 준비할 동안 하나님이 오래 참고 기다리실 때에 복종하지 아니하던"(벧전 3:20) 영들에게 복음을 전하시는 예수 그리스도를 봅니다. 대홍수 이전의 죄인들에게 성령으로 복음을 전하신 분은 노아 속에 계신 그리스도였습니다. 우리는 더 거슬러 올라가 세상 창조시까지 이를 수 있습니다. 거기에서 우리는 이 사실을 봅니다. "태초에 말씀이 계시니라 이 말씀은 곧 하나님이시니라"(요 1:1). 우리가 영원으로까지 날아갈 수 있다면, 창조하는 손이 일을 시작하기 전에, 잠언 8장을 보면 성육신하신 말씀이 친히 이같이 증거하는 것을 봅니다. "만세 전부터, 태초부터, 땅이 생기기 전부터 내가 세움을 받았나니 아직 바다가 생기지 아니하였고 큰 샘들이 있기 전에 내가 이미 났으며 산이 세워지기 전에, 언덕이 생기기 전에 내가 이미 났으니 하나님이 아직 땅도, 들도, 세상 진토의 근원도 짓지 아니하셨을 때에라"(8:23-26).

    이와 같이 우리 주님은 처음이시고, 그와 마찬가지로 마지막이 되실 것입니다. 주님의 무한한 능력이 끊임없이 발산됨으로 인해 만물이 존재하고 보존되기 때문입니다. 세상의 왕들이 먼지 속에 잠들고, 그들의 권세가 사라져 버렸을 때, 현세의 보화가 녹아버리고, 세상에서 가장 오래 가는 기념물들이 아침 안개처럼 사라져 버렸을 때, 그때에도 주님은 여전하시고 주님의 세월은 무궁할 것입니다. 그리스도는 참된 멜기세덱으로 시작도 없고 끝도 없으며, "육신에 속한 한 계명의 법을 따르지 아니하고 오직 불멸의 생명의 능력을 따라 된"(히 7:16) 분이십니다. 이것이 요한에게 위로의 사실로 계시되었는데, 그것은 오늘날 우리에게도 적용되며, 충만한 위로가 됩니다.

그 다음에, "처음이요 마지막" 이라는 말은 대부분의 언어에서 만물의 총합이자 본질을 의미합니다. 사람들은 때로 어떤 것의 꼭대기와 바닥이 어떻다고 말하는데, 그 말로써 전체를 나타냅니다. 그리스 사람들은 "이것이 일의 이물과 고물이라" 고 말하곤 하였는데, 전체라는 뜻입니다. 그와 같이 예수 그리스도는 처음이요 마지막이시고, 모든 것의 모든 것이십니다. 진실로 구속과 구원의 사역에서 처음이요 마지막이십니다. 그리스도께서 시작하고 수행하며 완성하십니다. 그리스도는 피조물의 도움을 일절 요구하시지 않고 아무 도움도 받지 않으실 것입니다. 우리에게 그리스도는 우리 믿음의 창시자이며 완성자이시고, 우리의 첫 위로의 알파이고 마지막 지복(至福)의 오메가이십니다. 우리는 그리스도를 모든 선의 총합이시자 본질로 알고 경배드립니다. 이 사실에 풍성한 위로가 있습니다. 그래서 주님은 자기 종 요한에게 그 점을 가르치십니다. 주님은 마치 이렇게 말씀하신 것이나 같습니다. "요한, 너는 두려워할 필요가 없다. 나는 적이 아니고 낯선 사람이 아니며 복수하는 영이 아니다. 나는 네가 지금까지 의지해 온 바로 그 하나님이다." 떠는 모든 신자에게, 우리는 이렇게 말하고 싶습니다. 당신은 왜 두려워하는가? 예수께서 모든 것입니다. 당신은 당신의 형제요, 구주요, 친구이신 주님을 두려워합니까? 그것이 아니면, 당신은 무엇을 두려워합니까? 오래된 어떤 것을 두려워합니까? 그리스도는 처음이십니다. 장차 올 것을 두려워합니까? 그리스도는 마지막이십니다. 온 세상에 있는 어떤 것을 두려워합니까? 주님은 처음부터 마지막까지 모든 것의 모든 것이십니다. 여러분에게 그리스도가 계시면, 모든 것을 가지고 있는 것입니다. 여러분은 자기 속에서 어떤 필요를 보았습니까? 여러분을 괴롭히는 심각한 결핍이 있는 것을 발견하였습니까? 주 예수께서 만물을 채우시고, 만물이 그리스도 안에서 여러분의 것이 될 때, 그런 것이 존재할 수 있겠습니까? 여러분이 정말로 그리스도를 의지하고 그리스도만을 여러분의 구원으로 삼았다면, 여러분이 도대체 무엇 때문에 두려움으로 괴로워해야 합니까? 하나님을 여러분의 보호자요 구주로 삼았다면, 왜 여러분이 두려워해야 합니까?

그런데 우리의 찬송 받으실 주께서는 자신의 인격에서 나온 위로를 요한에게 주실 뿐 아니라 더 나아가서 자신의 존재에 대한 진리로써 요한을 위로하십니다. 주님은 "나는 사는 자, 곧 살아 있는 자" 라고 말씀하십니다. 피조물은 그 자체로 살아 있는 것이 아니라 생명을 빌려와 존재하는 것입니다. 존재는 반드시 하나님께만 속해 있습니다. 하나님은 스스로 있는 자이신데, 그리스도가 바로 그런 분이십니다. 그렇다면 당신은 왜 두려워합니까? 여러분의 구주님, 그리스도의 존재가 불확실하고 외부 환경에 의존되어 있다면 두려워할 만한 이유가 있을 것입니다. 여러분이 끊임없이 위태로운 가운데 있을 것이기 때문입니다. 여러분의 주님이 무엇인가로부터 허락을 받아 존재해야 하고, 피조물로부터 힘을 끌어내며 자기 존재를 유지하기 위해 여기저기를 보아야 할 필요가 있다면, 여러분은 항상 위험 가운데 있고 따라서 근심하며 지내게 될 것입니다. 그러나 예수께서 더 이상 존재하거나 주님이 아닌 다른 존재가 되거나 변하시는 일이 없을 것인데 여러분이 두려워할 이유가 있을 수 있겠습니까? 여러분의 구주께서 스스로 계시는 분이심에도 불구하고 여전히 근심하는 그리스도인이여! 근심하지 마십시오. "두려워하지 말라 나는 살아 있는 자라."

　위안을 주는 이 두 가지 원천이 충분하지 않다면, 애정 어린 영광 가운데 계신 주님은 세 번째 원천, 곧 그의 구속하시는 죽음을 언급하십니다. 주님은 "내가 전에 죽었었노라" 고 말씀하십니다. 이 원문을 좀 더 정확하게 번역하자면 "내가 죽게 되었노라" 는 뜻입니다. 여기서 우리는 우리 구속주의 인성을 보게 됩니다. 하나님이시자 사람으로서 주님은 두 본성이 있으셨지만 인격이 둘은 아니었습니다. 주님은 항상 한 인격으로 사시지만 죽게 되었던 것입니다. 주님은 죽음을 경험할 수 있도록 사람의 형체를 입고 세상에 오셨습니다. 순수한 영이신 하나님은 죽으실 수 없습니다. 스스로 계시는 자이신 하나님이 죽음에 굴복하는 일이란 있을 수 없습니다. 그러나 하나님께서 인성을 스스로 취하셨고, 그래서 예수께서 사람의 모습으로 죽으실 수 있었고, 실제로 죽으셨습니다. 단지 외형적으로가 아니라, 정말로 행위로, 진실로 예수께서 머리를 숙이고 영혼이 떠나가셨으며, 사람들이 그의 시체를 아리마대 요셉의 무덤에 뉘었습니다. 여기에 하나님의 자녀들에 대한 풍성한 위로의 원천이 있습니다. 예수께서 죽으셨고, 그때 구속이 완성되었습니다. 피흘림이 없이는 죄사함이 없습니다. 그래서 하나님의 아들의 피흘려 죽으심이 풍성한 죄사함을 가져옵니다. 그와 같은 분의 죽음에는 죄책을 제거하고 허물을 씻을 만한 충분한 공로가 있음에 틀림없습니다. 성경에 "그가 그의 피로 우리 죄를 씻으셨다" 고 기록되지 않았습니까? 여러분은 하늘에서 부르는 찬송을 듣지 않습니까? 하늘의 음악이 여러분을 기쁘게 하지 않습니까? 그의 피가 여러분을 씻었습니다. 여러분이 주님을 믿는다면, 여러분은 깨끗합니다. 골고다를 보십시오. 여러분이 거기를 보고 그가 죽으셨다는 것을 깨닫는다면, "두려워하지 마십시오."

　그 다음에 주님께서는 자신의 생명이 무한하다는 것을 밝히시어 자신이 "이제 세세토록 살아 있다"고 말하십니다. 속죄의 제사를 드리신 주님께서 다시 사셔서, 그 제사가 효과가 있다고 주장하시는 것입니다. 주님께서는 칭송할 만한 제사를 드리셨고, 이제는 하늘에 가서서 하나님 보좌 앞에서 그 제사를 근거로 내세우며, 자기를 사랑한 자를 위하여 마련하신 자리를 요청하십니다. 여러분은 죽은 구주를 의지하는 것이 아닙니다. 한때 죽으셨던 구주를 의지하는 것입니다. 이것이 여러분에게 위로가 됩니다. 여러분의 구주는 살아 계십니다. 위대한 구속주께서는 살아 계십니다. 주님은 무덤에서 일어나셨고, 하늘에 오르셨습니다. 그는 하나님 우편에 앉아 계시며, 거기서 언제든지 자기 백성을 변호하십니다. 여러분이 그리스도를 무덤에 모시고 있다면, 슬프기 짝이 없는 일입니다. 그러나 여러분의 그리스도는 하늘에 계시고, 더 이상 죽으실 수 없습니다. 그러므로 기뻐하십시오.

　다음에, 전체의 계시를 마무리지으면서 주님은 "아멘, 사망과 음부의 열쇠를 가졌노라"(개역개정에는 "아멘"이 없음 - 역주)고 말씀하셨습니다. 그리스도께서 지금 맡고 계시는 **중보자의 직책**은 큰 권세를 지닌 자리입니다. 그는 "그는 만물 위에 계셔서 세세에 찬양을 받으실 하나님이십니다"(롬 9:5). 주님의 통치는 땅과 바다에 미치고, 하늘과 죽은 자들의 세계에 미칩니다. 그의 능력의 권세를 피할 수 있는 것은 아무것도 없습니다. 그는 만유의 주이십니다. "사망과 음부의 열쇠를 가졌노니." 여기서 "음부"라는 말은 보이지 않는 모든 세계, 곧 영들의 전 영역을 의미할 수 있습니다. 그리스도는 거기에서도 주이십니다. 하늘에서는 경배를 받으시고, 지옥에서는 두려워하는 주이십니다. 그러나 우리가 보통 음부라고 할 때의 의미만을 생각한다면, 그리스도는 지옥의 주이십니다. 마귀는 악의를 품고 있지만 그리스도께서 허락하시는 것 외에는 아무것도 행할 수 없습니다. 마귀는 결박된 원수입니다. 그가 미친 듯이 격분하며 날뛸 수는 있지만 하나님의 자녀에게 해를 끼칠 수는 없습니다. 그리스도께서는 항상 마귀를 억제하고 계십니다. 다만 마귀가 두루 돌아다니도록 허락하실 때는, 사람의 분노와 마귀의 분노가 그리스도를 찬송하도록 만드시고, 그 나머지는 허락하지 않으십니다.

그러므로 여러분이 두려워할 이유가 없습니다. "나는 죄인입니다. 그래서 사탄이 나를 이길 것입니다" 하고 여러분은 말합니다. 그러나 그리스도는 이렇게 말씀하십니다. "나는 사탄의 주이고 음부의 주이다. 그러므로 사탄이 너를 이길 수 없다." 그리스도께서 허락하시지 않는 한, 사탄은 음부를 떠날 수 없습니다. 그리스도께서는 사탄을 안에 두고 지옥문을 잠그실 수 있기 때문입니다. 사탄이 여러분을 음부로 데려갈 수 없습니다. 그리스도께서 여러분을 밖에 두시며, 지옥문을 걸어 잠그셨고, 열쇠를 보관하고 계시기 때문입니다. 그러므로 여러분은 어둠의 세력의 모든 획책으로부터 항상 그리고 영원히 안전합니다. 그런데 여러분은 **죽음을 생각할 때 떨립니까?** 죽음이 여러분을 두렵게 만듭니까? 고통과 신음 소리, 죽어가며 울부짖는 소리가 귀에 들려 겁이 나고 두렵습니까? 그렇다면 그리스도께서 죽음의 열쇠를 가지고 계신 사실을 기억하십시오. 주께서 허락하시지 않는 한, 여러분은 죽을 수 없습니다. 어떤 사람들이 여러분의 생명을 노릴지라도, 여러분의 주님이 허락하시지 않는 한, 여러분을 칠 수 없습니다. 역병과 죽음이 주변을 날아다니며, 오른쪽에서 천 명이 죽고 왼쪽에서 만 명이 죽을지라도, 주님께서 허락하시지 않으면, 여러분은 죽을 수 없습니다. 주님께서 "돌아가라"고 말씀하시기 전까지 여러분은 죽지 않습니다. 죽음의 철문이 저절로 여러분에게 열리는 법이 없고, 천사들이 천 명이 동원된다고 할지라도 그들 스스로 여러분의 무덤을 팔 수 없으며, 오직 주께서 부르실 때에만 여러분은 그곳으로 갑니다. 그러므로 두려워하지 마십시오. 죽음이 하나님의 성도들에게는 더 이상 죽음이 아니고 예수 안에서 잠자는 것임을 기억하십시오. 주님께서 여러분과 함께 계실 것이므로, 죽는 것이 죽음이 되지 않을 것입니다. 죽음이 여러분에게는 재갈을 물리고 결박을 당한 원수일 뿐임을 알게 될 것입니다. 죽음이라는 말벌이 쏘는 것을 잃어버렸고, 그래서 여러분에게는 꿀을 가져다주는 벌이 될 것입니다. 삼손이 그랬던 것처럼, 여러분은 사자에게서 단 것을 얻을 것입니다. 죽음은 정복되었습니다. 그래서 죽음이 올 때, 주께서 함께 오실 것이고, 임종의 자리가 여러분에게 아주 편안하도록 만드실 것입니다.

한 가지 점을 더 생각해 보도록 합시다. 사망의 열쇠를 가지신 이가 사망을 폐하실 것입니다. 여러분의 몸이 영원히 벌레들의 먹이가 되지 않을 것입니다. 천사장의 나팔소리에 여러분의 몸이 다시 일어날 것입니다. 주님의 백성들은 뼈 하나도 잃지 않을 것입니다. 주님은 그들의 티끌조차도 귀하게 보시기 때문입니다. 주의 백성들은 노동을 쉬고 잠깐 잠을 잡니다. 그러나 생명의 주께서 티끌과 흙더미에서 그들 모두를 불러내실 것입니다. 사망아, 너의 쏘는 것이 어디 있느냐! 무덤아, 너의 승리가 어디 있느냐! 전에 죽었으나 이제 세세토록 살아 계신 예수께서 사망과 음부의 열쇠를 허리춤에 차고 계시니, 죽는 것을 두려워하지 맙시다. 죽음이 오면, 주께서 정하신 때가 되었음을 알고 영접하도록 합시다. 그러면 사도 요한의 쇠약해지는 영혼에 풍성한 위로가 있었던 것을 알게 될 것입니다.

그리스도의 영광과 높이 되심에 성도의 힘이 있다는 것을 말씀드리고 마치도록 하겠습니다. 우리 가운데 심한 고통 중에 있을 때 이 사실을 경험한 이들이 있습니다. 그리고 우리는 이 사실을 생각하고서 기뻐하고 크게 즐거워하였습니다. 그리스도께서 통치하신다는 사실은 그 백성을 즐겁게 만듭니다. 슬픔의 아들들인 여러분, 위로를 얻으려면 그 사실로 달려가십시오. 모든 성도 여러분, 여러분의 왕을 기뻐하십시오.

그러나 이 영광스런 구주께서 죄인들에게는 두려움이 될 것입니다. 마지막 날에 죄인들은 주님의 찬란한 영광을 보지 못하고 숨을 것입니다. 그들은 산과 작은 산들에게 자기를 덮어 보좌에 앉아 계시는 이의 얼굴을 보지 않게 해달라고 구할 것입니다. 영광스런 왕이 반역자에게는 공포의 대상입니다. 여러분이 거절한 분이 그와 같이 크고 영광스러우신 만큼, 그의 오른손으로부터 받을 여러분의 형벌도 그만큼 견디기 어려울 것입니다. 여러분이 아주 지혜로워져서 전능하신 하나님과 싸우기를 그치면 좋겠습니다.

그러나, 끝으로 주님은 또한 회개하는 자들에게 소망이 되십니다. 자, 오늘 여러분이 죄사함을 받고자 한다면, 높이 되신 구주께서 아무 값 없이 여러분에게 자신을 주실 것입니다. 주님이 높아지셨는데, 무엇 때문에 높아지셨습니까? 그것은 "죄 사함을 받게 하는 회개"(눅 24:47)를 주시기 위함입니다. 주님이 더욱더 크신 분일수록, 큰 자비를 필요로 하는 사람들에게는 그만큼 좋습니다. 주님께서 더욱더 고귀하고 왕다울수록, 마음이 상하고 통회하며 겸손한 자들에게는 그만큼 더 좋습니다. "그의 아들에게 입맞추라 그렇지 아니하면 진노하심으로 너희가 길에서 망하리니 그의 진노가 급하심이라"(시 2:12). 주님은 지극히 높은 하늘에서 은빛 홀을 아래로 내리십니다. 단순한 믿음으로 그 홀을 붙잡으십시오. 주님께서 여러분이 그렇게 할 수 있게 해주시기를 구합니다. 아직 여러분이 주님의 발 앞에 죽은 것 같이 엎드러져 있을지라도, 주께서 오늘 아침 이렇게 말씀하시는 것을 들을 수 있을 것입니다. "두려워하지 말라 나는 살아 있는 자라 내가 전에 죽었었노라 이제 세세토록 살아 있어" "나를 힘입어 하나님께 나아가는 자들을 온전히 구원하실 수 있으니 이는 내가 항상 살아 있어서 그들을 위하여 간구함이라"(히 7:25). 사랑하는 교우 여러분, 하나님께서 성령으로 여러분에게 복 주시기를 바랍니다. 아멘.

제
5
장

—

# 사망과 음부의 열쇠를
# 가지고 계시는 그리스도

—

**"내가 사망과 음부의 열쇠를 가졌노니"** — 계 1:18

사망과 음부가 두려운 세력이지만 통제할 수 없이 날뛰게 되어 있지 않습니다. 사망은 어둠 자체로서, 아무 질서가 없는 흑암의 땅입니다. 그러나 왕의 눈이 그 땅을 내려다보고 있으며, 주인이 그 열쇠를 가지고 있습니다. 음부 또한 두려운 곳입니다. 거기에서는 악하고 두려운 세력들이 모여 지배하고 있습니다. 그러나 음부도 주님 앞에서는 떨며, 악의 보좌보다 더 높은 보좌가 거기에 있습니다. 하늘과 땅에, 혹은 땅 아래 어떤 것도 무정부 상태를 일으키도록 버려지지 않는다는 점을 기뻐합시다. 도처에서 주님은 영원히 왕으로 앉아 계시며 홍수를 잠재우십니다. 우주의 어떤 구역도 하나님의 통치에서 벗어난 곳은 없습니다. 세상의 일들이 우연히 일어나지 않습니다. 어디에서도 우연과 혼돈이 지배하지 못하고, 어디에서도 악이 언제까지나 지배하는 일은 없습니다. 주님께서 하늘에 보좌를 펴셨으므로, 그의 통치가 만물에 미친다는 것을 확실히 알도록 하십시오. 지극히 낮은 음부와 사망조차도 주님의 통치권을 인정한다면, 하물며 이 낮은 세상에 있는 만물이야 얼마나 더 인정할 수밖에 없겠습니까.

우리가 이 장을 읽으면서, 음부와 사망에 대한 지배권이 사람이신 그리스도 예수의 손에 있다는 것을 아는 것은 기쁜 일입니다. 이 두려운 곳의 열쇠를 가지고 계시는 이를 요한은 "인자 같은 이"라고 묘사합니다. 우리는 그분이 우리 주 예수 그리스도이셨다는 것을 압니다. 요한은 예수님에게서 낯설고 영광스런 변화가 일어난 것을 보았습니다. 그러나 예수께서 육신으로 계시는 동안 지녔던 사람으로서의 흔적과 못 자국을 보고서 주님의 옛 모습을 알아차렸습니다. 이와 같이 사람에게 참으로 놀라운 영예가 수여된 것입니다! 하나님께서 천사들 가운데 누구에게 "사망과 음부의 열쇠를 받으라"고 말씀하신 적이 있습니까? 그런데 이 열쇠를 인자이신 예수 그리스도께 맡기셨습니다. 예수 그리스도는 우리 뼈 중의 뼈요 우리 살 중의 살이며, 모든 면에서 그의 형제들과 같이 되신 이로서, 만물을 다스리시는 분이십니다. 그러나 사람이 하나님을 떠나서 스스로 그렇게 높이 될 수 있는 것이 아닙니다. 요한이 밧모 섬에서 그리스도를 보았을 때 주님께 대해 말한 묘사는, 분명히 사람의 모습이었지만, 또한 그것은 확실히 신적인 것이기도 하였습니다. 금 촛대 사이에 서 계신 그 신비한 사람 주위에 영광의 빛이 타올랐는데, 그 빛은 동정녀 마리아에게서 받은 것도 아니고 나사렛 출신에게 속한 것도 아닙니다. 그것은 오직 영원하신 하나님께만 속한 독특한 빛입니다. 이 영원하신 하나님의 아들이 구속자이시고, 하나님은 자기와 같은 그 아들이 자기 영광을 빼앗는다고 생각지 않으십니다. 본질적으로 예수님은 "만물 위에 계셔서 세세에 찬양을 받으실 하나님"이십니다(롬 9:5). 그렇다면 우리는 하나님께서 이같이 자신을 낮추심으로써 하시게 된 일을 기뻐합시다. 즉 하나님으로서 인성을 취하심으로 그리스도라는 인격 안에서 사람이 하나님의 모든 피조물을 다스리되, 모든 양과 소, 공중의 모든 새와 바다의 물고기, 바다 속을 지나는 모든 것을 다스릴 뿐만 아니라, 사망과 하데스도 이 영광스런 사람이 통치하게 된 것을 기뻐합시다. "하늘에 있는 자들과 땅에 있는 자들과 땅 아래에 있는 자들로 모든 무릎을 예수의 이름에 꿇게 하시고 모든 입으로 예수 그리스도를 주라 시인하여 하나님 아버지께 영광을 돌리게 하셨느니라"(빌 2:10,11).

　　열쇠란 은유를 쓴 것은 우리 주님께서 사망과 음부, 모두에 대해 정당하고 실질적인 통치권을 가지고 계시다는 두 가지 사상을 나타내기 위한 것임이 분명합니다. 내가 여기서 정당한 통치권이라고 말하는 데는 그만한 이유가 있습니다. 왕이 충성스런 도시의 성문에 이르렀을 때, 시장이나 고위 관리 혹은 그 성의 총독이 왕이 그 도시의 합법적인 소유주이고 정당한 군주임을 인정하여 공식적으로 열쇠를 선물로 주는 관습이 있기 때문입니다. 그와 같이 그리스도께서 사망과 음부의 열쇠를 가지고 계십니다. 말하자면, 그리스도께서 주로서 어둠의 영역들을 통치하시고, 군주라는 확실한 호칭을 가지고 다스리시는 것이 합당하다는 뜻입니다. 그러나 일상생활에서도 열쇠는 실제 소유와 권한과 관련이 있습니다. 소작농이 열쇠를 지주에게 건넬 때, 지주는 바로 그 행위에 의해 그 집을 다시 소유하고 관할하게 됩니다. 그와 같이 그리스도는 정당하게 그리고 실제로 사망과 음부를 지배하는 주이십니다. 그리스도는 실제로 죽음의 모든 문제를 다스리고 정하시며, 지옥의 모든 의논을 폐하시고 사탄의 악한 책략들을 억제하거나 주님의 선한 계획에 이바지하도록 만드십니다. 우리 주 예수 그리스도는 항상 최고의 주권자이십니다. 그리스도의 통치는 어떤 영역에 있는 것이든, 좋든 싫든 모든 존재에 미칩니다.

"음부"라고 번역된 단어가 길을 잃고 저주받은 영들이 있는 곳을 가리키는 것으로 정당하게 볼 수 있을지라도, 그곳을 가리키는 말로만 볼 수 없다는 점을 여기서 말해야 하겠습니다. 영들의 거처를 뜻하는 단어는 "하데스"입니다. 그래서 그 말은 천국과 지옥을 다같이 의미할 수가 있습니다. 이 단어가 많은 곳에서 그 두 가지를 의미하는 것이 분명하고, 여기서도 그렇다고 생각합니다. 우리 주님께서는 그때 하늘과 음부와 사망의 열쇠를 모두 가지고 계셨습니다. 지금 각각의 영들이 어디에 있든지 간에, 그리스도께서 그곳에 왕으로 계시며, 사람들이 육체가 없는 상태로 들어가는 철문을 다스리십니다. 어디에서든지 그리스도의 권위는 가장 높은 권세입니다. 모두 큰 소리로 맞이하십시오! 주는 아버지 하나님의 영광의 광채이시니, 영원히 경배를 받으시옵소서!

이제는 다음의 관점들에서 본문을 생각해 봅시다. 첫째로, 우리가 힘을 얻고 강해질 수 있으므로, 열쇠의 능력을 생각해 봅시다. 둘째로, 이 능력의 열쇠를 생각해 봅시다. 그 다음 셋째로는, 이 열쇠의 교훈에 들어있는 뛰어난 사상들을 생각해 봅시다.

### 1. 여기서 언급하는 열쇠의 능력은 무엇을 나타냅니까?

열쇠는 무엇보다 여는데 사용됩니다. 그래서 우리 주님은 사망과 음부의 문을 여실 수 있습니다. 각 영혼들에게 문을 열고, 성도들을 한 사람씩 영원한 복에 들여보내는 것이 그리스도의 하시는 일입니다. 우리가 세상을 떠나 아버지께로 갈 때가 이르면, 우리의 사랑하시는 주께서 금 열쇠를 자물쇠에 집어넣고, 의인들을 영의 나라에 들여보내는 진주문을 여실 것입니다. 우리가 낙원에서 잠시 육체가 없이 기다리고 나면, 천사장의 나팔소리에 우리가 부활하여 영원에 이르도록 하기 위해 그리스도께서 그때까지 우리 몸이 갇혀 있을 무덤 문을 여실 것입니다. 그리스도는 부활이요 생명이십니다. 그리스도께서 살아 계시기 때문에 우리도 살 것입니다. 그리스도의 명령 한 마디에, 사망의 교도소의 모든 나사못이 빠지고, 무덤의 거대한 철문이 치워질 것입니다. 그때 우리 몸은 욕된 것으로 심고 영광스러운 것으로 다시 살아나며 약한 것으로 심고 강한 것으로 다시 살아날 것입니다(고전 15:43). 전능하신 우리 구주 손에 금 열쇠가 있는 것을 볼 때는, "이 마른 뼈들이 살 수 있느냐"고 물어볼 필요가 없습니다. 주님께서 사망의 포로들을 값없이 보상 없이 돌려보내실 때에는, 사망이 수많은 시체들을 보물로 모아두었던 일이 헛수고가 될 것이며, 그의 모든 보물들을 순식간에 잃어버릴 것입니다. 죽음의 애굽에서, 이스라엘 사람은 한 사람도 감옥에 없게 될 것입니다. 한 사람도 거기에 처져 있지 않을 것입니다. 그리스도께서는 아버지 하나님께서 자기에게 주신 자를 하나도 잃지 않고, 마지막 날에 틀림없이 모두 살리실 것입니다. 그리스도는 자기 백성들의 영뿐 아니라 몸도 사신 것입니다. 주님은 피로 그들을 구속하셨고, 그들의 죽을 수밖에 없는 몸은 성령의 전입니다. 그러므로 그리스도는 자기 피로 값 주고 사신 자의 어느 것 하나도 잃지 않으실 것입니다. 구속주께서 값 주고 사신 소유 가운데 어느 하나라도 빼앗기는 것은 아버지의 뜻이 아닙니다. "주의 죽은 자들은 살아나고, 그들이 나의 시체들과 함께 일어나리이다"(사 26:19. 개역개정은 "그들의 시체들은 일어나리이다" – 역주).

　　그러나 열쇠는 또 문을 닫는데도 사용됩니다. 그와 같이 예수께서는 문을 닫기도 하고 내쫓기도 하십니다. 주님의 금 열쇠는, 노아를 방주에 닫아 들이신 것같이 자기 백성을 천국에 닫아 들이실 것입니다.

　　　　"슬픔과 죄의 세상에서 완전히 닫아
　　　　　하나님과 영원히 함께 지내게 하십니다."

　　영화롭게 된 성도들은 그들의 높은 지위에서 떨어지거나, 모든 구원을 경험한 후에 망하게 되리라는 두려움이 전혀 없을 것입니다. 천국은 영원히 안전한 곳입니다. 천국에서는 하나님 백성의 원수들이 들어오지 못하도록 빨리 닫히고,

그 백성의 기쁨이 떠나갈 수 없도록 빨리 닫힐 것입니다. 그러나 슬프게도, 이렇게 문이 닫히는 데는 어두운 면이 있습니다. 열쇠로 불신자들에 대해 천국 문을 닫으실 이는 그리스도이십니다. 일단 집의 주인께서 일어나 문을 닫으시면, 그냥 신자라고 하는 사람들이 와서 열심히 문을 두드리며 "주여, 주여, 우리에게 열어주소서" 하고 애타게 부르짖어도 소용 없을 것입니다. 내가 이렇게 말하는 것은, 다윗의 후손이 열면 닫을 사람이 없고 닫으면 열 사람이 없으며, 그는 자신이 행한 바를 결코 후회하시지 않는다는 것을 알기 때문입니다. 일단 주께서 어떤 사람의 영혼에 자비의 문을 닫으시면, 그 쇠 빗장이 결코 치워지지 않을 것입니다. 여러분 가운데 아무도 그리스도께서 여러분 앞에서 천국 문을 닫는 것을 본다는 것이 무엇인지 알게 되지 않기를 바랍니다. 여러분이 혼인 잔치에 들어갈 것으로 생각하고 있다가 "바깥 어두운 데 쫓겨나 거기서 울며 이를 갈게 된다"면(마 8:12) 참으로 끔찍한 일일 것입니다. 예수께서는 회개치 않고 죽는 모든 죄인들에 대해서 주권적인 열쇠로 문을 닫아 천국에 들이지 않으셨습니다. 그리고 모든 죄를 천국에 들이지 않고 내쫓고, 모든 시험과 모든 근심, 모든 고통과 죽음을 내쫓으며, 마귀의 모든 시험을 내쫓으셨습니다. 그래서 지옥의 개의 울부짖는 소리가 새 예루살렘의 녹옥 벽 너머로 들리지도 않을 것입니다.

열쇠는 닫고 여는데 사용됩니다. 그래서 지옥과 관련해서는, 열쇠가 거기에 감금된 영혼들을 가두는데 사용됩니다. 아브라함은 큰 부자에게 이렇게 말했습니다. "너희와 우리 사이에 큰 구렁이 끼어 있어 여기서 너희에게 건너가고자 하되 할 수 없고 거기서 우리에게 건너 올 수도 없게 하였느니라"(눅 16:26). 타락한 영혼들을 가두어서, 그들이 형벌을 유예 받아 돌아다니거나 사면(赦免)에 의해 도망하지 못하도록 만드는 것이 바로 그리스도의 열쇠입니다. 여러분이 그렇게 가두어지지 않기를 바랍니다. 그리스도는 사탄을 가두어 넣을 열쇠를 가지고 계십니다. 사탄은 천년 동안 묶여 있어야 하는데, 예수께서 사슬을 쥐고 계실 것입니다. 우리의 임마누엘이신 예수님만이 이 옛 뱀을 결박하실 수 있기 때문입니다. 어떤 그리스도인이 시험을 당하지 않는다면, 그것은 우리 구주께서 속박하는 힘으로 이 대원수를 잡아두시기 때문입니다. 이 원수가 홍수처럼 몰려온다면, 그것은 예수께서 그의 백성에게 시련을 허락하시기 때문입니다. 지옥의 사자가 돌아다닐 수 있는 것은 모두 우리 주님께서 허락하셨기 때문입니다. 그렇지 않았다면 사자가 나가서 사람을 삼키는 일을 할 수 없었을 것입니다. 복된 천년왕국의 때에 이 옛 뱀을 묶어둘 열쇠는 우리 주님의 권능과 최후의 승리에 있습니다. 이때는 죄가 세상에 더 이상 없을 것이고, 악은 지옥의 어두운 동굴에 갇혀 있을 것입니다. 이 일을 사람이자 중보자이시고 우리 주 하나님이신 그리스도 예수께서 이루실 것입니다. 열고 닫는 일, 곧 안으로 들이고 또 내쫓는 이것이 열쇠가 하는 일입니다.

　　여기서 열쇠라는 말을 통해서, 우리는 더 나아가서 우리 주님이 다스리신다는 사실도 알아야 합니다. 열쇠가 동양에서는 통치권을 나타내는 은유이기 때문입니다. 주님은 다윗의 열쇠를 가지실 것입니다. "그의 어깨에는 정사를 메었고"(사 9:6). 우리는 그리스도께서 음부의 열쇠를 가지고 계시다는 사실에서, 그가 지옥에 있는 모든 것을 다스리시며, 따라서 그가 저주받은 영들을 다스리신다는 것을 알아야 합니다. 그들은 세상에 있을 때 인자가 자신들을 다스리도록 하지 않았습니다. 그러나 장차 올 세상에서 그들은 원하든 원하지 않든 간에 복종하지 않을 수 없습니다. 펄펄 끓는 큰 가마솥 같은 지옥에서 모든 불길이 사람이신 그리스도의 뜻에 따라 움직이며, 그곳의 모든 쇠사슬마다 그리스도의 왕권을 나타내는 표시가 있습니다. 사악한 자들은 이 사실을 대할 때 두려움을 느끼지 않을 수 없을 것입니다. 그들의 본성의 사나움은 그대로 남아 있을지라도, 그들의 자랑하던 교만은 사라질 것이기 때문입니다. 그들이 여전히 반역을 일으키고자 하지만, 자신들이 꼼짝달싹 못하게 차꼬에 매여 있고, 따라서 자기들 계획을 이룰 힘이 없다는 것을 깨닫게 될 것입니다. 그들은 바로처럼 계속해서 마음을 완고하게 먹고 "여호와가 누구이기에 우리가 그의 목소리를 듣겠느냐"(출 5:2) 하고 외치고 싶을지라도, 벨사살이 그의 도성이 함락되던 두려운 날에 다리가 풀린 것처럼, 다리가 떨리는 것을 경험할 것입니다. 그들은 고통 가운데 손을 비틀고 절망 가운데 혀를 깨물 것입니다. 타락한 자들이 지옥에서 겪을 큰 공포 가운데 하나는 이것일 것입니다. 그들이 자기들을 구원하러 오신 분을 거절하였는데, 이제는 그분이 오직 자기들을 능히 멸망시키는 분으로만 나타나신다는 것입니다. 그리스도께서 은빛 홀을 내미실 때 그들이 붙잡지 않았는데, 그분이 이제는 고집스럽게 회개치 않음을 인하여 철장으로 영원히 그들을 쳐부수실 것입니다. 멸시하던 자들이여, 보고 놀라라! 여러분이 자발적으로 주님께 경의를 표하려 하지 않는다면, 강제로 복종하게 될 것입니다. 세상에서 그리스도를 아주 맹렬히 반대하던 사람들, 그리스도의 신성을 부인하던 사람들, 그리스도의 복된 이름에 욕설을 퍼붓던 이교도들, 곧 이 나사렛 사람의 이름을 들먹일 때마다 아주 신랄한 말을 퍼붓지 않고는 만족하지 못했던 사람들이 얼마나 크게 당황하겠습니까? 그들이 얼마나 크게 놀라겠습니까! 그 초라한 사람을 뭉개버리겠다고 말했는데, 오히려 멸시한 그에게 자기가 짓밟히는 것을 깨닫게 되었을 때, 그 불쌍한 사람들이 얼마나 큰 혼란에 빠지겠습니까! 자신이 기독교 신앙의 희미한 빛 가운데서 살았다고 말했는데, 그리스도의 타오르는 영광이 자신의 범죄한 영혼에 대해 용광로처럼 영원히 타오르는 곳에 처한 것을 알게 될 때, 얼마나 당혹스럽고 혼란스럽겠습니까! 그리스도의 자비의 통치를 받으려 하지 않았기 때문에 그리스도께서 공의로 통치하시는 것이 무엇인지 알게 되는 사람이 우리 가운데 아무도 없기를 바랍니다. "그의 아들에게 입맞추라 그렇지 아니하면 진노하심으로 너희가 길에서 망하리니 그의 진노가 급하심이라 여호와께 피하는 모든 사람은 다 복이 있도다"(시 2:12). 그리스도를 잊고 사는 여러분, 그리스도께서 여러분을 산산이 부수되 구원할 이가 없게 되지 않도록 조심하십시오.

지옥에서 그리스도가 저주 받은 모든 영들을 다스릴 권세가 있듯이, 또한 모든 마귀들을 다스릴 권세도 있음이 본문에 함축되어 있습니다. 사탄이 하나님께 반역한 것은 의심할 바 없이 계획적인 일이었습니다. 밀턴이 시인으로서 추측한 생각이 진리에서 전혀 동떨어진 것은 아닐 것입니다. 그의 추측대로 사탄은 "천국에서 봉사하는 것보다 지옥에서 다스리는 것이 낫다"고 생각했을 것입니다. 그러나 어리석게도, 그는 천국에 있었더라면 기쁘게 행했을 봉사를, 지옥에서는 만 배나 더 지겹게 행하지 않으면 안 됩니다. 하나님의 천사들 가운데 가장 빛나는 존재인, 아침의 아들인 그가 지극히 높으신 하나님을 영원히 섬겼더라면 지극히 행복하였을 것입니다. 그런데 여호와의 가차 없는 벼락을 맞아 시들어버린 그가 이제는 굴러 떨어진 동굴에서 기어 나와 뱀처럼 배로 다니고 티끌을 먹이로 삼고, 들의 모든 짐승들 가운데 가장 멸시를 받고 모든 가축보다 저주를 받으며, 다른 사람들을 자신의 역겨운 상태에 끌어들이려고 유혹하는 비열하기 짝이 없는 목적을 위해 돌아다닙니다. 그러나 그렇게 시험하는 일에서도 사탄이 어떻게 그리스도의 지배를 받는지 주목하기 바랍니다! 그리스도께서 이 더러운 마귀가 시험하도록 허락합니다. 그러나 사탄이 욥을 어느 정도까지 시험하도록 허락을 받았지만 그 경계를 넘어서 그 족장에게 고통을 더하지 못하듯이, 여기에는 언제나 "네가 여기까지 오고 더 넘어가지 못하리라"(욥 38:11)는 제한이 있습니다. 이와 같이 모든 경우에서, 그리스도는 사탄을 억제하여 다스리십니다. 그렇습니다. 사탄이 시험하도록 허락받은 경우에서조차도, 하나님은 자기 종들을 힘 있게 하여 사탄이 싸움에서 불명예를 얻게 하시고, 보잘것없는 아담의 아들들에게 패배함으로써 계속해서 더욱더 수치를 얻고 물러나게 만드십니다. 사탄이 교활한 영이지만, 육신에 거하는 불쌍한 피조물과의 싸움에서 집니다. 예, 그뿐 아니라 사탄의 모든 시험에서, 하나님의 백성들은 유익과 힘을 얻게 됩니다. 훈련과 싸움을 통해서 우리는 자신의 약점을 알게 되고 힘을 얻기 위해 그리스도께로 달려가게 됩니다. 삼손이 죽인 사자가 꿀을 내듯이, 먹는 자에게서 먹을 것이 나오고 강한 자에게서 단 것이 나옵니다. 사탄이여, 그대는 그리스도의 영락한 노예이고, 시골집 부엌데기에 지나지 않다. 사탄이여, 그대는 자신의 계획을 성취하고 땅에서 그리스도의 나라를 뒤엎으려고 생각하는 바로 그 순간에도, 그대가 헛되이 모독하는 바로 그 주님의 뜻을 오히려 이루고 있는 도구에 지나지 않을 뿐이다! 보라, 그리스도의 허리춤에 지옥의 열쇠가 있다. 저주받은 영들이 거하는 모든 영역이여, 떨지어다.

형제 여러분, 여기서 "하데스"라는 단어가 지옥과 천국, 즉 육신과 분리된 영들의 전체 상태를 포함할 수 있다고 말한 바 있습니다. 이 점에서 우리는 우리 구주께서 천국에 있는 **영화롭게 된 모든 영들**과, 그들의 동료인 모든 천사들과 섬기는 영들을 다스리신다고 말하지 않을 수 없습니다. 구속자께서 천사들의 왕이시라는 점을 생각하면 즐겁지 않습니까? 왜냐하면 위험한 때에 주께서 우리를 돕기 위해 천사를 보내실 수 있고, 혹은 필요할 경우, 연약하지만 신실한 십자가의 전사를 돕도록 열두 군단이나 되는 천사들을 보내실 수 있기 때문입니다. 신자 여러분, 하나님의 원군(援軍)이 미칠 수 없는 곳에 여러분이 던져지는 일이란 있을 수 없습니다. 천사들은 밤에도 길을 잘 가며, 바람이나 폭풍우에 아랑곳하지 않고 지칠 줄 모르며 산과 바다 위를 날아갑니다. 천사들은 여러분의 적, 곧 공중의 권세 잡은 자를 만나 여러분을 위하여 싸워 이깁니다. 종종 천사들은 우리가 모르는 사이에 영들의 신령한 전투에서 우리를 위해 싸웁니다. 수많은 하나님의 전차들과 또 그만큼 많은 수의 천사들이 여러분을 보혈로 구속하신 분의 명령과 손짓에 따라 움직이고 있는 한, 여러분은 결코 멸망에 처하도록 버려지지 않을 것입니다.

예수께서 천국에서 구속받은 영들을 다스리신다는 사실을 생각하면 즐겁습니다. 우리는 하루 빨리 그곳에 가기를 바라고, 거기에 가면 하나님의 전에서 시험받는 일이 없고 약함도 없으며 지치는 일도 없이 밤낮으로 우리 주님을 섬기는 것이 지극히 소중한 기쁨이 될 것입니다. 형제 여러분, 천국의 모든 기쁨을 생각할 때, 그리스도와 함께 있는 것 다음으로, 그리스도를 섬기는 일을 생각하는 것이 큰 기쁩니다. 아, 우리가 얼마나 기쁘게 주님을 노래하겠습니까! 얼마나 열정적으로 주님을 찬송하겠습니까! 얼마나 성심으로 봉사하겠습니까! 주님께서 어쩌면 우리에게 먼 세계로 가라는 임무를 주신다면, 알지 못하는 천체의 피조물에게 주님의 진리를 전하는 설교자가 되도록 우리를 준비시키신다면, 주님께서 새로 창조되는 만물들에게 그리스도 안에 있는 하나님의 놀라운 은혜를 수 세기 동안 널리 전파하라고 요구하신다면, 우리가 참으로 열정적으로 그리고 기쁘게 그 봉사를 받아들이지 않겠습니까! 예수의 보혈로 말미암은 구원의 이야기를 얼마나 끊임없이 얼마나 진심으로 이야기하지 않겠습니까! 우리가 이 세상에서 원하는 대로 주님을 섬길 수 있다면 얼마나 좋은지 모르겠습니다. 그러나 천국에서는 점도 없이 흠도 없이 주님을 섬길 것입니다. 천국이 참으로 복된 것은, 예수께서 천국의 열쇠를 가지고 계시고 최고의 주권자로 그곳을 다스리시기 때문입니다. 그때 우리가 주님의 보좌 앞에 있는 유리 바다에 서지 않겠습니까!

이 열쇠의 권능에 대한 설명을 마치려면 한 가지 점을 더 말할 필요가 있습니다. 우리 주님께서 사망의 열쇠를 가지고 계시다는 말을 듣는데, 이 사실에서 우리는, 죽음의 모든 문제를 오직 주님이 전적으로 처리하신다는 것을 알게 됩니다. 예수께서 사망의 신비한 문을 여시지 않는 한, 아무도 죽을 수 없습니다. 불신자들이 생명을 연장하는 것도 그리스도 덕분입니다. 그리스도를 욕하는 자가 계속해서 호흡을 하는 것도 그리스도의 중재와 개입 덕분입니다. 그렇지 않았다면, 당신은 이미 오래 전에 하나님의 진노의 불에 소멸되었을 것입니다. 죄인이여, 예수께서 그의 권세를 사용하여 당신을 사망의 입에서 끄집어 내지 않았다면, 당신은 진작 멸망하고 말았을 것입니다. 주님의 성도들에 대해서는, 그들의 죽음이 전적으로 그리스도의 손에 있다는 사실이 큰 위로가 됩니다. 열병과 역병이 성행하는 가운데서도, 우리는 주께서 뜻하시기 전에는 결코 죽지 않을 것입니다. 지극히 건강한 때에, 대기가 온통 향기로 가득 찬 때에도, 주께서 뜻하셨으면 우리는 일초도 생명을 연장하지 못할 것입니다. 우리가 떠날 장소, 환경, 정확한 시간, 이 모든 것을 주님께서 정하시되, 오래 전에 사랑과 지혜로 정해 놓으셨습니다. 예수께서 "일어나라"고 말씀하신 후에는 수많은 천사들이라도 우리를 무덤에 붙들어 둘 수 없고, 수많은 천군들이라도 한순간도 우리를 붙잡아 둘 수 없을 것입니다. 이것이 우리에게는 위로가 됩니다. 우리는 "우리 일을 마칠 때까지는 죽지 않습니다." 우리는 여전히 죽을 수밖에 없는 존재이지만 또한 그와 같이 정한 때가 이르기 전에는 죽지 않습니다. 우리는 죽음을 두려워하지 맙시다. 그리고 죽음이 가까이 올 때는 기뻐합시다. 죽음이 우리의 사랑하는 신랑의 명령으로 오기 때문입니다. 죽지 않고 있다가 주께서 오실 때 살아서 맞이하는 사람들의 수에 들어가는 것을 가장 큰 기쁨으로 생각하는 사람들이 있습니다. 나는 그분들이 그렇게 생각하는 데서 끌어낼 수 있는 기쁨을 조금이라도 방해하고 싶은 마음이 없습니다. 그런데 선택하라고 하면, 나로서는 죽는 쪽을 택하고 싶습니다. 내가 볼 때, 그와 같이 죽지 않는 사람들은 잠자는 자들이 누리는 바람직한 많은 경험을 잃게 될 것이기 때문입니다. 그들은 천국에서 "나도 내 구주처럼 죽는 경험을 하였다"는 말을 할 수 없습니다. 죽지 않는 사람들은 자기들이 주님처럼 무덤에 잠들었다는 말을 결코 할 수 없습니다. 그들은 "주께서 그러셨듯이 부활 때 내 몸이 일어났다"는 말을 할 수 없습니다. 나는 모든 점에서 내 주님을 닮고 싶고, 모든 면에서 주님과 교제를 나누고 싶습니다. 사도는 "죽는 것도 유익함이라"(빌 1:21)고 말합니다. 나는 유익을 잃지 않고 싶다는 말을 여기에 덧붙이겠습니다. 사도는 "사망이 너희 것이라"고 말합니다. 그렇다면 우리는 사망을 우리에게서 억지로 떼어내지 않을 것입니다. 우리 주님의 오심을 전망하는 것이 말할 수 없이 즐거운 일이지만, 주께서 오시기 전에 원하신다면 우리가 주님께 가는 것을 내다보는 일도 즐거움이 없는 것이 아닙니다. 그리스도는 사망의 열쇠를 가지고 계십니다. 그러므로 사망이 우리에게는 더 이상 공포의 문이 아닙니다.

이렇게 해서, 나는 몸이 몹시 아프긴 하지만, 우리 구주님의 손에 있는 열쇠의 권능이 무엇인지를 여러분에게 알려주려고 최선을 다해서 노력했습니다.

## 2. 이 권능의 열쇠는 무엇입니까?

어떻게 해서 그리스도는 사망과 음부의 열쇠를 쥐는 이 권한을 얻게 되었습니까? 주님은 무엇보다 그의 신성으로 인해 그 권한을 얻으신 것이 아닙니까?

18절에서 주님은 "나는 살아 있는 자라"고 말씀하십니다. 이것은 하나님만

하실 수 있는 말입니다. 우리도 살아 있지만, 그것은 빛을 받아 반사하는 달처럼, 빌려온 생명이 존속하는 한에만 살아 있기 때문입니다. 달이 "나는 빛을 내는 천체다"라고 말할 수 없듯이 사람도 "나는 살아 있는 자라"고 말할 수 없습니다. 하나님께서는 "나는 있느니라 나 외에 다른 이가 없느니라"(사 45:5)고 말씀하십니다. 예수님은 하나님이시므로, 이같이 "나는 살아 있는 자라"고 해서 자존하심을 주장하십니다. 자, 그리스도는 하나님이시므로, 확실히 천지와 음부를 다스리시는 권세가 있습니다. 이 신적 대권에 관해서는 논쟁이 있을 수 없습니다. 그리스도는 만물의 창조주이십니다. 그는 만물을 보존하시는 분이며, 모든 권세가 그리스도께 속해 있습니다. 그리스도를 떠나서는 모든 것이, 한 모금 공기가 사라지듯이 깨끗이 사라질 것입니다. 주님만 홀로 존재하십니다. 주님만 홀로 계시니, 주께 면류관을 드리고, 주께서 모든 것을 통치하시도록 합시다. 그리스도께서 하나님이시라는 이 교리를 받아들이려고 하지 않는 사람들을 볼 때 나는 얼마나 두려운지 모릅니다! 형제 여러분, 하나님의 말씀에 지극히 분명한 것이 있다면, 단연코 이 교리입니다. 우리 구원에 반드시 필요한 교리가 있다면, 바로 이것입니다. 우리가 단지 사람에 불과한 존재를 의지할 수 있습니까? 우리가 가서 그리스도를 의지할 때 우리에게 위로를 줄 수 있는 것이 있다면, 그것은 바로 이 점입니다. 우리가 어떤 천사를 바라보거나 어떤 피조물을 의지하는 것이 아니라 알파와 오메가요 처음이요 마지막인 전능하신 하나님을 의지하고 있다는 것입니다. 감히 사람을 의지하는 여러분, 나는 여러분의 고지식함이 안타깝습니다. 살아 계신 하나님이신 예수를 믿지 못하는 여러분, 여러분이 믿지 않는 것은 여러분 책임입니다. 항상 살아 계시며 찬송 받으실 하나님을 우리 구원의 반석으로 받았으니, 그 점을 생각하고 지극히 순수한 기쁨으로 기뻐합시다.

이 권세에 대한 열쇠도 우리 주님의 정복으로 말미암아 얻은 것입니다. 그리스도께서 음부와 사망의 열쇠를 가지고 계시는 것은 주께서 이 두 권세를 정복하셨기 때문입니다. 여러분은 주님께서 겟세마네 동산에서 어떻게 지옥의 공격을 맞으셨는지, 어떻게 어둠의 모든 권세가 연합하여 그와 싸웠는지 압니다. 그 싸움의 고통이 얼마나 처절하였던지, 주님은 피 같은 땀을 흘리셨습니다. 그렇지만 주님은 그 공격의 예봉을 흔들림 없이 막으셨고 전쟁터를 패배하지 않고 지켜내셨습니다. 주님은 십자가에서 그 악한 세력들과 계속 싸움을 벌이셨으며, 아무도 호기심으로 들여다볼 수 없는, 한낮의 깜깜한 어둠 가운데서, 그 흑암 가운데서 주님은 계속해서 싸우시면서 발꿈치가 상하였고, 반면에 옛 뱀의 머리를 깨트리셨습니다. 싸움은 혹독하였지만, 승리는 영광스러웠으며, 천사들이 영원한 합창으로 찬송하기에 합당하였습니다. 스랍들이여, 그대들의 아름다운 수금을 내려놓고, 그룹들이여, 뱀과 싸워 이긴 그분을, 언약의 천사장 미가엘이 들을 수 있도록 소리 높여 노래하라. 그분께 영원히 영광을 돌리라. 예수께서 싸워 정복한 지역을 다스리시는 것은 합당한 일입니다. 예수께서는 음부의 왕을 정복하셨고 마귀의 행실들을 멸하셨습니다. 그리스도는 정복한 지역을 다스리는 선한 권세를 가졌습니다.

여러분은 우리 주께서 어떻게 죽음을 정복하셨는지 압니다. 주의 손이 못 박혔을 때, 그 손은 죽음과 싸울 힘이 생기게 되었고, 주님의 발이 십자가에 묶였을 때, 그 발은 무덤을 밟기 시작하였습니다. 죽음의 고통이 우리 구속자의 온 몸에 퍼지기 시작하였을 때, 주님의 화살이 사망의 허리를 꿰뚫었고, 고통하는 주님의 영이 신속히 날아갈 준비를 하다가 그의 복되신 몸을 떠나갔을 때, 사망이라는 폭군은 치명적인 상처를 입었습니다. 우리 주님께서 무덤에 들어가신 것은 적의 요새를 점령하신 것입니다. 주님이 바위 무덤 속에서 잠드신 것은 감옥을 편안한 침상으로 바꾸신 것입니다. 그러나 특별히 부활 때에, 곧 주께서 사망의 속박에 묶여 계실 수 없고 그의 영혼이 하데스에 갇혀 지내실 수 없기 때문에 영광 가운데 다시 일어나셨을 때, 주님은 "사망을 멸하시고 음부를 깨트리셨으며", 사망에게 재앙이 되고 무덤을 멸하시는 분으로 정당하게 인정받으셨습니다. 예수께서 무덤의 열쇠를 가지신 분임을 입증하기라도 하는 듯이, 주님은 무덤에 들어가셨다가 또 나오셨습니다. 주님께서 자기 백성들이 자유롭게 들어가고 나올 수 있도록 자유로운 길을 만드셨습니다. 우리 주님이 죽으셨을 때 그의 영혼이 실제로 음부에 내려가셨는지에 대해서 우리는 주장하지도 말고 부정하지도 맙시다. 나이 든 신학자들은 모두 예수께서 음부에 내려가셨다고 주장하고, 사도신경에도 "음부에 내려가셨으며" 라는 문장을 집어넣었습니다. 그리고 많은 사람들이 아무튼 그 말이 지옥을 의미한다고 보았습니다. 과거에는 사람들이 이 교리에 대해 전반적으로 의문을 제기하지 않았습니다. 그러다가 청교도 시대에 이르러, 사람들은 예수 그리스도께서 몸과 떨어진 영들의 세계에는 들어갔지만 저주 받은 자들의 영역에는 들어가시지 않았다고 주장하기 시작했는데, 바른 주장이라고 생각합니다. 성경이 침묵하고 있는 곳에서는 우리도 말하지 않는 것이 옳습니다. 그러나 대 정복자 그리스도께서 지옥문을 당당하게 지나가실 때, 적들의 동굴에 임재의 그늘을 드리우셨다는 것도 맞는 말일 수 있지 않습니까? 지옥문을 지키는 자들이 주님의 별을 보았을 수 있고, 자기들의 왕이 번개처럼 하늘로부터 떨어지는 것을 보고 떨었을 수 있지 않습니까? 주님과 결코 화해할 수 없는 적들이 주님의 완전한 승리를 알게 된다면, 주님의 영광이 더해지지 않겠습니까? 어쨌든 그곳에 주님의 임재가 있었지만 지나가는 임재였습니다. 왜냐하면 우리는 주님께서 그날에 낙원에 자기와 함께 있도록 하시기 위해 회개하는 강도를 데리고 신속하게 천국 문으로 가셨다는 것을 알기 때문입니다. 이렇게 예수께서는 무덤에 들어가심으로써 무덤을 여셨고, 지옥을 지나가심으로써 지옥을 여셨으며, 천국에 들어가고 나오심으로써 천국을 여셨습니다. 또 사망으로부터 일어나 이 세상에 들어오심으로써 사망을 여셨고, 승천하심으로써 천국을 여셨습니다. 이렇게 들어가고 나오심으로써 주님은 그 열쇠들을 가지고 계심을 입증하였습니다. 어쨌든 주님은 자신의 성취로써, 곧 행하신 일로써 열쇠에 대한 권한을 스스로 얻으셨습니다.

여기서 한 가지 더 기억해야 할 것이 있습니다. 그것은 아버지 하나님께서 친히 예수 그리스도를 그의 행하신 일에 대한 보상으로 권세 있고 존엄한 이 높은 지위에 앉히셨다는 사실입니다. 주님은 "강한 자와 함께 탈취한 것을 나누게" 되어 있었지만, 아버지 하나님께서는 "존귀한 자에게 줄 몫을"(사 53:12) 주님에게 약속하셨습니다. 그리스도께서 사람들 가운데 계시며 견뎠던 수욕에 대해 받는 보상을 보십시오! 주님은 지극히 낮은 자보다 더 낮게 몸을 구부리셨는데, 이제는 지극히 높은 자보다 더 높은 데 오르셨습니다. 가시 면류관을 쓰셨는데, 이제는 하늘과 땅과 음부를 다스리는 삼중관을 쓰십니다. 주님이 전에는 종들 중의 종이었는데, 이제는 만왕의 왕이시요 만주의 주이십니다. 세상이 주님께 쉴 곳을 주려고 하지 않아 외양간이 출생지가 될 수밖에 없었고, 빌린 무덤에 그의 시신을 누일 수밖에 없었습니다. 그러나 이제는 온 우주가 그의 것이며, 현세와 영원이 주님의 명령에 떨고, 피조물 가운데 아무리 작은 것이든 아무리 큰 것이든, 주님께 복종치 않는 피조물이 없습니다. 사람들이 거절하고 멸시한 이를 아버지 하나님께서 얼마나 크고 영광스럽게 만드셨는지요! 우리 모두 그리스도를 경배합시다. 분명하고 귀한 이 진리들을 생각하면서, 그리스도께 와서 그 발 앞에 마음의 모든 부요를 드리고 그분을 만유의 주로 높입시다.

### 3. 17절의 말씀에 따를 때, 이 전체 주제의 실제적인 취지는 "두려워하지 말라"는 것으로 보입니다.

떨고 있는 요한에게 이와 같이 그리스도께서 사망과 음부의 열쇠를 가지신 분으로 나타났습니다. 그리고 그 모습을 보인 것은 놀라서 엎드러져 죽은 것 같이 된 요한을 위로하기 위함이었고, 그 점을 분명하게 하기라도 하려는 듯이, "두려워하지 말라"는 말씀을 하셨습니다. 사랑하는 여러분, 내가 오늘 아침 여러분에게 말하고 싶은 것은 "두려워하지 말라"는 말씀입니다. 여러분이 두려워할 이유가 있습니까? 예수께서 살아 계시므로 신자가 두려워할 이유란 있을 수 없습니다. "하지만 나는 아주 가난해질 수 있습니다" 하고 누군가는 말합니다.

> "그리스도께서 부유하신데, 당신이 가난해질 수 있습니까?
> 여러분에게 그리스도가 계시는데 무엇이 부족할 수 있습니까?"

또 어떤 사람은 말합니다. "하지만 심한 병에 걸릴 수도 있습니다." 주님은 "내가 그를 병상에서 붙들겠다"(시 41:3)고 하셨습니다. 그리스도께서 여러분과 함께 계시므로 병이 여러분의 영혼을 해치지 못할 것입니다. 또 누군가는 말합니다. "아, 나는 중대한 시험을 받을 수 있습니다." 그러나 주님이 살아 계시는 한, 사탄이 여러분을 사로잡기를 원하였을지라도 주께서 여러분의 믿음이 약해지지 않도록 여러분을 위해 기도하실 것입니다. 그렇습니다. 여러분은 자신이 매우 나약한 존재라고 말하며, 어두운 시간에 이르면, 결국 나약함 때문에 믿음을 잃게 될까봐 두려워합니다. 그럴 수 있습니다. 그러나 주님은 항상 살아 계시며, 여러분은 주님과 함께 있습니다. 여러분의 언약의 머리로부터 그 몸의 지체인 여러분에게 생명의 에너지가 부어지고 있는데, 누가 여러분을 파괴할 수 있겠습니까? 다시 한 번 말합니다. 그리스도를 믿는 사람이 두려워할 이유란 있을 수 없습니다. 여러분은 마음속에 있는 부패들을 샅샅이 들추어서 이야기할 것입니다. 외부에 있는 시련들을 고려할 것입니다. 앞으로 닥칠 모든 고난들을 상상할 것이고, 여러분이 어제 그리고 과거에 지었던 모든 죄를 생각할 것입니다. 그리고서 사망의 그림자와 음부의 공포를 볼 것입니다. 그러나 나는, 그리스도를 믿는 여러분이 이런 것들 중 어디에도 두려워할 이유는 없다고 엄숙하게 선언합니다. 아니, 이 모든 것이 하나로 합쳐질지라도, 악의 삼인조인 세상과 육신과 마귀가 한데 뭉쳐서 여러분에게 대항할지라도, 여러분이 살아 계신 구주에 대한 살아 있는 믿음을 가지고 있다면, "두려워하지 말라"는 것이 이 귀한 사실에서 추론할 수 있는 유일한 논리적 답변입니다. 여러분 삶에 이같이 두려워하지 않는 태도를 지니고, 왕처럼 당당하게 사십시오. 살아 계신 그리스도만 계시다면 다른 아무것이 없어도, 성도가 얼마나 부요해질 수 있는지요! 다른 모든 것이 있을지라도 살아 계신 그리스도가 없다면, 아무리 부유하고 위대한 사람들이라도 언제나 얼마나 비참한 존재가 되는지요! 그들이 주님 앞에서 사는 그들의 참된 상태가 무엇인지를 알기만 한다면 말입니다.

자, 이 "두려워하지 말라"는 말씀이 특별히 죽음의 문제에 적용될 수 있다는 점을 살펴봅시다. 우리는 죽는 것을 두려워할 필요가 없습니다. 주님께서 사망의 열쇠를 가지고 계시기 때문입니다. 우리는 한 천사의 호위를 받아 철문을 지나가거나 냉혹한 사형집행인의 인도를 받아 음부의 문을 통과하거나 혹은 황량하고 끔찍한 감옥에 들어가는 일을 결코 겪지 않을 것입니다. 그런 일은 없습니다. 예수께서 찬란한 모든 영광 가운데 우리 임종의 자리에 오셔서 이렇게 말씀하실 것입니다. "내 신부야 날이 저물고 그림자가 사라지기 전에"(아 2:17) "너는 레바논에서부터 나와 함께 하고 레바논에서부터 나와 함께 가자 아마나 꼭대기에서 내려오너라"(4:8). 예수께서 열쇠를 집어넣어 사망의 문을 여실 때, 그 모습을 보면 여러분은 상상했던 죽음의 공포를 잊을 것입니다. 미리 겁먹었던 그런 공포는 추측에 불과한 것이고, 죽는 것이 즐거운 일임을 알게 될 것입니다. 예수께서 사망의 열쇠를 가지고 계시므로, 다시는 죽음을 두려워하지 마십시오. 다시는 두려워하지 마십시오. 그 사실을 믿으십시오. 그러면 여러분의 임종의 시간이 여러분 생의 최고의 순간이 될 것입니다. 여러분의 마지막이 가장 부요로운 순간이 될 것이고, 죽음의 날이 출생의 날보다 나을 것입니다. 죽음은 천국의 시작이 될 것이고, 다시는 지지 않는 해가 영원히 떠오르게 될 것입니다.

성도들 가운데는 영들의 세계에 대한 두려움이 있는 사람들이 있습니다. 그들은 말합니다. "아, 알지 못하는 땅에 들어가는 것은 두려운 일일 수밖에 없어요. 할 수 있는 대로 최선을 다해서, 우리는 검은 강 위에 피어오르는 안개 너머를 보려고 했고, 벌거벗은 영혼이 몸을 떠나 훨훨 날아서, 그리로 간 사람이 아무도 돌아오지 않은 땅을 지나가는 것이 어떤 것일지 궁금했어요." 아, 그런데 어쩌면 여러분은 자신이 적의 나라로 들어가고 있는 것이라고 생각하였을 것입니다.

그런데 예수께서는 세상의 주이실 뿐 아니라 하데스에서도 왕이십니다. 죽음은 여러분이 해협을 건너 영국에서 프랑스로 들어가는 것과 같지 않으며, 다른 언어를 사용하는 사람들 가운데 들어가거나 또 다른 군주를 섬기는 것이 아닙니다. 그보다 죽음은 트위드(Tweed)를 지나 잉글랜드에서 스코틀랜드로 가는 것과 같습니다. 주님의 제국의 한 지방에서 다른 지방으로 가는 것일 뿐이고, 동일한 군주가 통치하는 좀 더 어두운 영역에서 좀 더 밝은 영역으로 옮겨가는 것일 뿐입니다. 그 영의 나라에서 영들은 같은 언어를 사용합니다. 이 새 예루살렘의 언어를 여러분은 불완전하기는 하지만 이미 말하기 시작하였습니다. 그 영들은 여러분이 여기서 순종하는 그 왕에게 순종합니다. 여러분이 육체와 분리된 영들의 집회에 들어가면, 그 모든 영들이 오늘 여러분이 경배한 영광스러우신 분을 찬송하고, 땅에서 여러분의 빛이었던 분을 기뻐하며, 땅에서 여러분의 구주였던 분의 사랑을 자랑하는 것을 볼 것입니다. 예수께서 하데스의 왕이십니다. 두려워하지 마십시오.

　　형제 여러분, 우리는 마귀를 두려워할 필요가 없습니다. 마귀를 조심해야 합니다. 그러나 우리가 마귀를 두려워함으로, 그가 거기에서 어떤 이익을 취하도록 해서는 안 됩니다. "마귀를 대적하라 그리하면 너희를 피하리라." 그런데 떨고 서 있으면 마귀가 어느 때보다도 심하게 여러분을 공격할 것입니다. 용기 있는 믿음의 대담성이 마귀를 떨게 만듭니다. 용기를 내는 것이 마땅합니다. 마귀가 사자처럼 울부짖으며 여러분에게 올 때, 여러분이 비웃으며 이렇게 말할 수 있기 때문입니다. "아, 이를 드러내고 으르렁거리며 소리쳐 봐라. 암만 그래도 너는 쇠사슬에 묶여 있을 뿐이다. 너는 나를 괴롭게 할 것으로 생각하지만 너는 나를 삼킬 수 없다. 그래서 너를 조금도 신경 쓰지 않는다. 너를 밟으신 예수 그리스도의 이름으로 말하노니, 물러가라! 음부의 용이여, 물러가라!" 여러분이 이렇게 적을 대할 수 있게 해주는 그 용기가 여러분의 주님께 영광을 드리고, 여러분에게는 신속한 승리를 가져다줄 것입니다. 그는 사슬에 묶인 적입니다. 이리워야단은 재갈이 물려 있습니다. 마귀가 여러분을 잠시 괴롭힐 수 있습니다. 그러나 여러분은 "우리를 사랑하시는 이로 말미암아 우리가 넉넉히 이길"(롬 8:37) 것입니다. 그러므로 두려워하지 마십시오. 그것이 본문이 하나님의 자녀에게 가르치는 교훈입니다.

　　하나님을 믿는 신자에게 전할 또 한 가지 말씀이 있습니다. 이 사실을 생각할 때 우리는 이렇게 말해야 하지 않겠습니까? "사망과 음부의 열쇠를 가지신 이에게 경배합시다. 감사함으로 그분 앞에 나가며 즐거운 노래로 그분을 찬송합시다." 설교가 안식일의 가장 큰 목적이 아닙니다. 설교를 듣는 것이 주일의 가장 큰 목적이 아닙니다. 그것은 수단입니다. 그러면 무엇이 안식일의 목적입니까? 우리가 세상에서 도달할 수 있는 한, 그 목적은 우리가 예배에서, 특별히 하나님을 찬양하는 가운데서 하나님을 영화롭게 하는 것입니다. 하나님께 기도와 찬송으로 예배드리는 것이 안식일의 진정한 열매입니다. 나는 우리가 이 점을 잊고 있는 것이 아닌가 염려스럽습니다. 나는 신자들이 함께 모일 때, 좀 더 자주 찬송의 화환을 그리스도께 드려서, 만유의 주이신 그분께 영광을 돌렸으면 좋겠습니다. 주님의 원수들은 주님을 괴롭힐 기회가 있으면 결코 놓치지 않습니다. 주님의 복음을 미워하는 자들은 주님을 부끄럽게 만드는 일에 아주 열심입니다. 그러니, 여러분, 찬송으로 주님을 칭송하고, 거룩한 행실과 뜨거운 봉사로 주님을 영예롭게 하는 기회를 결코 놓치지 마십시오. 그리스도께서 천국과 사망과 음부의 왕이십니까? 그렇다면 그리스도께서 내 영과 혼과 몸이라는 세 영역에서 왕이 되실 것입니다. 그래서 나는 온 힘과 열정을 다해 주님을 찬송할 것입니다.

결론을 맺겠습니다. 이 모든 사실이 의인들에게 주는 교훈이 "두려워하지 말라"는 것이라면, 불경건한 자들에게 주는 교훈은 "두려워하고 떨라"는 말일 것입니다. 그리스도는 사망의 열쇠가 있습니다. 여러분은 이 순간 죽을 수 있습니다. 집에 도착하기 전에 죽을 수도 있습니다. 여러분은 사망의 열쇠가 없으므로 생명을 연장할 수 없습니다. 그러나 그리스도는 사망의 열쇠가 있습니다. 그래서 자신이 원하는 바로 그때, 참으시는 시간을 끝낼 수 있습니다. 여러분 가운데 어떤 분들에게, 바로 오늘 사망의 문이 열리고, 여러분이 말없이 끌려가는 가축처럼 끌려 그 문을 지나게 된다면 어떻게 되겠습니까? 지금 눈이 흐려지고 맥박이 멈춘다면, 여러분은 어떻게 되겠습니까? 여러분이 갑자기 죽어 멸망하지 않도록, 여러분의 길을 생각하고 하나님께 돌이키라고 말씀드립니다. 여러분이 그리스도와 끝까지 싸우고 그의 적이 될지라도, 그리스도께서 지금 주(主)이시고 앞으로도 주가 되실 것이기 때문에, 그분을 이길 수 없다는 것을 기억하십시오. 여러분이 주님을 피하여 음부로 날아갈지라도 주님은 거기 계십니다. "스올에 내 자리를 펼지라도 거기 계시니이다"(시 139:8). 멀리 미국의 변경 지대로 갔는데 거기서 한 설교자를 만난 사람이 말했습니다. "아, 이 감리교인들을 피했다고 생각했는데, 여기서도 나를 괴롭히는 목사가 있군요." 다른 한 사람이 말했습니다. "그렇지요. 당신이 하늘에 올라갈지라도 거기에서도 종교를 발견할 것이고, 지옥에 갈지라도, 아마 거기에서도 설교자들을 만날 것입니다."

이렇게 종교가 사람을 따라다닌다고 하면, 하물며 하나님의 능력은 얼마나 더 사람을 두르고 있겠습니까? 여러분이 진실한 모든 설교자들을 피할 수 있을지라도 그들의 주님은 피할 수 없습니다. 여러분이 어디로 갈지라도, 주님의 사랑을 거절한 기억이 가시달린 화살처럼 여러분을 찌를 것입니다. 여러분이 꺾어 보려 했지만 꺾을 수 없었던 주님의 권세의 영광이 지옥에서도 찬란히 빛나 여러분을 더 깊은 절망에 빠트릴 것입니다. 주님의 복음에 귀를 기울이시기를 간절히 권합니다. 믿고 세례를 받는 자는 구원을 받을 것입니다. 이것이 주님께서 올려 가실 때 우리에게 주신 메시지였고, 주님의 영광으로 들어가시기 전에 하신 마지막 말씀이었습니다. "그러므로 너희는 가서 모든 민족을 제자로 삼아 아버지와 아들과 성령의 이름으로 세례를 베풀라"(마 28:19)고 하셨습니다. 주님의 복음에 복종하고 믿으십시오. 구속하시기 위해 십자가에서 죽으셨고 이제 살아 계셔서 도고하시는 그분을 단순하게 의지하십시오. 주님을 믿으십시오. 그리고 나와서 여러분의 믿음을 고백하십시오. 그리스도의 이름으로 세례를 받고 죄를 고백하며, 자신이 그리스도의 제자임을 인정하십시오. 이것이 복음입니다. 이 복음을 거절하면 위험해집니다. 그리스도를 인해서 복음에 복종하시기를 바랍니다.

제
6
장

—

# 세세토록 살아 계시는 그리스도

—

**"나는 살아 있는 자라 내가 전에 죽었었노라**
**이제 세세토록 살아 있노라" — 계 1:18**

때로 우리는 영광 중에 계시는 그리스도를 보기를 간절히 바랍니다. 우리가 그리스도를 계신 그대로 보리라는 것이 우리의 아주 찬란한 소망 가운데 하나인 것은 분명합니다. 진실된 신자마다 욥처럼 이같이 말할 수 있을 것입니다. "내가 알기에는 나의 대속자가 살아 계시니 마침내 그가 땅 위에 서실 것이라 내 가죽이 벗김을 당한 뒤에도 내가 육체 밖에서 하나님을 보리라 내가 그를 보리니 내 눈으로 그를 보기를 낯선 사람처럼 하지 않을 것이라"(19:25-27). 그러나 형제 여러분, 우리는 현재의 체질로 주님의 영광을 보기에 아주 부적합합니다. 주께서 땅에 계실 때 사람의 형체로 자신을 가리신 것은 잘하신 일이었습니다. 주님이 변화산에서 하셨던 것처럼 휘장을 조금 들추었을 때, 비록 희미한 것이었을지라도, 그 모습이 너무 찬란해서 베드로와 요한과 야고보가 감당할 수 없었기 때문입니다. 이들은 그 모습에 압도되어서 거룩한 산에서조차 잠들고 말았습니다. 그리고 깨었을 때는 무슨 말을 해야 할지 몰랐습니다. 우리가 현재 상태에서, 영광 가운데 계신 그리스도를 볼 수 있는 은혜를 받을 수 있다고 하더라도, 그 찬란한 모습은 우리도 감당할 수 없을 것입니다. 그 모습은 요한에게도 감당할 수 없이 큰 것이었습니다. 그런데 우리는 요한에게 훨씬 못 미치는 사람들입니다. 우리의 눈은 요한의 눈만큼 선명하지도, 강하지도 않습니다. 그런데 요한도 그 놀라운 광경을 보고 있을 수 없었습니다. 밧모 섬에 있는 나이 많은 이 성도는 우리들 대부분이 그리스도를 안 것보다 많은 세월을 주님과 친하게 지냈습니다. 이 성도는 주님의 품에 머리를 기댔던 사람입니다. 그것은 이 제자 외에 아무도 받지 못한 특전입니다. 요한은 십자가 곁에 서서, 자기를 그토록 사랑하신 분이 물과 피를 쏟으신 것을 보았습니다. 그가 "예수의 사랑하시는 제자" 였음에도 불구하고, 영화롭게 된 자신의 주님을 온전히 보게 되었을 때, 주님 발 앞에 죽은 것같이 되었습니다. 그리스도의 충만한 영광은 너무 찬란해서 우리가 이 땅에 있는 동안에는 감히 바라볼 수 없습니다. 그러므로 교우 여러분, 그 영광을 보여 주시라고 구하지 마십시오. 그러나 장차, 여러분이 그 영광을 보기에 적합하게 되고 그리스도께서 여러분을 위한 처소를 마련하셨을 때, "아버지여 내게 주신 자도 나 있는 곳에 나와 함께 있어 아버지께서 창세 전부터 나를 사랑하시므로 내게 주신 나의 영광을 그들로 보게 하시기를 원하옵나이다" 라고 하신 주님의 기도가 성취되는 것을 행복하게 경험할 것입니다. 주님께서는 여러분 각 사람에게 이렇게 말씀하시는지도 모릅니다. "아직은 아니다. 내 아들아, 아직은 너희가 나를 있는 그대로 볼 수 없다. 너희 눈이 그런 내 모습을 보기에 적합하지 않다."

　사랑하는 여러분, 주님의 찬란한 영광으로 인해 요한이 기절하여 죽은 것같이 되었을 때, 구주께서 어떻게 그를 위로하였는지 봅시다. 첫째로, 주님은 요한에게 오른손을 얹으셨습니다. 여러분과 나의 위로가 항상 나오는 곳이 바로 여기에 있습니다. 우리를 위해 십자가에 못 박힌 그 손에서 우리의 위로가 나옵니다. 지극히 약한 자를 강하게 만드는 놀라운 능력이 못 박힌 그 손에서 흘러나옵니다. 손을 얹으셨다는 것은 그리스도께서 참으로 우리 가까이 계심을 입증하는 것입니다. 주님께서 우리에게 손을 얹으실 때, 우리는 그가 하나님이실 뿐 아니라 사람이시라는 것을 압니다. 주님께서 우리를 아주 가깝게 여기셔서 그렇게 친밀하게 우리에게 손을 얹으실 때, 우리는 기쁘고 즐거우며 다시 힘을 얻어 강하게 됩니다. 주님의 성육신의 사실, 즉 그리스도께서 우리의 살 중의 살이요 뼈 중의 뼈라는 진리에서 우리가 충분히 힘을 얻지 못한다면, 그때는 주님께서 요한에게 하셨듯이 "두려워하지 말라" 는 말씀을 덧붙이실 것입니다. 주님은 여러분 각 사람에게, 그리고 특별히 여러분 가운데서 매우 힘이 없고 연약하여 곧 죽을 것같이 느끼는 사람들에게 지금 이 말씀을 하고 계십니다. 형제자매 여러분, 주님은 이 썩을 육신의 연약한 장막을 머지않아 치워버릴 여러분 가까이에 오고 계시는 것입니다. 머지않아 영광이 찬란하게 나타나면 여러분은 거기에 압도당합니다. 그러나 주님은 여러분에게 조용히 말씀하십니다. "두려워하지 말라 나는 처음이요 마지막이니 곧 살아 있는 자라 내가 전에 죽었었노라." 이 모든 말씀은 그리스도의 오심을 간절히 기대하느라 쇠약해진 영혼에게, 지극히 사랑하시는 주님과의 교제를 간절히 바라는 마음에 큰 힘을 불어넣어줍니다.

주님은 "두려워하지 말라" 고 말씀하십니다. 그러므로 우리도 두려워하지 않도록 하기 위해, 여기에서 알려진 사실들을 이제 살펴봅시다. 이 사실들은 우리에게 힘과 위로를 줄 것입니다. 그 사실들은 세 가지입니다. 그 사실들이 더 많이 있을 수 있겠지만, 내가 볼 때 현저한 것은 세 가지입니다. 첫째는 그리스도의 정체성입니다. 그리스도께서 아무리 영광스러우시고, 그의 얼굴이 해가 힘 있게 비치듯이 빛날지라도, 그분은 여기 이 땅에 계셨을 때의 바로 그 그리스도이십니다. 우리가 영광 가운데 계신 그리스도를 생각할 때마다 즐거운 위로를 받게 되는 다음 근거는 그의 사역의 완전성입니다. 이 점은 "전에 죽었었노라" 는 표현에 함축되어 있습니다. 주께서 지금은 죽음과 아무 상관이 없으십니다. 주님 자신에 관해서는, 죽음이 끝났습니다. 여러분은 그 말이 과거 시제로 쓰인 것을 압니다. "나는 살아 있는 자라 내가 전에 죽었었노라." 그 다음에, 영광스러운 주님 앞에서 두려워 떨 때, 모든 신자에게 힘을 주는 큰 원천은 그리스도의 영원하심입니다. "나는 세세토록 살아 있노라." 주님은 두 번 다시 골고다의 죽은 그리스도가 되시지 않을 것입니다. "나는 세세토록 살아 있노라 아멘"(개역개정에는 "아멘"이 없음 – 역주).

### 1. 그러면 앞에서 언급한 첫 번째 큰 진리부터 생각해 봅시다.

주님의 영광을 생각할 때 우리의 찬송 받으실 주님의 정체성이 우리에게 큰 위로가 되는 것은 틀림없는 사실입니다.

하늘에 계신 그리스도는 이 땅에 계셨던 바로 그분입니다. 주님께 큰 변화가 일어났습니다. 그러나 주님의 정체성이나 본성에는 변화가 일어나지 않았습니다. 특별히 우리를 사랑하시는 주님의 마음은 변하지 않았습니다. 왜냐하면 그분은 "어제나 오늘이나 영원토록 동일하신," 절대로 같은 "예수 그리스도" 이시기(히 13:8) 때문입니다. 지금 임재로 온 하늘을 밝게 만드시는 그분은 베들레헴에서 나셨고 폭풍 치는 갈릴리 바다의 파도 위를 걸으셨으며, 십자가에 달리셨고 죽음에 감싸였고 아리마대 요셉의 무덤에 누이셨던 그리스도이십니다. 이 예수께서 죽은 자들 가운데서 일어나셨고, 지금 하나님 우편에 앉아 계시며 온 세상을 다스리고 계십니다. 나는 여러분이 특별히 이 점을 생각하기를 바랍니다. 즉, 부활 후 40일 동안 계셨을 때, 그리스도께서 명백히 공생애 동안 세상에 계셨던 바로 그 예수님이셨다는 것입니다. 그 이후로 주님께 어떤 변화가 일어났는지, 우리는 추측하지 않을 것이고, 상상할 수도 없습니다. 지상에서 주님의 영광을 나타내 보이신 그 40일 간이 지금 주님의 모습에 대한 분명한 표본이었고, 주님은 제자들이 주께서 십자가에 못 박히시기 전에 알았던 바로 그 예수님이셨습니다.

주님이 바로 그분이셨다는 것을 아주 분명하게 보여주는 점들이 주님께 있었습니다. 첫 번째는 주님의 온유하심입니다. 주님은 언제나 온유하고 겸손하시며 너그럽고 친절하셨습니다. 주님은 죽은 자들 가운데서 일어나셨을 때, 전과 동일한 분이셨습니다. "예수께서 안식 후 첫날 이른 아침에 살아나신 후 전에 일곱 귀신을 쫓아내어 주신 막달라 마리아에게 먼저 보이시니"(막 16:9). 그리스도께서 막달라 마리아에게 나타나신 일과 관련해서 일곱 귀신을 언급한 데는 주님의 애정을 보여주는 세심한 필치가 나타납니다. 마리아는 주님을 많이 사랑한 사람 가운데 하나입니다. 마리아는 마지막까지 무덤 곁에서 지켜보았던 사람입니다. 그리고 이제 마리아는 주께서 죽은 자 가운데서 부활하신 후 첫 번째로 주님을 만난 사람이 되었습니다. 먼저 마리아에게 찾아가 나타나신 것은 바로 그리스도다우신 모습이었습니다. 즉 주님은 제자들 가운데 지극히 약한 한 사람, 주님을 지극히 사랑한 사람, 주께서 과거에 큰 구원을 베풀어 주신 사람을 찾으신 것입니다.

그 다음에, 천사에게 "가서 그의 제자들에게 말하라"는 메시지를 주어 마리아에게 보내신 것이 아주 그리스도다우신 모습이었습니다. 이 제자들은 모두 주님을 버리고 도망간 자들이고, 주님이 가장 큰 곤경에 처하셨을 때 주님을 버린 겁쟁이들이었습니다. 그런데 "그의 제자들에게 말하라"고 하십니다. 그 다음에 그리스도다우신 온유한 말씀이 나옵니다. "그의 제자들과 베드로에게 말하라"고 하십니다. 고집센 불쌍한 베드로, 자기는 죽을지언정 주님을 부인하지 않겠다고 말해놓고서 주님을 모른다고 맹세하고 저주했던 그입니다. 그런데 그리스도께서는 그에게 특별히 개인적인 메시지를 보내셨습니다. "가서 그의 제자들과 베드로에게 이르기를 예수께서 너희보다 먼저 갈릴리로 가시나니 전에 너희에게 말씀하신 대로 너희가 거기서 뵈오리라 하라"(16:7). 나는 이분이 베드로에게 "시몬아, 시몬아, 보라 사탄이 너희를 밀 까부르듯 하려고 요구하였으나 그러나 내가 너를 위하여 네 믿음이 떨어지지 않기를 기도하였노라"(눅 22:31,32)고 말씀하신 바로 그 그리스도임을 확신합니다.

그 다음에, 또 형제 여러분, 그리스도께서 도마에게 보이신 온유하신 태도에 유의합시다. 그리스도께서 무덤에서 일어나신 지 일주일이 되었는데도, 도마는 여전히 믿지 않고 있었습니다. 그는 자기가 주님의 손의 못 자국을 보고 손으로 만져보며, 그리스도의 옆구리에 난 상처에 손을 대보지 않고는 믿지 못하겠다고 말했습니다. 부활 후 두 번째 안식일에, 주님께서 제자들에게 다시 오셔서 "너희에게 평강이 있을지어다" 하고 말씀하신 후, 주님은 도마에게 화를 내지 않으시고 단지 이렇게 말씀하셨습니다. "네 손가락을 이리 내밀어 내 손을 보고 네 손을 내밀어 내 옆구리에 넣어 보라 그리하여 믿음 없는 자가 되지 말고 믿는 자가 되라"(요 20:27). 그 중요한 기간에, 틀림없이 제자들은 주님으로부터 어떤 책망의 말씀을 들었을 것입니다. 사랑하는 마음은 옳지 않은 것에 대해 반드시 책망하기 때문입니다. 그러나 그 책망은 다윗이 "머리의 기름 같이 여겨서 내 머리가 이를 거절하지 아니할지라"(시 141:5)고 말한 것과 같은 꾸지람이었습니다. 그 책망은 언제나 예수님이 하셨고, 또 오직 예수님만 말씀하신 그런 책망이었습니다. 그래서 우리는 죽었다가 다시 살아나신 분이 바로 그분이었다고 확신합니다.

이 증거를 완전히 마무리 짓기 위해 또 한 가지 예가 필요하다면, 주님께서 제자들을 호숫가로 불러서 생선을 먹도록 하시고, 식사 후에 베드로에게 "요한의 아들 시몬아 네가 이 사람들보다 나를 더 사랑하느냐"(요 21:15)고 말씀하셨을 때의 주님을 보도록 합시다. 주님은 세 번에 걸쳐서 "요한의 아들 시몬아 네가 나를 사랑하느냐" 고 반복하여 질문하시고, 베드로에게 주님의 양을 먹이고 치는 목자의 일을 맡기셨습니다. 그것은 정확하게 그리스도다운 모습이었습니다. 그러한 행동을 가짜로 흉내낼 사람은 아무도 없었습니다. 주님께서 그때 그 자리에 계셨더라면 이렇게 말씀하셨을지 모릅니다. "나는 살아있는 자라 내가 전에 죽었었노라." 그리고 제자들은 그 음성의 어조와 말하는 태도와 책망의 분위기에서 말씀하시는 분이 주님이심을 알아차렸을 것입니다. 그 모든 것에는 어느 누구도 모방할 수 없는 지극히 온유한 태도와 분위기가 깃들어 있었습니다. 그래서 우리는 요한이 베드로에게 말하였듯이 즉시 "주님이시라"(21:7) 하고 말할 수 있습니다. 도마처럼 "나의 주님이시요 나의 하나님이시니이다"(20:28)라고 외칠 수 있습니다.

다른 일들과 관련해서 그리스도의 정체성을 입증하는 두 번째 특징은 그리스도의 활력입니다. 부활 후에 그리스도께서 매우 느리고 둔하며 활발하지 못하셨다면, 우리는 틀림없이 이렇게 말했을 것입니다. "이 사람은 주의 전을 사모하는 열심에 사로잡혔던(요 2:17) 그분이 아니다. 이 사람은 열심을 입어 겉옷으로 삼으신(사 59:17) 그분이 아니다." 우리 주님은 부활하신 날에, 제일 먼저 막달라 마리아에게 나타나셨고, 그 다음에는 시몬 베드로에게 나타나셨으며, 저녁 무렵에는 엠마오로 가는 두 제자를 만나셨습니다. 예수께서 그들에게 자신을 나타내신 후에, 그들이 예루살렘에 도착하자 곧 열한 제자들 가운데 서서 "너희에게 평강이 있을지어다" 하고 말씀하셨습니다. 우리는 이 40일 동안에 일어난 모든 일에 대해 완벽한 기록을 갖고 있지 않습니다. 그러나 우리는 주님께서 어떤 때는 두 세 사람이 모인 적은 그룹에 나타나기도 하셨고, 한 번은 오백 여명이 한자리에 있을 때 나타나시는 등, 여기저기에 모습을 드러내며 바쁘게 지내셨다는 것은 충분히 알 수 있습니다. 주님께서 영광스런 생명을 얻으셨지만 여전히 이 땅에 잠시 지내신 날 동안에, 결코 지치지 않는 활력을 계속해서 발휘하셨던 것을 우리는 볼 수 있습니다.

이 40일 간의 기록에 있어서 또 한 가지 주목할 만한 점이 있습니다. 그것은 찬송 받으실 우리 주님께서 항상 성경을 들어 말씀하셨다는 사실입니다. 주님께서 활동하시던 날에, 종교 지도자들조차도 주님이 하셨듯이 성경을 인용하지 않았습니다. 랍비들은 이렇게 말했습니다. "랍비 요하닌은 말하기를" 혹은 "랍비 시므온은 말하기를" 혹은 "랍비 레위는 이렇게 저렇게 말하였다." 그러나 그리스도께서는 랍비들에게서는 아무것도 인용하시지 않았습니다. 엠마오로 가는 길에서 "이에 모세와 모든 선지자의 글로 시작하여 모든 성경에 쓴 바 자기에 관한 것을 자세히 설명"하셨습니다(눅 24:27). 언제나 그렇게 하는 것이 주님의 습관이었습니다. 그래서 종종 주님은 "성경을 응하게 하기 위해"(요 17:12) 일부러 어떤 것을 말씀하거나 행하셨던 것으로 보입니다. 주님은 행동이나 말을 통해서 어떤 예언을 이루시는 일에 언제나 주의하셨습니다. 주님께서 그렇게 성취하지 않으셨다면 아마도 우리는 그 예언의 뜻을 결코 알지 못했을 것입니다. 이와 같이 그리스도께서 죽은 자들 가운데서 일어나신 후에, 성경을 사랑하시는 분으로 나타나시지 않았더라면, 우리는 그분이 바로 그 그리스도이신지 의문을 품었을지 모릅니다. 주님께서 엠마오로 가는 두 제자에게 무슨 말씀을 하셨는지는 이미 이야기한 바가 있습니다. 주님께서 예루살렘으로 돌아와 열한 제자들 가운데 나타나셨을 때, 이렇게 말씀하셨습니다. "내가 너희와 함께 있을 때에 너희에게 말한 바 곧 모세의 율법과 선지자의 글과 시편에 나를 가리켜 기록된 모든 것이 이루어져야 하리라 한 말이 이것이라 하시고 이에 그들의 마음을 열어 성경을 깨닫게 하시고 또 이르시되 이같이 그리스도가 고난을 받고 제 삼일에 죽은 자 가운데서 살아날 것이라"(눅 24:44-46). 주께서 끊임없이 하나님의 말씀을 언급하심, 성경 인용하기를 확실히 기뻐하심, 모든 대화가 성경을 중심으로 이루어짐, 이 모든 점이 그분이 바로 그 그리스도이셨음을 보여주는 분명하고 확실한 증거입니다. 그분은 광야에서 시험받으신 때로부터 십자가에서 죽으시기까지 지상 생애 내내 끊임없이 성경을 인용하신 바로 그 그리스도이셨습니다. 당시에 자신의 교훈을 항상 기록된 말씀에서 이끌어 낸 선생은 주님 외에 달리 없었습니다. 주님은 성경에 능통하셨고, 강화(講話)에서 항상 성경을 인용하신 유일한 분이셨습니다. 그리고 주님께서 부활 후에 계속해서 그와 같이 하셨으므로, 이것이 주님의 정체성에 대한 또 다른 증거입니다. 그분은 바로 그 그리스도이신 것이 틀림없습니다.

주님의 성품에는 결코 잊어서는 안 되는 또 한 가지 특성이 있습니다. 그것은 사람들의 영혼에 대한 주님의 사랑입니다. 그 사랑이 부활 후에도 주님에게서 나오지 않습니까? 그렇습니다. 내가 앞에서 언급한 사건들에서 뿐만 아니라 "그의 이름으로 죄 사함을 받게 하는 회개가 예루살렘에서 시작하여 모든 족속에게 전파될 것"(24:47)이라는 주님의 선언에서도 그 사랑이 나타납니다. 나는 "예루살렘에서 시작하여"라는 말에서 많은 것을 볼 수 있습니다. 이것은 예루살렘을 보고 우시며, "예루살렘아 예루살렘아 선지자들을 죽이고 네게 파송된 자들을 돌로 치는 자여 암탉이 그 새끼를 날개 아래에 모음 같이 내가 네 자녀를 모으려 한 일이 몇 번이더냐 그러나 너희가 원하지 아니하였도다"(마 23:37) 하고 외친 분이 하신 말씀이 틀림없습니다. 주님께서 "내게 올 수 있는 기회를 그들에게 한 번 더 주고, 내 이름으로 죄 사함을 받게 하는 회개를 예루살렘에서 시작하여 모

든 족속에게 전파하라"고 말씀하시는 것입니다. 이 사람이 성경에서 "모든 세리
와 죄인들이 말씀을 들으러 가까이 나아오니"(눅 15:1)라고 기록하고 있는 그 분
이라고 나는 확신합니다. 바리새인과 서기관들은 그분에 대해 이렇게 말했습니
다. "이 사람이 죄인을 영접하고 음식을 같이 먹는다"(15:2). 바로 그 이유 때문에
주님께서 사도들에게 "가장 큰 죄인들부터 먼저 시작하라. 즉 '예루살렘에서 시
작하여'"라고 말씀하셨습니다. 나는 이 사람이 그분인 것을, 바로 그리스도 그분
이 틀림없다는 것을 압니다. 왜냐하면 죽기 전에 그리스도께서 "아버지 저들을
사하여 주옵소서 자기들이 하는 것을 알지 못함이니이다"(23:34) 하고 기도하셨
고, 또 죽은 자들 가운데서 일어나신 후에 은혜와 자비의 사명을 주신 것은 바로
그 살인자들을 위한 것이었기 때문입니다. 사람들에 대한, 지극히 악한 사람들
에 대한 주님의 관심, 영혼들에 대한 사랑, 무엇보다 주님의 동정과 죄 사함을 필
요로 한 사람들에 대한 사랑을 볼 때, 그분이 "그들이 목자 없는 양과 같이 고생
하며 기진함을 인하여 무리를 보시고 불쌍히 여기신"(마 9:36) 바로 그 그리스도
이셨음이 증명됩니다.

     또 한 가지 점을 언급할 수 있는데, 그리스도의 정체성을 증명하는데 도움
이 되는 것입니다. 즉 그것은 주님께서 성령을 언급하시는 사실입니다. 당시, 그리
스도 외에는 성령에 대해 가르치는 이가 없었기 때문입니다. 나는 지금도 그렇
게 성령을 가르치는 이들이 많지 않다는 점이 크게 염려가 됩니다. 많은 목회자
들이 설교에서 얼마나 성령을 소홀히 다루는지 모릅니다! 사람들이 어떤 설교자
에 대해 하는 말을 들은 적이 있습니다. 그의 설교를 들은 사람들은 성령이 도대
체 계시는지 몰랐다고 하였고, 성령에 대해 오랫동안 듣지 못했기 때문에 성령
께서 이제는 확실히 더 이상 활동하시지 않는 것으로 생각했다고 하였습니다.
그러나 우리 주님은 끊임없이 성령을 언급하셨습니다. 명절 큰 날에 예수께서
서서 외치셨습니다. "누구든지 목마르거든 내게로 와서 마시라 나를 믿는 자는
성경에 이름과 같이 그 배에서 생수의 강이 흘러나오리라(하시니 이는 그를 믿
는 자들이 받을 성령을 가리켜 말씀하신 것이라 예수께서 아직 영광을 받지 않
으셨으므로 성령이 아직 그들에게 계시지 아니하시더라)"(요 7:37-39). 주님은 아
버지께서 그의 이름으로 우리에게 보내실 보혜사에 관해서 이야기하시는 이 복
된 장(章)에서, 자신이 성령을 받으셨다고 설명하고 성령에 대해 말씀을 많이 하
셨습니다. 그러면 주님께서 죽은 자들 가운데서 일어나신 후에 어떻게 말씀하셨

는지 봅시다. "볼지어다 내가 내 아버지께서 약속하신 것을 너희에게 보내리니 너희는 위로부터 능력으로 입혀질 때까지 이 성에 머물라 하시니라"(눅 24:49). 이보다 더 분명한 말씀이 있을 수 있겠습니까? 주님이 제자들에게 하신 마지막 말씀에는, 언제나 성령에 대한 이 같은 말씀과 성령에 대한 경의(敬意)가 나타납니다. 또 성령의 활동이 반드시 필요하다는 증언과, 제자들이 성령이 없이는 아무것도 할 수 없다는 점, 즉 성령이 그들과 함께 하지 않으면 복음을 성공적으로 전할 수 없다는 경고가 들어 있습니다. 이분이 성령께서 그 위에 한량없이 임한 그리스도이시라고, 바로 그분이라고 나는 확신합니다. 주님이 "나는 살아 있는 자라 내가 전에 죽었었노라"고 말씀하시는데, 이것은 40일 간의 모든 표지를 볼 때, 부활하신 그리스도께서 십자가에 못 박히셨던 그 그리스도이심이 증명된다는 말씀입니다.

이 점을 잠깐 동안 생각하고 넘어가도록 합시다. 영광 중에 계신 그리스도는 다름 아니라 이 땅에 계셨던 그 그리스도이십니다. 사람이 하늘로 올라간다고 해서 잃는 것은 아무것도 없습니다. 보통 사람은 하늘로 올라감으로써 많은 유익을 얻습니다. 그와 같이 우리 주님은 영광 가운데 들어간다고 해서 달라지시는 것이 전혀 없다고 나는 믿습니다. 주님은 영광 가운데 들어가셨지만 여전히 온유하시고 여전히 열심이 넘치고, 구원하시기에 능합니다. 주님이 이 땅에 계셨을 때라면 우리가 주님께 달려가기를 기뻐하였을 것처럼, 지금도 부활하신 주님께 기쁘게 갈 수 있습니다. 그분은 여전히 동일하시기 때문입니다.

## 2. 두 번째 요점을 어느 정도 길게 설명할 수 있겠지만, 그것이 그리스도의 완성된 사역과 관계가 있기 때문에 여기서는 아주 간단하게 말해야 하겠습니다.

우리 주님께서 요한에게 "내가 전에 죽었었노라"고 하시며 그 말씀을 자신에게 적용하셨을 때, 주님은 자신이 속죄의 지극히 중요한 부분을 이루셨다는 뜻으로 말씀하신 것입니다. 속죄의 가장 핵심적인 부분은 죽음이었습니다. 점 없고 흠 없는 어린 양 같은 예수님의 귀한 피를 흘리는 일이 없이는 죄를 속할 길은 없었습니다. 죄를 속할 생명이 있어야 했고, 그 생명을 희생해야 했습니다. 그래서 그리스도께서 "죽으셨습니다." 그것은 꿈이 아니고 망상이 아니며 잠도, 기절도, 혼수상태도 아니었습니다. 그리스도는 "죽으셨습니다." 복되고 영광스러우신 구주께서 죽음에 속박당하는 일이 있을 수 없었지만, 그럼에도 주님은 "죽으셨습니다."

　　그 다음에, 이 말씀은 그리스도의 사역이 끝마쳐졌다, 실행되었다는 뜻입니다. 미사를 지속적으로 드려야 한다고 말하는 사람들이 있습니다. 우리가 그리스도의 몸과 피를 다시 드릴 수 있다는 생각만큼 하나님을 크게 모독하는 일은 하늘 아래서 있을 수 없을 것입니다. 예수님은 "단번에" 죽으셨습니다(히 7:27). 그래서 이제 그리스도는 전에 죽으셨던 그리스도가 아닙니다. 죽으신 그리스도의 그림이나 십자가에 못 박힌 예수상, 그와 같은 모든 것들이 과거의 주님을 어느 정도 나타낼 수는 있지만 현재의 그리스도를 나타내지는 못합니다. 나는 특별히 내 사랑하는 친구가 다시 살아났다면, 죽었을 때의 모습을 담은 친구의 사진을 집 안에 두거나 벽에 걸어 두지는 않을 것입니다. 나는 친구의 살아 있는 모습을 보여주는 초상화를 받을 때까지 기다릴 것입니다. 죽은 사람의 사진은 그 사람의 모습과 전혀 다르기 때문입니다. 며칠 전에 나는 친구 집에서 한 목사의 사진을 보고서 "아이고, 꼭 송장처럼 보이네" 하고 말했습니다. 그러자 한 친구가 "그 사람이 죽은 뒤에 사진을 찍었다는 말을 들었네" 하고 답변을 하였습니다. 그래서 나는 "그러면 당장 그 사진을 치워버리게. 제발 치워버리게" 하고 말했습니다. 그것은 도대체 그 사람의 사진이 아니었습니다. 그 사람은 사진을 찍기 전에 죽어버렸기 때문입니다. 사랑하는 여러분, 그와 같이 죽은 그리스도를 나타내는 것은 무엇이든 거기에 공경심을 나타내지 마십시오. 그리스도는 지금 죽어 계시지 않기 때문입니다. 우리는 그리스도를 죽은 것으로 생각해서는 안 됩니다. 로마 가톨릭 국가들에서 십자가에 달린 구주의 상들을 질리도록 보았는데, 여러분 가운데도 틀림없이 그런 것을 질리도록 보고 이렇게 말한 사람들이 있을 것입니다. "만일 내가 그리스도인이 되지 못하도록 몰아낼 수 있는 것이 있다면, 사람들이 거리 구석구석마다 세워 놓은, 아주 끔찍하게 그리스도를 풍자한 이 그림들이다." 그리스도는 죽어 계시지 않습니다. 그리스도는 "전에 죽었었습니다." 그것은 과거 시제의 일입니다. 절대로 그 사실을 잊지 마십시오. 주님은 지금 죽지 않으셨습니다. "그가 여기 계시지 않고 그가 말씀하시던 대로 살아나셨느니라"(마 28:6). 우리는 죽은 그리스도를 믿는 것이 아닙니다. 지금도 여전히 "자기를 힘입어 하나님께 나아가는 자들을 온전히 구원하실 수 있는"(히 7:25) 세세토록 살아 계시는 그리스도를 믿는 것입니다.

사랑하는 교우 여러분, 우리 주님께서 마음을 쏟으신 일, 곧 사람을 구원하는 일에서, 주님을 죽기까지 만든 사랑은 살아 있는 사랑이라는 점을 또한 기억하십시오. 주님은 자신이 그의 백성을 얼마나 사랑하시는지를 단번에 아주 명확하게 증명하셨습니다. "사람이 친구를 위하여 자기 목숨을 버리면 이보다 더 큰 사랑이 없나니"(요 15:13). 주님께서 바로 그같이 하셨습니다. 그러므로 주님은 죄인들에 대한 자신의 사랑을 아주 확실하게 입증하셨습니다.

> "이제 그리스도께서 높은 곳에 오르시어 통치하지만
> 그의 사랑은 여전히 위대합니다."

그 다음으로, 그리스도께서 자기 백성을 위하여 목숨을 버리셨다가 다시 취하셨으니, 그리스도께서 죽으신 목적이 반드시 성취될 것임을 기억하십시오. 나는 그리스도의 죽으심의 결과가 이제까지 단 한순간도 위태로운 지경에 처한 적이 없다고 생각합니다. 그리스도께서 죽음으로써 행하려고 의도하셨던 모든 것이 이루어질 것이라고 믿습니다. 그리스도께서 대속하신 사람 가운데 단 한 사람도 주님은 잃어버리지 않으실 것을 나는 믿습니다. 주께서 자기의 택하신 모든 사람을 위하여 빚을 다 갚으셨으므로, 그의 백성들은 두 번 다시 빚 때문에 고발당하는 일은 없을 것입니다. 빚이 사라졌습니다. 영원히 사라져 버린 것입니다. 하나님의 아들이 어떤 목적을 성취하기 위해 실제로 자기 목숨을 버리셨다면, 주께서 그 목적을 이룰 수 없을 것이라고 도저히 생각할 수 없습니다. 나는 어떤 목적을 위해 살고 그것을 위해 죽을지라도 목적을 이루지 못할 수 있습니다. 나는 한낱 사람에 지나지 않기 때문입니다. 그렇지만 하나님의 아들이 과연 어떤 목적을 위해 태어나고 살며, 그것을 위해 죽었는데도 그 목적을 이루지 못했다고 믿는 것만큼 하나님을 모독하는 일은 있을 수가 없을 것입니다. "그가 자기 영혼의 수고한 것을 보고 만족하게 여길 것이라"(사 53:11). 그가 전에 "죽었었습니다." 그러므로 주님은 계획하였던 목적을 이루기 위해 온 힘을 다 쏟으신 것이고, 그래서 그 목적은 확실히 이루어질 것입니다.

그리스도의 죽으심의 공로가 영원하다는 사실을 또한 기억해야 합니다. 그는 "전에 죽었었습니다." 그러나 그 죽음의 모든 공로는 마치 그리스도께서 오늘 죽으신 것처럼 이제도 효과가 있습니다. 잠깐 동안, 오늘이 그리스도께서 부활하신 아침이라고 생각하고, 여기 서서 여러분에게 내가 막달라 마리아와 함께 가서 빈 무덤을 보았고, 주께서 마리아에게 하셨듯이 내게 말씀하셨다는 말을 한다고 생각해 봅시다. 내가 주님의 그 귀한 상처에 대해서, 주님의 죽으심의 의미와, 주께서 드리신 제사에 관해서 여러분에게 얼마나 생생하고 힘있게 말하겠습니까. 주께서 부활하신 이래 1800여 년이 지나갔지만, 주님의 부활은 처음 그때와 마찬가지로 하나님께는 지금도 새롭고 여전히 받으실 만한 것입니다. 하나님은 지금도 주님의 속죄의 제사를 인정하시고, 그 제사의 공로가 끊임없이 하나님 앞에 향기로운 냄새로 올라갑니다.

그리스도의 사역이 다 행해졌고 마쳐졌고 완성되었음을 생각하는 이것은 내가 오래도록 다루고 싶은 기쁘고 즐거운 주제입니다. 주님의 백성의 구속을 위해서는 더 이상 행할 것이 아무것도 없습니다. 주님께서 영이 떠나기 전에 친히 말씀하셨듯이 "다 이루어졌습니다." "전에 죽었었노라"는 표현이 내게는 사망에게 사망을 알리는, 그리고 예수를 믿는 모든 사람의 희년에 울리는 진주 종소리처럼 들립니다.

### 3. 위로라는 세 번째 말로 설교의 결론을 내리고자 합니다.

그리스도의 영광을 생각할 때마다 **그리스도께서 영원히 살아 계심**이 언제나 우리에게 위로가 됩니다. 전에 죽었었던 그는 "세세토록 살아 계십니다."

그렇다면 여러분 십자가의 전사들이여, 유일한 지도자가 여기 계십니다. 사람들은 과거에 이런 지도자를 모신 적이 없습니다. 그분은 자신의 목적을 이루기 위해 죽으심으로써 목적을 이루려는 열정을 보이셨고, 이제는 살아 계셔서 그 목적이 성취되는 것을 보시는 분입니다. 마호메트가 거짓 선지자였지만, 그는 살아 있을 때, 길에서 먼지를 한 움큼 쥐어 적들을 향해 뿌리면서, 예수께서 말씀하셨듯이 "그들이 맹인이 되게 하라"고 말하여 자기 추종자들에게 특이한 열심을 불러일으켰습니다. 그의 추종자들은 기적이 실제로 일어날 것이라 믿었고, 그래서 적들에게 돌진하여 바람 앞에 겨처럼 그들을 쓸어버렸습니다. 그렇지만 지금 마호메트는 죽고 사라졌으며, 그의 종교는 쇠약해졌고 때가 되면 반드시 소멸할 것입니다. 그러나 우리 주님은 죽지 않으셨고, 우리 지도자는 살아 계십니다. 주님은 지금도 십자가 군대의 선두에서 말을 타고 가시며 우리에게 진리와 정의를 위해 싸우라고 명령하십니다. 불신자들은 주의 명령을 듣지 못합니다. 그러나 주님을 믿는 많은 사람들은 뚜렷하게 울려 퍼지는 주님의 명령을 지금도 듣습니다. "하나님의 군대여, 진군하라. 나가서 싸우라! 내가 올 때까지 '너희는 온 천하에 다니며 만민에게 복음을 전파하라'"(막 16:15).

우리는 살아 계신 그리스도의 인도를 받는다는 사실에서 위로를 얻습니다. 로드리고 디아즈(Rodrigo Diaz: 11세기에 무어인과 싸운 기독교 옹호의 용사, 일명 엘 시드라고 함 - 역주)가 전투에서 죽었을 때, 그의 무서운 칼을 두려워했던 사람들은 한동안 그가 죽었다는 것을 몰랐습니다. 그의 추종자들은 죽은 엘 시드를 말 등에 태웠습니다. 그것이 시체에 불과했지만, 적들은 그의 모습을 보자 그 앞에서 도망하고 말았습니다. 우리는 우리 군대의 선두에 죽은 그리스도를 모시고 있지 않습니다. 우리 앞에서 행군하시는 분은 살아 계신 그리스도이십니다. 그러므로 우리는 승리를 확신합니다. "나는 살아 있는 자라 내가 전에 죽었었노라 볼지어다 이제 세세토록 살아 있노라"고 말하실 수 있는 분이 인도하는 군대를 이긴 사람이 아무도 없었기 때문입니다.

다음으로, 여기에는 **독특한 보장**이 있습니다. 전에 죽었던 그가 이제는 살아 계십니다. 형제 여러분, 그렇다면 그분은 계속해서 자신의 일을 행하실 것입니다. 그리스도께서 죽고 다시 살지 못하고, 자신의 대의를 미약한 제자들의 손에 남겨두셨다면, 그 대의는 곧 실패로 끝나고 말았을 것입니다. 그러나 주님은 부활하셨습니다. 그래서 "그는 쇠하지 아니하며 낙담하지 아니하고 세상에 정의를 세우기에 이를"(사 42:4) 것입니다. 그의 나라는 땅 끝까지 미칠 것이며 "광야에 사는 자는 그 앞에 굽히며 그의 원수들은 티끌을 핥을 것" 입니다(시 72:9). 사랑하는 여러분, 이 점을 확실히 아십시오. 그리스도께서 지금도 살아 계시다는 사실에 승리의 보장이 있다는 것입니다. 우리가 살고 있는 이 우울한 시대에, 사람들은 기독교가 실패했고, 복음은 망상이라고 말합니다. 사람들이 앞으로 무슨 말을 더할지 알 수 없습니다. 좋습니다. 그러나 사람들이 빼먹고 언급하지 않는 매우 중요한 사실 한 가지가 있습니다. 그리스도께서 살아 계십니다. 그리스도께서 살아 계시다는 것입니다. 두 번 다시 십자가에 못 박히실 수 없는 그분이 살아 계시다는 것입니다. 여호와께서 그리스도를 거룩한 산 시온에 왕으로 세우셨습니다. 그래서 "세상의 군왕들이 나서며 관원들이 서로 꾀하여 여호와와 그의 기름 부음 받은 자를 대적하며 우리가 그들의 맨 것을 끊고 그의 결박을 벗어 버리자" 할지라도 "하늘에 계신 이가 웃으심이여 주께서 그들을 비웃으실" 것입니다

(시 2:-4). 여호와께서 지금 통치하시고, 영원히 통치하실 것이기 때문입니다. 할렐루야.

이 유일한 지도권과 이 독특한 성공의 보장 외에도, 우리에게는 또한 죄인들에 대한 특별한 격려가 있습니다. 우리 주님께서 오늘 밤 육신을 입고 여기에 오신다면, 여러분 가운데 지금까지 줄곧 주님을 구해왔던 사람들은 와서 주님 발 앞에 엎드릴 것이고, 눈물로 주님의 발을 적시고 머리카락으로 그 발을 씻을 수만 있다면 더할 수 없이 기뻐할 것이라고 믿습니다. 그런데 여러분이 주님을 보거나 만지지 못할지라도 주님은 살아 계시고 이 자리에 계십니다. 그래서 여러분은 그분께 올 수 있습니다. 그분을 만나기 위해 여러분이 지친 발로 먼 길을 여행할 필요가 전혀 없습니다. 여러분은 마음으로 즉시 그분께 도달할 수 있습니다. 잠시 눈으로 볼 생각을 잊어버리십시오. 눈은 참된 시각을 방해하는 희미하고 볼품없는 것입니다. 이렇게 말하면 우리 눈을 잘못 이야기하는 것처럼 들릴 수 있습니다. 그러나 그것이 사실입니다. 눈을 없애면 우리는 지금보다 훨씬 더 잘 볼 것입니다. 한 번만 보지 않고 믿어 보십시오. 예수 그리스도께서 여러분 가까이 계시다는 것을 믿고, 그리스도께 구원해 달라고 구하십시오. 마치 주님께서 여기에 육체로 계시는 것처럼 그에게 와서 믿음으로 주님의 옷 가를 만지십시오. 그리스도께 외치십시오. "다윗의 자손 예수여 나를 불쌍히 여기소서." 주님은 여러분의 소리를 듣고 청을 들어주실 것이기 때문입니다. "주여 보기를 원하나이다" 하고 말하십시오. 그러면 주님께서 육신으로 계셨을 때 실제로 맹인의 눈을 뜨게 하신 것처럼 바로 지금 여러분의 눈을 영적으로 열어주실 것입니다. 여러분은 마땅히 주님께 와야 합니다. 주님은 "수고하고 무거운 짐 진 자들아 다 내게로 오라 내가 너희를 쉬게 하리라"(마 11:28)고 말씀하셨을 때와 같은 예수님이시기 때문입니다. 주님은 살아 계십니다. 그리스도는 살아 계십니다. **그는 살아 계십니다.** 그러므로 여러분의 가정으로 가서 거기에서 주님을 찾으십시오. 침실로 가서 주님이 필요하다고 말씀드리고, 주님 앞에 겸손한 회개와 참된 믿음으로 엎드리십시오. 주님께서 여러분을 구원하고 복을 주실 것입니다. 주님은 여전히 살아 계셔서 자기를 의지하여 하나님께 나오는 모든 자를 위해 기도하시기 때문입니다.

자, 본문에는 엄숙한 경고를 담고 있는 것이 있다는 것을 말씀드리면서 설교를 끝맺도록 하겠습니다. 그리스도께서 살아 계시고, 그가 살아 계시므로 그의 백성을 박해하는 자들에게 화가 있을 것입니다! 그리스도를 조롱하는 자들, 혹은 그의 진리를 우습게 여기고 그의 복음을 무시하고 구원 얻기를 내일로 미루는 자들에게 화가 있을 것입니다! 사랑하는 여러분, 그리스도께서 죽으셨다면 우리는 그에 대한 기억을 존중해야 할 것입니다. 그러나 그리스도께서 살아 계시므로 자신의 대의에 대해 사람들이 보이는 모든 모욕을 아신다는 점을 기억하시기 바랍니다. 주님께서는 언제든지 용서하실 준비가 되어 있을지라도, 여러분이 주님의 은혜로운 초청을 거절한다면, 주님의 경고와 탄원을 계속 거부한다면, 주님이 반드시 다시 오실 것인데, 그가 오실 때, 여러분은 무서운 마지막 날의 모든 천둥 번개보다 훨씬 더 두려운 것을 그 사랑의 얼굴에서 보게 될 것입니다. 여러분은 그 심판 날에 가장 두려운 것이 무엇이라고 생각하십니까? 죽을 수밖에 없는 사람들이 이제까지 본 것 중 가장 아름다운 모습은 거룩한 천사들이 보고 노래하지 않을 수 없고 성도들에게 천국의 기쁨을 주는 그리스도의 얼굴입니다. 사랑과 공의와 온유, 진리, 신성과 인성이 비할 데 없는 얼굴에 어우러져 있습니다. 주의 성도들이 주님을 보고서 말할 수 없는 기쁨으로 손뼉을 치지만, 불신자들에게 세상에서 가장 두려운 것은 주님의 얼굴이 될 것입니다. 왜냐하면 그들이 주님의 얼굴을 보고서 거기에서 고난의 흔적과 멸시받은 고통의 흔적을 볼 때, 사랑의 표지와 거절받은 사랑의 표지를 볼 때, 위엄의 모습과 위엄이 손상당한 흔적을 볼 때, 그들은 산과 바위더러 이렇게 소리칠 것입니다. "우리 위에 떨어져 보좌에 앉으신 이의 얼굴에서와 그 어린 양의 진노에서 우리를 가리라 그들의 진노의 큰 날이 이르렀으니 누가 능히 서리요"(계 6:16,17).

여러분, 가장 좋은 것이 천국에서 가장 두려운 공포의 대상이 되는 이 끔찍한 일이 반드시 일어날 것입니다! 그러므로 간절히 권합니다. 죄를 버리십시오. 불신앙을 버리십시오. 자기의를 버리십시오. 그리스도의 사랑을 방해할 모든 것, 말하자면 그리스도의 큰 사랑마저 못쓰게 만들어서 시기로 변하게 할 모든 것을 버리십시오. 사랑이 일단 진노로 바뀌면 사자가 먹이를 좇는 것보다 맹렬하기 때문입니다. "그의 아들에게 입맞추라 그렇지 아니하면 진노하심으로 너희가 길에서 망하리니 그의 진노가 급하심이라 여호와께 피하는 모든 사람은 다 복이 있도다"(시 2:12). 그들이 믿는 분은 지금도 "나는 살아 있는 자라 내가 전에 죽었었노라 볼지어다 이제 세세토록 살아 있노라" 고 말씀하십니다. 하나님께서 여러분에게 복 주시기를 바랍니다. 예수님의 이름으로 기도합니다. 아멘.

제
7
장
—

# 수고하고 약하여지지
# 아니하였다

—

**"네가 내 이름을 위하여 수고하고 약하여지지 아니한 것을
아노라."**(개역개정은 "견디고 게으르지" — 역주) — 계 2:3

　주 예수 그리스도께서는 자기 교회에서 결코 눈을 떼시지 않습니다. 주님은
자기 교회에 관한 모든 것에 주목하시는데, 단지 교회 지체들의 생명만이 아니
라 그들 영혼의 건강도 지켜보고, 단지 그들의 건강만이 아니라 그들이 영적 힘
을 쓰는 방식도 지켜보십니다. 주님은 교회 지체들의 활동을 아시며, 그들의 구
제와 인내, 주님의 이름을 위한 열심을 보십니다. 주님은 교회들에게 말씀하시
면서 일곱 번이나 "내가 네 행위를 아노라"(계 3:15)고 하십니다. 이 말씀을 생각
할 때 우리는 아주 조심하며 살지 않을 수 없습니다. 온 세상이 하나님의 눈 아
래 있지만, "한 돌에 일곱 눈이 있느니라"(슥 3:9)는 이 말씀이 하나님의 교회에
적용되기 때문입니다. 하나님의 전지하심이 주님의 택한 백성들에게 온전히 발
휘되는 것입니다. 농사꾼이 자신의 모든 땅을 늘 돌아보지만 그의 주된 관심사
는 그의 가족입니다. 바로 그와 같이 모든 피조물의 큰 농부이신 하나님께서 그
의 모든 창조물을 보시지만, 하나님이 주로 돌아보시는 것은 하나님의 식구들입
니다. "여호와는 그를 경외하는 자 곧 그의 인자하심을 바라는 자를 살피시는도
다"(시 33:18).

본문과 전후문맥에서 보듯이, 우리 주 예수님은 그의 교회가 무엇을 견딜 수 없어 하는지 보시고, 교회가 거짓 교훈이나 부정한 생활을 참지 못하는 것을 보고 매우 기뻐하십니다. 주님은 그의 교회가 이런 것들을 견디지 못하고 자신에게서 아주 깨끗하게 씻어내기를 바라셨습니다. 또한 주님은 그의 교회가 무엇을 견딜 수 있는지를 기쁘게 보십니다. 곧 그의 교회가 고생스러운 수고, 철저한 자기 부인, 주님을 위하여 수욕과 핍박을 받되 피 흘리기까지 고난을 받기를 견디는 것을 보십니다. 주님은 이 점에서 교회의 사랑이 분명하게 나타나는 것을 보시고 그의 교회를 기뻐하십니다. 주님께서 특별히 교회의 수고를 눈여겨보신다는 것이 나타납니다. 교회가 주님을 위해 수고해야 하는 것 외에 교회가 이 땅에 있어야 할 다른 목적이 있습니까? 세상에서 할 일이 아무것도 없다면, 교회가 이 땅에서 오래 존속해야 할 이유가 있겠습니까? 교회가 이 땅에 머무르면서 이루어야 할 큰 목적들이 없었다면, 교회는 더 나은 곳으로 옮겨졌을 것입니다. 교회가 여기 있는 것은 세상이 교회를 필요로 하기 때문입니다. 하나님의 영광이 교회를 통해 나타나게 되어 있기 때문입니다. 교회는 부패한 사회에 소금이 되어야 하고, 어둠 속에 앉아 있을 사람들에게 빛이 되어야 합니다. 따라서 일하지 않는 교회는 교회 존립의 가장 중요한 목적을 잃는 것입니다. 그런 교회는 꽃이 피지 않는 식물이고, 열매를 맺지 않는 포도나무입니다.

그리스도는 교회의 수고를 지켜보시고, 교회가 계속해서 수고하므로 "네가 수고하고 약하여지지 않았다" 는 이중의 칭찬을 할 수 있게 된 것을 특별히 기뻐하십니다. 우리가 마지막 날에 주님에게서 이 칭찬을 받을 수 있으면 얼마나 좋겠습니까! 그리스도의 피와 의가 우리 구원의 유일한 소망인 바 그리스도께서 우리에게서 마땅히 받으셔야 할 감사하는 사랑의 증거를 우리에게서 풍성히 보실 수 있기를 바랍니다. 오늘 아침 우리는 끈기 있는 봉사를 주제로 다룰 것입니다.

### 1. 첫째로, 나는 여러분에게 본문에 주의를 기울이고, 여기에서 적극적인 선과 소극적인 선이 결합되어 있는 것을 보라고 말씀드립니다.

"네가 수고하였고." 여기에는 적극적인 점이 있습니다. "네가 약하여지지 아니하였고." 여기에는 소극적인 점이 있는데, 적극적인 점을 훨씬 더 적극적으로 만드는데 도움을 주는 것입니다.

"네가 수고하였고." 원문의 단어를 보지 않고, 우리 번역 성경의 단어를 가지고 생각해보겠습니다. "네가 수고하였고." 자, 수고한다는 것은 많은 힘을 쏟아 일을 한다는 의미입니다. 힘들여 일하는 것입니다. 그것은 힘든 일, 맹렬한 노력, 활기찬 행동을 뜻합니다. 사람들이 일을 하지만 수고하지 않을 수 있습니다. 나는 많은 사람들이 흔히 "수고하는 것"에 가깝게 어떤 일에 노력을 기울이지 않으면서도 자신이 일한다고 주장한다는 생각이 듭니다. 그리스도인들 가운데도 일한다고 하면서 수고하지 않는 사람들이 있습니다. 그런 사람들이 일하는 정도로는 평생 일해도 나비 한 마리조차 지치게 하지 못할 것입니다. 사람이 그리스도를 위해서 일할 때는 온 힘을 기울여야 합니다. 확실히 우리는 복음 아래 있으면서 율법 하에서 요구되는 것보다 못한 사랑을 주님께 드려서는 안 됩니다. 율법이 이같이 말하는 것을 우리는 압니다. "너는 마음을 다하고 뜻을 다하고 힘을 다하여 네 하나님 여호와를 사랑하라"(신 6:5). 확실히 예수 그리스도는 그런 사랑을 받으시기에 합당한 분입니다. 그래서 우리가 그리스도를 위해 수고할 때, 노예의 소홀함과 무관심으로 일해서는 안 되고, 사랑하는 사람의 열정과 열광자의 애정을 가지고 일해야 합니다. 주인치고 제대로 대접 받는 주인이 거의 없지만, 하늘에 계신 우리 주님은 그렇게 섬겨서는 안 됩니다. 우리는 주님께 너무나 많은 은혜를 입고 있어서, 주님에 대해 눈가림만 하는 종노릇을 하기를 바랄 수 없습니다. 어디서든지 꾸물거리는 종을 봐줄 수 있을지 몰라도, 지극히 귀한 자신의 피로 우리를 구속하신 주님을 섬기는 일에서는 결코 그런 종을 봐줄 수 없을 것입니다. 그러므로 교회는 단지 일하는 교회만 되어서는 안 됩니다. 훨씬 더 그 이상이 되어야 합니다. 있는 힘껏 일하는 교회, 수고하는 교회가 되어야 합니다. 비유를 써서 말할 수 있다면, 우리는 언제나 증기동력을 최대한으로 사용해야 합니다. 우리는 고압으로 엔진을 구동시켜야 하고, 힘을 조금이라도 낭비해서는 안 됩니다. 우리는 단지 걸어서 천국에 가려고 해서는 안 되고, 천상의 경주를 달리되 열심히 성실하게 경주해야 합니다.

사람이 정말로 부지런히 일할 때는, 많은 것을 단념해야 합니다. 그래서 수고에는 필연적으로 금욕이 따릅니다. 일할 때 사람은 힘을 쏟고 사용합니다. 사람이 열심히 일할 때 어떻게 이마에 땀이 맺혔다가 계속해서 힘을 쓰면 뜨거운 땀이 흘러내리는지 보십시오. 사람은 쉬고 싶은 마음이 있기 때문에 계속해서 일하려면 참아야 합니다. 어쩌면 친구는 저쪽에서 빈둥거리며 놀거나 잔디밭에서 편하게 기지개를 펴고 있을 것입니다. 그는 그렇게 할 수 없어, 그냥 일합니다. 그는 일하지 않을 수 없다는 것을 압니다. 일해서 이룰 목표를 위해 편안함이나 안락함을 돌아보지 않습니다. 교회가 마땅히 본연의 태도를 취한다면 그렇게 할 것입니다. 교회는 참고, 고된 봉사라는 십자가를 짊어질 것입니다. 끊임없이 수고할 것이며 몸을 아끼지 않고 일할 것입니다. 교회가 바른 마음 상태에 있다면, 보통 교회에서는 기독교 국가에서 통상적으로 힘쓰는 것보다 훨씬 더 많은 에너지를 쏟을 것입니다. 슬프게도 신자라고 하는 많은 사람들이 아주 진지하지 못해서 조롱을 받으면 신앙을 포기해 버리고 맙니다.

　요 며칠 전에 나는 아주 인상적인 글을 하나 읽었습니다. 한 작가가 어떤 교회에 대해 이야기하면서, 자기는 매년 5천 파운드나 받는 사람들이 교회에 100명쯤은 있다고 믿는다고 하였습니다. 그 다음에 그는 하나님의 일을 지속하기 위해 드려지는 헌금의 총액이 얼마나 형편없는지를 언급하면서 이런 말을 덧붙였습니다. "그리스도인이 아닌 일반 사람이 교회에 가서 그리스도인들이 이렇게 노래하는 것을 듣는다고 생각해 봅시다.

　　'내가 돈을 조금 저축할 여유가 있고
　　의무적으로 해야 할 일이 없다면
　　하나님을 아주 뜨겁게 사랑하니
　　하나님께 모든 것을 바치겠네.'

　이런 노래를 듣는다면, 그는 속으로 이렇게 말할 것입니다. '지난 토요일 밤에 극장에 가서 익살극을 보았는데, 더 배꼽 빠지게 웃고 싶으면 일요일에 여기로 와야겠다.'" 사실, 나는 그 말이 슬프지만 사실이라고 생각하였습니다. 세상적인 물질과 정신적 활력, 그리고 다른 형태의 자산들을 활용해서 힘을 얻을 수 있는 것들이 교회에 아주 많은데, 전혀 사용되지 않은 것을 봅니다. 그래서 나는 지금 세상에 있는 어떤 교회가 진정으로 그리스도를 위해 수고한다고 좀처럼 말할 수가 없습니다. 여러분은 남는 힘 가운데 조금을 예수님께 드리고서 충분히 드렸다고 생각합니다. 교회는 주님께 남은 찌꺼기와 치즈 부스러기, 감자 껍질이나 안겨드리고 있습니다. 여러분에게 묻습니다. 주님은 그보다 훨씬 더 나은 것을 받으셔야 하지 않습니까? 대부분의 교회가 주님께 드리는 선물들은 무엇입니까? 지극히 비천한 하녀들이 부엌에나 간직할 것들을 드리지 않습니까? 초기 시절에는 그렇게 하지 않았습니다. 그때는 사람들은 철저히 그리스도인다웠습니다. 제일 먼저 그리스도를 섬겼고 마지막에 그리스도를 섬겼고, 중간에도 그리스도를 섬겼으며 끝없이 그리스도를 섬겼습니다. 그러나 이제는 거룩한 담화와 경건한 신앙고백이라는 유약으로 조금만 생활에 광택을 내면, 그것으로 충분합니다. 하나님께서 눈에 불을 키고서, 교회가 정말로 수고하는지, 주님의 복음을 전파하는 일에, 구속주의 나라를 확장하는 일에 온 힘을 다하고, 가지고 있는 것을 다 쓰는지 살피시면 좋겠습니다.

그러나 수고한다는 것은 내가 지금까지 설명하려고 했던 큰 노력만을 의미하는 것이 아니라 지속적인 노력도 함축합니다. 왜냐하면 사람이 자신의 일을 마칠 때까지 계속해서 일하지 않고서 잠깐 동안 연장을 들고 일하는 모습만 보여주고 말 수 있기 때문입니다. 잠깐 일한 것으로 족하게 여기고 "내가 수고한다는 것을 실제로 경험해 보았는데, 내게는 맞지 않다"고 말하고서 연장을 놓고 돌아가 신사처럼 편안하게 쉰다면, 그는 결코 수고하는 사람이 될 수 없을 것입니다. 이와 같이 우리는 하나님에 대한 봉사를 이따금씩만 하는 사람들을 너무 많이 보아왔습니다. 그들은 갑자기 생각이 나면 봉사를 시작했다가 이내 그만두고 맙니다. 그들의 발작적인 열심이 오늘은 거의 광신적이라 할 만큼 뜨겁다가도 내일이면 깜짝 놀랄 만큼 냉담해질 것입니다. 교회가 수고한다고 하는 것은 교회가 일상적으로 온 힘을 다 쏟는다는 의미입니다. 해와 달처럼 교회가 일상적인 의무를 지속적으로 행하는 것입니다. 교회는 급류처럼 잠깐 동안 거품을 일으키며 왈칵 쏟아지지 않고, 강처럼 꾸준히 계속해서 흐릅니다. 교회는 일생의 사업을 계속해서 수행합니다. 교회는 계속해서 힘을 다해 선을 행하며 지치지 않습니다. 여기에 적극적인 선이 있습니다.

앞에서 말한 대로, 소극적인 선이 적극적인 선을 마무리짓습니다. "약하여지지 아니하였고." 약하여지는 것에도 정도의 차이가 있습니다. 사람들이 힘든 작업으로 지칠 때, 몸이 많이 약해진다고 말할 수 있습니다. 그래서 사람들은 뛰던 걸음을 멈추고 걷게 되며, 부지런히 일하다가 느슨하게 움직이게 됩니다. 그들이 전에는 잘 달렸습니다. 그런데 무엇 때문에 달리지 못하게 된 것입니까? 몸이 지친 것입니다. 많은 사람들이 겉으로는 전에 하던 그대로 계속해서 일을 하지만, 마음이 거기에 없습니다. 그러면 약해집니다. 그들의 봉사가 사람이 보기에는 전과 똑같지만 하나님 보시기에는 같지 않습니다. 그들은 그저 관리처럼 행동하고 기계적으로 일을 할 뿐입니다. 그들은 판에 박힌 일상적인 일을 반복하면서 에너지도, 생명력도 발휘하지 않습니다. 그들에게는 성령의 기름 부음이 전혀 없습니다. 열매가 있지만 햇빛을 받지 못한 여름 열매같이 맛이 없고 싱거우며 아무 쓸모가 없습니다.

어떤 사람들은 하는 모든 일에 점차 약해짐으로 시들해집니다. 그들은 있는 힘을 다 쓰지만, 본래 나약한 사람들입니다. 그들은 최선을 다해 설교하지만, 그들의 최선이라는 것은 물이 섞인 포도주와 같습니다. 그 사람들은 학교에서 가르치고, 진리를 가르치며, 또 어느 정도 열심히 가르칩니다. 그러나 마음을 움직이는 힘은 잃어버렸습니다. 그들은 귀는 피곤하게 하면서 양심은 움직이지 못합니다. 활력이 약하고 열정이 희미합니다. 그들은 모든 영적 힘의 원천인 하나님에게서 떠났습니다. 머리카락이 잘렸고, 삼손처럼 몸을 떨며 용트림을 해보지만 헛수고일 뿐입니다. 하나님의 능력이 그들을 떠났습니다. 그래서 그들이 알지 못할지라도, 그들의 활동에는 이가봇이라는 글자가 쓰였습니다.

아주 많은 사람들은 이보다 한 걸음 더 나갔습니다. 그들은 그동안 익숙하게 해왔던 기독교 활동을 전부 혹은 대부분 포기합니다. 그들은 과거의 노력에 만족하면서 나태함의 악에 빠집니다. 그들은 약해집니다. 즉 일을 완전히 그만둡니다. 군인들은 무기를 땅에 내려놓고, 농부는 연장을 치워버립니다. 그들은 낮이 끝나기도 전에 하루 일을 다 했다고 생각하고, 급료일이 오기도 전에 임금을 달라고 아우성입니다. 교회에 이 같은 사람이 아주 많다고들 말합니다.

어떤 사람들은 심지어 이보다 더 멀리 나갑니다. 그들은 일에서 스스로 은퇴한 후에, 주님의 일에 관해서는 더 이상 신경 쓰지 않습니다. 그들은 점점 더 무관심해집니다. 심지어는 열심히 일하는 사람들에 대해 비판하고 걸핏하면 트집 잡기까지 합니다. 그리스도의 나라가 흥하느냐 쇠퇴하느냐 하는 것이 그들에게는 하찮은 일이거나 아무것도 아닌 것처럼 보입니다. 여전히 그리스도인이라는 이름은 지니고 있지만 아주 약해져 버렸습니다. 그들은 기절하여서 주변의 모든 것을 전혀 의식하지 못하는 사람같이 돼버렸습니다. 다른 사람들에게 도움을 원하면서 자기들은 아무 도움도 줄 수 없습니다. 그들은 교회에 힘을 보태기보다는 교회의 자원을 축내는 사람들입니다. 모든 유용함에 있어서 죽은 자와 마찬가지이고, 교회의 에너지를 소모하는 점에서만 살아 있다고 말할 수 있습니다.

전혀 이렇게 약해지지 않은 사람들은 복이 있습니다. 우리가 살았다는 이름은 가졌으나 실상은 죽은 자라는 말을 듣지 않도록, 하나님께서 우리를 마지막의 경우와 같은 처지에 이르지 않게 해주시기를 바랍니다. 그리스도 교회의 지체인 형제자매 여러분, 오랜 세월 동안 우리가 이 말을 들을 수 있기를 바랍니다. "저들이 수고하였고 약하여지지 아니하였다." 우리 머리가 많은 겨울을 보내어 눈처럼 하얗게 되었을 때, 하늘에서 우리를 위해 기도하시는 주님께서 우리에 대해 진정으로 "네가 수고하였고 약하여지지 아니하였다"고 말씀하기를 바랍니다. 우리가 마지막 임종의 자리에 누웠을 때, 우리의 영이 하나님의 보좌 앞에서 이 칭찬을 들을 수 있기를 바랍니다. "네가 수고하였고 약하여지지 아니하였도다." 우리가 솔직한 심정으로 감히 우리 묘비에 이 말을 쓸 수 있게 되기를 바랍니다. 혹시는 우리가 이미 약해지기 시작한 것은 아닙니까? 우리가 아직 젊다면, 그처럼 빨리 약해지는 것을 수치로 여깁시다. 우리가 한창 나이 때에 있다면, 아직 해가 빛을 내고 있는 동안에 약해지는 것을 부끄럽게 여기도록 합시다. 아니면 우리가 나이 들어가면서 약해지기 시작하고 있는 것입니까? 이제 날이 거의 끝났고 그림자가 길어졌으니 우리가 약해져야 합니까? 형제 여러분, 만일 여러분의 마지막 저녁 시간, 곧 영광이 여러분 문 앞에 와 있고 영생의 면류관을 곧 쓰게 되어 있는 때에 약해지려고 한다면, 부끄럽게 생각하십시오. 굳세어 흔들리지 말고 항상 주의 일에 열심을 내므로, 마지막에 이 본문의 말씀이 우리의 것이 되도록 합시다. "네가 내 이름을 위하여 수고하였고 약하여지지 아니하였도다."

## 2. 이제 설교의 두 번째 부분으로 넘어가서
## 약해지는 것에 대한 핑계들을 생각해 봅시다.

약하여지는 일이 그동안 하나님의 교회에 아주 흔하게 일어났으며, 그에 대해 다양한 변명들이 제시되었습니다. 그 변명들은 끊임없이 반복되고 있습니다. 어떤 죄를 자주 반복해서 짓게 되면, 그에 대한 핑계가 갈수록 늘어나며, 마침내는 더 이상 부끄러워하지 않고 자신이 아무 잘못도 하지 않았다고 생각하게 됩니다.

하나님의 일 자체가 아주 지루한 것이 되어버렸기 때문에 그 일에 약해지는 사람들이 있습니다. 그들이 처음 일을 맡았고 일이 새로웠을 때는 싫증이 나지 않았습니다. 그런데 이제 신선함이 사라지고, 지치고 싫증이 나게 되었으며, 마땅히 그래야 한다고 생각하는 만큼 그 일을 즐기지 않습니다. 그들은 주로 하는 일이 백합을 모으거나 장미 침대에 누워서 지내는 것 같은 일을 기대했었습니다. 십자가에 못 박히신 분을 섬기는 일은 훨씬 더 낭만적이지 않고 훨씬 더 고됩니다. 사랑하는 교우 여러분, 여러분 가운데 누구든지 그리스도인 봉사의 길이 아스팔트로 포장된 도로와 같이 매끄럽기 그지없다고 생각한다면, 아주 크게 오해한 것입니다. 모든 일에서 존귀에 이르는 멋진 길이 있는 것이 아닙니다. 그리스도인의 봉사는 고된 일이고 거친 등반입니다. 하나님을 봉사하는 일에 확실히 그런 길은 없습니다. 우리가 이제 막 찬송 드린 가사만큼 진실된 것은 없습니다.

> "참으로, 그것은 가시밭길이네.
> 그래서 죽을 수밖에 없는 사람은 지치고 약해지네."

얼마 전에 친구들이 목회 사역에 관해 이야기하면서, 그 사역이 쉬운 일인지 노고인지에 대해 논쟁하고 있었습니다. 나는 친구 가운데 한 사람에게 그 점에 대해 백스터가 한 말을 말해주었습니다. "복음 사역이 쉬운 일이라고 생각하는 사람에게 하나님께서 자비를 베풀어 주시기를 바랍니다. 왜냐하면 그 사람은 마지막 날에 주님 앞에 회계할 때, 정말로 하나님의 모든 자비가 필요하게 될 것이기 때문입니다." 영혼들을 맡은 사람이 그들의 구원을 위해 영혼을 돌보고 지키는 것을 쉬운 일로 생각하는 것만큼 사람과 하나님께 끔찍한 죄를 짓는 일은 없다고 생각합니다. 여러분, 사람이 마땅히 해야 하는 대로 목회에 임한다면, 목회는 머리를 지치게 하고 마음을 혹사시키며 사람의 생명을 소진시키는 일입니다. 우리 가운데 누구든지 마땅히 섬겨야 하는 대로 하나님을 섬겼다면, 우리 영혼을 사랑하시는 분이요 우리의 목자장이신 예수께서 그러셨듯이, 우리가 노고와 고통으로 인해 나이보다 더 늙었어야 하는 것이 아닌가 생각합니다. 영혼을 구원하는 일은 천사의 마음을 가득 채우는 일이며, 구주의 손을 가득 채운 일입니다. 하나님을 위한 봉사는, 무엇이든지 그대로 행한다면 힘든 일이 될 것입니다. 여러분이 편안한 군인이 되기를 원한다면, 다른 곳에 가서 입대하기 바랍니다. 그리스도의 군사들은 싸워야 하고, 그 싸움이 고되고 괴롭다는 것을 알게 될 것입니다. 전투하는 교회에 속해 있는 우리는 모의전투와 멋진 퍼레이드에 참가하고 있는 것이 아닙니다. 우리의 생활은 현실이고 진지합니다. 우리의 싸움은 혈과 육으로 하는 것이 아니고 하늘에 있는 영적인 악과 씨름하는 것입니다. 그 싸움에는 힘든 타격과 예리한 고통이 따릅니다. 여러분이 그리스도의 군사가 된다면 실질적인 싸움이 있을 것을 알아야 합니다.

　　여러분, 약해지는 이유가 그 일이 고생스럽기 때문이라면, 그 일로 인해 너무 지치기 때문이라면, 왜 그 일을 시작했습니까? 여러분은 그 사실을 먼저 알았어야 합니다. 희생을 고려했어야 합니다. 그러나 여기에 한 말씀을 덧붙이겠습니다. 여러분이 마음에 사랑을 품고 있을 때는 그 일이 고생스럽지 않았습니다. 여러분이 하나님과 바른 관계에 있다면 그 일이 지금 그렇게 힘들지 않을 것입니다. 이것은 하잘것없는 변명에 불과합니다. 뜨거운 영혼은 곤경을 좋아합니다. 불타는 사랑은 희생하기를 기뻐합니다. 이런 사람들은 즐겁고 편안한 바다에서 영원히 헤엄치는 일을 바라지 않을 것입니다. 그들은 사람에게 가장 참된 영광은 힘든 일과 싸우고 이기는데 있다는 것을 압니다. 어린아이에게는 쉬운 일을 주십시오. 그러나 어른은 행할 만한 가치가 있는 일을 받아야 합니다. 우리는 일이 지루하다고 해서 물러설 것이 아니라, 허리띠를 졸라매고 훨씬 더 힘을 내서 일을 추진해 나가야 합니다.

　　아주 흔히 듣는 또 한 가지 변명이 있습니다. "하지만 나는 지금까지 오랫동안 일을 해왔습니다. 지금까지 전도책자를 나누어 주는 일을 해왔습니다. 도시 선교의 일을 해왔습니다. 나는 지금까지 전도를 해왔습니다. 혹은 성경 공부를 가르쳐 왔습니다. 나는 지금까지 20년 혹은 30년 동안 주일학교 교사 일을 해왔습니다. 이제 물러날 때가 되었다고 생각합니다."

　　교우 여러분, 그렇게 생각하십니까? 해는 지금까지 수천 년 동안 빛을 비춰 왔습니다. 그러나 지금까지 나는 해가 그 일을 그만 둘 뜻이 있다는 말을 듣지 못했습니다. 하나님께서 우리에게 결실기를 주셨습니다. 그리고 하나님께서 우리 농사에 복주시기를 그만 둘 뜻이 있다는 말을 듣지 못했습니다. 우리는 매일 하나님의 자비의 강에서 물을 길어 마십니다. 그리고 아직까지 그 강이 흐르기를 그쳤다는 어떤 암시도 받지 못했습니다. 그렇다면 우리 가운데 누구라도 일

손을 놓기를 바라야 하겠습니까? 결국 하나님을 섬기는 일생이란 어떤 것입니까? 어떤 사람이 꼬박 70년을 지칠 줄 모르고 주님을 섬기는 일에 전력투구할 수 있었다면, 그의 일생이 어떻게 되겠습니까? 그러나 지금 우리는 일생의 절반은 잠을 자고 몸의 원기를 회복해야 하는데 쓰지 않으면 안 됩니다. 그리고 아주 많은 부분은 세상일을 하는데 씁니다. 그러면 남는 것은 무엇입니까? 어떻게 우리 대부분은 일주일에 겨우 몇 시간 주님께 드리면서, 아주 오래 전부터 주님을 섬겼다고 말할 수 있습니까? 사랑하는 주님, 다음에 우리가 그런 말을 하려고 할 때, 우리 입술에 손을 대서서 자신의 게으름에 대해 그런 핑계를 댐으로써 주님의 귀한 사랑을 모욕하는 일을 하지 않게 하여 주옵소서.

그러나 또 다른 핑계들을 댈 것이 확실합니다. 그 가운데 이런 핑계가 있습니다. 우리가 그동안 시도해 온 것에 성공을 거두지 못하고 지금까지 낙담해왔다는 것입니다. 우리가 씨를 뿌렸는데, 씨의 대부분이 길가나 돌밭에 뿌려졌습니다. 그 씨가 싹이 난 곳에서 우리는 백 배의 결실과 같은 것을 얻지 못했습니다. 우리는 주일학교 반에서 모든 아이들을 거의 즉석에서 회심시켜야 했었다고 생각했습니다. 전도하러 마을에 들어갔을 때, 모든 사람이 우리의 말을 들으러 올 것이고, 듣고서 금방 회심을 하여 신속하게 교회가 형성될 것이라고 결론을 내렸습니다. 우리가 혼잡한 도시의 어떤 구역을 방문했을 때, 아주 빨리 사람들을 개혁시켜서 술집들이 점점 줄어들고, 사람들이 안식일을 더 잘 지키게 되리라고 꿈꾸었습니다. 이 아름다운 비전은 거의 이루어지지 않았습니다. 우리가 바란 대로 성공하지 못했습니다. 우리를 아주 당혹스럽게 만든 것은 우리가 실패한 곳에서 성공한 사람이 있다는 사실입니다. 그 사람은 우리가 가진 모든 은사, 우리가 가지고 있는 모든 능력이 없는 것처럼 보입니다. 그가 처한 상황도 우리만큼이나 어려웠던 것이 분명합니다. 그런데 그들은 성공했고 우리는 실패했습니다. 그래서 우리는 일을 그만 두는 것이 잘하는 것이라고 결론을 내립니다. 우리가 바른 마음을 가지고 있고, 게으른 것에 대해 핑계를 댈 생각이 없다면, 그런 식으로 생각해서는 안 되고, 오히려 정반대의 주장을 해야 합니다. 그처럼 아주 성공한 사람은 어쩌면 본향에 가서 이렇게 말할지 모릅니다. "주님, 내 일을 다 끝냈습니다." 그러나 별로 한 일이 없는 사람은 자기 노력의 어떤 결과를 보일 수 있을 때까지 계속해서 자기 일을 해야 합니다. 그 사람은 이렇게 말해야 합니다. "나는 성공할 때까지 혹은 '내가 성공하지 못한다면 내 잘못이 아니다'고 말할 수 있을 때까지 이 일을 놓지 않을 것이다. 나는 내 주님께서 명하신 것을 행하였다. 그 일에 주님의 도움을 구하였고, 주님을 믿는 믿음을 가지고 주님의 방식대로 일을 하였다. 그래서 성공하지 못하였을지라도 나는 내가 할 수 있는 최선을 다하였다.”

나는 젊은 어떤 설교자가 나이 든 한 목사의 능력 있는 설교를 들은 후에 이렇게 외치는 소리를 들은 기억이 납니다. “아, 이 설교를 듣고 나니 두 번 다시 설교할 수 없을 것 같습니다. 내 형편없는 설교를 들고 강단에 올라가기가 너무 부끄러울 것 같습니다!” 그러나 나는 그 결과가 정반대가 되어야 한다고 말하지 않을 수 없습니다. 나이 든 설교자가 그렇게 설교를 잘하였다면, 그것은 하나님께서 내가 무엇을 할 수 있는지를 보여주는 예일 뿐입니다. 그래서 나는 하나님께 가서 나를 도와달라고 구할 것입니다. 이 형제가 그 교회에서 그처럼 유용한 사람이라면, 나는 그가 나보다 훌륭하다는 점에 하나님께 감사할 것입니다. 그리고 하나님께서 이따금 내게 희미한 성공의 빛이라도 비추시기를 기뻐하시면, 나는 내 동료 목사만큼 성공을 거둘 수 없을지라도 하나님께 감사드릴 것입니다. 우리가 아직 이기지 못했고 확실히 승리를 얻을 때까지 계속해서 싸워야 하기 때문에 전쟁을 포기해서는 안 됩니다. 선을 행하는 일에 낙심하지 않도록 합시다. 우리가 약해지지 않으면, 때가 되면 그 결실을 거둘 것이기 때문입니다.

또 다른 변명들을 언급하지 않을 수 없습니다. 그 변명들은 아주 흔히 듣는 사소한 것들인데, 자존심이 상하고 토라져서 내뱉는 딱한 것들입니다. 말하자면 이런 것입니다. “일을 그만 두어야 하겠습니다. 사람들이 나에 대해 전혀 고마워할 줄 모르는데, 그래서는 안 되지요.” 여러분이 꼭 이렇게 말하지는 않을지라도 바로 이것이 여러분이 느끼는 감정입니다. 여러분의 생각을 그냥 말로 옮기고 있는 것뿐입니다. 여러분은 처음 시작할 때 아주 열정적으로 하나님을 섬겼습니다. 그래서 교회 목사가 여러분에게 “하나님께서 당신 같이 이렇게 열심 있는 젊은이를 교회에 보내주신 것에 감사드린다”는 말을 당연히 했어야 한다고 생각했습니다. 그런데 목사가 일체 그런 말을 하지 않았습니다. 여러분은 얼마 동안 가난한 사람들 가운데서 계속 일했습니다. 그런데도 주변의 좋은 사람들이 이런 얘기를 하는 것을 듣지 못했습니다. “아무개에 대한 얘기 들어봤어요? 그 사람, 참 쓸모 있는 일꾼이에요. 하나님이 우리에게 보낸 선물이 틀림없어요. 우리 모두에게 모범이 되는 사람이지요.” 여러분은 사람들에게 칭찬 받지 못하는 것에 마음이 상하고, 높게 평가를 받지 못하는 것에 화가 납니다. 이 감정을 얘기하는데 말을 길게 할 필요가 없을 것입니다. 나는 당장 여러분에게 그 감정이 여러분이 지금까지 보아 온 것 가운데 가장 천하고 불쌍한 것이라고 생각하지 않는지 얘기해 보라고 하고 싶습니다. 여러분이 느끼는 감정이 그렇게 골을 내고 어리석게 구는 것입니까? 그렇다면, 나는 여러분의 감정을 제대로 짚은 것입니다. 그렇게 느끼는 한, 여러분은 이 세상에서 선한 일은 아무것도 할 수 없을 것입니다. 그런 하찮은 감정에 사로잡힌 사람은 결코 자유로워질 수 없습니다.

또 어떤 사람은 이렇게 외칠 것입니다. "아, 내 불평은 그래도 타당한 것입니다. 일하는데 아무도 돕지 않아서 낙심이 된 것입니다. 나는 사람들이 내게 고마워하지 않는 것은 신경 쓰지 않아요. 너무도 도움이 필요한데 사람들이 전혀 돕지를 않았습니다. 나는 계속해서 큰 부담 가운데 일을 해왔는데, 정말로 사람들이 동정하고 도와줄 것이라고 생각한 경우에도 사람들은 냉담하고 퉁명스럽게 말할 뿐이었어요." 형제 여러분, 여러분의 삶은 결국 다른 사람들의 사소한 태도에 좌우됩니까? 여러분은 동료 종들의 환영을 또한 받지 못하면, 주님의 인정만으로는 살 수 없다는 얘기입니까? 다른 사람들이 자신들의 의무를 소홀히 하기 때문에 여러분도 여러분의 의무를 이행하지 않겠다는 뜻입니까? 내가 생각할 때, 다른 사람들이 나를 돕지 않는다면, 하나님의 도움을 의지해서 자신이 일을 밀고 나가야 할 것으로 봅니다. 수고를 홀로 진다면 명예도 홀로 얻을 것입니다. 혼자서 일을 감당함으로써 우리는 주님을 더 닮게 됩니다. 그러므로 왕이나 방백들의 도움보다 훨씬 더 나은 도움이 되시는 주님의 이름으로 수고하도록 합시다.

또 어떤 사람은 이렇게 말합니다. "이런 하찮은 변명들은 도무지 참을 수가 없습니다. 하지만 내 변명은 정말 확실한 것입니다. 일을 하는데 너무나 많은 반대를 받기 때문에, 그만 둘 수밖에 없습니다." 여러분이 반대 받는다는 사실을 인정한다고 하더라도, 왜 도망가야 합니까? 형제 여러분, 반대를 극복하십시오. 극복해야 할 반대가 많으면 많을수록 그만큼 더 많은 은혜가 여러분에게 필요하고, 그만큼 더 많은 명예를 얻을 수 있을 것입니다. 군대가 여러분을 치러 온다고 생각해 봅시다. 그에 대해 하나님께서 "저가 군대의 추격을 받으나 도리어 그 뒤를 추격하리로다"(창 49:19)고 말씀하시지 않겠습니까? 여러분은 전투도 치르지 않고 면류관을 쓰려고 하고, 싸우지도 않고 승리자가 되려고 합니까? 옛적에 어떤 사람에 대해, 그가 자기 하나님을 의지하여 군대를 돌파하고 담을 뛰어넘는다고 말하였습니다. 여러분이 그렇게 하지 못할 이유가 있습니까? "하지만 내 담은 너무 높아서 뛰어넘을 수 없다"고 여러분은 말합니다. 그것이 철벽이거나 돌담입니까? 그러나 하나님께서 여러분에게 뛰어넘으라고 말씀하시면, 곧바로 뛰어넘으십시오. 하나님께서 여러분을 받들어 담을 뛰어넘게 하실 것이고, 그렇지 않으면 그 철벽을 수증기처럼 녹여 깨끗이 치워버리실 것입니다. 여러분은 용기를 내기만 하면 됩니다. 이렇게 여러분의 힘 되신 하나님께 가십시오. 그러면 여러분께서 가로막은 산들을 타작할 것이고, 그 부스러기들을 바람이 키질하여 날려 보낼 것입니다.

또 어떤 사람은 말합니다. "하지만 나는 너무 무능하고 약합니다. 사실, 더 가면 갈수록 더 약해지는 것을 느낍니다!" 사랑하는 형제 여러분, 여러분은 지금 놀랄 만하게 전진하고 있는 것입니다. 여러분이 훨씬 더 약해질 때 성공을 거둘 것입니다. 기드온은 군사들이 너무 많았기 때문에 전투에 이길 수 없었습니다. 마음이 약한 사람들은 떠나보내야 했습니다. 그래도 남아 있는 군대가 너무 많았습니다. 전체 군대가 삼백 명으로 줄어들었고, 무기라곤 항아리와 나팔밖에 없었을 때, 바로 그때 미디안 군대를 칠 수 있었습니다. 우리가 약할 때, 바로 그때가 강한 것입니다. 형제 여러분, 이런 변명을 버리고, 약하여지지 말고 계속해서 수고하십시오. 하나님께서 여러분을 지켜 약해지지 않도록 해 주시기를 바랍니다.

### 3. 이제, 약해지는 진짜 원인들에 대해 잠깐 이야기하도록 하겠습니다.

첫째 원인은 영적인 힘이 실제로 쇠퇴하는 것입니다. 열심히 일하던 신자가 갑자기 빈둥거리며 말만 하는 사람이 될 때, 그 자신은 알지 못할지라도, 그의 영적인 체질이 여기저기에서 노쇠해졌다고 추측할 수 있습니다. 형제 여러분, 단지 여러분이 이전만큼 일을 많이 하지 못하는 것이 아니라, 여러분의 상태가 예전과 같지 않은 것입니다. 여러분은 예전만큼 생명력이 충만하지 않습니다. 이것은 슬픈 일이 아닙니까? 이 사실은 여러분이 영적으로 병에 걸렸음을 가리키며, 당장 위대하신 의사에게 달려가서 그의 손으로 고쳐주시기를 구해야 한다는 것을 의미합니다. 여러분이 잠시 마음을 들여다보면, 예수님에 대한 사랑이 줄어들었음을 틀림없이 알게 될 것입니다. 거룩한 사역이 결코 더 힘들어진 것이 아닌데, 여러분은 예전처럼 그리스도를 사랑하지 않습니다. 사실 여러분은 전과 같이 적이 많은 것도 아닌데, 여러분의 최고의 친구를 잊어버렸습니다. 여러분이 주님과 함께 잔치집에 계속 있었다면, 주님의 사랑의 깃발이 여러분 위에서 지금까지 펄럭였다면, 여러분이 찬송 받으실 분과 즐거운 친교를 누리는 가운데 그의 향기로운 석류 포도주를 마셔왔다면, 약해지지 않았을 것입니다. 사랑으로 불타오르는 사랑은 어떤 난관도 불태우며 뚫고 나갈 것이기 때문입니다. 나는 또 여러분의 영혼이 영적인 것과 영원한 것들에 대해 아주 무감각해지지 않을까 염려가 됩니다. 여러분은 이제 보이는 것들에 더 자극을 받고 움직이며, 보이지 않는 것들에 의해서는 그만큼 덜 자극을 받습니다. 우리는 세상을 즐기고, 세상의 염려와 근심에 빠지기가 매우 쉽습니다. 그래서 우리가 하나님의 손길에 예민하게 반응하여, 영원을 느끼고 다른 사람들의 영혼이 귀한 것을 알며, 우리의 숨은 행동들이 드러날 마지막 날을 바라보고, 우리의 삶을 장차 영원한 공의의 저울로 재듯이 바르게 평가하기 위해서는 성령이 필요합니다. 이런 영적 사실들에 대해 조금이라도 무감각하게 된다는 것은 두려운 죽음이며, 거룩한 것들에 대해 냉담해지는 것은 끔찍한 완고입니다. 하나님께서 우리를 영적 무감각에서 지켜주시며, 우리의 마음을 부드럽게 하여 성령의 지극히 미세한 움직임이라도 눈치 챌 수 있게 하여 주시기를 구합니다.

또한 두려워할 사실은 약해지는 사람들은 어쨌든 조금이라도 하나님의 능력을 의지하던 태도를 잃어버렸다는 것입니다. 하나님을 위하여 바르게 수고하는 사람은 결코 자신의 힘으로 일하지 않습니다. 바르게 일하는 사람은 하나님께서 자신을 통해서 일하신다고 믿기 때문에 행동합니다. 사람이 그 사실을 알 때 약해질 수 있습니까? 우리가 하나님의 진리를 위해 싸울 때, 타격을 가하는 것은 우리의 팔이 아니라 영원하신 하나님의 팔입니다. 우리가 하나님의 말씀을 증거할 때, 말하는 것은 우리가 아니라 우리를 통해 말씀하시는 성령이십니다. 하나님의 사람이 나가서 어떤 사업을 시작할 때는 뒤에서 들리는 주님의 발소리에 귀를 기울이도록 합시다. 그러면 그는 미리암의 소고 소리에 맞춰서 앞으로 나갈 것입니다. 하나님의 사람이 혼자 가면, 그는 끙끙대며 불평하고, 파리해지다가 죽고 말 것입니다. 하나님을 신뢰하면 우리는 강해집니다. 그러나 보이지 않는 우리의 조력자를 떠나면, 우리는 곧바로 약해지기 시작합니다.

또한 나는 주님께서 우리에게 사심 없이 하나님의 봉사에 헌신하도록 요구하신다는 사실을 우리가 잊을까 염려가 됩니다. 하나님의 영광이 우리의 주 목적이 되지 않는 한, 결코 하나님을 섬기지 못한다는 사실을 잊을까 염려가 됩니다. 한 주일학교 교사가 자신이 약해지는 것은, 다른 주일학교 교사들이 자기에게 마땅히 친절해야 하는데 그렇지 않기 때문이라고 말하는 것을 들으면, 나는 그에게 그의 주된 목적이 사람들에게 사랑받는 것이냐고 묻습니다. 그가 하나님을 사랑하면, 동료 교사들이 자기를 어떻게 대하든 그것이 무슨 상관이 있겠습니까? 나는 누군가가 "이 자리를 그만 두겠어 혹은 이 봉사를 그만 두겠어"(물론 정당한 이유가 있는 사람을 여기서 말하는 것은 아닙니다. 실제로 그런 경우가 있습니다) 하고 말하는 것을 들으면, 어떤 사람이 마음이 약해져서 물러나겠다고 하는 말을 들으면, 그 사람에게 이렇게 말하고 싶습니다. "난관에 맞서십시오. 여러분은 난관을 만나게 될 것을 몰랐습니까? 여러분은 아무런 명예도 얻지 못했다고 불평합니까? 그러면 여러분은 또 다른 동기, 즉 하나님의 영광을 위해서 봉사한 것이 아닙니까? 여러분이 편안함과 만족과 즐거움을 추구했는데 얻지 못했다면, 당연한 일이 아닙니까? 여러분은 그런 것을 기대하지 않았어야 합니다. 형제 여러분, 당신이 잘못 생각한 것입니다. 하나님이 여러분을 사용하시기를 바란다면 더 나은 마음 상태를 가져야 합니다. 여러분은 주님께서 그의 무한한 지혜로 합당하게 생각하시는 대로 여러분을 사용하기를 바라는 마음을 가져야 합니다. 여러분은 전능자의 모루 위에 놓인 쇳조각이 되어야 합니다. 그래서 하나님께서 토기장이의 그릇을 깨트리는 일에 당신을 쓰기로 택하신다면, 쇳조각을 용접하여 홀을 만들어야 합니다. 하나님께서 묵은 땅을 갈아엎기 위해 당신을 쓰시기로 뜻하시면, 쇳조각을 두드려 펴서 보습을 만들어 땅을 갈도록 해야 합니다. 혹은 당신을 사용하여 적을 치려고 하시면 쇳조각을 창끝처럼 뾰족하게 만들 수 있도록 해야 합니다." 하나님께서 우리로 무엇을 만들기 원하시든 간에, 우리는 그렇게 되기를 바라야 합니다. 하나님의 뜻에 온전히 순종하기 전에는 하나님을 전적으로 섬긴다는 것이 무엇인지 모릅니다.

### 4. 설교를 마치기 전에 의학적인 처방을 몇 가지 내리도록 하겠습니다.

우리 가운데는 흔히 네 종류의 사람이 있습니다. 첫째로, 일하지도 않고 약하지도 않은 사람들이 있습니다. 둘째로, 결코 일을 하지 않는데도 약한 사람들이 있습니다. 셋째로, 한때 일하였고 약해진 사람들이 있습니다. 넷째로, 여전히 수고하고 있고 그래서 언제든지 약해질 수 있는 사람들이 있습니다. 이 네 부류 사람들 각각에게 약간에 의학적인 처방을 내리고 싶습니다. 첫 번째 사람들은 이리로 오도록 하십시오. 일도 하지 않고 약하지도 않은 사람들이 있습니다. 나는 지금 불신자들을 말하는 것이 아닙니다. 누가 그런 사람인지 하나님께서 판단하실 것입니다. 나는 지금 교회의 신자들을 말하고 있는 것입니다. 힘써 일하는 사람들입니까? 아닙니다. 이 사람들이 하는 일 가운데 가장 큰 노고는 집에서 예배당으로 와 설교를 듣는 일이고, 그 가운데 어떤 사람들은 설교를 듣는 동안에도 좀처럼 깨어 있을 수 없습니다. 그들은 유두고처럼 졸면서 듣습니다. 하나님께서 졸았던 그 형제에게 하셨던 것처럼 그들을 본보기로 삼지 않으시는 것은 하나님의 큰 자비입니다. 교회에는 결코 일하지 않고 따라서 힘이 약해지는 일도 없는 사람들이 있습니다. 그들이 무슨 일을 했다고 약해지겠습니까? 그들은 거의 탈진한 상태에 이르기까지 무슨 일을 해본 적이 없습니다. 그들은 복음 마차를 끌어본 적이 없고, 그 마차 꼭대기에 타고 다니기를 좋아합니다. 그들은 할 수만 있다면, 특별히 마부석에 앉기를 바랍니다. 그들은 주님의 포도원에 들어가 가지 치는 일을 하지 않습니다. 그러면서도 포도를 먹는 일은 아주 좋아하고, 때로는 먹는 포도가 시다고 하고, 익은 포도의 향이 없다고 불평할 뿐입니다. 그들은 일을 하지 않습니다. 무슨 일이든 하는 법이 없습니다. 그러면서 일하는 사람들의 흠을 잡습니다. 나는 이런 사람이 우리 가운데 아주 적은 것에 감사합니다. 그러나 그런 사람이 여전히 많이 있습니다. 자, 나는 그런 사람들에게는 쓰디 쓴 쓸개즙의 맛을 처방해주고 싶습니다. 그들이 쓴 맛을 맛보는 것이 유익할 수 있을 것입니다. 그들이 회개하지 않는다면 쓴 맛이 그들의 영원한 운명이 될까 두렵기 때문입니다. 열매를 조금도 맺지 않는 교인, 그에 관해 주님은 무엇이라고 말씀하셨습니까? "아름다운 열매를 맺지 아니하는 나무마다 찍혀 불에 던져지느니라"(마 7:19). 게으른 교인 여러분, 그렇게 되기를 바라십니까? 참된 포도나무 가운데 열매를 맺지 않는 가지마다 주님께서 제해 버리십니다. 이에 대해 무엇이라고 말하겠습니까? 열매 없는 사람이란 어떤 모습을 말하는 것입니까? 병들어 있기 때문에, 인내하는 것이 열매인 여러분을 두고 하는 말이 아닙니다. 하나님께서 여러분에게 복주시기를 바랍니다. 여러분은 좋은 열매를 맺고

있는 가지입니다. 건강이 안 좋고, 가난하며, 별 은사가 없이 묻혀 살지만 그럼에
도 불구하고 자신이 할 수 있는 일을 하는 여러분을 말하는 것이 아닙니다. 주님
은 여러분을 받으시고 복주십니다. 하나님은 여러분의 푼돈을 부자의 많은 돈보
다 큰 선물로 여기십니다. 주님께서는 여러분이 예수님을 위해 할 수 있는 변변
치 않은 말을 웅변적인 많은 설교보다 더 참된 봉사로 여기십니다. 그런 사람을
이야기하는 것이 아닙니다. 내가 말하는 것은, 할 수 있는데도 하지 않고, 해야
하는데도 하지 않는 사람입니다. 시온에서 기름진 것을 먹고 향기로운 것을 마
시면서 사람들이 저주를 받고 죽어도 그들의 영혼에 대해 전혀 신경 쓰지 않고,
심지어 전도지 한 장 나누어 주지 않으며, 그들에게 편지를 써서 천국에 이르는
길을 이야기하거나 경고하는 일 한 번 하지 않는 사람입니다. 여러분은 자신이
구원받았다는 것을 믿고서, 입을 꼭 다문 채 자기 혼자 슬그머니 천국에 들어가
는 것만으로 만족합니다. 천국이 여러분처럼 이기적인 영혼들로 가득하다면, 그
런 곳이 퍽 천국답겠습니다. 우리가 그런 악한 영혼에게서 도망치고 싶은 마음
이 생기기를 바랍니다. 나는 내가 여기 사는 것이 단지 나 혼자 천국에 들어가기
위한 것이고, 그리스도께 가는 것이 내 죄를 씻고 매일의 자비를 얻기 위한 것일
뿐이며, 주님의 전을 위해서는 손 하나 까딱하지 않고, 다른 아무에게도 신경 쓰
지 않으면서 앉아 있기만 하는 것은 생각만 해도 끔찍합니다. 게으른 여러분은
건강에 좋은 쓴 맛을 맛볼 필요가 있습니다. 회개의 잔을 마시게 될 때까지 계속
해서 쓴 맛을 입에 머금고 있기를 바랍니다. 쓴 맛을 봄으로 예수께 나아가서 모
든 방종과 이기심에서 구원해 주시기를 구하게 되기를 바랍니다.

    둘째로 다룰 사람들은 일을 하지 않는데 약한 사람들입니다. 여러분은 묻습
니다. "그들이 누구입니까?" 나는 솔로몬 시대에 심부름을 받고 거리로 내려갔어
야 하는데 가지 않은 사람이 생각납니다. 그는 도무지 밖에 나가려고 하지 않았
습니다. 길에 사자가 있다는 것입니다. 그런데, 사실 사람이 볼 수 있는 사자는
없었습니다. 그 사람이 상상으로 무서운 동물을 꾸며낸 것입니다. 우리는 이렇
게 이야기하는, 그와 같은 사람들을 압니다. "어떤 일이든 전에 해보지 않은 것
은 일체 하지 말라. 그런 일을 하는 것은 위험하다. 우리 선조들은 예배당이 없
는 뒷골목에서 설교하는 것에 만족하였다. 우리도 계속해서 어두운 곳에 복음을
전하도록 합시다." 그러나 더 용감한 사람들은 앞쪽으로 나왔고, 계속해서 거기
에 있고자 합니다. 그러나 이 겁쟁이들이 이야기하는 것을 들어보십시오. "그 골

목길로는 내려가지 마시오. 거기에는 천주교인들이 있어요. 그 하숙집에는 갈 생각을 하지 마시오. 그 사람들은 틀림없이 당신을 조롱할 것이요. 그런 사람에게는 신앙 얘기를 하지 마시오. 아무 소용이 없을 거요. 그 사람은 오히려 돌이켜 당신을 때릴 뿐이오. 돼지 앞에 진주를 던지지 마시오." 이들은 사람들을 낙심시키는데 뛰어납니다. 교회마다 그런 사람들이 있습니다. 그런 사람들에게는 이런 충고밖에 할 것이 없습니다. 형제 여러분, 제발 길에서 나와 옆으로 비켜서십시오. 여러분이 직접 봉사할 생각이 없다면 다른 사람들이 앞으로 나와 하나님을 섬기도록 하십시오. 여러분이 그렇게 수치스럽게 한쪽으로 밀려나고 싶지 않다면, 여러분에게 다음의 처방을 내릴 수 있을 것입니다. 매일 아침, "시도해보기"라는 필수적인 기름을 한두 방울 복용하도록 하십시오. 그것이 어떤 효과를 가져올지 여러분은 모릅니다. 잠재해 있던 능력이 이제 깨어날 것이고, 불가능한 일들을 성취하게 될 것입니다. 여기에 "해야 한다"는 강한 포도주를 한 모금 마시십시오. 반드시 해야 하는 어떤 일을 나에게 부과하는 것입니다. 그렇습니다. 내가 주님을 섬기지 않으면 내게 화가 있을 것입니다. 이렇게 할 때 여러분은 상당히 건강한 상태를 회복할 수 있을 것이고, 결국 수고하고 약해지지 않을 것이라고 생각합니다.

세 번째 환자는 한때 일을 하였으나 지금은 약해진 사람입니다. 그 사람이 자신이 너무 일을 많이 했기 때문에 약해진 것이라고 생각한다면, 두려움이라는 아주 짠 소금을 처방해 주겠습니다. 소금이 그에게 유익할 수 있습니다. 쟁기를 잡고 뒤를 돌아보는 사람은 하나님 나라에 합당하지 않습니다. "롯의 처를 기억하라"(눅 17:32). 내가 이 처방을 다시 내려야 하지 않겠습니까? 그리스도를 위한 사역을 그만 두는 사람에게는 이 처방이 매우 유익할 것이기 때문입니다. "롯의 처를 기억하라." 롯의 처가 당한 운명을 생각한다면, 아마도 여러분은 정신을 차리고 다시 열심을 내게 될 것입니다.

네 번째로, 일을 하고 있고 언제든지 약해질 수 있는 사람들이 있습니다. 그런 사람들에게는 "오래 저장하였던 맑은 포도주"(사 25:6), 곧 하나님 말씀의 풍성한 약속들, 영원한 상급에 대한 즐거운 전망을 처방으로 주고 싶습니다. 그들에게는 신뢰의 영을 많이 마시라는, 그 영으로 충만해지라는 처방을 내리고 싶습니다. 하나님을 신뢰하십시오. 하나님께서 여러분이 헛되이 수고하거나 여러분의 힘이 아무것도 얻지 못한 채 낭비되지 않도록 하실 것입니다.

교회 안에서 나의 동료 군사들인 여러분에게 이 말씀을 드립니다. 지금은 약해질 때가 아닙니다. 지금은 게으르게 빈둥거릴 때가 아닙니다. 온 세상이 일하고 있습니다. 상업의 수레바퀴가 어느 때보다도 힘차게 돌아가고 있습니다. 도처에서 큰 사건들이 왕성하게 진행되고 있습니다. 우리 조상들은 꿈도 꾸지 못했던 것들을 우리는 봅니다. 자, 그렇다면 하나님의 교회가 깨어나야 합니다. 우리가 힘을 다해 일할 것을 영혼들이 요구합니다. 적은 속이는 일에 적극적입니다. 우리는 가르치고 구원하는 일에 적극적이어야 합니다. 그리스도를 믿는 신자들이여, 여러분을 사신 그리스도의 보혈을 인해서 분발하십시오. 정말로 여러분이 위로부터 났다면, 여러분 동맥 속에 왕의 피가 흐른다면, 여러분이 죽기까지 죄에 대항하여 싸운 군대 대장의 군사들이라면, 여러분이 영원하고 세세토록 살아 계시는 분의 이름으로 흰 옷을 입고 승리의 종려나무를 흔들기를 바란다면, 성령을 구하고 하나님의 힘을 구하며 여러분이 훨씬 더 부지런히 일하고 약하여지지 않도록 하십시오. 나는 우리가 이제 곧 앞장서야 할 이 싸움을 위해 교회가 아주 정상적으로 활동하기를 간절히 바랍니다. 밤이 길어진 이때가 우리에게는 소망의 시간입니다.

형제자매 여러분, 지금부터 시작하여 내년 봄이 되기 전에 우리가 성령의 능력으로 말미암아 많은 회심자를 얻고 교회가 크게 부흥할 수 있도록 우리를 도와주시기 바랍니다. 온 교회가 철저히 깨어난다면, 우리는 이제껏 받지 못했던 큰 복을 얻을 수 있을 것입니다. 살아 계신 성령이여, 오시옵소서. 우리 목사들에게, 우리 직분자들에게, 교인들에게, 온 회중에게 오시옵소서. 모든 영광을 주님의 이름에 영원히 돌립시다. 아멘.

제
8
장
—

# 사랑의 불평

—

"그러나 너를 책망할 것이 있나니 너의 처음 사랑을 버렸느
니라 그러므로 어디서 떨어졌는지를 생각하고 회개하여 처
음 행위를 가지라 만일 그리하지 아니하고 회개하지 아니하
면 내가 네게 가서 네 촛대를 그 자리에서 옮기리라." — 계
2:4-5

성소에 들어가 일곱 금 촛대를 손질하는 것은 제사장의 일이었습니다. 우리
의 크신 대제사장께서 어떻게 일곱 금 촛대 사이를 다니시는지 보십시오. 그것
은 주님의 일이 임시적인 것이 아니라 항구적이라는 뜻입니다. 우리 주님께서
왕의 의복이기도 하고 제사장 옷이기도 한 옷을 입고서, 거룩한 등에 불을 켜고
거룩한 기름을 부으시며 불빛을 흐리게 만들 불순한 것들을 제거하시는 것이 보
입니다.

이와 같이 우리 주님은 이 금 촛대들로 표시되는 교회들을 적합하게 다루십
니다. 등을 항상 지켜보고 손질하는 사람만큼 등을 잘 아는 사람은 없기 때문입
니다. 아무도 예수님만큼 교회를 아는 사람은 없습니다. 주님은 매일 모든 교회
를 돌보시고, 끊임없이 교회들 가운데를 다니시며 교회의 사역자들을 오른손으
로 별처럼 붙들고 계시기 때문입니다. 주님은 항상 교회를 보고 계시므로, 교회
의 활동과 고난과 죄를 아십니다. 주님의 눈은 불꽃처럼 밝기 때문에 다른 사람
들은 볼 수 없는 것까지도 정확히 꿰뚫어보고 분별하십니다. 우리는 때로 사람

들의 신앙 상태를 너무 관대하게 판단하거나 그 반대로 너무 엄하게 판단합니다. 우리 눈은 세상의 연기로 희미합니다. 그러나 주님의 눈은 불꽃과 같습니다. 주님은 교회를 속속들이 아시고, 그들의 참된 상태를 그들 자신보다도 훨씬 더 잘 아십니다. 주 예수 그리스도는 교회와 각 개인을 가장 세심하게 살피시는 분입니다. 어떤 것도 주님의 예리한 눈을 피하지 못합니다.

주님은 가장 세심하게 살펴보시는 분이듯이 또한 가장 공평하게 보시는 분입니다. 주님은 언제나 "충성되고 참된 증인"(계 3:14)이십니다. 주님은 사랑이 많으시므로 결코 혹독하게 판단하시지 않습니다. 주님은 많이 사랑하시므로 언제나 질투하는 마음으로 판단하십니다. 질투는 주님의 사랑과 같은 사랑에는 반드시 따르는 것입니다. 주님은 부드러운 말도, 신랄한 말도 하려고 하시지 않습니다. 주님은 진리를 말하려고 하십니다. 사랑으로 진리를 말씀하시되, 자신이 친히 깨달으신 대로, 그리고 우리가 깨닫기를 바라시는 대로 진리를 말씀하십니다. 주님의 말씀은 참으로 진실되고 바르고 중요하므로, 주께서 "귀 있는 자는 성령이 교회들에게 하시는 말씀을 들을지어다"(2:29) 하고 말씀하시는 것은 당연한 일입니다.

지켜보는 사람치고 그리스도만큼 **부드럽게** 말씀할 수 있는 사람이 없는 것은 확실합니다. 그 촛대들이 주님께 매우 귀중합니다. 주님은 그 촛대들에 불을 밝히기 위해서 목숨을 희생하셨습니다. "그리스도께서 교회를 사랑하시고 그 교회를 위하여 자신을 주셨느니라"(엡 5:25). 모든 교회가 우리 주님께는 하늘의 성운보다도 웅장합니다. 주께서 주의 성도들에게 귀한 분이시듯이, 주의 성도들이 주님께 귀한 존재들입니다. 주님은 세상의 제국이나 왕국이나 공화국들에 별 관심이 없습니다. 주님의 마음은 주님의 십자가가 왕의 깃발로 펄럭이는 의의 나라에 항상 쏠려 있습니다. 그리스도는 그의 적들을 이길 때까지 반드시 통치하실 것입니다. "그 후에 자기 원수들을 자기 발등상이 되게 하실 때까지 기다리시나니"(히 10:13), 바로 이것이 지금 주님께서 마음에 품고 계시는 큰 생각입니다. 주님은 자기 교회를 지켜보는 일을 그치지 않으십니다. 주님의 제사는 끝이 났지만, 금 촛대들을 보살피는 주님의 봉사는 끝이 나지 않았습니다. 주님께서 자기 신부를 구속하는 일은 완성하셨지만 신부를 보존하는 일은 계속하십니다.

그러므로 나는 이 시간 주님께 우리 가운데 오셔서 우리의 등을 손질해 달라고 함께 기도하는 것이 마땅하다고 생각합니다. 주님께서 아시아의 일곱 교회에 대한 이상에서 보여주신 대로 친히 우리를 방문해 주시면 좋겠습니다! 주께서 오시면 기름이 부어져서 불꽃이 더 살아나게 될 것입니다. 주님은 어떻게 하면 적당하게 기름을 부어주실지 아십니다. 주님이 오시면 촛대에서 쓸데없는 찌꺼기들을 제거하여, 우리의 등이 사람들 앞에 아주 환하게 빛나며, 사람들이 우리의 선한 행실을 보고 하늘에 계신 우리 아버지 하나님을 영화롭게 하도록 할 것입니다. 이제 우리를 살피고 거룩하게 하는 주님의 임재가 있으면 좋겠습니다! 우리가 빛을 비추어 사람들로 아버지 하나님을 찬송하게 만드는 주님의 임재가 있으면 좋겠습니다! 우리가 세상과 함께 정죄당하지 않도록 주께서 우리를 판단해 주시면 좋겠습니다. 오늘 아침 이렇게 기도하고 싶습니다. "하나님이여 나를 살피사 내 마음을 아시며 나를 시험하사 내 뜻을 아옵소서 내게 무슨 악한 행위가 있나 보시고 나를 영원한 길로 인도하소서"(시 139:23,24). 우리가 상관해야 하는 주님께는 모든 것이 벌거벗은 듯이 드러나 있습니다. 대제사장이신 주님이시여, 오늘 아침 이 성전에 오셔서 당신의 등불을 보시옵소서.

에베소 교회에, 그리고 우리에게 이야기하고 있는 본문에서, 다음 세 가지 점을 봅니다. 첫째로 우리는 그리스도께서 다음과 같은 사실을 알고 계시는 것을 봅니다. "내가 네 행위를 알고 … 그러나 너를 책망할 것이 있나니." 둘째로, 그리스도께서 이러한 처방을 내리시는 것을 봅니다. "그러므로 어디서 떨어졌는지를 생각하고 회개하라." 셋째로 그리스도께서 권유하시되 한 가지 위협의 말씀과 함께 권유하시는 것을 봅니다. "내가 네게 가서 네 촛대를 그 자리에서 옮기리라." 또한 한 가지 약속과 함께 권유하십니다. "이기는 그에게는 내가 하나님의 낙원에 있는 생명나무의 열매를 주어 먹게 하리라." 주님께서 이 시간 이 자리에 계시다면, 우리의 설교는 생명의 강이 될 것입니다. 그러나 주님께서 지금 성령으로 우리 가운데 계시지 않는다면, "강"이라는 이름은 있지만 흐르는 물은 없는 메마른 강바닥이 될 것입니다. 우리는 주님의 임재를 바랍니다. 주님은 본인의 직무상 손질을 해야 할 등불들을 찾아오실 것입니다. 지금까지 주님은 늘상 우리와 함께 하셨습니다. 우리 가운데 어떤 이들은 오늘 아침 이미 주님을 만났습니다. 우리는 지금까지 주님을 억지로 붙들어 우리와 함께 계시도록 하였습니다.

### 1. 첫째로, 우리는 주님께서 아신다는 사실을 봅니다.

우리 주님은 슬프게도 당신 교회들의 잘못들을 아십니다. "그러나 너를 책망할 것이 있나니." 그러나 주님은 그 잘못들에 너무 집착하신 나머지 칭찬하고 받아들일 수 있는 것을 잊어버리시는 일을 하지 않습니다. 주님은 다음과 같은 칭찬으로 편지를 시작하시기 때문입니다. "내가 네 행위와 수고와 네 인내를 알고 또 악한 자들을 용납하지 아니한 것을 아노라." 형제 여러분, 우리의 사랑하시는 주님께서 자기 교회의 아름다운 점들을 보지 못한다고 생각하지 마십시오. 반대로 주님은 그런 점들을 보기를 기뻐하십니다. 교회 자신은 볼 수 없는 경우에도, 주님은 교회의 아름다움을 보실 수 있습니다. 우리 눈에는 개탄할 점이 많이 보이는 곳에서도, 사랑으로 보시는 주님은 칭찬할 것을 많이 보십니다. 주님은 자신이 친히 우리 안에 일으키시는 미점들을 언제나 보실 수 있습니다. 우리가 진지하게 자기반성을 하며 그런 미점들에 비추어 자신이 거기에 합당하지 않다는 사실을 알 때, 주님은 그 가운데서도 주님의 사랑하시는 생명과 진지함과 진실함을 보십니다. 우리 주님은 선한 모든 것을 분별하는 예리한 눈을 가지고 계십니다. 주님은 우리의 마음을 살피실 때, 자기 백성들 가운데 어떤 한 사람이라도 갖고 있는 지극히 약한 열망이나 바람, 혹은 믿음이나 사랑을 그냥 지나치시는 법이 없습니다. 주님은 "내가 네 행위를 아노라"고 말씀하십니다.

　　예수께서 선한 것은 하나도 놓치지 않고 다 보실 수 있으시지만, 또 한편 아주 신실한 행위 가운데에서도 주님은 악한 것을 다 보신다는 것이 이 시간 우리가 주목할 요점입니다. 주님의 사랑은 맹목적이지 않습니다. 주님은 "내가 많이 사랑하는 만큼 칭찬한다"고 말씀하시지 않습니다. 그보다는 "내가 많이 사랑하지만 책망하고 징계한다"고 말씀하십니다. 우리는 자신의 미덕을 찾으려 하기보다는 잘못을 찾는 것이 더 필요한 일입니다. 그와 같이 본문에서 그리스도께서 교회의 성실한 봉사를 칭찬하는 가운데서도 교회의 허물을 보신다는 점을 주목해야 합니다. 에베소 교회는 활동이 왕성하였습니다. "내가 네 행위와 수고와 내 이름을 위하여 견디고 게으르지 아니한 것을 아노라." 에베소 교회는 그처럼 힘써 일하는 교회여서 인내하며 부지런히 앞으로 나아갔고, 거룩한 사명에서 결코 지치지 않는 것처럼 보였습니다. 우리가 모든 교회들에 대해서 그렇게 말할 수 있으면 좋겠습니다! 나는 지금까지 살면서 재기가 번쩍이는 많은 사업들이 빛을 냈다가 연기처럼 스러지고 마는 것을 보았습니다. 처음에 들을 때는 세상을 밝게 비출 것 같은 계획들이었지만 지금은 흔적조차 남아 있지 않습니다. 거룩한 인내야말로 절대적으로 필요한 것입니다. 최근 30여 년 동안 하나님께서 우리가 수고하고 약하여지지 않을 수 있게 하신 것에 대해 감사드립니다. 모든 것이 계속해서 시험을 받았지만 어떤 일에서도 물러서는 일이 없었습니다. 마지막까지 견디는 것, "이것이 일이고, 이것이 노고입니다." 나는 그동안 우리가 거룩한 사업을 포기하지 않을까 혹은 은혜로운 결과를 내지 못할까 얼마나 염려했는지 모릅니다. 지금까지 하나님께서는 우리에게 사람과 수단을 보내주셨고, 넉넉함과 열심을 공급해 주셨습니다. 이 경우에 교회의 사자는 하늘로부터 온 사자처럼 일한 경우는 거의 없고 주로 인간 사자로서 일을 했습니다. 왜냐하면 나는 육신의 약함과 영혼의 압박 가운데서 일을 해왔기 때문입니다. 그러나 나는 지금까지 일을 해왔습니다. 하나님의 도우심으로 지금까지 지내오고 있습니다. 그리고 우리 교회는 나와 보조를 맞추어 지금까지 왔습니다. 이 일에 대해서는 쇠하지도 지치지도 않으시는 주님께 마땅히 찬송을 드려야 합니다. 나는 쟁기를 잡고 뒤를 돌아보지 않고 계속해서 앞만 보고 똑바로 고랑을 팠습니다. 그러나 그것은 순전히 하나님의 은혜로 된 일입니다.

그런데 슬프게도, 주 예수께서는 에베소 교회가 그 모든 수고를 하는 가운데서 첫 사랑을 잃어버린 것을 보셨고, 그것은 큰 잘못이었습니다. 우리 교회도 그와 같을 수 있습니다. 모든 일이 잘 굴러가고, 사역의 모든 기관이 정상적으로 지속되는 가운데서 예수께서 보시는 은밀한 큰 악이 있을 수 있습니다. 이 악이 모든 것을 망칠 수 있습니다.

그런데 에베소에 있는 이 교회는 부지런하였을 뿐만 아니라 또한 큰 박해를 받을 때도 잘 참았습니다. 주님은 이 교회에 대해 이같이 말씀합니다. "내가 네 행위와 수고와 네 인내를 알고 … 또 네가 참고 견디고 게으르지 아니한 것을 아노라." 신자들에게 박해에 박해가 이어졌지만, 그들은 그 모든 박해를 거룩한 용기와 정절로써 견디었고, 계속해서 자신들의 주님을 고백하였습니다. 이 점이 훌륭하였고, 주님도 그 점을 높게 인정하셨습니다. 그런데 주님은 그런 훌륭한 점 아래에서 쇠퇴의 표시들을 보셨습니다. 그들이 첫 사랑을 잃은 것입니다. 뛰어난 인내심과 불굴의 용기가 있었음에도 불구하고 첫 사랑을 잃어버렸던 것입니다. 그것은 마치 아름다운 사과 속에 벌레가 들어있는 것과 같이, 사람들의 눈에는 지극히 훌륭하게 보이는 교회가 그와 같을 수 있는 것입니다.

이 에베소 교회는 다른 점에서, 곧 기풍과 확고한 신앙, 이단에 대한 정절에 있어서 뛰어났습니다. 그래서 주님은 에베소 교회가 "악한 자들을 용납하지 아

니하였다"고 말씀합니다. 에베소 교인들은 악을 품으려 하지 않았고 거짓된 교
리를 용인하려고 하지 않았으며 부정한 생활을 묵인하려고 하지 않았습니다. 그
들은 일반 교인들에게서 뿐만 아니라 유명한 사람들에게서도 나타나는 악과 싸
웠습니다. "자칭 사도라 하되 아닌 자들을 시험하여 그의 거짓된 것을 네가 드러
냈다." 그들은 크다고 하는 사람들을 상대하였고, 그들의 거짓됨을 드러내는 일
에 뒤로 물러서지 않았습니다. 사도처럼 보이는 자들에게 빛을 비추어서 그들이
속이는 자임을 밝혔습니다. 이 교회는 의심이 침투하지 못했습니다. 이 교회는
자신들의 사상이 넓고 견해가 자유롭다고 주장하지 않았습니다. 오직 자기 주님
께 정직하였습니다. 그래서 주님은 이 교회에 대해 이렇게 말씀하십니다. "오직
네게 이것이 있으니 네가 니골라 당의 행위를 미워하는도다 나도 이것을 미워하
노라." 이것이 에베소 교인들의 훌륭한 점이었습니다. 즉 그들은 진리로 굳게 서
있음을 보여주었습니다. 오늘날 몇몇 교회라도 그런 자들에 대해 이와 같은 거
룩한 결단을 보여주었으면 좋겠습니다. 왜냐하면 요즘은 어떤 사람이 똑똑하기
만 하면, 지옥에서 토해낸 것과 같은 지극히 악한 거짓을 전파할 수가 있고, 그렇
게 해도 교회가 그런 자를 용납하고 가기 때문입니다. 그는 복음의 모든 교리를
공격하고, 거룩한 삼위일체를 모독하는 말을 하며, 그리스도의 피를 짓밟을 수
가 있습니다. 그가 진보된 사상과 자유로운 생각을 가진 사람이라는 평판을 얻
고 있기만 하면 거기에 대해 사람들이 아무 말도 하지 않습니다. 에베소 교회는
그런 태도를 취하지 않았습니다. 에베소 교회는 자신의 믿는 바에 굳게 서 있었
습니다. 에베소 교회는 믿음을 포기할 수 없었고 자기 주님을 배반할 수 없었습
니다. 이 점에 대해 주님은 에베소 교회를 칭찬하셨습니다. 그러나 주님은 "너를
책망할 것이 있나니 너의 처음 사랑을 버렸느니라"고 말씀하십니다. 사랑이 식
으면 정통교리는 죽은 시체, 곧 무력한 형식주의가 됩니다. 예수님에 대한 사랑
의 기쁨과 빛이 떠나면, 진리에 대한 충성이 편협함으로 변하고 맙니다. 예수님
을 사랑하십시오. 그러면 니골라당의 행위를 미워하는 것이 잘하는 일입니다.
그러나 예수님에 대한 사랑이 있어서 악을 거룩하게 하는 일이 없으면, 단순히
악을 미워하는 것이 또 다른 악으로 나아갈 것입니다. 이 사실을 개인적으로 적
용할 필요는 없겠습니다. 그러나 에베소 교회에 하신 말씀을 이 시간 우리 자신
에게 적용해 볼 수는 있을 것입니다. 우리가 에베소 교회에 대한 주님의 칭찬을
우리도 받을 수 있기를 바라듯이, 주님의 책망이 우리에게도 적용되지 않는지

보도록 합시다. "너를 책망할 것이 있나니 너의 처음 사랑을 버렸느니라." 이와 같이 예수님이 모든 선한 점 밑에 악이 있는 것을 보신다는 것을 앞에서 말하였습니다. 주님은 선한 점을 무시하지 않지만 악을 그냥 넘기려 하시지도 않습니다.

다음에는, 이 악이 매우 심각한 것이었음을 봅시다. 그 악은 사랑이 식어지는 것이었습니다. "네가 너의 처음 사랑을 버렸느니라." 어떤 사람은 "그게 그렇게 심각한 문제입니까" 하고 물을 것입니다. 그것은 모든 악 가운데 가장 심각한 악입니다. 교회는 그리스도의 신부이기 때문입니다. 신부가 사랑에 약해지는 것은 모든 것에서 약해지는 것이기 때문입니다. 아내가 그래도 자기는 남편에게 순종한다는 등의 이야기를 하는 것은 무익한 말입니다. 남편에 대한 사랑이 사라졌다면, 아내로서의 의무를 이행할 수 없는 것입니다. 그 여자는 혼인 상태의 생명과 정수를 상실한 것입니다. 형제 여러분, 이와 같이 그리스도에 대한 우리의 사랑이라는 사실은 가장 중요한 문제입니다. 그 점은 우리 영적 생활의 정점이자 본질인 그리스도와의 친교의 핵심을 다루고 있기 때문입니다. 교회로서 우리는 그리스도를 사랑해야 합니다. 그렇지 않으면 우리는 존재 이유를 상실한 것입니다. 교회가 마음에 사랑이 없다면, 혹은 그 사랑이 식어지고 있다면 교회는 교회로 존재할 이유가 없는 것입니다. 마음의 병 외에는 거의 어떤 병도 소망을 가지고 참을 수 있다고 내가 종종 이야기하지 않았습니까? 그러나 우리의 병이 마음의 병일 때는 지극히 위험합니다. 에베소 교회가 바로 이 경우에 해당하였습니다. "네가 너의 처음 사랑을 버렸느니라." 그것은 마음의 병입니다. 그래서 위대한 의사이신 주님께서 개입하셔서 병의 진행을 멈추고 거기에서 우리를 구원하시지 않는 한, 그것은 치명적인 병입니다. 교회 전체는 말할 것도 없고, 여기 이 자리에 있는 어떤 남자든지 여자든지, 어떤 하나님의 자녀든지, 그에게 주님에 대한 처음 사랑을 떠난 것이 있다면 두려운 일입니다! 주님, 우리에게 자비를 베풀어 주옵소서. 그리스도여, 우리를 불쌍히 여기시옵소서. 우리는 즉시 이 기도를 드려야 합니다. 이것만큼 큰 위험은 있을 수 없습니다. 사랑을 잃으면 모든 것을 잃는 것입니다. 처음 사랑을 버리면, 우리는 힘도 평안도, 기쁨도 거룩함도 잃어버린 것입니다.

그러나 여기서 그 사실을 발견하신 분이 그리스도였다는 점에 유의하시기 바랍니다. "너를 책망할 것이 있나니 너의 처음 사랑을 버렸느니라." 예수님 자신이 그 점을 찾아내셨습니다! 이 사실이 여러분에게 어떤 인상을 주는지 모르겠습니다. 그러나 그 점을 곰곰이 생각하였을 때, 나는 그 사실 때문에 눈물이 났습니다. 내가 그리스도를 이제 그만 사랑하려고 할 때 혹은 그리스도를 이전보다 덜 사랑하려고 할 때, 내 자신이 그 사실을 발견하였으면 좋겠습니다. 내가 그런 것을 알게 된다면, 당장 그 점을 고칠 것입니다. 그런데 주님께서 그 점을 발견하신다면, 참으로 힘들고 슬픈 일인 것 같습니다! 우리가 사랑이 식어지고 식어져서 신경조차 쓰지 않게 되어 마침내는 사랑하는 주님께서 우리에게 그 사실을 지적하실 만큼 된다는 것은 참으로 슬픈 일입니다. 교회의 사자도 그 점을 발견하지 못했습니다. 목사가 그 사실을 알지 못했습니다. 그러나 우리를 참으로 사랑하시는 분은 그 점을 보셨습니다. 주님은 우리의 사랑을 기뻐하시므로, 우리의 사랑이 약해지기 시작하면 한탄하십니다. 주님께 우리는 말할 수 없이 귀한 존재입니다. 주님은 지옥에서 끌어올려 자기 품에 안으실 만큼, 똥더미에 앉은 걸인들 가운데서 끌어내어 자기 보좌 우편에 앉히실 만큼 우리를 사랑하셨습니다. 그런데 우리가 그 점에 전혀 관심이 없으므로 주께서 우리의 사랑이 식어지고 있다고 불평하셔야 한다는 것은 슬픈 일입니다. 예수께서 우리의 사랑에 대해 우리 자신보다 더 관심을 갖고 계십니까? 주님은 우리가 자신을 사랑하는 것보다 더 우리를 사랑하십니다. 그래서 주님이 우리의 사랑에 대해 조금이라도 염려하시는 것은 아주 당연한 일입니다. 이것은 적의 불평이 아니라 상처받은 귀한 친구의 불평입니다.

　나는 예수께서 그 사실을 알고 크게 고통스러워 하셨음을 봅니다. 나는 주님께서 교회의 남편으로서 교회를 똑바로 쳐다보며 "네가 너의 처음 사랑을 버렸느니라"고 말씀하시는 것만큼 큰 고통이 있을지 모르겠습니다. 교회가 주님께 사랑 외에 무엇을 드릴 수 있습니까? 그런데 교회가 주님께 이 사랑을 부인하려고 합니까? 교회 그 자체는 참으로 불쌍한 존재입니다. 교회가 거지 신세에 있을 때 주님께서 교회와 혼인하셨습니다. 그러니 교회가 주님께 사랑을 드리지 않는다면, 대체 무엇을 드려야 하겠습니까? 교회가 마음으로 주님께 성실하지 않기 시작한다면, 교회가 무슨 가치가 있습니까? 자, 사랑하지 않는 아내는 남편에게 끊임없이 불편과 수치를 솟구쳐 내는 더러운 샘과 같습니다. 사랑하는 여러분, 여러분이 그와 같이 되어야 하겠습니까? 여러분이 임마누엘이신 주님을 슬프시게 할 생각입니까? 여러분이 크게 사랑하는 주님께 상처를 입히려고 하십니까? 하나님의 교회여, 여러분의 구속을 위하여 창에 심장이 찔린 분을 슬프시게 하려고 합니까? 형제자매 여러분, 여러분과 내가 예수님께서 우리의 사랑이 떠나고 있고, 우리가 더 이상 주님의 이름을 위해 열심을 내고 있지 않다는 것을 아시도록 해야 하겠습니까? 우리가 주님께 그같이 상처를 입힐 수 있습니까? 그것은 주님을 다시 십자가에 못 박는 것이 아닙니까? 주님께서 오늘 아침에 다시 피가 흐르는 손을 들고서 이렇게 말씀하실 수도 있지 않겠습니까? "이것은 내가 친구들의 집에서 받은 상처이다. 내가 그들을 위해서 죽은 것은 아무 소용이 없었다. 참으로 고약하게도, 그들을 위해 죽은 후에도 그들은 내게 마음을 주지 않았다." 예수님께서 우리 죄 가운데서 미지근한 태도만큼 역겨워하시는 것이 없습니다. 주님께서 우리 마음에서 사랑이 식어지는 것을 제일 먼저 알아차리신다는 것이 내게 슬픈 일입니다. 뿐만 아니라 거기에 해당하는 모든 사람들에게도 슬픈 일일 것이라고 생각합니다.

주님께서 그 점을 이같이 고통스럽게 보시고 나서 우리에게 지적하십니다. 이 구절을 읽으면서 나는 주님이 에베소 교인들이 거주하고 살았던 이교도들의 죄에 대해서는 아무 말씀도 하시지 않은 것을 알았습니다. 에베소 교회를 박해한 것이 틀림없이 이교도들이었고, 그들 때문에 에베소 교인들이 오래 참고 인내를 보였기 때문에 그들의 죄가 암시되고 있는 것이 사실입니다. 그러나 주님은 이교도들을 비난하는 말을 전혀 하지 않으십니다. 악한 자들에 대해 겨우 한 마디 하십니다. 에베소 교회가 이들을 물리쳤습니다. 이에 대해 주님께서는 그저 "네가 악한 자들을 용납하지 아니하였다" 고만 말합니다. 주님은 니골라 당을 미워하신다는 것 외에는 니골라 당에 대해서 아무런 비난을 하시지 않습니다. 그리고 결국 거짓말하는 자인 것이 드러난 자칭 사도라고 하는 자들에 대해서도, 주님은 간단히 그 말 한 마디만 하고서 끝내십니다. 주님은 경건치 않은 자들이 스스로 정죄하도록 버려두십니다. 그러나 자기의 사랑하는 자들에 대해서는 하실 말씀이 있습니다. "너를 책망할 것이 있나니." 마치 주님께서는 다른 수천 가지 죄들은 넘기실 수 있지만, 자기 아내 된 사람의 사랑이 식어진 것에 대해서는 결코 용납하실 수 없는 것처럼 보입니다. "네 하나님 여호와는 질투하는 하나님이시라" (출 20:5). 주님은 사랑하십니다. 그래서 주님의 사랑은 냉담한 마음에 대해서는 죽음만큼이나 격렬합니다. 주님은 라오디게아 교회에 대해서는 "내 입에서 너를 토하여 버리리라"(계 3:16)고 말씀하셨습니다. 라오디게아 교회 역시 주님의 교회들 가운데 하나였습니다. 그런데 라오디게아 교회는 뜨뜻미지근한 태도 때문에 주님을 역겹게 하였습니다. 하나님께서 우리가 그런 죄를 짓지 않도록 해주시기를 바랍니다!

주님께서 사랑이 식어진 것을 지적하셨는데, 그 사실을 지적하실 때 통탄할 표현을 사용하셨습니다. "그러므로 어디서 타락하였는지를 생각하라"(개역개정은 "떨어졌는지를" ― 역주). 우리의 처음 사랑을 떠난 것을 주님은 타락하였다고 말씀하십니다. 형제자매 여러분, 에베소 교회는 그동안 방종하게 지내지 않았습니다. 곁길로 가서 거짓 교리에 빠지지 않았습니다. 게으르지도 않았고, 박해의 때에 비겁하게 물러가지 않았습니다. 그러나 이 한 가지 죄가 교회 전체 상태를 요약해 주었습니다. 에베소 교회가 이전에 주님을 사랑하였던 것처럼 사랑하지 않았습니다. 주님은 이것을 보고 타락하였다고 말씀하십니다. 그것이 참으로 떨어진 것, 곧 타락입니다. 어떤 사람은 이렇게 말합니다. "아, 나는 교인 가운데 누군가 술 취하면 그것이 타락이라고 생각했습니다." 그것도 슬픈 타락입니다. 그러나 우리가 세상에 취해 있고, 예수님에 대한 경건의 신선함을 잃어버리면, 그것이 바로 타락입니다. 높은 교제의 상태에서 먼지구덩이와 같은 세상으로 타락한 것입니다. "네가 타락하였도다"(개역개정은 "네가 떨어졌도다" ― 역주). 이 말씀이 내게는 매우 가혹하게 들립니다. 아니, 그렇지 않습니다. 가혹하게 들리는 것이 아닙니다. 주님은 사랑 때문에 매우 애처롭게 말씀하시지만 그 말씀이 내 영혼에는 천둥소리처럼 들립니다. 나는 그 말씀을 감당할 수가 없습니다. 그런데 너무 슬프게도 그것이 사실입니다. "네가 타락하였도다." "네가 어디서 타락하였는지를 생각하라." 정말이지, 주님, 우리가 주님께 대한 처음 사랑을 버렸을 때 우리는 타락했습니다.

주님은 이렇게 우리의 사랑이 식어진 것을 우리가 친히 주님께 범죄한 것으로 보시는 것이 분명합니다. "내가 너를 다소 책망할 것이 있나니"(개역개정은 "다소"라는 말을 번역하고 있지 않음 ― 역주). 그것은 왕이나 재판장에게 지은 죄가 아니라 교회의 남편이신 주 예수께 지은 죄입니다. 바로 그리스도의 마음을 상하게 한 죄입니다. "내가 너를 책망할 것이 있나니." "네 이웃이 너를 책망할 것이 있다, 네 자녀가 너를 책망할 것이 있다, 네 하나님이 너를 책망할 것이 있다" 고 주님은 말씀하시지 않고, 이렇게 말씀하십니다. "너의 희망이고 너의 기쁨이며 즐거움이며, 너의 구주인 내가 너를 다소 책망할 것이 있다." 다소 라는 단어가 여기서는 침입

자와 같습니다. 번역자들이 그 단어를 이탤릭체로 표시하는데, 그렇게 하는 것이 당연할 것입니다. 그것은 좋지 않은 단어인데, 그렇게 처리함으로써 아주 작은 일을 심각한 일로 만드는 것처럼 보이기 때문입니다. 자, 형제자매 여러분, 우리가 전혀 법을 어기지 않았을지라도, 우리가 어떤 식으로든 다른 누구를 슬프게 하지 않았을지라도, 주님을 향한 우리의 사랑이 조금이라도 식어졌다면 이것은 아주 슬픈 일입니다. 우리의 가장 친한 친구에게 아주 몹쓸 짓을 한 것이기 때문입니다. 이것이 우리 죄의 쓰라림입니다. 즉 주께, 오직 주께만 내가 범죄하였고, 주의 목전에서 이 악, 곧 내가 처음 사랑을 버린 악을 행한 것입니다. 주님은 아주 깊은 사랑을 가지고 이 사실을 우리에게 말씀하십니다. 나는 주님처럼 부드럽게 말할 수 있는 법을 알았으면 좋겠습니다. 그런데 지금 나는 이 문제에서 부드럽게 말할 수 있고, 그렇게 말하지 않을 수 없다는 것을 느낍니다. 다른 어느 누구에 관해서 말하듯이 내 자신에 관해서 말하려고 하기 때문입니다. 나는 지금 이 자리에 계신 몇몇 분들을 슬퍼하며, 우리 모두를 슬퍼하지만 무엇보다 내 자신을 슬퍼하고 있습니다. 우리의 사랑하시는 주님께서 "내가 너를 책망할 것이 있나니 네가 너의 처음 사랑을 버렸느니라"고 말씀하실 수밖에 없기 때문입니다.

우리 주님께서 아시는 것에 관해서는 이만큼 하기로 하겠습니다. 성령께서 그 점을 인해서 우리에게 복 주시기를 구합니다!

**2. 이제, 둘째로 주님께서 처방하시는 것을 살펴봅시다.**

주님의 처방은 다음 세 마디로 표현됩니다. "생각하라.""회개하라.""돌이키라."

첫 번째 말씀은 생각하라는 것입니다. "네가 너의 처음 사랑을 버렸느니라." 너의 처음 사랑이 어떠했는지 생각하고, 그것을 현재 상태와 비교하라는 것입니다. 처음에는 어떤 것도 여러분의 관심을 주님에게서 돌리지 못했습니다. 주님은 여러분의 생명이고, 사랑이며 기쁨이었습니다. 이제 여러분은 다른 곳에서 오락거리를 찾습니다. 다른 매력적이고 아름다운 것들이 마음을 빼앗습니다. 여러분은 이 사실이 부끄럽지 않습니까? 전에는 여러분이 주님의 말씀을 듣고 주님을 봉사하는 일에 지치지 않았습니다. 전에는 그리스도와 그의 복음을 아무리 많이 들어도 싫증이 나지 않았습니다. 설교를 많이 듣고, 기도회에 많이 참석하며 성경을 많이 읽어도 전혀 많다고 생각되지 않았습니다. 그런데 이제 어떤 설교는 지루하고, 어떤 봉사는 재미가 없습니다. 이제 여러분의 싫증난 욕구는 새로운 것으로 자극을 받아야 합니다. 이것이 어찌 된 일입니까? 전에는 예수께서 여러분을 어떻게 대하시든지 불쾌하게 여긴 적이 없습니다. 전에 같으면 여러분이 병들든지 가난하든지 심지어 죽게 되더라도 여전히 주님을 사랑하고 모든 일을 인해서 주님의 이름을 찬송했을 것입니다. 주님은 여러분의 이런 다정한 사랑을 생각하시고, 이 사랑이 떠나가는 것을 슬퍼하십니다. 주님은 오늘 여러분에게 이렇게 말씀하십니다. "내가 너를 기억한다. 네가 광야에서 나를 따랐던 때, 네 젊은 날의 친절과 약혼식 때의 사랑을 기억한다." 그때에는 여러분의 주님이 어디로 가시든지 주님을 따르려고 했습니다. 바다를 건너든지 혹은 불 가운데로 지나든지, 주님을 좇으려고 했습니다. 아무리 뜨거운 것도 아무리 무거운 것도 그대가 주님을 따르는 것을 막지 못했을 것입니다. 지금도 그렇습니까? 생각하십시오! 여러분이 어디에서 타락하였는지 생각하십시오. 그 시절의 맹세와 눈물, 친밀한 교제, 행복한 기쁨을 기억하십시오. 그런 것을 생각하고 지금의 상태와 비교해 보십시오.

　여러분은 처음 사랑을 간직하고 있었을 때, 그 사랑이 결코 뜨겁지 않았을지라도 그때를 기억하고 생각하십시오. 주님을 바라보고 살고, 주님을 위하여 살며, 주님과 함께 살았을 그때조차도, 여러분은 그다지 거룩하지 않았고, 그다지 헌신적이지도, 그다지 열심이 있었던 것도 아니었습니다. 그때에도 여러분이 신앙적으로 그렇게 뜨겁지 않았다면, 지금 여러분의 상태는 어떻습니까? 지금 여러분은 전에 별로 보잘것없었던 그 상태보다도 더 밑으로 내려왔습니까? 슬픈 미래의 전조를 지녔던 과거를 생각해 보십시오. 여러분이 전에 있었던 자리에서도 밑으로 내려왔다면, 여러분의 이런 쇠퇴가 어디쯤 가서 멈출지 누가 알겠습니까? 그렇게 깊이 내려온 사람은 훨씬 더 멀리까지 타락할 수도 있습니다. 그렇지 않습니까? 여러분이 하사엘처럼 속으로 "당신의 종이 개가 아닙니까"(왕하 8:13, 개역개정은 "당신의 개 같은 종이" – 역주) 하고 말할지 모르지만, 여러분이 오히려 개보다 악한 존재, 바로 이리 같은 존재임이 판명날 수도 있습니다. 여러분은 바로 지금 마귀와 같은 존재일 수도 있는 것입니다! 여러분이 멸망의 자식인 유다와 같이, 주님을 배반하고 은 삼십에 주를 파는 자로 판명날 수도 있는 것입니다. 돌이 떨어지기 시작하면 점점 더 빠른 속도로 떨어지게 됩니다. 영혼이 처음 사랑을 떠나기 시작하면, 더욱더 처음 사랑에서 물러나 마침내 끔찍하게 타락하고 맙니다. 이 점을 기억하십시오!

다음의 처방은 회개하라는 것입니다. 처음 믿기 시작할 때 회개하였던 것처럼 회개하십시오. 죄인들에게 합당한 이 단어가 여러분에게도 합당합니다. 여러분이 통탄할 만한 죄를 지었기 때문입니다. 여러분이 주님께 대한 처음 사랑을 버림으로써 주께 범한 잘못을 회개하십시오. 여러분이 지금까지 오직 하나님의 사랑만을 호흡하고 하나님만을 위해서 존재하는 천사와 같은 생활을 했을 수 있습니다. 거의 아무것도 부족한 것이 없이 생활했을 수 있습니다. 그러나 처음 사랑을 떠났다면 여러분은 주님께 참으로 통탄할 만한 잘못을 범한 것입니다! 그 처음 사랑은 당연히 품어야 하는 것이 아니었습니까? 그런데 왜 여러분은 처음 사랑을 버렸습니까? 예수님께서 이전처럼 아름답지 않으십니까? 주님께서 예전만큼 여러분을 사랑하지 않으십니까? 전과 다르게 여러분을 친절하고 부드럽게 대하지 않으셨습니까? 말해보십시오. 이제 여러분이 아주 커버려서 주님이 시시해졌습니까? 여러분이 주님 없이 지낼 수 있습니까? 주님을 떠나서 구원의 소망을 가질 수 있습니까? 이전 어느 때보다도 여러분의 사랑을 더 요구하실 수 있는 분에게 이같이 행한 여러분의 악행을 회개하십시오. 여러분은 이전에 최선을 다해 주님을 사랑했던 것보다 더 오늘 주님을 사랑해야 마땅합니다! 이 모든 말이 참으로 맞다는 것을 내 마음이 증거합니다. 여러분은 지금 참으로 악하게 행하고 있는 것입니다! 여러분은 참으로 배은망덕한 사람입니다! 회개하십시오! 회개하십시오!

여러분이 사랑이 부족하므로 행하지 않은 많은 선에 대해 회개하십시오. 여러분이 언제나 최선을 다해 주님을 사랑하였다면 주님이 어떤 분이신지 어찌 이 시간까지 모른 채로 지낼 수 있었겠습니까! 주님의 사랑의 강권함을 받아 많은 선행을 하였을 것입니다! 여러분의 마음이 사랑으로 더 충만하였다면, 여러분의 영혼이 더욱더 불타올랐다면 얼마나 많은 영혼을 주님께로 인도하였겠습니까! 여러분이 거지 같이 불쌍한 생활을 해 온 것은 처음 사랑을 잃어버리도록 허용하였기 때문입니다.

회개하십시오! 회개하십시오! 본문을 놓고 생각할 때, 회개를 요구하는 목소리가 점점 더 커졌는데, 이는 그 말을 하는 이유 때문입니다. 여기 영광스런 주님께서 자기 교회에 오셔서 교회의 사자에게 부드럽고 친절한 목소리로 말하십니다. 주님께서 몸을 낮추어 지극히 큰 위엄과 영광 가운데 자기 백성을 찾아 오시는데, 이는 순전히 주께서 세상에 대해서와는 다르게 자기의 택하신 자들에게 사랑으로 자신을 나타내시기 위함입니다. 그런데 이런 때조차도 주님은 책망의 말씀을 하시지 않을 수 없습니다. "너를 책망할 것이 있나니 너의 처음 사랑을 버렸느니라." 이 사랑의 방문이, 반드시 필요한 책망이긴 하지만, 책망으로 인해 우울해집니다. 죄가 참으로 얼마나 큰 해악을 끼쳤는지 모릅니다! 예수께서 자신의 사랑하는 신부에게 오는데, 기쁨이 아니라 슬픔 가운데 말씀하시지 않을 수 없다는 것이 두려운 일입니다. 천국의 포도주와 같은 거룩한 친교가 책망이라는 강장제로 쓰게 되어야 하겠습니까? 가장 친밀한 교제가 이루어지는 하늘의 샘들이 있는데, 거기에서 생명수가 하나님 마음에 있는 최초의 샘에서 솟구쳐 나옵니다. 이 샘물은 지극히 순수하고 귀한 것입니다. 사람이 그 샘에서 마시면 영원히 삽니다. 바로 그 샘에서조차 흐르는 물에 쓴 맛이 섞여야겠습니까? 그리스도께서 우리와 개별적으로 교제를 나누시는 때에도 "내가 너를 책망할 것이 있도다" 하고 말씀하셔야 하겠습니까? 솔직히 말씀드려서, 틀림없이 그렇게 될 것이라고 내 마음도 인정합니다. 지극히 기쁜 때에도, 우리의 가장 사랑하시는 분께서 우리에게 책망할 것이 있다고 하는 슬픔의 쓰디쓴 풀 향기가 배어들면, 우리가 깊이 회개하는 것이 마땅합니다.

    그 다음에 주님은 사실상 돌이키라고 말씀하십니다. 세 번째로 하신 말씀은 이것입니다. "회개하여 처음 행위를 가지라." 여기서 주님이 "회개하라 너의 처음 사랑을 되찾으라"고 말씀하시지 않는다는 점에 유의해야 합니다. 이 말씀은 다소 이상하게 보입니다. 그러나 사실, 사랑은 처음 행위들의 머리이고, 게다가 처음 행위들은 처음 사랑에서만 나올 수 있습니다. 사랑이 식어지고 있는 그리스도인은 모두 실제적인 회개를 해야 합니다. 후회와 결심하는 것으로 끝내서는 안 됩니다. 처음 행위를 해야 합니다. 처음 감정을 억지로 되살리려고 하지 말고, 처음 행위를 하도록 하십시오. 우리의 행실을 실제로 깨끗하게 하는 것만큼 귀중한 회복은 없습니다. 생활을 바르게 잡으면, 사랑도 바르게 회복될 것입니다. 처음 행위를 다시 하다보면, 여러분이 처음 사랑을 회복한 것을 알게 될 것입니다. 이 처방은 완벽합니다. 처음 행위를 하는 것은 처음 믿을 때 느끼고 탄식하고 기뻐하던 것을 다시 경험하도록 하기 위한 것인데, 이런 경험은 모두 순종과 행동을 다시 시작할 때 따라오는 것들입니다.

우리는 즉시 이 처음 행위들을 다시 시작해야 합니다. 대부분의 사람들이 한 번 껑충 뛰어 그리스도께로 옵니다. 그동안 지켜본 바로는, 그리스도께 돌아오는 많은 사람들이 대체로 단숨에 뛰어 돌아옵니다. 사람의 사랑이 천천히 회복되는 일은 거의 불가능한 것 같습니다. 그것은 마치 죽은 사람이 점차로 부활하기를 기대하는 것과 같습니다. 그리스도에 대한 사랑은 종종 첫눈에 반하는 사랑과 같습니다. 우리는 그리스도를 보는 순간 그리스도께 정복당합니다. 마음이 식어진다면, 우리가 할 수 있는 최선의 행동은 "내 사랑하는 자가 말할 때에 내 혼이 나갔구나"(아 5:6) 하고 말하게 될 때까지 그리스도만을 바라보는 것입니다. 내가 "부지중에 내 마음이 나를 내 귀한 백성의 수레 가운데에 이르게 하였구나"(6:12)고 외칠 수 있다면, 그것은 복된 상황입니다. 주님께서 우리를 즉시 옛 자리로 돌려보내신다면, 순식간에 다시 회복시키신다면 얼마나 즐거운 일입니까! 처음 사랑이 식어지고 있는 모든 사람에게 주님께서 오늘 아침 그와 같이 해주시기를 기도합니다. 여러분이 철저히 회개함으로써 단지 예전의 감정을 다시 느끼게 되는 것이 아니라 즉시 처음 행위를 다시 시작하게 되기를 바랍니다! 예전에 그랬던 것처럼 다시 한 번 간절하고 열심을 내며 너그럽고 많은 기도를 드리게 되기를 바랍니다! 여러분이 향유 옥합을 깨트리는 것을 다시 보게 된다면, 여러분에게 처음 사랑이 회복되었다는 것을 알게 될 것입니다. 선하신 주님께서 우리가 예전처럼 행하도록, 아니 예전보다 훨씬 더 낫게 행하도록 도와주시기를 구합니다!

그러나 이렇게 되려면 많은 노력과 싸움이 필요하다는 것을 아시기 바랍니다. 여기서 주님은 "이기는 그에게" 약속을 하시기 때문입니다. 이긴다는 것에는 전투한다는 것이 함축되어 있습니다. 흔들리는 마음을 이기려면 그 마음과 싸워야 할 것입니다. 주님께서는 "이기는 그에게는 내가 생명나무의 열매를 주어 먹게 하리라"고 말씀하십니다. 여러분은 하나님의 동산으로 돌아가는 길에 싸워야 합니다. 여러분은 무기력과 싸우고, 불신앙의 악한 마음과 싸우며, 세상의 마비시키는 영향력과 싸워야 할 것입니다. 여러분은 회개하라고 명하시는 분의 이름과 능력으로 자아를 이기고 자신의 전 본성을 주님께 굴복시킬 때까지 씨름하고 싸워야 합니다.

이렇게 해서 나는 지금까지 그리스도께서 어떻게 처방을 내리시는지를 설명하였습니다. 그런데 마지막 부분에 대해서는 잠깐만이라도 꼭 깊이 생각해 볼 필요가 있습니다. 내 자신을 웅변가로 자랑할 수 있게 하는 말은 한 마디도 하고 싶은 마음이 없습니다. 하지만 내가 여러분의 형제로서 깊은 동정심을 가지고 호소한다는 것을 보여주는 말은 꼭 하고 싶습니다. 내가 비난하는 그 모든 악을 슬프게도 내 자신이 또한 범하였기 때문입니다. 성령께서 우리에게 복을 베풀어 주시기를 구합니다!

### 3. 형제 여러분, 이제 주님께서 권하시는 바를 보도록 합시다.

이것이 세 번째 요점입니다. 주 예수께서는 죄를 범한 자기 백성에게 회개하라고 권유하십니다.

첫째로, 주님은 한 가지 경고와 함께 권유하십니다. "내가 네게 가서." "속히" 라는 말이 원문에는 없습니다(개역개정에도 "속히"라는 단어는 없음 ─ 역주). 개역성경(RSV)은 그 단어를 뺐습니다. 우리 주님은 전반적으로 심판하시는 일에 매우 더디십니다. "회개하지 아니하면 내가 네게 가서 네 촛대를 그 자리에서 옮기리라." 주님은 반드시 이 일을 하실 것입니다. 주님은 자신의 등불이 사랑에서 떠나는 것을 허락하실 수 없습니다. 처음 사랑을 버리면, 교회는 어둠 속에 남을 것입니다. 진리는 반드시 언제나 빛나지만 항상 같은 자리에서 빛을 내는 것은 아닙니다. 그 자리에 사랑이 공급되어야 합니다. 그렇지 않으면 등불이 꺼질 것입니다.

우선 주님은 내가 말씀에서 항상 위로를 얻기 바라십니다. 주님은 어떤 목사들을 세우고 그들에게 불을 붙여 주님의 교회 안에서 빛을 비추도록 하십니다. 그래서 사람들이 다 같이 모일 때, 그들이 빛을 비춤으로 인해서 격려를 받고 깨달음을 얻습니다. 주님께서 복 주어 세우신 사역자는 하나님의 교회에 특별한 위로가 됩니다. 주님은 그렇게 많은 사람들에게 위로를 준 등불도 아주 쉽게 데려가실 수 있습니다. 주님은 훌륭한 사람을 다른 영역으로 옮기시거나 편히 쉬도록 본향으로 부르실 수 있습니다. 죽음이라는 촛불끄개가 지금 빛을 비추어 집안을 기쁘게 하는 등불을 꺼버릴 수 있습니다. 주님의 영광을 밝게 비춘 사역자를 잃어버린 교회는 많은 것을 잃은 것입니다. 사랑이 식어진 것에 대한 징계로 이런 상실을 보내신 것이라면, 참으로 견디기 힘든 일입니다. 한때 하나님의 사람이 있었고, 그래서 모든 것이 잘 돌아간 곳을 대라면, 나는 여러 곳을 말할 수 있습니다. 그런데 사람들이 냉담해지자 주님께서 그들의 지도자를 데려가셨고, 그 자리가 이제는 황폐해져버렸습니다. 그런 곳에 참석하여 현대 사역자의 설교에 귀를 기울이는 사람들이 하나님 말씀에 굶주려서 부르짖습니다. 교우 여러분, 우리에게 있는 등불을 귀하게 여기고, 그 등불에서 유익을 얻음으로 그 등불을 귀하게 여긴다는 것을 입증하도록 합시다. 그런데 우리가 처음 사랑을 버리면 어떻게 유익을 얻을 수 있습니까? 우리의 처음 사랑이 점점 사라지면 주님은 우리의 위로인 교회를 치워버리실 수 있습니다.

여기에 나오는 촛대는 유용성을 상징하기도 합니다. 교회가 빛을 비추는 것은 바로 이 촛대를 통해서입니다. 교회를 사용하는 것은 진리를 보존하고, 진리로 이웃을 밝히고, 세상을 밝히기 위한 것입니다. 하나님은 우리의 유용한 도구를 일찍 끊어버릴 수 있으십니다. 우리가 사랑을 버리면 주님께서 그와 같이 하실 것입니다. 주님께서 물러나실지라도 우리는 그동안 해온 대로 일을 계속할 수 있겠지만, 그 일에서 아무것도 나오지 않을 것입니다. 즉 우리는 계속해서 주일학교에 다니고 선교 센터에 나가고 교회에 다닐 수 있지만 아무것도 이루지 못할 것입니다. 형제 여러분, 우리가 계속해서 고아원에 다니고 캠퍼스 전도를 하며, 성경을 나누어 주는 일을 할 수 있지만, 주께서 돕지 않으시면 아무것도 얻지 못할 것입니다.

주님은 원하시면, 교회로서의 존립 자체를 제거해 버리실 수 있습니다. 에베소 교회가 사라졌습니다. 폐허 외에는 아무것도 그 자리에서 찾을 수 없습니다. 한때 로마에는 고귀한 그리스도의 교회가 있었습니다. 그러나 이제 로마 교회라는 이름은 적그리스도의 상징이 되어버리지 않았습니까? 교회가 자신의 영광을 위해 빛을 사용하거나 주님의 사랑으로 충만하지 않으면, 주님께서 곧 촛대를 그 자리에서 옮기실 수 있습니다. 하나님께서 우리가 이런 정죄 아래 떨어지지 않게 해주시기를 구합니다! 주님이시여, 주님의 자비로 우리를 그 일에서 구하여 주옵소서! 우리 가운데 어느 누구에게도 그 일이 일어나지 않도록 합시다. 그럴지라도 이 일이 우리 개인들에게 일어날 수가 있습니다. 형제자매 여러분, 처음 사랑을 잃으면, 여러분은 머지않아 기쁨도 평안도, 유용함도 잃을 것입니다. 지금 그처럼 총명한 여러분이 멍청해질 수가 있습니다. 지금 그처럼 유용한 여러분이 아무 쓸모없는 사람이 될 수 있습니다. 여러분이 전에는 어리석은 자들의 교사요 아이들의 선생이었습니다. 그러나 주께서 여러분을 떠나시면 여러분은 아무도 가르치지 못하고 여러분 자신이 어둠 가운데서 지낼 것입니다.

한때 불타오르며 빛을 냈던 사람들이 그랬듯이 여러분도 그리스도인이라는 이름조차 잃어버릴 수가 있습니다. 그들은 어리석은 처녀였습니다. 그래서 그들은 얼마 있지 않아 "우리 등불이 꺼져간다"(마 25:8)고 소리치게 되었습니다. 우리가 주님에 대한 사랑이 식어짐으로써 주님을 주님의 자리에서 밀어내면 주께서 촛대를 그 자리에서 옮기실 것입니다.

그러면 어떻게 우리가 주님께서 경고의 말씀으로 하신 것보다 더 잘 여러분을 설득할 수가 있겠습니까? 나는 여러분에게 이런 위험을 당하지 말라고, 이런 끔찍한 위험을 피하라고 진심으로 권합니다. 여러분의 교회나 여러분 자신이 하나님의 빛이 없이 어둠 가운데 파리해지는 것을 원하지 않을 것이기 때문에, 여러분이 그리스도 안에 거하며 계속해서 주님을 더욱더 사랑할 필요가 있습니다.

주님은 설득하기 위한 또 한 가지 근거로 약속을 제시하십니다. 이 약속에 대해서는 잠시만 생각해 볼 수 있을 것입니다. 그것이 내게는 아주 놀라운 약속처럼 보입니다. "이기는 그에게는 내가 하나님의 낙원에 있는 생명나무의 열매를 주어 먹게 하리라." 처음 사랑을 잃어버리는 자들은 타락하지만 사랑 안에 거하는 자들은 오래 지속하게 된다는 것을 보아야 합니다. 하나님의 낙원에서 일어난 타락과 대비하여, 여기서 우리는 사람이 생명나무의 열매를 먹고 영원히 사는 것을 봅니다. 우리가 하나님의 은혜로 사랑이 식어지는 일반적인 경향을 이긴다면, 우리는 주님의 은혜 안에서 확고하고 안전할 것입니다. 선악을 알게 하는 나무의 열매를 먹음으로써 우리는 타락하였습니다. 그런데 우리는 더 나은 나무의 열매를 먹음으로써 살고 영원히 굳게 섭니다. 사랑으로써 진실함을 보이는 생명은 가장 좋은 음식에서 자양을 얻을 것입니다. 그 생명은 주님께서 친히 가꾸시고 손수 거두시는 동산의 열매를 먹고 살 것입니다.

처음 사랑을 잃는 사람들이 멀리 방황하며 하나님을 떠나는 것을 다시 한 번 보게 됩니다. 주님은 이렇게 말씀하십니다. "그러나 너희가 처음 사랑을 지키면, 방황하지 않고 더욱 친밀한 교제에 들어오게 될 것이다. 내가 너희를 하나님의 동산 가운데로 더욱더 가까이 불러올 것이다. 하나님의 낙원에 있는 생명나무의 열매를 먹게 해줄 것이다." 하나님의 낙원의 안뜰은 점점 더 하나님을 사랑하는 자들을 위한 곳입니다. 모든 기쁨의 중심은 오직 많은 사랑을 통해서만 도달할 수가 있습니다. 우리는 하나님을 사랑하는 만큼 하나님을 압니다. 우리는 주님의 사랑에 거할 때 하나님의 낙원에 들어갑니다. 얼마나 놀라운 기쁨이 여기에 있는지 모릅니다! 주님에 대한 사랑에 얼마나 큰 보상이 따르는지 모릅니다!

여기에 신비한 복이 있으므로 우리가 깊이 묵상할 필요가 있습니다. 여러분은 우리가 어떻게 타락했는지 아십니까? 여자가 하나님께서 금하신 나무의 열매를 따서 아담에게 주었으며 아담이 먹고 타락하였습니다. 우리 앞에 있는 약속에서는 사정이 그 반대입니다. 둘째 아담이 약속의 나무에서 거룩한 열매를 따서 자기 신부에게 주고, 신부가 먹고 영원히 삽니다. 은혜 시대의 아버지이신 주님이 시들지 않는 나무에서 딴 불멸의 기쁨을 우리에게 전해 주십니다. 사랑의 보상은 생명나무의 열매를 먹는 것입니다. 어떤 사람은 "우리가 신비스런 일들을 다루고 있다"고 말합니다. 그렇습니다. 나는 지금 의도적으로 휘장의 한 끝을 조금 들어올리고 있는데, 거기까지 뿐입니다. 나는 여러분에게 약속된 은혜를 잠깐 한 번 보여주고자 하는 것뿐입니다. 우리가 계속해서 처음 사랑을 간직하고 그 사랑 안에서 힘을 얻어 나가면, 주님은 자신의 가장 내밀한 기쁨을 우리에게 맛보게 하실 것입니다. 놀라운 사실들이 사랑으로만 열 수 있는 상자 안에 담겨 있습니다. 죄 때문에 천사가 화염검을 들고 우리와 동산 가운데 있는 생명나무 사이를 지키고 있습니다. 그런데 사랑이 그 검을 치우게 만들었고, 그래서 이제는 천사가 우리에게 낙원의 가장 깊숙한 곳으로 들어오라고 손짓합니다. 우리가 사랑받듯이 사랑하면, 우리가 알려졌듯이 알게 될 것입니다. 우리가 전적으로 하나님의 사랑을 받게 되면, 우리는 하나님의 생명을 누리게 될 것입니다. 예수님의 사랑에 대해 우리도 사랑으로 화답하면 우리 마음속에 지극히 아름다운 음악이 일어날 것입니다. 그리스도에 대한 사랑으로 충만해지는 복만큼 세상에서 큰 기쁨은 없습니다. 내가 세상에서 내 인생을 택하여 살 수 있다면, 나는 결코 황제나 백만장자, 철학자가 되고 싶지 않습니다. 권력과 부와 지식은 그와 함께 슬픔과 고통을 가져오기 때문입니다. 나는 오직 내 주 예수님을 사랑하는 삶을 택하고 싶습니다. 나는 모든 것을 주님을 위해서, 그리고 주님께 대한 사랑에서 행하는 삶을 말하는 것입니다. 그러면 나는 낙원에서, 그렇습니다, 하나님의 낙원에서 지내며, 세상 사람들은 전혀 모르는 음식을 먹을 것을 압니다.

예수님께 대한 풍성한 사랑이 세상에서 누리는 천국입니다. 처음이자 마지막인 예수님을 사랑하는 것, 이것이 참된 기쁨의 처음이자 마지막입니다. 예수님을 사랑하는 것이 바로 낙원입니다. 주님, 내가 끊임없이 주님을 사랑함으로 이 사실을 알게 하여 주옵소서. "당신은 너무 높은 곳을 날고 있다"고 사람들은 말합니다. 예, 나도 그 점을 인정합니다. 여러분에게 사랑의 날개를 저어 천국으로 날아보도록 꾈 수 있으면 좋겠습니다. 사랑이 식어지는 데는 비통함이 있습니다. 사랑이 식어지는 것은 영혼을 소모시키며, 우리를 약하고 우울하게 만듭니다. 그러나 진실한 사랑은 영광을 미리 맛보게 합니다. 저 산들을 보십시오. 빛나는 산들, 영광스런 산들, 곧 생명의 주님이 성령의 능력을 힘입어 주님께 믿음을 지키는 모든 자들을 인도하여 들이실 영원한 산들을 보십시오. 사랑이여, 네가 영원히 거할 처소를 보라! 내가 한 말을 성령께서 복 주시어 우리 모두를 우리 영혼의 신랑에게 더 가까이 데려가는데 써 주시기를 기도합니다. 아멘.

제
9
장
—

# 믿음을 굳게 붙잡음

—

"버가모 교회의 사자에게 편지하라 좌우에 날선 검을 가지신 이가 이르시되 네가 어디에 사는지를 내가 아노니 거기는 사탄의 권좌가 있는 데라 네가 내 이름을 굳게 잡아서 내 충성된 증인 안디바가 너희 가운데 곧 사탄이 사는 곳에서 죽임을 당할 때에도 나를 믿는 믿음을 저버리지 아니하였도다." ― 계 2:12-13

여러분은 첫째로 "네가 내 이름을 굳게 잡고 나를 믿는 믿음을 저버리지 아니하였도다" 는 말씀에 주의를 기울이시기 바랍니다.

교우 여러분, 오늘 아침 묵상을 시작하면서, 주 예수 그리스도께서 버가모에 있는 교회에 나타나실 때 보이신 모습에 특별히 유의하시기 바랍니다. "좌우에 날선 검을 가진 이가 가라사대." 주 예수께서 그런 방식으로 당신의 교회에 오십니까? 주께서 교회 문 앞에서 검을 들고 계십니까? 검을 칼집에서 뽑아 들고 계십니까? 날카로운 검을 들고 계십니까? 양날이 선 검입니까? 그렇습니다. 주님의 가시적인 교회에 대해서조차 이것이 주 예수 그리스도께서 나타나는 방식입니다. 주님께 속한 신자들 각각에게 주님은 이루 다 말할 수 없는 애정과 사랑이 가득한 남편이십니다. 그러나 가시적인 교회에 대해서는, 비록 최고의 상태에 있을 때에라도 온전히 순결하지 않은 보이는 교회에 대해서 주님은 더 엄격한 모습으로 나타나십니다. 주님은 여호와의 군대 대장으로 교회에 오시며, 양날 가진 검을 휘두르십니다. 세례자 요한은 예수님께 대해 그와 비슷한 말을 하였습니다. "손에 키를 들고 자기의 타작마당을 정하게 하사 알곡은 모아 곡간에 들이고 쭉정이는 꺼지지 않는 불에 태우시리라." 까부르는 이 키가 주님의 손에서 결코 떠나지 않는데, 이는 언제나 그 키가 필요하기 때문입니다. 우리 주님은 은혜가 충만하시지만, 또한 진리로 충만하시기도 합니다. 종들에 대한 주님의 사랑은 악을 견디지 못하는 맹렬한 질투로 표현됩니다. "그가 은을 연단하여 깨끗하게 하는 자 같이 앉아서 레위 자손을 깨끗하게 하되 금, 은 같이 그들을 연단하리니"(말 3:3). 우리는 주님이 오시는 것을 기쁨과 복으로 생각합니다. 그러나 이 질문을 한 번 생각해 보십시오. "그의 임하는 날을 누가 능히 당하며 그의 나타나는 때에 누가 능히 서리요"(3:2). 주께서 검을 들고 계시는데 공연히 가지고 계시는 것이 아닙니다. 시간이 흘렀어도 그 날은 무디어지지 않았고 "예리합니다." 그 검은 옛날과 마찬가지로 좌우에 날이 서 있습니다.

　　그러나 주님은 교회와 관련해서 이 검을 어떻게 사용하실 것입니까? 우리는 그 점에 대해 어떤 의심도 없습니다. 주님은 그 교훈과 생활이 부정한 사람들을 언급하고 나서 이렇게 말씀하셨습니다. "회개하라 그리하지 아니하면 내가 네게 속히 임하여 내 입의 검으로 그들과 싸우리라"(계 2:16). 주님은 교회 안에 있을 자격이 없는 자들에 검을 겨누십니다. 그것이 교인에게 결코 하찮은 일이 아닙니다. 그렇게 신자라고 하는 사람들이 아예 처음부터 교인이 아니었다고 말할 수 있으면 좋겠습니다. 그들이 교회 밖에 있었다면, 교회 안에 있는 사람들보다 훨씬 덜 위험했을 것이기 때문입니다. 교회 밖이라면 그들의 행실을 용인할 수 있었을지도 모릅니다. 그러나 그들의 행실은 자신들이 예수님의 제자라고 하는 공언과는 맞지 않습니다. 나는 이 말씀을 드리면서 깊은 슬픔을 느끼지 않을 수 없습니다. 거짓 신앙고백자들이여, 여러분은 오른손에 거짓을 쥐고 그리스도의 교회에 들어옴으로써 여러분의 죄를 더 쌓지 않고도 이미 지옥에 충분히 내려갈 수 있게끔 되었습니다. 마음으로는 그리스도인이 아니면서도 입으로는 그리스도인이라고 고백하는 사람들이여, 참으로 불쌍합니다! 그런 사람은 주님께서 친히 손에 날카로운 검을 들고 교회에 가까이 오시는 모습을 보고 깜짝 놀라야 합니다. "시온의 죄인들이 두려워하며 경건하지 아니한 자들이 떨며"(사 33:14).

　　그러나 이 영광스런 전사의 모습은 신실한 사람들에게 주는 위로가 있습니다. 주님은 그의 거룩한 대의에 맞서는 적들을 치실 것이며, 또한 밖에서 그의 백성들을 공격하는 자들을 격퇴시킬 것입니다. 그의 검은 신자들의 방어를 위한 것입니다. 검을 칼집에서 뽑는 것은 마음이 약한 자들과 떠는 자들을 보호하기 위한 것입니다. 예수님은 우리 앞에 있는 적을 추격하며 우리를 이끌고 앞으로 나가 이기고 또 이기기 위해 우리의 여호수아로 오셨습니다. 좌우에 날 선 검은 그 마음이 주님 앞에 의로운 자들 가운데 가장 작은 자를 보호하는 무기입니다. 나는 이 주제를 성령께서 직접 소개하시듯이 소개합니다. 나는 성도들에게 이 설교를 듣기 좋게 하고 싶습니다. 그러나 위로를 받을 권리가 없는 사람이 위로를 잡으려고 덤벼들지 않도록 하기 위해서는 머리말을 날카롭게 시작할 필요가 있습니다. 유월절 양은 언제나 쓴 나물과 함께 먹도록 되어 있습니다. 그 쓴 나물은 내가 식탁 위에 올려놓은 것입니다. 천사들의 찬송거리이고 성도들의 보배인 예수가, 그를 거부하는 자들에게는 공포스러운 이름입니다. 그 이름을 가진 분이 산 자와 죽은 자를 심판하고 불의한 자들에게 정죄를 선언하실 것이기 때문입니다.

　이 복되신 구주께서 예리한 눈으로 자기 교회를 지켜보신다는 것을 아시기 바랍니다. 주님은 버가모에 있는 교회를 보시고 "네가 어디에 사는지를 내가 아노니 거기는 사탄의 권좌가 있는 데라" 고 말씀하십니다. 주님은 "사탄이 사는" 버가모에 있는 교회의 위치와 위험을 보십니다. 아마도 그 도시에 추잡한 방종이 따르는 심각한 우상 숭배가 있었을지 모릅니다. 아니면 그 도시가 아주 방탕하기 이를 데 없는 곳이거나, 박해가 특별히 심한 곳이었을 수 있습니다. 우리는 시간적으로 멀리 떨어져 있어서 그것이 정확히 무엇을 말하는지 알 수 없습니다. 그러나 주님은 그곳을 사탄의 요새로 간주하셨습니다. 오늘날 세상에는 죄가 그보다 훨씬 더 득세하고 잘못과 불신앙이 철저히 지배하여 마귀가 자기 거처로 삼고 자기 수도로 삼아버린 것 같은 곳들이 있습니다. 그런 곳이 그리스도의 교회에는 괴로운 지역입니다. 그러나 그런 곳이야말로 그리스도의 교회가 가장 절실히 요구되는 곳입니다. 사랑하는 친구 여러분, 여러분은 지금 그 악한 자가 확실히 지배하는 사회에 살고 있을 수 있습니다. 여러분은 동료 그리스도인들과 함께 살 수 있는 혜택을 받지 못합니다. 여러분은 집으로 돌아가는 길에 문 앞에서 하나님을 모독하는 말을 듣습니다. 일주일 내내, 여러분을 소돔에 있는 롯처럼 느끼게 만드는 광경과 소리들이 여러분의 눈과 귀를 괴롭힙니다. 여러분이 참으로 안쓰럽습니다. 그러나 여러분은 이 사실에서 위로를 얻으시기 바랍니다. 즉 주님은 그 모든 것을 아시므로 여러분을 괴로운 자리에서 옮기실 수 있고, 그렇지 않으면 그 처지 안에서 여러분을 후원하여 적을 이길 수 있게 하심으로써 하나님의 은혜를 훨씬 더 영광스럽게 하실 수도 있다는 것입니다. 주님은 "사탄이 여러분을 밀 까부르듯 하려고 요구하는"(눅 22:31) 것을 아시고, 여러분의 믿음이 약해지지 않도록 여러분을 위해 기도하십니다. 주님은 여러분의 위험을 아시고 여러분의 시련을 고려하십니다. 주님은 사탄이 먼저 여러분을 나쁜 일에 꾄 다음에 여러분을 고소하려고 하는 방식을 아주 잘 아십니다. 이 옛 뱀의 간교함을 주님은 아십니다. 주님은 여러분의 씨름과 실패를 알고, 믿음을 굳게 붙잡기 위한 필사적인 노력을 아십니다. 주님은 밤에 여러분이 주님 앞에 자신의 부족을 고백하면서 얼마나 슬퍼하는지 아십니다. 또한 여러분이 처해 있는 독특한 환경을 아시고, 여러분을 판단할 때 큰 자비를 보이십니다. 여러분이 주님의 이름을 굳게 붙잡고 있고 믿음을 저버리지 않았다면, 그것 자체가 주님께는 여러분 마음의 진실함을 보여주는 확실한 증거가 될 것입니다. 다른 경우들에 여러분의 수고로운 행위와 인내가 보여줄 수 있는 것보다 더 확실한 증거가 될 것입니다. 여러분은 다른 포도나무 가지보다 열매를 적게 맺었습니다. 그러나 여러분이 아주 척박한 땅에서 자라는 것을 알고, 여러분의 적은 열매를 귀하게 생각하십니다. 여러분이 일을 끝냈을 때 하루 한 일이 많아 보이지 않습니다. 그러나 말들이 땅을 갈다가 아주 단단한 바위를 지나가서 보습이 망가지면, 어떤 농부도 부드러운 옥토를 손쉽게 갈아엎을 때와 같이 많은 일을 할 수 있을 것으로 기대하지 않습니다. 주 예수님은 우리의 모든 환경을 고려하십니다. 주님께서 참으로 우리를 사랑하시므로 우리 죄에 대해 핑계를 대도록 허락하시지 않지만, 우리의 행동을 잘못으로보다는 부족으로 보게 만드는 상황을 친히 언급하십니다. 주님이 첫 제자들이 자는 것을 보고서 "마음에는 원이로되 육신이 약하도다"(마 26:41)고 말씀하셨을 때, 바로 그런 상황을 언급하신 것입니다.

　　사랑하는 하나님의 자녀 여러분, 여러분이 특별한 시련과 곤경을 겪는 자리에 처해 있다면, 장애물이 너무 많아 여러분이 바라는 것의 십분의 일도 성취할 수 없다면, 예수님께서 그에 대해 어떻게 말씀하시는지 들어보시기 바랍니다. "네가 어디에 사는지를 내가 아노니 거기는 사탄의 권좌가 있는 데라." 여러분이 주님께 신실하고 주님의 진리를 굳게 붙잡고 있다면, 주님은 여러분을 칭찬하여 이렇게 말씀하실 것입니다. "네가 내 이름을 굳게 잡고 나를 믿는 믿음을 저버리지 아니하였도다." 나는 이 위로의 말씀이 이 자리에 계신 어떤 분에게 위로를 주든지 혹은 이 설교를 읽을 어떤 친구에게 위로를 주지 않을까 생각합니다. 틀림없이 그렇게 되리라고 생각합니다. 하나님께서 보실 때, 주님의 사랑하는 백성들 가운데 많은 사람들이 예전의 편안한 시절보다도 지금 괴로운 환경에서 훨씬 더 많은 일을 하고 있습니다. 그들이 10파운드를 맡았을 때는 2파운드를 수익으로 남겼는데, 겨우 1파운드밖에 갖고 있지 않은 지금, 그들은 1파운드의 수익을 올리고 있습니다. 여러분은 이와 같이 그들이 예전보다 훨씬 더 큰 수익을 내고 있는 것을 봅니다. 이것이 주님의 계산법입니다. 의를 따라 계산하는 것입니다. 우리가 적은 힘밖에 없고 아주 곤란한 처지에 있을 때, 주님은 우리가 산출해 내는 것을 더 크게 생각하고, 훨씬 더 확실한 충성의 증거로 생각하십니다. 본문에서 그것은 버가모 교회에 대한 큰 칭찬입니다. 바알세불의 수도에 아주 가까이 있는, 즉 지옥의 보좌의 그늘이 아주 가까이 드리워져 있는 환경에서 교회가 "네가 내 이름을 굳게 잡고 나를 믿는 믿음을 저버리지 아니하였도다" 는 칭송을 들을 수 있었다는 것은 큰 칭찬입니다.

이 칭찬을 자세히 살펴봅시다. 우리 자신이 그 칭찬을 들을 수 있으면 좋겠습니다. 우리가 이미 그런 칭찬을 받았다면 그 칭찬을 굳게 붙잡도록 성령의 도우심을 받을 수 있고, 그래서 아무도 우리의 면류관을 빼앗지 못할 것입니다!

**1. 첫 번째로, 이 사실을 생각해 봅시다.**

나는 이 칭찬이 버가모 교회에 해당한 사실이었던 것만큼 확실히 이 자리에 계신 많은 분들에게도 해당되는 사실일 것이라고 생각합니다. 나는 이 칭찬을 우리 교회와 교인들에게도 말할 수 있을 것으로 믿습니다. "네가 내 이름을 굳게 잡고 나를 믿는 믿음을 저버리지 아니하였도다."

사랑하는 교우 여러분, 그리스도의 이름이 여기서 그리스도의 믿음과 동일시된다는 것에 주목하시기 바랍니다. "네가 내 이름을 굳게 잡고 나를 믿는 믿음을 저버리지 아니하였도다." 성경의 믿음은 그리스도를 중심에 두고 있고 그리스도가 원을 두르고 있으며 그리스도가 그 본질입니다. 그리스도의 이름은 곧 그리스도의 인격, 성품, 사역, 교훈을 말하며, 이것이 그리스도인의 믿음입니다. 복음의 중요한 교리들은 모두 주 예수 그리스도 자신과 아주 긴밀히 연결되어 있습니다. 그 교리들은 광선이고, 그리스도는 태양이십니다. 우리가 주 예수 그리스도를 복음의 핵심으로 보지 않고서는 결코 믿음을 바르게 붙잡지 못합니다. 우리를 택하심부터 우리를 영화롭게 하심에 이르기까지 그리스도는 모든 것이시며, 모든 것 안에 계십니다. 유대인들에게 율법은 언약궤 안에 놓고 시은좌로 덮기 전까지는 결코 제자리에 있는 것이 아니었습니다. 신자들도 율법이 예수 그리스도 안에서 성취되는 것을 알기 전까지는 율법을 결코 바르게 보는 것이 아닙니다. 율법에 대해서 그렇게 생각해야 한다면, 하물며 복음에 대해서는 얼마나 더 그렇게 생각해야 하겠습니까? 복음은 금반지입니다. 그러나 예수 그리스도는 금반지에 셋팅 되어 있는 다이아몬드인 것입니다. 예수님은 우리 믿음의 창시자요 완성자이십니다. 예수님은 우리 믿음의 총합이요 핵심이고, 꼭대기와 밑바닥이십니다. 우리가 주님의 이름을 굳게 붙들고 있을 때, 믿음을 저버리지 않은 것입니다.

　어떻게 믿음을 저버리는 일이 있을 수 있습니까? 이 일이 여러 가지 방식으로 일어날 수 있습니다. 아주 부드럽지만 엄숙하게 말하자면, 믿음을 저버리는 사람들이 있습니다. 그들은 예수님을 결코 고백하지 않음으로써 예수의 이름을 놓아버립니다. 주님께서 복음서에서 이 문제를 어떻게 말씀하시는지 생각하기 바랍니다. "누구든지 사람 앞에서 나를 시인하면 인자도 하나님의 사자들 앞에서 그를 시인할 것이요 사람 앞에서 나를 부인하는 자는 하나님의 사자들 앞에서 부인을 당하리라"(눅 12:8,9). 이 말씀을 보면 부인하는 것이 고백하는 것과 같은 일임을 분명히 알 수 있습니다. 자신의 중립성을 거의 자랑하다시피 하는 사람들이 있는 것을 나는 압니다. 그들은 이렇게 말합니다. "나는 입을 다뭅니다. 그리스도와 벨리알 사이에 싸움이 있을 수밖에 없지만 나는 조용히 지나가고 결코 끼어들지 않습니다." 여러분도 그렇게 말합니까? 그렇다면, 우리 주께서 친히 하신 말씀을 이야기해드리겠습니다. "나와 함께 아니하는 자는 나를 반대하는 자요 나와 함께 모으지 아니하는 자는 헤치는 자니라"(마 12:30). 또 주님은 이렇게 말씀하시기도 합니다. "누구든지 자기 십자가를 지고 나를 따르지 않는 자도 능히 내 제자가 되지 못하리라"(눅 14:27). 이 말씀이, 어느 편에나 좋게 굴려고 했거나 어느 편에도 좋게 굴려고 하지 않았던 사람들에게는 감당하기 힘들 것입니다. 이 사람들은 싸움에서 신중하게 더 나은 쪽을 택하였다고 생각하였습니다. 그러나 그것은 영원한 수치를 보상으로 받을 선택이었습니다. 여러분은 이 길을 가면 평안한 삶에 이를 것으로 기대합니다. 그런데 그와 같이 편안한 생활은 결국 너무도 불편한 죽음으로 끝이 날 것입니다. 그리스도의 십자가를 피한 삶은 결국 영광의 면류관을 잃어버리는 상태에 이르게 될 것입니다.

거짓된 교훈을 따름으로써 또한 그리스도를 저버릴 수 있습니다. 우리가 그리스도의 인격과 사역, 교훈에 대해 잘못된 생각을 지지하고 그리스도께서 가르치지 않은 것을 믿으며 그리스도께서 가르치신 것은 거부한다면, 우리는 그리스도의 이름과 그를 믿는 믿음을 저버린 것입니다. 그리스도인임을 나타내는 많은 요점들 가운데, 그것이 없으면 그의 다른 모든 삶을 하나님께서 받아들이시지 않을 한 가지는 예수께서 그에게 "길이요 진리요 생명"(요 14:6)이 되는 것입니다. 실제적인 것, 교리적인 것, 경험적인 것, 그 모든 것을 우리는 우리 주 예수 그리스도 안에서 찾아야 합니다. 그렇지 않으면 우리는 그리스도를 그리스도께 합당한 바른 위치에 모신 것이 아닙니다. 중심이 바르게 있지 않으면, 그 중심이 그리스도가 아니면 우리는 어디에 있든지 바른 위치에 있을 수 없습니다. 하나님께서 성도들에게 단번에 주신 믿음에서 우리가 결코 떠나지 않게 해주시기를 바랍니다. 우리가 모든 거짓된 사상들에 맞서고, 굳게 서서 흔들리지 않게 해주시기를 바랍니다!

그런데 부정한 생활을 함으로써 그 이름과 믿음을 저버릴 수 있습니다. 우리 가운데 누구든지, 이교적인 생활을 하고 있을지라도 정통 신조를 쥐고 있으면 그것이 조금이라도 쓸모 있을 것이라고 생각하지 않도록 합시다. 그렇지 않습니다. 우리는 그리스도 예수를 우리 선생으로서 믿어야 할 뿐 아니라 우리의 주인으로 복종해야 합니다. "거룩함을 따르라 이것이 없이는 아무도 주를 보지 못하리라"(히 12:14). 바울 사도는 어디에선가 이렇게 말합니다. "누구든지 자기 친족 특히 자기 가족을 돌보지 아니하면 믿음을 배반한 자요 불신자보다 더 악한 자니라"(딤전 5:8). 그래서 도덕적 잘못은 믿음을 저버리는 것이 될 수 있으며, 그 사람이 차라리 믿는다고 고백하지 않은 것보다 더 악한 일을 하는 것이 될 수가 있습니다. 하나님께서 우리를 부정한 생활에서 구원하여 주시기를 바랍니다.

슬프게도, 우리가 실제로 믿음을 포기하고 하나님 백성으로 살기를 그침으로써 믿음을 저버릴 수가 있습니다. 어떤 사람들은 의도적으로 그같이 하고, 또 어떤 사람들은 세상의 매력에 넘어가서 그같이 합니다. 주님의 가르치신 교훈 때문에 주님을 떠나간 사람들이 있습니다. 그들은 "이것은 어려운 말씀입니다. 누가 이 말씀을 감당할 수 있겠습니까" 하고 소리쳤습니다. 친구 여러분, 여러분이

주님의 어려운 말씀들을 받아들일 준비가 되어 있지 않다면, 스스로 예수님의
제자라고 고백할 필요가 없습니다. 얼마 전엔가 한 사람이 "무서운 교훈이군!"
하고 말했습니다. 그 교훈이 무섭다는 것을 인정할지라도, 그것이 참되지 않다
고 할 수 있습니까? 두려운 많은 일들이 우리를 둘러싸고 있지만, 아무도 그 사
실을 부인할 수 없습니다. 여러분은 단지 "무섭다"고 소리치기만 하면 정말로
무서운 일들을 잊어버릴 수 있는 것이 아닙니다. 주님의 교훈을 감정으로 판단
하는 것은 우리의 할 일이 아닙니다. 우리는 주님의 교훈을 믿음으로 받아들여
야 합니다. 주께서 악인들의 운명에 대해 두렵게 말씀하시는데, 주님은 과장해
서 말씀하시는 분이 아닙니다. 주 예수께서 말씀하시는 것은 확실합니다. "그는
충성되고 참된 증인"이시기(계 3:14) 때문입니다. 그러므로 우리는 주님의 교훈
이 어떤 것이든 간에 주님을 떠나서는 안 될 것입니다. 주님의 은혜가 우리를 마
지막까지 보존해 주시기를 구합니다! 충성과 정절을 주셔서 우리가 이익을 얻든
지 손해를 당하든지, 높아지든지 낮아지든지 간에 구주를 떠나지 않게 해주시기
를 바랍니다! 어떤 일이 올지라도 주님의 거룩한 이름을 굳게 붙잡고 믿음을 저
버리지 않도록 합시다!

　　우리가 어떻게 하면 그리스도의 이름을 굳게 붙잡고 그리스도를 믿는 믿음을 저버
리지 않을 수 있습니까? 우리 신자들이 확실히 믿는 것들을 온 지력을 사용해서 깊
이 생각하고 받아들임으로써 그렇게 할 수 있습니다. 하나님께서 계시하신 것은
무엇이든지 하나님이 계시하셨기 때문에, 우리는 확실한 형태의 그 말씀을 굳게
붙잡습니다. 우리의 표어는 "사람은 다 거짓되되 오직 하나님은 참되시다"(롬
3:4)는 것입니다. 그리스도께서 말씀하시면 우리는 주님이 선언하시는 모든 것
을 지성으로 동의하고 마음으로 공감합니다.

　　우리가 예수님의 이름을 굳게 붙잡으면, 그 이름을 사랑하여 믿음을 굳게 붙
잡아야 합니다. 우리는 주님이 가르치시는 모든 것을 사랑으로 마음에 담아두어
야 합니다. 주님의 말씀을 만나면 그 말씀을 먹어야 합니다. 주의 말씀은 꿀처럼
답니다. 주께서 말씀하시면 우리는 이렇게 답하도록 합시다. "그렇습니다, 주님,
주께서 그렇게 말씀하시니 그런 줄로 압니다. 주님의 교훈에 동의하고, 주께서
계시하시는 모든 것을 내 영혼으로 사랑하고 받아들입니다." 참된 신자라면 성
경에 계시된 교훈을 위해서 살거나 죽을 것입니다. 이런 마음의 사랑 때문에 우
리가 그리스도의 이름을 굳게 붙잡습니다.

또한 우리는 모든 반대에도 불구하고 예수님의 이름을 고백함으로써 믿음을 굳게 붙잡습니다. 우리는 적절한 모든 때에 믿음을 고백하고 우리의 정체를 숨겨서는 안 됩니다. 우리 군대 대장의 명예를 위해 필요하다고 생각이 될 때는, 전선(前線)으로 달려가 싸움에 임해야 합니다. 부끄러워하거나 두려워하지 않도록 합시다. 우리 주 예수님은 우리가 주를 믿는 믿음을 지키기 위해 자신을 자원하는 제사로 드려 섬겨야 할 분이십니다. 예수의 이름과 믿음을 위해서는 편안함, 명성을 포기하고, 생명까지도 버려야 합니다. 전투의 열기 속에서 승리를 얻기 위해서는 우리의 좋은 이름이나 생명을 잃을 위험을 무릅써야 합니다. 그러니 우리는 이렇게 말하도록 합시다. "이 싸움에서 우리 가운데 몇 사람은 반드시 넘어질 것인데, 나라고 넘어지지 않을 이유가 있겠는가? 나는 내 주님의 편을 들고 주님과 운명을 같이하며 주님을 위해 비난을 감당할 것이다." 용감한 군사들만이 크신 우리 주님께 합당합니다. 편하기 위해 군대의 뒤쪽으로 슬그머니 끼어드는 사람은 하나님 나라에 합당하지 않습니다. 우리 군대 대장께서 자기의 충성스러운 군사들에게 보상을 주실 그날에 겁쟁이들에게는 무슨 말씀을 하시겠습니까? 형제 여러분, 우리는 그리스도를 위하여 조롱을 감수하고, "교양 있는 사람들"이 우리에게 퍼붓기 쉬운 아주 독기어린 조롱조차도 기꺼이 감당해야 합니다. 우리는 예수님을 위하여 큰 바보 취급당할 생각도 기꺼이 해야 합니다. 우리 가운데 어떤 이들은 우리의 많은 반대자들이 이제까지 우리의 신앙에 대해 알았던 것보다 더 많은 것을 잊어버렸으면서도, 우리를 무지하다고 말합니다. 우리는 신념을 지킬 용기가 있기 때문에 수치를 견디고 있는데도, 그들은 우리를 겁쟁이라고 부릅니다. 내 입장을 말하자면, 나는 내 사랑하는 주님을 위해서라면 기꺼이 만 배나 더 어리석은 사람이 될 뜻이 있고, 내 가슴에 새겨진 오래된 중대한 진리를 위해서라면 모든 명예를 잃고 온갖 비난을 받는 것을 최고의 영예로 여길 마음이 얼마든지 있습니다. 예수님을 여호와의 군대 장관으로 모시고 항해하는 배들은 폭풍우를 만날 각오를 해야 합니다. 주께서 타셨던 배도 파도가 들이치고 가라앉기 시작했었기 때문입니다. 예수께서 가시면류관을 쓰신 것을 보면서도 자신은 월계관을 쓰기를 갈망하는 사람이 주님을 사랑하는 것입니까? 예수께서는 십자가를 지심으로 보좌에 오르시는데, 우리는 환호하는 군중들의 어깨에 올라타서 보좌에 이르기를 기대합니까? 쓸데없는 상상을 하지 마십시오. 여러분이 치러야 할 희생을 생각하십시오. 그리스도의 십자가를 기꺼이 질

마음이 없다면, 돌아가서 여러분의 소유와 상품을 최대한 이용하도록 하십시오. 여기서 이 한 마디만 여러분에게 하겠습니다. "사람이 만일 온 천하를 얻고도 자기 목숨을 잃으면 무엇이 유익하리요"(막 8:36).

### 2. 둘째로, 사실을 고려한 후에, 그 점을 좀 더 확대해서 생각해 봅시다.

우리가 그리스도를 굳게 붙잡는다고 할 때 그것은 무슨 뜻입니까? 첫째로, 그 이름의 신성을 굳게 붙드는 것을 의미합니다. 우리는 주님이 참 하나님이심을 믿습니다. "그의 이름은 기묘자라, 모사라, 전능하신 하나님이라"(사 9:6). 주님을 우리에게 계시하실 때 쓰신 이름들 가운데 하나는 임마누엘입니다. "엘" 이라는 말은 동양에서 하나님을 나타내는 중요한 단어 가운데 하나입니다. 히브리어 엘로힘과 아랍어 "알라" 에서 그 단어를 볼 수 있습니다. 우리 주 예수님은 임마누-엘, 곧 하나님이 우리와 함께 하심입니다. 우리는 예수님이 그런 분이심을 믿는 것입니다. 주님은 우리 가운데 있는 한 사람과 같이 참 사람으로, 원죄의 타락 없이 처녀에게서 나셨습니다. 그러나 주님은 또한 신성의 완전성과 영광이 조금도 줄어들지 않은 하나님이신 것이 확실합니다. 우리는 주님의 못 자국에 손을 대고서, 이렇게 외칩니다. "나의 주 나의 하나님." "하나님의 모든 천사들은 그에게 경배할지어다"(히 1:6). "하늘에 있는 자들과 땅에 있는 자들과 땅 아래에 있는 자들로 모든 무릎을 예수의 이름에 꿇게 하시고 모든 입으로 예수 그리스도를 주라 시인하여 하나님 아버지께 영광을 돌리게 하셨느니라"(엡 2:10,11). 우리는 주 예수님의 신성에 대한 믿음을 결코 버릴 수 없습니다. 그리스도께서 하나님이시라는 믿음을 굳게 붙잡아야 하고, 붙잡을 것입니다.

또한 우리는 예수라는 이름의 왕권에 관해서, 예수의 이름과 예수에 대한 믿음을 굳게 붙잡습니다. 주님은 유대인의 왕으로 태어나셨습니다. 또한 주님은 "만왕의 왕이시요 만주의 주"(계 19:16)이십니다. 빌라도가 십자가 위에 쓴 이름, 곧 "유대인의 왕 나사렛 예수" 는 참말입니다. 그런데 하나님께서는 또한 주님을 거기에서 더 높이셔서 모든 피조물을 다스리는 분으로 세우셨습니다. 성부 하나님은 모든 심판을 아들에게 맡기셨습니다. 주님은 모든 지배를 누르시고 모든 권세와 능력을 잠잠케 하실 것입니다. 주께서 모든 원수를 발 아래 굴복시킬 때까지 통치하실 것이기 때문입니다. "주가 세세토록 왕 노릇 하시리로다"(계 11:15).

우리가 무릎을 꿇고 기도하면서 "주의 나라가 임하옵시며"라고 말할 때, 하나님의 나라를 의미하며, 또한 예수 그리스도의 나라를 말하는 것입니다. 이 나라에서 어린 양이신 예수께서 성도들과 천사들이 경배를 드리는 보좌에 앉아 계십니다. 곧이어 일곱째 천사가 나팔을 불고, 하늘에서 이같이 말하는 큰 음성이 들릴 것입니다. "세상 나라가 우리 주와 그리스도의 나라가 되어 그가 세세토록 왕 노릇 하시리로다." 예수님, 우리가 주께 경배합니다! "성도들의 왕이시여 주의 길이 의롭고 참되시도다"(계 15:3, 개역개정은 "만국의 왕이시여" – 역주). 주님은 우리 마음 속에서 본성의 삼중의 나라를 다스리십니다. 주님은 우리 가정에서 왕이십니다. 우리는 주께서 이 도시에서, 이 나라에서, 온 세상에서 왕으로 통치하시는 것을 보고 싶어합니다. 우리는 인류 가운데 구속 받은 모든 사람들이 만민의 주이신 예수님께 왕관을 씌워드리기까지 결코 만족할 수 없을 것입니다. 우리는 예수 그리스도께서 왕이심을 굳게 붙잡습니다.

다음으로, 우리는 그 이름이 처음이자 마지막이라는 점에서, 그 이름의 장엄함을 믿습니다. 신약성경을 펴서 마태복음의 첫 구절을 읽어보십시오. 그 구절이 어떻게 시작됩니까? "아브라함과 다윗의 자손 예수 그리스도의 계보라." 이 새 언약의 책은 예수와 함께 시작합니다. 그러면 신약성경의 마지막 절을 봅시다. 새로운 언약이 어떻게 끝이 나는지 보십시오. "주 예수의 은혜가 모든 자들에게 있을지어다 아멘." 예수 그리스도가 신약 성경의 첫 절과 마지막 절에 나옵니다. 예수께서 "나는 알파와 오메가요 처음과 마지막이요"(계 22:13)라고 말씀하시지 않았습니까? 은혜 언약의 첫 계보는 예수 그리스도이시고, 은혜 언약의 마지막 계보도 예수 그리스도이십니다. 그리고 그 두 계보 사이의 모든 것도 예수 그리스도입니다. A이신 예수님과 함께 시작하여 B, C, D, E, F를 지나 마지막 Z에 이르기까지 모든 것이 예수 그리스도로 불립니다. 예수께서 모든 것이십니다. 그렇습니다. 예수는 모든 것의 모든 것이십니다. 예수 그리스도로 말미암아 어떠한 복이 우리에게 이르렀습니까! 그의 이름으로 우리는 죄 사함을 받았고, 그의 이름으로 의롭다함을 받았으며, 그의 이름으로 거룩하여지고, 심지어 그리스도 안에서 우리가 창세 전에 택함을 받았듯이 그의 이름으로 영화롭게 될 것입니다. 나로서는 주님의 크심을 아무리 말할지라도 시작도 제대로 못한 것이 됩니다. 누가 주님의 너그러우심을 다 말할 수 있겠습니까? 누가 하나님의 무한하신 영광의 옷가라도 만질 수 있겠습니까? 주님은 말로 다 형언할 수 없으신 분입니다. 주님의 영광에 대해서는 이렇게 말할 수 있습니다. "여호와 우리 주여 주의 이름이 온 땅에 어찌 그리 아름다운지요 주의 영광이 하늘을 덮었나이다"(시 8:1). 하나님께서 지금과 영원히 자기 백성을 부요하게 하신 모든 복을 가지고 계신 주님께 모든 영광과 명예를 돌립시다.

　　우리는 그리스도의 이름이 구원하는 능력이 있음을 믿으므로 그 이름을 굳게 붙잡습니다. "이름을 예수라 하라 이는 그가 자기 백성을 그들의 죄에서 구원할 자이심이라"(마 1:21). 우리는 예수께서 우리의 죄책을 십자가에서 몸에 짊어지셨기 때문에, 그 죄책에서 구원받는다는 믿음을 굳게 붙잡습니다. 예수께서 자신의 의로써 우리를 하나님 앞에서 의롭게 만드신다고 확신합니다. 그 의는 우리가 그리스도와 하나이기 때문에 우리의 의가 됩니다. 주님이 우리를 죄의 형벌에서 구원하시는 것은, "그가 징계를 받으므로 우리가 평화를 누리기"(사 53:5) 때문입니다. 예수께서 우리 대신 희생의 죽음을 죽으셨습니다. 예수님은 우리를 성령으로, 주의 죽으심에 대한 믿음으로 죄의 세력에서 구원하십니다. 우리는 어린 양의 피로써 죄를 이깁니다. 구원은 모든 면에서, 즉 구원의 여명이 밝아오는 시점에서부터 완전히 밝아진 정오의 영광스런 때에 이르기까지 구원은 전적으로 예수 그리스도에게 속해 있습니다. 그리스도는 구주이십니다. 오직 그만이 구주이십니다. "천하 사람 중에 구원을 받을 만한 다른 이름을 우리에게 주신 일이 없음이라"(행 4:12). 예수는 유일무이한 구주이십니다. 지금이나 오는 세상에서나 달리 구원받을 길은 없습니다. 여러분은 그리스도를 믿으십니까? 여러분은 구원을 받았습니까? "믿지 않는 사람은 정죄를 받으리라"(막 16:16). 여러분이 이 말을 어렵게 공표하든지 쉽게 하든지 간에, 결국은 똑같을 것입니다. 즉 여러분이 예수 그리스도, 곧 사람의 죄를 속하는 유일한 구주이신 그분을 믿지 않으면 정죄를 받을 것입니다. 절망적으로 정죄받을 것입니다. 이 사실을 우리는 굳게 붙잡습니다. 사랑하는 여러분, 나는 여러분이 이 진리들에 굳게 서 있는 것을 압니다. 여러분이 숨쉬는 한 이 진리들을 붙잡고 있고, 주께서 친히 여러분에게 주신 이 믿음을 저버리지 않을 줄 압니다.

　　그 다음에 또, 우리는 그 불변성을 인해서 이 이름을 굳게 붙잡습니다. 우리는 오늘날 지금이 진보의 시대라는 말을 듣습니다. 그래서 우리는 개선된 복음을 가져야 한다고 합니다. 사람마다 스스로를 변호하게 되어 있고, 사람마다 자신의 구주가 되게 되어 있다고 합니다. 사람들은 지금 공장의 굴뚝마다 제 연기를 태우듯이 사람마다 자신의 죄를 스스로 처리하는 방향으로 진행하고 있습니다. 그러나 친구 여러분, 우리는 이런 무익한 몽상들을 믿지 않습니다. 우리에게는 새로운 복음이 전혀 필요 없고, 현대적인 구원이 필요 없습니다. 우리가 믿는 바는 예수 그리스도께서는 "어제나 오늘이나 영원토록 동일하시니라"(히 13:8)는 것입니다. 바울이 천국에 이른 이 길은 내게도 충분히 천국에 이르게 할 것입니다.

> "거룩한 선지자들이 갔던 이 길,
> 추방으로부터 인도하는 이 길"

은 내게도 충분히 넓고 안전합니다. 그리스도 안에서 잠든 형제자매들, 죽을 때 얼굴에 승리의 기쁜 빛을 띠는 것을 보았던 형제자매들을 생각할 때, 나는 그들을 구원한 구원에 아주 만족을 느끼며, 그 구원을 실험하거나 사색해 볼 생각이 없습니다. 온전하신 구주에 대해 개선(改善) 운운 하는 것은 주님을 모욕하는 처사입니다. 주님은 하나님의 속죄 제사이십니다. 그런데 여러분은 더 이상 무엇을 원하겠습니까? 복음을 개선해야 한다는 이야기를 들으면 내 피는 분노로 끓습니다. 구주 한 분밖에 없고, 그 구주는 영원토록 동일하십니다. 주님의 교훈은 모든 시대에 동일합니다. 왔다 갔다 하지 않습니다. 어떤 사람들은 1세기의 복음으로 구원을 받았고, 또 어떤 사람들은 2세기의 복음으로, 또 다른 사람들은 17세기의 복음으로, 그리고 다른 사람들은 19세기의 복음으로 구원받았다면, 하늘의 성도들의 총회에서 참으로 기이한 결과가 일어날 것입니다! 이 각기 다른 시대의 고객들을 위해 각기 다른 찬송이 필요할 것이고, 뒤섞인 이 합창대는 한 분 주님을 찬양하기보다는 사람의 문명의 영광을 찬양하게 될 것입니다. 그러나 그처럼 얼룩진 천국은 없을 것이고, 그처럼 화음이 맞지 않은 찬송이 결코 들리지 않을 것입니다. 한 교회, 한 주님이 계실 뿐입니다. 우리는 한 주님, 한 믿음, 한 세례를 믿습니다. 영원한 영광에 이르는 길은 하나밖에 없습니다. 그 길에서 걷기 위해 우리는 한 진리를 굳게 붙잡아야 하고, 한 생명에서 힘을 얻어야 합니다. 우리는 변하지 않고, 변할 수 없는 우리 주 예수 그리스도의 영원한 이름을 굳게 붙잡아야 합니다. 이것이 우리가 예수의 이름과 그 이름을 믿는 믿음을 굳게 붙잡는다는 의미입니다.

**3. 셋째로, 사랑하는 친구 여러분, 바로 이 길에서**
**여러분이 한 걸음 더 나아가도록 하기 위해,**
**그 이름과 우리 속에 있는 믿음의 실제적인 위치를 설명하도록 하겠습니다.**

그 이름의 실제적인 위치는 이것입니다. 즉 무엇보다 그 이름은 우리의 직접적인 위로입니다.

> "예수, 우리의 두려움을 쫓아내며
> 슬픔을 그치게 하는 이름이고.
> 죄인들의 귀에 울리는 음악이며
> 생명이고 건강이며 평안입니다."

우리가 붙들고 있는 믿음은 매일 매순간 우리에게 기쁨이요 소망입니다. 내가 의지하는 이 거룩한 분에 관해서 믿는 교훈들은 지친 내 마음의 베개이고, 내 근심의 진통제이며 내 영혼의 안식입니다. 예수님으로 인해 나는 장차 올 천상의 날들을 바라보고, 동시에 지나온 날들을 감사한 마음으로 돌아볼 수도 있습니다. 언제나 주 예수님은 우리 마음을 만족케 하시는 분입니다. 아무것도 우리를 주님의 사랑에서 떼어놓을 수 없고, 따라서 어떤 것도 우리에게서 확신에 찬 소망을 뺏을 수 없습니다. 신자들은 바로 이 복된 이름과 이 복된 믿음을 통해서 기뻐하고 강해집니다. 우리 신자는 이 예수의 이름을 먹고 자라고, 그 이름으로 우리를 감쌉니다. 예수의 이름이야말로 약한 우리에게 힘이 되며, 우리의 죽음을 이기는 생명입니다.

그 다음에 사랑하는 친구 여러분, 이 이름, 이 믿음, 이것이 우리의 메시지입니다. 여기 이 땅에서 우리가 해야 할 일은 "어린 양을 보라"고 외치는 것뿐입니다. 여러분 가운데 누구든지 이와 다른 어떤 메시지를 가지고 하나님에게서 보냄을 받았습니까? 그런 일은 있을 수 없습니다. 하나님께서 자기 백성들에게 선포하라고 주신 유일한 메시지는 어린 양으로 말미암은 구원, 즉 예수의 보혈로 말미암은 구원뿐입니다. 더러워진 자들이 깨끗하게 되는 것은 예수의 피로 말미암습니다. 주님은 유일한 대(大) 속죄제물이십니다. 예수를 말하는 것이 우리의 일입니다. 하나님이 그리스도 예수 안에서 우리에게 주신 계시에 포함되지 않은 것에 대해서는 우리는 아무 말도 하지 않습니다. 우리의 유일한 위로가 되시는 분이 또한 우리의 유일한 주제이시기도 합니다.

주님은 또한 거룩한 일을 위한 **우리의 거룩한 권위**이십니다. 우리는 우리 주 예수 그리스도의 이름으로 복음을 전합니다. 우리가 다른 어떤 이름으로 복음을 전한다면, 사람들은 그 복음을 거부할 권리가 있을 것입니다. 영적으로 병든 사람이 치료를 받는다면, 그 사람을 온전케 하는 것은 바로 그리스도의 이름입니다. 마귀가 우리 앞에서 도망간다면, 우리는 그리스도의 이름으로 마귀를 쫓아내는 것입니다. 모든 가르침과 복음 전파를 예수의 이름으로 해야 한다는 것을 우리가 좀 더 자주 기억했으면 좋겠습니다! 우리는 예배하기 위해 예수의 이름으로 모이고, 예수의 이름으로 나가서 봉사합니다. 우리가 자신의 이름으로 나간다면, 헛되이 가는 것입니다. 그러나 우리가 하나님을 위한 사자라면, 하나님께서 우리를 통해서 사람들에게 간절히 권하신 것처럼, 그리스도를 대신해서 사람들에게 하나님과 화목하라고 기도합니다. 그리고 우리의 수고가 그리스도 안에서 헛되지 않을 것으로 기대합니다.

이 이름은 또한 설교에 있어서 **우리의 능력**입니다. 정말로 그 이름은 하나님 앞에 사는 일에 있어서 우리의 능력, 유일한 능력입니다. 형제 여러분, 다른 어떤 이름으로도 마귀를 쫓아낼 수 없을 것입니다. 이 이름을 굳게 붙드십시다. 우리가 웅변이나 은사, 음악 혹은 다른 무엇으로 귀신을 쫓아내려고 한다면, 악한 자가 이렇게 말할 것입니다. "내가 예수도 알고 바울도 알거니와 너희는 누구냐"(행 19:15). 지옥의 군대들이 귀신들린 자들의 가슴에서 떠나 울부짖으며 깊은 데로 내려가게 만드는 것은 오직 예수의 이름뿐입니다. 이것은 만물보다 높이 되신 이름입니다. 그런 능력을 지닌 것은 그 이름 외에 아무것도 없습니다. 영적인 죽음, 곧 죽음 자체도 이 이름에 굴복할 것입니다. 나사로를 무덤에서 나오게 만들고, 젊은 청년을 관에서 일어나 앉게 만드는 것이 바로 이 이름입니다. 이 이름을 사용하십시오. 아무것도 여러분을 막지 못할 것입니다.

이 이름이 삶에서 우리의 능력이라고 말하였는데, 정말로 그렇습니다. 우리가 하나님께 가까이 나갈 때, 기도에서 응답을 받게 하는 힘이 무엇입니까? 우리가 예수의 이름으로 기도하지 않습니까? 그런데 여러분이 예수의 이름을 빠트린다면, 여러분의 기도가 소리나는 구리와 울리는 꽹과리가 아니고 무엇이겠습니까? 예수의 이름을 뺀 기도는 하나님께로 날아갈 수 있는 날개가 없습니다. 예수의 이름은 우리가 하나님의 보좌로 올라가서 영원하신 하나님의 손에서 말할 수 없이 귀한 것을 가져올 수 있는 황금 사다리입니다. 그 이름은 모든 일에 하나님을 설득하고, 그래서 우리가 사람들을 설득할 수 있게 만듭니다. 그러므로 그 이름을 굳게 붙잡고 믿음을 저버리지 마십시오. 이 진리와 예수의 이름을 버린다면 여러분이 무슨 일을 할 수 있겠습니까?

이 이름이 우리에게 유일한 승리의 희망입니다. 콘스탄티누스 황제가 꿈에서 십자가를 보고 "이 표시로 승리하라"는 표어와 함께 십자가를 자기 문장(紋章)으로 삼았듯이, 오늘날 복음을 위한 승리의 희망도 그와 같습니다. 그리스도의 십자가가 복음을 나타내며 예수의 이름이 복음에 있습니다. 그의 이름이 우리에게 주어졌습니다. 그래서 해가 빛을 비추는 모든 곳에서, 혹은 달이 밤의 파수꾼을 격려하는 모든 곳에서 그의 이름이 알려지고 영예를 얻을 때까지, 우리가 그의 이름으로 귀신을 쫓아내고 많은 기사를 행할 것입니다.

### 4. 이제, 끝으로 예수의 이름과 믿음을 굳게 붙잡아야 할 이유들을 말씀드리겠습니다.

나는 우리가 이 이름을 아주 굳게 붙들고 있어서 어떤 이유가 득세할지라도 결코 놓치 않을 수 있기를 바랍니다. 이그나티우스에 대한 오래된 기독교 전설이 하나 있습니다. 그는 자기가 사랑하는 예수님의 이름을 언급하지 않고는 말을 하지 않았다고 합니다. 그의 말에는 주님께 대한 사랑이 흠뻑 배어 있는 것 같았습니다. 그래서 그가 죽었을 때, 그의 심장에 예수의 이름이 찍혀져 있었다고 합니다. 그 전설이 실제로 말 그대로 이루어졌을 리 없겠지만, 영적으로는 그 전설이 참이었습니다. 예수의 이름이 우리 생활에서 결코 분리될 수 없을 만큼 우리 심장에 새겨져 있다면 좋겠습니다. 다른 모든 것은 떠날지라도 예수의 이름만큼은 우리 생각에서 결코 떠날 수 없습니다. 죽어가는 사람들이 다른 것은 다 잊어도 이 이름만큼은 잊지 않는다고 하였습니다. 이그나티우스는 아내를 잊고 아이들도 잊었으며 친한 친구도 잊고, 마치 그들이 낯선 사람인 것처럼 외면하였지만, 예수라는 이름을 귀에 속삭이자 그의 눈이 빛을 내며 그의 얼굴이 그 귀한 이름에 반응을 보였습니다. 기억이여, 너의 명판(銘板)에 오직 그의 이름만을 기록해 두라! 다른 모든 이름은 깨끗이 지워버리고 오직 그 이름만 홀로 영광스럽게 보존하는 것은 행복한 망각입니다!

그럴 수 있으므로 나는 이 질문을 합니다. 우리가 믿음을 저버려야 할 이유가 있습니까? 나는 이유를 찾을 수 없습니다. 내가 믿음을 바꾸거나 내 주 예수 그리스도의 이름을 더 이상 굳게 붙잡지 말아야 할 이유가 있습니까? 그것은 이치에 맞지 않은 제안입니다. 자신의 입장을 알고 있는 한 사람이 이렇게 말했습니다. "나는 신념을 받아들일 수 있습니다. 나는 어느 신념이든지 수용할 수 있습니다. 그러나 누가 나를 설득시킬 수 있을지 보고 싶습니다." 나는 내 주 예수님의 복음에 관해 바로 그와 같은 상태에 있습니다. 즉 나는 신념을 수용할 수 있습니다. 그러나 나는 누가 나를 설득하여 내 경험, 내 신념, 내 의식, 내 소망, 내 모든 것에서 그분을 끌어낼 수 있을 것이라고 생각하지 않습니다. 내가 가루처럼 부서지고 모든 원자가 바뀌기 전에는, 주 예수 그리스도의 대속의 사역에 대한 믿음을 결코 버릴 수 없고, 만물 안에 정하여 두신 영원한 언약에 대한 신뢰를 결코 포기할 수 없습니다.

사람들이 믿음 대신에 무엇을 줄 수 있겠습니까? 이것은 묻기는 쉽지만 답변은 할 수 없는 질문입니다. 은혜의 교리를 지워버리고 우리의 소망을 치워버릴 수 있다고 생각해 봅시다. 그러면 사람들이 대신에 이생이나 내세에서 우리에게 무엇을 줄 수 있겠습니까? 나는 복음 대신에 잠시라도 고려해 볼 만한 가치 있는 것이 제안된 것을 본 적이 없습니다. 여러분은 본 적이 있습니까? 불확실함, 의심, 반짝임, 조롱, 어둠, 모두 이런 것뿐입니다. 이런 것을 원할 사람이 누가 있겠습니까? 사람들은 우리에게 거품이나 아니면 쓰레기를 제공할 뿐입니다. 그것이 생각하는 사람의 성격에 따라 약간 다르게 보일 것입니다. 그러나 우리는 그 어떤 것에도 반하지 않습니다. 우리는 금속의 찌꺼기보다 금을 좋아합니다.

우리는 믿음을 변호해야 합니다. 우리 선조들이 믿음을 지키지 않았더라면 우리가 어떻게 되었겠습니까? 고백자들, 개혁자들, 순교자들, 맹약자들(스코틀랜드)이 예수의 이름과 믿음에 불충실했다면, 오늘날 교회가 어떻게 되었겠습니까? 그들이 그랬던 것처럼 우리도 사람을 두려워하지 말아야 하지 않겠습니까? 그렇게 하지 않는다면 우리가 선조들을 비난하고 있는 것이 아니겠습니까? 루터와 그의 용감한 행동들을 읽는 것은 아주 좋은 일이 아닙니까? 물론 사람마다 루터를 칭송합니다! 맞습니다. 그렇습니다. 그런데 오늘날은 바로 그와 같이 행동하는 사람이 없습니다. 동물원에 가면 여러분 모두 곰을 보고 감탄을 합니다. 그러나 여러분이 집에서 곰을 만난다면 어떻겠습니까? 곰이 풀려서 길거리에서 어슬렁거린다면 어떻겠습니까? 그것은 참을 수 없는 일이라고 말합니다. 여러분이 맞습니다. 그와 같이 우리는 400년 전에 믿음에 굳게 서서 활동한 사람을 칭송합니다. 400년 전이라는 과거 시대가 그 사람에게는 일종의 곰 울타리나 쇠 철장과 같습니다. 그러나 오늘날 그런 사람은 골치 아픈 존재이고, 그래서 활동하지 못하도록 억눌러야 합니다. 그를 생각이 편협한 고집불통이라고 부르거나 아니면 여러분이 생각할 수 있는 대로 그보다 더 나쁜 이름으로 부르십시오. 그러나 그런 과거 시대에 루터, 츠빙글리, 칼빈, 그리고 그의 동료들이 이같이 말했다고 생각해 보십시오. "이 세상은 잘못되어 있다. 그러나 우리가 이 세상을 바로 잡으려고 하면 큰 소동만 일으키고 망신만 당할 뿐이다. 우리는 방으로 가서 잠옷을 입고 곤경의 때에는 잠을 자자. 어쩌면 우리가 깨었을 때, 사태가 좀 더 나아졌을 수도 있을 것이다." 그들이 그런 행동을 했다면 우리에게 큰 오류를 물려주었을 것입니다. 시대마다 지옥 같은 나락으로 떨어졌을 것이고, 해로운 오류의 늪지가 모든 것을 삼켜버렸을 것입니다. 이들은 예수의 이름과 믿음을 너무도 사랑했기에 그것들이 짓밟히는 것을 두고 볼 수 없었습니다. 우리가 이들에게 어떤 빚을 지고 있는지 보고, 선조들에게 진 빚을 우리 자손들에게 갚도록 합시다.

　　마치 오늘날은 종교개혁자들의 시대와 같습니다. 결단이 필요합니다. 오늘날은 사람이 필요한 시대입니다. 이 시대를 위한 사람은 어디에 있습니까? 순교자의 손을 통해 전해진 복음을 받은 우리는 감히 복음을 가볍게 다루거나 무심하게 대하지 못하고, 복음을 사랑하는 체하지만 마음속으로는 속속들이 복음을 싫어하는 반역자들이 복음을 부인하는 소리를 가만히 듣고 있지 못합니다. 내가 붙들고 있는 믿음에는 선조들의 핏자국이 어려 있습니다. 내가 선조들의 믿음을 저버려야 하겠습니까? 이 믿음을 위해 그들은 조국을 떠나 방랑하였습니다. 감옥의 빗장을 통해서 우리에게 전해진 보화를 내팽개칠 수 있겠습니까? 개인적으로 류머티즘으로 고통을 겪을 때, 나는 내 선조인 줍 스펄젼(Job Spurgeon)을 생각했습니다. 그분은 첼름즈퍼드(Chelmsford: 잉글랜드 남부 Essex주의 주도 — 역주) 교도소에서 류머티즘으로 인한 고통 때문에 누울 수가 없어서 의자를 사용할 수 있게 허락받았다고 합니다. 그 퀘이커교도의 챙 넓은 모자가 내 이마에 그늘을 지게 합니다. 아마도 나는 그의 류머티즘을 물려받은 것 같습니다. 그러나 내가 그의 불굴의 믿음을 가지고 있다면, 그 점을 유감스럽게 생각하지 않습니다. 그의 불굴의 믿음으로 나는 하나님의 진리는 단 한 구절이라도 양보하지 않을 것입니다. 다른 사람들이 믿음 때문에 어떤 고통을 당했는지 생각할 때, 약간의 조소나 불친절은 너무 하찮은 것이어서 언급할 가치도 없습니다. 믿음을 사랑한 조상들을 생각할 때 우리는 큰 격려를 받아 우리 조상들의 하나님을 계속 따르고, 그들이 품고 살았던 믿음을 계속 지켜야 마땅합니다. 나는 이 오래된 복음을 굳게 붙잡지 않을 수 없습니다. 하나님께서 나를 도우시므로, 나는 사람들이 완고라고 생각하는 것의 결과를 감내할 것입니다.

자, 여러분, 장차 올 시대가 있다는 것을 아시기 바랍니다. 주님께서 속히 오시지 않는다면, 다음 세대가 오고 또 그 다음 세대가 올 것입니다. 그런데 오늘 우리가 하나님과 하나님의 진리를 충실히 지키지 않는다면, 다음에 오는 모든 세대가 타락하고 손해를 입을 것입니다. 우리는 길에서 전환점에 이르렀습니다. 우리가 오른쪽으로 가면, 아마도 우리 자녀들과 그들의 자녀들이 그 길로 갈 것입니다. 우리가 왼쪽으로 방향을 틀면, 아직 태어나지 않은 세대들이 하나님과 그의 말씀에 성실하지 않은 것을 인해서 우리 이름을 저주할 것입니다. 여러분의 선조를 인해서만이 아니라 여러분의 자손들을 인해서도 주님의 칭찬을 받도록 노력하라고 권합니다. 여러분이 사탄의 권좌가 있는 곳에 거할지라도, 주의 이름을 굳게 붙잡고 주를 믿는 믿음을 저버리지 마십시오. 하나님께서 주변의 영혼들을 위해 우리에게 신실함을 주시기 바랍니다! 교회가 자기 주님께 거짓되다면 어떻게 세상을 구원할 수 있겠습니까? 우리의 지렛대를 치워 버린다면 우리가 어떻게 그 많은 사람들을 들어올릴 수 있겠습니까? 우리의 복음이 불확실하다면, 비참함과 절망만 더 쌓여갈 뿐 무엇이 남겠습니까? 사랑하는 여러분, 하나님의 이름으로 굳게 서십시오! 그리스도 안의 형제로서 권합니다. 계속 진리 안에 거하십시오. 장부답게 강하십시오. 하나님께서 예수님을 위하여 여러분을 떠받치십니다. 아멘.

제
10
장
—

# 모든 교회에 대한
# 엄숙한 경고

—

"사데에 그 옷을 더럽히지 아니한 자 몇 명이 네게 있어 흰
옷을 입고 나와 함께 다니리니 그들은 합당한 자인 연고라."
— 계 3:4

　　학식이 있고 경건이 뛰어난 나의 전임 사역자이신 길 박사님(Dr. Gill)은 요
한계시록에 나오는 여러 교회들은 하나님의 교회가 거치게 될 각기 다른 상태를
보여주는 모습이라는 견해를 가지고 있습니다. 즉 하나님의 교회는 빌라델비아
교회의 상태, 곧 예수 그리스도께서 그 중심에서 통치하시는 사랑의 상태에 이
르고, 후에는 그가 생각하는 대로 라오디게아 교회의 상태, 곧 갑자기 인자가 와
서 세상을 의로 심판하고 백성을 공평으로 심판하실 상태에 이르게 된다는 것입
니다. 나는 이 일곱 교회가 각기 다른 일곱 시대에 잇달아 일어나는 것으로 보는
그의 모든 가정에 동의하지 않습니다. 그러나 질 목사님이 사데 교회가 오늘날
과 마찬가지로 그의 시대의 교회를 상징하는데 가장 적합하다고 밝혔는데, 그
점에서는 그의 생각이 맞다고 전적으로 동의합니다. 이 연로한 훌륭한 목사님
은 이렇게 말합니다. "오늘날만큼 교회가 여기 묘사되어 있는 사데 교회의 상태
와 흡사한 시대를 달리 찾을 수 있겠습니까?" 그리고 그는 그의 시대의 교회(내
가 볼 때는 오늘날의 교회가 훨씬 더 해당한다)가 정확하게 사데 교회를 닮았음

을 보여주는 여러 특징을 지적합니다. 나는 사데 교회를 오늘날 기독교 국가의 슬픈 상태를 보여주는 비유로 사용할 생각입니다. 첫 번째 요지는 교회가 전반적으로 더러워졌다는 점이 될 것입니다. 사데 교회에는 "그 옷을 더럽히지 아니한 자"가 겨우 "몇 명"밖에 없었습니다. 둘째 요지는 특별한 보호가 있었다는 것입니다. 옷을 더럽히지 않은 소수가 있었던 것입니다. 셋째로, 특별한 보상이 있으리라는 것입니다. "흰 옷을 입고 나와 함께 다니리니 그들은 합당한 자인 연고라."

**1. 교회가 전체적으로 더러워졌습니다.**

거룩한 사도 요한은 사데 교회에 대해 이렇게 말하였습니다. "하나님의 일곱 영과 일곱 별을 가지신 이가 이르시되 내가 네 행위를 아노니 네가 살았다 하는 이름은 가졌으나 죽은 자로다 너는 일깨어 그 남은 바 죽게 된 것을 굳건하게 하라 내 하나님 앞에 네 행위의 온전한 것을 찾지 못하였노니 그러므로 네가 어떻게 받았으며 어떻게 들었는지 생각하고 지켜 회개하라 만일 일깨지 아니하면 내가 도둑 같이 이르리니 어느 때에 네게 이를는지 네가 알지 못하리라 그러나 사데에 그 옷을 더럽히지 아니한 자 몇 명이 네게 있도다."

사도 요한이 전체적으로 더러워진 것에 대해 사데 교회에 첫 번째로 책망한 점은 교회 교인들이 공적으로 신앙고백하는 일은 아주 많았으면서도 진실한 신앙은 거의 없었다는 것이었습니다. "내가 네 행위를 아노니 네가 살았다 하는 이름은 가졌으나 죽은 자로다." 바로 그것이 이 시대의 심각한 죄입니다. 나는 스스로 우울한 기분에 빠지거나 하나님의 교회를 우울하게 보고 싶은 생각은 없습니다. 나는 언제든지 너그러운 정신을 보여주고 싶고, 할 수 있는 대로 교회 전체에 대해 이야기하고 싶습니다. 그러나 하나님께서는 목사라면 누구나 진실이라고 믿는 것을 밝히는데 주저하지 않도록 명하십니다. 이 땅을 위 아래로 다니면서 나는 이런 결론에 이르지 않을 수 없었습니다. 교회 전체에 걸쳐서 "살았다 하는 이름은 가졌으나 죽은 자들"이 허다하게 많다는 것입니다. 신앙이 유행이 되어 버렸습니다. 장사꾼은 교회에 속해 있지 않으면 그럴듯한 사업에서 좀처럼 성공을 거둘 수 없습니다. 예배에 참석하는 것이 평판이 좋고 훌륭한 것으로 간주됩니다. 그래서 사람들이 떼를 지어 교인이 되었습니다. 그리고 특별히 이제는 의회도 어느 정도 종교를 인가하므로, 앞으로는 위선적인 행위가 훨씬 더 많이 일어나고, 도처에서 형식주의가 참된 신앙을 대체할 것으로 내다보입니다. 여러분은 자신을 그리스도인이라고 말하지 않는 사람을 좀처럼 만날 수 없을 것입니다. 그러나 그와 마찬가지로 뼛속까지 철저히 변화되어서 하나님 나라의 선한 행실에 전념하는 사람도 좀처럼 만날 수 없습니다. 우리는 자칭 그리스도인이라고 하는 사람들을 많이 만납니다. 그런데 단체로 그리스도인이라고 하는 사람들도 만나게 될 것입니다. 나라 전체가 순식간에 기독교 국가가 된 것처럼 보입니다. 그러나 이것이 사실입니까? 정말로 그렇습니까? 아, 그렇지 않을까봐 두렵습니다. 신앙인이라고 하는 사람들이 어떻게 다른 일반인들처럼 살 수 있습니까? 어떻게 교회와 세상 사이에 거의 아무런 구별이 없습니까? 그 둘 사이에 조금이라도 차이가 있으면 좋겠습니다. 그렇다면, 여러분이 표면상으로 의롭다고 하는 사람을 대하는 것보다 불경건한 사람을 대하는 것이 종종 더 안전할 것입니다. 고귀한 신앙고백을 하는 사람이 어떻게 세상과 똑같이 살고 똑같은 쾌락에 탐닉하며, 같은 방식으로 살고 같은 동기에서 활동하며 다른 사람들이 하는 것과 똑같은 방식으로 장사를 할 수 있습니까? 오늘날은 하나님의 아들들이 사람의 아들들을 좋아하는 때가 아닙니까? 하나님께서 "내 백성아, 거기서 나와 그가 받을 재앙들을 받지 말라"(계 18:4)고 말하는 음성을 보내시지 않으면, 조만간 끔찍한 일이 일어날 수 있다는 것을 두려워하지 않을 수 있겠습니까? 교회 전체를 볼 때, 이름이 부족한 것은 없고 생명이 부족합니다. 그렇지 않다면 어떻게 기도회에 참석하는 사람이 그렇게 적을 수가 있겠습니까? 사도들이 보였던 열심이나 에너지는 어디로 가버렸습니까? 살아 계신 하나님의 영은 어디에 계십니까? 성령께서 떠나신 것이 아닙니까? 많은 성소의 벽에 "이가봇"이라는 글자가 써있는지도 모릅니다. 많은 교회들이 살았다는 이름은 갖고 있으나 죽은 교회들입니다. 그 교회들은 여러 회가 있고 조직이 있습니다. 그런데 경건의 생명은 어디에 있습니까? 내적 경건은 어디에 있습니까? 진실된 신앙은 어디에 있습니까? 실천적인 경건은 어디에서 볼 수 있습니까? 아주 확고한 청교도적인 경건은 어디에 있습니까? 감사하게도 사데 같은 교회에도 옷을 더럽히지 않은 몇 명이 있습니다. 그러나 아무리 너그럽게 생각할지라도 교회가 전체적으로 성령을 모시고 있다고 말하기는 어려운 형편입니다.

　　그 다음 책망은, 사데 교회 전반에 걸쳐 열심이 부족하였다는 것입니다. 사도는 "주의하라"(개역개정은 "일깨어라" — 역주)고 말씀하십니다. 사도가 이 교회를 보니, 감독들이 자고, 장로들이 자며, 교인들이 자고 있었습니다. 이들이 예전과 다르게 믿음에 주의하지 않았고, 다같이 믿음을 위해 노력하지도 싸우지도 않으며 영혼의 적들과 씨름하지 않고 주님의 나라를 확장하는 일에 애쓰지도 않았습니다. 사도가 보니 졸고 있고 냉담하며 무기력하였습니다. 그래서 "주의하라!"고 말한 것입니다. 요한 사도여, 당신이 무덤에서 일어나 성령의 기름 부음을 받은 눈으로 사데 교회를 보았듯이 교회를 본다면, 지금도 그와 똑같다고 말할 것입니다. 아, 지금 교회에는 냉담하고 타산적인 그리스도인들이 많고, 스스로 그리스도인이라고 하는 사람들이 아주 많습니다. 그런데 열심을 가진 사람들은 어디에 있습니까? 하나님의 자녀들의 지도자는 어디에 있습니까? 전쟁의 날에 일어서 있는 영웅들은 어디에 있습니까? 그리스도를 얻고 그 안에서 발견되기 위하여 "자기들의 생명을 아끼지 아니한"(계 12:11) 장부다운 신자들은 어디에 있습니까? 영혼을 열렬히 사랑하는 사람들은 어디에 있습니까? 우리 강단을 성실하고 열정적인 설교자들이 얼마나 차지하고 있습니까? 슬프게도 교회를 보십시오. 교회들이 멋진 건물들을 세우고 천주교를 흉내 내고 있습니다. 교회가 여러 가지 예복으로 치장을 하였으며 타락하여 단순성을 잃어버렸습니다. 교회는 예전에 가지고 있었던 불과 생명을 잃어버렸습니다. 이제 예배당에 들어가 보면 모든 것이 멋있습니다. 오르간이 연주되는 소리를 들을 수 있고, 찬송 소리도 아주 뛰어납니다. 가운과 품위 있는 예복들이 있습니다. 모든 것이 웅장하고 멋집니다. 그래서 우리는 하나님이 영광을 받으신다고 생각합니다. 휫필드 같은 이들이 다시 한 번 물통 위에서 설교하고, 그들의 강단이 다시 케닝톤 코먼(Kennington Common: 18세기 영국의 부흥운동의 불길이 일어난 곳 – 역주)에 세워지고 하나님의 하늘이 그들을 보호하는 날이 왔으면 좋겠습니다. 일찍이 그들이 그런 곳에서 가졌던 하나님의 생명을 가질 수만 있다면, 우리가 다시 헛간에서 혹은 카타콤에서라도 설교할 수 있는 때가 왔으면 좋겠습니다. 여러분이 알맹이를 잃어버렸다면 껍질을 장식하는 것이 무슨 소용이 있습니까? 여러분 선조의 무덤에 가서 밖에 회칠을 해보십시오. 그러나 그것은 회칠한 무덤에 지나지 않는다는 것을 알아야 합니다. 거기에는 생명이 사라졌습니다. 여러분의 컵과 접시의 겉을 아름답게 장식하십시오. 그러나 여러분은 하나님의 순수한 말씀은 잃어버렸습니다. 이제는 그 말씀이 단순하고 진지하며 간절하게 전해지지 않습니다. 사람들이 생계를 위해 목회 사역에 뛰어듭니다. 그들은 진리를 온전히 말하려고 하지 않으며, 진리를 온전히 말하는 것 같은 경우에도 살펴보면, 열정이 없이 냉담하고 의미 없는 말을 할 뿐입니다. 마치 영혼이 정죄를 받든지 구원을 받든지, 천국이 사람들로 꽉 차든지 사람들이 다 사라지든지, 그리스도께서 자기 영혼의 수고한 것을 만족히 여기시든지 그렇지 않든지 전혀 상관이 없는 것처럼 이야기합니다. 내가 심한 말을 하고 있습니까? 나는 일찍이 어빙(Irving)이 말했듯이, 진리라고 말하는 것을 내 자신이 믿지 않는다면 수레바퀴에 깔려 죽어도 마땅하다고 말할 수 있습니다. 그런 사실을 말하기 위해서 나는 목숨을 걸 수 있기 때문입니다. 그러나 내가 공명정대하게 판단하며 말하려고 노력해왔다는 것을 하나님은 아십니다. 나는 지금 너무도 유행하고 있는 기독교적 자애라는 말을 할 수 있는 대로 멀리하고 있습니다. 나는 그 말을 별로 좋아하지 않습니다. 우리는 사물에 대해서 보는 대로 말하도록 합시다. 우리는 교회가 열심과 에너지를 잃어버렸다고 믿습니다. 그러나 사람들은 우리에 대해 어떻게 말합니까? "아, 당신들은 너무 흥분해 있어요" 라고 합니다. 좋으신 하나님이라고요! 흥분했어요! 사람들이 정죄받을 때가 있다구요? 확실히 **흥분했어요**! 우리가 죽어가는 영혼들에게 복음을 전해야 할 천국의 사명을 받았다구요? 흥분했어요! 너무나 많이 설교를 하고 있어요! 그런데 영혼들은 망하고 있어요. 왜 한 사람은 일주일 내내 끊임없이 힘써서 일하고, 다른 사람들은 소파에서 빈둥거리며 지내다가 안식일에만 설교를 해야 합니까? 목사와 교회들이 그렇게 게으르고 나태하고 냉담하게 지내는 것을 보고 내가 아무 말도 하지 않고 지나갈 수 있겠습니까? 결코 그럴 수 없습니다. 항의를 하지 않을 수 없고, 지금 항의합니다. 하나님의 교회여, 그대는 살았다 하는 이름은 가졌으나 죽은 자이다. 그대는 주의하지 않는다. 깨어라! 일어나라! 죽은 자들 가운데서 일어나라. 그리스도께서 그대에게 빛을 비추실 것이다.

    요한 사도가 사데 교회에 대해 책망한 세 번째 문제는 그 교인들이 "그 남은 바 죽게 된 것을 보지" 않았다는 것입니다. 나는 이 말씀이 연약하고 불쌍한 성도들을 가리킬 수 있다고 생각합니다. 즉 교회 안에서 슬퍼하고 탄식하는 사람들, 곧 사데 교회의 상태 때문에 너무 압박을 받고 슬퍼하여 "죽게 된" 참된 하나님의 자녀들을 언급할 수 있는 것입니다. 교회는 지금 무엇을 하고 있습니까? 목자들이 병들고 상처 입은 사람들, 지친 사람들을 찾아가서 돌아봅니까? 어린 양을 품에 안아 옮기며, 새끼들과 함께 있는 양들을 온유하게 인도합니까? 그들이 고뇌에 지친 불쌍한 양심들을 돌아보고, 허물과 죄로 죽은 사람들에게 복음을 전합니까? 예, 전합니다. 그러면 그들이 어떻게 말을 합니까? 그들은 "그 남은 바 죽게 된 것을 굳건하게" 하기보다는 자신들이 행할 수 없는 것을 행하라고, 불가능한 의무를 이행하라고 말합니다. 오늘날에는 참으로 새롭게 태어난 하나님의 자녀들이 얼마나 많은 멸시를 받는지 모릅니다! 그들은 특이한 사람들이라고 불리고 율법폐기론자라고 조롱받으며, 하나님의 말씀을 사람들의 생각에 맞게 끌어내리는 통상적인 방식을 따르지 않는 괴짜로, 아주 교리적인 사람으로 야유를 받습니다. 그들을 생각이 편협한 괴팍한 사람들이라고 하며, 그들의 신조는 건조하고 딱딱하며 거칠고 가혹한 칼빈주의라고 규정합니다. 하나님의 복음을 딱딱하고 거칠며 가혹하다고 말합니다! 우리 선조들이 목숨을 바쳐 지켰던 것들을 사람들이 이제는 수치스러운 것이라고 부릅니다! 여러분이 진리에 우뚝 서면, 사람들에게 미움을 받고 조롱을 당하게 되지 않을지 생각해 보십시오. 여러분이 어떤 마을에 들어가서 해를 많이 끼치고 있다고 하는 불쌍한 사람들에 대한 이야기를 듣는 경우에, 실제로 알아보면 그들이 복음을 가장 잘 이해하는 사람들이 아닙니까? 그 동네 목사에게 가서 그가 가장 싫어하는 사람들이 누구냐고 물어보십시오. 그러면 목사는 "우리 동네에는 추잡한 율법폐기론자들이 많이 있습니다" 하고 말할 것입니다. 그는 무슨 뜻으로 그 말을 하는 것입니까? 진리를 사랑하는 사람, 모든 진리를 사랑하고, 오직 진리만을 사랑하는 사람들이 그런 얘기를 듣고, 추잡한 율법폐기론자라는 소리를 듣습니다. 아, 우리는 예전에 가지고 있었던 것을 잃어버렸습니다. 우리는 이제 "그 남은 바 죽게 된 것을 굳건하게" 하지 않습니다. 마땅히 보아야 하는 대로 보지 않고, 사랑하지도 마음에 품지도 않습니다. 세상의 소금이 지금은 만물의 찌꺼기가 되었습니다. 하나님이 사랑하신 사람들, 높은 경건에 이른 사람들, 이들은 바알에게 무릎을 꿇으려 하지 않고, 그래서 박해와 비방이라는 맹렬한 풀무불에 던져지는 사람들입니다. 사데 교회여! 사데 교회여! 지금도 그대가 보인다. 그대는 의복을 더럽혔다. 감사하게도 많은 무리를 따라 악을 행하지 않았고, 그래서 "흰 옷을 입고 다닐" 소수의 사람들이 있습니다. 그것은 "그들이 합당한 자"이기 때문입니다.

하나님께서 교회에 말씀하신 또 다른 책망은 그들이 들은 것에 주의하지 않았다는 것입니다. 주님은 "그러므로 네가 어떻게 받았으며 어떻게 들었는지 생각하고 지켜 회개하라"고 말씀하십니다. 내가 다른 점들에서는 틀렸다고 할지라도, 이 시대의 죄는 교리가 불순하고 믿음이 느슨하다는 사실만큼은 확실하다고 생각합니다. 이제 여러분은 주일마다 여러분이 믿는 것이 중요하지 않다는 말을 듣습니다. 모든 종파와 교파 사람들이 구원 받을 것이며, 교리는 중요하지 않고, 하나님의 은혜의 교리는 다른 교리보다 더 위험하다고 합니다. 그래서 교리에 대해서는 묻지 않으면 않을수록 그만큼 더 낫고, 교리는 성직자들에게나 좋고 일반 사람들은 이해할 수 없는 것이라는 말을 듣습니다. 이와 같이 사람들은 복음의 많은 부분을 보류합니다. 마귀가 새로 세운 (천주교) 예수회 같은 대학에서 공부하고 나서, 사람들은 자신들을 특별히 침례교도라고 부르고, 그 다음에는 일반적인 교리를 전하면서 자신들을 칼빈주의자라고 부르는 법을 알게 되었습니다. 아르미니우스주의를 설교하면서 사람들에게 자기들이 하나님의 진리 대신에 지옥에 갈 이설을 전하든지 않든지 하는 것이 중요하지 않다고 말하는 법을 알게 되었습니다. 그러면 회중들은 뭐라고 말합니까? "글쎄, 그는 현명한 사람이니까 알고 있을 거야." 이와 같이 여러분은 예전과 같이 나쁜 사제술(司祭術)로 돌아가고 있는 것입니다. 장로들이 사제가 되었고, 많은 교회에서 목사가 사제가 되었습니다. 이는 사람들이 스스로 하나님의 진리를 찾지도 않고, 그 진리를 붙잡으려고 노력하지도 않기 때문입니다. 우리가 다 괜찮다고 공포하는 소리가 도처에서 들립니다. 누군가가 하나님께서 자기 백성을 창세 전부터 사랑하셨다고 말을 하면, 다른 사람은 그렇지 않다고 말을 합니다. 어떤 사람이 하나님은 변하시고 자기 백성을 돌아보지 않는 분이라고 말을 하면, 다른 사람은 하나님은 끝까지 자기 백성을 굳게 붙드신다고 이야기합니다. 한 사람이 그리스도의 피가 그 피의 뿌림을 받은 모든 사람에게 효력이 있다고 말하면, 다른 사람은 그 피가 그리스도께서 위하여 죽으신 많은 사람들에게 효력을 발휘하지 못한다고 주장합니다. 그런가 하면, 어떤 사람은 율법의 행위가 어느 정도 필요하다고 말하거나, 혹은 아무튼 우리는 자신에게 있는 것을 개선하기 위해 노력해야 한다고 말합니다. 반면에 다른 사람은 "우리가 그 은혜에 의하여 믿음으로 말미암아 구원을 받았으니 이것은 우리에게서 난 것이 아니요 하나님의 선물이라"(엡 2:8)고 합니다. 그렇지만 둘 다 옳다고 합니다. 지금은 거짓과 진리가 서로 입을 맞출 수 있는 새로운 시대라고 합니다! 지금은 불과 물이 친하게 지낼 수 있는 새로운 때라고 합니다! 지금은 지옥과 천국이 동맹을 맺고, 거짓과 진리가 서로 손잡는 영광스런 때라고 합니다! 지금은 사람들이 "우리 모두 형제다" 고 외치지만,

하나님은 우리가 전혀 다른 가족이라는 것을 아십니다. 아, 이제는 마음이 좁은 고집불통이라고 불리는 소수의 사람들을 제외하고, 도대체 진리에 관심을 갖고 있는 사람이 있습니까. 선택을 이야기하면 끔찍하다고 합니다. 예정의 교리를 말하면 불쾌하다고 합니다. 궁극적 견인을 말하면 지독하다고 말합니다. 그렇지만 청교도들의 시대로 돌아가 보면, 이런 진리들이 매일 전해졌다는 것을 알게 될 것입니다. 교부들에게로 가 봅시다. 아우구스티누스의 책을 읽어보십시오. 그러면 이런 주장들이 그가 기꺼이 피를 흘리고 죽으면서라도 지키려고 했던 진리들이었음을 알게 될 것입니다. 성경을 보십시오. 성경의 페이지마다 그 진리들로 가득 차 있지 않다면, 나나 어떤 하나님의 자녀나 그 진리들을 읽지 못했을 것입니다. 슬프게도, 교리가 느슨해진 것이 이 시대의 큰 잘못입니다. 우리는 이것에 대해 엄숙하게 항의합니다. 여러분은 지금 내가 결국 아무것도 아닌 것에 대해 시끄럽게 반대하고 있다고 생각할 수 있습니다. 그렇지 않습니다. 나는 근심스런 마음으로 다음 세대가 어떻게 될지 봅니다. 이 세대는 아르미니우스주의 시대입니다. 다음 세대는 어떻게 되겠습니까? 펠라기우스주의 시대가 될 것입니다. 그 다음 세대는 어떻게 되겠습니까? 천주교 시대가 될 것입니다. 그러면 그 다음은 어떻게 되겠습니까? 그것은 여러분의 추측에 맡기겠습니다. 잘못된 길은 언제나 밑으로 내려갑니다. 우리는 잘못된 방향으로 한 걸음을 내디뎠습니다. 우리가 어디에서 걸음을 멈추게 될지 하나님은 아십니다. 지나간 시대에 불굴의 사람들이 없었다면, 주님께서 지금과 같은 때에도 남은 자를 우리에게 남겨놓지 않으셨을 것입니다. 모든 은혜가 소멸되었을 것이고, 그래서 우리는 소돔과 같고 고모라와 같이 되었을 것입니다. 살아 계신 하나님의 교회여, 깨십시오! 일어나십시오! 교회의 깃발에 다시 한 번 진리를 쓰고, 교회의 검에는 진리의 도장을 찍으십시오. 하나님을 위하여, 하나님의 검을 위하여 돌격하시오. 여러분, 진리의 기사들이여, 돌격하시오! 살려두지 말고 죽이시오. 오류를 당신 앞에서 죽이시오. 진리가, 오직 진리만 온 세상을 통치하는 왕으로 앉을 때까지 죽이시오!

이제 내가 채찍을 들었으니, 또 한 번 때리지 않으면 안 됩니다. 내가 속한 교단도 제외시키지 말고, 여러분이 말하고 싶은 교회의 어느 교단이든지 보십시오. 그들이 자기 옷을 더럽히지 않았는지 여러분에게 묻습니다. 영국 국교회를 보십시오. 영국 국교회는 거의 모든 면에서 순수하고 바릅니다. 그렇지만 그 교회의 옷이 어떻게 더럽혀졌는지 보십시오. 그 교회는 하나님 대신에 여왕을 자기 머리로 삼았습니다. 영국 국교회는 국가 앞에 절하고, 자기 앞에 세워진 금송아지를 예배합니다. 이 교회의 혐오스러운 것들, 몇몇 교회의 성직을 겸직하고 있는 작태, 아무 일도 하지 않는 채 편하게 지내는 주교들을 보십시오. 이 교회의 불경건한 성직자들이 죄 가운데 생활하는 모습들을 보십시오. 자기 교회가 옷을 더럽혔다는 것을 알지 못하는 교인은 보통 그렇듯이 자기에게 어머니와 같은 교회에 대해 편파적입니다. 그러나 너무 편파적이어서 진리를 말할 수 없을 정도입니다. 그러나 훌륭한 교인들은 내가 말하는 것이 사실이기 때문에 웁니다. 그 다음에 존 웨슬리의 교회를 봅시다. 그들은 자기 옷을 더럽히지 않았습니까? 최근에 어떻게 그 교회들이 미국에서 지금까지 노예제도를 생각하는 사람만큼 비난 받는 전제정치를 함께 주장했는지를 보십시오. 어떻게 그 교회들이 뿔뿔이 흩어져 버렸고, 그리고 어쨌든 공공연히 하나님의 진리를 붙들지 않는 그 교회들이 결국 교리에 있어서 얼마나 취약한지 보십시오. 어떤 교단이 여러분의 마음에 드는지 보십시오. 독립교회파나 침례교회, 아니면 다른 어떤 교단 가운데, 어떻든 자기들의 옷을 더럽히지 않은 교회는 어디입니까? 주변의 교회들을 둘러보십시오. 그리고 그 교회들이 어떻게 세례를 주게 되어 있지 않은 사람들에게 세례를 줌으로써, 그리고 거룩한 교회의 의식을 타락시켜 사람들이 자기 아기들을 기르기 위해서 주는 단순한 고기국물처럼 만듦으로써 옷을 더럽혔는지 보십시오. 그리고 어떻게 그 교회들이 그리스도의 영예를 치워 버렸는지, 하나님의 자녀들을 위해 준비한 빵을 취하여 불경건한 사람들에게 던져주었는지 보십시오. 바로 우리 교단도 봅시다. 우리 교회가 어떻게 복음의 주요 교리들을 버렸는지 보십시오. 나는 그에 대한 증거로 타락한 수많은 강단을 얘기할 수 있습니다. 하나님의 교회여, 나는 광야에서 외치는 자의 소리에 지나지 않습니다. 나는 지금도 이렇게 외치지 않을 수 없습니다. "너 아침의 아들 계명성이여 어찌 그리 하늘에서 떨어졌으며 어찌 그리 떨어졌는고"(사 14:12). "네가 어떻게 받았으며 어떻게 들었는지 생각하고 지켜 회개하라." 여러분이 주의하지 않으면, 주님께서 도적같이 여러분에게 오실 것입니다. 주님이 어느 시각에 여러분에게 오실지 여러분은 모를 것입니다.

**2. 이제는 우리가 훨씬 더 쉽게 이야기할 수 있는 부분에 이르렀습니다.**

그것은 우리가 지금 이 자리에 있는 많은 사람들의 기분을 상하게 하면서라도 우리의 의무라고 생각하는 것을 말하기를 피하려고 하기 때문이 아닙니다. 그보다는 언제나 사람들은 할 수만 있으면 좋은 이야기를 하기를 기뻐하기 때문입니다. "사데에 그 옷을 더럽히지 아니한 자 몇 명이 네게 있어." 여기에서 우리는 **특별한 보호**를 봅니다. "몇 명이 네게 있어." 겨우 몇 명이 있습니다. 어떤 사람들이 생각하듯이 너무 적은 것도 아니고 또 어떤 사람들이 생각하듯이 많은 수도 아닙니다! 하나님의 참된 자녀들의 수에 비할 때 몇 명에 지나지 않았습니다. 하나님의 자녀들 가운데 많은 수가 자기 옷을 더럽혔기 때문입니다. 이들이 소수에 지나지 않았지만, 이 소수가 사데 교회 같은 데에 있었습니다. 그처럼 타락해서 참된 신자가 겨우 "몇 명" 밖에 안 되는 교회가 세상에서 한 군데뿐이 아닙니다. 자신의 교단을 위해서는 언제나 그처럼 맹렬히 싸우는 여러분, 여러분은 다른 교단들이 사데 교회와 같다고 생각합니다. 그러나 사데 교회에도 몇 명의 참된 신자가 있습니다. 그 교단이 모든 개신교 교단들 가운데 최악의 상태에 있다고 할지라도, 사데 교회처럼 몇 명의 신자가 있는 법입니다. 그리고 어쩌면 우리 교단에 대해서도 그와 같이 말할 수 있을지 모릅니다. 즉 우리는 교단들을 다 똑같이 취급하려고 한다는 것입니다. 사데 교회에 몇 명이 있었습니다. 그 점에 주의해야 합니다. 여러분이 빌라델비아 교회처럼 아주 복된 교회라고 생각하는 곳이 아니라 사데 교회와 같은 데에 몇 명이 있습니다. 이설과 거짓 교훈이 있는 곳에, 의식과 예식에 많은 잘못이 있는 곳에, 그런 곳에 참된 신자가 몇 명 있다는 것입니다. 심지어 교회가 국가 앞에 굽실거리는 곳에도, 몇 명이 있다는 것입니다. 우리가 사랑하고 친교를 나눌 수 있는 훌륭한 신자가 소수 있다는 것입니다. 이 사실을 생각할 때 우리는 교회 전체에 대해서는 엄한 태도를 취하게 되지만, 도처에 있는 하나님의 사랑하시는 백성들에 대해서는 아주 애정어린 태도를 취하게 됩니다.

사데 교회에 몇 명이 있습니다. 그렇습니다. 내가 사데에 사는 한 형제를 만나면, 나는 그가 그 소수 중의 한 사람이기를 바랄 것입니다. 그런 사람을 만나면 여러분은 이렇게 말하십시오. "아, 내 동생은 나쁜 교회에서 나왔어요. 하지만 사데 교회에도 몇 명은 있는데, 아마도 내 동생이 그들 중의 한 명일 거에요." 바로 그것이 하나님께서 사랑하시는 동정입니다. 사데 교회는 다 괜찮다고 말하는 보편적인 동정이 아니라, 사데 교회에 있는 어떤 이들은 진실하다고 말하는 동정입니다. 우리는 오늘 아침 늙은 엘리야처럼 서 있습니다. 엘리야는 하나님 앞에 섰을 때 이렇게 말했습니다. "오직 나만 남았거늘 그들이 내 생명을 찾아 빼앗으려 하나이다"(왕상 19:14). 그러나 하나님께서는 작은 목소리로 이렇게 말씀하십니다. "내가 나를 위하여 바알에게 무릎을 꿇지 아니한 사람 칠천 명을 남겨 두었다"(롬 11:4; 왕상 19:18). 그리스도인이여 용기를 내십시오. 사데에 옷을 더럽히지 않은 몇 명이 있다는 사실을 잊지 마시기 바랍니다. 용기를 내십시오. 아직 완전히 썩은 것은 아닙니다. 어쨌든 핵심은 건전하게 보존되어 있습니다. "은혜로 택하심을 따라 남은 자가 있는"(롬 11:5) 것입니다. "소금"이 있는 것입니다. 옷을 더럽힌 많은 사람들이 바로 그 소금 때문에 어느 정도 구원받을 것입니다. 그들이 이 소수가 들어가듯이 천국에 들어갈 것입니다. 그러나 그 소수의 신자에게는 특별한 영예와 복이 있을 것입니다. 그러므로 용기를 내십시오. 여러분이 골방에 들어가 교회의 슬픈 상태를 슬퍼할 때는 언제든지, 골방에서 괴로워하고 슬퍼하는 나이 든 훌륭한 여인이 있다는 점을 생각하십시오. 신실하게 하나님 말씀을 전하는 목사가 있다는 것을 생각하십시오. 하나님의 진리를 변호하는 용감한 집사가 있다는 것을 생각하십시오. 시험 가운데서도 굳세게 견디는 젊은이가 있다는 것을 생각하십시오. 사데에 몇 명이 있어서, 그들이 여러분을 성원하려고 한다는 것을 생각하십시오. 여러분은 풀이 죽지 마십시오. 전쟁의 날에 결코 등을 보이지 않은 영웅들이 있습니다. 지금도 진리를 위해 싸우는 용사들이 있습니다. 용기를 내십시오. 사데에 몇 명이 있습니다. 그러나 조심하십시오. 어쩌면 여러분이 그 몇 명 가운데 한 사람이 아닐 수도 있기 때문입니다.

그와 같이 남은 자가 몇 명밖에 되지 않기 때문에, 우리는 마음을 조심스럽게 살펴야 합니다. 우리의 옷을 보고 더러워졌는지 봅시다. 옷이 더럽지 않으면 우리는 흰 옷을 입고 다닐 것입니다. 우리는 예수로 말미암아 합당한 자가 되었기 때문입니다. 적극적으로 일하십시오. 기도하십시오. 일하는 일꾼이 적으면 적을수록, 적극적으로 일해야 할 이유는 그만큼 많아집니다. 때를 얻든지 못 얻든지 일하십시오. 아주 소수밖에 없기 때문입니다. 아, 우리 뒤에 100명이 있다면, 우리는 "저 **사람들**을 일 시키자"고 말할 수 있습니다. 그러나 우리에게 몇 명밖에 없다면, 그 사람들 각각이 얼마나 이리 뛰고 저리 뛰어야 하겠습니까! 도시가 포위되었습니다. 도시에는 주민들이 가득합니다. 그런데 주민들 가운데 절반은 잠을 자고, 나머지 절반은 성벽을 지킵니다. 이렇게 해서 이들은 서로의 부담을 덜어줍니다. 그런데 어떤 성은 방어자가 몇 명밖에 없습니다. 어떻게 한 용사가 먼저 달려가 전선을 깨트리고 적들을 패주시키는지 보십시오. 이제 그는 다른 곳에 가서 힘을 보탭니다. 요새가 공격을 받습니다. 그는 거기에 있습니다. 지금은 성의 뒷문이 공격을 받습니다. 거기에서 그는 모든 부대 앞에 서 있습니다. 그는 여기서 번쩍, 저기에서 번쩍, 온갖 군데를 뛰어다닙니다. 주위에 모을 수 있는 사람들이 한 줌밖에 되지 않는다는 것을 알기 때문입니다. 용기를 내십시오. 힘을 내십시오. 기운을 내고 아주 단호한 행동을 취하십시오. 정말로 사데에는 옷을 더럽히지 않은 사람은 몇 명밖에 없기 때문입니다. 무엇보다 열심히 기도하십시오. 하나님께 간절히 부르짖으십시오. 하나님께서 신실한 사람들을 더 일으켜 주시라고, 굳세게 서는 택하신 자들의 수를 늘려 달라고, 용광로의 불을 일곱 배나 높여서 교회를 정결하게 해주시라고 기도하십시오. 많은 정금이 더 이상 흐려지지 않고, 영광이 다시 시온으로 돌아갈 날이 올 수 있게 해주시라고 하나님께 소리쳐 구하십시오. 하나님께 구름을 제거해 달라고, "더듬을 만한 흑암"(출 10:21)을 치워 달라고 구하십시오. 배나 더 기도하십시오. 사데 교회에 옷을 더럽히지 않은 신자가 몇 명밖에 없기 때문입니다.

### 3. 이제 우리는 세 번째 요점, 곧 특별한 보상을 살펴보게 되었습니다.

"흰 옷을 입고 다니리니 그들은 합당한 자인 연고라." 주의 깊은 독자라면 내가 방금 인용한 구절에서 아주 기분 좋은 두 마디를 뺀 것을 눈치 챌 것입니다. 원래대로 읽자면 이것입니다. "흰 옷을 입고 나와 함께 다니리니 그들은 합당한 자인 연고라." 그것이야말로 영광의 핵심입니다. 그 구절의 나머지가 금이라면, 그 말은 보석입니다. "흰 옷을 입고 나와 함께 다니리니." 말하자면, 지상에서 그리스도와의 친밀한 교제가 자기 옷을 더럽히지 않은 사람들의 특별한 보상이 될 것입니다. 나는 이제 다시 아주 어려운 말을 하지 않을 수 없습니다. 그러나 그것은 진실입니다. 여러분이 어떤 친구들을 사귑니까? 여러분은 그리스도와 교제를 갖는 사람들을 많이 만납니까? 여러분의 친구들이 훌륭한 사람들이고 올바른 사람들일 수 있습니다. 하지만 그들에게 그리스도와 교제를 갖는지, 그들이 여러분을 이해하려고 하는지 물어보십시오. 여러분이 친구들 가운데 몇 사람에게 좋은 경건 서적을 주면, 그들은 읽고서 그 책들이 신비스러운데 자기는 별로 그 책을 좋아하지 않는다고 말할 것입니다. 그들에게 그리스도를 생각하는 일에 한 시간 정도를 낼 수 있는지, 항상 하늘에 올라가 구주의 품에 머리를 기대는지, 그들이 대체 안식을 얻고 가나안에 들어간다는 것이 무엇인지 아는지 물어보십시오. 어떻게 그리스도께서 우리를 함께 일으켜 그리스도 예수 안에서 하늘에 앉히셨는지를 이해하는지 물어보십시오. 그들이 종종 이렇게 말할 수 있는지 물어보십시오.

> "주님의 사랑을 노래하는 동안 즐거움이 가득하고
> 내 마음은 기쁨이 넘치네
> 나의 하나님 나의 왕이시여 주 안에서 나는 안전하오며
> 주의 영광은 무궁하네."

친구들에게 그렇게 물어보십시오. 그러면 그들은 "네 말뜻을 모르겠다"고 말할 것입니다. 그에 대한 이유는 설교의 첫째 부분에서 말씀드렸습니다. 그들은 옷을 더럽혔고, 그래서 주님은 그들과 함께 다니시지 않을 것입니다. 주님은 "그 옷을 더럽히지 아니한 자들이 나와 함께 다니리라"고 말씀하십니다. 진리를 굳게 붙잡는 사람들, 시대의 유행하는 죄를 짓지 않으려고 조심하는 사람들, "이들이 나와 함께 다닐 것이라"고 주님은 말씀합니다. 또 이렇게 말씀하실 것입니다. "그들은 끊임없이 나와 교제할 것이고, 내가 그들의 뼈 중의 뼈요 살 중의 살임을 그들에게 알게 할 것이다. 내가 그들을 잔칫집에 들일 것이다. 그들 위에 나부끼는 내 깃발은 사랑일 것이다. 그들은 오래 저장한 맑은 포도주를 마실 것이다. 그들은 사람들에게 계시된 주님의 비밀을 알게 될 것이다. 그들은 진정으로 나를 경외하는 백성이기 때문이다. 그들은 흰 옷을 입고 나와 함께 다닐 것이다." 그리스도인이여! 그리스도와 교제를 갖고자 하면 이것을 아십시오. 그 교제에 이르는 특별한 길은 교회가 하였듯이 옷을 더럽히지 않는 것입니다.

그 구절의 나머지 부분에 대해서도 생각해 봅시다. "흰 옷을 입고 나와 함께 다니리니 그들은 합당한 자인 연고라." 나이 든 어떤 훌륭한 학자는 여기 이 구절이 어떤 사실을 언급하고 있다고 말합니다. 즉 랍비들이 흠 없는 가문임을 알 수 있는 사람들에게 흰 옷을 입고 다니도록 허락했다고 합니다. 그런데 그들의 가문에 어떤 오점이 있어서 그들의 출생을 아브라함까지 추적할 수 없는 것이 발

견되면, 더 이상 흰 옷을 입고 다닐 수 없게 되었는데, 그 사실을 가리킨다고 합니다. 그래서 그 학자는 이 구절이 의미하는 바는 옷을 더럽히지 않은 사람들은 자신의 양자됨을 입증할 수 있고, 그래서 그들이 하나님의 자녀라는 확실한 보증으로 흰 옷을 입고 다닐 수 있게 되는 것이라고 말합니다. 우리가 하나님의 백성이라는 것을 확신하고 싶으면, 옷에 더러운 것을 묻히지 않도록 조심해야 합니다. 이 세상에서 튀기는 진흙더미마다 옷에 묻으면 "당신은 하나님의 자녀가 아닐 거야" 하고 소리칠 것이기 때문입니다. 그처럼 죄가 되는 의심을 일으키는 것은 아무것도 아닙니다. 죄는 우리에게 고통을 일으키는 장본인입니다. 죄로 얼룩진 사람은 충만한 확신을 누릴 것을 기대하지 않아야 합니다. 그러나 하나님 가까이에서 살고 옷에 세상의 더러움을 묻히지 않는 사람, 그는 흰 옷을 입고 다니며 자신의 양자됨이 확실하다는 것을 알 것입니다.

그러나 주로 우리는 이 말씀이 칭의를 가리키는 것으로 이해해야 합니다. "흰 옷을 입고 다니리니." 즉 그들은 믿음으로 말미암아 의롭다함을 얻었다는 것을 항상 의식할 것입니다. 그들은 그리스도의 의가 자기들에게 전가되어서 자기들이 씻음을 받아 눈보다 희고 양털보다도 깨끗해져서 "세상 군주가 입는 것보다 비교할 수 없이 뛰어난 좋은 옷"을 가지고 있다는 것을 알게 될 것입니다.

또한, 이 말씀은 더할 수 없는 기쁨을 가리킵니다. 유대인들에게 흰 옷은 절기 때 입는 옷이었기 때문입니다. 옷을 더럽히지 않은 사람들은 항상 얼굴을 밝게 하고 다닐 것입니다. 그들은 솔로몬이 다음과 같이 말했을 때의 의미를 이해할 것입니다. "너는 가서 기쁨으로 네 음식물을 먹고 즐거운 마음으로 네 포도주를 마실지어다 네 의복을 항상 희게 할지니라 이는 하나님이 네가 하는 일들을 벌써 기쁘게 받으셨음이니라"(전 9:7, 개역개정은 두 문장의 순서가 바뀌어 있음. "이는 하나님이 네가 하는 일들을 벌써 기쁘게 받으셨음이니라 네 의복을 항상 희게 할지니라" – 역주). 하나님께 용납을 받는 자는 흰 옷을 입을 것인데, 흰 옷을 입으면 성부 하나님께서 받아들이시므로 이 옷은 지극한 기쁨의 옷입니다. 그러면 그렇게 많은 의심과 그렇게 많은 고통과 비참함, 슬픔은 어디에서 오는 것입니까? 그것은 교회가 옷을 더럽혔기 때문입니다. 그들은 여기 이 땅에서 흰 옷을 입고 다니지 못하는데, 그것은 그들이 합당한 자가 아니기 때문입니다.

끝으로, 이 말씀은 하나님의 보좌 앞에서 흰 옷을 입고 다니는 것을 가리킵니다. 여기서 옷을 더럽히지 않은 사람들은 저 세상에서도 흰 옷을 입고 다닐 것이 틀림없습니다. 거기에서는 흰 옷을 입은 허다한 무리들이 지극히 높으신 하나님을 영원히 찬송할 것입니다. 여러분이 옷을 더럽히지 않았다면, "내가 믿는 자를 내가 안다"(딤후 1:12)고 말할 수 있습니다. 그리고 "땅에 있는 나의 장막 집이 무너지면 하나님께서 지으신 집 곧 손으로 지은 것이 아니요 하늘에 있는 영원한 집", 곧 내 행실이나 내 공로로 얻은 집이 아니라 은혜로 받은 "영원한 집이 내게 있는 줄 아느니라"(고후 5:1)고 외칠 수 있습니다. 상상할 수 없는 기쁨, 꿈에도 생각할 수 없는 행복, 사람의 생각을 초월하는 지복(至福), 도무지 바랄 수 없는 복이 있다면, 여러분이 그 모든 것을 누리게 될 것입니다. 여러분은 합당한 자이기 때문에 흰 옷을 입고 다닐 것입니다. 그리스도께서 여러분에게 이같이 말씀하실 것입니다. "잘 하였도다 착하고 충성된 종아 네 주인의 즐거움에 참여할지어다"(마 25:21).

　　그러나 교회 안에서 살지만 교회에 속하지 아니하여, 살았다 하는 이름은 있으나 죽은 사람들은 어떻게 되겠습니까? 신앙을 고백했지만 신앙을 가지고 있지 않은 사람들은 어떻게 될 것입니까? 외적으로만 신앙인이고 내적으로는 쓰디쓴 고통 가운데 있는 사람들은 어떻게 될 것입니까? 일찍이 칼빈이 한 말로 우리는 답합니다. "그들은 검은 옷을 입고 다닐 것이다. 이는 그들이 합당치 않기 때문이다." 그들은 검은 옷을 입고 다닐 것입니다. 즉 하나님의 파멸의 흑암 속에서 다닐 것입니다. 그들은 검은 옷을 입고 다닐 것입니다. 즉 말할 수 없는 고통의 어둠 속에서 다닐 것입니다. 그들은 합당치 않은 자로 발견되었기 때문에 영원히 검은 옷을 입고 다닐 것입니다.

　　스스로 그리스도인이라고 하는 사람들이여, 자신을 살펴보십시오. 목사들이여, 자신을 살펴보십시오. 지금 신앙을 고백한다고 하는 사람들이여, 가슴에 손을 얹고 여러분의 마음을 살펴보십시오. 예리하게 감찰하시는 하나님 앞에서 사십시오. 여러분을 구속하는 고삐를 시험해보고 여러분의 마음을 살펴보십시오. 내가 여러분에게 간절히 권하는 것은 조금 중요한 문제가 아니라 배나 중요한 문제입니다. 여러분의 마음을 살피고 또 살피며, 여러분이 제 길로 가고 있는지 보라고 권합니다. 왜냐하면 마지막에 가서 여러분이 교회 안에 있었지만 교회에 속하지 않았고, 여러분이 신앙 고백을 했지만 그것이 위선을 가리는 외투에 불과한 것이었다는 것을 깨닫게 되면, 즉 이 아래에 있는 주님의 궁정에는 들어갔지만 위에 있는 궁정에서는 쫓겨난다면, 여러분은 큰 곤경에 빠지게 될 것이기 때문입니다. 신앙 고백의 첨탑이 높으면 높을수록 여러분이 떨어지게 되는 파멸은 그만큼 더 무섭다는 것을 기억하십시오. 그래서 거지가 된 왕, 추방된 왕자, 왕위에서 쫓겨난 황제들이 언제나 사람들의 동정을 받는 것입니다. 신앙을 고백했다고 하는 여러분, 여러분이 옷을 빼앗기고, 머리에서 신앙고백의 면류관이 벗겨지고, 아주 천한 사람들의 야유와 하나님을 모독하는 자들의 조롱, 그리고 여러분과 같이 위선자는 아니지만 온갖 형편없는 사람들의 조소를 받는다면, 어떤 생각이 들겠습니까? 그들은 여러분에게 이렇게 소리칠 것입니다. "너도 우리 같이 되었느냐?"(사 14:10) 자칭 신자라고 하는 당신, 높은 곳을 날아다니던 당신이 우리 같이 되었느냐?" 그러면 여러분은 죄 지은 머리를 파멸의 어두운 구덩이에 숨기려 하지만 아무 소용이 없을 것입니다. 여러분은 언제나 들려오는 그 야유 소리를 결코 피할 수 없기 때문입니다. 그만 술 마시라고 여러분이 말했던 그 술주정뱅이가 말할 것입니다. "아니! 당신! 당신이 우리 같이 되었소?" 여러분이 경멸했던 창기와, 여러분이 조심하라고 경고했던 방탕한 젊은이가 여러분을 똑바로 쳐다보고 말할 것입니다. "아니! 당신! 신앙 얘기를 했던 사람이잖아. 당신 멋진 사람이었는데! 그런 당신이 우리 같이 되었소?" 아, 그들이 지옥에서 이렇게 말하는 것이 들리는 것 같습니다. "여기, 목사님이 계시네. 집사님도 계시고 교인도 있네. 성찬 포도주를 마시던 사람도 있네. 옷에 세례 받던 물이 묻은 사람도 있네."

아, 조심하십시오. 사데 교회에 흰 옷을 입고 다니는 사람은 몇 명밖에 없습니다. 여러분은 그 소수 중의 한 사람이 되도록 하십시오. 하나님께서 여러분에게 은혜를 베푸셔서, 여러분이 마지막 날에 하나님께 버림을 받지 않고 용납하심을 받을 수 있기 바랍니다! 하나님께서 여러분에게 자비를 베푸셔서, 알곡과 가라지를 가르실 때 여러분을 알곡으로 모아들이고, 꺼지지 않는 불에 던져 넣지 않게 해주시기를 바랍니다! 자비로운 주님께서 이 경고를 복주시고, 우리의 간구를 사람들이 듣게 하여 주시기를 예수님의 이름으로 기도합니다. 아멘.

제
11
장
—

# 확고부동한 자들에 대한 칭찬

—

"볼지어다 내가 네 앞에 열린 문을 두었으되 능히 닫을 사
람이 없으리라 내가 네 행위를 아노니 네가 작은 능력을 가
지고서도 내 말을 지키며 내 이름을 배반하지 아니하였도다
네가 나의 인내의 말씀을 지켰은즉 내가 또한 너를 지켜 시
험의 때를 면하게 하리니 이는 장차 온 세상에 임하여 땅에
거하는 자들을 시험할 때라." — 계 3:8-10

이 말씀은 빌라델비아 교회의 사자에게 주시는 메시지인데, 오늘날의 교회
와 목사들에게 주시는 교훈으로 가득 차 있습니다. "귀 있는 자는 성령이 교회들
에게 하시는 말씀을 들을지어다." 빌라델비아 교회는 크지 않았지만 훌륭하였
고, 힘은 없었지만 신실하였습니다. 성령께서 "네가 작은 능력을 가졌다"고 말씀
하십니다. 신자들의 무리마다 어느 정도 힘을 가지고 있습니다. 우리 자신은 약
하지만, 우리가 믿음을 가지고 있다는 사실 자체가 우리에게 어느 정도 힘이 있
다는 것을 입증합니다. 또한 그 힘은 정도의 문제입니다. 어떤 교회는 작은 능력
을 가지고 있습니다. 작은 능력밖에 없습니다. 빌라델비아 교회는 여러 면에서
작은 능력밖에 없었다고 생각합니다. 교인들의 수가 적었을 것이고, 그래서 힘
이 많지 않으므로 많은 일꾼이 필요한 큰 사업은 맡을 수 없었을 것입니다. 그
형제들은 국내 사역에 모든 힘을 집중해야 할 필요가 있었습니다. 그들은 숫자
가 적으므로 내지 선교와 교육에서 한두 사람이 빠지면 거기에 크게 영향을 받

을 것이기 때문입니다. 어떤 교회가 등록된 교인 수는 아주 적지만 하나님께서 매우 귀하게 여길 수 있습니다. 하나님은 양보다 질을, 숫자보다 순종을 더 중히 여기시는 분이기 때문입니다. 그런 교회에는 은사의 면에서도 능력이 적었습니다. 빌라델비아 교회 교인들은 고린도에 있는 그 유명한 교회와 같지 않았습니다. 그 교회에서는 누구나 사람을 가르칠 수 있었고, 아무에게서나 배우는 것을 누구도 꺼리지 않았습니다. 빌라델비아 교인들은 능력이 적어서 방언을 말하지도, 기적을 행하지도, 말씀을 가르치지도 못했습니다. 그러나 그들은 주님의 사도들에게서 배운 것을 충실하게 붙들었습니다. 말하자면 그들은 똑똑하지는 못했지만 착실하였습니다. 학식 있는 사람이나 말을 잘하는 사람이 부족한 교회들이 오히려 주님께 크게 칭찬을 받을 수 있습니다. 주님은 학식보다 은혜를 중히 여기고, 은사보다 믿음을 중히 여기시기 때문입니다. 아마도 그들은 그 시대의 대부분의 교회들처럼 재정적인 역량도 아주 적었을 것입니다. 그들은 돈이 필요한 일은 조금밖에 할 수 없었습니다. 그들 가운데 재산을 가진 사람이 아무도 없는 가난한 교회였습니다. 금에는 전혀 관심이 없고 오직 진실함을 보시는 하나님께서 특별히 귀하게 보시는 교회들이 많이 있습니다. 필시 그들은 은혜와 더불어 받을 수 있는 것들에서도 능력이 적었을 것입니다. 내 뜻은 그들이 지식에서, 그리고 그들이 알고 있는 것을 말하는 능력에서도 부족하였을 것이라는 말입니다. 이것은 애석한 일이었습니다. 그러나 그것은 그들의 불행이고 잘못이 아니므로, 그에 대한 책임은 없었습니다. 주님께서 우리가 능력이 적은 것을 가지고 우리를 책망하시지 않습니다. 그러나 사랑이 적고, 믿음이 적으며 열심이 적고 헌신이 적은 것에 대해서는 책망하십니다.

빌라델비아 교회 교인들은 꽃양산 조개처럼 힘은 적지만 바위에 단단히 붙어 있었고, 그 점 때문에 칭찬을 받았습니다. 그들은 능력은 적지만 하나님의 말씀을 지켰고 주님의 이름을 배반하지 않았습니다. 어쩌면 그들이 능력이 더 많다고 느꼈다면, 갈라디아 교인들이 그랬던 것처럼 사람들의 반대를 받고 뻔뻔하게 하나님의 말씀을 떠났을 것이고, 그랬다면 보상을 잃었을 것입니다. 주 예수 그리스도의 모든 교회가 능력이 많든지 적든지 간에 그리스도 예수께 충성하여 믿음에 굳게 서려고 하기를, 곧 그리스도께서 성령으로 우리에게 가르쳐 주신 진리들에 확고히 서려고 하기를 바랍니다.

사랑하는 교우 여러분, 내 생각에는 교회의 목사를 가리키는 것으로 보이는 빌라델비아 교회의 사자에게 이 말씀이 사용되었듯이, 이 말씀을 각 개인에게 적용되는 것으로 본다고 해도 전혀 잘못하는 것이 아니라고 생각합니다. 이 시간, 여기에 참석한 그리스도인들 가운데에도 능력은 적지만 하나님의 말씀을 지켜온 분들이 있을 것이라고 확신합니다. 그렇다면, 그분들은 하나님의 은혜대로 그에 대한 보상을 받을 것입니다. 그들은 성도들에게 단번에 주신 믿음을 고백하고 굳게 지켰으며, 그들에게 은혜를 주셔서 그렇게 하도록 하신 주님께서는 믿음을 지킨 보상으로 그들에게 훨씬 더 큰 은혜를 베푸실 것입니다.

우리는 오늘 밤 그 점을 염두에 두고 본문을 살펴볼 것입니다. 먼저 칭찬의 말씀이 있다는 점을 보겠습니다. 주님은 이 신실한 교회의 사자를 칭찬하십니다. 둘째로, 주님은 그에게 장래에 대한 말씀을 주십니다. 주님은 "내가 네 앞에 열린 문을 두었으되 능히 닫을 사람이 없으리라 내가 네 행위를 아노니 네가 작은 능력을 가지고서도 내 말을 지켰도다." 그 다음, 셋째로, 본문 10절에 나오는 약속의 말씀에 대해 이야기하겠습니다. "네가 나의 인내의 말씀을 지켰은즉 내가 또한 너를 지켜 시험의 때를 면하게 하리니 이는 장차 온 세상에 임하여 땅에 거하는 자들을 시험할 때라." 오늘 내 설교가 신실한 몇몇 사람들을 이 악한 날에 소리쳐 구할 수 있기를 바랍니다. 우리는 하나님의 집에서 쓰일 기둥들이 필요합니다. 그들을 어디에서 찾을 수 있습니까?

## 1. 첫째로, 본문에 칭찬의 말씀이 있다는 것을 말씀드립니다.

우리가 때로 서로를 칭찬할 때 그렇듯이, 칭찬하는 일에 그렇게 더뎌서는 안 된다고 생각합니다. 형제에게 그의 모든 결점을 지적하는 것이 아주 적합하고 타당한 일인데, 그렇게 하는 것이 형제에게 유익한 처방이 되고 이 눈물 골짜기 같은 데서 너무 행복에 빠지지 않게 해주는 길이라고 생각하는 사람들이 있습니다. 우리가 언제나 형제의 잘못을 들추어냄으로써 그가 일을 더 잘 할 수 있도록 기운을 북돋울 수 있다고 생각하십니까? 만일 그렇다면 어떤 사람들은 이때쯤에는 아주 훌륭한 사람들이 되어 있어야 합니다. 왜냐하면 그들에게는 솔직하게 그들의 잘못을 지적하는 친구들이 많았기 때문입니다. 형제의 흠을 찾아내십시오. 그러면 그는 너무 교만해지지 않을 것입니다. 그리고 더 나아가서 그는 여러분의 사려 깊은 행동으로 인해 자신이 더 겸손해진 것에 대해 크게 감사할 것이 분명합니다. 형제의 결점들을 예의주시하는 것이 형제애를 더욱 돈독하게 하는데 큰 도움이 된다는 것도 기억하시기 바랍니다. 그런데 사람이 누구나 제 정신으로 그렇게 생각합니까? 나는 이렇게 생각하지 않을 수 없습니다. 그 방법을 충분히 경험해 보았을 때, 때로 서로를 조사하고 우리가 형제에게서 장점으로 보는 모든 것을 기뻐하고, 형제에게서 성령의 열매라고 확신하는 것을 보았다는 점을 형제들이 듣게 된 것에 대해 하나님께 감사하는 것이 더 낫다는 것입니다. 사람들이 마땅히 되어야 할 그런 사람이 된다면, 그들은 우리의 작은 칭찬을 너무 크게 생각하고 그로 인해 지나치게 우쭐해하는 일이 없을 것입니다. 그보다는 우리의 칭찬에 그들은 때로 격려를 받고 용기를 얻어 더 높고 고귀한 일을 추구하게 될 것입니다. 어떤 사람이 내 칭찬을 받을 만하다면, 내가 그 사람을 칭찬하는 것은 그에게 빚을 갚는 것일 뿐입니다. 그런데 그 사람이 내 칭찬을 바르게 쓰지 못할 것이라는 핑계로 그 빚을 갚지 않는 것은 부정직한 일입니다. 칭찬을 받을 만한 사람은 칭찬을 감당할 수 있고, 그들 가운데 어떤 이들은 칭찬이 필요하기도 합니다. 나는 하나님 백성들에게 하는 친절한 말이 어느 날 그들의 귀에 들릴 "잘 하였도다 착하고 충성된 종아" 라는 말을 미리 듣는 것에 지나지 않을 수 있으며, 지친 길을 가는 그들을 돕는 유익한 리허설이 될 수 있다고 생각합니다. 훌륭한 사람들에게는 많은 투쟁이 있습니다. 우리는 그들을 위로하는 일에 봉사하도록 합시다. 어쨌든 교회의 머리이신 주님은, 빌라델비아 교회가 주님의 말씀을 지킨 것을 잘 한 일이라고 생각하며, 칭찬하는 것을 현명하지 못한 처사라고 생각하지 않으셨습니다. 그러므로 옳은 일을 하려고 노력하는 사람들을 격려하십시오.

이 빌라델비아 신자들은 무슨 일을 해서 칭찬을 받았습니까? 그들이 한 일은 이것입니다. 하나님의 말씀을 지킨 것입니다. "내 말을 지키며 내 이름을 배반하지 아니하였도다." 이 말이 무슨 뜻입니까?

이 말씀은 먼저, 그들이 하나님의 말씀을 받았다는 것을 의미합니다. 그들이 하나님의 말씀을 듣고 간직하지 않았다면 그 말씀을 지킬 수 없었기 때문입니다. 하나님의 말씀은 그들의 것이었습니다. 그들은 하나님의 말씀을 들었고, 그 외에 다른 어떤 것도 들을 마음이 없었습니다. 하나님의 말씀은 그들의 것이었습니다. 그들은 하나님의 말씀을 읽고 살피고 자기 것으로 삼았습니다. 그들은 거룩한 지식을 기억에 저장하고 사랑으로 간직하며 경험에 사용하고 생활에서 실천하였습니다. 그들은 계시된 진리를 부끄러워하지 않았고, 반대로 자기 소유이

자 유산이며 보물로 여겼고, 모든 것으로 삼았습니다. 나는 우리 가운데 많은 사람들이 은혜의 교리들이 보석이고 재산이며 바로 우리의 생명이라고 말할 수 있을 것이라고 믿습니다. 하나님께서 우리에게 복음을 맡기셨습니다. 그러므로 우리는 우리에게 맡기신 복음에 불충실하기보다는 우리에게 있는 모든 것을 내놓는 것이 더 쉽습니다. 성령의 가르침을 받아서 복음을 좋아하고 언약의 진리들에 깊은 애정을 갖는 것은 작은 특전이 아닙니다.

다음으로, 우리는 그들이 하나님의 말씀을 사랑하였다고 확신할 수 있습니다. 그들은 하나님의 말씀에서 큰 기쁨을 얻었습니다. 하나님의 말씀을 깊이 음미하였습니다. 즉 말씀을 먹고 자랐습니다. 그들은 꿀벌이 꿀을 저장하듯 하나님의 말씀을 저장하였고, 꿀벌이 저장한 꿀을 지키게 되어 있듯이 하나님의 말씀을 언제든지 변호할 준비가 되어 있었습니다. 그들은 하나님 말씀을 묵상하였고, 이해하려고 노력하였습니다. 하나님의 입에서 나오는 모든 것을 기뻐하였습니다. 사람들은 가치 없다고 생각하는 것을 간직하지 않습니다. 오늘날 사람들이 진리를 더 귀하게 생각한다면, 진리를 지키는데 더욱더 용감해질 것입니다. 사람들은 귀하게 생각하지 않는 것은 언제든지 버릴 수 있습니다. 그리고 바로 이 이유 때문에 많은 사람이 믿음을 빼앗는 강도들인 비평가들과 철학자들에게 기꺼이 성경을 넘겨줍니다. 그러나 하나님의 말씀을 지키는 사람은 말씀을 깊이 사랑한다고 확신할 수 있습니다. 사랑하는 하나님의 자녀 여러분, 여러분이 이스라엘 가운데 지극히 작은 자일 수 있습니다. 그러나 하나님의 말씀을 사랑하면, 여러분에게는 하나님이 기뻐하시는 것이 있습니다. 하나님은 여러분이 성경 읽는 것을 보시고, 하나님 말씀의 의미를 이해하기 위해 노력하는 모습을 유의하여 보십니다. 여러분이 앉아서 하나님의 거룩한 사상을 묵상하는 것을 눈여겨 보시고, 주님의 뜻이 무엇인지 알려고 애쓰는 여러분을 기뻐하십니다. 주님은 "내가 네 행위를 아노라" 고 말씀합니다. 비록 여러분이 별로 영향을 끼치지도 못하고 능력도 부족한 사람일 수 있지만, 하나님은 여러분이 하나님의 말씀을 기뻐하기 때문에 여러분을 기뻐하십니다.

하나님 말씀을 사랑한다는 것이 작은 일이 아니지만, 그렇다고 그냥 하나님의 말씀을 사랑하는 것만을 의미하는 것은 아닙니다. 그것은 그들이 하나님 말씀을 믿었다는 것을 의미합니다. 아주 철저히 믿었고 그래서 말씀을 지킨 것입니다. 나는 우리가 하나님 말씀에 나오는 중요한 진리들을 지적으로 믿지 않으면서, 그것을 당연한 일로 여기고 있지 않는가 염려됩니다. 우리는 "예, 예. 이 교리들이 신조에 있지요" 하고 말합니다. 그러고 나서 그 교리들을 선반 위에 올려놓습니다. 그렇게 함으로써 우리는 그 진리들을 한쪽으로 치워버리고 진정으로 믿지 않습니다. 누군가가 그 진리들을 부인하면 우리는 점점 더 속이 탑니다. 그러나 그에 대해 아무런 논쟁이 없으면 우리는 그 진리들을 잊고 지냅니다. 이것이 현명한 일입니까? 우리는 반대자들을 이단이라고 부르며, 정통 신앙을 지키려는 우리의 열심은 분명합니다. 그러나 우리가 그 교리들에 대해 개인적인 믿음을 발휘해 본 적이 없기 때문에 마치 그 교리들을 우리 자신이 고안해 낸 것처럼 생각할 수가 있습니다. 어떤 진리에 이르기까지 노력하는 것, 곧 계속 파고 들어가 금광에 이르기까지 길을 내는 것은 큰 일입니다. 참된 신자는 치즈를 파먹어 들어가는 진드기에 비유할 수 있습니다. 진드기는 자기 길을 따라 가며 치즈를 먹는데, 나가면서 앞에 있는 것을 다 먹으면서 파고 들어가 그 중심에까지 이릅니다. 우리는 우리 길을 가면서 하나님 말씀을 먹습니다. 우리는 예민한 마음으로 진리를 파고들면서 배우는 것을 먹고 살아갑니다. 진리는 너무 커서 우리가 한 번에 다 받아들일 수 없습니다. 그러나 매일 매시간 우리는 진리를 따라 삽니다. 이와 같이 진리를 믿는다는 것은, 사실 진리를 매일 사용하는 귀한 것으로 여기는 것입니다. 이렇게 하는 것이 끝까지 진리를 지키는 가장 확실한 방법입니다. 사랑하는 하나님의 자녀 여러분, 앞에서 말한 대로 여러분이 아주 적은 능력밖에 없으며 또 자주 시험을 받고 낙담할 수 있습니다. 그러나 여러분이 하나님의 말씀을 믿으면, 아주 빛나는 신앙 고백이나 아주 화려한 행위보다 어린아이 같은 믿음으로 하나님을 더 기쁘시게 할 수 있습니다. 믿음은 보석들 가운데 극상품 다이아몬드입니다. 즉 모든 미덕들 가운데 여왕입니다. 하나님의 말씀을 믿으십시오. 그러면 여러분은 거룩한 일을 한 것입니다. 다른 사람들이 하나님의 말씀을 부인할 때 여러분은 믿으십시오. 그러면 여러분은 그들 모두를 이기는 승리자인 것입니다. 하나님의 말씀을 의심하게 만드는 환경이 닥쳐도 하나님의 말씀을 믿으십시오. 여러분의 마음이 따라주지 않을 때에도 하나님의 말씀을 믿으십시오. 더러운 물을 솟구쳐 내는 샘처럼 죄와 타락이 여러분 속에서 일어날 때에도 하나님의 말씀을 믿으십시오. 이와 같이 하면 여러분은 진리의 하나님께 영광을 돌려드릴 것입니다. 하나님 말씀에서 주신 약속을 계속해서 굳게 붙들고, 그리스도 예수 안에서 나타난 하나님의 모습을 굳게 붙드십시오. 그러면 여러분은 하나님이 여러분에게서 마땅히 받아야 할 영예를 하나님께 드리게 될 것이고, 하나님께서 "내가 네 행위를 아노니 네가 작은 능력을 가지고서도 내 말을 지켰도다" 하고 말씀하실 것입니다.

　　그 다음에, 이렇게 속으로 진리를 갖고 있고 진심으로 믿을 뿐 아니라, 우리는 항상 진리를 고수해야 합니다. 아마 이것이 여기서 말하고자 하는 핵심 사상일 것입니다. 즉 "네가 내 말을 지켰도다." 도대체 하나님의 말씀대로 믿는 것에 전혀 관심이 없는 사람들이 우리 가운데 많이 있습니다. 그들은 자기들이 믿는 바를 고안해 냈습니다. 그들의 신학은, 거미가 속에서 거미줄을 자아내듯이 그들 자신에게서 나온 것입니다. 그러나 확실히 우리는 우리의 지극히 거룩한 믿음의 교리들에 관한 모든 것에서 "여호와께서 이같이 말씀하셨느니라" 는 말씀을 언급해야 합니다. 진리는 내가 생각하는 것이 아닙니다. 우리보다 위대한 어떤 사람들이 생각할 수 있는 것도 아닙니다. 진리는 그 시대의 계몽된 모든 지성들의 일치된 의견이 될 수 없습니다. 진리임을 결정하는 것은 여호와께서 말씀하셨다는 사실에 있습니다. 하나님의 생각은 하늘이 땅보다 높음같이 우리 생각보다 높습니다. 그런데 감히 우리가 하나님의 생각을 끌어내려 판단하려고 합니까? 그 시대의 사상이 옳고 좋고 선한 것이 될지라도, 우리가 기대어 쉴 수 있는 것은 일시적인 견해가 아닙니다. 우리의 믿음은 사람의 지혜에 서 있지 않고 하나님의 능력에 서 있습니다. 성경에서 말하는 것은 우리에게 확실한 진리입니다. 다른 모든 진술은 거기에 복종해야 합니다. 칠링워스(Chillingworth)는 무엇이 참된 것인지를 말하면서 "성경, 오직 성경만이 청교도들의 신앙" 이라고 하였습니다. 많은 사람들은 "시대에 뒤지지 않고 따라간다" 는 것이 무엇을 의미든지 간에, 우리는 그렇게 가야 한다고 말합니다. 우리가 따르지 않을 수 없는 "시대정신" 이라는 것이 있습니다. 내가 볼 때 이것은 최고의 진리에 반역하는 것입니다. 나는 복종하고 싶은 오직 한 성령만을 알 뿐입니다. 성령은 결코 변하지 않는 모든 시대의 영이십니다. 성령의 가르침을 따를 때 우리는 현재 시대보다 19세기 뒤에 있는 것뿐만 아니라 인간 역사의 모든 시대 바로 뒤에서 따라가고 있는 것입니다. 우리에게 적은 능력밖에 없다면, 시대와 시대의 정신들은 자기들 원하는 대로 가도록 버려두고, 우리는 성령님과 성령의 영원한 가르침을 지키도록 합시다. 우리가 어떤 사람들처럼 머리가 뛰어나지 못하고, 그래서 그들이 하듯이 궤변과 꾸며낸 이야기를 고안해 내거나 퍼트릴 수 없는 것을 생각할 때, 마

지막에 가서 "네가 작은 능력을 가지고서도 내 말을 지켰도다"는 말로 칭찬을 받
는다는 것은 결코 작은 일이 아닐 것입니다. 형제 여러분, 하나님의 말씀을 굳게
붙듭시다. 오류 없는 불변의 계시를 굳게 지킵시다! 어떤 새로운 것이 올지라도
예수님의 말씀을 지킵시다! 시대의 지혜자들이 어떤 것을 발견할지라도 그리스
도께서 여러분에게 지혜가 되도록 하십시오. 새로운 선생들을 고텀(Gotham: 옛
날에 주민이 모두 바보였다고 전해오는 잉글랜드의 성읍 – 역주)의 지혜자들 정도로만
생각하십시오. 하나님의 말씀을 반대하는 사람들은 어리석은 자들이기 때문입
니다. 그들이 "여기 보라 저기 보라"고 소리치는 대로 놔두고, 그들의 말을 믿지
마십시오. 여러분의 의지가 되는 것이 여기에 있습니다. 성경이야말로 우리에게
최후의 말씀입니다.

> "이 거룩한 책에
> 신비 중의 신비가 있네.
> 인류 가운데 가장 복된 이들은
> 우리 하나님께 은혜를 받은 이들이네.
> 읽고 유의하고 생각하고 기도하며
> 바른 것을 알고 그 길을 배우는 은혜를 받은 이들이네.
> 읽고도 의심하거나 읽고도 조롱하는 이들은
> 차라리 나지 않은 것이 나을 뻔한 자들이네."

성경에 없는 것은 그리스도의 교회에서 믿음의 문제로 받아들여서는 안 됩
니다. 그러나 성경에 있는 것은 받아들이고 아주 확고하게 붙들고 있어야 합니
다. 곧 믿음으로 붙드는 변치 않는 진리만큼이나 변함없는 순전한 믿음으로 굳
게 붙들어야 합니다. 자기가 안전하게 있을 곳을 찾지도 않고, 지킬 것이 아무것
도 없기 때문에 아무것도 지키지 않는 사람에게는 화가 있습니다. 그처럼 아무
것도 지키지 않는 자에게 화가 돌아갈 것인데, 먼저는 칼빈주의자에게, 그 다음
에는 아르미니우스주의자에게, 그 다음에는 펠라기우스주의자에게, 그 다음에
는 유니테리언교도에게 화가 있을 것입니다. 이 빌라델비아 교회는 "네가 내 말
을 지켰도다"는 칭찬을 받았습니다. 사랑하는 여러분, 여러분도 그 칭찬을 받도
록 하십시오.

또한 그 말씀은 이런 뜻으로 한 것이 분명합니다. 즉 그들이 하나님의 말씀을 순종하였다는 것입니다. "네가 작은 능력을 가지고서도." 즉 너희는 수가 매우 적은데, 지금까지 모든 교훈과 규례를 지켰다. 어떤 사람들은 인기 있는 교단의 교인이 되는 것을 큰 일로 생각합니다. 그러나 큰 휘장이 말려 올라가고 모든 것들이 겉에 보이는 대로가 아니라 있는 그대로 나타날 때는, 모든 일에서 성령의 가르침을 가장 진실하게 지켰던 교회가 가장 칭찬을 받을 것이라고 생각하지 않습니까? 기독교적 기사도정신이 있다면 여러분은 600만 명의 신자 수를 자랑하면서도 주님의 일을 외면하는 교회의 교인이 되는 것보다 교인 수는 6명밖에 안 되지만 주님의 일을 양심적으로 하는 교회의 교인이 되는 것을 더 낫게 여길 것입니다. 나는 하나님의 말씀이 아닌 다른 어떤 책을 지침과 권위로 삼고, 주 예수 그리스도가 아닌 다른 사람을 머리로 인정하는 교회와는 교제를 나눌 수 없습니다. 나는 내게 하나님을 예배하는 형태를 명령하기 위해 통과된 법령에 군중들과 함께 복종하기보다는 차라리 홀로 서겠습니다. 대체로 소수의 사람들이 세상과 교회를 구원하였다는 것이 밝혀질 날이 올 것입니다. 분투노력하는 이 소수의 사람들은 오직 하나님과 함께 설 때 자신들을 다수로 생각할 수 있습니다. 하나님은 세상의 무수한 사람들을 다 합친 것보다 그들을 더 중요하게 여기시기 때문입니다. 세상의 왕들과 군주들을 기쁘게 하기 위해서는 한 치도 움직이지 않고 한 글자도 바꾸지 않으며 한 마디도 내뱉지 않으려고 하는, 하나님을 경외하는 신실하고 확고부동한 사람들은 주께서 오시는 날에 칭찬과 영광을 얻을 것입니다. 이런 사람들은 그리스도께서 보좌로부터 몸을 굽혀 영예를 입혀 주실 것입니다. 하나님의 말씀을 가볍게 다룬 사람들은 가볍게 평가될 것입니다. 하나님의 계명 가운데 지극히 작은 것 하나라도 의도적으로 범하고, 사람들에게 그렇게 가르친 사람들은 천국에서 지극히 작은 자가 될 것입니다. 어린 양이 어디로 가든지 그를 따르는 사람은 복되고 행복할 것입니다. 어떤 문제에서 다른 사람들의 뜻이 어떤 것인지에 대해서는 전혀 신경 쓰지 않고, 오직 의심없이 행하기 위해서 주님의 뜻을 알고자 하는 사람은 복이 있을 것입니다.

사랑하는 여러분, 다시 한 번 그 사실을 직접적으로 말씀드리겠습니다. 여러분은 작은 능력을 가지고 있지만 하나님의 말씀을 지킬 수 있지 않습니까? 여러분이 앞으로도 수가 더 많아지지 않거나 영향력이 더 커지지 않을 수 있습니다. 그러나 여전히 여러분이 하나님의 말씀을 지켰다는 말을 들을 수 있도록 하십시오. 하나님의 말씀을 연구하고 지키십시오. 하나님의 진리의 말씀으로부터 지지를 받을 수 없는 것이면, 어떤 것이든 무시하라고 말씀드립니다. 그 사람이 웅변가이든 사상가이든 주교이든 어떤 사람이든 간에, 사람이 말하는 것은 마찬가지로 대수롭지 않게 여기십시오. 많은 사람들 가운데서 유통되는 구리 화폐에는 가치가 없습니다. 그 화폐들이 세상에서는 통하나, 하나님의 나라에서는 전혀 인정을 받지 못합니다. 사람들의 말은 가치가 없습니다. 사람들의 말이 많은 무리를 하찮은 데로 이끌고 갑니다. 그러나 주님의 말씀은 한 마디 한 마디가 엄청난 금과 같은 가치가 있습니다. 어떤 교리가 하나님에 속한 것이면, 그것이 주 예수님의 사랑스런 입에서 나온 것이면, 소중한 생명을 위해 그 교훈을 굳게 붙잡으십시오. 사람들이 여러분을 고집불통이라고 말해도 신경 쓰지 마십시오. 힘을 다해 버티십시오. 여러분의 주님께서 여러분에게 미소를 보내실 것입니다.

지금까지 나는 빌라델비아 교회 교인들이 행한 바를 설명했습니다. 그들은 아주 불리한 상황에서 그같이 행했습니다. 그러나 그렇게 불리한 상황도 그들에게 칭찬을 더해주는데 도움이 되었을 뿐입니다. 그들은 은사가 거의 없었지만 하나님의 말씀을 지켰습니다. 열 달란트 받은 사람들이 그 많은 은사를 인하여 독창적인 설교를 하고 싶어 안달하지 않았으면 좋겠습니다! 그들이 자신의 생각, 자신의 영리함, 자신의 개성을 보여주는 일을 더 이상 하지 않았으면 좋겠습니다. 여러분이 은사가 거의 없다면, 많은 것을 받지 못했다는 점에서는 애석합니다. 그러나 여러분이 자신을 버리고 믿음으로 굳게 선다면 여러분에게 칭찬이 있을 것입니다. 여러분이 지적 능력이 부족할 수 있습니다. 그러나 그런 때조차도 은혜로 말미암아 여러분이 진리를 위해서 굳게 설 수 있다고 생각합니다. 다른 일들에서는 여러분이 쉽게 설득당하고 금방 넘어갈 수 있지만 하나님의 일들에서는 배나 견고할 수 있습니다. 그 점에 표시를 하고 굳게 서십시오. 친구들이 여러분에 대해서 이렇게 말할 만큼 중요한 점들에서는 결코 흔들리지 않도록 하십시오. "아, 자네가 저 친구를 다른 데서는 마음을 바꾸게 할 수는 있지만 신앙적인 면에서만큼은 안 되네. 그 점에서 그는 전형적인 청교도일세. 그 점에서는 도무지 요지부동일세." 언제나 그런 말을 들을 수 있도록 하십시오. 여러분이 작은 능력을 가지고 있으면서도, 그리스도의 말씀을 지키도록 하십시오.

어쩌면 여러분은 영향을 끼칠 수 있는 힘이 많지 않을 수 있습니다. 여러분의 활동 범위가 매우 좁을 수 있고, 그 안에서 미치는 능력도 아주 작을 수 있습니다. 그러나 그것은 중요하지 않습니다. 중요한 것은 여러분이 주님께 신실해야 한다는 것입니다. 하나님 말씀을 지킨다면, 여러분은 생각하는 것보다 훨씬 더 멀리까지 영향력을 행사할 수 있습니다. 천주교가 지배하던 어두운 시절에 많은 사람들이 진리를 발견하였습니다. 그러나 그들은 조용한 마을에 잠잠히 살거나 수도원에 갇혀서 지냈을 뿐입니다. 그들이 할 수 있는 일이라곤 자기들이 안 것을 쓰고, 그렇게 해서 지키는 것뿐이었습니다. 그들이 하나님 말씀의 일부분을 베껴서 벽 속에 숨겨두었던 곳이 우연히 발견되었고, 후에 벽이 헐렸을 때, 거기에서 아주 귀한 기록이 발견되어 사용된 경우들을 우리는 알고 있습니다. 진리는 묻힌다고 해서 사라지는 것은 아닙니다. 어떤 사람들은 자기 식구들에게만 아주 조용히 가르치고, 그렇게 해서 진리를 지켰습니다. 어떤 사람들은 신약 성경 몇 권을 광주리에 넣고 돌아다니면서 팔았고, 그렇게 해서 진리를 지켰습니다. 이처럼 자기 시대에 영향을 별로 끼치지 못한 것처럼 보이는 이 사람들은, 그럼에도 불구하고 장차 새벽별처럼 밝게 빛을 낸 더 용감한 사람들이 나올 수 있도록 길을 준비한 것입니다. 하나님의 말씀을 굳게 붙들고, 당장 그 말씀에서 무엇이 나올지는 신경 쓰지 마십시오. 하나님의 씨가 하루 만에 자라지는 않으나 계속 자랄 것입니다. 여러분이 겨우 한 아이에게만 영향을 미칠 수 있다면, 그 아이가 어떻게 될지 누가 알 수 있습니까? 여러분이 단 한 사람의 그리스도인 여성밖에 도울 힘이 없다면, 그 여성을 통해서 어떤 일이 일어날지 누가 알겠습니까? 우리 눈에 전선줄은 보이지만, 그 전선줄을 통해 어떤 메시지가 전달되는지는 볼 수 없습니다. 밧줄이 종루(鐘樓)에서 밑으로 내려져 있지만, 영광스런 종소리는 위에서 납니다. 우리는 종루에 매달려 있는 큰 종들을 볼 수 없지만, 우리 가까이에 있는 밧줄을 잡아당기는 것은 우리 손이고, 하나님이 우리에게 하라고 명령하시는 것을 행하는 것은 우리입니다. 그러면 어디에선가 음악이 나올 것입니다. 아무튼, 어떤 능력이 되었든 우리에게 적은 능력밖에 없을지라도, 우리는 하나님의 말씀을 지키도록 합시다.

　자, 왜 하나님의 말씀을 이렇게 지켜야 합니까? 하나님 말씀을 지키는 것에 대해 칭찬할 일이 무엇이 있습니까? 하나님 말씀을 마음에 담아두는 것은 **거룩한** 일이기 때문입니다. 나는 대륙에 있는 교회들에 가 본 적이 있습니다. 교회 성물 안치소에 금은 쟁반을 보았는데, 100만 달러나 200만 혹은 300만 달러의 값어치가 나가 보였습니다. 이런 것들이 그 교회의 보물이라는 말을 들었습니다. 그런데 이런 것들은 사람들의 보물입니다. 사라져 버릴 것들입니다. 계시된 확고한 진리, 성령의 교리, 성령께서 여러분에게 주신 신성한 경험, 이 모든 것이 교회의 보물입니다. 여러분이 그것을 모든 적으로부터 지킬 때 거룩한 일을 하고 있는 것입니다. 이 목적을 위해, 곧 교회의 이 보물을 모든 적으로부터 지키도록 하기 위해 성도들을 세상에 보내신 것입니다. 진리는 모든 신자들이 언제든지 목숨을 걸고 지켜야 하는 보석입니다. 솔로몬이 금방패들을 만들었는데, 왕이 하나님의 전에 들어갈 때는 앞에서 그 방패들을 들게 하였습니다. 그런데 르호보암은 금 방패를 치워버리고 대신에 놋방패를 가져다 놓았습니다. 오늘날 많은 사람들이 바로 그 일을 하는데, 두려워할 일입니다. 우리는 그에 대해 항의하도록 합시다. 우리에게는 금방패가 있으면 그것으로 아주 충분합니다. 더 새로운 어떤 것을 얻기 위해서 최상의 것을 버리지 마십시오. 새롭다고 하는 것이 필시는 훨씬 더 열등합니다. 나는 하나님의 말씀에서 뽑은 단 하나의 문장이라도 모든 시대의 학식 있는 모든 사람들이 발견한 것보다 더 확실하고 더 능력 있다고 주장합니다.

나는 알렉산드리아 도서관이 불타는 것을 보게 된다고 해도 개의치 않고 잠을 잤을 것입니다. 거기에 있는 내용물들은 틀림없이 잡동사니에 불과한 것이기 때문입니다. 그러나 신약 성경 가운데 인간의 기억과 기록에서 지워질 수 있는 구절이 하나라도 있다면, 누군가는 그 영광스런 문장을 구하기 위해 기꺼이 자기 목숨을 내놓으려 할 것입니다. 사람의 마음은 깨끗한 물과 더러운 물을 다 내보내는데, 그 둘을 구별하는 것은 어려운 일입니다. 그러나 하나님의 마음에서는, 천국에서 나오는 다른 모든 것보다도 사람에게 유익이 되는 생생한 진리의 물줄기가 아무것도 섞이지 않은 채 깨끗하게 솟아나옵니다. 용사들은 왕과 면류관과 보좌들을 지킵니다. 그러나 살아 계신 하나님의 생생한 진리는 우리가 그것보다도 무한히 더 지켜야 할 만한 것입니다. 용감한 사람들이 많이 나와 진리의 화단에 서면 좋겠습니다. 각 사람이 밤에는 두려움 때문에 넓적다리에 칼을 차고 서 있으면 좋겠습니다. 그처럼 그 일은 거룩한 일이고, 천상의 일이며 지극히 귀중한 일입니다. 하나님의 말씀을 지키십시오.

뿐만 아니라, 적은 능력밖에 없는 여러분이 하나님 말씀을 지키는 것은 현명한 일입니다. 여러분이 연약하면 할수록 그만큼 더 여러분은 성경 말씀을 철저히 지켜야 합니다. 솔로몬이 하는 말을 기억하십시오. "사반은 약한 종류"(잠 30:26)

이지만, 솔로몬은 사반을 지혜롭다고 평합니다. 이 짐승은 바위 속에 거처를 두기 때문입니다. 논쟁하는 사람이 일단 여러분을 성경에서 떼어낼 수 있다면, 그다음에는 여러분을 산 채로 삼킬 수 있습니다. 그러나 여러분이 성경에 붙어 있고 "기록되었으되, 기록되었으되"라는 이 무기에 손을 대고 있으면, 논쟁자가 악마의 우두머리라 하더라도 여러분을 이길 수 없을 것입니다.

　다시 말하지만, 사랑하는 교우 여러분, 여러분은 하나님의 진리를 굳게 붙들어야 합니다. 우리가 적은 능력밖에 없다면, 더 힘을 얻는 길이 거기에 있기 때문입니다. 우리가 영원한 말씀을 떠나서는 결코 더 강해질 수 없을 것입니다. 하지만 연약한 가운데서라도 우리가 하나님을 굳게 붙잡으면 말씀의 신성한 능력이 우리 영혼 속에 주입됩니다. 게다가 하나님의 말씀은 사람을 지탱해줍니다. 그래서 하나님 말씀을 떠나는 사람은 자신의 가장 중요한 조력자를 버리는 것입니다. 하나님 말씀을 받는 자는 살 것이나 하나님 말씀이 없는 자에게는 영적 생명이 없습니다. 그러므로 우리는 하나님 말씀을 굳게 붙듭시다. 사람들이 맛있기는 하지만 꼭 필요하지는 않은 산해진미를 우리에게서 가져가려고 한다면, 아마도 우리는 그 같이 없어도 좋은 물건을 가져가는 것을 기꺼이 용납할 것입니다. 그러나 사람들이 와서 가난하고 궁핍한 사람에게서 빵과 물을 가져간다면, 그때는 그 일을 용납할 수 없습니다. 그에 대해서 우리는 일어나서 죽기까지 싸워야 합니다. 그리스도의 입에서 나오는 말씀은 우리 천상의 생명에 필요한 매일의 만나입니다. 그리스도인이라면 아무리 약한 사람이든 혹은 아무리 강한 사람이든 간에 누구나 오는 모든 적들에 대항해서 하나님의 말씀을 힘을 다해 지키는 것이 의무입니다. 하나님 말씀은 그리스도인의 생명이기 때문입니다. 이 문제에 봉착하면, 나는 복음을 버리느니 차라리 죽는 것이 빠를 것입니다. 나는 바보가 되고 시대에 뒤진 고집불통이 될 수는 있지만 배반자가 되거나 주님의 말씀을 버릴 수는 없습니다. 내가 마지막까지 청교도로 남아있어야 한다면 그것을 부끄러워하지 않을 것입니다. 내 주님은 확실히 하나님이시므로 주님의 묻힌 진리도 반드시 되살리실 것입니다. 이 미친 시대는 곧 그 짧은 수명을 마칠 것입니다.

　칭찬의 말씀에 대해서는 이만큼 하도록 하겠습니다.

**2. 다음의 요점에 대해서는 길게 생각하지 않을 것입니다.**
　**장래에 대한 말씀**이 있다는 점을 일단 기억하시기 바랍니다. "볼지어다 내가 네 앞에 열린 문을 두었으되 능히 닫을 사람이 없으리라 내가 네 행위를 아노니 네가 작은 능력을 가지고서도 내 말을 지켰도다."

내가 볼 때는 이 말씀은 꼭 이 얘기 같습니다. "너는 그동안 신실했다. 그래서 내가 너를 쓸 것이다. 너는 그동안 확고하게 지냈다. 그래서 너를 쓸 것이다." 인생의 오랜 기간 동안, 하나님은 우리 모두에게 유용하게 일할 수 있는 장(場)을 주시지 않고 시련의 환경을 주실 수 있습니다. 하나님께서 어떤 사람들에게는 일찍부터 유용하게 일할 수 있는 문을 열어 주시는데, 이는 그 사람들에게는 성공의 시험을 감당할 수 있는 정신이 있는 것을 보시기 때문입니다. 그러나 다른 많은 경우에서는 그들이 승진을 감당할 수 있을지 의심스럽습니다. 그래서 주님은 그들이 신실한 것이 드러날 때까지 다른 방식으로 시련을 받도록 하십니다. 그러고 나서 그들이 주님을 봉사하게 하고 주님을 증거할 기회를 주십니다. 자, 사랑하는 친구 여러분, 어쩌면 지금까지 여러분은 있는 힘껏 진리를 굳게 붙들고, 사적으로 개인 생활에서 진리를 충실히 지키는 것에 아주 만족해왔을지 모릅니다. 여러분이 얼마 동안 이렇게 해왔다면, 이제 여러분이 더 앞으로 나가서 무엇인가를 할 때가 왔다고 말씀드리고 싶습니다.

이제 여러분 앞에는 전에 없었던 기회가 놓여 있습니다. 이 기회들이 여러분 앞에 온 것은, 특별히 여러분이 그동안 시련을 받았지만 신실함을 입증하였기 때문입니다. 여러분이 아주 사랑하는 것에 관해 다른 사람들에게 이야기하기 시작한다면, 다른 사람들이 여러분의 이야기를 얼마나 기쁘게 받는지를 보고 깜짝 놀랄 것입니다. 여러분은 지금까지 줄곧 받는 자로 지냈습니다. 그것은 좋고 잘한 일입니다. 그러나 여러분이 가득 차서 다른 사람에게 흘러넘치게 된 지금은, 다른 사람들에게 여러분의 기쁨을 받도록 해야 합니다. 그러면 여러분은 이렇게 묻습니다. "다른 사람들이 내 기쁨을 받을지 어떻게 압니까?" 나는 이 사실로부터 그 점을 알 수 있다고 생각합니다. 즉 일반적으로, 하나님 말씀을 지키는 사람은 그 앞에 문이 열려 있다는 것입니다. 지금까지 여러분이 우유부단하고 부정직하며 사람을 잘 속이며, 모든 것을 믿기도 하고 또 아무것도 믿지 않는 사람이었다면, 아무도 여러분이 하는 말에 전혀 귀를 기울이지 않고, 실없이 하는 여러분의 믿을 수 없는 말에 대해 귀를 닫을 뿐입니다. 그러나 어떻게 여러분이 진리를 굳게 지키고, 얼마나 확고부동한 사람인지를 지켜보았다면, 사람들은 여러분과 논쟁하기를 그치고, 와서 정말로 여러분의 생각이 무엇인지 물을 것입니다. 사람들은 벽돌에 머리를 부딪치려 하거나 쇠기둥과 싸우려 하지 않습니다. 여러분이 확고하고 결코 흔들리지 않는 것을 알 때는 "저 사람은 자기 길을 가게 내버려 두어야 한다"고 말할 것입니다. 그런데 사람이 열의가 없고 미심쩍게 그리스도인의 생활을 시작하면, 그의 친구들은 그 사람이 정말로 그리스도인으로서 생활을 하려고 하는 것인지 알지 못합니다. 하여튼 그가 박해는 일체 피하려고 애쓰기 때문에 친구들은 그를 어떻게 생각해야 될지 모르고, 그래서 그를 재미삼아 누르고 쥐어짤 수 있는 사람으로 대할 생각을 갖게 됩니다. 몰래 천국에 들어가는 길이 있다면, 그는 그 길을 택할 것입니다. 그는 빙 둘러서 어디쯤에서 담을 넘어가거나 뒷문으로 슬그머니 들어가려고 합니다. 이 불쌍한 사람은 능력도 영향력도 없습니다. 그는 유용하기보다는 어리석은 사람입니다. 아무도 그를 존중하지 않습니다. 그에 대해서는 조금도 개의치 않습니다. 귀신조차도 그를 별로 괴롭히지 않습니다. 그가 자기 왕국에 아무 해도 끼치지 못할 것을 알기 때문입니다. 그래서 그가 자기 하고 싶은 대로 말하도록 내버려 둡니다.

그러나 "나는 영광을 향하여 곧장 갈 것이다. 누구든지 내 길을 방해하면 그 사람은 그만큼 나쁠 것이다. 나는 옳은 길을 가지 않을 수 없기 때문이다"고 말하는 사람은, 아주 곧은 길을 찾게 될 것입니다. 무디 씨는 "천국으로 똑바로 가십시오"라고 말하곤 하였습니다. 벌은 가장 가까운 길을 알고, 모든 힘을 다해 그 길을 지킵니다. 여러분 모두가 이렇게 말하시기를 바랍니다. "나는 모퉁이를 돌거나 구불구불 가거나 돌아가지 않을 것이다. 하나님께서 내게 하라고 명하시는 일을 즉시 할 것이다. 하나님이 내게 믿으라고 명하시는 것은 즉시 믿을 것이다. 그 때문에 고통을 감수해야 하는 것이 있다고 하더라도 괜찮다. 나는 그 모든 것에 대해서 결론을 내렸다. 나는 그리스도의 수욕을 애굽의 모든 보화보다도 더 귀하게 생각한다." 이것이야말로 올바른 결심입니다. 하나님께서 그 결심을 지키도록 도와주시기를 바랍니다.

형제 여러분, 주 하나님께서 여러분 앞에 문을 열어놓으셨습니다. 앞으로 나가십시오! 두려워하지 마세요. 사람들이 여러분이 하는 이야기를 기꺼이 들을 것입니다. 그뿐 아니라 사람들이 여러분의 말을 듣고 회심할 것입니다. 하나님께서 여러분 앞에 이렇게 문을 열어놓으셨고 아무도 그것을 닫을 수 없기 때문입니다. 문이 활짝 열려 있으면 문을 지나가는 것은 너무도 쉽습니다. 그동안 여러분이 성령으로 훈련을 받아 확고한 인품을 기르게 되었으므로, 하나님께서 그

동안 여러분에게 가르쳐 주신 것을 하나님의 힘을 의지하여 하나님의 이름으로 말하는 것이 아주 쉬울 것입니다. 여러분이 생각하는 것보다 훨씬 더 쉬울 것입니다. 여러분 자신이 그리스도 안에 거하고 있기 때문에 많은 사람을 그리스도에게로 인도할 것입니다.

자, 형제 여러분, 여러분은 도대체 자신이 그렇게 유용하게 쓰일 수 있을 것이라고 생각하지 못했습니까? 기운을 내고 일을 시작하십시오. 거룩한 에너지를 일으키십시오. 주일학교에서 반을 맡는다면, 주님이 여러분을 쓰셔서 그리스도께로 인도할 어린아이들이 있습니다. 여러분이 서서 복음을 전할 용기만 갖는다면, 여러분이 구주께로 돌아오게 만들 사람들이 길모퉁이에 있습니다. 밖으로 시골이나 복잡한 도시에나 여러분을 기다리는 마음이 있습니다. 나는 이 말씀을 여러분 모두에게 하는 것이 아닙니다. 믿음이 확립된 신실한 사람들에게만 하는 것입니다. "나는 성경을 포기할 수 없다. 성경에서 배운 진리들을 결코 버릴 수 없다. 그 진리들은 내 심장에 찍혀 있고, 내 영혼의 골수에 새겨져 있다." 이렇게 느낀다면, 여러분은 안전하게 나가서 진리를 전파할 수 있는 사람입니다. 아무도 닫을 수 없는 문이 여러분 앞에 열려 있습니다. 허리를 동이고 그 문으로 들어가십시오. 전선으로 뛰어가십시오. 승리가 여러분 앞에 있습니다. 하나님께서 여러분을 쓰시고자 합니다. 여러분은 주님이 쓰시기에 적합한 그릇입니다. 주님이 쓰시기에 적합한 그릇치고, 주님이 쓰지 않고 버려두는 그릇은 없습니다. 사람이 시간을 필요로 하듯이 시간도 자기 때에 맞는 사람을 아주 필요로 합니다. 기회를 놓치지 말고 하나님께 영광을 돌려드리도록 하십시오. 주님께서 여러분이 하나님의 말씀을 지키도록 하시고, 그 다음에는 나가서 공공연하게 주님을 증거하도록 해주시기를 바랍니다.

### 3. 마지막으로 다룰 요점은 약속의 말씀이 있다는 것입니다.

10절에 보면 이 말씀이 기록되어 있습니다. "네가 나의 인내의 말씀을 지켰은즉 내가 또한 너를 지켜 시험의 때를 면하게 하리니 이는 장차 온 세상에 임하여 땅에 거하는 자들을 시험할 때라." 하나님 말씀을 지키는 사람들은 시험에서 보호를 받을 것입니다. 주님은 자신의 종들이 주께 드리는 마음에 다시 돌아오십니다. 주님께서는 자신의 말씀을 지키는 자들을 지키십니다.

자, 여러분을 대신해서 내가 말하겠습니다. 우리는 이 약속이 참되다는 것을 증거할 수 있음을 나는 압니다. 누군가 내게 이런 말을 합니다. "목사님은 현대 사상이 유행하는 것을 볼 때 당혹스럽지 않으세요? 최근에 나타난 신학의 새로운 면과, 새로운 신학을 향하여 나가고 있는 전반적인 추세를 볼 때 말이지요." 전혀 당혹스럽지 않습니다. 새로운 사상들은 내게 조금도 영향을 끼치지 못합니다. 지금 살고 있거나 앞으로 살게 될 모든 사람들이 오래된 칼빈주의를 버릴지라도, 다른 어떤 것을 주장할 수 없다는 이 이유로 칼빈주의를 굳게 붙들 한 사람이 남아 있을 것입니다. 이 구식의 은혜 교리가 진리라는 신념을 내게서 제거하려면 먼저 내 존재를 뭉개 없애버려야 할 것입니다. 은혜의 교리가 진리가 아니라면, 나는 비참하고 불쌍하며 망한 것입니다. 이 교리가 참이라면 나는 기쁘고 즐거우며 강하고 행복합니다. 그러므로 나는 이 교리들을 부인할 수 없습니다. 특별히 읽고 또 읽을수록 이 사실들이 하나님 말씀에 기록된 것을 알기 때문에 이 교리들을 굳게 붙잡지 않을 수 없습니다.

우리 교회에서는 온 세상을 괴롭히는 시험을 거의 느끼지 못합니다. 우리 교우들 가운데 어느 누구도 이런 이설들의 맹공격으로 마음이 흔들리거나 괴로움을 겪는 사람은 거의 없는 것 같습니다. 어떤 목사는 내게 이렇게 말합니다. "슬프게도, 아주 훌륭한 신자들 가운데서도 회의주의자가 되는 사람들이 있습니다. 목사님은 사려 깊은 사람들이 흔들리다가 새로운 사상에 넘어가는 것을 보면 염려되지 않습니까?" "아니요, 전혀 염려하지 않습니다." "아니, 왜 염려가 안되지요?" "하나님의 은혜가 우리 교인들을 정박지에 안전하게 지키시기 때문입니다. 우리 교인들은 자기들이 믿는 바를 알고 있고, 또 변하려는 마음이 없습니다." 어떤 사람이 은혜의 교리를 믿지 않으면, 우리 교회에 와서 한 번 내 설교를 듣고는 이렇게 말합니다. "나는 두 번 다시 그 교회는 가지 않을 거요." 그 사람은 여러분 가운데 어떤 이들에게 말합니다. 여러분이 너무 독단적이고 생각이 완고하다고 하며, 여러분을 괴팍한 고집불통이라고 부르며, 그런 고집불통과 이야기하는 것은 아무 소용 없는 일이라고 합니다. 그래서 그는 다른 곳으로 가서 사람들과 논쟁을 벌입니다. 정확하게 이것이 우리가 그들로부터 얻으려고 하는 바입니다. 통에 밀이 가득 차 있으면, 좋은 곡식에 겨가 섞이지 않게 됩니다. 이것이 하나님의 말씀을 지키는 사람들을 구하시는 주님의 방식입니다. 이렇게 주님은 다른 사람들에게 임하는 시험으로부터 그들을 격리시키십니다. 주님께서 이렇게 말씀하시는 것처럼 보입니다. "얘야, 네가 내 기록된 말씀을 어기려고 하지 않으므로 너는 그 말씀을 어기는 시험을 받지 않을 것이다. 내가 진리의 원수들이 그냥 너를 떠나가게 만들 것이다. 너는 그들에게 불쾌한 사람이 될 것이고 그들 또한 네게 불쾌한 사람이 될 것이다. 그래서 너는 곧 그들과 헤어지게 될 것이다."

존 번연이 그 점을 어떻게 묘사하는지 생각해 보십시오. 수다쟁이가 크리스천과 소망과 잡담하기 위해서 왔습니다. 그는 온갖 이야기를 가지고 끝도 없이 재잘거렸습니다. 두 사람은 그에게 질렸습니다. 그에게서 벗어나기 위해 크리스천이 소망에게 말했습니다. "자, 우리, 실제적인 경건에 관해서 조금 이야기합시다." 그리고 두 사람이 하나님의 진리를 맛보고 사용한 것에 대해 이야기하기 시작하자, 수다쟁이가 뒤떨어졌습니다. 수다쟁이는 영적인 대화를 좋아하지 않았고, 그런 종류의 이야기는 일체 싫어했습니다. 이 거룩한 순례자들은 수다쟁이에게 가라고 말할 만큼 무례하지 않았습니다. 그들은 다만 수다쟁이가 알지 못하는 천상의 일들에 관해 이야기했을 뿐입니다. 그러자 그가 자발적으로 그들 곁을 떠났습니다. 거룩한 대화와 건전한 설교에는 확실히 결과가 따르게 되어 있다고 믿습니다. 진리를 지키십시오. 그러면 현대 사상가들이 여러분을 피할 것입니다. 그러나 여러분 가운데 누구라도 종교에서 양다리를 걸치려고 한다면, 곧 모든 것을 조금씩 믿고 어느 하나를 전적으로 믿지 않으려고 한다면, 어느 편에나 좋게 굴려고 하면, 여러분은 치명적인 잘못에 떨어지는 시험을 받을 것이고, 그 시험에 완전히 넘어질 것입니다. 시험을 받으면 여러분은 넘어질 것인데, 사실 여러분은 이미 넘어진 사람입니다. 하나님의 말씀을 지키십시오. 그러면 하나님의 말씀이 여러분을 지킬 것입니다. 여러분이 자기 자리를 차지하고 다가오는 모든 적들로부터 그 자리를 지키면, 신자들을 초조하게 만들고 근심하게 하는 시험들로부터 절반은 보호를 받을 것입니다.

어쩌면 본문의 말씀이, 시험이 오면 여러분이 그 시험으로부터 보호받으리라는 것을 의미할 수 있습니다. 하나님의 말씀이 우리 신앙의 표준이라는 의식적인 신념, 그리고 모든 것을 하나님 말씀에 비추어 생각하고, 하나님 말씀에 의해 서기도 하고 넘어지기도 하는 확고한 습관을 가진다고 해서 우리가 모든 잘못에서 벗어날 수 있는 것은 아닙니다. 그러나 모든 잘못을 일으키고 기르는 것, 곧 자신의 지혜를 신뢰하거나 다른 사람들의 지혜를 의지하는 습관에서는 우리를 구원할 것입니다. 나는 심지어 하나님 말씀에서 나오는 지식보다도 하나님 말씀에 대한 확고한 신뢰를 더 가치 있게 여깁니다. 왜냐하면 그 믿음이야말로 우리를 구원하는 습관이고 거룩하게 하는 습관이기 때문입니다. 모든 면에서 우리를 강하게 하고 확고하게 하며 보호하는 습관이기 때문입니다. 하나님께서 이 땅에 어떤 형태의 시험이 임하게 하실지라도 우리가 하나님의 진리를 굳게 붙들고, 그래서 우리 가운데 아무도 멸망의 자식인 유다처럼 망하지 않게 해주시기를 바랍니다.

　지금까지 나는 이 모든 것을 하나님의 백성들에게 말해왔습니다. 그런데 지금 이 자리에 하나님 말씀을 알지 못하고 사랑하지도 않은 사람들이 있다는 것을 나는 모르지 않습니다. 그분들은 하나님의 말씀을 환영하지 않았습니다. 그래서 그분들에게는 하나님 말씀을 통해서 아무 복도 갈 수 없습니다. 그런데 여러분은 왜 하나님의 말씀을 받아들이지 않습니까? 하나님께서 말씀하셨으면 그의 피조물은 그 말씀을 믿어야 한다는 것, 하나님께서 그 법을 정하셨으면 거기에 이의를 제기할 여지가 있을 수 없다는 것이 여러분에게는 이치에 맞게 들리지 않습니까?

　　"지혜와 이성이 실패할 때
　　하나님의 말씀, 이것이야말로
　　그 다툼을 끝내는 심판자이시다."

　자, 여러분 와서 성경을 보십시오. 성경에서 영생을 얻는다는 것을 생각하십시오. 성경은 그리스도를 증거합니다. 여러분이 생명을 얻기 위해 그리스도께 오지 않는다는 말을 하지 않도록 하십시오. 하나님께서 그의 말씀에서 하나님의 사랑하시는 아들을 증거하시므로, 그 증거를 믿으십시오. 그리스도께서 주신 구주를 영접하고, 즉시 구원을 받으십시오. 오늘밤 구원을 받으십시오. 그 자리에서 나와 "믿습니다" 하고 말하십시오. "믿는 자는 영생을 얻습니다"(요 6:47). "영생은 곧 유일하신 참 하나님과 그의 보내신 자 예수 그리스도를 아는 것"(17:3)이기 때문입니다. 여러분이 마음으로 믿음을 붙잡는다면, 하나님의 말씀이 여러분의 기쁨과 위로가 되고, 여러분은 결코 믿음을 버리지 않을 것입니다. 우리가 방금 노래하였듯이, 내가 진심으로 노래하였듯이 여러분도 이렇게 노래할 것입니다.

"사람들이 고안해 내는 모든 것들이
　위험한 기술로 내 영혼을 공격하려면 하라지.
　나는 그 모든 것을 헛것이며 거짓이라 부르고
　복음을 내 심장에 묶으리라."

하나님께서 여러분에게 이같이 노래할 수 있도록 복 주시기를 바랍니다. 아멘.

제
12
장
—

# 미지근함에 대한 엄숙한 경고

—

"라오디게아 교회의 사자에게 편지하기를 아멘이시요 충성 되고 참된 증인이시요 하나님의 창조의 근본이신 이가 가라 사대 내가 네 행위를 아노니 네가 차지도 아니하고 더웁지 도 아니하도다 네가 차든지 더웁든지 하기를 원하노라 네가 이같이 미지근하여 더웁지도 아니하고 차지도 아니하니 내 입에서 너를 토하여 내치리라 네가 말하기를 나는 부자라 부요하여 부족한 것이 없다 하나 네 곤고한 것과 가련한 것 과 가난한 것과 눈 먼 것과 벌거벗은 것을 알지 못하도다 내 가 너를 권하노니 내게서 불로 연단한 금을 사서 부요하게 하고 흰 옷을 사서 입어 벌거벗은 수치를 보이지 않게 하고 안약을 사서 눈에 발라 보게 하라 무릇 내가 사랑하는 자를 책망하여 징계하노니 그러므로 네가 열심을 내라 회개하라 볼지어다 내가 문 밖에 서서 두드리노니 누구든지 내 음성 을 듣고 문을 열면 내가 그에게로 들어가 그로 더불어 먹고 그는 나로 더불어 먹으리라 이기는 그에게는 내가 내 보좌 에 함께 앉게 하여 주기를 내가 이기고 아버지 보좌에 함께 앉은 것과 같이 하리라." — 계 3:14-21

성경 말씀은 어느 것도 닳아 없어지지 않습니다. 라오디게아 교회에 보낸 편지는 쓰레기통에 버리고 잊어버릴 수 있는 옛날 편지가 아닙니다. 그 편지에는 여전히 "귀 있는 자는 성령이 교회들에게 하시는 말씀을 들을지어다"라는 말씀이 빛을 내고 있습니다. 이 말씀은 단지 라오디게아 교회만을 가르치기 위해 쓰인 것이 아니라 더 큰 목적이 있습니다. 실제 라오디게아 교회는 사라졌습니다. 그러나 다른 라오디게아 교회들은 여전히 존재합니다. 정말 슬프게도 오늘날은 라오디게아 교회들이 더 늘어났습니다. 아무리 하나님의 사랑으로 불타올랐을지라도 점점 식어져서 미지근해지는 것이 항상 인간 본성이었습니다. 라오디게아인들에게 보낸 편지는 무엇보다 이 시대를 위한 편지입니다.

라오디게아 교회가 예전에는 매우 뜨겁고 건강한 상태에 있었다고 봅니다. 바울이 라오디게아 교회에 편지를 썼지만, 그 편지가 영감을 받았다고 주장하지 않았습니다. 그러므로 그 편지가 없어졌다고 해서 성경이 불완전해지지는 않습니다. 바울이 그 외에도 다른 많은 편지들을 썼을 것이기 때문입니다. 바울도 골로새서에서 라오디게아 교회를 언급합니다. 그러므로 바울은 라오디게아 교회를 잘 알고 있었습니다. 그리고 바울이 라오디게아 교회에 대해 한 마디도 책망의 말을 하지 않으므로, 그 교회가 당시에는 건강한 상태에 있었다고 추론할 수 있습니다. 시간이 지나가면서 라오디게아 교회가 타락하였고, 이전의 열정이 식어져서 조심성이 없고 느슨하고 무관심해졌습니다. 아마도 그 교회의 아주 훌륭한 신자들은 죽었을 것이고, 교회의 부로 말미암아 교회가 세속화되었으며, 박해에서 자유로워지자 육신적인 안락을 따르게 되었거나 기도를 소홀히 함으로 점차 교회가 타락했던 것 같습니다. 아무튼 교회는 쇠퇴하여 차지도 덥지도 않은 상태까지 이르렀습니다. 우리가 그런 상태에 떨어지지 않도록, 현재 그런 상태에 있지 않도록, 내 설교가 여기 계시는 모든 분들의 마음에, 그리고 특별히 우리 교인들의 양심에 능력 있게 임하기를 기도합니다. 하나님께서 내 설교를 우리 모두가 깨어나도록 하는데 써주시기를 바랍니다.

### 1. 첫 번째 요점은 그 상태가 교회들이 아주 빠지기 쉬운 상태라는 것입니다.

교회가 명성을 얻는 것에서 한참이나 먼 상태에 떨어질 수 있습니다. 교회가 열심이 있는 것으로 유명하면서도 노곤한 상태에 있을 수 있습니다. 우리 주님의 인사말은 이렇게 시작합니다. "내가 네 행위를 아노니." 이것은 사실상 이렇게 말쏨하시는 것입니다. "다른 아무도 너를 모른다. 사람들은 너를 실제보다 더 좋게 생각한다. 너도 네 자신을 모른다. 너는 네 행위가 뛰어나다고 생각하지만 전혀 그렇지 않다는 것을 나는 안다." 예수님은 교회의 모든 행위를 엄중한 눈으로 보십니다. 일반 공중은 보도된 내용을 읽을 뿐이지만 예수께서는 직접 보십니다. 주님은 교회가 무슨 일을 했고 어떻게 했으며 왜 했는지를 아십니다. 주님은 교회를 단지 교회의 외적 행위로만 판단하시는 것이 아니라 교회의 내적 경건으로도 판단하십니다. 주님은 마음을 살피시고 사람들을 속박하는 것이 무엇인지 시험하십니다. 주님은 반짝이는 모습에 속지 않고 모든 것을 시험하시며 불을 견디어낼 금만을 가치 있게 여기십니다. 자신에 대한 우리의 견해와 우리에 대한 그리스도의 견해가 다를 수 있습니다. 그렇다면 슬픈 일입니다. 우리가 열심 있는 교회로 잘 알려져 있고 성공한 교회로 유명할지라도 실제로는 마음이 뜨겁지 않거나 영혼을 구원하는 일에 열심이 없다면 정말로 우울한 일일 것입니다. 아주 힘있게 활동하는 것처럼 보이는 곳에서 활기찬 에너지가 부족하고, 지극한 헌신을 드리는 것으로 보이는 곳에서 예수께 대한 실제적인 사랑이 부족하다는 것은 교회가 두렵게 타락하고 있다는 슬픈 표시들입니다. 교회들이 가장 좋은 것들은 창 밖으로 던져버리고, 육신을 아름답게 꾸미고 세상 사람들을 닮으려고 하기가 아주 쉽습니다. 또 교회들이 얼마 되지 않은 빈약한 자산을 보기 좋게 꾸미려고 하기가 쉽습니다. 대단한 명성이 사실은 허약한 기반 위에 서 있는 경우가 흔합니다. 진리를 사랑하는 사람들은 그렇게 되는 것을 한탄합니다. 우리의 명성이 응분의 보답보다 더 앞서는 경우가 종종 있다는 것은 교회들에 해당될 뿐만 아니라 우리 각 사람에게도 해당됩니다. 종종 사람들은 자신의 이전 명예를 먹고 살고, 과거의 평판을 이용하며 지냅니다. 그래서 사실상 죽은 사람이지만 여전히 살았다는 이름을 가지고 있습니다. 비방을 받는다는 것은 무서운 고통입니다. 그러나 전체적으로 볼 때, 실제 모습보다 더 높게 사람들에게 평가되는 것보다는 덜한 악입니다. 높게 평가될 때 한편으로는 우리에게 위로가 되는 희망을 갖지만, 다른 한편으로 우리는 자부심을 갖게 될 위험에 처합니다. 지혜로운 사람들에게 말합니다. 이 사실이 여러분에게 얼마만큼 적용되는지 판단해 보십시오.

　　둘째로, 본문에 묘사된 상태는 한탄스러운 무관심과 부주의함입니다. 라오디게아 교인들이 차가웠던 것은 아닙니다. 그러나 그들은 뜨겁지 않았습니다. 그들이 믿음이 없는 것은 아니었지만 착실한 신자가 아니었습니다. 그들이 복음을 반대한 것은 아니지만 복음을 변호하지도 않았습니다. 해를 끼치는 일을 하지는 않았지만 무슨 큰 선을 행하는 일도 없었습니다. 그들이 도덕적으로 평판이 나쁘지는 않았지만 그렇다고 거룩함에 특출하지도 않았습니다. 불경건한 것은 아니지만 경건에 뛰어나거나 뜨거운 열심이 있지도 않았습니다. 그들은 세상에서 "온건주의자"라고 부르는 사람들이었습니다. 그들은 광(廣) 교회파에 속한 사람들이었습니다. 그들은 괴팍하지도 않았고 그렇다고 청교도들도 아니었습니다. 사려 깊고 광신을 피하고 흥분하는 것을 싫어하는 훌륭한 교인들이었습니다. 그들은 훌륭한 점들을 유지하고 있었지만 그것을 별로 중시하지 않았습니다. 기도회 모임을 갖지만 소수만 참석할 뿐이었습니다. 그들은 가정에서 조용한 저녁 시간을 보내는 것을 좋아하기 때문입니다. 집회에 더 많이 참석하는 때에도 그들은 아주 무덤덤합니다. 아주 신중하게 기도를 하였고 지나치게 흥분하게 될까 조심하였습니다. 모든 것이 반듯하고 질서정연한 것을 좋아했고 활기와 열심을 천한 것으로 생각하였습니다. 그런 교회들은 주일학교와 성경공부반을 운영하고 있고 온갖 모임들이 있습니다. 그러나 그들에게는 차라리 그런 것이 없는 것이 낫습니다. 그들은 아무런 활력도 보이지 않고 따라서 그들에게서 아무런 선도 나오지 않기 때문입니다. 그들은 교회의 기둥과도 같은 집사이며 장로들입니다. 기둥의 주요 특징이 조용히 서 있으면서 아무런 움직임이나 정서를 보이지 않는 것인 한에서 말입니다.

그들에게는 교회의 사자가 될 수 있는 목사들이 있습니다. 그러나 목사들이 있을지라도 그들의 날개는 아주 짧게 잘라져 있는 셈입니다. 그들이 영원한 복음을 설교하는데서 멀리까지 날아가지 않기 때문입니다. 그들 속에 뜨거운 불길이 없는 것이 분명합니다. 그 목사들이 탁월한 언변으로 빛을 발할 수는 있지만, 은혜를 비추는 타오르는 횃불이 되지 못하고, 사람들의 마음에 불을 붙이는 사람들이 아닌 것은 확실합니다. 그런 교회에서는 모든 일을 마지못해서, 열의 없이 행합니다. 그 일을 하든 하지 않든 별로 상관없는 것처럼, 하는 둥 마는 둥 하는 태도로 합니다. 그들이 어떻게 굼뜨게 행동하는지, 보면 울화가 치밀 지경입니다. 칼이 있으면 그들의 관료주의적인 형식주의를 완전히 끊어버리고 싶고, 채찍이 있으면 몸을 좀 움직이라고 그들의 어깨를 사정없이 내려치고 싶은 마음이 간절합니다. 일을 깔끔하게 처리하고, 부유한 가정들의 기분을 상하게 하지 않으며, 회의주의자들은 잘 달래고 선량한 사람들도 그리 따돌리지 않습니다. 일이 두루두루 기분 좋게 진행됩니다. 일들을 바르게 합니다. 그런데 그런 일들을 할 때, 라오디게아 교회는 힘을 다하고 마음을 다하며 뜻을 다하여 한다는 것이 무엇인지 전혀 모릅니다. 라오디게아 교인들은 너무 냉담해서 하던 일을 중도에 포기하거나 기도회를 그치거나 복음을 거절하지는 않습니다. 그랬다면 자기들의 잘못을 깨닫고 회개하였을 것입니다. 그러나 다른 한편으로, 그들은 진리에 대하여 뜨겁지 않고 회개에 대해서나 거룩함에 대해서 뜨겁지 않습니다. 죄의 그루터기를 태워버릴 만큼 뜨겁지도 않고, 사탄을 화나게 할 만큼 열심이 있지도 않으며, 하나님의 제단에 자신을 산 제사로 드릴 만큼 열정적이지도 않습니다. 그들은 "뜨겁지도 아니하고 차지도 아니합니다."

이것은 끔찍한 상태입니다. 교회가 이런 상태에 있으면, 듣고 있는 좋은 평판이 거짓이 되어버리기 때문입니다. "저 교회가 얼마나 부흥하는지 보라! 저 교회가 하나님을 위해 어떤 일을 하는지 보라!"고 다른 교회들이 말을 하고 있을 때, 예수께서는 그 교회가 주님의 일을 하는 체하는 흉내만 내고 있다는 것을 보십니다. 이 교회가 주변 교회들을 속이고 있다는 것을 엄중하게 생각하십니다. 세상이 그런 사람들을 아주 확실하게 전통적인 청교도 교회라고 인식하는데, 그들 가운데 거룩한 생활이 없고 행동이 경솔하며 진정한 경건과 기도와 너그러움과 열심이 없다면, 세상이 속고 있는 것이며 그것도 최악의 방식으로 속고 있는 것입니다. 그런 교회로 인해 세상이 기독교에 대해 잘못 판단하게 되기 때문입니다. 그렇게 되면 세상은 이 모든 잘못의 책임을 종교에 돌리며 "종교는 다 어릿광대극이야! 사실은 순전히 겉치레야! 그리스도인들은 다 위선자야!" 하고 외칩니다. 이런 교회들이 있을까 걱정입니다. 하나님께서 우리가 그런 교회들 가운데 하나가 되지 않도록 해주시기를 구합니다!

교회가 이런 상태에 있으면 자화자찬하는 경향이 많습니다. 라오디게아 교회가 "나는 부자라 부요하여 부족한 것이 없다"고 말한 것을 보면 알 수 있습니다. 교인들은 이렇게 말합니다. "모든 것이 잘 되어 가는데, 더 필요한 것이 뭐가 있을까? 우리에게는 모든 것이 괜찮다." 이런 생각이 그처럼 절망적인 상태를 만들어 냅니다. 책망 받는 당사자가 "우리가 당신의 책망을 받을 정도는 아니다. 그런 경고는 우리에게 해당되지 않는다"고 대꾸하는 곳에서는 책망과 비난이 힘이 없습니다. 내가 아주 자주, 그리고 아주 분명하게 말하듯이, 여러분이 강단에 서서 졸고 있는 교인들에게 이야기하면, 교인들은 종종 정직하게 "그 양반이 한 이야기에는 진리가 많이 들어 있다"고 말합니다. 그러나 내가 정말로 절반쯤 자고 있으면서도 스스로는 부지런한 교회의 전형이라고 생각하는 교회에 이야기하면, 그때는 책망이 대리석판에 떨어진 기름처럼 미끄러져 지나고 아무런 결과가 나오지 않습니다. 사람들이 지극히 악한 죄 가운데 있을 때보다도 차갑지도 뜨겁지도 않은 중간 상태에 있을 때 회개하기가 더 어려운 것 같습니다. 사람들이 하나님의 원수인 다소의 사울 같으면 회개할 수 있을 것입니다. 그러나 가말리엘처럼 반대도 하지 않고 찬성도 하지 않으면, 그들은 필시 죽을 때까지 그런 상태로 남아있을 것입니다. 정말로 미신적인 루터는 복음을 듣고 회심하였지만, 성격이 유연하고 오만하며 아주 경솔한 에라스무스는 전혀 움직이지 않았습니다. 미지근한 사람보다 차라리 차가운 사람에게 경고하는 것이 더 소망이 있습니다.

교회가 냉담한 믿음의 상태에 들어가면, 곧 복음을 용인하면서 오류에 대해서도 묵인하면, 노골적인 이단보다 훨씬 더 큰 해악을 자기 시대에 끼칩니다.

교회 없이 시작하는 것보다 미지근한 교회와 함께 주민을 위해 일하는 것은 훨씬 더 힘듭니다. 열심 있는 영혼 열두 명을 내게 주시고, 나를 런던의 아무 곳에나 내려놓으십시오. 하나님의 선한 도움으로 우리는 얼마 있지 않아 광야와 외딴 곳을 기쁘게 만들 것입니다. 그러나 열의가 없고 우유부단하며 아무 관심이 없는 당신을 통째로 내게 준다고 해도 내가 무엇을 할 수 있겠습니까? 여러분은 사람의 열심과 진심을 식게 하는 장애물이 될 뿐입니다. 교회의 5천명 교인들이 다 미지근하면 5천개의 방해물이 될 것입니다. 그러나 그리스도를 영화롭게 하고 영혼을 구원하겠다는 굳은 결심을 가진, 열두 명의 진실하고 뜨거운 영혼은 틀림없이 이기고 또 이기는 사람이 될 것입니다. 그들이 하나님의 큰 복을 받게 된 자격은 바로 그들의 약함과 수가 적음에 있습니다.

그런데 슬프게도, 이렇게 미지근한 상태는 인간 본성에 아주 잘 맞아서, 사람들을 그 상태에서 끌어내기가 어렵습니다. 추위는 사람을 떨게 만들고, 뜨거운 열기는 사람을 고통스럽게 만듭니다. 그러나 미지근한 목욕물은 사람을 편안하게 만듭니다. 그런 온도가 사람 본성에 적합합니다. 세상은 미지근한 교회와 언제나 평화롭게 지냅니다. 그리고 그런 교회는 언제나 스스로에게 만족합니다. 너무 세속적인 이야기라고 생각합니까? 그렇지 않습니다. 우리는 한계가 있습니다! 물론 그리스도인이라면 버려야 하는 오락거리들이 있는 것은 분명합니다. 그러나 우리가 비참하게 지내야 할 이유는 없지 않겠습니까? 우리가 욕심 많다는 소리를 들을 만큼 탐욕스러워서는 안 되지만, 목적을 이룰 만큼의 욕심을 조금은 가져도 될 것입니다. 우리가 교회에 완전히 빠지지는 않겠지만 이따금 빠질 수 있을 때는 빠질 것입니다. 우리는 우리 중에 있는 불쌍한 사람들을 완전히 버리지 않을 것입니다. 그러나 더 나은 사회에 들어가고 우리 자녀들에게 맞는 세상 친구들을 찾아보기 위해 세상의 교회에도 갈 것입니다. 이런 일이 얼마나 두루두루 행해지고 있습니까! 타협이 이 시대의 명령입니다. 수많은 사람들이 어느 편에나 좋게 굴려고 합니다. 그들은 하나님도 위하고 재물도 위하며, 그리스도와 벨리알을 함께 섬기고, 진리와 오류를 함께 주장합니다. 그래서 "차지도 아니하고 뜨겁지도 아니합니다."

　내가 다소 강하게 이야기하는 것 같습니까? 우리 주님께서 "내 입에서 너를 토하여 버리리라"고 말씀하시는 것을 보면 우리 주님만큼 강하게 말하는 것이 아닙니다. 주님은 그런 행위에 욕지기가 나고 몹시 싫어서 그냥 참고 계시려 하지 않습니다. 진실하고 정직하며 뜨거운 열정이 있는 사람이라면, 신앙 고백을 포기하려고 하지는 않으면서 신앙 고백을 따라 살려고도 하지 않는 사람을 만나면 욕지기가 일어납니다. 그는 하나님의 일을 완전히 버리지는 못하지만 아주 게으르게 행하며 그토록 선하고 은혜로우신 주님을 위해 최선을 다해 해야 할 일을 소홀히 대하는 사람입니다. 많은 교회들이 그와 같은 냉담한 상태에 떨어졌습니다. 그렇게 되면 일반적으로 그런 교회는 세상적인 신앙 고백자들의 소굴이 되고, 죄의 쾌락을 즐기고 동시에 경건의 명예도 얻을 수 있는 편한 종교를 바라는 사람들의 도피처가 됩니다. 그런 교회에서는 목사가 보수적인 신학에 그렇게 철저하지 못하고, 관대한 견해, 자유로운 사고와 행동을 좋아하는 좀 더 자유로운 입장에 있습니다. 그런 교회에서는 죄에 대한 관용이 넘치고 생생한 경건에 대한 요구는 없습니다. 교회에서 이루어지는 일은 자유롭고 편합니다. 여러분은 일을 많이 할 필요가 없고 무엇을 많이 내놓을 필요도 없으며 기도를 많이 하거나 신앙생활을 열심히 할 필요도 없습니다. 그런 교회들은 설교자의 훌륭한 설교 솜씨에 갈채를 보냅니다. 그의 교리에 대해서는 별로 중요하게 생각하지 않습니다. 그리스도께 대한 그의 사랑과 영혼에 대한 열심은 아주 부차적인 것입니다. 목사가 똑똑한 친구이고 말을 잘하면, 그것으로 충분합니다. 이런 식의 사태가 자주 일어나고 있지만, 우리는 말을 조심해야 합니다. 그들이 아주 훌륭한 사람들이기 때문입니다. 주님께서 우리를 그처럼 훌륭한 사람들에게서 피할 수 있게 해주시기를 바랍니다!

이런 무관심의 상태는 완전한 자기만족에 따라오는 것이라고 앞에서 말한 바 있습니다. 슬퍼해야 할 사람이 기뻐하고 있는 것입니다. 고통의 신호를 보여야 하는 곳에서 사람들이 승리의 깃발을 나부끼고 있는 것입니다. "우리는 부자다. 교인 수가 늘고 있고, 주일학교도 번창하고 있으며 모든 면에서 성장하고 있다. 우리는 부족한 것이 없다. 교회가 무엇이 부족하다고 말할 수 있는 것이 있는가?" 그럼에도 불구하고 교인들의 영적 곤경은 심각한 상태입니다. 이것이 교회가 처해 있는 슬픈 상태입니다. 영적으로 가난하면서도 교만합니다. 자신이 퇴보하고 있다는 것을 느끼기 때문에 하나님께 소리쳐 부르짖는 교회, 자신의 부족을 슬퍼하는 교회, 그리스도를 위해 더 많은 일을 하기를 간절히 바라는 교회, 하나님께 대한 열심이 불타는 교회, 그러므로 자기가 지금까지 해온 일에 대해 아주 불만족스럽게 생각하는 교회, 이 교회야말로 하나님께서 복 주실 교회입니다. 그러나 다른 교회들의 모범이라고 스스로를 생각하는 교회는 거의 필시 크게 잘못되었고 슬픈 곤경 가운데 있을 것입니다. 자기 스스로는 아주 부자라고 생각하는 교회가 주님 보시기에는 완전히 파산한 상태였습니다. 그런 교회는 주님께 대해 진정한 기쁨이 없었고, 주님 대신에 자신에게서 기쁨을 찾는 잘못을 범했습니다. 그 교회는 거룩함이라는 진정한 아름다움은 없고 형식적인 예배와 멋진 건물, 훌륭한 찬송을 거룩함으로 잘못 생각하였습니다. 그 교회는 진리에 대한 깊은 이해가 없었고 생명력 있는 경건이 별로 없었습니다. 그 교회는 세속적인 지혜와 외적인 신앙고백을 귀한 것으로 잘못 생각하였습니다. 교회의 힘인 은밀한 기도가 부족하였고, 신앙에 활력을 주는 근본 요소인 그리스도와의 사귐이 빈곤하였습니다. 그 교회는 이런 복들의 외형적인 모습을 갖고 있으나 헛된 겉치레 가운데 행하였을 뿐입니다. 참된 신앙에 있어서는 나사로보다 가난하면서도 화려한 옷을 입었고, 경건의 모양만 갖춘 채 날마다 호화로운 음식으로 살아갑니다. 허영과 영적인 쇠약은 나란히 갑니다. 세상적인 재물에 대한 만족으로 사람은 부자가 되지만, 자신의 영적 상태에 대한 만족은 빈곤해집니다.

다시 한 번 이야기하지만, 이 라오디게아 교회는 자기 주님을 내쫓는 상태에 떨어졌습니다. 본문을 보면 예수께서 이렇게 말씀하셨습니다. "내가 문 밖에 서서 두드리노니." 이것은 우리 주님께서 진정으로 번성하고 있는 교회에 대해서 취하시는 태도가 아닙니다. 우리가 주님과 바른 관계에서 행하고 있다면 주님은 교회 가운데 거하며 자기 백성들에게 자신을 계시하십니다. 주님의 임재는 우리의 예배를 영성과 생명으로 충만하게 만듭니다. 주님은 식탁에서 자기 종들을 만나시고 거기에서 자기 몸과 피로써 종들에게 진수성찬을 베푸십니다. 교회의 활동에 힘과 에너지를 불어넣고, 주님의 말씀이 우리 마음에서 울리게 하시는 분은 바로 주님이십니다. 참된 성도들은 예수님 안에 거하고 예수님은 그들 안에 거하십니다.

형제 여러분, 주님이 교회 안에 계시다면, 그 교회는 행복한 교회요 거룩한 교회이며 힘있는 교회요 승리하는 교회입니다. 그러나 우리는 주님이 "그들이 그 죄를 뉘우치고 내 얼굴을 구하기까지 내가 내 곳으로 돌아가리라"(호 5:15)고 말씀하게 되기까지, 주님을 슬프시게 할 수가 있습니다. 주님을 알고 주님께 영향을 끼칠 수 있는 여러분, 주님께서 우리를 떠나가시도록 대하지 마십시오. 주님께서 우리를 보실 때 성령을 근심하게 하는 사람, 성령을 노여우시게 하는 사람으로 보실 수 있습니다. 성령님을 붙잡고 그냥 가시지 않게 하기를 기도합니다. 혹은 성령께서 떠나신다면, 다시 성령께서 교회로, 곧 성령님을 모시는 전으로 돌아오게 하십시오. 교회에서 우리는 거룩한 폭력으로써 성령님을 붙잡고 "우리와 함께 거하십시오. 주는 교회인 우리에게 생명과 기쁨이며 모든 것의 모든 것이옵니다" 하고 말합시다.

질투의 우상(겔 8:5)이 세워져서 전이 더럽혀졌기 때문에, 교회가 여호와의 영광이 성소를 떠나버린 전 같이 될 수가 있습니다. 예레미야 7:12-15에는 참으로 엄숙한 경고가 담겨 있습니다. "너희는 내가 처음으로 내 이름을 둔 처소 실로에 가서 내 백성 이스라엘의 악에 대하여 내가 어떻게 행하였는지를 보라 여호와의 말씀이니라 이제 너희가 그 모든 일을 행하였으며 내가 너희에게 말하되 새벽부터 부지런히 말하여도 듣지 아니하였고 너희를 불러도 대답하지 아니하였느니라 그러므로 내가 실로에 행함 같이 너희가 신뢰하는 바 내 이름으로 일컬음을 받는 이 집 곧 너희와 너희 조상들에게 준 이 곳에 행하겠고 내가 너희 모든 형제 곧 에브라임 온 자손을 쫓아낸 것 같이 내 앞에서 너희를 쫓아내리라 하셨다 할지니라."

## 2. 이제는 둘째로, 그런 상태의 위험에 대해 생각해 봅시다.

큰 위험은 첫째로, 그리스도께 거절 받는다는 것입니다. 주님은 그 점에 대해 주님을 메스껍게 하고 욕지기가 나게 하므로 "내 입에서 너를 토하여 버리리라"고 말씀하십니다. 그렇다면 교회가 처음에는 주님의 입 안에 있었던 것이 분명합니다. 그렇지 않다면 교회를 입에서 토하여 낼 수 없었을 것입니다. 이것은 무엇을 의미합니까? 교회는 여러 면에서 주님의 입 안에 있습니다. 주님은 세상에 자신을 증거하기 위해 교회를 쓰시며, 교회의 생활과 봉사를 통해 세상에 말씀하십니다. 주님은 이렇게 말씀하시는 것이나 다름없습니다. "죄인들이여, 내 종교가 어떤 것인지 알고 싶다면, 여기 나를 경외하고 사랑하여 함께 연합하여서 평화롭고 거룩하게 행하는 경건한 사람들을 보라." 주님은 교회를 통하여 강력하게 말씀하시며, 하나님의 은혜의 복음에 참된 능력이 있음을 세상이 보고 알도록 하십니다. 그러나 교회가 차지도 뜨겁지도 않아서 주님께서 교회를 통해 말씀하실 수 없을 때, 교회는 더 이상 주님을 위한 증인이 되지 못합니다. 하나님이 교회와 함께 계실 때, 목사의 설교는 그리스도의 입에서 나오는 것입니다. 사도 요한이 계시록에서 "그의 입에서 좌우에 날선 검이 나온다"고 말하는데, 그 "좌우에 날선 검"은 우리가 전하는 복음입니다. 하나님께서 사람들과 함께 계시면, 사람들이 거룩한 능력으로 세상에 말합니다. 그러나 우리가 미지근하게 되면 그리스도께서는 이렇게 말씀하십니다. "그 선생들은 아무 도움이 되지 않을 것이다. 내가 그들을 보내지 않았고 그들과 함께 하지도 않기 때문이다. 그들의 말은 땅에 엎질러진 물과 같거나 소리만 요란한 바람 같을 것이다." 이것은 두려운 일입니다. 나로서는 주님의 입에서 토해지는 것보다는 차라리 죽는 것이 훨씬 더 낫습니다.

그렇게 되면 주님은 더 이상 그런 교회를 위해 간구하시지 않습니다. 주님의 특별한 중보기도는 모든 사람을 위한 것이 아닙니다. 주님께서 자기 백성에 대해 이렇게 말씀하시는 것을 보면 알 수 있습니다. "내가 그들을 위하여 비옵나니 내가 비옵는 것은 세상을 위함이 아니요 내게 주신 자들을 위함이니이다"(요 17:9). 나는 주님께서 로마 가톨릭 교회를 위해 기도하신다고 생각하지 않습니다. 주님께서 그 교회를 위해서 기도하신다면, 그 교회가 완전히 망하게 되는 것 외에 무엇을 위해 기도하시겠습니까? 다른 교회들도 비슷한 운명에 처해 있습니다. 그 교회들은 주님의 진리를 분명히 쥐고 있지 않거나 주님의 말씀을 정직하게 순종하지 않습니다. 그 교회들은 자신들이 고안해 낸 생각을 좇으며, 차지도 뜨겁지도 않습니다. 그러나 주님께서 위하여 기도하고 계시는 교회들이 있습니다. 이는 주께서 "나는 시온의 의가 빛 같이, 예루살렘의 구원이 횃불 같이 나타나도록 시온을 위하여 잠잠하지 아니하며 예루살렘을 위하여 쉬지 아니할 것인즉"(사 62:1)이라고 말씀하셨기 때문입니다. 주께서 진실로 사랑하시는 교회를 위하여 간구하시는 기도는 강력하고, 그 결과로 오는 복들은 무수합니다. 주님께서 교회를 중보 기도하는 입에서 내치며, 교회가 전혀 주님께 속하지 아니하였기 때문에 하나님의 보좌 앞에서 그의 교회로 인정하지 아니하시는 때는 두려운 날입니다. 여러분은 그런 날을 생각하면 두렵지 않습니까? 여러분이 처음 사랑을 회복할 수 있도록 해주시기를 구하지 않겠습니까? 나는 주 예수께서 자기의 택하신 자를 위하여 기도하기를 결코 그치지 않으신다는 것을 압니다. 그러나 집단적인 조직으로서 교회가 반(反)그리스도적이 되거나, 하나님의 교회는 마땅히 택한 자들의 회중이 되어야 하는데 그렇지 못하고 한낱 인간적인 단체에 지나지 않게 되면, 그런 교회를 위해서는 기도하기를 그치실 수 있습니다. 어느 교회든지 처음의 열정이 식어지고 미지근하게 될 때, 빠지게 되는 위험이 이것입니다. "그러므로 어디서 떨어졌는지를 생각하고 회개하여 처음 행위를 가지라 만일 그리하지 아니하고 회개하지 아니하면 내가 네게 가서 네 촛대를 그 자리에서 옮기리라."

　　그 다음에, 다른 위험은 어떤 것입니까? 이 첫 번째 위험에 모든 것이 포함되어 있지만, 거기에 암시되어 있는 또 한 가지 악이 있습니다. 그런 교회는 타락한 상태에 그대로 있게 되리라는 것입니다. 즉 곤고한 상태로, 말하자면 비참하고 불행하며, 하나님이 없고 그래서 하나님의 길에 대한 기쁨도 없이 분열된 상태로, 생명이 없고 원기도 없으며, 따분하고 우울하며, 은혜가 없이 온통 분열되어 있는 상태에 그대로 머물러 있게 되는 것입니다. "곤고하다"는 말로 표현할 수 있는 것이 이 외에 어떤 것이 있는지 모르겠습니다. 그 다음에 나오는 말은 "가련하다"는 것인데, 이 말은 "불쌍하다"는 말로 번역하면 더 좋을 것입니다. 전에는 자랑거리였던 교회들이 이제는 수치가 될 것입니다. 사람들이 전에는 "여호와께서 자기들을 위하여 큰 일을 행하셨다"고 말했었는데, 이제는 이렇게 말할 것입니다. "저들이 얼마나 형편없이 타락했는지 보라. 그 자리가 참으로 어처구니없게 변하였다! 참으로 허탈하고 불쌍하다! 그토록 오랜 세월 동안 놀라운 복이 임했던 곳인데, 지금은 너무나 대조적인 모습이다!" 축하 대신에 동정을 받게 되고 칭송 대신에 조롱을 받게 될 것입니다. 그 다음에, 그 교회는 "가난하게" 될 것입니다. 노력에서 가난하고, 기도에서 가난하며, 은사와 은총에서 가난하고, 모든 것에서 가난하게 될 것입니다. 부유한 사람들이 몇 명 남아서 부흥하는 듯한 모습을 유지할 것이지만, 결국 모든 것이 헛되고 무익하게 되며 그리스도가 없고 생명이 없게 될 것입니다. 강단은 철학이라는 겨로 가득하게 될 것이고, 교회는 세속적인 집단, 헛되고 무익한 회중이 될 것입니다. 다음으로, 그들은 눈이 멀 것입니다. 그래서 자신들을 있는 그대로 보지 못하고, 이웃 교회가 선을 행하는 것을 보지 못하며, 그리스도의 오심을 바라보지 못하고, 그리스도의 영광을 볼 안목도 없게 될 것입니다. 그들이 "우리는 안다"고 말하지만 박쥐처럼 앞을 보지 못할 것입니다. 결국에 가서 그들은 "벌거벗게" 될 것입니다. 그들의 수치를 모든 사람이 볼 것이며, 모든 사람의 입에 오르내리는 속담거리가 될 것입니다. 한 사람이 "저걸 교회라고 한다는군" 하고 말합니다. 그러면 두 번째 사람이 말합니다. "저게 예수 그리스도의 교회란 말이야?" 주께서 거기 계셨을 때는 감히 입을 벌리지 못했던 개들이 주께서 떠나가시면 으르렁거리기 시작하며, "저 용사가 어떻게 넘어졌는지 보라, 전쟁의 무기가 어떻게 부러졌는지 보라"는 말이 사방에서 들릴 것입니다.

그런 경우에 교회는 이기지 못할 것입니다. "이기는 자에게" 그리스도의 보좌에 앉는 것이 약속되었는데, 그 교회는 승리하지 못할 것입니다. 에브라임 자손들에 대해, 그들이 무기를 갖추며 활을 가졌으나 전쟁의 날에 물러갔도다(시 78:9)고 말하셨듯이, 그 말이 그 교회에 대해 적용될 것입니다. 바울은 갈라디아 교회 교인들에게 "너희가 달음질을 잘 하더니 누가 너희를 막아 진리를 순종하지 못하게 하더냐"(갈 5:7)고 말합니다. 그런 교회는 큰 기회를 받았는데 그 기회에 부응하지 못하였습니다. 그 교인들은 큰 일을 위해 세움을 받았는데, 불성실하므로 하나님께서 그들을 체치고 다른 수단들을 사용하셨습니다. 주님은 그들 가운데서 복음에 대한 열렬한 증거를 일으키고, 그 빛을 바다 건너에 비추며 열방을 기쁘게 하셨습니다. 그런데 교회의 교인들이 그 일에 합당하지 않고 그 일에 충실하지도 않았습니다. 그래서 하나님께서 촛대를 그 자리에서 옮기고 그들을 어둠 가운데 버려두셨습니다. 하나님께서 그런 악이 우리에게 임하지 않도록 보호하여 주시기를 바랍니다. 이것은 어떤 교회든지 열의 없는 무관심에 떨어질 경우에 닥칠 수 있는 위험입니다.

### 3. 셋째로, 주님께서 쓰시는 치료책들에 대해서 이야기하도록 하겠습니다.

내가 말하는 것이 여기 계시는 모든 분들에게, 특별히 이 교회 교인들 각 사람의 마음에 가 닿기를 간절히 바랍니다. 이 말씀이 내게 생생하게 와 닿았고, 그래서 스스로 내 마음을 깊이 살피게 되었습니다. 이것이 나에게만 해당되는 문제는 아니라고 생각합니다. 여러분이 판단을 받지 않도록 여러분 스스로 판단하라고 권합니다. 내가 개인적인 어떤 점을 생각하고 말하는지 묻지 마십시오. 나는 지금 아주 분명하게 개인적인 의미로 말합니다. 나는 아주 분명하게 여러분에 대해서, 그리고 여러분에게 말하고 있습니다. 여러분 가운데 어떤 분들은 미지근한 증상을 뚜렷이 보이고 있습니다. 나는 여러분에게 발림말을 할 수 없고 불성실해서도 안 됩니다. 나는 지금 개인 한 분 한 분을 상대로 말하고 있는 것입니다. 여기 계시는 사랑하는 형제자매 한 사람 한 사람에게 애정 어린 책망을 곧이곧대로 받기를 간절히 바랍니다. 미국에 있는 교회든지 다른 나라에 있는 교회든지, 다른 교회들에서 오신 여러분, 여러분의 교회도 우리 교회만큼 아주 각성이 필요합니다. 여러분의 교회가 우리 교회보다 낫지 못하고, 어떤 교회들은 상태가 그리 좋지 못할 수도 있습니다. 여러분에게도 말씀드립니다. 여러분도 더 고귀한 일을 행할 수 있도록 분발할 필요가 있습니다.

그러면, 이제 첫 번째 치료책에 대해 알아봅시다. 예수께서는 그 교회의 참된 상태를 분명하게 드러내십니다. 그 교회에 대해 이렇게 말씀합니다. "네가 차지도 아니하고 뜨겁지도 아니하며, 네가 곤고하고 가련하며 가난하고 눈멀었으며 벌거벗었다." 나는 사람들이 기꺼이 진실을 알려고 하는 것을 보면 기쁩니다. 그런데 대부분의 사람들은 진실을 알려고 하지 않는데, 건강하지 못한 표시입니다. 어떤 사람이 여러분에게 자기가 금년 열두 달 동안 자신의 원장(原帳), 곧 거래장을 보지 못했거나 실적 평가를 받지 못했다고 말하면, 여러분은 그가 있는 곳을 알아보고, 관리자에게 "그 사람과 거래가 있나요? 있으면 할 수 있는 대로 거래 내역을 꼼꼼하게 기록하라" 말할 것입니다. 사람이 자신의 경우에 있어서 최악의 상황에 대해 알아보려고 하지 않는 것은 확실히 나쁜 태도입니다. 하나님 앞에 바르게 서 있는 사람은 자신이 어떤 상태이고 어디에 있는지에 대해 이야기 듣는 것을 감사합니다. 자, 여러분 가운데 어떤 분들은 다른 사람들의 잘못을 알고 있고, 이 교회를 살펴보면서 많은 면에서 약점들이 있는 것을 압니다. 그러면 여러분들은 그 점에 대해 슬퍼하였습니까? 그 점을 위해서 기도한 적이 있습니까? 그렇지 않았다면, 여러분은 교회의 형편을 보고 알았으면서도 형제자매를 위하여 마땅히 행해야 할 선을 행하지 않은 것이고, 뿌리뽑아야 할 악이 자라도록 버려둔 것입니다. 여러분이 잘못을 범하는 사람들에게 친절하면서도 간절하게 이야기하거나 모범을 통해 그들에게 경고를 했어야 하는데 그냥 잠잠히 지낸 것입니다. 여러분의 형제를 판단하지 말고 여러분 자신을 판단하십시오. 여러분에게 엄격한 잣대가 있다면 여러분 자신의 행동과 마음에 사용하십시오. 우리는 주께서 이 치료책을 사용하시고, 우리가 정확히 어디에 있는지 알게 해주시기를 기도해야 합니다. 우리가 이미 바른 상태에 있다고 확신하고 있는 한 우리 자신을 결코 고칠 수 없을 것입니다. 자기만족이야말로 회개를 앗아가는 장본인입니다.

우리 주님의 다음 치료책은 은혜로운 권고입니다. 주님은 "내가 너를 권하노니 내게서 불로 연단한 금을 사라" 고 말씀합니다. 여러분은 그 말씀이 이사야서에 나오는 다음 구절과 꼭 같다는 생각이 들지 않습니까? "돈 없는 자도 오라 너희는 와서 사 먹되 돈 없이, 값없이 와서 포도주와 젖을 사라"(사 55:1). 그렇습니다. 이 말씀이 가르치는 바는, 미지근함에 대한 한 가지 치료책은 우리가 처음 시작하였던 것처럼 이제 다시 시작하라는 것입니다. 우리가 처음 회심할 때는 아주 뜨거웠습니다. 처음에 주님을 알았을 때, 우리에게 얼마나 큰 기쁨과 평안과 즐거움, 위로, 열정이 있었습니까! 그때는 우리가 주님에게서 값없이 금을 샀습니다. 이제 다시 주님께 가서 값없이 사도록 합시다.

신앙이 지금까지 우리에게 진정으로 와 닿지 않았다면, 혹은 우리가 금이라고 생각했지만 실은 아닌 것인 빛나는 큰 덩어리를 신앙에 덧붙인 채 왔다면, 이제 천국의 조폐국에 가서 불로 연단한 금을 사서 정말로 부자가 되도록 합시다. 자, 우리 각 사람이 다시 시작합시다. 우리가 옷을 입었다고 생각했겠지만 실상은 벌거벗었을 수 있으므로, 다시 서둘러 주님께 가서 주님의 의로 짠 옷을, 곧 우리를 주님의 아름다움으로 입혀줄 성령의 훌륭한 옷을 주님이 정하신 값으로, 곧 무료로 사도록 합시다. 더욱이 우리가 눈이 침침해져서 더 이상 하나님의 얼굴을 올려다보지 못하고, 계시된 영광을 밝히 보지 못할 뿐 아니라 전과는 다르게 죄인들을 보고도 눈물을 흘리지 않게 되었다면, 처음에 우리가 눈이 아주 멀었을 때 갔던 것처럼 안약을 얻으러 다시 예수님께 갑시다. 그러면 주님께서 다시 우리 눈을 열어서 전처럼 주님을 밝히 보게 해주실 것입니다. 예수님께서 하시는 말씀은 이것입니다. "내 형제들아, 제발 내게 가까이 오라. 너희가 나를 떠나 길을 잃었다면 돌아오라. 너희는 내게 냉담해졌을지라도 나는 너희에게 그렇지 않다. 내 마음은 너희에 대하여 예전과 똑같다. 내 형제들아, 내게로 돌아오라. 네 악한 행위를 고백하고, 내 죄 사함을 받으라. 그리고 이후부터는 너희 마음이 나를 향하여 불타오르게 하라. 내가 여전히 너희를 사랑하고 너희의 필요한 모든 것을 공급하려고 하기 때문이다." 이것은 훌륭한 권고이니, 받아들이도록 합시다.

　　이제 세 번째 치료책을 보도록 합시다. 이것은 예리하고 날카롭지만 사랑으로 보내신 치료책인데, 곧 책망과 징계입니다. 그리스도께서는 주님의 은혜를 받은 교회가 아주 조심스럽게 행하게 하실 것입니다. 그러나 교회가 어떤 점에서 잘못한 것이 드러남으로 주님을 온전히 따르지 않고 친절한 권고를 듣고도 회개하려고 하지 않으면, 주님께서는 더 예리한 수단을 사용하십니다. "무릇 내가 사랑하는 자를 책망하여 징계하노니." 여기서 "사랑" 이라고 표현된 단어는 아주 고르고 고른 말입니다. 그것은 강한 개인적인 애정을 나타내는 단어입니다. 자, 그리스도께서 아주 특별하게 사랑하시는 교회들이 있습니다. 이 교회들에게는 다른 교회들보다 더 많은 은혜를 베풀고 더 많은 일을 행하시며 더 큰 부흥을 주십니다. 이 교회들은 베냐민처럼 주님의 사랑하는 자식들입니다. 하나님께 특별히 사랑을 받는다는 것은 아주 엄숙한 일입니다. 그것은 크게 부러워할 만한 특전입니다. 그와 같은 영예를 얻은 사람은 아주 민감한 위치를 차지하는 것임을 유의해야 합니다. 우리 주 하나님은 질투하시는 하나님이십니다. 주님은 가장 큰 사랑을 베푸시는 곳에 가장 마음을 쓰십니다. 주님께서 어떤 사람들은 많은 악을 범한 후에 잠시 동안 빚을 갚지 않은 채 도망다니도록 내버려 두십니다. 그러나 그들이 하나님의 택하신 백성들이었다면, 하나님께서 일찍부터 그들을 매로 때리셨을 것입니다. 주님께서는 주님의 품에 기댈 수 있고 주님의 친한 친구가 되도록 택하신 사람들에 대해서는 몹시 마음을 쓰십니다. 여러분의 종은 여러분의 자녀나 아내라면 생각할 수 없을 일들을 많이 할 수 있습니다. 스스로 하나님의 종이라고 고백하는 많은 사람들이 그같이 합니다. 그들은 아주 게으른 생활을 하고 그것 때문에 징계 받지도 않는 것 같습니다. 그러나 그들이 주께서 특별히 사랑하시는 자들이라면 주님은 그들의 행위를 그냥 보아 넘기지 않으실 것입니다. 자, 이 점에 주의하시기 바랍니다. 주께서 어떤 교회를 높이고 특별한 복을 주신다면, 주님은 다른 여느 교회에 대해서보다 그 교회에 더 많은 것을 기대하고, 자신의 명예에 대해 더 많은 관심을 나타내며 자신의 영광에 대해 더 많은 열심을 보이십니다. 그런데 주께서 그 교회에서 그런 것을 찾지 못하시면, 어떤 일이 일어나겠습니까? 그야, 그런 사랑을 베푸신 까닭에 주님은 엄한 설교로, 예리한 말로, 양심을 치는 괴로운 말로 그 교회를 책망하실 것입니다. 이런 설교와 말에도 교회가 깨어나지 않으면, 주님께서 매를 들어 징계하실 것입니다. 여러분은 주께서 교회를 어떻게 징계하시는지 압니까? 바울은 "너희 중에 약한 자와 병든 자가 많고 잠자는 자도 적지 아니하니"(고전 11:30)라고 말합니다. 교회를 징계하기 위해 신체적 질병을 보내시는 경우가 종종 있습니다. 손해, 고난, 근심을 교인들에게 보내시고, 때로는 강단이 빈약해지거나 회중 가운데 이단과 분리가 일어나고 교회가 하는 일에 실패가 생기기도 합니다. 이런 모든 일이 막대기로 치는 것입니다. 그런데 잘못을 범하는 교회에 매를 때리지 않으시는 때가 있는데, 그것은 슬픈 일입니다. 때로 하나님은 교회에서 가장 훌륭한 사람을 거두어 가시고, 다른 사람들의 잘못을 인해 그들을 징계하실 수 있습니다. 그러면 여러분은 "그게 어떻게 옳은 일이 될 수 있는가" 하고 말할 것입니다. 그 사람들은 교회에 가장 큰 유익을 끼칠 사람들이기 때문입니다. 포도나무에 칼질이 필요하다면, 열매를 거의 맺지 않는 가지를 전지하는 것이 아닙니다. 열매를 많이 맺는 가지를 잘라내는데, 이는 그 가지가 잘라낼 가치가 있기 때문입니다. 이런 경우에 징계는 복이며 사랑의 표시입니다. 그리스도인들이 다른 그리스도인들의 죄때문에 슬픔을 겪는 경우가 종종 있습니다. 주님을 사랑하고 영혼들이 회개하는 것을 보고 싶어하지만 아무것도 이루어지지 않기 때문에 한숨 쉬며 부르짖는 형제자매들의 많은 아픔이 이 세상에 있는 것을 나는 알고 있습니다. 어쩌면 그들에게 복음을 믿지 않는 사역자가 있는지 모르겠습니다. 또 교인들은 사역자가 복음을 믿는지 안 믿는지 관심이 없을 수 있고, 밤낮으로 은혜의 보좌 앞에 나가는 소수의 열심 있는 신자들을 제외하고는 모두 다 잠들어 있는지도 모릅니다. 그런 열심 있는 신자들이 미지근한 교회의 짐을 지고 가는 사람들입니다. 누가 징계를 받든지 간에, 우리 교회에 징계가 온다면, 그 징계로 교회 전체가 더 나아지기를 바랍니다. 교회가 하나님의 거룩한 불로 불타오르고, 하나님의 영광을 바라는 뜨거운 열망으로 끓어오를 때까지 우리가 쉬지 않게 되기를 바랍니다.

이제 마지막 치료책을 이야기하게 되었는데, 내 마음에는, 이 마지막 치료책이 모든 것 중 최상이라고 생각됩니다. 나는 이 치료책을 가장 사랑하며, 그것이 약이 아닐 때는 음식으로 삼고 싶습니다. 퇴보하는 교회에 대한 최상의 치료책은 그리스도와의 사귐을 더 많이 갖는 것입니다. 주님은 말씀하십니다. "볼지어다 내가 문 밖에 서서 두드리노라." 나는 사람들이 본문을 가지고 설교하기를, 마치 그리스도께서 죄인들의 문을 두드리시면 죄인들이 문을 열지 않을 수 없었던 것처럼, 죄인들을 향하여 수없이 많이 설교한 것으로 알고 있습니다. 본문은 그런 의도로 사용하도록 주께서 말씀하신 것이 아닌데도, 설교자들은 어떻게 해서든 값없는 은혜라는 교훈에서 벗어나지 않도록 애쓰지 않았습니다. 사람들이 본문을 그릇된 방향으로 끌고 가려고 해도, 그렇게 되지 않을 것입니다. 본문은 회개하지 않은 사람에 대한 것이 아니라 하나님의 교회에 대한 것입니다. 라오디게아 교회에 하시는 말씀입니다. 그리스도께서 교회의 불친절로 인해 쫓겨나 교회 밖에 계십니다. 그러나 주님은 멀리 가버리시지 않고 당신의 교회를 너무 사랑하시기 때문에 아주 떠나버리실 수 없습니다. 주님은 다시 들어가기를 간절히 바라시므로 문 앞에서 기다리고 계십니다. 주님은 자신이 돌아가지 않으면 교회가 결코 회복되지 못할 것을 아십니다. 주님은 교회에 복 주시기를 바랍니다. 그래서 주님은 서서 문을 두드리고 두드리며, 다시금 두드리며 기다리십니다. 주님은 단지 한 번 두드리고 마시는 것이 아닙니다. 주님은 서서 두드리시는데, 간절한 설교로, 섭리로, 양심을 일깨우심으로, 성령의 각성으로 두드리십니다. 주님은 문을 두드리면서 말씀하시고, 모든 수단을 다 사용하여 당신의 교회를 깨우려고 하십니다. 주님은 이 일을 지극히 겸손하고 은혜롭게 행하십니다. 주님은 입에서 교회를 토해 버리겠다고 위협하신 바가 있으므로 "나는 이제 가버리겠다. 다시는 네게 돌아오지 않겠다"고 말씀하실 수도 있었기 때문입니다. 그리고 그렇게 하시는 것이 자연스럽고 정당한 일이었을 것입니다. 그런데 욕지기가 날 것 같음을 표현하고서도 주님께서 이같이 말씀하시는 것을 보면 주님은 참으로 은혜로우신 분입니다. "네 상태가 몹시 싫지만 너를 떠나고 싶지 않다. 내 임재를 네게서 거두었지만 너를 사랑하기 때문에 네 문을 두드리니 네가 마음으로 나를 받아들여 주기를 바란다. 억지로 네게 들어가지 않겠다. 나는 네가 자발적으로 내게 문을 열어주기를 바란다." 그러므로 우리는 즉시 문을 열고 이렇게 말해야 마땅합니다. "선하신 주님이여, 들어오십시오. 우리가 대체 어떻게 주님을 문 밖에 서 계시도록 할 수 있었는지를 생각하니 슬픕니다."

그 다음에, 주님께서 어떤 약속을 하시는지 봅시다. 주님은 오셔서 우리와 함께 저녁 식사를 들겠다고 하십니다. 동양에서는, 저녁 식사가 하루 중 가장 성찬이었습니다. 그것은 우리의 만찬과 같았습니다. 그래서 우리는 그리스도께서 오셔서 우리와 만찬을 함께 하실 것이라고 말할 수 있습니다. 주님은 우리에게 풍성한 잔치를 제공하실 것입니다. 주님께서 죽어가는 영혼들에게 지극히 풍성하고 맛좋은 진수성찬을 친히 주실 것이기 때문입니다. 주님께서 오셔서 우리와 저녁 식사를 하실 것입니다. 즉 우리가 주인이 되어 주님을 대접할 것이라는 말입니다. 그런데 주께서 여기에 "나와 더불어"라는 말씀을 덧붙이시는데, 이는 주께서 주인이 되어 우리를 대접하시리라는 것입니다. 그래서 우리는 자리를 바꿀 것입니다. 우리는 주인이 되었다가 다음에는 손님이 될 것입니다. 우리는 주님께 우리의 최선을 드리지만 주님께는 너무나 보잘것없는 음식이 될 것입니다. 그러나 주님은 그 음식을 받으실 것입니다. 그 다음에는 주님이 주인이 되고 우리가 손님이 될 것입니다. 아, 주님께서 주시는 것을 우리가 얼마나 마음껏 즐기게 되겠는지요!

주님은 오실 때 저녁 식사를 가지고 오십니다. 우리가 할 일이란 방을 마련하는 것뿐입니다. 주님이 우리에게 "객실이 어디 있느냐"고 물으십니다. 그러고 나서 주님은 준비를 하고 왕의 식탁을 차리십니다. 자, 이것이 우리가 잔치를 받기 위해 갖추어야 할 조건이라면, 우리는 아주 기꺼이 우리 마음 문을 활짝 열고 "선하신 주님, 들어오십시오" 하고 말합시다. 주님께서 여러분에게 물으십니다. "얘들아, 고기가 있느냐?" 여러분이 "없습니다, 주님" 하고 말할 수밖에 없다면, 주님께서 즉시 가져오실 것입니다. 거기에는 그물이 가득 차서 곧 터질 지경으로 고기가 많고 숯도 이미 많이 준비되어 있기 때문입니다. 우리가 주님과 함께 저녁 식사를 하게 되면, 틀림없이 우리는 더 이상 미지근한 상태로 있지 않을 것입니다. 주님이 계시는 곳에서 사는 사람들은 금방 그들의 심장이 뜨거워지는 것을 느낍니다. 옛날에 한 페르시아 도덕가가 향기 나는 진흙 한 덩이를 집어들고는 이렇게 물었다는 얘기가 있습니다. "너는 한낱 진흙에 불과한데 어떻게 이렇게 향기로운 냄새가 나게 되었지?" 진흙덩이가 대답했습니다. "나는 오랫동안 향기로운 장미 꽃밭에 있었지요. 그래서 마침내 장미 향기가 내 몸에 배게 되었지요." 이와 같이 우리도 마음이 따뜻한 그리스도인만 보면 "당신은 어떻게 그렇게 따뜻하게 되었지요?" 하고 물을 수 있습니다. 그러면 그는 이렇게 대답할 것입니다. "내 마음은 좋은 것으로 끓어오릅니다. 나는 그리스도와 관계된 사실들을 말하기 때문입니다. 나는 예수님과 함께 지냈고 예수님에게서 배웠기 때문입니다."

자, 형제자매 여러분, 내가 무슨 말을 해야 여러분이 마음이 움직여 이 마지막 약을 먹게 될 수 있겠습니까? 내가 할 수 있는 말은 그저 이 약을 먹으라고 하는 것뿐입니다. 그 약이 좋기 때문만이 아니라 또한 맛이 있기 때문에 먹으라고 말할 뿐입니다. 약으로서가 아니면 절대로 포도주를 마시지 않겠다고 서약한 사람들이 있는데, 그 사람들이 병이 나면 아주 기뻐했다는 이야기를 들은 적이 있습니다. 그와 같이 "내가 그와 더불어 먹고 그는 나와 더불어 먹으리라"는 이 말씀이 약이라면, 우리는 그처럼 맛있는 약이 필요하다는 것을 기꺼이 고백할 수 있을 것입니다. 내가 이 점을 여러분에게 강권할 필요가 있습니까? 여러분 각자가 오늘 집에 돌아가자마자 바로 예수님과의 교제를 나눌 수 있는지 보라고 권할 수 없습니까? 그럴 수 없는 형제가 있다면 성령께서 그를 도와주시기 바랍니다!

끝으로, 우리가 이 문제와 관련해서 할 일이 있다는 것을 말씀드립니다. 우리는 자신을 살펴보아야 하고, 은혜에서 떨어진 것이 있다면 그 잘못을 고백해야 합니다. 그 다음에, 우리는 교회를 바로잡는 것에 대해 말해서는 안 됩니다. 우리 각 사람이 자신을 위해 은혜를 구해야 합니다. 본문이 "교회가 문을 열면"이라고 하지 않고 "누구든지 내 음성을 듣고 문을 열면"이라고 말하기 때문입니다. 그 일은 개인들이 해야 합니다. 교회는 각 사람이 바로 섬으로써만 바로 될 것입니다. 우리가 주님의 사랑과 봉사에 대한 진지한 열심을 다시 회복할 수 있으면 좋겠습니다. 우리는 주님의 책망에 귀를 기울이고, 주님의 손에 빠져들고서 다시 한 번 주님을 굳게 붙들고서 "나의 주 나의 하나님"이라고 부를 때에만 그렇게 될 수 있을 것입니다. 그렇게 함으로 도마가 치유되지 않았습니까? 손가락으로 주님의 손의 못 자국을 만져보고 옆구리에 손을 넣어봄으로써 그가 치유되었습니다. 믿지 못하고 흔들거리던 불쌍한 도마가 그렇게 한 번 하고 나자 아주 강한 신자가 되어 "나의 주, 나의 하나님"이라고 말하였습니다. 여러분이 매일 교제를 나눈다면, 여러분의 영혼이 숯이 될 때까지 주님을 사랑하게 될 것입니다. 주님께 가까이 가십시오. 일단 주님께 가까이 간 다음에는 더 이상 주님을 떠나가지 마십시오. 사랑하는 형제 여러분, 주께서 여러분에게 복을 주시기를 바랍니다. 이 일에 복을 베푸시기를 바랍니다.

제
13
장
—

# 큰 잘못과, 그 잘못을 고치는 길

—

"네가 말하기를 나는 부자라 부요하여 부족한 것이 없다 하
나 네 곤고한 것과 가련한 것과 가난한 것과 눈 먼 것과 벌거
벗은 것을 알지 못하는도다 내가 너를 권하노니 내게서 불
로 연단한 금을 사서 부요하게 하고 흰 옷을 사서 입어 벌거
벗은 수치를 보이지 않게 하고 안약을 사서 눈에 발라 보게
하라." ― 계 3:17-18

　　이 말씀은 바깥 세상에 대해 하신 것이 아니라 라오디게아 교회에 하신 것
입니다. 교회 안에 있는 사람들, 그리스도에 대한 믿음을 고백하고 세례를 받은
사람들, 훌륭한 영적 상태에 있다고 생각되는 사람들에게 하시는 말씀입니다.
그들은 자신들에 대해 자부심이 높았고, 아시아에 있는 일곱 교회 가운데 자기
들이 능력과 영향력에서 제일 앞서 있다고 생각했을 것입니다. 본문의 말씀은
진실한 만큼 또한 예리합니다. 그 말씀은 거룩한 믿음을 고백하는 모든 사람들
이 진지하게 주의를 기울일 것을 요구합니다. 우리 같은 사람들에게 그 말씀을
하셨기 때문이고, 또 특별히 주의를 기울일 것을 요구하는 음성이 있기 때문입
니다. "귀 있는 자는 성령이 교회들에게 하시는 말씀을 들을지어다." 도끼가 나
무뿌리에 놓여 있습니다. 숲의 상수리나무나 산비탈의 소나무 뿌리가 아니라 포
도나무의 뿌리에, 여호와의 동산의 가장 좋은 나무뿌리에 놓여 있습니다. "무릇
내가 사랑하는 자를 책망하여 징계하노니"라고 하신 말씀에 따를 때, 주님은 이

말씀으로써 라오디게아에 있는 참된 신자들에 대한 사랑을 보이셨습니다. 본문을 읽으면서 나는 "내가 짓밟은 너여, 내가 타작한 너여!"(사 21:10) 하고 외치지 않을 수 없습니다. 참으로 곡간에 쌓여 있는 곡식 더미에 먼저 도리깨질을 해야 합니다. 교회 안에서 문제가 바르게 정리되지 않는 한, 바깥 세상에 대해 설교하는 것은 헛된 일입니다. 주님의 군대의 군사들이 거짓된 것이 드러나고 전쟁의 날에 물러간다면, 하나님의 나라는 임할 수 없고, 주님의 깃발이 높이 올려질 수 없습니다. 심판이 하나님의 집에서 시작해야 하는 때가 오고 있습니다. 에스겔서에서 도살자들에게 하시는 말씀은 "내 성소에서 시작할지니라"(9:6)는 것이었습니다. 여호와께서 자신의 모든 일을 시온 산과 예루살렘에 시행하실 때 앗시리아 왕의 완고한 마음이 형벌을 받을 것입니다. 보십시오. 주님께서 자기 교회를 다루기 위해 친히 오십니다. 하나님의 불은 시온이고 그의 풀무불이 예루살렘에 있기 때문입니다. "손에 키를 들고 자기의 타작 마당을 정하게 하사"(마 3:12). 밖에 있는 자들에 대해서는 하나님께서 때가 되면 그들을 심판하실 것입니다. 그러나 지금 주님은 복되신 성령을 통해서 교회 안에서 그리스도의 이름을 고백하는 우리 가운데 어떤 이들에게 말씀하십니다.

　　본문의 이 엄숙한 말씀은 또한 주 예수께서 아주 특별한 제목 아래서 하신 것입니다. "아멘이시요 충성되고 참된 증인이신 이가 이르시되"(3:14). 이렇게 말씀을 하시는 것만큼, 비록 라오디게아 교회에서 자칭 신자라고 하는 사람들이 거짓되고 잘못 생각하며 미혹을 받았을지라도, 그의 종 사도 요한을 통해 그들에게 말씀하시는 주님은 참되고 충성된 분이었습니다. 주님은 아멘이시요 진실로 참되신 하나님이십니다. 주님은 겉모양을 보고서 심판하지 않고 진리를 따라 마음을 보십니다. 주님은 "충성되고 참된 증인" 이십니다. 그래서 발림말을 하지 않고 어떤 두려운 진리도 숨기지 않으시며 주님의 불꽃 같은 눈으로 보시는 바를 거리낌 없이 말씀하시고 사람들에게 그들의 상태에 대해 아주 진지하게 경고하십니다. 평안이 없는 곳에서 평안하다, 평안하다고 외치고 그래서 사람들이 젊은 시절부터 편안하게 지낸 모압처럼 되어, 이 그릇에서 저 그릇으로 따라 비우지 않았기 때문에 찌꺼기가 그대로 남아 있게 하기보다는, 주님은 그들을 흔들어서 거짓이라는 앙금이 일어나도록 하고, 그들의 악한 형편이 드러나도록 하십니다. 여러분이 이 시간에 이 말씀을 주 예수께서 하시는 말씀으로, 주께서 충성되고 참된 증인이라는 중요한 위치에서 하나님의 아멘으로서 하시는 말씀으로 들을 수 있는 은혜를 내려주시기를 구합니다.

　내 생각에, 본문은 라오디게아 교인들의 미지근한 상태의 이유를 밝히고 있는 것으로 보입니다. 그들은 가난한데도 스스로 부자라고 생각하였기 때문에 미지근하게 지냈습니다. 우리가 미지근한 상태를 피하는데 두 가지 조건이 도움이 될 것입니다. 한 가지 조건은 정말로 은혜에서 부하게 되는 것입니다. 은혜를 많이 받은 사람들은 미지근하게 될 수 없을 것이기 때문입니다. 은혜는 영혼 속의 불입니다. 성숙한 그리스도인이 될 만큼 은혜를 많이 받은 사람은 진실 되고 뜨겁게 끓는 마음을 갖지 않을 수 없습니다. 다른 길은, 은혜를 거의 받지 못하고 그 사실을 고통스럽게 인식하며 영혼의 빈곤을 깊이 느끼고 여러분이 마땅히 되어야 하는 사람대로 되지 못하여서 한숨짓고 부르짖는 것입니다. 궁핍에 대한 고통스런 인식으로 인해 일어난 강한 열망에는 미지근함이 전혀 없습니다. 가난한 사람, 곧 자신의 결함과 부족을 아는, 심령이 가난한 사람은 결코 뜨뜻미지근한 사람이 될 수 없습니다. 그는 그런 슬픈 상태에서 벗어나고자 하는 강렬한 열망을 가지고 있는 마음에서 탄식하며, 더 은혜를 얻기 위해 하나님의 보좌 앞에 나아가 부르짖습니다. 불행하게도 이 라오디게아 교인들은 여러분이 이해할 수 없는 상태에 처해 있었습니다. 그들은 자신들이 가난한데도 가난한 줄을 알지 못할 만큼 불쌍한 처지에 있었습니다. 그래서 그들은 아주 가난한 자들에게 하는 말을 들을 때, "이 일은 우리에게 해당되지 않아. 우리는 재물에 부하다"고 하였습니다. 그들은 눈이 멀었습니다. 그런데 자기들은 본다고 생각했습니다. 그들은 벌거벗었습니다. 그런데도 자기들이 좋은 옷을 입고 있다고 자랑하였습니다. 그래서 그들의 마음을 움직이기가 어려웠습니다. 차라리 그들이 외적으로 더 악한 상태에 있었다면, 공공연히 죄를 짓고 사람들이 다 알 수 있는 허물로 옷을 더럽혔다면, 성령께서 그 얼룩을 지적하고 즉시 그들에게 죄를 깨닫게 할 수 있었을 것입니다. 그런데 해악이 안에 숨겨져 있었으니 어떻게 해야 했겠습니까? 그들이 아주 냉담하고 꽁꽁 언 상태에 있었더라면, 주께서 그들을 녹이고 생생한 온기를 불어넣으셨을지 모릅니다. 그러나 그들은 자신들에 대해 아주 의기양양하게 생각하였기 때문에 아무도 그들에게 죄를 깨우치거나 어떤 두려움을 일으킬 수 없었습니다. 그래서 결국 주님께서 그들을 더 이상 견딜 수 없어서 입에서 토해내시지 않을 수 없었던 것 같습니다. 이 말씀이 우리 각 사람에게 얼마만큼 해당되는지 생각해 보십시오. 하나님의 무한한 자비로 우리 각 사람이 스스로를 바르게 판단하게 되기를 바랍니다. 이 점이 우리에게 해당되든지 되지 않든지 간에, 성령 하나님께서 이 설교에 복을 주시어 하나님의 방식대로 우리 영혼에 적용되도록 하신다면, 이 설교가 헛되지 않을 것입니다.

본문에서 두 가지 사실이 우리의 주의를 끕니다. 첫째는 그들의 하는 말입니다. "네가 말하기를 나는 부자라." 둘째는 그리스도의 권고입니다. "내가 너를 권하노니 내게서 불로 연단한 금을 사서 부요하게 하고 흰 옷을 사서 입어 벌거벗은 수치를 보이지 않게 하고 안약을 사서 눈에 발라 보게 하라."

### 1. 첫째로 라오디게아 교회를 생각하고, 그 교회가 하는 말을 들어봅시다.

그러면 이 라오디게아 교인들이 그랬던 것처럼 그렇게 높은 마음을 품지 않을 수 있을 것입니다.

라오디게아 교인들이 아주 한 목소리로 같은 이야기를 하는 데서 스스로를 자랑하는 마음이 나타났습니다. 모든 교인들이 다 똑같이 말을 하지 않았을지라도, 교회 전체로서 그들은 스스로에 대해 아주 만족스럽게 생각했습니다. 그래서 아멘이신 분이 그들에 대해 이렇게 말씀하셨습니다. "네가 말하기를 나는 부자라 부요하여 부족한 것이 없다 한다." 분명 몇몇 사람들은 하나님 앞에서 울고 탄식하였겠지만, 그 수가 너무 적어서 교회 전체가 스스로를 높게 생각하는 모습으로 나타나는 것을 막지 못했고, 교회가 일치하여 공공연히 자랑하는 말을 막지 못하였습니다. "네가 말하기를 나는 부자라 부요하여 부족한 것이 없다 한다." 그들의 목회자도 같은 생각을 가졌던 것으로 보입니다. 목회자는 아주 느긋한 사람으로 자기 교회가 훌륭한 상태에 있다고 생각하였습니다. 본문에서 하나님의 영이 교회의 목회자인 것이 분명한 "교회의 사자"에게 말씀하고 계시며, 그에게 "네가 말하기를 나는 부자라 부요하다 한다"고 말씀하시기 때문입니다. 어쩌면 이 자기 만족에 빠진 사역자는 부유한 회중을 모았을지 모릅니다. 이 회중은 일반적으로 지극히 가난한 하나님 백성들의 형편에 비할 때 부유했을 것입니다. 이들 가운데는 상당한 은사를 가진 사람들도 있고, 전체적으로 볼 때 교인들이 지적이고 교양이 있었을 것입니다. 그들은 온갖 타고난 재능에서 부하였으므로 "부족한 것이 없었습니다." 어쩌면 그들은 목사조차도 필요가 없을 정도로 각 사람이 다 선생이 될 만큼 되었을 것입니다. 그래서 마음이 약한 목사는 그들에게서 느끼는 두려움 때문에 말을 적게 하고 부드럽게 이야기했을지도 모릅니다. 그들은 어쩌면 공개적인 모임을 갖기를 바랄 수도 있습니다. 그랬다면 목사가 어떻게 되었을지 모릅니다. "백성이나 제사장이나 동일함이라"(호 4:9)는 속담이 있습니다. 이런 설교자의 뜨뜻미지근한 설교를 듣고 교회도 미지근하게 되었습니다. 그들은 은사가 아주 풍부해서 절약할 필요가 없었고, 형제를 한 사람씩 내보내어 설교하게 할 필요가 없었습니다. 그들은 한 사람이라도 충분히 잘 할 수 있는 일을 열두 명이나 보내서 하게 할 수도 있었습니다. 그들은 아주 유력한 교회로 성장하여서 다른 교회들이 우러러 보게 되었습니다. 라오디게아 교인은 누구나 다 훌륭한 사람으로 여겼기 때문에, 그 교인이 어디를 가든지 사람들이 그에게 일어나서 한 마디 하라고 부탁하곤 하였습니다. "부족한 것이 없다"고 하는 그 유명한 교회에서 온 사람이기 때문에, 틀림없이 그가 입을 열면 귀중한 말이 쏟아질 것으로 생각하였습니다. 그가 "부자라 부요하여 부족한 것이 없는" 교회의 교인이었기 때문입니다. 라오디게아 교회는 일류 교회였고, 그 교회의 신중하고 친절한 목사도 그렇게 생각하였습니다. 그는 기회가 있는 대로 교회를 자랑하였습니다. 그는 교회의 창립 기념일에 빌라델비아 교회의 훌륭한 교인들에 대해 이야기하면서, 그 교인들이 적은 능력밖에 없어서 그처럼 부유하고 그처럼 잘 교육을 받은 자기 교인들에게 필적할 만한 일을 할 수는 없지만 최선을 다하기를 바란다는 말을 할 수도 있습니다. 물론 모든 교회가 라오디게아 교회처럼 튼튼할 수는 없었습니다. 그 좁은 지역에서 교회들이 라오디게아 교회 목사가 안식일마다 자랑스럽게 바라보는 그런 회중을 어디에서나 모을 수 있지는 않았을 것입니다. 목사로부터 최근에 교회에 들어온 초신자에 이르기까지 자기들이 가장 훌륭한 교회라는 생각을 누구나 가지고 있었습니다. 그들은 모두가 다 진심으로 자신들을 아주 높게 평가했고, 그런 생각 때문에 그들은 더 잘 모일 수 있었고 큰 일들을 시도할 마음을 가지게 되었습니다.

　자신들에 대한 그들의 말은 **자랑**으로 가득 찼습니다. 그 자랑은 세 부분으로 이루어져 있습니다. 그들은 "부자"였습니다. 이것은 그들의 당시 상태였습니다. "부요해졌습니다"(개역개정은 "부요하여" ― 역주). 그들은 돌아볼 때 수년 동안 크게 부흥하였고 과거 역사를 볼 때 발전을 이루어왔다는 것을 알 수 있었습니다. 그리고 당시 상태를 볼 때, 그들이 절대적으로 완전하지는 않지만 완전한 상태에 계속해서 가까이 가고 있었습니다. 그들은 "부족한 것이 없었기" 때문입니다.

그들은 자기 교회에 대체 부족한 것이 무엇이 있는지 몰랐습니다. 교회에 훌륭한 장로, 훌륭한 집사, 훌륭한 교인들이 있어서 그들은 무엇이든지 그리고 그들에게 요구되는 것은 다 항상 할 준비가 되어 있었습니다. 그들은 부자였고 부요해졌고 부족한 것이 없었습니다. 현재 상태는 모든 것이 좋고, 과거는 매우 만족스러웠으며 그래서 거의 완전한 상태에 이르다시피 되었습니다. 부족한 것이 없었기 때문입니다. 교인들이 아무것도 필요치 않을 때는 더 이상 앞으로 나갈 수가 없습니다. 그들은 가장 높은 지점에 올랐고, 그들의 태양은 정점에 이르렀습니다. 그들의 길은 점점 더 빛나 원만한 광명에 이르는 의인의 길처럼 보였습니다.

정말로 그들은 이보다 더 좋을 수 없었을 것입니다. 그들은 사람이 고대 기록에서나 만날 수 있을 것 같은 훌륭한 자랑을 쏟아냈습니다. 산 위에 있어서 숨길 수 없는 도시와 같은 교회가 여기 있습니다. 이 교회는 집 안에 있는 모든 사람에게 빛을 비추는 촛불이 아닙니까? 이 촛불은 탄 심지를 잘라줄 필요가 전혀 없습니다. 아주 잘 타고 있습니다. 부족한 것이 아무것도 없는 교회를 한 번 생각해 보십시오!

자, 그들이 진심으로 이렇게 자랑하였다는 점을 다시 한 번 생각해 봅시다. 그들은 그 말을 할 때 자기들이 자랑하고 있다고 생각하지 않았습니다. 본문을 보면 "네가 네 곤고한 것과 가련한 것과 가난한 것과 눈 먼 것과 벌거벗은 것을 알지 못하는도다" 고 하였습니다. 그들은 진실을 알지 못하였습니다. 그들은 위선자가 아니었습니다. 그때 그들은 자기들이 실제로 그렇다고 생각하였고 그들의 목사도 그렇다고 생각하고서 자기만족에 도취되어 그같이 말했습니다. 그 교회의 사자는 자기 교회가 천사 같은 교회라고 생각하였습니다. 그들이 위선적으로 말한 것이 아닙니다. 사실, 그들은 스스로에게 이렇게 말했을 것입니다. "정말로 우리는 실제로 말할 수 있는 것보다 좀 낮추어서 말하는 것이다. 정말로 우리는 대단한 사람들이다! 우리가 하는 일을 글이나 말로써 제대로 표현하기는 거의 어렵다. 우리 존재 자체가 특이한 사실이다." 그들은 문제의 참된 실상을 알지 못하였습니다. 그들은 기분 좋게 만드는 이야기를 진지하게 믿었고, 무지하기 때문에 그 사실을 몰랐습니다. 우리는 거짓말을 들으면서도 그 말이 우리 속에 자부심을 부추겨 주면 아주 쉽사리 믿고 맙니다.

이제 그들의 실상이 어떤 것이었는지 봅시다. 그들은 전적으로 잘못 생각하였습니다. 그들의 오해는 무지 때문에 생겼습니다. "네가 알지 못하는도다." 이렇게 지직인 사람들, 부유한 사람들, 교육받은 사람들이 자신을 알지 못하였습니다. 이런 것이 가장 큰 무지입니다. 사람이 아프리카에 관해서, 나일 강과 콩고 강의 발원지에 대해 알면서도, 국내 어떤 지역에서 무슨 일이 일어나고 있는지는 모를 수가 있습니다. 지극히 중요한 문제와 관련해서 자신의 상태를 모르는 사람은 정말로 무지한 것입니다. 우리 교회에는 그런 점에 관해 부끄럽게도 거의 아무것도 알지 못하는 사람들이 많이 있습니다. 그들은 우리 가운데서 출입하면서도 교회에 전혀 관심이 없으므로 교회의 영적 상태를 별로 중요하게 생각지 않습니다. 나는 자신의 영적 상태를 모르는 사람들, 당연히 모든 것이 확실하다고 생각하고 "모든 것이 다 좋아"라고 할까봐 염려 되는 교인들이 있다는 점을 슬프게 말하지 않을 수 없습니다. 그들은 양심이 찔리고 마음에 괴로움이 생기면, 그것이 전혀 다른 문제이고 경건한 두려움이라고 칭찬할 수 있는 것임에도 불구하고, 그것을 불신앙이라고 부릅니다. 그들은 양심의 가책으로 궁지에 몰리게 되면, "나는 이런 상태에 들어가서는 안 돼. 틀림없이 좋은 일이 있을 거야" 하고 말합니다. 그들은 모든 것을 최대한 이용하면서, 곤란이 닥쳐올 징조는 전혀 보지 않습니다. 이 라오디게아 교인들은 무지 때문에 잘못을 범했습니다. 그들은 문제를 깊이 살펴보지 않고 겉모습만 보고 판단하였으며 땅속을 들여다보지 않았습니다. "충성되고 참된 증인"께서 그들이 적나라한 진실을 보게 만드십니다.

그 분은 "네가 네 곤고한 것을 알지 못하는도다"고 말씀하십니다. 말하자면 그들은 슬프고 비참한 상태에 있었습니다. 그들에게는 하나님을 기쁘게 할 수 있는 것이 아무것도 없었고, 그들이 참된 빛으로 사실들을 비추어 보았다면 기뻐할 것이 전혀 없었습니다. "그들은 곤고하였습니다." 자화자찬이라는 휘어진 유리로 보던 데서 진실이라는 깨끗한 거울로 보는 것과 같은 엄청난 변화가 일어났습니다! 아무것도 부족한 것이 없던 이 사람들이 그리스도께서 그들을 분별하시기 시작하자 그들의 실상이 드러나고 말았습니다! 그들은 모든 것이 부족해 보입니다. 다음에 오는 "가련하다"는 말이 영어에서는 같은 개념을 전달하지만, 원문에서는 그 이상의 뜻이 있어서, "불쌍하다"는 말로 번역하였더라면 나았을 뻔했습니다. 그들에게는 칭찬할 것이 아무것도 없고, 불쌍하게 생각할 것밖에 없었습니다. 좋아 보였던 것이 다 실상은 거짓된 것이었고, 유용하게 보였던 것이 모두 겉모습만 번드르르했기 때문입니다. 예수 그리스도께서는 라오디게아 교회를 보고 "불쌍하다 불쌍하다!" 고 말씀하셨습니다. 주님은 이 훌륭한 교회를 향해서, 그처럼 부유하고 그처럼 능력이 많은 교회에 대하여 좋게 말씀하시지 않습니다. 주님은 이 교회에 대해 듣기 좋은 말을 하지 않습니다. 먼저 이 교회에 대해 "곤고하다" 고 말하고, 그 다음에는 "불쌍하다" 고 하십니다. 이어서 "가난하다!" 고 하십니다. 그들이 자기가 부하다고 생각했던 중요한 일들에서 가난하였습니다. 그들은 장점들이 아주 많다고 생각했는데 주님은 그들이 장점이라고 할 수 있는 것이 거의 없어서 그들을 "가난하다" 고 말합니다. 그들이 믿음에 부요하였다면 얼마나 좋았겠습니까! 그런데 주님은 "그렇지 않다, 가난하다!" 고 말씀하십니다. 그들이 정말로 그처럼 힘이 넘쳤으면 얼마나 좋았겠습니까! 그런데 주님은 "그렇지 않다, 겉모습만 그럴 뿐, 그들은 가난하다" 고 말씀합니다. 주님은 교인들을 철저히 살피시고 그들의 마음에 귀한 것들이 쌓여 있는지 보시고 나서 그들 모두에 대해 "가난하다" 고 하십니다. 어떤 경우에 주님은 "가난한 자들은 복이 있다" 고 말씀하십니다. 그러나 이들은 전혀 다른 의미에서 가난합니다. 그 점을 생각하십시오! "부자라 부요하여 부족한 것이 없는" 사람들이 있습니다. 그런데 그들에 대한 주님의 평결은 "가난하다" 는 것이었습니다.

  이어서 주님은 그들이 "눈이 멀었다" 고 말씀합니다. 그들이 눈이 멀었다는 말입니까? 그들 가운데는 아주 놀라운 분별력을 지닌 사람들이 있었는데, 그들은 여느 사람 못지않게 아주 예리한 통찰력을 가지고 있었습니다. 그들은 교리의 중요한 점들을 세세하게 구별할 수 있었고, 자기들이 영들을 분별할 수 있다고 생각했습니다. 그래서 누가 진실한 사람이고 누가 진실하지 못한지 말할 수 있다고 생각했습니다. 그런데 예수 그리스도께서는 그들이 분별력이 없다고, "눈이 멀었다" 고 말씀합니다. 그들은 단지 근시안적이고 시력이 약한 것이 아니라 아예 눈이 멀었습니다. 이 얘기가 전혀 과장이 아니라는 것에 유의하십시오. 이것이 일부러 그들을 찔러 회개하도록 하기 위해서 하는 듣기 싫은 말이 아닙니다. "아멘이시요 충성되고 참된 증인이신" 분이 조용히 정색을 하고 이 말씀을 하십니다. 우리가 설교를 시작하면서 그토록 많이 들었던 그 훌륭한 라오디게아 교회에 관해 이 말씀을 합니다. 그들이 가난하고 눈이 멀었다고 하십니다.

  그리고 이제 그들이 "벌거벗었다" 는 말을 덧붙이십니다. 아니, 절대로 그럴 리가 없습니다! 구주께서 정말로 그렇게 말씀하십니까? 그렇습니다. 그렇게 말씀합니다. 그들은 그리스도의 의로 옷 입지 않았습니다. 그들은 자기들 스스로 만든 자부심이라는 거미줄로 짠 옷을 입었습니다. 그래서 그들은 벌거벗은 것입니다. 그들은 그리스도를 의지하지 않고 있고, 자신의 힘과 부를 의지하고 있습니다. 그래서 주께서 그들이 "벌거벗었다"고 말하십니다. "부족한 것이 없는" 이 사람들이 그들의 벌거벗은 수치를 가릴 누더기가 필요합니다. 그들은 하나님 앞에서 "벌거벗었습니다." 그들에게 갑작스럽게 폭풍우가 닥쳤더라면 그들은 자기가 벌거벗은 것을 깨달았을 것입니다. 우리는 그처럼 가난한 존재여서 해와 바람으로부터, 비와 가뭄으로부터 추위와 더위로부터 몸을 가릴 필요가 있습니다. 우리는 그처럼 약해서 외적인 모든 환경으로부터 보호해 줄 옷이 필요합니다. 이 라오디게아 교인들이 그랬습니다. 일반적인 외모의 품위를 위해서 그들이 그리스도의 의로 옷 입을 필요가 있을 뿐만 아니라 몸을 보호한다는 가장 일반적인 목적을 위해서도 그럴 필요가 있었습니다. 그들은 이 점을 몰랐지만, 교회에서 통상적인 방식을 벗어난 어떤 일이 발생할 때는 그들이 뿔뿔이 흩어지고 무너질 위험에 노출되어 있었습니다. 이런 잘못을 범하다니! 진리의 주께서 우리가 개인적으로 그런 잘못을 범하지 않도록 보호하여 주시며, 교회마다 교인 전체가 일치하여 그런 잘못을 범하지 않도록 보호하여 주시기를 바랍니다.

　　이런 신자들은 가난하였고 교만하였습니다. 그들은 자부심이 강하였고, 그래서 좀처럼 회개하기가 쉽지 않았습니다. 그들은 자기들이 진보하고 있다고 생각했으나 실상은 퇴보하고 있었습니다. 그들은 자신들의 실상을 알지 못하였기 때문에 그들을 돕는 것은 힘든 일이었습니다. 여러분은 타이대교 사건(Tay Bridge disaster: 1879년 12월 28일, 스코틀랜드 던디[Dundee]의 타이 다리에 기차가 지나가던 중 중앙 부분이 무너져서 75명이 사망한 사고 — 역주)을 기억하실 것입니다. 그 다리가 그 위치에 적합하지 않았고, 그 다리는 일반적인 하중밖에 견딜 수 없었다는 것이 아주 분명한 사실이었지만 아무도 그렇게 생각하지 않았습니다. 틀림없이 기술자들은 그 다리가 일반적인 검사에 통과될 것으로 생각하였고 그래서 다리를 좀 더 튼튼히 보강하거나 갑작스런 재해에 대비하는 것에 전혀 주의를 기울이지 않았습니다. 결과적으로, 어느 날 밤 아주 사납기 이를 데 없는 태풍이 불어닥치자 다리가 완전히 무너져버렸습니다. 바로 그것이 많은 교회와 많은 개인의 실상입니다. 그 사람은 자신이 경건하다고 생각하였고, 그 교회는 자기들이 아주 온당하고 활기차다고 생각하였습니다. 그래서 개선하려는 시도를 전혀 하지 않았고, 특별 기도를 드리거나 하늘을 향하여 부르짖는 일이 없었고, 타락한 것에 대한 회개도 없었습니다. 그래서 어느 때와 다른 압력이 올 때, 끔찍한 시험의 밤이 올 때는 온 영혼이 무너져 파멸하고 맙니다. 자신이 약하다는 것을 알고, 그래서 힘을 얻기 위해 강하신 분에게 가는 사람의 상태가 얼마나 더 복된지 모릅니다! 나는 이 시간에도 위험의 표시들을 보이고 있는 다리를 압니다. 벽돌로 쌓은 부분에 금이 가 있고 다른 문제들도 있습니다. 그대로 내버려 두면, 필시 그 다리는 곧 무너지고 말 것입니다. 그런데 그 점을 철도회사 직원들이 발견하였습니다. 그래서 직원들이 최대한 빨리 다리를 고쳐서 사고를 방지합니다. 이렇게 하는 것이, 모든 것이 안전하다고 그릇된 믿음을 갖는 것보다 훨씬 더 낫지 않습니까? 여러분 신앙 체계의 중대한 부분에 금이 가 있을 경우에, 그 점을 안다는 것은 참으로 감사한 일입니다! 떠받치고 있는 기둥들이 무너지기 시작할 때, 그 사실을 알아차린다는 것은 참으로 복된 일입니다! 어떤 사람은 이렇게 말할 것입니다. "아, 목사님은 참 우리를 불편하게 만드시는군요." 예, 맞습니다. 그런데 불편을 느끼는 것이 큰 복이 되는 경우가 많이 있습니다. 나는 성령께서 그 복을 여러분에게 주시기를 기도합니다. 잘못되어 있으면서도 내내 아주 태평스럽게 지내는 것보다 불편을 느끼고 바로잡는 것이 말로 다할 수 없이 더 낫습니다. 얼마나 많은 집들이 모래 위에 세워져서 잠깐 있다가 홍수가 나고 바람이 불면 온 집이 밤의 환상처럼 통째로 사라져 버릴지 모릅니다. 집에 사는 사람에게 그 위험을 알려 주는 것이 좋지 않습니까? 나는 알려 주는 것이 좋다고 생각합니다.

이제 이 말을 끝내려고 합니다. 우리 자신이 이 말을 하지 않기를 바랍니다. 우리는 지금까지 내면을 살펴보았습니다. 우리는 수정같이 맑은 연못의 밑바닥에 있는 진흙구덩이를 보았습니다.

### 2. 이제 우리 주님의 복된 권고를 살펴보도록 합시다.

"내가 너를 권하노니 내게서 불로 연단한 금을 사서 부요하게 하고 흰 옷을 사서 입어 벌거벗은 수치를 보이지 않게 하고 안약을 사서 눈에 발라 보게 하라." 나는 여러분에게 먼저 여기에서 나타나는 놀라운 은혜에 주목하라고 말씀드립니다. 선생님에게 어떤 학생이 가장 싫은지 물어보십시오. 아마도 선생님은 이미 아주 많은 것을 알고 있어서 어떤 것도 바르게 배우려고 하지 않는 학생을 견딜 수 없다고 대답할 것입니다. 그렇게 자부심이 강한 사람을 다루는 것은 매우 어려운 일입니다. 우리는 자신이 모른다는 것을 알고 기꺼이 배우려고 하는 사람들은 가르칠 수가 있습니다. 그런데 "부족한 것이 없는" 사람들을 누가 가르칠 수 있겠습니까? 그들은 모든 점에서 상당한 성취를 이루었습니다. 그들은 모범적인 인물들입니다. 그들이 여러분을 가르칠 수도 있습니다. 그런데 여러분이 그들에게 무슨 말을 할 수 있겠습니까? 그런데 여기서 찬송 받으실 우리 주님께서 언제든지 교만을 싫어하심에도 불구하고, 이 의기양양해하는 교회를 골라내시는 것 같습니다. 주님은 그 교회에 가까이 가서서 사랑으로 말씀하시기 시작합니다. 주님은 단호한 어조로 말씀하시지 않고 지극히 애정 어린 말로 권고하십니다. 주님은 "내가 네게 명령하노니" 라고 하시지 않고 "내가 너를 권하노니" 라고 말씀합니다. 이 말씀은 "오라 우리가 서로 변론하자"(사 1:18)는 다른 복된 본문과 같은 것입니다. 주님은 그 말씀을 워낙 부드럽게 하셔서, 마치 이렇게 말씀하신 것과 같습니다. "내가 조금 친절한 조언을 한 마디 하마. 내 말을 듣겠느냐? 내가 좀 더 호되게 말할 수 있고 책망할 수도 있고 명령할 수도 있다. 그러나 그렇게 하기보다 너에게 맞게 몸을 낮추어 권고한다. 내 권고가 유익하지 않은지 보거라. 내가 기묘자요 모사가 아니냐? 내 안에 하나님의 지혜가 있지 않겠느냐? 그러므로 이제 와서 네게 말하고 권한다."

주님께서 어떻게 권고를 시작하시는지 봅시다. "너를 권하노니 사라." 이것은 정말 특이한 권고가 아닙니까? 조금 전까지 주님은 그들이 "곤고하고 가난하다"고 말씀하셨습니다. 그런 그들이 어떻게 살 수 있습니까? 확실히 이 말씀은 듣는 즉시 우리는 하나님의 사랑을 파는 시장에서나 만날 수 있는 값없는 은혜의 조건이라는 것을 생각하게 됩니다. "너희는 와서 사 먹되 돈 없이, 값없이 와서 포도주와 젖을 사라"(사 55:1). 허영의 시장의 상인들은 사람들을 자기들이 부르는 값까지 끌어올리는데 아주 어려움을 겪습니다. 그런데 주 예수 그리스도께서 겪으시는 어려움은 사람들을 주님이 말씀하시는 값까지 끌어내리기가 쉽지 않으신 것입니다. 그래서 주님은 가난한 사람들에게 와서 "돈 없이, 값없이" 라는 조건으로 사라고 권고하기 시작하십니다. 그런데 주님은 왜 사라고 말씀하시는 것입니까? 왜 주님은 "와서 가져가라" 고 하시지 않습니까? 예, 그런 점도 있지만, 사실 하나님께서는 우리가 그것으로 일을 하기를 바라시기 때문에 사라고 말하는 것입니다. 여러분 가운데 누구든지 실상 타락하였으면서도 자신이 퇴보하였다고 전혀 생각하지 않는다면, 어쩌면 자신이 퇴보하였는지도 모르겠다는 섬뜩한 생각이 지금 여러분에게 찾아온다면, 정신을 차리고 회복의 일을 하기 바랍니다. 그리스도께 와서 사십시오. 단지 거지처럼 구걸하지 말고, 와서 구입하는 자로서 신중하게, 소원을 가지고, 판단하며 행동하십시오. 지금 와서 평가하십시오. 여러분이 귀중한 물건을 살 경우에 하는 것처럼 하십시오. 그리스도의 값을 평가하고, 그리스도께서 얼마나 소유할 만한 가치가 있는 분이신지 알아보십시오. 물건을 구매할 때는 양편의 동의가 있습니다. 한 사람은 파는 것에 동의하고, 다른 사람은 구입하여 물건을 받는 것에 동의합니다. 그러므로 "사라" 는 단어가 사용됩니다. 하나님은 자신의 은혜의 선물을 아무에게나 억지로 떠맡기시지 않습니다. 하나님은 먼저 사람에게 그 선물이 필요한 것을 가르쳐 주십니다. 그리고 나서 그 선물이 값이 없지만, 와서 사라고 하십니다. 생각하고 판단하며, 자기에게 내놓을 것이 있다면 무엇이라도 기꺼이 내놓고서 사려는 강렬한 열망을 가지고 사서, 즐겁고 기꺼운 마음으로 그 복을 취하라고 하십니다. 그리스도께서 그들에게 사라고 권하십니다.

다음에, 주님은 무엇이라고 말씀하십니까? "내가 너를 권하노니 내게서 사라." 아, 그들은 그동안 서로를 상대해 왔습니다. 그들은 자기들끼리 흥정하고 물건을 교환하였습니다. 한 형제는 이 은사를 가져왔고, 다른 형제는 다른 은사를 가져왔으며, 그래서 그들이 생각한 대로 서로 거래하여 부자가 되었습니다. 그런데 그리스도께서 이렇게 말씀하십니다. "자, 이제는 더 이상 너를 네 자신과 비교하지 마라. 사람에게서 무엇을 얻으려고 하지 말고 내게서 사라." 그리스도에게서 사려고 하는 이것이 은혜의 기초입니다. 여러분은 내게서 받은 신앙을 가지고 있습니까? 그 신앙은 조금도 가치가 없습니다. 여러분은 어머니나 아버지에게서, 주일학교 선생님에게서, 이웃 사람이나 친구들에게서 받은 신앙을 갖고 있습니까? 그것은 전혀 가치가 없습니다. 참된 모든 은혜는 값없는 은혜의 조건으로 그리스도에게서 사야 합니다. "내가 너를 권하노니 내게서 사라." 여러분은 예수께서 위대한 독점판매자이신 것을 모릅니까? 다른 누구도 이런 것을 팔 수 없습니다. 주님께서 말씀하시는 물건들은 전적으로 주님의 손에만 있습니다. 다른 어느 누구도 여러분에게 불로 단련한 금을 팔 수 없고, 여러분이 입을 흰 옷을 팔 수 없으며, 여러분이 볼 수 있게 하는 안약을 팔 수 없습니다. 모든 은혜의 물품이 예수 그리스도의 인격과 직무에 귀속되어 있습니다. 그래서 주님께서 "내가 너를 권하노니 내게서 사라" 고 말씀하시는 것입니다. 여러분은 다른 데서 산 영적 의복을 입고 있습니까? 여러분은 다른 의사에게서 구입한 안약을 사용하고 있습니까? 여러분은 금세공인인 체하는 사람에게서 구입한 금을 쌓아두고 있습니까? 그런 가상의 은혜들은 던져버리십시오. 주 예수 그리스도에게서, 오직 그분에게서 나오는 것 외에는 시장에 진짜 물건은 아무것도 없기 때문입니다. "내가 너를 권하노니 내게서 사라." 여기 계시는 그리스도인은 모두 이 권고를 굳게 붙잡고서 "다시 그리스도께 가서 사겠다"고 말하시기 바랍니다. 나는 지금까지 과거 경험에 의지해서 살아왔습니까? 지난 20년 동안 유지하였던 신앙고백을 의지해서 살아왔습니까? 나는 이제 더 이상 그렇게 하지 않겠습니다. 예수님에게서 새로 사겠습니다. 하늘에서 나의 만나를 새로 받겠습니다. 나는 모든 양식을 찬송 받으실 내 주님께 매일 구하겠습니다. 주께서 나보고 주에게서 사라고 권하시기 때문입니다.

이제는, 주님께서 말씀하시는 물건을 봅시다. "내가 너를 권하노니 내게서 사라." 무엇을 사라고 하십니까? 모든 것을 사라고 하십니다. 이 사람들에게 필요한 것 가운데 세 가지만 여기서 언급되는 것이 사실이지만, 이 세 가지는 필요한 모든 것을 포함합니다. 첫째로, 주님은 "금을 사라"고 말씀하십니다. 금을 살 수 있는 사람은 모든 것을 살 수 있는 것입니다. 돈은 모든 물건을 구입하기 때문입니다. 금이 있는 사람은 필요한 것은 무엇이든지 구입할 수 있는 수단을 갖고 있는 것입니다. 그리스도 안에는 좋은 모든 것이 충만하게 있으며, 금과 같은 주님의 은혜에는 모든 필요를 채울 수 있는 것이 있습니다. 잘 정련한 금과 같은 하나님의 은혜만큼 여러분에게 필요한 것은 없습니다. 여러분의 자유 의지, 독자적인 노력, 여러분의 지혜, 지식, 힘, 이 모든 것은 여러분이 그런 저런 시장에서 웬만큼 살 수 있는 것입니다. 그러나 하나님의 시장에서는 이 귀한 금 외에는 통용되는 것이 없습니다. 그래서 여러분이 은혜의 금을 얻는다면, 여러분 영혼이 필요로 하는 것은 무엇이든지 구입할 수 있습니다. 그래서 주님은 "내가 너를 권하노니 내게서 금을 사라"고 말씀하십니다.

그 다음에, 주님은 값지고 귀한 옷을 이야기합니다. 정말로 사람을 감싸서 그의 벌거벗은 수치가 전혀 드러나지 않을 완벽한 옷을 말씀합니다. 나는 그 표현이 좋습니다. 그 표현은 아주 분명하면서도 그 안에 참으로 많은 암시들이 들어 있습니다! 죄는 우리의 부끄러움입니다. 그런데 주님께서 그 부끄러움을 가릴 완벽한 덮개를 찾으셨으니 기쁜 일입니다. 죄는 우리를 벌거숭이로 만들었고, 그 결과 수치를 안게 되었습니다. 그러나 그리스도를 모시고 있는 사람은 죄와 수치를 잊었습니다. 예수님의 피가 영혼에서 죄책을 제거하고 양심에서 두려움을 없애기 때문입니다. 사람은 벌거벗었고, 그리스도를 떠나서는 지금도 여전히 벌거벗고 있습니다. 그러나 그리스도 안에서 옷을 입고 하나님 앞에 단정한 모습이 되었습니다. 모든 것을 보시는 하나님의 눈조차도 존재하지 않는 것은 볼 수 없습니다. 하나님께서 자기 백성들의 불의에 대해서 "그 불의가 없어질 것이라"고 말씀하셨습니다. 하나님께서 자기 백성의 죄를 등 뒤로 던져 버리셨으므로, 그것을 보실 수 없습니다. "너희 죄를 찾을지라도 발견치 못할 것이라. 정녕 발견치 못하리라 여호와의 말이니라." 그 죄가 "있지" 않거나 존재하지 않을 것이라면, 그 죄가 주님의 시야에서 사라져 버린 것입니다. 이것은 참으로 놀라운 옷이 아닐 수 없습니다. 사람이 그리스도의 흰 옷을 산다니, 참으로 놀라운 구매입니다! 우리에게 전가해 주신 그리스도께 속한 의는, 예수께서 우리를 위해 이루신 것이고 성령께서 우리 안에 심으신 이중의 의로운 옷입니다. 이것은 사람들 가운데서 입고 설 아름다운 옷입니다. 이 옷은 우리가 하나님의 심판자리 앞에 설 수 있도록 해줄 것입니다. 예수께서는 "내가 너를 권하노니 내게서 사라"고 말씀합니다. 아무도 이 신성한 옷을 팔지 못합니다. 무화과나무 잎은 조롱거리가 될 뿐이고, 자부심이라는 거미집은 바람이 불면 금방 망가질 뿐입니다. 입었을 때 아름다움을 더하고 안락하게 해주는 옷은 그 이름이 "여호와 우리의(義)"이신 그리스도뿐입니다.

다음으로, 주님은 그들에게 권하기를 주님에게서 안약을 사라고 하십니다. 이것은 아주 기이한 권고가 아닙니까? 그들은 눈이 멀었고, 안약을 바른다고 해도 맹인이 시력을 회복할 수 없기 때문입니다. 눈이 아프거나 염증이 생겼을 때, 눈에 유용한 안약들이 많이 있습니다. 그러나 대체 맹인에게 어떤 안약이 조금이라도 도움이 될 수 있습니까? 주님은 그들이 눈이 멀었다고 말씀하시면서도 그들에게 주님에게서 안약을 사라고 권하십니다. 참으로 이상한 권고입니다! 그러나 사람의 직유를 써서 복음의 원칙들을 표현할 때는 그 상징들에 자연적인 것을 뛰어넘는 어떤 것을 부여하지 않을 수 없습니다. 인간적인 것을 사용해서 신적인 것을 표현하려면 인간적인 것에 무리를 가하지 않을 수 없는 것입니다. 천상의 식별력이 없는 여러분, 천상의 빛을 받을 수 있는 눈이 없는 여러분, 그리스도 예수께서 여러분에게 와서 주님에게서 참된 세안제를 사라고 권하십니다.

옛적부터 아주 유명한 그 안약, 즉 여러분의 눈을 열어서 보이지 않는 것을 보게 해주고 하나님의 얼굴을 보게 해줄 아주 놀라운 어떤 것을 사라고 권하십니다. 이 안약은 영광스러운 것입니다. 다른 어떤 의사도 그런 안약을 갖고 있지 않습니다. 또 다른 누구도 갖고 있는 체할 수 없습니다. 구주께서는 이 최고의 의약품을 모두 갖고 계십니다. 주님만이 그 약을 나누어 주실 수 있습니다. 아무도 그와 같은 약을 만들 수 없습니다. 그러므로 그 약을 파는 주님께 가서 여러분이 직접 사도록 하십시오.

　　주님의 권고는 우리보고 주님에게서 모든 것을 사라고 하실 뿐만 아니라 또한 모든 것 가운데 최상의 것을 주님에게서 사라는 것입니다. 라오디게아 교회는 결국 아무 도움이 되지 않을, 질이 낮은 물건을 사는 잘못을 범했습니다. 우리 주님은 "내가 너를 권하노니 내게서 금을 사라" 고 말씀하십니다. 하나님은 가장 귀한 금속이십니다. 그래서 하나님은 라오디게아 교인들에게 금속 가운데 최상의 것, 곧 "불로 연단한 금" 을 사게 하려고 하셨습니다. 그것은 이제 막 시험을 통과하여 화폐의 각인이 찍힌 금이고, 불의 연단을 거쳐서 나왔기 때문에 앞으로 어떤 시험도 견딜 금입니다. 형제자매 여러분, 우리가 그리스도에게서 살 수 있는 것을 사는 것이 지혜입니다. 끝까지 견딜 은혜가 그리스도에게서 오기 때문입니다. 최근에 나는 발도파가 그리스도를 위해 겪은 고난들 가운데 일부를 조사해 보았습니다. 슬픈 광경을 보게 되었을 때 나는 마음이 몹시 고통스러웠습니다. 그러나 나는 또한 그 광경이 유익을 주는 점이 있다고 믿습니다. 나는 가톨릭 교인들이 그들에게 가한 끔찍하고 잔인한 행위들을 읽고, 또 남자들뿐 아니라 연약한 여자들과 어린아이들이 보여준 확고한 태도를 읽고서, 내가 그런 고문을 견딜 수 있을지 스스로에게 물어보았습니다. 내가 견딜 수 있다고 감히 말하지 못하겠습니다. 그들은 지옥의 마귀조차도 좀처럼 고안해 낼 수 없을 그런 고통을 겪었기 때문입니다. 여러분과 내가 그런 시험을 견디지 못할 그런 은혜를 받고 있다고 생각해 보십시오. 그것이 바른 은혜이겠습니까? 우리가 말에게 질질 끌리지 않고, 과녁으로 세워지지 않으며, 손발이 절단되거나, 천천히 타오른 불에 타 죽게 되지 않을지라도, 우리는 이 은혜로운 사람들로 하여금 예수 그리스도로 말미암아 넉넉히 이기게 만든 그런 은혜를 받아야 합니다. 우리가 반드시 순교를 당해야 할 필요가 있는 것은 아닙니다. 그러나 사람은 그리스도를 버리기보다는 집이나 전토, 아내와 자식을 버릴 뿐만 아니라 자기 생명까지도 포기할 준비를 하고 있어야 합니다. 초대 교회 시절의 성도들을 보십시오. 세상이 우리의 거룩한 믿음을 박멸하려고 하였던 때의 젊고 용감한 그리스도의 교회를 보십시오. 그들은 세상을 두려워하지 않았습니다. 그래서 플리니우스 (Pliny)는 트라야누스 황제(Trajan)에게 편지를 써서, 그리스도인들이 떼를 지어 재판자리로 가서 자기들의 믿음을 고백할 것이기 때문에 어떻게 할지를 알려주기까지 하였습니다. 그들은 투쟁을 피하기보다는 오히려 자초하는 것처럼 보입니다. 자신들이 그리스도인임을 고백하면 즉각 처형되는 것을 알았음에도 불구하고, 그들은 열심히 자신이 그리스도인임을 고백하려고 했습니다. 말로 다할 수 없는 고문이 기다리고 있는 것을 알고도, 그들은 자신의 사랑하는 구주를 위해서는 무엇이든지 기꺼이 증거하려고 했습니다. 여러분은 우리도 이렇게 할 수 있다고 생각하십니까? 그렇습니다. 우리가 "불로 연단한 참된 금"을 샀다면 그렇게 할 수 있을 것입니다. 그 외에 다른 아무것으로도 그렇게 할 수 없습니다. 우리의 금은 이런 것입니까? 여러분이 어떻게 순교를 감당할 수 있을지에 대해서 이야기하지 않도록 하십시오. 그보다는 여러분이 생활에서 겪는 일반적인 시련을 어떻게 견디는지 이야기해 보십시오. 여러분 신체에 가해지는 그보다 약한 고통들을 여러분은 참고 견디십니까? 여러분은 가정에서 겪는 작은 걱정들에 대해 화를 내지 않고 참습니까? 일부러 불쾌하게 하려고 한 것은 아니지만 때로 무심코 흘러나와서 여러분의 감정을 상하게 하는 말들에 대해 여러분은 그리스도를 위해서 용서하고 더 이상 생각하지 않을 수 있습니까? 그렇지 못하다면, 이렇게 산(酸)에 닿는 것을 견디지 못하는 이 금은 대체 어떤 것입니까? 그런 금속은 벽난로 위에도 거의 올려놓을 수 없을 정도니, 하물며 불 속에 어떻게 넣을 수 있겠습니까. 그처럼 은근한 온도에도 녹기 시작한다면, 그 금속은 용광로 속에서는 완전히 사라져 버릴 것입니다. 불꽃 가운데서 단련된 금, 곧 하나님께서 오셔서 귀한 것과 천한 것을 구별할 마지막 날에 인정하실 그런 금을 가졌으면 좋겠습니다. 그리스도는 우리에게 최상의 것을 사라고 권하십니다. 우리는 그것을 오직 주님에게서만 "돈 없이 값없이" 얻을 수 있습니다.

　　옷에 대해서도 생각하시기 바랍니다. 그 옷도 최고의 옷이기 때문입니다. 주님은 그 옷을 "흰 옷"이라고 부르십니다. 흰색은 순수한 색이요 거룩한 색이며 왕의 색깔입니다. 우리는 주 예수님을 우리의 기쁨이요 영광이요 의로 옷 입습니다. 흰 옷을 입고 주님과 함께 다니는 것은 참된 영예이고, 우리를 확실히 받아들이셨음을 보여주는 표입니다. 그 사실은 우리가 우리를 사랑하신 주님으로 말미암은 승리자임을 보여줍니다. 이것은 참된 결혼 예복입니다. 그러나 또한 머리부터 발끝까지 일할 수 있게 차려입은 실용적인 옷입니다. 여러분은 이 옷을 입고 있습니까? 여러분의 죄는 숨겨졌습니까? 그 죄가 때때로 나타나지 않습니까? 죄가 여러분의 양심 앞에 나타나지 않습니까? "사랑하는 자들아 만일 우리 마음이 우리를 책망할 것이 없으면 하나님 앞에서 담대함을 얻으리라 이는 우리 마음이 혹 우리를 책망할 일이 있어도 하나님은 우리 마음보다 크시고 모든 것을 아시기 때문이라"(요일 3:21,20, 개역개정은 이 두 구절의 순서가 바뀌어서 나옴 - 역주). 여러분은 이 옷이 있어서, 그 옷을 입고 있으면 죽는 것도 두렵지 않고 불타는 심판대 앞에 서는 것도 두려워하지 않겠습니까? 여러분은 자신의 죄가 그리스도 예수 안에서 사라졌다는 것을 단정하고 확신합니까? 바로 이것이 여러분에게 필요한 것입니다. 여러분은 이보다 못한 것에 만족해서는 안 됩니다. 여러분의 재산을 가지고 그 문제를 다루어야 한다면, 여러분의 생명을 가지고 다루도록 하고, 영혼의 문제를 우연에 맡기지 않도록 해야 합니다. 영원을 확실히 확보하도록 일을 해야 합니다. 어떤 사람이 농장을 산다면, 그 사람은 권리 증서에 관해서 아주 확실하게 일을 매듭짓고 싶어합니다. 그런데 그것이 무엇입니까? 내가 천국을 바란다면, 천국을 소유했다는 것을 확실히 알고 싶어하게 됩니다. 내가 천국의 영광인 그리스도를 모시고 있다는 것을, 내가 천국에 들어가기에 적합하도록 용서를 받고 새롭게 되었다는 것을 확실히 알고 싶어합니다. 그 문제에 관해 단 하나의 의문이라도 생기면 여러분의 마음에서 평안과 기쁨이 완전히 사라질 것입니다. 하나님께서 우리에게 모든 죄책이 사라졌기 때문에 어떤 죄도 보이지 않게 가려 줄 흰 옷을 살 수 있는 은혜를 주시기를 구합니다.

　안약은 구할 수 있는 최고의 안약입니다. 예수께서 "안약을 사서 눈에 발라 보게 하라"고 말씀하시는 것을 보면 알 수 있습니다. 눈 먼 사람을 보게 할 수 있는 안약이라면 지금까지 팔린 모든 약들 가운데 단연코 최고의 의약품이 될 것입니다. 우리가 은혜로 그 약을 얻어서 보고, 영적인 사실들을 알 수 있으면 좋겠습니다. 여러분은 "한 가지 아는 것은 내가 맹인으로 있다가 지금 보는 그것이니이다"(요 9:25)라고 말할 수 있습니까? 여러분은 마음이 청결해서 하나님을 보는 사람입니까? 여러분이 어디에 있든지 하나님께서 여러분 곁에 계십니까? 여러분은 자신의 죄를 보고 미워할 수 있습니까? 여러분은 그리스도 보혈의 능력을 알고 그 피로 씻음받기를 기뻐할 수 있습니까? 여러분은 영적인 나라를 볼 수 있습니까? 아니면 여러분의 사업상의 일들만, 곧 완전히 현세적인 사람들이 볼 수 있는 일들만 보입니까? 하나님이여, 우리에게 참된 시력을 주셔서 천국을 보고 기뻐할 수 있게 하여 주시며, 지옥을 보고 우리를 거기로 데려갈 죄를 피하게 하여 주시고, 그리스도를 보고 영원히 그를 기뻐할 수 있게 하여 주옵소서.

이제 이 모든 것이 그리스도의 권고이며, 교만하고 자부심이 강한 사람들에게 하신 그리스도의 권고라는 점을 말씀드리고 끝을 맺어야 하겠습니다. 주님은 자기는 부족한 것이 아무것도 없다고 생각한 사람들에게 권고하셨습니다. 주님께서 이런 사람에게 오셔서 곁에 앉아 "자, 네 경우를 보자. 네 형편이 아주 좋지 않다. 내게 와서 도움을 받으라고 권하마" 라고 말씀하시는 사실에서 무한한 은혜가 나타나지 않습니까? 아, 내가 오늘 아침 예수님의 부드러운 그 어조를 본받아서 아주 부드럽게 이야기할 수 있으면 좋겠습니다. 자신을 실상과 다르게 생각해온 여러분, 내가 여러분에게 권고하는 것은 여러분을 낙망시키려는 것이 아닙니다. 진실을 보고서 나는 여러분에게 "나는 모든 것을 포기했어. 이제 아무 소망이 없어" 라고 말하라고 권하지 않습니다. 그리스도께서는 이렇게 말씀하십니다. "아니다. 조언을 들어라. 권고를 받아라. 네게 권하는데 이제 내게 와서, 네가 전에는 상상하기만 했던 모든 것을 실제로 얻어라. 모든 것이 너를 위해 준비되어 있다. 너는 금을 찾아 광산을 팔 필요가 없다. 여기 금이 있다. 와서 금을 사라." 그러면 여러분은 이렇게 말할지도 모릅니다. "주님, 나는 한 푼도 없어서 금을 살 수 없습니다." 그것은 문제가 되지 않습니다. 돈 없이, 값없이 금을 사십시오. 은혜로운 구주께서 내신 쉬운 조건은 이것입니다. 믿고 부자가 되라는 것입니다. 사탄이 내게 말하고 혹은 양심이 내게 말하기를, 나는 그리스도인이 아니고, 구원받지 못했다고 말할 때는, 이렇게 말하는 것이 지혜로운 일입니다. "이제 시작하겠다. 내가 잘못 생각했을지라도, 내가 그동안 주제넘게 생각해 왔을지라도, 그동안 진정으로 믿지 않았을지라도, 나는 즉시 믿겠고, 이 좋은 시간에 예수님을 굳게 붙잡겠다."

자부심이 강해서 그리스도의 권고를 받지 않는 여러분에게 권합니다. 주님께서 이 교만한 사람들에게 오라고 권하실 때, 주님의 권고가 여러분에게도 유익하다고 나는 확신합니다. 여러분이 값없이 살 수 있을 때 금을 얻는 것이 언제나 현명한 처사입니다. 만일 영국 은행이 내일 아침에 순 금괴를 무료로 얼마든지 팔겠다는 고시를 낸다면, 틀림없이 증권거래소 사람들은 거래소로 가지 않고 길 반대편으로 달려가 즉시 영국 은행의 잔고를 바닥낼 것입니다. 이처럼 무료로 순금을 파는 시장이 마련되어 있습니다. 그러니 와서 값없는 은혜의 금을 사십시오. 이 금은 유용함에 틀림없습니다. 그러므로 그리스도를 사랑하는 여러분, 오십시오. 그리고 자신이 그리스도를 사랑하지 않아서 두려워하는 여러분도 오십시오. 여러분 모두 오십시오. 와서 "불로 연단한 금"을 사십시오. 여러분 일생에 이보다 나은 투자를 한 적은 없습니다. 선하신 주님께서 여러분이 그렇게 하시도록 기분 좋게 인도하시기를 바랍니다.

　　그러나 이 권고가 교만한 모든 이들에게는 큰 책망이 됩니다. 주님은 우리에게 이렇게 말씀하시지 않습니다. "너는 지금까지 아주 어리석게도 네 부에 관해서 말했다." 그렇게 하시기보다 주님은 "내가 너를 권하노니 금을 사라"고 말씀하심으로써 우리의 죄를 깨닫게 하십니다. 주님은 "너는 어리석게도 네 옷을 자랑하는구나"라고 말씀하시지 않고, "옷을 사라"고 말씀하심으로써 우리의 죄를 깨우치십니다. 주님은 우리가 눈이 멀었으면서도 볼 수 있는 체한 것에 대해서 비난하시지 않고 이렇게 말씀하십니다. "안약을 사서 눈에 바르라." 이것은 주님이 부드러운 방법을 써서 우리가 우리 잘못을 깨닫도록 하시는 것이 아닙니까? 여러분이 엄한 책망을 들으면 피할 것이지만 사랑 앞에서는 피할 수 없을 것입니다. 우리 교회 교인들과 어느 교회에도 속하지 않은 사람들, 이제 오십시오. 와서 이 세 가지 귀한 것들을 "돈 없이, 값없이" 사십시오. 여러분은 이 하나님의 아들의 권고만큼 좋은 권고를 들을 수 없습니다. 그러므로 그리스도께서 명하시는 대로, 즉시 사십시오.

제
14
장

—

# 사랑하는 자를 징계하노니

—

**"무릇 내가 사랑하는 자를 책망하여 징계하노니 그러므로**
**네가 열심을 내라 회개하라." ― 계 3:19**

사람들에 대한 하나님의 처사가 그것을 이해해 보려고 애쓰는 세상의 지혜자들에게는 언제나 수수께끼와 같은 것이었습니다. 하나님의 계시를 떠나서는, 이 세상에서 자기 피조물에 대한 여호와의 처사는 전혀 이해할 수 없는 것처럼 보입니다. 세상에서 악인들이 번성하고 큰 권력을 잡는 일이 일어나는 것을 누가 이해할 수 있겠습니까? 믿지 않는 사람이 푸른 월계수나무처럼 번창할 수 있습니다. 보십시오, 그는 뿌리를 강가에까지 뻗습니다. 그는 가뭄을 모르고 잎사귀는 시들지 않습니다. 그의 열매는 제철이 아니면 떨어지지 않습니다. 자, 이렇게 세상에서는 불경건한 자들이 번성합니다. 그들은 재물이 풍성하고, 금을 티끌처럼 쌓아올립니다. 나머지 재산을 어린 자손에게 남깁니다. 그들은 밭에 밭을 더하고 논에 논을 더하여 세상의 왕들처럼 됩니다. 반면에 의인들이 어떻게 내던져지는지 보십시오. 미덕이 가난이라는 누더기를 입고 있는 경우가 얼마나 많습니까! 지극히 경건한 영혼이 굶주림과 목마름과 헐벗음으로 고통을 당하는 일이 얼마나 잦습니까! 우리는 그리스도인들이 이런 일들을 묵상하고서 이렇게 말하는 것을 때로 들었습니다. "확실히 나는 하나님을 헛되이 섬겼다. 내가 매일 아침 징계를 받고 금식으로 내 영혼을 괴롭게 한 것이 아무 소용이 없다. 보라. 하나님께서 나는 내팽개치시고 저 죄인은 높이 드셨다. 어떻게 이런 일이 있을 수 있는가?' 이교도의 현인들은 이 문제에 답을 할 수 없었습니다. 그래서 그들은 비상수난을 쓰는 편의주의를 채택하였습니다. "우리는 어떻게 그런 일이 생기는지 말할 수 없다"고 말을 했을 수도 있습니다. 그래서 그들은 사실 자체에 달려들어 그것을 부인해 버렸습니다. "번영하는 사람은 신들의 은총을 받았고, 성공하지 못하는 사람은 지극히 높으신 분의 미움을 받은 것이다." 이교도들은 그렇게 말했습니다. 그들은 그 이상의 답변을 알지 못했습니다. 좀 더 깨인 동양 사람들, 곤경에 처해 있던 욥과 이야기했던 그 사람들도 거기서 별로 앞으로 나가지 못했습니다. 그들은, 하나님을 섬기는 모든 사람은 보호를 받을 것이고, 하나님께서 그들의 재산을 증식시키고 그들의 행복을 더해주실 것이라고 믿었습니다. 반면에 그들은 욥의 고난을 보고서 그것이 욥이 위선자라는 표시이고, 그래서 하나님께서 그의 촛불을 꺼트리고 그의 등불을 어둠 속에 꺼트린 표시라고 생각했습니다. 그런데 슬프게도, 그리스도인들조차 그런 잘못에 빠졌습니다. 하나님께서 어떤 사람을 높이시면, 틀림없이 그에게 어떤 우수한 점이 있을 것이라고 생각하는 경향이 있었습니다. 그리고 하나님께서 징계하고 고통을 주시면, 그리스도인들은 대체로 그것은 분명 진노의 표시라고 생각하게 되었습니다. 자, 여러분, 본문을 들어보십시오. 그러면 그 수수께끼가 다 풀립니다. 예수께서 자기 종 요한에게 하시는 말씀을 들어보십시오. 그러면 그 신비가 풀립니다. "무릇 내가 사랑하는 자를 책망하여 징계하노니 그러므로 네가 열심을 내라 회개하라."

　　사실, 이 세상은 형벌의 장소가 아닙니다. 때때로 뚜렷한 심판이 있을 수 있습니다. 그러나 일반적으로 하나님은 이 현 세상에서 죄에 대하여 사람을 완전히 형벌하시지 않습니다. 하나님은 악한 자들이 계속해서 악을 행하도록 버려두십니다. 하나님은 그들의 고삐를 쥐고 계십니다. 그들이 계속해서 자기 마음껏 욕망을 부리도록 두십니다. 때때로 그들에게 양심이 제지하는 일들이 있을 수 있습니다. 그러나 그 제지는 형벌이라기보다는 경고의 성격이 있습니다. 반면에 주님께서 그리스도인들은 내던지십니다. 지극히 경건한 자들에게 크나큰 고통을 주십니다. 어쩌면 하나님께서는 세상에 살아 있는 어떤 사람에게보다도 믿음이 지극히 독실한 그리스도인에게 근심의 파도를 더 많이 보내어 넘어뜨리시기도 할 것입니다. 따라서 우리는 이 세상이 형벌의 장소가 아니므로 오는 세상에서 형벌과 보상을 받게 되어 있다는 것을 기억해야 합니다. 그리고 하나님께서 자기 백성을 괴롭게 하시는 이유는 이 한 가지뿐임을 믿어야 합니다.

> "사랑으로 내가 너를 바로잡고, 네 금을 단련하는 것은
> 결국 네가 나를 닮아 빛나게 하려 함이다."

오늘 아침 나는 하나님께서 그의 자녀들에게서 바로잡으려는 것이 무엇인지를 먼저 이야기하려고 합니다. 둘째로는, 왜 하나님께서 그의 자녀들을 바로잡으시는지, 셋째는 우리가 하나님의 책망과 교정을 받느라 고생하고 있을 때 우리의 위로가 무엇인지에 대해서 이야기하려고 합니다. 하나님께서 그때도 우리를 사랑하신다는 사실이 위로임에 틀림없습니다. "무릇 내가 사랑하는 자를 책망하여 징계하노니."

## 1. 그렇다면, 첫째로, 사랑하는 여러분, 하나님께서 이 그리스도인에 대해 책망하시는 것은 무엇입니까?

영국 교회의 신앙고백서 조항 가운데 하나는 다음과 같은 점을 참으로 바르게 말하고 있습니다. 본성적으로 "사람은 원시의에서 아주 멀리 떠나 있고, 스스로의 본성상 악으로 향하는 경향이 있어서 육신은 언제나 영에 어긋나는 것을 원한다. 그러므로 이 세상에 태어나는 모든 사람은 하나님의 진노와 저주를 받기에 마땅하다. 그리고 이 본성의 오염은 거듭난 사람들에게도 여전히 남아 있다. 희랍어로 에피튀미아 사르크스라고 하는 육신의 정욕, 어떤 사람들은 이것을 육신의 지혜로, 어떤 사람들은 육신의 관능성으로, 어떤 사람들은 애정으로, 어떤 사람들은 욕구로 설명하는데, 이 육신의 정욕은 하나님의 법에 굴복하지 않는다. 믿고 세례를 받는 자들에게는 결코 정죄함이 없지만, 강한 욕망과 육욕에는 자연히 죄의 본성이 배어 있다고 사도는 고백한다."

그리고 중생한 사람에게 악이 남아 있기 때문에, 그 악을 맹렬하게 책망할 필요가 있습니다. 그렇습니다. 그리고 그 책망이 충분치 않을 때는 하나님께서 더 엄한 방책을 쓰셔야 하고, 하나님의 책망도 별 효과가 없을 때는 징계라는 수단을 쓰실 필요가 있습니다. "내가 책망하여 징계하노니." 그래서 하나님께서 자기 백성을 책망하고 징계하는 수단을 마련하셨습니다. 때로 하나님께서는 목사를 통해서 자기 자녀를 책망하십니다. 복음을 전하는 목사는 언제나 위로의 사역만 하게 되어 있지 않습니다. 위로자이신 성령은 세상에 대하여 죄와 의와 심

판을 일깨우시는 분입니다. 목사는 하나님의 사자로서 꿀이 가득한 달콤한 말을 하여 우리 영혼을 기쁘게 하게 되어 있지만, 때로는 바로 그 목사가 하나님의 막대기가 되고, 전능자의 손에 들린 지팡이가 되어서, 죄를 인하여 우리를 치는 일을 하게 되어 있습니다. 아, 사랑하는 여러분, 우리가 목회자를 통해서 참으로 자주 제지를 받아야 했지만 그 말을 듣지 않을 때가 얼마나 많았습니까? 어쩌면 목사의 말이 너무 강제적이었을지 모릅니다. 목사가 그 말을 아주 진지하게 열심으로 말하였고 우리 경우에 적용하였을 것입니다. 그런데 슬프게도, 우리는 그 말에 귀를 닫고 자신에게보다는 다른 형제들에게 적용하였습니다. 나는 그동안 설교를 해오면서 놀란 때가 많았습니다. 나는 우리 교회의 아주 유명한 어떤 교인들을 이야기해왔다고 생각합니다. 그분들의 다양한 죄를 지적하였습니다. 나는 그리스도의 신실한 목사로서 강단에서 그들의 경우를 언급하는 것을 피하지 않았고, 그렇게 해서 그들이 신중하게 이야기하는 책망을 받아들이도록 하였습니다. 그러나 그들에 대해 설교한 후에, 그들이 내가 한 말에 대해 감사하면서, 그 이유를 대는 것을 듣고 놀라지 않을 수 없었습니다. 나는 그 이야기를 전적으로 그들이 듣게 하려고, 아주 정확하게 묘사했고 아주 작은 점들까지 분명하게 이야기하여서 틀림없이 그들이 책망을 받을 수 있도록 했다고 생각했는데, 그들은 그 설교가 교회의 다른 형제에게 꼭 들어맞는다고 생각해서 감사했다고 하는 것입니다. 참으로 슬픈 일입니다!

　교우 여러분, 우리가 다 같이 하나님 말씀을 들으면서도, 특별히 교회에서 직분을 맡고 있다면, 책망의 말씀이 참으로 우리에게 적용된다는 생각을 좀처럼 하지 못한다는 점을 아시기 바랍니다. 목사가 다른 동료 목사가 설교하는 것을 듣고 있을 때, 어쩌면 그가 자신에 대해 책망의 말을 하고 있을 수 있는데, 그렇게 생각하기가 어렵습니다. 사람이 장로나 집사의 직분에 오르면, 때로 그와 더불어 자기에게 해당된 말씀에 대해서 점점 더 무감각해질 수가 있습니다. 직분을 맡은 사람은 그 말씀을 들을 때, 자기에 대해서 생각하기보다는 그 말씀이 적용될 수 있을 것으로 보이는 여러 사람들을 떠올리고, 은혜가 부족한 많은 사람들이 때마침 그 말씀을 듣게 되었다고 생각하는 경향이 있습니다. 그렇습니다. 교우 여러분, 우리가 목사를 통해서 오는 하나님의 책망에 좀 더 귀를 기울인다면, 하나님께서 안식일마다 우리에게 하시는 말씀에 더 경청한다면, 많은 징계를 면할 수 있을 것입니다. 우리가 징계를 받는 것은 그동안 책망을 무시해왔기 때문이고, 우리가 책망을 거부한 후에야 하나님의 매가 오기 때문입니다.

때로, 하나님은 보이는 수단을 일체 사용하시지 않고 자녀들을 그들의 양심을 통해서 책망하십니다. 하나님의 백성인 여러분들은, 분명 아무런 수단이 없는데도 자신의 죄를 기억하고 그래서 낙심이 되며 마음이 몹시 괴롭게 되는 때가 있다는 것을 인정할 것입니다. 성령 하나님께서 친히 죄를 심문하고 계시는 것입니다. 주님은 촛불을 들고 예루살렘을 살펴보고 계십니다. 하나님은 여러분이 찌꺼기 위에 그대로 안주해 있기 때문에 그렇게 징계하시는 것입니다. 주위를 둘러보면, 여러분의 마음을 낙담시킬 수 있는 것이 아무것도 없습니다. 가족이 아프지 않습니다. 여러분의 사업은 번창합니다. 몸은 아주 건강합니다. 그런데 왜 이렇게 마음이 우울해지는 것입니까? 여러분은 아마도 자신이 아주 큰 죄를 지었다는 것을 때로 의식하지 못할 것입니다. 그런데도 이 어둡고 우울한 느낌이 지속되면, 마침내 여러분은 자신이 알지 못하는 어떤 죄를 범하며 생활해 왔다는 것을 깨닫게 됩니다. 숨겨져 있어서 눈에 띄지 않으므로 알지 못했던 죄를 짓고 있었고, 그래서 하나님이 여러분에게서 구원의 기쁨을 거두셨는데, 마침내 여러분이 자신의 마음을 살피다가 자기 속에 악이 있는 것을 발견하게 된 것입니다. 우리는 하나님께서 우리를 징계하시기에 앞서 때로 이런 방식으로 책망하신다는 점을 생각할 때, 마땅히 하나님을 찬송하지 않을 수 없습니다.

또 어떤 때는 책망이 매우 간접적입니다. 나는 책망을 들으리라고 전혀 생각하지 못했던 곳에서, 책망을 만나는 경우가 얼마나 많았는지 모릅니다! 하나님은 선을 이루기 위해 환경을 자유롭게 이용하셨습니다. 여러분은 아이에게 책망을 들은 적이 없습니까? 재잘거리는 천진난만한 어린아이가 여러분의 폐부를 찌르며 죄를 드러내는 말을 뜻하지 않게 내뱉는 경우들이 있었을 것입니다. 어쩌면 여러분이 길을 가다가 누군가가 욕하는 소리를 듣고서, 이 생각이 여러분의 마음을 스치고 지나갔을 수도 있습니다. "자포자기한 저런 사람들을 바로잡는 일을 위해 나는 거의 아무것도 하고 있지 않구나!" 그렇게 죄를 봄으로써 여러분은 자신의 태만을 알게 되었고, 그렇게 악한 말을 듣는 경우를 통하여 하나님은 여러분에게 또 다른 악을 깨닫게 하셨습니다. 아, 우리가 항상 눈을 크게 뜨고 있다면, 목장의 소를 보거나 나무에 앉아 있는 참새를 보아도, 때로 거기에서 책망의 말을 들을 수가 있을 것입니다. 우리가 깨어 있어서 여호와의 부드러운 책망의 소리도 들을 수 있다면, 한밤중의 별을 보거나 한낮의 햇살을 볼 때도, 마음속에 있는 어떤 악을 가리키지 않나 생각하여 자신의 속사람을 살피게 될 것입니다. 여러분은 우리 구주께서 하찮은 사물들을 사용하여 제자들을 책망하신 것을 압니다. 주님은 "들의 백합화가 어떻게 자라는가 생각하여 보라 공중의 새를 어떻게 기르시는지 보라"(마 6:26,28)고 말씀하십니다. 이렇게 주님은 백합과 까마귀를 시켜서 제자들에게 말을 하고, 그들의 불만을 책망하십니다. 세상에는 충고자들로 가득 차 있습니다. 우리에게 필요한 것은 들을 귀뿐입니다. 그러나 이런 책망들이 아무 소용이 없으면, 하나님은 책망에서 징계의 단계로 나가십니다. 하나님은 언제까지나 꾸짖으려고만 하시지 않습니다. 사람들이 자신의 책망에 주의하지 않으면, 하나님께서 매를 들어 사용하십니다. 형제 여러분, 여러분 모두가 그동안 얼얼하도록 매를 맞은 적이 있었을 것입니다. 하나님은 때로 여러분 개인을 때리기도 하시고, 때로는 가족을 때리셨으며, 많은 경우에 여러분의 재산을, 그리고 종종 여러분의 장래를 치셨습니다. 여러분이 가장 사랑하는, 가장 가까운 친구를 때리심으로 여러분을 치기도 하셨습니다. 혹은 설상가상으로, 하나님께서 여러분에게 "내 육체에 가시 곧 여러분을 치는 사탄의 사자를"(고후 12:7) 주셨을 수도 있습니다. 그러나 여러분이 그리스도인의 삶에 대해 조금이라도 안다면, 언약의 막대기와 지팡이가 무엇인지, 하나님께서 징계하신다는 것이 무엇인지 다 알 것입니다. 이제 잠깐 동안 구체적으로 이야기하며 하나님께서 우리를 교정하신다는 것이 무엇인지 설명하도록 하겠습니다.

　　흔히 하나님은 과도한 애정을 바로잡으십니다. 우리가 친족을 사랑하는 것은 바른 일입니다. 그러나 하나님보다 친족을 더 사랑하는 것은 잘못입니다. 어쩌면 여러분은 오늘 이런 죄를 짓고 있는지 모릅니다. 아무튼, 사랑하는 여러분, 우리 대부분은 이 점을 생각할 때 잘 알 수 있을 것입니다. 우리에게는 특별히 사랑하는 어떤 사람이 있지 않습니까? 그 사람이 어쩌면 마음의 동반자일 수 있고, 아니면 가슴에 안은 자식일 수 있는데, 이들은 우리에게 생명보다도 소중한 존재입니다. 여기 계시는 분들은 아이의 생명에 자신의 생명이 묶여 있지 않습니까? 여기 계시는 어머니들은 온 영혼이 아기의 영혼과 결합되어 있지 않습니까? 아내나 남편 되는 사람들은 그 반려자를 잃으면 생명을 잃는 것과 같지 않습니까? 우리 가운데 혈족에게 과도한 애정을 쏟는 죄를 범하는 사람들이 많이 있습니다. 하나님께서 그 점에 대해 우리를 책망하실 것을 아십시오. 하나님은 이런 식으로 우리를 책망하실 것입니다. 때로는 목사를 통해서 책망하실 것입니다.

그것으로 충분치 않으면, 하나님은 우리가 애정을 쏟는 바로 그 사람들에게 쇠약함이나 질병을 보냄으로써 우리를 책망하실 것입니다. 거기에서도 우리가 책망을 받지 못하면, 회개하기에 열심을 보이지 않으면, 우리를 징계하실 것입니다. 즉 질병이 죽음에까지 이르게 하실 것입니다. 질병이 갑자기 무서운 힘으로 일어나고, 우상으로 삼았던 대상이 쓰러져 벌레의 먹이가 될 것입니다. 우상치고 하나님께서 그 자리에서 끌어내지 않으셨거나 끌어내지 않으실 우상은 하나도 없었습니다. "나 네 하나님 여호와는 질투하는 하나님이니라"(출 20:5). 누가 되었든지, 그가 아무리 선하고 훌륭하다 할지라도 또 아무리 우리의 애정을 받을 만한 사람이라 할지라도, 우리가 그 사람을 하나님의 보좌에 앉힌다면, 하나님께서 "그것을 끌어내려라"고 외치실 것이고 우리는 수년 동안 눈물을 흘려야 할 것입니다. 그러나 그렇게 하지 않았다면 우리는 그 보배를 잃어버리지 않고 간직하였을 것이고 훨씬 더 잘 즐겼을 것입니다.

그러나 다른 사람들은 이보다 더 천한 생각을 갖고 있습니다. 자녀나 아내, 친구를 너무 애지중지하는 잘못이 하나님 보시기에 매우 통탄할 만한 일인데도, 사람들은 그 잘못을 그냥 가볍게 넘길 수가 있습니다. 그런가 하면 슬프게도, 너무 막돼먹어서 골육지친조차도 사랑하지 않는 사람들이 있습니다. 그들은 쓰레기, 곧 더러운 세상을 사랑하고, 노란 금을 사랑할 뿐입니다. 그들이 애정을 쏟는 것은 그런 것입니다. 그들은 자기들의 돈 주머니가 쓸모없는 것이라고 말합니다. 그러나 우리가 가서 그들의 돈 지갑에서 무엇이라도 조금 얻으려고 하면, 그들이 그렇게 말하는 대로 생각하지 않는다는 것을 발견합니다. 어떤 사람이 전에 이렇게 말했습니다. "아, 당신이 내게서 기부금을 받고 싶다면, 먼저 내 마음을 얻으시오. 그러면 내 지갑도 얻을 것이요."그래서 내가 말했습니다. "그렇습니다. 나는 당신의 지갑을 얻을 것입니다. 당신의 지갑이 있는 곳에 당신의 마음이 있다는 것을 믿기 때문입니다. 나는 당신의 지갑에서 절대로 멀리 떨어져 있지 않겠습니다." 스스로 그리스도인이라고 하면서도 재물을 신으로 삼는 사람들이 얼마나 많습니까! 그들의 별장, 대저택, 부동산, 가게, 두툼한 장부책, 많은 직원들, 번창하는 사업, 혹은 이런 것들이 아니라면, 은퇴할 수 있는 기회, 많은 자산, 이 모든 것들이 그들의 우상이고 신입니다. 우리는 이런 사람들을 교회 안으로 데리고 들어옵니다. 세상은 그들에 대해 트집을 잡지 않습니다. 그들은 신중한 사람들입니다. 여러분은 그들 가운데 많은 이들을 알고 있습니다. 그들은 매우 훌륭한 사람들이고, 존경받을 만한 많은 지위를 갖고 있습니다. 그들은 아주 분별 있는 사람들입니다. 다만 모든 악의 뿌리인 돈을 사랑하는 것이 마음에 아주 확실하게 자리잡고 있을 뿐입니다. 혹시는 그들 자신은 그 점을 알지 못할지라도 다른 사람은 누구나 다 그것을 볼 수 있습니다. "탐심, 곧 우상숭배"가 살아 계신 하나님의 교회 안에서 아주 큰 세력을 떨치고 있습니다. 자, 여러분은 하나님께서 그 점을 인해서 징계하실 것임을 잘 아십시오. 하나님의 백성들 가운데서 돈을 사랑하는 사람은 누구든지, 오늘 나에게 책망을 받듯이, 그 점을 인해서 먼저 책망을 받을 것입니다. 그 책망을 받아들이지 않으면, 그 다음에 징계가 내려질 것입니다. 금은 햇빛을 받은 눈송이처럼 녹아버릴 수 있습니다. 혹은 여러분이 금을 보존할지라도, 그 금에 대해 이런 말을 들을 것입니다. "너희 금과 은은 녹이 슬었고 너희 재물은 썩었고 너희 옷은 좀 먹었느니라"(약 5:2,3). 혹은 그들이 하나님보다 금을 더 사랑하고, 영원한 부보다 세상 재물을 더 귀하게 여겼기 때문에 주님께서 그들의 영혼을 쇠약하게 하시고, 그들이 명예도 없고 마음에 위로도 없이 무덤에 내려가게 하실 것입니다. 주님께서 우리를 이런 데서 구원해 주시기를 구합니다. 그렇지 않으면 주님께서 반드시 우리를 징계하실 것입니다.

　　그러나 이것이 유일한 죄는 아닙니다. 우리는 모두 하나님께서 지극히 싫어하시는 또 다른 죄도 범하기 쉽습니다. 그것은 교만이라는 죄입니다. 주님께서 우리에게 조금 위안거리를 주시면, 우리는 아주 마음이 높아져서 스스로 어떻게 처신할 줄 알지 못합니다. 옛적에 "기름지매 발로 찼도다"(신 32:15)는 말을 들은 여수룬처럼 되기가 쉽습니다. 우리는 믿음의 충만한 확신을 잠시 동안만 즐기도록 합시다. 허영심이 이렇게 속삭입니다. "너는 평생 이 기분을 유지할 거야." 그 다음에는 속삭이는 소리가 아니라 그보다 훨씬 더 작은 어떤 목소리가 들립니다. "너는 이제 성령의 영향력을 의지할 필요가 없어. 네가 얼마나 위대한 사람으로 성장했는지 봐. 너는 주님의 지극히 귀한 사람들 가운데 하나가 되었어. 너는 삼손 같은 사람이야. 너는 지옥의 문이라도 무너뜨릴 수 있어. 두려워하지 마. 너는 '주님, 나를 불쌍히 여기소서' 하고 외칠 필요가 없어." 혹은 다른 때에, 교만이 다른 방향으로 나타납니다. 주님께서 우리에게 잠시 자비를 베푸시면, 우리는 주제넘게 이렇게 말합니다. "내 산이 굳게 섰으니 내가 요동하지 않으리로다." 우리가 가난한 성도를 만나면, 우리는 대단한 존재이고 그들은 아무것도 아닌 것처럼 그들에게 허세를 부리기 시작합니다. 우리는 곤경에 처해 있는 성도들을 만나도 그들을 동정하지 않습니다. 우리는 그들의 근심거리에 대해서 이야기할 때도, 그들에게 무뚝뚝하고 퉁명스럽게 말합니다. 그렇습니다. 우리는 심지어 그들을 잔인하고 야만스럽게까지 대합니다. 우리는 깊은 곤경에 처해서 주눅든 성도를 만나면, 자신이 주눅들었던 시절을 기억하지 못합니다. 그들이 우리처럼 빨리 달릴 수 없기 때문에 우리가 그들보다 많이 앞서 나가서 돌아보며 그들을 게으름뱅이라고 부르며, 나태하기 짝이 없다고 말합니다. 우리가 설교자들이라면, 심지어 강단에서조차도 우리는 배움이 많지 않은 사람들에 대해서 어려운 말들을 사용하기도 합니다. 성도 가운데 보잘것없는 몇 가지 은사로 교만해진 사람에 대해서는 하나님께서 나중에 그 은사를 다 거두어가지 않은 적이 없습니다. 마음이 교만한 천사는, 사탄과 타락한 천사들이 그랬듯이 날개를 잃고 게헨나에 떨어지고 말았습니다. 허영과 교만과 자만에 빠지는 성도가 있으면, 하나님께서는 반드시 그의 자랑거리를 결딴내며, 그의 명예를 진흙탕 속에 짓밟아서 그가 다시 "주님, 모든 성도 가운데 지극히 작은 자보다 작고, 죄인 가운데 괴수인 내게 긍휼을 베푸소서" 하고 외치게 만드실 것입니다.

　　하나님께서 책망하시는 또 한 가지 죄는 게으름입니다. 이 죄를 좀 더 자세히 설명할 필요가 있습니다. 여러분 가운데 얼마나 많은 사람들이 게으름의 가장 표본적인 예들을 보여주는지 모릅니다! 나는 지금 사업적인 면에서 말하는 것이 아닙니다. 여러분은 "사업에서 게으르지 않기" 때문입니다. 그러나 하나님의 일과 진리의 대의에 관해서는, 신앙인이라고 하는 사람들 가운데 아마도 열에 아홉은 이루 말할 수 없이 게으르다고 나는 생각합니다. 주변의 모든 교회들을 둘러보지만, 세상에서 아무리 부패한 집단이라 할지라도 그리스도의 교회만큼 자기가 표방한 관심사에 대해서 그렇게 주의를 기울이지 않는 단체는 없습니다. 확실히 세상에는 자기들이 마땅히 증진시켜야 하는 이익에 주의를 기울이지 않는 것 때문에 많은 비난을 받을 만한 집단과 단체들이 있습니다. 그런데 내가 생각할 때는 그 가운데서도 하나님의 교회가 가장 큰 범인입니다. 교회는 자기들이 가난한 자들에게 복음을 전하는 자라고 말합니다. 그런데 교회가 정말로 가난한 자들에게 복음을 전합니까? 예, 여기저기에서, 때때로 돌발적으로 그런 노력을 기울입니다. 하지만 얼마나 많은 교회들이 하나님의 말씀을 전할 사람과 능력이 있으면서도 그냥 잠잠히 있기를 좋아합니까! 교회는 자기들이 무지한 자들의 선생이라고 하고, 어느 정도는 그런 일을 합니다. 그런데 오늘 아침 이 자리에 있는 여러분들 가운데 여기 있어서는 안 될 사람들이 얼마나 많습니까? 그동안 주일학교에서 가르치거나 젊은이들과 다른 사람들을 교육하는 일을 했어야 하는 사람들이 많이 이 자리에 있을 것입니다. 여러분은 이제 선생이 필요 없습니다. 여러분은 그동안 진리를 배웠으므로 그 진리를 다른 사람들에게 가르쳐 왔어야 합니다. 교회는 자기가 아직도 온 세상에 복음의 빛을 비추어야 한다고 말합니다. 그래서 교회가 선교 사업을 조금 하고 있습니다. 아, 그런데 얼마나 조금 하는지! 정말로 조금밖에 하고 있지 않습니다! 주님께서 교회를 위하여 행하신 일과 주께서 교회에 요구하시는 것에 비할 때 선교의 일을 얼마나 조금밖에 안하는지 모릅니다! 우리는 게으른 집단입니다. 교회 주변을 둘러볼 때, 우리는 더할 수 없이 게으릅니다. 우리에게 좀 더 진지함과 열심을 불어넣기 위해서는 약간의 핍박이라도 받아야 할 필요가 있습니다. 감사한 것은, 이것이 지금의 형편이라기보다는 1년 전만 해도 형편이 그러했다는 것입니다. 우리는 교회가 점점 더 열심을 낼 수 있기를 바랍니다. 교회 전체가 책망을 받지 않으면, 교인들 각자가 책망 받는 일이 먼저 있을 것입니다. 그리고 우리가 그 책망을 받지 않으면, 후에 이 큰 죄 때문에 징계를 받을 것입니다.

하나님께서 책망하고 징계하실 다른 모든 이유들을 다룰 시간은 없습니다. 지금은, 죄마다 스스로 불러들이는 하나님의 매가 있다는 점만을 이야기하도록 하겠습니다. 하나님께서는 구체적인 죄 하나하나에 대해 형벌하시며, 기이하게도 성경 역사를 보면 거의 모든 성도가 자신이 범한 죄로 인해 징계를 받되, 그들에게 임하는 그 죄로 인해 징계를 받았다는 점을 언급하는 것으로 충분할 것입니다. 범죄가 처음에는 즐거움이었지만 후에는 채찍이 되었습니다. "마음이 굽은 자는 자기 행위로 보응이 가득하리라"(잠 14:14). 바로 이것이 세상에서 받는 가장 혹독한 형벌입니다.

이렇게 해서 첫 번째 요점, 곧 하나님께서 책망하고 징계하신다는 점을 살펴보았습니다.

## 2. 둘째로, 왜 하나님께서 책망하고 징계하십니까?

사람들은 "그거야, 하나님께서 자기 자녀들을 책망하시는 것은 그들이 하나님의 자녀이기 때문이고, 그들을 징계하시는 것도 그들이 하나님의 자녀이기 때문이라"고 말합니다. 나는 그것이 거짓이라고까지 말하지는 않겠지만, 참되지 않다고 말하겠습니다. 어떤 아버지가 자녀를 징계한 후에 누군가가 그 아버지에 게 "왜 아이를 징계했습니까" 하고 물어보면, 내가 그 애의 아버지이기 때문이라 고 말하지는 않을 것입니다. 어떤 의미에서 그것은 맞는 이야기입니다. 그러나 그렇게 이야기하기보다는 "내가 아이를 징계한 것은 아이가 잘못을 했기 때문이 요"라고 말할 것입니다. 그가 아이의 아버지인 것이 그가 자녀를 징계한 주된 이 유가 되지는 않을 것입니다. 그 사실이 중요한 이유와 어느 정도 관계가 있긴 하 겠지만, 정말로 중요한 이유를 말하자면 이것일 것입니다. "내가 아이를 징계한 것은 아이가 잘못했기 때문이고, 그 점에 대해서 아이를 바로잡아 아이가 다시 는 그런 일을 하지 않도록 하기 위함이다."

하나님께서 자기 자녀를 징계하실 때, 순전히 하나님께서 자녀의 아버지이 시기 때문에 하는 것이 아닙니다. 하나님께서 징계하시는 데는 사려 깊은 이유 가 있습니다. 하나님은 단지 아버지이시기 때문이 아니라 다른 이유들로 인해서 징계하시는 것입니다. 또한 하나님께서 다른 사람들이 아니라 자기 자녀를 징계 하시는 한 가지 이유는 하나님이 자녀들의 아버지이시라는 것입니다. 여러분이 오늘 집으로 가는 길에 길거리에서 많은 아이들이 돌을 던져 유리창을 깨뜨리는 것을 본다면, 여러분은 아이들 전체에게 소리를 질러 깜짝 놀라게 할 것입니다. 그러나 거기에 여러분의 자녀가 있다면 머리라도 한 대 쥐어박으며 이렇게 말할 것입니다. "존, 너 뭐하는 거냐? 여기서 지금 무슨 일을 하고 있는 거냐?" 어쩌면 여러분이 다른 아이들의 일에 간섭하는 것이 정당하지 않을 수도 있지만, 여러 분은 다른 아이들의 아버지들에게 그 일을 알려주려고 할 것입니다. 그러나 여 러분이 자녀에게 그 사실을 기억하게 하려고 하는 것은 여러분이 아이의 아버지 이기 때문입니다. 하나님의 자녀들에게 특별한 징계가 가해지는 것은 그들이 하 나님의 자녀이기 때문입니다. 그러나 하나님이 어떤 특정한 때 그들을 징계하시 는 것은 그들이 하나님의 자녀이기 때문이 아니라, 그들이 어떤 잘못을 범했기 때문입니다. 자, 여러분이 지금 징계를 받고 있다면, 이 진리를 확실히 알도록 하 십시오. 여러분에게 하나님의 위로가 별로 없습니까? 여러분에게 은밀한 어떤 일이 있습니까? 여러분이 사업에서 징계를 받았습니까? 그렇다면 여러분이 무 슨 죄를 범한 것이 없습니까? 여러분이 낙심하고 있습니까? 그렇다면 무슨 잘못 때문에 그렇게 낙심이 되었습니까? "내가 하나님의 자녀이기 때문에 징계를 받는다"고 말하는 것이 옳은 태도가 아님을 기억하십시오. "나는 하나님의 자녀이다. 그러므로 하나님께서 나를 징계하실 때는 그렇게 하실 만한 이유가 있으시다"고 말하는 것이 바른 태도입니다. 자, 그러면 그 이유는 무엇입니까? 여러분이 바르게 판단하도록 도와드리겠습니다.

때로 하나님께서 나를 징계하고 고통을 주시는 것은 죄를 짓지 않도록 예방하시기 위함입니다. 하나님은 정욕의 싹이 우리 마음속에 있는 것을 보십니다. 하나님은 악의 작은 알이 죄를 낳고 일으키는 시작점인 것을 아시고, 와서 즉시 그 알을 밟아 깨트리십니다. 죄의 싹을 잘라버리시는 것입니다. 아, 그리스도인들이 고난을 겪음으로 인해 참으로 많은 죄에서 구원받았다고 우리는 말합니다. 우리가 파멸을 향하여 미친 듯이 달려가고 있는데, 그때 갑작스럽게 고난이라는 시커먼 유령이 나타나 길을 가로막습니다. 우리는 아주 깜짝 놀라서 몸을 돌려 쏜살같이 도망갑니다. 왜 이 고난이 왔습니까? 아, 우리가 달려서 뛰어들어가려고 했던 위험을 알았다면, 이렇게 밖에 말할 수 없을 것입니다. "주님, 주께서 그 두려운 고난으로 말미암아 나를 죄에서 구원하여 주시니 감사하나이다. 그렇게 하시지 않았다면 내가 훨씬 더 괴롭고 무한히 더 위험한 자리에 떨어졌을 것입니다."

또 어떤 때는 하나님께서 이미 범한 죄 때문에 우리를 징계하십니다. 어쩌면 우리는 범한 그 죄들을 잊어버렸을 것입니다. 그러나 하나님은 잊지 않으셨습니다. 죄를 범하고 그 죄에 대해 징계를 받기까지 때로는 수년이 지나기도 하는 것 같습니다. 우리가 젊었을 때 지은 죄에 대해 노년에 가서 형벌을 받을 수도 있습니다. 여러분이 20년 전에 지은 죄, 이제 노인이 된 여러분의 죄가 바로 오늘 여러분의 뼛속에서 발견될 수가 있습니다. 하나님께서 자기 자녀를 징계하시는데, 매를 치워두시는 때가 있습니다. 때가 적절하지 않기 때문일 것입니다. 하나님의 자녀가 아직 매를 감당할 만큼 튼튼하지 않기 때문입니다. 그래서 하나님은 매를 치워두고 이렇게 말씀하십니다. "그가 확실히 내 자녀이므로, 내가 매는 때리지 않지만, 그를 정신차리게 해서 마침내 죄에서 그를 구원하고 나를 닮도록 만들겠다." 그러나 하나님의 백성인 여러분, 죄에 대한 이 모든 징계가 형벌은 아니라는 것을 아시기 바랍니다. 하나님께서 징계하실 때, 재판장이 하듯이 여러분을 형벌하시는 것이 아니라, 아버지로서 징계하시는 것입니다. 하나님께서 매를 들어 많이 아프게 때리실 때, 하나님의 마음에 분한 생각은 전혀 없습니다. 하나님의 눈에 불쾌한 표정도 전혀 없습니다. 하나님은 순전히 여러분의 선을 위해서 매를 때리십니다. 하나님의 지극히 심한 매질도 하나님의 가장 달콤한 포옹만큼이나 깊은 애정의 표시입니다. 하나님께는 여러분의 유익과 하나님의 영광 외에 다른 아무런 동기가 없습니다. 이런 것이 징계의 이유라면, 기운을 내십시오. 그리고 조심해서 이 명령을 이행하십시오. "그러므로 네가 열심을 내라 회개하라."

나는 일전에 나이 든 한 청교도 작가의 글에서 아주 아름다운 비유를 읽었습니다. 그 작가는 이렇게 말합니다. "옆바람이 아주 순조롭게 불 때는 바람이 정면으로 부는 것이 꼭 배에 좋은 것만은 아니다. 이상하게도 바람이 정확하게 항구 쪽으로 불어 배를 몰고 갈 때, 배가 옆바람을 맞는 것만큼 그렇게 항구 쪽으로 잘 가지를 않는다." 그리고 그는 그 점을 이렇게 설명합니다. "선원들 말로는, 바람이 아주 정면으로 불 때는, 바람이 돛들 가운데 하나에만 쏟아지고 그 앞에 있는 돛들에는 전혀 닿지 않는다고 한다. 맨 앞의 돛이 바람을 받아 잔뜩 부풀어 올라서 그 뒤에 있는 돛들에까지 바람이 닿을 수 없기 때문이라고 한다. 그러나 바람이 옆으로 불 때는, 모든 돛이 바람을 가득 받기 때문에 배가 바람의 충분한 힘대로 빠른 속도로 나간다. 아, 옆바람만큼 하나님의 백성을 천국으로 잘 몰고 가는 것은 없다. 정면으로 부는 바람은 그들의 돛들 가운데 하나만을 부풀어 오르게 한다. 즉 그들의 기쁨과 즐거움만을 부풀어 오르게 한다. 그러나 옆바람은 그들의 모든 돛을 부풀게 한다. 그들에게 조심성, 기도를 많이 함, 영적인 사람이 갖추어야 할 모든 면을 일으킨다. 그래서 배가 천국을 향하여 빠른 속도로 앞으로 나가게 만든다." 하나님께서 죄 때문에 우리를 징계하기 위해 고난을 보내실 때는 이런 계획을 가지고서 하시는 것입니다.

### 3. 이제 나는 하나님께서 우리를 책망하고 징계하실 때 우리에게 무엇이 위로가 되는지를 살핌으로써 끝을 맺으려고 합니다.

우리의 큰 위로는 하나님께서 여전히 우리를 사랑하신다는 사실입니다. 믿음은 참으로 보배로운 것입니다! 우리가 하나님을 믿을 수 있게 되었을 때, 모든 고난을 견디고 극복하기가 얼마나 쉬운지 모릅니다! 다락방에서 빵 부스러기와 찬 물 한 잔으로 연명하는 그 노인의 얘기를 들으십시오. 병 때문에 그 노인은 최근 수년 동안 꼼짝 못하고 그 좁은 방에서 갇혀 지냈습니다. 그 노인은 너무 가난해서 시중드는 사람을 둘 수 없습니다. 몇몇 부인들이 아침 저녁으로 가서 들여다보는데, 그 노인은 깊은 가난 속에 지냅니다. 여러분은 그분이 앉아서 불평할 것이라고 생각할 것입니다. 그렇지 않습니다, 형제 여러분. 그는 이따금 몸이 아플 때는 신음소리를 낼지 모르지만, 보통 때는 앉아서 찬송합니다. 방문객이 결코 사람 살 만한 곳이 못 되는 그 낡은 집의 삐그덕거리는 계단을 올라가면, 사람보다는 돼지나 살기에 적합한 그 비좁은 방에 들어가 보면, 그는 바닥이 없는 의자에 앉아 있습니다. 의자에 잔뜩 몸을 웅크리고 있는 그와 이야기를 시작해 보면, 그에게 천국이 가득 한 것을 알게 됩니다. "선생님, 내 하나님은 참으로 내게 친절하십니다" 하고 그는 말합니다. 사지가 온통 아파서 베개로 몸을 받치고 있으면서도 이렇게 말합니다. "하나님을 찬송합니다. 하나님은 나를 버리지 않으셨어요. 선생님, 나는 밖에 있을 때는 오랫동안 맛보지 못했던 평안과 행복을 이 방에서 더 많이 누려 왔어요(지금 내가 말하고 있는 것은 실화입니다). 나는 일생 동안 누렸던 것보다 더 많은 행복을 여기서 누렸습니다. 선생님, 제 고통은 아주 심합니다. 그렇지만 그 고통이 오래 가지 않을 것입니다. 나는 곧 본향에 갈 것입니다."그분이 보통 사람들보다 훨씬 더 많은 고난을 받아서 그처럼 풍성한 위로를 마음에 받았으므로, 용광로 속에서라도 웃음을 띠고 찬송을 부르면서 모든 것을 견딜 수 있을 것입니다. 자, 하나님의 자녀인 여러분, 여러분들도 그같이 되어야 합니다. 여러분이 겪어야 하는 모든 것이 하나님께서 사랑으로 보내신 것임을 기억하십시오. 아버지가 징계하고 있을 때, 아이는 아버지의 매를 사랑의 표시로 보기가 어렵습니다. 여러분은 자녀를 징계할 때, 자녀가 그렇게 생각하도록 만들 수 없을 것입니다. 그러나 아이들이 자라 성인이 되면, 그들은 참으로 여러분에게 고마워할 것입니다! 제 아들은 말합니다. "아버지, 제가 그때는 왜 그렇게 자주 매를 맞았는지, 이제야 알겠어요. 그때는 제가 오만하고 격한 성격을 가지고 있었어요. 아버지가 매를 때려 그 성미를 쫓아내지 않으셨다면, 그것 때문에 제가 망가졌을 거에요. 아버지, 이제는 감사드려요. 그렇게 저를 혼내신 것을요."

　이렇게 우리는 이 세상에 있는 동안에는 작은 아이들에 불과합니다. 우리는 매를 제대로 평가할 수 없습니다. 우리가 성인이 되어서 낙원에 들어가면, 돌이켜볼 때 언약의 매가 아론의 지팡이보다 더 낫다는 것을 알게 될 것입니다. 언약의 매는 자비가 가득하기 때문입니다. 그 매에 대해 우리는 이렇게 말할 것입니다. "언약의 매는 내 모든 보화 가운데서 가장 놀라운 것입니다. 주님, 주께서 나를 괴롭히지 않고 그냥 내버려 두시지 않은 것을 감사드립니다. 그렇게 하시지 않았다면 나는 지금 있는 자리에 있지 못하고, 지금의 내가, 곧 낙원에서 하나님의 자녀가 되지 못했을 것입니다." 한 사람이 이렇게 말합니다. "나는 이번 주에 사업에 너무나 심각한 손해를 입었습니다. 완전히 파산하지 않을까 두렵습니다." 그 속에 사랑이 있습니다. 그런가 하면 또 어떤 사람은 이렇게 말합니다. "나는 오늘 아침에 이 교회에 왔습니다. 죽은 아이를 집에 두고 왔습니다. 내게 너무나 소중한 아이입니다." 거기에도 사랑이 있습니다. 아이가 누운 관과 입은 수의에 다 사랑이 가득할 것입니다. 여러분의 자녀를 데려가실 때, 분노 가운데 데려가시지 않을 것입니다. 또 다른 사람은 말합니다. "아, 나는 그동안 줄곧 심하게 아팠습니다. 지금도 위험을 무릅쓰고 나오지 않았어야 했다는 생각이 드는군요. 다시 침상으로 돌아가야겠어요." 하나님께서 고통 가운데 여러분의 잠자리를 마련하기도 하십니다. 그러나 모든 고통과 모든 경련 속에도 사랑이 있습니다. 온 사지에 퍼지는 고통 속에도 사랑이 있습니다. 어떤 사람은 말합니다. "아, 내가 아니라, 내 사랑하는 사람이 병이 들었어요." 거기에도 사랑이 있습니다. 하나님께서는 자기 백성에게 사랑하지 않는 행동을 하실 수 없습니다. 주님이시여! 주님은 전능하십니다. 주님은 모든 것을 하실 수 있습니다. 그러나 주님은 거짓말을 하실 수 없고, 주님의 택하신 자들에게 몰인정하게 대하실 수 없습니다. 그렇게 하실 수 없습니다. 전능하신 하나님은 세상을 천 개라도 만드시고 온갖 은택으로 채우실 수 있습니다. 전능하신 하나님은 산이라도 갈아 티끌을 만드시고 바다라도 태워 말리며 하늘이라도 불로 태워 없애실 수 있지만, 신자를 몰인정하게 대하실 수 없습니다. 아, 그리스도인 여러분, 확실히 아십시오. 하나님께서 자신의 친 백성 가운데 어느 누구에 대해서든지 혹독한 일, 애정이 없는 일을 행하신다는 것은 불가능한 일입니다. 하나님은 여러분을 감옥에 처넣으실 때도 여러분을 왕궁에 들어가게 하실 때만큼이나 여러분에게 애정으로 대하시는 것입니다. 하나님께서 여러분의 가정에 기근을 보내실 때도, 여러분의 헛간을 곡식으로 가득 채우실 때만큼이나 선하게 대하시는 것입니다. 문제는 여러분이 하나님의 자녀이냐 하는 것뿐입니다. 하나님의 자녀라면 하나님께서는 여러분을 고난 가운데서 책망하시고, 하나님의 징계에는 사랑이 있습니다.

　이제 설교를 다 마쳤습니다. 다만 마지막으로 여러분에게 호소할 것이 하나

남아 있습니다. 이제 나는 하나님의 백성들에게 이야기해 오던 것을 마치고 여러분 가운데 나머지 분들에게 이야기합니다. 아, 여러분, 여러분 가운데는 하나님이 없는 분들이 계십니다. 여러분은 여러분의 근심을 맡길 그리스도가 없습니다. 여러분 가운데 어떤 분들은 오늘 상복을 입은 것이 보입니다. 여러분에게 소중한 어떤 사람을 잃은 것 같군요. 아, 검은 상복을 입은 여러분, 하나님이 여러분의 하나님이십니까? 아, 지금 여러분이 죽음을 애통해하고 있는데, 여러분의 눈에서 모든 눈물을 씻겨주실 하나님이 없습니까? 또 여러분 가운데 많은 분들이 지금 사업상 아주 곤란하고 힘든 일로 씨름하고 있는 것을 압니다. 여러분은 모든 고민거리를 예수님께 말씀드릴 수 있습니까? 아니면 친구도 없이 도움도 없이 여러분 스스로 그 모든 것을 져야 합니다. 많은 사람들이 슬픔을 나눌 사람이 없기 때문에 미쳐버리고 말았습니다. 그리고 그 밖의 허다히 많은 사람들이 자신의 슬픔을 이야기했는데 자신의 속내가 다른 사람들의 귀에 흘러 들어갔을 때는 그보다 더 심각한 상황에 떨어지고 말았습니다. 슬픔에 잠겨 있는 가엾은 여러분, 여러분이 이미 그랬을 수 있겠지만, 하나님께 여러분의 모든 고통을 말씀드렸다면, 하나님께서는 결코 여러분을 비웃지 않으셨을 것이고, 그 이야기를 다른 누구에게 누설하지도 않으셨을 것입니다.

    일찍이 소년 시절에 내 어린 마음이 몹시 아팠던 때가 생각납니다. 이때 나는 처음으로 구주님을 사랑했습니다. 그때 나는 아버지, 어머니에게서, 그리고 내가 사랑하는 모든 것에서 멀리 떨어져 있었습니다. 내 마음이 터져버릴 것 같았습니다. 나는 학교에서, 그러니까 아무 동정이나 도움을 만날 수 없는 곳에서 조교사로 지내고 있었습니다. 그래서 나는 방으로 가서 내 작은 슬픔들을 예수님의 귀에 대고 말씀드렸습니다. 지금 생각하면 아무것도 아니지만, 그때는 그것이 내게는 큰 슬픔들이었습니다. 내가 무릎을 꿇고 나를 영원한 사랑으로 사랑하시는 주님의 귀에 대고 조용히 말씀드렸을 때, 그 즐거움이란 아무도 알 수 없습니다. 내가 다른 어떤 사람에게 내 얘기를 하면, 그들이 그 얘기를 다시 다른 사람에게 말했을 것입니다. 그러나 나의 복된 친구이신 주님은 내 비밀을 알고도 결코 남에게 누설하시지 않습니다. 아, 여러분은 고민거리를 털어놓을 수 있는 예수님이 없으니 무엇을 할 수 있습니까? 그런데 가장 곤란한 일은 여러분에게는 앞으로 다가올 걱정거리가 더 많다는 것입니다. 지금 시간이 어려울 수 있습니다. 그런데 어느 날 더 어려운 때가 올 것이고, 마지막 때가 이르면 그보다 더 어려운 때가 닥칠 것입니다. 사람들은 사는 것이 힘들다고 말하지만 죽는 것이 훨씬 더 힘든 일입니다. 사람이 죽을 때가 이르고 예수께서 그와 함께 계셔도 죽는 것은 힘든 일입니다. 그런데 구주 없이 죽는다는 것은 더 말할 나위가 없습니다! 친구 여러분, 여러분은 그런 위험을 무릅쓰고 싶습니까? 여러분은 구주를 모시지 않은 채 그 무자비한 제왕을 만나려고 하십니까? 여러분은 그 제왕을 만나지 않을 수 없고, 곧 죽지 않을 수 없다는 것을 기억하시기 바랍니다. 방은 곧 침묵으로 잠잠해지고, 시간이 날아가는 것을 끊임없이 이야기하는 시계의 째깍거리는 소리 외에 아무 소리도 들리지 않을 것입니다. 의사가 손가락을 들어 "조용히 하라"고 하며, 낮은 목소리로 "이제 몇 분을 넘기지 못할 것입니다"라고 말할 것입니다. 내가 다른 어떤 사람을 보았을 때처럼 아내와 자식들 혹은 아버지와 어머니가 여러분 침상을 둘러서서 슬프디 슬픈 마음으로 여러분을 볼 것입니다. 그들이 잠시 동안 여러분을 볼 것이고, 마침내 죽음의 그림자가 여러분의 얼굴을 덮을 것입니다. 의사가 "운명하셨습니다" 하고 말할 것입니다. 들었던 손이 다시 내려지고 눈은 빛을 잃고 희미해지다가 어두워질 것입니다. 그때 어머니는 외면하고서 이렇게 말할 것입니다. "내 아들아, 네가 마지막 소망이 있었다면 내가 이 모든 것을 견딜 수 있을 텐데." 목사가 가족을 위로하러 와서 자녀의 아버지에게 물을 것입니다. "아버님은, 아들이 그리스도의 피와 관계가 있다고 생각하십니까?" 그러면 그 아버지는 이렇게 대답할 것입니다. "아, 목사님, 우리는 그 문제에 대해서는 알 수 없다고 생각합니다. 하지만 나는 그런 것이 있는지 본 적이 없습니다. 나는 희망을 품을 아무 근거가 없었습니다. 그것이 가장 큰 슬픔입니다." 좋습니다! 좋습니다. 믿음이 없는 친구를 장례 치르는 것에 비하면, 믿는 친구를 장례 치르는 일은 눈물 한 방울 흘리지 않고 할 수 있을 것입니다. 아, 여러분과 혈연으로 묶여 있는 사람이 죽어 지옥에 가는 것만큼 두려운 일은 없을 것입니다.

우리는 일반적으로 죽은 자들에 대해서 매우 너그럽게 이야기합니다. "그렇지요, 희망을 갖지요" 하고 우리는 말합니다. 때로 우리는 큰 거짓말을 합니다. 우리가 전혀 희망을 갖지 않는다는 것을 스스로 알기 때문입니다. 우리는 희망이 있기를 바라지만 희망을 가질 수 없습니다. 우리가 희망을 품을 수 있게 만드는 어떤 근거도 우리는 보지 못했습니다. 아주 정직하게 이 두려운 현실을 정면으로 보았다면, 그것이 두려운 일이 아니겠습니까? 남편이 그냥 시신을 보고 이렇게 말한다면 두려운 일이 아니겠습니까? "아내가 죽었어. 믿음이 없고 경솔한 여자였지. 적어도 그녀가 회개나 믿음에 대한 것은 한 마디도 하지 않았다는 것을 알아. 그리고 그녀가 그렇게 죽었다면, 틀림없이 하나님께 버림 받았을 거야." 그렇게 말한다면 몰인정한 사람일 것입니다. 그러나 우리가 정직하게 그 사실을 알면, 두려운 진실을 똑바로 본다면 그렇게 말할 수밖에 없을 것입니다. 아, 친구 여러분, 형제 여러분, 여러분은 나와 함께 불멸의 생명을 받은 동무들입니다. 우리는 어느 날 하나님의 보좌 앞에서 다시 만날 것입니다. 그러나 그때가 오기 전에, 우리 각 사람은 헤어져서 각각 다른 길을 따라 죽음의 강 언덕을 내려갈 것입니다. 친구 여러분, 혼자 죽을 준비가 되어 있습니까? 여러분에게 다시 한 번 이 질문을 합니다. 여러분은 심판의 날에 구주가 없이 깨어날 준비가 되어 있습니까? 여러분은 여러분의 창조주께서 여러분을 심판하러 오실 때, 여러분을 변호해 주실 보혜사가 없이 그분을 마주할 모험을 하려고 하십니까? 여러분은 창조주께서 여러분에게 "저주를 받은 자들아 나를 떠나라" 는 말을 들을 준비가 되어 있습니까? 여러분은 치시고 또 치시며 영원히 치시는 하나님의 영원한 진노를 감당할 생각이 있습니까? 아, 여러분이 지옥에 여러분의 침상을 펼 생각이라면, 저주 받을 준비가 되어 있다면, 기꺼이 그렇게 할 생각이 있다면, 죄 가운데 살고, 쾌락에 탐닉해서 사십시오. 여러분의 소원대로 될 것입니다. 그러나 그렇게 할 마음이 없다면, 천국에 들어가고 구원을 받고 싶다면, "이스라엘 족속아 돌이키고 돌이키라 너희 악한 길에서 떠나라 어찌 죽고자 하느냐"(겔 33:11). 성령께서 여러분이 죄를 회개하고 예수님을 믿게 해주시기를 바랍니다. 그래서 여러분이 거룩하게 된 사람들 가운데서 기업을 얻기를 바랍니다. 그러나 여러분이 회개하지 않고 믿지 않은 채 죽는다면, 여러분은 반드시 하나님 앞에서 쫓겨나며 영원히 생명과 기쁨과 자유를 얻지 못할 것입니다.

하나님, 예수님을 인하여 거기에서 우리를 구원하여 주옵소서.

제
15
장
—

# 하늘에 있는 열린 문

—

**"이 일 후에 내가 보니 하늘에 열린 문이 있는데" — 계 4:1**

사도 요한은 얼마나 고귀한 은총을 받았는지 모릅니다! 주님께서 땅에 계실 때, 요한은 지극히 친밀하고 애정이 깊은 교제의 표시로 주님의 품에 머리를 기댈 수 있었던, 특별히 사랑받는 제자였습니다. 우리 주님께서는 승천하신 후에도 요한에 대해 여전히 동일한 심정을 가지셨고, 거친 밧모 섬 가운데 홀로 있는 그를 찾으셨으며, 주의 날에 그를 방문하셨고 그에게 지극히 영광스러운 모습을 계시하셨습니다. 형제자매 여러분, 하늘이 우리가 선택할 수 있는 어떤 것을 제안한다면, 주님께서 솔로몬에게 나타나셨듯이 우리에게 나타나서 "내가 네게 무엇을 줄꼬 너는 구하라"(왕상 3:5) 하고 말씀하신다면, 우리가 깊이 사랑하는 분과 지극히 친밀한 교제를 나눌 수 있게 해달라고 구하도록 합시다. 우리가 사람들 가운데서 우리 몫을 선택할 수 있다면, 이 사랑받는 제자가 선택했던 것과 똑같이 예수님과 거룩한 사귐 가운데 지내는 것을 택하는 것만큼 행복하고 거룩하며 영광스러운 결정은 없을 것입니다. 그런데 요한만 이 특전을 가진 것이 아님을 기억하시기 바랍니다. 주님과의 가장 깊은 교제는 밧모 섬의 선견자에게만 주어지는 것이 아닙니다. 주님의 품은 요한의 머리뿐 아니라 다른 사람들의 머리도 받아들일 여유가 있습니다. 예수님의 깊은 마음은 아주 넓어서 주의 사랑하시는 자들을 얼마든지 품으실 수 있습니다. 가장 좋은 자리를 얻지 못한다고 낙망하지 마십시오! 여호와의 산에 오르고, 그의 성소에 서는 것이 쉬운 일이 아닙니다. 그러나 여러분의 마음이 청결하고 뜨거우면, 여러분이 정결한 처녀로 자신을 그리스도께 드리면, 여러분도 그리스도 안에 거하고, 성령께서 끊임없이 여러분의 마음에 부으시는 주님의 사랑을 누리는 귀하고 귀한 특권을 얻을 수 있습니다.

그러나 하늘의 문이 요한에게 아주 활짝 열려서, 그가 다른 모든 사람들보다 영적 세계를 더 잘 볼 수 있었는데, 그런 요한을 놔두고, 우리는 요한이 쓴 묘사 가운데 하나를 묵상하는 동안에 그의 상에서 떨어지는 부스러기들을 모으는 것으로 만족하도록 합시다. 요한은 "하늘에서 문이 열렸다"(개역개정은 "하늘에 열린 문이 있는데" ― 역주)고 말합니다. 이 문장의 첫 번째 의미는 요한이 신비한 영의 세계의 들여다보고, 다른 어떤 시기에도 사람의 눈으로는 보지 못했던 일들을 볼 수 있도록 허락을 받았다는 것이라고 생각합니다. 내가 생각할 때, 그것이 첫 번째 의미입니다. 그렇지만 우리가 거기에 또 다른 의미를 덧붙인다면, 비록 본문의 직접적인 관계에서는 떠날지라도 진리에서 벗어나지는 않을 것입니다. 우리는 하늘에서 열린 이 문을 세 가지 면에서 생각해 볼 수 있을 것입니다. 첫째로, 하나님과 사람 사이의 교제의 문이 있습니다. 둘째로 그리고 좀 더 엄밀하게 볼 때, 본문의 의미는 성도들의 영광을 볼 수 있도록 관찰의 문이 열렸다는 것입니다. 셋째로, 장차 우리 각 사람에게 우리가 황금 문을 지나 그 성으로 들어갈 출입의 문이 열릴 것입니다.

### 1. 첫째로, 교제의 문이 하늘에서 열렸습니다.

천사들이 타락하였습니다. 훨씬 오래 전의 고대 시대에 아침의 아들 루시퍼가 자신의 군주인 하나님을 배반하고 수하의 허다한 영들을 이끌고 반란을 일으켰습니다. 반역자임이 입증된 이들은 하늘에서 추방되었고, 번개처럼 영광의 성에서 고통의 나락으로 내던져졌습니다. 그들에게는 천국으로 들어가는 문이 하나도 열리지 않았습니다. 신비한 사실이지만, 타락한 천사들에게는 전혀 자비가 베풀어지지 않았다는 것이 분명합니다. 자비를 베풀 자에게 자비를 베푸시고 긍휼을 베풀 자에게 긍휼을 베푸시는 하나님께서, 한때 총명하고 유명한 존재들이었으나 반역한 이 영들에 대해서는 회개했음을 암시하는 사죄를 선포하는 일이 없이 계속해서 반역하도록 내버려 두셨습니다. 하나님께서는 그들이 계속해서 반역함으로 어둠의 사슬에 묶여 심판에 이르도록 허락하셨습니다. 사람도 창조

직후에 자기 주님의 법을 어김으로써 스스로 타락한 천사들과 같은 위치에 섰습니다. 사람이 마귀보다도 하나님의 자비를 구할 무슨 권리가 더 있지 않았습니다! 없었습니다. 설사 구할 무슨 권리가 있다고 하더라도 천사들의 권리보다는 못한 것이었습니다. 그처럼 하찮은 존재를 회복하는 것이 하늘의 별들에 다시 불을 붙이는 것보다 훨씬 덜 중요하며, 반면에 사람의 파멸이 타락한 천사들을 멸망시키는 것보다 손해가 훨씬 덜하다는 것을 생각할 때, 그러했습니다. 그러나 주권자이신 하나님은, 자신은 알지만 우리에게는 계시하지 않은 여러 가지 이유로 사람들에게 하나님의 은혜를 계시하기로 결심하고, 특별한 은총을 베풀기를 기뻐하셨습니다. 진노의 그릇인 마귀들은 심판을 받도록 정하시고, 자비의 그릇인 사람들은 영광을 받도록 준비하셨습니다. 자신의 첫 번째 위치를 지키지 못한 천사들에 대해서 하늘은 굳게 닫혔습니다. 그러나 사람에게는 하늘에서 문이 열렸습니다. 이 점에 절대적인 주권과 함께 비길 데 없는 은혜가 있으며, 이것은 우리가 선택되었음을 보여주는 표시입니다. 그리고 이것은 아무도 반박할 수 없는 진리입니다. 반대자들이 하나님께서 어떤 사람은 선택하고 어떤 사람은 선택하시지 않은 것에 대해 어떻게 반박하든지 간에, 하나님께서 천사보다 사람을 택하셨다는 것만큼은 인정합니다. 그리고 그들은 구주께서 천사를 택하지 않고 아브라함의 씨를 택하신 이유를 달리 더 설명하지 못합니다. 하늘에서 사람을 향하여 문이 열렸다고 선포할 수 있는 것은 확실히 하나님의 은혜 덕분입니다.

교제의 문이 은혜 언약 안에서 실질적으로 열렸습니다. 이 언약 안에서 삼위 하나님은 택한 자들을 구속하시겠다는, 그리고 죄를 속하고 율법을 지킬 후손을 주시겠다는 동맹과 계약을 맺으셨습니다. 삼위 하나님께서 택하신 자의 구원을 함께 계획하신 그 언약을 통해서, 문이 실질적으로 하늘에 열린 것입니다. 그리스도께서 오시기 전에 살다가 죽은 성도들이 이 문을 통해서 안식에 들어갔습니다. 야곱은 사다리 꼭대기에 있는 문을 통해서 천사들이 오르락내리락하며 하나님과 사람 사이에 교제를 유지하는 것을 보았습니다. 하나님을 찬송합시다. 구주의 피의 효과는 앞으로 뿐 아니라 뒤로도 미쳤습니다. 피 흘림이 있기 전에도, 피 흘림에 대한 예상이 하나님의 백성을 구원하는 일에 효력이 있었습니다.

그러나 형제 여러분, 그 문은 우리 주 예수께서 사람들에게 내려 오셔서 육체로 거하셨을 때 실제로 분명하게 열렸습니다. 아니, 무한하신 하나님께서 어

린아이의 모습으로 자신을 감추신다는 말입니까? 순결하고 거룩한 하나님께서
어기 이 땅에서 부정한 사람들 가운데 기하신다는 말입니까? 하나님께서 부드러
운 입술로 말씀하시고, 사랑스러운 눈을 통해 하나님의 빛을 비추시는 것입니
까? 정확히 그렇습니다. 마리아의 아들이 하나님의 아들이셨습니다. 고난을 받
으신 분, 우리의 약함을 담당하신 분, 우리의 죄를 짊어지신 그분이 바로 만물을
통치하시는 하나님이셨습니다. 하나님이시고 태초부터 하나님과 함께 계셨던
말씀이 육신이 되어 우리 가운데 거하셨습니다. 그때 확실히 하늘에서 문이 열
렸습니다. 하나님이 실제로 사람과 결합한다면, 사람과 하나님이 더 이상 문과
빗장에 의해 나뉘지 않기 때문입니다. 하나님께서 사람에게 내려오신 것을 볼
때, 사람이 하나님에게까지 올라가는 것이 불가능한 일이 아닙니다. 하나님께서
이렇게 자신을 낮추신다면, 거기에는 틀림없이 그만한 동기와 이유가 있습니다.
그리고 거기에 불쌍한 인류를 위한 소망이 있고, 우리의 타락한 어둠 속에 비치
는 별이 있습니다. 임마누엘, 곧 하나님이 우리와 함께 하심, 처녀의 아이, 지극
히 높으신 이의 아들이신 그분이 우리 가운데 거하십니까? 그때 참으로 하늘에
문이 열렸습니다. 천사들은 이 사실을 알았습니다. 왜냐하면 열린 그 문을 통해
천사들이 떼를 지어 나와서 기쁨의 노래를 불렀고 평강의 왕의 출생을 축하하였
기 때문입니다. 그리고 틀림없이 의인의 영들은 그 열린 문 사이로 뚫어지게 쳐
다보며 하늘과 땅이 결합하는 것을 보고 기뻐했을 것입니다.

　　그러나 형제 여러분, 그때에도 그 문이 실제적으로 완전히 열린 것은 아닙
니다. 그리스도께서 세상에 오셨을 때 그 자신은 거룩하고 순결하시지만 죄인의
위치에 서서야 했기 때문입니다. "여호와께서는 우리 모두의 죄악을 그에게 담
당시키셨도다"(사 53:6). 죄가 있는 곳에는, 하나님께 내쫓기는 일이 있습니다.
그리스도께서 우리의 대속물로서 죄를 담당하신 한, 공개적으로 하나님 앞에서
내쫓기셨습니다. 주께서 자기 백성의 죄를 지고, 범죄자들의 하나로 헤아림을
입으셨을 때, 주님 앞에도 휘장이 내려졌습니다. 자, 주님께서 가로막은 그 휘장
을 얼마나 용감하게 치워 버리셨는지 생각하십시오! 주님께서 십자가에 오를 때
죄의 짐을 지고 오르셨습니다. 모든 천사라도 졌으면 비틀거렸을 것이고, 온 인
류도 지옥의 가장 낮은 곳으로 끌어내렸을 죄의 짐을 지고 오르셨습니다. 주께
서 십자가에 오르고, 거기에서 자기 백성의 죄의 결과들을 담당하셨습니다. 자
기 백성의 허물이 그에게 지워졌습니다. 그들의 불의를 인하여 그가 치심을 받

았습니다. 주께서 그 모든 매를 맞으시고, 진노의 잔을 그 찌끼까지 다 마시고 "다 이루었다"고 소리치셨습니다. 주께서 하늘과 땅 사이에 드리워진 거대한 휘장을 제거하셨습니다. 엄청난 힘으로 잡아당겨 다시는 합쳐질 수 없도록 휘장을 위에서부터 아래까지 찢어 하나님과 사람 사이에 길을 열어 놓으셨습니다. 그 휘장이 둘로 찢어지므로, 하늘이 모든 신자에게 열린 것입니다.

그러나 사랑하는 여러분, 우리 주께서 어떻게 그 휘장을 찢으셨는지 입증하기 위해 주님이 친히 영혼으로 그 휘장을 지나 지성소에까지 나가셨지만, 그 몸은 뒤에 남기셨음을 여러분은 기억하실 것입니다. 그 거룩한 몸이 무덤에서 잠들었는데, 그 몸이 무덤에서 썩을 수 없었습니다. 그 몸은 지극한 영광 가운데 올려가지 않았고, 여기에서 40일 동안 머물렀습니다. 그 다음에, 정한 날이 끝나자 예수께서 다시 한 번 하늘로 들어가셨습니다. 이번에 하늘에 들어가신 것은 우리 영혼뿐 아니라 우리의 몸을 위해서도 들어가신 것입니다. 다윗은 문이 영광스럽게 열리는 것에 대해 놀랍게 예언을 했습니다. 이때 다윗은 그 빛나는 영웅이 올라가는 것을 노래하였습니다! 그분이 시중드는 천사들 가운데서 일어나 오르셨는데, 환영이 아니라 실제 몸으로 오르셨습니다. 그분이 천국 문에 가까이 이르렀을 때, 거룩한 천사들이 "문들아 너희 머리를 들지어다 영원한 문들아 들릴지어다 영광의 왕이 들어가시리로다"(시 24:7) 하고 노래하였습니다. 진주 문이 그 다이아몬드 경첩을 따라 돌아가고 예수께서 들어가셨을 때, 단번에 그리고 영원히 하늘 문이 열렸습니다. 이로 말미암아 택하신 모든 백성들이 하늘에 올라가 주님의 기쁨에 들어갈 것입니다. 바로 이 시간에, 마치 주께서 문을 여시고 아무도 닫지 못하는 것을 보여주시는 것처럼, 우리는 그 문이 확실히 열려 있는 것을 봅니다. 주님께서 다시 오겠다고 약속하셨고, 따라서 그 문을 닫을 수 없기 때문입니다. 그가 곧 오실 것입니다. 주님의 약속이 우리 귀에 울립니다. "보라 내가 도둑 같이 오리니 누구든지 깨어 자기 옷을 지켜 벌거벗고 다니지 아니하며 자기의 부끄러움을 보이지 아니하는 자는 복이 있도다"(계 16:15). 어린 양의 혼인 잔치에 들어가도록 부름을 받은 자들은 복이 있습니다. 그러나 또한 주님은 이런 말씀도 하십니다. "보라 내가 속히 오리니 내가 줄 상이 내게 있도다"(22:12). 그러니 주님을 기다리십시오. 그리고 여러분이 주님을 기다린다면, 문이 여전히 하늘에 열려 있음을 배우십시오.

사랑하는 여러분, 하늘의 문이 열려 있다는 믿음에는 적지 않은 위로가 있습니다. 그렇다면, 우리의 기도가 비록 날개가 부러졌지만 하늘에 들어갈 것입니다. 우리의 기도가 슬픔이라는 무거운 추가 달려 올라갈 수 없을 것 같지만, 그 문을 지나 하늘로 들어갈 것입니다. 우리의 한숨과 눈물이 사라질 것입니다. 그 항구의 입구에는 아무 방해거리가 없을 것입니다. 반쯤 난파된 가엾은 우리 기도는 그 항구에 안전하게 항해해 들어갈 것입니다. 그 영광의 땅에 있는 항구들은 봉쇄되어 있지 않습니다. 우리는 예수 그리스도로 말미암아 하나님 아버지께 도달할 수 있습니다. 마음이 상한 불쌍한 죄인들을 위하여 하늘과의 값없는 거래가 있습니다. 여기에 위로가 있습니다. 우리의 노래도 이 열린 문을 통해 보좌에 도달할 것이기 때문입니다. 홀로 하나님을 찬양하는 것이 얼마나 기쁜 일입니까! 그렇지만 무리들 가운데서 모든 마음과 목소리가 음을 맞춰 거룩한 경배의 찬송을 부를 때는 얼마나 더 기쁘겠습니까! 그러나 우리의 찬송을 천 배나 만 배나 많은 합창단에 비교할 때는 어떠하겠습니까! 우리는 우리의 찬송이 새 예루살렘의 벽을 넘어가지 못할까 염려할 수 있습니다. 그러나, 보십시오. 우리의 찬송이 들어갈 수 있도록 문이 열려 있습니다. 게다가 죄인들이 하나님 앞에 나아갈 수 있습니다. 예수께서는 잃어버린 자를 찾아 구원하러 오셨습니다. 불쌍한 탕자인 여러분, 여러분은 아버지의 집에서 내쫓기지 않습니다. 여러분은 이달까지 회개와 개혁의 절차를 끝낸 다음에 서서 문을 두드릴 필요가 없습니다. 문은 열려 있습니다. 여러분이 그리스도께 오면 하나님께 오는 것입니다. 여러분이 예수님을 믿으면 구원을 받습니다. 방주로 들어가는 문은 아주 넓어서 작은 짐승뿐 아니라 아주 거대한 짐승까지 들어갈 수 있습니다. 하나님의 자비에 이르는 문은 아주 커서 좀 더 세련된 도덕가뿐 아니라 아주 큰 죄인도 들여보낼 수 있습니다. 그리스도께 오는 자는 하늘에 이르게 됩니다. 그리스도를 확신하는 사람은 천국을 확신합니다. 여기 계시는 분 가운데 하늘 문이 자기에게는 닫혀 있을까봐 염려하는 모든 분에게 기운을 내라고 말씀드립니다. 그 문은 여전히 열려 있습니다. 생명이 있는 한, 소망이 있습니다. 여러분이 하늘에 올라가서 여러분의 이름이 명부에 빠져 있는지 볼 수 없으므로, 그 이름이 빠져 있다고 생각하지 마십시오. 여러분이 영원히 멸망할 사람들의 명단을 입수할 수는 없습니다. 그러므로 여러분의 이름이 그들 가운데 있다고 생각하지 마십시오. 그보다는 은 나팔이 소리를 울려 "오라, 수고하고 무거운 짐 진 자들아 그리스도께 오라. 그가 너희를 쉬게 하리라" 고 초대하니, 초대를 받아들이십시오. 그러면 여러분은, 자비로 초대를 보내신 하나님께서 여러분에게 그 초대에 따를 힘과 초대를 받아들일 의지를 주시고, 결코 여러분을 내쫓지 않으시리라는 것을 알게 될 것입니다.

**2. 이제 본문에 대한 두 번째 견해를 봅시다.**

이것은 본문의 전후관계를 볼 때, 적합한 견해입니다. "하늘에 열린 문이 있는데." 그것은 **관찰의 문**입니다.

우리가 미래 상태에 대해서 알 수 있는 것은 별로 없습니다. 그러나 우리에게 유익이 되는 만큼은 알고 있는 것이 확실합니다. 우리는 계시된 것에 대해 만족하는 만큼, 계시되지 않은 것에 대해서도 만족하게 생각해야 합니다. 하나님께서 우리가 모르기를 바라신다면, 우리는 알지 못하는 것에 만족해야 합니다. 확실히 하나님께서는 우리를 천국에 데려가는데 필요한 것은 모두 말씀하셨습니다. 하나님께서 더 많은 것을 계시하셨다면, 그 계시가 우리에게 은혜를 더하게 하기보다는 호기심을 만족시키는데 기여했을 것입니다. 그러나 형제 여러분, 영적인 사람들은 천국에 관해서 많은 것을, 말하자면 상대적으로 많은 것을 추측할 수 있습니다. 주님을 사랑하는 모든 사람들에게 하늘의 문이 열리는 때가 있습니다. 그 문을 통해서 그들은 영적인 조명을 받아 위대하신 왕의 도성을 다소간 볼 수 있습니다.

첫째로, 우리가 성령의 도움으로 마음이 고양되어 하나님의 영광에 대한 고귀하고 매혹적인 생각에 이를 때마다 하늘에서 문이 열립니다. 때로 자연의 활동을 연구함으로써 무한하신 하나님을 얼핏 볼 수 있습니다. 그보다 좀 더 자주, 예수 그리스도 안에 계시된 은혜와 자비를 볼 때, 우리는 우리를 지으셨고 보존하시는 하나님, 우리를 구속하셨고 그로 말미암아 모든 것을 누리게 하시는, 찬양받으실 하나님께 대하여 마음이 따뜻해집니다. 형제 여러분, 하나님의 임재를 생각할 때 얼마나 큰 기쁨을 느꼈습니까! 홀로 있을 때, 우리 아버지 하나님께서 우리와 함께 계시고, 위험 가운데 있을 때는 그의 깃털로 우리를 덮으시며, 걱정 가운데 있을 때는 그의 방패로 우리를 안전하게 숨기신다고 느끼는 것은 말할 수 없이 큰 복입니다. 하나님을 섬긴다는 것, 곧 비록 보잘것없고 불완전하지만 하나님께 무슨 봉사를 한다는 생각을 갖는 것이 얼마나 즐거운 일이었습니까! 나는 여러분이 정말로 하나님을 흠모하여 온 마음으로 섬기고 있다는 것을 아는 것만큼 세상에서 큰 기쁨은 없다고 생각합니다. 형제 여러분, 여러분이 하나님과 화목하고, 여러분의 마음과 하나님의 뜻 사이에 아무런 반대가 없다는 것을 영혼 깊숙이 느낄 수 있을 때, 혹은 마음속 깊은 곳에서는 아닐지라도, 여러분을 만드신 하나님과 완전히 일치하고자 하는 영혼의 갈망이 있는 것을 알 때, 얼마나 큰 기쁨이 생기는지 모릅니다! 하나님이 영광을 받으실 때 우리는 참으로 기쁘고, 하나님의 성도들이 하나님의 이름에 영광을 돌릴 때, 참으로 행복합니다! 하나님께서 거룩한 자비의 팔로 또 한 사람의 죄인을 품으실 때 우리에게는 참으로 신성한 전율이 온 몸에 짜릿하게 퍼집니다! 아, 하나님의 나라가 임하고, 하나님의 뜻이 하늘에서 이루어지듯이 땅에서 이루어지는 것을 보면 좋겠습니다!

　　형제 여러분, 우리가 이것을 볼 수만 있다면, 우리의 기도가 끝이 날 것입니다. 온 땅이 여호와에 대한 지식으로 충만한 것을 한 번 볼 수 있다면, 우리에게 부족한 것은 더 이상 없습니다. 우리가 하나님의 영광이 널리 퍼지는 것을 돕고 있는 동안에 주님이 임재해 계시는 것을 알고, 우리가 하나님과 하나임을 느끼고 하나님의 영광을 얼핏 보며, 사람들이 하나님의 영광을 인정하는 것을 보는 것은 이 땅에서 누리는 우리의 가장 큰 기쁨입니다. 하나님의 영광을 어렴풋이라도 보는 것이 그렇게 행복한 일이라면, 하나님께 가까이 가서 얼굴과 얼굴로 대하여 하나님을 보게 될 때, 얼마나 큰 기쁨이 되겠습니까? 지금 하나님과 우리를 가로막고 있는 모든 것이 사라질 때, 우리의 기쁨이 어떻겠습니까? 하나님과의 교제를 방해하는 죄가 뿌리뽑힐 때, 임시적이고 불완전한 하찮은 봉사 대신에 우리가 하나님의 성전에서 밤낮으로 하나님을 섬길 때, 우리가 더 이상 죄가 날뛰는 것을 보지 않을 때, 주변이 온통 거룩한 것을 볼 때, 귀를 괴롭게 하는 무익한 말이 없고, 우리 밖에는 저주가 없으며 안에는 우리를 성가시게 하는 죄에 대한 생각이 없을 때, 하나님의 영광을 노래하는 찬송이 영원히 우리 귀를 즐겁게 하며, 우리 혀가 그 놀라운 세계가 끝없이 발전하도록 즐거이 돕고 있을 때, 우리의 기쁨이 어떠하겠습니까?

　　형제 여러분, 우리 영혼이 아버지 하나님께 가까이 가는 복을 누릴 때 천국을 바르게 보게 됩니다. 현세적인 사람은 이 사실을 모릅니다. 내가 그들에게 하프와 황금 거리, 승리의 종려나무를 이야기한다면, 그들은 그 비유적 표현에 탄복할지 모르지만 그 내적 의미에 대해서는 전혀 알지 못할 것입니다. 그렇지만 여러분은 이 하프와 종려나무, 찬송, 흰 옷을 볼 것입니다. 즉 하나님의 영광을 보고 그 영광으로 변하게 될 것입니다. 순결함과 참된 거룩함에서 하나님처럼 되는 것, 바로 이것이 천국입니다.

둘째로, 사람이 묵상을 하면서 그리스도 예수를 어느 정도 분명하게 인식할 수 있을 때마다 하늘에서 문이 열립니다. 우리가 이 땅에서는 그리스도를 희미하게 보는 것이 사실입니다. 그러나 비록 희미하고 어둡게 보지만, 그렇게 그리스도를 보는 것이 영혼을 황홀하게 합니다. 여러분은 그리스도의 그늘 아래 큰 기쁨으로 앉는다는 것이, 그리고 그의 열매의 달콤한 맛을 안다는 것이 무엇인지 모릅니까? 여러분이 그리스도를 알고, 그리스도께서 여러분에게 사죄를 말씀하신 첫날, 그날은 여러분 영혼에 결혼식 날이었습니다.

그리스도께서 말할 수 없이 귀중한 보물들이 담긴 금고를 여러분에게 열어 주셨고, 여러분을 하나님의 보고의 내실로 데리고 들어가셨습니다. 그 보고에는 지극히 부요로운 최상의 복들이 쌓여 있습니다. 이렇게 해서 여러분이 그리스도의 뛰어나심을 점점 더 알게 되었습니다. 여러분이 처음에는 그리스도께서 선하신 분이라고 생각했습니다. 그러나 지금은 그리스도께서 지극히 선하시고 지극히 높으신 분임을 압니다. 이제 주님은 "천만인들 가운데 우두머리요 지극히 사랑스러운 분"이십니다. 사랑하는 여러분, 여러분의 사랑하시는 주님이 여러분의 것이고 여러분이 그의 것임을 느끼는 것만큼 여러분을 염려와 현재의 근심에서 끌어낼 수 있는 것은 아무것도 없습니다. 귀하신 그리스도의 충만한 아름다움을 여러분이 마음으로 인식하게 될 때, 다윗처럼 하나님의 언약궤 앞에서 춤을 출 것입니다. 그러면 우리 구속자를 얼굴과 얼굴을 대하여 보게 될 때는 어떠하겠는가 생각해 보십시오! 그리스도의 은 나팔이 멀리서 울리는 소리를 듣기만 해도 마음이 춤을 추듯이 기쁘다면, 그리스도께서 항상 당당하게 말을 타고 다니실 그리스도의 도성의 거리에서 지극히 아름다운 그리스도를 볼 때는 그 기쁨이 어떠하겠습니까? 여러분은 그리스도의 입에서 나온 말씀 한 마디라도 들었다면 암미나답의 전차처럼 마음이 마구 뛰었을 그런 날을 경험해 본 적이 없습니까? 여러분이 그리스도에게서 한두 마디 말씀을 듣는 것이 아니라 향기로운 몰약을 떨어트리는 백합과 같은 그의 입술에서 나오는 말씀을 항상 듣게 될 때 여러분의 황홀한 기쁨이 어떠하겠습니까! 이따금 경험하는 주님의 그런 입맞춤에 여러분이 말로 표현할 수 없는 황홀함을 맛보았다면, 향기로운 침대 같고 달콤한 꽃 같은 주님의 뺨이 영원히 여러분 가까이에 있을 때, 왕인 여러분의 배우자와의 충만한 결혼 생활이 실제로 이루어질 때 말로 표현할 수 없는 그 기쁨이 어떠하겠습니까! 어쩌면 여러분은 그동안 자주 이 문을 통해서 보았을지 모릅니다. 그렇다면, 여러분, 눈을 돌리지 마십시오. 눈을 돌리지 말고, 이 문을 통해, 여러분의 찬송 받으실 주님을 항상 바라보십시오. 주님 안에서 천국이 충만하게 계시되는 것을 볼 수 있을 것입니다.

　　우리 속에서 이루어지는 **성령의 활동**을 즐길 때, 하늘에서 문이 열리는 것을 때때로 봅니다. 지금까지 성령께서 우리 마음에 들어오셔서 소동과 폭풍우를 하나님 자신의 평안처럼 깊은 평안으로 바꾸셨습니다. 성령께서 단지 조용한 휴식만을 주신 것이 아니라, 하나님에 대한 고귀하고 지극히 기쁜 생각들로 채워주셔서, 우리가 몸 안에 있었는지 몸 밖에 있었는지 모를 정도였습니다. 그 다음에 그런 위대한 생각들과 함께, 마치 발 밑에서 꿀샘이 솟아오르는 것 같고, 향기로운 천상의 침상에 부는 부드러운 바람이 우리 뺨을 어루만지는 것 같이 기쁨의 홍수가 밀려왔습니다. 우리는 끊을 수 없는 생명의 결합으로 그리스도와 하나가 되었다는 것을 알았고, 그 약속이 참되다는 것을 알고 약속을 붙잡았습니다. 우리는 모든 언약의 복이 우리의 것임을 확신하였습니다. 우리는 속에 아들됨의 영이 있어서 "아바 아버지"라고 불렀습니다. 믿음은 매우 기뻐하였고, 눈매가 뚜렷한 소망은 기뻐서 웃었으며, 사랑은 자신의 하프를 연주하였습니다. 성령께서 우리 마음속에 낙원을 만드셨고, 날이 서늘할 때 영혼의 정원을 친히 걸으셨습니다. 우리 가운데 어떤 이들은 성령께서 우리를 위해 무엇을 하실 수 있는지 잘 알 것입니다. 우리는 번영하는 때뿐만 아니라 아주 어두운 시절에, 곧 근심거리가 더 늘어나고 슬픔에 거의 압도당할 지경까지 이른 때에도 성령의 기쁨을 맛보았습니다. 자, 형제 여러분, 성령의 임재를 누린다는 것이 그런 것이라면, 우리가 죄 때문에 결코 주님을 괴롭혀드리지 않고, 나태함으로 성령의 신성한 영향력을 꺼트리지 않으며, 우리 영혼 속에 두루 뿌리신 주님의 사랑을 기쁘고 민감하게 즐기는 의식(意識)을 결코 잃지 않을 땅에 거하게 될 때는 그 기쁨이 어떠하겠습니까? 아, 우리가 때로 느끼는 것처럼 언제나 그렇게 느낄 수 있다면 얼마나 좋겠습니까! 산꼭대기에 오르는 것은 상대적으로 쉽고, 거기에 거하는 것은 어려운 일임을 압니다. 우리는 이내 다시 골짜기로 미끄러져 내려옵니다. 그러나 영광에 이르면 우리는 산꼭대기에 영원히 앉을 것입니다. 이마는 결코 지지 않는 해로부터 흘러나오는 빛에 물들어 있고 하나님의 충만으로 충만한 채 영원히 앉아 있을 것입니다. 복된 성령에 대해 조금이라도 알고 있는 여러분, 성령의 은혜로운 활동 안에 여러분을 위한 문이 하늘에 열려 있습니다. 그 문을 통해서 보고, 보이는 것으로 기뻐하십시오.

형제 여러분, 다음으로, 기독교 예배의 기쁨에서 종종 하늘의 문이 열립니다. 나는 어저께 시편 42편을 읽고 또 읽으면서 다윗이 신성한 절기에 대한 밝은 기억에 마음이 흠뻑 빠져 있는 것을 보지 않을 수 없었습니다. 그 절기 때, 다윗은 많은 무리와 함께 기쁘게 찬송을 부르며 나갔고, 많은 무리와 함께 절기를 지켰습니다. 다윗은 자신이 백성들과 함께 여호와의 전에 올라가던 때를 기억하였습니다. 그런데 예배하는 장소에 가는 것이 언제나 기쁜 일만은 아닙니다. 어떤 장소는 잠자는데 많이 이용되고, 또 어떤 곳에서는 깨어 있는 것보다는 잠자는 것이 더 나을 수도 있기 때문입니다. 많은 곳에서 예배가 아주 지루합니다. 그런 데서는 사람들이 엄격한 의무로 예배에 참석하고, 예배에서 아무런 즐거움도 얻지 못합니다. 그러나 통일과 조화와 진정과 열심이 있는 곳, 찬송이 천둥소리처럼 강력하게 울려 퍼지는 곳, 애정을 가지고 신실하게 복음을 전파하고, 성령이 헤르몬 산에 내린 이슬처럼 온 회중을 적시는 곳이 있을 때는, 거기에 있는 것이 즐거운 일입니다. 때로 여러분은 안식일이 해 아래서 지내는 여러분 삶의 가장 복된 분깃이라고 느끼십니까? 하나님의 백성들의 회중이 여러분에게는 어떤 의미가 있습니까? 그들이 하나님의 전이고 바로 천국 문이 아닙니까? 그렇습니다. 지금 우리 그리스도인들이 함께 찬송과 기도를 드리고 나서 곧 헤어져 떠나는 것도 즐거운 일이라면, 성도들이 모여서 영원히 예배드리고, 그리스도께서 언제나 성도들과 함께 계시며, 따분한 예배는 있을 수 없고, 찬송이 그치는 법이 없으며, 어떤 불협화음도 찬송을 방해하지 않고, 하프를 버드나무에 거는 일이 결코 없는 곳은 얼마나 즐겁겠습니까.

> "아무도 잠잠히 있을 수 없고
>  모두가 다 같이 화음을 이루어 노래할 것이라."

자, 이 복된 안식일 집회와 성도들 회중의 즐거운 모임 말고 다른 문이 없다고 하더라도, 이 사실만 가지고서도 우리는 거기에 있기를 간절히 바라게 될 것입니다.

우리가 지상에서 성도들과 함께 누리는 교제에서 또 하나의 문이 하늘에서 열립니다. "여호와를 경외하는 자들이 피차에 말하매"(말 3:16). 이렇게 성도들은 황금문 이편에서 누릴 지극히 즐거운 기쁨거리 가운데 하나를 얻었습니다. 우리가 모든 성도를 사랑하지만, 마음 문을 열어주는 특별한 존재가 아닌 사람에게 이렇게 말하지는 않습니다. "들어오세요. 공감이나 경험에서 나는 당신과 하나이니, 들어와서 나하고 이야기합시다." 형제 여러분, 통상적인 그리스도인의 교제가 매우 즐겁다면, 그리고 교인으로서 그 사실을 경험했다면, 성도들 가운데 더 뛰어난 이들과 만나는 것은 얼마나 더 즐겁겠습니까! 하늘에서 얼마나 놀라운 모임이 이루어질 것입니까! 나는 사울이 스데반을 만나는 장면을 생각해 봅니다. 사울은 순교자 스데반을 돌로 치는 박해자들을 도왔습니다. 그런데 스데반과 같은 사람의 재에서 바울 같은 사람이 일어났습니다! 그 두 사람이 요단 저편에서 만날 때, 서로 얼마나 굳게 악수를 하겠습니까! 거룩하고 빛나는 영들이 만날 때, 나는 멀리서라도 그들의 인사하는 모습을 지켜보고 싶습니다. 이 천상의 몸들이 하늘에서 가장 가깝게 만날 때 잠시 서로 마주보고 있는 동안 서로에게 빛을 비추는 모습을 보는 것은 장엄한 일일 것입니다.

여러분이 사도들을 만날 것을 생각하면 기쁘지 않습니까? 여러분이 루터와 칼빈, 웨슬리, 휫필드, 그리고 세상이 감당하지 못한 사람들과 교제를 나눌 것을 생각하면 기쁘지 않습니까? 어떤 사람들은 천국에서 사람들이 인식하는 일이 있을지를 의심하였습니다. 틀림없이 그런 일이 있습니다. 천국을 "내 아버지 집"이라고 부르기 때문이고, 가족들이라면 서로를 알아보지 않겠습니까? 우리는 "아브라함과 이삭과 야곱과 함께 앉게" 되어 있습니다. 그러므로 우리는 이 족장 성도들을 알아 볼 것입니다. 우리는 철가면을 쓴 사람들과 함께 앉지 않을 것이며, 위대한 성도들 가운데 모르는 사람은 아무도 없을 것입니다. 사람들이 "우리를 알듯이" 우리도 "다른 사람들을 알" 것입니다. 몸이 부활하기 전에도, 그들을 분간하고서 그들과 복된 지적 교제를 나눌 수 있게 만드는 표시와 특징들이 육체와 분리된 그 영들에 있을 것이 분명합니다. 아, 나이 드신 성도 여러분, 여러분의 가장 친한 친구들이 여러분보다 먼저 떠나갔습니다. 그들을 생각만 해도 여러분은 그들에게로 가고 싶은 마음이 들 것입니다. 여러분이 가장 아끼는 사람들은 요단 강 저편에 있습니다. 그들은 오래 전에 그들의 가나안 땅으로 갔습니다. 여러분은 죽어가는 자들의 땅에 여전히 머물러 있지만 그들은 살아 있는 자들의 땅에 거합니다. 앞으로 나가십시오! 땅에서 풀려나십시오. 저 불멸의 영들이 여러분에게 내세의 땅에 있는 성도들의 거처로 오라고 손짓하는 것을 바라보십시오. 장래의 교제를 내다볼 때 성도들은 서로를 사랑해야 마땅합니다. 사람들의 사랑은 죽음과 함께 끝날 수밖에 없는 세상적인 사랑이지만, 그리스도 안에서 우리의 연합과 교제는 태양과 달보다 오래 지속될 것이기 때문입니다. 그리스도 예수 안에서 우리의 사랑은 순전히 육체적인 관계의 사랑처럼 해체되기보다 또 다른 세계에서 오히려 원숙하게 될 것입니다. 우리는 그리스도 예수 안에서 많이 사랑하는 일을 두려워할 필요가 없습니다. 우리는 마땅히 서로를 얼마나 친절하고 애정 있게 대해야 합니까! 우리는 천국에서 함께 살게 되어 있으니, 세상에서 결코 싸우지 않도록 합시다.

나는 일전에 스코틀랜드 교회의 한 장로님에 관한 이야기를 읽었습니다. 그 장로님은 당회에서 목사와 화를 내며 논쟁하다가 거의 이성을 잃을 지경까지 갔습니다. 그날 밤, 그는 아주 인상 깊은 꿈을 꾸었습니다. 아침에 아내가 그에게 물었습니다. "여보, 아주 슬퍼 보이는데, 무슨 일이 있어요?" 그가 대답하였습니다. "글쎄, 난 괜찮아. 내가 우리 목사님과 심한 말다툼을 했는데, 목사님이 집에 가서 죽었고, 곧바로 나도 죽는 꿈을 꾸었어. 그런데 꿈에 내가 천국에 올라갔는데, 내가 문 앞에 갔을 때, 목사님이 나와서 반갑게 나를 맞이하며 손을 내밀고서 '어서 오세요. 장로님, 여기서는 말다툼이 없어요. 이렇게 장로님을 만나게 되어 너무 기쁩니다' 하고 말했어." 그래서 그 장로님은 용서를 구하려고 목사 집으로 갔는데, 가서 보니 실제로 목사가 죽었습니다. 그것을 보고 그는 너무 충격을 받아 두 주 만에 목사를 따라 하늘로 가고 말았습니다. 나는 그 목사가 장로를 맞이하며 "어서 오세요, 장로님. 여기는 다툼이 없어요"라고 말했을 것으로 믿습니다. 형제 여러분, 왜 이 땅에서는 다툼이 있어야 합니까? 우리 서로 사랑합시다. 우리가 복된 유업을 함께 받을 상속자들이라는 사실을 인해서, 서로를 함께 생명을 나누어 받고, 머지않아 함께 천국을 받을 자로 여기며 지내도록 합시다.

형제 여러분, 나는 성찬상에서 하늘 문이 자주 우리에게 열렸다는 점을 덧붙일 수 있다고 생각합니다. 천문학자들은 관찰하기에 제일 좋은 지점을 선택합니다. 그들은 차가 없는 곳, 그래서 관측 장비가 굴러가는 차 바퀴의 진동으로 인해 떨리지 않는 높은 고지를 좋아합니다. 또한 공업 도시의 연기에서 떨어져 있어서 하늘의 천체들을 좀 더 뚜렷하게 분별할 수 있는 곳을 더 좋아합니다. 확실히 어떤 장소가 다른 장소보다 하늘의 마음을 살피는 관측소가 되기에 더 적합하다면, 그것은 바로 성찬상입니다.

> "내가 지금까지 거기 있었고, 여전히 그 자리에 갈 것이라.
> 그것은 땅에 있는 작은 천국과 같느니라."

　　그리스도께서 엠마오로 가는 길에서 제자들에게 자신을 숨겼듯이 설교에서도 그의 백성들에게 자기를 숨기실 수 있습니다. 그러나 떡을 떼는 자리에서는 자신을 그들에게 나타내셨습니다. 엄숙하게 떡을 떼는 일을 아주 소중히 여기십시오. 그 의식이 지금까지 왜곡되었고 변질되며 남용되었습니다. 그래서 미숙한 그리스도인들은 성찬의 가치를 제대로 알지 못합니다. 성찬을 바르게 사용하려고 하고, 자기를 살피고서 성찬상에 오는 사람들에게는 정말로 성찬은 하늘의 관측소, 즉 세상으로부터 조용히 물러나 있는 곳이 됩니다. 떡과 포도주라는 요소는 멀리 볼 수 있게 하는 광학 렌즈가 됩니다. 우리는 이 렌즈를 통해 구주를 봅니다. 세상에서 근심의 연기가 없는 한 곳이 있다면, 그곳은 바로 성도들이 주님과 교제를 갖는 성찬상이라고 다시 한 번 말씀드립니다. 이 잔치 자리에서 하늘 문이 종종 열립니다. 이때 하나님의 사랑의 깃발이 우리 위에 나부낍니다. 그 상징을 즐기는 것만으로도 참으로 기쁘다면, 그리스도와 직접 함께 살며, 아버지의 나라에서 그리스도와 함께 새 포도주를 마시는 것은 얼마나 즐거운 일이겠습니까!

　　하늘에서 열리는 또 하나의 문은 지식의 기쁨입니다. 세상의 과학을 아는 것은 매력적인 일입니다. 그러나 영적 진리를 아는 것은 그보다 훨씬 더 기쁩니다. 철학자는 자연의 난해한 법칙을 근원까지 추적해서 오랫동안 신비로 감추어져 왔던 물질의 초기 원리들을 발견할 때 기뻐합니다. 그러나 복음 진리를 찾아내는 것, 어떤 성경 본문의 참된 의미를 추적하는 것, 구속자의 직무 가운데 하나를 새롭게 보게 되는 것, 주님과 주님의 부활의 능력을 경험적으로 알게 되는 것, 마치 하나님의 손가락으로 쓰듯이 진리를 영혼에 새기게 되는 것, 아, 이것이야말로 참된 행복입니다. 그리스도인이 마리아처럼 그리스도의 발 앞에 앉아 그리스도를 배우는 것은 크나큰 기쁨 중의 하나인 것이 분명합니다. 그러나 형제 여러분, 우리가 이 땅에서 얻는 이 작은 지식이 그렇게 즐거운 것이라면, 지적 능력이 더 확장될 때, 지적 눈이 맑아질 때, 진리를 안개와 구름의 휘장을 통해서가 아니라 한낮의 충만한 빛 가운데서 인식하게 될 때, 우리의 지식은 어떠하겠습니까? 동틀녘이 밝다면, 정오는 어떻겠습니까? 오늘 우리가 계시의 영역에서 조금 여행한 것이 우리를 이렇게 부요롭게 했다면, 우리가 콜롬버스처럼 미지의 땅을 향해 돛을 펴고 이전에 항해하지 못했던 지식의 바다를 여행하게 될 때는 얼마나 풍요롭게 되겠습니까? 사랑하는 여러분, 그리스도의 영광을 발견하고, 하늘의 정사와 권세들을 알며, 그리스도라는 분 안에 나타난 하나님의 다양한 지혜를 아는 것은 어떻겠습니까? 하나님의 말씀을 읽고 생각하고 연구하기를 좋아하는 모든 사람에게, 그리스도를 경험하는 모든 사람에게 하늘에서 열리는 문이 있습니다. 여러분이 그리스도를 배우고 있다면, 지식의 기쁨으로 인해 천국을 새롭게 생각하게 될 것입니다.

승리의 기쁨 속에서 또 하나의 하늘 문이 열립니다. 내가 승리라고 할 때, 옷에 피를 묻히고 고통에 떠는 손과 상처와 죽음이 있는 세상의 승리를 말하는 것이 아닙니다. 죄에 대한 승리, 자신과 사탄에 대한 승리를 가리키는 것입니다. 정욕의 목을 잡고 주저앉히며 정욕이 발버둥칠지라도 억제시키는 것은 참으로 위대한 일입니다! 마치 이스라엘이 가나안 왕들을 태양 아래 매달아 두었던 것과 같이 오래된 어떤 죄를 주님 앞에서 저주받은 것으로 매달아 두는 것은 잘하는 일입니다. 혹은 여러분이 정욕을 아주 죽일 수 없다면, 그 입구에 큰 돌을 굴려 막고, 저녁이 올 때까지, 곧 그들이 파멸을 당할 때까지 그 천박한 자를 가두어 두는 것은 훌륭한 일입니다. 시험 받을 때 여러분이 전과 다르게 하나님의 은혜로 시험에 넘어지지 않고, 과거에는 여러분에게 화가 되었던 약함을 이기게 되는 것은 기쁜 일입니다. 어린 양의 피로 말미암아 죄를 이길 수 있도록 강해지는 것은 고귀한 일입니다. 거룩함의 기쁨은 여러분이 순결한 만큼 깊어집니다. 하나님의 은혜로 영적인 힘을 얻는 것은 대단한 복입니다. 그러나 하늘에서 모든 죄를 이기고, 사탄을 발로 밟게 될 때, 그 복은 어떠하겠습니까? 아, 일단 내가 사탄을 발로 밟는다면, 이 오랜 세월 동안 하나님의 성도들을 괴롭힌 그 옛뱀이 밟힌 것을 보고서 얼마나 기뻐서 날뛰겠습니까! 죄와 지옥이 포로로 사로잡힌 것을 보면, 우리가 전쟁에 능하신 여호와께 얼마나 즐거이 찬송을 드리겠으며, 하나님의 승리에 참여할 때 얼마나 기뻐하고 기뻐하겠습니까! 그때가 오고 있습니다. 확실히 승리가 오고 있습니다. 우리가 하나님과 함께 산꼭대기에 서서 승리의 노래를 부를 것입니다. 던바 전투(the battle of Dunbar: 1650년 9월 크롬웰이 던바에서 스코틀랜드 군대를 물리친 싸움 ― 역주)에서, 크롬웰과 그의 군사들이 언덕에서 싸우며 한 걸음 한 걸음 승리를 쟁취해 갈 때, 그들의 슬로건은 만군의 여호와였습니다. 그들은 이같이 노래하며 전투에 임했습니다.

> "주 우리 하나님이여 일어나소서
> 내 원수들을 흩어지게 하시고
> 주를 미워하는 자들이 주 앞에서 도망하게 하소서"(시 68:1).

그들이 그날에 승리하였을 때, 성도요 군사요, 위대한 지도자인 이 노인은 부하들에게 멈춰 서서 자기와 함께 노래하자고 말하였습니다. 거기에서 그들은 한 시편을 아주 활기찬 음악에 붙여서, 라인 강이 들었다면 함께 손뼉을 치며 합창을 할 수 있을 만큼 목청껏 노래하였습니다. "여호와를 찬송하리니 그는 높고 영화로우심이요"(출 15:1). 그런데 그리스도의 제자들로서 오랫동안 죄와 씨름하며 힘들게 싸우던 우리가 마침내 죽음과 지옥이 정복되고, 우리의 대장이 우리 가운데 계신 것을 보며, 하나님과 어린 양께 최후에 큰 목소리로 할렐루야를 부를 때, 영원히 울려 퍼질 할렐루야를 부를 때, 얼마나 힘있게 노래하겠습니까. 하나님께서 우리 각 사람이 그 자리에 있게 해주시기를 구합니다! 이 땅에서 거두는 작은 승리 하나하나를 통해서 우리는 문을 통해서 보듯이, 하나님께서 하나님의 정하신 때에 속히 가져오실 최후의 위대한 승리를 보게 됩니다.

### 3. 이런 말씀을 계속 할 수도 있지만 시간이 부족합니다.

그래서 **출입하는 문**에 관해 두세 마디만 더 할 수밖에 없겠습니다.

그리스도 예수를 믿은 우리 각 사람에게 곧 하늘에서 문이 열릴 것입니다. 그리스도인 여러분, "선생님이 오셔서 너를 부르신다"(요 11:28)는 메시지가 곧 여러분에게 올 것입니다. 머지않아 여러분에게 "은줄이 풀리고 금 그릇이 깨어지는"(전 12:6) 표시가 나타날 것입니다. 정직한 사람은, 음악하는 여자들이 쇠하여진다는(12:4) 것이 사실임을 알지 않을 수 없고, 용감한 사람은 항아리가 샘 곁에서 깨어진다는 것을 배우지 않을 수 없습니다. 그러므로 끝으로 여러분의 허리를 묶고 용기를 가지고 강으로 내려가십시오. 어떤 사람들이 말하듯이 그 강이 하늘의 언덕 밑에서는 죽음처럼 차갑게 흐릅니다. 그러나 여러분의 믿음에 따라 그 강이 더 깊게 흐르기도 하고 더 얕게 흐르기도 할 것입니다. 여러분의 믿음이 흔들리지 않고 굳건하다면, 여러분은 그 시내를 발을 적시지 않고 건너 갈 것이며, 강 한가운데서 여러분 일생에서 가장 큰 목소리로 노래를 부르게 될 것입니다. 그때 여러분은 천국에 더 가까이 가고, 천국이 여러분에게 차고 넘치 며 죽음을 압도할 것입니다. 곧이어서 문이 열릴 것입니다. 확실히 여러분은 그 날을 미루고 싶지 않을 것입니다. 여러분은 여러분과 남편 사이에 적절하지 못 한 무엇이 있어서, 남편이 더디 오기를 바랍니까? 여러분은 조국을 떠나 망명 생 활하는 것을 좋아하십니까? 여러분은 시민으로 있는 "터가 있는 그 성"에서 추 방되어 지내기를 좋아하십니까? 여러분이 마땅히 품어야 할 생각을 갖고 있다 면, 틀림없이 이렇게 말할 것입니다.

> "아기가 엄마에게 가듯이, 작은 새가 둥지로 날아가듯이
> 나는 내 구주님의 품으로 곧장 달려가고 싶네
> 주님은 나처럼 어리석고 가치 없는 어린 양들을 품에 안으시고
> 친히 그들을 주님의 나라로 데려가시기 때문이네."

사랑하는 여러분, 여러분이 떠나갈 것을 결코 잊지 마십시오. 나는 죽음에 대한 생각을 끊임없이 합니다. 그러나 슬프게도, 때로 죽음에 대한 생각은 고통 스럽습니다. 그래서 나는 주님이 계시는 곳에 가는 것을 생각하는 것이 어떻게 고통스러울 수 있느냐고 자신을 꾸짖습니다. 아닙니다. 그렇지 않습니다. 죽음 에 대한 생각은 고통스러운 것이 아닙니다. 내 영혼에 문득 스치며 마음을 어둡 게 하는 것은 쓸데없는 의심과 두려움입니다. 왜냐하면 예수님과 함께 있는 것 은 말할 수 없이 큰 복임에 틀림없고, 따라서 그 예수님이 계시는 곳에 가는 생각 도 그에 못지않게 복된 것임이 분명합니다. 우리의 마지막 순간에 대해 이야기 하는 것은 매우 현명한 일입니다. 대관식의 장면에 대한 예행연습을 머릿속으로 생각해 보는 것은 종종 괜찮은 일입니다. 대관식 때 우리는 면류관을 쓰고 손에 는 종려나무를 들 것입니다. 여러분이 그리스도 안에 있다면, 확실히 여러분에 게 임할 영광을 바라보시기를 바랍니다. 그러려면 여러분은 반드시 그리스도 안 에 있도록 해야 합니다. 두 손으로 그리스도를 단단히 붙잡으십시오! 겸손하지

만 확고한 믿음으로 주님을 붙드십시오. 다른 모든 소망은 버리십시오. 그런 것
은 다 헛됩니다. 그리스도의 귀한 십자가에 여러분의 몸을 묶으십시오. 십자가
는 여러분이 그 영광에까지 헤엄쳐 갈 수 있게 하는 널빤지입니다. 어떤 선원도
그 널빤지에 타고서 물에 빠져 죽은 적이 없습니다.

> "예수 외에는 없네. 오직 예수뿐이네.
>  소망 없는 죄인을 도울 수 있는 이는."

하나님께서 여러분에게 복 주시기를 구합니다. 구주님의 이름으로 기도합
니다. 아멘.

제
16
장
—

# 왕에 대한 경의

—

### "자기의 면류관을 보좌 앞에 던지며" ― 계 4:10

우리가 천국에 대해 알고 싶은 중요한 사실들은 많이 있습니다. 그동안 우리는 호기심이 아주 왕성하게 발휘되어서 숱한 질문들을 쏟아낸 적이 종종 있습니다. 그러나 그처럼 호기심이 발동되었지만 결코 만족된 적은 없습니다. 하나님의 말씀이 그 복된 영역에 대해 세부적인 사실들을 별로 말하지 않았기 때문입니다. 주님께서는 우리가 현재 진행 중인 삶의 일상적인 의무들을 더 생각하도록 하기 위해 미래를 신비 속에 덮어두는 것이 낫다고 생각하신 것 같습니다. 그러므로 하나님께서 주신 계시는 우리의 믿음이 하나님 자신과 그의 사랑하시는 아들에게로 향하도록 만들고, 흔히 우리가 상상하기 좋아하는 장면과 환경에 대한 묘사로 주의를 다른 데로 흩뜨리지 않습니다. 이와 같이 하나님은 우리가 다음 세계에 도달하기 전까지는, 우리를 놀라게 할 세부적인 사항들을 밝히시지 않았습니다. 이는 천국이 우리가 그때까지 생각했던 어떤 것보다도 무한히 뛰어나서 지극히 빛나는 것을 볼 수 있도록 하시기 위함입니다. 예를 들면, 천국이 어디에 있다는 얘기를 우리는 듣지 못합니다. 매우 학식 있는 사람들 사이에서는, 모든 천체의 중심이고 따라서 우주의 중심이 될 수 있으며, 그러므로 틀림없이 하나님의 보좌가 있는 곳이고, 하나님의 임재가 특별히 나타나는 곳으로 생각하는 별들과 별자리에 대한 추측이 있어 왔습니다. 모든 말을 들어볼 때, 그것은 "그럴 수도 있다"는 것뿐입니다. 그럴 수 있는 것처럼 그렇지 않을 수도 있는 것입니다. 나는 그처럼 별만을 뚫어져라 쳐다보는 사색은 게으르고 꼴사나우며 부적절하고 부익한 것으로, 순전히 시간 낭비이며 어쩌면 그보다 더 악한 일이라고 봅니다. 이런 얘기에서는 하늘의 사회적 교제에 관해서는 한 마디도 듣지 못합니다. 우리는 성도들이 서로를 알아보며, 그들이 많은 무리 가운데 묻혀서 불분명하고 구별할 수 없는 존재로 지내는 것이 아니라 성도들 사이에 교제가 있으며, 아브라함은 아브라함으로, 이삭은 이삭으로, 야곱은 야곱으로 존재하고, 사람들 가운데서 구속받은 자들이 하나님 나라에서와 같이 아브라함과 이삭과 야곱과 함께 앉는다는 것을 믿을 만한 충분한 이유가 있다는 것을 알거나, 아니면 적어도 그렇게 생각을 합니다.

새 예루살렘에는 거리가 있다고 하는데, 거리가 있다는 것은 교제가 있음을 암시합니다. 그렇지만 이 새 예루살렘에 대해서는 대략적인 설명, 말하자면 화가가 목탄으로 그리듯이 설명하는 묘사가 거의 없습니다. 옛적에 만나가 하늘에서 떨어졌을 때, 사람들이 천사들의 음식을 먹은 일이 있긴 했지만, 우리는 천국의 음식에 대한 말을 전혀 듣지 못합니다. 혹은 대체 그런 음식이 있는지, 몸이 자양을 위해 먹어야 할 음식과, 기분을 상쾌하게 하기 위한 달콤한 음료를 필요로 하는지에 대해서 아무 말도 듣지 못합니다. 우리는 천국의 축하 의식에 대해서도 거의 아는 것이 없습니다. 예배가 항시 변함없이 고르게 드려질지, 아니면 다른 날보다 더 기쁜 날들이 있을지, 예컨대 축제나 잔치, 향연, 희년이 있고 하나님의 임재가 지극히 찬란하게 드러나는 영광스러운 시간, 하프가 더 감미로운 소리를 발할 때가 있을지 우리는 모릅니다!

이 모든 사실에 대해서 우리는 어떤 것을 알고 싶지만 우리 머리로서는 그리 많은 것을 알지 못합니다. 그렇지만 한 가지 사실을 알게 되면 또 다른 사실은 얼마든지 잊어버릴 수 있을 것입니다. 우리는 "인자가 온 것은 잃어버린 자를 찾아 구원하려 함이니라"(눅 19:10)와 같은 구절을 결코 잊어버릴 수 없습니다. 이런 진술에 대해서 나는 감히 이렇게 말할 수 있습니다. 이 구절의 한 마디 한 마디가, 비록 성령의 영감을 받았을 수도 있을 천국에 관한 모든 책보다도 가치 있다고, 아직 사람들 가운데서 지내는 우리의 당면한 실제적 목적을 위해서 더 가치가 있다고 말할 수 있습니다. 요한계시록과 에스겔서, 다니엘서가 어떤 책인지 아는 형제들이 있습니까? 예, 그런 분이 있는 것을 보니 기쁩니다. 그런데 주님께서 내가 마태, 마가, 누가, 요한을 이해하도록 도와주신다면, 나는 그것으로 아주 만족스럽게 여기고, 계속해서 예수 그리스도의 복음을 전할 것입니다. 내가 장차 더 밝은 빛 가운데 들어가 주님을 얼굴로 대하여 보게 될 때는, 사도들이 알았던 예언과 신비의 지식을 나도 갖게 될 것입니다. 그러는 동안에는 구원해야 할 죄인들이 있습니다. 우리는 가서 영혼을 구원하는 일을 해야 합니다. 복음서와 서신서들에서 우리에게 주어진 단순한 수단들을 가지고, 곧 우리가 성령으로 말미암아 알 뿐 아니라 또한 계시된 진리에 대한 개인의 경험을 통해서도 알 수 있는 수단들을 가지고 그리스도의 이름으로 그 일을 해야 합니다.

자, 오늘 밤, 본문의 말씀이 우리에게 가르쳐 주는 대로, 휘장 속에 있는 것을 한 번, 잠깐만 살펴보도록 합시다. 우리는 여기서 이십 사 장로들이 엄위로우신 하나님 앞에 있는 그들의 보좌에 앉아 있고 머리에 면류관을 쓰고 있는 것을 봅니다(이십 사 장로들은 틀림없이 교회의 대표자들이라고 볼 수 있을 것입니다). 그들이 하나님의 보좌 앞에 자기의 관을 내려놓는 것으로 묘사됩니다.

이 장엄한 광경에서 두 가지 점을 생각해 봅니다. 첫째로, 하나님의 교회 대표자들인 이 사람들은 다 관을 쓰리라는 것입니다. 그들은 머리에 관을 썼습니다. 둘째로, 그들은 모두 자기 관을 하나님의 보좌 앞에 드립니다. 이런 점들을 이야기했으니, 이 현세를 위한 중요한 교훈 몇 가지를 생각해 봅시다.

### 1. 형제 여러분, 하늘에 있는 성도들은 모두 관을 씁니다.

내가 "모두"라고 말하는데, 이십 사 장로들은 성도들 전체를 대표하기 때문입니다. 이십 사 장로들이 "각 족속과 방언과 백성과 나라 가운데에서 우리를 피로 구속하셨다"(계 5:9)고 말하는 것이 나오는데, 이것을 볼 때 이들은 모든 성도를 대표합니다. 천국에서 성도마다 영광의 정도가 다를 수가 있고, 전혀 차이가 없을 수도 있습니다. 나는 그 문제를 풀 생각이 없습니다. 그러나 영광의 정도가 다를 수 있을지라도, 천국에서 면류관을 쓰는 것보다 못한 영광은 없습니다. 모든 성도가 다 자기의 관을 가지고 있습니다. "시들지 아니하는 생명의 면류관"(약 1:12; 벧전 5:4)이 영광에 들어가는 성도 가운데 지극히 작은 자에게 주어지는 가장 낮은 몫입니다.

자, 이 사람들이 어떻게 해서 면류관을 쓰게 되었습니까? 그에 대해 여섯 가지로 대답할 수 있을 것입니다.

이십 사 장로들은 하나님의 은혜로 모두 왕이 된 자들입니다. 여러분은 얼마나 우리 군주들이 "하나님의 은혜로"라는 문구를 자기들 화폐에 집어넣기를 좋아하는지 압니다. 하지만 나는 그 문구가 그들에게 얼마나 적합한지 모르겠습니다. 왜냐하면 전체적으로 볼 때, 왕들과 황제, 세습적인 통치자들이 있는 곳에서는 어디든지 하나님께 버림받은 사람들을 볼 수 있기 때문입니다. 왕들과 거지들을 무작위로 각각 여섯 명씩 뽑아 보았을 때, 도덕적 성품 면에서 아마도 가장 얼굴을 붉힐 이유가 거지들에게는 별로 없을 것이라고 생각합니다. 하나님 나라를 상속할 사람들은 이 세상에서 부자들보다 가난한 자들에게 훨씬 더 많을 것이라고 확신합니다. 사람들이 자기가 하나님의 은혜로 어떤 사람이 된 것으로 보든지 간에, 천국에 있는 사람은 누구나 자신에 대해 바르게 말할 수 있습니다. 천국에 있는 자들은 모두가 하나님의 은혜로 왕이 된 사람들입니다. 아, 그들에게 물어보면, 그들은 자기들을 따로 구별한 것은 순전히 하나님의 주권적인 뜻이었다고 말할 것입니다. 그들을 사람들 가운데서 택하여 하나님의 자녀가 되게 하신 분은 주님, 곧 하늘의 아버지이셨고, 그들이 그리스도와 함께 통치하는 것에 관해 조금이라도 알 수 있게 만든 것은 하나님의 은혜였다고 말할 것입니다. 은혜가 와서 그들의 총명에 빛을 비추었습니다. 은혜가 그들의 의지에 영향을 끼쳤습니다. 은혜가 그들의 감정을 변화시켰습니다. 은혜로 말미암아 그들이 천국의 상속자가 되었습니다. 그들이 은혜로 말미암아 이른 곳에 계속 있도록 만든 것도 또한 은혜였다고 말할 것입니다. 그들이 성령으로 시작하였고 후에는 육체로 마치지 않았으며, 은혜가 알파였듯이 또한 오메가였다고 말할 것입니다. 성도들 안에서 강력하게 역사하신 성령께서 그들이 모든 선한 말과 행실에 열심을 내도록 하셨고, 기꺼이 하나님의 선하시고 기뻐하시는 사람이 되며 또 그 뜻을 따라 행하도록 하셨습니다. 천국에서 면류관을 쓴 사람은 모두, 자기가 천국에 들어오기 전에 취한 마지막 믿음의 행동도 처음 주 예수 그리스도를 믿은 행위만큼 은혜로 말미암은 것이라고 말할 것입니다. 천국에 있는 왕 가운데 "하나님의 주권적인 은혜로"라는 이 조건 말고 다른 조건으로 관을 쓴 사람은 없습니다.

　놀라운 사실처럼 보이겠지만, 둘째로, 그들은 모두 상속에 의해 왕이 된 사람들입니다. "어떻게 그럴 수 있느냐"고 여러분은 말할 것입니다. "그들은 죄 가운데 출생하고 불의로 자랐으며, 타락한 아담에게 속하여, 영원한 비참을 상속한 자인데, 어떻게 그럴 수 있느냐"고 할 것입니다. 여러분 말대로 정말로 그렇습니다. 그렇지만 그들은 거듭났고, 그래서 새로운 성품을 가지고 하나님의 보좌 앞에 있는 것입니다. 그들은 "예수 그리스도를 죽은 자 가운데서 부활하게 하심으로 말미암아 산 소망"(벧전 1:3)을 갖게 되었습니다. 사랑하는 여러분, 여러분은 그들이 지금 하나님의 자녀인 것은 알지 못합니다. "그들이 장래에 어떻게 될지는 아직 나타나지 아니하였지만"(요일 3:2), 참으로 하나님의 자녀입니다. 그러므로 그리스도께서 나타나실 때, 그들도 영광 중에 그리스도와 함께 나타날 것입니다. 천국에는 하나님의 자녀들밖에 없습니다. 천사들도 거기에 있는 것이 사실이지만, 그들은 하나님의 부리는 종들입니다. 인류 가운데서 단지 종일 뿐인 사람은 없습니다. 성도들은 모두 자녀입니다. 어떤 이들은 과거에 방탕한 자식이었고, 어떤 이들은 비유에 나오는 형처럼 때로 화를 내기도 했습니다. 그러나 그들은 모두 아들들이고, 아들들이기 때문에 천국에 있습니다. 그들은 이 나라에서는 언제나 웨일스의 왕자가 왕위를 계승하듯이 상속에 의해 관을 쓰게 된 것입니다. 하나님의 아들의 형상으로 지음을 받은 새로운 인류는 천국을 상속받았는데, 이것은 음부가 해칠 수 없는 상속입니다. 그래서 그들은 상속에 의한 왕들입니다.

그런데 셋째로, 그들은 또 다른 권리에 의해 왕이 된 사람들입니다. 결혼 관계에 의해 왕이 되었습니다. 왕과 약혼함으로 인해 왕의 지위에 오르는 사람들이 있습니다. 세습에 의해 왕이 되지는 않았을지라도 그처럼 혼인으로 인해, 왕을 배우자로 맞이함으로써 왕관을 쓰게 된 사람들이 많이 있습니다. 하나님의 교회는 신부이고, 어린 양의 아내입니다. 어린 양이 왕위에 앉으셨으므로, 그의 교회도 관을 쓰게 하실 것입니다. 그분은 자신을 교회에 주셨습니다. 또 자기가 가진 모든 것을 교회에 주셨습니다. 그분은 교회를 위해 하늘을 떠나셨습니다. 교회를 위해 땅에서 고통을 겪었고 십자가에서 피를 흘렸으며 무덤에 들어가셨습니다. 그리고 이제 자신에게 있는 모든 것을 교회에 주실 것입니다. 주께서 교회의 모든 수치를 지셨듯이, 교회는 주님의 모든 영광에 참여할 것입니다. 주님은 교회를 대신하여 십자가에 가셨고, 교회는 가서 그리스도와 함께 면류관을 받을 것입니다. 그러므로 그들이 하나님의 보좌 앞에 서 있고, 하나님의 집에서 밤낮으로 하나님을 섬길 것입니다. 이는 그들이 예수님과 하나이기 때문입니다. 그리스도께서 사시기 때문에 그들도 삽니다. 그리스도께서 하나님의 독생자로서 언제까지나 하나님의 사랑 가운데 계시기 때문에 교회도 그와 같이 섬깁니다.

　　넷째로, 성도들은 정복과 승리로 인해 왕들입니다(여러분은 틀림없이 이 세상의 모든 의인들은 이렇게 머리에 관을 쓰고 모일 것이라고 생각할 것인데, 성도들이 그같이 할 것입니다). 면류관은 분투노력, 싸움, 다툼을 의미함이 분명하고, 옛적에는 그 같은 것을 의미하였습니다. 처음에 면류관은 전쟁의 날에 가장 강한 사람들, 가장 잘 싸운 사람들에게 주었을 것이라고 생각합니다. 천국에서 면류관은 다 은혜의 선물이라고 말한 바 있습니다. 그렇지만 면류관을 받는 사람은 면류관을 얻기 위해 싸웠다는 것도 맞는 말입니다. "이는 큰 환난에서 나오는 자들인데"(계 7:14). 환난이 그들에게 면류관을 가져다준 것은 아니었습니다. 그러나 하나님의 종들 가운데 보상을 받을 사람들은 일해야 하고, 면류관을 받을 사람들은 싸워야 한다는 것이 하나님의 교회의 일반적인 원칙입니다. 투쟁하지 않고도 면류관을 얻을 것으로 생각한다면, 잘못 생각하였다는 것을 깨닫게 될 것입니다. 가나안 땅은 이스라엘에게 속했습니다. 그 땅은 소금 언약에 의해 그들의 것이 되었습니다. 그러나 그들은 그 땅을 얻기 위해 싸워야 했고, 히위 족속과 가나안 족속과 여부스 족속과 끝까지 싸워야 했습니다. 우리도 그같이 싸워야 합니다. 우리는 하나님의 은혜로 천국에 이를 것이지만, 또한 거기에 이르기 위해 순례여행을 떠나야 합니다. 우리 모두를 태우고 그 길을 따라 갈 전차는 없습니다. 우리는 그 길을 걸어가야 합니다. 곤경의 언덕을 올라가야 하고, 또 수욕의 골짜기로 내려가기도 해야 합니다. 그 일을 끝까지 견디는 자는 구원을 받을 것입니다. 존 번연이 계단의 맨 밑바닥에서 그 집에 들어오려고 하는 사람을 제지하는 무장한 사람들을 설명하지 않았다면, 궁정 꼭대기에서 "들어오라! 들어오라! 영원한 영광을 얻으리라"고 노래하는 빛나는 영혼들에 대한 묘사가 충분하지 못했을 것입니다. 심각한 얼굴로 잉크통을 가지고 있으면서, 들어오려는 사람에게 "네 이름을 적어라"고 말하고, 이름을 적고 나면 칼을 뽑아서 그가 거의 죽기까지 싸운 사람에 대한 묘사가 없었다면, 그 빛나는 영혼들에 대한 묘사가 불충분하였을 것입니다. 잠시 후에 그 사람이 궁정 꼭대기에 서 있는 것을 볼 수 있었는데, 그것은 그날의 싸움에서 이겼기 때문입니다.

　　　　"주님, 내가 통치하려면 싸워야 하니
　　　　　내가 무사히 지나가게 하여 주소서."

성도들은 죄와 유혹과 싸웠기 때문에, 왕이 된 것입니다. 그들이 승리를 위해 싸운 것이 없이 관을 쓴 것이 아닙니다. 성도들 가운데 어떤 분들은 참으로 치열하게 싸워야 했는데, 피 흘리기까지 죄에 저항하고 싸워야 했다는 것을 여러분도 아십니다. 그렇습니다. 그들 가운데 가장 빛나고 아름다운 사람들도 지극히 맹렬한 박해에 정면으로 맞서고, 사자와 싸우며 말뚝에 묶여 죽어야 했습니다. 이루 말로 다할 수 없는 고난을 통해 안식에 들어갔습니다.

그 다음에, 다섯째로, 천국에서 왕관을 쓰는 사람들은 다 자기의 관이 있는데, 그 면류관이 그들에게 잘 어울립니다. 그들의 성품이 고귀하기 때문입니다. 명예를 사람들에게 공정하게 나눈다면, 지극히 고귀한 자리에 지극히 천한 사람들이 있는 것을 심심치 않게 볼 수 있습니다. 그것이 언제나 이 세상이 안고 있는 어려운 숙제들 가운데 하나입니다. 성경의 지혜자가 이 점에 대해 불평하였습니다. 즉 좋은 말을 타고 가고 주인은 흙탕길을 걸어가며, 세상에서 위대한 영혼들은 누더기를 걸치고 있고, 비천한 사람들은 자주 옷을 걸치고 있습니다. 공로가 있는 사람이 문 앞에 누워 있고 개들이 와서 핥는 일을 당하고, 벌을 받아 마땅한 사람이 매일 호화롭게 먹고 자줏빛 고운 옷을 입고 지냈습니다. 그런데 천국에서는 그렇지 않습니다. 천국에서는 고귀한 자들에게 고귀한 직위가 주어지고, 성품이 강직한 자들에게 의의 보상이 주어집니다. 이것은 우리가 받을 빚이 있어서 된 것이 아니라 은혜로 된 일인데, 마음이 청결한 자는 하나님을 볼 것이고, 그 길을 더럽히지 않은 자들은 복을 상속할 것입니다. 머리에 관을 쓴 영들은 참으로 빛납니다! 왕관이 그들에게 참으로 어울립니다. 그들은 하나님의 보좌 앞에서 흠이 없이 지냅니다. 그들의 성품에 허약함이 없고 그들의 본성에 결함이 없습니다. 여러분이 그들과 천년을 같이 살아도 그들이 무익한 말을 한 마디라도 하는 것을 듣지 못할 것입니다. 여러분이 모든 것을 통찰하는 눈으로 그들의 마음을 조사할지라도 불경건한 생각을 단 하나라도 찾지 못할 것입니다. 그들의 마음은 온전히 성화되어서 부패의 모든 오염에서 해방되어, 이제는 거룩한 성품에서 마치 주님과 같이 되었습니다. 그들 속에 계시는 성령의 활동으로 말미암아 성품이 이같이 영광스럽게 변화된 그들이 면류관을 받는 것은 참으로 마땅한 일입니다.

한 가지 더 말씀드릴 것은, 그들이 그 면류관에 대해서 또 한 가지 권리가 있다는 것입니다. 면류관은 실질적인 소유를 나타내기 때문입니다. 세상에는 통치하는 영토가 채마밭 정도밖에 안 되면서도 스스로를 아주 대단한 인물로 생각하는 하찮은 군주들이 있습니다. 자부심이 강한 사람은 영국 역사에서 최악의 왕인 무지왕(無地王) 존(John Lackland: 12세기 영국의 유명한 사자심왕 리처드 1세의 동생이며 헨리 2세의 막내 아들로 별명인 '땅 없는 사람' lackland는 원래 어렸을 때 봉토를 받지 못하여서 붙었다 ─ 역주)과 같은 사람입니다. 흔히 사람은 소유가 적으면 적을수록 사람이 소유에 대한 집착이 그만큼 더 커지는 법입니다. 그런데 천국에서는 그런 극빈자가 없습니다. 천국에서는 사람들이 지극히 복된 생각들을 풍성히 갖고 있습니다. 천국의 성도들은 면류관이 있고, 거기에 따라 그들의 왕국이 있습니다. 모든 것이 그들의 것입니다. 즉 모든 것이 하나님의 선물입니다. 하나님이 그들의 것이고 그리스도가 그들의 것입니다. 그들은 명예와 존엄으로 옷 입는데, 외적으로만이 아니라 내적으로도 그같이 옷을 입습니다. 그리고 그들에게는 왕위의 직위에 따르는 모든 부수물들이 있습니다. 그러나 사람들이 흔히 이 말을 듣고 생각하듯이, 그것은 꿈 같은 이야기가 아닙니다! 우리가 잠깐 동안 이것을 공상으로 인정하고 따라가 봅시다. 확실히 납득한 신앙은 그 공상이 실제 현실이 되도록 만듭니다. 우리가 예수님을 믿는다면, 여러분과 나는 머지않아 예수님과 함께 앉을 것이고, 거기에서 면류관을 쓸 것입니다! 오늘은 우리가 가난하고 무명의 신분으로 비천한 가운데 있습니다. 우리는 영향력이 없습니다. 그래서 사람들 사이에서 하찮은 존재로 취급받을 수 있고, 아마 그럴 것입니다. 그러나 얼마 있지 않아, 어쩌면 금년이나 심지어 이 달이 다 가기 전에, 우리는 영적으로 머리에 면류관을 쓰게 될 것입니다. 우리는 하나님의 보좌 앞에 영으로 서게 되고, 그 다음에 장차 주님께서 오실 때, 영으로뿐 아니라 몸으로도 죽은 자들 가운데서 일어나 영원히 온전케 되고 하나님 앞에 왕과 제사장이 될 것입니다. 우리가 영원토록 통치하게 될 것이기 때문입니다. 여러분은 이 점을 상상해 볼 수 있습니까? 존 번연은 자비를 웃으면서 잠자고 있는 것으로 묘사합니다. 정말로 이 점을 두고 생각할 때, 사람은 마음의 큰 기쁨 때문에 웃고 싶은 생각이 듭니다. 나는 **면류관**을 쓰게 될 것입니까? 사람들에게 멸시받고 거부당하며 바보 취급을 당하는 사람들이 왕이 될 것입니까? 주님을 위하여 감옥에서 지내게 된 성도들, 이루 말할 수 없이 불명예스러운 이름을 얻게 된 성도들이 왕이 될 것입니까? 천사들은 신하들로 지내지만, 이 변변치 않은 사람들, 곧 부활하고 변화하였지만 여전히 같은 그 사람들이 천국의 궁정에서 영원히 왕으로 거할 것입니까? 그렇게 될 것입니다! 오늘 밤 머리가 아프다면, 곧 그 머리에 면류관을 쓰게 될 일을 생각하고 위로를 받으시기 바랍니다. 하루 종일 여러분을 괴롭히는 걱정거리가 많았다면, 여러분이 머지않아 근심의 파도가 여러분의 평화로운 마음에 결코 미치지 못할 곳에 서게 되리라는 즐거운 생각에서 풍성한 위로를 받기 바랍니다. 천국에는 여러분 외에 아무도 차지할 수 없는 보좌가 있습니다. 천국에는 여러분 외에는 아무도 쓸 수 없는 면류관이 있습니다. 영원한 노래에는 여러분이 아니면 부를 수 없는 부분이 있습니다. 하나님께 드리는 영광 가운데 여러분이 와서 드리지 않으면 부족할 영광이 있습니다. 무한한 위엄과 영광 가운데는 여러분이 서서 비추지 않는다면 결코 빛낼 수 없는 부분이 있습니다! 머지않아 여러분이 천국에 있게 될 것이라는 이 사실을 가지고 서로를 위로하십시오! 하나님께서 은혜로 여러분을 선택하셨기 때문입니다. 여러분이 거듭남으로 인해서 상속의 권리를 받았고, 그리스도와의 연합으로 인해 혼인할 권리를 얻었으며, 전사로서 이길 권리를 받았습니다. 여러분은 성품에 따른 권리들을 얻게 될 것입니다. 여러분의 성품이 머지않아 온전해질 것이기 때문입니다. 여러분에게는 소유의 권리가 있습니다. 하나님께서 면류관과 함께 따라오는 모든 것을 여러분에게 주셨기 때문입니다.

### 2. 둘째로, 이제 우리 주제 가운데
### 좀 더 믿기 쉬운 부분을 다루게 되었습니다.

성도들이 모두 면류관을 받지만, **다 면류관을 보좌 앞에 드립니다.** 그 점은 쉽게 상상해 볼 수 있습니다. 우리 가운데 많은 사람이 주님의 보좌 앞에 서자마자 그런 마음을 품을 것이기 때문입니다. 과연 우리가 그같이 신성한 고지에 이른다면, 우리는 숭배하는 경의를 표할 것입니다. 그리고 어떤 명예라도 받는다면, 우리는 마땅히 모든 명예를 받으셔야 하는 분께 그 명예를 드릴 것입니다. 그러면 그들은 왜 보좌 앞에 면류관을 내려놓습니까? 아주 적절한 답변을 네 가지로 말할 수 있을 것입니다.

첫째는, 엄숙히 경배 드리기 위해서인 것이 분명합니다. 이 성도들은 우리보다 하나님에 대해 더 많은 것을 압니다. 그러므로 그들은 더 경외심으로 충만하고 더 탄복하는 마음에 사로잡혔습니다. 말하자면 하나님의 바깥뜰에서 예배하고 하나님의 위엄과 자비를 멀리서 희미하게 밖에 보지 못하는 우리 수준에서,

현재 하나님을 알고 있는 정도에서 "영광을 우리에게 돌리지 마옵소서 우리에게 돌리지 마옵소서 오직 주는 인자하시고 진실하시므로 주의 이름에만 영광을 돌리소서"(시 115:1)라고 말하지 않을 수 없는 상태로 변하게 될 것입니다. 하나님께서 자신을 더 영광스럽게 나타내시는 경우에, 하나님의 속성을 더 분명하게 보게 되는 경우에, 더 마음이 압도되고 경배하려는 심정이 더 강하게 일어나는 것은 분명한 일입니다. 그러므로 그 영혼은 즉시 자발적으로 드릴 수 있는 모든 경의를 하나님의 보좌 앞에 표시할 것입니다. 내가 생각할 때, 그들은 자기들이 만왕의 왕 앞에서 왕관을 쓰고 같이 앉아 있을 수 없는 것으로 여긴 것 같습니다. 일찍이 가시 면류관을 썼던 머리가 이제는 왕관을 쓰고 있는 것을 볼 때, 확실히 우리는 그런 분 앞에서 그대로 왕관을 쓰고 앉아 있을 수 없을 것입니다. 우리가 어떤 존재이고, 우리 아버지 하나님의 집은 어떤 곳입니까? 하나님은 우리를 위해 할 수 있는 일은 모두 다 하셨습니다. 그렇지만 무한하고 영원하신 하나님에 비할 때, 우리를 위해 죽으신 영원히 찬송받으실 그리스도에 비할 때, 우리가 그 앞에서 얼마나 하찮은 존재가 되겠습니까? 경배할 때는 언제나 주님의 보좌 앞에서 지극히 낮은 우리의 상태를 느끼게 될 것입니다.

둘째로, 성도들은 정말로 겸손한 마음에서 그같이 행한 것이 틀림없습니다. 사람이 하나님을 경배할 때는 언제나 자신에 대해 겸손하게 생각하게 됩니다. 사랑하는 여러분, 이 땅에서 우리는 하나님의 정하신 뜻이 우리의 성향에 어긋날 경우에 하나님의 뜻에 대해 불평하는 때가 있습니다. 우리가 좀 더 겸손하고 자부심이 좀 덜 강하다면, 자신을 전적으로 믿지 않고 무조건 하나님을 신뢰할 것입니다. 우리는 자신의 뜻을 주님의 발 앞에 즉각 내려놓아야 합니다. 이 땅에서 우리는 계시된 하나님의 뜻에 반대하여 자기 견해를 내세웁니다. 자신을 안다면 그렇게 해서는 안 됩니다. 그보다는 우리의 판단을 주님의 보좌 앞에 내려놓아야 합니다. 그러나 저기 하늘에서 그들은 의로운 판단을 하고, 하나님을 알며 하나님의 영광을 볼 때, 자신이 아무것도 아닌 것을 느끼며 주님 발 앞에 엎드립니다. 그러니 자기 뜻을 부인하는 일이야 얼마나 더 쉽게 하겠습니까. 그들은 자기들에게 있는 어떤 명예나 공로도 모두 하나님의 은혜로 얻은 것임을 느끼고, 알며 고백합니다. 따라서 그들은 본래 자기 것이라고 감히 주장할 수 없는 것을 충심으로, 기꺼이 하나님의 은혜에서 온 것으로 인정하지 않을 수 없습니다.

셋째로, 그들이 또 한 가지 이유로 인해서, 즉 깊은 감사 때문에 이렇게 하는 것이 분명합니다. 그들은 자기들이 지금 있는 곳에 있게 된 것에 대해, 자기들이 현재 처해 있는 신분에 대해 하나님께 찬송을 드립니다. 여러분이 보좌 앞에 있는 그들에게 묻는다면, 그들은 자신의 면류관이 하나님의 은혜 덕분일 뿐만 아니라 그 면류관에 박힌 보석들 하나하나도 다 은혜 덕분이라고 말할 것입니다. 그들의 면류관에 있는 별 가운데 주께서 거기에 박아 두시지 않은 것은 하나도 없습니다. 그 관에 박힌 사파이어에서 번쩍이는 빛 가운데 하나님의 주권적인 은혜에서 빛을 받지 않은 것은 아무것도 없습니다. 그러므로 어떻게 그들이 무엇이든 자기 것이라고 주장할 수 있겠습니까? 그들은 감사하는 심정에서 면류관을 본래 그 면류관이 나왔던 곳에 내려놓지 않을 수 없습니다.

넷째로, 그 다음에 무엇보다, 그들은 강한 애정 때문에 그 같은 행동을 합니다. 그들은 주님을 사랑합니다. 주님을 사랑하기 때문에 주께 경배를 드리는 일이라면 무엇이든지 행합니다. 자기 부정은, 우리가 이 땅에서 뜨거운 열심과 사랑의 열정으로 자아를 무시할 뿐만 아니라 태워버리는 은혜에 붙이는 이름입니다. 그와 같은 사람들에 대해 무슨 말을 써야 합당하겠습니까? 더 위대한 표현을 쓴다고 해도 천국에 있는 사람들의 열정을 다 표현할 수 없을 것입니다. 그들은 자기의 가장 값진 소유, 가장 좋은 트로피, 가장 소중한 보물을 주님의 발 앞에 기꺼이 내놓습니다. 그만큼 주님을 사랑합니다. 이 세상에서 우리는 자신을 사랑하고, 또 다른 사람들에 대한 애정을 품으며, 세상적인 대상들에게 마음을 빼앗기기도 합니다. 그러나 천국에서 성도들은 하나님을 끊임없이, 흠 없이, 온전하고 강렬하게 사랑합니다. 그래서 그들은 모든 것을 주님 앞에 내 놓으며, 주님 발 앞에 자기 면류관을 드립니다.

이 성도들이 하는 바를 보면서 우리는 마땅히 해야 할 바를 생각하고, 그 장엄한 집회에 가담하게 될 때 어떤 일을 할지 미리 생각해 봅시다. 나는 의롭게 된 영혼들이라는 보석으로 빛나는 면류관을 갖고 싶습니다. 많은 사람을 의에 돌아오게 하는 자는 영원히 별처럼 빛날 것이기 때문입니다. 그러나 빛나는 면류관을 쓰지 않고 주님 발 앞에 내려놓는 것이, 구원받은 사람이 그로 말미암아 구주께 영예를 드릴 수 있다면, 아주 즐거운 일일 것이라고 생각합니다. 성도들이 면류관을 주님의 머리에 씌워드리려고 하지 않는 것을 볼 것입니다. 그렇게 할 수 없습니다. 우리는 주님의 찬란한 광채에 조금이라도 무엇을 보탤 수 없습니다! 주님은 무한히 영광스러우신 분입니다! 피조물이 없어도, 종들이 없어도, 성도들이 없어도 주님은 영광스러우신 분입니다. 우리는 주님의 영광에 무엇을 더할 수 없습니다. 우리의 면류관을 주님의 발 앞에 내려놓을 뿐입니다. 우리가 왕의 머리에 우리의 관을 씌워드릴 수는 없지만 그분의 발 앞에 드릴 수는 있습니다. 우리가 면류관을 주님의 머리에 씌워드리기 위해서 할 수 있는 대로 빛나는 면류관을 갖기를 소원할 필요는 없을 것입니다. 그리스도의 군사인 여러분, 여러분의 면류관이 귀한 것이 되도록 싸우고 고난을 견디도록 하십시오. 하나님의 종인 여러분, 여러분이 온 마음과 영혼과 힘을 다해 복음을 전할 수 있도록, 여러분의 면류관이 번쩍이는 관이 될 수 있도록 기도하십시오. 장막에 있는 자매 여러분, 전쟁터에 있는 형제 여러분, 하나님을 위해 용감하도록 하십시오. 우리는 어떤 면류관을 받든지 다 같이 주님의 발 앞에 내려놓을 것입니다.

## 3. 이제 우리는 이 단순한 사실들이 가르치는 실제적인 교훈들을 다룰 차례입니다.

처음에 얼핏 보면, 사려 깊은 독자라면 쉽게 떠올릴 단순하고 분명한 사상이 있습니다. 본문을 볼 때, 우리는 자신이 지금 천국으로 가는 길에 있는지 그렇지 않은지 알 수 있습니다. 처음으로 천상의 것들을 배우기 위해 천국에 가는 사람은 없기 때문입니다. 우리는 이 땅에 있을 때 그리스도 학교의 학생이 되어야 합니다. 그렇지 않으면 하늘에 있는 그리스도의 대학에 들어갈 수 없습니다. 여러분과 내가 성도들이 찬송을 부르고 있는 대성당에 들어가서 합창대에 들어가 함께 노래할 수 있게 해달라고 부탁한다면, 그들은 우리가 일찍이 그 곡조를 배웠는지 물을 것이고, 배운 적이 없다면 합창대에 들여보내주지 않을 것입니다. 훈련받지 않은 목소리를 가지고서 하늘의 합창대에 들어갈 것을 기대할 수 없습니다.

형제자매 여러분, 여러분은 구주님의 발 앞에 여러분의 면류관을 드리는 법을 이미 배웠습니까? 여러분은 오랜 세월 동안 신앙을 고백해 왔고, 주일학교 일이나 봉사를 충실히 해왔으며, 지금까지 올곧은 성품을 지닐 수 있었습니까? 그렇게 했다면 어느 정도 여러분에게는 면류관이 있습니다. 여러분은 계속해서 면류관을 주님 발 앞에 내려놓는 습관이 있습니까? 그 점을 말해보겠습니다. 여러분은 스스로 자랑할 만한 것이라고 생각하는 것이 있습니까? 여러분이 스스로

잘했다고 말할 수 있는 선한 일들이 있습니까? 옛적에 바리새인이 그랬듯이 "하
나님이여 내가 다른 사람들과 같지 아니함을 감사하나이다"(눅 18:11) 하고 말
할 수 있습니까? 여러분은 아주 선량하고 부지런하며, 매우 착실하고 끈기가 있
었습니까? 그래서 여러분은 자신의 출중한 봉사에 대한 감사의 표시로 좋은 평
가와 명예를 받을 만하다고 생각하십니까? 교우 여러분, 그렇게 생각하고 계시
다면 나는 여러분이 천국에서 전혀 쓸모없을 노래를 배우고 있는 것이 아닌가
걱정이 됩니다. 과연 "나는 지금까지 잘 해왔다. 나는 신용과 명예를 받을 만하
다"고 자랑스럽게 말할 사람은 아무도 없습니다. 정반대입니다. 우리가 부를 단
한 가지 노래는 "여호와여 영광을 우리에게 돌리지 마옵소서!" 라는 것입니다.
"여호와여 우리에게 돌리지 마옵소서! 우리에게 돌리지 마옵소서!"

　여러분은 이 노래를 배웠습니까? 바로 이것이 여러분이 매일을 살아가는 정
신입니까? 누군가 이렇게 말하는 것이 들리는 것 같습니다. "예, 정말로 그렇게
생각합니다. 나는 자랑할 수 있는 것이 아무것도 없습니다. 나는 면류관을 주님
발 앞에 내려놓는다는 말도 할 수 없습니다. 나한테는 면류관이라는 것이 하나
도 없는 것 같습니다." 그렇지만, 그런 말을 하고 있는 사람이 우리 가운데 어느
누구보다 더 열심히 주님을 섬기고 있는 사람일 경우가 아주 높습니다. 아름다
운 사람일수록 그만큼 더 자신이 아름답지 못하다고 생각하는 것이 하나님 자녀
들의 특징이기 때문입니다. 매우 사랑스러운 사람이면서 자신의 매력을 전혀 알
지 못하는 사람들은 다른 사람들의 사랑스러움은 보면서도 자신의 성품 가운데
는 마음에 드는 것은 하나도 없다고 생각합니다. 자신이 아주 볼품이 없거나 부
족하다고 생각하여 슬퍼하고 한탄하고 있을 때, 그것은 여러분이 스스로 생각하
는 것보다 나은 사람이라는 표지입니다. 하나님께 모든 영광을 돌리며 스스로는
아무 영광도 취하지 않는 사람은 천국에 이르는 길을 가고 있는 중입니다. 바로
그 점에 의해서 여러분 자신을 판단하기를 바랍니다!

　사랑하는 여러분, 다음에 생각해 볼 교훈은 모든 성도의 일치된 행동에 대
한 것입니다. 본문을 보면, 성도들이 모두 자기 면류관을 보좌 앞에 던집니다. 천
국에는 분열된 의견도, 종파도, 파당도 없습니다. 거기에는 분열이라는 것이 없
습니다. 성도들은 모두 완전한 조화와 일치 가운데서 즐겁게 지냅니다. 한 성도
가 행하는 것을 모든 성도가 행합니다. 그들은 한 사람도 예외 없이 자기 면류관
을 보좌 앞에 내려놓습니다. 우리도 이 땅에서 그와 같이 일치된 행동을 실천하

기 시작합시다. 동료 그리스도인 여러분, 우리는 서로를 갈라놓거나 우리를 주님에게서 갈라놓을 것은 모두 제거하도록 합시다. 하늘에는 형제의 면류관을 부러워하여 "아, 나도 저 사람 같이 되어서 저런 면류관을 받았으면 좋겠는데" 라는 말을 하는 장로가 한 사람도 없었습니다. 나는 그들 중 한 사람이 형제의 흠을 찾기 시작하고 "저 사람의 보석이 빛나긴 하지만, 내 것은 그보다 더 특별한 색깔을 띠고 있고 훨씬 더 탁월하다"고 말하는 것을 보지 못합니다. 그들 가운데서는 조금도 불화가 없습니다. 그들은 예수님의 발 앞에 자기 면류관을 던지는 일에 모두 하나같이 일치된 행동을 보였습니다. 모두 일치하여 하나님께 영광을 돌렸습니다. 그때는 우리가 스스로를 축하하거나 다른 그리스도인들을 비난하는 것을 그만둘 시기입니다. 여러분이 비난하는 그 사람이 하나님의 자녀라면, 그를 비난하는 여러분을 오히려 책망할 만한 것이 당신 속에 틀림없이 있을 것입니다. 그래서 여러분이 여러 면에서 그에게 배우는 것이 잘하는 일이 될 것입니다. 형제들 가운데 칭찬할 만한 경쟁이 일어난다면, 경쟁 상대 모두 자기 면류관을 십자가 밑이나 보좌 앞에 드리고, 면류관을 주신 하나님께 모든 것을 돌려드리도록 합시다.

상을 얻은 사람들은 다 같이 주님께 찬양을 돌려드렸습니다. 그 이유가 궁금합니까? 내가 생각할 때, 첫 번째로 그것은 그들의 이해가 똑같이 분명하기 때문입니다. 이 땅에서 우리의 이해는 서로 나뉘어 있습니다. 어떤 사람은 이것을 보지 못하고, 다른 사람은 저것을 보지 못합니다. 결국 진리는 하나뿐이지만 견해들 사이에는 큰 차이가 있습니다. 그 잘못은 우리의 인식에 있는 것이 틀림없습니다. 그리고 분명 그 책임은 우리들 전체에게 있을 수 있습니다. 그럴지라도 우리가 진리에 대해 충실하려면 자신의 신념을 지키든지 아니면 하나님의 계시를 굳게 지켜야 합니다. 우리 모두가 다 옳을 수는 없습니다. 우리가 옳다고 주장하는 것은 소용 없는 일입니다. 어떤 사람이 "당신은 사랑을 위해서 이것을 포기해야 하고 저것을 포기해야 한다"고 말할 때, 그는 우리에게 정직을 희생하고서 자비를 실천해야 한다고 요구하는 것일 뿐입니다. 내가 무슨 권리로 진리를 포기해야 합니까? 진리는 진리입니다. 우리는 진리를 위해 싸워야 하고, 필요하다면 진리를 위해 죽어야 합니다. 타협에 의해서 그리스도인들 사이에 연합을 도모하려고 하는 모든 노력은 지극히 높으신 하나님께 대한 반역입니다. 여러분이 옳고 내가 틀렸다면, 내가 틀렸다고 말하십시오. 혹은 내가 옳고 여러분이 틀렸다면 나는 여러분이 틀렸다고 말할 것입니다. 그렇지만 나는 자비를 어기지 않고, 그것을 소중히 여길 것입니다. 내 반대자가 가난하다면, 나는 그의 신조와 상관없이 그에게 필요한 것을 지원할 것입니다. 그 사람이 유대인이든 로마 가톨릭 교인이든, 그에게 시민으로서 권리를 보호해 주도록 하십시오. 그들이 우리의 선한 활동에서 도움을 받도록 합시다. 그러나 우리는 그들의 악에 대해서는 결코 묵인하지 않도록 합시다. 통일에 이르는 길은 진리를 찾아내고 함께 그 진리를 인정하는 것입니다. 하나님 말씀 앞에 갈 때, 모두 함께 갑시다. 하나님 말씀에 대한 견해를 조정하는 것, 타협하는 것, 부당한 양보, 이 모든 것은 잘못된 일입니다. 그렇게 해서 통일에 이른다면, 그 통일은 분열보다 나쁜 일일 것입니다.

천국에서는 이해가 분명하고 순수합니다. 성도들은 그들의 구원이 은혜에서 나왔음을 알고, 모두 자기 면류관을 예수님의 발 앞에 던집니다. 웨슬리가 그렇게 하고, 토플레디(Augustus Toplady: 국교회의 칼빈주의 복음송 작사가 — 역주)가 그같이 합니다. 육신의 의지를 이야기하는 것 같은 교리를 전파한 아르미니우스주의자들이, "그것은 은혜에서 나왔다. 순전히 은혜에서 나왔다"고 곧잘 말하는 도덕률폐기론자들처럼 기꺼이 자기 면류관을 주님 발 앞에 내놓습니다. 천국에서는 불화가 없습니다. 그들이 완전히 일치되게 보게 되었는데, 이는 그들이 마음이 청결하여 하나님을 볼 수 있게 된 눈으로 보기 때문입니다.

그러나 천국에 이를 때 성도들은 모두 지식에서 뿐 아니라 마음에서도 일치합니다. 그들은 서로 사랑하고 하나님을 사랑합니다. 그들의 모든 애정은 한 채널을 통해서 한 방향으로 흘러갑니다. 그러므로 그들은 한마음이 되어 보좌 앞에 자기 면류관을 드립니다. 형제 여러분, 우리는 판단과 마음에서 굳게 단결하여 통일을 이루도록 합시다. 우리는 한 해 동안에 아주 놀랄 정도로 많은 일을 행하였습니다. 지금까지 그리스도와의 통일에서 우리를 삼겹줄로 단단하게 묶어 주신 성령께서 우리의 생명을 연장해 주시기를 기뻐하신다면, 앞으로도 우리를 그같이 붙들어 주시기를 구합니다. 우리 교회에 언제나 주님의 보좌 앞에 자기 면류관을 드리는 이십 사 장로와 같은 분들이 있기를 바랍니다.

다시 한 번 말하지만, 천국에 있는 이 구속받은 사람들이 우리에게 참된 행복의 길을 가르쳐 줍니다. 그들은 참되고 온전한 복이 무엇인지 보여줍니다. 참된 행복은 이기심에 있지 않다는 것을 봅니다. 그것이 가능하다는 말을 믿지 마십시오. 어떤 사람이 "나는 내 스스로 행복할 것이다"고 말한다면, 그는 스스로 행복을 만들기보다는 망치게 될 것입니다. 그러나 사람이 하나님의 영광을 추구할 때는, 목표를 달성할 때뿐 아니라 추구하는 과정에서도 행복하게 될 것입니다. 여러분은 하루라도 스스로 즐기기 위해 나간 적이 있습니까? 그런 의도를 가지고 밖에 나갔다면, 스스로를 기쁘게 하기가 어렵다는 것을 알았을 것이라고 생각합니다. 그러나 여러분이 나가서 다른 사람들을 즐겁게 하거나 다른 사람들을 도와서 그들을 즐겁게 하였다면, 틀림없이 그 보상으로 기쁨을 톡톡히 누렸을 것입니다. 이 땅에서는 비이기적인 활동에서 오는 것만한 행복이 없습니다. 스스로 여러분의 옷을 벗으십시오. 그러면 여러분은 스스로를 옷 입히게 됩니다. 돈을 내다 버리십시오. 그러면 부자가 됩니다. 나는 지금 영적인 의미로 이 말을 하는 것입니다. 뿔뿔이 흩으십시오. 그러면 모으게 됩니다. 주면 부자가 됩니다. 이것이 어떤 사람들에게는 배우기 어려운 교훈입니다. 그러나 이것이 그리스도께서 우리에게 가르치신 교훈입니다. 주님은 다른 사람들을 구원하셨지만 그 자신은 구원하실 수 없었습니다. 주님은 자신을 제물로 드림으로써 자신과 아버지 하나님을 다 같이 영화롭게 하였습니다.

　다시 말하지만, 행복은 경배하는데 있습니다. 이렇게 복된 영혼들은 하나님을 예배하는 것을 행복으로 알기 때문입니다. 여러분이 지금까지 보낸 날 가운데 가장 행복한 날은 하나님을 가장 잘 예배한 날입니다. 여러분이 아주 많은 일을 행하고 있지만 마음이 하나님에게서 멀리 떨어져 있다면, 여러분의 노동은 지겨운 것이 될 것이고, 마음은 시들고 하나님의 인정이라는 격려를 잃게 될 것입니다. 마리아가 주님의 발 앞에 있을 때 행복하였는데, 이는 마리아가 그 자리에서 주님을 경배하고 있었기 때문입니다. 마리아의 태도를 많이 본받아 하루 종일 하나님을 경배하도록 마음을 쓰십시오. 그것이 천국에 들어가는 길입니다.

　그러나 그때 그들이 행복하였던 것은 단지 자기를 부인하고 경배하고 있었기 때문이 아니라 실제로 행동을 취하였기 때문입니다. 그들은 면류관을 벗어서 보좌 앞에 내려놓았습니다. 이 세상에서 우리의 기쁨은 우리의 원칙을 실제로 실행하는데 있음이 틀림없습니다. 세상에서 가장 훌륭한 신앙이라도 쓰지 않고 있다면 아무 소용이 없을 것입니다. 여러분이 포도송이를 포도즙 짜는 통에 집어넣고서 밟아 실제로 사용될 수 있게 할 때에야 비로소 포도에서 기쁨을 얻을 것입니다. 여러분의 수고와 인내의 면류관뿐 아니라 행하고 고난받을 수 있는 능력도 하나님의 발 앞에 내려놓으십시오. 마음과 지혜와 힘을 다하여서 하나님을 섬기십시오. 거기에 자기 부정과 경배를 더하십시오. 그러면 여러분은 할 수 있는 한 이 땅에서 천국의 기쁨이 어떠한지 미리 맛볼 수 있을 것입니다.

우리 영혼이 우리가 거하게 될 이 복된 곳을 언제나 열망하며, 면류관을 얻기 위해 하나님의 깃발 아래서 싸움으로 믿음의 진실성을 입증할 수 있으면 좋겠습니다. 또 면류관을 받을 권한이 있음을 입증해 주는 경배의 심정을 가지고 삶으로써, 그리고 천국의 경의를 예감하는 일로서 모든 명예와 권능과 복을 주 우리 하나님께 돌림으로써 우리 믿음의 진실성을 입증할 수 있으면 좋겠습니다. 형제자매 여러분, 예배하는 일에 게으르지 않도록 하십시오. 우리가 그렇지 않은가 염려가 됩니다.

영국 국교회(the Church of England)에서 예배의 가장 현저한 요소는 기도인데, 우리는 기도하기보다는 설교를 듣기 위해 모인다는 말을 때로 듣습니다. 이렇게 우리를 비난하는 말에 조금 일리가 있을 수 있습니다. 그 말에 일리가 있다고 할지라도, 그것을 더 이상 진리로 생각지 않기 바랍니다. 나는 설교를 듣는 것이 예배라고 주장합니다. 설교를 실제로 듣는다면, 그것은 예배입니다. 설교가 영혼에 적용된다면, 하나님께서 목사를 통해서 우리 귀와 마음에다 말씀하시는 진리를 듣는 것만큼 우리 전 인격에 고귀한 경배를 일으키는 것은 없습니다. 설교를 듣는 것은 예배의 한 부분이며, 매우 복된 부분입니다. 여러분은 그와 같이 하도록 마음을 쓰시기 바랍니다. 어떤 사람들은 예배당 안에서만 예배하지만, 우리는 어디서든지 예배하고, 예배하면서 생활하고, 경배하면서 살도록 합시다. 설교는 말하자면 경배하는데 오르기 위한 받침대일 뿐임을 기억하시기 바랍니다.

신앙시인 조지 허버트는 "기도가 설교의 목적이라" 고 말합니다. 정말로 그렇습니다. 그런데 기도의 목적은 찬송입니다. 찬송은 모든 기도에서 나오는 결과입니다. 하나님께서 영광을 받으시도록 하는 것이 기도의 목적입니다. 하나님께서 여러분을 도와주셔서 숨쉴 때마다, 모든 행동에서 그렇게 할 수 있게 해주시기를 기도하십시오. 일상적인 활동이 여러분의 거룩하고 제사장적인 생활의 한 부분이 되도록 하십시오. 가정에서, 가게에서, 헛간에서, 들판에서 제사장과 왕으로 행동하십시오. 교우 여러분, 주님께서 여러분에게 복 주시기를 바랍니다.

　　여기 있는 분들 가운데 그리스도를 모르는 분들에 대해서 말씀드립니다. 여러분이 그리스도를 모른 채로 계시거나, 그리스도에 대해 적의를 품고 계시다면, 여러분은 결코 면류관을 받지 못할 것입니다. 주님께서 여러분의 마음을 변화시키고 여러분을 구주님께로 인도하여 주시면 좋겠습니다! 여러분이 주님께서 가시 면류관을 쓰신 것을 보고 그분을 믿었으면 좋겠습니다. 그분을 믿는다면 여러분은 장차 왕관을 쓰게 될 것입니다. 하나님께서 그 관을 여러분에게 주시기를 구합니다. 주님의 이름으로 기도합니다. 아멘!

제
17
장
—

# 영광스러운 어린 양

—

"내가 또 보니 보좌와 네 생물과 장로들 사이에 한 어린 양
이 서 있는데 일찍이 죽임을 당한 것 같더라 그에게 일곱 뿔
과 일곱 눈이 있으니 이 눈들은 온 땅에 보내심을 받은 하나
님의 일곱 영이더라 그 어린 양이 나아와서 보좌에 앉으신
이의 오른손에서 두루마리를 취하시니라." ─ 계 5:6-7

사도 요한은 주 예수님을 오래 전부터 어린 양으로 알아왔습니다. 세례자
요한이 예수님을 가리켜 "보라 세상 죄를 지고 가는 하나님의 어린 양이로다"(요
1:29)고 말하였을 때가 사도 요한이 처음으로 예수님을 그렇게 안 때였습니다.
사도 요한은 이 복되신 분과 아주 친해졌고, 종종 머리를 주님의 품에 기대며, 구
주의 이같이 부드럽고 선량하심을 볼 때 주께서 본성이 양처럼 유순하다고 느꼈
습니다. 요한은 주께서 "어린 양으로서 도수장으로 끌려가는"(사 53:7) 것을 보았
습니다. 그래서 그리스도 예수께서 하나님의 어린 양이라는 개념이 그의 마음에
지울 수 없이 새겨졌습니다. 요한은 예수께서 아침에 드리는 어린 양과 저녁에
드리는 어린 양, 그 피로 이스라엘을 죽음에서 구속한 유월절 어린 양으로 표현
되는, 하나님의 정하신 제물이라는 것을 알았습니다. 예수의 사랑하시는 이 제
자는 인생의 마지막 날에, 어린 양으로 비유된 이 그리스도께서 비밀들을 알리
는 대 계시자요, 하나님의 마음을 풀어 설명하시는 분이요, 봉인된 책을 취하는
자요, 사람들에 대한 하나님의 신비한 뜻을 감추어 둔 봉인을 푸는 자이심을 보

게 되었습니다. 나는 우리가 이 세상에서는 죄를 지고 가는 어린 양을 항상 분명하게 볼 수 있고, 그 다음에 저 영광의 세계에서는 예수께서 보좌 가운데 계시고, 살아 있는 피조물들과 장로들 가운데 계시는 것을 보게 되기를 기도합니다.

특별한 순간에 요한이 묘사하는 이 어린 양의 모습은 매우 어울렸습니다. 우리 주님은 보통 다른 모든 소망이 사라질 때 나타나십니다. 분노의 포도즙 틀에 관해서 주님은 이렇게 말씀하십니다. "만민 가운데 나와 함께 한 자가 없이 내가 홀로 포도즙 틀을 밟았노라"(사 63:3). 본문의 경우에 강한 천사는 큰 소리로 이렇게 외쳤습니다. "누가 그 두루마리를 펴며 그 인을 떼기에 합당하냐?" 그 소리에 대해 하늘에도 땅에도 음부에서도 대답이 없었습니다. 아무도 그 책을 펼 수 없었고, 그 안을 들여다볼 수 없었습니다. 일찍이 죽임을 당한 중보자께서 하나님의 손에서 받아 사람들에게 펴 보여주시지 않으면, 하나님의 명령은 영원히 봉인되어 신비 가운데 있을 수밖에 없습니다. 아무도 그렇게 할 수 없자, 요한이 많이 울었습니다. 그 중대한 순간에 어린 양이 나타나셨습니다. 거장 주석가 트랩(Old Master Trapp)은 "그리스도는 필사적인 노력을 요구하는 일에 능숙하시다"고 말하는데, 실제로 그렇습니다. 다른 모든 곳에서는 철저히 실패밖에 없을 때, 주님에게서 도움을 찾을 수 있습니다. 죄를 짊어질 또 다른 사람을 찾을 수 있었다면, 아버지 하나님께서 그의 독생자를 죽도록 내주셨겠습니까? 하나님의 비밀한 계획을 펼쳐 보일 수 있는 다른 어떤 사람이 있었다면, 천사가 누가 인을 떼기에 합당하냐고 외쳤을 때 그 사람이 나타나지 않았겠습니까? 그러나 세상 죄를 없이하기 위해 오신 분이 이제는 영원한 목적을 묶어두고 있는 인을 떼기 위해 오십니다. 하나님의 어린 양이시여, 주는 다른 아무도 감히 해볼 엄두도 갖지 못하는 일을 행하실 수 있습니다! 다른 아무도 찾을 수 없는 때에 주님은 나오십니다. 다음에 여러분이 곤경에 처하게 될 때, 아무도 위로하지 못하고 아무도 구원할 수 없을 때, 항상 긍휼을 베푸시는 하나님의 어린 양이 여러분을 위하여 나타나실 것을 기대할 수 있다는 점을 기억하시기 바랍니다.

어린 양이 나타나시기 전에, 보좌에 앉으신 이의 손에 있는 책을 보기에 합당한 자를 아무도 찾을 수 없자 요한이 크게 울었습니다. 우는 눈으로 볼 때 하나님의 어린 양은 가장 잘 볼 수 있습니다. 대속의 교리를 아주 경시하는 이 시대의 어떤 목사들이 통회하는 마음을 좀 더 알았더라면 달리 생각했을 것입니다. 회개의 눈물로 씻은 눈은 우리의 죄를 짊어지고 가는 성육신하신 하나님으로부터 비치는 복된 진리들을 가장 잘 볼 수 있습니다. 값없는 은혜와 대속의 사랑은, 시온에서 슬퍼하는 자들이 그 가치를 가장 잘 압니다. 눈물이 눈에 좋다면, 주님께서 우리를 우는 자로 보내시기를 구합니다. "눈물을 흘리는 십자가를 의지하지 않고는 천국에 이를 수 없다"는 오래된 속담을 들은 적이 있습니다. 눈물을 흘린 눈이 아니고서는 천국과 거룩하신 자를 보지도 못할 것입니다. 우는 것은 사람으로 하여금, 무슨 희망이 조금이라도 있으면 금방 알아차리게 합니다. 사람이 울게 되면 모든 거짓된 확신은 희미하게 보게 되고, 아무리 약하더라도 신적 계시의 빛은 아주 민감하게 보게 됩니다. "그들이 주를 앙망하고 광채를 내었으니 그들의 얼굴은 부끄럽지 아니하리로다"(시 34:5). 자신과 다른 사람들의 곤경에 대해서 우는 것만큼, 영원의 문제에 대해서도 깊이 마음을 쓴 사람들이 하나님의 어린 양에게서 바라던 답을 가장 먼저 볼 것입니다.

여러분은 이 경우에서도 사람의 수단이 허용되었음을 봅니다. "장로 중의 한 사람이 내게 말하되 울지 말라 하더라"고 기록되어 있기 때문입니다. 사도 요한은 장로보다 큰 사람이었습니다. 하나님의 교회에서 여인에게서 난 사람들 가운데 주님의 품에 머리를 기댈 수 있었던 요한보다 앞서는 사람은 없습니다. 그런데 교회의 장로에 지나지 않는 사람이 주께 사랑받는 이 사도를 꾸짖고 가르칩니다! 장로는 유다 지파의 사자가 이겨서 그 책을 펼 수 있고 그 책의 일곱 인을 뗄 수 있다는 소식으로 사도 요한을 격려합니다. 하나님의 교회에서는 가장 큰 자가 가장 작은 자에게 은혜를 입을 수 있습니다. 설교자가 초신자에게 배울 수 있고 장로가 어린아이에게 배울 수 있습니다. 우리가 언제든지 누구에게서도 기꺼이 배우려고 한다면, 지극히 비천한 자에게서도 기꺼이 배우려고 한다면 좋겠습니다! 우는 것으로 표현되는 부드러운 마음을 가지고 있다면, 확실히 우리는 가르칠 수 있는 사람이 될 것입니다. 이같이 우는 것은, 우리 영혼을 진리의 손가락이 그 교훈을 쉽게 쓸 수 있는 밀랍 판처럼 만들 것입니다. 하나님께서 우리 마음을 이렇게 준비시켜 주시기를 바랍니다!

주께서 우리가 온순한 정신으로 본문을 대하며, 우리의 눈을 열어 요한과 함께 보고 배울 수 있게 해주시기를 구합니다! 우리가 그 이상에 대한 기록을 가지고 있다는 것은 작은 은총이 아닙니다. 이것은 주님께서 우리도 그 이상을 보게 하시려는 뜻이 아니겠습니까? 그 이상은 어린 양에 대한 것입니다. 즉 하나님의 비밀한 목적들을 담고 있는 책을 펼치고, 그 책의 인을 뗄 어린 양에 대한 이상입니다. 이 구절이 교훈하는 바는, 희생 제물이신 주 예수님이 천상의 세계에서 가장 뛰어난 분이시라는 것입니다. 주님의 대속은 일시적으로 한 번 다루고 제쳐두는 것이 아니라, 계속해서 우주적인 경이와 경배의 대상으로 남아 있습니다. 세상 죄를 지고 가기 위해 어린 양이 되신 주님은 수욕을 받는 것을 부끄러워하지 않고, 경배하는 많은 무리에게 자신의 수욕을 여전히 보이십니다. 그리고 바로 그런 이유 때문에 주님이 많은 무리의 열광적인 예배의 대상이 되십니다. 성도들이 보좌에 앉아 계시는 주님을 예배할 때에조차도 어린 양으로서 주님을 예배합니다. 성도들은 어린 양이 죽임을 당하셨고 그의 피로 자기 백성을 구속하셨기 때문에, "어린 양이 합당하다"고 말합니다. 어린 양의 속죄하는 제사가, 성도들이 지극히 깊은 공경과 지극히 높은 경배를 드리게 되는 가장 큰 이유입니다. 예수님의 삶만을 전하고 그의 죽으심을 강조해서는 안 된다고 말하는 사람들이 있습니다. 우리는 그들의 신앙을 따르지 않습니다. 나는 예수 그리스도를 전할 때 속죄제사로서 그리스도의 죽으심을 전하기를 부끄러워하지 않습니다. 오히려 "내게는 우리 주 예수 그리스도의 십자가 외에 결코 자랑할 것이 없다"(갈 6:14)고 담대하게 말할 수 있습니다. 우리는 속죄의 교리가 믿음의 부차적인 조항인 것처럼 어두운 가운데 버려둘 수 있는 것으로 생각하지 않습니다. 그보다 우리는 속죄의 교리가 영감된 가장 중요한 교훈이고, 신자에게 위로를 주는 가장 중요한 원천이며 하나님의 영광을 드러내는 가장 높은 산이라고 주장합니다. 주님의 희생적 성격이 천국에서 가장 두드러지게 나타나므로, 사람들 사이에서도 그 주제를 가장 분명하게 드러내야 합니다. 예수님을 죄를 짊어지신 분으로 선포해야 합니다. 그러면 사람들이 믿고 살 것입니다. 성령 하나님께서 오늘 아침 우리가 그렇게 할 수 있게 해주시기를 바랍니다!

### 1. 천국에서 예수님은 희생 제물로 나타나십니다.

　나는 여러분이 **주님의 이 성격이 다른 특징적인 점들에 의해 두드러지게 된다**는 점을 살펴보시기 바랍니다. 희생 제물로서 주님의 영광은 주님의 다른 모든 성격 때문에 줄어들지 않고 오히려 강화됩니다. 주님의 속성과 성취, 직무가 지닌 영광이 희생 제물로서 주님의 성격에서 집중적으로 나타납니다. 그리고 이 모든 것이 하나로 결합되어 아주 놀랍고 사랑스러운 주제를 이룹니다.

　우리는 본문에서 예수께서 유다 지파의 사자라는 것을 봅니다. 이 호칭에 의해서 왕으로서 직분의 위엄과, 주로서 신분의 존엄이 나타납니다. 사자는 싸움에 능숙합니다. 그래서 "여호와는 용사시니 여호와는 그의 이름이시로다"(출 15:3). 사자처럼 예수님은 용감합니다. 예수님이 양처럼 온순하시지만 소심하지 않습니다. 그는 사자처럼 무섭습니다. 그러니 "누가 그를 범할 수 있겠습니까?"(창 49:9). 누구든지 그와 싸운다면 조심하십시오. 주님은 용감하실 뿐 아니라 힘이 강해서 아무도 힘으로는 그를 당할 수 없기 때문입니다. 주님은 사자의 마음과 사자의 힘을 가지고 있습니다. 주님은 와서 이기고 또 이기려 하십니다. 이 사실을 생각할 때, 주께서 어린 양이 되셔야 한다는 것, 곧 "적 앞에 비천한 사람처럼, 지치고 고난이 가득한 사람" 처럼 되어야 한다는 것이 더욱더 놀라운 일입니다. 이러한 주께서 십자가의 수욕을 받고 군사들에게 가시 면류관을 쓰고 조롱을 당하며 비천한 사람들에게 침 뱉음을 당하신다는 것이 놀라운 일입니다. 유다의 사자, 다윗 왕가의 뿌리가 도수장에 끌려가는 어린 양같이 된다는 것은 참으로 놀랍고도 놀라운 일입니다!

그 다음에, 예수께서 용사이신 것이 분명히 나타납니다. "유대 지파의 사자가 이겼으니." 거룩함에서 뿐만 아니라 용맹에 있어서도 합당함이 필요하였습니다. 십자군의 전설로 기억되는 한 사람이 있습니다. 멋진 성과 토지가 합법적인 상속자를 기다리고 있었습니다. 그가, 오직 그만이 성문에 걸려 있는 나팔을 불 수 있었습니다. 그 나팔을 불 수 있는 사람은 전투에서 무수한 이교도들을 죽이고 피 흘리는 많은 싸움에서 승리하고 고향으로 돌아온 사람이 될 것이었습니다. 그와 같이, 영원하신 하나님의 손에서 그 비밀의 두루마리를 가져오기에 합당한 용맹과 명성을 가진 사람이 땅에서도 하늘에서도 없었습니다. 우리의 용사는 그에 합당한 분이었습니다. 주께서 이제까지 얼마나 치열한 싸움을 싸우셨습니까! 주께서 이제까지 얼마나 용맹한 위업을 달성하셨습니까! 주님은 죄를 뒤집어엎으셨습니다. 광야에서 흑암의 임금을 정면으로 대하여 이기셨습니다. 주님은 사망을 정복하고 그 사자를 굴에 가두셨습니다. 주님은 무덤으로 내려가 문빗장을 산산이 깨트리셨습니다. 이와 같이 주님은 용맹함을 보이는 점에서 합당한 분이었습니다. 그처럼 용맹하므로, 먼 나라에서 돌아와 아버지의 영광스러운 아들로서, 천국의 영웅으로서 인정받고, 책을 취하여 그 인을 떼기에 합당하신 분이었습니다. 그 승리가 찬란하다고 해서, 우리가 어린 양이신 주님을 보는 기쁨이 줄어들지 않습니다. 오히려 반대입니다. 주께서 어린 양으로서 온유함과 고난과 희생을 통하여 이러한 승리를 거두셨기 때문입니다. 주님은 우리가 전에는 알지 못했던 온유함과 인내로써 전쟁에서 승리하셨습니다. 주님이 정복자이시라는 것을 알면 알수록, 주께서 고난과 죽음으로써 이기신다는 사실에 그만큼 더 놀라게 됩니다. 사랑하는 여러분, 주님에 대한 낮은 생각들을 결코 용납하지 마십시오. 동정녀 마리아가 "내 영혼이 주를 찬양하며"(눅 1:46)라고 말했던 것처럼 주님을 더욱더 높게 생각하십시오. 주님에 대한 생각을 더욱더 크게 가지십시오. 여러분의 구주 하나님을 위대하게 생각하고, 그 공경하는 마음에, 여전히 주님께서 일찍이 죽임을 당한 어린 양과 같으시다는 생각을 더하십시오. 주님의 용맹과 사자 같은 특성들은, 우리의 구속을 위한 어린 양으로 계시는 주님의 온유하고 낮고 겸손한 관계를 더욱더 생생하게 돋보이게 할 뿐입니다.

이 놀라운 이상에서 우리는 예수님이 하나님의 친구이심을 봅니다. 불타는 보좌 앞으로 주저 없이 나가 보좌에 앉으신 분의 오른손에서 그 책을 취한 분이 바로 주님이셨습니다. 주님은 천국에서 편하게 지내셨습니다. 주님은 하나님과 동등하게 지내시는 것을 강탈로 생각하지 않으셨습니다. 주님은 "진실로 하나님"이셨습니다. 주님은 전능하신 여호와 하나님께 드리는 것과 동등한 명예로 칭송을 받으십니다. 주님은 보좌 앞에 나가시고, 책을 취하며, 여호와와 대화를 나누십니다. 주님은 사랑에서 나오는 하나님의 요구를 받고 영광스러운 아버지 하나님의 비밀한 계획들을 털어놓으십니다. 천국에서 주님은 무한한 영광에 가까이 가는 것이 전혀 해가 되지 않습니다. 그 영광이 곧 자신의 영광이기 때문입니다. 자, 이같이 하나님과 친밀하게 지내며, 또한 우리를 대신하여 죄의 형벌을 지신 분이 바로 주님이십니다. 지극히 큰 자보다 크고, 지극히 높은 자보다 높은 주께서, 주님으로 말미암아 하나님께 오는 자들을 온전히 구원하시기 위해 지극히 비천한 자보다 더 비천하게 되셨습니다. 만물의 주이신 예수께서 몸을 구부려 모든 죄의 짐을 지셨습니다. 땅에 엎드려 어린 양을 예배하십시오. 주께서 죽음에 복종하셨지만 주님은 만물 위에 계시는 하나님이시요, 영원히 찬송 받으실 하나님의 사랑하시는 자이기 때문입니다.

이뿐 아니라 우리는 예수께서 하나님의 선지자이신 것을 봅니다. 주님은 일곱 눈으로 만물을 보고 모든 신비를 꿰뚫어 알 수 있는 분이었습니다. 주님은 일곱 인을 떼고, 그 두루마리의 부분들을 하나씩 펼치되, 단지 그 내용들을 읽기 위해서만이 아니라 그 내용들이 실제로 이루어질 수 있도록 하기 위해 펼치신 분입니다. 그런데 그분은 우리를 위해 대속물이 되셨던 주님이십니다. 예수께서 모든 것을 명백히 밝히십니다. 이 어린 양이 모든 비밀을 푸는 열쇠입니다. 주님은 자신의 고난을 미리 내다보셨습니다. 고난이 주님께 갑작스럽게 닥친 것이 아니었습니다.

> "구주께서 죄사함의 대가가 자신의 피라는 것을 아셨을 때에도
> 주께서 결코 동정을 거두지 않으셨으니
> 이것은 참으로 하나님 같은 긍휼이었습니다."

그때 주님께서 우리의 무가치함이나 우리 마음의 반역을 모르지 않으셨기 때문에 그렇습니다. 주님은 우리에 관해 모든 것을 아십니다. 우리가 주님께 얼마나 큰 희생을 치르게 할지 아시고, 우리가 주님께 어떻게 악하게 보답해 왔는지도 아십니다. 하나님에 대해서나 사람에 대해서 모든 것을 다 알고서도, 주님은 우리를 형제라 부르기를 부끄러워하지 않으십니다. 주께서 우리의 희생 제물이고 대속물이라는, 지극히 단순하지만 우리에게는 지극히 소망스러운 이 진리를 주님은 물리치지 않으십니다. "지극히 높으신 이의 영원한 뜻을 밝히시는 분은 세상 죄를 지고 가시는 하나님의 어린 양입니다."

우리 주님은 언제나 주와 하나님으로 인정받으셨고, 또 인정받고 계십니다. 모든 교회가 참으로 주님을 예배합니다. 무수한 천사들이 큰 소리로 주님을 찬송합니다. 모든 피조물이, 곧 하늘에 있는 것들과 땅에 있는 것들과 땅 아래 있는 것들이 주님께 절을 합니다. 여러분이 주님을 만왕의 왕이요 만주의 주라고 부를 때, 그 호칭들이 높지만 주님의 영광과 위엄에는 미치지 못합니다. 우리가 허다한 사람들과 함께 서서 다 같이 많은 물소리 같고 큰 우렛소리 같은 목소리로 주님을 힘껏 찬양할지라도, 우리의 드리는 지극히 높은 명예도 주님의 영광스럽기 이를 데 없는 보좌의 제일 밑 계단에도 미치지 못할 것입니다. 그러나 하나님의 영광 가운데 계시면서도 주님은 일찍이 죽임을 당하신 어린 양으로 나타나기를 부끄럽게 생각하지 않으십니다. 이것은 여전히 주께서 정하신 성격입니다. 어떤 위대한 용사의 이야기를 들은 적이 있습니다. 그는 자신의 가장 유명한 승리를 기념하는 날에는 언제나 그 전투에서 싸울 때 입었던, 총에 맞은 흔적이 그대로 있는 외투를 입곤 하였다는 것입니다. 나는 굳이 그 옷을 택해서 입은 그의

심정을 이해합니다. 주께서는 우리 적을 쓰러트릴 때 입었던 육신의 몸을 여전히 입고 계시는데, 오늘도 입고, 매일 입으십니다. 그리고 죽음으로써 마귀를 이기셨으므로 불과 얼마 전에 죽으셨던 분의 모습으로 나타나십니다. 주님은 언제나 그리고 영원히 어린 양이십니다. 마지막 날 주님을 볼 때 여러분은 요한이 말했듯이 말할 것입니다. "내가 또 보니 보좌와 네 생물과 장로들 사이에 한 어린 양이 서 있는데 일찍이 죽임을 당한 것 같더라."

　　주님의 이 열정을 여러분의 마음 판에 새기십시오. 그리고 아무도 그 보배로운 기억을 지우지 못하도록 하십시오. 주님을 생각할 때는 주로 죄를 위한 희생 제물이신 주님을 생각하십시오. 여러분 마음속에 주님의 구속을 심어두고, 그 구속이 여러분의 모든 생각과 믿음에 물들이고 색깔을 입히게 하십시오. 여러분 대신에 피 흘리고 죽으시는 예수께서 여러분 하늘에 태양이 되게 하십시오.

## 2. 둘째로, 예수께서 이 모습으로 모든 것의 중심이 되신다는 점을 살펴봅시다.

　　"보좌와 네 생물과 장로들 사이에 한 어린 양이 서 있는데 일찍이 죽임을 당한 것 같더라." 이 어린 양이 하늘의 교제를 이루는 놀라운 집단의 중심에 있습니다.

　　하나의 관점으로서 주님으로부터 볼 때 모든 것을 제대로 볼 수 있습니다. 행성들 중의 하나인 이 지구에서 행성들을 볼 때는, 행성들의 움직임, 곧 전진하는지 후퇴하는지 아니면 그대로 정지해 있는지를 파악하기가 어렵습니다. 그러나 태양에 있는 천사는 모든 행성들이 제 궤도를 따라 진행하고 천체 중심의 둘레를 돌고 있는 것을 봅니다. 여러분이 이 땅에서 좋아하는 곳에 그리고 사람들의 견해 속에 서 있으면, 예수님을 중심으로 모시고 보기 전에는 모든 사물을 바르게 볼 수도, 이해할 수도 없습니다. 사람의 죄를 위해 죽으신 성육신하신 하나님을 아는 사람은 진리의 중심에 서 있는 것입니다. 그러면 그 사람은 하나님을 하나님으로 바르게 보고, 사람을 사람으로 바르게 보며, 천사나 잃어버린 영혼이나 구원받은 사람을 다 제대로 봅니다. 주님을 알도록 하십시오. 주님을 아는 것이 영생입니다. 주님을 알면 여러분은 만물을 바르게 판단할 유리한 위치에 있게 됩니다. 예수 그리스도를 속죄 제물로 믿는 확고하고 온전한 믿음으로만 만물에 대한 적절한 태도와 관계를 가질 수 있습니다.

> "사람의 몸을 입으신 하나님을 보기 전까지
> 내 생각은 위안거리를 찾지 못하고
> 거룩하고 의롭고 신성한 삼위 하나님은
> 내게 두려운 존재이시네.
>
> 그러나 임마누엘의 얼굴이 나타나면
> 비로소 내 소망과 기쁨이 시작되며
> 주님의 사랑은 나의 노예적인 두려움을 물리치며
> 주님의 은혜가 내 죄를 제거하네."

그리스도 안에 있을 때 여러분은 과거, 현재, 미래를 아는 바른 위치에 있습니다. 일단 여러분이 예수님과 함께 있으면 영원의 깊은 비밀들과, 심지어 하나님의 비밀조차도 여러분의 것이 됩니다. 이 사실을 생각하고 하나님의 어린 양을 여러분 사고의 중심으로 삼으십시오. 여러분 영혼의 정수요, 여러분 마음의 생명으로 삼으십시오.

어린 양이 한가운데 있다는 것은 또한 그리스도 안에서 모든 성도가 하나로 합쳐진다는 것을 나타냅니다. 조심스럽지만 또한 담대하게 그리스도께서 모든 존재의 총합이라고 말하고 싶습니다. 여러분이 하나님을 찾습니까? 그리스도에게 있습니다. 여러분이 사람을 찾습니까? 그리스도에게 있습니다. 영적인 사람이 되기를 바라십니까? 육신을 입으신 그리스도의 영에서 볼 수 있습니다. 물질적인 것을 보기 원하십니까? 그리스도의 몸에서 볼 수 있습니다. 말하자면 우리 주님은 모든 사물의 끝을 모아서 하나로 묶으셨습니다. 여러분은 하나님이 어떤 분이신지 생각할 수 없습니다. 그런데 그리스도께서 바로 하나님이십니다. 여러분이, 많은 사람들이 영혼을 끌고 들어가는 맷돌로 보는 물질주의를 가지고 씨름한다면, 예수 안에서 여러분은 신성과 연합되는 세련되고 숭고한 물질주의를 찾도록 하십시오. 여러분은 하나님을 만나고 싶습니까? 그리스도에게 가십시오. 모든 신자들과 교제를 갖고 싶습니까? 그리스도에게 가십시오. 하나님께서 지으신 모든 것을 향한 사랑을 느끼고 싶습니까? 그리스도에게 가십시오. "만물이 주에게서 나오고 주로 말미암고 주에게로 돌아가기"(롬 11:36) 때문입니다. 이처럼 놀라우신 주님이 우리 하나님이십니다! 이 어린 양은 참으로 영광스러운 분이십니다. 이 모든 사실이 오직 어린 양으로서 주님께 적용되기 때문입니다. 주님을 하나님으로만 보면, 사람과 접촉하는 점이 없습니다. 주님을 사람으로만 보면, 주님은 그 중심에서 아주 멀리 떨어지게 됩니다. 주님을 사람이시자 하나님으로, 하나님의 어린 양으로 보십시오. 그러면 여러분은 그리스도 안에서 만물의 휴식처를 발견하게 됩니다.

만유의 중심에 계시므로 모든 성도가 그리스도를 바라봅니다. 여호와 하나님께서 그의 독생자를 어떻게 보시는지 잠깐 생각해 볼 수 있습니까? 여호와께서 예수님을 보실 때, 이루 말로 다할 수 없는 기쁨으로 보십니다. 하나님은 "이는 내 사랑하는 아들이요 내 기뻐하는 자라 하시니라"(마 3:17)고 말씀하십니다. 예수께서 겪으신 수난과 예루살렘에서 이루신 죽음을 생각하실 때, 하나님의 무한한 마음은 그의 가장 사랑하시는 자에게로 강하고 높게 쏠립니다. 하나님은 다른 어디에서도 안식을 얻지 못하고 오직 그의 아들 안에서 안식을 누리십니다. 하나님의 기쁨은 예수님에게 있습니다. 정말로 하나님은 예수님을 몹시 기뻐하시며, 예수님을 인해서 그의 백성을 기뻐하십니다. 아버지 하나님께서 언제나 예수님을 보시듯이, 신적 생명을 누리는 교회와 사람의 생명 가운데 있는 교회를 나타내는 네 생물들과 이십 사 장로들도 언제나 예수님을 바라봅니다. 예수님의 피로 씻음을 받은 모든 성도는 영구히 예수님의 아름다움을 묵상합니다. 성도들을 구속하신, 경배할 만한 주님과 비교할 만한 자가 천국에 있겠습니까? 모든 천사도 예수님 쪽을 바라보며 황공한 명령을 기다립니다. 천사들은 그리스도께서 자기 백성을 섬기라고 보내시는 주님의 부리는 영들이 아닙니까? 모든 자연의 세력들이 예수님의 명령을 기다리고 있습니다. 모든 섭리의 권능들이 주님께 지시를 기다립니다. 예수님은 모든 시선의 초점이시고, 온 천국에서 바라보는 중심이십니다. 바로 이분이 "어린 양" 이시라는 사실을 기억하십시오. 위에 있는 영광의 나라에서 예수님은 주로 왕이나 선지자로서가 아니라 현저하게 "어린 양" 으로서 모든 공경과 사랑과 사고의 중심에 계십니다.

다시 한 번 말하지만, 어린 양이 그 중심에 계십니다. 그래서 마치 왕을 둘러싼 호위대처럼 만물이 어린 양 주위에 모입니다. 아버지 하나님께서 행동하시는 것은 바로 어린 양을 위해서입니다. 아버지께서 그의 아들을 영화롭게 하시고, 성령께서도 그리스도를 영화롭게 하십니다. 하나님의 모든 목적이 그 길을 향하여 달려갑니다. 하나님의 활동의 주 목적은 예수님을 많은 형들 가운데 맏아들로 세우시는 것입니다. 창조주께서 은혜의 그릇들을 지으실 때 따르는 모범이 바로 이분이십니다. 하나님은 예수님을 알파와 오메가, 처음이자 마지막으로 삼으셨습니다. 하나님이 정하신 모든 사물이 그 중심인 그리스도를 위하여 움직입니다. 그래서 구속받은 모든 자들과 모든 천사들이 주님의 영광을 높이고 주님을 찬송하면서 주님을 기다립니다. 예수님을 좀 더 높이는데 기여할 어떤 것이 천상의 존재들의 마음에 떠오를 수 있다면, 그것을 온 우주에 속히 보내어 실행하는 것이 그들의 기쁨이 될 것입니다. 예수께서 가운데 장막에 왕으로 거하시는데, 이 왕께서 천상의 무수한 무리들 가운데 거하신다는 사실이 무리의 기쁨입니다.

사랑하는 여러분, 이 말이 맞다고 생각하십니까? 예수께서 온 천상의 가족의 중심이십니까? 주님을 우리 교회 생활의 중심으로 삼으시겠습니까? 우리는 주님을 가장 중요하게, 곧 바울과 아볼로보다 혹은 게바나 우리를 분열시킬 어떤 파당의 지도자들보다 훨씬 더 중요하게 생각할 마음이 있습니까? 그리스도는 중심이십니다. 이런 교리나 저런 규례가 중심이 아니라 오직 그리스도만이 중심이십니다. 우리가 언제나 주님을 기뻐하고, 어떻게 하면 주님의 영광스러운 이름을 찬미할 수 있을지 생각해야 하지 않겠습니까? 또한 주님을 우리 사역의 중심으로 삼아야 하지 않겠습니까? 우리가 그리스도 외에 무엇을 전파할 수 있겠습니까! 그리스도를 내게서 빼앗아가면 나는 망합니다. 나는 이 오랜 세월 동안 이 귀한 이름 외에 다른 어떤 것도 전하지 않았습니다. 그 이름이 더럽혀진다면, 내 모든 영적인 자산은 사라지고 맙니다. 그러면 나는 굶주린 자에게 줄 빵이 없고 기력이 쇠약한 자에게 줄 물이 없게 됩니다. 이 모든 세월이 지난 후 내 설교는 오직 사랑만을 울려내는 아나크레온(Anacreon)의 하프처럼 되어버렸습니다. 아나크레온은 아트레우스(Atreus)와 카드모스(Cadmos)의 노래를 부르고 싶었지만 그의 하프는 오직 사랑만을 울려냈습니다. 내 목회 사역이 그와 같습니다. 나는 그리스도, 오직 그리스도만을 전하는 것이 편합니다. 진보적인 신학이 있습니다! 내 영혼의 현은 그 신학에 닿아서는 아무 소리도 내지 않을 것입니다. 신(新)신학! 진화론! 현대 사상! 내 영혼의 하프는 이 이상한 손가락들이 닿을 때는 전혀 소리를 내지 않습니다. 그러나 그리스도, 오직 그리스도에 대해서만은

낼 수 있는 모든 소리를 다하여 화답합니다. 사랑하는 여러분, 여러분도 그렇습니까? 여러분의 자녀를 가르치는 일에서, 가정생활에서, 세상을 대하는 일에서 예수께서 여러분의 목표와 노동의 중심에 계십니까? 그리스도의 사랑이 여러분의 마음을 채우고 있습니까? 옛날 나폴레옹 시절에, 한 병사가 총에 맞았습니다. 그래서 의사가 총알을 찾기 위해 살을 깊이 파헤쳤습니다. 그 병사가 소리쳤습니다. "의사 양반, 도대체 무슨 일을 하고 있는 거요? 조금 더 깊이 들어가 보세요. 그러면 황제를 만날 것입니다." 그 병사의 심장에 나폴레옹 황제가 있었던 것입니다. 정말로 사람들이 우리 생활을 깊이 들여다본다면, 그리스도를 발견할 것입니다. 메리 여왕은 죽을 때 사람들이 자기 심장을 보면 거기에 칼레(Calais: 메리 여왕은 프랑스와 에스파냐 간 전쟁에 휘말려 프랑스에 패하는 바람에 대륙에 가지고 있던 영토인 칼레를 영원히 상실하게 되었다 – 역주)라는 이름이 새겨져 있는 것을 보게 될 것이라고 말했습니다. 이는 여왕이 프랑스에 가지고 있던 잉글랜드의 마지막 영토를 잃어버린 것에 대해 몹시 슬퍼하였기 때문입니다. 우리는 우리의 칼레를 잃어버리지 않았고 여전히 우리 보물을 굳게 붙잡고 있습니다. 그리스도께서 우리의 보물이시기 때문입니다. 우리 심장에는 예수 외에 다른 어떤 이름도 새겨져 있지 않습니다. 진실로 우리는 이렇게 말할 수 있습니다.

> "맨 마지막 숨을 가지고서라도
> 헐떡이면서 예수의 이름을 부를 수 있다면 복됩니다.
> 모든 이에게 예수를 전하십시오. 죽는 가운데서도 소리치십시오.
> '보라, 보라 어린 양을.'"

### 3. 셋째로, 천국에서 우리는
### 주님을 죽임당하신 어린 양으로 봅니다.
### 주님은 이 모습에서 독특한 표지들을 보입니다.

이 표지들 가운데 어떤 것도 속죄 제물로서 주님의 영광을 훼손하지 않습니다. 오히려 우리에게 가르치는 바가 있습니다.

"한 어린 양이 서 있는데 일찍이 죽임을 당한 것 같더라"는 말씀을 잘 살펴봅시다. "서 있는데." 여기서 생명 있는 자의 모습을 봅니다. "일찍이 죽임을 당한 것 같더라." 여기서는 죽음을 기억하는 것을 보게 됩니다. 우리가 예수님을 보는 관점은 이중적이 될 수밖에 없습니다. 주님의 죽으심과 사심을 다 같이 보아야 합니다. 이와 다른 어떤 방식으로도 그리스도를 온전히 볼 수 없을 것입니다. 여러분이 십자가에 달리신 그리스도만 본다면 그의 죽으심의 권능을 보는 것입니다. 그러나 주님은 지금 십자가에 달려 계시지 않습니다. 주님은 부활하셨고, 영원히 사셔서 우리를 위해 중보 기도를 드리십니다. 그러므로 우리는 주님의 사심의 권능을 또한 알아야 합니다. 우리는 주님을 "일찍이 죽임을 당하신" 어린 양으로 봅니다. 그러나 또한 우리는 주님을 "영원토록 사시는" 분으로 알고 예배합니다. 이 두 가지 사실, 곧 죽임당하신 그리스도와 살아 계시는 그리스도를 하나로 생각하십시오. 나는 교회에서의 생각과 가르침이 이 두 가지를 다 포함해야 함에도 불구하고 둘 사이에서 왔다 갔다 하는 것을 봅니다. 로마 가톨릭 교회는 계속해서 우리에게 어머니 품에 안겨 있는 아기 그리스도나 십자가에 달려 죽은 그리스도를 보여줍니다. 어디를 가든지 간에 이런 형상들이 눈에 들어옵니다. 성상 숭배의 죄를 논하는 것을 그만 두고라도, 성상들로 표현된 이 사실은 우리 주님의 온전한 모습이 아닙니다. 그런가 하면 우리는 십자가를 시야에서 치워버리고, 현재와 같이 살아 계신 그리스도만을 보여주려고 애쓰는 학파가 주위에 있습니다. 그들에게 예수님은 오직 본보기이고 선생일 뿐입니다. 그들은 예수님을 참되고 합당한 대속 제물로는 받으려고 하지 않습니다. 그러나 우리는 그리스도를 우리의 대속물로 받습니다. 우리는, 십자가에 못 박히셨으나 지금은 하나님의 보좌에 앉아 계시는 분을 경배합니다. 우리는 그분이 우리를 위해 피를 흘리셨고 지금은 우리를 위해 간구하고 계시는 것을 믿습니다. 우리는 예수께서 죽으셨으나 이제는 통치하고 계시는 것을 봅니다. 이 두 가지 사실이 모두 우리의 기쁨이 됩니다. 이것과 저것이 대등하고, 각각이 저마다 고유한 자리가 있습니다. 이와 같이 여러분이 이 어린 양을 보면 이렇게 노래하기 시작합니다. "주는 살아 계시는 분입니다. 전에 죽었으나 이제 영원토록 살아 계시는 분입니다." 우리 구주이심을 보여주는 표지는 죽음을 통과한 생명이며, 죽음으로써 끝낸 죽음입니다.

다음으로, 어린 양에게서 이루어지는 또 한 가지 독특한 결합을 봅시다. 예수님을 "어린 양"이라고 부릅니다. 헬라어 원문에서는 지소(指小)사가 사용되고 있기 때문입니다. 그러나 주님은 얼마나 위대하신 분입니까! 어린 양이신 예수님에게서 우리는 하나님 백성에 대한 위대한 애정과 더할 수 없는 친밀함을 봄니다. 주님은 공포의 대상이 아닙니다. 주님은 "멀리 떨어져 있어라. 나는 너무 거룩하여 너희가 가까이 할 수 없는 존재이다"라는 말씀을 전혀 하시지 않습니다. 어린 양은 다른 무엇보다도 친근하게 가까이 다가갈 수 있는 존재입니다. 그럼에도 이 어린 양에게는 굉장한 위엄이 있습니다. 그래서 장로들은 어린 양을 보자마자 그 앞에 엎드렸습니다. 장로들은 어린 양을 경배하며 큰 소리로 "어린 양은 합당하도다" 하고 외칩니다. 모든 피조물은 주님께 예배하며 큰 소리로 "어린 양에게 찬송과 존귀와 영광과 권능을 세세토록 돌릴지어다" 하고 소리칩니다. 주님은 참으로 크셔서 하늘들의 하늘도 주님을 모실 수 없습니다. 그런데 주님은 지극히 작게 되셔서 겸손한 마음에 거하십니다. 주님은 지극히 영광스러우셔서 스랍들도 그 앞에서는 얼굴을 가렸습니다. 그런데 주님은 지극히 낮게 되셔서 우리의 뼈 중의 뼈가 되시고 우리의 살 중의 살이 되셨습니다. 자비와 엄위가, 은혜와 영광이 참으로 놀랍게 결합되었습니다! 하나님께서 하나로 결합하신 것을 나누지 마십시오. 어떤 사람들이 그러듯이, 우리 주 예수님에 대해 이야기 할 때 공경하는 마음이 없이 함부로 말하지 마십시오. 또한 주님을 생각할 때, 노예적인 공포를 느끼지 않을 수 없는 크신 어떤 하나님으로 생각하지 마십시오. 예수님은 여러분과 가까운 친족이며, 역경을 위하여 있는 형제이십니다. 그러나 또한 주님은 여러분의 하나님이요 주이십니다. 사랑과 경외심이 항상 여러분의 영혼을 지키도록 하십시오!

그 다음에, 우리는 주님의 독특한 표지들을 보도록 합시다. 우리는 주님께 일곱 뿔과 일곱 눈이 있는 것을 봅니다. 주님의 능력은 주께서 늘 지켜보시는 것과 동등하게 큽니다. 이런 표지들은 섭리의 책의 일곱 인을 뗌으로써 일어나는 모든 위급상황에 상응하는 것들입니다. 재앙들이 일어날 때, 누가 우리를 보호할 것입니까? 이 일곱 뿔을 보십시오. 예기치 않은 일들이 발생할 때 누가 우리에게 미리 알려줄 것입니까? 이 일곱 눈을 보십시오.

때로 이런저런 어리석은 사람들이 한두 해 안에 일어날 공포스러운 일들을 잔뜩 실은 소책자를 펴내곤 합니다. 그 책자는 몇 푼만 주면 살 수 있는 시시한 예언서와 같은 것입니다. 이런 예언 장사꾼들이 말하는 것이 다 사실이라고 할지라도, 우리는 두려워할 필요가 없습니다. 어린 양이 일곱 뿔이 있어서 그 자신의 능력으로 모든 난관을 해결하실 것이고, 그 자신의 지혜로 그 난관을 미리 내다보셨기 때문입니다. 어린 양이야말로 섭리의 수수께끼에 대한 해답이십니다.

섭리는 난해한 문제인데, 예수께서 그 모든 문제를 해명하십니다. 1세기 동안 하나님의 교회는 순교를 겪었습니다. 그리스도를 따르는 자들에게 생각해 낼 수 있는 온갖 고문들이 시행되었습니다. 이 모든 일에서 도대체 어떤 하나님의 뜻을 생각해 볼 수 있겠습니까? 어린 양의 영광을 위하는 것 외에 다른 무엇이 있겠습니까? 그런데 오늘날은 주님께서 당신의 교회를 온갖 오류 가운데 방황하도록 버려두시는 것처럼 보입니다. 어떤 지역에서는 거짓 교리가 두려울 정도로 득세합니다. 이 사실은 무엇을 의미합니까? 나는 모릅니다. 그러나 어린 양은 아십니다. 어린 양은 일곱 눈으로 보시기 때문입니다. 어린 양이시고, 우리의 구주이시며, 신인(神人)이신 주님은 모든 것을 알고, 모든 미궁의 실마리를 손에 쥐고 계십니다. 주님은 곤경을 해결할 능력이 있고, 당혹스러운 모든 문제를 꿰뚫어 보는 지혜가 있으십니다. 그러므로 우리는 두려움을 던져버리고 전적으로 주님을 경배해야 합니다.

어린 양은 또한 자연과 섭리에서 완벽하게 일하십니다. 그에게는 "온 땅에 보내심을 받은 하나님의 일곱 영"이 있기 때문입니다. 이 말씀은 단지 선택된 자들에게 보냄을 받은 성령의 구원하는 능력만을 가리키지 않습니다. 그보다는 온 땅에서 작용하는 능력과 세력들을 언급하는 것입니다. 중력의 힘, 생명의 에너지, 전기의 신비한 힘, 또 그와 같은 것들이 하나님의 능력을 보여주는 모든 형태들입니다. 자연의 법칙은 하나님께서 이 세상에서 활동하시는 통상적인 방식을 우리가 관찰한 것에 불과합니다. 법칙 자체에는 힘이 없습니다. 법칙은 하나님의 활동의 통상적인 경로일 뿐입니다. 하나님의 전능하심은 모두 어린 양 안에 있습니다. 어린 양은 전능하신 주 하나님이십니다. 우리는 속죄를 부차적인 것으로 생각할 수 없습니다. 우리의 속죄 제물에 하나님의 일곱 영이 다 있기 때문입니다. 속죄 제물인 이 어린 양은 자기로 말미암아 하나님께 가는 자들을 온전히 구원하실 수 있습니다. 우리는 이 어린 양으로 말미암아 하나님께 나아갑시다. 그는 어떤 미래가 오든지 그 미래에 대처할 능력이 있습니다. 우리를 위협하는 모든 위협에 맞서 굳게 서고, 주님의 보호에 우리를 맡기도록 합시다.

오늘 아침 내가 주님을 여러분 앞에 아주 영광스럽게 보여 드릴 수 있으면 참으로 좋겠습니다! 그러나 나한테는 그런 능력이 전혀 없습니다. 내 설교란 고작 태양 앞에서 촛불을 들고 서 있는 것에 지나지 않습니다. 나는 주님께서 내 심지를 꺼버리시지 않는 것에 감사드립니다. 어쩌면 내 촛불이 빛을 비추어 어

떤 죄수가 문을 찾도록 할 수 있을지 모릅니다. 그 죄수가 일단 그 문을 지나가
고 나면 해가 힘있게 빛나는 것을 볼 것입니다. 그처럼 위대하고, 그처럼 영광스
러우면서도 여전히 죄인들을 위해 죽은 어린 양으로 계시는 주님께 영광을 돌립
시다. 이 어린 양의 상처에서 사실상 끊임없이 피가 흘러나와 우리의 생명을 공
급하고, 그의 완성하신 사역은 영구히 우리의 모든 안전과 기쁨의 원천이 됩니
다.

### 4. 끝으로, 네 번째 요점을 말씀드리겠습니다.

그것은 예수께서 영원히 어린 양으로 나타나시며, **이 모습으로 주님은 우주
적으로 경배를 받으신다**는 것입니다.

주께서 일곱 인 가운데 하나를 떼시기 전에 이 같이 예배하라는 명령이 내려졌습니
다. 주께서 두루마리를 취하셨을 때 네 생물과 이십 사 장로들이 어린 양 앞에 엎
드려 새 노래를 부르며 "어린 양은 두루마리를 가지시기에 합당하시도다"고 말
하였습니다. 그 두루마리가 아직 덮여 있지만 우리는 주님을 경배합니다. 우리
는 주님의 자취를 추적할 수 없는 곳에서 주님을 신뢰합니다. 주께서 계시하는
중보자로서 사역을 시작하시기 전에, 교회는 희생 제물로서 주님의 사역을 인하
여 그에게 경배드립니다. 우리 주 예수님을 예배하는 것은 주께서 우리에게 주
실 유익 때문이기보다는 주님 자신 때문입니다. 천국에서 주님은 죽임당하신 어
린 양으로서 경배를 받으십니다. 주께서 아버지 하나님의 영광으로 두 번째 강
림하실 때 많은 사람들이 그를 경배할 것을 의심하지 않습니다. 모든 무릎이 그
앞에 꿇을 것입니다. 심지어 배교자들과 이교도들도 주께서 친히 큰 권세를 취
하여 통치하시는 것을 볼 때 무릎을 꿇지 않을 수 없을 것입니다. 그러나 그것은
주님께서 받으시는 예배가 아니며, 예배하는 자가 구원받았음을 입증하는 예배
도 아닙니다. 여러분은 주님을 속제 제물로서 예배해야 하고, 비천한 처지에서
"멸시를 받아 사람들에게 버림 받은"(사 53:3) 분으로서 주님을 경배해야 합니다.
다른 사람들은 주님을 조롱하는 동안에 여러분은 주님을 공경해야 하고, 다른
사람들은 주님의 피를 멸시하고 돌아보지 않을 때 여러분은 그 피를 신뢰해야
하며, 주님이 수욕을 받을 때 주님과 함께 있어야 합니다. 예수께서 여러분의 대
속물이신 것을 받아들이십시오. 예수께서 여러분을 위하여 보상을 치르셨음을
믿으십시오. 천국에서는 성도들이 지금도 예수님을 어린 양으로서 예배하기 때

문입니다.

경배는 하나님의 교회에서 시작됩니다. 하나님의 교회는 그 모든 단계에서 어린 양을 경배합니다. 여러분이 하나님의 교회를 거룩한 피조물로, 곧 성령이 구체적으로 표현된 것으로 본다면, 살아 있는 피조물들은 어린 양 앞에 엎드려야 합니다. 하나님에게서 나온 생명 가운데 너무 높아서 어린 양에게 경배 드리기를 거부할 수 있는 존재는 없습니다. 인간 편에서 교회를 보십시다. 이십 사 장로들이 손에 거문고와 향을 들고 엎드려 예배합니다. 구속받은 온 무리가 이 중보자에게 예배를 드리는 것이 마땅한 일입니다. 그 안에서 우리 인류가 지극히 존귀하게 되기 때문입니다! 이제 그리스도께서 만물 위에 교회의 머리가 되실 만큼 일찍이 우리의 본성이 그토록 존귀하게 된 적이 있습니까? 지금 우리는 하나님께 지극히 가까이 있습니다. 하나님과 사람 사이에 아무 피조물도 끼어들지 못하기 때문입니다. 임마누엘, 곧 하나님이 우리와 함께 하심이 우리를 하나로 묶으셨습니다. 사람이 하나님 옆에 있고, 그 사이에 오직 예수께서 계시는데, 이는 둘을 가르기 위해서가 아니라 연합시키기 위해서입니다. 하나님은 그리스도 예수 안에서 우리가 하나님의 모든 피조물을 다스리도록 하셨습니다. 예수께서 만물을 우리 발 아래 두셨습니다. 그렇습니다. 모든 양과 소, 공중의 새, 바다의 물고기, 바닷길로 다니는 모든 것을 다스리게 하셨습니다. 주 우리 하나님이여, 주의 이름이 온 땅에 얼마나 아름다운지요!

교회는 온갖 형태로 주님을 예배합니다. 교회는 기도로 주님을 예배합니다. 달콤한 향으로 가득한 대접은 성도들의 기도입니다. 교회는 새 노래로 찬송하며, 지극히 겸손하게 공경하는 태도로 주님을 예배합니다.

형제 여러분, 어린 양은 교회의 예배만을 받으시는 것이 아니라 천사들의 예배도 받으십니다. 우리는 이 장에서 주님의 허다한 천군들이 모여 있는 놀라운 장면을 봅니다! "그 수가 만만이요 천천이라." 그 수를 사람은 헤아릴 수가 없습니다. 이 허다한 천사들이 온전히 일치하여 거룩한 예배를 드리며 다 함께 큰 소리로 "죽임을 당하신 어린 양은 합당하도다" 하고 외칩니다.

그런데 주님을 예배하는 것은 단지 교회와 천사들뿐이 아닙니다. 모든 피조물, 곧 동서남북과 지극히 높은 곳과 지극히 낮은 곳에 있는 모든 것이 주님을 경배합니다. 모든 생명, 모든 공간, 모든 시간, 광대한 공간, 영원, 이 모든 것이 한 목소리로 노래하는데, 그 노래는 "어린 양은 합당하도다"는 것입니다.

그 다음에, 사랑하는 교우 여러분, 그렇다면 우리가 우리 앞에서 어떤 사람이든지 우리의 희생 제물이신 그리스도의 위엄을 그보다 낮추는 것을 허락할 수 있겠습니까? "그럴 수 없습니다." 한 친구가 단호하게 그럴 수 없습니다고 말하고, 우리 모두 그럴 수 없다고 말합니다. 어린 양의 지극히 큰 영광을 조금이라도 낮추려고 하는 모든 시도에 대해 우리는 우레와 같은 목소리로 안 된다고 말합니다. 우리는 그 일을 용납할 수 없습니다. 주님께 대한 충성심이 있다면 우리는 그 일을 허용하지 않을 것입니다. 게다가 자진해서 자신의 모든 것을 잃어버리려고 할 사람은 아무도 없을 것입니다. 어린 양을 가져가십시오. 그러면 모든 것을 가져가는 것입니다. "내 지갑을 훔쳐 가는 사람은 쓰레기를 가져가는 것입니다." 그런데 나의 그리스도를 훔쳐가는 사람은 내 자신을 훔쳐가는 것이며 내 자신보다 더한 것, 곧 내 장래의 기쁨이 될 내 소망을 가져가는 것입니다. 그리스도의 죽음을 거부하면, 그리스도의 피를 멸시하면 생명이 사라집니다. 이 선명한 진리가 공격받을 때 내 영혼은 분노로 타오릅니다.

> "예수를 위하여 일어서시오, 일어서시오!
> 십자가의 군사들이여!
> 왕이신 그리스도의 깃발을 높이 드시오
> 그 깃발을 결코 놓쳐서는 안 되오!"

여러분이 어디에 있든지, 여러분이 어느 교회에 속해 있든지 그리스도의 속죄를 비방하는 자들과는 사귀지 마십시오. 그리스도의 보혈을 단 한순간이라도 헐뜯는 자들과는 동맹을 맺지 마십시오. 어린 양을 공격하는 것을 참아서는 안 됩니다. 더러운 거짓에 대해서는 분노를 발하십시오! 이 경우에는 여러분이 어린 양의 진노를 얼마든지 본받을 수 있습니다. 여러분이 화를 낼지라도 죄짓는 일이 되지 않을 것입니다.

다시 한 번 말하지만, 이것이 사실이라면, 천국에서 우리 주 예수님의 영광스러운 희생을 그처럼 중요하게 여긴다면, 여러분이 이 땅에서 그것을 믿을 수 없겠습니까? 죄의 짐을 지고 있는 여러분, 여러분의 구원이 여기 있습니다. 죄를 지고 가는 어린 양에게로 오십시오. 의심으로 어찌할 바를 모르는 여러분, 여기에 여러분의 안내자가 있습니다. 어린 양이 봉인된 두루마리를 여러분을 위해

펼칠 수 있습니다. 위로를 잃어버린 여러분, 여러분을 위하여 죽으신 어린 양에게로 돌아와서 다시 주님을 의지하십시오. 천상의 음식에 굶주려 있는 여러분, 어린 양에게 오십시오. 어린 양이 여러분을 먹이실 것입니다. 어린 양, 어린 양, 피 흘리는 어린 양. 바로 이것이 하나님의 교회의 깃발에 그려진 기호가 되어야 합니다. 그 깃발을 앞세우고 승리를 향하여 담대하게 행진하십시오. 세상 죄를 지고 가는 하나님의 어린 양이시여, 우리에게 평안을 내려주옵소서! 아멘.

제
18
장
—

# 향이 가득한 금 대접

—

**"향이 가득한 금 대접을 가졌으니
이 향은 성도의 기도들이라." ─ 계 5:8**

이번 주가 일반 기도(general prayer)를 위한 주간으로 따로 정해지지 않았다면 오늘 여러분에게 중보 기도라는 주제로 말씀드리지 않았을 것입니다. 바로 한두 주 전에, 중보 기도의 의무와 특전에 대해 힘써 설명하였기 때문입니다. 그러나 우리가 다시 이 주제에 대해 생각함으로, 경계에 경계를 더하며 교훈에 교훈을 더하되 여기서도 조금, 저기서도 조금 하는 것이 우리에게 유익이 없지 않을 것입니다.

본문에 나오는 이상(異象, vision)은 매우 주목할 만한 것입니다. 시간이 없기 때문에 그 이상의 세세한 내용을 다 다루지 않을 것입니다. 이 이상이 어떤 특별한 경우를 언급하는 것임은 분명합니다. 그러나 또한 우리는 이 이상이 하나님과 어린 양의 보좌 앞에 드리는 일반적인 예배를 묘사하는 것으로 간주할 수도 있습니다. 우리는 때로 대륙(유럽)의 화랑에서 고대 독일 제국의 대회의 장면을 묘사하는 중세 그림을 본 적이 있습니다. 그림에 보면 황제를 여러 왕들과 제후, 선거후, 공작과 백작들이 둘러싸고 있습니다. 저쪽에는 황금양모 기사들 (the knights of the Golden Fleece)이 있고, 주교와 추기경, 남작과 기사들과 다양한 중산층 시민들이 섞여서 아주 화려한 장관을 이루고 있습니다. 자세히 살펴보면, 아마도 이 그림이 특별한 한 회의를 묘사하고 있음을 발견할 것입니다.

그러나 그렇게 자세히 조사하지 않아도 이 그림이 교훈하는 바를 알 수 있습니다. 이 그림이 어떤 특별한 때에 열린 정식 회의를 나타낸다면, 한 사람이 모든 사람을 대표하여 설 수 있다는 것을 알게 됩니다. 천국의 대 집회에서도 그와 같은 점을 볼 수 있습니다. 밧모 섬의 이 예언자가 본문에서 우리에게 묘사하는 대략적인 설명은, 아주 정확하게 이야기하자면, 어떤 특별한 한 사건을 가리키는 것으로 볼 수 있습니다. 그러나 우리는 그 설명이 영원하신 하나님의 보좌 앞에 드리는 경의를 일반적으로 묘사하는 것이라고 충분히 믿을 수 있을 것입니다.

본문에 나오는 찬란한 장면을 생각할 때, 여기서 묘사하는 예배가 현재 천국의 뜰을 차지하고 있는 존재들만 드리는 것이 아니라는 사실을 유의해서 보아야 합니다. 본문에서 보고 있는 것이 천국 전체의 장면이라고 믿는 모세 스튜어트(Moses Stuart: 19세기 미국의 성서학자 – 역주)는 "성도의 기도들인 향이 가득한 금 대접"은 영화롭게 된 영들의 중보기도라고 결론지으며, 천국에 있는 성도들이 지금도 계속해서 기도드린다고 설명합니다. 이 마지막 진술에 나는 이의를 제기하지 않습니다. 6장에 보면, 제단 아래 있는 영들이 원한을 갚아주기를 구한다는 말이 나오기 때문입니다. 하늘에 있는 온전케 된 영들이 기도하지 않아야 할 아무 이유가 없다고 생각합니다. 그러나 우리가 바로 이 구절에서 그런 추론을 끌어낼 수 있는지에 대해서는 큰 의문이 듭니다. 13절을 보면, 그 장면이 온 우주가 어린 양께 드리는 경배를 묘사하고 있으므로, 본문에서 말하는 기도가 오직 천국에 있는 자들만의 기도가 아닌 것을 알 수 있기 때문입니다. "내가 또 들으니 하늘 위에와 땅 위에와 땅 아래와 바다 위에와 또 그 가운데 모든 피조물이 이르되 보좌에 앉으신 이와 어린 양에게 찬송과 존귀와 영광과 권능을 세세토록 돌릴지어다." 보좌 앞의 천사들이 노래를 선창하고, 그 다음에 온전케 된 성도들이 거기에 가담하여 환희에 차서 할렐루야를 부르며, 그 다음에 천천 만만의 천사들이 더욱더 소리를 높여 노래를 부릅니다. 그러는 사이에, 모든 별의 궤도에서 예배의 선율이 나오고 천체가 음악으로 울려 퍼집니다. 멀리 있는 땅이 그 소리를 듣고서 땅의 모든 생명을 일깨워 그 하모니에 가담하도록 합니다. 공중의 날짐승들과 바다의 물고기, 숲에서 우는 새들, 깊은 바다의 거대한 동물들이 열심히 감사의 찬송을 바칩니다. 이와 같이 여호와의 찬송을 울려내는 것은 천국 안에 있는 집단만이 아닙니다. 그 찬송은 범위를 넓히고 넓혀 온 우주를 포함하고 무한한 공간을 채웁니다. 천국만이 아니라 모든 창조계가 주님께 찬송을 드립니다.

자, 사랑하는 형제 여러분, 우리는 믿음으로 이 천국의 중심으로 들어가고 보좌에 가까이 나가서 향이 가득한 금 대접을 찬찬히 봅시다. 우리는 오늘 아침 이 금 대접에 대해서 이야기할 것입니다. "금 유리병"(개역개정은 "금 대접" – 역주)이라는 말로 전달되는 개념은 헬라어 단어의 의미에서는 아주 멀다는 것을 아마 모두가 알 것입니다. 유리병이라고 할 때는 대체로 좁고 깊은 용기를 생각하는데, 본문에서 말하는 용기는 넓고 얕은 그릇을 말하기 때문입니다. 좀 더 낫게 번역하자면 "금 대접" 혹은 "향이 가득한 금잔" 이라는 말이 될 것입니다. 그래서 본문이 전달하는 개념은 이십 사 장로 하나하나가 뚜껑이 열린 대접이나 향이 피어오르는 향로를 들고 있는 것입니다. 이 대접이나 향로가 주님께 기분 좋은 향을 피워내고 있는데, 이것은 하나님의 백성들이 드리는 기도를 상징합니다.

비유 문제는 놔두고, 본문이 나타내고 있는 생각들은 바로 이런 것입니다. 첫째로, 하나님 백성들의 기도는 하나님께 향기와 같이 기분 좋은 것이다. 둘째로, 성도들이 함께 드리는 기도는 하나님 보시기에 특별히 더 받아들이실 만한 것이다. 그러므로 셋째는, 우리는 다 같이 합심해서 일반 기도를 드리도록 하자는 것입니다.

### 1. 하나님 백성의 기도는
### 하나님께 기분 좋은 향기와 같습니다.

이것은 기도 자체가 가지고 있는 본래의 어떤 탁월함이나 공로 때문이 아닙니다. 전혀 그렇지 않습니다. 지금까지 살았던 사람들 가운데 가장 거룩한 사람이 드린 가장 훌륭한 기도조차도 주님께서 그 기도 자체를 보신다면, 죄가 많이 묻어 있어서 아주 더러운 것이었습니다. 은혜의 보좌 앞에 가장 가까이 나아갈 때조차도 우리는 마땅히 있어야 할 위치와 마땅히 되어야 할 사람의 모습에서 한참 멀리 떨어져 있습니다. 우리의 거룩한 행실들에 스며 있는 죄가 우리를 정죄하기에 충분합니다. 우리는 기도하기에 적합하지 않은 상태에서 기도하러 하나님 앞에 오고, 또 마음의 준비가 되어 있지 않음으로 인해서 처음부터 기도를 망치는 경우가 종종 있습니다. 그런가 하면 한창 경건 생활을 잘 하고 있을 때, 열심에 불타오르고 있을 때, 교만한 마음이 끼어들고, 자신의 예배가 뛰어나다고 생각하여 기뻐하는 때가 있습니다. 슬프게도, 그런 생각이 끼어들면 모든 것을 망치게 됩니다. 그것은 바리새인의 생각이고 경건의 독입니다. 또 기도를 끝마칠 때쯤에는 하나님의 신실하심에 대해 의문이 생기거나, 곧 우리의 간구가 응답될지에 대한 의심이 들거나 그 밖의 다른 어떤 불경건한 생각 때문에 기도의 제사가 더럽혀지는 경우도 있습니다. 기도를 성령으로 시작하고 성령으로 지속하며 성령으로 마치는 일이 얼마나 어려운지 모릅니다! 우리의 어떤 기도도 순전히 성소의 저울로만 단다면, 기도 자체에 대해서는 틀림없이 저울에 달았더니 부족한 것이 드러났다는 판단을 받을 것입니다. 형제 여러분, 성도들의 기도를 그 자체로만 생각할 때는 그 기도가 주님께 기분 좋은 향기가 되기보다는 하나님의 거룩함에 거슬리는 것이 될 것입니다. 우리를 대신하여 하나님 앞에 서 계시는 우리의 사랑하는 중보자, 곧 그리스도 예수께서 아주 풍성한 공로가 있으시므로 우리의 간구에 향기를 불어넣으시고 우리의 기도에 유쾌한 향을 넣으신다는 사실에 우리의 위로가 있습니다. 그리스도께서는 우리의 기도를 그의 공로로 말미암아 하늘의 왕께서 받으실 만하게 만듭니다. 그리스도의 공로가 없었다면 우리의 기도는 결코 하나님께서 받으실 수 없었을 것입니다.

신자의 기도에 관하여 아주 아름다운 비유를 사용하는 사람은 암브로시우스(Ambrose: 4세기 서방 교회의 교부 — 역주)라고 생각합니다. 그는 말하기를, 우리는 아버지를 기쁘게 해드리기 위해 정원으로 달려가서 꽃을 꺾는 어린아이와 같다고 말합니다. 그런데 우리는 아주 무지하고 어려서 꽃뿐 아니라 잡초도 많이 꺾는데, 그 잡초들 가운데 어떤 것은 매우 해로운 것임에도 우리는 이렇게 꽃과 잡초를 한데 들고서 그런 해로운 잡초를 아버지가 기꺼이 받을 것이라고 생각한다는 것입니다. 어머니가 문 앞에서 아이를 만나 이야기합니다. "얘야, 네가 무엇을 꺾었는지 모르는구나." 어머니는 아이가 가져온 꽃과 잡초가 섞인 다발을 풀어 잡초는 모두 골라내고 향기로운 꽃만 남긴 다음, 아이가 꺾은 것보다 더 향기로운 꽃들을 잡초 대신에 채워서 아주 아름다운 꽃다발을 만들어 아이 손에 쥐어주면, 아이는 그 꽃다발을 들고 아버지에게 달려갑니다. 예수 그리스도께서는 이와 같은 어머니의 자상함보다 더 큰 애정을 가지고 우리의 기도를 대하십니다. 우리의 기도를 예수께서 고치신 후에 다시 볼 수 있다면, 우리는 아마 거의 우리 기도를 알아보지 못할 것입니다. 주님은 아주 솜씨가 놀라워서 우리의 좋은 꽃들조차도 그 손을 거치면 훨씬 더 아름답게 됩니다. 우리는 엉성하게 꽃다발을 묶지만 주님은 우리의 꽃들을 받아 아주 아름답게 다시 배열함으로 꽃 하나하나가 옆의 꽃들의 아름다움을 더욱 돋보이게 만드는 꽃다발로 만드십니다. 그래서 주께서 내 기도를 받아서 기도하신 후에 그 기도를 내가 볼 수 있다면, 내가 드렸던 기도의 아주 많은 부분이 없어졌고, 거의 모두가 주님의 기도로 채워져 있음을 보게 될 것입니다. 그래서 하나님께서 그 기도를 온전히 받아들이셨다는 사실을 알지라도 조금이라도 교만한 마음이 생길 수 없고, 오히려 내 기도 자체로는 향기로운 것이 전혀 없고 무한한 향기로 나와 내 기도를 채우신 주님 앞에서 감사한 마음과 부끄러운 마음으로 얼굴을 붉히게 될 것입니다. 이와 같이 하나님의 성도들의 기도가 귀한 향이지만, 그 기도를 그리스도께서 받으시지 않는다면 결코 하나님께 향기로운 냄새가 될 수 없을 것입니다.

성도들의 기도는 받으실 만한 참된 중보 기도로 구성되어야 한다는 점을 유의할 필요가 있습니다. "성도들의 기도가 가득한 금 대접." 여기서 관리, 고용인, 직원의 기도에 대한 이야기는 전혀 없습니다. 어떤 말이나 소리를 매일 같이 반복하는 것을 아주 중요하게 생각하는 교회들이 있습니다. 뛰어난 영성 때문에 혹은 응답받는 기도를 드리는 것 때문에 선택된 사람들은 이렇게 하지 않습니다. 그러나 아주 다른 원칙에 근거해서 임명된 교회 직원들은 그런 식으로 기도합니다. 이런 사람들은 일상복을 입었을 때는 그런 직무를 수행할 만한 자격이 없습니다. 이들은 깨끗하게 세탁하고 빳빳하게 풀을 먹인 옷을 입는 데서 어떤 신비한 자격을 끌어냅니다. 그래서 앞에 어떤 기도문이 있어서 그들은 정한 방식을 따라 절을 하고 손을 비비면서 기도문을 암송하기만 하는데, 이들은 그렇게 기도문을 암송함으로써 하나님께 받으실 만한 기도를 드렸다고 믿습니다. 나는 머지않아 기계장치를 통해서 하나님께 기도드리는 것을 듣게 되리라고 생각해 왔습니다. 주변의 많은 친구들이 상당한 기간 동안 그런 식으로 하나님을 찬양하였습니다. 조금만 발명의 재간을 부리면 틀림없이 그런 식으로 기도도 드릴 수 있을 것입니다. 이제는 기독교 예배를 위해 바쳐진 예배 장소를 좀처럼 찾기가 어렵습니다. 하나님께 드리는 찬송의 대부분이 바람과 페달을 사용하는 기구에 의해서 드려집니다. 때로는 전기 기구를 사용하는 경우도 있는데, 이것도 마찬가지라고 생각합니다. 그렇다면 우리가 바람이나 물, 불이나 자력(磁力), 혹은 그보다 낮게 증기를 사용하여 기도를 시작하는 것도 하나님께서 받으실 수 있을 것이라고 생각합니다. 나는 많은 대성당과 교회들에서 빵과 고기를 먹는 기계들이 석탄을 사용하는 엔진만큼 일을 잘 할 수 있는지 모르겠습니다. 소리를 내는 것은 기계적인 일이므로 조금만 주의하면 됩니다. 얼마 있지 않으면 우리는 태엽 장치가 잔뜩 들어 있는 사람 모양의 기구에 의해 예배를 처음부터 끝까지 드리게 될지도 모릅니다. 오르간에는 정말로 놀랍게도 사람의 목소리처럼 들리는, 인성음전(vox humana, 人聲音栓)이라고 하는 건반이 있습니다. 여러분에게 영혼과 마음이 필요 없다면, 소리가 오르간의 인성음전 건반에 의해서 나든지 진짜 사람의 목소리에 의해서 나든지, 큰 문제 될 것이 없습니다. 사실, 사람의 목소리로 무엇을 말하거나 노래하든지, 무슨 글을 읽거나 찬송을 읊조리든지 간에 기도하는 목소리 자체는 아무것도 아닙니다. 기도를 받아들일 수 있게 만드는 것은 오직 마음뿐입니다. 내가 지금까지 증거해 온 하나님이 순전히 예배 의식 자체에서 만족을 얻는 분이라고 생각할 수 없습니다. 나는 그동안 자신에게 "이런 것에서 기쁨을 얻는 사람은 도대체 어떤 존재일까" 하고 물어왔습니다. 이런 예배에서는 이성적으로 넌더리가 나고 지적으로는 짜증이 나며 깊이 묵상하는 데 방해를 받지만, 화려한 취향과 전시에 대한 유치한 집착을 추구하는 사람은 만족을 얻을 것입니다. 이러한 천주교 의식주의자들의 하나님은, 성경이 천지를 지으신 하나님에 대해서 우리에게 계시하는 모습과는 다르게 전혀 지적이지 않고, 인형을 사랑하는 거대하고 전능한 어린 아기임에 틀림없습니다. 불쌍하게도, 어리석은 사람들은 자기들이 공연장에 가서 아름다운 음악을 듣고, 객실에서 손님들의 손수건에서 풍기는 향수 냄새를 좋아하며, 비단이나 공단, 그와 같은 것으로 옷 입기를 좋아하기 때문에, 하나님께서도 자신들과 같고, 노래와 옷과 향기를 기뻐하신다고 생각합니다. 정말로 어리석은 사람들이 만들어내는 신은 그들과 같습니다. 그들은 항상 찬송 받으실 주님은 알지 못합니다. 주님을 화려한 푸른색으로 경배하려고 한다면, 푸르른 하늘을 보거나 쪽빛 바다를 보십시오. 등불과 촛불을 가지고 주님을 예배하려고 한다면, 해와 달과 별들을 보십시오. 음악으로 주님을 경배하고자 한다면, 어떻게 천둥이 장엄한 행진곡의 드럼 소리처럼 울리는지 들어보십시오. 이렇게 무한하신 지성을 헛된 겉치레로 예배하려고 합니까? 여러분, 땅의 아들들이여, 하늘을 타고 다니시는 분, 그 앞에서는 여러분이 메뚜기에 불과한 분을 이렇게 예배하려고 합니까? 주님께서 받으시는 기도는 관리들의 영창이나 사제들의 연도(litany, 連禱: 사제, 성가대 등 인도자가 읊는 기원기도에 회중이 간단하게 응답하는 형식의 기도 — 역주) 혹은 기계적인 예배의 경건한 어조가 아닙니다. 하나님의 받으시는 기도는 성도들의 기도가 되어야 합니다. 기도의 향기는 생명, 성품, 영혼에 있습니다. 성도의 기도가 아니면 하나님께서 받지 않으십니다. 그러면 누가 성도입니까? 성도는 하나님께서 성령의 능력으로 거룩하게 하신 자이고, 하나님께서 본성을 정결하게 하시며 예수의 보혈로 씻은 자이고, 성령으로 충만하게 하시며 하나님을 예배하도록 따로 구별한 자입니다. 이 사람들은 하나님을 사랑하고 찬양하며 엄숙한 경외심을 가지고 하나님 앞에 엎드리고 흠모하는 사랑 가운데 온 영혼을 들어올립니다. 이들은 향기로운 냄새를 피워 올릴 수 있는 사람들입니다. 그들의 생각과 소원, 그들의 열망과 고백, 그들의 간구와 찬송, 이런 것이 하나님께는 향기로운 것입니다. 이것이 하나님의 무한한 지성을 즐겁게 하고 하나님의 거룩한 영을 기쁘게 하는 음악이고 향기입니다. 하나님은 영이시고, 따라서 하나님을 예배하는 자는 신령과 진정으로 예배해야 합니다. 영이신 하나님은 이와 다른 어떤 형식으로도 예배할 수 없습니다.

　그 다음에, 중보 기도의 문제에서 가장 중요한 한 가지 사실은 기도하는 사람의 성품입니다. 내가 계속해서 죄를 지으면서 "하늘에 계신 우리 아버지여" 하고 말한다면, 틀림없이 하나님께서 내 입을 틀어막으면서 이렇게 말씀하실 것입니다. "네가 어떻게 그런 말을 할 수 있느냐? 네가 끊임없이 내 이름을 더럽히면서 어떻게 '이름이 거룩히 여김을 받으시오며'라는 말을 감히 할 수 있느냐? 네가 내 법에 복종하지 않고 내 통치에 충성을 바치려고 하지 않으면서 어떻게 '나라가 임하옵소서'라고 말할 수 있느냐? 네가 내 뜻을 거역하고 내 뜻보다 네 뜻을 앞세우면서 어떻게 감히 내 앞에서 '뜻이 하늘에서 이루어진 것 같이 땅에서도 이루어지이다'라는 말을 하느냐?" 그런 기도는 지극히 높으신 하나님 앞에 드리는 향기로운 냄새가 아니라 하늘에 대한 모욕 외에 무엇이겠습니까!

　형제 여러분, 나는 이 점을 아주 엄숙하게 보고자 합니다. 중보 기도를 드리는 사람이 하나님의 자녀인 경우에도, 그 사람이 성령의 능력으로 성도로서의 품성을 유지하지 않는다면, 기도의 응답을 계속해서 받아가지 못할 것입니다. 하늘에 계신 아버지께서 우리의 기도를 들으시는 것은 우리에게 있는 어떤 공로 때문이 아닙니다. 그보다 하나님의 말씀은 "너희가 내 안에 거하고 내 말이 너희 안에 거하면 무엇이든지 원하는 대로 구하라 그리하면 이루리라"(요 15:7)고 말합니다. 우리가 주님의 계명을 듣지 않고 돌이킨다면, 기도의 능력을 잃을 것이고, 우리의 기도가 더 이상 평화로운 응답을 받지 못할 것입니다. 그 사실을 지켜본 하나님의 자녀는 죄만큼 기도를 약화시키는 것은 없고, 갈멜 산에서 하나님을 설득시킬 수 있는 엘리야와 같은 사람이 되려면 주님의 길 안에서 행해야 한다는 것은 확실히 압니다. 여러분이 주님께 반하여 행하면 주님께서도 여러분에게 반하여 행하실 것입니다. 금 대접 안에 있는 향은 위선자나 형식주의자의 기도가 아니라 성도의 기도입니다. 우리는 성령의 능력으로 성도의 품성을 유지해야 합니다. 우리는 세속적인 마음과 탐욕을 떠나서 행해야 합니다. 부정함과 성내는 것과 온갖 악을 버려야 합니다. 그렇지 않으면 주님께서 기뻐하시는 향기를 주님께 드리지 못할 것입니다.

다음으로, 성도의 기도는 귀한 은혜로 혼합되어야 합니다. 기도가 향에 비유되는데, 여러분도 알다시피 성전에서 사용되는 향품은 "향을 만드는 법대로"(출 37:29) 여러 가지 향신료를 섞어서 만들었습니다. 소합향과 나감향과 풍자향을 깨끗한 유향에 섞어서 곱게 찧어서 만들었습니다(30:34). 기도에서 적절한 말을 사용해야 하고 금 대접과 같은 언어를 사용하는 일에 조심해야 하지만, 하나님께 향기가 되는 것은 기도에 사용하는 말이 아닙니다. 향기로움은 외적인 감각으로 인지할 수 있는 어떤 것에 있지 않고, 향품의 정수와 향기에 비유할 수 있는 은밀한 특징들에 있습니다. 향에는 불타는 숯에 접촉할 때 나오는 미묘하고 종교적이기까지 한 정수가 있습니다. 뜨거운 불은 향에 잠재해 있는 향기를 주변 사람이 그 힘을 인정할 때까지 넓게 퍼트리게 만듭니다. 그 점은 기도에도 그대로 적용됩니다. 사랑하는 형제 여러분, 우리의 기도가 겉모습으로는 매우 아름다울 수가 있습니다. 우리의 기도를 인쇄해서 본다면, 아주 정확하고 모범적인 기도처럼 보일 수 있습니다. 그러나 기도에 영적인 힘이 숨어 있지 않는 한, 그 기도는 헛된 것입니다. 우리는 하나님이 계시고, 자기를 부지런히 찾는 자들에게 상 주시는 분이심을 믿고서 하나님께 기도해야 합니다. 믿음이 기도의 향기를 이루는 한 부분이 되어야 합니다. 향기가 눈에 들어갔을 때 눈을 따갑게 하는 것이 들어 있는지 아닌지는 자연스럽게 알 수 있지만, 형제가 기도하는 것을 들을 때 그 사람이 믿음으로 기도하는지 그렇지 않은지를 나는 말할 수 없습니다. 그러나 하나님은 우리 기도에 믿음이 있는지 없는지를 아시고, 믿음의 여부에 따라 기도를 받으시기도 하고 거절하기도 하십니다.

그와 같이 기도에도 사랑의 참된 향기가 있어야 합니다. 사랑하지 않는 아버지에게 어떻게 내가 아이처럼 기도할 수 있겠습니까? 내 마음이 하나님에 대하여 차갑다면, 내 기도도 얼어붙을 것입니다. 그래서 귀한 향유처럼 다른 향품들과 함께 뒤섞어야 하는 겸손의 은혜가 필요합니다. 겸손히 기도하지 않는 사람은 바리새인보다 의롭다함을 얻지 못할 것입니다. 세리가 감히 눈을 들어 하늘을 보지 못하고 가슴을 치며 "하나님이여 불쌍히 여기소서 나는 죄인이로소이다"(눅 18:13) 하고 말할 때, 그의 기도에는 이러한 귀한 향기가 많이 있었습니다.

　　지금 이 자리에서 하나님께서 받으실 만한 기도라는 향을 만드는데 필요한 모든 향품들이 어떤 것인지를 말할 수는 없습니다. 다만 여러분에게 성전의 향유는 "향을 만드는 법대로" 섞어서 만들었다는 사실을 말씀드립니다. 신자에게는 성령께서 향을 만드시는 분이라는 사실을 인하여 하나님께 감사드립시다. 성령님은 기도에서 필요한 각 요소의 적당한 양이 얼마나 되는지 아시는 분입니다. 모든 기도에는 믿음과 사랑과 회개와 겸손이 얼마나 많이 필요한지 아시는 분입니다. 성령님은 각 신자의 연약함을 도우시고, 우리를 위하여 모든 신령한 은혜를 섞어서, 우리가 기도할 때 만군의 주 하나님께서 향기롭게 여기시는 모든 것들을 적절하게 담고 있기 때문에 우리의 간구를 아름다운 향기로 받아들이시도록 만듭니다.

　　앞으로 가면서, 이 향기가 하나님 앞에 열납되도록 하기 위해 불에 태워야 한다는 점을 살펴보도록 합시다. 우리의 기도가 다른 향품들과 잘 혼합되어 있고 금 대접에 담은, 더할 수 없이 좋은 향이 될 수 있습니다. 그러나 그 향을 불에 태우지 않으면 하나님께서 결코 받지 않으셨습니다. 제단에서 핀 숯을 가져다가 향품에 불을 붙여야 했습니다. 그러면 향품의 향기로운 연기가 하늘로 올라가기 시작하였습니다. 형제 여러분, 바로 이 점에서 많은 사람들의 기도가 실패하고 있습니다. 사람들의 기도가 올바르지만 냉랭하고, 뛰어나지만 생명이 없으며, 불이 부족합니다. 즉 생기와 활력과 열심이 없습니다. 어떤 사람들은 이 부족을 시끄러운 소리와 도깨비불로 메우려고 합니다. 그러나 그것은 아무 소용이 없습니다. 성령님만이 우리에게 참된 열정을 주실 수 있습니다. 내가 이 강단에서 기도를 하면서 하늘을 움직이는 거룩한 힘은 사용하지 못한 적이 너무 많았음을 고백합니다. 기도회 때, 우리는 아주 탁월하면서도 바로 이 점은 부족한, 곧 활활 타오르는 불에는 접촉되지 않은 기도를 많이 들었습니다. 가정에서 보통 기도할 때 우리 자신을 위해서 기도하고, 그 다음에는 하나님의 교회를 위해서, 그 다음에는 불신자들을 위해서, 다음에는 또 누구를 위해서 기도하고 나서는 자리를 뜨는 경우가 얼마나 많습니까. 우리는 기계적으로 무릎을 꿇고 기계적으로 기도를 하고, 그 다음에 또 기계적으로 일어났습니다. 우리의 기도가 즉흥적으로 드린 것이었지만, 기도문을 따라 읽었을 때와 하나도 다를 것이 없이 별로 마음이 들어가 있지 않은 것은 아닌가 염려됩니다. 이 진리를 잘 기억하시기 바랍니다. 즉흥적인 기도나 다른 어떤 형태의 기도나 거룩한 불이 기도를 태우지 않는 한, 아무 소용이 없다는 것입니다. 우리는 불이 붙은 숯을 가지고 있어야 합니다. 나는 어울리지 않는 문장들로 토막토막 끊어서 드리는 기도를 많이 들었습니다. 그러나 그렇게 기도하는 사람이 아주 살아 있었습니다. 나는 하나님께 감사를 드렸고 내 자신이 이렇게 말하지 않을 수 없었습니다. "아멘, 아멘, 주님 이 형제의 기도를 들어주시옵소서." 사랑하는 여러분, 여러분은 골방에 들어갔을 때 이렇게 느껴본 적이 없습니까? "마음에 딱 한 가지밖에 없는데, 이것이 내 마음을 너무도 무겁게 누르는구나! 이 한 가지 일이 너무 고민스러워 도무지 세련된 기도를 드릴 수가 없다." 그러나 그때 여러분은 온 영혼을 다해 그 한 가지 기도를 쏟아냈고, 기도의 응답을 들었습니다. 주님은 우리에게 진심으로 기도하라고 가르치십니다. 주님께서 유럽 대륙에, 아메리카에, 이 시간 온 세상에 주님의 불, 성령의 거룩한 불, 은혜와 간구의 영을 보내주셔서 성도들이 기도하는 법을 알게 해 주시기를 구합니다. 우리는 기도의 향을 사를 수 있는 불을 가지고 있어야 합니다.

향을 태우는 불이 있어야 하고, 그 다음에 하나님께서 받으시기 위해서는 향이 올라가야 합니다. 유향 연기에 바람이 불어서 연기가 좌우로 흩어졌다면, 그것은 나쁜 징조가 되었을 것입니다. 그러나 연기가 공중으로 똑바로 올라가 구름에게까지 닿아 사라졌을 때는 그 향기를 하나님께서 받으신 것이었습니다. 형제 여러분, 우리의 기도가 하나님께 향기로울 때는 하나님께로 똑바로 올라갑니다. 여러분의 기도는 언제나 그렇게 똑바로 하나님께 올라갑니까? 여러분은 기도하면서 이렇게 생각해 본 적이 없습니까? "자, 내 기도가 그 어느 때보다 훌륭하니까, 학식 있는 형제들은 내 기도를 기뻐할 것이고, 영적인 친구들은 나를 따라서 같이 기도할 수 있으며, '이렇게 기도할 수 있는 것을 보니 이 형제는 정말로 영적인 사람이다'고 생각할 것이다." 아, 형제 여러분, 여러분도 알겠지만, 지금 여러분의 연기는 밑으로 흘러서 사람의 코로 들어가고 하나님께로 올라가고 있지 않는 것입니다. 참으로 쓸데없는 기도이고 헛되기 짝이 없는 기도입니다! 하나님께서 받으시는 기도는 하나님께만 드리는 기도입니다. 하나님께만 기도하는 사람은 누가 그 기도를 좋아하는지 하지 않는지에 대해서는 털끝만큼도 신경을 쓰지 않습니다. 그 사람은 지금 하나님과 이야기하고 있고, 보이지 않는 왕께 호소하고 있는 것입니다. 그는 다른 사람들의 비평에 대해서는 전혀 관심이 없습니다. 그의 바람은 주님을 기쁘시게 하는 것뿐입니다. 교회의 기도가 보이지 않는 하나님만을 생각하고 똑바로 하나님께로 올라가지 않으면 결코 열납되지 않을 것입니다.

　　자, 본래의 문제로 돌아가서, 왜 성도들의 기도가 하나님께 향기로운 것이 되는지 생각해 봅시다. 부분적으로, 기도가 성령의 활동이기 때문이라고 말할 수 있습니다. 성령께서 감화하신 기도 외에는 세상에서 하나님께서 받으실 만한 기도는 없습니다. 성령께서는 하나님의 뜻이 무엇인지 알고, 그 뜻을 하나님 백성들의 마음에 쓰시며, "하나님의 뜻대로 성도를 위하여 간구" 하십니다(롬 8:27). 자, 하나님께서 자신의 뜻이 하나님 자녀들의 가슴에서 빛을 내고 있을 것을 보실 때, 성령의 그 활동을 받아들이시지 않을 수 없습니다.

　　성도들의 기도는 또한 성자 하나님의 간구이기 때문에 하나님께서 받으실 만한 것입니다. 성도들은 그리스도의 몸의 지체입니다. 그래서 성도들이 기도할 때, 그들 안에서 그리스도께서 간구하십니다. 성도들의 기도의 힘은 바로 그들이 그리스도의 공로를 주장하고, 하나님께서는 아들의 공로를 기쁘게 기억하신다는 점에 있습니다. 여러분은 원하면 언제까지나 그 종을 울릴 수 있습니다. 아버지 하나님께서는 그 소리에 결코 싫증을 내지 않으실 것입니다. 아버지 하나님께 성자께서 하신 일을 말씀드리십시오. 아버지 하나님께 겟세마네를 말씀드리고, 골고다의 십자가를 기억나게 하십시오. 하나님께서 그 아들에게 하신 약속, 곧 그리스도께서 그 씨를 보고 온전한 상급을 얻을 것이라고 하신 약속을 말씀드리십시오. 여러분이 이 주제에 대해서 아무리 많이 말씀드려도 하나님은 조금도 불쾌하게 생각하지 않으실 것입니다. 이 주제를 가지고 하나님을 붙드십시오. 그렇습니다. 야곱의 결심을 가지고 하나님을 붙들고 "내가 아버지의 독생자의 이름과 공로로 호소하오니" "당신이 내게 축복하지 아니하면 가게 하지 아니하겠나이다"(창 32:26) 하고 말하십시오. 그리스도에 관한 것은 모든 것이 하나님께 향기롭습니다. 신자의 기도가 그리스도로 충만하기 때문에, 그 기도가 하나님께 향기로운 것입니다.

　　또 한 가지는, 성도들의 기도가 하나님을 명예롭게 하기 때문에 하나님께 향기롭다는 것입니다. 성도의 기도는 여러 가지 면에서 하나님을 명예롭게 합니다. 첫째, 성도의 기도는 하나님의 계심을 주장합니다. 기도할 때 하나님의 백성들은 하나님이 계시다는 확실한 믿음을 다른 어떤 것으로보다도 분명하게 선언합니다. 우리는 존재하지 않는 분에게 기도할 수 없기 때문입니다. 그러므로 하나님께 드리는 우리의 기도는 "여호와 그는 하나님이시다," "여호와 그는 하나님이시다" 하고 계속해서 주장하는 것입니다. 우리가 하나님께 어떤 특별한 자비를 구하고 받을 것을 기대하는 것은 살아 계신 하나님, 아시는 하나님, 행동하시는 하나님, 곧 주무시지 않고 멀리 계시지도 않으며 가까이 계셔서 사람의 목소리를 들으시고 사람의 소원을 이루어주실 수 있는 하나님을 우리가 믿고 있음을 선언하는 것입니다. 그 다음에, 하나님이 살아 계시고, 하나님은 부지런히 자기를 찾는 자들에게 상 주시는 분임을 믿고 증언하는 이것이 하나님을 아주 기쁘시게 합니다.

기도 자체가 본래 송영이라고 말한다면 어떻게 생각하시겠습니까? 기도는 하나님의 여러 속성을 영광스럽게 말하는 것입니다. 내가 하나님께 복을 주시라고 구합니까? 그렇다면 나는 하나님의 능력을 찬미하는 것입니다. 하나님께서 내게 복을 주실 수 있다고 믿기 때문입니다. 내가 하나님께 복을 주시라고 기도합니까? 그렇다면 나는 하나님의 자비를 찬미하는 것입니다. 하나님께서 내게 복을 주실 것이라고 믿고 소망하기 때문입니다. 내가 하나님의 이런저런 약속을 인해서 내게 복을 주시라고 구합니까? 그렇다면 나는 하나님의 신실하심을 찬미하는 것입니다. 하나님은 신실하셔서 말씀하신 바를 행하실 것이라고 분명히 믿기 때문입니다. 하나님께 내 요구대로가 아니라 하나님의 지혜대로 복을 주시라고 기도합니까? 그렇다면 하나님의 지혜를 찬미하는 것입니다. 내가 하나님의 사려깊음과 판단을 확실히 믿고 있기 때문입니다. 하나님께 "내 뜻대로 마옵시고 아버지의 뜻대로 하옵소서" 하고 말할 때, 나는 하나님의 주권을 찬송하고 있는 것입니다. 하나님의 손 아래 고통을 당하는 것이 마땅하다고 고백할 때, 나는 하나님의 판단을 공경하는 것입니다. 하나님께서 영구히 의를 행하신다고 인정할 때, 나는 하나님의 거룩하심을 찬미하는 것입니다. 겸손하게 "그럴지라도 주의 종에게 자비를 베푸사 내 죄악을 지워 주소서" 하고 말할 때, 나는 주님의 은혜를 높이고 있는 것입니다. 그러므로 예수 그리스도로 말미암아 드리는 성도들의 기도가 하나님께 아주 실제적으로 경의를 표하는 것이므로, 하나님께 귀한 것이 되는 것은 아주 당연한 일입니다.

　　형제 여러분, 결국 하나님께서 우리의 기도를 듣기 좋아하시는 이유에 대해 우리가 제시할 수 있는 최상의 답변은 우리도 깊이 공감할 수 있는 것입니다. 여러분은 여러분의 어린 자녀가 말하는 것을 듣기 좋아합니다. 여러분은 어린 딸이 새 옷을 필요로 하고, 어린 아들에게 새 교과서가 필요하다는 것을 잘 압니다. 아내가 딸의 옷에 대해 여러분에게 일러줄 필요가 없고, 학교 선생님이 아들의 교과서에 대해서 말해줄 필요가 전혀 없습니다. 여러분은 자녀들이 여러분에게 구하기 훨씬 전부터 그들에게 무엇이 필요한지 알고 있기 때문입니다. 그러나 여러분은 자녀들이 자신에게 무엇이 부족한지 알고, 그것을 아버지가 채워줄 것이라고 깨달을 때 즐거워합니다. 그래서 여러분은 아이들이 자신의 소원을 말하는 것을 듣기 좋아합니다. 때로 여러분은 잠깐 서서 "아니, 내가 왜 이것을 너한테 주어야 하지?" 하고 말하곤 합니다. 여러분은 아이의 혀짤배기 소리를 듣기 좋아하며, 아이가 그 작은 팔로 여러분의 목을 감고 볼에 마구 입을 맞추게 하고 싶어서 일부러 아이의 애를 태웁니다. 여러분은 아이가 귀여운 논리와 애정 어린 포옹으로 여러분을 이길 수 있다고 믿게 만듭니다. 그리고 그것은 아이들에게 뿐 아니라 여러분에게도 기분 좋은 일입니다. 자, 우리 하늘 아버지께서는 우리보다 훨씬 높으신 분입니다. 그럼에도 하나님은 우리가 부모로서 느끼는 감정으로부터 하나님의 성품을 배우라고 명하십니다. 우리가 악할지라도 자식에게 좋은 선물을 줄줄 알거든, 하물며 우리 하늘 아버지께서 구하는 자에게 성령을 주시지 않겠습니까. 주님은 하나님께서 우리를 자식으로 대하신다고 선언하십니다. 물론 "어찌 아버지가 징계하지 않는 아들이 있으리요"(히 12:7)라는 말씀이 있는 것을 나는 압니다. 그러나 하나님께서 사람의 아버지를 닮은 것이 징계하는 점에만 있다고 생각하지 않습니다. 본문을 그렇게 엄하고 마음을 힘들게 하는 말씀으로 볼 수 없습니다. 그렇지 않습니다. 하나님은 우리의 간구를 들으시는 점에서도 아버지를 닮은 모습을 보이십니다. 하나님은 자기 백성과 교제를 나누시기를 기뻐하십니다. 주님은 자녀들이 마음으로 자기와 이야기하게 만들기를 좋아하십니다. 그 백성이 하나님 앞에 부족한 것들을 펼쳐 놓고 근거를 들어 사정을 호소하며 하나님을 설득하는 말을 기쁘게 들으십니다. 그러므로 여러분, 하나님을 기쁘시게 하는 향기로운 냄새가 되는 기도를 드리는 일에 게으르지 마십시오.

## 2. 둘째로, 함께 드리는 기도는
## 특별히 더 하나님께서 받으실 만한 기도입니다.

"성도들의 기도라." 한 성도의 기도는 향기롭습니다. 그러나 성도들의 기도는 더욱 향기롭습니다. 여기서 살펴볼 중요한 점이 많이 있지만, 오늘 아침에는 한 가지 점을 위해서 다른 모든 것은 접어두어야 하겠다고 생각합니다. 연합하여 드리는 기도는 조화의 힘이 있습니다. 음악에는 뚜렷한 단 선율로 이루어진 곡이 있습니다. 그러나 사람들은 화음에 특별한 매력이 있다는 것을 알았습니다. 한 성도의 기도는 하나님께 하나의 선율입니다. 그러나 많은 성도의 기도는 화음입니다. 그리고 하나님 백성들의 기도의 화음에서 하나님은 많은 기쁨을 느끼십니다.

이 주제를 잠시 살펴봅시다. 하나님의 두 자녀가 아주 똑같이 기도합니다. 그런데 어조에는 차이가 있습니다. 하나님께 배웠다면, 두 사람 모두 하나님께 자비를 구하는 기도를 드릴 것입니다. 그러나 한 사람의 기도에는 다른 사람에게 없는 것이 있을 것입니다. 정원의 모든 과일이 다 감미롭지만, 과일마다 독특한 향이 있습니다. 종들이 모두 은으로 만들어졌을지라도 종마다 독특한 음색이 있습니다. 예를 들면, 어떤 형제들은 기도할 때 죄로 인해 하나님께 끼친 불명예를 매우 예민하게 생각합니다. 그들은 기도할 때 깊이 상심하여 말끝마다 울면서 기도하다시피 합니다. "하나님이여, 사람들이 주님의 자리에 우상을 세웁니다. 예수님의 이름을 더럽힙니다. 율법을 어기고 복음을 멸시합니다." 이처럼 다른 사람들의 죄로 인해 통회하는 기도를 드리며 낮고 부드러운 목소리로 울부짖습니다. 그런가 하면 다른 사람들의 기도를 들어보십시오. 그러면 그들의 기도가 전혀 다른 음조를 낸다는 것을 알게 될 것입니다. 그 형제는 하나님의 나라가 산들 위에, 곧 그 기초가 결코 흔들리지 않는 곳에 굳게 서 있다는 충만한 확신을 가지고 기도합니다. 이방인들이 사납게 날뛰고, 백성들이 헛된 일을 상상할지라도, 하나님의 나라와 뜻은 확실히 서고, 하나님은 모든 일을 그의 기쁘신 뜻대로 행하실 것입니다. 나팔소리처럼 강렬하고 뚜렷하게 간구하는 소리를 들을 때, 여러분은 그 믿음의 목소리가 아름답고 또 힘이 있는 것을 느낍니다. 그 사람은 하나님이 승리하실 것을 추호도 의심하지 않습니다. 그는 주의 천군들이 그날에 승리할 것을 확신하고, 그 정신으로 기도합니다. 그런데 이렇게 각기 다른 어조들이 하나로 합쳐진다면, 얼마나 아름다운 조화를 이루겠습니까! 그러므로 주님께서는 우리 가운데 두 사람이 마음을 합하여 하나님 나라에 관하여 무엇이든지 구할 때 큰 일들을 약속하십니다.

그런데 여기서 세 번째 간구자가 나오는데, 그의 기도의 어조는 앞의 두 사람과 다릅니다. 이 사람에게도 같은 기도의 정신이 있는데, 그 목소리는 다릅니다. 그는 이런 식으로 기도합니다. 하나님 앞에서 온 땅의 하나님에 대한 경외심으로 엎드려 기도하는데, 한 마디 한 마디 끊어서 하듯이 또박또박 말합니다. "하나님이여, 열방이 주를 두려워해야 하지 않겠습니까? 주께서 그처럼 높으신 분인데, 열방이 주 앞에서 떨어야 하지 않겠습니까? 주여, 주는 만물의 창조주시요 보존자이시므로, 주께서 그들에게 왕이시지 않겠습니까?" 그룹들처럼 그는 지극히 찬란한 영광 앞에서 얼굴을 가립니다. 그의 기도를 들으면 여러분의 영혼은 엄숙하게 그를 따라 하나님의 어전에 들어가 그 앞에 엎드리게 됩니다.

그런데 이제 나오는 네 번째 사람에게 주의하십시오. 그의 기도는 또 다른 특징을 지니고 있습니다. 그는 주님을 친숙하게 대합니다. 그는 주님의 숭엄함에 대한 의식을 주님의 겸손히 낮추심에 대한 의식에 결합한 것처럼 보입니다. 그래서 그는 다소 이런 식으로 말을 합니다. "주님, 내 아버지시여, 주는 사람들을 사랑하십니다. 주님께로 돌아오고 있는 주의 방탕한 자식들을 와서 만나 주시지 않겠습니까? 아버지는 예수 그리스도를 주셔서 사람이 되게 하시고 그의 보혈로 사람들을 사지 않으셨습니까? 그러니 주께서 오셔서 사람들을 가슴에 품으시고 주의 것으로 삼지 않으시겠습니까?" 이 형제는 하나님께 기도할 때, 하나님께 가까이 가서 하나님을 붙잡고 이렇게 말하는 것처럼 보입니다. "아버지께 구합니다. 사람들에게 자비를 베풀어 주십시오." 이 두 사람의 기도에 다같이 복된 점이 있습니다. 나는 어느 기도가 더 좋은지 모르겠습니다. 그러나 이 두 가지 태도를 섞을 수 있을 때, 곧 경외심과 거룩한 담대함, 친밀함과 통치권에 대한 의식을 결합할 때, 기쁨이 두 배로 마음을 채울 것이라는 사실은 확실히 압니다.

형제 여러분, 여러분은 광야에서 여호와의 마음을 움직인 것과 같은 기도를 들어보았습니까? 나는 지금 모세가 "그렇지 아니하시오면 생명책에서 내 이름을 지워 버려 주옵소서"(출 32:32) 하고 드린 기도를 말하는 것입니다. 이것은 사람이 "나는 하나님을 영화롭게 해야 하겠다. 이 백성들이 구원을 받도록 해야 하겠다. 내 목숨을 걸고서라도 백성을 구원하고 싶다. 이 백성이 구원을 받을 수만 있다면 내 자신은 망해도 좋겠다"고 느낄 때 드리는 자기희생의 기도입니다. 그것은 위대한 기도입니다. 우리 모두가 그런 기도를 드릴 수 있는 위치에 오르는 것은 아닙니다. 그러나 그 기도뿐이고, 오직 그 기도만 드린다면 그 기도는 점점 지루해질 수 있습니다. 그러나 내가 지금까지 언급한 이 모든 기도를 합친다면, 즉 애정 어린 기도, 용감한 기도, 경외심에 사로잡힌 기도, 친밀한 기도, 끈질긴 기도, 자기희생의 기도가 다 같이 금 대접을 향으로 가득 채울 것입니다.

나는 기도회 때 나이 드신 분들의 기도를 듣는 것이 좋습니다. 월요일 밤이면 우리 영혼에게 골수와 기름진 음식과 같은 기도를 드리곤 하던 귀한 성도 한 분을 잃음으로 인해서 우리 기도회가 지난 몇 달 동안 허전하였고 지금도 허전합니다. 천국 가까이에 이른 분들의 기도는 우리를 진주 문으로 데리고 올라가는 천사와 같습니다. 그렇지만 젊은 사람들, 심지어 아주 어린 사람들의 기도를 듣는 것도 매우 기분 좋습니다. 왜냐하면 그 사람들이 하나님 앞에서 말할 때는 다른 사람들에게서는 좀처럼 볼 수 없는 매력적인 단순함과 솔직함이 있기 때문입니다. 그 다음에, 중년 교우들의 기도는 실제적인 근심거리가 가득하거나 아니면 기쁨의 경험들이 넘칩니다. 이 기도에는 각기 독특한 향기가 있습니다. 나는 하나님께서 이 모든 기도가 금 대접 안에서 함께 섞이는 것을 보기 좋아하신다고 생각합니다.

하나님께서는 각기 다른 특징들을 지닌 그의 백성들이 그들의 기도를 합하기를 바라신다고 말해도 무방할 것입니다. 칼빈주의자인 나는 우리 아르미니우스주의 친구들이 놀라울 정도로 칼빈주의적으로 기도하는 것을 봅니다. 나는 그들과 우리 사이에 많은 차이가 있는 것을 좀처럼 보지 못합니다. 그들이 진리의 어떤 부분에 대해서 우리보다 많은 것을 보는 것은 분명합니다. 반면에 우리는 진리의 또 다른 면을 더 높게 고려합니다. 자, 이와 같이 그리스도인들의 각기 다른 성격들이 기도에 어느 정도 영향을 줍니다. 이 기도들을 합하면, 기도의 향기에 독특하고 아름다운 조화가 이루어질 것입니다.

이 시간에, 다른 민족들의 기도를 이 금 대접에 담는 것을 생각해 보는 것은 즐거운 일입니다. 우리 프랑스 형제들이 기도하는 것을 들으면 그 소리가 언제나 매력적입니다. 그들의 기도에는 자식으로서의 부드러운 사랑이 있습니다. 애정 어린 온유함이 있는데, 사람의 마음을 매우 유쾌하게 만듭니다. 아주 용감하고 쾌활한 우리 미국 친구들은 하나님에 대한 확신으로 우리를 기쁘게 만듭니다. 그들의 기도는 프랑스 친구들의 다소 소심한 기도와 균형을 이룰 것입니다.

그 다음에, 생각이 깊고 사물의 밑바닥까지 내려가는 습관을 지닌 우리 독일 형제들은 아주 견고한 기도를 드립니다. 많은 나라에 있는 우리의 모든 형제들도 그와 같습니다. 이 모든 기도들이 아주 놀라운 결합을 이룹니다. 나는 지금까지 많은 기도회에 참석하였는데, 다양한 민족들의 기도를 들으면서 내 마음은 기뻤고, 많은 민족과 방언의 기도를 섞으면 하나님 앞에 독특한 조화를 이루겠다는 생각을 하게 됩니다.

처음으로 돌아가서, 본문의 이때에 모든 시대의 기도가 금 대접에 담겨 있는 것에 대해 생각해 봅시다. 사도들의 기도, 박해받던 시절의 부르짖음, 중세 시대의 외로운 이들의 씨름, 피에몬테(Piedmont) 골짜기와 산지에서 들려오는 탄식, 곧 메리 여왕의 박해 기간 동안에 우리 형제들에게서 나온 신음소리, 맹약자들(Covenanters)과 청교도들의 간구, 이 모든 기도가 금 대접에 함께 담겨 있고, 불타는 숯에 닿은 모든 기도가 언약의 대천사의 손으로부터 위로 올라갑니다. 이 대천사는 보좌 앞에서 모든 성도를 대신하여 서서 자기 백성을 위하여 하나님께 간구합니다. 교회의 한데 어우러진 기도를 영원하신 하나님께서 매우 향기롭게 여기신다는 사실을 기뻐합시다.

### 3. 이제 마지막으로, 형제 여러분, 우리의 기도가 아무리 결함이 많고 연약할지라도 우리의 기도를 현 시대의 일반 기도와 한데 섞도록 합시다.

하나로 합친 기도가 하나님께 향기로운 것이라면, 우리에게도 향기롭습니다. 하나님께 연합된 기도를 많이 드립시다. 우리가 하나님을 본래 행복하신 것보다 더 행복하게 만들어 드릴 수는 없습니다. 하나님은 무한히 행복하신 분이기 때문입니다. 그러나 하나님께서 만족하게 여기시는 것이 있다면, 그 점을 풍성하게 만들어 드리도록 합시다. 하나님의 교회여, 밤낮으로 하나님께 부르짖으십시오. 신부인 교회여, 그대의 목소리를 하나님이 즐겁게 들으신다면, 하나님께서 "내가 네 얼굴을 보게 하라 네 소리를 듣게 하라 네 소리는 부드럽고 네 얼굴은 아름답구나"(아 2:14)고 말씀하신다면, 얼굴을 돌리지 말고, 목소리를 죽이지 마십시오. 외치십시오. 밤에도 주 하나님 앞에 물처럼 그대의 마음을 쏟아 놓으십시오.

나는 우리 비국교도들이 기도를 바르게 평가하지 못하는 바람에 기도를 많이 게을리할까봐 염려스럽습니다. 나는 오늘 예배에서 이 설교가 매우 중요하다고 생각합니다. 그러나 어떤 사람들이 생각하듯이, 이것이 극히 중요한 문제라고 보지는 않습니다. 나는 친구들이, 마치 우리의 기도와 찬송이 해치워야 할 사소한 예비 활동이고 설교가 주요 용무인 것처럼 "아무개가 예배 준비를 인도할 거야"라고 말하는 것을 들어왔습니다. 형제 여러분, 설교의 목적은 기도입니다. 설교는 줄기일 뿐이고, 실제 열매는 우리가 하나님께 드리는 기도입니다. 이 사실을 확실히 알도록 합시다. 하나님께서 기도를 기뻐하신다는 것을 알고서 더욱 더 하나님께 기도드립시다. 그렇게 한다면, 우리 스스로 기도에서 복을 발견하게 될 것입니다. 더 많이 기도하면 할수록, 그만큼 더 우리는 기도하기를 바랄 것입니다. 기도하면 할수록 그만큼 더 우리는 많이 기도할 수 있습니다. 기도하면 할수록 그만큼 더 우리는 많이 기도할 것입니다. 적게 기도하는 사람은 더 적게 기도하게 될 것입니다. 그러나 많이 기도하는 사람은 더 많이 기도할 것입니다. 그리고 더 많이 기도하는 사람은 더 많이 기도하기를 바랄 것입니다. 사랑하는 여러분, 기도가 하나님께 효과가 있다는 점을 기억하시기 바랍니다. 우리는 영혼들이 구원받는 것을 보고 싶습니다. 우리가 이 세상에서 지옥으로 내려가고 있는 많은 사람들 가운데서 살아가는 것에 점점 지치지 않습니까? 아무튼 교회가 활동하고 있음에도 불구하고 매일 수많은 사람들이 망하고 있다는 것을 생각하면 끔찍하지 않습니까? 우리는 사람들의 영혼을 위해 분발해야 합니다. 그들을 위해 기도하는 것만큼 그들에게 좋은 일을 할 수 있는 것이 없습니다. 그러므로 힘을 내어 기도하도록 합시다.

　　요한계시록 8장에서 여러분은 성도들의 기도가 가득한 금향로를 들고서 하나님 앞에 섰던 대천사가 금향로를 들어올리자 연기가 하나님께로 올라가는 것을 볼 것입니다. 그러나 잠시 후에 향이 다 타자, 금향로를 가져다가 제단에서 가져온 숯불로 채웠습니다. 그 다음에 이 천사가 무슨 일을 했는가 보십시오. 그가 금향로를 땅에다 쏟자 우레와 음성과 번개와 지진이 일어났습니다. 그 구절을 읽어봅시다. 하나님 교회의 향로가 기도로 가득 잘 채워졌을 때, 그 기도가 하나님께 바쳐졌을 때, 하나님께서 일하기 시작하실 것입니다. 하나님 앞에 있으면서 하나님을 설득하는 무기가 되었던 향로가 다음에는 사람들을 설복하는 무기가 될 것입니다. 하나님께서 향로에 숯불을 가득 채우고 나서 향로를 땅에 쏟으실 것입니다. 그때 하나님의 능력을 보게 될 것입니다. 그때 음성이 나올 것입니다. 여기저기에서 설교자들이 일어날 것입니다. 신문사에, 대학에, 공공 집회에서 압제를 비난하는 목소리가 들릴 것이고, 사제술(priestcraft, 司祭術)을 반대하는 목소리, 진리를 전하는 목소리, 그리스도를 선포하는 목소리가 들릴 것입니다. 그 다음에는 우레가 나올 것입니다. 이는 복음과 함께 사람 목소리보다 큰 우레와 같은 하나님의 목소리가 나갈 것이기 때문입니다. 그 다음에는, 번개가 번쩍 하고 나타날 것입니다. 하나님의 능력과 진리의 빛이 장엄하게 비칠 것이고, 사람들이 그 빛에 놀라고 복종하게 될 것입니다. 그 다음에 지진이 나와 사회를 온통 흔들어, 전제군주의 보좌가 흔들리고, 오래된 관습들이 산산이 부서지며, 복음의 보습으로 갈아 젖힐 수 없었던 땅이 영원하신 하나님으로부터 나온 진동으로 파 일구어질 것입니다. 우리는 기도하지 않으면 안 됩니다. 모든 일이 우리에게 가능합니다. 형제 여러분, 기도하십시오. 여러분에게 천국 문을 여는 열쇠가 있으니, 열쇠를 넣고 돌려서 문을 여십시오. 형제 여러분, 기도하십시오. 기도는 옛 뱀을 묶는 사슬을 쥐기 때문입니다. 기도는 사탄조차도 굳게 붙잡고 억누릅니다. 기도하십시오. 여러분이 기도하는 법을 안다면, 하나님께서 여러분에게 전능한 능력을 쥐어 주시는 것입니다. 우리가 기도에 부족하지 않기를 바랍니다. 그리고 성령께서 우리에게 힘주시고, 하나님께 영원히 영광을 돌릴 수 있게 해주시기를 구합니다. 아멘.

제
19
장

—

# 왕 같은 제사장들인 성도들

—

"우리로 우리 하나님 앞에서 왕과 제사장들을
삼으셨으니 우리가 땅에서 왕 노릇 하리로다." — 계 5:10

"음악에는 마술적인 힘이 있습니다." 나는 신성한 음악에는 마술적인 힘이 있다고 확실히 믿습니다. 우리가 방금 전까지 그 영광스러운 찬송을 부르고 있는 동안, 찬송에서 마술적인 힘 같은 것을 느꼈습니다. 화음에는 힘이 있습니다. 선율에는 마음을 녹여 동정심에 이르게 하거나 고양시켜 말할 수 없는 기쁨에 이르게 하는 신비한 능력이 있습니다. 음악이 다른 사람들에게도 그렇게 작용하는지 모르겠습니다. 그들은 어쩌면 노래의 영향력을 거부할 수 있을지 모르지만, 나는 거부하지 못합니다. 하나님의 성도들이 일제히 소리를 같이 하여 "엄숙한 노래를 부를" 때, 그들의 입에서 듣기 좋은 가사들이 박자와 시간을 맞추어 흘러나오는 것을 들을 때, 나는 기분이 고양되며, 잠시 동안 세상적인 모든 것을 잊고서 천국을 향하여 높이 날아올라갑니다. 불화와 죄가 많아 화음이 망쳐지는, 땅에 있는 성도들의 음악이 그처럼 아름답다면, 하늘에서 그룹들과 스랍들과 함께 노래하는 것은 얼마나 더 아름답겠습니까. 영원하신 하나님이 보좌에서 항상 들으시는 노래는 참으로 얼마나 아름다운 음악이겠습니까! 한 점 죄의 얼룩이 없고 불평 소리 하나 섞인 것이 없는 불멸의 존재들의 입에서 흘러나오는 천사의 노랫소리는 얼마나 아름답겠습니까! 그곳에서 천사들은 한숨이나 신음소리 혹은 세상의 염려 하나 섞인 것이 없이 항상 즐겁고 기쁜 찬송을 노래합니다. 복된 가수들이 아닐 수 없습니다! 내가 언제 여러분과 함께 합창을 할 수 있겠습니까? 여러분이 부르는 찬송 가운데 이런 가사가 나오는 노래가 있습니다.

"들어라! 저들이 보좌 앞에서 어떻게 노래하는지!"

그런데 때로 나는 "저들이 보좌 앞에서 어떻게 노래하는지 들리는" 것 같았습니다. 합창이 하늘로부터 큰 우레처럼, 많은 물소리처럼 울려 퍼질 때, 갑자기 합창 소리가 하늘 가득 쏟아져 나오는 것을 들으며, 하프를 연주하는 사람들이 하나님의 보좌 앞에서 하프를 연주할 때, 온 현을 다 사용하여 힘껏 연주하는 소리가 들리는 것 같은 상상을 해보았습니다. 하지만 슬프게도 그것은 상상일 뿐이었습니다. 우리가 지금은 그 소리를 들을 수 없습니다. 이 땅의 귀는 그런 음악을 듣기에 적합하지 않습니다. 천사들의 하프에서 흘러나오는 마음을 흔드는 선율을 일단 듣게 된다면, 우리의 영은 몸에만 갇혀 있을 수 없을 것입니다. 우리는 저 세상에 올라갈 때까지 기다려야 합니다. 그때 우리는 일곱 번 단련된 은처럼 세상의 더러움에서 정결케 되고, 우리 구주님의 보혈로 씻음을 받으며 성령의 정결케 하는 능력으로 거룩해질 것입니다. 그때

"우리는 흠 없이 온전하게
크나큰 기쁨과 함께
아버지의 보좌 앞에 나타날 것입니다."

"그때 무리가 지극히 큰 소리로 노래할 것이고
천국의 대저택들에 부딪혀
지극히 아름다운 소리가 울려 퍼질 것입니다."

큰 은총을 받은 요한계시록의 사도, 우리 친구 요한은 천국의 노래에서 선율을 딱 하나 우리에게 주었습니다. 우리는 그 선율을 연주하고 거듭거듭 노래할 것입니다. 내가 천국의 이 소리굽쇠를 칠 것이니, 여러분은 거기서 울려나오는 으뜸음들 가운데 하나를 들으시기 바랍니다. "우리로 우리 하나님 앞에서 왕과 제사장들을 삼으셨으니 우리가 땅에서 왕 노릇 하리로다"(개역개정에서는 "그들

로 우리 하나님 앞에서 나라와 제사장들을 삼으셨으니 그들이 땅에서 왕 노릇 하리로다" – 역주). 어둠을 밝히는 유일한 빛이신 크고 자비로운 성령께서 내가 본문을 가지고 간단하고 짧게 말하는 동안에 마음을 밝혀 주시기를 바랍니다. 본문에는 세 가지 점이 나옵니다. 첫째는, "우리로 만드셨으니"라고 하는, **구속주의 활동**입니다. 둘째는, "우리로 우리 하나님 앞에서 왕과 제사장들을 삼았으니"라는 말씀에서 보는 대로, **성도들의 명예**입니다. 셋째는, "우리가 땅에서 왕 노릇 하리로다"는 말씀대로 세상의 미래에 대한 것입니다.

### 1. 첫째로, 본문에서 우리는 구속주의 활동을 봅니다.

보좌 앞에 서 있는 자들이 어린 양을 노래합니다. 이 어린 양은 유대 지파의 사자로 두루마리를 취하여 그 인을 떼신 분입니다. "주께서 우리로 우리 하나님 앞에서 왕과 제사장들을 삼으셨습니다." 천국에서 이들은 이렇게 노래하지 않습니다.

> "영광과 존귀와 찬송과 권능을
> 영원히 우리 자신에게 돌리세
> 우리가 스스로 구속자가 되었도다, 할렐루야!"

그들은 자신들을 찬송하지 않습니다. 자기들의 힘에 영광을 돌리지 않습니다. 자신의 자유의지와 자신의 힘을 말하지 않습니다. 그들은 자신들의 구원을 처음부터 끝까지 하나님께 돌립니다. 그들이 어떻게 구원을 받았는지 물어보십시오. 그러면 그들은 "어린 양이 우리를 지금과 같이 만드셨다"고 말합니다. 그들에게 그들의 영광이 어디에서 왔는지 물어보면 이렇게 답할 것입니다. "우리의 영광은 우리를 위해 죽으신 어린 양이 우리에게 주셨다." 그들에게 하프에 사용된 금을 어디에서 얻었느냐고 물어보면 "그 금은 예수께서 고통과 슬픔의 광산에서 캐셨다"고 대답할 것입니다. 누가 그들의 하프의 현을 조율했느냐고 물으면, 예수께서 자기 몸의 힘줄 하나하나로 그 현을 만들었다고 대답할 것입니다. 그들에게 어디에서 옷을 빨아 하얗게 만들었느냐고 물으면, 이렇게 말할 것입니다.

"임마누엘의 정맥에서 흘러나오는
피로 가득한 저 샘에서 빨았네."

땅에 있는 사람들은 왕관을 어디에 두어야 할지 알지 못하지만, 천국에 있는 사람들은 압니다. 그들은 왕관을 오른편에 두고 항상 이렇게 노래합니다. "주께서 우리를 지금과 같이 만드셨도다."

그렇다면 사랑하는 여러분, 이 선율이 땅에 있는 우리에게 어울리지 않겠습니까? "우리에게 있는 것 가운데 우리가 받지 않은 것은 아무것도 없기" 때문입니다. 누가 우리를 다르게 만드셨습니까? 오늘 아침 나는, 내가 의롭다함을 받은 사람이라는 것을 압니다. 나는 이 같은 온전한 확신이 있습니다.

"율법과 하나님에 대한 공포가
나와는 아무 상관이 없네.
내 구주의 순종과 보혈이
내 모든 허물을 가리우네."

하나님의 책에 나를 고소하는 죄는 하나도 없습니다. 내 모든 죄는 그리스도의 피로 영원히 지워졌고, 그리스도께서 오른손으로 삭제하셨습니다. 나에게는 죄가 털끝만큼도 남아있지 않습니다. 나는 결코 정죄받지 않습니다. "누가 능히 하나님께서 택하신 자들을 고발하리요"(롬 8:33). 하나님은 아니십니다. 하나님께서 의롭다 하셨기 때문입니다. 그리스도는 아닙니다. 그리스도께서 죽으셨기 때문입니다. 내가 의롭다함을 받았다면 누가 나를 그렇게 만들었습니까? 나는 말합니다. "주께서 나를 지금의 나로 만드셨습니다." 의롭다하심은 처음부터 마지막까지 하나님에게서 오는 것입니다. 구원은 오직 하나님께만 있습니다.

여러분 가운데 많은 분들이 거룩함을 받았지만, 완전히 거룩해진 것은 아닙니다. 여러분이 세상의 찌꺼기로부터 완전히 구원받은 것은 아닙니다. 여러분의 지체 속에는 마음의 법과 싸우는 또 다른 법이 여전히 있습니다. 여러분이 믿음으로 사는 동안에는 언제까지나 그 법이 여러분에게 있을 것입니다. 여러분이 저 세상에서 하나님의 장엄한 보좌 앞에 서기 전까지는 완전한 거룩함에 이르지 못할 것입니다. 하나님의 보좌 앞에 설 때에는 여러분 영혼의 결점이 제거되고 육신의 부패가 뿌리뽑힐 것입니다. 그러나 사랑하는 여러분, 여러분은 또 다른 내적 원리를 받았습니다. 여러분은 은혜 안에서 자라고 있고, 점점 더 거룩함으로 나아가고 있습니다. 그런데 여러분에게 그런 진보를 이루게 하신 분이 누구입니까? 누가 여러분을 정욕에서 구원하셨습니까? 누가 여러분을 악에서 구속하셨습니까? 누가 여러분에게 탐닉해 있던 행습에서 떠나라고 명령하셨습니까? 여러분은 예수님께 대해 "그가 나를 만드셨다!" 하고 말할 수 없습니까? 이 모든 일을 행하신 분이 바로 그리스도이십니다. 그 이름에 존귀와 영광과 찬송과 권능을 돌립시다.

잠시 이 점을 생각해 보고, 어떻게 그리스도께서 우리를 이같이 만드셨다고 말할 수 있는지 말씀드리겠습니다. 언제 그리스도께서 자기 백성을 왕과 제사장들로 삼으셨습니까? 언제 "우리로 우리 하나님 앞에서 나라와 제사장들을 삼으셨다"고 말할 수 있습니까?

(1) 첫째로, 그리스도께서 은혜 언약을 맺으셨을 때, 사실상 우리를 왕과 제사장들로 삼으신 것입니다. 아주, 아주 멀리 영원으로 돌아가서, 성도들의 대헌장을 하나님께서 친히 작성하셨습니다. 그 헌장이 효력을 발휘하기 위해 한 분의 서명이 필요하였습니다. 그 언약에는 중보자가 성육신하셔야 하고, 고난의 삶을 사시다가 마지막에는 부끄러운 죽음을 감당하셔야 한다는 규정이 있었습니다. 그 언약이 영구히 효력을 발휘하고, "만사에 구비하고 견고하게 하기"(삼하 23:5) 위해서는 한 가지 서명, 곧 하나님의 아들의 서명만 필요하였습니다. 상상의 그림을 그려보면, 그리스도께서 손에 펜을 쥐고 계시는 모습이 보이는 것 같습니다. 주님의 손이 이름을 쓰시는 것을 보십시오. "그리스도"라는 이름이 영원히 새겨져 있습니다. 그 언약이 거룩하게 비준되었습니다. 그 언약에 하늘에 계신 아버지 하나님의 큰 도장을 찍어 보증하였습니다. 이렇게 해서 영구히 공고하게 된 영광스러운 언약이 이루어졌습니다! 이 놀라운 문서에 서명하는 순간, 보좌 앞에 있는 영들, 곧 천사들이 노래를 부르며 택하심을 받은 모든 자들에 대해 이같이 말했을 것입니다. "너희로 너희 하나님 앞에서 왕과 제사장들을 삼으셨도다." 이렇게 해서 택함받은 모든 무리가 존재하기 시작할 수 있었고, 손뼉을 치며 이렇게 노래할 수 있었습니다. "바로 이 서명으로 말미암아 우리가 우리 하나님 앞에서 왕과 제사장들이 되었다."

    (2) 그러나 그리스도는 거기에서 멈추시지 않았습니다. 그것은 단지 그 언약의 조건에 동의하는 것이 아니었습니다. 때가 오자 주께서 모든 조건을 다 이행하셨습니다. 예, 마지막까지 철저히 다 이루셨습니다. 예수께서는 "내가 구원의 잔을 들리라"(시 116:13)고 말씀하셨습니다. 그리고 그 잔, 곧 우리 구원의 잔을 마셨습니다. 그 잔의 방울들은 쓰고, 깊은 속까지 쓰디썼습니다. 그 붉은 혼합물에는 신음과 한숨과 눈물이 있었습니다. 그러나 주님은 그 모든 것을 찌꺼기까지 다 마시고 그 두려운 것을 다 삼키셨습니다. 모든 것을 깨끗이 비웠습니다. 주님은 구원의 잔을 마시고 고난의 떡을 잡수셨습니다. 예수께서 겟세마네에서 그 잔을 마실 때의 모습을 보십시오. 그때 잔의 액이 주님의 피와 섞여서 한 방울 한 방울이 타는 듯한 독이 되었습니다. 고통의 뜨거운 액이 어떻게 주님의 정맥을 따라 내려갔는지 주의해서 보십시오. 어떻게 신경 하나하나가 고통으로 심하게 뒤틀렸는지 보십시오. 주님의 이마가 땀으로 범벅이 된 것을 보십시오. 고통들이 주님의 영혼의 깊은 곳으로 잇따라 지나가는 것을 보십시오. 길 잃은 여러분, 말해 보십시오. 지옥의 고통이 어떤 것인지 말해 보십시오. 여러분은 겟세마네의 고통이 어떤 것이었는지 말할 수 없을 것입니다. 거기에는 말로 표현할 수 없는 심연이 있습니다! 우리 구주께서 엎드리셨을 때, 스스로 아버지 하나님의 진노의 두 맷돌 사이에 들어가셨을 때, 그의 온 영혼이 가루처럼 빻아지셨을 때, 거기에는 도저히 말로 표현할 수 없는 깊은 심연이 있었습니다. 아, 씨름하시던 신인(神人), 겟세마네에서 고통당하시던 분! 성도들이여, 그분의 죽음을 슬퍼하십시오. 그를 인하여 우십시오. 여러분이 예수께서 동산에서 기도를 마치고 일어나 십자가를 향하여 나가시는 것을 볼 때, 그분이 십자가에서 타는 듯한 햇빛 아래 네 시간 동안 달려 계시며 아버지의 심판하시는 진노에 짓눌리시는 것을 볼 때, 그의 옆구리에서 피가 흐르는 것을 보고, 주께서 죽어가면서 "다 이루었다"고 외치는 비명 소리를 들을 때, 그 입술이 완전히 타버렸지만 식초와 쓸개즙 외에는 아무것으로도 목을 축이지 못하시는 것을 볼 때, 여러분은 십자가 앞에서 엎드리고 고난받으시는 그분 앞에 부복하고, "주께서 우리를 만드셨습니다. 주께서 우리를 지금과 같이 되게 하셨습니다. 주님이 없으면 우리는 아무것도 아닙니다" 하고 말하십시오. 예수님의 십자가는 성도의 영광의 기초입니다. 골고다는 천국의 출생지입니다. 천국은 베들레헴 외양간에서 태어났습니다. 골고다의 고난과 고통이 없었더라면 우리에게 아무 복이 없었을 것입니다. 성도

여러분, 모든 자비에서 구주의 피를 보시기 바랍니다. 이 성경책을 보십시오. 성경 책에는 구주의 피가 뿌려져 있습니다. 이 기도하는 집을 보십시오. 주의 집은 주의 고난으로 거룩하여졌습니다. 여러분의 매일의 양식을 보십시오. 그것은 주님의 고통을 값으로 치르고 산 것입니다. 모든 자비를 구주의 피로 산 보물로 알고 받으십시오. 모든 자비가 주님에게서 오는 것이기 때문에 소중히 여기십시오. 그리고 "주께서 우리를 지금과 같이 되게 하셨다" 고 영구히 말하도록 하십시오.

(3) 사랑하는 여러분, 우리 구주 예수 그리스도께서는 우리로 지금과 같이 되게 하시는 큰 사역을 하늘에 올라가심으로써 이루셨습니다. 예수께서 높은 곳에 올라가지 않고 포로된 자를 사로잡지 않으셨다면, 주님의 죽으심은 불충분한 것이 되었을 것입니다. 주님은 "우리가 범죄한 것 때문에 내줌이 되고 또한 우리를 의롭다 하시기 위하여 살아나셨습니다"(롬 4:25). 주께서 죽음의 결박을 끊고 일어나신 구주의 장엄한 부활은 우리에게 하나님께서 그의 제사를 받으셨다는 보증이 되었습니다. 예수께서 높은 곳에 오르신 것은 모든 성도들이 실제로 하늘에 오를 것을 보여주는 예표이고 상징이었습니다. 그때 주께서 심판의 구름을 타고 오셔서 모든 그의 백성을 자기에게로 부르실 것입니다. 예수께서 신인(神人)으로서 하늘에 오르신다는 점에 유의하십시오. 별들이 주님을 찬양하고 행성들이 장엄하게 춤을 추고 있는 하늘을 예수께서 당당하게 지나가시는 것을 보십시오. 예수께서 우리가 알지 못하는 공간을 지나 마침내 일곱 번째 하늘에 있는 하나님의 보좌 앞에 이르시는 것을 보십시오. 그때 예수께서 아버지 하나님께 이같이 말씀하시는 것을 듣습니다. "아버지께서 내게 하라고 주신 일을 내가 이루었고(요 17:4) '선한 싸움을 싸우고 나의 달려갈 길을 마치며' 모든 일을 행하였습니다. 모든 예표를 다 이루었고 언약의 모든 부분을 다 끝냈습니다. 내가 이루지 못하고 남겨둔 것은 전혀 없고 조금도 빠트리지 않고 다 이행하였습니다." 예수께서 그와 같이 말씀하실 때, 모든 성도들이 하나님의 보좌 앞에서 어떻게 노래하는지 들어보십시오. "주께서 우리로 우리 하나님 앞에서 왕과 제사장들을 삼으셨으니 우리가 땅에서 왕 노릇 하리로다 하더라."

이렇게 해서 사랑하시는 구주님의 활동들에 대해 지금까지 간단히 말했습니다. 빈약한 입술로는 이보다 더 낫게 말할 수 없고, 연약한 마음은 이 위대하고 높은 주장을 다 이해하지 못할 것입니다. 이 입술이 고상하고 능숙한 언어를 알아서 우리 구속주의 놀라운 활동들을 더 잘 말할 수 있으면 좋겠습니다.

　　"그에게 왕관을 씌우십시오. 그에게 왕관을 씌우십시오!
　　왕관이 구주의 이마에 어울립니다."

### 2. 자, 둘째로 살펴볼 것은 성도들의 명예입니다.

　　"우리로 우리 하나님 앞에서 왕과 제사장들을 삼으셨으니." 모든 군주들이 가장 명예롭게 생각하는 것은 왕의 권리뿐만 아니라 최고 성직자의 권리까지도 가진 사람으로 존중받는 것이었습니다. 즉 어떤 때는 왕관을 쓸 수 있고, 또 어떤 때는 사제로서 주교관을 쓸 수 있는 사람, 향로를 들면서 홀을 쥘 수도 있는 사람, 백성들을 위하여 중보 기도를 드리고, 다음에는 민족들을 통치할 수 있는 사람으로 존중받는 것이었습니다. 왕이자 제사장인 사람들은 정말로 위대한 인물들입니다. 여기서 여러분은 성도들이 하나의 호칭, 즉 하나의 직분만을 받는 것이 아니라 두 호칭, 즉 두 직분을 받는 것을 봅니다. 성도는 단순히 왕만 되는 것이 아니라 왕이자 제사장이 됩니다. 단순히 제사장만 되는 것이 아니라 제사장이자 왕이 됩니다. 성도는 한 번에 두 직분을 수여받습니다. 그래서 성도는 제사장 같은 왕이고, 왕 같은 제사장이 됩니다.

　　나는 먼저 성도들이 지닌 왕의 직분을 살펴보도록 하겠습니다. 성도들은 왕입니다. 성도들은 단지 하늘에서만 왕이 아니라 땅에서도 또한 왕입니다. 본문에서 그렇게 말하지는 않지만 성경이 다른 구절에서 그 사실을 선포합니다. "너희는 택하신 족속이요 왕 같은 제사장들이요"(벧전 2:9). 우리는 지금도 왕인 것입니다. 내가 그 개념을 설명하기에 앞서 여러분이 그 점을 아시기 바랍니다. 살아 계신 하나님의 모든 성도는 단지 장차 하늘에서 왕이 될 것을 바라보는 것만이 아닙니다. 적극적인 의미에서 하나님이 보실 때 성도는 지금도 왕입니다. 그래서 성도는 형제들과 자신에 관해서 이렇게 말해야 합니다. 지금부터도 "우리로 우리 하나님 앞에서 왕과 제사장들로 삼으셨으니 우리가 땅에서 왕 노릇 하리로다." 그리스도인은 왕입니다. 성도는 단지 왕 같은 사람이 아니라, 실제로 진정으로 왕입니다. 그러나 나는 이제 여러분에게 신자가 어떻게 왕 같은 사람인지 설명해 보겠습니다.

　　신자가 지닌 왕의 계보를 기억하시기 바랍니다. 사람들이 자신들의 조부모나 먼 조상들에 관해 얼마나 시끄럽게 떠들어대는지 모릅니다. 나는 트리니티 칼리지에서, 어떤 대단한 귀족이 자기 가문은 멀리 아담까지 거슬러 올라간다고, 아담이 자기 가문의 첫 사람으로 땅을 파고 있었다고 말하는 것을 들은 기억이 납니다. 자기 가문의 시작을 그런 식으로 추적해서 올라갔습니다. 물론 나는 그 말을 믿지 않았습니다. 어떤 귀족들은 자기 가문은 그보다 더 위로 올라간다고 하는 말도 들은 적이 있습니다. 그것을 믿든지 말든지 하는 것은 여러분의 상식에 맡기겠습니다. 후에 공작과 후작, 왕과 제후들이 나올 가문이 있습니다. 아, 그런 가문에 들어가기 위해서라면 무엇을 아끼겠습니까? 그런데 우리를 하나님 앞에서 해처럼 빛나게 만들 것은 우리 조상들이 어떤 사람이었느냐 하는 것이 아니라 지금 우리가 어떤 존재이냐 하는 것이라고 나는 생각합니다. 우리 혈통에 왕이나 제사장의 피가 흐르고 있다는 것을 아는데 있는 것이 아니라, 우리가 지금 우리 인류에게 명예로 있다는 사실을 아는데 있습니다. 즉 우리가 지금 여호와의 길로 행하고 있고, 교회의 명예가 되며 우리를 명예롭게 하는 은혜를 나타내고 있다는 것을 아는데 있는 것입니다. 그러나 어떤 사람들은 자기 혈통을 자랑하기 때문에, 나는 성도들이 세상에서 가장 자랑할 수 있는 조상을 모시고 있다고 자랑하겠습니다. 카이사르를 이야기하거나 알렉산더를 말해보십시오. 혹은 우리의 선한 여왕까지라도 들먹여 보십시오. 나는 내가 여왕 폐하나 혹은 세상에서 가장 뽐내는 군주만큼이나 고귀한 혈통에 속해 있다고 말합니다. 나는 만왕의 왕의 혈통에서 태어났습니다. 성도는 자기의 가계를 자랑스럽게 말할 수 있습니다. 성도는 자신의 가문에 대해 의기양양해하며, 한껏 자랑할 수 있습니다. 성도는 단연코 그리고 실제적으로 하나님의 자녀이기 때문입니다. 하나님의 자녀의 어머니인 교회는 그리스도의 신부입니다. 성도는 천국의 거듭난 자녀입니다. 즉 우주의 왕가의 혈통의 자녀인 것입니다. 세상에서 지극히 보잘것없는 사람이지만 그리스도를 사랑하는 그 사람은 왕가의 혈통을 이어받은 사람입니다. 사람의 마음에 하나님의 은혜를 불어넣으십시오. 그러면 그의 가계는 고귀합니다. 나는 내 가계의 족보를 거슬러 올라갈 수 있습니다. 내 가계는 그 시작이 없을 만큼 오래된 것입니다. 모든 위대한 사람들의 족보를 다 합친 것보다 더 오래되었습니다. 영원부터 내 아버지께서 계셨기 때문입니다. 내게는 정말로 고대의 왕가 선조들이 있습니다.

그 다음에, 왕 같은 성도들에게는 빛나는 수행원들이 있습니다. 왕과 군주들이 여행할 때는 반드시 국가적인 호위가 따릅니다. 옛날에는 왕과 군주들의 행차에 따르는 호위가 지금보다 훨씬 더 장엄하였습니다. 그러나 오늘날에도 우리는 왕이 해외에 있을 때는 그런 모습을 많이 봅니다. 그 행렬에는 반드시 특별한 종류의 말과 화려한 마차, 기마 시종(侍從)이 따랐습니다. 그리고 화려한 행렬에 따르는 온갖 것들이 붙어다녔습니다. 예! 하나님의 왕들, 곧 예수 그리스도께서 하나님 앞에 왕과 제사장들로 삼으신 성도들에게도 왕의 수행원들이 있습니다. 이에 대해 여러분은 이렇게 말합니다. "아, 내가 보니까 어떤 성도들은 누더기를 입고 있고, 그들은 때로 돕는 사람이나 친구 한 명 없이 혼자서 땅을 걸어가고 있어요." 아, 그렇다면 당신 눈에 결함이 있는 것입니다. 여러분에게 볼 눈이 있었다면, 피로 값주고 산 가족들 한 사람 한 사람은 언제나 천사들의 호위대가 수행하고 있는 것을 보았을 것입니다. 여러분은 엘리야의 종이, 주인이 그의 눈을 열어 주기 전까지는 엘리야 주위에 무엇이 있는지 전혀 볼 수 없었던 것을 아십니다. 주인이 그의 눈을 열어 준 다음에야 그는 말과 전차가 엘리야를 두르고 있는 것을 볼 수 있었습니다. 보십시오! 내 주위에 말과 전차가 있습니다. 하나님의 성도인 여러분, 여러분이 어디에 있든지 간에 여러분 둘레에 말과 전차가 있습니다. 내가 태어난 침실에서는 나의 출생을 하늘에 알리기 위해 천사들이 서 있었습니다. 파도가 잇따라 덮치는 것 같은 고난의 바다에서는 천사들이 내 머리를 물 위로 들기 위해 거기에 있습니다. 내가 죽을 때, 슬퍼하는 친구들이 울면서 나를 무덤으로 옮길 때 천사들이 내 관 옆에 서 있을 것입니다. 내 관이 무덤에 놓였을 때는 강력한 천사가 서서 내 티끌 같은 육신을 지키며 마귀가 차지하지 못하도록 싸울 것입니다. 그러니 내가 왜 두려워해야 하겠습니까? 나는 주변에 천사들 무리를 두고 있습니다. 내가 문 밖으로 외출할 때는 언제든지 영광스러운 천사들이 내 앞장서서 행진합니다. 사람들은 그들을 보지 못하지만 나는 봅니다. "믿음은 바라는 것들의 실상이요 보이지 않는 것들의 증거이기"(히 11:1) 때문입니다. 우리에게는 왕의 수행원이 있습니다. 우리는 단지 가계상으로만 왕인 것이 아니라 우리를 따르는 수행원을 인해서도 왕인 것입니다.

　　자, 성도들의 기장(記章)과 왕위의 표상을 봅시다. 왕과 군주들에게는 멀리서 보아도 금방 그들의 것임을 알아차리게 만드는 어떤 것들이 있습니다. 예를 들면, 여왕 폐하에게는 버킹검 궁과 그밖의 다른 궁전들이 있고, 왕관과 홀 등이 있습니다. 그런데 성도에게 궁전이 있습니까? 예. 있습니다. 나는 궁전이 있습니다! 내 궁전의 벽은 대리석으로 만들지 않고 금으로 만들었습니다. 궁전의 테두리는 홍옥과 귀한 보석들입니다. 창문은 마노(瑪瑙)이고, 돌들은 아름다운 색깔을 띠었고, 궁전 둘레에는 온갖 값비싼 것들이 풍부하게 있습니다. 여기저기에서 루비가 반짝이고, 그 궁정에서는 진주는 흔한 돌에 불과합니다. 어떤 사람들은 이 궁전을 대저택이라고 부릅니다. 그러나 나는 그것을 궁전이라고 부를 권한이 있습니다. 나는 왕이기 때문입니다. 하나님을 볼 때 그것은 대저택이고, 사람들을 볼 때 그것은 궁전입니다. 그곳이 왕자의 거처이기 때문입니다. 이 궁전이 어디에 있는지 주목하십시오. 나는 인도 제국의 왕자가 아닙니다. 나는 사람들이 꿈꾸는 먼 어떤 나라를 상속하지 않습니다. 나는 엘도라도의 보물 산이나 프레스터 존(Prester John: 중세에 아시아·아프리카에 기독교 왕국을 건설했다고 전해지는 전설상의 성직자이자 왕 – 역주)의 왕국이 없습니다. 하지만 나는 진짜 궁전이 있습니다. 저기 천국의 언덕에 내 궁전이 서 있습니다. 나는 내 궁전이 천국의 다른 대저택들 가운데 어디에 있는지 모릅니다. 그러나 거기에 분명히 서 있습니다. "만일 땅에 있는 우리의 장막 집이 무너지면 하나님께서 지으신 집 곧 손으로 지은 것이 아니요 하늘에 있는 영원한 집이 우리에게 있는 줄 아느니라"(고후 5:1).

그리스도인들도 왕관이 있습니까? 예, 그렇습니다. 그러나 그리스도인들은 왕관을 매일 쓰고 다니지 않습니다. 그리스도인들은 왕관이 있지만, 대관식 날은 아직 이르지 않았습니다. 그리스도인들은 군주로 기름 부음을 받았고, 군주로서 권위와 위엄은 어느 정도 갖고 있습니다. 그러나 아직은 왕관을 쓴 군주는 아닙니다. 그러나 왕관은 만들어져 있습니다. 하나님께서 장차 하늘의 대장장이에게 왕관을 맞추라고 명령을 내리실 필요가 없습니다. 성도들의 왕관은 만들어져 영광스럽게 걸려 있습니다. 하나님께서는 "나를 위하여 의의 면류관을 예비"(딤후 4:8)하셨습니다. 성도 여러분, 여러분이 천국에서 비밀의 문을 열고 보고(寶庫)에 들어간다면 창고가 왕관으로 가득 차 있는 것을 발견하게 될 것입니다. 코르테스(Cortes)가 몬테수마(Montezuma)의 궁정에 들어갔을 때 벽돌로 쌓은 비밀의 방을 발견하였는데, 각기 다른 수많은 보물들이 방을 채우고 있어서 온 세상의 부가 거기에 다 있는 것처럼 보였습니다. 여러분이 하나님의 비밀 보고에 들어갈 수 있다면, 참으로 놀라운 부를 보게 될 것입니다! "이토록 많은 군주들과 그처럼 많은 왕관들, 그처럼 많은 제후들이 있단 말인가?" 하고 여러분은 말하게 될 것입니다. 그렇습니다. 그리고 빛나는 어떤 천사가 여러분에게 말할 것입니다. "저 왕관을 보세요. 당신 것입니다." 여러분이 그 왕관을 들여다보면 이런 글귀를 읽을 수 있을 것입니다. "은혜로 구원받은 죄인을 위해서 만든 것임. 그 이름은 아무개임." 여러분은 그 왕관에 새겨진 여러분의 이름을 보고서 자신의 눈을 의심하게 될 것입니다. 여러분은 정말로 하나님 앞에서 왕입니다. 여러분은 하늘에 왕관을 준비해 두고 있는 것입니다. 군주들이 다른 어떤 기장(記章)들을 갖고 있든지 간에, 성도들도 기장을 가질 것입니다. 성도들은 흰 옷을 입을 것입니다. 또 영광스러운 하프를 갖게 될 것이고, 왕으로서 신분에 어울리는 모든 것을 갖게 될 것입니다. 그래서 여러분도 알겠지만 우리는 정말로 왕입니다. 조롱하는 뜻에서 붉은 옷을 입고, "유대인의 왕이여 평안할지어다" 하는 비웃음을 받은 가짜 왕이 아닙니다. 우리는 실제로 왕입니다. "주께서 우리로 우리 하나님 앞에서 왕과 제사장들을 삼으셨으니."

　　여기에는 또 한 가지 사상이 들어 있습니다. 왕은 사람들 가운데 가장 존귀한 자로 간주된다는 것입니다. 왕들은 언제나 우러름을 받고 존경을 받습니다. 여러분이 "왕이 오신다" 하고 말하면, 군중들이 물러서서 길을 낼 것입니다. 내가 군중들 사이로 헤집고 가려고 해도, 군중들에게 길을 터라고 명령할 수 없을 것입니다. 그러나 누군가가 "여왕이 납신다" 하고 소리치면, 모든 사람이 하나같이 한 발짝 물러나서 여왕이 지나갈 수 있는 공간을 만들 것입니다. 왕은 일반적으로 사람들에게 존경을 보일 것을 명령합니다. 사랑하는 여러분, 사람들은 왕이 세상에서 가장 존귀한 자라고 생각합니다. 그러나 여러분이 하나님께 묻는다면, 하나님은 이렇게 대답하실 것입니다. "내가 기뻐하는 성도들, 이들이 가장 존귀한 자들이다." 겉만 번드르한 모습에 대해서는 이야기하지 마십시오. 금과 은에 대해서는 말하지 마십시오. 다이아몬드와 진주에 대해서, 조상과 신분에 대해서는 말하지 마십시오. 화려한 행렬과 권세에 대해서 나를 타이르려고 하지 마십시오. 그보다 나한테는 어떤 사람이 하나님의 성도라고 말하십시오. 왜냐하면 그가 하나님의 성도라면 존귀한 사람이기 때문입니다. 하나님이 그를 존중하며 천사들이 그를 존중하고, 언젠가 우주가 그를 존중할 것입니다. 그날에 그리스도께서 오셔서 성도를 불러 셈을 치르도록 하시고 "잘 하였도다 착하고 충성된 종아 네 주인의 즐거움에 참여할지어다"(마 25:21) 하고 말할 것입니다. 여러분이 지금은 죄인인 하나님의 자녀를 멸시할 수 있습니다. 그를 비웃을 수 있습니다. 여러분은 신자보고 위선자라고 말할 수도 있습니다. 여러분은 그를 성도, 감리교인이라 부르고, 혹은 어떤 은어를 써서 부르거나 여러분이 원하는 대로 부를 수 있습니다. 그러나 그런 호칭들이 그의 존엄을 해치지 못한다는 것을 아시기 바랍니다. 하나님의 자녀는 땅에서 존귀한 자입니다. 하나님께서 신자를 그렇게 보십니다.

그러나 어떤 사람들은 이렇게 말할 것입니다. "목사님이 성도들은 왕이라고 말하는데, 그렇게 단언하는 바가 사실인 것을 입증해 주셨으면 좋겠습니다. 왜 냐하면 우리가 왕이라면 우리에게 아무 슬픔이 없어야 하고, 왕은 현재 우리처 럼 가난하지도 않고 고통을 받지도 않아야 하기 때문입니다." 누가 그렇게 말하 였습니까? 여러분은 자신이 왕이라면 편하게 살게 될 것이라고 말합니다. 왕들 은 전혀 고통을 겪지 않습니까? 다윗은 기름 부음을 받은 왕이 아니었습니까? 그 런데 산에 있는 자고새처럼 사냥을 당하지 않았습니까? 다윗 왕의 아들 압살롬 이 추격할 때 왕 자신이 직접 기드론 시내를 건넜으며, 건널 때 그의 모든 신하들 이 울면서 따라가지 않았습니까? 축축한 덤불 외에 침상도 없이 찬 땅에서 잠잘 때는 그가 왕이 아니었습니까? 그렇습니다. 왕들도 슬픔이 있고, 관을 쓴 머리에 도 고뇌가 있습니다. 흔히

"왕관을 쓴 머리는 눕기에 편치 않습니다."

여러분이 왕이기 때문에 아무 슬픔이 없을 것이라고 기대하지 마시기 바랍 니다. "르무엘아 포도주를 마시는 것이 왕들에게 마땅하지 아니하고 왕들에게 마땅하지 아니하며 독주를 찾는 것이 주권자들에게 마땅하지 않도다"(잠 31:4). 그리고 실제로 마땅하지 않은 경우가 흔합니다. 성도들은 이 세상에서 포도주를 조금밖에 마시지 못합니다. 왕들이 쾌락의 포도주를 마시는 것이 합당하지 않습 니다. 왕들이 취하게 하는 술을 많이 마시거나 세상의 기쁨에 탐닉하는 것은 마 땅하지 않습니다. 왕들은 저 나라에서 충분한 기쁨을 누릴 것입니다. 그때 그들 은 아버지의 나라에서 포도주를 새것으로 마실 것입니다. 가엾은 성도여, 이 점 을 깊이 생각하십시오. 여러분은 왕입니다! 여러분에게 권합니다. 이 사실이 여 러분 마음에서 떠나가게 하지 마십시오. 고난 가운데 있을 때에도 이 사실을 기 뻐하십시오. 여러분이 그리스도의 이름을 위하여 오명의 어두운 터널을 지나가

야 한다면, 조롱을 받고 욕을 들을지라도 "나는 왕이다. 세상의 모든 영역이 내 것이 될 것이다"는 이 사실을 기뻐하십시오.

마지막으로 생각할 개념이 있습니다. 이제 우리는 주제의 이 부분을 다룰 것입니다. 왕은 영토가 있다는 것입니다. 여러분은 내가 다섯 번째 왕국의 사람인 것을 아십니까? 크롬웰 시절에 어떤 사람들은 그동안 군주가 네 명 있었고, 다섯 번째 군주가 와서 다른 네 군주를 뒤엎을 것이라고 말했습니다. 나는 그 사람들이 말한 것처럼 되지 않았으면 좋겠습니다. 그러나 그들과 마찬가지로 나도 다섯 번째 왕국이 올 것이라고 믿습니다. 지금까지 우주적인 통치를 가로챈 네 제국이 있었습니다. 그리스도께서 오시기 전까지는 또 다른 세계적인 제국이 일어나지 않을 것입니다. 우리 주 예수님은 온 땅의 왕이십니다. 그래서 영적으로 영광스럽게 혹은 친히 온 나라를 통치하십니다. 그리스도 안에서 왕들인 성도들은 온 세상을 다스릴 권한이 있습니다. 오늘 아침 나는 여기 있고, 우리 교회 회중은 내 앞에 있습니다. 어떤 사람들은 이렇게 말합니다. "목사님 자리나 잘 지키면서 설교하시죠." 이런 충고도 들었습니다. "목사님 교구 밖으로 나가지 마세요." 그러나 로우랜드 힐(Rowland Hill) 목사는 자기는 평생에 자기 교구 밖으로 한 번도 나가 본 적이 없었다고 하며, 자기 교구는 잉글랜드, 스코틀랜드, 웨일스이고, 그 바깥으로 나가본 적이 없다고 말하곤 하였습니다. 나는 그것이 내 교구이고, 모든 복음 사역자의 교구라고 생각합니다. 죄와 불의로 가득 찬 도시를 볼 때 우리는 무엇이라고 말해야 하겠습니까? 저것은 우리 도시이다. 가서 저 도시를 습격하자. 아주 불량하고 악한 사람들이 있는 길거리나 사람들이 몰려 있는 지역을 볼 때, 우리는 "저것은 우리 구역이다. 가서 차지하자" 하고 말해야 할 것입니다. 사람들이 복음을 받아들이지 않는 집을 볼 때, 우리는 "저것은 우리 집이다. 가서 공격하자" 하고 말해야 할 것입니다. 우리는 법의 강한 팔을 갖고 가지 않고, 경찰이나 정부에게 도와달라고 요청하지 않을 것입니다. 그보다 "우리의 싸우는 무기"를 가지고 갈 것인데, 그 무기는 "육신에 속한 것이 아니요 오직 어떤 견고한 진도 무너뜨리는 하나님의 능력"입니다(고후 10:4). 우리는 갑시다. 가서 성령의 능력으로 이깁시다. 아이들이 교육도 받지 않은 채 길거리를 뛰어다니고 있는 마을이 있습니다. 우리는 가서 그 아이들을 꾀어 그리스도에게로 데려옵시다. 주일학교를 세웁시다. 아이들이 누더기를 입은 개구쟁이들이어서 주일학교에 올 수 없다면, 누더기 주일학교를 세웁시다. 세상에는 주민들이 무지와 미신 가운데로 빠져들고 있는 지역이 있습니다. 우리는 그 지역 주민들에게 선교사를 보냅시다. 선교 사업을 좋아하지 않는 사람들은 성도의 존엄을 알지 못합니다. 인도에 대해서 이야기하고, 중국에 대해서 이야기해 보십시오. 성도는 "거기는 내 땅이야" 라고 말합니다. 세상의 모든 나라들이 우리의 것입니다. "아프리카는 내 목욕통이다. 나는 아시아를 정복할 것이다. 이 두 대륙은 내 것이다! 내 것이다!" "누가 나를 이끌어 견고한 성읍으로 인도해 들일꼬?"(시 108:10). 주 여호와가 아니십니까? 하나님께서 우리에게 그리스도의 나라를 주실 것입니다. 온 땅은 우리 것입니다. 성령의 능력으로 말미암아 벨이 머리를 숙이고 느보가 몸을 구부릴 것이며, 이방인의 신들, 붓다, 브라만이 내팽개쳐질 것이고, 모든 민족들이 그리스도의 홀 앞에 엎드릴 것입니다. "그가 우리로 왕을 삼으셨다."

두 번째 요점은 "주께서 우리로 왕과 제사장들로 삼으셨다" 는 것인데, 아주 간단히 살펴볼 것입니다. 성도는 단지 왕만이 아니라 제사장이기도 합니다. 이 주제는 서론 없이 바로 본론으로 들어가겠습니다.

우리는 제사장들입니다. 제사장은 하나님께 택하심을 받은 사람들인데, 우리가 그렇게 택함을 받았습니다. "이 존귀는 아무도 스스로 취하지 못하고 오직 아론과 같이 하나님의 부르심을 받은 자라야 할 것이니라"(히 5:4). 그런데 우리에게는 하나님의 부르심과 택하심이 있습니다. 우리는 모두 창세 때부터 이 제사장직에 임명되었습니다. 우리는 제사장이 되도록 예정되었고, 시간이 지나는 과정에서 특별하고 실질적인 부르심을 받았습니다. 이것은 우리가 거부할 수 없었고 마침내 우리를 굴복시킨 부르심이었습니다. 이렇게 해서 즉시 우리는 하나님의 제사장이 되었습니다. 우리는 하나님의 임명을 받은 제사장들입니다. 우리가 제사장이라고 할 때, 우리는 어떤 사람들이 자기들이 제사장이라고 말함으로써 스스로 특별한 지위에 있는 것으로 나타내려고 하듯이 말하는 것이 아닙니다. 나는 목사나 설교하는 사람을 제사장으로 부르는 것에 언제나 이의가 있습니다. 나는 이 점을 아주 강하게 이야기하지 않을 수 없습니다. 우리 목사들은 여러분과 하나도 다를 바가 없습니다. 모든 성도가 제사장입니다. 서서 말하는 사람이 제사장이고, 그는 그의 설교를 듣는 사람보다 조금이라도 높은 위치에 있다고 하는 것은 거짓말입니다. 나는 이같이 목사와 평신도를 구별하는 것을 몹시 혐오합니다. 나는 성경적인 사제술은 좋아합니다. 그것은 모두가 제사장인 성도들의 기술이나 활동을 의미하기 때문입니다. 그 밖의 모든 사제술은 싫어합니다. 하나님의 성도는 한 사람 한 사람이 다 하나님의 제단의 제사장입니다. 그래서 기도와 찬송의 거룩한 향을 가지고 하나님을 예배하게 되어 있습니다. 우리가 하나님의 은혜로 부르심을 받았다면 우리 각 사람은 제사장입니다. 이렇게 해서 우리는 하나님께 임명받은 제사장입니다.

그 다음에, 우리는 하나님이 주신 존귀를 누리기 때문에 제사장입니다. 제사장 외에는 아무도 휘장 안으로 들어갈 수 없습니다. 부르심을 받은 사람들이 아니면 아무도 들어갈 수 없는 제사장의 뜰이 있습니다. 제사장들은 다른 사람들이 갖지 못한 어떤 권한과 특전이 있었습니다. 예수의 성도인 여러분! 천국의 상속자인 여러분! 여러분은 세상이 알지 못하는 고귀하고 명예로운 특전들을 갖고 있습니다! 여러분은 그리스도와 교제하는 가운데 휘장 안으로 들어가 본 적이 있습니까? 여러분은 여호와의 전의 뜰, 곧 그리스도께서 여러분을 가르치고 여러분에게 자신을 나타내신 제사장의 뜰에 들어가 본 적이 있습니까? 그런 적이 있습니까? 맞습니다. 여러분은 들어가 본 적이 있다는 것을 아십니다. 여러분은 끊임없이 하나님의 보좌 앞에 나아갔습니다. 여러분은 보좌 앞으로 가서 여호와께 여러분의 고통과 슬픔을 말씀드릴 권한이 있습니다. 불쌍한 세상 사람은 그 앞에 나갈 수 없습니다. 불쌍한 진노의 자녀는 자신의 근심을 말씀드릴 하나님이 없습니다. 그는 휘장 안으로 들어가서는 안 됩니다. 들어갈 마음도 없습니다. 그러나 여러분은 들어갈 수 있고, 하나님께 나아가 보좌 앞에서 향로를 흔들며 예수의 이름으로 간구를 드릴 수 있습니다. 다른 사람들은 하나님이 주신 이런 명예가 없습니다. 여러분은 하나님께 명예를 얻었고 복을 받았습니다.

그 다음에, 끝으로 말씀드릴 또 한 가지 요점은 우리에게는 이행해야 할 거룩한 봉사가 있다는 것입니다. 나는 오늘 아침 여러분 모두가 이 예배당을 큰 제단으로 바꾸기 바라고, 여러분 모두가 활동하는 제사장이 되며, 이 예배당을 제사를 바치는 전으로 바꾸기 바랍니다. 여러분이 해야 할 봉사가 무엇인지 진지하게 생각하시기 바랍니다. 여러분은 모두가 제사장입니다. 여러분이 그리스도의 귀한 이름을 사랑하고, 또 이행해야 할 큰 제사가 있기 때문입니다. 그것은 여러분의 죄를 위한 속죄제사가 아닙니다. 그 제사는 일찍이 드려졌기 때문입니다. 오늘 드릴 제사는 거룩한 감사의 제사입니다. 아, 하나님 백성의 기도를 하나님께서 얼마나 즐겁게 들으시는지 모릅니다! 성도의 기도는 하나님이 받으시는 제사입니다. 성도들의 거룩한 찬송이 하늘을 향하여 올라갈 때, 하나님께서 얼마나 기쁘게 들으시는지 모릅니다. 이는 하나님께서 "나의 많은 제사장들이 찬송의 제사를 드리고 있구나" 하고 말씀하실 수 있기 때문입니다. 사랑하는 여러분, 우리들 대부분이 하나님 앞에 드리는 봉헌에 부족한 점이 한 가지 있다는 것을 아십니까? 우리는 기도를 드리고 찬송을 드립니다. 그러나 재물은 별로 하나님께 드리지 않습니다. 나는 오늘 아침 여러분을 아주 넉넉한 사람으로 만들고 싶어서 "네 재물과 네 소산물의 처음 익은 열매로 여호와를 공경하라 그리하면 네 창고가 가득히 차고 네 포도즙 틀에 새 포도즙이 넘치리라"(잠 3:9,10)는 말씀을 본문으로 삼을까 생각했습니다. 우리의 재물이 여호와의 것임을 설명하려고 생각했었습니다. 우리는 적지 않은 재물을 하나님께 바쳐야 한다는 것과, 그렇게 바치면 하나님께서 우리의 창고를 가득 차게 하시고 우리의 포도즙 틀을 새 포도즙으로 넘치게 해주실 것이기 때문에 우리가 세상 일에서도 번성하리라고 기대할 수 있다는 것을 말씀드릴까 생각했었습니다. 그러나 나는 헌금을 독려하는 설교는 할 필요가 없다고 생각합니다. 차라리 여러분에게 여러분의 명예와 존엄을 말씀드리는 것이 낫겠다고 생각했습니다. 그러면 여러분은 여러분이 기뻐하는 바를 드리게 될 것입니다. 내가 바치고 싶어하는 자유로운 뜻만이 자발적인 헌금이 되기 때문입니다.

사랑하는 여러분, 몇 마디만 더 하겠습니다. 하나님께서는 그의 말씀에 여러분이 재물로 하나님을 영광스럽게 해야 한다고 말씀하셨습니다. 여호와의 제사장으로서 여러분은 오늘 하나님께 특별한 것을 바치지 않으시겠습니까? 우리 앞에는 큰 목표가 있습니다. 우리에게는 복음을 들으러 오는 많은 사람들을 수용할 더 큰 공간이 필요합니다. 그렇게 많은 사람이 모일 때, 그 가운데 어느 누구도 그냥 가버리게 해서는 안 되는 것이 중요합니다. 그렇게 많은 무리가 오는 것에 대해 하나님께 감사해야 하지 않겠습니까? 말씀을 들으러 온 사람들이 정말로 너무 적어서 "우리가 전한 것을 누가 믿었느냐"(사 53:1) 하고 부르짖던 때가 있었습니다. 그런데 하나님께서 우리에게 큰 성공을 주셨습니다. 이곳에서의 목회 사역에 복을 주셔서 적지 않은 영혼이 회심하였습니다. 나는 지금 이 예배당에서 상한 심령과 통회하는 마음들을 많이 만납니다. 그런 사람들은 틀림없이 내가 아는 것보다 더 많이 있을 것입니다. 나는 복되신 성령께서 그런 사람들을 때가 되면 불러오실 것이라고 믿습니다. 여러분은 그들 가운데 누구라도 목사의 음성을 듣지 못하고 돌아가야 한다는 것을, 여기에 왔다가 돌아가서 죄 가운데 안식일을 보내야 한다는 것을 슬프게 생각하지 않으십니까? 여러분은 그 사람들이 어디로 가야 하는지, 언제 그들이 이 벽 안으로 돌아올 수 있을지 모릅니다. 마땅히 해야 할 일은, 우리가 이 예배당을 넓혀서 더 많은 숫자를 받아들일 수 있도록 해야 한다고 결심하는 것입니다. 자, 제사장인 여러분, 하나님께 제사를 드리십시오. 제사장들이여, 하나님의 집을 건축하십시오. 성전에서 예배하는 사람들은 오늘 삽을 듭시다. 벽돌을 쌓고 모르타르를 바릅시다. 이 집이 다시 한 번 여호와의 영광과 많은 회중으로 가득 차게 합시다.

### 3. 이제 세상의 미래에 대한 말씀으로 설교를 끝내도록 하겠습니다.

"우리가 땅에서 왕 노릇 하리로다." 이 점을 충분히 다룰 시간은 없습니다. 여러분은 내가 천년왕국과 그리스도의 직접적인 통치에 대해서 말씀드릴 것을 아마 기대하실지 모르겠습니다. 그런데 나는 거기에 대해서 아는 바가 없기 때문에 말씀드리지 않겠습니다. 나는 아주 많은 사람들이 거기에 대해서 이야기하는 것을 들었습니다. 누군가가 내게 천년왕국에 대한 책을 보여주면, "나는 아직 그 책을 읽을 준비가 안 되어 있다"고 말합니다. 어떤 한 사람이 최근에 거기에 관한 책을 썼습니다. 어떤 한 신사가 그 책을 너무 강력하게 추천하는 바람에 예의상 사지 않을 수 없었습니다. 나는 그 책을 도서관의 높은 선반에 올려두었습니다. 그 책은 거기에서 조용히 쉬고 있습니다. 내 자신이 그 주제의 복잡한 문제들을 헤치고 나갈 수 있다고 생각하지 않습니다. 아주 훌륭한 그 저자는 그렇게 할 수 있는지도 모르겠습니다. 그것은 아주 모호한 주제입니다. 나는 그동안 그에 대해 아주 다른 견해들을 많이 읽어보았습니다. 모든 성경이 영광스러운 미래에 대해 말한다고 믿지만, 내 자신이 모든 시대에 대해 도표를 만들 수 있다고 생각하지는 않습니다. 그러나 성도들이 언젠가 땅을 다스릴 것이라는 이것만큼은 분명한 사실이라고 생각합니다. 천년왕국에 대해서는 아무리 다른 견해들이 많을지라도 이 진리만큼은 분명하다고 봅니다. 지금은 성도들이 눈으로 볼 수 있게 통치하는 일을 하지 않습니다. 오히려 멸시를 받습니다. 옛적에 성도들은 굴과 토굴로 쫓겨났습니다. 그러나 왕들이 성도가 되고, 군주가 하나님의 부름받은 자들이 되는 때가 오고 있습니다. 여왕들이 그리스도 교회의 젖 먹이는 어머니가 되고, 왕들이 그리스도 교회의 부양하는 아버지가 되는 때가 오고 있습니다. 성도가 수치를 당하지 않고 명예롭게 되고, 한때 진리의 적이었던 군주들이 진리의 친구가 될 시간이 오고 있습니다. 성도들이 통치할 것입니다. 성도들이 다수가 되고 그리스도의 나라가 이길 것입니다. 이 땅이 버림을 받지 않을 것입니다. 이 세상이 더 이상 사탄의 세상이 되지 않을 것입니다. 이 땅은 다시 별들과 함께 노래하고 찬송을 결코 그치지 않을 것입니다. 아, 안식일의 종소리가 아프리카 평원 위에 아름답게 퍼지는 날이 올 것이라고 믿습니다. 그때가 되면 인도의 빽빽한 정글에서 성도들이 모여서 성전으로 올라가는 모습이 보일 것입니다. 중국의 허다하게 많은 사람들이 기도를 위하여 지은 전에 모일 것입니다. 그리고 여러분과 내가 하였듯이 항상 영광스러우신 여호와께 이렇게 노래할 것입니다.

"만복의 근원되시는 하나님을 찬양하라."

복된 날입니다! 복된 날입니다! 그날이 속히 오게 하여 주옵소서!

자, 한 가지 매우 실제적인 추론의 말씀으로 끝을 맺겠습니다. 여러분은 하나님 앞에 왕과 제사장들입니다. 그렇다면 오늘 아침 왕들이 헌금을 얼마나 해야 합니까? 여러분 자신에게 이렇게 말씀하십시오. "나는 왕이다. 나는 왕이 바치듯이 왕께 헌금하겠다." 하찮은 기부금을 내는 것이 아니라는 것을 생각하시기 바랍니다. 우리는 왕들이 왕의 이름으로 푼돈을 내놓을 것이라고 생각하지 않습니다. 그 다음에, 다시 한 번 말씀드리지만, 여러분은 제사장입니다. 그러면 제사장으로서 여러분은 제사를 드리실 뜻이 있습니까? "예"라고 말씀하실 것입니다. 그런데 여러분은 다리가 부러진 양이나 흠이 있는 수소를 제물로 바치려고 하지는 않으시겠지요? 여러분은 가축들 가운데 최상의 것을 고르지 않겠습니까? 여러분은 할 수 있다면 여왕의 화폐 가운데 최고의 것을 고르고, 황금 양털을 가진 양을 드리도록 하십시오. 이 말씀을 힘주어 말하는 것을 양해해 주시기 바랍니다. 나는 이 예배당을 확장할 수 있기를 바랍니다. 여러분도 원하는 줄 압니다. 우리는 모두 그 점에 의견이 같습니다. 우리는 모두 한 배를 타고 가고 있습니다. 나는 50파운드가 헌금되기를 바랍니다. 할 수 있다면, 오늘 50파운드가 헌금되어야 하고, 또 헌금될 것입니다. 여러분이 나를 실망시키지 않을 것이라고 생각합니다. 그것은 내 자신의 목적을 위한 것이 아니라 주님의 뜻을 위한 것입니다. 그동안 여러분은 넉넉하게 헌금을 해왔습니다. 그래서 여러분에 대해 염려하지 않습니다. 그러나 내가 다음 안식일에 앞으로 나와서 50파운드가 다 헌금 되었다는 즐거운 광고를 할 수 있기를 바랍니다. 그러면 내 마음이 아주 고양되어서 하나님의 도우심으로 내가 전할 수 있는 최상의 설교를 전하겠다고 약속할 수 있을 것 같습니다.

제
20
장
—

# 천국의 옷이 흰 이유

—

"이는 큰 환난에서 나오는 자들인데 어린 양의 피에
그 옷을 씻어 희게 하였느니라." ― 계 7:14

우리는 호기심에서 새로 천국에 들어간 사람들의 상태가 어떤 것인지 묻게 됩니다. 그들은 새로운 별처럼 찬란한 빛을 더하며 천체의 하늘을 밝게 하였습니다. 구속받은 자들의 오케스트라에서 새로운 목소리가 들립니다. 그들은 어떤 상태로 천국에 들어가게 됩니까? 그들의 몸은, 우리가 알다시피, 뒤에 남아 썩어 어머니인 대지로 돌아갑니다. 그러면 벌거벗은 그들의 불멸의 영혼은 어떤 대우를 받습니까? 그들의 순수하고 온전한 지성이 이제는 무엇으로 차 있습니까? 우리는 이 문제에 대해 깜깜한 채로 있지 않습니다. 우리 주 예수 그리스도께서 불멸과 생명을 밝히 드러내셨습니다. 본문과 그 전후 구절에서 우리는 이렇게 천국에 새로 들어오는 자들, 곧 승리하는 교회를 위한 신병(新兵)들에 대한 이야기를 듣습니다. 본문을 바르게 번역하자면 이렇게 읽을 수 있을 것입니다. "이들은 큰 환난에서 나오는 자들이다." 혹은 현재 시제를 써서 "나오고 있는" 자들이라고 말할 수 있을 것입니다. 그 단어가 "방금 나온" 사람들을 특별히 가리키지 않는다면, 그런 사람들을 포함하는 것이 분명합니다. 본문에서 말하는 "나오는" 자들은 이미 나온 사람들과 앞으로 나올 사람들을 말합니다. 그러나 이 시간에 도착하고 있는 사람들, 곧 천국에 새로 태어난 군주들, 천국에서 처음으로 아름다움을 보이는 새로 피어나는 꽃들도 포함하는 것이 틀림없습니다. 보십시오. 새로 죽은 사람들이 죽음의 강을 건너 저편 해안에 닿아 문을 지나 천국의 도성에 들어가는 것이 보입니다. 새로 오는 이 사람들은 어떻게 될 것입니까? 우리는 그들이 계속해서 밖에서 기다리거나 격리에 처해지거나 연옥의 불길에 던져지지 않고 큰 환난에서 나와 도착하면 즉시 거룩한 사귐에 받아들여지는 것을 봅니다. "그러므로 그들이 하나님의 보좌 앞에 있고." 더 이상 밖으로 나가지 않고 영원히 큰 왕의 뜰에 거하는 것입니다. 이 세상의 신하들은 때때로 자기 군주 앞에 설 뿐입니다. 그러나 이들은 하나님과 어린 양의 보좌 앞에 영원히 거합니다. 둘 사이에 막힌 것이 없이 하나님의 얼굴을 보고, 아주 멀리 있는 나라에서 아름다운 그리스도를 보는 은총을 입게 될 것입니다. 그들 마음에서 세상에 대한 생각은 재빠르게 사라졌고 하늘의 영광이 번쩍하고 비치었습니다! 병으로 누워 있던 침상과 우는 친구들은 사라졌고, 하나님과 구주의 보좌가 기쁘게 바라보는 그들의 온 시야를 가득 채웁니다.

그들이 거룩한 봉사를 할 수 있도록 배치되는데, 즉시 배치됩니다. 그들이 제사장 직무에 합당한 흰 옷을 입기 때문입니다. 그들에게 물질적인 몸이 없는 것은 사실입니다. 그러나 영의 세계에 적용될 수 있는 어떤 신비한 의미에서, 이 거룩한 사람들은 그들을 천상의 예배와 천국의 모든 거룩한 봉사에 합당하도록 만들어 주는 의복을 입습니다.

그들은 하나님을 볼 수 있고 지극히 영광스러운 하나님께 대한 예배에 참여할 수 있도록 받아들여질 뿐만 아니라 또한 하나님의 성전에서 밤낮으로 하나님을 섬김으로써 거룩한 생활을 실제로 시작할 수 있게 허락됩니다. 우리는 그들이 이미 실제적인 경배에 참여하는 것을 봅니다. 왜냐하면 그들이 큰 소리로 "구원하심이 보좌에 앉으신 우리 하나님과 어린 양에게 있도다" 하고 외쳤기 때문입니다. 이 순수한 영들은, 영이신 우리 하나님께서 듣고 승인하시는 목소리를 여전히 갖고 있습니다. 그들의 노래는 지극히 순수한 복음 진리로 가득 차 있고, 그들이 큰 소리로 부르는데서 그들의 열심이 드러납니다. 천사들이 위 세계의 관습과 방식을 따라 그들을 가르칠 필요가 없습니다. 그들은 땅에서 여행하는 동안에도 그들의 대화는 하늘에 있었기 때문에 천국에 도착하는 즉시 그들은 편하게 지냅니다. 그 노래를 배울 때까지 기다리지 않습니다. 그들은 이미 그 노래를 알고 있습니다. 은혜로 영광을 미리 맛보았기 때문입니다. 그들은 신성한 비밀을 전수받을 필요가 없습니다. 여기 땅에 있는 동안에 휘장 안에 들어간 적이 있기 때문입니다. 그들은 노래를 듣는 즉시 곡조를 따라 부르며 천국 생활을 시작할 것이고, 도착하자마자 곧 찬송에 가담하여 함께 노래를 부를 것입니다. 보좌에 앉으신 하나님을 즉시 찬송하고 어린 양을 경배할 것입니다. 최근에 우리를 떠난 사람들을 생각할 때, 그들이 이 세상 생명이 완전해지기 전에 생명을 버리고 떠났지만, 때가 되기 전에 혹은 갑작스럽게 저 세상에서 생활을 시작하는 것이 아니라 아주 적기에 시작한다는 것을 생각할 때 참으로 기분이 좋습니다. 새로 들어온 이 가수는 자기가 맡은 부분이 가까이 오는 즉시 합창대에서 자리를 차지하고, 마치 1세기 전부터 거기에 있었던 것처럼 음을 잡고, 이 끝없는 경배에서 자기 역할을 이행할 준비를 잘 하고 있는 사람처럼 흰 옷을 입고 손에 종려나무를 들고서 노래를 시작할 것입니다. 갑작스러운 죽음이 땅에 거하는 사람들을 놀라게 하듯이, 갑작스러운 영광이 천상의 거주자들을 놀라게 하지 못합니다. 천국으로 이주민들이 오게 되어 있고, 그래서 그 문은 항상 열려서 그들을 환영합니다. 이 장자의 교회에 때에 맞지 않게 태어나는 일이란 없습니다. 각 사람은 적당한 때에 이 교회에 들어옵니다.

이제 막 영화롭게 된 사람들의 상태와 조건이 본문 다음에 나오는 구절에서 좀 더 설명됩니다. 아직 몸 밖에 있는 순수한 영들은 광야에 큰 진이 쳐졌을 때의 이스라엘 백성들과 같은 모습으로 묘사됩니다. 광야에서 그들의 죄가 없었다면 주 하나님은 그들 가운데 거하셨을 것입니다. 천국에서 하나님은 최상의 의미로 그같이 거하십니다. "보좌에 앉으신 이가 그들 위에 장막을 치시리니." 광야에서 큰 진영 위에 구름 기둥이 떠 있었습니다. 구름 기둥은 낮에는 태양의 뜨거운 열기에서 이스라엘 자녀를 가려주었고, 밤에는 온 진영을 밝혀서 그 천막도시의 모든 거리가 밤 동안에 환하였습니다. 그 밝은 빛은 하나님의 임재를 나타냈습니다. 말하자면 하나님께서 그들 위를 맴돌며 날개로 그들을 덮으셨던 것입니다. 그런데 천국에서 하나님은 그들에게 더 가까이 계시고 그들 가운데 거하실 것입니다. 하나님의 임재가 모든 것을 거룩하게 하고 밝게 비추며 덮을 것입니다. 쉐키나, 곧 장막에서 하나님의 임재를 표시했던 거룩하고 신비한 빛이 많은 사람들의 눈에는 가려졌습니다. 그러나 천국에서는 모든 사람이 여호와의 영광을 보고, 그 영광에 둘러싸일 것입니다. 위에 있는 성도들은, 요단 강 이편에 있는 우리는 바랄 수 없을 만큼 하나님 가까이에서 지내고 하나님과의 교제를 즐깁니다. 하나님께서 그들 가운데서 거하실 것입니다. 하나님께서 자기들 가운데 계시며 영원히 그들과 함께 거하고 그들을 두르시는 복을 받은 영들은 복됩니다! 그러므로 그 영들은 더 이상 굶주리는 것이 없습니다. 이스라엘이 만나를 먹었듯이, 그들은 하나님의 사랑을 마음껏 먹기 때문입니다. 그들은 더 이상 갈증이 없습니다. 이스라엘이 반석에서 물을 마셨듯이, 영화롭게 된 이 영들은 영원히 그리스도와 함께 지내면서 그의 사랑을 마시기 때문입니다. "해나 아무 뜨거운 기운에 상하지도 아니하리니." 어떻게 이런 일이 있을 수 있습니까? 옛적부터 자기 백성의 선두와 후미에 서셨고, 영원토록 그들의 모든 것의 모든 것이 되시는 전능하신 하나님의 비길 데 없는 임재로 말미암아 그들이 물질주의의 영향으로부터 완전히 차단되고, 온갖 악한 세력으로부터 보호될 때 그렇게 될 수 있습니다. 어린 양이 그들의 지도자로 계신다면, 참으로 강력한 군대가 그들을 지키는 것입니다! 그들이 아주 거룩한 길을 가고 있는 것입니다! 참으로 신성한 교통을 누리는 것입니다! 아주 놀라운 기쁨을 느끼는 것입니다! 어린 양이 그들을 인도하여 전에는 보지 못했던 샘으로 데려가신다면, 그들 속에 얼마나 새로운 기쁨이 솟아나겠습니까! 사랑하는 사람들을 아래에 두고 떠났다는 것에 대한 모든 후회가 어떻게 깨끗이 사라지고, 그들의 온 영혼이 기쁨을 손상시키는 눈물 한 방울 흘리지 않고 얼마나 완전한 기쁨으로 충만하겠습니까!

　　본문에 나오는 이상에서 장로의 말과 요한의 이야기에 따를 때, 이제 새로 도착한 사람들의 가장 두드러진 점은 그들이 흰 옷을 입고 있었다는 것입니다. 이 덕망 있는 장로는 이 점 외에 다른 것에는 별로 주의를 기울이지 않은 것처럼 보입니다. 그 장로가 "이 흰 옷 입은 자들이 누구며 또 어디서 왔느냐"고 묻고 있기 때문입니다. 이것은 요한의 생각을 알아보고 싶어하는 질문이었습니다. 영원한 보좌 앞에 그처럼 밝게 빛날 수 있는 이들은 대체 누구란 말인가? 이들은 어디에서 그런 옷차림을 하고 왔는가? 그래서 오늘 아침 우리가 살펴보려고 하는 것은 이런 것들입니다. 첫째, 그들의 흰 옷은 무엇을 나타냈는가? 둘째, 어떻게 그들은 그런 옷을 입고 왔는가? 마지막으로, 본문이 우리에게 가르치는 교훈은 무엇인가 하는 점입니다.

### 1. 이 흰 옷이 의미하는 바는 무엇이었습니까?

　　그들은 왜 흰 옷을 입었습니까? 물론 그 옷은 순전히 상징입니다. 이 영들은 아무 옷을 입지 않았습니다. 영은 몸이 없기 때문입니다. 이들의 옷은 이들의 성격, 직무, 역사, 그리고 상태를 나타냅니다.

　흰 옷은 첫째로 그들 성품의 흠 없는 순결을 보여줍니다. "이들은 하나님의 보좌 앞에 흠이 없는 자들이더라"(계 14:5. 개역개정은 "흠이 없는 자들이더라" 고만 되어 있음 - 역주). 천국에는 어떤 죄도 들어갈 수 없었고, 성도들은 아무 죄도 가지고 가지 않았습니다. 아니, 죄의 흔적이나 잔재, 혹은 죄의 자국조차 없었습니다. 이들은 "티나 주름 잡힌 것이나 이런 것들이 없고"(엡 5:27) 지극히 높으신 하나님 보시기에 거룩하고 나무랄 데 없으며 비난할 것이 없는 자로 나타납니다. 흰색은 완전함을 표시합니다. 흰색은 색깔이라기보다는 빛의 모든 색조와 색깔, 아름다움의 조화로운 통일과 혼합을 가리킵니다. 온전케 된 사람들의 성품에서 우리는 모든 미덕들이 결합되고 모든 장점들이 균형을 이루며 모든 미점들이 나타나는 것을 봅니다. 이들은 그들의 주님을 닮지 않았습니까? 주님은 모든 미점이 하나로 합쳐진 분이 아닙니까? 이 세상에서 성도는 용기를 나타내는 붉은 색이나 정절을 나타내는 푸른 색 혹은 부드러움을 나타내는 보라색을 너무 두드러지게 나타내 보입니다. 그래서 우리는 하나님 자녀들의 다양한 미점들에 탄복하면서도 많은 결함들을 보고 애석해합니다. 그러나 저 세상에서 각 성도는 사랑스럽고 좋은 평판을 지니는 모든 것을 성품에 겸비하게 될 것입니다. 그래서 그의 의복은 흠이 없을 뿐 아니라 성품의 온전함을 나타내기 위해서 언제나 흰색을 띨 것입니다. 본문에서 의도한 흰색은 밝고 빛나는 것으로서 성도들의 성품이 환하고 매력적임을 나타낸다는 점에 유의해야 합니다. 정사와 권세들이 성도들에게서 하나님의 각종 지혜를 보기 때문에 성도들을 탄복하여 바라볼 것입니다. 성도들은 이같이 흰 옷을 입고 아버지의 나라에서 해와 같이 빛날 것입니다. 변화산에서 주님의 옷에 대해 "세상에서 빨래하는 자가 그렇게 희게 할 수 없을 만큼 매우 희어졌더라"(막 9:3)고 말하였을 뿐만 아니라 또한 그 옷이 "옷이 빛과 같이 희어져"(마 17:2) 빛을 내고 있었다고 합니다. 보좌 앞에 선 이 구속받은 자들이 그들의 집회를 볼 수 있는 은혜를 받은 모든 사람의 눈에 별처럼 빛이 납니다. 하나님 자녀의 성품에 참으로 영광스러운 점이 나타날 것입니다! 오랫동안 하나님의 자녀를 보아왔던 사람들도 은혜로 말미암아 그에게 일어난 변화를 보고 깜짝 놀랄 것입니다. 하나님께서 "어린 양의 피에 그 옷을 씻은" 그의 백성들을 기뻐하실 것입니다. 흰 옷이 성도들의 성품을 가리킨다는 것은 분명합니다. 나는 이것이 당연하다고 생각합니다. 성도들의 의, 곧 예수 그리스도에게서 전가된 의는 더럽혀지거나 씻을 수 있는 것이 아니므로 본문에서 그 의를 가리킨다고 볼 수 없기 때문입니다. 그리스도의 피로 그리스도의 의를 씻는다고 말하는 것은 잘못된 생각일 뿐만 아니라 거기에는 한순간도 용납할 수 없는 잘못된 은유가 따라올 것입니다. 여기서 묘사하는 흰 옷은 성도들이 하나님 앞에 나타날 때 지니는 그들의 개인적인 성품입니다. 그들의 성품을 어린 양의 피로 씻어서 아주 깨끗해져 온전하게 된 것입니다.

"흰 옷"이라는 말에서 우리는 성도들의 영혼이 그들에게 맡겨진 봉사를 행하기에 적합하다는 것을 알게 됩니다. 성도들은 하나님께 왕과 제사장들이 되기 위해 온 세상 앞에서 택함을 받았습니다. 그러나 제사장은 정해진 세마포 옷을 입기 전에는 하나님 앞에 서서 봉사할 수 없었습니다. 그러므로 하늘로 이끌려 올라간 영혼들은 흰 옷을 입고 나타남으로써 그들이 거룩한 봉사를 수행하기에 완전히 적합하다는 것을 보여줍니다. 이 거룩한 봉사는 그들이 옛적부터 임명받은 일이고, 이 땅에 있는 동안에 성령께서 그들을 불러 맡기신 일이며, 예수께서 그들의 선두에서 영원히 제사장으로서 인도하실 때 맡아서 행할 일입니다. 성도들은 찬양의 향을 하나님께서 받으실 만하게 드릴 수 있는데, 이는 그들이 직분을 수행할 수 있는 옷을 입고 있기 때문입니다. 우리는 복을 받은 이 영들의 직업을 다 알지 못하지만, 이들이 왕 같은 제사장으로서 직무를 수행할 수 있는 사람들이라는 것은 압니다. 이 제사장 의복은 그들이 모든 일에 하나님의 뜻을 행할 준비가 되어 있다는 것과 끊임없이 찬송의 제사를 여호와께 드릴 수 있음을 나타냅니다.

"흰 옷"은 또한 승리를 표시합니다. 거의 모든 민족에서 흰색은 승리의 기쁨을 표시해왔다고 생각합니다. 종종 장군들이 전쟁을 마치고 돌아올 때, 장군과 용사들은 흰 옷을 입었거나 흰 말을 탔습니다. 사실 로마 사람들은 자줏빛(심홍색)을 황제의 색깔로 택했습니다. 그들의 승리와 지배가 피를 흘리고 잔인하였기 때문에 그렇게 정한 것이 마땅할지 모릅니다. 그러나 하나님의 그리스도는 그의 온유하고 거룩한 승리를 흰색으로 표현하십니다. 그리스도께서 세상을 심판하러 오실 때 "흰 구름"을 타고 오실 것이며, 그의 심판 자리는 "크고 흰 보좌"(계 20:11)가 될 것입니다. 그리스도는 "흰 말"을 타실 것이고, 그의 모든 군대도 흰 말을 타고 그의 뒤를 좇을 것입니다. 보십시오. 그리스도는 발에까지 내려오는 "흰" 옷을 입으셨습니다. 이와 같이 그리스도께서는 그의 승리의 나라의 상징적 색깔로 흰색을 택하셨습니다. 그래서 구속받은 자들이 흰 옷을 입고, 더구나 천국에 새로 태어난 사람들도, 큰 환난에서 막 피한 사람들도 흰 옷을 입습니다. 그들은 넉넉히 이기는 사람들이기 때문입니다. 그들은 정복자의 옷을 입고 승리자의 상징인 종려나무를 들고 있습니다.

흰색은 또한 안식을 나타내는 색깔입니다. 어떤 사람이 이 더럽고 비참한 세상에서 하루 동안 일을 하고자 하면, 눈처럼 흰 옷은 그에게 맞지 않을 것입니다. 그 옷은 금방 더러워지고 얼룩이 묻을 것이기 때문입니다. 그러므로 노동할 때 입는 옷은 일반적으로 먼지투성이의 세상에 더 적합한 다른 색깔의 옷입니다. 안식의 날, 기쁘고 즐거운 안식일은 흰 옷이 나타내기에 적당합니다. 구속받은 자들은 이와 같이 흰 옷을 입는 것이 마땅합니다. 그들이 마침내 노고의 옷과 전투의 갑옷을 벗어버리고 수고를 그치고 하나님의 안식 가운데 쉬기 때문입니다.

주로 흰색은 기쁨을 나타내는 색깔입니다. 거의 모든 민족들이 흰 옷을 신부에게 가장 적합한 옷으로 채용했습니다. 그러므로 이 행복한 영들은 신부의 옷을 입고 어린 양의 혼인 잔치를 위해 준비하고 있습니다. 비록 부활을 기다리고 있지만 그들은 신부의 옷을 입고 기다리고 있습니다. 기다리면서 기뻐하고, 구속주에 대한 찬송을 부르며 기다립니다. 그들은, 구주께서 내려와 성도들의 몸을 무덤에서 일으켜 영원한 기쁨을 누리게 하심으로써 그들의 복을 완전히 이루실 때까지 주님과 함께 잔치를 베풀기 때문입니다.

여러분도 보다시피 이렇게 흰 옷에는 많은 교훈이 담겨 있습니다. 그 교훈을 분명하게 드러내는 것이 내 설교의 목적이라면, 그 의미를 설명하는데 한 시간을 꼬박 써도 좋을 것입니다. 그러나 나는 다른 어떤 점을 이야기할 생각이고 그 점에 여러분을 초대합니다. 성령께서 우리를 인도하셔서 그 점을 알게 해주시기를 바랍니다.

### 2. 둘째로, 왜 성도들이 흰 옷을 입고 왔습니까?

어떻게 해서 그들은 그렇게 흰 옷을 입게 되었습니까? 장로와 사도의 마음에 충격을 준 것은 흰 색깔이었습니다. 그 원인은 무엇이겠습니까? 장로는 "이 흰 옷 입은 자들이 어디서 왔느냐"고 말했습니다.

달리 말하자면, 그들의 성품은 그처럼 순결하지 않았습니다. 그들의 옷은 본래 그렇게 하얗지 않았습니다. 여러분도 알다시피, 그들은 옷을 빨았습니다. 그러므로 그 옷이 전에는 더러웠음에 틀림없습니다. 그들은 "옷을 씻었습니다." 그러므로 그 옷이 언제나 깨끗하였던 것이 아닙니다. 그렇습니다! 원죄가 아담의 모든 자손들의 성품을 더럽혔습니다. 우리에게는 처음부터 나병의 반점들이 가득하였고, 우리가 처음에 입었을 때의 옷은 하얗지 않았습니다. 여인에게서 난 자가 어떻게 깨끗할 수 있겠습니까? 슬프게도 우리 의복은 본래 우리가 회심하기 전에 지은 실제적인 죄의 얼룩들이 묻어 있습니다. 그 점을 생각할 때 우리는 몹시 떱니다. 옷을 어린 양의 피에 씻었다는 것을 모른다면 우리는 완전히 낙담할 것입니다. 그런데 슬프게도, 우리가 주님을 안 이후로 지어 온 죄들이 있습니다. 어떤 면에서는 우리의 모든 범법 가운데 가장 유해하고 죄악적인 것들입니다. 그것은 우리가 영원한 사랑을 알고 나서 그 사랑을 어겼고, 우리를 선택하시고 구속하시며 용서하신 하나님께 반역한 것이기 때문입니다. 아, 이것이 죄입니다! 천국에 있는 성도들 가운데 깨끗이 씻을 필요가 있는 옷을 입지 않은 사람은 아무도 없습니다. 그들은 모두 옷을 씻어야 합니다. 본래 그들의 옷은 모두 많은 면에서 죄로 얼룩져 있기 때문입니다. 죽어서 천국에 간 어떤 성도도 본성상 여러분과 전혀 다르지 않은 사람이라는 것을 생각하시기 바랍니다. 그들도 모두 우리와 같이 격정을 지닌 사람들이었고 그들 속에도 똑같이 죄로 향하는 경향이 있는 사람들이었습니다. 그들이 본래 우리보다 나았던 사람들이라고 생각한다면, 그들은 우리를 별로 고무시키지 못할 것입니다. 그렇다면 우리는 그들의 승리를 본성적으로 우리보다 나은 점 때문으로 돌릴 것이고 자신에 대해 절망할 것이기 때문입니다. 그러나 그들도 우리와 똑같이 타락하였고 타고난 죄로 인해 부패한 사람들이라는 것을 생각한다면, 우리는 기뻐하고 용기를 낼 것입니다. 그들이 옷을 빨아서 흠없이 깨끗한 옷을 입고 천국에 들어갔다면, 우리도 그들처럼 옷을 빨아 희게 하지 못할 이유가 있겠습니까?

　어쩌면 그들이 지금 우리가 알고 있는 것보다 더 깨끗한 길을 따라서 안식에 이르게 되었다고 말할지 모릅니다. 어쩌면 그들의 인생 길에, 그들의 환경에, 그들이 살았던 시대의 조건에 그들이 옷을 깨끗하게 간직할 수 있도록 도운 어떤 것이 있었을 것이라고 말할지도 모릅니다. 아닙니다. 형제 여러분, 그렇지 않았습니다. 그들은 환난의 길을 따라 지나갔고, 그 환난은 우리가 당하는 것보다 약하지 않았습니다. 오히려 "큰 환난" 이라고 부를 만큼 아주 혹독했습니다. 이와 같이 그들도 우리와 같은 길을 따라 갔습니다.

> "일찍이 그들은 이 아래 세상에서 슬퍼하고 있었고
> 눈물로 잠자리를 적셨습니다.
> 그들도 우리처럼 힘들게 씨름하였습니다.
> 죄와 의심과 두려움을 만나서."

그들의 길도 우리 길과 똑같이 진흙투성이였고, 어쩌면 훨씬 더 심했을 것입니다. 그들은 우리와 똑같이 진창길과 물웅덩이를 지나며 옷에 흙탕물이 튀었고, 우리처럼 그 때문에 슬퍼하였습니다. 그들도 우리가 가는 곳에 갔고, 죄와 부정을 씻을 샘에도 갔습니다. 그들은 옷을 빨아 하얗게 만들었습니다. 이 점을 생각할 때, 우리의 길이 수많은 시험을 만나는 길일지라도, 영화롭게 된 모든 사람들이 속죄하는 보혈의 효력으로 그 길에서 희고 깨끗한 옷을 입고 올라왔으므로, 우리도 마땅히 그렇게 될 것이라고 느껴야 하지 않겠습니까!

그러나 나는 여러분을 데리고 본문의 핵심 의미로 조금 더 나아가고 싶습니다. 형제 여러분, 성도들의 옷은 기적의 은혜를 거치며 희게 되었습니다. 다름 아니라 기적의 은혜라 한 것은, 모든 것이 그들을 더럽히려고 하는 그 큰 시험을 그들이 지나왔기 때문입니다. "그"라는 단어가 번역되었어야 했습니다. 어떻게 번역자들이 그 단어를 빠트리게 되었는지 놀라운 일입니다. 본문은 그 단어를 집어넣어서 이렇게 읽어야 합니다. "이는 그 큰 환난에서 나오는 자들인데"(개역개정에서는 "그"라는 단어가 빠져있음 - 역주). 아주 많은 사람들이 도리깨질을 한다는 의미로 생각하는 "환난"이라는 준(準) 라틴어는 헬라어 원문에는 없고, 순전히 번역자가 집어넣은 말이고 따라서 강조할 수 없다는 점도 유의해야 합니다. 원문은 단지 어떤 종류가 되었든지 압박과 고통을 의미합니다. 하나님의 모든 자녀는 그 큰 압박을 지나가야 했고 그 악을 견뎌야 했습니다. 내가 지금 무엇을 이야기하려고 합니까? 여러분에게 말씀드리겠습니다. 나는 본문이 어떤 큰 박해를 가리킨다고 보지 않고, 뱀의 후손이 끊임없이 여인의 후손을 괴롭히고 압박하는 시대들의 큰 투쟁을 말한다고 생각합니다. 그 투쟁은 하나님께서 뱀에게 "내가 너로 여자와 원수가 되게 하고 네 후손도 여자의 후손과 원수가 되게 하리니 여자의 후손은 네 머리를 상하게 할 것이요 너는 그의 발꿈치를 상하게 할 것이니라"(창 3:15)고 말씀하셨을 때, 에덴의 문에서 시작되었습니다. 사탄은 그 머리가 크신 우리 주님께 밟아 뭉개졌지만, 주님의 발꿈치를 조금 물어뜯는 것에 불과합니다. 대대로 물려받은 투쟁이 있습니다. 아래 있는 성도들은 항상 겪게 되는 큰 환난입니다. 육신을 따라 나는 자는 영을 따라 나는 자를 핍박하기 때문입니다. 그 적의는 온갖 형태를 띠면서 처음부터 지금까지 세상에 존재합니다. 자, 흰 옷을 입은 사람들이 지속적이고 일반적인 그 전투에서 해를 입지 않고 나왔습니다. 불에 그슬린 냄새조차도 없이 풀무불에서 나온 거룩한 세 사람처럼 나왔습니다. 이들 가운데 어떤 이들은 비방을 받았습니다. 세상 사람들이 그들에게 더럽기 짝이 없는 진흙을 던졌습니다. 그러나 그들은 그 옷을 씻어 깨끗하게 하였습니다. 그들 가운데 어떤 이들은 사람과 마귀들로부터 오는 현저한 시험에서 나왔습니다. 사탄이 직접 그들의 귀에 하나님을 모독하는 말을 집어넣자 그들은 자신들이 신성 모독의 말을 한다고 생각하였습니다. 그들은 사람을 아주 더럽히는 시험을 받았으나 어린 양의 피로 말미암아 극복하였고, 속죄 제물의 효험으로 사람을 타락시키는 온갖 시험의 영향에서 구원받았습니다. 성도들 가운데 어떤 이들은 잔혹하게 박해를 당하여 길거리의 진창처럼 밟혔습니다. 그렇지만 그들은 눈처럼 흰 영광에 이르렀습니다. 그들은 불을 통과하고 물을 지나갔으며 거처도 없이 방랑하였습니다. 그들은 만물의 찌꺼기처럼 되었지만 결국 그 환난에서 해를 받지 않고 흠 없이 나왔습니다.

　　나는 여러분이 본문을 볼 때, 마치 장로와 사도 요한 모두 아래 세상에서 진행되고 있는 큰 투쟁을 마음속으로 낮춰 보고 있었던 것처럼, 장로가 깜짝 놀라서 감탄의 소리를 지르는 것으로 본문을 생각하라고 말씀드리고 싶습니다. 이 아래 세상에서는 온갖 시험과 시련이 전투하는 교회의 택함받은 무리를 둘러싸고 있습니다. 장로와 요한은 전투하는 무리를 보았고, 아주 많은 사람들이 치열한 전투를 치르면서 먼지를 뒤집어쓰고 옷에 피를 잔뜩 묻혔지만, 겉보기와 다르게 그 전장(戰場)에서 죽지 않고 오히려 깨끗하고 빛나는 옷을 입고 나오는 것에 주목하였습니다. 그들이 그처럼 치열한 시련을 겪고도 옷이 깨끗하였다는 것이 놀라운 일이었습니다. 나는 본문을 이런 식으로 설명하는 것을 들은 적이 있습니다. 환난이 성도들을 정결케 하는데 도움이 되었다는 것입니다. 이 큰 환난 자체로는 성도들을 더럽혔을 것이고, 환난의 본래 작용은 성도들을 더럽히려는 것이었는데, 놀랍게도 그들이 환난에서 나오면서 옷을 빨고 어린 양의 피로 옷을 희게 하였다는 것입니다.

　지금 우리 앞에 놓인 이 사상, 곧 영화롭게 된 성도들이 깨끗하게 된 것은 다른 어떤 것에 의해서가 아니라 바로 그리스도의 피의 작용으로 말미암았다는 이 사상으로 여러분을 안내하도록 하겠습니다. 이 성도들은 큰 환난에서 나왔고, 옷을 어린 양의 피로 썻어 희게 하였습니다. 여러분이 무엇이라고 부르든지 간에 이 환난이나 고통 혹은 압박이 기적 같은 하나님의 은혜에 눌려서 신자에게 유익이 되도록 변화된다는 것입니다. 그러나 이 환난에서 그리고 이 환난 자체는 신자의 영혼을 깨끗하게 하는 것이 아니라 더럽히는 것입니다. 고통 자체는 사람을 거룩하게 하는 것이 아니라 오히려 그 반대로 작용합니다. 나는 거룩하게 된 고난이 있다는 것은 믿지만, 사람을 거룩하게 만드는 고난이 있다고는 생각하지 않습니다. 고통 자체는 우리 속에 있는 악이 아주 기승을 부리게 만들고, 반역하는 마음으로 하나님을 버리고 싶은 생각이 들게 만듭니다. 이 문제를 자세히 살펴보면 그 점을 알 수 있을 것입니다. 여러분에게 말씀드리는 이 큰 환난은 어떤 면에서는 죄 짓게 만드는 것입니다. 승리한 성도들이 계속해서 어린 양의 피로 가지 않았다면 그들은 옷을 희게 간직하지 못하였을 것입니다. 옷을 희게 유지하게 만든 것은 오직 그리스도의 피밖에 없었습니다. 성도들은 구속을 잘 알았고 구속의 깨끗하게 하는 능력을 알고 있었습니다.

　형제 여러분, 성도들이 겪는 시련들 가운데 어떤 것은 성도들을 죄 짓게 만드는데 도구로 사용되는 자들이 일으킨 것임이 분명합니다. 사탄과 악인들은 바로 그 점을 목적과 목표로 삼고 성도들을 공격합니다. 예를 들면, 사탄은 욥을 시험했을 때, 욥이 하나님을 대놓고 저주하도록 만들려는 뚜렷한 목적을 가지고 시험하였습니다. 사탄은 하나님의 보좌 앞에서 자신의 의도를 전혀 숨기지 않고 뻔뻔스럽게 인정하며 "이제 주의 손을 펴서 그의 뼈와 살을 치소서 그리하시면 틀림없이 주를 향하여 욕하지 않겠나이까"(욥 2:5) 하고 말했습니다. 하나님은 훨씬 다른 계획이 있었지만 사탄이 관심을 갖고 있는 고통의 목적은 욥이 성실함을 버리고 하나님을 모독하는 말을 하도록 만드는 것이었습니다. 사탄은 아주 지혜롭습니다. 고통이 사람으로 죄를 짓게 만드는 자신의 목적을 이루는 훌륭한 도구라는 것을 압니다. 그래서 사람이 예수님의 피로 달려가서 죄 짓게 만드는 환난의 경향에 맞서지 않으면 그 사람은 재빨리 타락하리라는 것도 압니다. 욥이 그의 구속자가 살아 계시다는 것을 알지 못하였다면 어떻게 했겠습니까? 시험하는 자들의 왕이 그렇듯이 그를 섬기는 자들도 마찬가지입니다. 그들은 성도들이 죄를 짓도록 만들기 위해 성도들을 괴롭힙니다. 불경건한 자들이 하나님의 자녀들을 박해할 때, 그들을 조롱하든지 아니면 그들의 재산이나 신체에 해를 끼치든지 간에, 그들의 직접적인 목적은 하나님의 자녀들이 믿음을 부인하고 그리스도를 버리게 만드는 것입니다. 혹은 이렇게 만들 수 없으면, 시험하는 자들은 신자들이 죄로 말미암아 자신의 신앙 고백을 부끄럽게 만들도록 꾀합니다. 대제사장과 바리새인들의 시대부터 지금에 이르기까지 이것이 모든 박해의 진짜 목적이 아니었습니까? 성도들로 죄를 짓게 만들 수 있다면, 그들은 목적을 달성한 것입니다. 그래서 사탄과 세상으로부터 오는 큰 환난은 우리로 하나님께 범죄하도록 계획된 것입니다. 하나님의 성도들은 큰 범죄에서 보호를 받습니다. 이런 고난의 영향력은 욥으로 어떤 면에서 죄를 짓게 만들고, 순교자들이 죽음을 이기고 승리를 거두기는 했을지라도 많은 면에서 은밀한 죄를 짓도록 만들었습니다. 그렇듯이 고난은 어떤 면에서 성도들로 죄를 짓게 만듭니다. 그런데 그들이 어린 양의 피로 말미암아 그 영향력에서 깨끗이 보존되었고, 그래서 적의 간계가 모든 면에서 좌절된 것입니다.

어떤 환난이든 환난을 당하면 우리는 어린 양의 보혈이 필요하다는 것을 절실하게 느끼게 됩니다. 환난은 우리에게 죄를 기억나게 하기 때문입니다. 사렙다 과부는 선지자에게 이렇게 말했습니다. "당신이 내 죄를 생각나게 하고 또 내 아들을 죽게 하려고 내게 오셨나이까"(왕상 17:18). 어떤 죄들은 당사자가 시련 때문에 그 죄들을 떠올리고 예민하게 느끼기 전까지는 양심을 괴롭히지 않습니다. 강한 전기 불빛처럼 고난은 지금까지 캄캄했던 장면에 또 다른 빛깔을 비쳐줍니다. 그래서 우리는 잊고 있었던 것을 떠올리게 됩니다. 시련은 사람의 영을 예민하게 만들어서 눈물을 흘리며 괴로워하는 가운데 죄를 뚜렷이 보게 만듭니다. 다른 문제로 큰 고난을 겪는 가운데서 죄 때문에 비로소 깊이 괴로워하기 시작한 사람들이 많이 있었습니다. 사랑하는 교우 여러분, 여러분이 지금 이 큰 환난을 어느 정도 겪고 있고, 그 환난의 영향으로 옛사람이 되살아난다면, 어린 양의 피에게로 급히 달려가기를 바랍니다! 그것만이 여러분이 믿음을 지킬 수 있는 유일한 길입니다. 여러분은 정결케 하는 샘에 감으로써만 사죄하시는 하나님을 믿을 수 있습니다. 죄를 생생하게 볼 때, 하나님의 속죄가 아니고서는 용서받을 수 없다는 것을 알게 되기 때문입니다.

환난은 **훌륭한** 사람들도 새로운 죄를 짓게 만드는 경향이 있습니다. 그들이 전에 한 번도 지은 적이 없는 죄에 떨어지게 만듭니다. 어떤 사람이 이렇게 말합니다. "목사님, 나는 결코 하나님께 불평하지 않을 것입니다." 당신이 그렇게 하리라는 것을 어떻게 압니까? 그 사람이 말합니다. "나는 이 시간까지 그렇게 해 본 적이 없습니다." 당신이 어떻게 하여 그렇게 할 수 있었습니까? 주님께서 당신과 당신이 가진 모든 것 주위에 울타리를 쳐주시지 않았습니까? 그런데 당신이 불평할 이유가 있겠습니까? 당신에게는 아내와 자녀들이 있지 않습니까? 당신은 건강하고 힘이 있지 않습니까? 그런데 당신이 불평해야 할 이유가 있겠습니까? 그러나 하나님께서 이 모든 것을 당신에게서 거두어 가버리셨다고 생각해 보십시오. 아, 나는 다른 사람들이 내 앞에서 그렇게 했듯이 당신도 불평하지 않을까, 지금까지는 당신이 전혀 몰랐던 반역의 죄가 여러분을 이기게 되지 않을까 염려가 됩니다. 여러분은 자신이 다른 사람들보다 낫다고 생각하십니까? 섰다고 생각하는 사람은 넘어질까 조심해야 합니다. 여러분도 다른 사람들과 똑같이 옷을 빨아야 할 필요가 있을 것입니다.

어떤 사람들에게는 환난이 맹렬한 시험으로 작용하여 불신에 떨어지게 만듭니다. 우리에게 믿음이 필요하고, 다른 사람들에게 믿음을 가르쳤던 우리가 자신에게 믿음이 아주 부족하다는 것을 깨닫기 전까지는 우리는 스스로에게 믿음이 많다고 생각합니다. 어떻게 불신앙이 은근히 우리 속에 생겨나서 믿음을 쫓아내도록 우리를 부추기는지 모릅니다. 마음에 불신앙이 스며들면 "섭리라는 것이 있는가? 하나님이 계시는가"와 같은, 감히 말하기도 어려운 예리하고 어두운 의심들이 생겨날 것입니다. 아, 이때 우리는 그리스도의 피로 달려가야 합니다. 그렇지 않으면 환난 때문에 우리는 무신론적인 의심에 빠지고, 하나님의 이름을 더럽히며 자신을 상하게 하는 끔찍한 죄들을 짓게 될 것입니다.

환난은 또한 모든 옛 죄들을 흔들어 깨우는 놀라운 경향이 있습니다. 일이 순조롭게 진행되는 동안에는, 부정한 새들이 갇혀 있는 새장이 좀처럼 드러나지 않고 새들도 지저귀지 않을 것입니다. 그러나 고난이 와서 새들을 모두 깨우면, 얼마나 무섭게 이 새들이 서로에 대해 소리치고 부르짖는지 모릅니다. 형제 여러분, 여러분은 얼마나 많은 마귀들이 여러분 가슴 속에 쪼그리고 앉아 있는지 모릅니다. 나는 어떤 형제가 싸움을 그만 두겠다고 말하는 것을 들을 때마다, 그의 영혼 속에 있는 마귀들이 얼마나 조용히 틀어박혀 있으면서 그의 어리석은 말을 듣고 낄낄거리며 웃을까 하고 생각합니다. 사람이 교만하게 자기에게 죄가 없다고 장담할 때, 죄가 가장 많이 떼지어 몰려옵니다. 사람은 누구나 마음속에 죄의 바다가 있습니다. 그래서 고난이 한 번 닥치기만 하면, 그 오염된 바다가 들끓고 일어나므로 그 모습이 어떤지 알게 될 것입니다. 자신을 아주 좋게 평가하는 여러분을 어떤 위치에 한 번 갖다 놓아보십시오. 그러면 여러분의 강하고 훌륭한 거룩함이 겉만 번지르르한 광택이 햇빛 아래 녹듯이 금이 가고 물집이 잡힐 것입니다. 지극히 거룩하게 된 신자도 천국에 이르기 전에는 영혼 속에 세상을 불태울 만한 죄가 잠복해 있습니다. 그래서 타다 남은 불씨에 불을 붙일 만한 강한 시험이 한 번 오기만 하면, 완전히 꺼진 것처럼 보였던 불씨가 살아나 느부갓네살의 풀무 불처럼 맹렬히 타오를 것입니다. 그리스도께서 개입하시지 않으면 금방 이 죄의 불이 우리 영혼을 태워 멸하고 말 것입니다. 그러므로 형제 여러분, 우리는 속죄의 보혈로 속히 달려가야 합니다. 여러분은 본문에서 이 두 가지, 곧 환난과 피로 씻음이 어떻게 함께 언급되는지를 알 것입니다. 이 둘은 함께 가지 않을 수 없습니다. 그렇지 않으면 마침내 우리가 입을 흰 옷, 곧 거룩하신 삼위 하나님의 응시를 견딜 성품을 얻지 못할 것입니다. 환난을 겪은 것 자체로 흰 옷을 얻게 되지 않을 것입니다. 피에 옷을 씻음으로 명예로운 옷을 얻을 것입니다. 우리는 끊임없이 속죄하는 보혈을 의지함으로 환난을 통해서 영혼에 반드시 생기게 되는 얼룩을 깨끗이 씻어 내도록 합시다.

　　이와 같이 사랑하는 형제 여러분, 큰 시련들은 우리 미덕의 약점과 우리의 무수한 결점들을 드러내는데 놀라울 정도로 효과적입니다. 시련을 통해서 확실히 신자는 자신에게 얼마나 큰 불신앙이 있는지, 사랑이 가득한 사람은 자신에게 얼마나 사랑이 부족한지, 인내심이 많은 사람은 자신이 얼마나 조급한 사람인지를 알게 되고, 강한 사람은 자신의 약함을, 지혜로운 사람은 자신의 어리석음을 알게 됩니다. 아, 선장님, 당신은 지혜로운 선원입니다. 적당한 돌풍을 만나거나 일반적인 폭풍우를 만났을 때는 당신은 자신을 그렇게 생각하고, 실제로도 그렇게 지혜로운 선원입니다. 그러나 하나님께서 모든 바람을 풀어 당신에게 불어닥치게 하시면 당신이 무엇을 할 수 있겠습니까? 이리저리 흔들리고 술취한 사람처럼 비틀거리며 어찌할 바를 모를 것입니다. 그 점을 생각하십시오. 깊은 바다에서 일해보지 않은 사람은 이것을 이해하지 못합니다. 섬과 섬 사이나, 강에서 운항하거나 작은 항구를 들락거리는 여러분의 오락용 요트는 폭풍우를 전혀 경험하지 못했습니다. 그래서 선원들은 자기 요트를 아주 능숙하게 조종할 수 있다고 말합니다. 그러나 대서양의 폭풍우를 한 번 만나면 그 선원들은 금방 자부심을 깨끗이 잊어버릴 것입니다. 내 말을 믿으십시오. 회오리바람이 배를 휘감아 장난감처럼 가지고 놀 때는, 항해하는 것이 전혀 즐겁지 않습니다. 배가 하늘 꼭대기까지 올라갔다가 깊은 심연으로 내려갈 때는, 두려움 때문에 영혼이 녹아나서 사람이 하나님께 자비를 구하며 소리치지 않을 수 없습니다. 영적인 폭풍우를 만나면 사람은 자신이 얼마나 약한지를 깨닫고, 지혜롭게 어린 양의 피로 달려갑니다. 속죄하는 그 희생 제물에서 얼마나 달콤한 강장제를 만나게 되는지요! 하나님께서는 예수 그리스도 안에서 많은 사람을 위하여 흘린 그 피로 인하여 나와 화목하셨다는 것이 나의 큰 기쁨입니다! 영혼이 그 거룩한 샘에서 씻을 때, 환난에서 겪었을 수도 있는 그 모든 해악을 면하게 됩니다. 그래서 영혼은 흰 옷을 입고 승리의 노래를 부릅니다.

### 3. 세 번째로, 여기에서 무슨 교훈을 배울 수 있습니까?

본문이 가르치는 바는 무엇입니까? 사랑하는 여러분, 본문의 교훈은 이것입니다. 우리가 환난 가운데 있을 때, 그때는 우리가 어린 양의 보혈을 아주 부지런히 구해야 하는 시기라는 것입니다.

첫째로, 나는 여러분에게 어린 양의 피를 묵상하라고 말씀드리고 싶습니다. 영광 가운데 계신 그리스도를 보는 것은 우리 고통에 놀라운 치유책이 됩니다. 주님이여, 주님 머리에 쓰신 가시 면류관, 이것이 맥박치는 내 이마를 편하게 해줄 것입니다. 울어서 붉게 충혈된 주님의 눈이 내 영혼에 위로가 될 것입니다. 침 뱉음을 당한 주님의 뺨은 내가 주님을 위하여 받는 비난을 잊게 해줄 것입니다. 주님을 볼 때, 곧 옷을 벗기운 채 십자가에 달리신 주의 모습을 볼 때, 내가 주님을 인하여 비방 받고 박해 받는 것을 귀한 일로 생각하게 될 것입니다! 주님이 받으신 고통에 비할 때 우리의 고난이라는 것이 무엇입니까? 고통의 식탁에서, 우리가 받는 고통은 우리 어린 자녀들이 마시는 작은 잔에 불과합니다. 그러나 우리의 맏형이신 그리스도께서는 고통의 잔으로 얼마나 큰 포도주 병을 받으셨습니까! 그럼에도 예수께서 그 포도주 병을 마시면서 "나의 원대로 마시옵고 아버지의 원대로 하옵소서"(마 26:39) 하고 말씀하셨습니다. 우리의 맏형이신 그리스도께서 우리가 마시는 것과 같은 잔을 마시는 것을 볼 때, 우리는 기쁘게 우리 잔을 마시며 그리스도와 사귐을 갖게 됩니다. "오, 주 예수님, 주께서 받으시는 것을 우리가 거절하겠습니까! 아니, 영광스러운 우리의 맏형이신 주님이여, 우리는 참된 형제가 될 것입니다. 우리는 이 슬픈 교제에 함께 한다는 것을 보여주고, 주와 함께 주의 잔을 마시며, 주의 세례와 함께 세례받는다는 것을 입증할 것입니다." 여러분도 알다시피, 이와 같이 예수의 피를 묵상하는 것은 주님의 당하신 고통이 우리의 고통보다 훨씬 더 큰 것을 알게 함으로써 우리가 환난을 이기도록 도와줍니다.

　　이 주제에서 생각할 수 있는 또 한 가지 즐거운 위로는 이것입니다. 즉, 우리를 향하신 그리스도의 사랑이 참으로 크심을 보게 되는 것입니다. 아마도 주님은 우리를 치시는 것이 적합했을 것입니다. 우리는 주께서 화가 나셨을 것이라고 생각합니다. 그러나 우리는 주께서 피를 흘리신 것을 보기 때문에 우리를 사랑하신다는 것을 압니다. 여러분이 그리스도를 따라 겟세마네를 지나가고, 잠시 동안 골고다에서 주님을 지켜보며 한 시간 동안 주님과 함께 있으면서 주님의 고난을 맛보기 시작하기만 해보아도, 여러분은 이렇게 말하게 될 것입니다. "주님이시여, 이토록 저를 사랑하시나이까! 주님의 사랑은 많은 물로 끄지 못하고 죽음으로도 없애지 못하는 사랑입니다. 주께서 이토록 나를 사랑하신다면 내가 이 고난 가운데 있을 때에도 나를 사랑하십니다. 주님의 사랑을 기뻐하며 주님의 사랑을 결코 의심할 수 없습니다. 주님의 피가 주의 사랑의 진실됨을 보증하기 때문입니다. 그러므로 내가 주님의 징계하는 손 아래에서도 주의 사랑을 확신합니다."

　　우리가 또 다른 노선을 따라 생각하며 속으로 이렇게 자문해 볼 때, 묵상은 또한 우리에게 위로를 줍니다. 곧 예수께서 승리하셨는데, 어떻게 하셨는가? 고난당하심으로 승리하셨습니다! 그리스도의 승리는 다른 사람들을 짓밟음으로 얻지 않고 자신이 짓밟히심으로 얻으셨습니다. 예수께서 보좌에 오르신 길은 밑으로 내려가 죽음을 통과하는 것이었습니다. 주님은 우리에게 약함의 능력과 조롱당함의 숭고함을 보여주십니다. 이 땅에서는 거절당하고 멸시받으며 무시당하였지만, 이제 예수께서는 정사와 권세보다 높이 되셨습니다. 그렇다면 나도 고난을 통해서 명예롭게 되고 영광스럽게 되는 것이 마땅하다고 말할 수 있을 것입니다. 내가 인내로 견디고 내 길을 굳게 지키며 그리스도의 보혈로 여전히 달려간다면, 나는 내 약점에서 힘을 발견하고 죄의식 가운데서 그리스도 안에 있는 정결을 깨달으며 죽음에서 나의 영원한 생명을 발견하게 될 것입니다. 이와 같이 여러분은 어린 양의 피를 묵상하는데서 특별한 교훈을 얻게 되는 것을 봅니다.

사랑하는 여러분, 중요한 사실은 이것입니다. 모든 환난의 때에 큰 문제는 그리스도의 피를 실제로 마음으로 받아들인다는 것입니다. 여러분이 속죄에 흠뻑 젖어 있다면, 상처로 말미암아 단단해진 그리스도의 가슴에 여러분의 상한 심령을 기대고 잠이 든다면, 여러분은 다른 어떤 방식보다도 이렇게 함으로써 더 나은 평안을 얻게 될 것입니다. "어떻게 그럴 수 있느냐"고 말하는 사람이 있을 것입니다. 그리스도의 피를 양심에 바른다면, 그 피가 영혼 속에 지극히 감미로운 평안을 불어넣으므로 다른 어떤 것도 여러분의 마음을 어지럽게 하거나 흔들지 못할 것입니다. 나는 어떤 병원들은 악취가 너무 심해서 좋은 풀과 향기로운 식물을 시들게 하고 유독한 냄새가 기분 좋은 향기를 없애버린다는 것을 알고 있습니다. 그리스도의 피를 영혼의 방에 조금만 뿌리면 얼마나 좋은지 모릅니다! 그리스도의 피는 유향이나 창포의 향보다 낫습니다. 그리스도의 피는 죽음을 유쾌하게 만들고, 고난의 방이 그리스도의 귀한 이름으로 향기가 나게 만들 것입니다. 죄 사함을 받는다면 나는 안전한 것입니다. 그리스도께서 내 대신 서고 그의 귀한 피가 나를 위하여 호소한다면, 나는 기꺼이 주님의 발 앞에 누워서 이렇게 말할 수 있습니다. "주께서 나를 용서하셨사오니 이제 주께서 기뻐하시는 바를 행하시옵소서! 주님, 내가 용서 받았사오니 주의 뜻대로 행하시옵소서!" 바로 이것이 평안을 주는 그리스도의 피의 능력입니다.

그리스도의 피를 마음에 받아들이면 또 다른 은혜로운 결과가 생깁니다. 그리스도의 피는 우리가 당하는 환난에 형벌의 요소가 전혀 없다는 것을 알게 함으로써 환난에서 쏘는 것을 제거합니다. 그리스도께서 내 죄를 인해 대신 형벌을 받으셨다면, 나는 결코 내 죄 때문에 형벌을 받지 않을 것입니다. 그러므로 내가 매일 어떤 시련이나 고난을 겪게 될지라도, 거기에는 형벌의 요소는 전혀 없습니다. 아버지 하나님께서 사랑과 지혜로 내리시는 징계가 있을 수 있습니다. 따라서 그런 징계에는 재판장이 범죄에 대해 형벌을 가하는 그런 요소가 결코 없는 것이 분명합니다. 하나님은 자기 백성에 대해 결코 정죄하시지 않습니다. 하나님께서 어떻게 정죄하실 수 있겠습니까? 그 백성을 의롭다 하시는 분이 바로 하나님이십니다. 하나님께서 결코 정죄하시지 않으므로 형벌을 가하실 수 없는 것 또한 확실합니다. 그리스도께서 위하여 죽으신 자를 누가 정죄하겠습니까? 우리의 당하는 환난이 죄에 대한 형벌로 오는 것이 아님을 알 때 우리는 환난을 감당할 힘을 얻지 않습니까? 우리 아버지 하나님께서 섭리 가운데 보내시는 그 환난에는 진노가 없습니다. 만약 거기에 조금이라도 진노가 있다면 그것은 이사야서에서 말하는 대로 "적은 진노"입니다. "내가 적은 진노로 내 얼굴을 네게서 잠시 가렸으나 영원한 자비로 너를 긍휼히 여기리라"(54:8, 개역개정은 "내가 넘치는 진노로"라고 되어 있음 — 역주).

　　형제 여러분, 그리스도의 피를 마음속에 받아들인다면(우리가 큰 환난 가운데 있든지 그렇지 않든지 간에 그렇게 하도록 합시다), 그 끝이 영광스럽게 되리라고 확신합니다. 우리는 이런저런 방식으로 큰 환난 가운데 있고, 그래서 싸우고 있으며 끝까지 싸울 것입니다. 그러나 우리에게는 영광스러운 끝이 보장되어 있습니다. 예수 그리스도의 피는 우리에게 즐거운 확신을 줍니다. 즉 그리스도의 피는 우리에게 지금도 매우 좋고 영원히 좋을 것입니다. 그래서 그 피는 우리에게 하늘 문을 열고 이렇게 외칩니다. "용기를 내라! 용기를 내라! 전투가 격렬하지만 곧 끝날 것이고, 승리의 면류관이 여러분을 기다리고 있다." 그렇다면 전투 가운데 있는 군사는 머리를 들고, 싸우느라 얼굴에 흘러내린 땀을 닦으며 이렇게 말할 수 있지 않습니까! "그렇다면 나는 끝까지 싸울 것입니다. 그렇습니다. 하나님의 이름으로 마지막까지 싸울 것입니다. 내가 이 상처를 보고 잠시 놀라고 정신이 아득하였을지라도, 그 상처가 약속이고 상급이라면 계속해서 싸울 것입니다. 나는 분발할 것이고, 그러면 성령께서 내 영혼에 고귀한 용기를 불어넣으실 것이므로 그리스도를 위해 승리하기 위해 계속해서 싸울 것입니다. 주께서 나의 면류관을 예비하시므로 그리스도의 십자가를 지는 것이 당연합니다." 바로 이것이 그리스도의 피가 주는 아름다운 결과입니다. 이 자리에 계신 분 모두가 환난을 겪고 있든지 그렇지 않든지 간에 그리스도의 피의 효과로 하나님의 은혜를 찬송하고 영광을 돌릴 수 있기를 바랍니다. 성령이시여, 우리에게 이 은혜를 베풀어 주옵소서.

　　아직까지 그리스도의 피를 마음에 품지 않은 여러분은 대체 어떻게 할 생각입니까? 여러분을 도우실 그리스도를 모시고 있지 않고서, 고통의 때에 어떻게 하려고 합니까? 내가 여러분에게 묻는 이 물음을 여러분 영혼 깊숙이 생각해 보십시오. 여러분이 그리스도가 필요하다고 느낄 때, 내 주님께서는 준비하고 계시다는 것을 기억하시기 바랍니다. 죄와 부정을 씻을 샘이 여전히 열려 있기 때문입니다. 여러분은 씻고 깨끗해지지 않으면 안 됩니다. 순전한 마음으로 믿으면 모든 죄가 깨끗이 씻어질 것입니다. 하나님께서 여러분이 즉시 예수님을 믿게 해주시기를 바랍니다. 아멘.

제
21
장
—

# 천국에는 눈물이 없다

—

**"하나님께서 그들의 눈에서
모든 눈물을 씻어 주실 것임이라."** — 계 7:17

현재에 대해 항상 한탄하고 한숨 쉬며 불평하는 것은 나쁜 일입니다. 현재가 아무리 어두울지라도, 우리는 얼마든지 과거의 즐거운 날들을 기억할 수 있습니다. 밝은 날이 있었고, 여호와의 임재로 원기를 회복한 때가 있었습니다. 믿는 영혼이여, 주께서 지금까지 여러분의 도움이 되셨다는 점을 고백하는데 더디지 않기를 바랍니다! 현재 지고 있는 짐이 아주 무거울지라도, 오래 전에 주께서 여러분의 길에 빛을 비추고 여러분의 마음을 기쁨으로 뛰게 만드셨던 때를 생각하면 힘을 얻게 될 것입니다. 그리고 앞날을 기대하는 것은 훨씬 더 기쁜 일일 것입니다. 밤이 어둡지만 아침은 옵니다. 어두운 산 너머로 날이 밝아옵니다. 길이 험하지만 끝이 거의 보입니다. 여러분은 지금까지 비스가 산의 가파른 언덕을 올라왔습니다. 그리고 산꼭대기에서 여러분의 영광스러운 가나안 땅을 볼 수 있습니다. 참으로 죽음이 여러분의 눈앞에 있습니다. 그러나 주님께서 죽음에서 쏘는 것을 제거하셨고, 무덤에서 승리를 이끌어 내셨습니다. 무거운 짐을 진 영혼이여, 현재 당하고 있는 고통만을 답답하게 바라보지 말고, 과거에 누렸던 즐거운 일들을 보기 바랍니다. 여러분이 존재하지 않았던 옛적의 영원, 하나님께서 자신을 위해 여러분을 구별해 놓으시고 생명책에 여러분의 이름을 기록하시던 그 영원의 때의 무한한 복을 그만큼 열렬하게 보기 바랍니다. 그리고 앞날의 영원을 한 번 바라보십시오. 여기 이 땅에 있을 때부터 여러분이 누릴 수 있는 자비와, 하늘 너머 여러분을 위하여 예비된 영광을 바라보기 바랍니다. 나는 오늘 아침 내 설교를 통해서, 무거운 짐을 진 한 영혼이라도 앞으로 나타날 영광을 바라봄으로써 위로를 얻게 된다면 큰 보상을 받는 것이 될 것입니다.

본문에서 우리가 첫째로 살펴볼 것은, 하나님께서 영화롭게 된 성도들의 얼굴에서 눈물을 닦아 주실 것이므로 그때까지는 성도들의 눈이 눈물로 가득 찰 것이라고 당연히 추론할 수 있다는 점입니다. 둘째로, 하나님은 결코 변치 않으시므로 지금도 자녀들의 눈에서 눈물을 닦아 주는 일을 하신다는 것입니다. 그 다음에, 본문의 핵심으로 바로 들어가서 거기에 담긴 큰 진리, 곧 천국에서는 하나님의 사랑이 영화롭게 된 모든 이의 눈물을 제거해주신다는 점을 생각해 볼 것입니다. 그리고 끝으로, 우리가 그 복된 무리에 속해 있는지 그렇지 않은지에 대해 물어보려고 합니다.

## 1. 첫 번째 생각할 주제는 신자들이 약속받은 안식에 들어가기까지는 눈에 눈물이 가득할 것이라는 추론입니다.

눈물이 하나도 남아 있지 않다면 눈물을 닦아 줄 필요가 없을 것입니다. 신자들은 바로 천국 문앞까지 울면서 왔고, 슬픔과 한숨을 동무처럼 데리고 왔습니다. 눈물이 말랐고 슬픔과 한숨은 달아났습니다. 생명수 강가에는 슬픔의 버드나무가 자라지 않을 것입니다. 그러나 아래 이 땅에서는 그 나무가 많이 자랍니다. 우리가 승리의 종려나무 가지를 손에 들기 전까지는 그 나무가 우리 눈앞에서 사라지지 않을 것입니다. 슬픔의 눈물방울이 영원한 복의 진주로 변하기 전까지는 우리 눈에서 끊임없이 떨어질 것입니다.

> "슬픔의 길, 오직 슬픔의 길을 통해서
> 슬픔을 알지 못하는 곳에 이르게 됩니다."

신앙은 저주로부터 구원을 받게 하는 것이지, 시련을 면제해 주는 것이 아닙니다.

옛 사람들은 슬퍼하는 사람들의 눈물을 병에 담는 관습이 있었습니다. 내생각에 신자들의 눈물을 담는 병에는 세 가지가 있다고 봅니다. 첫째는 일반적인 병입니다. 즉 모든 사람에게 우발적으로 닥치는 슬픔을 담는 일반적인 눈물단지입니다. 신자들도 일반 다른 사람들과 똑같이 고통을 겪기 때문입니다. 하나님의 종이라고 해서 결코 신체적인 고통에서 면제되지 않습니다. 신자들의 신경과 혈관, 사지와 내적 기관은 거듭나지 않은 사람들과 똑같이 질병에 걸리기 쉽습니다. 아주 훌륭한 성도들 가운데 어떤 이들은 오랜 동안 병상에 누워 있었으며, 하나님께서 지극히 소중히 여기는 사람들은 하나님의 징계의 매를 혹독하게 맞기도 하였습니다. 인내하려고 애를 쓰지만 눈물을 흘리지 않을 수 없을 고통이 있습니다. 사람의 체질이 두려울 정도의 무서운 고통을 감당할 수도 있지만, 때로 너무 고통스러워서 잠자리를 눈물로 적셔보지 않은 사람이 거의 없습니다. 이와 더불어, 일상생활의 상실과 고난이 있습니다. 여러분 가운데 때로 곤경을 당하거나 심각한 손실을 겪는 일이 없이 장사하는 그리스도인이 있습니까? 여러분 가운데 모든 것이 너무 쉬워서 한탄스럽게 생각할 것이 아무것도 없는 사람이 있습니까? 가정에 아무런 고난이 없습니까? 집 밖에는 근심거리가 전혀 없습니까? 여러분은 1월 첫날부터 12월 마지막 날까지 길을 가면서 한 번도 피곤을 느끼지 않은 채 여행할 수 있습니까? 여러분은 밭농사를 망치거나 돈을 떼이는 일, 비방을 당하거나, 모진 말을 듣는 일, 병든 자녀, 고통하는 아내, 등 주님 앞에 가져가서 눈물로 기도할 일이 전혀 없습니까? 여러분에게 아무런 슬픔이 없다면 여러분은 별 나라에 살고 있는 사람임에 틀림없습니다. 사람은 불꽃이 위로 날아가듯이 반드시 고난을 겪게 되어 있기 때문입니다. 배가 대서양을 항해하면서 폭풍우를 안 만날 수 없습니다. 모든 것이 영구히 평온한 곳은 천국의 바다뿐입니다. 신자는 하나님 나라를 유업으로 받으려면 많은 환난을 겪지 않을 수 없습니다. "시련은 반드시 오게 되어 있고 또 올 것입니다." 죽음은 우리의 고통의 원인이 됩니다. 영원의 상속자들이 종종 무덤 주위에 모이게 될 때가 있습니다. 여러분 가운데 친구를 잃은 사람이 있습니까? 예수께서 우셨다면, 우리가 사별의 슬픔을 겪지 않을 것으로 기대해서는 안 됩니다. 예수께서 많이 사랑하신 나사로가 죽었다면 우리의 가장 친한 친구들도 죽을 것입니다. 부모님이 우리보다 먼저 세상을 떠날 것입니다. 어쩌면 우리 아기들이 죽고, 형제 자매가 죽음의 낫에 쓰러질 것입니다. 모든 사람의 공평한 적인 죽음은 미덕에도 악에도 인정을 베풀지 않고 거룩함에도 죄에도 인정을 베풀지 않습니다. 죽음은 모든 사람에 대해 그들의 사랑하는 사람들을 다 똑같이 짓밟습니다! 그리스도인들도 다른 사람들과 똑같이 쓰디쓰고 고통스러운 실망을 경험합니다. 유다가 그리스도를 배반하고 아히도벨은 다윗에게 반역하였습니다. 우리도 아히도벨 같은 사람들을 겪었고, 앞으로 유다 같은 사람들을 만날 수 있습니다. 우리는 친구를 신뢰하였는데, 그들의 우정이 부족하다는 것을 깨달았습니다. 우리는 지팡이처럼 보이는 것을 의지했는데, 그것이 창처럼 우리를 찔렀습니다. 사랑하는 교우 여러분, 여러분은 이 세상을 돌아다녀 보면 세상에 가시와 엉겅퀴가 가득 자라고 있고, 걷다 보면 때로 발을 다쳐서 힘이 없어지는 것을 깨닫지 않을 수 없습니다. 생명의 바다는 모든 사람에게 짧습니다. 모든 풍경마다 위에 구름이 떠 있습니다. 우리가 웃는 법은 잊어버릴 수 있지만 우는 법은 결코 잊지 않을 것입니다. 물이 흠뻑 젖은 양털에서 물이 떨어질 수밖에 없듯이, 타락으로 저주를 받은 인류는 자주 슬픔의 눈물을 흘리지 않을 수 없습니다.

이제 내 앞에 두 번째 병이 보입니다. 그 병은 까맣고 더럽습니다. 그 병에는 불같은 죄의 세력으로 증류된 눈물이 담겨 있기 때문입니다. 이 병은 첫 번째 병보다 더 많은 눈물을 담고, 훨씬 더 정기적으로 가득 채워집니다. 죄는 인생의 다른 모든 악이 합쳐진 것보다 더 자주 슬픔의 원인이 됩니다. 사랑하는 형제자매 여러분, 나는 우리가 하나님의 혹독한 섭리로 말미암아 슬픔을 견디기보다는 우리 죄로 인해 슬픔을 견디는 경우가 더 많다고 확신합니다. 우리가 얼마나 완고하게 단념할 줄 모르는지 생각해 보시기 바랍니다. 환난이 올 때, 우리를 신음하게 만드는 것은 시련이라기보다는 환난에 반항하는 우리 자신입니다. 소몰이 막대기가 우리를 찌르는 것은 사실이지만 우리가 그 막대기를 걷어차고, 그것이 우리를 더 상하게 만듭니다. 우리는 하나님의 뜻의 흐름에 거슬러 배를 몰아가면서 파도가 심하게 우리를 덮친다고 불평합니다. 복종하지 않는 의지는 자기 손을 상하게 하는 미치광이의 손과 같습니다. 우리 하늘 아버지로부터 직접 오는 징계는 아주 엄해서 우리가 아주 고집스럽고 교만한 마음으로 안달하고 성질을 부리는 것을 그냥 받아주지 않습니다. 새가 새장의 창살을 향하여 돌진하여 날개가 부러지듯이, 우리도 그 같이 됩니다. 자비로우신 우리 아버지께서 주시므로 우리가 십자가를 기꺼이 지려고 하면, 그 십자가가 우리 어깨에 고통스러운 짐이 되지 않을 것입니다. 그러나 우리가 그 십자가에 반감을 갖고 그 짐을 싫어하면 우리 어깨는 피부가 벗겨지고 쓰라리게 되며, 그 짐은 견딜 수 없이 무겁게 됩니다. 더 많이 순종하면 눈물을 더 적게 흘릴 것입니다. 자존심이 상처를 받고 훼손되는데서 오는 눈물도 있습니다. 그 눈물은 얼마나 뜨겁고 쓰라린지 알 수 없습니다! 사람이 대망을 품었다가 실패했을 때, 사람은 잘못을 바로잡거나 용기를 내어 더 지혜롭게 시도하기보다는 얼마나 통렬하게 우는지 모릅니다. 친구가 우리를 멸시하는 말을 하였을 때 혹은 적이 우리를 비난하였을 때, 우리는 눈물을 흘리지 않으려고 어떻게 손으로 눈꺼풀을 꼭 누르며, 내내 이루 말할 수 없는 비참함을 느꼈는지 모릅니다. 아, 이것은 비참하고 불쾌한 눈물입니다. 하나님께서 이제 우리 눈에서 눈물을 씻어주시기를 구합니다! 주님께서 우리가 천국에 들어가기 전에 틀림없이 그렇게 하실 것입니다. 또 불신앙의 눈물을 얼마나 많이 흘리게 됩니까! 우리는 오지 않을 수도 있고, 혹은 오더라도 "자비를 잔뜩 머금고 있고 우리 머리에 복을 뿌려 줄" 구름과 같을 수 있는 미래의 불행을 예상하느라 스스로 괴로워합니다. 우리는 하나님께서는 결코 일어나지 않을 것으로 결정하셨을, 그렇고 그런 일이 일어난다면 어찌해야 하나 하고 생각합니다. 우리는 하나님이 섭리로 우리를 가져다 놓지 않을 자리에 서게 되는 것을 상상하며, 마치 수많은 시련을 겪는 것처럼 두려워합니다. 이 병은 신자의 눈물은 담아가게 되어 있지 않습니다. 그런데도 그 병은 눈물이 넘쳐왔습니다. 하나님에 대한 불신은 참으로 악하고, 그 불신은 그 자신을 몹시 괴롭게 합니다. 불신앙은 스스로 매를 자초합니다. 하나님에 대한 불신은 그 자체가 형벌이 됩니다. 불신은 안식이 사라지게 만들며 많은 염려와 근심을 마음에 불러일으킵니다. 그래서 자신과 쾌락을 사랑하는 사람은 보는 것으로 행하지 않고 믿음으로 행하도록 힘써야 합니다. 우리는 다른 사람들을 마음대로 다룰 수 없기 때문에 같은 인간에 대한 분노와 성마름, 초조함에서 흘리는 타는듯한 눈물을 잊어서는 안 됩니다. 이 눈물은 도벳(Tophet: 옛날에 산 제물로서 어린아이를 불태우던 예루살렘 근처의 땅, 왕하 23:10 – 역주)의 지하실처럼 악취가 나며 검고 불쾌합니다. 우리가 그처럼 악한 눈물을 흘리지 않게 되기를 바랍니다. 때로 풀이 죽은 영, 곧 우리가 은혜의 수단들과 하나님의 은혜를 소홀히 해왔기 때문에 낙담한 마음에서 일어나는 눈물도 있습니다. 우리가 은밀히 기도하는 일을 좀처럼 해오지 않았기 때문에 하나님의 위로가 별로 없습니다. 우리는 그동안 지극히 높으신 하나님에게서 멀리 떨어져 생활하다가 우울한 마음 상태에 떨어졌습니다. 나는 영원한 사랑이 우리를 끌어올려 하나님의 나라에서 예수와 함께 거하게 하실 때에는 그 병에 담을 눈물을 다시는 흘리지 않게 되리라는 것에 대해 하나님께 감사드립니다.

　　우리는 세 번째 병을 간과할 수 없을 것입니다. 이 병은 그리스도의 눈물, 곧 하나님께서 그처럼 귀하게 보시는 예수님의 눈물처럼 거룩한 눈물을 담는 정말 투명한 눈물단지입니다. 이 눈물도 천국에 이르면 더 이상 흐르지 않을 것입니다. 하늘에서 떨어지는 반짝이는 신선한 이슬방울 같은 회개의 눈물이 이 병에 담깁니다. 이 눈물은 땅의 것이 아니라 하늘에서 내려오는 것입니다. 그럴지라도 우리는 이 눈물을 가지고 저 세상에 갈 수 없습니다. 선한 로우랜드 힐(Rowland Hill) 목사님은 이렇게 말하곤 하였습니다. 회개는 너무도 기분 좋은 친구여서, 내가 천국에 가면서 느끼는 유일한 아쉬움은 회개를 놓고 가야 한다는 것입니다. 천국에서는 회개의 눈물을 흘릴 수 없기 때문이라고 말입니다. 죄 때문에 울 수 있으면 좋겠습니다! 그것은 참으로 달콤한 슬픔이어서 나는 끊임없이 우는 사람이 되었으면 좋겠습니다! 물이 똑똑 떨어지는 샘처럼, 내가 은혜롭고 친절하신 나의 사랑하는 하나님을 노여우시게 했다는 슬픔으로 내 영혼이 끊임없이 눈물을 흘렸으면 좋겠습니다. 그리스도의 명예가 훼손되고 그리스도께서 멸시받는 것에 대해 흘린 눈물이 수정으로 만들어진 이 세 번째 병에서 반짝입니다. 예수의 이름이 사람들 가운데서 모독을 받거나 그리스도의 대의가 전쟁의 날에 격퇴를 당할 때 누가 울지 않겠습니까? 누가 그 슬픔을 참을 수가 있겠습니까? 그런 눈물을 그리스도께서는 다이아몬드로 여겨주십니다. 그처럼 왕의 보석과 같은 눈물을 흘리는 눈은 복이 있습니다. 내가 면류관을 얻을 수 없다면, 나는 어쨌든 눈물을 흘릴 것입니다. 내가 사람들로 내 주님을 사랑하게 만들 수 없다면, 나는 사람들이 주께 끼치는 불명예를 인해서 은밀한 곳에서 울 것입니다. 이런 눈물은 거룩한 눈물입니다. 그렇지만 천국에서는 이런 눈물도 전혀 없습니다. 동정의 눈물을 우리 주님은 좋게 평가하십니다. 우리가 "우는 자들과 함께 울"(롬 12:15) 때, 그것은 잘 하는 일입니다. 요단 강 이편에서는 이 눈물을 억제해서는 안 됩니다. 그런 눈물은 그냥 흘리도록 하십시오! 그런 눈물은 많이 흘리면 흘릴수록 그만큼 더 우리의 영적 건강은 좋아집니다. 참으로 내가 사람들의 슬픔을 생각할 때, 무엇보다 고난 가운데 계신 내 구주님과 교제를 나눌 때, 나는 조지 허버트(17세기 신앙 시인)처럼 울면서 이렇게 말하지 않을 수 없을 것입니다.

"너희 큰 물이여, 너희 구름이여, 너희 비여 모두 와서
내 눈 안에 머물라! 자연이 일으킬 수 있는

　　　　물 많은 모든 것들을 내 눈이 필요로 하는구나!
　　　　정맥마다 모두 강물을 빨아들여 내 눈에 공급하도록 하라
　　　　울다가 지친 내 눈에
　　　　도관(導管)이 새로 생기고 물이 새로 공급되지 않으면
　　　　너무 말라버려서 뜰 수 없게 될 테니."

　　예수님과의 사귐이 가져오는 것과 같은 그런 고귀한 것이 언제나 있다면, 마지막 눈물 한 방울 남을 때까지 우는 것이 좋은 일이었습니다. 예수께서 예루살렘을 보고 우셨듯이 우리도 죄인들에 대해서 울기를 그치지 않도록 합시다. 타오르는 불길에서 횃불을 취하도록 애쓰고, 우리의 목적을 달성할 수 없을 때는 울도록 합시다.

　　우리가 이 세상에 있는 한, 언제나 이 세 눈물 병에다 다소간 눈물을 채울 것입니다. 그러나 천국에서는 첫 번째 눈물 병은 필요 없게 될 것입니다. 세상의 슬픔의 샘은 다 말라버릴 것이고, 우리는 눈물로 짜지는 법이 없는 생명수 샘에서 물을 마실 것이기 때문입니다. 두 번째 병에 대해서 말하자면, 우리 마음에 부패한 것이 일체 없을 것이고, 따라서 그 검은 샘이 역겨운 물을 내지 않을 것입니다. 그리고 세 번째 병에 대해서 말하자면, 천상에서는 지극히 거룩한 것이라도 울 일이 없을 것입니다. 그때가 되기 전에는 우리 신자들도 인간의 슬픔을 겪을 것으로 생각해야 합니다. 그래서 우리는 슬픔을 겪지 않게 해주시라고 기도할 것이 아니라 그 슬픔으로 우리가 거룩하게 되도록 구합시다. 물론 나는 슬픔으로 우리가 거룩해지기를 바랍니다. 우리는 환난은 인내를 낳고, 인내는 연단을, 연단은 우리를 부끄럽게 하지 않는 소망을 이룰 수 있도록(롬 5:3-5) 기도합시다. 우리는 마치 날카로운 조각도구를 우리에게 사용하는 것처럼, 환난이 다만 우리에게서 쓸데없는 것들을 제거하고 우리에게 우리 주님의 형상을 아로새길 수 있게 되도록 기도합시다. 불이 찌꺼기만을 불사르고, 큰물이 더러운 것만을 씻어가 버릴 수 있게 되기를 기도합시다. 고난을 당하기 전에는 우리가 그릇 행하였지만 이제는 하나님의 말씀을 지키게 된 것을 인해서 하나님께 감사드리기를 바랍니다. 그러면 우리가 슬픔의 길을 걷고 눈물을 글썽이며 천국 문에 이르는 것이 복이며, 하나님의 지혜로운 처사라는 것을 알게 될 것입니다.

**2. 둘째로, 이 세상에 있으면서도 우리가 눈물을 닦으려고 한다면,
우리 하나님을 의지하는 것만큼 잘하는 일은 없을 것입니다.**

하나님은 우리의 눈물을 가장 잘 닦아 주시는 분이십니다. 형제 여러분, 하나님께서 그의 백성들이 하나님의 뜻에 완전히 자기를 맡길 수 있게 하심으로써 그들의 마음에서 슬픔의 흔적을 다 지워버리실 수 있다는 것을 보시기 바랍니다. 우리의 이기심이 슬픔의 뿌리입니다. 이기심을 완전히 정복한다면, 하나님의 사랑이 우리에게 고통을 정해주셨든지 안락을 정해주셨든지, 혹은 부를 명하셨든지 가난을 명하셨든지 상관이 없을 것입니다. 우리의 뜻이 하나님의 뜻과 완전히 일치한다면, 고통 자체에도 기쁨이 따르고, 슬픔이 그리스도를 인해서 우리에게 기쁨을 줄 것입니다. 하나의 불길이 다른 불을 끄듯이 하나님에 대한 사랑과 하나님의 거룩한 뜻에 대한 완전한 헌신이라는 주된 열정이 인간적인 고통과 슬픔의 불을 꺼트릴 것입니다. 진심어린 순종은 쓰디쓴 잔에 많은 꿀을 넣으므로 고민을 잊게 합니다. 죽음이 승리에 삼켜지듯이, 환난은 하나님 안에서 누리는 안심과 기쁨에 삼켜집니다.

또한 하나님께서는 우리가 모든 시련을 통해서 이루게 될 목적을 기쁘게 묵상하도록 함으로써 눈물을 씻으실 수도 있습니다. 하나님께서는 우리에게 모든 고난이 합력해서 선을 이룰 것을 보여주실 수 있습니다. 지혜가 있는 사람이라면, 우리가 손실로 인해 오히려 실질적으로 부유해지리라는 것을 알 때, 우리는 손실을 만족스럽게 받아들일 것입니다. 환난이라는 약이 우리를 치명적인 병에서 고쳐주고, 환난의 예리한 고통은 다만 훨씬 더 끔찍한 고통에서 우리를 구해주는 것일 뿐임을 알 때, 우리는 막대기에 입을 맞출 것이고, 환난이 의의 평화로운 열매를 내기 때문에 한창 환난을 겪는 가운데서도 "즐거운 고난이여! 즐거운 고난이여!" 하고 노래할 것입니다.

그 다음에, 하나님께서는 우리 마음에 예수 그리스도의 사랑을 더욱 풍성하게 뿌려 주심으로써 시련의 때에 눈에서 눈물을 씻겨 주실 수 있습니다. 하나님은 그리스도께서 우리가 고난을 겪을 때 함께 고난을 받으신다는 사실을 우리에게 분명하게 가르쳐 주실 수 있습니다. 하나님께서는 우리가 하나님의 동정에 나타나는 하나님의 미덕을 기쁘게 느낄 수 있게 하시고, 우리가 언약의 사자와 함께 기쁘게 고난 받도록 만드실 수 있습니다. 구주께서는 우리가 하나님의 손바닥에 기록되어 있어서 하나님이 계시는 곳에 우리도 함께 있게 될 것을 확신

하게 함으로써 우리 마음이 기뻐 뛰게 만드실 수 있습니다. 예수님을 우리 영혼이 확실히 알게 되면 병상이 보좌가 되고 헛간이 궁정이 됩니다. 형제 여러분, 그리스도의 사랑은 큰 홍수와 같아서 고난이라는 아주 험한 바위들 위로 넘쳐흐르고, 바위들 위로 높이 솟아서 다른 것들은 다 파괴된 곳에서 우리는 완전히 평화롭게 떠다닐 수 있습니다. 그리스도께서 배 안에 계시면, 사나운 폭풍우가 아주 잠잠해집니다. 바다가 주 그리스도를 보았고, 바다가 주를 보자 자기 왕 앞에서 잠잠해졌습니다.

　　하나님께서는 섭리로 고통의 원인을 제거하심으로써 현재 당하는 모든 슬픔과 고통을 다 치워버리실 수도 있습니다. 섭리에는 기쁘게 맞이할 수 있는 깜짝 놀랄 일과 예기치 못한 반전이 가득합니다. 바다는 물이 완전히 빠졌다가 다시 모래사장을 덮습니다. 지하 토굴 감옥이 단단히 닫히고 그 빗장에 녹이 슬었다고 생각할 때, 하나님께서 순식간에 문을 활짝 여실 수 있습니다. 강물이 우리 앞에 깊고 검푸르게 굽이칠 때 하나님께서는 말씀 한 마디로 강물을 가르거나 손으로 강 위에 다리를 놓으실 수 있습니다. 여러분은 과거에 이 사실을 얼마나 자주 경험해 보셨습니까? 가나안 땅으로 가는 순례자로서 여러분은 한때 빠져 죽을까 두려워했던 홍해를 건넜습니다. 그리고 하나님의 개입으로 마라의 쓴 우물이 달게 되었습니다. 여러분은 아말렉 족속과 싸웠고, 끔찍한 광야를 통과하였으며, 불뱀이 있는 곁을 지나갔습니다. 그런데 여러분은 아직까지 살아 있고, 앞으로도 살 것입니다. 비 온 뒤에 맑은 날이 오듯이, 여러분의 시련 뒤에 평안이 올 것입니다. 강력한 바람 앞에 검은 구름이 흩어지듯이, 영원하신 하나님께서 그의 은혜의 능력으로 여러분의 슬픔을 날려 버리실 것입니다. 환난이라는 연기 나는 풀무 뒤에는 위로의 밝은 등불이 따라올 것입니다.

　　그렇지만 현재의 눈물을 씻는 가장 확실한 방법은 하나님과 친밀한 교제를 나누는 것입니다. 내가 사랑하는 하나님의 날개 아래로 기어들어가 가슴 가까이에 웅크릴 수 있을 때, 나는 세상이 무슨 말을 하든지 내버려 두고, 마귀가 지나가면서 고함치며, 내 죄가 위협하고 고발하도록 내버려 둡니다. 나는 안전하고 만족하며 행복하고 평안하며 기뻐합니다.

　　　"세상이 나를 대항하여 일어서고
　　　　지옥의 창들을 던지도록 내버려 두십시오.

나는 사탄의 격노를 보고 웃을 수 있고
눈살을 찌푸린 세상을 마주 대할 수 있습니다."

"내 아버지 하나님"이라고 말하고 하나님의 손에 자신을 맡기고 거기에서 안전하다고 느끼는 것, 눈에 눈물을 글썽이면서도 하나님을 쳐다보고 하나님께서 나를 사랑하신다고 느끼는 것, 그 다음에 방탕한 자식이 그랬듯이 머리를 아버지의 가슴에 기대고 울면서 슬픔을 아버지의 마음에 다 털어놓는 것, 이렇게 할 때 슬픔이 죽고 모든 위로가 살아납니다. 여호와를 모든 위로의 하나님이라고 부르지 않습니까? 사랑하는 여러분, 여러분은 하나님께서 참으로 그런 분이심을 알게 될 것입니다. 그동안 하나님은 "지나간 시대에 우리의 도움"이셨습니다. 하나님은 "앞으로 올 시대에 우리의 소망"이십니다. 하나님께서 나의 도움이 되지 않으셨다면 그때 내 영혼은 지치고 낙담한 날에 완전히 망해 버렸을 것입니다. 나는 오늘 여러분이 하나님께 가서 그 앞에 마음을 털어놓으면 틀림없이 기쁜 위안을 발견할 것이라고 하나님에 대해 증언합니다. 여러분의 친구가 눈물을 씻어주지 못할 때, 여러분 스스로가 아주 확고한 논리와 지극히 과감한 노력을 통해서도 환난을 조용히 감수할 수 없을 때, 여러분의 심장이 빨리 뛰고 마치 슬픔으로 폭발할 것 같을 때, 여러분, 하나님 앞에 마음을 쏟아놓으십시오. 하나님은 여러분의 피난처이십니다. 하나님은 우리의 성채요 망대이시며 우리의 은신처요 요새이십니다. 오직 하나님에게 가십시오. 그러면 여기 이 땅에서도 하나님께서 여러분의 눈에서 모든 눈물을 씻어 주신다는 것을 발견할 것입니다.

### 3. 이제 우리는 본문의 실제 가르침, 즉 하늘에 있는 복된 성도들에게서 눈물이 다 사라진다는 점을 생각해 봅시다.

영화롭게 된 영들이 울 수 없는 이유는 많이 있습니다. 그 이유들에 대해서는 여러분도 잘 압니다. 하지만 그 점들에 대해서 간단히 한 번 언급해 보도록 합시다. 슬픔을 일으키는 모든 외적 요인들이 사라졌기 때문입니다. 영화롭게 된 이 영들은 하늘에서 결코 조종(弔鐘) 소리를 듣지 않을 것입니다. 곡괭이나 수의는 거기에서 전혀 알지 못하는 것들입니다. 불멸의 영에게는 죽음에 대한 불길한 생각이 잠깐이라도 머릿속에 스치지 않습니다. 그들에게는 이별이 없습니다. 다시는 헤어지지 않는 큰 만남이 이루어졌습니다. 저 하늘에서는 성도들의 사업에 손실과 시련이란 없습니다. "그들이 하나님의 성전에서 밤낮 하나님을 섬기매." 성도들이 거기에서는 우정이 깨어지는 법을 모릅니다. 그들에게는 피폐해진 마음이나 꺾인 소망이 없습니다. 성도들은 자기들이 알려진 대로 알고, 자기들이 사랑을 받은 대로 사랑합니다. 그들에게는 어떤 고통도 이를 수 없습니다. 아직 그들은 몸이 없지만, 그들의 몸이 무덤에서 일어날 때는 몸이 신령하게 되어 결코 슬픔을 겪을 수 없을 것입니다. 눈물샘이 제거될 것입니다. 천국에도 인간적인 것이 많이 있을 수 있지만, 적어도 눈물샘은 사라질 것입니다. 하늘의 성도들은 그런 기관이 필요 없을 것입니다. 그들의 몸은 슬픔을 감지하지 못할 것이고 영원히 기뻐할 것입니다. 가난, 기근, 재난, 헐벗음, 위험, 박해, 비방, 이 모든 것이 깨끗이 사라지고 없을 것입니다. "해나 아무 뜨거운 기운에 상하지도 아니하리니." "그들이 다시는 주리지도 아니하며 목마르지도 아니할" 것입니다. 그러므로 그들이 더 이상 눈물을 흘리지 않을 것입니다.

　　그 다음에, 모든 내적 악은 성령께서 성도들 속에 일으키신 완전한 성화에 의해 제거되어 없을 것입니다. 낙원에서는 마음의 어떤 악도, 살아 계신 하나님을 떠나는 어떤 불신앙도 성도들을 괴롭히는 일이 없을 것입니다. 대원수의 어떤 제안도 받아들여지지 않고, 낙원 안에서 일어나는 어떤 악의 도움도 받지 못할 것입니다. 그들의 마음은 사랑으로 충만하기 때문에 하나님을 나쁘게 생각하는 일이 결코 없을 것입니다. 이제는 죄가 그들에게 전혀 달콤하지 않을 것입니다. 그들이 모든 타락한 정욕으로부터 완전히 정결하게 될 것이기 때문입니다. 그들의 발에 올무가 되는 안목의 정욕과 육신의 정욕과 이생의 자랑이 없을 것입니다. 죄는 내쫓고, 그들은 안으로 들여보내집니다. 그들은 하나님의 보좌 앞에 흠이 없기 때문에 영원히 복된 상태에 있습니다. 점이나 주름 잡힌 것이나 그런 것이 전혀 없이 지낸다는 것이 얼마나 복되겠습니까! 죄짓기를 그친 사람들이 더 이상 슬퍼하지 않는다는 것은 당연한 일입니다.

　　변화에 대한 모든 두려움도 영원히 사라졌습니다. 영화롭게 된 영들은 자기들이 영원히 안전하다는 것을 압니다. 땅에 있는 성도들은 넘어질까 두려워하고, 어떤 신자들은 떨어져 나가는 것을 생각하기도 합니다. 그들은 하나님이 자기들을 버리시지나 않을까, 사람들이 박해하여 끌고 가지나 않을까 하고 생각합니다. 아버지 하나님의 얼굴을 보는 자들은 어떤 두려움도 괴롭게 하지 못합니다. 무수한 순환이 이루어질 수 있지만, 영원은 결코 끝나지 않을 것이고, 영원이 지속되는 동안, 성도들의 불멸과 복됨도 함께 지속될 것입니다. 성도들은 결코 폭풍우가 치지 않을 성에 거하며, 결코 지지 않는 해 아래서 몸을 녹입니다. 결코 물이 빠지지 않는 바다에서 헤엄을 치고, 마르지 않는 강물을 마시며 결코 시들지 않는 나무에서 과일을 딸 것입니다. 그들의 복됨은 잠시 있다가 사라지고 더 이상 존재하는 않는 것이 아닙니다. 그들은 절대로 안전하고 그들의 영원한 복됨을 완전히 확신하기 때문에 울 수 없습니다.

모든 소원이 만족을 얻는데 왜 그들이 울겠습니까? 그들은 어떤 것을 소원하고 갖지 못하는 법이 없습니다. 눈과 귀, 마음과 손, 판단력, 상상력, 희망, 소원, 의지, 모든 기능이 만족을 얻을 것입니다. 그들의 모든 큰 기능들이 끊임없이 만족을 얻기를 기대할 수 있을 것입니다. "하나님이 자기를 사랑하는 자들을 위하여 예비하신 모든 것은 눈으로 보지 못하고 귀로 듣지 못한"(고후 2:9) 것이지만, 우리는 성령의 계시로 말미암아 그것이 지극히 복된 것임을 충분히 알 수 있습니다. 무한히 충만한 기쁨인 그리스도의 기쁨이 그들에게 있습니다. 그들은 깊이를 헤아릴 수 없고 끝없이 펼쳐진 무한한 복의 바다에 몸을 담글 것입니다.

그러나 형제 여러분, 이것이 모든 눈물을 눈에서 닦는다는 사실을 충분히 설명하지는 못합니다. 나는 하나님께서 눈물을 씻어 주실 것이라고 말하는 본문의 표현이 더 좋습니다. 하늘에서도 눈물의 샘이 존재하고, 따라서 천상에 있는 성도들은 하나님께서 끊임없이 기적을 베풀어 그들의 눈물을 제거하시지 않으면 울 수밖에 없다는 점을 이제 생각해 봅시다. 하나님께서 친히 풍성한 위로를 끊임없이 베풀어주시지 않으면 영화롭게 된 영들에게도 울 수밖에 없는 깊은 원인이 있다는 것이 내게는 인상적입니다. 여러분은 "어떻게 그럴 수가 있습니까?" 하고 말할 것입니다. 하지만 첫째로, 이런 일이 없다면, 어떻게 성도들이 자신의 과거 죄에 대해 깊이 후회할 수 있겠습니까. 사람이 거룩하게 되면 될수록 그는 그만큼 더 죄를 미워하게 됩니다. 그것은 성화하는 일에 성장하였다는 표시입니다. 회개가 무뎌지는 것이 아니라 더욱더 깊어지는 것입니다. 사랑하는 교우 여러분, 확실히 우리가 온전히 거룩해질 때는 죄를 더욱더 미워하게 될 것입니다. 땅에서 우리가 완전히 거룩해질 수 있다면, 아마도 우리는 죄와 같이 더럽고 어둡고 유독한 것이 항상 우리를 더럽혔고, 그처럼 선하고 자비로우며 온유하고 사랑이 풍성하신 하나님을 우리가 노여우시게 한다고 생각하고 끊임없이 울 것입니다. 그리스도, 곧 "보좌 가운데에 계신 어린 양"을 보면 그들은 그리스도께서 자기들에게서 깨끗이 씻어낸 죄를 기억하게 될 것입니다. 하늘에 계신 하나님 아버지의 온전하심을 볼 때, 하나님께서 우리가 알지 못하는 어떤 신성한 방법으로 성도들의 눈에서 눈물을 씻어주시지 않으면, 하나님을 보지 못할 것입니다. 성도들은 자기들이 죄를 지었다는 것을 후회할 수밖에 없지만, 아마도 그들은 전능하신 은혜의 이기는 능력으로 말미암아 죄가 하나님의 영광을 드러내게 되었다는 것을 알 것입니다. 죄가 영원한 주권적 은혜라는 반짝이는 보석이 더욱 빛이 나도록 보석 뒤편에 대는 검은 박편(薄片)과 같은 역할을 한 것입니다. 그래서 이 점을 인해서는 성도들이 자신들의 과거 생활에 대해 눈물을 흘리지 않을 수 있습니다. 성도들은 "우리를 사랑하사 그의 피로 우리 죄에서 우리를 해방하신"(계 1:5) 이에게 노래하는데, 눈물 한 방울 흘리지 않고 천상의 노래를 부릅니다. 나는 어떻게 그럴 수 있는지 모르겠습니다. 지금의 나라면 그렇게 할 수 없을 것 같기 때문입니다. 하나님께서 성도들의 눈에서 눈물을 닦아 주셨기 때문이라는 것이 그에 대한 최상의 답이라고 생각합시다.

그 다음에, 여러분은 구주께서 성도들의 구속을 위해 이루 말할 수 없는 수욕과 고통을 남김없이 다 받으셨다는 것을 생각하면 자연스럽게 끊임없이 슬퍼할 수밖에 없게 되겠다고 생각지 않으십니까? 때로 우리는 보좌 앞에 선 천사의 노래를 생각나게 하는 찬송을 부르는데, 그 노래 한 가사에서 시인은 이렇게 말합니다.

> "성도들이 골고다를 바라보면
> 그들의 하프는 잠잠해지네.
> 노래를 잠시 멈추고
> 사랑하사 죽으신 그 하나님을 슬퍼하네."

자, 이 노래는 자연스럽고 시적이지만 사실이 아닙니다. 하늘에서는 노래가 중단되는 법이 없고, "사랑하사 죽으신" 그리스도에 대해서도 슬퍼하는 일이 없다는 것을 여러분이 아주 잘 알기 때문입니다. 나는 내 자신이 완전히 신령하게 되고 천국에 있는 자들과 같이 거룩한 상태에 있다고 할지라도, 눈물 없이 어린 양을 볼 수 없을 것 같습니다. 주님의 당하신 그 상처들을 어떻게 눈물 없이 생각할 수 있겠습니까. 겟세마네 동산에서 흘리신 피 같은 땀, 돌을 깐 뜰(요 19:13, 히브리 말로 가바다)에서 쓰신 무자비한 가시 면류관, 골고다 언덕에서 당하신 조롱과 수욕, 내가 어떻게 이런 고난을 생각하면서 눈물을 흘리지 않을 수 있겠습니까? 주님께서 나를 사랑하셨고 나를 위해 자기를 주셨다는 사실을 생각하면서 어떻게 터져 나오는 거룩한 애정과 슬픔을 느끼지 않을 수 있겠습니까? 눈물은 그처럼 신성한 기쁨과 슬픔의 자연스러운 표현이라고 봅니다.

> "사랑과 슬픔이 내 마음을 갈라놓으니
> 눈물로 주님의 발을 적시네."

하나님께서 내가 지금은 알지 못하는 영광스러운 방법으로 성도들의 눈물도 닦아주시는 일이 없다면, 천국에서도 그 같이 울 것이라고 생각하지 않을 수 없습니다. 이 놀라운 일을 이루기 위해서 하나님의 개입이 필요하지 않겠습니까?

천국에서도 슬퍼하게 될 또 한 가지 이유가 있지 않습니까? 즉 기회를 낭비한 점이 그것입니다. 사랑하는 여러분, 일단 우리가 천국에 올라가면 거기에서는 더 이상 그리스도의 굶주린 백성에게 먹을 것을 주고, 목마른 자에게 마실 것을 주는 일이 없을 것입니다. 병든 자나 감옥에 갇힌 자를 찾아가는 일이나 헐벗은 자에게 옷을 입히는 일이 없을 것입니다. 무지한 자를 가르치고, "흠이 있고 삐뚤어진 세대"(신 32:5)에 하나님의 말씀을 전하는 일도 없을 것입니다. 사람들은 종종 진심으로 이런 말을 하였습니다. 천국에서도 후회가 있을 수 있다면, 그것은 우리가 땅에서 그리스도를 명예롭게 할 수 있는 그토록 많은 기회를 낭비하여서, 그 기회가 영원히 사라져 버린 것에 대한 후회가 되리라는 것입니다. 하늘에서 성도들의 마음은 아주 단단하거나 무감각하지 않으므로 그들이 죄를 돌아볼 때 슬퍼하지 않을 수 없을 것입니다. 낙원에서는 양심이 지극히 예민해질 것입니다. 완전히 정결해질 그때에는 마음에 완고함이란 일체 남아 있을 수 없기 때문입니다. 성도들이 마음이 부드럽고 예민하다면, 어떤 강력한 감정이 통회하는 마음을 압도하지 않는 한, 이 세상 생활의 실패를 돌아보면서 후회하지 않을 수 없을 것입니다. 형제 여러분, 하나님께서 오늘 아침 나를 천국에 데려가서서 그의 전능하신 특별한 행동으로 눈물의 샘을 마르게 하실지라도, 나는 그동안 설교를 좀 더 열심히 하지 않았고 기도를 더 간절하게 드리지 않았으며, 그리스도를 위하여 더 많이 수고하지 않았다는 부끄러움 때문에 낙원의 영광은 거의 잊어버릴 것이라고 말씀드릴 수 있습니다. 사도 바울이 "하나님이 나의 증인이 되시거니와 내가 삼 년이나 밤낮 쉬지 않고 눈물로 각 사람을 훈계하였노라"(행 20:31; 롬 1:9)고 말하는 본문을 읽을 때, 우리 가운데 어느 누구도 부끄러워하며 눈물을 흘리지 않을 수 없을 것입니다. "하나님께서 모든 눈물을 씻어 주실 것임이라"고 말하는 본문 말씀이 없다면, 사도 바울을 보면 나는 틀림없이 울음을 터트릴 것입니다. 전능하신 하나님 외에 누가 이렇게 눈물을 씻어 줄 수 있겠습니까!

　그 다음에, 눈물을 흘리게 되는 또 한 가지 이유는 어쩌면 여러분이 스스로 떠올릴 수도 있습니다. 즉 우리 자신의 실수와 거짓, 다른 그리스도인 형제들에 대한 불친절을 생각하고 천국에서 후회할 것입니다. 우리가 땅에서 좋아하지 않았던 사람을 천국에서 만나면 아주 깜짝 놀랄 것입니다! 우리는 주의 식탁에 그들과 함께 앉으려고 하지 않았습니다. 그들이 그리스도인인 것을 인정하려고 하지 않았습니다. 길거리에서 그들을 만나면 아주 흘겨보았습니다. 우리는 그들이 하는 행동은 모두 시샘하였습니다. 그들이 열심을 내면 괜스레 야단법석을 떠는 것으로 보았고, 그들의 최선을 다한 수고에도 밑바닥에 나쁜 동기가 있는 것으로 생각했습니다. 우리는 힘든 일을 많이 이야기했고, 말한 것보다 훨씬 더 많이 힘든 일을 느꼈습니다. 우리가 천국에서 인정받지 못한 이 무명의 형제들을 만날 때, 그들을 보면 자연스럽게 그리스도의 사랑과 영적 통일을 해친 우리의 잘못이 생각나지 않겠습니까? 나는 천국에서 서로를 보면서 일찍이 상대를 냉대했던 것을 후회하는 일이 없이 바라볼 수 있는 완전한 사람이 있을지 모르겠습니다. 내가 생각할 때, 그가 자신만큼이나 그리스도께서 소중히 여기시는 사람을 오해하고 곡해하며 잘못 이야기한 것을 후회한다는 것은 다른 누구보다도 신사요 그리스도인답고 아주 온전히 성화된 사람의 특징이라고 봅니다. 나는 천국에서 성도들 사이를 돌아다니게 되면 자연스럽게 이런 감정을 갖지 않을 수 없을 것이라고 생각합니다. "내가 그때 마땅히 형제를 도와드렸어야 하는데 돕지 못했습니다. 내가 마땅히 동정했어야 하는데 그러지 못했습니다. 내가 형제에게 심한 말을 했습니다. 내가 형제와 소원하게 지냈습니다." 여러분도 똑같이 느낄 것이라고 생각합니다. 영원하신 하나님께서 나는 잘 알지 못하는 천상의 어떤 방법으로 신자들을 하나님 자신의 지극히 풍성한 복으로 온전히 가림으로써 그 슬픔의 원인조차 깨끗이 씻는 일이 없다면 틀림없이 여러분도 그렇게 느낄 것입니다.

사랑하는 교우 여러분, 여러분이 천국에 가서, 뒤에 남겨둔 여러분의 회개하지 않은 사랑하는 자녀들을 본다면 자연스럽게 그것이 슬픔의 원인이 될 것이라는 생각이 들지 않습니까? 내 어머니께서, 내가 멸망한다면 나의 유죄 판결에 대해서 "아멘" 이라고 말하지 않을 수 없을 것이라고 하셨을 때, 나는 그 말이 맞는다는 것을 알았고, 그 이야기가 몹시 무섭게 들렸으며 내 마음에 큰 영향을 끼쳤습니다. 그러면서도 나는 '하지만 어머니가 나중에는 지금과는 태도가 전혀 달라질 것이라'고 생각하지 않을 수 없었습니다. 그러면서도 어머니가 개선될 것이라고 생각지 않았습니다. '그런데, 나는 어머니를 볼 때 자기 자식이 정죄되는 것을 보면서도 눈물 한 방울 흘리지 않는 온전한 사람으로 생각하는 것보다 나에 대해서 슬퍼하는 어머니로 생각하는 것이 훨씬 좋다'고 나는 생각하였습니다. 예를 들면, 아브라함이 그랬듯이 지옥을 내려다보면서도 조금도 슬픔을 느끼지 않는 온전한 사람의 모습을 생각하는 것은 정말로 끔찍한 일입니다. 아브라함이 부자에게 이야기하는 어조에 동정이 전혀 없고, 두려운 고통 가운데 있는 부자를 동정하는 표시가 보이는 말이 한 마디도 없다는 것을 여러분은 생각할 것입니다. 완전한 존재, 하나님과 같은 존재, 즉 하나님의 완전한 본성을 이루는 모든 것들과 사랑으로 가득한 존재들이 지옥을 보고도 눈물을 흘리지 않고, 타락하여 멸망한 자기 자식들을 보고도 울지 않을 수 있다는 것을 우리는 잘 이해하지 못합니다. 자, 어떻게 이런 일이 있을 수 있습니까? 여러분이 내게 이야기해 준다면 기쁘겠습니다. 나는 말해줄 수 없기 때문입니다. 나는 천국에 가면 부드러움이란 조금도 없고, 상냥함, 사랑, 동정은 전혀 찾아볼 수 없을 것이라고 믿지 않습니다. 천국에서는 그런 것이 더 많을 것입니다. 그러나 어떤 면에서는 그런 것이 아주 정련되고 정화되어 있을 것이고, 고통에 대한 동정이 있지만 또한 죄에 대한 증오가 함께 있어서 완전한 평형 상태를 이룰 것이라고 믿습니다. 아마도 하나님의 뜻에 대한 완전한 순종이 그 비결일 것입니다. 그 자세한 내용을 추측하는 것이 내 할 일은 아닙니다. 주님께서 어떤 손수건을 사용하실지는 모르지만, 주님께서 성도들의 얼굴에서 모든 눈물을 씻어 주시리라는 것과, 이와 같이 성도들에게 이런 눈물이 있다는 것을 나는 압니다.

그러나 다시 한 번 말씀드리지만, 내가 볼 때, 보좌 앞에 있는 영들은 마땅히 그래야 하듯이 주 예수 그리스도의 명예가 걸린 모든 일에 깊은 관심이 있는데, 진리의 대의가 위태로운 지경에 처해 있는 것과 그리스도의 나라가 잠시 밀리는 것을 볼 때 깊은 슬픔을 느끼지 않을 수 없다는 것입니다. 루터와 위클리프, 존 녹스가 지금 천주교가 진행하는 것을 볼 때 어떻게 느낄지 생각해 보십시오. 원한다면, 먼저 존 녹스를 생각해 봅시다. 녹스가 교황과 마귀를 섬기기 위해 바쳐진, 스코틀랜드에 우뚝 솟은 대성당들을 내려다본다고 생각해 봅시다. 나는, 이 엄한 노인이 영광 가운데 있으면서도 얼마나 몸을 떨기 시작할까 하는 생각이 듭니다. 이 늙은 사자는 다시 한 번 몸을 좌우로 흔들고 나서 밑으로 내려가 그 둥지를 산산조각 내어 까마귀들이 쏜살 같이 도망가도록 만들고 싶어할 것이라고 생각합니다. 위클리프가 복음이 그렇게 오랜 세월 동안 전파된 이 나라를 내려다보고, 영국 국교회에 있는 수사(修士)들을 보며, 10년 전과 다르게 천주교가 변장하고 나오는 것이 아니라 아주 노골적으로 모습을 드러내며 부끄러운 줄도 모르고 "보편의 교회" 에 대해 이야기하며, 이제는 성공회의 형태도 벗어버리고 활보하는 모습이 우리 국가 도처에서 일어나는 것을 본다고 생각해 봅시다. 위클리프가 무엇이라고 말하겠습니까? 아마도 위클리프가 완전히 변하지 않았다면, 내 생각에는 변했을 것 같지 않습니다(변했다면 더 낫게 변했을 것이고, 그래서 더 다정하고 하나님에 대해서 더 열심을 보이는 사람이 되었을 것입니다), 아무튼 그는 천국의 성벽에 기대어서, 잉글랜드가 그처럼 후퇴하였고, 아하스의 시계에서 태양이 뒤로 물러간 것을 생각하고 틀림없이 울 것입니다. 어떻게 그들이 천국에서 울지 않을 수 있는지 모르지만, 어떻든 그들은 울지 않습니다. 제단 밑에 있는 영혼들은 이렇게 소리칩니다. "어느 때까지 하시려 하나이까?" "어느 때까지 하시려 하나이까?" "어느 때까지 하시려 하나이까?"(계 6:10). 하나님은 그의 택하신 자들이 밤낮으로 하나님께 부르짖지만 아직까지 그들의 원한을 풀어주시지 않습니다. 그러나 그 시기가 연기된다고 해도 그들은 눈물 한 방울 흘리지 않습니다. 그들은 반드시 승리가 올 것이라고 확신합니다. 그래서 그들은 그처럼 기간이 연기되기 때문에 더 찬란한 승리를 더 많이 기대하고, 그러므로 끈기 있게 소망하고 잠잠히 하나님의 구원을 바라며 기다립니다. 그들은 우리가 없으면 자기들이 온전해질 수 없다는 것을 압니다. 그래서 그들은 하나님 백성 전체 무리가 완성되며, 영이 몸을 입고 지극한 복 가운데 완전해질 수 있도록 우리가 올려질 때까지 기다립니다. 그들은 기다리지만 울지는 않습니다. 기다리며 소리치지만, 그 외침에 슬픔은 없습니다. 사실 나는 이것을 이해할 수 없습니다. 내 생각에는 그리스도의 오심을 바라면 바랄수록, 그리스도의 나라가 확장되는 것을 보기를 바라면 바랄수록, 일이 잘못되어 갈 때, 그리스도께서 모독을 당하시는 것을 볼 때, 그리스도의 십자가가 진창길에서 밟히고 마귀의 나라가 굳게 서는 것을 볼 때, 나는 그만큼 더 슬프게 울게 될 것이기 때문입니다. 그런데 그렇게 울지 않는 이유는 다 이 점에 있습니다. "하나님께서 그들의 눈에서 모든 눈물을 씻어 주실 것임이라."

나는 여기서 하나님께서 눈물을 씻어 주신다는 점을 들어서 말하는 이유를 여러분에게 이야기해야겠다고 생각했습니다. 눈물을 흘리는 나는 이런 원인들을 한 천사가 제거할 수 없고, 전능하신 하나님의 직접적인 개입을 떠나서 어떤 영적인 즐거움으로 제거할 수 없을 것이라는 생각이 듭니다. 이 모든 사실들을 생각하고 그 점들에 대해 깊이 생각해 보십시오. 그러면 여러분은 전능하신 하나님께서 완전히 마르게 하시지 않았다면 틀림없이 마구 눈물을 흘려내 보냈을 다른 많은 슬픔의 샘들을 떠올리게 될 것입니다. 그 다음에, 어떻게 하늘에서 성도들이 울지 않고 슬퍼하지 않는지 물어보십시오. 그러면 하나님께서 우리가 알지 못하는 어떤 방식으로, 곧 항상 그들에게서 울 능력을 제거하시는 방식으로 그들의 눈물을 씻으셨다는 이 사실 외에 다른 답을 얻을 수 없을 것입니다.

### 4. 자, 사랑하는 여러분, 우리가 이 행복한 무리 가운데 있게 될 것입니까?

여기에 문제가 있는데, 전후관계를 살펴보면 그 문제에 답을 할 수 있을 것입니다. "그들이 어린 양의 피에 그 옷을 씻어 희게 하였느니라." 여기에서 그들의 성품을 볼 수 있습니다. "그러므로 그들이 하나님의 보좌 앞에 있고." 그 피, 곧 귀한 피가 그들이 거기 있을 수 있도록 변호하는 신성한 논거입니다. "그들이 그 옷을 씻었다"는 점에 주목하십시오. 단지 그들의 발이 더러워진 것이 아니었습니다. 그들의 중요한 부분이 최악의 상태였습니다. 그런데 그들은 옷을 씻었고, 그래서 최상의 부분을 얻게 되었습니다. 옷은 사람에게 가장 명예로운 차림입니다. 사람은 그런 옷을 입는 것입니다. 그런데 그는 우리가 그의 옷을 본다는 것에 개의치 않습니다. 옷 안에는 더러운 것이 있을 수 있지만, 대체로 옷은 다른 무엇보다 깨끗합니다. 그런데 여러분은 성도들이 그 옷마저도 씻었다는 것을 압니다. 그리스도에게 가서 자신의 검은 죄를 씻어낼 뿐만 아니라 자신의 의무들도 씻는다는 것이 그리스도인의 특징입니다. 나는 예수님의 피로 씻지 않은 기도를 드리고 싶지 않습니다. 나는 먼저 예수님의 피로 씻지 않고서는 내가 부른 찬송을 하늘로 올려 보내고 싶지 않습니다. 외투를 입듯이 열심을 입기를 바란다면, 나는 피로 그 외투를 씻어야 합니다. 나는 성령으로 거룩해지고, 뜨개질한 옷을 입듯이 그리스도께 받은 의를 입으려고 한다면, 그 옷도 피로 씻어야 합니다. 사랑하는 교우 여러분, 여러분은 피로 씻었습니까? 이 말은, 여러분이 속죄하는 제사를 믿었느냐는 것입니다. "피흘림이 없은즉 사함이 없느니라"(히 9:22). 여러분은 그리스도를 여러분에게 모든 것의 모든 것이 되시는 분으로 받아들였습니까? 여러분은 지금 그리스도를 의지하고 있습니까? 그렇다면, 여러분은 깊은 고통 가운데서 나와, 여러분의 사랑하시는 주님을 의지하고서 하나님의 보좌가 있는 데로 올라가고 그의 택하신 자를 기다리고 있는 지극한 복에 이를 것입니다. 그렇지 않다면, "다른 이름은 없습니다." 다른 길은 없습니다. 여러분은 반드시 정죄받는 자리에 이를 것입니다. 그리스도는 "유일한 길" 이십니다. 여러분이 그 길을 따라가지 않으면, 목적지에 도달하지 못할 것입니다. 그리스도는 "유일한 진리" 이십니다. 그를 믿지 않으면, 여러분은 기뻐하지 못할 것입니다. 그리스도는 "유일한 생명" 이십니다. 그리스도를 받아들이지 않으면, 여러분은 죽은 자들 가운데 거하고, 썩어지는 것들 가운데 던져질 것입니다. 이런 파멸에서 주님은 우리를 구원하실 수 있고, 구속자의 거룩한 사역을 순전하게 믿는 믿음을 주실 수 있습니다. 주님께 영원히 찬송을 드립시다. 아멘.

제
22
장

—

# 아래에 있는 천국

—

"그들이 다시는 주리지도 아니하며 목마르지도 아니하고 해
나 아무 뜨거운 기운에 상하지도 아니하리니 이는 보좌 가
운데에 계신 어린 양이 그들의 목자가 되사 생명수 샘으로
인도하실 것임이라." — 계 7:16-17

우리가 지극한 이 복을 전망하면서 위로를 받을 수 있도록 이 복에 대해서
생각해 봅시다. 이 모든 복은 수많은 구속받은 영혼들이 벌써 누리고 있습니다.
우리가 땅에 있으면서 매우 소중하게 여겼던 사람들, 그 믿음을 본받기를 바란
사람들이 지금은 주님과 항상 함께 있습니다. 그들이 누리는 즐거운 소득은 이
것입니다. "그들이 다시는 주리지도 아니하며 목마르지도 아니하고 해나 아무
뜨거운 기운에 상하지도 아니할 것이라." 우리가 장차 이 멋진 땅을 여행할 것을
즐겁게 생각하는 것이 우리의 위로입니다. 이 거룩한 유업이 우리 것입니다. 우
리는 이 권리증서에 대해 성령의 보증을 받아 가지고 있습니다. 우리는 그 땅의
에스골 골짜기의 포도를 맛보았습니다. 가까이 가고 있는 그 하늘의 도성의 빛
과 따뜻함을 벌써부터 즐거워합니다. 조금 있으면 우리는 실제로 진주문 안으로
들어갈 것이고, 사도가 지금 여기서 우리를 가르칠 수 있는 것보다 그 유업의 영
광을 순식간에 무한히 더 알게 될 것입니다. 우리는 자기가 여행할 땅의 안내서
를 든 사람과 같습니다. 그는 안내서에서 그 땅의 아름다운 풍경 사진과 도성의
건축물을 보고, 페이지를 넘길 때마다 스스로에게 "나는 지금 거기로 간다! 이곳

을 곧 보게 될 것이다!" 하고 말합니다. 그런 책을 손에 들고서 일생 동안 집과 고국에서 추방당하여 산다는 것은 비참한 일일 것입니다. 그러면 우리는 이렇게 말하지 않을 수 없을 것입니다. "여기는 한때 내 조국이었어. 나는 두 번 다시 보지 못할 거야. 조국의 하늘은 아름답고 골짜기는 사랑스러운데, 간절히 보고 싶지만 소용이 없다. 나는 사랑하는 조국에서 영원히 추방당했구나." 그리스도를 믿는 신자는 그렇지 않습니다. 우리는 젖과 꿀이 흐르는 임마누엘의 땅을 바라보고 있습니다. 우리는 복 있는 자들 가운데 유업을 가지고 있습니다. 우리 각 사람을 위해 대저택이 마련되고 있는 중입니다. 우리에게는 이 약속이 있습니다. "너는 가서 마지막을 기다리라 이는 네가 평안히 쉬다가 끝날에는 네 몫을 누릴 것임이라"(단 12:13). 그러므로 사랑하는 여러분, 기뻐하십시오. 이 땅에서 여러분의 몫이 보잘것없을지라도, 지금 여러분의 상태가 슬플지라도, 고난이 더욱 많아질지라도, 힘이 쇠퇴할지라도, 그것은 잠시 잠깐뿐이고, 오실 이가 오시고 지체하지 않을 것이기 때문입니다. 우리의 찬송이 이렇게 말하는 것은 당연한 일입니다.

　　　　"우리 주님과 있는 한 시간이
　　　　　그 모든 것을 벌충할 것이네."

　　우리는 사랑하는 주님을 삼십 분만 바라보면 일생의 고통을 다 잊어버릴 것입니다. 그러므로 이런 말로 서로를 위로하도록 하십시오. 여러분의 앞을 바라보십시오. 지금은 어두울지라도 여러분의 앞날은 찬란하게 밝습니다. 확실한 상급을 기대하십시오. 그 상급이 아주 빠른 속도로 오고 있습니다. 나는 있는 그대로의 진리를 말할 뿐입니다. 여기서 그 천상의 고지까지 가는데 하루 여행밖에 걸리지 않을 것입니다. 내가 소년이었던 때로부터 아주 잠시 잠깐 만에 여기에 이르렀는데, 그보다 짧은 시간 안에 나는 하나님과 함께 있게 될 것입니다. 여러분이 어머니의 무릎을 기어오르던 때로부터 이 나이에 이르기까지 불과 며칠밖에 안 걸린 것 같을 것입니다. 그런데, 그보다 훨씬 짧은 시간 안에 여러분은 신랑의 얼굴을 보게 될 것입니다. 그때가 되면 모든 근심이 끝이 날 것이고, 영원한 기쁨을 면류관으로 얻을 것입니다.

　　나는 오늘 아침 여러분이 도움을 받기 바랍니다. 하나님의 은혜가 있으면,

우리가 단지 위로만 받고 끝나는 것이 아니라 그 이상의 것을 이룰 수 있을 것이라고 생각합니다. 나는 지금부터도 우리가 "함께 하늘에 앉을"(엡 2:6) 수 있기를 바랍니다. 내 생각에, 그리스도인들이 마땅히 살아야 하는 대로 생활한다면, 이세상이 아래의 천국이 될 것입니다. 우리가 하나님 가까이에서 생활한다면, 진정한 그리스도인의 생활은 하늘에서의 충만한 교제의 생활을 희미하게라도 어느 정도 보여줄 것입니다. 우리는 이 미술가가 연필이나 목탄을 가지고 이 그림을 아주 대략적으로 그리는 것을 보았습니다. 그것이 대략적인 스케치에 지나지 않지만, 그 스케치를 보면 완성된 그림이 어떤 모습일지 충분히 짐작해 볼 수 있을 것입니다. 이 미술가를 잘 아는 사람은 캔버스를 보고서 검은 연필 선을 통해서 찬란한 모든 색깔을 엿볼 수 있을 것입니다. 나는 오늘 여러분이 "하늘에 있는 것들의 모형"(히 9:23)을 보기를 바랍니다. 우리는 이 세상에서 하늘의 것을 많이 가지고 있습니다. 우리에게는 영원한 도성의 영광인 어린 양이 있습니다. 우리에게는 지금도 우리 가운데 보좌에 앉아 계시는 그리스도의 임재가 있습니다. 우리는 천국의 완전한 거룩함은 없지만, 영화롭게 된 성도들이 받은 의와 같이 온전히 의롭다함을 누리고 있습니다. 우리는 "흰 옷"이 있습니다. "어린 양의 피"로 벌써 옷을 씻었기 때문입니다. 아직 최종 승리의 종려나무 가지를 들고 있지 않을지라도, 어디든지 당당히 갈 수 있으며, 지금부터도 이렇게 말할 수 있습니다. "세상을 이기는 승리는 이것이니 우리의 믿음이니라"(요일 5:4). 그러므로

> "나는 여기서 음악을 시작할 것이네.
> 그러면 내 영혼이 일어설 수 있을 것이네.
> 천상의 선율이 내 열정을 실어
> 하늘에까지 닿으면 좋겠네."

우리 목소리는 땅의 안개와 연기에 막혀서 아직 맑지 않습니다. 그렇지만 머지않아 선율에 맞추어 노래를 부를 수 있을 것입니다. 아무튼 그 선율을 사전에 연습합시다. 그래서 천상의 멜로디를 완전히 익힐 수 없을지라도, 쉬운 부분을 찾아서 익히도록 합시다. 자, 우리의 고인들이 지금 하고 있듯이 우리도 예배하고 경배하며 기뻐합시다. 그래서 "땅에서 천국의 날들을" 얼마간 누리도록 합시다. 성령께서 나를 가르쳐 주시겠지만, 바로 이것이 오늘 아침 전할 내 설교의

취지입니다.

### 1. 본문에 유의하면서, 나는 천국에서 누리는
### 준비의 완전함에 대해 먼저 말하고 싶습니다.

"그들이 다시는 주리지도 아니하며 목마르지도 아니하고 해나 아무 뜨거운 기운에 상하지도 아니하리니." 이것이 바로 준비의 완전함입니다.

여러분이 양해해 준다면, 나는 잠시 멈추어서 이 준비를 좀 더 충분하게 설명했으면 좋겠습니다. 15절의 마지막 문장을 봅시다. "보좌에 앉으신 이가 그들 가운데 거하시리니"(개역개정은 "그들 위에 장막을 치시리니" ― 역주). 이 구절을 읽을 때 개역성경(the Revised Version)을 따라서 읽었는데, 그것이 좀 더 정확한 번역입니다. 즉 "보좌에 앉으신 이가 그들 위에 장막을 치시리니." 영화롭게 된 자들은 하나님의 그늘 아래 거할 것입니다. 바로 이 이유로 인해서 "그들이 해나 아무 뜨거운 기운에 상하지도 아니할" 것입니다. 그들이 하나님 안에 거하기 때문입니다. 그곳은 말할 수 없이 복된 처소일 것입니다! 종종 여러분과 나는 노아 방주의 비둘기와 같습니다. 지치도록 날아다녀도 발 디딜 곳을 찾지 못한 비둘기와 같습니다. 그 비둘기들은 영원히 방주에 거합니다. 우리는 들어가고 나오며 풀밭을 찾는데, 그렇게 들어가고 나오는 가운데 때로 괴로움을 겪습니다. 저 세상에서는 성도들이 "더 이상 나가지 않고" 영원히 왕의 얼굴을 보며 영원한 즐거움이 있는 하나님 우편에서 영원히 지낼 것입니다. 언제나 눈앞에 있고 언제나 밝게 보이며 언제나 누릴 수 있는 하나님의 영원한 임재 안에서 항상 지낸다는 것이 천국에서 얼마나 큰 기쁨인지 모릅니다! 그같이 하나님의 임재와 함께 거한다는 것은 성도들이 변화되었음을 의미합니다. 하나님처럼 죄가 없고 완전한 거룩함에 이르지 않은 사람은 아무도 하나님과 함께 거할 수 없기 때문입니다. 우리가 하나님을 닮지 않는다면 우리는 하나님 안에 영원히 거할 수 없습니다. 하나님을 닮는다는 것 자체가 무한하고 지극한 복입니다. 여호와의 장막에 거한다는 점이 구속받은 자들과 그들의 처소가 되시는 크신 아버지 하나님 사이에 비슷한 거룩함과 정결함이 있음을 증명할 것입니다. 여호와께서 그의 영화롭게 된 백성들에게 거처를 제공하실 것입니다. 하나님이 그들의 영원한 집이 되실 것입니다.

다음으로, 우리는 성도들이 필요한 모든 것을 공급받을 것이라고 확신합니다.

"그들이 다시는 주리지도 아니하며." 우리가 굶주릴 때 먹을 것을 공급받는 것은 세상의 행운이고, 결코 주리지 않는 것은 천국의 충족함입니다. 하나님께서 그의 백성들의 영혼을 완전히 충족시키심으로 그들에게는 갈망이 없을 것입니다. 끊임없이 만족을 누리므로 갈망을 품을 새가 없을 것입니다. 그들이 누리는 것은 그들이 일찍이 누리기를 바랐거나 누릴 수 있을 것이라고 일찍이 상상한 것보다 더 나을 것입니다. 아무리 상상력을 펼쳐도 장차 올 세상의 지극한 복과 영광에는 미치지 못할 것입니다. 성도들은 하나님께서 자기를 사랑하는 자를 위하여 예비하신 것이 어떠한 것일지 결코 마음으로 짐작하지 못했다고 영광 가운데서 고백합니다. 천국은 하나님 백성들의 모든 기대를 넘어설 것입니다. 성도들은 수용능력이 더 커질지라도 자기들이 이미 소유하고 있지 않은 어떤 것을 바라지 않을 것이고, 바랄 수도 없을 것입니다. 자기들에게 있는 것 외에 어떤 것을 결코 갈망하지 않을 것이라는 의미에서 그들이 다시는 주리지 않을 것입니다.

현재의 불완전함을 넌지시 드러내는 그런 바람들을 성도들이 이 세상에서는 가질 수 있을 것입니다. 그러나 천국에서는 성도들이 그런 바람들을 다 버렸을 것입니다. 이 세상에서 완전함을 간절히 바라는 것, 곧 모든 죄의 그늘에서 온전히 구원받기를 바라며 부르짖는 것은 성도들의 의무이자 특전입니다. 그러나 성도들이 영광 가운데서는 이것을 바라고 부르짖지 않을 것입니다. 그들이 하나님의 보좌 앞에서 흠이 없이 지낼 것이기 때문입니다. 그들 가운데 아무도 이렇게 소리치지 않을 것입니다. "오호라 나는 곤고한 사람이로다 이 사망의 몸에서 누가 나를 건져내랴?" 세상에서는 이것이 성화에서 큰 진전을 이룬 사람 외에 아무도 듣지 못하는 아주 깊은 영적 외침 가운데 하나입니다. 지극히 작은 죄의 얼룩에 대해서도 거의 죽음과 같은 공포를 느끼는 바울 같은 사람들 외에는 아무도 이렇게 비통하게 절규하지 않을 것입니다. 광신적인 사람들은 완전해지는 것에 대해 이야기합니다. 그것은 눈먼 사람들의 말입니다. 주님을 본 사람들은 자신을 혐오하고, 다른 사람들이 실패, 실수, 결점이라고 부르는 것들에 대해 한탄하고 부르짖습니다. 마음의 죄와 보이지 않는 잘못들이 그들에게는 한탄하며 울어야 할 것들입니다. 그들은 온전히 그리스도를 닮고자 하는 간절한 바람과 뜨거운 열망이 있습니다. 성도들이 하나님의 보좌 앞에서 바로 이같이 그리스도를 닮은 모습을 갖게 됩니다. 그리고 그들이 달성하기를 바라는 것 가운데 최상의 것을 얻었고, 그것을 충분하게 누릴 것이므로 더 이상 아무것도 바라지 않을 것입니다.

사랑하는 여러분, 그들은 굶주림이 없으므로 목마름도 없다는 사실을 보기 바랍니다. 말하자면 그들은 필요한 것이 전혀 없고, 어떤 종류의 만족되지 않은 소원이 없는 것입니다. 어떤 형태의 필요도 그들에게 가까이 오지 못하고 배척됩니다. 굶주림과 목마름이 모두 내쫓겼기 때문입니다. 형제 여러분, 의에 주리고 목말라 하는 것은 성도들에게 복이었습니다. 이 거룩한 소원을 넘어서는 더 고귀한 복이 어디 있겠습니까!

세상에서 우리는 만족될 수 없는 소원들을 갖고 있습니다. 이런 소원들 때문에 우리는 아주 고통스러운 갈망을 느끼게 됩니다. 그러나 천국에서는 성도들이 불법적인 소원이나 종잡을 수 없는 바람들 혹은 현명하지 못한 열망은 알지도 못할 것입니다. 그들은 새로워진 마음으로 즐길 수 있는 것들은 모두 가질 것입니다. 그들의 온전해진 본성으로 갈망하는 것들은 모두 소유할 것입니다. 사람으로서 갖는 갈망이 만족되지 않는 일이 없을 것이고, 부활한 몸이나 거룩하게 된 영은 어떤 악에 대해서든지 갈망이나 갈증을 느끼지 않을 것입니다. 그들에게는 그 길로 향하는 경향이 전혀 없을 것이기 때문입니다. 성도들을 위한 준비는 아주 절대적으로 완벽해서 그들이 어떤 선한 것을 바라기도 전에 이미 갖고 있을 것이며, 어떤 필요를 알기도 전에 그것이 채워져서 누리게 될 것입니다. 이것은 참으로 놀라운 일입니다! 그렇습니다. 그러나 그 놀라운 일에 대해서 여러분에게 아무리 많은 말을 할지라도 진리의 절반도 말할 수 없을 것입니다.

그 다음에, 본문을 읽다 보면 세 번째 복을 발견하게 됩니다. 즉 강력한 모든 영향력이 누그러진다는 것입니다. "해나 아무 뜨거운 기운에 상하지도 아니하리니." "해"라는 말로 하나님의 충만한 영광을 나타내려고 했다면 어떻게 되는 것입니까. 여러분과 내가 지금 당장 현재 우리의 상태대로 하나님 앞에 이끌려 갈 수 있다면, 우리가 첫 번째로 당하는 결과는 틀림없이 졸도이고, 두 번째로는 죽음일 것입니다. 우리는 아직 하나님의 광채를 감당할 수 없습니다. 하나님의 영광이 우리 영혼에 일사병을 일으킬 것입니다. 우리는 선한 월쉬 씨(Mr. Walsh)처럼 당연히 이렇게 소리칠 것입니다. "주여, 잠깐만, 잠깐만요. 제가 한낮 토기에 불과한 것을 기억하옵소서. 저는 아직 주님을 많이 감당할 수 없나이다." 우리는 정오의 찬란한 태양과 같은 주님을 감당할 준비가 되어 있지 않습니다. 천국에서는 성도들이 하나님의 직접적인 임재를 감당할 수 있는데, 그것은 하나님 영광의 광채를 누그러트려서 성도들에게 비추시는 그리스도의 중보 사역 때문만이 아니라 성도들 자신이 그 광채를 감당할 힘이 생겼기 때문이기도 합니다. 세상적인 이 모든 것으로부터 물러난 그들은 죽을 수밖에 없는 사람으로서는 아무도 가까이 갈 수 없는 빛 가운데 설 수 있습니다. 우리가 이 세상에 있는 동안에는 우리에게조차도 "우리 하나님은 소멸하는 불"이십니다(히 12:29). 그러나 성도들에게는 탈 것이 아무것도 남아 있지 않습니다. 하나님의 빛이 아주 찬란하게 빛나지만 그리스도께서 하늘의 안약을 발라주신 눈은 그 빛을 볼 수 있습니다. 무한자의 모습이 지극히 영광스럽지만 주님께서 자신과 함께 있으면서 하나님의 얼굴을 볼 수 있도록 준비시킨 자들은 그 광경을 볼 수 있습니다. 밧모 섬의 요한이 감당할 수 없는 것을 천국에서는 지극히 약한 성도라도 감당할 수 있는데 한 시간 정도가 아니라 영원히 감당할 수가 있습니다. 위에 있는 상아 궁에서 그리스도를 볼 자들은 참으로 복 있는 사람들입니다!

"뜨거운 기운에 상하지도 아니하리니"라는 말이 덧붙여진 데서 우리는 해(害)가 되는 세력들이 더 이상 작용하지 않을 것임을 알게 됩니다. 이 세상에서 주변 환경에 의해 우리는 많은 열기 때문에 괴로움을 겪습니다. 따듯한 날씨처럼 생활의 위안거리들 자체가 우리를 바싹 마르게 하는 경향이 있습니다. 사람이 가뭄의 때에 사막의 열기처럼 시들기 전까지는 재물을 가질 수 있고, 건강을 누릴 수 있으며 성공과 명예를 가질 수 있습니다. 여호와의 이슬이 번성하는 나뭇가지에 내리지 않으면, 사람은 정말이지 바싹 마르게 될 것입니다. 하나님께서 우리에게 이 현세적인 것들을 복으로 주실 때에는 은혜가 필요합니다. 그러나 천국에서는 그와 같은 뜨거운 기운이 성도들에게 주어지지 않을 것입니다. 성도들이 부유해지고 명예를 얻으며 온전히 아름다워지면서도 우쭐해지지 않을 수 있습니다. 여기서는 우리 주변의 뜨거운 기운들은 우리를 흥분시키는 경향이 있습니다. 우리 인간들은 부의 추구, 당의 승리, 가족의 명예, 등과 같은 이런저런 일로 흥분하게 됩니다. 우리는 모두 이 공동의 오한(惡寒)을 느끼기가 아주 쉽습니다. 우리 속에서 뜨거운 기운이 일어납니다. 건강하지 못하고 부정한 열기가 일어납니다. 우리는 이렇게 재앙이 덮치는 세상에서 해를 받지 않은 채 지나갈 수 없습니다. 때로 우리는 넌더리를 내면서, 즉 한 시간 동안 기다려서 만났던 친구에 넌더리를 내며, 또 우리가 복을 빌어주고 싶어한 사람들을 만나는 것에도 싫증이 나서 조용한 우리 방으로 돌아오기도 합니다. 저 세상에서는 영화롭게 된 성도들의 마음이 어떤 열병으로 들뜨는 일이 없을 것입니다. 광야 같은 세상을 여행하다 보면, 이 세상 정신이라는 사막의 뜨거운 열풍이 사막의 타는 듯한 먼지를 잔뜩 싣고 날개 아래 죽음을 품고서 우리에게 휘몰아칩니다. 하나님만이 그 괴로운 시간에 우리를 지키실 수 있습니다. 우리가 하나님만을 바라볼 때 그 돌풍에서 살아날 소망을 품을 수 있습니다. 이 세상은 시험거리들이 많이 있습니다. 그 시험들 가운데 더러는 부드러워 사람을 현혹시키고, 더러는 맹렬하고 무섭습니다. 그러나 저 하늘에서는 그런 열풍이 전혀 불지 않으므로 하늘에 거주하는 자들이 다시는 "아프다"는 말을 하지 않을 것입니다.

다음으로, 그리스도께서 하늘에 있는 성도들을 위해 마련하신 완전한 준비를 보고, 우리가 지금부터도 좀 다른 방식으로 이 준비를 얻을 수 있다는 설명을 들어보시기 바랍니다. 자, 사랑하는 여러분, 우리가 하나님 안에 거하지 않습니까? 우리는 "주여 주는 대대에 우리의 거처가 되셨나이다"(시 90:1) 하고 노래하지 않습니까? 여러분 신자들 가운데 누구든지 안식처를 떠나서 방황한 적이 있다면, 그것이 누구의 잘못입니까? 주님께서 자신을 여러분에게 영원한 처소로 주시지 않았습니까? 예수께서 "내 안에 거하라"(요 15:4)고 말씀하시지 않았습니까? 여러분은 "내가 여호와의 집에 영원히 살리로다"(23:6) 하고, 아름다운 시편 23편을 노래하지 않았습니까? 여러분에게 무엇이 더 필요합니까? 하나님께서는 자신의 장막을 여러분 위에 펴셨습니다. 여러분은 전능자의 그늘 아래 거하고 있는 것입니다.

여러분이 하나님 안에 거하고 어린 양이 여러분을 먹이실 때마다, 여러분은 "그들이 다시는 주리지도 아니하며"라는 표현이 참되다는 것을 또한 깨닫지 않습니까? 그리스도께서 여러분과 함께 계시고 여러분이 하나님 안에 거할 때, 이렇게 노래할 수 있지 않습니까?

> "내가 목이 마르나 예전처럼
> 헛된 세상의 물을 마실 생각이 없네.
> 임마누엘이시여 당신의 상처를 보니
> 내가 결코 거기에서 즐거움을 찾을 수 없네.
> 주의 소중한 십자가를 보니

무엇보다 먼저 내 영혼이 세상 것을 단념하게 되고
어리석은 자의 웃음과 왕들의 허세가
찌꺼기에 지나지 않는 것을 배우게 되네."

그리스도와 교제를 갖는 하나님의 자녀라면 세상 것에 손을 대지 않을 것이고, 왕들의 모든 허세를 동경하지 않을 것이며, 높은 지위의 모든 명예를 즐기는 데로 발걸음을 내딛지 않고 예수의 발 앞에서 일어나 세상 철학의 지혜를 배우러 나가지 않을 것입니다. 그는 이미 충족한 상태에 있습니다. 그에게 무엇이 더 필요하겠습니까? 최상 중의 최상의 것을 유업으로 받았는데, 그것을 바꾸려고 하겠습니까? 그럴 리 없습니다. 그는 감람나무처럼 말할 것입니다. "내가 어찌 나의 기름을 버리고 가서 나무들 위에 우쭐대리요?" 그리고 무화과나무와 같이 이렇게 소리칠 것입니다. "나의 단 것을 내가 어찌 버리고 가서 나무들 위에 우쭐대리요?"(삿 9:9,11). 예수께서 주시는 떡을 먹는 자는 그런 고통스러운 일을 갈망하지 않을 것입니다. 아버지의 잔치 식탁에서 대접을 받는 아들에게는 세상적인 기쁨의 껍질이 아무 매력이 없습니다.

"다시는 목마르지도 아니하고." 그들은 주 예수께서 모든 것을 만족시켜 주며 모든 것이 충족한 유업이시므로 자기들이 더 이상 바랄 것이 없다고 느낄 것입니다. 어딘가에서 항구를 발견할지 모른다는 소망을 품고서 강풍이 불 때마다 거기에 나를 맡기고 돛을 휘날리면서 빠르게 바다를 지나왔습니다. 파도가 칠 때마다 나는 불안하게 급히 앞뒤로 왔다 갔다 하고 오르락내리락하며 농락을 당하였습니다. 내 영혼은 날씨가 좋든 궂든 간에 결코 한 곳에 오래 머무르지 못하고 계속해서 나는 듯이 앞으로 달려갔습니다. 그리고 행복하게도 아름다운 항구를 발견하는 날이 왔습니다. 닻을 내렸습니다. 그 닻이 내 쇠막대기를 아주 굳게 붙잡아 주었습니다. 골고다의 그늘 아래서 나는 안식을 찾았습니다. 너 바람이여 불어라. 그렇지 않으면 불기를 그쳐라. 그것이 네게 가장 좋은 일일 것이다. 나는 두 번 다시 일어나서 바다로 나가지 않습니다. 그리스도 예수 안에 있는 하나님의 사랑이라는 아름다운 항구에서 내 영혼이 영원히 안식할 것입니다. 사랑하는 형제 여러분, 우리가 이 결심에 이르고 그 결심을 굳게 붙잡을 수만 있다면, 우리에게는 더 이상 불안도, 갈망도 없을 것입니다. 또한 다시는 주리지도 목마르지도 않을 것입니다.

그 다음에, 하나님 안에 거하고 예수님 가까이 사는 자들에게는 이 세상에서 태양조차도 해를 끼치지 못한다는 것은 참으로 복된 사실입니다. 무한히 엄위로우시고 거룩하신 하나님은 우리를 눌러서 찌부러트리지 않으십니다.

> "사람의 몸을 입으신 하나님을 뵐 때까지
> 내 마음은 위로를 찾지 못하고
> 거룩하시고 의로우시며 신성한 삼위 하나님이
> 내게는 두려운 분들이시네.
>
> 그러나 임마누엘의 얼굴이 나타나면
> 내 소망, 내 기쁨이 시작되고
> 그리스도의 이름이 내게서 노예의 두려움을 쫓아내며
> 그의 은혜가 내 죄를 거두어가네."

그리스도 안에서 하나님을 보고, 하나님을 기뻐한다는 것이 얼마나 놀라운 복인지 모릅니다.

자, 사랑하는 여러분, 여러분이 매일 예수님에게서 양식을 받아먹고 살며 하나님 안에 거한다면, 현세적인 번영과 같은 태양의 빛이 여러분에게 해를 끼치지 못할 것입니다. 여러분이 부유해질 수 있으나 불확실한 재물을 의지하지 않을 것입니다. 여러분이 유명해질 수 있으나 무명으로 있는 것처럼 겸손하게 지낼 것입니다. 여러분이 학식 있는 사람이 될 수 있지만 여전히 예수님의 발 앞에 앉아 배울 것입니다. 여러분이 온갖 세상의 번영을 누릴 수 있지만, 이 모든 것이 여러분에게 올무가 되지 않을 것입니다. "해나 아무 뜨거운 기운에 상하지도 아니하리니."

하나님 안에 거하는 자들은 이 세상에서 내적인 열기로 바싹 마르게 되지 않습니다. 우리는 불안하고 초조해하는 사람들이 끊임없이 걱정하고 안절부절 못하며 신경과민의 상태에 있음으로써 주변 사람들을 아주 불행하게 만드는 것을 봅니다. 그러나 그리스도 안에 거하는 거룩한 영혼들은 모든 것을 침착하게 받아들입니다. 여러분도 그런 분을 얼마간 알고 있을 것입니다. 그 사람들은 무슨 일이 일어나든지 태연하고, 인내심이 있으며 밝은 마음을 가집니다. 사업을 하다가 큰 손해를 입었지만, 그 형제는 마음의 평정을 잃지 않았습니다. 사별을 겪었지만 그 자매는 불평하지 않았습니다. 그 신자는 심한 고난을 겪었을지라도, 주께서 그 일을 통해서 어떻게 자신을 거룩하게 하실 것인가에 대해 주로 관심을 가졌습니다. 사람들이 그를 학대하거나 비방할지라도 그는 놀라지 않았습니다. 그는 자신이 그리스도의 제자가 되면 세상의 미움을 받을 것을 알았기 때문입니다. 성공하였을지라도 교만에 빠져 마치 거름더미 위에 올라선 수탉처럼 다른 모든 사람 위에서 자랑하는 일 따위를 행하지 않았습니다. 그는 인내심으로 자제하였습니다. 성령이라는 하나님의 좋은 선물에서 위로를 얻고 힘을 얻었습니다. "하나님이여 내 마음이 확정되었고 내 마음이 확정되었사오니 내가 노래하고 내가 찬송하리이다"(시 57:7). "해나 아무 뜨거운 기운에 상하지도 아니하리니." 해의 뜨거운 열기가 사람의 몸에 얼마나 많은 해악을 끼칩니까! 의사는 우리 피가 다시 식고 열이 그치면 희망적으로 봅니다. 영혼의 열병을 치유하는 가장 좋은 방법은 전능자의 그늘 아래 거하고, 주 예수 그리스도께서 주시는 양식을 먹고 사는 것입니다. 그 신성한 그늘과, 건강을 주는 음식으로 인해 하나님의 택하신 자들이 하나님께 가까이 갈지라도 그 열기에 해를 당하지 않게 됩니다. "지존자의 은밀한 곳에 거주하며 전능자의 그늘 아래에 사는 자여, 너는 밤에 찾아오는 공포와 낮에 날아드는 화살과 어두울 때 퍼지는 전염병과 밝을 때 닥쳐오는 재앙을 두려워하지 아니하리로다 천 명이 네 왼쪽에서, 만 명이 네 오른쪽에서 엎드러지나 이 재앙이 네게 가까이 하지 못하리로다"(시 91:1, 5-7). 여러분이 안전하고 평온하며 행복하고 편안할 것입니다. 여러분의 영혼이 편안히 거하고, 여러분이 온유한 자들과 함께 땅을 유업으로 얻을 것입니다.

누군가가 이렇게 말합니다. "아, 목사님은 우리에게 너무 높은 표준을 우리에게 제시하고 있습니다." 나는 지금까지 많은 하나님 백성이 도달하였고, 여러분 모두도 도달하기를 바라는 표준을 제시하고 있는 것입니다. 땅에서 하늘의 이 복된 선물을 받고도 여러분이 이 위치에까지 오르기를 바라게 되지 않는다면, 내가 무슨 말을 하겠습니까? 여러분이 자신의 유익과 하나님의 영광을 위해서 이런 것에 만족하여 안주해서는 안 됩니다. 형제 여러분, 티끌에서 일어나십시오. 여호와의 산에 오르고, 여호와의 거룩한 처소에 서십시오. 그리스도 안에 거하고, 그리스도를 양식으로 삼으십시오. 그러면 이 모든 것이 오늘과 일생 동안 여러분의 것이 될 것입니다. 준비의 완전함에 대해서는 이만큼 다루도록 합시다.

## 2. 내가 고귀한 현을 연주하는 동안 여러분은 마음으로부터 주의를 기울이시기 바랍니다. 그것은 제공자에 대한 설명입니다.

"이는 보좌 가운데에 계신 어린 양이 그들의 목자가 되사 생명수 샘으로 인도하시고." 여러분도 아시겠지만, 이것이 모든 준비에 대한 이유이고, 그것을 향유함에 대한 이유입니다. 이 구절은 "이는" 이라는 말로 시작하는데, 이것이 복 있는 자들이 누리는 모든 지복(至福), 즉 어린 양이 그들을 먹이고 인도하시는 것의 원인이라는 뜻입니다.

그들을 먹이는 이분은 누구입니까? 그분은 어린 양이십니다. 내 영혼이 "어린 양" 이라는 복된 단어를 이 문맥에서 나오는 대로 묵상하는 가운데서 누렸던 기쁨을 여러분에게 전달할 수 있으면 좋겠습니다. 이 단어는 첫째로 우리의 위로와 생명이 성육신하신 우리의 구주, 곧 어린 양에게서 나올 수밖에 없다는 것을 가르치지 않습니까? 이 표현은 매우 독특합니다. 이것은 비유적 표현이고 실제 모양이 아닙니다. 혼합된 은유이지만 매우 분명하고 뚜렷합니다! "어린 양이 그들의 목자가 되사" 라고 기록되어 있습니다. 이것은 정확한 해석입니다. 어떻게 그렇습니까? 한 목자가 있는데 그 목자가 바로 어린 양이시라는 것입니다! 그 말이 담고 있는 진리는 이것입니다. 즉 구원하시는 이는 우리와 같은 사람이시라는 것입니다. 자기 백성을 부양하시는 이가 그 백성들 중의 한 사람과 같은 분이십니다. "다 한 근원에서 난지라 그러므로 형제라 부르시기를 부끄러워하지 아니하시고"(히 2:11). 어린 양은 양 무리 가운데 한 마리입니다. 그러나 이 경우에 어린 양은 양 무리의 목자입니다. 어린 양이기도 한 목자는 지극히 부드러운 목자, 곧 매우 동정적이고 형제 같은 후견인임에 틀림없습니다. 사람이 양의 목자일 때 틀림없이 그는 동정적인 목자이겠지만, 마치 실제로 양의 본성을 취한 것처럼 부드러울 수는 없을 것입니다. 우리의 경우에, 우리의 목자께서는 전적으로 우리와 같은 본성을 취하시게 되어 있습니다. 우리가 사람인데, 우리 목자께서도 사람이십니다.

사랑하는 여러분, 우리 영혼을 지지해 주는 것, 곧 우리의 영적 음식은 하나님의 아들이 살과 피를 취하셔서 우리와 같은 사람 중의 하나가 되셨다는 바로 이 사실에 있습니다. 보좌에 앉아 계시는 이가 우리의 혈족입니다. 곧 우리의 본성을 취하신 분이고, 역경의 때에 우리를 위하는 형제이십니다. 그렇다면 이 천상의 진리는 하늘에서 내리는 만나, 곧 성도의 영혼의 양식임이 분명합니다. 어린 양은 성도들의 소망이고 위로이며, 성도들의 명예요 기쁨이며 영광입니다.

어린 양은 그 이상의 의미를 가지고 있지 않습니까? "어린 양"은 확실히 제물을 가리킵니다. 한두 구절만 뒤로 가보면 "어린 양의 피에 그 옷을 씻어 희게 한 그들"이라는 핵심적인 표현이 나옵니다. 천국에서 자기 백성을 먹이시는 이가 제물, 곧 속죄 제물이십니다. 천국에서 성도들은 십자가를 자랑합니다. 성도마다 "그가 나를 사랑하사 나를 위하여 자기 자신을 버리셨도다"(갈 2:20)고 노래합니다. 영화롭게 된 성도들은 하나님께서 육신이 되셨다는 점과, 육신의 몸으로 사람의 죄를 위한 온전한 속죄 제사를 드렸다는 사실에서 가장 깊은 기쁨의 물을 마십니다. 형제 여러분, 이 두 샘은 천국뿐 아니라 여기에도 있습니다. 자, 와서 이 샘에서 마십시다. 베들레헴의 우물물로, 지팡이로 친 반석에서 나오는 시냇물로 우리의 갈증을 풉시다.

그 다음에, 간과해서는 안 되는 세 번째 의미가 있습니다. "어린 양"은 성품의 온유함, 곧 주 예수님의 온유하고 겸손하심을 가리킴에 틀림없습니다. 땅에서 주 예수 그리스도는 "도수장으로 끌려가는 어린 양"(사 53:7)이셨습니다. 그는 "마음이 겸손하고 온유하셨습니다"(마 11:29). 주님은 사람들 가운데서 죄인들의 친구로, 어린 아이들을 사랑하시는 분으로, 가난한 자들의 친구로 다니셨습니다. 오늘 주님은 땅에 계셨을 때와 다름없는 분으로 계십니다. 하늘이 주님을 경배하지만, 주께서는 육신으로 계셨던 날과 같이 지금도 긍휼이 많고 겸손하십니다. 바로 이 사실 때문에 주께서 이 땅에서와 하늘에서 다 같이 자기 백성들을 그처럼 잘 부양하실 수가 있습니다.

나는 여러분이 "어린 양"이라는 단어를 온 영혼의 양식으로 삼기까지 깊이 묵상하시기를 바랍니다. 예수께서는 친히 자신의 양 무리와 같이 되셨습니다. "자녀들은 혈과 육에 속하였으매 그도 또한 같은 모양으로 혈과 육을 함께 지니심은"(히 2:14). 그리스도께서 하나님이신 것만큼 확실하게 또한 진정으로 사람이십니다. 겉모양으로 사람이 아니라 실제로 사람이십니다.

> "주님의 인성이라는
> 이 은혜로운 진리를 묵상하는 것이

주님이여, 내게 지극히 즐거운 위로이며
영원히 그러할 것입니다.
우리의 육신을 입고
빛의 보좌에 앉아 계시니 참으로 기쁩니다.
사람 어머니가
찬란한 신성을 지니신 이를 낳았습니다!
내 예수께서
영원히 하나님이시고 영원히 사람으로 계실 것이니
그에게만 내 소망을 두므로
영원히 안전합니다."

그리스도는 또한 우리의 희생 제물이십니다. "창세 이후로 죽임을 당한 어린 양"(개역개정은 "죽임을 당한 어린 양의 생명책에 창세 이후로" ─ 역주). 우리가 "보라 세상 죄를 지고 가는 하나님의 어린 양이로다"(요 1:29)라는 이 말씀의 의미를 처음 깨닫게 되었을 때 우리 마음에 놀라운 안식이 찾아왔습니다. 계속해서 어린 양을 보십시오. 그러면 여러분의 뜨거운 모든 열기가 가라앉고, 영혼의 굶주림과 갈증이 사라질 것입니다.

앞에서 말하였듯이 예수께서는 참으로 온유하고 겸손하셔서 여러분이 언제든지 예수께 가까이 갈 수 있으며, 예수께서는 여러분에게 자신을 나타내실 것입니다. 예수님은 온유하고 겸손하시며, 항상 육신을 입고 계십니다. 주님 발 앞에 앉으면 여러분은 영혼에 안식을 얻을 것입니다. "해나 아무 뜨거운 기운에 상하지도 아니하리니."

주님의 이 모습이 우리 영혼에 필요한 모든 것을 가져다줍니다. 그러나 이것이 전부가 아닙니다. 본문은 "보좌 가운데에 계신 어린 양"이 성도들을 먹이시는 것으로 이야기합니다. 보좌 가운데 계신 어린 양이라는 이 점을 생각하십시오. 여러분은 제물과 보좌, 이 둘을 하나로 합칠 수 있습니까? 우리를 죄에서 씻기 위해 피를 흘리신 바로 그 구주께서 지금은 우주의 황제로서 자줏빛 옷을 입고 계십니다. 스스로 몸을 낮추어 우리를 위하여 죄를 담당하신 그분께서 지금은 최고의 통치자, 곧 만왕의 왕이시고 만주의 주이십니다. 그 점을 생각하고 위로를 받으시기 바랍니다. 우리의 대표자께서 영화롭게 되신 것입니다. 우리

언약의 머리, 우리 둘째 아담이 보좌 가운데 계십니다. 아버지 하나님께서 중보자를 높이셔서 권세와 명예와 통치의 자리에 앉히셨습니다. 우리 구주께서는 하늘과 땅의 모든 권세를 가지고 계십니다. 때로 나의 위대하신 왕이자 군대대장께서 그처럼 영광스러운 신분으로 높이 되신 것을 생각할 때, 그의 보잘것없는 제자인 내가 어떻게 되든지 그것은 중요하지 않다는 생각이 듭니다. 주님을 만물 위에 계시며 영원히 찬송 받으실 하나님으로 볼 때, 박해의 태양도 우리를 해치지 못합니다. 그처럼 사랑하는 구주께서 계시므로, 굶주림이 굶주림이 되지 않고 고통이 고통이 되지 않습니다. 예수님의 말로 다할 수 없는 기쁨을 더할 수 없이 즐겁게 공감할 때, 우리는 그리스도께서 부요하시다면 우리가 가난하지 않고, 그리스도께서 복되시다면 우리가 낙망하지 않는다는 것을 느끼고, 최악의 경우에도 행복하게 지낼 수 있습니다. 주님의 승리는 우리의 승리입니다. 주님의 영광은 우리의 영광입니다. 여러분이 이같이 보좌에 앉으신 주님과 연합이 되어 있다는 것을 아십시오. 그러면 천국 생활을 시작하게 될 것입니다.

그렇지만 우리가 "보좌 가운데에 계신 어린 양" 이라는 말을 읽을 때, 그것은 틀림없이 우리 구속자께서 사람들 가운데서 아주 두드러지게 눈에 띄시는 분이라는 의미라는 것을 기억하시기 바랍니다. 보좌의 제일 앞에 예수께서 계십니다. 천사들이 예수님을 봅니다. 우리 하나님의 모든 성도들이 계속해서 놀라는 눈길로 예수님을 봅니다. 예수님은 하나님의 통치권, 곧 왕의 권세, 영원한 엄위를 지니고서 자신의 대의를 지키고 자신의 이름을 빛나게 하십니다. 반드시 예수님은 통치하십니다. 그러므로 모든 눈이 주님을 보고, 모든 무릎이 그에게 꿇고, 모든 혀가 그를 주님이라 부르며 하나님 아버지께 영광을 돌리지 않을 수 없습니다. 주님은 모든 적을 발로 밟고 그의 가진 것을 빼앗고, 머리를 들고 지극히 높이 되실 것입니다. 이 흐리고 어두운 날이 이 사실을 생각하면 마음이 기뻐 뜁니다. 현대 사상가들이 복음을 조롱하고 회의론자들이 이 나사렛 사람의 교훈을 비웃고, 우리의 거룩한 믿음에 온갖 조소를 퍼붓지만, 여호와께서 그의 아들을 거룩한 산에 세우셨습니다. 그래서 그리스도께서 사람들과 마귀의 공격에도 불구하고 그곳에서 하나님과 함께 영원히 통치하십니다.

이 모든 사실에서 나는 하나님의 양 무리를 위한 최상의 음식을 봅니다. 예수께서 보좌에 계시면서 이 양 무리에게 말씀하시고, 땅에 계셨을 때 하셨던 말씀을 오늘도 하십니다. "적은 무리여 무서워 말라 너희 아버지께서 그 나라를 너희에게 주시기를 기뻐하시느니라"(눅 12:32). 예수께서는 그 영광에 대해 이렇게 말씀하십니다. "이기는 그에게는 내가 내 보좌에 함께 앉게 하여 주기를 내가 이기고 아버지 보좌에 함께 앉은 것과 같이 하리라"(계 3:21).

"보좌 가운데에"라는 말은 또한 예수께서 만물의 중심이 되셨다는 점을 의미하는 것으로 보입니다. "그에게 모든 백성이 복종하리로다"(창 49:10). 예수께서 높이 들리시고 모든 사람이 그에게로 모입니다. 예수께서 커다란 중심 태양이시고, 다른 모든 천체들이 주님의 둘레를 돕니다. 예수께서 영원한 목적의 핵심이고, 역사의 요체이며 계시의 정점이십니다. 주님은 하늘 가운데서 통치하며, 오늘처럼 땅에서는 주의 이름으로 모이는 두세 사람 가운데 계십니다. 우리의 기쁨은 온전케 된 의인들의 기쁨과 같습니다. 우리는 장자들의 모임과 교회(히 12:23)와 연합하여 이 기쁨을 누립니다. 보좌에 계시는 예수님은 우리 마음과 노래의 중심인물이시며, 그 중심은 결코 움직이지 않을 것이고, 그의 백성들도 그 중심에서 결코 흩어지지 않을 것입니다.

이와 같이 여러분은 천국에서 성도들을 먹이시는 분이 누구인지 봅니다. 그래서 여러분이 여기 이 땅에서 영적 음식을 먹고 위로를 받으려 한다면, 바로 그 양들의 위대한 목자장에게서 받아야 한다는 것을 알기 바랍니다. 모든 충만이 거하는 예수님의 손에 있는 것 말고, 여러분을 위한 다른 어떤 양식은 없습니다. 어린 양이 통치하고 계시는 보좌로부터 받는 것 외에는 여러분을 위한 위로는 없습니다. 형제 여러분, 돌이키십시오. 현대 사상의 새롭다고 하는 모든 천박한 이론들과 사람들의 헛된 고안들에서 돌이키십시오. 여러분이 경배할 주님의 왕관을 보십시오. 곧 하나님의 유월절 어린 양, 모든 악한 권세를 이기고 보좌 가운데 앉으실 어린 양의 왕관을 보십시오. 하나님의 아들의 역사적이고 실제적인 성육신을 생각하십시오. 주님의 참된 죽으심과 실제적인 대속, 온전한 속죄를 믿으십시오. 주께서 죽은 자들 가운데서 일어나심과 하늘에 올라 하나님 우편에 앉으심을 생각하십시오. 예수께서 지금 하늘의 경배를 받는 최고의 대상이시며, 지금과 앞으로 있을 만물의 주이시라는 사실을 의심하지 마십시오. 주께서 말일에 모든 정사와 권세와 모든 이름 위에 높이 되실 분임을 확실히 알고 믿으십시오. 우리가 이 진리들을 믿고 기뻐하면서 살 수만 있다면 우리는 다시는 주리지도 아니하며 목마르지도 아니하고 해나 아무 뜨거운 기운에 상하지도 아니할 것이고, 오히려 이 땅에서부터 생명수 샘을 발견하고 눈에서 눈물을 닦을 것입니다.

### 3. 세 번째 요점에 대해서는 두세 가지 사실만을 간단히 언급하고 끝내겠습니다. 즉 주께서 부양하시는 방식에 대해 이야기하겠습니다.

우리는 지금까지 완전한 부양과 그것을 제공하시는 영광스러우신 분에 대해 생각하였습니다. 이제는 어떻게 성도들에게 부양하시는지에 대해서 살펴봅시다. 지금도 우리가 같은 방식으로 부양받기 때문입니다.

하늘에서 성도들은 두 가지 방식으로 주님의 부양을 누립니다. 즉 보좌 가운데에 계시는 어린 양이 성도들을 먹이고 인도하실 것입니다. 이 점을 면밀히 살피고, 성도들을 먹이신다는 점을 첫째로 생각하십시오. 헬라어 단어는 "그들에게 목자가 될 것이다"는 뜻입니다. 천국에서 예수님은 그의 모든 양 무리를 행복하고 온화하며 동정적인 통치권으로 다스리시는 목자이십니다. 주님의 이 통치에 대해 그의 모든 양 무리는 즉각적으로 기쁘게 순종합니다. 천국에서 주 예수님은 자기 백성을 직접 일일이 돌보십니다. 주님은 그의 백성이 요구하는 모든 것을 친히 그들에게 나누어 주십니다. 이 땅에서 주님에게 목동들이 있는데, 주님은 보잘것없는 우리를 도구로 쓰셔서 양식을 나눠주십니다. 그런데 슬프게도 때로 우리는 자신이 무능력하거나 잊어버려서 양들을 먹이지 못하는 것을 발견합니다. 그러나 천국에서는 그런 일이 결코 없습니다. 어린 양이 친히 목회를 하며, 우리 가운데 아무도 흉내낼 수 없게 목자의 일을 하시기 때문입니다. 미가 선지자가 무엇이라고 말합니까? "그가 여호와의 능력과 그의 하나님 여호와의 이름의 위엄을 의지하고 서서 목축하니 그들이 거주할 것이라 이제 그가 창대하여 땅 끝까지 미치리라"(미 5:4).

성도들이 영광 중에서 요구할 수 있는 다른 모든 보호와 양식이 그리스도 안에 있습니다. 그것이 어떤 것일지는 잘 모르지만 이것만은 확실히 알 수 있습니다. 즉 성도들이 그리스도를 예배하는 한, 그리스도께서 그들을 돌보신다는 것입니다. 그리스도께서는 성도들 가운데 목자장으로 계시며, 이 목자장이 나타나실 때, 그의 부리시는 목자들도 그리스도와 함께 영광 중에 나타날 것입니다.

저기 하늘에서 예수님은 여전히 성도들과 아주 긴밀하게 교제를 나누실 것입니다. 그렇지 않다면 "어린 양이 그들을 먹이시고"(개역개정은 "어린 양이 그들의 목자가 되사" – 역주)라는 말씀이 기록되지 않았을 것입니다. 우리가 그동안 말해

왔던 것을 다시 한 번 생각해 보시기 바랍니다. 그리스도께서 성도들을 먹이십니다. 그러므로 그리스도는 성도들의 목자이십니다. 그런데 그들을 먹이시는 분이 바로 어린 양이십니다. 그러므로 그리스도는 성도들과 하나이십니다. 마치 목자가 양들과 함께 먹는 것처럼, 양들의 음식이 목자의 음식인 것처럼, 그들이 모든 면에서 그리스도와 하나가 되었습니다. 그리스도와의 교제가 하늘에서 어떠한 것이 되겠습니까! 나는 예수님과의 그런 교제를 때때로 이 땅에서 누렸고, 여러분 가운데 많은 분들도 누려왔다고 확실히 말씀드릴 수 있습니다. 그래서 지금까지 계속해서 그 교제를 누릴 수만 있다면 내가 이 땅에 있는지 혹은 천사들 가운데 있는지, 그것은 아무 문제가 되지 않았을 것입니다. 내게는 예수님과 함께 있는 것이 지극한 복이었습니다. 그러나 우리의 수용 능력이 커지고, 이해가 분명해지며 우리의 감정이 정결해지고 모든 인간성이 순수하고 그리스도처럼 되었을 때에는, 그리스도의 영광을 보는 것, 그리스도와 직접 교제를 나누는 것, 머리를 그리스도의 품에 기대고 그의 사랑 안에서 몸을 녹이는 것, 그리스도의 사랑에 감격하여 마음이 사랑으로 불타오르는 것이 어떠하겠습니까! 그리스도와 영원히 함께 있고, 그리스도와 우리 사이를 가로막는 구름이 전혀 보이지 않으며, 채워지지 않는 욕구에 부대끼는 법이 없고, 장래 타락할 것을 염려하거나 죄로 말미암아 주님을 슬프시게 할 일이 전혀 없다면 얼마나 좋겠습니까! 영광 가운데 계신 그리스도와 영원히 하나가 된다는 것이 어떤 것이겠습니까! 그것은 우리의 생각을 뛰어넘는 지극한 복입니다. 그리스도께서 성도들을 목자로서 보살피면서 친히 그 일을 하십니다. 그러므로 성도들은 더할 수 없이 큰 복 가운데 지내는 것입니다. 자 우리가 오늘날 이런 복을 어느 정도 누릴 수 있다고 생각하지 않습니까? 여러분은 그 점이 믿기지 않습니까? 예수께서 오늘 그의 양들에게 선한 목자가 아니시라면 요한복음 10장이 의미하는 바가 무엇입니까? 여러분이 그 말씀을 익숙하게 알고 있을지라도 자세히 읽어보십시오. 시편 23편이 의미하는 바는 무엇입니까? 이 시편이 다른 세상의 양들을 위한 말씀입니까? 이 세상의 양들을 위한 말씀입니까? 이 시편이 이렇게 말하고 있지 않습니까? "여호와는 나의 목자시니 내게 부족함이 없으리로다 그가 나를 푸른 풀밭에 누이시며 쉴 만한 물 가로 인도하시는도다." 사람이 여러분의 의심스러운 얼굴을 보았다면 그 시편이 이렇게 말하고 있는 것처럼 생각할 것입니다. "여호와께서 내 목자이신 것을 잊으셨도다. 그가 나를 늑대에게 넘겨주셨다. 나를 광야로 내쫓으셨고 깜깜한 산 속에 남겨 놓으셨다. 내가 물 하나 없는 바짝 마른 땅에서 죽는구나." 그렇지 않습니다. 우리는 그렇게 생각해서는 안 됩니다. 이 땅에서도 우리의 크신 주님은 우리의 목자이시고, 그의 양들 하나하나를 돌보시기 때문입니다.

그 다음에 "어린 양이 인도하실 것임이라"는 말이 덧붙여졌습니다. 자기 양 무리를 인도하는 것은 목자의 또 다른 사역입니다. "어린 양이 그들을 생명수 샘으로 인도하실 것임이라." 여러분은 이 구절을 이렇게 읽을 수도 있습니다. "어린 양이 그들을 안내하여 생명수 샘으로 데려가실 것임이라." 하지만 그것은 동일한 사상을 약간 다르게 표현하는 것에 불과합니다. 아무튼 천국에서도 거룩한 자들에게 안내가 필요하고, 예수께서 그 길을 인도하신다는 것입니다. 예수께서 인도하시면서 자기 백성들에게 은밀한 샘을 가리키며, 그들이 이제까지 맛보지 못한 신선한 샘물을 알려 주실 것입니다. 영원이 지속되는 한, 주님은 자기 백성들에게 새로운 기쁨 거리들을 보여주실 것입니다. 구주께서 그의 양 무리에게 "이리 오라. 여기 넘치듯 흐르는 시냇물이 있다"고 말씀하십니다. 구주께서 양 무리를 계속해서 인도하시되 한 세기 동안, 아니 천년 동안 영광에서 영광에 이르도록 인도하고, 지식과 기쁨이 점점 더 자라고 커지도록 계속해서 인도하실 것입니다. 주께서 끊임없이 양 무리를 더 깊은 신비와 더 고귀한 영광에 이르도록 인도하실 것입니다. 자신을 그의 백성에게 유업으로 주신 다함이 없는 하나님은, 우리가 결코 완전히 알 수가 없습니다. 그래서 끊임없이 신선함과 새로운 기쁨을 줄 원천들이 영원히 있을 것이고, 목자가 그의 양들을 이 생명수 샘으로 계속해서 인도하실 것입니다.

> "영광에서 영광에 이르는 일이 항상 앞에 있습니다.
> 그래서 더욱더 지식이 넓어지고 더욱더 경배하며 더욱더 기뻐합니다.
> 구주께서 빛나는 이곳 저곳으로 인도하실 때
> 우리는 계시자이시고 또 계시되는 분이신 구주를
> 우리 영광의 목적지로 삼고 계속해서 따라갑니다."

주님은 또한 그의 양들이 주님의 기쁨의 강에서 마시게 할 것이고, 그래서 양들은 지극한 복으로 충만하게 될 것입니다. 우리가 오늘날 이 복을 조금도 누릴 수 없습니까? 우리가 그리스도를 따르려고만 한다면, 우리는 그리스도께서 사마리아 여인에게 주셨듯이 자기를 믿는 모든 자에게 값없이 주시는 생수를 마실 수 있습니다. 어떤 사람은 이렇게 소리칩니다. "나는 아무 기쁨도 없어." 그렇지 않습니다. 예수께서 여러분을 인도하여 기쁨을 맛보게 하실 것입니다. "아, 나는 오늘 아침 성경을 읽었는데 성경에서 아무것도 얻지 못했습니다." 그럴 수 있습니다. 그러나 예수께서 그 자리에 계셔서 여러분을 샘으로 인도하셨다면, 여러분은 기운을 차렸을 것입니다. 예수께서 본문에 손을 대실 때 본문이 어떻게 열리는지 보게 됩니다. 여러분은 하갈과 같습니다. 여러분은 아이를 나무 덤불 사이에 내려놓고 죽으려고 하였습니다. 목이 말라 죽어가고 있었습니다. 그러나 들으려고만 한다면, 여러분은 바로 뒤에서 물이 떨어지며 철벅거리는 소리를 들을 수 있을 것입니다. 여러분은, 주님께서 말씀하시고 눈을 열어주시기만 하면 됩니다. 그러면 물을 풍부하게 공급받을 것입니다. 생명수 샘이 바로 가까이에 있기 때문입니다. 오늘 구주께 가서 말하십시오. "주님, 나를 생명수 샘으로 인도하여 주옵소서. 내가 오래 전에 마셨고, 그동안 늘 마셔왔습니다. 그러나 주님, 나는 더 깊은 샘물이 필요합니다. 더 알고 싶고 더 사랑하기를 원합니다." 예수께서 여러분을 인도하실 것입니다. 주님은 지금 그 일을 하려고 하십니다. 주께서 인도하실 때, 여러분은 이 세상이 얼마나 천국과 같이 될 수 있는지 충분히 알게 될 것입니다. 양들처럼 목자장이신 주님께 자신을 맡깁시다. 방황하는 여러분, 여러분 영혼의 목자장이요 감독되신 주님께 돌아오십시오. 최근 몇 년 동안 주님 안에 있고 주님의 목장에서 꼴을 먹은 여러분, 주님께 가까이 와서 더욱 친밀하게 주님을 따르십시오. 그러면 여러분의 눈이 열려서 모든 것이 말라버린 것처럼 보이는 곳에서 기쁨의 새로운 강물이 흐르는 것을 보게 될 것입니다. 여러분은 눈물 골짜기에서 샘을 발견하고 그 샘에서 마시며, 시온에서 여러분 각각이 하나님 앞에 나타날 때까지 더욱더 힘을 얻을 것입니다. 항상 찬송 받으실 하나님이여, 우리가 주님을 보기까지 얼마나 기다려야 하겠습니까? 바로 지금 그날이 오게 하여 주옵소서!

제
23
장

—

# 성도들이 용을 이긴 방법

—

"우리 형제들이 어린 양의 피와 자기들이 증언하는 말씀으로써 그를 이겼으니 그들은 죽기까지 자기들의 생명을 아끼지 아니하였도다." — 계 12:11

본문이 나오는 장을 상세히 설명하는 것이 이 시간의 주된 목적이 아닙니다. 나는 내 자신이 계시록의 어떤 부분이든지 자세히 설명할 수 있는 사람이라고 생각하지 않습니다. 나는 지금까지 읽은 강해들 가운데 어떤 것에도 감동을 받아서 나도 계시록을 강해해 보겠다는 마음을 품어본 적이 없습니다. 왜냐하면 그 강해들이 주로 전에 있었던 모든 해석들에 대한 논박을 다루고 있고, 그 설명들 각각은 다른 모든 설명이 그 문제에 관해 아무것도 모른다는 것을 아주 잘 입증하는 것으로 보이기 때문입니다. 요한계시록에 대한 거의 모든 주석의 실질적인 교훈을 종합하자면 이렇게 말할 수 있습니다. 우리 하늘 아버지께서 그의 말씀에서 아직은 그의 자녀들이 알 수 없는 신비한 일들을 이야기하셨다는 것입니다. 바로 이것이, 무한하신 하나님께서 유한한 사람들에게 말씀하실 때, 우리가 생각할 수 있는 점입니다. 그리고 이 사실은 우리를 겸손하게 만들고, 공손한 경배를 드리도록 하기 위한 것이 분명합니다. 다행히도, 하나님의 예언의 말씀을 읽고 듣고 지키는 사람들은 복이 있습니다. 그 예언의 말씀을 이해하는 사람들에게만 복을 주셨다면, 그 복을 받을 사람이 거의 없었을 것이기 때문입니다. 요한계시록은 지극히 복된 책입니다. 그러나 그 책을 펼쳐 보는 일은 아직 이루어지고 있지 않습니다. 주석가들에 대해 이야기하자면, 그들이 본문 구절에서 이교 제국인 로마의 용이 새겨진 깃발을 보고, 또 십자가를 높이 든 콘스탄티누스가 깃발에서 용을 제거한 점을 언급하는 것을 발견할 것입니다. 나는 주님께서 다른 어떤 죄인보다 콘스탄티누스에게 조금이라도 더 관심을 가졌다고 생각하지 않습니다. 그가 철장으로 모든 나라를 다스리고, 하나님과 그 보좌에까지 오르게 되어 있는 사내아이였다고 말하는 것이 내게는 하나님을 모독하는 것이나 다름없습니다. 콘스탄티누스가 기독교를 국교로 채택한 것은 영화롭게 된 영들이 기뻐할 일이 아니었고, 지옥을 즐겁게 할 뿐인 무서운 재앙이었습니다. 이제까지 누구도 교회를 국가와 결합시킨것 만큼 교회를 악한 길로 들어서게 만든 사람은 없었습니다. 그의 행동은 순전히 국가 정책과 통치술의 일환에 지나지 않았고, 영감 받은 기자들이 기록할 만한 가치가 전혀 없는 일이었습니다.

　대단한 해석자들은 요한의 환상에서 로마 제국의 역사를 다 볼 수 있다고 생각하는데, 그들을 따라서 로마 제국의 역사 전체를 훑어보는 것은 무익한 일일 것입니다. 그런 일은 다음에 언제 기회가 있으면 하는 것이 좋겠고, 신학이라는 이름보다는 역사라는 제목 하에서 해야 할 것입니다. 내가 말할 수 있는 것은, 우리가 요한의 환상을 받았다면, 여러분과 나는 그 환상을 보고서 무엇을 알았을까 하는 것뿐입니다. 내가 볼 때, 이 환상은 연속적인 계시의 한 부분이라기보다는 계시에 뒤따르는 환상들을 요약한 것이고, 어떤 면에서는 환상들의 머리말과 같은 것입니다. 그것이 환상인데, 아무 감정 없이 한 마디 한 마디를 해석할 수 있거나, 그 결합과 관계가 언제나 분명하게 보이는 것처럼 읽을 수 있는 환상이 아니라는 것을 기억하시기 바랍니다. 이 장에서 우리는 선의 원칙과 악의 원칙 사이, 곧 하나님과 사탄 사이의 전체 싸움을 파노라마를 보듯이 볼 수 있습니다. 우리는 여기서 여자와 뱀 사이에 이루어진 오래된 최초의 싸움을 봅니다. 이 싸움으로 인해 영감된 성경이 시작되었습니다. 그리고 또 여기서 "내가 너로 여자와 원수가 되게 하고 네 후손도 여자의 후손과 원수가 되게 하리니"라는 최초의 약속이 분명하게 발전한 것을 봅니다.

　죄 없는 여인이 "옛 뱀 곧 마귀라고도 하고 사탄이라고도 하는" 자의 공격을 받았습니다. 그 여인은 아주 쉽게 그의 속임에 넘어가 인류를 완전한 파멸에 떨어지게 했습니다. 교활한 첫 번째 공격과 신속한 승리 끝에, 용은 이와 같은 말로 좌절을 겪었습니다. "여자의 후손은 네 머리를 상하게 할 것이요 너는 그의 발꿈치를 상하게 할 것이니라." 이 말은 비록 여인의 후손이 죄의 결과로 사탄의 손에 크게 고통을 겪을 수밖에 없지만, 그럴지라도 여인의 후손이 결국 이기고 악의 권세를 깨트릴 것을 선언하는 약속입니다. 요한계시록에서는 장면이 에덴 동산에서 하늘로 바뀝니다. 거기에서 여러분은 여인과 뱀이 전처럼 대립 관계에 있고, 여전히 뱀이 공격을 하고 있는데, 이번에는 좀 더 공개적으로 공격하는 것을 봅니다. 여인과 뱀이 어떻게 발전했는지 유의해서 볼 필요가 있습니다. 여인은 하늘의 광채로 장식한 여왕이 되었고, 뱀은 한 번 휘두를 때마다 많은 별들을 떨어트리겠다고 위협할 만큼 큰 꼬리를 가진 큰 뱀이 되었습니다. 그 여인은 더 이상 어린아이 같은 귀여운 존재가 아니라 놀라운 인물입니다. 그 여인은 나무와 꽃들 사이를 거니는 것이 아니라 하늘의 천체들 사이를 다닙니다. 그 여자는 해로 옷을 입었고 발로는 달을 밟으며 머리는 열두 별의 관을 썼습니다. 여러분은 진리와 의의 중대한 대의가 이 여자에게서 구현되는 것을 봅니다. 사실 이 여인은 만대의 하나님의 교회입니다. 이 여인의 씨가 세상의 모든 민족에게 복을 줍니다. 하나님의 거룩하고 영광스러운 대의가 교회 안에서 실현되고, 찬란한 빛과 진리와 위엄으로 옷을 입습니다. 여기서 이 멋진 상(像)의 세부적인 점들을 길게 설명하지 않겠습니다. 그런 문제를 세세하게 살펴보는 것은 쓸데없는 일이기 때문입니다. 교회에는 큰 별도 있고 작은 별도 있습니다. 교회는 내주하시는 하나님에게서 나오는 광채에 싸여 있습니다. 그래서 교회의 활동은 거룩함을 보여주는 영광으로 빛이 납니다. 한편으로 교회의 가장 큰 기쁨은 열두 사도에 의해서 묘사되듯이 교회의 온전한 사역에서 찾을 수 있습니다. 교회는 달처럼 아름답고 해처럼 뚜렷하며 깃발을 든 군대처럼 무섭습니다. 자, 이 표본적인 이 여인을 보십시오. 진실하고 거룩한 대의가 얼마나 영광스러운지 보십시오.

환상에서 여왕 같은 이 여인이 약속된 씨를 이제 막 낳으려고 합니다. 여자는 "해산하게 되매 아파서 애를 쓰며"(계 12:2) 고통 가운데 부르짖습니다. 물론 이 모습은 교회가 지나간 옛날에 약속된 구원자가 오시기를 바라며 밤낮으로 부르짖던 것을 나타낼 수 있습니다. 시간이 가까워지면서 구원자를 바라는 강도와 고통이 커지면서 부르짖는 소리도 더 커졌습니다. 그러나 또한 이 모습은 그리스도께서 사람들의 마음에 형성될 때까지, 사내아이 즉 신비한 그리스도께서 이 땅에서 태어나실 때까지, 또 그리스도께서 사람들 가운데 나심으로 그리스도와, 은혜로 악한 자들을 이길 수 있게 된 모든 사람들이 철장으로 만국을 다스리게 될 때까지(계 2:26,27) 항상 해산의 고통을 겪는 참된 교회의 변함없는 상태를 묘사할 수도 있습니다.

　　그 다음에, 환상에서 여러분은 여인 곧 교회를 보고, 또 교회 앞에 또 하나 놀라운 존재가 서 있는 것을 보는데, 무섭게 자란 뱀을 봅니다. 이 뱀은 큰 붉은 용이라고 불리는데, 몸집이 거대하고 모습이 끔찍한 것이 악을 상징하며, 그에게만 있는 혐오스러운 광채를 띠고 있는데, 지독한 미움과 오만한 반역의 광채입니다. 타오르는 불길처럼 빛나고 뜨거운 거대한 뱀이 무섭게 노려봅니다. 이 거대한 뱀은 분노로 붉고, 박해하는 악으로 새빨갛게 물들어 있습니다. 붉은 색은 에돔, 곧 하나님과 이스라엘을 대적하는 자의 색깔입니다. 그것은 로마에서 왕 노릇을 하는 적그리스도의 가공할 권세를 나타내는 색깔이기도 합니다. 이 적그리스도가 조국에게 준 마지막 악의 선물은 대주교가 쓰는 붉은 모자 외에 무엇이 있습니까? 이 큰 붉은 용은 교활하기 짝이 없습니다. 이 용이 머리를 일곱 개나 가지고 있기 때문입니다. 과거에는 마귀의 머리가 하나로 충분하였습니다. 그러나 이제 우리의 큰 원수는 악을 행하는데 거의 완벽한 재능이 있습니다. 그래서 원수는 하나님의 교회를 뒤엎고 사람들 가운데서 그리스도와 남은 천상의 씨들을 멸하기 위해 거의 무한한 지혜를 사용합니다! 이 일곱 머리에다 권력을 상징하는 열 뿔이 보충됩니다. 공중의 권세 잡은 자는 결코 약하지 않습니다. 사실 이 자는 지혜보다 힘을 더 갖고 있습니다. 일곱 머리 외에 열 뿔을 가지고 있는데, 자연의 질서에 따를 때, 머리 하나에 뿔이 두 개씩 있어야 하므로, 우리는 이 자가 그의 악한 꾀로 생각해 낼 수 있는 모든 일을 다 행할 만큼 힘을 가진 것은 아니라고 말할 수 있을 것입니다. 그러나 이 자는 용을 통해 휘두르는 힘으로 사람들을 꾀어 주님의 법에 반역하도록 하고, 교회를 박해하도록 만듭니다. 이 악의 권세가 모든 나라에서 크게 영향을 떨치면서, 고통 가운데 있는 무방비 상태의 여인을 대적하고 있으므로, 여자가 도무지 이 자에게 맞설 수 없을 것으로 보입니다. 이 일곱 머리는 또한 관을 썼습니다. 사탄은 사람들 가운데서 왕의 권세 이상의 힘을 발휘하기 때문입니다. 이 자는 세상의 신입니다. 세상이 이 악한 자의 손에 누워 있습니다. 그는 그 권세를 보이기 좋아하고, 외적인 화려함을 많이 의지합니다. 그래서 그는 마치 왕관 하나로는 자신의 왕권을 나타내기에 충분하지 않은 것처럼 일곱 머리에 일곱 개의 관을 썼습니다. 그가 맹렬히 화를 내며 꼬리로 하늘을 쳐서 별의 삼분의 일을 떨어트린 데서 그의 엄청난 힘이 나타나기도 합니다. 어둠을 더 깊게 하고 빛을 꺼트리는 것은 항상 그가 바라는 야망입니다. 그리고 그는 과거 그의 전성기 때 이 일에서 무시무시한 성공을 거두었습니다.

그 다음에, 여러분은 빛나고 사랑스러운 여인의 모습과 용이 권세를 가지고 격노하는 모습을 봅니다. 이 용은 아기가 태어날 것을 기다리며, 사내아기가 태어나자마자 삼키려고 잔뜩 노려보고 있습니다. 이 사내아이는 이상적인 사람, 곧 이 용이 어떻게 해서든지 없애버리려고 하는 신적 생명을 가진 자손입니다. 우리 주 예수께서 태어나실 때의 상황이 그러했습니다. 사탄은 헤롯을 부추겨서 그 어린 아이를 찾도록 만들었고, 이로 인해서 어린 아기들의 대학살이 일어났습니다. 그러나 이 용은 실패하였고, 예수께서는 그의 때가 올 때까지 사셨고, 그 다음에는 하나님에게로 올라가 보좌에 앉으셨습니다. 이렇게 사탄은 새로 태어나는 씨를 삼키려고 하였는데, 그때는 예수께 돌아오는 자들이 거의 없었고, 땅위에 있는 그리스도의 신비한 몸은 어린 아이와 같았습니다. 사탄은 복음이 처음으로 전파될 때 이 사내아이를 박해하였습니다. 그러나 사탄의 종들이 성도들을 박해하면 할수록 그만큼 더 성도들의 수는 늘어났습니다. 이집트에서 바로가 사용한 방법이 교묘하였지만, 성공을 거두지 못하였고, 거둘 수도 없었습니다. 박해는 언제나 실패하기 마련입니다.

형제 여러분, 오늘 이 사내아이, 곧 우리 주 예수께서는 하나님께로 올라가셔서 보좌에 앉아 계십니다. 그리고 부분적으로는 그리스도의 신비한 몸도 용의 힘이 전혀 미치지 못하는 곳에 있습니다. 예수께서는 용이 더 이상 자리를 차지하지 못하는 곳에서 성도들과 함께 통치하십니다. 이곳은 용이 영원히 땅으로 쫓겨나고 들어가지 못하는 영역입니다. 사탄이 일찍이 하늘의 일들에서 발휘하였던 모든 권세가, 승천하신 우리 주님의 완성된 사역으로 이제 끝이 났습니다.

> "뱀의 머리가 깨졌고
>  지옥이 정복되며 죽음이 죽었고
>  높은 곳에 오르신 그리스도께
>  포로 된 자가 사로잡혔도다."

우리의 죄 때문에, 그리고 사망을 지배하는 죄의 권세 때문에 사탄은 우리에게 천국 문을 닫습니다. 그러나 이제 더 높은 영역에서 치러지는 용과 여인의 후손 사이의 싸움이 끝났고, 우리는 하늘에 있으며, 사탄은 영원히 쫓겨났습니다. 우리가 그리스도 안에 있으므로 우리에게는 더 이상 정죄함이 없고, 악한 자가 한 발자국도 가까이 오지 못합니다. 여기서 "하늘"이라는 단어를 읽을 때, 그 말이 하나님이 거하시는 복된 자들의 처소를 가리키는 것으로 이해하지 말고, 영적인 곳, 즉 영적인 일들이 일어나는 영역으로 이해하도록 합시다. 진리와 거짓의 최초의 싸움은 순전히 영적인 문제에 있습니다. 그리스도께서 교회를 높여 들어가게 하신 하늘의 장소에서 일어납니다. 그것은 선한 영과 악한 영들의 씨름이고, 혈과 육으로 하는 싸움이 아닙니다. 우리는 천사들이 먼저 이 싸움에 들어가는 것을 봅니다. 이 점에 관해 아는 것이 거의 없지만, 이 악한 큰 용이 사람들뿐 아니라 천사들과도 싸워온 것으로 보입니다. 밀턴은 이 천사들의 싸움을 장엄한 시로 노래하였습니다. 그러나 밀턴은 오류 없이 말할 만큼 성령의 감화를 받지 못했습니다. 우리는 선지자와 시인을 분간하지 못하는 일이 없도록 주의해야 합니다. 선한 영과 악한 영들이 반드시 서로 불화할 수밖에 없음은 분명한 사실입니다. 그리고 옛적에 사탄이 천사의 무리를 시험하였고, 최초의 지위를 지킨 천사들이 단번에 그에게 승리하였다는 것도 분명한 사실입니다. 이 천사들은 사탄의 죄악적인 유혹을 물리쳤고, 그래서 이제 사탄은 이 천사들에게 더 이상 힘을 발휘하지 못합니다. 사탄은 다시는 그들을 시험할 수 없고, 그들은 그들의 복된 지위에 확고히 있으면서 영원히 굳게 설 것입니다. 미가엘과 그의 천사들은 결정적인 한 전투에서 마귀와 그의 천사들을 물리쳤고, 여전히 하나님께 충성을 바치면서 천사의 영역에서 침공하는 악의 세력을 쫓아내버렸습니다.

　이 영들의 영역에는 천사들 외에도 거주하는 다른 이들이 있습니다. 몸을 떠난 우리 형제들, 곧 고대의 성도들과 초대 교회의 신실한 자들이 있습니다. 이들도 사탄이 추방되어서 더 이상 그들을 괴롭힐 수 없는 영역에 거합니다. 본문에서 우리는 영화롭게 된 이들이 사탄을 이긴 승리의 노래를 부르는 것을 듣지 않을 수 없습니다. 사탄은 복된 영들의 영역에서 쫓거나 다시는 이 영적 영역에 들어가 그들을 괴롭게 할 수 없습니다. "내가 또 들으니 하늘에 큰 음성이 있어 이르되 이제 우리 하나님의 구원과 능력과 나라와 또 그의 그리스도의 권세가 나타났으니 우리 형제들을 참소하던 자 곧 우리 하나님 앞에서 밤낮 참소하던 자가 쫓겨났고." 여러분은 이 노래를 부르는 자들에게 주의하되, 그들에 관한 한 가지 점에 주로 유의하시기 바랍니다. 그들은 사탄을 이겼습니다. 이 사실에 주목하면서 그들이 이길 때 사용한 무기를 살펴보기 바랍니다.

다른 모든 것은 놔두고, 우리는 이 승리자들과 그들이 승리를 거둘 때 사용한 무기들에 주의하도록 합시다. 첫째로, 우리는 보좌 앞에 선 복 있는 자들이 모두 전사요 승리자였다는 것을 볼 것입니다. 둘째로, 그들은 모두 같은 무기를 가지고 싸웠다는 것, 셋째는, 그들이 모두 같은 정신으로 싸웠다는 것을 살펴볼 것입니다.

**1. 첫째로, 지금 하늘에서 기뻐하고 있는 모든 복된 자들은 일찍이 이 땅에서 전사요 승리자였습니다.**
이것은 말하기가 아주 단순한 진리이지만 기억할 필요가 있는 진리입니다.

> "일찍이 그들은 여기 아래에서 슬퍼하며
> 눈물로 잠자리를 적셨네.
> 그들도 지금 우리처럼
> 죄와 의심과 두려움에 맞서 힘들게 싸웠네."

흔히 우리는 앞서 간 성도들이 마치 우리와는 전혀 다른 인종인 것처럼, 즉 우리는 도무지 이를 수 없는 은혜를 받아 더 고귀한 일을 행할 수 있고, 우리에게는 불가능한 거룩함에 이른 사람들인 것처럼 생각하는 경향이 있습니다. 중세의 화가들은 성도들을 그릴 때 그들 머리에 후광이 있는 모습으로 그리는 버릇이 있었습니다. 그러나 사실 그들에게는 그런 후광이 없었습니다. 그들의 이마는 우리와 똑같이 근심으로 주름이 졌고, 그들의 머리칼은 슬픔으로 희어졌습니다. 그들의 빛은 속에 있었는데, 우리도 그 빛을 가질 수 있습니다. 그들의 영광은 은혜로 말미암아 얻은 것이고, 우리도 그 은혜를 받을 수 있습니다. 그들은 우리와 같은 성정을 가진 사람들이었습니다. 우리보다 좀 일찍 태어났지만 "우리 형제들"이었습니다. 본문을 볼 때, 하늘에 있는 성도들 한 사람 한 사람이 다 사탄에게 공격을 받았습니다. 전투가 없이 어떻게 승리를 얻을 수 있겠습니까? 그들은 모두 용의 머리와 뿔들 가운데 이것이나 저것의 공격을 받았습니다. 여러분을 거의 넘어지게 만드는 시험을 만나면, 그것을 이상한 일로 여기지 마십시오. 새로운 시험을 만난 것처럼 당황하지 마십시오. 맹렬한 그 창이 여러분의 방패를 겨냥하기 전에는 다른 사람들의 심장을 겨누어 왔었습니다. 아주 불경스럽고 하나님을 모독하는 생각이 슬며시 일어나서 여러분이 스스로를 책망하며 "지금까지 다른 누구도 이처럼 더러운 생각으로 마음을 더럽히지 않았을 것이야" 하고 말하게 될지라도, 낙망하지 마십시오. 지극히 악한 도둑이 동네에서 가장 정직한 사람의 집에 들어가려고 할 수 있는 것처럼, 그런 생각이 지극히 순수한 마음에 주입되곤 하였기 때문입니다. 이 순간 하나님의 보좌 앞에서 흠 없이 지내는 사람들에게도, 이 땅에 있는 동안에는 끔찍한 시험이 그들을 공격하는 일이 있었습니다. 사탄은 타락 이후로 언제나 가장 악한 시험자로 활동해 왔습니다. 우리의 어머니 하와를 처음 미혹한 이래로, 그는 같은 솜씨와 잔인함, 동일한 거짓과 하나님께 대한 동일한 불신앙으로 사람들의 영혼을 유혹하였습니다. 여러분이 혼자가 아니며, 여러분이 따라가는 길은 하나님의 택하신 자들 가운데 지극히 명예로운 사람들이 지나간 길이라는 사실을 생각하면 도움이 될 것입니다. 바울은 그리스도를 위하여 여러 속주를 정복한 사람임에도 불구하고 그를 농락하는 사탄의 사자를 지니고 있었고, 여러분과 마찬가지로 이 옛 뱀이 은근히 심어주는 의심과 두려움에 맞서 싸워야 했습니다. 여러분이 이 하늘의 승리자들이 진주 문에 들어갈 때 한 사람 한 사람을 조사할 수 있었다면, 그들이 모두 온통 상처투성이인 것을 알았을 것입니다. 지금은 그들이 점이나 주름 잡힌 것이나 그런 것이 없지만, 그들 모두 육체로 있을 때에는 지옥 뱀의 그 무서운 독 이빨에 떨지 않을 수 없었습니다. 그들 가운데서 순탄한 길을 가고 아무 도전을 받지 않은 채 보좌를 차지한 사람은 아무도 없었습니다. 여러분도 투쟁 없이 이기는 일이 없을 것입니다. 여러분에게도 십자가가 없으면 면류관도 없을 것이기 때문입니다. 그러므로 여러분이 사방으로 공격을 받을지라도 놀라지 마십시오.

　영화롭게 된 이 영들은 공격을 받았을 뿐 아니라 악한 자를 **물리치기도** 하였습니다. 적과 싸우지 않고 승리하는 사람은 없습니다. 실제 싸움을 하기 위해서는 해당되는 두 편이 있어야 합니다. 나는 신자라고 하는 사람들이 시험받는 것에 대해서는 잘 알면서, 싸워 물리치는 것에 대해서는 별로 알지 못할까 염려스럽습니다. 형제 여러분, 우리의 당하는 시험이 아무리 클지라도, 그 시험을 물리쳐야 합니다. 시험받는 것은 흔히 있는 일입니다. 지극히 악한 사람들에게도 시험을 받습니다. 그러나 시험을 물리치는 것이 하나님 자녀의 표지입니다. 조금 전에 인용했던 시는 이렇게 말합니다.

"그들도 지금 우리처럼
　죄와 의심과 두려움에 맞서 힘들게 싸웠네."

　단지 그들에게 "죄와 의심과 두려움"만 있었던 것이 아닙니다. 이런 모든 것들이 있을지라도 그들은 그에 맞서 "힘들게 싸웠습니다." 그들은 그런 것에 꺾이지 않고, 한 치도 양보하지 않으며 성령의 검을 뽑아 적의 심장을 찌를 때까지 주의하려고 하였습니다. "그들은 죄와 싸우되 피 흘리기까지 대항하였습니다"(히 12:4). 형제 여러분, 확실히 죄는 대항하지 않고는 이길 수 없을 것입니다. 우리가 팔짱을 끼고서 우리가 승리를 얻었다고 믿으면 승리를 거둘 것이라고 생각한다면, 크게 잘못 생각하는 것이 될 것입니다. 우리는 주의하고 기도하며 싸우고 필사적으로 애쓰며 앞으로 나가야 합니다. "'기도와 금식이 아니면 이런 유가 나가지 아니하느니라'(마 17:21). 구원은 행위로 되지 않습니다. 그러나 죄를 이기려면 날마다 싸우지 않으면 안 됩니다. 소극적으로 가만히 있는 동안에는 승리가 오지 않을 것입니다. 악을 물리치기 위해서는 영원하신 성령의 힘을 받아 분발해야 합니다. 우리가 유업을 온전히 차지하려면, 먼저 이 가나안 족속들을 군대의 힘으로 그 땅에서 쫓아내야만 합니다. 그 다음에 갑옷을 입고 칼을 뽑을 때, 우리의 크신 군대장관 여호수아께 이렇게 기도하도록 합시다.

"성도들의 전능하신 왕이시여
　이 폭군 같은 정욕들을 진압하여 주옵소서
　옛 용을 왕위에서 쫓아내시고
　그의 지옥의 졸개들도 쫓아내 주옵소서."

　우리는 이 전사들이 모두 이긴 것을 봅니다. 하늘은 단지 싸우기만 하는 자들을 위한 곳이 아니라 이긴 자들을 위한 곳이기 때문입니다. "이기는 자는 이것들을 상속으로 받으리라"(계 21:7). 어떤 사람은 "나는 죄와 싸우지 않습니다" 하고 말합니다. 형제여, 그러면 당신은 어떻게 죄를 이깁니까? 내가 당신은 죄와 싸우느냐고 물었을 때, 그것이 대답하기 힘든 문제처럼 들렸습니까? 그러면 내가 지금 "당신은 죄를 이깁니까" 하고 말한다면, 그것은 더 대답하기 어려운 문제입니다. 죄가 여러분을 이긴다면, 습관적인 사실로서, 죄가 여러분의 주인이라면, 그렇다면 아직 여러분은 참된 종교가 무엇인지 알아야 필요가 있습니다. 성도들에 대해서는 "죄가 너희를 주장하지 못하리니 이는 너희가 법 아래에 있지 아니하고 은혜 아래에 있음이라"(롬 6:14)고 말하기 때문입니다. 성도들에게는 누구에게나 있는 신음과 부르짖음이 있습니다. "오호라 나는 곤고한 사람이로다 이 사망의 몸에서 누가 나를 건져내랴"(롬 7:24)는 부르짖음은 잠시 동안만 겪고 다시는 되풀이 되지 않는 경험이 아닙니다. 이 경험은 정도의 차이는 있지만 일생에 걸쳐 계속되는 것입니다. 그러나 이 경험에는 하나님의 은혜의 능력에 대한 소망스러운 신뢰도 따른다는 것을 기억해야 합니다. 사도는 그 부르짖음에 이어서 이렇게 말하기 때문입니다. "우리 주 예수 그리스도로 말미암아 하나님께 감사하리로다." 신자는 갈등을 느끼지만 또한 승리를 기뻐합니다. 신자는 씨름하지만 또한 승리합니다. 나는 여러분들이 어떻게 이런 일이 가능한지 볼 수 있으면 좋겠습니다. 우리는 승리를 거두지만 전투 없이 승리를 거두는 것은 아닙니다. 승리를 얻고 넉넉히 이깁니다. 그러나 우리는 여전히 앞으로 나아가며 새로운 싸움을 싸우고 결코 칼을 치우지 않습니다. 그리스도인의 위치는 나폴레옹이 즐겨 말하곤 했던 것과 같은 위치입니다. "정복이 오늘의 나를 있게 만들었고 정복이 나를 유지시킨다."

그리스도인 여러분, 여러분도 그와 같습니다. 여러분은 예수 그리스도로 말미암아 정복하였습니다. 그러나 여러분은 그리스도께서 "이기고 또 이기려고 하셨던"(계 6:2) 것처럼 이기고 계속해서 이겨야 합니다. 이 모든 것을 성령의 능력으로 행해야 합니다. 오늘 내게 붙어 다니는 어떤 죄를 은혜로 말미암아 이길 수 있게 되었다면, 한 시간이 채 가기도 전에 내 가슴속에서 또 다른 죄가 일어나는 것을 보아도 거기에 넘어가서는 안 됩니다. 나는 시험이 공격할 때마다 그 시험을 이기게 되어 있습니다. 내가 어린 양의 피로 사탄을 이긴다면, 나는 그리스도인입니다. 그렇지 않다면 그리스도인이 아닌 것입니다. 어떤 죄든지 나를 영구히 이기면, 나는 천국에 들어갈 수 없기 때문입니다. 성령의 능력으로 한 가지 죄를 이긴다면, 나는 여전히 정신을 차리고 다른 죄와 씨름하려고 해야 합니다. 이 땅과 천국 사이에 있는 동안, 나는 휴전이나 교전(交戰) 중지에 대한 희망을 받아들일 수 없습니다. 그리스도인은 결코 갑옷을 벗을 수 없고, 스스로에게 "싸움을 싸웠고 승리를 얻었으니 이제 더 할 일이 없다"고 말할 수 없습니다. 형제 여러분, 여러분은 일생의 전투에 징집된 것입니다. 여러분이 무덤 속에 누울 때,

그때에야 "전투가 끝났다"고 말할 수 있을 것입니다. 그러나 이 세상에 있는 한, 여러분은 원수의 사정(射程) 거리 안에 있을 것이며, 어쩌면 존 녹스처럼 가장 치열한 싸움이 임종의 자리에서 일어날 수도 있을 것입니다. 존 녹스는 온갖 형태의 싸움에서 마귀를 이긴 후에 임종의 자리에서 그의 전 생애 가운데 가장 혹독한 전투를 치렀습니다. 그런 일이 여러분에게도 일어날 수 있습니다. 그러나 여러분은 이기게 되어 있습니다. 사탄의 공격에 대항하십시오. 여러분은 반드시 승리를 거둘 것입니다.

그 다음에, 그와 같이 성도들은 싸움에서 이겼기 때문에 모두 기뻐합니다. 본문 다음 구절은 이같이 말하고 있습니다. "그러므로 하늘과 그 가운데에 거하는 자들은 즐거워하라." 성도들이 싸우고 저항하고 이겼다는 것이 천국에서는 기뻐할 주제입니다. 그들이 입은 흰 옷은 승리를 의미하며, 그들이 손에 든 종려가지도 같은 의미입니다. 그러나 싸움이 없었다면 승리도 없었을 것입니다. 천사들 가운데도 기쁨이 있었는데, 이는 그들이 시험에 군세게 대항하여 싸웠고, 용이 꼬리로 하늘의 별을 삼분의 일이나 떨어트렸을 때에도 도망하지 않았기 때문입니다. 그러나 우리의 승리는 특별히 더 달콤하고 우리의 노래는 특별히 아름다울 것입니다. 이는 우리의 전투가 특별히 더 혹독하였기 때문입니다. 우리는 넘어졌으나 다시 일어났고, 보호를 받고 지지를 받으며 양육을 받아 마침내 이길 수 있었습니다. 그래서 우리는 하나님의 보좌 앞에서 영원히 기뻐할 것입니다.

이제 이 점에 대한 이야기는 마치려고 하는데, 여러분이 이 사실을 개인적으로 적용하기를 바랍니다. 여러분은 지금 대항하고 있습니까? 여러분은 지금 이기고 있습니까? 여러분 속에 있는 하나님의 생명이 죄를 이깁니까? 스스로 속지 맙시다. 죄가 우리의 주인이라면 우리는 망할 것입니다. 은혜가 우리 안에서 왕 노릇을 해야 합니다. 그렇지 않으면 우리는 비참한 상태에 있는 것입니다. 우리는 죄를 이기는 것을 고상한 생활을 하는 사람들이나 누리는 사치품으로 생각하지 맙시다. 그것은 우리 모두가 반드시 경험해야 하는 조건입니다. 그렇지 않으면 우리는 구원받지 못한 것입니다. 거룩함은 소수의 사람이나 누리는 사치품이 아닙니다. 모든 성도에게 반드시 필요한 것입니다. 두 번째 회심에 의해 얻을 수 있는 성취라고 말하는 이것은 사실, 첫 번째 회심이 주님에게서 나온 것이라면 첫 번째 회심에서 결코 빼놓을 수 없는 부분입니다. 죄의 종들은 하나님의 자녀가 아닙니다. 죄가 여러분의 죽을 몸에서 왕 노릇을 한다면, 여러분은 죄로 죽은 것입니다. 사탄이 여러분을 지배하고 있다면, 여러분은 그리스도 예수 안에 있는 것이 아닙니다. "그리스도 예수의 사람들은 육체와 함께 그 정욕과 탐심을 십자가에 못 박았느니라"(갈 5:24). 은혜가 살아 있는 곳은 어디든지, 은혜가 지배하든지, 아니면 지배하기 위해 싸웁니다. 은혜는 악과 싸워 뒤집어엎기 위해 영혼에 들어갑니다. 여호와의 언약궤가 있는 곳에서는 다곤 신은 땅에 엎어져 깨어지지 않을 수 없습니다. "범죄하는 자마다 그를 보지도 못하였고 그를 알지도 못하였느니라"(요일 3:6)고 사도 요한이 말하는데, 참말입니다. "무릇 하나님께로부터 난 자마다 세상을 이기느니라"(5:4). 그런데 세상이 여러분을 지배하게 둔다면, 여러분은 하나님에게서 난 사람일 수가 없습니다. 우리가 그리스도 예수의 좋은 군사로서 혹독한 시험을 견디고 마침내 생명의 면류관을 얻기를 바라면서, 이 점은 이만큼 이야기하고 마치도록 하겠습니다.

### 2. 자, 둘째로, 승리자들은 모두 동일한 무기를 가지고 싸웠습니다.

그들에게는 두 가지 무기가 있습니다. 이 둘은 하나이었는데, 피와 말씀입니다. "우리 형제들이 어린 양의 피와 자기들이 증언하는 말씀으로써 그를 이겼으니." 첫째는 어린 양의 피입니다. 이 피가 그들의 것이었습니다. 어린 양의 피가 우리의 것이 되기 전까지는 그 피가 우리에게 도움이 되지 않을 것입니다. 그들은 믿음으로 예수께 가서 속죄를 받았고 정결케 하는 피가 그들에게 뿌려졌고, 피가 그들의 양심에 평안을 말하며 그들의 죄를 없이하였습니다. 그들은 피로 씻음을 받았고, 눈보라처럼 하얗게 되었습니다. "그 아들 예수의 피가 우리를 모든 죄에서 깨끗하게 하실 것이요"(요일 1:7). 그들은 멀리 있던 자들인데 "그리스도의 피로 가까워졌느니라"(엡 2:13). 이 피로 말미암아 그들은 계속해서 하나님께 갈 수 있었습니다. 그 피가 그들이 은혜의 보좌 앞에 가까이 나아갈 담력을 주었기 때문입니다. 사실, 이 피는 아주 그들의 것이 되어서 그들의 영의 생명이 되었습니다. 이 피는 그들에게 향기로운 포도주였고, 그들 영혼의 최고의 기쁨이 되었습니다. 형제 여러분, 여러분과 내가 이 승리자들 가운데 있고자 한다면, 이 피를 믿음으로 자기 것으로 삼아야 합니다. 오늘 아침 이 피가 여러분에게 어떤 것입니까? 형제 여러분, 이 피가 여러분을 깨끗이 씻었습니까? 이 피가 여러분 안에 생명으로 거합니까? 어린 양의 피로 말미암아 여러분이 하나님과 교제

를 나누고 하나님께 더 가까이 나아갔습니까? 그렇다면 여러분은 그 피로 말미
암아 승리하는 길을 가고 있는 것입니다.

본문 앞의 구절에 따를 때 어린 양의 피가 성도들에게 필요한 모든 것을 공
급하였습니다. 그 피가 그들에게 구원을 주었기 때문입니다. 그들은 구원받되,
완전히 구원을 받았습니다. 그들이 예수 그리스도를 붙잡고 그리스도의 피의 능
력을 느낄 때, 그리스도께서 그들을 모든 부정에서 구속하셨고, 사탄의 나라에
서 그리스도의 나라로 옮기셨습니다. 그때 그들은 힘을 받았습니다. 그 말씀에
주의하십시오. 그들은 죽었으나 생명을 얻었습니다. 약했으나 주님 안에서
강해졌습니다. 예수의 피의 능력을 아는 자는 큰 업적을 세울 만큼 강해지기 때
문입니다. 그때 그들은 하나님의 나라를 얻었습니다. 왜냐하면 그 나라는 예수의
피로써 이기는 방식을 통해서 우리에게 오기 때문이고, 예수께서 죽으셨으므로
우리를 하나님 앞에 왕과 제사장으로 삼으셨기 때문입니다. 또한 우리는 성도들
이 권세 혹은 권위를 받았다는 말을 듣습니다. 죽은 자들 가운데서 일어나신 우
리 주님께서는 "하늘과 땅의 모든 권세를 내게 주셨으니 그러므로 너희는 가서
모든 민족을 제자로 삼아 세례를 베풀고"(마 28:18,19)라고 말씀하셨을 때 모든
제자들에게 권위를 입혀주셨습니다. 사랑하는 여러분, 우리가 예수 그리스도의
피에 참여하였다면, 이 네 가지 모두가 우리의 것이 되었음을 느낄 것이라고 생
각합니다. 네 가지 것이란 곧 죄로부터 구원, 약한 데서 강하여짐, 그리스도와 교
제하는 나라, 그리스도의 이름으로 말하는 권위를 말합니다. 이 피는 언약의 피
로서, 하나님의 모든 언약의 선물들을 우리에게 확보해 줍니다. 우리가 소유하
고 있는 것은 바로 우리 생명 중의 생명이고, 우리의 모든 것의 모든 것입니다.
이와 같이 성도들은 어린 양의 피를 가졌고, 어린 양의 피가 가져다주는 특전들
을 소유하였습니다.

그러나 본문의 요지는 성도들이 어린 양의 피로써 용과 싸웠고 그 피로 이
겼다는 사실에 있습니다. 그들이 어떻게 그렇게 하였습니까? 그 점은 쉽게 발견
할 수 있습니다. 그들은 속죄의 피로써 사탄의 두려움을 이겼습니다. 사탄은 크
고 붉은 용인데, 이집트 뿔뱀이라고 불리는 뱀처럼 보기도 끔찍하게 생긴 머리
가 일곱인 무시무시한 큰 뱀입니다. 사람은 뱀을 무서워합니다. 그래서 독이 가
득하고, 분노로 새빨갛게 된 이같이 무시무시하게 생긴 괴물을 가장 두려워할
것입니다 이렇게 무서운 괴물과 마음이 약한 여인의 후손 사이의 싸움은 전혀

균형이 맞지 않는 것처럼 보입니다. 그렇지만 우리가 예수의 피 뿌림을 받으면, 상처를 입지 않으므로, 이 용을 두려워하지 않습니다. 우리는 "네가 사자와 독사를 밟으리로다"(시 91:13)고 말하는 약속을 기억하기 때문입니다. 이 속죄가 우리 마음에 평안을 가져다줄 때, 이 용은 점점 작아져서 마침내는 머리가 깨진 한 마리 뱀, "배로 다니고 살아 있는 동안 흙을 먹을지니라"(창 3:14)고 저주받은 뱀에 불과하게 됩니다. 우리는 그리스도의 뒤꿈치가 뱀의 깨진 머리를 밟고 있는 것을 볼 수 있습니다. 게다가 우리도 뱀의 머리를 밟을 것이라고 기대합니다. 주님께서 속히 사탄을 우리 발 아래 상하게 하실 것이라는 말씀을 듣기 때문입니다. 나는 주님께서 사탄을 우리 발에 밟혀 상하게 하실 때를 기다립니다. 내가 할 수 있는 한 최대한 사탄을 심각하게 상하게 할 것이라고 장담합니다. 사탄은 우리 모두를 아주 많이 시험하고 많은 시련을 겪게 하였습니다. 그래서 우리가 얻을 승리는 예수님을 크게 영광스럽게 할 승리가 될 것이고, 우리가 어떤 형태로든지 존재하는 한, 끊임없이 주님을 찬송할 것입니다. 이와 같이 그리스도께서 우리를 저주에서 구속하셨고 원수 사탄을 발로 밟도록 하셨다는 것을 알 때, 우리는 사탄에 대한 두려움이 그칩니다. 우리는 마귀와 그의 모든 활동을 멸하시는 주님 앞에서 크게 기뻐하며 주님 안에서 승리를 거둡니다.

> "그때 우리는 죽음과 지옥과 죄를
> 주님의 보혈이 이기는 것을 보고
> 고통하며 죽으신 인자가
> 하나님 아버지 옆에 영광스럽게 앉아 계시는 것을 봅니다."

어린 양의 피로 말미암아 우리는 형제들을 고소하는 사탄을 이깁니다. 본문을 보면 사탄이 밤낮으로 형제들을 고소하는 것을 알 수 있습니다. 유대인들에게는, 사탄이 하나님의 택하신 자들을 밤낮으로 끊임없이 고소하다가 속죄일만 되면 잠잠히 있다는 교훈적인 전승이 있습니다. 죽으신 어린 양에게 영광을 돌립시다. 속죄가 사자의 입을 항상 막고 있는데, 이는 일년 내내 속죄가 지속되기 때문입니다. 하늘의 법정에서도, 양심의 법정에서도 원수의 고소는 우리를 해하지 못합니다. 우리 대속죄물의 피가 모든 송사에서 우리를 지켜주기 때문입니다. 예수께서 우리 죄를 치워버리셨다는 것을 믿음으로 확신한다면, 우리가 놀라야 할 일이 있겠습니까? 죄 때문에 마땅히 우리가 받아야 할 형벌과, 죄 자체가 우리의 크신 보증인에 의해서 치워져 버렸고, 죄가 깊은 바다에 던져지며 하나님의 등 뒤로 던져졌다면, 누가 우리를 해할 수 있겠습니까? 형제 여러분, 여러분은 이 속죄의 교훈을 굳게 붙잡고, 여러분이 이 교훈에 관계 되어 있음을 알기만 하십시오. 그러면 형제들을 고소하는 자가 이 피의 목소리를 듣고 잠잠히 있을 것입니다.

우리는 사탄의 꾀에 대해 동일한 수단을 가지고 사탄을 이깁니다. 사탄은 머리가 일곱입니다. 우리는 예수께서 사탄에게 죽으셨다고 말합니다. 그런데 바로 그 사실이 사탄의 머리 일곱 개를 다 깨트리고, 그의 교묘하기 짝이 없는 올가미를 다 끊어버립니다. 사탄은 할 수만 있으면 하나님의 택하신 자라도 속이려고 합니다. 그런데 하나님의 택하신 자들이 마귀에게 속지 않도록 보호하는 것이 뿌린 피의 비결입니다. 누가 그들을 그리스도의 사랑에서 끊을 수 있겠습니까? 그들이 그리스도의 피로 말미암은 구속을 인해서 자기 구속자를 굳게 붙들지 않습니까? 여러분이 속죄에 대해서 잘못 알고 있으면, 아무데서도 옳게 생각할 수 없습니다. 그러나 여러분이 대속의 희생에 대해 바르게 알고 있으면, 여러분이 어떤 심각한 오류에 떨어질 염려가 없습니다. 일단 자성을 띤 자침(磁針)이 계속해서 극(極)을 가리키려고 하듯이, 일단 자기를 위해 대신 죽으신 보증인의 사랑을 경험한 사람들은 확실히 그 사랑을 기억하고, 따라서 다른 어떤 방향으로 계속 나아갈 수가 없습니다. 용의 뿔이 힘이 있지만, 그리스도의 피의 힘은 훨씬 더 강합니다. 우리가 그리스도로 말미암아 사탄의 권세 아래에서 구속을 받았으므로, 사탄이 다시 우리를 붙잡을 수 없습니다. 그의 권세는 깨어졌습니다. 사탄이 쓰고 있는 관들에 대해서는 우리가 염려할 것이 무엇이 있겠습니까? 우리는 예수 그리스도의 피로 말미암아 구속받음으로써 사탄의 권세 아래에서 구원받았습니다. 그래서 사탄은 다시는 우리를 지배할 수 없습니다. 사탄의 꼬리로 비유되는 강력한 세력에 대해서 말하자면, 사탄은 하늘의 별들조차 빛을 잃게 만들고 스스로 신자라고 하는 아주 빛나는 사람들을 떨어트려 배교자로 땅에 엎어지게 만들 수 있습니다. 그러나 사탄이 우리에게는 해를 끼칠 수 없습니다. 우리는 예수의 피로 인해 믿음으로 말미암는 하나님의 능력으로 구원에 이르도록 보호를 받기 때문입니다. 형제 여러분, 십자가를 굳게 붙잡으십시오. 십자가에 있을 때 여러분이 이 옛 뱀의 독에서 피할 수 있기 때문입니다. 이 뱀이 쉿쉿 하는 소리를 낼 수는 있지만 그 이상은 아무것도 할 수 없습니다. 어떤 파도도 불쌍한 죄인을 만세 반석에서 쓸어갈 수 없으며, 어떤 폭풍우도 회개하는 자를 바위틈에서 끌어낼 수 없습니다. 예수님의 상처 안에 있을 때, 우리는 사탄의 모든 분노를 안전하게 피할 수 있습니다. 사탄과의 싸움에서 우리는 구속하는 피 외에는 아무 대포도 필요하지 않습니다. 구속하는 이 피는 모든 면에서 사탄에 맞서고 그를 이깁니다.

　　다른 무기는 복음을 널리 전하고, 동료 인간들을 지배하는 마귀를 물리치는 데 사용됩니다. 성도들은 어린 양의 피에 의해, 그리고 그들의 증거의 말씀에 의해 마귀를 이겼습니다. 형제 여러분, 그러면 성도들의 증거는 무엇입니까? 그것은 어린 양의 피에 관한 증거입니다. 우리가 세상에서 마귀를 이기려고 한다면, 속죄하는 피를 전해야 합니다. 속죄의 교리가 교회에서 조금이라도 희미해질 때는 언제든지 그만큼 교회의 능력이 쇠퇴하였습니다. 그런데 예수 그리스도를 믿음으로 말미암아 의롭다 하심을 받는다는 교훈이 분명하게 선포될 때는 언제든지, 교회가 그 영광을 드러내고 용의 머리를 상하게 만드는 것을 여러분은 보게 될 것입니다.

　　사랑하는 형제 여러분, 사람들을 사탄의 권세로부터 구원하기 바란다면, 여러분은 예수의 희생과, 죄를 없애는 그 희생의 능력을 전파해야 합니다. 사탄은 사람들에게 술취한 상태나 불결함, 혹은 자기 의를 퍼트리려고 궁리합니다. 그러니 여러분은 예수의 피를 구원의 유일한 길로 전하십시오. 사람들에게 죄가 어떻게 그리스도 안에서 처벌받았는지, 주님께서 어떻게 그들을 용서하실 준비가 되어 있으신지, 그들이 어떻게 일어나서 아버지 하나님께로 가게 되는지를 알려 주십시오. 예수께서 죽으셨기 때문에 하나님께서 그의 죄를 없애실 수 있다는 것을 죄인에게 이야기하십시오. 그러면 여러분은 죄인이 성령의 교훈을 통해 회개함으로 머리가 일곱 개 달린 마귀의 지배에서 벗어나는 것을 볼 것입니다. 그 죄인이 크고 붉은 용에게 놀랐듯이 자기 양심의 고소를 받고 절망으로 떠는 것을 본다면, 여러분은 구속하는 은혜와 우리를 위해 죽으신 사랑에 대한 오랜 이야기로 그에게 힘을 북돋아 줄 수 있습니다. 예수의 피는 절망을 없앱니다. 낙담을 없애는 데는, 깨끗하게 하는 피에 대한 증거만큼 좋은 무기는 없습니다. 사람이 지은 죄 가운데 어떤 죄도 그 피가 다 없앨 수 있다는 사실을 죄인에게 말해주십시오. 피로 말미암은 사죄에 대한 증거를 가지고 지옥 문 앞으로 가십시오. 그러면 파멸의 직전에 있던 자리에서 여러분의 말을 기쁘게 듣고 나오는 사람들을 보게 될 것입니다. 감옥에 있는 도둑들과, 사형 선고를 받은 범죄자들에게, 그리고 임종의 자리에 있는 타락한 사람들에게 말하십시오. 십자가에서 죽으신 분을 보는 데에 생명이 있다고 말하십시오. 이렇게 하면 여러분은 "아무 소망이 없다"고 말하는 마음의 고통에서 그들을 구원할 것입니다. 사탄이 죄인들을 거짓 희망으로 속이고, 사제술(司祭術)과 성례전을 믿도록 만든다면, 예수의 피의 능력을 의지하지 않고서는 그들이 사탄을 이길 방법은 없습니다.

형제 여러분, 그리스도의 속죄를 몇 년 전부터 잉글랜드 교회들에 바르게 전파해 왔다면, 우리는 요즘 겪고 있는 천주교의 부활로 고통을 받지 않을 것입니다. 그런데 그렇게 하기보다는 속죄의 교리를 신비스럽게 이야기하는 일이 많았고, 위대한 속죄의 교리를 많이 묻어두었습니다. 그래서 사람들이 구주와 희생을 원할 때, 여러분이 참된 교훈을 말하지 않는다면, 그들은 밖으로 나가 거짓 교훈을 찾는데, 로마 가톨릭과 영국 국교회의 사제술에서 발견하게 될 것입니다. 완전히 성취된 희생 제사를 계속 전하십시오. 그러면 틀림없이 용이 달아날 것입니다. 성 패트릭(St. Patrick)이 아일랜드에서 해로운 짐승들을 다 내쫓았다고 말하듯이, 예수 그리스도를 오시도록 하십시오. 그러면 모든 뱀의 후손들이 그리스도 앞에서 도망갈 것입니다. 이들은 하나님의 아들이 속죄의 죽음을 죽으셨다는 위대한 진리를 감당할 수 없습니다.

젊은이여, 거리 모퉁이에 서서 십자가를 높이 드십시오. 여러분이 다른 것은 몰라도, 속죄의 교리만큼은 알도록 하십시오. 사람들에게 다른 것은 몰라도, 죄인을 위해 나무에 달리신 예수 그리스도께 관해 말하십시오. 그리스도가 여러분의 모든 대화의 중심 주제가 되게 하십시오. 여러분이 전도의 글을 쓴다면, 여러분이 계시록을 설명할 수 없을지라도, 우리 가운데서 계시록을 설명할 수 있는 사람은 거의 없는데, 아무튼 그럴지라도 골고다를 설명하고, 겟세마네에 대해서 많이 생각하십시오. 그리스도께서 "내가 땅에서 들리면 모든 사람을 내게로 이끌겠노라"(요 12:32)고 말씀하시기 때문입니다. 십자가를 굳게 붙드십시오. 이것이 사람을 끄는 주요한 힘입니다. 이것은 만민을 치료하는 잎사귀가 피는 나무입니다. 이것이 복음의 핵심이고, 어둠을 쫓아내는 빛입니다. 복음 외에 아무것도 그 일을 하지 못합니다. 어린 양의 피가 집의 상인방과 두 기둥에 뿌려지기 전에는 이스라엘이 애굽에서 나오지 못하였습니다. 이스라엘은 어린 양의 피로써 이겼습니다. 우리가 모든 기적 가운데 가장 위대한 기적인 유월절 어린 양과 문에 뿌려진 그 피를 믿는 일을 우리가 전하지 않으면, 죄인들이 회심하는 일이 결코 일어날 수 없습니다. 우리는 항상 어린 양으로 말미암는 구원을 선포하여 사탄의 권세를 뿌리째 흔들어 놓도록 합시다.

### 3. 성도들이 모두 동일한 무기를 가지고 싸우는 동안 또한 동일한 정신으로 싸웠다는 이 요점을 말씀드리고 설교를 마치려고 합니다.

본문은 "그들은 죽기까지 자기들의 생명을 아끼지 아니하였도다" 고 말합니다. 형제 여러분, 이 말의 의미가 무엇입니까? 나는 우리가 이 정신을 이해하고, 우리의 삶으로써 이 말의 의미를 설명할 수 있으면 좋겠습니다.

그 말은 불굴의 용기를 표시합니다. 그들은 피 흘리시는 구주의 교리를 결코 두려워하지 않고 "보라 세상 죄를 지고 가는 하나님의 어린 양이로다" 고 소리치기를 부끄러워하지 않았습니다. 우리도 우리의 소망을 부끄러워하지 않도록 합시다. 요즘은 학식 있는 설교, 화려한 말을 구사하고 새로운 이론을 제시하는 설교를 추구하는 경향이 있습니다. 그러나 우리는 그리스도를 위하여 어리석은 자들이 되도록 합시다. 우리는 옛 복음을 고수합시다. 높이 든 놋뱀, 곧 예수 그리스도와 십자가에 못 박힌 그리스도 외에는 전쟁을 위하여 우리가 들 다른 깃발은 없습니다. 우리는 조롱과 조소에 굴복하지 맙시다. 우리 가운데 어떤 분들은 청교도의 방식을 따랐습니다. 그렇습니다. 우리는 그동안 "마지막 청교도" 라는 명예로운 호칭을 받았습니다. 이 호칭이 좋습니다. 우리에게는 이 이상 좋은 것이 없습니다. 이 오래된 신학이 우리에게는 매우 소중하기 때문입니다. 우리는 우리의 깃발을 돛대에 고정시킵니다. 이 속죄하는 피야말로 우리 사역의 생명이고 정신이며 핵입니다. 우리가 살아 있는 한, 그럴 것입니다.

이 사람들은 불굴의 용기 외에도 확고한 정절이 있었습니다. 그들은 "죽기까지 자기들의 생명을 아끼지 아니하였도다." 그들은 믿음을 부인하기보다는 차라리 죽는 것을 낫게 여겼습니다. 그들은 뇌물이나 이득을 제공받음으로써 시험에 넘어가거나 곁길로 갈 수 없었습니다. 그들은 생명이 위태로워졌을 때 주저하지 않고 십자가에 굳게 매달렸습니다. 형제 여러분, 나는 여러분 모두가 이렇게 하시기를 바랍니다. 그리스도에 대한 여러분의 믿음을 고백하는 용기를 가지며,

악한 날에 굳게 서는 정절을 보일 수 있기를 바랍니다.

그뿐 아니라 그들은 완전한 헌신을 보였습니다. "그들은 죽기까지 자기들의 생명을 아끼지 아니하였도다." 그들은 그리스도의 귀한 피가 상징하는 대의를 위해 몸과 영과 혼을 바쳤습니다. 그 헌신으로 인해 그들은 완전히 자기를 희생하는 데까지 나아갔습니다. 참된 그리스도인이라면 아무것도 자신의 것이라고 생각하지 않습니다. 예수님의 피의 능력을 정말로 아는 사람은 "나는 나 자신의 것이 아니라 값으로 산 것이 되었도다"(고전 6:19,20)고 말합니다. 그에게는 살든지 죽든지, 가난하든지 부하든지, 병들었든지 건강하든지, 명예를 얻었든지 부끄러움 가운데 있든지, 그것이 별로 중요하지 않습니다. 그는 주인의 것이므로 자신을 주저 없이 드리고 죽기까지 생명을 아끼지 않습니다. 나는 이것이 그리스도의 복음을 전할 때 가져야 하는 정신이라고 믿습니다. 형제 여러분, 우리가 이 정신으로 복음을 전하지 않으면 용을 이길 만큼 복음이 뚜렷하게 나타나는 것을 보지 못할 것입니다. 하나님께서 우리 가운데 오직 예수 그리스도의 피의 권세를 증명하기 위해서 사는 사람들, 구주의 이름을 큰 소리로 말하며 그 피가 자신들을 위해 행한 바를 삶을 통해서 보여주는 사람들을 일으키실 때, 승리의 노래가 들리고, 해산하는 여인이 보상을 받으며 용이 영원한 수치를 당하는 때가 올 것입니다! 하나님께서 오늘 아침 여러분에게 그 피의 권세를 알게 하는 복을 주시기를 바랍니다. 예수님의 이름으로 기도합니다.

제
24
장
—

# 하늘의 예배

—

"또 내가 보니 보라 어린 양이 시온 산에 섰고 그와 함께 십
사만 사천이 서 있는데 그들의 이마에는 어린 양의 이름과
그 아버지의 이름을 쓴 것이 있더라 내가 하늘에서 나는 소
리를 들으니 많은 물 소리와도 같고 큰 우렛소리와도 같은
데 내가 들은 소리는 거문고 타는 자들이 그 거문고를 타는
것 같더라 그들이 보좌 앞과 네 생물과 장로들 앞에서 새 노
래를 부르니 땅에서 속량함을 받은 십사만 사천 밖에는 능
히 이 노래를 배울 자가 없더라." — 계 14:1-3

이 놀랍고 장엄한 광경의 장면이 시온 산 위에 펼쳐졌습니다. 여기서 시온
산이라고 할 때, 우리는 땅에 있는 시온 산이 아니라 하늘에 있는 시온 산, 곧 "우
리 모두의 어머니인 예루살렘"(갈 4:26)을 가리킨다는 것을 알아야 합니다. 히브
리인들의 마음에 시온 산은 천국의 예표였는데, 그렇게 생각하는 것은 아주 당
연한 일이었습니다. 그들에게는, 땅의 모든 산들 가운데 시온 산만큼 유명한 산
은 찾아볼 수 없었습니다. 족장 아브라함이 아들을 죽이려고 칼을 꺼내든 곳이
바로 시온 산이었습니다. 솔로몬이 믿음의 대승리를 기념하여 "터가 높고 아름
다워 온 세계가 즐거워할"(시 48:2) 웅대한 성전을 지은 곳이 또한 그곳이었습니
다. 이 시온 산은 유대인들의 모든 예배의 중심이었습니다.

"고침을 받은 거룩한 지파들이
말할 수 없는 기쁨으로 성전 뜰로 올라가는도다."

그룹들 날개 사이에 여호와께서 거하셨습니다. 거기 한 제단에서 높은 하늘에 상달되도록 모든 제물들이 드려졌습니다. 유대인들은 시온 산을 사랑하였습니다. 그래서 그들은 해마다 순례여행을 떠나서 시온 산에 가까이 가면 종종 이같이 노래하였습니다. "나의 왕, 나의 하나님 만군의, 여호와여 주의 장막이 어찌 그리 사랑스러운지요!"(시 84:1,3). 시온은 이제 황폐해졌습니다. 적에게 강탈당하였습니다. 철저히 파괴되었습니다. 시온의 면사포는 갈기갈기 찢어졌습니다. 처녀 딸 시온이 이제는 비탄에 잠겨 앉아 있습니다. 그렇지만, 유대인의 마음에 시온 산은 언제까지나 옛날 그 상태대로 가장 아름답게 천국을 나타내는 최상의 예표임에 틀림없습니다. 그래서 요한이 이 광경을 보았을 때 이렇게 말했는지 모릅니다. "또 내가 보니 보라 어린 양이 시온 산에 섰고 그와 함께 십사만 사천이 서 있는데 그들의 이마에는 어린 양의 이름과 그 아버지의 이름을 쓴 것이 있더라 내가 하늘에서 나는 소리를 들으니 많은 물 소리와도 같고 큰 우렛소리와도 같은데 내가 들은 소리는 거문고 타는 자들이 그 거문고를 타는 것 같더라 그들이 보좌 앞과 네 생물과 장로들 앞에서 새 노래를 부르니 땅에서 속량함을 받은 십사만 사천 밖에는 능히 이 노래를 배울 자가 없더라."

오늘 아침 나는 무엇보다 하늘의 예배의 대상, 곧 보좌 가운데 계신 어린 양을 여러분에게 보여주려고 합니다. 그 다음에는, 그 예배자들을 보고, 그들의 태도와 성품을 살펴볼 생각입니다. 세 번째로는, 그들의 노랫소리를 들어볼 것입니다. 그들의 노래는 마치 "많은 물 소리와도 같고 큰 우렛소리와도 같아서" 귀에 거의 들리는 것 같습니다. 그리고 끝으로, 그들이 부르는 것이 새 노래라는 것을 살펴보고, 그들이 새 노래를 부를 수밖에 없는 이유를 한두 가지 언급하고 마치려고 합니다.

### 1. 그러면 첫째로, 하늘의 예배의 대상을 살펴보겠습니다.

거룩한 요한은 진주문 안을 들여다보고 돌아서서 우리에게 자기가 본 것을 말해주는 특전을 받았습니다. 요한이 어떻게 말을 시작하는지 봅시다. 요한은 "정금으로 된 길이나 벽옥 성벽을 보았다"고 말하지 않았고, "광채 나는 왕관들과, 왕관을 쓴 사람들을 보았다" 고도 하지 않았습니다. 그 장면은 후에 볼 것입니다. 사도는 "내가 보니, 보라 어린 양이로다!" 하고 말을 시작합니다. 천상에서 무엇보다 가장 먼저 시선을 끄는 대상은 "세상 죄를 지고 가는 하나님의 어린 양"이라는 것을 가르쳐 주는 말씀입니다. 다른 어떤 것도 그 신적인 분, 곧 주 하나님, 지극히 복되신 우리 구속주만큼 사도의 주의를 끌지 못하였습니다. "내가 보니, 보라 어린 양이로다!" 사랑하는 여러분, 우리가 영들의 세계와 우리를 가로막는 휘장 안을 들여다볼 수 있게 된다면, 무엇보다 우리 주 예수님, 바로 그분을 보게 될 것입니다. 우리가 불멸의 영들이 "밤낮으로 보좌를 에워싸고 기뻐하는" 곳에 갈 수 있다면, 영들이 하나같이 얼굴을 한 방향으로 돌리고 있는 것을 볼 것입니다. 우리가 그 복된 영들 가운데 하나에게 가서 "아, 빛나는 불멸의 영이여, 왜 당신들은 한 곳만 뚫어지게 봅니까? 무엇이 그렇게 당신들의 마음을 빼앗아 정신없이 보게 만듭니까" 하고 묻는다면, 그 영은 대답하지 않고 그저 그 거룩한 원의 중심을 가리키기만 할 것입니다. 자, 우리는 보좌 가운데 계시는 어린 양을 보지 않을 수 없습니다. 이들은 어린 양의 아름다움에 탄복하고 그의 경이(wonders)에 놀라며 그를 경배하는 일을 지금도 그치지 않고 있습니다.

> "수많은 수금과 노랫소리 가운데서
>   높이 되신 우리 하나님 예수께서 다스리시도다."

주 예수님은 낙원에서 영화롭게 된 모든 영들과 모든 천사들의 노래 주제이고, 관찰의 대상이십니다. "내가 보니, 보라 어린 양이로다!"

그리스도인 여러분, 여기에 여러분을 위한 기쁨이 있습니다. 여러분은 이 어린 양을 보았고, 어린 양이 보였습니다. 어린 양이 여러분의 죄를 지고 가시는 것을 눈물 어린 눈으로 보았습니다. 그렇다면, 기뻐하십시오! 잠시 후, 눈에서 눈물이 닦였을 때, 여러분은 보좌에 오르신 그 어린 양을 볼 것입니다. 매일 예수님과 우정을 나누고 교제를 갖는 것은 마음의 기쁨입니다. 여러분은 천국에서 바로 이 기쁨을 누릴 것입니다. "거기에서 여러분은 그를 계신 그대로 볼 것이요, 또 그와 같이 될 것입니다." 여러분은 주님의 임재를 항상 볼 것이요 영원히 주님과 함께 거할 것입니다. "내가 보니, 보라 어린 양이로다!" 어린 양이 바로 천국입니다. 훌륭한 러더퍼드(Rutherford)가 말하듯이, "천국과 그리스도는 같은 것입니다. 그리스도와 함께 있는 것은 천국에 있는 것이고, 천국에 있는 것은 그리스도와 함께 있는 것이기" 때문입니다. 러더퍼드 목사는 그리스도에 대한 사랑으로 포장한 그의 한 편지에서 이같이 매우 아름답게 말합니다. "아, 내 주 그리스도시여, 내가 천국에 있을지라도 주님이 없다면, 그곳은 지옥이 될 것입니다. 지옥에 있을지라도 거기에서 주님을 모시고 있다면, 그곳이 내게는 천국이 될 것입니다. 주님이야말로 내가 바라는 천국이기 때문입니다." 그리스도인 여러분, 그의 말이 맞지 않습니까? 여러분의 영혼은 그렇게 말하지 못합니까?

> "그리스도께서 거처를 옮기고
> 얼굴을 가리시면
> 하늘에 있는 모든 수금을 동원해도
> 천국을 만들 수 없네."

여러분을 복되게, 지극히 복되게 하는데 필요한 일이라곤 "그리스도와 함께 있는 것" 뿐입니다. "그것이 훨씬 더 좋은 일입니다"(빌 1:23).

이제 그리스도께서 천국에서 나타나시는 모습을 표현하는 비유를 살펴봅시다. "내가 보니, 보라 어린 양이로다!" 그런데 여러분은 성경에서 예수께서 사자로 종종 표현된다는 것을 압니다. 예수님이 원수들에게는 사자로 나타나십니다. 주님께서 원수들을 삼키고 갈기갈기 찢기 때문입니다. "하나님을 잊어버린 너희여 이제 이를 생각하라 그렇지 아니하면 내가 너희를 찢으리니 건질 자 없으리라"(시 50:22).

그러나 천국에서는 주님이 친구들 가운데 계십니다. 그러므로 주님은

> "죽임 당하신 어린 양으로 보이고
> 제사장 옷을 입고 계십니다."

그러면 왜 주님은 천국에서 그의 영광스러운 인격을 다른 모습으로 나타내지 않고, 어린 양의 모습으로 나타내기로 결정하셨습니까? 그것은 예수께서 어린 양으로서 싸우고 이기셨기 때문이고, 그래서 천국에서 양으로 나타나시는 것입니다. 군대 장군들에 대한 이야기를 읽었는데, 그들은 전쟁에서 이겼을 때, 해

마다 승리를 기념하는 날에는 싸울 때 입었던 바로 그 옷을 입는다고 합니다. 기념일에 그들은 말합니다. "자, 이 옷들은 가져가라. 칼자국이 나고 총구멍이 난 저 옷을 입겠다. 내가 싸워서 이겼던 날에 입었던 바로 그 옷을 입겠다." 그리스도께서 바로 그 심정을 품으신 것처럼 보입니다. 주님은 이렇게 말씀합니다. "내가 양으로서 죽어 지옥을 물리쳤다. 양으로서 내 백성을 구속하였다. 그러므로 낙원에서 양으로 나타날 것이다."

어쩌면 또 다른 이유가 있을지도 모릅니다. 그것은 우리가 기도로 예수님께 나아오도록 격려하기 위해서일 것입니다. 신자 여러분, 우리는 그리스도께 가는 것을 두려워할 필요가 없습니다. 주님은 어린 양이시기 때문입니다. 사자이신 그리스도께 간다면 두려워할 필요가 있습니다. 그러나 어린 양이신 그리스도이십니다! 어린이 여러분, 여러분은 양을 무서워한 적이 있나요? 살아 계신 하나님의 자녀인 여러분, 여러분은 슬픔과 고통을 어린 양이신 주님의 마음에 털어놓을 수 없습니까? 어린 양이 하늘 은혜의 보좌에 앉아 계시는 것을 보고 담대히 그 앞으로 나아가도록 합시다. 기도회를 망치는데 주범 노릇을 하는 한 가지는 우리 형제들이 담대하게 기도하지 못한다는 사실입니다. 그들은 정말로 공손한 태도로 기도합니다. 그런데 형제들이 기억해야 할 점은, 지극히 공손한 태도가 허물없는 친밀함과 모순되지 않는다는 것입니다. 루터만큼 공손한 사람은 없습니다. 그러나 또한 루터만큼 "그는 사람이 친구와 대화하듯 자신의 창조주와 말하였다" 는 말을 그대로 실행한 사람은 없습니다. 우리는 천사처럼 공손하면서도 그리스도 예수 안에서 어린아이들처럼 친밀하게 하나님을 대할 수 있습니다. 그런데 우리 친구들은 기도할 때 항상 같은 것을 말합니다. 그 친구들은 비국교도들입니다. 그들은 국교회의 기도서를 용납할 수 없습니다. 그런 기도의 형태는 나쁘다고 생각하면서, 그들도 언제나 그들 자신의 기도 형태를 사용합니다. 그런데 어떤 기도의 형태가 잘못되었다면, 내가 기도의 형식을 만드는 것도 주교가 기도의 형식을 만드는 것만큼 잘못된 것입니다. 나를 위해 작성된 기도문을 사용하는 것이 틀렸다면, 내가 직접 작성한 기도문만을 항상 사용하는 것도 그만큼 잘못된 것입니다. 어쩌면 그것은 기존의 기도서를 사용하는 것보다 훨씬 더 안 좋을 것입니다. 그러나 우리 친구들이 익숙하게 사용해 온 것을 치워버리고, 또 흔히 그대로 찍어 인쇄하는 연(鉛)판처럼 기도의 본보기로 사용하는 것을 깨트려버리고자 한다면, 담대히 하나님의 보좌에 나아갈 수 있고, 그렇게 하는 것을 조금도 두려워할 필요가 없습니다. 그들이 말을 건네는 그분이 천국에서는 어린 양의 모습으로 나타나기 때문입니다. 이러한 모습은, 그분이 우리의 기도를 멸시하지 않으실 것을 믿고서 가까이 가서 우리의 모든 필요를 그분께 말씀 드리도록 가르칩니다.

그 다음에, 여러분은 본문에서 이 어린 양이 서 있다고 말하는 것을 볼 것입니다. 서 있다는 것은 승리의 자세입니다. 성부 하나님께서 그리스도께 말씀하셨습니다. "내가 네 원수들로 네 발판이 되게 하기까지 너는 내 오른쪽에 앉아 있으라"(시 110:1). 그 일이 성취되었습니다. 그 원수들이 이제 그리스도의 발판이 되었습니다. 그래서 여기서 어린 양이 모든 적들을 정복한 승리자처럼 똑바로 서 있다고 말하는 것입니다. 많은 경우에 주님께서는 기도할 때 무릎을 꿇으셨습니다. 그리고 한 번 십자가에 달리셨습니다. 본문의 장엄한 장면이 완전히 성취될 때, 어린 양은 그의 웅대한 능력으로 말미암아 만왕의 왕처럼 똑바로 설 것입니다. "내가 보니, 보라 어린 양이 시온 산에 섰도다." 우리가 그 휘장을 찢을 수 있다면, 속을 들여다볼 수 있는 특권을 받았다면, 보좌 가운데 계신 어린 양의 순전한 모습만큼 우리를 매혹시킬 광경은 없을 것입니다.

그리스도 예수 안의 형제자매 여러분, 여러분의 영혼이 사랑하는 그분을 한 번 볼 수 있다면, 그것만이 여러분이 항상 간절히 보기를 바라는 광경이 아니겠습니까? 그 모습을 실제로 보게 된다면, 여러분에게는 그것이 바로 천국이지 않겠습니까? "내 눈으로 그를 보기를 낯선 사람처럼 하지 않을 것이라"(욥 19:27). 여러분은 항상 예수님을 보는 것 말고 여러분을 행복하게 할 다른 어떤 것을 바라겠습니까? 여러분은 이 시인과 함께 이렇게 말할 수 있지 않습니까?

> "수백 만 년 동안 내 눈이
> 구주님의 아름다움을 보고 놀랄 것이네
> 영원히 내가
> 주님의 사랑의 기사를 찬미하겠네."

땅에서 잠깐 한 번 주님을 보기만 해도 여러분에게 깊은 즐거움을 준다면, 주님을 계신 그대로 보고, 별들이 햇빛 속에서 빛을 잃듯이 주님의 찬란한 광채를 보고 넋을 잃으며, 주님의 사랑하시는 제자 요한이 주님의 품에 머리를 기댔던 것처럼 주님과 교제를 나누는 것은 끝이 보이지 않는 지복(至福)의 바다요 바닥을 헤아릴 수 없는 깊고 깊은 낙원임에 틀림없습니다. 보좌 가운데 계신 어린 양을 보는 이것이 장차 여러분이 맞이할 운명입니다.

### 2. 두 번째 요점은 예배하는 자들입니다.
### 이들은 누구입니까?

본문을 보면, 무엇보다 그들의 수를 알게 될 것입니다. "내가 보니, 보라 어린 양이 시온 산에 섰고 그와 함께 십사만 사천이 서 있는데." 이것은 불확실한 것을 표시하는 확실한 수입니다. 이 말은 하나님께는 불확실하지 않지만 우리에게 불확실하다는 뜻입니다. 하나님의 보좌 앞에 서게 될 사람은 "아무도 능히 셀 수 없는 큰 무리"(계 7:9)라고 표현되는 방대한 수입니다. 자, 저기 있는 내 친구 비고트(Bigot)에게는 그리 유쾌하지 않은 점이 여기에 있습니다. 그것은 구원 받을 사람의 수가 아닙니다. 이들은 "십사만 사천"이라고 할 만큼 큰 수라고 합니다. 이것은 집에 모이게 될, 그 수를 헤아릴 수 없이 많은 무리를 표시하는 단위에 지나지 않습니다. 친구여, 그 수는 당신 교회에 속한 교인들만큼 많지는 않습니다. 당신은 당신 교회 목사의 설교를 듣고 당신 교회의 신조를 믿는 사람들을 제외하고는 아무도 구원받지 못할 것이라고 생각합니다. 나는 당신이 어디 가든지 십사만 사천 명을 찾을 수 있을 것이라고 생각하지 않습니다. 당신이 마음을 넓게 가져야 할 것이라고 봅니다. 당신은 수를 조금 더 받아들여야 하고, 당신이 그들의 말에 동의할 수 없다고 해서 주님의 사람들을 내쫓고 싶어해서는 안 됩니다. 나는 어떤 사람들이 자신의 작은 교회가 "남은 자" 곧 "구원을 받는 적은 자"(눅 13:23)라고 끊임없이 자랑하는 소리를 끔찍이 싫어합니다. 그들은 언제나 좁은 문과 좁은 길을 생각하고, 자기들이 진리라고 여기는 것, 곧 소수만이 천국에 들어갈 것이라는 점을 항상 생각합니다.

친구 여러분, 나는 사람이 지옥보다 천국에 더 많을 것이라고 믿습니다. 왜 그렇게 생각하느냐고 묻는다면 이렇게 대답하겠습니다. 그리스도는 모든 일에서 "만물의 으뜸이 되려 하시고"(골 1:18), 그래서 천국에서보다 사탄의 영역에 사람들이 더 많다면 그리스도께서 만물의 으뜸이 되실 수 있을지 알 수 없기 때문입니다. 게다가 천국에는 아무도 능히 셀 수 없는 큰 무리가 있다고 말합니다. 지옥에도 아무도 능히 셀 수 없는 큰 무리가 있다는 말을 읽은 적이 없습니다.

나는 모든 유아들의 영혼은 죽자마자 곧바로 천국으로 간다는 것을 알 수 있어서 기쁩니다. 그런 유아들이 얼마나 많을지 생각해 보십시오! 의인들이 있고, 지금까지 나타난 모든 민족과 친척들 가운데 구속받은 자들이 있습니다. 더 좋은 때가 오고 있습니다. 그때는 그리스도의 종교가 보편적이 될 것입니다. 그때는 그리스도께서 온 세상에서 무한한 통치를 행사하실 것입니다. 나라들이 그 앞에 절할 것이며, 민족들이 하루 만에 생겨날 것이고, 대천년 왕국 시대의 수천 년 동안에, 이전에 지나간 수천 년 동안의 모든 부족을 벌충하고도 남을 만큼 많은 수가 구원받을 것입니다. 그리스도께서 마침내 만물의 으뜸이 되실 것입니다. 그리스도의 뒤를 따르는 행렬은 지옥의 무자비한 군주의 전차를 수행할 숫자보다 훨씬 더 클 것입니다. 그리스도께서 모든 곳을 지배하고, 온 땅에 그의 찬미소리가 울려 퍼질 것입니다. 십사만 사천 명이 보였는데, 이들은 궁극적으로 구원받을 훨씬 더 많은 수의 유형과 대표자들인 것입니다.

그 수가 매우 크지만, 숫자가 매우 확실하다는 점에 유의하시기 바랍니다. 이 책의 앞장을 펼쳐 보면, 7:4에서 십사만 사천 명이 인침을 받았다는 기록을 볼 것입니다. 그리고 이제 여기서 십사만 사천 명을 발견하는데, 143,999명이나 144,001명이 아니고 인침 받은 숫자 꼭 그대로를 봅니다. 자, 내 친구들은 내가 말하는 것을 좋아하지 않을 수 있습니다. 그러나 그들이 좋아하지 않을지라도, 그들이 다투는 것은 나에 대한 것이 아니라 성경에 대한 것입니다. 천국에는 꼭 하나님께서 인 치신 숫자만큼의 사람들이 있을 것입니다. 그것은 또한 그리스도께서 자기 피로 사신 꼭 그만큼의 수입니다. 그 수 가운데 더 많지도 적지도 않고, 그들 모두를 자기 피로 사셨습니다. 성령께서 생명을 주어 살리시고, "혈통으로나 육정으로나 사람의 뜻으로 나지 아니하고 오직 하나님께로부터 난 자들"(요 1:13)도 꼭 그만큼 됩니다. 어떤 사람들은 "아, 그 지긋지긋한 선택 교리가 있군" 하고 말합니다. 그것이 혐오스럽게 생각될지라도, 정확히 그렇습니다. 여러분은 성경에서 그 교리를 제거할 수 없을 것입니다. 여러분이 이 교리를 미워하고 거기에 대해 화를 내며 이를 갈 수도 있습니다. 우리는 성경은 별문제로 하고도, 이 교리의 기원을 사도 시대까지 더듬어 올라갈 수 있다는 점을 기억하시기 바랍니다.

영국 성공회 사역자들과 교인 여러분, 여러분이 교회 신조를 통해서 고백하는 것을 믿는다면, 선택의 교리에서 나와 의견을 달리할 권리가 없습니다. 옛 청교도들을 사랑하는 여러분, 여러분은 나와 싸울 권리가 없습니다. 여러분은 청교도 가운데서 강한 칼빈주의자가 아닌 사람을 어디에서도 발견할 수 없기 때문입니다. 교부들을 사랑하는 여러분, 여러분은 나와 의견을 달리할 수 없습니다. 여러분은 아우구스티누스에 대해서 뭐라고 말합니까? 아우구스티누스는 그의 시대에 은혜를 가르치는 훌륭하고 위대한 선생으로 불리지 않았습니까? 심지어 로마 가톨릭 교회를 볼지라도, 그들의 교리 체계에 많은 오류가 있지만, 그들 교회 내에서도 그 교리를 주장하였고, 그 때문에 오래 핍박을 받았지만 교회에서 축출되지 않은 사람들이 있는 것을 압니다. 나는 얀센주의자들을 이야기하는 것입니다. 무엇보다 나는 성경을 읽으면서, 성경에 그 교리가 없다고 말하는 모든 사람에게 질문합니다. 로마서 9장은 무엇이라고 말하였습니까? "그 자식들이 아직 나지도 아니하고 무슨 선이나 악을 행하지 아니한 때에 택하심을 따라 되는 하나님의 뜻이 행위로 말미암지 않고 오직 부르시는 이로 말미암아 서게 하려 하사 리브가에게 이르시되 큰 자가 어린 자를 섬기리라 하셨나니"(9:11,12). 그 다음에 로마서는 시끄럽게 떠드는 반대자에게 이어서 이렇게 말합니다. "이 사람아 네가 누구이기에 감히 하나님께 반문하느냐 지음을 받은 물건이 지은 자에게 어찌 나를 이같이 만들었느냐 말하겠느냐 토기장이가 진흙 한 덩이로 하나는 귀히 쓸 그릇을, 하나는 천히 쓸 그릇을 만들 권한이 없느냐"(9:20,21). 이 주제에 대해서는 이만큼 하면 충분합니다.

　십사만 사천은 하나님의 모든 택하신 자, 곧 믿는 백성의 구원의 확실성을 표시하기 위해 만든 확실한 숫자라고 봅니다. 그런데 어떤 사람은 이 교리가 사람들이 그리스도께로 오는 것을 단념시키는 경향이 있다고 말합니다. 글쎄, 여러분은 그렇게 말하지만, 나는 한 번도 그런 것을 본 적이 없습니다. 감사하게도, 이 교리가 실제로 그런 경향을 나타내는 것을 본 적이 없습니다. 나는 설교를 시작한 이래로 늘 이 교리를 전파해 왔지만 이 점을 말할 수 있습니다. 이제 좀 바보처럼 보이겠지만 자랑을 한 마디 해야 하겠습니다. 나는 이 값없는 은혜의 교리를 전파함으로써 많은 창녀와 술주정뱅이와 온갖 계층의 죄인들을 그들의 행실에서 돌이키게 하였습니다. 그런데 여러분은 이 교리를 전파하지 않은 사람들 가운데서 나만큼 그 같은 죄인들을 많이 돌이키게 한 사람을 찾지 못할 것입니다. 그동안 늘 이와 같았기 때문에, 나는 이 교리가 죄인들을 낙담시키거나 죄를 더 짓도록 강화시키는 경향이 있다는 어떤 주장도 그것이 사실임을 입증할 수 없다고 생각합니다. 성경이 말하듯이, 우리는 하나님의 모든 택하신 자들, 오직 그들만 구원받을 것이라고 주장합니다. 그러나 또한 우리는 회개하는 자는 모두 택하신 자이고, 믿는 자는 모두 택하신 자이며, 그리스도께 가는 자는 모두 택하신 자라고 주장합니다. 따라서 여러분 가운데 누구든지 천국을 바라고 그리스도를 바라는 소원이 마음에 있다면, 그 소원을 진실되고 간절한 기도로 구하고, 거듭난다면, 여러분이 살아 있다고 결론지을 수 있는 것만큼 확실하게 여러분의 택하심을 결론지을 수 있습니다. 여러분은 창세 전에 하나님의 택하심을 받은 것이 틀림없습니다. 그렇지 않다면, 이런 것이 택하신 자들의 열매인 것을 생각할 때, 여러분은 이런 일들 가운데 어느 하나도 행하지 않았을 것입니다.

그런데 이 교리가 어떻게 사람이 그리스도께로 가는 것을 막을 수 있겠습니까? 어떤 사람은 말합니다. "내가 그리스도께 갈지라도 택한 자가 아닐 수 있기 때문입니다." 그렇지 않습니다. 그리스도께로 간다면, 여러분이 하나님의 택하신 자라는 것을 증명하는 것입니다. 또 어떤 사람은 말합니다. "나는 택하신 자가 아닐까봐 그리스도께 가기가 두렵습니다." 언젠가 나이 든 한 부인이 이같이 이야기했습니다. "선택받은 사람이 세 명만 있다면, 내가 그들 가운데 한 사람인지 시험해 보겠습니다. 그런데 하나님께서 '믿는 사람은 구원을 얻을 것이요'(막 16:16)라고 말씀하셨기 때문에 나는 하나님의 약속을 근거로 하나님께 따지며 하나님께서 약속을 깨트리시는지 보겠습니다." 그렇지 않습니다. 그리스도께 오십시오. 그리스도께 온다면, 여러분은 창세 전부터 하나님의 택하신 자임이 분명합니다. 그러므로 이 은혜를 여러분에게 주신 것입니다. 그런데 이 교리가 무슨 이유에서 여러분을 낙담시키겠습니까? 여기에 병든 사람이 많이 있는데, 큰 병원이 지어졌다고 생각해 봅시다. 그런데 문에 "오는 사람들은 모두 받아들일 것임"이라는 문구가 붙어 있습니다. 그런데 동시에 병원에는 아주 지혜로워서 병원에 올 사람들을 다 알고 그 사람들의 이름을 책에 다 적어놓은 사람이 있다고 알려져 있습니다. 그래서 그들이 병원에 와서 문을 열고서는 "우리 주인님은 얼마나 지혜로우시기에 오려고 하는 사람들의 이름을 다 알고 계셨단 말인가" 하고 말할 뿐입니다. 여기에 낙담시키는 요소가 조금이라도 있습니까? 그분은 그들이 출발하기 전에 올 것을 알 수 있었기 때문에, 여러분은 그분의 지혜를 더욱더 확신할 수 있을 것입니다. 그러면 여러분은 말합니다. "아, 하지만 어떤 사람들이 올지 이미 정해졌을 뿐이야." 그렇다면, 또 한 가지 예를 말씀드리겠습니다. 병원에 항상 사람이 천 명이 있거나 어떤 많은 수의 사람이 있어야 한다는 규칙이 있다고 생각해 봅시다. 그러면 여러분은 말합니다. "내가 병원에 가면 어쩌면 사람들이 어쩌면 나를 받아줄 것이고, 어쩌면 받아주지 않을 것이다." 어떤 사람은 이렇게 말합니다. "그런데 병원에는 천 명이 있어야 한다는 규칙이 있다는군. 그래서 어떻게 하든 사람들이 그 숫자만큼 침상을 준비하였을 것이고 병원에 그 숫자만큼 환자를 수용하고 있어야 할 거야." 여러분은 이렇게 말합니다. "그렇다면 내가 그 천 명 가운데 끼지 못할 이유가 있는가. 그리고 오는 자는 누구든지 내쫓지 않겠다는 약속이 있지 않은가? 그리고 사람들이 가지 않으면, 어떻게 해서든지 사람들을 병원에 끌어넣을 것이라는 점이 또한 내게 격려가 된다. 그 수는 반드시 채워야 하기 때문이다. 그것은 그렇게 결정되었고 포고되었다." 그러므로 여러분은 두 배로 용기를 낼 근거가 있는 것이고, 확신을 가지고 가며 이렇게 말할 수 있을 것입니다. "사람들은 오는 자는 다 받아들이겠다고 말하기 때문에 반드시 나를 받아줄 것이다. 다른 한편으로, 그들은 일정한 수를 확보해야 하기 때문에 나를 받아주지 않을 수 없다. 그 수가 다 차지 못했다. 내가 그 수에 끼지 못하라는 법이 있는가?" 하나님의 선택에 관해 조금도 의심하지 마십시오. 그리스도를 믿고, 하나님의 택하심을 기뻐하십시오. 여러분이 그리스도를 믿기까지는 하나님의 택하심에 대해 초조해하지 마십시오.

　"내가 보니 보라 어린 양이 시온 산에 섰고 그와 함께 십사만 사천이 서 있는데." "이마에 아버지의 이름을 쓴" 이 사람들은 누구였습니까? 그 이마에 "침례교도들"을 뜻하는 침자나 "웨슬리교도들"을 뜻하는 웨자, 혹은 영국 국교회를 뜻하는 국자가 쓰인 사람들이 아니었습니다. 이들은 다른 어떤 사람의 이름이 아니라 그들의 아버지 하나님의 이름을 이마에 썼습니다. 우리의 차이점들에 대해 세상에서 얼마나 쓸데없는 잡담들을 많이 하는지 모릅니다! 그런 잡담은 주로 이 교파에 속했는지, 저 교파에 속했는지에 관한 것이라고 생각합니다. 여러분이 천국 문에 이르러서 침례교도들을 천국에 받아들였는지 묻는다면, 천사는 여러분을 보기만 하고 아무 대답도 하지 않을 것입니다. 웨슬리교도들이나 영국 국교회 교인들을 받아들였는지 묻는다면, 천사는 "턱도 없는 소리 하지 말라"고 할 것입니다. 그러나 여러분이 천사에게 그리스도인들을 받아들였는지 묻는다면, 이렇게 답할 것입니다. "물론, 그리스도인들이 많이 있다. 그리스도인들은 이제 모두 하나이다. 모두 한 이름으로 불린다. 옛 이름은 지워졌다. 그래서 이제 그들은 이 사람이나 저 사람의 이름을 붙이고 다니지 않는다. 그들은 하나님의 이름, 곧 성부 하나님의 이름을 이마에 쓰고 다닌다." 그러므로 사랑하는 친구 여러분, 여러분이 지금 여기서 가지고 있는 이름은 결국 천국에서는 잊힐 것이고, 천국에서는 여러분이 오직 아버지 하나님의 이름으로만 알려질 것임을 알고서, 여러분이 어떤 교파에 속해 있든지 상관없이 형제들에게 자비를 베풀고 친절하게 대하는 법을 배우도록 하십시오.

여기서 한 가지 더 말할 점이 있습니다. 이제 예배자들에게서 시선을 돌려 그들의 노랫소리를 들어보도록 합시다. 이 예배자들은 천국에 가기 전에 그 노래를 배웠다고 합니다. 3절 후반부를 보면, "땅에서 속량함을 받은 십사만 사천 밖에는 능히 이 노래를 배울 자가 없더라"고 합니다. 형제 여러분, 우리는 여기 땅에서부터 천국의 노래를 시작해야 합니다. 그렇지 않으면 우리는 위에서 그 노래를 부르지 못할 것입니다. 천국의 합창대원들은 천국에서 오케스트라에 맞춰 노래 부르기 전에 모두 땅에서 연습을 하였습니다. 여러분은 준비가 없을지라도, 죽으면 천국에 갈 것이라고 생각합니다. 그렇지 않습니다, 여러분. 천국은 준비한 사람들을 위해 마련된 곳입니다. "빛 가운데서 성도의 기업의 부분을 얻기에 합당하게"(골 1:12) 되지 않는 한, 여러분은 천국에서 그들 가운데 설 수 없습니다. 여러분이 새 마음과 의로운 영이 없는 채 천국에 있게 된다면, 천국에서 나오는 것을 기뻐할 것입니다. 사람 자신이 거룩하지 않으면 그에게는 천국이 지옥보다 고통스러울 것이기 때문입니다. 새롭게 되지 않고, 중생하지 않은 채 천국에 가는 사람은 천국에서 비참해질 것입니다. 천국에서 노래를 부를 것인데, 그들은 그 노래를 따라 부르지 못할 것입니다. 끊임없이 할렐루야를 외칠 것인데, 그들은 그 선율을 모를 것입니다. 게다가 그들은 전능하신 분, 곧 그들이 미워하는 하나님 앞에 있을 것인데, 어떻게 그곳에서 행복할 수 있겠습니까? 그렇지 않습니다, 여러분. 여러분은 이 땅에서 천국의 노래를 배워야 합니다. 그렇지 않으면 그 노래를 결코 부를 수 없습니다. 여러분은 이같이 노래하는 것을 배워야 합니다.

　　"예수, 아름다운 주님의 이름을 사랑하네.
　　　그 이름은 내 귀에 음악과 같네."

여러분은 "음악보다 아름다운 소리가 구주님의 이름에 섞여 있는" 것을 느끼도록 해야 합니다. 그렇지 않으면 크신 여호와의 보좌 앞에서 지극히 복 받은 자들의 할렐루야를 함께 부를 수 없습니다. 여러분이 다른 것은 잊어버릴지라도 이 점만은 생각하십시오. 이 점을 여러분 머릿속에 깊이 간직하고, 여러분이 이 땅에서 천상의 노래를 배워 부를 수 있도록 하고, 후에 내세의 땅에서 곧 지극히 복 받은 자들의 고향에서 여러분을 사랑하신 하나님을 끊임없이 큰 소리로 찬송할 수 있게 해달라고 하나님께 은혜를 구하시기 바랍니다.

### 3. 이제 세 번째이자 가장 흥미로운 요점을 다루게 되었습니다.
### 즉 그들의 노랫소리에 귀를 기울임을 살펴볼 것입니다.

"내가 하늘에서 나는 소리를 들으니 많은 물 소리와도 같고 큰 우렛소리와도 같은데 내가 들은 소리는 거문고 타는 자들이 그 거문고를 타는 것 같더라." 그들이 노래합니다. 얼마나 큰 소리로, 그러면서도 얼마나 아름다운 소리로 노래하겠습니까!

첫째로, 그들은 참으로 큰 소리로 노래합니다! 노랫소리가 "많은 물소리와도 같다" 고 했습니다. 여러분은 바다가 소리치는 것을 들어본 적이 없습니까? 그 소리가 귀에 가득 차는 것을 들어본 적이 없습니까? 여러분은 파도가 노래할 때, 작은 조약돌 하나하나가 합창대로 변하여 만군의 하나님께 음악을 올리고 있을 때, 바닷가를 걸어본 적이 없습니까? 폭풍우칠 때 바다가 즐겁게 손뼉을 치며 지극히 높으신 이에게 경배하는 것을 본 적이 없습니까? 여러분은 바다가 소리쳐 하나님을 찬양하는 것을 들어보지 못했습니까? 그때 바람이 미친 듯이 불고 있었는데, 그것은 어쩌면 폭풍우치는 바다에서 난파당한 선원들의 애가를 부른 것일지도 모릅니다. 그러나 그보다는 바다가 거친 목소리로 하나님을 찬양하고, 수많은 배들이 바람을 가르고 안전하게 지나가도록 하시는 하나님을 찬양하는 소리였을 것입니다. 여러분은 바닷가에서 바다가 격노하여 소리치고 달려가 절벽에 부딪혔을 때 깊은 바다가 우르르 하고 우는 소리를 들어보지 못했습니까? 들어보았다면, 하늘의 곡조에 대해서 희미하게라도 짐작할 수 있을 것입니다. 하늘의 노랫소리는 "많은 물소리와도 같았습니다." 그러나 그것으로 천국의 노랫소리를 다 알았다고 생각하지 마시기 바랍니다. 그것은 한 바다의 소리가 아니라 많은 바다의 소리입니다. 여러분에게 하늘의 노랫소리를 이해시키기 위해서는 많은 바다가 필요합니다. 여러분은 대양 위에 대양이, 즉 바다 위에 바다가 쌓아올려져 있는 것으로 생각해야 합니다. 태평양 위에 대서양이 올려 있고, 그 위에 북극해가, 또 그 위에 남극해가 올려 있듯이 바다 위에 바다가 쌓여 있는데, 이 모든 바다가 다 같이 맹렬한 소리를 발하며 우렁찬 목소리로 하나님을 찬양하는 것입니다. 천국의 노랫소리는 그런 것입니다.

　　이 예가 별 인상을 주지 못한다면, 다른 예를 들어봅시다. 나는 이 자리에서 장대한 나이아가라 폭포에 대해 두세 번 언급하였습니다. 나이아가라 폭포 소리는 아주 멀리서도 들을 수 있습니다. 그만큼 그 소리는 무섭습니다. 자, 폭포 위에 폭포가 떨어지고, 큰 폭포 위에 또 큰 폭포가 쏟아지며, 나이아가라 폭포 위에 또 나이아가라 폭포가 쏟아지는데, 그 폭포들 하나하나가 엄청난 소리를 낸다고 생각해 보십시오. 그러면 천국에서 노래하는 소리가 어떤 것일지 조금 짐작하게 될 것입니다. "내가 소리를 들으니 많은 물소리와도 같고." 여러분은 그 소리를 들을 수 없습니까? 아, 우리 귀가 열려 있다면, 그 노랫소리를 거의 들을 수도 있을 것 같습니다. 나는 에올리언 하프(Aeolian harp: 바람을 받으면 저절로 울린다고 하는 신화 속의 악기 - 역주)가 장엄하게 소리를 높였을 때, 그 소리가 보좌 앞에서 노래하는 사람들의 노랫소리와 흡사하다고 때로 생각하였습니다. 그리고 여름날 저녁, 숲을 지나 부드러운 바람이 불어왔을 때, 여러분은 그것이 천국의 하프에서 울려나왔다가 길을 잃고 불쑥 우리에게 떠내려 온 선율로, 지극히 높으신 분의 보좌 앞에서 우렁찬 소리로 부르는 찬송을 희미하게라도 미리 맛보게 하는 것이라고 생각할 수도 있을 것입니다.

　　그런데 왜 그렇게 큰 소리로 부릅니까? 그 답변은, 노래하는 사람이 천국에 그토록 많기 때문이라는 것입니다. 많은 무리가 노래하는 것만큼 장엄한 광경은 없습니다. 여러분이 이 집회에서 노래할 때, 모든 사람이 "모든 복을 주시는 하나님을 찬송하라"고 노래할 때, 그 소리가 어찌나 우렁찼든지, 듣고서 울 수밖에 없었다고 말한 사람들이 많이 있습니다. 정말로 많은 사람이 노래하는 것에는 아주 웅대한 것이 있습니다. 나는 언젠가 1만 2천명이 야외에서 노래하는 것을 들은 기억이 있습니다. 우리 친구들 가운데 몇 사람이 그 자리에 참석하였습니다. 그때 우리는 영광스러운 할렐루야 찬송으로 예배를 마쳤습니다. 여러분은 그 장면을 잊어버린 적이 있습니까? 그것은 정말로 우렁찬 소리였습니다. 마치 하늘이 메아리치는 것 같았습니다. 그렇다면, 천국의 무한한 평원에 서 있는 사람들이 있는 힘껏 "보좌에 앉으신 이와 어린 양에게 찬송과 존귀와 영광과 권능을 세세토록 돌릴지어다"(계 5:13) 하고 외치는 소리가 어떠할지 생각해 보십시오.

그러나 이 노랫소리가 그토록 큰 한 가지 이유는 아주 단순합니다. 즉 천국에 있는 사람은 모두 스스로 가장 큰 소리로 노래하지 않을 수 없다고 느끼기 때문입니다. 여러분은 우리가 좋아하는 찬송을 압니다.

> "하늘의 저택들에서 주권적인 은혜를
>  소리 높여 노래하는 동안
>  나는 무리 가운데서 가장 큰 소리로 찬송하겠네."

모든 성도가 이 시를 따라 부르며, 각 사람이 마음을 들어 하나님께 바칠 때, 영광스러운 성부 하나님의 보좌에까지 올라갈 찬송 소리가 얼마나 크겠습니까!

다음에는, 그 노랫소리가 컸지만 또한 매우 **아름다웠다**는 것을 살펴봅시다. 소음은 음악이 아닙니다. 천국에 "많은 물소리와도 같은 소리"가 있을 수 있지만, 그것은 아직 음악이 아닙니다. 천국의 소리는 클 뿐만 아니라 아름다웠습니다. 요한이 "내가 들은 소리는 거문고 타는 자들이 그 거문고를 타는 것 같더라"고 말하기 때문입니다. 아마도 악기들 가운데 가장 아름다운 소리를 내는 것이 하프일 것입니다. 좀 더 웅장하고 고상한 소리를 내는 다른 악기들도 있지만 가장 아름다운 소리를 내는 악기는 하프일 것입니다. 나는 앉아서 능숙한 하프 연주자의 소리를 듣다 보면, "내 자신을 잊어버린 채 듣는다"고 말할 수 있는 때가 있습니다. 연주자가 능숙한 손놀림으로 하프의 줄을 부드럽게 뜯어 은빛 용액이 흐르는 것과 같은 부드러운 선율을 울리거나, 영혼 속으로 꿀이 흘러드는 것과 같은 소리를 낼 때면 그렇게 넋을 잃고 들을 때가 있습니다. 정말로 아름다운 소리입니다. 그 아름다운 선율은 말로 거의 표현할 수가 없습니다. 그런 것이 천국의 음악입니다. 거기에는 귀에 거슬리는 노래도 없고, 불협화음도 없습니다. 모두가 한 목소리로 조화를 이루는 영광스러운 노래만 있을 뿐입니다. 그 곡조를 망치는 형식주의자인 당신은 거기에 없을 것입니다. 그 선율을 훼손하는 위선자인 당신은 거기에 없을 것입니다. 거기에 있는 사람들은 모두 하나님 앞에 마음을 올바르게 가지고 있는 사람들입니다. 그러므로 그 선율은, 불협화음이 없이 커다란 하나의 화음을 이룰 것입니다. 정말로 우리는 노래를 합니다.

> "영원한 혀로 부르는
> 노래에는 신음소리 하나 섞이지 않네."

천국에는 보좌 앞에 선 사람들의 가락을 망치는 어떤 종류의 불협화음도 없을 것입니다. 아, 사랑하는 청중 여러분, 우리가 그 자리에 있을 수 있으면 좋겠습니다! 너희 스랍들이여, 우리를 들어올리라! 날개를 펴서 우리를 태우고 노랫소리가 공중을 가득 채우는 곳으로 데려가라. 네가 그렇게 하지 못한다면, 우리는 우리의 때를 기다리리라.

> "기껏해야 해가 몇 번 바뀌고 나면
> 우리를 아름다운 가나안 해변에 내려놓을 것이네."

그리고 그때가 되면, 지금은 우리가 거의 생각할 수 없지만, 그래도 따라 부르고 싶은 그 노래를 부를 수 있게 될 것입니다.

**4. 마지막 요점에 대해서 이야기하고 설교를 마치려고 합니다.**
**그 요점은 이 노래를 새 노래라고 하는 이유는 무엇인가 함입니다.**
여기서는 한 가지 점만 말하겠습니다. 이것을 새 노래라고 하는 것은, 성도들이 전에는 이 노래를 부를 때의 위치에 있어 본 적이 없기 때문입니다. 성도들이 이제는 천국에 있습니다. 그러나 본문의 장면은 단지 천국만을 보여주지 않습니다. 본문은 하나님의 택하신 모든 인류가 보좌 둘레에 모이는 때, 마지막 전쟁을 치르고 마지막 전사가 면류관을 얻은 때를 보여줍니다. 성도들이 이같이 노래하는 것은 지금이 아닙니다. 그것은 장차 올 영광스러운 때입니다. 십사만 사천 명 모두, 아니 그보다는 이 숫자로 상징된 수가 모두 안전하게 집에 들어올 때를 말합니다. 나는 그때를 생각해 볼 수 있습니다. 시간은 지나갔고, 이제 영원이 지배합니다. 하나님의 목소리가 울려 퍼집니다. "내 사랑하는 자들이 모두 안전한가?" 천사가 날아 낙원을 샅샅이 돌아보고서 이 메시지를 전달합니다. "예, 모두 안전합니다." "무서워하는 자가 안전한가? 마음이 약한 자가 안전한가?

걸핏하면 멈춰 서는 자가 안전한가? 낙담한 자가 안전한가?" "예, 왕이시여, 그들이 다 안전합니다" 하고 천사가 말합니다. 그러면 전능하신 이가 말씀합니다. "문을 닫아라. 그동안 문이 밤낮으로 열려 있었으나 이제는 문을 닫아라." 하나님의 택하신 자들 모두 거기에 있을 때, 많은 물소리보다 큰 소리가 울려 퍼질 때가 올 것입니다. 그때 결코 끝나지 않을 노래가 시작될 것입니다.

　　용감한 올리버 크롬웰(Oliver Cromwell)의 역사에서 회자되는 이야기가 하나 있는데, 여기서 이 새 노래를 설명하는 예로 말해 보겠습니다. 크롬웰과 그의 철기병(鐵騎兵)들은 전투에 나가기 전에 무릎을 꿇고 기도하며 하나님의 도움을 구하였습니다. 이때 그들은 가슴에 성경을 품고 있었고 손에는 검을 쥐고 있었습니다. 정당화시킬 수 없는 이상한 조합이었지만 그들의 무지에서 나온 행동이니 이해해야 할 것입니다. 아무튼 그들은 그런 자세로 외쳤습니다. "만군의 여호와께서 우리와 함께 하시니 야곱의 하나님은 우리의 피난처시로다"(시 46:11). 그리고 싸우러 달려가면서 그들은 이렇게 노래하였습니다.

　　　"여호와여 일어나사
　　　　주의 대적들을 흩으시고
　　　　주를 미워하는 자가
　　　　주 앞에서 도망하게 하소서."

　　그들은 오랫동안 언덕을 올라가면 싸워야 했지만, 마침내 적들이 도망하였습니다. 철기병들이 이제 막 그들을 추격하여 전리품을 노획하려고 하였습니다. 그때 크롬웰의 거칠고 단호한 목소리가 들렸습니다. "정지! 정지! 이제 승리를 얻었다. 전리품을 가지러 달려가기 전에 하나님께 감사를 돌리자." 그들은 이와 같은 노래를 불렀습니다. "여호와께 찬송하라 그가 우리에게 승리를 주셨도다! 여호와께 찬송하라." 그것은 이상하면서도 훌륭한 그 사람의 역사에서 종종 보는 지극히 장엄한 광경 가운데 하나였다고 말합니다. (내가 얼굴을 붉히지 않고 이 말을 하는 것은, 크롬웰이 훌륭한 사람이었기 때문입니다.) 잠시 산들이 기뻐 뛰노는 것 같았고, 허다한 무리가 죽은 자들에게서 몸을 돌이켜 피로 얼룩진 채 하나님께 마음을 들어 바쳤습니다. 다시 한 번 말하지만, 이상한 광경이지만 그러나 기쁜 광경이었습니다. 그러나 그리스도께서 정복자의 모습으로 나타나실 때, 그리스도와 함께 나란히 싸우던 그의 모든 전사들이 용이 그들의 발 아래 짓밟히는 것을 볼 때 그 광경은 얼마나 대단하겠습니까. 보십시오. 그들의 적들이 도망갑니다. 그들은 비스케이(Biscay) 만(灣)의 강풍 앞에 불려가는 얇은 구름처럼 쫓겨났습니다. 그들은 모두 사라졌고 죽음이 정복되었고, 사탄은 불 못에 던져졌습니다. 그리고 여기 그리스도께서 최고의 정복자로 많은 면류관을 쓰고 왕으로 서 계십니다. 높임을 받으시는 이 순간에 구속자께서 "오라 우리가 여호와께 노래하자"(시 95:1) 하고 말씀할 것입니다. 그러면 그들이 많은 물소리보다 큰 소리로 "할렐루야! 하나님 곧 전능하신 이가 통치하시도다"(계 19:6) 하고 노래할 것입니다. 아, 이 같은 찬송으로 그 장엄한 광경이 온전히 성취될 것입니다! 내 빈약한 언어로는 그 광경을 다 묘사할 수가 없습니다. 나는 이 간단한 질문만을 여러분에게 던집니다. "여러분은 그곳에서 그 정복자께서 면류관을 쓰신 모습을 볼 것입니까?" 여러분은 장차 누릴 "은혜로 주신 좋은 소망"(살후 2:16)을 가지고 있습니까? 그렇다면 기뻐하십시오. 그렇지 않다면, 여러분은 집에 가서 무릎을 꿇고 하나님께 기도하십시오. 여러분이 전심으로 하나님께로 돌이키지 않는 한, 내가 설교하는 이 놀라운 천국 대신에 틀림없이 여러분의 운명이 될 그 끔찍한 곳에서 여러분을 구원해 달라고 하나님께 기도하십시오.

# 하늘에서 나는 음성

—

> "성도들의 인내가 여기 있나니 그들은 하나님의 계명과 예수에 대한 믿음을 지키는 자니라 또 내가 들으니 하늘에서 음성이 나서 이르되 기록하라 지금 이후로 주 안에서 죽는 자들은 복이 있도다 하시매 성령이 이르시되 그러하다 그들이 수고를 그치고 쉬리니 이는 그들의 행한 일이 따름이라 하시더라." — 계 14:12-13

　　본문은 "주 안에서 죽는 자들은 복이 있도다"고 한 하늘에서 나는 음성에 대해서 말합니다. 이 목소리의 증언이 매번 필요하지는 않습니다. 아주 평범한 관찰자라도 많은 의인들에 관해서는 그들의 죽음이 복되다고 느끼지 않을 수 없기 때문입니다. 도덕적으로 매우 근시안적이었던 발람도 "나는 의인의 죽음을 죽기 원하며 나의 종말이 그와 같기를 바라노라"(민 23:10)고 말할 수 있었습니다. 죽음이 평화롭게 오는 경우가 의인의 죽음입니다. 그 사람은 평온하고 경건하며 언행이 일치되는 삶을 살았습니다. 그는 살고 싶은 만큼 살았고, 죽을 때에는 자녀들과 그 자녀들의 자녀들이 자기 침상에 둘러서 있는 것을 봅니다. 이 노인이 하얀 베개로 등을 받치고 허연 머리를 하고서 앉아 있는 모습이 얼마나 아름다운 그림을 만들어내는지 모릅니다. 노인이 자녀들에게 평생에 선하심과 자비가 자기를 따랐고, 이제 여호와의 집에 가서 영원히 지내려고 한다고 말하는 소리를 들어보십시오. 그가 자녀들에게 작별을 고할 때 그의 얼굴을 환하게 만드는 천사의 웃음을 보십시오. 그는 벌써 하프를 연주하는 사람들의 하프 소리가 들린다고 하며, 자녀들에게 눈물을 그치고 자기를 위해 울지 말고 그 자신들을 위해 울며, 자기가 그리스도를 좇았던 것처럼 그리스도를 따르며, 그리스도께서 오시는 날에 재판장 오른편에서 자기를 만나도록 하라고 당부합니다. 그 다음에 노인은 거의 한 숨 쉴 새도 없이 뒤로 몸을 기대더니, 이제는 주님과 함께 있습니다.

> "천국은 마지막 순간을 기다리지 않네.
> 죽음 이편에서 자기 친구들을 인정하네.
> 사람들에게 그 친구들을 보고서 조용하지만
> 강력한 능력의 강연을 들으라 하네.
> 악에게는 혼돈이, 덕에게는 평안이 온다는 강연을."

거의 맹인이나 다름없는 세상 사람들도 그렇게 죽는 모습을 보고 "주 안에서 죽는 자들은 복이 있도다"는 것을 알 수 있습니다. 다른 많은 예들을 볼 때도 그렇게 생각하기가 어렵지 않습니다. 우리가 아는 훌륭한 사람들 가운데 죽음을 두려워하고 그래서 일생 거기에 매여 종노릇한 분들이 여러 명 있었습니다. 그러나 그분들은 침대로 가서 잠이 들었고 이 세상에서 다시 깨어나지 않았습니다. 겉모습으로만 볼 때, 그들은 세상을 떠나면서 단 한 차례도 고통을 겪지 않고 죽을 인생으로 잠들었다가 천사들 가운데서 깨어난 것입니다. 정말로, 그처럼 묶인 줄을 편안하게 풀고, 요단 강을 마른 바닥으로 건너며, 발걸음을 옮길 때마다 음악소리를 들으며 천상의 언덕을 올라가는 것은 바랄 수 없는 일입니다. 우리는 영광스러운 하늘로부터, 그처럼 주 안에서 죽는 자는 복이 있다고 선언하는 목소리를 들을 필요가 없습니다.

그러나 그것은 요한이 마음으로 그려본 그림이 아니었습니다. 그것은 전혀 달랐습니다. 죽을 인생의 눈에는 무섭고 어두운 그림이었습니다. 귀에 들리는 소리는 음악 소리가 아니고 친구들이 속삭이는 위안의 말도 아니었습니다. 정반대였습니다. 모든 것이 고통스럽고 끔찍합니다. 그가 보고 듣는 한에는, 복된 것과 정반대였습니다. 그러므로 하늘로부터 "주 안에서 죽는 자들은 복이 있도다"라고 말하는 목소리가 나올 필요가 생겼습니다. 그 그림을 보여드리겠습니다.

하나님의 사람이 매우 괴로워하고 있습니다. 사람들이 있는 힘껏 지옥의 기계를 돌리고 있습니다. 뼈들을 있는 대로 다 비틀어 어긋나게 만들었습니다. 몸의 모든 신경이 고통으로 떨기까지 그에게 고문을 가하였습니다. 그를 어둡고 역겨운 지하 토굴에 던져 넣고, 사람들에게 조롱을 받으며 길거리를 지나갈 힘을 얻도록 그곳에 놓아둡니다. 사람들은 그 머리에 마귀가 그려진 모자를 씌우고, 그의 모든 옷은 지옥의 귀신들과 불길로 현란하게 꾸몄습니다. 그리고 이제 양쪽에서 까까머리 사제가 그에게 미신적인 상징을 보여주고 동정녀 마리아를 숭배하거나 십자가를 예배하라고 명령하는 가운데, 그 훌륭한 사람은 쇠사슬에 매여 거리를 지나가며 마드리드나 앤트워프에서 그가 처형될 것이라고 말합니다. "믿음의 행위." 사람들은 이교도의 화형을 두고 그렇게 부릅니다. 하나님의 사람이 셔츠 바람으로 허리에 쇠사슬이 묶인 채로 화형대 말뚝에 묶여 선 채로 불에 타 죽지 않으면 안 될 때, 정말로 그것은 영웅적인 믿음의 행위입니다. 여러분은 사람들이 그의 밑에 있는 장작더미에 불을 붙이고, 불길이 떨고 있는 몸을 태우기 시작하여 마침내 그가 온통 불이 붙어서 타오르는데, 불 때문에 혹독한 고통을 받으면서도 신음 소리 하나 내지 않고 타오르는 것을 볼 수 있습니까? 이때는 하늘로부터 나오는 그 목소리가 확실히 필요합니다. "주 안에서 죽는 자들은 복이 있도다." 성도들이 이런 식으로 죽는 때에도 복이 있습니다. "성도들의 인내가 여기 있나니." 천사들과 영화롭게 된 영들의 평가에 있어서는, 그와 같은 죽음이, 예수님과 교제를 가졌지만 주님의 잔을 마실 만큼 되지는 않았고 진리의 증인으로서 고통스럽고 수치스러운 죽음을 죽을 만큼 주님의 세례를 받지 않은 성도들의 평화로운 임종보다 많은 면에서 복이 있는 것으로 판단될 수 있습니다. 구경꾼들이 스미스필드 화형장으로 달려가고, 거기에서 성도들이 불에 타는 것을 보는 것은 틀림없이 두려운 일이었을 것입니다. 로우 컨트리스(the Low Countries: 지금의 베네룩스의 총칭 ― 역주)의 지하 감옥에서 지내며 재세례파들이 은밀히 처형되는 것을 보는 것은 더 두려운 일이었을 것입니다. 어둡고 역병이 도는 지하 감옥에는 거대한 물통이 있습니다. 성경의 침례를 믿는 증인은 그 물통에 빠트려 죽입니다. 그러면 그 성도는 어린 양이 어디로 가든지 어린 양을 따라 물에 빠지고, 불쌍하게 보는 사람 하나 없고, 무리 가운데서 도움과 위로의 말을 외치는 소리 하나 듣지 못한 채 물에 빠져 죽습니다. 사람들은 죽어가는 그 침례의 증인을 마지막으로 물속에 담그는 살인자들의 상스러운 농담밖에 듣지 못하지만, 믿음의 귀는 지하 감옥에서 울리는 "주 안에서 죽는 자들은 복이 있도다"는 소리를 들을 수 있습니다. 참으로 이들의 이름이 광신자들로 분류되기 때문에, 우리의 이 거룩한 조상들이 이 땅에서는 명예를 제대로 얻지 못했지만, 그들의 기록은 하늘에 있습니다. 이들은 지금 복된 사람들이고, 장차도 복될 것입니다. 이 땅의 어느 곳에서든지, 곧 눈 덮인 피에몬테 골짜기에서든지 프랑스의 아름다운 들판에서든지, 성도들은 예수를 증언하기 위해 칼에 죽든지 기근으로 죽든지, 불이나 대학살로 죽었습니다. 그들이 이마나 손에 짐승의 표를 받으려 하지 않았기 때문입니다. 이 목소리가 세 번째 하늘에서 울려나옵니다. "주 안에서 죽는 자들은 복이 있도다."

형제 여러분, 주 안에서 죽는 사람들은 어디에서 죽느냐 하는 것이 문제가 되지 않습니다. 그들이 사람의 평가에서는 순교자의 명예를 얻지 못할 수가 있지만 가난과 고통 가운데서 주님을 증거하는 증인이 될 수는 있습니다. 여기에 인내가 있고, 또한 성도들의 복이 있습니다. 저기 불쌍한 처녀가 다락방에 누워 있습니다. 거기는 기와 사이로 별이 보이고, 처녀가 용감하게 고통을 견디며, 불평 한 마디 없이 점점 죽어가는 초라한 침상의 누더기 이불에 달빛이 비치는 곳입니다. 그 처녀가 아무리 미천하고 알려지지 않은 사람일지라도, 큰 죄에서 보호를 받았습니다. 심한 유혹을 받았지만, 그녀는 순결과 정직을 굳게 붙들었습니다. 그녀의 기도를 다른 사람들은 듣지 않았지만 주님 앞으로 올라갔고, 예수 그리스도로 말미암아 구원받은 그녀는 주 안에서 죽습니다. 아무도 그녀의 장례식에 와서 설교하지 않을지라도, 그녀는 하늘에서 들리는 "기록하라 주 안에서 죽는 자들은 복이 있도다"라는 소리를 놓치지 않을 것입니다.

다시 한 번 말하지만 여러분이 언제 죽느냐, 어떤 상태에서 죽느냐 하는 것은 중요하지 않습니다. 여러분이 주 안에 있고, 주 안에서 죽는다면, 여러분은 참으로 복이 있는 것입니다.

자, 우리 한 사람 한 사람이 곧 있으면 이 세상을 떠나야만 한다는 것은 아주 확실한 사실입니다. 우리가 친구들과 마찬가지로 죽을 인생인 것을 압니다. 우리는 스스로 속아서 우리를 빼놓고 모든 사람이 죽을 수밖에 없는 존재라고 생각하지만, 우리도 확실히 죽을 인생이며, 우리 각 사람은 때가 되면 이 세상을 떠나갈 것입니다. 성도들도 죽을 수밖에 없지만, 성도들에게는 죽음이 죄인들에게 의미하는 것과는 전혀 다릅니다. 우리가 옷 벗을 일을 준비하는 것, 곧 예수 안에서 기쁘게 잠들 준비를 하는 것은 매우 지혜로운 일입니다. 우리가 그리스도 안에 있지 않다면, 어둠 속으로 달려가지 않기 위해서 우리의 마지막을 생각하는 것이 매우 시급한 일입니다. 그래서 나는 잠시 동안이라도, 여러분의 마음을 이 세상의 너무도 많은 올무와 사람 근심의 속박에서 풀어놓아 여러분이 경계선을 넘어서 확실히 여러분의 것이 될, 어쩌면 곧 여러분의 것이 될 장대한 미래를 보게 해주고 싶습니다. 여러분이 그 미래를 준비할 수 있도록 도울 수 있으면, 그래서 하나님의 은혜로 준비를 하여 여러분이 주 안에서 죽는 자들의 수에 들어갈 수 있게 되었으면 좋겠습니다.

먼저 우리는 간단히 성도들의 성품을 설명하고, 그 다음에는 성도들을 복되게 하는 나머지 요소들을 언급하고, 끝으로 그 복됨의 다른 부분인 보상에 대해 생각해 보도록 하겠습니다.

### 1. 그러면, 첫째로 성도들의 성품을 설명하도록 합시다.

"성도들의 인내가 여기 있나니." 우리가 죽을 때 복이 있으려면, 성도가 되어야 합니다. 본성적으로 우리는 죄인입니다. 그래서 천국에 들어가려면, 은혜로 성도가 되어야 합니다. 천국은 성도들의 땅이고, 성도 외에는 아무도 그 국경을 넘어갈 수 없기 때문입니다. 죽음이 성품을 변화시키지 않기 때문에, 하늘에서 성도로 지내려면 우리는 여기 아래서 성도가 되어야 합니다. 우리는 그동안 "성도"(saint: 가톨릭에서는 죽은 후 교회에 의해 시성[諡聖]이 된 사람을 '성인'이라고 함 – 역주)라는 말을 잘못 사용해서 하나님 백성들 가운데 소수 몇 사람에게만 적용하였습니다. 이 말이 거룩하다는 이것 외에 무슨 의미가 있습니까? 거룩한 남녀, 이들이 성도입니다. 성도는 성 베드로(Saint Peter)와 성 요한(Saint John)만이 아닙니다. 형제 여러분, 여러분이 주님을 위하여 산다면 여러분이 성도입니다. 자매 여러분, 여러분이 아무리 무명의 신자일지라도 주님의 법을 지키고 주님 앞에서 진실하게 순종하여 행한다면, 성도입니다. 우리는 성도가 되어야 합니다. 성도가 되기 위해서는 영이 새로워져야 합니다. 우리는 본성상 죄인이기 때문입니다. 사실 우리는 거듭나야 합니다. 우리는 지극히 부정하고 지극히 더럽습니다. 본성적으로 죄인입니다. 우리는 영원하신 성령의 능력으로 다시 창조되어야 합니다. 그렇지 않으면 거룩함이 우리 안에 거하지 않을 것입니다. 우리의 사랑이 변화되어야 합니다. 그래야 우리가 악한 일들을 더 이상 사랑하지 않고, 참되고 고결하며 친절하고 올바르며 순결하고 거룩한 것만을 기뻐하게 됩니다. 우리는 처음에 우리를 지으신 바로 그 손에 의해 본성의 모든 기능과 능력에서 변화되어야 하고, 이마에 "여호와께 성결"(슥 14:20)이라는 이 말이 쓰여야 합니다.

성도라는 말은 성품이 순결한 사람을 표시하지 않고, 하나님께 구별된 사람들, 하나님께 바쳐진 사람들, 곧 거룩한 용도에 바침으로써, 사실 오직 하나님께만 바쳐짐으로써 신성하게 된 사람들을 가리킵니다. 형제 여러분, 여러분은 하나님께 속했습니까? 여러분은 예수님을 영화롭게 하기 위해 삽니까? 여러분은 정직하게 손을 가슴에 얹고서 이렇게 말할 수 있습니까? "그렇습니다. 나는 나를 피로 값 주고 사신 분께 속했습니다. 나는 주께서 나에게 살기를 바라시는 대로 살려고 그분의 은혜에 의지하여 노력합니다. 주님의 명예를 높이는 일에, 형제를 사랑하고 주님을 사랑하며, 모든 일에 주님을 닮으려는 일에 헌신한 사람입니다." 여러분은 그런 사람이 되어야 합니다. "거룩함이 없이는 아무도 주를 보지 못할"(히 12:14) 것이기 때문입니다.

"그러면 어떻게 해야 내가 거룩함에 이를 수 있습니까?" 여러분은 하나님의 힘을 받지 않고서는 거룩함에 이를 수 없습니다. 거룩하게 하시는 분은 성령님이십니다. 우리를 의롭다 하시는 분이신 예수께서는 또한 우리에게 거룩함이 되셨습니다. 그래서 믿음으로 예수님을 붙잡으면, 우리는 그 안에서 우리에게 필요한 모든 것을 얻을 것입니다. 이 자리에 계신 모든 분은 내가 이 문제를 받아들이듯이 심각한 문제로 받아들이도록 하십시오. 하나님께서 우리가 성도들 가운데 들게 해주시기를 바랍니다!

영화롭게 된 사람들이 또한 본문에서는 인내한 자들로 묘사됩니다. "성도들의 인내가(patience) 여기 있나니." 여러분이 이 말을 다르게 번역하게 싶다면 그렇게 해도 정당할 것입니다. 즉 "성도들의 견디는 힘(endurance)이 여기 있나니." 천국에서 면류관을 쓸 사람은 땅에서 십자가를 져야 합니다. "십자가 없이는 면류관도 없다" 는 것은 지극히 옳은 말입니다. 사람마다 성도가 되라고 권하면 많은 사람들이 성도가 되려고 할 것입니다. 그러나 험한 말을 들으면, 그들은 화를 냅니다. 사람들이 많은 무리가 호산나를 외치는 가운데 여행한다면 천국에까지 가려고 할 것입니다. 그러나 "그를 십자가에 못 박으소서 그를 십자가에 못 박으소서" 하고 외치는 소리를 들으면, 곧바로 그들은 이 나사렛 사람을 버립니다. 왜냐하면 이들은 십자가를 함께 지거나 사람들에게 멸시받거나 거절받을 마음이 전혀 없기 때문입니다. 하나님의 진실한 성도들은 조롱과 비웃음과 야유를 당할 준비가 되어 있습니다. 그들은 죄인들이 그처럼 자기를 거역하는 것을 참으신 주님을 기억하고 불평 없이 십자가를 받아들입니다. 그들은 앞선 형제들이 "죄와 싸우되 피 흘리기까지 대항하였다"(히 12:`4)는 것을 알았습니다. 그들은 아직 그 정도까지 이르지 못하였기 때문에, 부끄러움을 당하거나 작은 시련으로 당황하게 되고, 적들이 하고 싶은 대로 하도록 내버려 두는 것을 참기 어려운 멸시라고 생각합니다. 천국에서 그리스도를 찬송하려고 하는 사람들은 먼저 이 땅에서 그리스도의 수치를 기꺼이 견디며 지냈어야 합니다. 그리스도와 함께 수치를 받는 자리에 있어야 합니다. 그렇지 않으면 그들은 그리스도와 함께 영광을 얻기를 기대할 수 없습니다.

자, 사랑하는 형제자매 여러분, 이 점에 대해서 우리는 어떻습니까? 우리는 그리스도의 영광을 위해 기꺼이 비난을 받을 뜻이 있습니까? 지혜롭다고 하는 자들의 빈정거림을 견딜 수 있습니까? 재치 있다고 하는 자들의 조롱을 견딜 수 있습니까? 사람들이 우리를 가리키며 청교도적이라고, 즉 딱딱하고 엄격하다고 하는 말을 기꺼이 들을 마음이 있습니까? 올바르게 행하기 위해서는 별난 사람이 되어야 할 때, 기꺼이 별난 사람이 될 생각이 있습니까? 우리가 하나님의 은혜로 이렇게 할 수 있다면, 자신에 대해 좀 더 물어봅시다. 이 호된 시련이 점점 더 강도가 세진다면, 그 시련을 감당할 수 있습니까? 시련이 더욱더 심해져서 극심한 고문을 겪게 되었다고 생각해 봅시다. 우리는 그 시련을 견딜 수 있겠습니까? 나는 신자라고 하는 많은 사람들이 박해의 시기가 오면 초라한 모습을 드러내지 않을까 때로 두렵습니다. 소위 "사회"로부터 배제되는 것이 현대의 많은 그리스도인들에게 큰 고통이 되는 것을 보기 때문입니다. 어느 곳으로 이사를 가든지, 이들의 질문은 "어디 가야 복음을 가장 잘 들을 수 있느냐"가 아니라 "가장 인기 있는 예배당이 어디냐" 라는 것입니다. 자녀들에 대한 질문도 "우리 아이들이 어디를 가야 그리스도인 친구를 만날 수 있느냐"가 아니라 "어떻게 해야 우리 아이들을 사교 단체에 소개할 수 있느냐"는 것입니다. 그런데 사교 단체에 소개하는 것이 유혹받는 데로 안내하고 경박한 생활을 시작하도록 만들게 되는 경우가 비일비재합니다. 모든 그리스도인들이 세상의 부드러운 마법을 비웃을 수 있으면 좋겠습니다. 그렇게 조롱할 수 없다면, 그들이 난로처럼 뜨거운 박해가 와서 성도들을 시험할 때 세상의 맹렬한 기운을 견디려고 하지 않을 것이 확실하기 때문입니다. 하나님께서 우리가 성도들의 인내를 갖도록 은혜를 베풀어 주시기를 바랍니다. 성도들의 인내란, 사업에서 잘못된 일을 하기보다는 기쁘게 손실을 겪는 인내이며, 하나님 나라가 걸린 문제에서 원칙을 양보하기보다는 차라리 가난하게 지내려고 하는 인내이고, 올바르게 행하기 위해서는 유행에 뒤떨어진다는 말을 들을지라도 개의치 않는 인내, 예수님을 위해 모든 것을 견딜 수 있고, 또 그렇게 하기로 굳게 결심하는 것 외에는 사람들의 웃음도 구하지 않고 사람들의 찌푸린 얼굴도 두려워하지 않는 인내입니다. "많은 사람이 주님을 외면할 때 여러분은 주님을 굳게 붙잡을 수 있습니까? 이 세상 아무에게도 없고 오직 주님께만 생명의 말씀이 있다고 증언할 수 있습니까?" 모든 사람이 예수님을 버릴 때 여러분은 예수님과 함께 자리를 지키고, 예수께서 상스러운 농담과 경멸의 표적이 될 때 예수님 곁에 서며, 소위 거짓 과학의 냉소를 견디고, 말은 "의심한다"고 하지만 실제는 전혀 믿지 않는다는 뜻을 표시하는 사람들의 점잖게 비꼬는 말을 참을 수 있습니까? 이 악한 날에 그리스도를 충성스럽게 전할 설교자는 복이 있습니다. 주님께 충성할 수만 있다면 아무것도 개의치 않고 늪과 진창을 지나고 언덕을 오르며 골짜기를 내려가면서 그리스도의 말씀을 따를 교인들은 복이 있습니다. 이렇게 하겠다고 우리가 결심해야 합니다. 영광을 얻으려면 우리는 죽기까지 충성해야 합니다. 하나님께서 우리를 그렇게 만들어 주시기 바랍니다! "성도들의 인내가 여기 있나니." 이런 인내는 본성적으로 오지 않습니다. 그것은 하나님의 은혜의 선물입니다.

그 다음에 이 성도들에 대해 "그들은 하나님의 계명을 지키는 자니라"고 설명합니다. 이렇게 표현한 것은, 잠시라도 우리에게 이 백성들이 자기 공로로 구원 얻었다는 것을 가르치려는 것이 아닙니다. 우선 첫째로, 그들은 성도들입니다. 그리스도 안에 있는 성도들입니다. 이 문제에 관하여 우리 자신을 살펴봅시다. 형제자매 여러분, 우리가 이 길을 고수하지 않으면 목적지에 도달 것을 기대할 수 없습니다. 사람은 누구도 자기가 요크로 가는 길을 취하면서도 브리스톨에 이를 것이라고 생각할 만큼 어리석지는 않습니다. 사람은 어떤 장소에 이르려면 그리로 나 있는 길을 따라가야 한다는 것을 압니다. 의인들이 걷는 거룩한 길이 있습니다. 진실하게 예수님을 믿고 믿음으로 의롭다함을 얻는 사람은 모두 하나님의 계명에 순종하는 이 길을 걸어야 하고, 또 걸을 것입니다. 좋은 나무는 좋은 열매를 맺습니다. 여러분이나 내게 하나님의 계명을 순종하는 열매가 없다면, 예수 그리스도를 믿는 참된 믿음의 뿌리가 우리 모두에게 없다고 확신할 수 있습니다. 이 시대에는 사람들이 그리스도의 계명을 지키는 일을 아주 하찮게 생각합니다. 하나님 집의 법의 문제에 있어서 그리스도인들이 그리스도와 그의 명령을 따르는 시늉조차도 하지 않는 것을 생각할 때 두려운 일입니다. 사람들은 교회에 가입하면 그 교회의 법에 따라 행동합니다. 그 교회의 규정이 그리스도의 뜻에 명백히 어긋날지라도 따라가면서, 모든 일에 대해 이렇게 대답합니다. "당신도 알다시피 그것이 우리 규정이다." 그렇지만 예수 그리스도 외에 누가 당신이나 나를 위해 규정을 세울 권한을 가지고 있습니까? 예수 그리스도는 하나님 나라의 유일한 입법자이시고, 따라서 우리는 그리스도의 명령에 따라 지도받아야 합니다. 형제들이 나와 반대되는 결론에 이른다면, 내 자신이 틀릴 수 있기 때문에, 나는 그 점에 대해 슬퍼해서도 안 되고, 슬퍼할 수도 없을 것입니다. 그렇지만 형제들이 어떤 결론에 이른 것이 조사의 결과가 아니라 그냥 자기들이 보는 대로 사물을 판단해서 이른 것일 때, 나는 정말로 슬픕니다.

　　신자라고 하는 사람들 가운데 너무도 많은 이들이 기독교 신앙을 아주 마음 편하게 생각하는 태도를 지니고 있습니다. 무엇이 먼저 오게 되든지 간에 그들은 그것을 따릅니다. 그들의 부모는 이런저런 입장을 취했고, 그들은 그런저런 분위기에서 양육되었습니다. 그들은 "주여, 제가 무엇을 하기를 바라시나이까" 하고 기도하지 않습니다. 형제 여러분, 이렇게 해서는 안 됩니다. 주님께서 "누구든지 이 계명 중의 지극히 작은 것 하나라도 버리고 또 그같이 사람을 가르치는 자는 천국에서 지극히 작다 일컬음을 받을 것이요"(마 5:19)라고 말씀하시지 않았습니까? 나는 이 자리에서 잠시라도 다른 그리스도인들을 비난할 생각이 없습니다. 그렇게 하면 내 얼굴에 침 뱉는 꼴이 될 것입니다. 그러나 여러분이 정말로 예수님을 믿는다면, 나는 여러분에게 주님께서 명령하신 것은 무엇이든지 지키도록 조심하라고 간절히 권합니다. 주께서 "너희가 내 안에 거하고 내 말이 너희 안에 거하면 무엇이든지 원하는 대로 구하라 그리하면 이루리라"(요 15:7)고 하셨고, 또 "너희가 나를 사랑하면 나의 계명을 지키리라"(14:15)고 말씀하셨기 때문입니다.

　　언젠가 세상 사람이 청교도에게 말하였습니다. "그렇게 많은 사람들이 양심의 불화를 감수하는데, 선생도 평화를 위해서 양심에 아주 작은 불화를 감수할 수 있지 않습니까?" 그러자 청교도가 "안 됩니다. 나는 그리스도를 온전히 따라야 합니다"고 말했습니다. 여러분은 말합니다. "아, 글쎄, 이런 것들은 비본질적인 것이에요." 그러나 온전한 순종을 바치는데 비본질적인 것은 없습니다. 그것이 구원에는 비본질적인 것일 수 있지만, "나는 구원에 절대적으로 필요한 것으로 알고 있는 것 외에는 아무것도 하지 않을 것이다"고 말하는 것은 이기적인 태도입니다. 모든 일에 주님을 순종하는 것이 훌륭한 종에게는 본질적인 문제입니다. 그리스도인이 주님 앞에서 매우 조심스럽게 행하고 기도하는 것이 그리스도인 영혼의 건강에 반드시 필요한 일입니다. 그렇지 않으면 "어린 양이 어디로 인도하든지 따라가는 자"라는 말을 듣는 사람들의 복을 잃게 될 것입니다. 복 있는 사람으로 죽으려면, 우리는 하나님의 계명들을 지켜야 합니다.

복되게 죽은 사람들의 다음 특징은 그들이 "예수를 믿는 믿음"을 지켰다는 것입니다. 이것은 할 수만 있다면 내가 사람들이 깜짝 놀라게 큰 소리로 말하고 싶은 요점입니다. 예수님에 대한 믿음을 지키는 것이 오늘날에는 많이 비웃음을 당하는 일이기 때문입니다. 사람들은 말합니다. "교리! 교리라면 우리는 신물이 납니다."

> "괴팍하고 야비한 사람들은 형식과 신조를 위해서 싸우라고 둡시다.
> 올바른 길에서 살아가는 사람은 잘못될 수 없습니다."

이 견해가 널리 퍼져 있어서, 사람들은 유창하고 색다르게 말하는 것이 설교의 주안점이라고 생각하고, 사람이 영리한 웅변가라면 그의 설교를 듣는 것이 당연하다고 생각합니다. 주님께서는 진리의 단순성을 떠나는 사람은 누구든지 주님의 콧김으로 그의 영리함을 쓸모없게 만드실 것입니다. 복음이 있습니다. 그리고 "다른 복음은 없나니 다만 어떤 사람들이 여러분을 교란시킬" 뿐입니다. 찬성이면 찬성, 반대면 반대라고 분명히 말해야 합니다. 왔다갔다 하는 설교를 하는 사람들에게는 화가 있을 것입니다. 주님께서 모든 사람의 일이 어떤 종류의 것인지 시험하는 그 큰 날에 그런 설교는 견디지 못할 것입니다. 형제 여러분, 자신을 살피고, 복음이 무엇인지 알도록 하십시오. 그리고 복음을 알 때는 굳게 붙잡으십시오. 철로 된 손으로 붙잡는 것처럼 붙잡고, 결코 손을 펴지 마십시오. 극악한 이리가 우리 가운데 들어왔습니다. 우리가 그동안 교회에서 익숙하게 알았던 것과는 전혀 다른 이리입니다. 그렇지만 그들도 똑같이 양의 옷으로 변장하였습니다. 그들은 우리가 쓰는 용어와 표현을 사용하지만 의미하는 바는 다릅니다. 그들은 믿음의 필수적이고 본질적인 것들을 제거하고, 대신에 자신들의 꾸며낸 이야기들을 채웁니다. 이들은 자기들 이야기가 현대 사상에 더 일치하고, 매우 진보하고 계몽된 이 시대의 문화에 더 잘 맞는다고 자랑합니다. 그들의 이론은 점차 진보하는 것처럼 보입니다. 그래서 의식주의자들에게 있어서 그 이론의 절반은 이교사상으로 발전하였고, 합리주의자들에게 그 이론의 절반은 무신론으로 발전하였습니다. 하나님께서 우리를 그런 진보에서 구하여 주시기를 바랍니다. 우리가 믿음을 지킬 수 있고, 우리가 알고 있고 그로 말미암아 구원을 받는 진리를 굳게 붙들 수 있게 해 주시기를 구합니다. 나로서는 속죄하는 피의 중대한 교리, 곧 그리스도의 대속 사역과 그를 둘러싼 진리들을 버릴 수 없습니다. 내가 이 진리들을 버릴 수 없는 이유는 무엇입니까? 나의 생명, 나의 평안, 나의 소망이 여기에 달려 있기 때문입니다. 대속의 제사가 없다면 나는 망한 사람입니다. 나는 그것을 알고 있습니다. 하나님의 아들이 죽어서 "의인으로서 불의한 자를 대신하셨으니 이는 우리를 하나님 앞으로 인도하지"(벧전 3:18) 않으셨다면, 나는 저주를 받을 수밖에 없습니다. 그러므로 나는 본능적으로 온 힘을 다해 예수님에 대한 믿음을 고수합니다. 내 영혼을 구속하였고, 내게 기쁨과 평안과 내세의 소망을 준 이 믿음을 어떻게 내가 포기할 수 있겠습니까? 여러분께 권합니다. 여러분이 "착한 양심과 믿음에 관하여 파선하여"(딤전 1:19) 완전히 버림을 받은 옛적의 어떤 사람들처럼 되지 않도록 믿음에 흔들리지 말고 굳게 지키십시오. 복음의 교리를 지키지 않는 자들에게는 화가 있습니다. 그들은 머지않아 복음의 교훈도 잊고 완전히 버림받은 자처럼 되기 때문입니다. 그리스도를 떠나는 가운데 사람들은 자신들의 사활이 걸린 지극히 중대한 자비들을 버립니다. 주 안에서 죽는 복된 사람들은 "하나님의 계명과 예수에 대한 믿음을 지키는 자들"입니다.

이 사람들은 죽을 때까지 계속해서 믿음을 지킨다는 점을 살펴봅시다. "주 안에서 죽는 자들은 복이 있도다"고 말하기 때문입니다. 최종적인 인내야말로 그리스도인 생활의 정점입니다. "너희가 달음질을 잘 하더니 누가 너희를 막아 진리를 순종하지 못하게 하더냐?"(갈 5:7). 건물을 세우기 시작만 하는 것은 헛된 일입니다. 건축을 마무리해야 합니다. 그렇지 않으면 모든 사람이 우리를 비웃을 것입니다. 전사가 승리를 확보할 때까지 싸우지 않으면, 투구와 갑옷과 검을 모두 갖추는 것이 아무 소용 없는 일입니다.

이와 같이 안식에 들어간 사람들은 그리스도를 위해 애를 많이 쓴 사람들입니다. "그들이 수고를 그치고 쉬리니 이는 그들의 행한 일이 따름이라 하시더라"고 말하는 것을 볼 때 그렇습니다. 게으른 그리스도인은 상급에 대한 소망을 별로 가질 수 없습니다. 자기 주님을 섬기지 않는 사람은 주님께서 마침내 허리를 띠고 자기를 섬길 것을 거의 기대할 수 없습니다. 이 자리에 있는 사람들 가운데 지금 하나님께 열매를 맺어드리지 못하는 분에게는, 이 말씀밖에 할 것이 없습니다. "아름다운 열매를 맺지 아니하는 나무마다 찍혀 불에 던져지느니라"(마 7:19). "스스로 속이지 말라 하나님은 업신여김을 받지 아니하시나니 사람이 무엇으로 심든지 그대로 거두리라"(갈 6:7). 이 원칙은 변하지 않습니다. 이 원칙은 반드시 그대로 됩니다. 그리스도를 위한 활동과 수고가 없고, 그리스도를 위한 인내와 고통이 없으면, 우리가 하나님의 백성이라는 중요한 증거가 전혀 없는 것입니다.

주 안에서 죽는 자들은 주 안에 있었다는 점을 이야기하면서 성품에 관한 설명을 끝내도록 하겠습니다. 그것이 중요한 점입니다. 그들이 주님 안에서 살지 않았다면 주 안에서 죽을 수 없었을 것입니다. 그러면 우리는 지금 주 안에 있습니까? 주님께서 지금 믿음으로 우리 안에 계십니까? 사랑하는 청중 여러분, 여러분은 지금 오직 예수 그리스도만을 의지하십니까? 그리스도께서 여러분의 구원의 전부이고 여러분의 소원의 전부이십니까? 이 질문에 여러분은 무엇이라고 답하시겠습니까? 여러분은 완전하지 않습니다. 그러나 예수님은 완전하십니다. 그릇이 못에 매달려 있듯이 여러분은 지금 그리스도께 매달려 있습니까? 여러분 자신으로는 하나님께 용납되어 그 앞에 서기를 기대할 수 없습니다. 그러면 여러분은 "사랑하시는 자 안에서 하나님께 용납되었습니까?" "사랑하시는 자 안에서 용납되었느냐" 는 이것이 문제입니다. 생명의 연합에 의해, 즉 하나님의 선물이고 여러분 영혼 속에 일어나는 성령의 활동인 믿음에 의해 여러분이 그리스도 안에 있고, 그리스도께서 여러분 안에 계십니까? 대답해 보십시오. 여러분과 같은 혈과 육을 가진 사람 앞에서 이 문제에 대답할 수 없다면, 주님께서 친히 오실 때 어떻게 여러분이 영으로 대답을 할 수 있겠습니까?

**2. 성품에 관해서는 이만큼 이야기하겠습니다.**

　이제는 주 안에서 죽는 자들이 받는 것으로 이야기하는 **복**에 관해 아주 간단하게 몇 마디 하겠습니다. "그들이 수고를 그치고 쉬리니."

　이 말씀이 의미하는 바는, 하늘에 있는 성도들이 이 땅에서 행했던 것과 같은 수고를 그치고 쉰다는 것입니다. 그들이 천국에서도 섬기는 일을 할 것은 분명합니다. 힘을 다 쏟아 할 일이 아무것도 없는 천국이라면 불행할 것입니다. 그러나 이 땅에서 우리가 할 수 있는 그런 노고가 천국에서는 주어지지 않을 것입니다. 천국에서는 무지한 자를 가르치거나 잘못하고 있는 사람을 책망하는 일, 혹은 낙담한 자를 위로하거나 가난한 자를 돕는 일이 없을 것입니다. 천국에서는 우리가 거짓 교사를 반대하는 일이 없을 것이고, 젊은이를 유혹하는 자들과 싸우는 일도 없을 것입니다. 거기에서는 어린아이들을 모아 예수님을 위해 훈련하는 일이 없을 것이고, 병든 자를 찾아가 위로의 말을 전하는 일도 없고, 타락한 자를 돌이키고, 초신자들을 붙들어 주고, 죄인들을 회개시키는 일도 없을 것입니다. 주 안에서 죽는 자들은 천국에서 이런 수고로운 일들을 그칩니다.

　성도들은 더 이상 수고의 노역에 매이지 않는다는 의미에서 수고를 그치고 쉽니다. 천국에서 하는 일은 무엇이든지 성도들을 유쾌하게 만들고 결코 싫증이 나게 하지 않을 것입니다. 어떤 새들은 날면서 쉰다고 하듯이 성도들은 거룩한 활동 가운데서 평온한 휴식을 취합니다. 성도들은 하나님의 전에서 밤낮으로 하나님을 섬기며, 그 가운데서 쉽니다. 이 땅에서도 우리가 주님의 멍에를 멤으로써 영혼이 안식을 얻듯이, 천국의 완전한 순종 가운데서 성도들이 완전한 휴식을 얻습니다.

　성도들은 노동의 고통에서도 쉽니다. 어떤 사람들이 이 단어를 읽으면서 "성도들이 울부짖음을 그치고 쉰다" 고 읽는 것을 보았습니다. 원어는 때린다는 뜻을 나타내는 단어입니다. 따라서 가슴을 치는 것에 적용하자면, 그 단어는 슬픔을 표시합니다. 그러나 때리는 것이 이 세상과의 투쟁을 의미하거나 어떤 형태의 노동을 의미할 수 있습니다. 주 안에서 죽은 모든 복된 자들에게는 예수님을 위한 노동의 슬픔이 끝이 납니다. 그들의 달콤한 평안을 훼방할 것은 아무것도 천국에 가까이 가지 못합니다.

　그들의 안식은 완전합니다. 나는 이 휴식의 개념이 여러분 모두에게 원기를 돋우는지 모르겠습니다. 그러나 우리 가운데서 힘에 겹도록 일하시는 분들에게 이 휴식은 유쾌함을 가득 안겨주는 개념입니다. 내세의 봉사를 멋지게 생각하는 분들이 있습니다. 우리 모두가 그렇게 생각하기를 바랍니다. 그러나 정신적으로 감당할 수 있는 것 이상으로 그리스도를 위해 일하는 분들에게, 휴식의 바다에 푹 빠진다는 전망은 매우 기분 좋은 것입니다.

성도들은 일을 그치고 쉽니다. 하늘의 본향에 이를 때, 우리가 노동의 결함에서 벗어나 쉴 것을 생각하는 것이 주님의 종에게는 지극히 달콤합니다. 우리는 천국에서 아무 실수를 하지 않을 것입니다. 심한 말이나 틀린 말을 사용하지 않을 것이고, 그릇된 정신을 갖지 않을 것이며 열정이 넘치거나 부족하여 실수하는 일도 없을 것입니다. 지금은 성도들이 매일 눈물을 흘리게 되지만, 천국에서는 우리의 거룩한 일들 때문에 슬퍼할 필요가 없을 것입니다. 하늘에서는 우리의 수고를 꺾는 비난에서 벗어나 쉴 것입니다. 거기에는 우리의 열정을 꺼트리는 냉담한 형제들이 없고, 우리의 믿음이 강할 때는 우리에게 경솔하다고 하고, 우리의 확신이 견고할 때는 완고하다고 하여 낙담시키는 형제들도 없을 것입니다. 우리가 있는 힘을 다해 경주를 하려고 할 때 소매를 붙잡고 뒤로 잡아당기는 사람이 아무도 없을 것입니다. 우리의 길이 자기들과 다르다고 해서 우리를 비난할 사람이 없고, 하나님께서 우리에게 승리를 주실 것을 확신할 때 재난과 패배를 예고할 사람이 전혀 없을 것입니다.

또한 노동의 실망을 그치고 쉴 것입니다. 사랑하는 동료 목회자 여러분, 우리가 본향에 가서는 우리의 보고를 아무도 믿지 않았다고 주님께 말씀드릴 필요가 없을 것입니다. 우리가 침대에 가서도, 교인들 가운데 어떤 이들이 앞뒤가 맞지 않게 행하고 있기 때문에, 또 어떤 분들은 뒤로 물러가고 있고, 그런가 하면 회심하였다고 생각한 분들이 다시 세상으로 돌아간 것 때문에 잠들지 못하는 일이 없을 것입니다. 이 땅에서 우리는 눈물을 흘리며 씨를 뿌리지 않으면 안 되지만 천국에서는 기쁨으로 수확할 것입니다. 천국에서는 면류관을 쓰거나 아니면 면류관을 주님 발 앞에 내려놓을 것입니다. 그러나 이 땅에서 깊은 바다에서 진주를 가져와 왕관에 박기 위해 바다에 뛰어들어야 합니다. 이 땅에서 수고하지만, 거기에서는 수고의 열매들을 누릴 것입니다. 거기에는 수확물을 못쓰게 만들 진딧물도 곰팡이도 없을 것입니다.

천국에 가서 동료 그리스도인들 사이의 모든 **다툼**을 그치고 쉰다는 것은 기분 좋은 일일 것입니다. 그리스도의 봉사 가운데 아주 어려운 부분은 평화를 추구하면서 동시에 진리를 지키는 것입니다. 그리스도는 순결한 것과 평화로운 것을 적당한 비율로 섞을 수 있는 지혜로운 화학자입니다. 그리스도는 애정의 의무들과 신실함을 적당하게 균형을 맞출 수 있고, 죄를 치면서도 죄인은 사랑하는 법, 다시 말해 잘못은 공공연히 비난하면서도 잘못을 범한 형제들에 대해서는 애정을 보이는 법을 가르칠 수 있는 하찮은 철학자가 아닙니다. 우리는 저기 진리와 사랑의 빛나는 세계에서는 이런 어려움을 만나지 않을 것입니다. 우리나 우리 형제들이 모두 모든 일에서 주님께 충분히 배울 것이기 때문입니다. 우리는 지금 이 땅을 덮고 있는 의심의 구름과 안개에서 벗어나고, 치명적인 거짓의 그늘 아래에서 사람들의 영혼을 파괴하려고 하는 악한 영들에게서 벗어날 것입니다. 우리에게 이런 전망을 주신 하나님을 찬송합시다! 오직 성도만을 만나고, 약속의 땅의 언어만을 사용하는 사람과 이야기하며, 거룩하게 된 자들과만 교제하는 것은 정말로 기쁜 일일 것입니다. 주 안에서 죽는 자들이 이와 같은 안식에 이른다면 참으로 복이 있는 것입니다.

> "수고하는 우리 영혼이 뜨겁게 타오르는 간절한 소원으로
> 　이 안식을 갈망하네."

"예루살렘아 우리 발이 네 성문 안에 섰도다"(시 122:2).

### 3. 우리가 생각해 볼 마지막 문제는 복되게 죽은 자들이 받는 상급입니다.

"그들이 수고를 그치고 쉬리니 이는 그들의 행한 일이 따름이라." 성도들은 자기 수고를 앞세우고 가지 않습니다. 그들에게는 그들의 수고보다 무한히 뛰어난 선구자가 있습니다. 지금까지 예수님과 그의 완성하신 사역이 그 길을 인도하였기 때문입니다. 예수께서는 "내가 가서 너희를 위하여 거처를 예비한다"(요 14:3)고 말씀하십니다. 사실 주님은 이렇게 말씀하시는 것입니다. "너희 수고가 아니라 내 수고가, 너희 눈물이 아니라 내 피가, 너의 노력이 아니라 나의 완성된 사역이 선봉에 설 것이다." 그렇다면 우리의 활동이 가는 위치는 어디입니까? 우리의 활동이 기운을 돋우는 묵상의 주제로서 우리의 오른편이나 왼편에서 서서 전진합니까? 아니, 그렇지 않습니다. 우리는 자신의 활동을 우리를 위로할 친구로 삼을 생각을 하지 못합니다. 우리의 수고는 뒤를 따라올 뿐입니다. 우리의 수

고는 항상 우리 뒤에서 보이지 않게 따라옵니다. 우리도 거룩함을 바라는 가운데서 언제나 우리의 수고보다 앞서 갑니다. 그리스도인은 자신이 행한 최고의 봉사라도 언제나 잊어버려야 하고, 그것에 개의치 말고 가야 하며, 그 봉사를 축하의 대상으로 보아서는 안 됩니다. 설교자는 할 수 있는 대로 최상의 설교를 하려고 애써야 합니다. 그러나 최고의 설교를 하였더라도 설교자는 그것을 마음에 두고 스스로 만족하여 "설교를 잘 했어" 하고 말하지 않도록 해야 합니다. 마치 그 설교를 의지하는 것처럼 곁에 끼고 있어서도 안 됩니다. 그렇게 하면 설교를 가지고 그리스도를 대적하는 일을 하게 되기 때문입니다. 그렇게 해서는 안 됩니다. 우리의 수고들은 뒤로 보냅시다. 거기가 우리 수고들에 잘 맞는 자리입니다. 신자들은 선한 행실을 놓아야 할 자리를 압니다. 신자들은 선한 행실을 멸시하지 않습니다. 율법을 평가절하하거나 성령의 은혜를 경시하는 말을 전혀 하지 않습니다. 그렇지만 지극히 거룩한 노력이라도 그리스도의 자리에 놓으려는 일은 감히 하지 않습니다. 예수께서 앞서 가시고 행실은 뒤좇아갑니다.

수고한 바들이 실제로 있고, 그것을 언급했다는 점을 잘 살펴봅시다. 경건한 사람들의 행실이, 어떤 사람들이 생각하는 것처럼, 무의미한 것이 아니고 중요하지 않은 것도 아닙니다. 그들의 선한 행실이 잊히지 않습니다. 마치 지난 여름의 시든 잎과 같은 것이 아닙니다. 그 행실들은 생명이 가득해서 시들지 않고 꽃을 피웁니다. 배가 지나간 뒤에 은빛 물줄기가 따르듯이, 성도들이 천국에 올라갈 때 그들의 행실도 따라갑니다. 나는 조금 전에 어떤 사람이 화형주에 묶여 불살라지는 것을 묘사하였습니다. 그의 적들은 자기들이 그의 사역을 끝장냈다고 생각하였지만, 오히려 그가 고통받으며 활동한 시대에 대한 그의 사역의 영향력을 깊게 하였을 뿐이고, 장차 올 시대에 실제로 영향력을 발휘하게 만들었을 뿐입니다. 사람들은 그의 책들을 쌓아놓았고, 그 책들이 눈앞에서 불에 타오르자, "너와 너의 이설은 이것으로 끝이다" 하고 말하였습니다. 아, 사람들이 그동안 얼마나 어리석었습니까! 진리는 그런 무기로 정복되지 않습니다. 아니, 상처조차 입지 않습니다.

위클리프의 경우를 생각해 보십시오. 그 얘기를 지금 다시 할 생각은 없습니다. 사람들이 그의 재를 시내에 뿌렸고, 시냇물은 그의 재를 강으로 가져갔고, 강은 바다로 가져갔습니다. 그래서 파도마다 그의 귀한 유골을 조금씩 가져가서 마침내 그의 영향력이 온 바닷가에 미치게 되었습니다. 박해자들은 선한 사람을 화형시키고 그의 재를 뿌려 버렸을 때 자기들이 그의 교훈을 끝내버렸다고 철석같이 믿었습니다. 그러나 그들은, 흔히 진리는 그 전파자의 죽음으로부터 더 강력한 생명력을 얻고, 한 번 쓴 책들은 불멸성을 얻어 자기를 태운 불을 비웃는다는 사실을 잊었습니다. 수많은 무신론자와 이교도의 책들이 사라졌습니다. 그래서 한 권도 찾을 수가 없습니다. 나는 그 책들이 유익한 망각으로부터 깨어나 다시 발굴될 수 있을 것이라고 생각하지 않습니다. 그러나 주님과 주의 진리를 위하여 쓴 책들은 사람들이 모르는 곳에 묻혔을지라도 반드시 부활할 것입니다. 오랜 세월에 누르스름해지고 시커멓게 제본된, 오십 년 전 우리의 옛 청교도 저작물들이 빈약하고 많이 손상이 된 채 양가죽이나 염소가죽에 싸여 여기저기 떠돌아 다녔습니다. 그러나 그 책들이 새롭게 제본되어 나왔고, 도서관마다 이 책들로 부요해졌으며, 지극히 강력한 종교 사상이 이 책들에 영향을 받았으며, 세상 끝날까지 영향을 받을 것입니다. 주일학교에서 몇 명의 아이들에게 가르친 교훈에 불과한 것일지라도, 훌륭한 그리스도인 남녀의 사역은 여러분이 없앨 수 없습니다. 여러분이 누구에게 그리스도의 가르침을 전하게 될지 알 수 없습니다. 그러나 분명한 것은 여러분은 아주 먼 훗날에 꽃 피우게 될 씨를 지금 뿌리고 있는 것입니다.

웨슬리 목사의 어머니는 아들들을 가르쳤을 때, 그 아이들이 어떻게 될 지는 거의 알지 못했습니다. 여러분의 반에서 어떤 사람이 나올지 여러분은 모릅니다. 여러분의 반에 어린 휫필드가 있을 수 있습니다. 주님께서 여러분에게 힘을 주셔서 그 아이를 예수께로 인도할 수 있다면, 그 아이가 수천 명의 사람들을 믿기로 결심하도록 이끌 것입니다. 아, 선한 부인이여, 당신 가슴에 하나님께서 밝게 타오르는 횃불로 만드실 아이가 안겨 있을 수 있습니다. 여러분이 그 어린 아이를 예수님을 위해 훈련시킨다면, 여러분의 노고는 결코 헛되지 않을 것입니다. 거룩한 눈물은 잊혀지는 법이 없습니다. 그 눈물은 하나님의 병에 담겨 있습니다. 다른 사람의 선을 바라는 소원은 헛되이 사라지지 않습니다. 하나님께서 그 소원을 들으셨기 때문입니다. 예수님을 위하여 말한 한 마디, 그리스도의 금고에 넣은 푼돈, 친국에 써 보낸 은혜로운 편지글 한 줄, 이 모든 것들은 저기 태양이 석탄처럼 검게 변하고 달이 핏덩이처럼 응고될 때까지 지속될 것입니다. 성령의 능력으로 행한 일들은 영원합니다. "그러므로 내 사랑하는 형제들아 견실하며 흔들리지 말고 항상 주의 일에 더욱 힘쓰는 자들이 되라 이는 너희 수고가 주 안에서 헛되지 않은 줄 앎이라"(고전 15:58).

그리스도인들에게는 선한 행실이 따르고, 그 행실들은 보상을 받을 것입니다. 천국의 상급은 다 은혜로 말미암은 것들이지만, 보상이 있을 것입니다. 여러분이 성경을 보면, 주님께서 먼저 우리에게 선한 행실들을 내놓게 하시고, 그다음에 그 행실에 대해 은혜로 상급을 주신다는 것을 읽지 않을 수 없습니다. "잘하였도다 착하고 충성된 종아"(마 25:23)라는 말씀이 있고, 다섯 달란트를 가지고 충성한 사람과 두 달란트를 가지고 충성한 사람에게 각각의 수고에 걸맞는 상급이 있습니다. 예수님을 위해 사는 여러분은 여러분의 삶이 장차 올 세상에서 보상을 받으리라는 것을 아주 굳게 믿을 수 있습니다. 다시 한 번 말씀드립니다만, 그 상급은 수고의 삯이 아니라 은혜로 받을 것이지만, 분명코 보상 받는 일이 있을 것입니다. 여러분은 세상을 떠났지만 여러분이 전한 진리가 여전히 살아 있다는 것을 아는 기쁨이란 얼마나 큰지요! 내 생각에는, 사도들이 천국에 간 후로 종종 세상을 내려다보고 하나님께서 보잘것없는 열두 어부를 도와 하게 하신 일을 보고 틀림없이 놀랐을 것입니다. 그들은 자신들이 미약하게 전한 진리로 말미암아 그리스도께로 돌아온 민족들을 보았을 때 틀림없이 자신들의 복됨을 더욱더 충만하게 느꼈을 것입니다.

목사가 영광 가운데서 자신의 영적 자녀들이 하나씩 하나씩 오는 것을 보는 기쁨이란 이루 다 표현할 수 없을 것입니다! 나도 할 수 있다면, 천국 문으로 내려가서 여러분 가운데 어떤 분들이 오지 않는지 오래 기다리며 볼 것이라고 생각합니다. 아, 나도 천국 문에서 내 영적 자녀들을 적지 않게 환영할 것이라 믿습니다. 주님을 찬양합니다. 그것이 얼마나 큰 기쁨이 되겠습니까! 주일학교 선생님인 선한 자매 여러분, 여러분은 아주 많은 이들을 그리스도께로 데려왔습니다. 여러분의 수고로 천국이 배가되어서 여러분이 그 사랑하는 사람들이 그리로 들어오는 것을 볼 것이라고 확신합니다. 여러분이 그 발걸음을 천국으로 인도한 사람 하나 하나 안에서 천국을 누릴 것이고, 그들의 기쁨 속에서 기뻐하며, 그들의 찬송 가운데서 주님을 찬송하게 될 것입니다. 그렇습니다. 오래된 선한 대의는 죽지 않고, 진리는 결코 사라지지 않을 것입니다.

나는 복음을 반대하여 거칠게 내뱉은 많은 글들을 요즘 읽고서, 그리고 이 나라 전역을 오르내리며 나라가 온통 우상 숭배에 기울어진 것을 보고서, 돌아다니는 곳마다 속으로, "안 된다. 폴란드야, 너를 결코 망하게 두지 않을 것이다"

고 말한 그 폴란드인의 심정을 다소 느꼈습니다. 시대의 어둠과 악한 풍조에도 불구하고 복음은 승리에 가까이 이르고 있습니다. 복음은 결코 망하지 않을 것입니다. 위대한 사람들도 넘어질 수 있고, 대단한 명성도 점차 희미해질 수 있으며, 탁월한 철학도 스러질 수 있습니다. 기괴한 불신앙이 대중적인 인기를 얻을 수 있고, 오래된 미신이 부활하여 사람들을 어둡게 만들 수 있습니다. 그러나 주님의 십자가, 임마누엘이신 주님, 주님의 순전한 복음, 우리 선조들이 사랑하였고 목숨을 바쳐 지킨 그 믿음은 틀림없이 계속해서 세상에서 가장 빛난 별, 곧 샛별이 될 것입니다. 동이 트고 어둠이 사라질 때까지 떠오르는 세상의 샛별이 될 것입니다. 교회라는 배는 결코 파선하지 않을 것입니다. 이 배가 미친 폭풍우 속에서는 흔들리고 비틀거리지만, 배 전체는 튼튼합니다. 이 배의 선장께서 배의 키를 잡고 전능하신 지혜로 조종하십니다. 뱃머리가 파도에 묻히지만 바다를 가르며 나가고, 마치 사자가 갈기에서 이슬을 떨어내듯이, 배는 산더미 같은 파도를 떨치며 나아가는 것을 보십시오! 지금보다 더 맹렬한 폭풍우가 그동안 이 배를 강타하였습니다. 그러나 배는 지옥의 무시무시한 폭풍우에도 불구하고 길을 헤치며 영광스럽게 나왔습니다. 그리고 정해진 항구에 도달할 때까지 그렇게 갈 것입니다. 주님께서 살아 계시고 주님께서 통치하십니다. 그리스도께서 십자가에서 내려와 보좌에 오르셨습니다. 겟세마네와 골고다를 지나 영광에 이르셨습니다. 하늘과 땅의 모든 권세를 그가 받으셨습니다. 우리가 할 일이라곤 주의 명령에 따라 나가서 복음을 전하고 주의 이름으로 세례를 베푸는 것뿐입니다.

의와 진리를 가진 권세가 임할 날이 올 것입니다. 예수께서 오른손으로 철장을 쥐고 원수들을 쳐부수고 친구들에게 상을 베푸실 날이 올 것입니다. 주님은 우리 한 사람 한 사람이 그의 편이라는 것을 인정하십니다. 만일 우리가 지금 예수님 편에 있지 않다면, 속히 회개하고 믿음으로 예수님 편으로 갈 수 있기를 바랍니다! 주님께서 우리를 돌이켜 주시면, 우리가 돌이킬 수 있을 것입니다. "주 안에서 죽는 자들은 복이 있다" 면 그리스도 밖에서 죽는 자들에게는 틀림없이 저주가 있을 것이기 때문입니다. 그렇습니다. 그들에게는 저주가 있고, 그래서 그들의 행실이 그들을 뒤따르든지 앞서든지 간에 심판을 받고 정죄를 받을 것입니다. 저 세상에서 우리의 행실들이 우리에게 악을 쓰며 비난하는데서 하나님이 무한한 자비로 우리를 구원해 주시며, 우리의 과거 죄라는 늑대가 죽은 자들 가운데서 다시 살아나 쫓아오는데서 우리를 구하여 주시기 바랍니다. 우리가 용서

받지 않고서는, 우리의 죄가 망각의 무덤에서 살아나 우리에게 몰려들어 우리를 갈기갈기 찢을 것이고, 거기에서 구원할 자가 아무도 없을 것이기 때문입니다.

우리가 지금 당장 예수님께로 달려가서 예수님의 보혈을 믿는 믿음으로 말미암아 모든 악에서 구원 얻기를 바랍니다. 그래서 모든 악이 우리를 보았다면 "주 안에서 죽는 자들은 복이 있도다"고 말할 수 있기를 바랍니다.

하나님께서 그리스도를 인하여 여러분에게 복 주시기를 바랍니다. 아멘.

제
26
장
—

# 어린 양의 혼인

—

"우리가 즐거워하고 크게 기뻐하며 그에게 영광을 돌리세
어린 양의 혼인 기약이 이르렀고 그의 아내가 자신을 준비
하였으므로 그에게 빛나고 깨끗한 세마포 옷을 입도록 허락
하셨으니 이 세마포 옷은 성도들의 옳은 행실이로다 하더
라." ─ 계 19:7-8

우리는 하나님 말씀에서 마지막 주의 날에 우리 주님께서 하늘에서 어린 양
의 모습으로 예배를 받으신다는 것을 분명히 보았습니다. 자, 어린 양이라고 할
때는 제물을 의미하였는데, "보라 세상 죄를 지고 가는 하나님의 어린 양이로다"
(요 1:29)는 말씀에 따를 때, 그것은 죄를 없애는 제물을 의미하였습니다. 오늘날
불신앙의 시대가 끊임없이 공격하고 있는 것이 바로 이 속죄와 대속의 죽음의
위대한 교리입니다. 그러므로 나는 여러분에게 그리스도의 대속과 제사는 임시
적인 방편이 아니라 구원의 전 역사를 통해서 내내 지속되며, 하늘에서도 여전
히 최고의 자리를 차지하고 영원히 계속될 것이라는 진리를 말씀드립니다. 그리
스도께서 어린 양으로 나오는 부분을 읽을 때마다 그리스도께서 우리 죄를 없애
기 위하여 우리 대신에 받으신 고난과 죽으심을 상기시키기 위한 것임을 잊지
마십시오. 몇 년 전에 어린 양의 모습인 그리스도를 보았을 때 처음 평안을 얻었
습니다. 그리고 우리는 지금도 그리스도를 어린 양의 모습으로 바라보고 있습니
다. 천국에 올라가서 우리는 예수님에 대한 생각을 바꿀 필요가 없습니다. 그때

도 우리는 예수님을 죽임당하신 어린 양으로 볼 것입니다. 지극히 낮은 자리에 있을 때, 곧 우리가 속박의 애굽에서 나왔을 때, 그리스도는 하나님의 유월절 어린 양이셨습니다. 그런가 하면 지극히 높은 자리에 있을 때, 곧 하늘의 성전에 있을 때 우리는 여전히 그리스도를 "창세 이후로 죽임을 당한 어린 양"(계 13:8)으로 볼 것입니다.

오늘 아침 설교의 주 목적은 여러분에게 교회와 교회의 주님 사이에서 경축하게 되어 있는 복되고 영광스러운 연합은 "어린 양의" 혼인이 되리라는 점을 설명하는 것입니다. 항상 복되고 영원한 그리스도와의 마음의 연합은, 특별히 그리고 분명하게 그리스도의 제사와 관련하여 이루어질 것입니다. 여기서 주님의 사랑하시는 사도는 하나님의 교회 전체와 교회의 거룩한 남편의 완전한 연합을 기술합니다. 주님의 품에 머리를 기대었고 주님께 관해 누구보다 잘 알았던 이 사도가 성령의 직접적인 영감을 받아 "어린 양의 혼인 기약이 이르렀고 그의 아내가 자신을 준비하였다"고 말하였습니다.

이 시간에 우리가 다른 무엇을 생각할지라도, 내 설교는 이 점을 과녁의 중심으로 삼을 것입니다. 즉 제물이신 어린 양 예수 그리스도는 처음일 뿐만 아니라 마지막이시고, 거룩한 은혜의 성전의 기초일 뿐만 아니라 맨 위층이시기도 하다는 것입니다. 구속의 전(全) 사역의 정점은 교회가 그리스도와 혼인하는 것입니다. "하나님의 참되신 말씀"에 따를 때, 이것이 "어린 양의 혼인"입니다.

할 수 있는 최선을 다해서 이 혼인 잔치를 설명해 보겠습니다. 이 혼인은 요한계시록에서 계시될 뿐 아니라 또한 거룩하게 가려져 있습니다. 우리는 성령께서 들여보내시지 않는 곳에 결코 밀고 들어갈 수 없습니다. 그러나 우리가 이 혼인에 대해 알고 있는 것에 대해서 이제 생각해 봅시다. 성령께서 그 일이 우리에게 유익하게 해주시기를 바랍니다!

## 1. 첫째로, 나는 여러분이 이 혼인 잔치에 선행되는 일들에 주의하시기 바랍니다.

이 공적인 혼인 잔치가 거행되기 전에 무슨 일이 일어날 것입니까?

한 가지 큰 사건은 음녀 교회의 파멸일 것입니다. 방금 앞 장을 읽었는데, 앞 장은 그 악한 체계에 떨어질 저항할 수 없는 파멸을 밝힙니다. 그리스도를 믿는 믿음으로 말미암는 칭의 대신에 다른 구원을 제시하는 교회는 음녀 노릇을 하는 교회입니다. 그리스도를 믿는 믿음으로 말미암는 칭의의 교리는 교회의 사활이 걸린 조항입니다. 그리스도의 피를 귀한 것으로 받아들이는 곳에 생명이 있습니다. 제사로 말미암는 속죄를 전파하고 사랑하는 곳에 성령의 효과적인 증언이 있을 것입니다. 그러나 예수님 대신에 인간 사제가 나서는 곳, 죄사함을 돈으로 살 수 있는 곳, 피 없는 제사가 큰 속죄를 대신하고 성례전을 중생의 수단으로 높이는 곳에서는 교회가 더 이상 그리스도께 자신을 바친 정숙한 처녀가 아닙니다. 그 교회는 정절을 버린 것입니다.

적그리스도의 교회는 완전히 박멸하고 불로 태워 버려야 합니다. 요한계시록 17:14을 보면, 이 거짓 교회와 연합한 자들은 "어린 양과 더불어 싸우려니와 어린 양은 만주의 주시요 만왕의 왕이시므로 그들을 이기실" 것입니다. 불신앙의 지원을 받아 미신으로 수행하는 전쟁만큼 어린 양에게 악하고 단호한 싸움은 없었습니다. 음녀 교회와 불신앙이라는 짐승은 함께 결탁하여 그리스도의 순전한 믿음에 대항합니다. 여러분이 사람들에게 어디든지 상관없이 그리스도를 떠나서 가라고 어디를 가리킨다면, 그것은 적그리스도에게 가라고 가리키는 것입니다. 여러분이 사람들에게 무엇을 가르치든지, 그것이 아무리 철학적으로 보일지라도, 어떤 식으로든 그리스도의 완성된 영광스러운 사역이라는 기초를 의지하는데서 사람들을 끌어낸다면, 여러분은 적그리스도의 기초를 놓은 것이고, 그위에 쌓은 것은 모두 부서지고 말 것입니다. 그리스도의 제사에 반대하여 서는 것은 모두 내던져져서 홍수 속에 맷돌처럼 가라앉게 됩니다. 그 시간이 왔으면 좋겠습니다! 주님의 오른팔이 나타나고, "무너졌도다 무너졌도다 큰 성 바벨론이여"(계 14:8) 하고 외치는 소리를 들었으면 좋겠습니다. 우리 주께서 속히 오시기를 바라는 것이 우리의 할 일입니다. 그러나 주님께서 지체하신다면, 그것은 "하루 동안에 그 재앙들이 이르기" 전에 오는 많은 날의 기간이 있을 수 있습니다. 우리가 기다리지만, 주님이 오시기까지 여러 날이 걸릴 것입니다. 참 교회가 영광을 얻고 음녀 교회가 멸시를 받을 날이 반드시 올 것입니다. 그리스도의 교회는 지금은 마치 신데렐라처럼 재 가운데 앉아 있습니다. 그리스도의 교회는 그의 주님처럼 "멸시를 받아 사람들에게 버림 받습니다"(사 53:3). 파수꾼들이 교회 곧 주님의 신부를 치고, 그 얼굴에서 면박을 벗겨버립니다. 그들이 교회의 주님을 알지 못하는 것과 똑같이 교회를 알지 못하기 때문입니다. 그러나 주님께서 나타나실 때, 교회도 나타날 것이고, 그리스도께서 영광 가운데 나타나실 때 아버지의 나라에서 해처럼 빛날 것입니다.

그 다음에, 본문 바로 앞에서, 어린 양의 혼인 잔치 전에 특별한 목소리가 들렸다는 것을 봅니다. 5절에 "음성이 나서"라는 말씀을 읽게 됩니다. 이 음성이 어디에서 나옵니까? "보좌에서 음성이 났습니다." 그것은 누구의 음성이었습니까? 그것은 영원하신 하나님의 목소리가 아니었습니다. 그 음성이 "하나님의 종들 곧 그를 경외하는 너희들아 다 우리 하나님께 찬송하라"고 말하였기 때문입니다. 그러면 그것은 누구의 음성이 될 수 있겠습니까? 하나님이신 어린 양을 제외하고, 하나님 외에 누구도 보좌에 있을 수 없습니다. 확실히, "우리 하나님께 찬송하라"고 말씀하신 분은 어린 양이신 그리스도이셨습니다. 신인(神人)이신 중보자, 그분이 어린 양으로서 보좌에 앉아 계셨습니다. 그리스도께서 자신의 혼인 날을 알리신 것입니다. 그리스도 외에 누가 그 일을 하겠습니까? "보좌에서 음성이 나서 이르시되 하나님의 종들 곧 그를 경외하는 너희들아 작은 자나 큰 자나 다 우리 하나님께 찬송하라 하더라." 주님께서 하나님의 모든 종들에게 하나님을 찬송하라는 말을 하는 것은, 주께서 완전한 승리를 이루셨기 때문입니다. 자기 영혼의 수고한 것을 보기 간절히 바라며, 하나님의 모든 택하신 자를 부지런히 불러 모으면서 주님이 말씀하시는 것입니다. 주님의 기쁨이 충만하고, 자기와 영원히 함께 할, 그의 구속하신 모든 무리를 보고 기뻐할 충만한 때가 이르렀기 때문입니다.

보좌에서 난 음성은 매우 주목할 만한 것입니다. 그 음성은 높이 되신 그리스도께서 자기 백성에게 얼마나 가까이 계시는지를 보여주기 때문입니다. 주님은 구속받은 모든 자들에게 말씀하십니다. "하나님의 종들아 우리 하나님께 찬송하라 하더라." 이 말씀을 보면 다음과 같은 주님의 기억할 만한 말씀이 생각납니다. "내가 내 아버지 곧 너희 아버지, 내 하나님 곧 너희 하나님께로 올라간다"(요 20:17). 주님은 자신과 그의 백성을 한데 묶어서 당신의 아버지와 당신의 하나님의 소유로 삼기를 부끄러워하지 않으셨습니다. 그래서 하늘에 오르신 뒤에는 보좌에 앉으셔서 "우리 하나님을 찬송하라"고 말씀하셨습니다. 이 말씀이 여러분에게 어떤 인상을 주는지 모르겠습니다. 내게는 주님의 사랑, 주님의 겸손하심, 주님의 친교, 주님의 자기 백성과의 연합을 아주 힘있게 보여줍니다. 어떻게 해야 그 점을 여러분에게 분명하게 설명할 수 있을지 모르기 때문에, 그냥 여러분이 그 점에 대해 생각해 보도록 맡길 수밖에 없습니다. 보좌에 당당하게 오르신

분, 싸움을 모두 끝내신 주님, 성부 하나님과 함께 보좌에 앉는 영원한 상급을 받으신 주님께서 이제 우리와 함께 찬송을 부르며 "하나님의 종들아 다 우리 하나님께 찬송하라"고 말씀하십니다. 주님은 자기 백성 가운데 지극히 작은 자와 교제를 갖는 것을 전혀 부끄러워하시지 않습니다. "그를 경외하는 너희들아 작은 자나 큰 자나 다"라는 말씀을 덧붙이시는 것을 보면 알 수 있습니다. 진실로 "그 사람은 우리와 가까우니 우리 기업을 무를 자 중의 하나이니라"(룻 2:20).

> "예수께서는 죄인들과 혈연으로
> 하나가 되어 영광에까지 이르셨네."

그 영광 가운데 계시면서 주님은 여전히 자기 백성들과의 사랑의 관계를 인정하시고, 교회 가운데서 하나님께 찬송드립니다(히 2:11,12).

다음으로, 이 음성에 대한 반응을 살펴봅시다. 이 반응이 혼인 잔치보다 앞서기 때문입니다. 이 존엄한 음성이 성도들을 불러 찬양하라고 말하자마자 즉시 "허다한 무리의 음성과도 같은" 소리를 들었다고 하였습니다. 사도는 그 혼합된 음성이 셀 수 없이 많은 무리가 다 같이 노래하는 소리로 들렸습니다. 주님의 구속받은 자들이 적지 않기 때문입니다. 아무도 그 수를 셀 수 없습니다. 그날에 사람들이 "각 족속과 방언과 백성과 나라 가운데에서"(계 5:9) 어린 양의 음성을 듣고 이렇게 말합니다. "할렐루야 주 우리 하나님 곧 전능하신 이가 통치하시도다." 다함께 뒤섞인 그 음성이 어찌나 크든지 마치 "많은 물소리"와도 같고, 포효하는 큰 폭포 소리 같기도 하고, 가득 찬 바다 소리 같기도 했습니다. 그것은 마치 대서양과 태평양, 북극해와 남극해가 소리를 높여 외치고, 바다가 깊은 심연까지 울리도록 거기에 화답하는 것 같았습니다. 이 비유가 과장된 것이 아니었습니다. 왜냐하면 요한은 여기에다 또 한 가지 비유를 더하여 "큰 우렛소리와도 같은 소리"라고 말하기 때문입니다. 우리는 최근에 거리의 소음을 잠재우는 하늘의 천둥소리를 듣고, 그 무시무시한 하늘의 대포소리에 떨었습니다. 구속받은 모든 사람들이 어린 양의 혼인 기약이 이르렀기 때문에 다 같이 하나님께 영광을 돌릴 때, 그들의 한데 모아진 소리가 그러했습니다. 그 영광스러운 날의 환호성을 누가 다 상상할 수 있겠습니까? 지금 우리는 사실 거리 모퉁이에서 복음을 전하고, 만왕의 왕이신 그리스도께 갈채를 보내려고 하는 사람은 거의 없습니다. 지금은 그리스도께서 알려지지 않거나 잊혀진 사람으로 세상을 천천히 지나가고, 그 뒤를 따르는 교회는 의지할 데 없는 버려진 여인처럼 보입니다. 그녀에게 관심을 갖는 사람은 거의 없습니다. 그러나 그녀의 주님이 만왕의 왕으로 나타나시고 그녀가 그의 배우자인 것이 공개적으로 인정되는 그날에 얼마나 벅찬 환영의 인사를 들을 것이며, 전능하신 주 하나님께 얼마나 목이 터져라 경배의 찬송을 올리겠습니까!

이 엄청나게 큰 소리에 기쁨과 신실한 공경이 가득할 것임을 살펴봅시다. "우리가 즐거워하고 크게 기뻐하며 그에게 영광을 돌리세." 거기에서는 두 배의 기쁨이 있을 것이고, 그 기쁨을 표현하는 것이 주 하나님께 드리는 공경이 될 것입니다. 가장 큰 기쁨은 그 수가 온전히 다 모인 그리스도의 교회 안에서 누리는 그리스도의 기쁨일 것입니다. 천국에서는 회개하는 죄인 하나에 대해 하나님의 천사들에게 기쁨이 있습니다. 그런데 회개하는 모든 죄인들이 모여 온전한 한 몸을 이루어 어린 양과 혼인할 때, 그 무한한 기쁨이 얼마나 크겠습니까? 천국은 언제나 천국입니다. 복이 말로 다할 수 없이 충만한 곳입니다. 그러나 천국에도 절기가 있고, 지극한 복마저도 넘쳐흐릅니다. 무한한 기쁨의 바다의 조수가 가장 높게 이르렀을 그날에, 영화롭게 된 모든 영들이 사랑의 위대한 계획이 성취되었다는 것을 알 때 얼마나 큰 기쁨의 홍수가 그 영혼들에 넘쳐흐르겠습니까! "어린 양의 혼인 기약이 이르렀고 그의 아내가 자신을 준비하였더라!" 사랑하는 여러분, 우리는 얼마나 놀라운 행복을 맛볼 수 있을지 아직 모릅니다. 때로 우리는

> "앉아서 영원한 복에 맞게
>  힘을 다해 노래할 수 있기를"

바랍니다. 그러나 그때 우리는 복의 바다에서 피어오르는 물안개만 느낄 수 있을 뿐이었습니다. 이 복의 바다에서 목욕을 하는 것은 어떤 기분이겠습니까? 이 바다에서 우리는 위로의 잔을 마십니다. 그러나 우리가 샘 곁에 누워 있고, 하나님으로부터 직접 나오는 기쁨을 마실 때, 그 맛이 어떠하겠습니까! 여러분과 내가 곧 몸이 없이 영광에 들어간다면, 우리는, 몸이 죽은 자들 가운데서 썩지 아니할 것을 입고서 일어나 죄 없는 영혼에 결합될 때 우리 온전한 인간이 받게 될 복이 어떠할지는 충분히 알지 못할 것입니다. 이 점도 그처럼 온전케 된 무수한 사람

들이 연합하여 온전한 교회를 이루어서 받는 그 무한한 복의 개념을 조금 보여
줄 뿐입니다. 이 온전한 교회에서는 단 한 사람도 잃어버리는 일이 없고, 단 한
사람도 불구가 되거나 병들거나 더러워지는 일이 없을 것입니다. 주 예수님을
이같이 찬양하며 노래하십시오.

> "그대, 온전한 몸이
> 성부 하나님 앞에 나타날 것이니,
> 주름 잡힌 것이나 점이 없고
> 손상된 것이 없는 아름다운 모습으로 나타날 것이네."

아, 얼마나 놀라운 기쁨인지! 여러분에게 말로 전할 수 없을 것 같습니다. 어
디 조용한 곳으로 가서 이 점을 생각하고 혼자 곰곰이 묵상하고 싶습니다. 여러
분은 그냥 앉은 자리에서 조용히 생각해 보십시오. 몇 마디 안 되는 이 분명한
말씀에서 우리는 하늘의 음악의 정수를 봅니다. "어린 양의 혼인 기약이 이르렀
고." 아, 그 자리에 내가 있기를 바랍니다! 하나님의 교회의 온전한 몸의 한 지체
가 되기를 바랍니다! 아, 내가 하나님의 교회의 발바닥의 한 부분만이라도, 혹은
그 머리 중 가장 짧은 머리카락만이라도 될 수 있기를 바랍니다! 그리스도께서
귀한 피를 흘려 사신 교회를 오른편에 앉히고, 부끄러움을 개의치 않고 십자가
를 지실 때 바라보셨던 그 기쁨을 취하실 때, 충만한 기쁨을 누리시는 아름다운
주님의 모습을 볼 수만 있다면, 나는 참으로 지극한 복을 맛볼 것입니다!

이렇게 해서, 어린 양의 혼인 잔치에 앞서서 어떤 일이 있을 것인지에 대해
서 조금 말씀드렸는데, 그 일을 보면 예수께서 어린 양의 모습을 취하신다는 것
을 알 수 있습니다. 음녀 교회가 어린 양에 대항해 싸웠지만 어린 양이 그의 세
력들을 정복하셨습니다. 보좌에서 그의 형제들인 백성에게 말씀하시는 분이 바
로 어린 양이십니다. 그 말씀에 대한 화답을 바로 이분에게 하는 것입니다. 왜냐
하면 그 기쁨과 환희가 모두, 이 혼인이 성부 하나님이 영화롭게 하시는 분이고,
또 성부 하나님을 영화롭게 하시는 분인 어린 양의 혼인이라는 사실에서 나오기
때문입니다. 그 음성이 "우리가 즐거워하고 크게 기뻐하며 그에게 영광을 돌리
세"라고 말했습니다. 그것은 옛적에 주님께서 하셨던 기도가 아닙니까? "아들을
영화롭게 하사 아들로 아버지를 영화롭게 하게 하옵소서"(요 17:1). 아버지 하나

님을 영화롭게 하기 위해서 예수께서 제물로 죽으셨습니다. 예수님을 영화롭게 하기 위해서 아버지 하나님께서 어린 양의 피로 구속하신 그의 교회를 예수님께 주십니다.

## 2. 여러분에게 어린 양의 혼인 잔치에 대해 말씀드리는 동안 성령께서 도와주시기를 바랍니다.

"어린 양의 혼인 기약이 이르렀고." 여러분이 이 어린 양의 혼인 잔치에 대해서 종종 듣는데, 이 자리에 계신 분 가운데 이 혼인 잔치가 무엇을 의미하는지 정확히 아시는 분이 있는지 아주 궁금합니다. 알포드 박사(Henry Alford. 1810-1871. 영국의 성경학자. 흔히 Dean Alford로 불림 ― 역주)는 "주님과 그의 백성 사이의 혼인이라는 이 비유는 아주 흔히 볼 수 있는 친숙한 개념이어서 설명이 필요 없다"고 말합니다. 그런데 그 뛰어난 신학자에게 죄송한 말씀이나, 바로 그 점 때문에, 성경에 자주 언급되는 것은 틀림없이 무엇보다 중요하고 그래서 잘 이해해야 하므로, 박사님은 그 비유를 세심하게 설명했어야 합니다. 많은 사람들이 이 주제를 다루기 조심스러워한다는 것을 나는 이상하게 생각하지 않습니다. 이 주제가 어렵기 때문입니다. 슬프게도 나로서는 이런 문제에 대해 아는 바가 많지 않습니다.

어린 양의 혼인은 성부 하나님의 영원한 선물의 결과입니다. 우리 주님께서는 "그들은 아버지의 것이었는데 내게 주셨나이다"(요 17:6) 하고 말씀하십니다. 주께서는 이렇게 기도하셨습니다. "아버지여 내게 주신 자도 나 있는 곳에 나와 함께 있어 아버지께서 창세 전부터 나를 사랑하시므로 내게 주신 나의 영광을 그들로 보게 하시기를 원하옵나이다"(17:24). 아버지 하나님께서 한 부류를 선택하셨고, 그 택하신 자들을 아들에게 기업으로 주셨습니다. 그들을 위해 아들이신 주께서 구속의 언약을 맺으셨고, 이 언약에 의해 주님은 때가 되면 그들의 본성을 취하고 그들의 죄에 대하여 형벌을 받으시며 그들을 자유롭게 하여 자기 백성이 되도록 하셔야 했습니다. 사랑하는 여러분, 영원의 회의에서 지극히 높으신 계약 당사자들 사이에 조정되고 결정된 그 언약은, 어린 양께서 성부 하나님이 옛적에 그에게 주신 온 무리를 영접하여 영원한 결합을 이루는 그날에 마무리됩니다.

다음으로, 이것은 때를 맞춰 그들 한 사람 한 사람과 맺은 약혼을 성취하는 것입니다. 차이점들을 여기서 자세히 설명하지는 않겠습니다. 그러나 여러분과 나에 관해서 생각하자면, 주 예수님께서는 처음으로 우리가 예수님을 믿었을 때, 우리 각 사람과 의로 약혼하신 것입니다. 이때 주님은 우리를 자기 것으로 삼으시고 자기를 우리에게 주셨습니다. 그래서 우리는 "내 사랑하는 자는 내게 속하였으며 나는 내 사랑하는 자에게 속하였도다"(아 6:3) 하고 노래할 수 있었습니다. 이것이 이 혼인의 핵심이었습니다. 바울은 에베소서에서 우리 주님께서 이미 교회와 혼인한 것으로 말합니다. 이 점은 동양의 관습을 예로 들어 설명할 수 있을 것입니다. 동양의 관습에 의하면, 신부가 약혼을 하면, 혼인의 모든 신성한 의무들이 두 배우자에게 지워집니다. 그러나 신부를 남편의 집으로 데려오기 전에 상당한 기간을 떨어져 지낼 수 있습니다. 신부는 실제로 정당하게 혼인을 했지만, 친정에 머물며 친정집의 일원으로 지내는 것입니다. 후에 신부를 정한 날에 집으로 데려오는데, 우리는 이 날을 진짜 혼인식 날이라고 부를 것입니다. 그러나 동양에서는, 약혼이 혼인의 정수요 핵심입니다. 그래서 여러분과 내가 오늘 주님과 약혼을 하면, 주님은 우리와 결합되어 다시는 떨어질 수 없게 됩니다. 주님은 우리를 떼어놓으려고 하시지 않고, 우리도 주님에게서 떨어져 나갈 수 없습니다. 주님은 우리 영혼의 기쁨이고, 주님도 우리를 기뻐하여 함께 노래하십니다. 주께서 여러분을 택하고 부르셨음을 기뻐하십시오. 약혼을 했으니 장차 혼인식이 있을 것을 바라보십시오. 지금도 여러분이 이 세상에 있지만 세상에 속하지 않았다는 것을 생각하십시오. 여러분의 운명은 이 하찮은 세상 사람들 가운데 있지 않습니다. 이제부터 우리의 고향은 하늘에 있습니다.

> "내 마음은 보좌에 계신 주님과 함께 있네
> 주의 더디 오심을 참을 수가 없네
> 매 순간 귀를 기울이네
> '일어나 들어오너라'는 음성을 듣기를."

혼인식 날은 교회의 몸이 완성되는 것을 가리킵니다. 그때 교회가 완성될 것이고 지금은 아니라는 것은 이미 말씀드렸습니다. 아담이 잠들었을 때 하나님께서 그의 옆구리에서 갈빗대를 취해 그를 돕는 배필을 만드셨습니다. 아담은 그의 배필이 형성되고 있을 때 그녀를 보지 못했습니다. 눈을 떴을 때, 그의 앞에 완전한 형태의 돕는 배필이 있었습니다. 사랑하는 여러분, 참 교회는 지금 형성되고 있는 중입니다. 그러므로 볼 수 없습니다. 그러나 그리스도의 한 교회를 지금 우리는 이 땅에서 보지 못하고 천국에서도 보지 못합니다. 우리는 보이는 교회에 대해 이야기합니다. 그러나 그 표현은 옳지 않습니다. 우리가 보는 것은 신자와, 믿음을 가진 체하는 사람들이 섞여 있는 모습입니다. 하늘의 신랑과 약혼한 교회는 아직 볼 수 없습니다. 그 교회는 지금 형성 중에 있기 때문입니다. 주님께서는 우리 같은 바보들에게 절반밖에 완성하지 못한 자신의 작품을 보여주려고 하시지 않을 것입니다. 그러나 하나님께서 자신의 새로운 창조를 완성하시고, 둘째 아담을 위해 지은 배필을 데려와 영원히 그의 기쁨이 되게 하실 날이 올 것입니다. 교회는 아직 완성되지 않았습니다. 우리는 하늘에 있는 교회의 절반에 대해 이런 말을 읽습니다. "우리가 아니면 그들로 온전함을 이루지 못하게 하려 하심이라"(히 11:40). 여러분과 내가 참된 신자라면, 우리가 하늘에 가지 않는 한, 영광스러운 온전한 교회가 있을 수 없습니다. 천상의 화음을 내는 음악에는 아직 어떤 목소리들이 빠져 있습니다. 합창대의 충만한 수를 채우도록 정해진 가수들이 오기 전까지는, 천상의 음악에 필요한 어떤 선율들은 이미 거기에 있는 어떤 이들이 내기에는 너무 낮은 것도 있고, 또 너무 높은 것들도 있습니다. 수정궁(水晶宮, 런던 교외 Sydenham에 있었던 오락관 ─ 역주)에서 여러분은 가수들이 떼지어 나오는 것을 보았습니다. 그들이 꾸물거리며 들어오는 것처럼 보이면 지휘자는 아주 불안해합니다. 몇몇 사람은 여전히 밖에 있습니다. 시간이 거의 다 되었는데, 오른쪽의 좌석들에는 사람들이 차 있는 반면, 왼쪽 자리는 아직 비어 있습니다. 천국의 합창대도 꼭 그와 같습니다. 가수들이 지금 속속 들어오고 있습니다. 오케스트라 단원들은 거의 자리를 채우고 있지만 아직 빈 자리가 있고, 천상의 화음을 이루기 위해서는 아직 사람들이 더 들어와야 합니다. 사랑하는 여러분, 어린 양의 혼인 잔칫날에 택하신 자들, 곧 큰 자나 작은 자 할 것 없이 다, 오늘 죄와 의심과 두려움과 힘들게 씨름하고 있는 신자들까지도 모두 그 자리에 있을 것입니다. 살아 있는 교회의 살아 있는 신자 하나하나가 어린 양과 혼인하기 위해 그 자리에 있을 것입니다.

　이 어린 양의 혼인은 내가 지금까지 말한 것 이상의 의미를 지니고 있습니다. 이 혼인에는 신부를 집으로 데려오는 일이 있습니다. 여러분은 이 땅에서 다른 말을 쓰는 사람들 가운데 게달의 장막에서 영원히 살게 되어 있지 않습니다. 찬송 받으실 신랑께서 여러분을 데리고 행복의 나라로 가기 위해 오십니다. 그 나라에서는 여러분이 더 이상 "내 영혼이 사자들 가운데에서 살며"(시 57:4)라고 말하지 않을 것입니다. 신실한 모든 자들이 곧 여기를 떠나 임마누엘이신 주님의 땅으로 갈 것입니다! 우리는 젖과 꿀이 흐르는 땅, 구름이 없고 해가 지지 않는 땅, 곧 주님의 복받은 자들의 고향에 거할 것입니다. 완전한 교회를 본향으로 데려가는 것은 참으로 행복한 일일 것입니다!

이 혼인식은 **면류관을 받는 날**입니다. 교회는 위대한 왕 그리스도의 신부입니다. 그리스도께서 교회의 머리에 면류관을 씌우고, 교회를 영원히 자신의 참된 배우자로 알리실 것입니다. 그리스도의 지체 한 사람 한 사람이 그 안에서, 또 그와 함께 면류관을 쓰고, 신비한 몸의 모든 지체가 신랑의 영광 안에서 영화롭게 될 그때야말로 얼마나 영광스러운 날이 되겠습니까! 아, 그날에 내가 그 자리에 있기를 바랍니다! 형제 여러분, 우리가 그리스도와 함께 승리를 맛보려면 그리스도와 함께 싸워야 합니다. 우리가 주와 함께 영광의 면류관을 쓰려면, 주와 함께 가시면류관도 써야 합니다. 우리가 주의 영원한 생명의 영광을 누리려면, 하나님의 은혜로 죽기까지 충성해야 합니다.

이 어린 양의 혼인이 의미하는 바를 다 여러분에게 말씀드릴 수는 없습니다. 그러나 이 어린 양의 혼인이, 주님을 믿은 사람은 모두 그때 **결코 끝나지 않을** 지극한 복에 들어가리라는 것을 나타낸다는 점은 확실합니다. 그 복은 어떤 두려움도 가까이 하지 못하고 어떤 의심도 흐리게 하지 못하는 지극한 복입니다. 신자들은 영원히 주님과 함께 있으면서 영원히 주님과 함께 영광을 받을 것입니다. 사람의 입으로는 아무도 그런 주제를 제대로 다 말할 수 없습니다. 불 같은 혀가 필요하며, 영혼에 불꽃처럼 떨어지는 말도 필요합니다.

한 날이 올 것입니다. 날 중의 날, 시간의 절정과 영광이 올 것입니다. 곧 모든 투쟁과 위험과 심판이 영원히 끝나고, 성도들이 그리스도의 의로 옷 입고 영원히 주와 하나가 되어 살며 사랑하고, 그 결합이 영원히 지속되며, 지극히 높으신 이의 영광을 함께 받을 날이 올 것입니다. 그 자리에 있다는 것이 얼마나 영광스럽겠습니까! 사랑하는 청중 여러분, 여러분은 그 자리에 있고 싶습니까? 여러분의 부르심과 택하심을 확실하게 드러내십시오. 여러분이 땅에서 지금 어린 양을 의지하고 있지 않다면, 영광 중에 계신 어린 양과 함께 통치하지 못할 것입니다. 어린 양을 속죄 제사로 사랑하지 않는 사람은 어린 양의 신부가 되지 못할 것입니다. 여러분이 주께서 멸시받는 날에 주님을 돌아보지 않는다면, 어떻게 주와 함께 영광을 받으리라고 기대할 수 있겠습니까? 나의 제물인 하나님의 어린 양이시여, 나는 주와 함께 있지 않을 수 없습니다. 바로 그것이 내 생명이기 때문입니다! 나는 주님을 떠나서는 살 수 없습니다. 청중 여러분, 여러분이 이렇게 말할 수 있다면, 어린 양의 혼인에 참여할 것이라는 좋은 소망이 있는 것입니다.

### 3. 이제는 신랑이 취하고 나타나는 모습이 어린 양이라는 사실을 특별히 생각해 봅시다.

"어린 양의 혼인 기약이 이르렀고."

어린 양의 혼인일 수밖에 없는 것은, 무엇보다 우리 구주께서 영원한 언약에서 어린 양이셨기 때문입니다. 이 영원한 언약의 때에 이 전체 문제가 영원의 예지와 뜻에 의해 계획되고 조정되며 결정되었습니다. 그는 "창세 이후로 죽임을 당한 어린 양"(계 13:8)이십니다. 그 언약이, 죄인들을 위한 보증과 대리인과 제물이 될 어린 양이신 주께 있었습니다. 그래서, 오직 그 때문에 주님은 옛적부터 어린 양이셨습니다.

그 다음에 주님께서 우리를 사랑하고 그 사랑을 입증하신 것도 어린 양으로서였습니다. 사랑하는 여러분, 주님께서 하늘에서 내려와 우리 가운데 "원수들 앞에서 비천한 자"로 계셨을 때, 단지 말로만 사랑을 말씀하신 것이 아닙니다. 주님은 말씀하시고 나서는 지극히 진실된 사랑의 행위를 보이셨습니다. 주님의 사랑을 보여주는 최상의 증거는 주께서 어린 양으로서 죽임을 당하셨다는 사실입니다. 주님께서 제물로서 피를 쏟으셨을 때, 그것을 두고 "보라 저가 그들을 얼마나 사랑하셨는가"(요 11:36) 하고 말할 수 있었을 것입니다. 여러분이 예수님의 사랑을 증명하려면, 그의 변화하신 모습을 말하지 않고 그의 십자가에 못 박히신 사실을 말할 것입니다. 겟세마네와 골고다를 입에 올릴 것입니다. 사랑하시는 주님께서는 진실한 마음이 있다면 아무도 의심할 수 없도록 여기서 자신의 사랑을 확실하게 우리에게 증명해 보이셨습니다. 그 사랑이 어떻게 증명되는지 봅시다. "그리스도께서 나를 사랑하사 나를 위하여 자기 자신을 버리셨다"(갈 2:20)고 하였는데, 나를 위하여 자신을 버리신 것이 그리스도께서 나를 사랑하셨다는 분명한 증거인 것으로 말하였습니다. 다시 한 구절을 읽어봅시다. "그리스도께서 교회를 사랑하시고 그 교회를 위하여 자신을 주셨느니라"(엡 5:25). 교회에 대한 그리스도의 사랑을 보여주는 증거는 그리스도께서 자신을 교회에 주신 것이었습니다. "사람의 모양으로 나타나사 자기를 낮추시고 죽기까지 복종하셨으니 곧 십자가에 죽으심이라"(빌 2:8). "사랑은 여기 있으니 우리가 하나님을 사랑한 것이 아니요 하나님이 우리를 사랑하셨음이니라"(요일 4:10). 그래서 여러분도 알겠지만, 주님은 어린 양으로서 자신의 사랑을 증명하셨고, 또 어린 양으로서 우리와의 혼인을 거행하셨습니다.

여기서 한 걸음 더 나가봅시다. 혼인에서는 양쪽에 사랑이 있어야 합니다. 우리가 처음으로 사랑하게 된 것은 바로 어린 양으로서 그리스도입니다. 나는 그리스도에 대한 사랑이 없었습니다. 그의 상처와 피를 보기 전에 어떻게 내가 사랑을 품을 수 있었겠습니까? "우리가 사랑함은 그가 먼저 우리를 사랑하셨음이라"(4:19). 주님의 온전한 삶을 생각하면 경탄하지 않을 수 없는데, 그런 주님의 삶이 내게는 유죄판결이 되었습니다. 그러나 나를 주님 가까이로 이끈 사랑은, 주께서 나무에서 친히 내 죄를 담당하셨을 때, 그의 대속 제물의 모습에서 나타났습니다. 여러분의 경우도 그렇지 않습니까? 그리스도의 놀라운 모습을 보고서 회심하였다는 말을 많이 들었지만, 나는 그런 사람을 하나도 만나지 못했습니다. 내가 지금까지 만난 사람은 모두 죄의식과 절실한 구원의 필요 의식으로 말미암아 회심하였습니다. 주님의 고통과 죽음으로 말미암지 않고는 이 죄의식에서 의롭다함을 받을 수 없고, 그 고통과 죽음으로 인해 정당하게 죄 사함을 받고 악을 이깁니다. 이것이야말로 사람의 마음을 정복하는 위대한 교리입니다. 그리스도는 어린 양으로서 우리를 사랑하시고, 우리는 어린 양이신 주님을 사랑합니다.

그 다음에, 혼인은 가장 완전한 결합입니다. 예수께서는 확실히 어린 양으로 계실 때 자기 백성과 가장 긴밀한 연합을 이루십니다. 주님은 우리 본성을 취하셨을 때 우리에게 아주 가까이 오셨습니다. 그렇게 하여서 주님이 우리의 뼈 중의 뼈가 되고 살 중의 살이 되셨기 때문입니다. 이 일을 위하여 주님이 성부 하나님을 떠나서 그의 교회와 한 몸이 되었을 때 우리에게 아주 가까이 오셨습니다. 그의 교회는 죄가 많지만 주님은 죄가 있을 수 없었습니다. 그러나 "여호와께서는 우리 모두의 죄악을 그에게 담당시키셨도다"(사 53:6)라고 기록된 대로, 주님은 친히 자기 교회의 죄를 다 지고 가셨습니다. 그리고 복수의 칼이 우리 대신 주님을 쳤을 때, 주님은 온전히 성육신을 이루어 항상 우리와 가까이 하실 수 있는 것보다 더 우리 가까이 계셨습니다. 나는 그리스도와 그의 피로 구속받은 영혼들 간의 연합만큼 가까운 연합은 달리 생각할 수 없습니다. 죽으신 주님을 볼 때 나는 이렇게 외치지 않을 수 없습니다. "오, 예수시여! 당신은 참으로 내게 피 남편이십니다. 주님은 나와 같은 본성을 지니셨다는 사실보다 더 가까운 어떤 점에 의해 나와 결합되었습니다. 주께서 그 본성으로 내 죄를 지고 나를 대신하여 진노의 형벌을 받으셨기 때문입니다. 이제 주님은, 성부 하나님과 당신을 연결하는 결합과 같은 연합에 의해 모든 일에 나와 하나이십니다." 이와 같이, 놀라운 연합은 우리 주님께서 어린 양의 모습을 취하심으로써 이루어집니다.

　　다시 한 번 말씀드리지만, 우리는 예수님을 어린 양으로 볼 때만큼 주님과 하나라는 것을 느끼는 경우는 없습니다. 나는 다시 한 번 여러분의 경험을 들어서 말하겠습니다. 여러분은 일생 가운데 언제 그리스도와 가장 행복한 교제를 나누었습니까? 내 경우를 말씀드리자면, 나는 다음과 같이 노래하였을 때 가장 행복하였습니다.

　　　"주께서 나를 하나님과 화목시키셨다는 것을
　　　알고서 거룩한 확신을 가지고,
　　　영혼을 구속하는 주님의 보혈이
　　　흐르는 것을 보는 일이 얼마나 즐거운지요!"

　　내가 현재 상태에서 영광 가운데 계신 주님을 볼 것인지 아니면 십자가에 달리신 주님을 볼 것인지 오늘 선택한다면, 나는 후자를 택하겠습니다. 물론 나는 주님의 영광을 더 보고 싶고, 세상을 떠나 주님과 함께 있고 싶습니다. 그러나 이 땅에서 죄와 슬픔에 싸여 지내는 동안, 주님의 슬픔을 보는 것이 내게 큰 효과를 미칩니다. "아, 일찍이 상처를 입은 거룩한 그 머리여," 내가 주를 보기를 간절히 바랍니다. 나는 주의 놀라운 십자가를 살피고 주께서 나를 위해 피를 흘리시는 것을 볼 때만큼 내가 주님께 가까이 있다는 것을 느끼는 적이 없습니다. 우리가 다 함께 이 기쁜 가사를 노래할 때 내 마음은 녹아내렸습니다.

　　　"그의 머리와 손과 발에서

　　슬픔과 사랑이 섞여서 흘러내리는 것을 보라!
　　일찍이 이처럼 사랑과 슬픔이 만난 적이 있는가?
　　가시가 그처럼 풍성한 면류관을 만든 적이 있는가?"

　주님의 수난을 보았을 때, 나는 내 자신이 주님의 팔에 안겨 있는 것 같았고 요한처럼 주님의 품에 기대고 있는 것 같았습니다. 그러므로 주님께서 어린 양으로서 우리에게 가장 가까이 오시고, 우리도 어린 양의 모습으로 계신 주님을 볼 때 주님께 가장 가까이 가게 되므로, 주님이 교회와 자신의 지극히 고귀하고 영원한 연합을 표시할 때 기꺼이 "어린 양의 혼인" 이라고 말씀하시는 것이 당연하다고 생각합니다.

　사랑하는 여러분, 여러분이 그리스도와 혼인하는 것, 곧 그와 하나가 되는 것, 죽었다가 살아 계시는 그분 안에 거하는 것 외에는 아무 생각도, 목표도, 소원도 영광도 갖지 않는 것을 생각하게 될 때, 이것이야말로 어린 양이 빛으로 계시는 천국이 아니겠습니까? 흠 없는 자기를 우리의 속죄 제물로 하나님께 드리신 주님을 항상 생각하고 찬미하십시오. 그러면 그것이 감사하는 사랑의 끝없는 잔치가 될 것입니다. 이 주제는 아무리 다루어도 질리지 않을 것입니다. 주님이 에돔에서 오시는 모습을, 붉은 옷을 입고 보스라에서 오며, 포도즙 틀에서 원수들을 짓밟고 나오시는 것을 본다면, 여러분은 무시무시하게 나타나는 공의에 기가 질리고 두려움에 사로잡힙니다. 그러나 주님께서 바로 자신의 피에 적신 옷을 입으신 것을 볼 때는, 큰 소리로 "주는 일찍이 죽임을 당하사 우리를 피로 사서 하나님께 드리셨으니"(계 5:9) "영광이 그에게 세세무궁토록 있을지어다"(히 13:21) 하고 영원히 노래할 것입니다. 나는 "죽임을 당하신 어린 양은 영광과 찬송을 받으시기에 합당하도다"(계 5:12) 하고 계속해서 영원히 노래할 수 있을 것 같습니다. 이 주제는 우리의 관심을 끄는 것이 무궁무진합니다. 이 주제에는 모든 것, 곧 정의, 자비, 권능, 인내, 사랑, 겸손, 은혜, 영광이 들어 있습니다. 어린 양이신 주님을 볼 때, 주님은 모든 점에서 영광스럽습니다. 그런데 그때 내가 어린 양이신 이 영광스러운 주님과 영원한 끈으로 결합될 것을 생각하면, 천국은 내게 더할 수 없는 황홀경이 될 것입니다. (이때 회중석에서 "할렐루야!" 하고 외치는 목소리가 튀어나왔다). 그렇습니다, 교우 여러분. 주님을 찬양합시다. "하나님을 찬송하라" 는 것은 보좌에서 나온 명령이었습니다. "하나님의 종들 곧 그를 경외하는 너희들아 작은 자나 큰 자나 다 우리 하나님께 찬송하라. 이는 어린 양의 혼인 기약이 이르렀고 그의 아내가 자신을 준비하였음이라.”

### 4. 이제 마지막 요점, 곧 신부의 준비됨을 살펴보겠습니다.

“그의 아내가 자신을 준비하였으므로.” 지금까지 교회는 항상 그리스도의 신부로 언급되었으나, 이제는 “그의 아내” 입니다. 이것은 “신부” 보다 더 깊고, 더 애정어리며, 더 원숙한 단어입니다. “그의 아내가 자신을 준비하였으므로.” 교회는 이제 충만한 기쁨에 이르게 되었고, “그의 아내” 로서 신분과 상속 몫을 받았습니다. “준비하였다” 는 이 말의 의미는 무엇입니까?

그 말은 첫째로, 교회가 주의 것이 되어 영원히 그와 함께 지내기 위해 아주 자발적으로 주님께 간다는 것을 나타냅니다. 교회는 아주 전심으로 그렇게 합니다. “그의 아내가 자신을 준비하였으므로.” 교회는 마지못해서 이 약혼을 맺지 않습니다. 어떤 사람들은 하나님의 은혜를 마치 살아난 사람의 의지를 강요하는 물리적인 힘인 것처럼 분별없이 말합니다. 사랑하는 여러분, 나는 그런 식으로 결코 여러분에게 설교하지 않습니다. 자유 의지는 은혜로 우리 속에서 작용하는 것을 제외하고는 알 수 없는 것입니다. 은혜는 자유하게 하는 위대한 힘입니다. 은혜가 와서 선한 것을 택할 수 있도록 의지를 풀어주기 전까지 의지는 악의 노예입니다. 영혼의 행위 가운데 죄를 그치고 그리스도께 가까이 가게 만드는 행위만큼 자유로운 것은 없습니다. 그때서야 비로소 사람은 제 모습으로 돌아갑니다. 마음이 주 예수님을 향하여 사랑을 나타낼 때, 그 마음은 전혀 강요를 받지 않습니다. 여러분에게 주님을 사랑하라고 말하는데, 여러분은 그렇게 주님을 사랑할 때 자신의 의지를 거스르고 있다고 느끼십니까? 결코 그렇지 않습니다. 여러분은 주님을 더 사랑하기를 바랍니다. 그리스도께서 하나님의 택하신 모든 자들과 최종적인 결합을 이루실 때, 여러분은 어린 양의 혼인에 참가하도록 강제로 여러분의 등을 떠미는 무엇이 필요하겠습니까? “내 마음이 보좌에 앉으신 주님과 함께 하도다.” 이 말이 여러분의 열망을 표현하지 않았습니까? 여러분은 주님의 얼굴 보기를 갈망하고 있지 않습니까? 그리스도께 가서 하나가 되라고 강권하는 것보다는 차라리 배고픈 사람에게 먹으라고 강요하는 것이 나을 것입니다. 그리스도의 아내는 기쁘게 준비하였습니다. 자유로운 은혜 때문에 교회가 자유롭게 그리스도를 선택한 것입니다.

　그의 아내가 준비하였다는 말은 교회가 모든 악을 버렸고, 음녀 교회의 타락과 관계된 모든 것을 다 끊어 버렸다는 것을 의미하지 않겠습니까? 교회는 잘못과 싸우고, 불신앙과 싸웠으며, 또한 잘못과 불신앙을 거룩한 경계심과 신실한 증언으로 진압하였습니다. 그래서 교회는 주님을 맞이할 준비를 하였습니다.

　그의 아내가 준비하였다는 말은 또한, 종말의 큰 날에 교회가 하나가 될 것이라는 의미가 아니겠습니까? 슬프게도 우리 가운데는 분열이 많습니다! 여러분은 조금 전에 기도한 내 친구가 어떤 교파에 속했는지 모릅니다. 나도 여러분에게 말씀드리지 않겠습니다. 그의 기도를 들어서 판단할 수는 없을 것입니다. "성도들은 기도할 때 하나로 보입니다." 교파라! 분파주의에 재앙이 있을 것입니다! 교파는 단 하나만 있어야 합니다. 아내가 남편의 이름으로 불리듯이 우리는 그리스도의 이름으로 불려야 합니다. 그리스도의 교회가 "내 오른팔은 성공회에 속했고, 내 왼팔은 감리교회에, 오른발은 침례교회에, 왼발은 장로교회나 회중교회에 속해 있다"고 말할 수밖에 없다면, 교회는 혼인할 준비가 되지 않은 것입니다. 교회는 이 얼룩들을 씻어내고, 교회의 모든 회원들이 "주도 한 분이시요 믿음도 하나요 세례도 하나요"(엡 4:5)라고 생각할 때에야 비로소 혼인할 준비가 된 것입니다. 통일성이 여기서 말하는 준비의 중요한 부분입니다.

　여러분은 그 준비가 무엇이었는지 주의하여 보시기 바랍니다. 그 준비가 8절에서 설명됩니다. "그에게 허락하셨으니." 여기서 더 나가지는 않겠습니다. 교회가 한 준비가 무엇이었든지, 교회가 입은 옷이 무엇이었든지 간에, 그것이 교회에 허락되었습니다. 음녀 교회도 세마포 옷을 입었지만, 옷뿐만 아니라 보석과 진주와 자주 옷감과 비단과 붉은 옷감(계 18:12)도 가지고 있었던 것을 유의하시기 바랍니다. 나는 이 음녀가 어디에서 그 옷을 얻었는지 모릅니다. 그러나 참된 교회가 웨딩드레스를 어디에서 얻었는지는 압니다. "그에게 허락되었다"고 쓰여 있기 때문입니다. 이 옷은 주권적인 은혜의 선물, 곧 교회의 남편인 주님의 값없는 선물이었습니다. "그에게 허락하셨으니." 교회는 보좌로부터 허락, 곧 왕의 허락을 받았습니다. 그것은 교회에 주신 명백한 권리였습니다. 우리도 왕의 허락을 받아 천국에 갑니다. 우리를 정당하게 천국에 데려갈 우리 자신의 것은 하나도 없고, 자랑할 만한 공로는 아무것도 없습니다. 그런데 주님 안에서 받아들이신다는 허락이 우리에게 주어졌습니다. 아, 개봉 칙허장(letters patent, 勅許狀)에 의해서, 곧 하늘의 대 서약으로 우리가 자신의 것을 갖는다는 것은 영광스러운 일입니다! 영원한 혼인식 날에, 항상 찬송 받으실 어린 양이신 예수님께 연합될 때, 우리가 천국에 있기에 전적으로 적합하게 되는 것은 값없는 허락으로 말미암아 이루어질 것입니다.

그리스도의 아내의 옷을 봅시다. "그에게 빛나고 깨끗한 세마포 옷을 입도록 허락하셨으니." 그의 옷은 참으로 단순합니다! 빛나고 깨끗한 세마포 옷일 뿐입니다! 우리의 예배는 단순하면 단순할수록 그만큼 더 좋습니다. 그 아내는 음녀와 관련해서 나오는 좋은 것들을 요구하지 않았습니다. 그녀는 부정한 여자에게 거문고 타는 자와 풍류하는 자와 퉁소 부는 자와 나팔 부는 자들이(18:22) 있는 것을 부러워하지 않았습니다. 그녀는 거문고와 즐거운 노래가 있는 것만으로 만족하였습니다. 그녀는 각종 향목과 각종 상아 그릇과 값진 나무와 구리와 철과 대리석(18:12)을 원하지 않았습니다. 계피와 향료와 향(18:13)을 구하지 않았고, 오늘날 사람들이 예배를 꾸밀 때 쓰는 다른 어떤 장식도 찾지 않았습니다. 음녀 교회는 건물, 모자, 향수, 웅변술, 음악으로 자신을 꾸밉니다. 그러나 어린 양이 어디로 가든지 좇으려고 하는 사람들은 세속적인 정책과 인간 지혜의 모든 유혹을 버리고 예수 안에 있는 진리에 만족하며 예배와 생활과 교리를 순전하고 단순하게 지키려고 합니다. 빛나고 깨끗한 세마포만큼 아름다운 것이 있겠습니까?

헬라어에서 본문은 이렇게 되어 있습니다. "빛나고 깨끗한 세마포 옷을 입도록 허락하셨으니 이 세마포 옷은 성도들의 의로다"(개역개정은 "성도들의 옳은 행실" – 역주). 그런데 영어 개역 성경은 이 문장을 번역하지 않고 설명을 합니다. 그런데 그 설명이 원문의 의미를 부정합니다. 개역성경의 번역자들은 이 구절을 "세마포는 성도들의 의로운 행위"라고 표현합니다. "행위"라는 단어는 번역자들이 집어넣은 말입니다. "의"라는 단어는 그보다 더 충만한 의미를 지니고 있습니다. 그 의미의 폭이 훨씬 넓은데, 번역자들이 좁혀놓았고 의미를 잘못 적용하였습니다. 우리는 그리스도의 의로 의로운 옷을 완전히 차려 입을 것입니다. 머리와 발과 허리를 가리는 옷을 입을 것입니다. 우리에게 얼마나 놀라운 의가 있는지 모릅니다! 그것은 성령의 능력으로 주신 의이고, 하나님의 뜻에 따라 전가된 의입니다. 모든 형태의 의가 신자의 옷을 만드는데 이바지할 것입니다. 다만 이 모든 의는 허락받은 것입니다. 그 중 어떤 것도 우리 스스로 구입한 것이 없습니다. 어떤 사람들은 불경한 말을 하지만, 우리는 그리스도의 의로 자신의 죄를 덮

지 않을 것입니다. 그때는 덮을 죄가 없을 것이기 때문입니다. 악한 마음을 깨끗
하게 할 그리스도의 의를 필요로 하지 않을 것입니다. 우리는 하늘에 계신 아버
지께서 온전하신 것 같이 우리도 온전할 것이기 때문입니다. 어린 양의 피로 씻
었기 때문에 우리는 안팎으로 한 점 흠이 없을 것입니다. 우리에게는 완전한 의
가 있을 것입니다. 이 의를 옷 입기 때문에 우리는 거룩한 아름다움으로 단장하
게 될 것입니다. 이 옷은 아주 어울립니다. 그것이 "성도들의 의" 이기 때문입니
다. 성도들에게는 의가 있습니다. 그들은 거룩하게 되었습니다. 그러므로 그들
은 자신을 거룩함으로 단장해야 합니다. 그래서 그들이 거룩하게 나타날 것입니
다.

　　무엇보다 우리는 그날에 신랑을 기쁘게 할 옷으로 차려입을 것입니다. 주께
서 "내가 너를 권하노니 내게서 흰 옷을 사라"(계 3:18)고 말씀하신 것을 우리가
기억하지 않습니까? 그렇습니다. 그의 아내는 주님의 명령을 기억하였습니다.
그의 아내인 교회는 "성도들의 의" 인 "세마포" 외에는 아무것도 가지고 있지 않
습니다. 이것을 주님께서 기뻐하십니다. 교회는 그리스도의 수난의 결과와 그의
영혼의 수고한 것을 걸치고 어린 양에게로 나옵니다. 교회는 주님의 눈에 매우
아름답게 보입니다. 주님은 교회에게서 자기 영혼의 수고한 것을 보고 만족해합
니다.

　　설교를 끝내면서 이 질문을 다시 합니다. 여러분은 어린 양을 의지합니까?
여러분이 그리스도의 피가 없는 종교를 갖고 있다면 그 종교는 생각할 가치도
없다는 것을 말씀드립니다. 그런 종교는 버리는 것이 낫습니다. 여러분에게 아
무 쓸모가 없을 것입니다. 여러분이 어린 양을 사랑하지 않으면 어린 양과 혼인
할 수 없다는 것도 말씀드립니다. 어린 양은 자기를 사랑하지 않는 자들과는 혼
인하시지 않을 것이기 때문입니다. 여러분은 예수님을 제물로 받아들여야 합니
다. 그렇지 않으면 예수님을 전혀 받아들이지 않는 것입니다. "나는 그리스도의
모범을 따를 것이다"고 말하는 것은 쓸데없는 일입니다. 여러분은 그런 일을 아
무것도 하지 못할 것입니다. "주님은 내 선생님이 되실 것입니다"고 말하는 것
은 무익한 일입니다. 여러분이 주님을 제물로 인정하지 않는 한, 주께서 여러분
을 제자로 인정하시지 않을 것입니다. 여러분은 예수님을 어린 양으로 영접해야
합니다. 그렇지 않으면 예수님과 아무 관계가 없는 것입니다. 여러분이 그리스
도의 피를 멸시하면 그리스도라는 분 전체를 멸시하는 것입니다. 그리스도께서

여러분의 속죄물이 아니시라면 그리스도는 여러분에게 아무것도 아니신 것입니다. 여러분 가운데 율법의 행위로 구원을 받거나 그리스도의 피와 의를 떠나서 다른 어떤 것으로 구원받을 것으로 기대하는 분들이 있다면, 여러분은 그리스도인이 되지 못한 것입니다. 여러분이 이 땅에서 예수님 안에 있지 않으면, 내세에, 곧 예수께서 그의 구속하신 교회를 취하여 영원히 자기 아내로 삼으실 때 여러분은 예수님과 아무 관계가 없을 것입니다. 하나님께서 여러분에게 복 주시기를 바랍니다. 아멘.

제
27
장

—

# 구주가 쓰신 많은 관들

—

### "그 머리에는 많은 관들이 있고" ─ 계 19:12

여러분은 이 머리가 어떤 머리였는지 압니다. 이 머리가 지닌 놀라운 역사를 잊지 않았습니다. 일찍이 유아 때는 여인의 품에 기대었던 머리입니다! 한 목수에게 유순하게 고개를 조아리고 순종했던 머리입니다! 수년 후에는 샘물이 되었고 눈물의 저장고가 되었던 머리입니다. "땀이 땅에 떨어지는 핏방울 같이 되었던"(눅 22:44) 머리입니다! 침 뱉음을 당하고 머리카락이 잡아 채인 적이 있는 머리입니다! 가시관을 쓰고서, 마침내 죽음의 어두운 고통 속에서 라마 사박다니 하고 끔찍한 죽음의 비명을 질렀던 머리입니다! 후에는 무덤에서 잠을 잔 머리입니다. 죽었으나 살아나셨고 영원히 살아 계시는 주님께 영광을 돌립시다. 후에 무덤에서 다시 일어나 무덤 앞에서 기다리고 있는 거룩한 여인에게 사랑으로 빛나는 눈길을 보내셨던 머리입니다. 바로 이것이 요한이 본문에서 말하는 머리입니다. 다른 어떤 사람보다도 상한 얼굴을 한 그 머리, 이제까지 어떤 사람보다도 하늘과 땅의 폭풍우로부터 많은 고난을 당한 그 머리가 이 많은 왕관들, 곧 별이 박힌 면류관들을 쓰리라고 누가 생각할 수 있었겠습니까!

형제 여러분, 요한 자신이 이 영광스러운 광경을 여러분에게 설명할 필요가 있습니다. 슬프게도 나는 아직 이 하늘의 영광을 보지 못했고, 천상의 노래도 듣지 못했습니다. 그러므로 나는 장엄함에 기가 질리고 두려움에 말을 할 수 없게 만드는, 정상이 보이지 않는 높은 산들 가운데 있는 어린 아이에 지나지 않습니다. 성령께서 편안하게 여러분 영혼에 적용할 수 있는 말을 내가 몇 마디라도 할 수 있게 기도해 주시기 바랍니다. 성령께서 도와주시지 않으면 정말 나 혼자서는 어떻게 해볼 도리가 없기 때문입니다. 하나님께서 도와주시므로, 나는 감히 우리 왕이요 주님이신 그리스도의 영광스러운 왕관들을 쳐다봅니다. 그리스도의 머리에 놓인 관들은 세 종류입니다. 첫째로, 통치의 왕관들이 있는데, 주님은 이 관들을 많이 쓰고 계십니다. 다음에, 승리의 왕관들이 있는데, 주님은 치열한 전투를 많이 치르고 이 관을 획득하셨습니다. 그 다음에는 감사의 왕관들이 있습니다. 이 관들은 그의 교회와 그의 모든 백성들이 주님의 놀라운 머리에 기꺼이 씌워드린 것들입니다.

**1. 그러므로 첫째로, 믿는 모든 신자는 짙은 어둠을 뚫고서,
예수께서 오늘 성부 하나님의 보좌에 앉아 계시는 것을 보도록 하십시오.**

주께서 머리에 많은 통치의 왕관들을 쓰신 것을 보고 기뻐하십시오. 제일 먼저, 주님의 머리에는 **천국의 왕의 영원한 왕관**이 찬란히 빛납니다. 천사들이 주님의 것입니다. 그룹과 스랍들이 끊임없이 주님을 찬송합니다. 주께서 명령하시자, 지극히 힘센 영이 기쁘게 날아가서 아주 먼 세계에까지 주의 명령을 전달합니다. 주께서 말씀만 하시면 그대로 이루어집니다. 천사들이 즐거이 주님께 복종하고, 주님은 위엄있게 통치하십니다. 하늘에 있는 주님의 뜰에는 거룩한 영들이 무리지어 몰려듭니다. 이들은 주님의 미소를 먹고 사는 자들이며, 주님의 눈에서 빛을 마시고 주님의 권세로부터 영광을 얻어 사용하는 자들입니다. 하늘에서 주님 앞에 가까이 나갈 때 지극히 순결해서 주님 앞에 엎드리지 않는 영이 없고, 스스로 찬란히 빛나므로 날개로 얼굴을 가리지 않은 천사도 없습니다. 그렇습니다. 더욱이 구속받은 많은 영들이 기꺼이 주님 앞에 절하며, 밤낮으로 주님의 보좌에 둘러서서 이같이 노래합니다. "죽임을 당하사 우리를 피로 사신 분은 합당하도다. 보좌에 앉으신 이와 어린 양에게 찬송과 존귀와 영광과 권능을 세세토록 돌릴지어다"(계 5:9,13). 확실히 주께서 하늘의 왕이 되시는 것으로 충분하였습니다! 고대인들은 하늘과 땅과 지옥을 몇 개의 왕국으로 나누고, 각 왕국을 다른 왕들이 통치하는 것으로 보는데 익숙하였습니다. 확실히 하늘은 무한하신 영이 다스리기에 충분할 만큼 넓은 제국이었습니다. 그리스도는 하늘의 무한한 평원 전체를 다스리시는 주이십니다. 주님은 보석을 놓으셨고, 그 위

에 터가 있는 성을 건설하셨습니다. 이 성을 건설하고 지으시는 분은 하나님이십니다. 주님께서 그 성의 빛이시고, 그 거주민들의 기쁨이십니다. 주님께 영광을 돌리는 것이 언제나 그들의 기뻐하는 생활입니다. 이 빛나는 왕관 옆에 또 하나의 관이 보입니다. 그것은 지옥의 철관(鐵冠)입니다. 그리스도께서는 거기에서도 최고의 주권자로 통치하시기 때문입니다. 천국의 찬란한 빛 가운데서 뿐만 아니라, 앞을 내다볼 수 없는 지옥의 짙은 흑암 속에서도 주님의 전능한 힘이 발휘되고, 그의 주권이 인정됩니다. 저주받은 영들을 묶는 쇠사슬은 주의 권능의 사슬들입니다. 타오르는 불은 주님의 보복의 불입니다. 그들의 눈동자를 그을리고 그들의 마음을 녹인 강렬한 광선이 복수의 불길이 타오르는 주님의 눈에서 번쩍하고 비칩니다. 지옥에 주님의 권세 외에는 아무 권세도 없습니다. 마귀들도 주님의 권능을 압니다. 주님은 큰 용을 사슬로 묶으십니다. 주님께서 용에게 잠시 자유를 주지만, 여전히 사슬을 쥐고 있으며, 용이 한계를 벗어나서 가지 않도록 끌어당기실 수 있습니다. 지옥은 주님 앞에서 두려워 떱니다. 망한 영혼들의 울부짖는 소리는 주님의 찬송에서 낮은 베이스 선율일 뿐입니다. 천국에서 영광스러운 음성이 주님의 선하심을 찬송하는 반면에, 지옥에서는 으르렁거리는 낮은 소리들이 주님의 공의를 외치고 주의 모든 적들을 이긴 확실한 승리를 찬양합니다. 이와 같이 주님의 제국은 지극히 높은 하늘보다 높고, 지극히 낮은 지옥보다 깊습니다. 이 땅 역시 주님의 광대한 통치가 미치는 영역입니다. 이 제국은 다른 제국들에 비해 작지만, 아마도 주님께서는 다른 어떤 통치 영역에서보다 이 세상에서 더 많은 영광을 이끌어 내셨을 것입니다. 주님은 땅에서 통치하십니다. 주님의 머리에는 창조의 왕관이 있습니다. "만물이 그로 말미암아 지은 바 되었으니 지은 것이 하나도 그가 없이는 된 것이 없느니라"(요 1:3). 주께서 "빛이 있으라" 하시니, 빛이 있었습니다. 주님은 힘으로 산들을 쌓아올리셨고, 지혜로 구름들의 균형을 맞추십니다. 주님은 창조주이십니다. 눈을 들어 창공을 바라보고 별이 총총한 세계들을 보십시오. 주께서 그것들을 만드셨습니다. 그것들은 저절로 생겨난 것이 아닙니다. 주님은 전능하신 힘의 모루를 쳐서 튀는 불꽃처럼 별들을 만드셨습니다. 그리고 주님께서 붙들고 지지하시므로 하늘에서 별들이 반짝입니다. 주님은 땅과 그 위에 거하는 모든 사람들을 지으셨고, 수많은 언덕에서 풀을 뜯는 가축들, 공중을 유쾌하게 만드는 새들을 만드셨습니다. 바다가 주님의 것입니다. 주께서 그것 또한 만드셨습니다. 리워야단을 주님께서 만드셨습니다. 비록 그 괴물이 깊은 바다도 하얗게 만들지라도 주님의 권능의 피조물에 지나지 않습니다. 이 창조의 왕관과 나란히 또 다른 관이 있습니다. 섭리의 면류관입니다. 주께서는 만물을 그의 권능의 말씀으로 유지하시기 때문입니다. 주님께서 끊임없이 힘을 쏟지 않으시면 모든 것이 그칠 수밖에 없습니다. 땅은 죽을 수밖에 없고, 태양도 세월이 가면서 어두워질 수밖에 없습니다. 그리스도께서 끊임없이 힘을 공급하시지 않으면 자연은 침몰할 수밖에 없습니다. 주님은 윙윙거리는 겨울의 돌풍을 보내시고, 또 이내 그 바람을 잠재우고 살랑거리는 봄바람을 토해 내십니다. 여름의 과일을 익게 하시고, 추수로 가을을 기쁘게 하십니다. 만물이 주의 뜻을 압니다. 대 우주의 심장이 주의 권능으로 인해 고동칩니다. 바다조차도 주님으로부터 조수를 끌어냅니다. 주께서 손을 거두시면, 땅의 기둥들이 떨지 않을 수 없습니다. 별들이 무화과 잎이 떨어지듯 떨어지며, 만물이 꺼져서 깜깜한 어둠 속으로 소멸되지 않을 수 없습니다. 주님의 머리에 섭리의 왕관이 있습니다. 이 왕관 옆에, 세 배로 영광스러운 은혜의 면류관이 있습니다. 주님은 은혜의 왕이십니다. 주님은 주기도 하고 거두기도 하십니다. 하나님의 자비의 강이 주님의 보좌 밑에서 흐릅니다. 주님은 주권자로 앉으셔서 자비를 베푸십니다. 주님은 천국의 열쇠를 가지고 계셔서, 문을 열면 닫을 자가 없고, 닫으면 열 자가 없습니다. 주께서 부르시자 완고한 마음이 복종합니다. 주께서 뜻을 세우시자 반역하는 영이 무릎을 꿇습니다. 그리스도는 사람들의 주이시므로, 복을 베풀고자 하시면 아무도 그 복을 거절할 수 없습니다. 주님은 그의 교회에서 자원하는 영들 가운데 통치하십니다. 주님은 그의 사랑의 홀 앞에서 엎드릴, 헤아릴 수 없는 많은 백성을 모으기 위해 세계 모든 나라들 위에서 교회를 위하여 통치하십니다.

　나는 여기서 이 주제의 장엄함에 압도되어, 주님의 머리와 빛나는 왕관들을 설명하기를 잠시 그치고, 천사들처럼 왕관을 쓰신 그 머리 앞에 절하며 외치게 됩니다. "거룩, 거룩, 거룩, 주는 만군의 하나님 여호와이십니다! 하늘과 죽음과 지옥의 열쇠들을 허리에 차셨으니, 주는 최고의 주권자이십니다. 주님께 영원히 영광을 돌립니다."

　자, 형제 여러분, 여러분은 이에 대해 뭐라고 말합니까? 갖가지의 생각들이 즉시 여러분의 마음속에 요동칩니까? 어떤 사람이 이렇게 말하는 것 같습니다. "그렇다면, 그리스도께서 이같이 통치의 왕관들을 많이 갖고 계신다면 내가 주님께 반역하는 것이 얼마나 헛된 일인가." 청중 여러분, 여러분 가운데 지금 그리스도와 싸우고 계시는 분들이 있을 수 있습니다. 다소의 사울처럼 여러분은 "광분하여서" 그리스도에 반대하였습니다. 여러분의 아내가 교회에 자주 출입을 하자 가지 못하게 막습니다. 여러분은 예수님을 따른다는 이유로 딸을 핍박합니다. 여러분은 그리스도라는 이름 자체를 싫어합니다. 그리스도의 종들을 저주하고, 그의 말씀을 멸시합니다. 여러분은 할 수만 있다면, 그리스도의 사역자들에게 침을 뱉고, 어쩌면 그의 백성들을 화형이라도 시킬 것입니다. 그런데 이 점을 아시기 바랍니다. 여러분은 반드시 질 수밖에 없는 싸움을 시작한 것입니다. 예수님과 싸워서 성공한 사람이 누가 있습니까? 사람이여, 가서 번개와 싸우고, 벼락을 손으로 잡아보시오. 가서 바다를 억누르고 큰 파도에게 잠잠하라고 하며, 바람을 손바닥으로 잡아보시오. 여러분이 이렇게 한 후에, 가서 보잘것없는 손을 들어 만왕의 왕을 공격해 보시오. 십자가에 못 박힌 분이 여러분의 주님이시고, 그래서 여러분이 주님을 반대할지라도 성공하지 못할 것입니다. 여러분은 자신의 지극히 큰 악 가운데서 패할 것이고, 여러분의 맹렬한 분노는 여러분 자신에게로 돌아갈 것입니다. 오늘날은 그리스도의 적들이 많이 있는 것 같습니다. 그들은 서서 함께 상의합니다. "우리가 그들의 맨 것을 끊고 그의 결박을 벗어 버리자 하는도다"(시 2:3). 반역자들이여, 저쪽에서 깊이 울리는 웃음 소리가 들립니까? 하나님의 장막의 깊은 어둠 속에서 여호와께서 여러분을 비웃고 계십니다. 하나님께서 여러분을 조롱합니다. 하나님은 "내가 나의 왕을 내 거룩한 산 시온에 세웠다"(2:6)고 말씀하십니다. 그리스도의 원수들이여, 와라. 너희를 집어던져 산산조각 낼 것이다. 맹렬한 기세로 오라. 꿈쩍 않는 바위에 부딪힌 파도처럼 떨어질 것이다. 주님께서 이제도 통치하시고 장래에도 통치하실 것이다. 여러분은 언젠가 주님의 권능을 느끼게 될 것입니다. "하늘에 있는 자들과 땅에 있는 자들과 땅 아래에 있는 자들이 모든 무릎을 예수의 이름에 꿇지 않을 수 없기"(빌 2:10) 때문입니다.

　　위로가 가득한 또 다른 생각이 내 마음에 솟아납니다. 신자 여러분, 오늘 세 왕관을 쓰신 그리스도를 보고 위로를 받으십시오. 섭리가 여러분을 반대합니까? 말을 고치십시오. 여러분이 말을 잘못하였습니다. 하나님은 여러분의 원수가 되지 않으셨습니다. 섭리는 여러분을 반대하지 않습니다. 예수님은 섭리를 다스리는 왕이시기 때문입니다. 주님은 섭리의 시련을 재고, 섭리의 폭풍우를 헤아리십시다. 주님의 원수들이 싸우러 덤벼들 수 있지만, 그들이 주님과 싸워 이기지 못할 것입니다. 주께서 원수들의 광대뼈를 칠 것입니다. 여러분이 지금 불 가운데로 지나가고 있습니까? 불은 그리스도의 통치 영역입니다. 여러분이 지금 홍수를 겪고 있습니까? 홍수가 여러분을 물속에 빠트리지 못할 것입니다. 홍수조차도 전능하신 메시야의 음성에 복종하기 때문입니다.

여러분이 어떤 곳으로 부름을 받든지 간에, 그리스도께서 사랑으로 통치하지 않는 곳에 갈 수는 없습니다. 주님의 손에 여러분을 맡기십시오. 여러분이 처한 환경이 아무리 암울할지라도, 주님께서 여러분의 길을 뚜렷하게 보여주실 수 있습니다. 밤이 여러분을 에워싸고 있을지라도, 주님께서 분명코 낮을 불러오실 것입니다. 오직 주님을 의지하십시오. 크고 작은 모든 일을 주님의 전능한 손에 맡기십시오. 그러면 주님의 마음이 얼마나 친절한지, 여러분을 드러내어 명예롭게 하시는 주님의 손이 얼마나 강한지 알게 될 것입니다. 만왕의 왕이신 주님을 신뢰하십시오. 와서 여러분의 짐을 모두 주님의 발 앞에 내려놓고, 노래를 부르십시오. 마음이 무거우면 여기로 가져오십시오. 주님의 황금 홀이 여러분의 마음을 가볍게 해줄 것입니다. 여러분에게 슬픔이 많으면, 말씀드리십시오. 주님의 사랑의 눈길이 그 슬픔들을 다 흩어버리며, 빽빽한 어둠 속으로 밝은 빛이 비칠 것입니다. 그러면 여러분은 주님의 얼굴을 보고, 모든 것이 괜찮다는 것을 알 것입니다.

그리스도의 절대적인 통치권만큼 그리스도인을 기쁘게 하는 교리는 없다고 확신합니다. 모든 것이 저절로 되는 우연과 같은 것이 없고, 그리스도께서 모든 곳에서 통치하신다는 것이 기쁩니다. 그리스도께서 통치하지 않는 지옥에 마귀가 있다고 생각하면, 마귀가 나를 멸망시키지 않을까 두려워할 수밖에 없습니다. 이 땅에서 그리스도께서 지배하지 못하는 환경이 있다고 생각한다면, 환경이 나를 파괴하지 않을까 두려워하지 않을 수 없습니다. 하늘에서 여호와께 복종하지 않는 천사가 있다면, 나는 그런 천사 앞에서도 떨게 될 것입니다. 그러나 그리스도는 만왕의 왕이시고, 나는 그리스도의 부족한 형제, 곧 그리스도께서 사랑하시는 자이므로 나는 그에게 내 모든 염려를 맡깁니다. 주님께서 나를 돌보시기 때문입니다. 내 영혼은 그리스도의 가슴에 기대고서 충분한 휴식과 확신과 안전을 얻습니다.

### 2. 둘째로, 그리스도께는 많은 승리의 왕관이 있습니다.

앞에서 언급한 첫 번째 왕관들은 당연한 권리에 의해 주님의 것입니다. 주님은 하나님의 독생자요 사랑하시는 아들입니다. 그러므로 주님은 광대한 영토들을 상속받습니다. 그러나 사람의 아들의 입장에서 볼 때는, 정복으로 말미암아 주님이 위대하게 되셨고, 오른손과 거룩한 팔로 주께서 승리를 얻으셨습니다. 첫째로, 그리스도께 왕관이 있는데, 나는 여러분 한 사람 한 사람이 그 왕관을 쓰기를 기도합니다. 주님은 세상을 정복한 승리의 왕관이 있습니다. 주께서 친히 이렇게 말씀하셨기 때문입니다. "담대하라 내가 세상을 이기었노라"(요 16:33). 여러분은 그리스도께서 이 세상과 치러야 했던 싸움이 얼마나 격렬했는지 생각해 본 적이 있습니까? 세상이 처음에는 이렇게 말했습니다. "내가 그를 없애버리겠다. 사람들이 그를 알지 못하게 하겠다." 세상은 그리스도에게 가난을 무더기처럼 쌓아 거기에 깔려 숨막히게 하려고 하였습니다. 그러나 주님은 가난 속에서도 빼어나셨고, 이음매가 없는 그의 겉옷은 랍비의 옷보다도 더 광채가 났습니다. 그때 세상은 주님을 여러 가지 위협거리로 공격하였습니다. 때로 사람들은 주님을 언덕 꼭대기로 끌고 가서 거꾸로 내던지려고 했습니다. 또 어떤 때는 돌을 들어 주님을 치려고 하였습니다. 그러나 가난 때문에 숨어 지내려고 하지 않으셨던 주님은 위협 때문에 눌려 지내려고도 하시지 않았습니다. 그 다음에 세상은 여러 가지 유혹거리로 시험하였습니다. 세상은 아름다운 얼굴을 하고 와서 주님께 왕관을 내밀었습니다. 세상 사람들은 할 수 있었다면 그리스도를 붙들어 왕으로 세웠을 것입니다. 그러나 세상 사람들의 찌푸린 얼굴에 개의치 않았던 주님은 그들의 미소에도 관심이 없으셨습니다. 주님은 왕관을 치우셨습니다. 주님은 왕이 되기 위해 오신 것이 아니라 고난을 받고 죽기 위해 오셨습니다. "내 나라는 이 세상에 속한 것이 아니니라 그렇지 않았더라면 내 종들이 싸웠으리라"(요 18:36)고 주님은 말씀하셨습니다. 여러분은 30년 동안 내내 세상이 어떻게 예수님을 시험하였는지 생각해 본 적이 없습니까? 광야에서 당하신 마귀의 시험은 주님께서 견디셔야 했던 시험들 가운데 하나에 지나지 않았습니다. 크고 작은 온갖 시험이 주님을 에워싸고 있었습니다. 세상은 화살통을 다 비워, 흠 없는 어린 양의 가슴을 향하여 화살을 있는 대로 모두 쏘았습니다. 그러나 지극히 거룩하신 주님은 전혀 해를 입지 않으셨습니다. 여전히 죄인들과 구별되신 주님은 죄인들 가운데 다니면서도 죄에 더럽혀지지 않으셨습니다. 사람들에게 대접을 받았지만 그들의 폭식을 시인하시지 않았습니다. 사람들과 함께 마셨지만 술꾼이 되지 않으셨습니다. 해롭지 않은 모든 일에 사람들처럼 행하였고 세상에서 사람으로 지내셨지만 세상 사람이 아니셨습니다. 주님은 세상에 계셨지만 세상에 속하지 않으셨습니다. 세상과 구별되었지만 세상 사람들 중 하나로 지내셨습니다. 우리 인류와 지극히 친밀하게 결합되셨지만 언제나 모든 사람과 구별되셨습니다. 형제 여러분, 우리가 세상과의 모든 싸움에서 주님을 본받았으면 좋겠습니다. 아, 그런데 슬프게도 세상이 우리를 이기는 때가 많습니다. 우리는 때때로 세상의 미소에 넘어가기도 하고, 세상의 찌푸린 얼굴 앞에서 떠는 때도 많습니다. 신자 여러분, 소망을 갖고 용기를 내십시오. 주님을 본받으십시오. 세상을 대적하고, 세상에 지지 말고 이기십시오. 세상을 건너되 올무에 걸리지 않도록 발을 조심하십시오. 모든 압박 가운데서 똑바로 서고 어떤 유혹에도 흔들리지 마십시오. 그리스도께서 그렇게 하셨습니다. 그러므로 당연한 권리에 의한 승리의 왕관, 곧 세상의 모든 세력을 정복한 승리의 트로피가 그 머리에 있습니다.

그 다음에, 주께서 쓰고 계시는 다른 왕관은 주께서 죄를 이김으로써 받으신 면류관입니다. 죄는 지금까지 세상의 어떤 피조물도 감당하지 못하는 적수였습니다. 죄가 천사들과 싸웠고, 그래서 하늘의 별의 삼분의 일이 떨어졌습니다. 죄는 온전한 아담에게 도전하여 금방 이겨 버렸습니다. 첫 주먹 한 방에 아담이 쓰러지고 말았기 때문입니다. 죄는 우리 주 예수님과 격렬한 싸움을 벌였지만, 제대로 임자를 만났습니다. 죄가 온갖 유혹거리들을 가지고 왔지만 주님은 물리치고 이기셨습니다. 죄가 공포와 저주를 가지고 왔지만, 그리스도께서는 참고 견디셨고, 그렇게 해서 죄의 권능을 깨트리셨습니다. 주께서는 심장에 저주의 독화살을 맞으셨지만, 피를 흘려서 독이 든 불화살을 꺼트리셨습니다. 고난을 당함으로써 죄를 정복하신 것입니다. 이제는 용의 목을 발로 밟고 계십니다. 주께서 알지 못한 시험이 없습니다. 그러므로 주께서 이기지 못한 죄도 없습니다. 온갖 악을 내던지셨고, 이제는 그의 영광스러운 고난을 겪으심으로 주님은 영원히 정복자로 서 계십니다. 형제 여러분, 자신을 희생 제물로 드려 우리의 죄를 영원히 없애버리신 주께서 마땅히 받으실 만한 그 왕관은 참으로 찬란히 빛납니다. 황홀해진 내 마음이 말을 자제시킵니다. 나는 다시 한 번 주님 보좌 앞에 절하며, 피를 흘리신 내 구속주, 고난당하신 내 구주께 영으로 예배합니다.

　　다시 한 번 말하지만 그리스도께서는 죽음의 면류관을 머리에 쓰고 계십니다. 주님은 죽으셨습니다. 그리고 그 무시무시한 시간에 죽음을 정복하셨고, 무덤을 강탈하고, 무덤 문을 막았던 돌을 쪼개며, 죽음을 산산조각 내고 최고의 파괴자를 없애 버리셨습니다. 그리스도께서는 철로 된 죽음의 사지를 붙잡아 그 손의 권능으로 으스러뜨렸습니다. 죽음이 모든 사람들의 육체를 지배하였지만, 그리스도께서 그의 구속하신 자들을 위하여 부활의 문을 여셨습니다. 주님이 나팔을 입에 대고 부활의 소리를 울려내실 날이 되면, 주님께서 죽음이 지배하는 모든 영역을 다스리시는 우주의 왕이심이 드러날 것입니다. 우리 구주 하나님께서 일어나셨듯이, 그를 따르는 모든 자들도 반드시 일어나기 때문입니다. 그 다음에 그리스도는 세상의 왕이요 죄와 죽음의 왕이실 뿐만 아니라 사탄의 왕이기도 하십니다. 주님께서 이 대원수를 만나셨습니다. 그 싸움은 무시무시하였습니다. 우리의 전사께서 굵은 핏방울이 땅에 떨어지듯이 땀을 흘리셨기 때문입니다. 그러나 주님은 몸으로써, 영혼의 고통을 겪음으로써 승리에 이르는 길을 개척하셨습니다. 그 접전은 치열하였습니다. 머리와 손, 발과 심장이 상처를 입었습니다. 그러나 구주께서는 싸움에서 물러나지 않으셨습니다. 주님은 구덩이의 사자가 마치 새끼 염소라도 되는 것처럼 찢고, 용의 머리를 산산이 깨트리셨습니다. 사탄은 그리스도의 발꿈치를 조금씩 물어뜯고 있었습니다. 그리스도께서 그를 밟고 그의 머리를 박살을 내셨습니다. 이제 예수께서 사로잡힌 자들을 사로잡았고, 지옥의 모든 무리의 주가 되셨습니다. 영광스럽도다, 그 승리! 천사들이 승리의 노래를 반복하여 부르고, 주님의 구속받은 자들이 그 노래를 따라서 부릅니다. 주께서 피로 값 주고 산 아담의 후손들이여, 주께서 지옥의 모든 악을 이기셨으니, 그대들도 주님을 찬송하라.

　　이 외에도 그리스도께 또 다른 왕관이 있는데, 그것은 사람을 다스리는 승리의 왕관입니다. 청중 여러분, 주님께서는 여러분 각 사람을 위한 왕관을 쓰고 계셨으면 좋겠습니다. 사람의 악한 마음과 싸우는 것은 참으로 힘든 일입니다. 해를 끼치기를 바라면, 여러분은 쉽게 악한 마음을 정복할 수 있습니다. 그러나 선으로써 악한 마음을 이기려고 하면, 그 싸움이 얼마나 힘든지 모릅니다! 그리스도께서 사람의 마음을 얻으려고 하셨지만 사람은 마음을 그에게 주려고 하지 않았습니다. 그리스도께서 많은 방법으로 사람의 마음을 시험하고 고통을 주었지만, 사람의 마음은 단단하였고 누그러들지 않았습니다. 모세가 와서 말했습니다. "주님, 내가 한 번 사람의 마음을 열어보겠습니다." 모세가 불과 회오리바람과 하나님의 망치를 사용하였습니다. 그러나 마음은 깨질 기미가 보이지 않았고 그 영은 그리스도를 받아들이려 하지 않았습니다. 그때 그리스도께서 오셔서 말씀하셨습니다. "완고한 마음이여, 내가 너를 설득시키겠다. 차가운 영혼이여, 내가 너를 녹이겠다." 그러자 영혼이 말했습니다. "예수여, 그렇게는 안 됩니다. 한 번 해볼 테면 해 보십시오." 그러자 그리스도께서 "꼭 그렇게 하고 말 것이다"고 말씀하셨습니다. 그래서 옛적에 그리스도께서 그 불쌍한 완고한 마음에 오셨는데, 십자가를 가지고 오셨습니다. 예수께서 말씀하셨습니다. "자, 완고한 마음아, 너를 사랑한다. 너는 나를 사랑하지 않지만 나는 너를 사랑한다. 그 증거로 여기를 보아라. 나는 이 십자가에 달릴 것이다." 완고한 마음이 쳐다보자, 갑자기 사나운 사람들이 구주님을 나무에 못 박았습니다. 양손에 못이 박히고, 그의 영혼이 고통으로 찢어졌습니다. 완고한 마음을 내려다보며 예수께서 말했습니다. "완고한 마음아, 나를 사랑하지 않겠느냐? 나는 너를 사랑한다. 내가 너를 죽음에서 구속하였다. 너는 나를 미워하지만, 나는 정녕코 너를 위해서 죽는다. 너는 나를 걷어차지만, 나는 확실히 너를 보좌로 데려갈 것이다." 그러자 완고한 마음이 말했습니다. "예수여, 나는 더 이상 견딜 수 없습니다. 당신께 항복합니다. 당신의 사랑이 나를 이겼습니다. 오, 나는 영원히 당신의 신하가 되겠습니다. 주께서 당신의 나라에 임하실 때 다만 나를 기억하소서. 지금과 영원히 나를 당신의 신하로 여겨 주옵소서." 청중 여러분, 그리스도께서 여러분을 이기신 적이 있습니까? 그리스도의 사랑이 여러분에게 과분하다고 생각한 적이 있습니까? 주님의 거룩한 사랑에 설득을 당하여 죄를 버리지 않을 수 없었던 적이 있습니까? 여러분에 대한 주님의 사랑과 여러분의 배은망덕을 생각하고 눈물을 주체할 수 없었던 적이 있습니까? 이런 생각을 해본 적이 있습니까? "죄인 가운데 가장 시커먼 죄인인 내가 주님을 멸시하였습니다. 주님의 책을 그동안 읽지 않고 버려두었습니다. 주님의 피를 발로 밟았습니다. 그런데도 주님은 나를 위해 죽으셨고 영원한 사랑으로 사랑하셨습니다." 확실히 이 생각에 여러분은 무릎을 꿇었고, 여러분의 영혼은 이렇게 외쳤습니다.

"오, 주권적인 은혜여, 내 마음을 정복하소서.
그러면 나를 승리로 인도하고

　　자원하는 포로로 주님께 데려가

　　주의 말씀의 승리를 노래하게 하실 것이라."

　이것이 여러분의 경우에 해당한다면, 여러분도 그리스도의 머리에 있는 많은 왕관들 가운데 하나를 볼 수 있을 것입니다.

### 3. 이제 우리는 세 번째 요점에 이르렀습니다.

　오늘 아침 내가 힘이 없지만, 도움을 받아 이 아름다운 주제를 깊이 생각할 수 있도록 여러분이 간절히 기도해 주기 바랍니다.

　나는 지금 바람과 조수에 맞서서 힘을 다하여 설교하고 있습니다. 사람이 하나님 말씀을 즐기며, 즐겁고 기쁘게 설교하는 때들이 있습니다. 그러나 지금, 여러분에게 무엇인가를 주고 있을지라도 내 자신은 아무것도 얻을 수 없습니다. 그럴지라도 하나님의 말씀이 복을 받아 내가 약한 가운데서 하나님의 능력이 나타날 수 있도록 기도해 주시기 바랍니다.

　세 번째 제목은 **감사의 왕관**을 다룹니다. 확실히, 이 왕관들에 관해서 우리는 이렇게 말하는 것이 당연합니다. "그 머리에는 많은 관들이 있고." 첫째로, 그리스도의 교회에서 능력 있는 많은 행위자들이 그들의 왕관을 그리스도께 돌려 드립니다. 엘리야가 쓰게 될 왕관은 참으로 영광스러울 것입니다. 이 사람이 아합에게 갔고, 아합이 "내 대적자여 네가 나를 찾았느냐"(왕상 21:20)고 했을 때, 대놓고 그를 책망하였습니다. 엘리야는 바알의 선지자들을 잡고 그 가운데 하나도 도망하지 못하게 하고 모두 찍어서 하나님께 제물로 드린 사람입니다. 불 전차를 타고 하늘에 올라간 이 사람은 얼마나 영광스러운 면류관을 받게 되겠습니까! 그런가 하면, 사자 굴에서 건짐을 받은 다니엘, 곧 하나님의 착실한 선지자인 다니엘에게는 어떤 왕관이 주어지겠습니까. 울고 있는 예레미야의 머리와 능변의 이사야의 머리에서 번쩍일 면류관은 어떤 것이겠습니까! 사도들의 머리에 씌워질 면류관들은 어떤 것이겠습니까! 바울 사도가 그 오랜 세월의 봉사를 인해서 받을 왕관은 얼마나 무거운 것이겠습니까! 그 다음에, 교우 여러분, 루터의 면류관은 얼마나 번쩍이고, 칼빈의 면류관은 또 얼마나 빛이 나겠습니까. 횟필드와, 그처럼 씩씩하게 하나님을 섬긴 사람들, 하나님의 힘을 의지하여 외국 군대와 싸우고, 환난의 때에 복음의 깃발을 똑바로 세운 사람들이 쓸 왕관은 얼마나 고귀하겠습니까! 여러분에게 한 가지 장면을 보여드리겠습니다. 엘리야가 천국에 들어가면, 즉시 받은 왕관을 쓰고 어디로 갑니까? 자, 그는 보좌로 달려가서 머리를 숙이고 왕관을 벗으며 말합니다. "영광을 내게 돌리지 마옵소서 내게 돌리지 마옵소서 오직 주의 이름에만 영광을 돌리소서"(시 115:1). 선지자들이 한 사람씩 들어오는 것을 보십시오. 그들은 예외 없이 모두 자신들의 면류관을 그리스도의 머리에 씌워드립니다. 사도들과 교회의 능력있는 모든 선생들을 보십시오. 그들 모두 그 앞에 엎드려, 자기들에게 은혜로 힘을 주어 왕관을 얻게 하신 그리스도의 발 앞에 자기들의 왕관을 내놓습니다.

"그들의 승리가 어디서 왔는지 물으니
그들이 다 한 목소리로
그들의 승리를 어린 양에게 돌리고
그들의 정복을 어린 양의 죽음에 돌리네."

능력 있는 행위자들뿐만 아니라 고난당한 위대한 성도들도 이렇게 합니다. 순교한 성도들의 루비 왕관들은 얼마나 찬란하게 빛나는지요. 화형대에서, 교수대에서, 불 가운데서 그들은 하나님께로 올라갔습니다. 빛나는 이들 가운데서 그들은 더욱 빛이 나고, 찬송받으실 그리스도의 보좌를 두르고 있는 능력 있는 무리들 가운데서 지극히 아름답습니다. 그들이 쓰고 있는 관들이 얼마나 아름다운지! 나는 그들이 부러웠던 적이 종종 있었다고 고백하지 않을 수 없습니다. 평화로운 날들을 살아가는 것은 행복한 일입니다. 그러나 행복하긴 하지만 명예로운 것은 아닙니다. 빨갛게 달궈진 철판 위에서 죽은 라우렌티우스(Lawrence. ?~258년. 로마 황제 발레리아누스의 박해 기간 중 순교하였음 ― 역주)처럼 죽거나 고문대 위에서 모든 뼈가 어긋난 채로 창에 찔려 죽는 것이 훨씬 더 명예로운 것입니다. 불길 속에서 조용히 서서 손뼉을 치며 "주님의 귀하신 이름을 위해서는 모든 일을 할 수 있다. 내 몸이라도 불사르게 내 줄 수 있다!" 하고 외친 사람이 있습니다. 이것은 그리스도를 섬기는 고귀한 방식입니다. 순교자들이 쓰는 왕관은 어떤 것이겠습니까! 천사가 불 전차에 탄 사람들의 위엄에 비할 때 자기 품위가 하찮다는 것을 생각하고 얼굴을 붉힐 수도 있습니다. 그 모든 면류관이 어디에 있습니까? 그 모든 면류관이 그리스도의 머리에 있습니다. 어떤 순교자도 면류관을 쓰지 않습니다. 그들 모두 피로 물든 왕관을 벗어서 그리스도의 머리에 씌워 드립니다. 불의 면류관, 고문대의 면류관이 모두 그리스도의 머리에서 빛이 나는 것을 봅니다. 그들이 모든 고난을 견딜 수 있게 도와 준 것이 바로 그리스도의 사랑이었기 때문입니다. 그들이 이길 수 있었던 것이 바로 그리스도의 피의 힘이었기 때문입니다.

그 다음에, 형제 여러분, 또 다른 왕관들을 생각해 보시기 바랍니다. 많은 사람을 의로 돌아오게 하는 사람들은 영원히 별처럼 빛이 날 것입니다. 하나님께서 교회를 위하여서 많은 일을 하고, 또 세상을 위하여서도 많은 일을 할 수 있도록 한 사람들은 소수입니다. 그들은 기진맥진할 때까지 모든 것을 다 쏟아냅니다. 그들의 몸은 휴식을 모르고 그들의 영혼은 안락을 모릅니다. 생명이 충만한 전차 혹은 보이지 않지만 거역할 수 없는 사냥개에게 끌리는 전차처럼, 그들은 끊임없이 온갖 의무들을 이행하고, 쉴새없이 온갖 일들을 해냅니다. 그들이 하나님 앞에 나올 때, 그들이 구원한 영혼들이 그들과 함께 낙원에 들어갈 때, 그들이 "저와, 주께서 제게 주신 자식들이 왔습니다" 하고 말할 때, 어떤 왕관들을 받겠습니까! 영혼을 구원한 그들에게 어떤 갈채, 어떤 명예, 어떤 보상이 주어지겠습니까! 그리고 그들이 그 면류관을 받아서 어떻게 하겠습니까? 그들도 그 관들을 벗어서 어린 양이 보좌 가운데 앉아 계시는 곳에 내려놓을 것입니다. 그리고 엎드려 소리칠 것입니다. "예수님, 우리가 저들을 구원하지 않았습니다. 주께서 그 모든 일을 행하셨습니다. 우리는 주의 종들일 뿐입니다. 승리는 우리에게서가 아니라 주님에게서 나왔습니다. 우리는 거두었을 뿐이고 뿌리신 이는 주님이십니다. 우리는 그물을 던졌을 뿐이고 주께서 그물을 가득 채우셨습니다. 우리의 모든 성공은 주의 힘으로, 주의 은혜의 권능으로 이루어진 것입니다." 그러므로 그리스도께 대해 "그 머리에는 많은 관들이 있다" 고 말하는 것이 당연합니다.

그러나 또 한 무리가 가까이 오는 것을 보십시오. 천사 같은 영들의 무리가 그리스도께로 날아 올라오는 것이 보입니다. 이들이 누구입니까? 나는 모릅니다. 그들은 순교자가 아닙니다. 그들의 이름이 사도들 가운데서도 보이지 않습니다. 나는 그들의 이름이 살아 계신 하나님의 성도들 가운데 기록되었는지조차도 모릅니다. 이들은 누구입니까? 그들 가운데 한 사람에게 묻습니다. "아주 빛나는 영들이여, 당신들은 누구입니까?" 그 가운데 지도자가 대답합니다. "우리는 하늘에 가족을 두고 있는 영광스런 유아들입니다. 우리는 어머니의 가슴으로부터 그리스도의 피로 구속을 받고 곧장 하늘로 왔습니다. 우리는 원죄에서 씻음을 받고 천국에 들어왔습니다. 우리는 땅의 모든 민족으로부터 나왔습니다. 첫 유아가 태어난 때부터 시작해서 땅의 역사가 마감될 때까지, 우리는 보금자리로 날아가는 비둘기처럼 이리로 떼를 지어 속히 날아왔습니다." "여러분, 작은 자들이여, 어떻게 이곳으로 왔는가?" 그들이 대답합니다. "그리스도의 피로 말미암아 왔고, 만민의 주이신 그리스도께 면류관을 드리러 왔습니다." 헤아릴 수 없이 많은 무리가 에워싸며 구주님께로 올라가는데, 한 사람 한 사람씩 자기 왕관을 주님의 머리에 씌워드리고 나서 전보다 더 큰 목소리로 노래하기 시작하는 것이 보입니다.

그런데 저쪽에서 또 한 무리가 그들 뒤를 따라오는 것이 보입니다. "그런데 당신들은 누구입니까?" 대답이 들립니다. "땅에서 우리의 역사는 앞서 간 빛나는 영들의 역사와 정반대입니다. 우리는 땅에서 60년, 혹은 70년, 혹은 80년을 살았는데 무덤에 들어갈 때는 너무 약해서 비틀거릴 지경이었습니다. 죽었을 때 우리 뼈에는 진액이 하나도 없었고, 머리는 하얘졌으며, 나이가 들어서 메마르고 푸석푸석했습니다." "어떻게 여기에 왔습니까?" 그들이 대답합니다. "오랜 세월 세상과 싸우고, 시련과 근심과 싸운 후에 마침내 천국에 들어왔습니다." "그런데 면류관을 얻으셨군요." 그들이 말합니다. "그렇습니다. 하지만 이 면류관을 쓸 생각은 없습니다." "그러면 어디로 갈 생각입니까?" "우리는 저기 보좌로 갈 겁니다. 우리가 은혜로 면류관을 받은 것이 확실하기 때문입니다. 은혜 아니고는 어떤 것도 우리가 그렇게 오랜 세월 동안 그 많은 폭풍우를 헤치고 나갈 수 있도록 돕지 못했을 것이기 때문입니다." 근엄하고 존경할 만한 이 조상들이 하나씩 보좌 앞을 지나가면서 주님의 복된 발 앞에 자기 면류관을 내려놓고 나서는, 많은 유아들 무리와 함께 큰 소리로 외칩니다. "구원하심이 보좌에 앉으신 우리 하나님과 어린 양에게 영원히 있도다"(계 7:10).

그 다음에, 그들 뒤에 또 한 계층이 따라옵니다. 그러면 저들은 누구입니까? 그들의 답은 이것입니다. "우리는 은혜로 구원받은, 죄인들 가운데 괴수입니다." 그들이 여기 왔습니다. 다소의 사울, 므낫세, 라합, 그리고 그 계층의 많은 사람들입니다. 당신들이 어떻게 여기 왔습니까? 그들이 대답합니다. "우리는 죄 사함을 많이 받았습니다. 우리는 중죄인들이었는데, 그리스도의 사랑이 우리를 교정

(矯正)하였고, 그리스도의 피가 우리를 씻었습니다. 한때는 우리가 지옥처럼 새까맣지만 이제는 눈처럼 흽니다." 그런데 지금 어디로 가려고 합니까? 그들이 말합니다. "주님의 발 앞에 우리 면류관을 내려놓고 만민의 주이신 그리스도께 그 관을 씌워드리려고 합니다."

청중 여러분, 나는 그 무리들 가운데 내가 서 있을 자리가 있기를 바랍니다. 많은 죄에서 씻음을 받고, 귀한 피로 구속받은 내가 면류관을 벗어, 보지 못하였지만 사랑하고 믿은 주님의 머리에 씌워드리는 그 순간은 참으로 행복할 것입니다. 나는 말할 수 없는 기쁨과 충만한 영광으로 기뻐할 것입니다. 오늘 아침 여러분 가운데 많은 분들이 그 자리에 함께 갈 것을 생각하면 기쁩니다. 자, 형제자매 여러분, 몇 년만 지나면 주일마다 이 예배당에서 만났던 분들 가운데 많은 사람이 음악 속에서 하늘로 올라갈 것입니다. 하나님의 성도 여러분, 예외 없이 우리는 거기에서 우리의 모든 명예를 내려놓고 주님께 영원히 영광을 돌려드릴 준비를 할 것을 확실히 압니다. 약한 믿음이 말합니다. "아, 하지만 나는 천국에 들어가지 못해서 주님께 관을 씌워드리지 못할까 두렵습니다." 예, 그러나 약한 믿음이여, 그리스도께서 항상 쓰고 계시는 지극히 값진 왕관들 가운데 하나가, 주님의 머리를 아름답게 장식하는 지극히 빛난 왕관들 가운데 하나가 바로 약한 믿음이 주님께 씌워드리는 관이라는 것을 아십니까? 약한 믿음이 천국에 이르면 이렇게 말할 것이기 때문입니다. "아, 지금까지 내게 얼마나 놀라운 은혜를 베풀어 주셨는지 모릅니다. 나는 식구들 가운데 가장 비천한 자인데 지금까지 보호를 받았고, 모든 성도들 가운데 가장 작은 자인데, 지옥이 나를 이기지 못했으며, 약하고 약한 자이지만 내가 사는 날 동안 내게 힘을 주셨습니다." 그렇기 때문에 여러분의 감사하는 마음이 크지 않겠습니까? 여러분의 노랫소리가 크지 않겠습니까? 주님의 귀한 발 앞에 가까이 갈 때, 여러분의 자랑거리를 내려놓고 이렇게 외치지 않겠습니까? "불쌍한 내 영혼을 모든 위험에서 건지시고 나를 마침내 안전하게 여기로 데려오신 예수님께 찬송드립니다." "그 머리에는 많은 관들이 있고."

나는 이제 설교를 마치려고 합니다. 그러나 사랑하는 청중 여러분, 그 전에 여러분에게 이 질문 한 가지를 묻지 않을 수 없습니다. 여러분은 오늘 예수 그리스도의 머리에 씌워드릴 면류관을 가지고 있습니까? 어떤 사람은 말합니다. "예, 있습니다. 내 마지막 큰 환난에서 나를 구원해 주셨으니 나는 주님께 면류관을 씌워드리지 않을 수 없습니다." 또 어떤 사람은 말합니다. "주님께 면류관을 씌워드릴 것입니다. 주님께서 인자와 애정 어린 자비로 내게 관을 씌워 주셨기 때문입니다." 저기 서 계시는 분은 이렇게 말하는 것 같습니다. "나도 주님께 관을 씌워드릴 수 있으면 좋겠습니다. 주님께서 나를 구원해 주시기만 한다면, 주님께 면류관을 씌워드리겠습니다. 아, 주님께서 당신을 내게 주시기만 한다면, 기쁘게 나를 주님께 드릴 것입니다. 나는 너무 하잘것없고 악합니다." 그렇지 않습니다, 형제여. 여러분은 마음으로 "주님께서 내게 자비를 베푸실까" 하고 묻습니까? 그리스도의 피로 말미암은 사죄와 용서를 심령으로 갈망합니까? 그렇다면 오늘 그리스도께 담대히 가서 말씀드리십시오. "예수님, 나는 죄인 가운데 괴수입니다. 그러나 내가 주를 의지합니다." 그렇게 말한다면 여러분은 예수님의 머리에 주님의 마음을 기쁘시게 할 관을 씌워드리게 될 것입니다. 오늘을 여러분이 그리스도와 결혼하는 날로 삼으십시오. 그리스도를 여러분의 모든 것의 모든 것으로 모셔들이십시오. 그러면 여러분은 본문의 말씀을 기쁘게 보고, 이렇게 말할 수 있을 것입니다. "그렇습니다. 그 머리에는 많은 관들이 있습니다. 나는 오늘 주님의 머리에 관을 하나 씌워드리고, 머지않아 또 하나 씌워드리겠습니다."

하나님께서 여러분에게 복을 더하시기를 예수의 이름으로 기도합니다. 아멘.

제
28
장
—

# 새 창조

—

"보좌에 앉으신 이가 이르시되 보라
내가 만물을 새롭게 하노라 하시고" — 계 20:5

사람들은 일반적으로 옛것을 존중합니다. 옛것과 새것 중에서 어느 것이 더 인간 마음에 강한 영향력을 끼치는지 말하기가 어려웠습니다. 사람들은 종종 옛것을 덮어놓고 좋아하다가도, 새것을 만나면 아주 쉽게 마음을 빼앗기기도 합니다. 새것은 무엇이든지 적어도 한 가지 매력이 있습니다. 활동적인 사람들은 새것이 반드시 옛것보다 낫다고 생각합니다. 종종 실망하기도 하지만, 그들은 언제든지 동일한 미끼에 걸려들 수가 있으며, 아레오바고 언덕의 아테네 사람들처럼 새로운 것을 말하거나 듣는 데에만 시간을 내려고 합니다. 사랑하는 여러분, 우리 자신에 관해서 말하자면, 우리는 때로 쏜살같이 흐르는 시간을 생각하며 슬퍼하듯이, 새로운 해가 시작될 무렵에는 다가오는 새해를 즐겁게 바라보곤 합니다. 달력이 우리에게 과거의 우울한 기억을 떠올리게 한다면, 우리는 장차 더 행복한 날이 올 것을 생각합니다. 그렇게 하면 때로는 그토록 많은 불안과 역경과 징계를 잊어버리기도 합니다. 또 형세가 바뀌었고, 위로와 번영과 자비의 진로가 우리 앞에 있다고 소망하는 것 자체가 구원이 되기도 합니다. 사람은 과거와 잃어버린 것에 대해 슬퍼합니다. 사람들 가운데 제일 잘 나간다고 하는 사람들이라도 반드시 그렇게 생각할 때가 있다고 나는 생각합니다. 우리 가운데 최고가 아닌 사람들도 이 같은 탄식을 쏟아놓지 않을 수 없다고 느낄 때가 종종 있다고 봅니다.

> "우리의 많은 시간이 흔적도 없이 사라져 버렸네.
> 우리의 모든 죄가 얼마나 큰지!
> 주여, 우리의 지난 날을 용서하여 주시고
> 다가오는 날을 맞이할 힘을 주소서."

　사람이 깊이 슬픔에 잠기거나 과거 생활을 부끄러워하다가도, 지나간 것을 후회하고 회개하며 슬퍼한 후에는 마치 다른 공기를 마시고 새로운 인생을 시작한 것처럼 느끼는 때도 있습니다. 오래된 검은 던져버리고, 그는 이제 새 검을 가지고 무엇을 할 수 있을지 살펴보기 시작합니다. 오래된 옷을 벗어버리고, 새 옷을 입고 자기 직업에 더 어울리게 행하고자 합니다. 아마도 새롭다는 생각, 우리 길에 새로운 때가 시작되었다는 사실이 우리 가운데 활기 없고 무거운 사람들에게는 작은 도움이 될 수 있을 것입니다. 그래서 우리를 자극하여 행동하게 만들든지, 아니면 행동까지 일으키지는 않을지라도 우리 삶을 새롭게 시작해보려는 진지한 소망을 일깨울 수도 있습니다. 오래된 무기력함 대신에 새로운 활력을, 오래된 미지근함 대신에 새로운 사랑을, 오래된 죽은 듯한 정적 대신에 새로운 열심을, 오래된 게으름 대신에 그리스도를 위하여 끈기 있고 집요한 새로운 열심을 일으킬 수도 있는 것입니다. 하나님께서 우리에게 그 같은 일이 일어날 수 있게 해주시기를 바랍니다!

　이 점에서 본문을 생각할 때, 나는 본문이 여기 참석하신 모든 분에게 이같이 말하고 있다고 생각합니다. 여러분, 새로 시작하지 않겠습니까? 자, 여러분이 그렇게 하도록 도우실 수 있는 분이 계십니다! 일찍이 십자가에 못 박혔으나 지금은 영화롭게 되신 구주께서 앉아 계시는 보좌로부터, 새롭게 되고자 하고, 인생을 다시 시작하고자 하는 모든 영혼에게 희망의 속삭임이 들려옵니다. "보라 내가 만물을 새롭게 하노라." 보좌로부터, 곧 우주의 황제로부터, 만왕의 왕의 어전으로부터 나온 이 외침에 포함된 생각들을 밝히려고 하면서, 우리는 첫째로 새 창조에 대해 아주 간단히 이야기할 것입니다. 둘째는, 여러분에게 이 위대한 새 창조자께 경배드리라고 말하지 않을 수 없습니다. 셋째로, 여러분에게 앞에 있는 이 사실을 주의 깊게 바라보면서 그로부터 유익을 얻기를 바라라고 권할 것입니다. 본문이 말하고 있는 점들을 살펴봅시다.

### 1. 새 창조.

"**내가 만드노라**"("I make." 개역개정은 "내가 하노라" — 역주). 이것은 하나님의 말씀입니다. "내가 만물을 만드노라." 이 역시 하나님의 말씀입니다. "내가 만물을 새롭게 하노라." 이 말씀은 세 번째 단계에 속하는 것처럼 보입니다. 여기에서 거룩한 삼위 하나님이 지극히 영광스럽게 나타납니다. "내가 만물을 새롭게 하노라." 우리 주 예수 그리스도께서 이 일을 지극히 광대하게 행하셨습니다. 우리는 주님의 목적을 보아야 합니다. 이 세상을 완전히 새롭게 만드는 것이 주 예수님의 목적이고 의도입니다. 여러분은 이 세상이 처음에 어떻게 창조되었는지를 압니다. 곧 순결하고 온전하게 창조되었다는 것을 기억합니다. 세상은 자매 천체(天體)들과 함께 기쁨과 경배의 노래를 불렀습니다. 처음 창조된 세상은 사랑스럽고 아름답고 행복한 것으로 가득한 매력적인 곳이었습니다. 이 세상이 하나님께서 창조하신 대로 계속되었다면 어떠했을까를 잠시 생각할 수 있다면, 우리는 그 세상이 이 시간에 참으로 복된 세계였을 것이라고 짐작해 볼 수 있을 것입니다. 지금처럼 인구가 넘치도록 많고, 경건한 사람들이 하나씩 엘리야처럼 죽음을 보지 않고 올려가고, 경건한 자손들이 그 뒤를 이었다면, 그 세상이 얼마나 복되었겠습니까! 그 세계는 사람마다 제사장이었을 것이고, 집마다 성전이며, 모든 의복이 제사장 옷이고, 모든 음식이 제사였을 것이며, 모든 장소가 여호와께 거룩하였을 것입니다. 하나님의 장막이 그들 가운데 있었을 것이고, 하나님께서 친히 그들 가운데 거하셨을 것입니다. 해가 떠오를 때마다 얼마나 즐거운 노랫소리가 울려 퍼졌겠습니까! 낙원의 새들이 언덕과 골짜기에서마다 그들의 창조주를 기쁘게 찬송하였을 것입니다! 밤의 정적 속에서는 어떤 노래들이 흘러나왔겠습니까! 그렇습니다. 이 아름다운 세상 위를 맴도는 천사들은, 하늘의 둥근 천장에 총총히 박혀 있는 별들로부터 빛을 내며 내려다보고 있는 창조주의 눈을 기쁘고 순결한 영혼들이 바라보고서 한밤중의 침묵을 깨트리며 부르는 환희의 노래를 종종 들었을 것입니다.

그런데 이 세상에 뱀이 들어왔고, 교활한 꾀로 세상을 전부 망쳐 버렸습니다. 뱀이 인류의 어머니 하와의 귀에 대고 속삭였습니다. 하와가 넘어졌고 우리도 하와와 함께 넘어졌습니다. 지금 이 세상은 참으로 어떤 세상입니까! 사람이 눈을 크게 뜨고 다녀보면, 세상이 끔찍한 곳임을 알게 될 것입니다. 나는 세상의 강과 호수, 골짜기, 산이 모두 불쾌하다는 뜻으로 말하는 것이 아닙니다. 그것이 아닙니다. 세상은 본래 천사들도 살 만한 곳입니다. 그러나 세상은 도덕적으로 끔찍한 곳입니다. 나는 예전에 파리의 거리를 걸어가면서 멋진 옷을 차려 입은 군인들이 나이프와 포크를 가지고 있는 것을 보았을 때, 그들이 그 나이프와 포크로 사람들의 살을 저며서 죽음의 식사를 마련했을 것이라고 생각하지 않을 수 없었습니다. 아름다운 세상이라는 것이 이렇습니다. 이 세상이 그렇습니다. 한 사람이 욕을 한 번 하기라도 하면, 수많은 사람들이 일어나 다른 수많은 사람들에 맞서서 당장 싸우려고 듭니다. 정말이지 왜 그렇게 합니까? 왜 맹렬하게 싸우며 서로의 심장을 찢어 도랑에 피가 가득하여 무릎에 차기까지 말과 사람들이 온통 뒤엉킨 채로 싸우다가 결국은 썩은 고기를 먹는 까마귀와 개의 밥으로 남는 일을 합니까? 그리고 어느 편이든지 승리자들은 떠들썩하게 돌아오며 드럼을 치고 나팔을 불며 말합니다. "영광이다! 영광이다! 우리가 한 일을 보라."

마귀들이라도, 격정이 고삐 풀린 망아지처럼 되어버린 사람만큼 악해질 수는 없을 것입니다. 개들도 사람들만큼 서로를 찢어발기지 못할 것입니다. 지능적인 사람들은 앉아 손으로 이마를 짚고서 화약과 탄환과 포탄을 사용하는 새로운 방법을 찾아내려고 골머리를 앓습니다. 그렇게 해서 오늘날의 도구로 스무 명을 몰살시키는 것만큼 쉽게 이만 명의 영혼들을 폭발로 영원히 날려버릴 수 있게 하려고 궁리하는 것입니다. 그리고 천재적인 재능 덕분에 동료 피조물들을 멸망시키는 새로운 방법을 발견할 수 있는 그 사람을 영리한 사람으로, 애국자요, 자기 조국의 시혜자로 생각합니다. 아, 생각만 해도 섬뜩한 끔찍한 세상입니다. 여러분과 나라면 숯불에서 불똥이 튀어 집안의 카펫에 떨어질 때 당장에 불똥을 밟아 끄듯이, 나는 하나님께서 세상을 보고도 깨끗이 없애 버리시지 않는 것이 이상합니다. 이 세상은 무서운 세상입니다. 그러나 우리가 이 세상을 조금이라도 낫게 만들 수 없을 것을 아신 예수 그리스도께서는 아주 처음부터 세상을 아주 새롭게 하시려는 뜻을 가지고 계시면서, 우리가 이 세상을 가지고서 해보려고 하는 일들을 하도록 내버려 두십니다. 정말로, 정말로, 이것은 영광스러운 목적입니다. 세상을 만드는 것은 놀라운 일입니다. 그러나 세상을 새롭게 하는 것은 훨씬 더 놀라운 일입니다. 하나님께서 "빛이 있으라"고 말씀하셨을 때, 그것은 그분이 하나님이시라는 것을 보여주는 명령이었습니다. 그러나 그때는 하나님의 뜻을 거스르는 것이 아무것도 없었습니다. 하나님을 반대하는 자가 아무도 없었습니다. 하나님은 기뻐하시는 대로 세울 수 있었고, 끌어내릴 것이 아무것도 없었습니다. 그러나 예수 그리스도께서 새로운 세상을 만들러 오실 때는, 모든 것이 주님을 반대하였습니다. 주께서 "빛이 있으라" 하고 말씀하시자, 어둠이 "빛이 있지 말지어다" 하고 말합니다. 주께서 "질서가 있으라" 하고 말씀하시자 혼돈이 "아니, 나는 혼돈을 지속하겠다" 고 말합니다. 그리스도께서 "거룩함이 있으라, 사랑이 있으라, 진리가 있으라" 고 하시자, 악의 정사와 권세들이 주님께 반항하며 말합니다. "거룩함이 없고 죄가 있게 할 것이며, 사랑이 없고 미움이 있게 할 것이고, 진리가 없고 오류가 있게 할 것이다. 하나님에 대한 예배를 없애고 나무와 돌조각을 예배하게 하겠다. 사람들이 자기 손으로 만든 우상 앞에 절하게 하겠다." 그렇지만 이 모든 것에 대해 예수 그리스도께서는 사람의 모양으로 오셔서 자신을 하나님의 아들로 계시하며, 만물을 새롭게 하시겠다고 결심하십니다.

　　형제자매 여러분, 주님께서 반드시 그렇게 하실 것입니다. 주님께서 일을 천천히 진행하시고 자기 목적을 이루는데 보잘것없는 도구들을 사용하시기를 기뻐하시지만, 반드시 그 일을 이루실 것입니다. 이 세상이 태초의 안식일에 그랬던 것처럼 아름답게 될 날이 올 것입니다. 새 하늘과 새 땅이 있을 것이고, 거기에는 의가 거할 것입니다. 옛적부터 있어온 예언이 문자 그대로 성취될 것입니다. 하나님께서 사람들 가운데 거하실 것이고, 평안이 땅에 정착될 것이며, 하나님께 지극한 영광이 돌아갈 것입니다. 그리스도의 이 위대한 사역, 옛 세상을 새롭게 만드시려는 이 위대한 계획이 반드시 실행될 것입니다.

　　이 계획을 성취하기 위해, 그리스도께서 우리를 위해 새로운 언약을 맺으셨습니다. 옛 언약은 "이를 행하여 살라" 는 것이었습니다. 그 언약은 우리 모두에게 사형판결이 되었습니다. 우리는 그대로 행할 수 없었고 살 수 없었으며, 그래서 죽었습니다. 새 언약은 피조물의 행위를 조건으로 하는 것이 그 안에 아무것도 없습니다. 그 모든 규정은 그리스도께서 그 일을 이루신 것에 다 기초하고 있습니다. "내가 하겠다. 네가 하도록 만들겠다" 는 이것이 새 언약의 언어입니다. 우리가 육신으로 말미암아 연약하여 지킬 수 없었던 율법의 언약으로 인해 우리는 결딴나고 파산하고 말았습니다. 은혜 언약은 우리에 대한 하나님의 자비를 계시합니다. 그리고 그 언약에서 우리가 할 역할은 우리의 보증이신 그리스도 예수께서 우리를 대신하여 수행하셨습니다. 그래서 이렇게 말합니다. "그들의 죄와 그들의 불법을 내가 다시 기억하지 아니하리라"(히 10:17). "새 영을 그들 속에 두고 새 마음을 그들에게 주리라"(겔 36:26). 옛 세상은 여전히 옛 행위 언약 아래 있어서, 옛 언약의 자녀들은 망합니다. 그들이 그 언약의 조건을 이행할 수 없고, 하나님의 법을 지키지 못하고 끊임없이 어기므로 죽기 때문입니다. 은혜의 자녀들은 은혜의 새 언약 아래 있습니다. 옛 언약을 깨트린 형벌의 대가로 흘린 귀한 피로 말미암아, 그리고 옛 언약을 성취하고 더 확대시키는 그리스도의 흠 없는 의로 말미암아, 그리스도인은 안전하게 되고, 자신이 구원받았음을 알고 기뻐합니다. 이와 같이 그리스도께서는 자기 백성들을 옛 언약이 아니라 새 언약 아래 거하게 만드셨습니다.

　새 언약에 더하여, 그리스도께서는 우리를 새 사람으로 만들기를 기뻐하셨습니다. 그의 성도들은 "그리스도 예수 안에서 새로운 피조물" 입니다. 그들은 새로운 본성을 가졌습니다. 하나님께서 그들에게 새 생명을 불어넣으신 것입니다. 그들 속에 여전히 옛 본성이 있지만, 성령께서 그들에게 새 본성을 넣기를 기뻐하셨습니다. 이제 그들 속에 다투는 세력이 있게 되었습니다. 악으로 향하는 육신의 옛 본성이 있고, 하나님이 주신, 완전함을 갈망하는 새 본성이 있습니다. 그들은 "예수 그리스도를 죽은 자 가운데서 부활하게 하심으로 말미암아 우리를 거듭나게 하사 산 소망이 있게 된"(벧전 1:3) 새 사람들입니다. 이 새 본성은 새 원리에 의해 움직입니다. 옛 본성은 위협거리로 무섭게 하거나 보상으로 뇌물을 쓸 필요가 있었습니다. 새 본성은 사랑에서 나온 추진력을 느낍니다. 감사가 새 본성의 주요 동기입니다. "우리가 사랑함은 그가 먼저 우리를 사랑하셨음이라"(요일 4:19). 이제 돈을 목적으로 하는 동기는 어떤 것도 이 새로운 피조물을 움직이게 하지 못합니다.

> "나의 하나님, 내가 주를 사랑하는 것은
> 내가 그로 인해 천국을 바라기 때문이 아니며
> 주를 사랑하는 자는
> 영원히 불사름을 당하지 않기 때문도 아닙니다."

오, 나의 구주시여, 내가 주를 사랑합니다. 이는 주께서 나를 대신하여 십자가에서 부끄러움과 침뱉음과 많은 수치를 당하셨기 때문입니다. 새 원리가 하나님께서 주신 새 본성을 움직입니다. 이 새 본성은 새로운 정서를 압니다. 새 본성은 한때 미워했던 것을 사랑하고, 한때 사랑했던 것을 미워합니다. 새 본성은 일찍이 지극한 복을 구했던 곳에서 사람을 시들게 하는 병을 보고, 일찍이 고통 외에는 아무것도 보지 못한 곳에서 지극한 복을 발견합니다. 새 본성은 한때 귀에 아무 감동 없이 들렸던 소리, 곧 귀하신 그리스도의 이름을 듣고 껑충껑충 뜁니다. 한때 꿈처럼 무익하게 보였던 소망을 기뻐합니다. 새 본성은 한때는 광신적이라고 거부하였던 거룩한 열정으로 가득 찹니다. 새 본성은 새로운 원리로 사는 것을 알고, 새로운 공기를 호흡하며, 새로운 음식을 먹고, 사람이 파지 않았고 땅에서 채워지지도 않는 새로운 샘에서 마시는 것을 압니다. 이 사람은 새 사람입니다. 삶의 원리가 새롭고 그 정서가 새롭습니다.

　　자, 이 사람은 관계에서도 새롭습니다. 그는 진노를 받을 자이었는데, 이제는 하나님의 자녀입니다. 그는 노예였는데 이제는 자유인입니다. 광야에 거하는 이스마엘이었는데, 이제는 새 언약의 방침을 따라 사라와 함께 거하는 이삭입니다. 그는 그리스도 예수를 기뻐하며 마음껏 잔치를 즐깁니다. 한때 이 땅의 시민이었으나 지금은 하늘의 시민입니다. 한때는 구름 아래에서 모든 것을 얻었으나 이제는 그의 모든 것은 별들 너머에 있습니다. 그에게는 새로운 관계들이 있습니다. 그리스도께서 그의 형입니다. 하나님이 그의 아버지이십니다. 천사들은 그의 친구들입니다. 하나님의 멸시받는 백성들이 그의 가장 소중하고 가까운 친척입니다. 그래서 이 사람에게는 새로운 열망이 있습니다. 그는 이제 하나님을 영화롭게 하기를 갈망합니다. 전에는 그가 하나님의 영광에 대해 조금이라도 관심을 가진 적이 있습니까? 그런데 이제는 하나님 보기를 간절히 바랍니다. 전 같으면, 하나님의 임재를 피하기 위해서 자기 목숨이라도 바쳐야 한다면 그 삯을 지불하려고 했을 것입니다. 지금은 살아 계신 하나님을 갈망합니다. 그렇습니다. 그의 영혼에 날개가 있고, 죽을 수밖에 없는 이 운명의 족쇄를 깨트릴 수 있다면, 그는 즉시 올라가서 예수님이 계신 곳에 거하려고 할 것입니다. 사랑하는 친구 여러분, 여러분은 새 사람입니까? 새 사람이라면, 여러분은 그것이 무엇인지 압니다. 그러나 새 사람이 아니라면, 나는 여러분에게 그것을 설명해드릴 수 없습니다. 아, 거듭나는 것은 큰 신비입니다. 그 점을 아는 영혼은 복이 있습니다! 그러나 그 사실을 알지 못하는 사람은 결코 설명을 들어서 배우지 못할 것입니다. 그 사람은 다만 성령께서 그를 그리스도 예수 안에서 새로운 피조물로 만드심으로써만 그 신비를 알 수 있습니다.

지금까지 나는 그리스도의 목적이 새로운 세상을 만드시는 것이며, 새 언약을 맺으심으로써 그 일을 시작하셨다는 것을 말했습니다. 다음에, 이어서 그리스도께서는 성령으로 말미암아 새 언약 아래에서 새 사람을 지으십니다. 여러분은 이렇게 해서 주님이 새로운 사회를 세우시는 것을 볼 것입니다. 사람들이 사회를 혁신하기 위해 과장된 말들을 하였고 대단한 시도들을 벌여왔습니다. 그러나 여러분은 사회를 구성하는 개인들을 혁신하기 전까지는 사회를 결코 바꿀 수 없습니다. 여러분은 원하면 벽돌집을 세울 수 있습니다. 여러분이 원하는 대로 지으십시오. 그러나 그것은 집을 세우는 건축 원리가 무엇이든지 간에, 그 원리 위에서 지어진 벽돌집이 될 것입니다. 벽돌을 대리석으로 바꾸지 않고서는 여러분은 "대리석 홀에서 지내기를" 기대할 수 없습니다. 그와 같이 사람들이 여러 가지 이론을 내놓고 사회적 발명품들의 특허를 얻을 수 있습니다. 그러나 그들이 죄인들의 사회를 개혁한 후에도, 죄악된 사회는 그대로 있을 것입니다. 그러나 그리스도께로 가면 문제가 달라집니다. 그리스도께서는 새 사람을 지으심으로써 주께서 "내 교회"라고 부르시는 새로운 사회를 만드십니다. 주님께서는 이 교회를 세상에 보내어 다른 인류에게 영향을 끼치도록 하십니다. 진실로 그날이 올 것입니다. 그날이 재림 때 올지 혹은 재림 전에 올지 모르지만, 동서남북 온 땅에, 사람들이 알고 있는 모든 영역에 새로운 세상이 임할 그날이 올 것입니다. 거기에는 가난한 자들에 대한 불의가 없을 것이고, 부자들에 대한 시기가 없을 것입니다. 사람들을 노예로 삼는 법이 없을 것이고, 압제하는 권력이 없을 것입니다. 압제하려는 뜻이 전혀 없을 것입니다. 우리 주 예수 그리스도께서 세상 왕들에게 새 마음을 주실 것입니다. 그때 주님은 친히 오셔서 그들의 보좌와 왕관을 받아 만왕의 왕이 되실 것이며, 그날에는 의가 번성할 것입니다.

자, 나는 그리스도께서 만물을 새롭게 하실 그 행복한 날을 고대하는 방법이 있다고 믿습니다. 그 행복한 날에는 사자가 소처럼 풀을 먹을 것이고, 표범이 어린아이와 함께 누우며, 칼이 변하여 낫이 되고, 창이 변하여 전지하는 가위가 될 것입니다. 이 행복한 날을 고대하는 길은 우리가 입을 크게 벌리고 서서 떨어지기를 바라는 것이 아니라고 생각합니다. 그보다는 주님의 본을 따라서 일을 시작하고, 그날을 오게 하려고 노력하며, 인류 가운데서 택하신 자들을 불러 모으고, 생활에서 복음을 실질적으로 증거하며 예수께서 사람들 가운데서 하신 대로 행하는 것이라고 생각합니다. 하나님께서 우리를 도우실 것이므로 빛과 평화와 진리와 거룩함과 행복을 증진하도록 힘쓰는 것이라고 생각합니다.

시간이 좀 더 있어서 본문의 이 주제를 충분히 다룰 수 있으면 좋겠습니다. 그러나 시간이 없으므로 이만큼 하고 말아야 하겠지만, 여러분과 내가 이 새 창조에 참여할 수 있기를 바랍니다! 이제 두 번째 요점을 보도록 하겠습니다.

### 2. 이 위대하신 새 창조자께 경배를 드리십시오.

주님은 "보라 내가 만물을 새롭게 하노라"고 말씀합니다. 그를 보십시오! 그는 보통 가난한 사람들의 옷을 입은 사람입니다! 그는 고운 모양도 풍채도 없습니다. 그래서 그를 본다면, 여러분이 기대하는 아름다운 모습은 찾지 못할 것입니다. 그리스도는 세상을 새롭게 하기 위해 오셨습니다. 그에게는 군인도, 법률서적도, 새로운 철학도 없습니다. 그는 세상을 새롭게 하기 위해 오셨는데, 그 일을 하기 위해 무엇을 가지고 오셨습니까? 그 자신이 오셨습니다. 주님은 자기를 멸시하는 사람들 가운데서 슬프고 고단한 생을 보내십니다. 여러분이 무엇보다 그리스도께서 만물을 새롭게 하시는 방법을 알고 싶다면, 주님이 겟세마네 동산에서 피 같은 땀방울을 흘리시는 것을 보아야 합니다. 주께서 지금 쏟고 계시는 것은 새로운 세상의 피입니다! 여러분은 주님이 묶이고 채찍에 맞으며 침 뱉음을 당하고 저주받은 나무에 달리는 것을 보아야 합니다. 죄에 대한 하나님의 진노가 쏟아지기 전에는, 세상이 새롭게 될 수 없습니다. 죄 때문에 그 진노가 대속자의 머리에 다 쏟아질 때, 세상이 하나님과 새로운 관계를 맺고, 새로운 세상이 될 수 있습니다. 그 다음에, 하나님의 저주를 받으면서, 말로 다할 수 없는 신음과 고통 가운데 계시는 구주를 보십시오. 하나님께서 그리스도가 죄를 알지도 못하시지만 그를 우리 대신에 죄로 삼으셨기 때문입니다. "나무에 달린 자마다 저주 아래에 있는 자라"(갈 3:13)고 기록된 대로, 저주가 주님께 떨어졌습니다. 성부 하나님께서 그를 상하게 하는 것을 기쁘게 여기셨습니다. 성부 하나님께서 그리스도를 고통에 처하게 하셨습니다. 그의 영혼을 속죄 제물로 삼으셨습니다. 그때 주님의 슬픈 고통이 세상을 새롭게 하는 것이었습니다. 그때 그 자리에서 세상이 거듭났습니다. 자녀를 출산할 때 겪는 어떤 어머니의 고통도 새 창조를 이루실 때 겪으신 그리스도의 고통에는 도무지 비할 수 없었습니다. 그의 영혼의 수고한 것에는 그런 고통이 있었습니다. 여러분은 자기 영혼의 수고한 것(사 53:11)이라는 말의 뜻을 알았습니까? 새로운 세상이 태어난 것은 바로 그 산고를 통해서였습니다! "보라 내가 만물을 새롭게 하노라"는 말씀은 죽어가는 구주의 부서진 심장에서 나오는 신비한 목소리입니다. 그리스도께서 일어나실 때, 빈 무덤에서 "보라 내가 만물을 새롭게 하노라"는 낭랑한 소리가 나오는 것을 듣습니다. 여러분은 새 창조의 기원을 조사할 때 우리 주 예수 그리스도의 무덤에까지 올라가야 하며, 십자가가 섰던 곳에, 그의 몸이 놓였던 곳에까지 거슬러 올라가야 합니다.

그러나 세상을 새롭게 하는 실질적인 작용은 그리스도께서 선포하신 진리를 통해서 일어납니다. 하나님에 대한 세상의 관계가 예수님의 고난으로 변화된 뒤에, 하나님에 대한 세상의 생각은 예수님의 가르침에 의해 변화되었습니다. 사람이 하나님을 본 적이 없었는데, 예수께서 오셔서 사람들에게 하나님을 나타내셨습니다. 우리가 "하나님이 사랑이시라"는 것을 배운 것은 예수님을 통해서였습니다. 우리가 "하나님이 세상을 이처럼 사랑하사 독생자를 주셨으니 이는 그를 믿는 자마다 멸망하지 않고 영생을 얻게 하려 하심이라"는 것을 알게 된 것도 예수님을 통해서였습니다. 세상을 새롭게 만드는 것은 예수님의 십자가에 대한 가르침입니다. 십자가의 도는 사람들의 철학이 아니라 변화를 일으키는 하나님의 지혜입니다. 그리스도 앞에서 여러분의 철학은, 별이 태양 앞에서 빛을 잃듯이 어둠 속으로 사라질 수밖에 없습니다.

세상이 새롭게 되는 것은, 그리스도께서 하늘에 오르신 결과로 성령을 주심으로써 또한 이루어집니다. 이와 같이 해서 주님은 복음 사역에 능력을 주십니다. 베드로가 성령의 감동을 받아 복음을 전파한 날 하루에, 삼천 명의 새로운 창조물이 일어났습니다. 오늘 밤 이 자리에 그 복되신 성령께서 계십니다. 아, 오늘 밤에도 새로운 창조가 있기를 바랍니다. 하늘의 거룩한 영께서 여러분들 영혼 속에 들어가, 결코 꺼지지 않고 하늘에서 영원히 밝게 타오를, 생명을 주는 하늘의 불꽃을 떨어뜨려 주시기를 바랍니다. 복음이 전파되는 곳은 어디든지, 성령께서 복음 안에 계시면서, 사람들에게 믿음을 주고 생명을 주어 사람들을 새롭게 하십니다. 이와 같이 새롭게 하는 일은 계속됩니다.

마음속에는 수많은 생각이 떠오르지만, 시간이 없어서 그리스도께서 이같이 세상을 새롭게 하는 방법에 관해 말씀드리지는 못하겠습니다. 그리스도의 역사의 세 부분이 모두 그와 관련되어 있다는 것은 아주 확실합니다. 나는 지금까지 그리스도의 죽으심과 장사지냄, 부활만을 언급했을 뿐입니다. 그 점 말고도 주님의 끊임없는 유력한 중보 기도에 대해서도 말할 수 있을 것입니다. 그리스도께서 보좌 앞에서 자기 백성을 위해 간구하는 것도 능력 있는 활동의 한 부분이기 때문입니다. 나는 주님의 재림이 "은총, 은총이 그에게 있을지어다"(슥 4:7)라는 외침과 함께 새 창조의 맨 마지막 단계를 성취할 것이라고 확신합니다. 그 때서야 "보라 내가 만물을 새롭게 하노라"고 기록된 그 말씀이 최종적으로, 철저하게 성취될 것입니다. 본문이 "보라"는 말로 시작하는데, 이 부분의 설교를 마치며, 다음 주제에 바로 그 감탄사를 붙이겠습니다.

### 3. 보고 믿으라.

　　보십시오, 주 예수께서 이제 하늘의 보좌에 앉아 계십니다. 만물을 새롭게 하시는 분이 바로 그이십니다. 바로 이것이 이 자리에 계신 여러분들이 절실하게 필요로 하는 것이 아닙니까? 자신의 속을 들여다보면, 여러분은 역겹고 놀라게 되는 것들이 많이 보일 것입니다. 어쩌면 여러분은 지금 자신을 평가하고 싶은 생각이 없을 것입니다. 자신이 지금 어디에 있는지, 자신이 도대체 누구인지, 어디로 가고 있는지 생각하고 싶지 않을 것입니다. 여러분은 "솔직히 말해서 나는 개선되었으면 좋겠습니다" 하고 말합니다. 그러나 사실, 여러분은 단지 개선되는 정도가 아니라 훨씬 그 이상의 것을 원합니다. 나는 "하나님이 고칠 테면 고쳐봐라"고 습관적으로 욕을 하던 사람에 대한 이야기를 들었습니다. 어떤 사람은 "차라리 사람을 새로 하나 만드는 것이 낫다"고 말했습니다. 그것이 여러분 모두에게 해당되는 이야기입니다. 여러분은 "아, 마음을 고치겠습니다" 하고 말합니다. 여러분은 차라리 마음을 고쳐먹겠다는 생각을 포기하는 것이 낫습니다. 여러분은 마음을 조금도 고칠 수 없습니다. 여러분의 마음은 완전히 타락해서 그 마음이 그 마음이기 때문입니다. 어떤 사람은 말합니다. "아, 글쎄요. 고칠 수 없더라도 시도는 해볼 것입니다." 나는 여러분이 자신을 바꾸려 하기보다는 하나님께서 여러분을 변화시키는지 시험해 보기를 바랍니다. "아, 그런데 정말, 정말로 나는 마음을 씻고 깨끗해질 수 있어요. 할 수 있는 한 내 자신을 깨끗이 씻도록 노력할 겁니다." 좋습니다. 좋습니다. 그 생각은 다 좋습니다. 그런데 여러분이 집안에 시체를 두고 있다면 어떻게 하시겠습니까? 나는 여러분에게 시체를 깨끗이 씻으라고 하고 싶습니다. 그렇지만 그렇게 한다고 해서 시체가 살아나지는 않을 것입니다. 여러분이 아무리 많이 씻을지라도, 시체는 여전히 부패해 있습니다. 여러분은 원하는 만큼 자신을 개혁할 수 있습니다. 그러나 여러분의 모든 개혁은 쓸모없을 것입니다. 여러분은 그 이상, 훨씬 그 이상의 것이 필요합니다. 사실, 여러분은 전혀 새로운 것이 되어야 합니다. 그것이 아니면 아무것도 여러분에게 유익을 주지 못할 것입니다. 여러분은 새롭게 되어야 합니다. 거듭나야 합니다. 어떤 사람은 말합니다. "아, 나를 새롭게 할 수 있다면, 좋은 기회가 있을 거야." 글쎄요. 지금 그리스도께서는 하늘 보좌에서 내려다보시며 말씀합니다. "보라, 내가 만물을 새롭게 하노라." 여러분은 말합니다. "그래요, 하지만 주님은 나를 새롭게 하실 생각은 없습니다." 왜 당신을 새롭게 하시지 않습니까? 주님께서 "내가 만물을 새롭게 하노라"고 말씀하시지 않습니까? 여러분은 말합니다. "그러나 내 마음은 바위처럼 단단합니다." 글쎄요, 하지만 주님은 "내가 만물을 새롭게 하노라"고 말하십니다. 그래서 여러분에게 새 마음을 주실 수 있습니다. "아, 하지만 나는 너무 고집이 셉니다." 아, 알겠습니다. 그러나 그리스도는 만물을 새롭게 하십니다. 당신을 어린아이처럼 유순하고 민감하게 만들 수 있습니다. 종종 머리가 허연 죄인도 어린 시절을 돌아보며, 어머니 무릎에서 어린아이 찬송을 불렀던 때를 기억하며 이렇게 말했습니다. "아, 내가 그 후로 이 방 땅에서 오랫동안 살았구나. 마음은 마비되고 완고해졌구나. 그때로 돌아갈 수 있으면 좋겠다!" 그래요, 여러분은 돌아갈 수 있습니다. 돌아갈 수 있어요. 그리스도께서 여러분을 그리로 데려가실 수 있습니다. 아니, 그리스도께서는 여러분의 귀여운 머리가 금빛 고수머리로 풍성하였을 때의 상태보다 더 나은 곳으로 여러분을 데려가실 수 있습니다. 왜냐하면 여러분이 지금 생각하는 것만큼 그때 그렇게 죄 없이 순진무구하지는 않았기 때문입니다. 그리스도께서는 참으로 여러분의 마음을 깨끗하게 하실 수 있습니다. 주님께서는 여러분을 새로운 피조물로 만드실 수 있고, 그러면 여러분은 회심하여 어린아이처럼 될 것입니다. 여러분은 말합니다. "아, 어떻게 하면 내가 그렇게 될 수 있습니까? 어떻게 해야 내가 그리스도를 맞이할 준비를 할 수 있습니까?" 여러분은 그리스도를 맞이할 준비를 할 필요가 없습니다. 그냥 현재 있는 모습 그대로 그리스도께 가십시오. 여러분은 그리스도께서 여러분을 구원하실 수 있다는 것을 믿을 수 있습니까? 아, 여러분이 그 사실을 믿을 수 있기를 바랍니다. 자, 여러분은 그리스도께서 여러분을 구원하신다는 것을 믿지 않으시겠습니까? 그리스도께서 여러분을 술취함에서, 불 같은 성격에서, 교만에서, 이기심에서, 정욕에서 구원하신다는 것을 믿지 않으시겠습니까? 여러분은 그리스도 예수 안에서 새로운 피조물이 되기 바라십니까? 그렇다면, 바로 그 소원은 하늘에서 온 것임에 틀림없습니다. 그리스도께서 이미 여러분 안에서 선한 일을 시작하셨다고 믿기를 바랍니다. 그러면 그 일을 시작하시는 분이 계속 일을 해나가실 것입니다. 여러분의 성격이 아무리 못되었을지라도, 여러분의 성향이 아무리 나쁠지라도 두려워하지 마십시오. 그리스도께서 말씀하십니다. "보라, 내가 만물을 새롭게 하노라." 사람이 도대체 새 마음을 가질 수 있다는 것이 얼마나 놀라운 일입니까! 여러분은 바닷 가재가 싸우다가 집게발을 잃어도 새로 얻을 수 있다는 것을 압니다. 그것은 생각할수록 놀라운 일입니다. 여러분이 팔과 다리가 새로 자랄 수 있다면, 아주 놀라운 일일 것입니다. 그런데 여러분 가운데 누가 심장이 새로 자라는 피조물이 있다는 말을 들어본 적이 있습니까? 여러분은 나무에서 잘라낸 가지를 보았을 것입니다. 그리고 아마도 그 나무에서 다시 싹이 나서 새로운 가지가 자랄 것이라고 생각하였을 것입니다. 그런데 오래된 고목이 새로 수액이 돌고 고갱이가 생긴다는 말을 들어본 사람이 있습니까? 그러나 내 주님, 십자가에 못 박히고 높이 되신 구주님은 새 심장과 새 고갱이를 주셨습니다. 주님은 사람들에게 생명의 물질을 새로 넣어 그들을 새로운 피조물로 만드셨습니다. 여러분이 지난 날을 생각하고 눈물을 흘리는 모습을 보니 기쁩니다. 그러나 이제 눈물을 닦고, 십자가를 보며 말하십시오.

> "지금 제 모습 그대로 옵니다, 아무 변명 없이,
> 그러나 주님이 나를 위해 피를 흘리셨고
> 주님이 당신께 오라고 명령하시니
> 어린 양이시여, 하나님이시여, 제가 가나이다."

"아, 나를 새롭게 만드소서!" 마음으로부터 그같이 말했다면, 사랑하는 형제 여러분, 여러분은 새로운 피조물입니다. 우리 다 함께 만물을 새롭게 하시는 이 구주를 기뻐합시다.

여러분 가운데 주님을 사랑하는 분들에게 몇 마디만 더 하겠습니다. 여러분에게 아주 고약한 자녀들이 있을 수 있습니다. 혹은 여러분에게 계속해서 더 심한 죄를 짓고 있는 친척이 있을 수 있습니다. 여러분에게 본문을 깊이 생각하라고 간절히 권합니다. 그리스도께서는 "보라, 내가 만물을 새롭게 하노라"고 말씀하십니다. 나이 든 아버지가 말합니다. "아닙니다. 그렇지 않습니다. 나는 내 아들 녀석을 위해 기도하곤 했습니다. 그 애는 나를 몹시 실망시켰습니다. 그 애 때문에 그 애의 늙은 애미가 상심을 하여 세상을 떴습니다. 그 애는 어디로 가버렸고, 수 년 동안 그 애 소식을 듣지 못했습니다. 나는 그 애 소식을 듣는 것도 무서울 지경입니다. 그 애는 너무도 철이 없어서, 차라리 그 아이를 잊고 지내는 것이 편합니다." 여기 한 남편이 말합니다. "그렇습니다. 나는 아내를 위해 수도 없이 기도했습니다. 그만 기도를 포기하고 싶은 심정이 듭니다. 나는 아내가 구원받는 것을 볼 때까지 살 수 있을 것 같지 않습니다."

아, 형제자매 여러분, 우리는 모릅니다. 그러나 주님께서 우리를 구원하셨으므로, 주님께서 하시는 일에는 어떤 제한도 있을 수 없습니다. 본문을 보십시오. "보라, 내가 만물을 새롭게 하노라"고 하지 않습니까! "주님, 내 아이들을 새롭게 하여 주옵소서" 하고 나는 기도하겠습니다. 형제여, 당신은 "주님, 제 아내를 새롭게 하여 주옵소서" 하고 기도하십시오. 믿지 않는 남편을 둔 경건한 부인들이여, 이렇게 기도하십시오. "주님, 제 남편을 새롭게 하여 주옵소서." 여러분 가슴에 기대어 있는 친구들을 둔 여러분, 그들을 새롭게 하여 주시라고 주 예수님께 기도하십시오. 우리의 친구들이 새롭게 될 때, 아, 그들이 얼마나 큰 위로가 되는지요! 전에 그들이 우리에게 슬픔이었던 만큼 또한 위안이 될 것입니다. 큰 죄인일수록, 그들이 구원받는 것을 볼 때, 그들을 사랑한 신자들에게는 그만큼 큰 기쁨이 있을 것입니다. 그리스도께서 "보라"고 말씀하십니다. 나는 그 말을 이렇게 표현하고 싶습니다. "이것을 보라! 서서 이것을 보라! 죄가 목까지 찼던 사람을 내가 붙들어다가 복음을 전하게 만들었다. 내가 똑같은 일을 다시 할 수 있지 않겠느냐? 저기 보라. 수많은 죄로 새카매진, 십자가에 달려 죽어가는 강도를 보라. 내가 그를 씻고 바로 당일에 낙원으로 데려갔느니라. 내가 할 수 없는 일이 무엇이겠느냐? 보라, 내가 만물을 새롭게 하노라."

형제자매 여러분, 용기를 내십시오. 우리는 그리스도의 구원하시는 능력에 대해서 조금이라도 의심을 품지 않도록 합시다. 오히려 이후부터는 하나님의 은혜로 우리가 주님을 더 믿을 수 있을 것입니다. 그러면 우리 믿음대로 될 것입니다. 우리가 보기에 잘못이 별로 없는 친구들만을 주님께서 구원하실 수 있다고 믿는다면, 우리의 적은 믿음은 상급이 거의 없을 것입니다. 그러나 우리가 크신 하나님에 대한 굳센 믿음을 가지고서 큰 죄인들을 데려다가 이 전능하신 새 창조주 앞에 앉히고 "주님, 주께서 원하시면 이들을 새롭게 하실 수 있나이다" 하고 말할 수 있다면, 그리고 그 복을 얻기까지 간구하기를 그치지 않는다면, 우리는 예수께서 만물을 새롭게 하신다는 사실을 보여주는 실례가 더 쌓이는 것을 볼 것이고, 그리스도의 구속의 능력을 증언하는 증인들이 나오는 것을 보게 될 것입니다. 우리는 졸고 있는 교회와 믿지 않는 세상에 "보라, 보라, 보라, 그가 만물을 새롭게 하신다" 하고 외칩시다. 주께서 우리가 그 사실을 볼 수 있게 해주시기를 바랍니다. 아멘.

제
29
장
—

# 목마른 영혼들을 위한 복된 소식

—

**"내가 생명수 샘물을 목마른 자에게 값없이 주리니"**
— 계 21:6

구원은 작은 일이 아닙니다. 구원에는 하나님의 아들의 마음과 수고가 가득 들어 있습니다. 그러므로 이 구원을 우리가 소홀히 해서는 안 됩니다. 우리 앞에 있는 이 귀한 약속은 영원한 구원이라는 선물에 관한 것입니다. 이 약속은 주 예수 그리스도께서 친히 말씀하신 것입니다. 사도는 이 점을 분명하게 하려고 매우 조심합니다. 사도는 마치 걱정하는 불쌍한 영혼들이 예수께서 친히 그 약속을 말씀하셨다는 것을 믿지 못하고, 그처럼 큰 약속을 의심할 수 있다는 것을 알기라도 한 것처럼, "또 그가 내게 말씀하시되"라는 말을 끼워 넣습니다. 요한은 신실하고 진실한 증인입니다. 다른 경우에서와 같이 이 경우에도 그는 "그가 자기의 말하는 것이 참인 줄 알고"(요 19:35)라고 쓸 수 있었을 것입니다. 요한은 알파와 오메가이신 분이 친히 이 약속의 말씀을 자기에게 주셨다고 우리에게 밝힙니다. 그와 같이 우리 주님은 은혜의 복음이 정확하고 틀림없이 전파되도록 매우 조심하셨습니다. 그래서 주님은 그 약속의 말씀을 친히 요한에게 전달하시고 또한 이렇게 말씀하셨습니다. "이 말은 신실하고 참되니 기록하라." 그 메시지를 말로 전하는 것으로 만족하지 않고, 주님은 그때 그 자리에서 사도에게 명하여 메시지를 분명하게 받아 적어 결코 잊어버리지 않도록 하셨습니다. 이와 같이 주님은 자기가 말씀하신 것을 틀림없이 이루고, 말씀하신 것이 모든 시대를 통해 유효하게 하실 뜻을 보이셨습니다. "내가 생명수 샘물을 목마른 자에게 값없이 주리라."

　　우리 주님께서 왕으로서 이 말씀을 하셨다는 점도 살펴볼 필요가 있습니다. "보좌에 앉으신 이가 이르시되 보라 내가 만물을 새롭게 하노라"고 하시고, 거기에 덧붙여 "내가 생명수 샘물을 목마른 자에게 값없이 주리라"는 말씀을 하셨습니다. 그러므로 하나님의 주권은 복음의 지극히 풍성한 약속들과 반대되지 않습니다. 예수 그리스도께서는 원하시는 대로 주기도 하고 주지 않기도 하실 수 있습니다. 그러나 주님의 뜻은 주시는 것입니다. 주님은 자비를 베풀고자 하는 자들에게 자비를 베푸시고, 긍휼을 베풀고자 하는 자들에게 긍휼을 베푸실 것입니다. 그러나 하나님의 무한한 주권이라는 이 엄숙한 진리는 "내가 생명수 샘물을 목마른 자에게 값없이 주리라" 하고 무한한 자비를 선언하는 이 복된 말씀과 결합됩니다. 우리가 선택과 하나님의 주권이라는 교리를 아무리 많이 설교한다고 할지라도, 우리 주 예수 그리스도의 은혜를 제한하려는 생각은 추호도 없습니다. 오히려 우리는 마치 하나님의 주권을 전혀 믿지 않은 사람처럼, "내게 오는 자는 내가 결코 내쫓지 아니하리라"(요 6:37)고 하신 주님의 넉넉한 복음의 말씀을 거리낌 없이 전파합니다.

　　다시 한 번 말하지만, 우리를 위한 구원일 뿐 아니라 우리 안에 있는 구원이 전적으로 하나님의 사역이라는 교리는 그리스도께 오라는 지극히 자유로운 초대와 반대되지 않습니다. 왜냐하면 본문을 발췌한 구절이 이 같은 말씀으로 시작하기 때문입니다. "나는 알파와 오메가요 처음과 마지막이라." 즉 "나는 구원의 창시자요 완성자라. 나는 영혼 속에서 일어나는 생명의 처음과 끝이다"는 말씀입니다. 이 점을 확실한 진리로 받아들인다면, 우리가 어떤 기적적인 활동이 우리에게 일어나기 전까지는 수동적으로 있어야 한다고 결론짓지 않을 수 있을 것입니다. 그 약속은 주권 교리만큼 참되고, 즉시 그리스도를 영접하라고 요구하기 때문입니다. "내가 생명수 샘물을 목마른 자에게 값없이 주리라"는 말씀은 와서 마시라는 초대입니다. 따라서 우리로서는 즉시 그 초대를 받아들여 마음껏 샘물을 마시는 것이 지혜일 것입니다.

　　"이루었도다"는 말씀에 이 약속에 대한 빛나는 서문이 들어 있습니다. 이 말씀이야말로 은혜를 그처럼 값없이 줄 수 있는 이유입니다. 우리의 찬송받으실 주님께서 십자가에서 당신의 사역을 완성하셨을 때, "다 이루었도다" 즉 "이루었도다"고 외치셨습니다. 그리고 그때 생수가 사람들에게 공짜로 흘러나왔습니다. 그때 바위가 쪼개지고 강물이 흘렀습니다. 그때 돌이 샘 입구에서 치워졌고, 생명수가 제단 아래에서 용솟음쳐 나와 점점 깊어지는 큰물로 메마른 땅을 적셔 비옥하게 만들었습니다.

세상 역사가 끝날 때, 그리스도의 중보 사역의 전체 프로그램이 성취되고, 이 세대가 끝이 났을 때, 우리 주님께서 보좌에서 "이루었도다" 하고 말씀하실 것입니다. 그리고 주께서 목마른 영혼들에게 생명수 샘물로 값없이 주셨다는 사실을 노래하여 하나님께 영광을 돌릴 것입니다.

이 본문을 가지고 설교할 수 있게 되어 지극히 기쁩니다! 주님께서 앞으로 드릴 말씀 하나하나에 복을 주시어 여러분 모두, 그러니까 맨 위층에 계시는 분들부터 이곳의 가장 먼 구석에 모여 있는 분들에게 이르기까지 모두 오늘 아침 이 하늘의 샘에 와서 마시고 다시는 목마르지 않기를 기도합니다. 여러분들 가운데 어떤 분들은 벌써 많이 와서 마셨습니다. 그렇지만 다시 와서 마음껏 많이 마시십시오. 이 샘은 언제나 가득 차 있기 때문입니다. 여러분 가운데 어떤 분들은 콜리지(Coleridge. 1772-1834, 영국의 시인, 비평가 ─ 역주)가 묘사한 사람들 같을 수 있습니다.

"목은 바싹 말랐고, 입술은 새카맣게 탔으니."

여러분은 낙심이 되고 괴로워서 혀가 입천장에 달라붙고, 속에는 강렬한 열망이 불타오르고 절박한 곤경 때문에 마음이 짓눌립니다. 여러분, 오십시오! 오십시오. 환영합니다! 설교를 시작하기 전이라도 서둘러 오십시오. 설교를 시작하는 단계에서 머뭇거리고 있는 동안, 이 생명수 샘물에서 마시십시오. 죄인을 구속하시는 주님의 말씀은 여러분에게 즉시 은혜를 받으라고 초대합니다. 성령이시여, 이 말씀을 힘 있게 모든 사람 마음에 넣어 주시옵소서.

오늘 설교는 제목이 두 가지가 될 것입니다. 첫째는 설명이고, 둘째는 격려입니다.

### 1. 첫째는 설명입니다.
우리는 매우 단순한 진리, 한두 가지만 이야기할 것입니다.

첫째는, 모든 영혼이 본래 크고 비참한 곤경에 처해 있다는 것입니다. 우리 주님께서는 여기서 "목마른" 자들에 대해서 말씀하십니다. 목마름은 사람들의 지극히 절박한 한 가지 궁핍을 보여주는 지표입니다. 우리는 많은 것들이 부족하다고 생각하지만, 그것 없이도 삽니다. 목마름으로 표현되는 결핍은 매우 절박한 것입니다. 그래서 이 결핍이 채워지지 않으면 모든 안락함을 잃어버리고 심지어 생명조차 잃어버릴 정도입니다. 배고픔과 목마름을 다 경험해 본 한 여행자가 말했습니다. "배고픔은 어떻게 참아볼 수 있지만, 목마름은 끔찍합니다." 이 고통은 잠시도 잊을 수 없으며, 마시지 않고는 도무지 그 고통을 가라앉힐 수 없습니다. 여러분이 사막을 돌아다니든지 아니면 바다에 떠있든지 간에, 타는 듯한 날씨로 인해 갑자기 갈증이 엄습하면, 그때는 지독히 고통스러운 날이 됩니다. 지옥이라도, 혀를 시원하게 해줄 물 한 방울 구해도 얻지 못할 만큼 비참하겠습니까? 고대 사람들은 상상력을 발휘하여 목이 마른 탄탈루스(Tantalus, 그리스 신화. 제우스의 아들. 아들 펠롭스를 잡아 요리하여 신들에게 바친 벌로 호수에 턱까지 잠기어 물을 마시려 하면 물이 빠지고, 머리 위의 나무열매를 따려 하면 가지가 뒤로 물러났다 함 — 역주)를 그렸는데, 물이 턱에까지 찼다가 그가 물을 마시려고 허리를 굽히면 빠짐으로 그를 조롱하는 모습을 그렸습니다. 목마름의 고통은 거의 극한까지 가므로, 물을 마시고 싶은 욕구는 상상을 초월할 만큼 강렬합니다. 물의 부족은 끔찍한 결핍입니다. 그러나 은혜의 결핍은 훨씬 더 두려운 것입니다. 그런데 그것이 모든 인류가 안고 있는 결핍입니다. 본래 모든 사람이 은혜를 필요로 합니다. 사람이 자기에게 부족한 것을 언제나 아는 것은 아닙니다. 사실 많은 사람들이 너무 무감각해서 자기 영혼의 궁핍을 느끼지도 못합니다. 사람들 속에는 온 세상으로도 채울 수 없는 빈 공간이 있습니다. 마음을 세상으로 채워 보려는 실험을 사람들이 해보았지만, 실패했습니다. 알렉산더 대왕은 알려진 세상을 다 정복하였을 때, 더 이상 정복할 땅이 없어 앉아서 울었습니다. 사람의 마음은 만족할 줄 모릅니다. 여러분은 바닥이 없는 웅덩이를 차라리 더 빨리 채울 수 있을지 모릅니다. 말거머리가 "다고, 다고, 다고"(잠 30:15) 하듯이, 사람의 탐욕스러운 욕망도 꼭 그와 같이 말합니다. 영혼의 갈증이 풀어지지 않으면, 사람은 마치 칼에 죽듯이 거의 틀림없이 죽고 맙니다. 목말라 죽는 것은 가장 두려운 죽음 가운데 하나입니다. 여러분 가운데 아무도 영혼의 갈증으로 죽지 않기를 바랍니다. 사랑하는 영혼들이여, 여러분은 구주가 필요합니다. 죄 사함이 필요합니다. 여러분은 그리스도 예수 안에서 새로워질 필요가 있습니다. 그 사실을 알든지 모르든지 간에, 이런 것들을 얻지 못한다면, 여러분은 죄 가운데서 죽고, 따라서 영원히 죽을 것입니다. 그리고 이것이 둘째 사망입니다. 이 갈증을 풀지 않으면, 여러분은 참으로 절망적인 곤경에 처해 있는 것입니다. 여러분 앞에는 "오직 무서운 마음으로 심판을 기다리는 것과 대적하는 자를 소멸할 맹렬한 불만"(히 10:27) 있기 때문입니다.

어떤 사람들은 자기 영혼의 큰 궁핍을 알기 시작합니다. 이 사람들은 구주께서 "목마른 자들"이라고 말씀하시는 이들입니다. 그들에게는 무서운 결핍이 있고, 그들도 그것을 알고 있습니다. 나는, 예수님을 믿으라고 초청을 받으면 "나는 필요를 별로 느끼지 못합니다. 생수를 마시고 싶긴 한데, 전혀 목마르지가 않거든요" 하고 말하는 사람들을 때로 만납니다. 흔히 그런 사람들이 사실은 가장 목마른 사람이라는 것을 말씀드리고 싶습니다. 내가 목마르다는 것을 안다면, 적어도 그만큼은 무엇이 있는 것입니다. 그런데 두렵게도 내가 목마르지조차도 않다면, 내 갈증은 훨씬 더 깊은 것입니다. 내가 이렇게 말하는 것은 두려워 떠는 마음들의 약함을 생각하기 때문입니다. 다시 한 번 여러분에게 이 말씀을 드립니다. 여러분은 마음이 너무 완고해서 자신이 완고하다는 것조차 느끼지 못한다고 하소연하는 것입니다. 이렇게 말하는 사실이 여러분의 마음이 특별히 완고하다는 뚜렷한 증거입니다. 여러분이 "정말로 원하고 원한다"고 소리칠 때, 여러분에게 아주 강한 욕구가 있다는 것이 분명히 드러납니다. 그뿐 아니라, 사람이 살면서 자신에게 구주가 필요하다는 것을 충분히 아는 사람은 없다는 점도 말씀드립니다. 본래 절망적인 우리의 상태를 볼 수 있거나 죄의 가증스러움을 온전히 알 수 있다면, 우리는 틀림없이 미치고 말 것입니다. 그러므로 여러분의 궁핍을 정도 이상으로 느끼게 해달라고 구하지 마십시오. 감사하게도 여러분은 예수님께 은혜로운 공급을 구할 정도만큼 자신의 궁핍을 알고 있습니다. 와서 마시십시오! 와서, 흐르는 사랑의 샘에서 마시십시오! 여러분이 마시면 살 것이기 때문입니다. 그러나 단지 필요하다는 의식만 가지고서는 여러분을 구원하지 못할 것입니다.

영적 갈증의 한 부분이라고 생각하는 어떤 고통들이 반드시 영적 갈증과 관련 있는 것은 아니라는 점도 기억하시기 바랍니다. 어떤 사람이 그리스도를 구하고 있을 때, 마귀가 와서 온갖 불경한 말과 낙담시키는 생각을 떠올리게 하는 일이 종종 있습니다. 그러니 어리석게도, 여러분이 과거에는 이런 마귀적인 생각에서 자유로웠기 때문에 지금 하나님을 애타게 찾고 있는 것이 아니라고 결론 내리지 않기를 바랍니다. 그런 마귀적인 생각은 성령의 활동이 아닙니다. 그것은 마귀가 악의적으로 지어낸 것들입니다. 여러분은 그런 생각을 가지고 있을 때보다 있지 않을 때가 훨씬 더 낫습니다. 나는 한 회심자가, 구주를 믿기 전에는 오랫동안 자신은 너무도 큰 죄인이어서 아마도 주님께서도 구원하실 수 없을 것으로 생각했다고 하는 말을 들었습니다. 그런 나쁜 본은 따르지 않기를 바랍니다. 믿지 않는 생각은 그리스도를 갈망하는 마음에 속한 것이 아닙니다. 그런 생각들은 바람직한 것이 아니고 오히려 두려워해야 할 것들입니다. 여러분이 주 예수님께 쉽게 다가갈 수 있다면 크게 감사하십시오. 그것은 최고의 특혜입니다. 여러분은 그리스도가 필요하다는 것을 압니다. 그리스도께서 여러분의 궁핍을 채워 주실 수 있다는 것을 확실히 알고 있습니다. 그러니 와서 의심 없이, 물어볼 것도 없이 그리스도를 받으십시오. 의심하지 않고 믿는 순전한 믿음이야말로 그리스도께 가는 최고의 방법입니다. 그런 믿음이 우리에게 속히 위안을 주고 우리 주님께는 최고의 영예를 드리기 때문입니다. 아주 어리석게도 그리스도인들의 질병을 보면서 마치 그것이 아름다운 것인 양 생각하는 사람들이 있습니다. 어린 자녀들은 성인으로 자라기 전에 작은 불평들이 어찌나 많은지 모릅니다. 그 불평들은 일일이 언급할 필요가 없습니다. 어머니들은 누구나 가지 많은 나무, 바람 잘 날 없다는 것을 압니다. 무수히 많은 이런 소란스러운 일들을 겪지 않고 살아온 한 사람을 여러분이 알고 있다고 생각해 봅시다. 그런데 그 사람이 이렇게 불평합니다. "과연 내가 태어나기라도 했는지 몰라요. 생명이 없는 것 같다는 생각이 듭니다. 남들이 말하는 어린 시절의 불평을 나는 한 번도 느낀 적이 없거든요." 여러분은 이 사람을 어떻게 생각하시겠습니까? 여러분은 이렇게 말할 것입니다. "어리석은 사람 같으니, 당신은 그처럼 건강한 어린 시절을 보냈으니 마땅히 기뻐해야 해요." 병이 있다는 것은 어떤 면에서 생명이 있다는 표시입니다. 죽은 사람들은 병으로 고통받는 일이 없다는 것이 확실하지 않습니까. 그렇지만 생명이 있다는 것을 증거하는데 반드시 질병이 필요한 것은 아닙니다. 그렇듯이 의심, 낙담, 절망이 중생의 표시로 결코 필요한 것들이 아닙니다. 여러분은 그리스도가 필요합니까? 그리스도를 원합니까? 여러분은 그리스도를 찾습니까? 그렇다면 여러분은 이 본문 말씀에 해당됩니다. "내가 생명수 샘물을 목마른 자에게 값없이 주리라." 그렇지만 여러분의 목마름을 그리스도를 맞이하기 위한 준비라고 생각하지 마십시오. 그렇게 생각하면, 여러분이 자신의 필요 때문에 그리스도를 만들어내는 것처럼 속을 수 있기 때문입니다. 그것은 어리석고 파괴적인 생각입니다. 자기 병 속에서 치료제를 찾을 수 있을 것으로 기대하는 사람을 여러분은 어떻게 생각하겠습니까? 독 속에서 해독제를 찾기를 바라는 사람은 이유를 불문하고 목숨을 잃을 수밖에 없을 것입니다. 우리의 경우에 전능한 의사이신 주님을 상대해야 합니다. 우리의 병이 아무리 깊어졌을지라도, 주예수께서는 실상을 아시며, 그 병의 모든 어려움을 다 이기고 우리에게 건강을 회복시켜 주실 수 있습니다. 그러므로 와서 주님을 신뢰하십시오. 여러분은 자신이 본성적으로 그리스도를 아주 절박하게 필요로 한다는 것을, 그리스도를 갈망한다는 것을 아십니까? 그렇다면 이 본문은 여러분을 위한 말씀입니다. "내가 생명수 샘물을 목마른 자에게 값없이 주리라."

목마름은 결핍에서 일어나는 욕구입니다. 그러니, 여러분에게 이 욕구가 있는한, 여러분은 그리스도를 받을 권리를 의심할 필요가 없습니다. 사람이 갈증이 무엇인지, 그것이 어떻게 해서 오는지 설명할 수 없을지라도, 사람은 목이 마릅니다. 사실 나는 여러분에게 목마름이라는 현상의 원천과 효과에 대해 생리학적으로 설명할 수 없습니다. 내 생각에는, 습기를 필요로 하는 기관들이 마르기 시작하거나 습기가 없어서 약해지면, 그로 인해 여러 기능에 혼란을 일어나고 고통이 발생하는 것 같습니다. 내가 학식 있는 해부학자라면 여러분에게 목마름의 이론에 대해 강의할 수 있을 것입니다. 그러나 그렇게 할 수는 없을지라도, 실질적인 면에서 목마름이 무엇인지에 대해서는 의사가 내게 말할 수 있는 것만큼은 나도 알고 있습니다. 목마를 때 누군가 와서 물을 마시라고 초대하면, 나는 내 갈증을 설명할 수 없다고 해서 그 초대를 거절하는 일은 하지 않습니다. 그리스도께서 어떻게 여러분의 필요를 채우실 수 있는지에 관해 모두 아는 것이, 여러분이 구원 얻는데 절대적으로 필요한 요소가 아닙니다. 나는 이 물 한 잔이 어떻게 내 갈증을 해소하는지 과학적으로 설명하지 못할 수 있지만, 그것이 그렇다는 것은, 즉 이 액체가 여러 기관에 도달하면 기관들이 필요로 하는 것들을 채워준다는 것은 압니다. 나는 목마를 때, 정말로 필요한 것이 물밖에 없을 때, 물이 무엇인지 충분히 알고 마십니다. 그리스도께서 여러분 영혼의 모든 필요를 채우실 수 있다고 믿을 만큼 그리스도에 대해 충분히 안다면, 그리스도를 여러분의 모든 것의 모든 것으로 받아들인다면, 문제는 끝난 것입니다. 예수 그리스도께서 철학자들은 구원하시지 않을 때에라도 순진하고 가엾은 사람들을 구원하시는 일이 종종 있다는 사실을 기억하시기 바랍니다. 주 예수님을 여러분의 구주로 받아들인다면, 여러분은 마치 이스라엘의 한 아버지가 된 것처럼 구원의 혜택을 누리게 될 것입니다.

　　목마르다는 것으로는 충분하지 않다는 점을 다시 한 번 살펴보도록 합시다. 본문은 목마른 사람에게 생명수 샘물을 약속합니다. 그러나 **목마름** 자체가 갈증을 해소할 수 없습니다. 그런데 구주를 찾는 어떤 사람들은 마치 그렇게 생각하는 것처럼 행동합니다. 그들은 말합니다. "아, 나는 충분히 목이 마르지 않습니다. 목마른 것을 더 느꼈으면 좋겠어요." 그러나 친구 여러분, 목이 더 마른다고 해서 여러분의 갈증이 해소되지는 않을 것입니다. 어떤 사람은 말합니다. "내가 위험을 좀 더 느낄 수 있다면 희망이 있을 겁니다." 그러나 그것은 복음의 소망이 아닙니다. 어째서 사람이 위험 때문에 절망한다고 해서 반드시 그로 말미암아 그가 구원받게 된다고 생각해야 합니까? 여러분이 현재 있는 곳에 그대로 멈춰 서 있는 한, 여러분은 위험을 점점 더 예민하게 느끼게 되어 마침내는 병적으로 우울한 낙담에 떨어질 수가 있습니다. 그럴지라도 여러분은 구원에 조금도 더 가까이 가지 못할 것입니다. 여러분에게 복을 주는 것은 필요 의식이 아니라 그리스도의 능력입니다. 여러분에게 구원을 가져다줄 것은 여러분이 그리스도께 투항하는 일입니다. 목마른 자들에 대한 치료제가 본문에 아주 분명하게 나타납니다. 목마른 사람은 갈증을 없애기 위해서 무슨 일을 합니까? 그는 마십니다. 아마도 이 행위만큼 하나님의 모든 말씀에 대한 믿음을 잘 표현하는 것도 없을 것입니다. 마시는 것은 받아들이는 것입니다. 상쾌한 물을 받아들이는 것입니다. 그것이 전부입니다. 사람이 얼굴을 씻지 않았을 수 있습니다. 그래도 마실 수는 있습니다. 그가 아주 하찮은 인물일 수 있습니다. 그래도 물을 한 모금 마시면 갈증이 풀릴 것입니다. 마시는 것은 그처럼 쉬운 일입니다. 먹는 것보다도 쉽습니다.

　　나는 일전에 설암(舌癌) 때문에 먹지 못하는 어떤 노동자의 딱한 사정을 들은 적이 있습니다. 그는 여섯 달 동안 단단한 음식을 먹지 못했습니다. 그러나 지금은 마시는 것으로써 음식을 섭취할 수 있다고 합니다. 사람들이 죽어갈 때에도 그들의 입술을 축일 수 있습니다. 다른 어떤 것도 목으로 넘길 수 없을 때에도 액체는 받아들일 수 있습니다. 사랑하는 여러분, 여러분의 상태가 어떠하든지 간에, 확실히 그리스도를 받아들일 수 있습니다. 주님은 시원한 물처럼 여러분에게 오시기 때문입니다. 물은 자연스럽게 목구멍으로 넘어가지 않습니까? 복음이 그와 같습니다. 복음을 받아들이기 위해서는 여러분은 스스로 입을 한껏 벌리기만 하면 됩니다. 그것이 여러분의 할 일입니다. 이것만큼 쉬운 일이 어디 있습니까. 때로 신학자들은 믿음을 너무 어렵게 설명하는 바람에, 믿음이 무엇인지 아무도 모를 지경입니다. 나는 죄인들이 자신의 믿음을 골똘히 생각하느라 자기가 예수님을 보아야 한다는 것조차 잊어버릴 정도가 되는 것을 얼마나 많이 보았는지 모릅니다. 이것은 마치 별을 보고 싶어한 사람이, 망원경을 발견하고 나서는 망원경을 통해서 보지 않고 망원경만을 뚫어져라 보고 있는 것처럼 어리석은 일입니다. 여러분은 망원경에 대해서 너무 많이 생각합니다. 망원경의 관을 늘였다 줄였다 해보고, 이 망원경이 좋은 제품인지 알아보려고 뒤집어서 조사해봅니다. 그러나 여러분은 정작 별은 보지 않습니다! 그렇게 해서는 안 됩니다. 그는 망원경을 제대로 사용하여 망원경을 들여다보기 전까지는 결코 별을 보지 못할 것입니다.

　여러분 자신의 믿음을 믿는다고 생각하지 말고, 예수님을 믿으십시오. 믿음을 그리스도께 종속시키십시오. 샘보다 물 잔을 좋아하는 것은 참으로 유해한 일일 것입니다. 여러분이 위로가 부족할 때, 여러분의 결핍을 묵상하지 말고, 여러분 자신을 연구하지 말며, 여러분의 믿음을 재지 마십시오. 온 마음을 하늘의 영광이시고 죄인의 유일한 소망이신 그리스도께 집중하십시오. 믿음의 핵심은 자신을 버리고 밖으로부터 받아들이는 것에 있습니다. 어떤 힘든 과정을 통해서 받는 것이 아니라 사람들이 마심으로써 물을 받는 것처럼 쉽게 받아들이는 것입니다. 우리는 기계 장치에 의해서 마시지 않습니다. 그냥 입을 벌리고 물이 흘러 들어오도록 할 뿐입니다. 바로 그와 같이 우리는 그리스도를 받아들이는 것입니다. 기꺼이 은혜를 받으려고 하십시오. 말하자면 언제든지 믿음의 입으로 은혜를 마시려고 하기만 하면 됩니다. 아, 복된 믿음이여! 믿음이 그 자체로는 아무 것도 아니지만 믿음을 가진 사람을 부요롭게 만듭니다. 아, 거룩한 생명수 샘물인 복된 은혜여! 이 은혜는 우리가 기꺼이 받으려고 하는 순간 바로 우리의 것이 됩니다.

　확실히 본문에는, "나는 그리스도를 믿을 수가 없습니다. 그를 받아들이지 못하겠어요" 하고 말한 사람들에게 주는 기분 좋은 격려의 말씀이 있습니다. 여러분은 자유롭게 그리스도를 받아들일 수 있습니다. 정말로 그분을 받아들이기만 한다면, 그분은 결코 여러분을 떠나시지 않을 것입니다. 내가 정말로, 정말로 목이 마른데, 여러분의 방에서 식탁에 물이 있는 것을 보았다면, 나는 물을 마셔도 되는지 묻지 않을 것입니다. 일단 마시고 난 다음에는 내게서 물을 빼앗아갈 수 없다는 것을 알기 때문에, 먼저 마시고 후에 당신에게 말할 것입니다. 불쌍한 개가 푸줏간 문 앞에 서 있습니다. 개는 고기를 보지만 자기가 그것을 먹어도 되는지 모릅니다. 개가 정말로, 정말로 배가 고프다면, 고기를 덥석 뭅니다. 일단 고기를 문 후에는, 얼른 다른 데로 가서 먹어버립니다. 개는 고기가 입에 있을 때는 푸줏간 주인이 뺏어갈 수 있지만, 일단 먹어버린 후에는 뺏을 수 없다는 것을 알기 때문입니다. 그렇다면 지금, 배고픈 사람들이여, 하나님의 은혜를 여러분 마음 깊은 곳에 받아들이십시오. 예수님을 여러분 속에 받아들이십시오. 그러면 예수께서 여러분을 떠나실 가능성은 전혀 없습니다. 목마른 사람이여, 마시십시오. 마음껏 마시십시오. 여러분이 마음 깊은 곳에 받아들인 것은 아무도 여러분에게서 빼앗아갈 수 없습니다.

나는 지금까지 본문을 설명하려고 노력했습니다. 아주 분명하게 보여주려고 한 것을 모호하게 만들지 않았기를 바랍니다. 성령이시여, 사람들이 이 공개된 비밀, 곧 은혜의 샘에서 마신다는 분명한 수수께끼를 알게 하여주옵소서!

## 2. 이제 두 번째로, 격려의 방식으로 이야기하려고 합니다.

나는 목마름이라는 이 비유를 성경에서 사용되는 대로 살펴보려고 합니다. 그렇게 해서 그리스도가 필요하다고 느끼는 영혼마다 즉시 그리스도를 받아들일 수 있게 하려고 합니다. 첫 번째 격려의 사실은 이것입니다. 우리 주 예수 그리스도께서는 목마른 모든 사람을 위하여 항상 문을 열어 두고 계시다는 것입니다. 하나님 말씀을 보아주시기 바랍니다. 오늘 아침 우리는 모든 것을 성경 말씀으로 차근차근 설명해야 하기 때문입니다. 요한계시록 22장 17절을 읽어봅시다. "성령과 신부가 말씀하시기를 오라 하시는도다 듣는 자도 오라 할 것이요 목마른 자도 올 것이요 또 원하는 자는 값없이 생명수를 받으라 하시더라." 그리스도의 집 문에서는 아무도 "물러서 있거라"고 말하지 않습니다. 오히려 그리스도와 함께 세 목소리가 외칩니다. 성령과 신부, 그리고 듣는 자가 모두 "오라""오라""오라" 하고 외칩니다. 문 앞에 있는 어떤 관원도 오는 사람들을 가려내서, "이 사람은 들어올 수 있고 저 사람은 들어올 수 없다"고 말하지 않습니다. 그 초대는 "원하는 자는 값없이 생명수를 받으라" 는 것입니다. 내가 정말로 그리스도께서는 항상 문을 열어 두신다고 말하지 않았습니까? 이것만큼 자유롭거나 범위가 넓은 초대가 있을 수 있겠습니까? 여러분이 이웃 사람들에게 하루 동안 집을 개방하고, 오는 사람은 누구든지 여러분의 부담으로 원하는 것은 무엇이든지 먹고 마실 수 있다고 알리기만 해 보십시오. 여러분은 그 사실을 신문에 여러 번 광고할 필요가 없습니다. 여러분이 이웃의 배고픈 사람들에게 몇 마디만 이야기해 보십시오. 그들이 벌 떼처럼 몰려들 것입니다. 여러분이 최상의 고기를 제공하면서 "원하는 사람은 누구든지 오라"고 말하기만 한다면, 장담하건대, 우리 동네의 사람 많은 곳은 어디서든지 새벽부터 저녁까지 식탁에 사람들이 꽉꽉 찰 것입니다. 그런데 참으로 이상한 일입니다! 우리 주님께서 집을 항상 열어 두고, 왕이 식탁에 내놓을 수 있는 것보다 더 나은 음식을 차려 놓으셨는데도 사람들이 오려고 하지 않으니, 정말로 이상한 일입니다. 사람들이 몸의 양식을 위해서는 떼지어 몰려오면서도 영혼의 양식은 소홀히 합니다. 우리 주님께서는 우리에게 대로와 산울타리로 가서 강제로 사람들을 데려오라고 명하십니다. 그렇게 하지 않으면 사람들이 하나님의 은혜의 양식을 받기보다는 차라리 목마르고 굶주린 채로 죽을 것 같기 때문입니다. 아, 여러분, 여러분이 멸망할지라도 그것은 그리스도의 잘못이 아닙니다. 주님은 식탁을 차려 놓으셨고, 연회장으로 들어가는 입구는 누구나 들어갈 수 있기 때문입니다. 나는 하나님의 은혜가 절대적으로 공짜라는 것을 정말로 주님의 이름으로 단언합니다. 주님께서는 문을 활짝 열어 연회장을 아주 넓게 개방하셨습니다. 식탁에서 모든 보초들을 다 물러가게 하셨고 종들 가운데 누구도 들어오는 영혼을 막지 말라고 명하셨습니다. 우리가 받은 지시는 이것입니다. "원하는 사람은 누구든지 들어오게 하라." 우리가 어떤 사람이든지 들어오는 것을 막는다면, 그것은 주님의 명령을 명백하게 위반하는 일이 될 것입니다. 주님의 너그러운 초대는 이것입니다. "오라, 환영한다! 오라, 환영한다! 목마른 사람은 오라. 원하는 사람은 누구든지 값없이 생명수 샘물을 받으라."

그런데 문을 항상 열어 두는 것만으로는 충분치 않은 것처럼 우리 주 예수께서는 거기서 한 걸음 더 나가십니다. 그 다음에, 주님은 지극히 자유로운 초대를 많이 발행하시기 때문입니다. 나는 많은 초대에서 한 가지만 인용해 보겠습니다.

이사야서 55장 1절을 봅시다. "오호라 너희 모든 목마른 자들아 물로 나아오라 돈 없는 자도 오라 너희는 와서 사 먹되 돈 없이, 값 없이 와서 포도주와 젖을 사라." 은혜는 무료임이 틀림없습니다. 본문에서 "값 없이"라는 단어는 구원이 절대적으로 선물이라는 점을 분명하게 나타냅니다. 그런데 여기서는 그 사실이 소극적으로 표현되지만, 결코 다른 뜻이 있을 수 없습니다. 자비는 "값 없고 돈 없는" 것입니다. 어떤 의미로든지 값 없이 주는 것입니다. 우리는 구원을 공로나 노력, 희생이나 봉사에 의해서 사지 못하고, 획득하지도, 얻거나 생산하지도 못합니다. 구원이 우리에게 오는 것은 우리가 받을 만해서가 아니라 우리에게 필요하기 때문입니다. 우리는 주님의 선의와 기뻐하심으로 인해 복으로 구원을 받는 것입니다. 선한 행실이나 선한 소원 혹은 경건한 결심, 끈기 있는 노력으로써 구원을 사지 못합니다. 우리는 비어 있고 주께서 우리를 채우십니다. 여러분이 주님께 오기 위해서 아무 준비도 필요하지 않습니다. 여러분 현재 있는 그대로 주님께 갈 수 있습니다. 즉시 갈 수 있습니다. 여러분이 주님이 필요하다고, 주님을 모시기를 원한다고 고백하기만 하십시오. 그 다음에 주님을 신뢰함으로써 받아들이면 됩니다. 주님은 포도주 같고 우유 같아서, 기쁨과 만족을 주십니다. 여러분은 사람들이 한 모금 마시는 것처럼 주님을 받아들이면 됩니다. 초대를 이보다 더 편하게 제시할 수 있겠습니까? 초대의 말을 이보다 더 열렬하게 할 수 있겠습니까? 이 초대에는 사람들의 주의를 끌기 위해 "오호라"는 말이 들어 있습니다. 런던의 어떤 지역 상인들은 가게 밖에 서서, 어떻게 해서든지 자기들 물건을 팔려는 욕심으로 지나가는 사람들에게 "사세요, 사세요" 하고 외치거나 "자!" 하고 소리칩니다. 그런데 예수께서는 그보다 훨씬 더 열심히 자신의 풍성한 은혜를 나누어 주고자 하십니다. 사람들이 구원받기를 간절히 바라시기 때문입니다. 자! 지나가는 사람들이여, 잠깐 서서 여기를 보십시오. 한 번 생각해 볼 만한 것이 여기 있습니다. "오호라 너희 모든 목마른 자들아 물로 나아오라 돈 없는 자도 오라." 성경에는 이와 같은 초대가 많이 나옵니다. 모두 한 가지 은유로 표현되지는 않을지라도, 그 초대들도 다 같이 본문의 말씀과 같이 분명하고, 값 없이 주어집니다. 예수께서는 사람들에게 제발 자기를 보고 살라고 말씀하십니다. 사람들에게 자기에게 와서 영혼의 안식을 얻으라고 명하십니다.

누구든지 이렇게 말할 사람이 있습니까? "글쎄요, 항상 찬송받으실 주님이 언제나 문을 열어 두고 사람들에게 자유롭게 오라고 초대하신다는 것을 알지만,

나는 여전히 들어가기가 두렵습니다." 사랑하는 친구 여러분, 어쩌면 우리는 주님께서 주님의 위엄만큼이나 무게가 있고, 또 왕으로서 말씀하시는 것과 같이 선언을 하신다는 사실을 여러분에게 상기시킨다면, 하나님의 도우심으로 여러분의 망설임을 극복할 수 있을 것입니다. 요한복음 7장 37절을 봅시다. "명절 끝날 곧 큰 날에 예수께서 서서 외쳐 이르시되 누구든지 목마르거든 내게로 와서 마시라 나를 믿는 자는 성경에 이름과 같이 그 배에서 생수의 강이 흘러나오리라 하시니." 이것은 만왕의 왕이 하시는 주권적인 말씀입니다. 많은 무리 한가운데 서서 주님은 자신의 충만하고 값없는 은혜를 선포하셨고, 그 은혜의 날에 친히 선언하셨습니다. "누구든지 목마르거든 내게로 와서 마시라." 걱정하는 질문자여, 당신은 이 이상 무엇을 원합니까? 나는 당신이 예수께서 오늘 아침 우리 가운데 서서 그 같은 말씀을 하시는 것을 그려볼 수 있기를 바랍니다! 그러나 그렇게 할 수 없을지라도, 당신이 믿음으로도 상상으로도 주님의 임재를 실감할 수 없을지라도, 주님은 지금 이 자리에 계시며, 그의 종의 입을 통해 이 광장에서 이렇게 외치십니다. "누구든지 목마르거든 내게로 와서 마시라." 오지 않으시겠습니까? 무엇 때문에 오지 못합니까? 이 부르심은 남녀노소, 모든 사람에 대한 것입니다. 자비가 필요한 사람은 누구든지, 구원을 바라는 사람은 누구든지 와서, 예수와 영원한 생명을 받으십시오. 여러분이 스스로 버림받았다고 생각할지라도, 일곱 겹으로 문빗장을 가로질러 내쫓김을 당한 것처럼 여겨질지라도, 스스로를 정죄하지 않도록 하십시오. 와 보십시오! 목마르면 그리스도께로 오십시오. 그리스도께서 여러분에게 즉시 은혜를 주실 것입니다.

어쩌면 떠는 사람은 이렇게 대답할지 모릅니다. "그래요, 선언의 말씀이 있어요. 하지만 나는 좀 더 확신이 들어야 약속들을 읽을 수 있을 것 같아요." 본문의 말씀은 지극히 자유로운 약속들 가운데 하나입니다. "내가 생명수 샘물을 목마른 자에게 값없이 주리라." 지금 와서 이 약속을 시험해 보고, 이 약속이 진실된지 보십시오. 그래도 여러분이 또 다른 약속을 원한다면, 위대한 복음이 나오는 이사야서 41장을 보십시오. 17절을 읽겠습니다. 이 말씀이 여러분에게 적합하지 않겠습니까? "가련하고 가난한 자가 물을 구하되 물이 없어서 갈증으로 그들의 혀가 마를 때에 나 여호와가 그들에게 응답하겠고 나 이스라엘의 하나님이 그들을 버리지 아니할 것이라 내가 헐벗은 산에 강을 내며 골짜기 가운데에 샘이 나게 하며 광야가 못이 되게 하며 마른 땅이 샘 근원이 되게 할 것이라." 자,

그러면 기도할 수 없는 여러분, 심령의 가뭄으로 바짝 말라 말 한 마디도 꺼낼 수 없고, 속에 거의 아무런 욕구도 느끼지 못하는 여러분, 마음 자체가 깊은 나락에 떨어져 모든 희망을 단념하는 여러분, 거짓말을 하실 수 없는 하나님의 이 약속을 믿고, 하나님 앞에 그 약속을 들어 호소하십시오. 하나님께서 여러분이 조금도 기대할 수 없었던 높은 산꼭대기에 여러분을 위해 샘을 터트리시며, 여러분이 찾지 않았던 위로를 주시는지 보십시오. 하나님의 많은 약속들 가운데 또 한 가지를 인용할까요? 이 하나님의 약속에는 한껏 원기를 돋우는 소리가 들립니다. 이사야서 44장 3절 말씀에 들어 있습니다. "나는 목마른 자에게 물을 주며 마른 땅에 시내가 흐르게 할 것이라." 주님께서는 여러분에게 물을 충분히 주어 마시게 할 뿐만 아니라 쏟아 부어 여러분을 기쁨으로 흠뻑 적시게 하실 것입니다. 여러분의 뜨겁고 피곤한 발이 사랑으로 깨끗이 씻겨졌기 때문에 인생의 여행을 언제든지 다시 시작할 수 있게 될 것입니다. 하나님께는 여러분에게 아낌없이 부어주실 만큼 은혜가 충분합니다. 내가 여러분과 같이 가난하고 목마른 자라면, 그와 같은 약속을 붙잡을 것입니다. 나는 이렇게 말할 것입니다. "주님, 주님을 갖기를 간절히 바랍니다. 주님이 없으면 내가 구원받을 수 없다는 것을 압니다. 주께서는 나를 구원하실 수 있다는 것을 확실히 압니다. 보십시오. 제가 주님을 의지합니다. 저는 죽더라도 주님을 믿고서 죽겠습니다!" 형제 여러분, 당신은 구원을 받았습니다. 여기까지 온 영혼은 하나님께서 버리실 것이라는 두려움이 없습니다. 하나님께서 여러분에게 물을 흠뻑 부어주실 것입니다.

　　은혜로우신 주님께서는 영혼들에게 자기에게 오라고 좀 더 격려하기 위해서 당신이 말씀하신 뜻에 대해 여러 번에 걸쳐 은혜로운 설명을 하기를 기뻐하셨습니다. 요한복음 4장에서 그 설명을 한 가지 볼 수 있을 것입니다. 주님은 우물가에 있는 여인에게 생명수가 무엇인지, 생명수를 마신다는 것이 무엇인지를 아주 친절하게 설명해 주셨습니다. 주님은 여러분에게 주님을 믿음으로써 여러분 속에 영생을 받는다고 말씀하십니다. 그 다음에, 요한복음 6장 35절에서 주님은 생수를 마신다는 것이 어떤 것인지 설명하십니다. "예수께서 이르시되 나는 생명의 떡이니 내게 오는 자는 결코 주리지 아니할 터이요 나를 믿는 자는 영원히 목마르지 아니하리라."

　　나는 그동안 구원의 계획을 수도 없이 설명하였지만, 다시 한 번 말씀드리겠습니다. 구원받으려면, 여러분은 그리스도를, 오직 그리스도만을 전심으로 신뢰해야 합니다. 여러분은 그리스도를 믿어야 합니다. 첫째로, 그분을 신뢰하십시오. 즉 그리스도께서 말씀하시는 것이 진리라고 확신하십시오. 그 다음에, 그분을 의지하십시오. 즉 그리스도께서 하신 일과 그리스도 자신을 의지하십시오. 그리스께서 자신의 약속을 여러분에게 이행하실 것입니다. 여러분의 영혼을 구속주께서 지켜주시도록 맡기십시오. 주님이 여러분의 영혼을 안전하게 지키실 것입니다.

"주님께 걸겠습니다. 모든 것을 걸겠습니다.
다른 어떤 것도 의지하지 않겠습니다."

모험은 없습니다. 다만 여러분이 그 개념을 파악하도록 하기 위해 그렇게 표현했을 뿐입니다. 여러분의 체중을 전부 주님께 기대십시오. 예수님을 구명대로 알고 붙잡으십시오. 여러분의 운명을 예수님께 묶으십시오. 흥하든 망하든 주님께 맡기십시오. 주님이 구주시라면, 주님을 믿으십시오. 여러분의 모든 것을 여기에 거십시오. 여러분의 모든 보화를 이 배에 실어 나르십시오. 그리스도께서 죄인들을 구원하실 수 있고 구원하고자 하신다면, 주님께서 여러분도 구원하게 하십시오. 주께서 자기를 믿는 사람을 모두 구원하시겠다고 약속하셨습니다. 그 약속을 절대로 확실한 것으로 받아들이고, 여러분의 모든 미래를 그 약속의 진실됨에 맡기십시오. 이것이 유일한 생명의 길입니다. 사랑하는 청중 여러분, 내 자신의 개인적인 소망은 전적으로 내 주님의 손에 있고, 다른 어디에도 없다는 것을 말씀드립니다. 내가 주님을 안 지 30여년이 되었습니다. 이 시간, 누군가 나에게 영생에 대한 내 소망이 무엇이냐고 묻는다면, 그것은 30여년 전이나 아주 똑같다고, 즉 나를 대신한 주 예수님의 사역과 죽음이라고밖에 말할 수 없습니다. "목사님은 오랫동안 복음을 설교하지 않았습니까?" 그렇습니다. 온 힘을 다해 설교해 왔습니다. 하나님이 복을 주셔서 수많은 사람들을 회개와 믿음으로 이끌었습니다. 그렇지만 나는 천국에 이를 소망을 조금이라도 내 설교에 두지 않습니다. 주님께서 내게 힘을 주셔서 주님을 위해 무엇을 하든지 간에 그것은 주께서 행하시는 것이고 주의 사역입니다. 주님만이 그 일의 영광을 받으셔야 합니다. 나는 그 일에 대해 눈곱만큼도 공로를 주장할 생각이 없습니다. 나는 의지할 분으로 오직 그리스도만을 모시고 있고, 주님 외에는 아무것도 필요 없습니다. 나는 내 자신의 의가 없습니다. 다만 값없는 은혜와 나를 대신하여 죽으신 사랑을 의지할 뿐입니다. 십자가가 나를 싣고서 평안의 항구로 데려갈 것입니다. 십자가가 그렇게 하지 못한다면 나는 망할 수밖에 없습니다. 다른 모든 구명정(救命艇)은 오래 전에 이미 바닥에 가라앉아 버렸기 때문입니다. 그리스도 예수는 내 소망이십니다. 그분은 내게와 마찬가지로 여러분에게도 적합한 구주이시라고 확신합니다.

　　저기 있는 젊은이, 내가 처음으로 그리스도를 믿고 나서 설교했던 나이쯤 돼 보이는데, 젊은이, 제발 지금 즉시 그리스도를 보십시오. 언제나 자기를 보는 일을 그치십시오. 젊은이가 목마르다면, 젊은이의 목구멍을 들여다보는 것이 무슨 소용이 있습니까? 당신이 너무 목이 마르다든지, 아니면 별로 목이 마르지 않다든지 하고 불평하는 것이 무슨 소용이 있습니까? 젊은이! 일어나서 마시십시오. 불쌍한 죄인이여, 자신을 떠나 그리스도에게로 오십시오. 사람이 그냥 마심으로써 물을 몸에 받아들이듯이, 그리스도를 여러분 속에 받아들이십시오. 그리스도를 여러분의 구주로 모시십시오. 그리스도를 여러분이 유일하게 의지할 분으로 받아들이십시오. 그렇게 하면 여러분은 구원받은 사람입니다. 그리스도의 거룩한 책은 신자는 구원받는다고 선언합니다. 여러분이 믿는 자인데도 구원을 받지 못한다면, 우리 가운데 아무도 소망을 가질 수 없습니다.

　　그뿐 아니라 찬송받으실 우리 주님은 이 점을 아주 분명하게 가르쳐 주시기 위해 우리 앞에 **생생한 상징들**을 보여주십니다. 주님은 우리에게 광야의 반석을 비유로 말씀하십니다. 여러분은 주님께서 이스라엘을 안식으로 인도하실 때까지 어떻게 날마다 그들의 필요를 채우셨는지 압니다. 태양이 사막의 모래를 뜨겁게 불태웠고, 이 순례자들은 갈증으로 너무 고통을 겪게 되어 불평을 하였습니다. 그렇게 지독한 갈증으로 고생하느니 차라리 죽는 것이 낫겠다고 생각하였습니다. 그들의 고통이 어떻게 제거되었습니까? 모세가 지팡이로 바위를 쳤고, 바위에서 시냇물이 터져 나와 그들이 아주 기쁘게 마셨습니다. 여러분은 이스라엘 사람들이 엎드려서 물을 마시거나 물이 처음으로 쏟아져 나온 곳에서 그릇을 들고 서 있는 것이 보이지 않습니까? 우리 주 예수 그리스도는 지팡이로 친 바위입니다. 거기에서 생명이 흘러나와 은혜를 받으려고 하는 모든 사람을 상쾌하게 하는 바위이십니다. 청중 여러분, 이 생명의 물을 기꺼이 값없이 마신다면, 여러분 영혼의 모든 결핍이 채워질 것입니다. 와서, 여러분의 토기 그릇을 이 하늘의 강에 깊이 담고, 더 이상 목마르지 마십시오. 매를 맞아 상한 구주께서 슬퍼하는 죄인의 유일한 소망이십니다. 시편 107편 5절을 읽어봅시다. 거기에서 또 다른 상징, 곧 동일한 것이 새로운 형태로 바뀌어 나타나는 것을 볼 것입니다. "그들이 광야 사막 길에서 방황하며 거주할 성읍을 찾지 못하고 주리고 목이 말라 그들의 영혼이 그들 안에서 피곤하였도다." 우리는 이 시간 광야 같은 세상을 건너가는 큰 대상(隊商)입니다. 우리는 모두 궁핍 가운데 있고, 하나님만이 우리의 필요를 채우실 수 있습니다. 그런데 감사하게도, 우리가 환난 가운데서 하나님께 부르짖고, 하나님께서 그리스도 예수 우리 주 안에서 주시는 은혜를 기꺼이 받으려고 하면 하나님께서 우리의 필요를 채워 주실 것입니다.

사랑하는 여러분, 성찬의 잔과, 성찬상 자체가 다른 어떤 은혜로운 교훈들보다 더 우리에게 구원의 길을 가르쳐 주기 위해 제정된 것입니다. 여기 떡이 있습니다. 내가 이 떡을 가지고 어떻게 하겠습니까? 떡을 바라봅니까? 떡을 연구합니까? 아니면 분석합니까? 내가 원한다면 그렇게 할 수 있을 것입니다. 그러나 그것이 이 떡을 만든 목적이 아닙니다. 떡은 먹기 위해 만든 것입니다. 떡을 먹을 때, 떡을 잘 사용하는 것입니다. 포도주도 마시기 위해 만든 것입니다. 포도주를 성찬상 위에 놓는 것은 지켜보기 위해서나 논쟁하기 위해서, 혹은 증류하기 위해서가 아닙니다. 마시기 위해서입니다. 이것은 목마른 사람이라면 누구나 할 수 있는 행동입니다. 불쌍한 영혼들이여, 여러분이 선한 일은 아무것도 할 수 없지만, 하늘 아버지께서 주시는 음식을 받는 일은 확실히 할 수 있습니다. 여러분이 열매를 맺고 무엇인가를 내놓을 수는 없을지라도, 어떤 것을 받아들일 수는 있습니다. 여러분 속에 아무것도 없다면, 하나님의 충만한 것을 받아들일 여지가 그만큼 더 많은 것입니다. 자, 그러니 구주께서 "마시라"고 말씀하신 성찬의 잔을 마시십시오. 그리고 거기서 그리스도를 받아들이는 방법을, 곧 그리스도를 전심으로 받아들임으로 구원받는 방법을 배우도록 하십시오.

이뿐 아니라, 지혜로우신 우리 주 예수 그리스도께서는 은혜를 목말라 한 사람들에게 용기를 주는 많은 예들을 말씀해 주셨습니다. 나는 여러분을 붙들고 많은 예들을 말하지 않겠습니다. 우리는 오늘 아침 시편 42편의 일부를 찬송하였습니다. 이 시에서 다윗은 사슴이 시냇물을 찾기에 갈급함같이 자기가 살아 계신 하나님을 갈망하였다고 말합니다. 다윗은 "내 영혼이 하나님 곧 살아 계시는 하나님을 갈망하나이다" 하고 외치지만, 63편에서는 "골수와 기름진 것을 먹음과 같이 나의 영혼이 만족할 것이라" 하고 노래합니다. 여러분이 하나님을 갈 망하면, 곧 만족함을 얻을 것입니다. 마침내 여러분이 하나님을 만나고 충만하 게 채워질 때까지 여러분의 목마름이 점점 더 심해지기를 바랍니다.

　　한 가지 더 말씀드리겠습니다. 우리 주님은 목마른 자들에게 자신의 특별한 복을 주기 기뻐하셨습니다. 왜냐하면 주님께서 산에서 입을 열어, 기억할 만한 설교를 시작하는 복된 말씀을 하셨을 때, "의에 주리고 목마른 자는 복이 있나니 그들이 배부를 것임이요"(마 5:6)라고 하셨기 때문입니다. 아, 그렇다면, 목마른 사람들 이여, 여러분이 간절한 욕구와 열망 가운데 있는 것은 복된 일입니다.

　　여러분에게 더 말씀드릴 것이 있는지 모르겠습니다. 영감이 떠오른다고 해 도 이 이상 무슨 말씀을 드릴 수 있겠습니까? 이 복된 책은, 사람으로서는 그 이 상 생각할 수 없는 귀한 것들을 그처럼 풍부하게 여러분 앞에 제시하였습니다. 필요한 것은 이 진리를 적용해서, 여러분이 와서 그리스도를 받아들이는 것입니 다. 여러분이 개인적인 행위로, 즉 각 사람이 스스로 그리스도를 받아들여야 한 다는 것을 꼭 기억하시기 바랍니다. 각 사람이 자발적으로 믿어야 합니다. 하나 님은 아무에게도 그리스도를 강요하시지 않기 때문입니다. 내가 목마르다면 마 셔야 합니다. 내가 직접 마시지 않으면, 어떤 샘과 강도 내 갈증을 해소할 수 없 습니다. 사랑하는 여러분, 정확히 그렇습니다. 여러분은 그리스도를 받아들여야 합니다. 그렇지 않으면 망합니다. 이 점을 분명히 아십시오. 여러분이 그리스도 를 받아들이지 않는 한, 하나님께서도 여러분을 구원하실 수 없고 구원하시지도 않을 것입니다. 하나님은 전능하십니다. 그러나 자신의 엄숙한 선언에 반대되게 행하실 수 없습니다. 주님께서는 "믿지 않는 사람은 정죄를 받으리라"(막 16:16) 고 하셨습니다. 그리스도를 믿지 않으면, 여러분은 틀림없이 망합니다. 여러분 은 스스로 믿어야 합니다. 그렇지 않으면 반드시 버림받게 됩니다.

　　여러분은 원하지도 않는데 회개의 은혜나 믿음이 여러분 속에서 일어날 것 이라고 생각하지 마십시오. 그렇게 생각한다면, 여러분은 큰 오해 가운데서 애 쓰고 있는 것입니다. 여러분은 즐거이 그리스도를 받아들여야 합니다. 그렇지 않으면 죄 가운데서 죽을 수밖에 없습니다. 왜 그리스도를 받아들여야 합니까? 내가 지금 여러분에게 쓰디쓴 약을 강권하고 있는 것입니까? 여러분은 약을 먹 이려면 잘 꼬드겨야 하는 어리석은 어린아이입니까? 그렇지 않습니다. 나는 지 금 여러분 앞에 지극히 달콤한 주 예수님을 소개하는 것입니다. 왜 여러분은 설득해 줄 것을 요구합니까? 여러분은 다른 어떤 구원이 있을 수 있다고 은근히 생각합니까? 그렇게 생각한다면 여러분은 크게 속고 있는 것입니다. 다른 어떤 방식으로 구원을 이룰 수 있었다면 하나님의 아들이 구원하기 위해 죽지 않으셨을 것이기 때문입니다. 여러분이 마실 수 있는 샘은 예수 그리스도 말고는 다른 어떤 샘도 없습니다. 여러분은 무엇 때문에 이 샘에서 마시지 않습니까? 여러분은 그리스도께 와서는 안 될 이유들을 찾으려고 합니까? 그것은 여러분을 망하게 하는 길입니다. 자신에게 불리한 주장을 찾아내는 사람은 거의 없습니다. 법정에서 소송 중인 돈이 있다면, 당사자들 각각은 자기가 그 돈을 갖는데 유리한 이유들을 찾아낼 것입니다. 나는 법정에서 일어서서 자기 이익에 반대되는 호소를 하는 사람을 본 적이 없습니다. 여러분은 자신을 반대하는 마귀 편에 서서 그를 위해 변호할 것입니까? 여러분은 여러분의 유죄를 증명하는 주장을 펼치겠습니까? 예수 그리스도께서 "목마른 자도 올 것이요" 하고 말씀하실 때, 여러분은 생명에 이르는 길을 스스로 막겠습니까? 여러분은 자신의 영혼을 파괴시키기 위해 하나님을 거짓말쟁이라고 말하겠습니까? 그렇게 한다면 여러분은 확실히 무엇인가에 쓴 것입니다!

그러나 이렇게 말한다면 그것은 대단히 지혜로운 일입니다. "나는 아무 가치가 없고, 지옥 형벌을 받아 마땅한 죄인입니다. 그러나 하나님께서 무한히 자비로우시다면, 다른 사람뿐 아니라 나도 구원하시지 않겠습니까? 하나님은 내가 그의 아들을 믿는다면 나를 용서하겠다고 선언하십니다. 나는 하나님의 아들을 믿고 그의 용서를 받겠습니다. 그리스도께서 내게 생명수를 마시라고 명령하시니, 마시겠습니다. 나는 그리스도께 갈 내 권리를 의심하지 않겠습니다. 주님께서 나에게 그렇게 하라고 명령하시니, 순종하겠습니다. 하나님, 내가 하나님의 아들을 받아들이니, 나를 받아주옵소서. 나는 지금까지 스스로 구원하려고 노력하였고, 내 안에서 무엇인가를 느끼거나 내 스스로 무엇을 할 수 있을 때까지 기다려왔습니다. 그러나 이제 하나님, 내가 망하게 된 상태 외에는 아무것도 보지도 못하고 느끼지도 못하지만, 예수께서 나를 구원하실 수 있다는 것을 믿고 예수님을 의지합니다."

사랑하는 여러분, 여러분이 진심으로 이렇게 한다면, 여러분은 구원받았습니다. 단지 몇 분 전에 믿었더라도, 여러분은 사망에서 생명으로 옮겨갔습니다. 죄인은 믿는 순간, 의롭다함을 받습니다. 믿음으로 속죄하는 피를 보는 순간, 속죄하는 피가 작용합니다. 바로 지금이라도 믿었다면, 기뻐하십시오. 여러분은 이제 예수님의 손안에 있습니다. 아무도 예수님에게서 여러분을 빼앗아갈 수 없습니다.

　　지금까지 나는 복음의 기초를 담고 있는 설교를 아주 분명하게 전하려고 노력하였습니다. 하나님께서 이 설교에 복을 주시어 많은 사람을 회심시킬 것이라고 믿습니다. 하나님께서 그렇게 하시지 않는다면, 깊이 실망할 것입니다. 나는 하나님의 이 메시지가 거침없이 나가서 강력한 영향을 끼치게 해달라고 하나님께 간구하였습니다. 하나님께서 내 기도를 들으실 것으로 압니다. 하나님의 백성들은 이 설교가 복음 그물 안에 우리가 이전에 잡았던 것보다 더 많은 물고기를 끌어들일 수 있게 해달라고 기도해 주시기 바랍니다. 여러분 구도자들 가운데 어떤 분들은 지금까지 자비의 문이 여러분에게는 단단히 닫혀 있는 것으로 생각했습니다. 보십시오. 그 문은 활짝 열려 있습니다. 오십시오, 환영합니다. 어떤 부드러운 느낌이 여러분 마음에 가만히 들어오면, 여러분 속에서 작용하도록 기꺼이 받아들이십시오. 집으로 돌아가는 길에 쓸데없는 말을 하여, 설교의 효과를 잃지 않도록 하십시오. 방을 꼭 닫고서 무릎을 꿇고, 여러분이 예수님을 자신의 구주로 영접하기 전까지는 일어나지 마십시오. 그렇게 하면, 구원이 오늘 여러분의 집에 임하고, 하나님이 영광을 받으실 것입니다. 아멘. 아멘.

제
30
장

—

# 빛이신 어린 양

—

"그 성은 해나 달의 비침이 쓸 데 없으니 이는 하나님의 영
광이 비치고 어린 양이 그 빛이 되심이라"(개역개정은 "그
등불이 되심이라") — 계 21:23

예수님을 사랑하는 사람에게는, 주 예수 그리스도께서 창세 전부터 언제나
지극히 큰 영광 가운데 계셨고, 또 영원이 지속되는 한에도 그 같은 영광 가운데
계시리라는 것을 아는 것은 매우 기쁜 일입니다. 우리가 믿음으로 창세 때를 돌
아본다면, 우리 주님께서 성부 하나님과 함께 세상을 지으신 것을 봅니다. "아직
바다가 생기지 아니하였고 큰 샘들이 있기 전에 내가 이미 났으며 산이 세워지
기 전에, 언덕이 생기기 전에 내가 이미 났으니 하나님이 아직 땅도, 들도, 세상
진토의 근원도 짓지 아니하셨을 때에라 그가 하늘을 지으시며 궁창을 해면에 두
르실 때에 내가 거기 있었고 그가 위로 구름 하늘을 견고하게 하시며 바다의 샘
들을 힘 있게 하시며"(잠 8:24-28). 우리 주님은 천사를 짓는 일이든 사람들의 세
계를 짓는 일이든, 창조의 대 역사에서 성부 하나님의 의논에 한 번도 빠진 적이
없는 지혜였습니다. 지금까지 성경의 역사에 기록된 최초의 사건들 가운데 하나
는 이것입니다. "그가 맏아들을 이끌어 세상에 다시 들어오게 하실 때에 하나님
의 모든 천사들은 그에게 경배할지어다"(히 1:6). 이 같은 말씀은, 성부 하나님과
동등이고 하나님과 영원히 공존하시며, 영원히 영광스러우신 주님 외에는 어떤
피조물에게 말해진 적이 없습니다. 그분은 모든 피조물의 맏아들이시고, 하나님

의 권속의 머리이며, 하나님의 본체의 형상이요, 하나님의 영광의 충만이십니다. 우리가 알고 있는 역사의 가장 초기에 예수 그리스도께서는 모든 정사와 권세들, 모든 이름 위에 아주 높이 서셨습니다. 인간의 역사에 동이 트고, 하나님 교회의 역사가 시작될 때, 그때도 그리스도께서 지극히 높이 계시는 것을 봅니다. 초기 교회의 모든 예표들은 그리스도를 열쇠로 삼을 때만 이해할 수 있습니다. 실로가 오시리라는 약속이 없었다면, 이스라엘의 자손이 된다는 것이 아무 의미가 없었을 것입니다. 광야에서 제사를 드렸고, 휘장 사이에 언약궤를 두었으며, 만나가 든 항아리를 속죄소로 덮었는데, 이 모든 일에서 실질적으로 그리스도를 의미하는 것이 없었다면, 다 헛되었을 것입니다. 구약 그림자의 실체인 그리스도가 없었다면, 유대인의 종교는 공허하기 짝이 없었을 것입니다.

　　이어서 선지자들의 시대로 가서 그들의 모든 예언을 보면, 거기에서도 그리스도의 영광이 언뜻 비치지 않습니까? 선지자들이 마음이 지극히 고양되어 웅변적으로 말을 쏟아낼 때, 그리스도에 대해 말하지 않습니까? 그들의 영혼이 불 전차에 탄 듯이 위로 올라갈 때, 예수님의 영광을 전하는 말씀을 남겨놓지 않습니까? 선지자들이 예수님께 관한 것이 아니고서는 그처럼 뜨거운 열정으로 타오를 수 없었을 것입니다. 하나님의 심판을 공공연히 선고할 때에도, 그들은 하나님의 우레 같은 심판의 말씀을 전하는 중간에 잠시 멈추고서 장차 오실 주님께 관한 약속의 말씀으로 사람들에게 자비의 빗방울을 떨어트렸습니다. 창세기 첫 장부터 말라기서의 마지막 음표까지 언제나 드러나는 분은 그리스도입니다. 그리스도, 그리스도, 그리스도, 오직 그리스도뿐입니다.

　　형제 여러분, 우리가 이 본문을 다루면서, 태초에도 있었고, 지금도 있으며, 항상 있을 영원한 세계를 보게 되어 참으로 기쁩니다. 본문이 말하는 천년왕국의 상태에서, 예수 그리스도는 그곳의 빛이시고, 그곳의 모든 영광은 예수님에게서 나오게 되어 있습니다. 본문이 천국과 내세의 복에 대해서 말하지만, 그곳의 모든 빛과 복과 영광은 예수님에게서 나옵니다. "어린 양이 그 빛이 되심이라." 본문을 읽고, 본문과 오늘날 우리의 관계를 생각한다면, 우리는 모든 기쁨과 평안이 바로 같은 샘에서 나온다는 것을 고백하지 않을 수 없습니다. 예수 그리스도는 하늘에 있는 성도들에게 뿐 아니라 우리에게도 의의 태양이십니다.

　　이렇게 큰 문제를 다루기에 내 힘이 부족한 것을 알지만, 할 수 있는 한 최선을 다해서 주 예수님을 높이 칭송하도록 해보겠습니다. 그리스도의 뛰어난 영광에 대해서 말하겠는데, 첫째로, 천년왕국 상태에서, 그 다음은 천국에서, 셋째로는 낙원으로 가고 있는 모든 경건한 사람의 마음속에서 나타난 그리스도의 영광을 보겠습니다. 이 모든 경우에서 "어린 양이 그 빛이 되심이라."

## 1. 첫째로, 천년왕국의 시기에 관한 몇 마디 말씀을 살펴봅시다.

우리는 여기서 예언에 마음을 뺏겨서는 안 됩니다. 우리 형제들 가운데 예언을 아주 좋아하는 사람들이 있습니다. 하나님 말씀 가운데 신비한 점들이 많은 부분에 온통 시간과 생각을 쏟는 사람들이 좀 있다는 것은 어쩌면 좋은 일일 것입니다. 그러나 우리는 지금까지 영혼들을 구원하고, 이 시대에 만연되어 있는 오류들과 싸우는 일에 전적으로 힘을 기울여 왔습니다. 그래서 밧모 섬의 바위에 올라가려고 하거나 다니엘과 에스겔의 깊은 마음속을 자세히 들여다보려고 하지 않았습니다. 그러나 우리는 죄와 사탄이 사람의 타락으로 말미암아 하나님을 이긴 이 세상에서 그리스도께서 또 다른 어떤 전쟁터가 아니라 바로 여기에서 그의 모든 적들을 물리치고 완전한 승리를 거두시리라는 이것만큼은 항상 아주 확실하게 배웠습니다. 이 전쟁은 사탄이 인류의 어머니인 하와를 공격함으로 시작되었습니다. 그리스도께서는 그때부터 지금까지 그 전쟁터를 방치하신 적이 없습니다. 그 싸움은 지금까지 수천 년 동안 지속되었습니다. 날마다 더 치열해지고, 끝이 나지 않았습니다. 뱀의 머리를 실제로 밟아 뭉개고, 그리스도 예수께서 완전한 승리를 거두시기 전까지는 이 싸움이 결코 중단되지 않을 것입니다.

하나님이 이 싸움에서 사탄에게 단 한 차례라도 자신이 이겼다고 말하게 내버려 두실 것이라고 생각하지 마십시오. 그 역사가 기록될 대 전투에서, "주 우리 하나님이 통치하시도다" 하고 말할 것입니다. 모든 전선에서 하나님이 승리를 거두셨기 때문입니다. 모든 곳, 모든 지점에서 승리가 있을 것이며, 예수님의 정복은 완전하고 철저할 것입니다. 그렇다면 우리는, 사람들이 미신으로 우상을 세운 바로 이 땅에서 예수 그리스도께서 경배를 받으실 것이라 믿습니다. 하나님을 모독하는 말로 사람들의 입술이 더러워진 이곳에서, 바다의 섬들로부터 그리고 바위 틈에 거하는 자들에게서 찬송이 나올 것입니다. 바로 이 나라에서, 사탄의 도구가 되었고 그 거처가 악의 소굴이 된 사람들 가운데서 의의 도구들이 발견되고, 하나님을 찬송하는 입술이 나오며, 지극히 높으신 이에게 영원한 영광을 돌리는 행사가 있을 것입니다. 사탄이여, 너는 지금까지 한 일을 자랑하고, 네 홀이 여전히 안전하리라고 생각하겠지만, 그분이 오신다. 승리의 흰말을 타고 오는 바로 그분이 오신다. 그분이 오시면 너는 그를 맞설 수 없을 것이다. 그의 입에서 나오는 양날 가진 검이 너와 네 종자들을 쳐서 너희들이 나온 곳으로 돌려보낼 것이기 때문이다. 우리는 성경이 그리스도께서 장차 온 세상에 걸쳐 승리를 거두신다는 이 중대한 교리를 그처럼 분명하고 확실하게 말하는 것을 기뻐합시다!

　　우리는 그 승리가 어떤 형태로 이루어질 것인가에 대해서 세세히 파고들어 갈 필요는 없습니다. 우리는 유대인들이 회심할 것이고, 그래서 본래 자기들 땅으로 돌아갈 것으로 믿습니다. 예루살렘이 그리스도 왕국의 중심 수도가 될 것이라고 믿습니다. 우리는 또한 모든 민족들이 예루살렘에 세워질 영광스러운 도시의 빛 가운데서 다닐 것이라고 믿습니다. 그 도시의 중심에 있게 될 영광이 온 세상에 퍼져서, 바다를 덮음같이 세상을 거룩함과 행복과 기쁨으로 덮을 것이라고 기대합니다. 우리는 이것을 즐거운 마음으로 바라보며 기대합니다. 이때는 주님께서 성소의 모든 외적 의식(儀式)들을 치워버리고 친히 영광스럽게 임재하실 것입니다. "그 성은 해나 달의 비침이 쓸 데 없으니." 여기서 해나 달이라고 할 때는 아마도, 지금 교회가 필요로 하는 일반적인 조명의 수단들을 의미할 것입니다. 우리는 그리스도의 몸과 피를 기억하기 위해 주의 만찬이 필요합니다. 그러나 그리스도께서 오시면 거기에는 주의 만찬이 없을 것입니다. "그가 오실 때까지 이를 행하라"고 기록되었기 때문입니다. 그러나 그리스도께서 오실 때는, 그 기념 표지의 효력이 끝날 것입니다. 그리스도께서 친히 우리 가운데 계실 것이기 때문입니다. 여러분은 더 이상 목사를 필요로 하지 않을 것입니다. 사람이 해가 뜨면 더 이상 촛불을 필요로 하지 않는 것과 같습니다. 그때는 사람들이 서로에게 "주를 알라 하지 아니할 것은 그들이 작은 자로부터 큰 자까지 다 나를 알기"(히 8:11) 때문입니다. 그때도 엄숙한 집회와 안식일이 있을 것입니다. 그러나 그때는 집회가 지금 우리가 있는 이런 곳에서 이루어지지 않을 것입니다. 온 세상이 성전이 되고, 날마다 안식일이 될 것이기 때문입니다. 사람들이 다 제사장이 될 것이고, 그들이 아주 분명하게 제사장 나라가 될 것입니다. 그래서 그들이 성전에서 밤낮으로 하나님을 섬기고, 그들이 손을 대는 것마다 모두 지극히 높으신 분께 올라가는 찬송이 될 것이기 때문입니다. 아, 참으로 복된 날입니다. 온 세상이 하나님을 위한 성전이 되기 때문에, 이 성전들을 그냥 버려두지 않을 수 없는 그날이 시작되었으면 좋겠습니다. 그날의 찬란한 것들로 어떤 것들이 있든지 간에, 참으로 여기서 우리의 상상력을 마음껏 펼쳐보고 싶은 유혹이 생깁니다. 옥수(玉髓)와 자수정이 박힌 벽들이 얼마나 빛나든지, 진주 문이 얼마나 눈부시든지, "금으로 포장된 거리"라고 표현되는 그곳의 장엄함이 어떠하든지 간에, 우리는 이것을 압니다. 결국 그 전체의 빛과 영광은 우리 주 예수 그리스도, 바로 그분이 되리라는 것입니다. "이는 하나님의 영광이 비치고 어린 양이 그 등불이 되시기" 때문입니다.

자, 그리스도인이라면 이 점을 깊이 묵상해야 합니다. 이 비참한 땅에 시작될 지극히 고귀하고, 지극히 거룩하며 지극히 행복한 시대에, 그리스도께서 그 빛이 되실 것입니다. 이 땅이 혼인 예복을 입고, 신부가 보석으로 꾸미듯이 단장할 때, 그리스도께서 그의 영광이 되고 그의 아름다움이 되실 것입니다. 그때 그녀가 찬 귀고리 가운데 그리스도의 사랑의 광산에서 나는 금이 아닌 다른 금으로 만든 귀고리는 없을 것입니다. 그녀가 쓴 면류관 가운데 그리스도의 은혜와 지혜의 손이 아닌 다른 손으로 만든 면류관은 없을 것입니다. 그녀가 앉아서 통치하는데, 바로 그리스도의 보좌에 앉아 통치할 것입니다. 그녀가 음식을 먹는데 바로 그리스도의 떡을 먹을 것입니다. 승리를 거두는데, 만세 반석이신 그리스도께 속한 힘으로 승리를 거둘 것입니다. 그러니, 그리스도인이여 와서 여러분의 사랑하는 그리스도를 잠시 묵상하시기 바랍니다. 천년왕국 시대에서, 예수님은 도성 새 예루살렘의 빛과 영광이 되실 것입니다.

그 다음에, 예수께서 천년왕국의 빛이 되시는 것은, 그의 임재가 현재와 그 시대를 구별하는 요소가 될 것이기 때문이라는 점을 살펴봅시다. 그 시대는 낙원과 가깝게 될 것입니다. 하나님께서 처음에 땅에 낙원을 지으셨고, 또 마지막으로 낙원을 만드실 것입니다. 사탄이 낙원을 파괴하였습니다. 하나님께서 낙원을 다시 건설하시고, 하나님의 피조물들이 새로운 에덴을 보고 기뻐할 때에야 비로소 그의 적을 완전히 물리치시게 될 것입니다. 그런데 동산 가운데로 흐르며 거기에서부터 네 지류가 흘러나가는 강이 에덴의 영광과 특전이었다고 나는 생각하지 않습니다. 또 그 영광이 금이 있는 하윌라 땅에서 나오지도 않았습니다. 에덴의 영광이 풀이 우거진 산림이나 향기로운 열매로 휘어진 가지에 있었다고 생각하지 않습니다. 그보다 에덴의 영광은 여기에, 곧 "여호와 하나님이 그 날 바람이 불 때 동산에 거니셨다"는 사실에 있었습니다. 아담의 최고의 특전은 그가 지극히 높으신 하나님과 교제를 가졌다는 이 사실에 있었습니다. 그때 천사들은 하나님의 장막이 사람들과 함께 있고, 하나님이 그들 가운데 거하신다는 사실을 즐거이 노래하였습니다. 형제 여러분, 우리를 위해 회복할 낙원은 하나님이 우리 가운데 거하시리라는 것이 그 핵심적인 특징이 될 것입니다. 이것이 그 성을 일컫는 이름입니다. 여호와 삼마, 곧 하나님이 여기 계시다는 것입니다. 지금 우리가 교회 안에서 그리스도의 임재를 누리는 것이 사실입니다. "볼지어다 내가 세상 끝날까지 너희와 항상 함께 있으리라." 우리는 그리스도께서 항상 함께 하시겠다는 약속이 있습니다. "두세 사람이 내 이름으로 모인 곳에는 나도 그들 중에 있느니라"(마 18:20). 그렇지만 그것은 성령께서 대신 함께 하는 것입니다. 그러나 곧 주님께서 직접 우리와 함께 계실 것입니다. 일찍이 골고다에서 죽으셨던 바로 그분이 여기에서 사실 것입니다. 그분, 바로 우리 가운데서 올리워 가신 그 예수께서 갈릴리 사람들이 보는 데서 올려 가신 대로 다시 오실 것입니다. 사랑하는 여러분, 기뻐하고 기뻐하십시오. 주님이 정말로 실제로 오십니다. 그리스도께서 그의 성도들 가운데 계시고 그들 안에, 그들과 함께 거하시며, 그들 가운데서 거닐고 이야기하신다는 이것이 그 시대의 기쁨이 될 것입니다.

그리스도의 임재가 그 시대의 화평을 이루는 수단이 될 것입니다. 그 의미에서 그리스도께서 그 시대의 빛이 되실 것입니다. 그리스도는 우리의 화평이시기 때문입니다. 사자가 소처럼 풀을 먹고, 표범이 어린아이와 함께 눕는 일이 그리스도의 임재로 말미암아 이루어질 것입니다. 사람들이 칼을 쳐서 보습을 만드는 것은 그들이 더 계몽이 되고 발달하는 문명을 통해서 더 나은 것을 배웠기 때문이 아닙니다. 문명이 발달한 나라일수록 그들이 사용하는 파괴의 도구가 그만큼 더 끔찍하다는 것은 주지의 사실입니다. 그래서 그들이 전쟁을 하러 나가면, 그 전쟁은 그만큼 더 유혈이 낭자하고 오래 갔습니다. 말씀드리기 죄송하지만, 천년 안에 그리스도께서 오시지 않는다면, 그리고 전쟁이 일어난다면, 지금은 10년이나 20년을 싸우지만, 그때는 서로에 대한 지독한 미움과 전쟁을 수행하는 수단들이 한 세기 동안 갈 것입니다. 나는 세상이 평화롭게 발전했다기보다는 후퇴하지 않았나 염려가 됩니다. 우리가 지금 평화로운 번영의 시대를 살고 있다고 자랑할 수 없는 것은 확실합니다. 그러나 그리스도의 임재는 사람들의 마음을 변화시킬 것입니다. 평강의 대왕을 보는 즉시 사람들은 갑옷과 전쟁 무기를 버리고, 더 이상 전쟁을 연습하지 않을 것입니다. 그런 의미에서 그때는, 그리스도의 임재가 그 행복한 시대의 대의이기 때문에, 그리스도께서 그 시대의 등불이신 것입니다.

그 다음에, 그리스도의 임재는 그 시대에 특별한 교훈이 될 것입니다. 사람들은 촛불도, 해와 달의 빛도 필요하지 않을 것입니다. 왜 그렇습니까? 그리스도의 임재가 사람들에게 충분한 교훈을 줄 것이기 때문입니다. 주 예수 그리스도께서 오시면, 미신을 논파하기 위해 성실한 증언이 필요 없을 것입니다. 미신이 스스로 숨을 것이기 때문입니다. 우상 숭배를 없애기 위해 그것을 반대하는 설교를 하는 선교사가 필요 없을 것입니다. 그리스도께서 우상들을 산산이 부숴서 두더쥐와 박쥐들에게 던지실 것이기 때문입니다. 사람들이 그리스도를 보고, 그리스도께서 땅에서 영광스럽게 통치하고 계시다는 것을 알면 불신앙을 버릴 것입니다. 유대인들은 다윗의 자손을 인정할 것이고, 이방인들은 일찍이 죽임을 당하신 유대인들의 왕이신 분에게 즐거이 예배할 것입니다. 그리스도의 임재는, 모든 시대에 걸쳐서 그의 모든 사역자들이 전한 가르침보다 더 많이 그의 교회를 깨우칠 것입니다. 그의 교회는 그때 자기 주님을 보고서 충만한 지식에 이르며, 하나님의 말씀을 온전히 이해하게 될 것입니다.

다시 한 번 말씀드리지만, 그리스도는 천년왕국 시대의 영광이라는 의미에서 그 시대의 빛이 될 것입니다. 아, 그리스도께서 하늘에서 통치하신다는 사실을 생각하는 것이 그리스도인에게는 큰 기쁨입니다. 우리는 우울하고 낙심이 될 때마다 그리스도께서 높이 되어 성부 하나님 우편에 앉아 계신다는 이 사실을 자랑합니다. 그러나 그 시대의 영광은 이것이 될 것입니다. 그리스도께서 오셨다는 것이고, 주님이 하나님의 보좌에 뿐 아니라 다윗의 보좌에 앉아 계시며, 그의 원수들이 그 앞에 엎드려 굴복한다는 사실입니다. 형제 여러분, 그 시대의 찬란한 영광을 생각하십시오. 그때는 모든 민족과 나라에서 사람들이 그리스도께 조공을 가져올 것이며, 모든 나라에서 찬송이 울려 퍼질 것이고, 그 성의 거리들은 그리스도를 흠모하는 예배자들이 떼지어 모일 것입니다. 그때는 그리스도께서 나가서 이기고 또 이기시며, 그의 성도들은 흰말을 타고 뒤를 좇을 것입니다! 때로 축제와 휴일을 맞을 때가 있고, 왕과 왕자들이 외국으로 나가는 때가 있는데, 그때 거리는 사람들로 가득 차며, 굴뚝 꼭대기에 닿을 정도로 사람들이 모여, 대로에 왕과 왕자만 말을 타고 가는 모습을 지켜봅니다. 그러면 왕 예수께서 결혼식 날에 그의 어머니가 씌워준 왕관의 모습을 보는 것은 어떻겠습니까! 기마행렬이 예루살렘의 거리를 따라 돌아가는 것과, 십자가 처형의 산까지 이르는 슬픔의 길(via dolorosa)을 따라 가는 것이 얼마나 대조가 됩니까! 참으로 큰 대조를 이룹니다. 그때는 여인들이 주님의 뒤를 따르며 울었지만, 이때는 사람들이 주님의 뒤를 따르며 기쁨의 환호성을 지를 것입니다. 그때는 주님께서 십자가를 지고 가셨지만, 이때는 당당하게 말을 타고 가실 것입니다. 그때는 주의 원수들이 주님을 조롱하고 그의 고난당하심을 보고 희죽희죽 웃었습니다. 그러나 이때는 그의 원수들이 당황하고 부끄러워할 것이며, 주님에게서는 왕관이 찬란히 빛날 것입니다. 그때는 어둠의 시간이었고 지옥의 대왕의 때였지만, 이제는 빛의 날이고 임마누엘의 승리의 날이며, 하늘과 땅에서 주님을 찬송하는 소리가 울려퍼지는 날이 될 것입니다. 이 사실을 깊이 생각하십시오. 그러면 비록 내가 신통치 않게 말을 할지라도, 여러분이 이 점을 생각하면, 마음에 더할 수 없는 기쁨을 맛볼 수 있을 것입니다. 즉 그리스도께서 오랫동안 기다린 그 복된 날의 태양이시고, 그리스도께서 모든 기쁨의 산들 가운데 가장 높은 산이 되며, 모든 복락의 강들 가운데 가장 넓은 강이 되고, 장엄하고 당당한 무엇이 있든지 간에, 그리스도께서 그 모든 것의 중심이요 정수가 되실 것을 생각하면 말입니다!

### 2. 이제 우리 생각을 다른 데로 돌려봅시다.

천년왕국의 시기를 끝내고 **천국에서 영화롭게 된 자들의 상태**에 대해 생각해 봅시다. "그 성은 해나 달의 비침이 쓸 데 없으니."

더 나은 세계의 사람들은 피조물의 위안거리에 구애받지 않습니다. 이 점을 잠시 생각해 봅시다. 우리는 그들이 매일 "우리에게 일용할 양식을 주옵소서" 하고 기도할 것이라고 생각하지 않습니다. 그들의 몸은 영원히 젊음을 유지할 것입니다. 그들은 옷이 필요 없을 것입니다. 그들이 입은 흰옷은 해지지 않고 더러워지지 않을 것입니다. 땅에서 먹을 것과 입을 것이 있으면, 우리는 그것으로써 만족합니다. 그러나 하늘에서는 "실도 만들지 않고 짜지도 아니하느니라 그러나 내가 너희에게 말하노니 솔로몬의 모든 영광으로도 입은 것이 이 꽃 하나만큼 훌륭하지 못하였느니라"(눅 12:27)는 말씀과 같습니다. 또 들판은 그들에게 아마(亞麻)나 의복을 위한 다른 재료를 내지 않으며 하늘의 땅은 그들에게 떡을 내지 않습니다. 그들은 자신들을 부양하기 위한 피조물이 필요 없기 때문에 하나님께 기대어 있는 것만으로 만족합니다. 그들은 병을 치료할 약이 필요 없습니다. "그 거주민은 내가 병들었노라 하지 아니할 것이기"(사 33:24) 때문입니다. 그들은 피곤을 풀기 위해 잠을 잘 필요가 없습니다. 잠이 기분 좋고 향기로운 하나님의 치료제이지만, 그들은 밤낮으로 쉬지 않을지라도 피곤한 줄 모르고 하나님의 전에서 하나님을 찬송할 것입니다.

그들은 하늘에서 사회적인 인연이 필요 없습니다. 우리는 이 땅에서 우정과 가족의 사랑의 교제가 필요합니다. 그러나 그들은 하늘에서 결혼하지 않고 결혼 생활도 하지 않습니다. 그들이 동료들과의 교제에서 끌어낼 수 있는 어떤 위로든지 부가적인 것일 뿐이며, 그런 위로가 필요하지 않습니다. 그들은 하나님으로 충분합니다. 거기에는 선생도 필요 없을 것입니다. 거기에서도 틀림없이 그들은 하나님의 일들에 관하여 서로 이야기하고, 주께서 자기를 위하여 행하신 기이한 일들을 서로에게 이야기할 것입니다. 그러나 이것을 교수의 방식으로 배울 필요는 없습니다. 모두 주님에게서 배울 것입니다. 하늘에서는 "하나님의 영광이 비치고 어린 양이 그 빛이 되시기" 때문입니다. 그러므로 천국에서는 사람들이 모든 피조물에게서 완전히 자유롭습니다. 해와 달도 필요 없으니, 다른 어떤 피조물이 필요하겠습니까. 이 땅에서 우리는 친절한 사람에게 기대지만, 하늘에서는 사랑하시는 주님만을 의지합니다. 이 땅에서는 친구들의 도움이 반드시 필요하지만, 천국에서는 오직 그리스도에게서만 필요한 모든 것을 얻습니다. 여기서는 우리가 썩는 양식을 구하고 좀이 스는 옷을 찾지만, 하늘에서는 하나님에게서 모든 것을 찾습니다. 우리가 여기서는 두레박을 사용해서 샘에서 물을 길어야 하지만, 거기에서는 직접 샘에서 마시고 생수에 입을 댑니다. 여기서는 천사들이 우리에게 복을 가져오지만, 그때는 하늘로부터 오는 사자가 필요 없을 것입니다. 하늘에서는 하나님으로부터 사랑의 메시지를 가져오는 가브리엘이 필요 없을 것입니다. 사람들이 하나님을 직접 대면하여 볼 것이기 때문입니다. 우리가 모든 부차적인 원인을 넘어서서 하나님의 맨 팔을 꼭 붙잡게 될 때, 그 얼마나 복된 시간이 되겠습니까! 하나님의 피조물들이 아니라 하나님, 하나님의 일들이 아니라 하나님, 바로 하나님 자신, 그리스도 자신이 우리 매일의 기쁨이 되실 때, 그 얼마나 영광스러운 시간이 되겠습니까!

> "하나님의 지극히 깊은 바다에 빠지고
> 하나님의 광대하심에 마음을 빼앗겼네."

그때는 우리 영혼이 완전한 지복(至福)에 도달할 것입니다.

하늘에 있는 동안, 영화롭게 된 자들이 피조물의 도움에서는 완전히 자유롭지만, 자신들의 기쁨이 전적으로 예수 그리스도에게 달려 있다는 사실을 잊지 않는 것은 분명합니다. 하늘에서 그들에게 완전한 만족을 줄 수 있는 것은 그리스도 외에 아무것도 없습니다. 여기에 나오는 "어린 양이 그 빛이 되심이라" 는 말씀은 두세 가지 방식으로 해석할 수 있을 것입니다. 시간이 좀 들겠지만 이 점을 한 번 보겠습니다.

하늘에서 예수님은 기쁨의 의미에서 빛이십니다. 빛이 성경에서는 언제나 기쁨의 상징으로 나오기 때문입니다. 어둠은 슬픔을 표시하고, 해가 떠오르는 것은 거룩한 기쁨이 돌아오는 것을 나타냅니다. 그리스도는 하늘의 기쁨입니다. 사람들이 금 수금과 종려나무 가지와 흰옷을 기뻐합니까? 그럴 수 있습니다. 그러나 그들은 이런 것들이 주님에게서 온 사랑의 선물이기 때문에 기뻐하는 것뿐입니다. 그들의 기쁨은 이 사실에서 나온 것입니다. "예수께서 우리를 택하셨고, 예수께서 우리를 사랑하셨으며, 예수께서 우리를 데려오셨고, 예수께서 우리를 씻으시고, 예수께서 우리를 옷 입히셨으며, 예수께서 우리를 지키셨고, 예수께서 우리를 영화롭게 하셨다. 전적으로 주 예수로 말미암아, 오직 주 예수님으로 말미암아 우리가 여기 있다." 이런 생각들 하나하나가 마치 에스골 포도나무에서 난 포도송이처럼 이들에게 붙어 있을 것입니다. 내가 생각할 때, 영원한 기쁨의 원천은 "예수께서 나를 피로 값주고 사셨다" 는 바로 이 한 가지 생각에 있습니다. 하늘의 산에 앉아 골고다의 낮은 언덕 너머에 계시는 찬송받으실 주님을 본다는 것이 얼마나 기쁜 일입니까! 피투성이의 십자가에서 예수께서 우리를 구속하여 하나님께 바치기 위해 자기 목숨을 조금도 귀한 것으로 여기지 않으셨다는 것을 생각할 때, 우리 영혼 깊은 곳에서 얼마나 벅찬 기쁨의 감동이 일어나겠습니까.

> "골고다 꼭대기를 더듬어 올라가며
> 은혜의 높이와 깊이를 헤아리네.

붉은 핏방울을 세며 말하네.
'이렇게 해서 내 죄가 씻어졌구나.'"

영광 가운데서 그들은 예수님이라는 분과 그의 인격을 생각합니다. 바로 이 것이 그들에게 기쁨의 샘이 됩니다. 그래서 그들은 예수께서 영원한 하나님이신 것을 묵상합니다. 그의 원수들이 주님께 욕하였지만, 그럼에도 주님은 하나님이 십니다. 예수께서는 처녀에게서 아들로 태어나셨습니다. 예수님은 지극히 거룩한 삶을 살다가 죽으셨습니다. 그러나 주님의 낮아지심과 수치로부터 어떤 승리가 나오는지 보십시오. 주님은 일어나시고 하늘에 오르시며 사로잡힌 자들을 끌고 나오십니다. 주님은 사람들에게 선물을 흩어주시며, 땅과 지옥과 하늘에서 만왕의 왕, 만주의 주로서 통치하십니다. "그의 어깨에는 정사를 메었고 그의 이름은 기묘자라, 모사라, 전능하신 하나님이라, 영존하시는 아버지라, 평강의 왕이라 할 것임이라"(사 9:6). 헨델의 곡 "메시야"를 듣다가, 이 위대한 음악가가 모든 악기를 일깨워 예수의 이름을 찬양하게 하는 부분에 이르렀을 때, 나는 죽을 인생이 이런 대단한 음악을 작곡하여 우리의 위대하신 메시야의 영광을 기렸다면, 하늘의 합창대의 음악은 과연 어떠하겠는가를 생각하고서 넘치는 기쁨을 도무지 주체할 수 없었습니다. 우리들이 이 땅에 있는 동안에 하늘에 있는 영들이 아는 기쁨을 알 수만 있다면, 그 충만한 기쁨에 가슴이 터져버릴 것이고 우리 영혼은 몸 밖으로 뛰쳐나갈 것입니다. 사랑하는 여러분, 우리의 기능을 강화하고 우리의 능력을 키우며 우리의 전 존재를 확대해야 할 것입니다. 그렇게 해야 우리는 천사들이 인자, 곧 하나님의 아들의 영광을 노래하는 동안에 천사들의 음악이 점점 더 커지는 소리를 감당할 수 있으며, 또 너무 기뻐서 기절하지 않고 함께 노래를 부를 수 있게 될 것입니다. 그러므로 그리스도는 천국 기쁨의 실질이라는 점에서 하늘의 빛이십니다.

빛은 또 다른 의미에서 생각해 볼 수 있습니다. 빛은 **아름다움**의 원인입니다. 이것은 여러분 모두 분명하게 아는 사실입니다. 빛을 치워 보십시오. 그러면 어디에도 아름다움은 없습니다. 해가 자취를 감추었을 때는 아무리 아름다운 여인도 눈에는 잿더미와 다를 바 없습니다. 여러분 정원이 갖가지 색깔의 꽃들로 화려할 수 있습니다. 그러나 해가 지고나면 여러분은 풀인지 꽃인지 구분할 수가 없습니다. 여러분은 여름의 신록으로 아주 아름다운 나무를 봅니다. 그러나 해가 지면, 나무들이 다 시커멓게 서 있을 뿐입니다. 빛이 없으면, 사파이어에서 광채가 반짝이지 않으며, 진주에서 은은한 빛이 나오지 않습니다. 빛이 사라지면 아름다움은 하나도 남지 않습니다. 그런 의미에서 전능하신 주 하나님과 어린 양은 하늘의 빛이십니다. 말하자면, 하늘에 있는 모든 성도들의 아름다움은 성육하신 하나님에게서 나오는 것입니다. 성도들의 우수함, 그들의 기쁨, 승리, 영광, 황홀한 복, 이 모든 것이 성육신하신 하나님에게서 나옵니다. 천체들처럼 성도들은 의의 태양의 빛을 반사합니다. 성도들은 가운데 있는 천체에서 나오는 광선으로서, 또 영원한 샘에서 솟아나오는 시냇물로서 삽니다. 따라서 주님이 물러나시면 그들은 죽을 수밖에 없습니다. 주께서 영광을 가리시면, 그들의 영광은 꺼질 수밖에 없습니다. 그리스도인 여러분, 이 점을 생각하십시오. 이 사실이 하늘에서 뿐 아니라 하늘 아래에서도 얼마나 틀림없는 진리인지 여러분도 아실 것이라 믿습니다. 빛이 아름다움의 어머니라면, 그리스도께서 바로 빛이십니다. 우리가 그리스도에게서, 오직 그리스도에게서 빛을 받지 못하면, 우리 중 아무에게도 선한 것도, 아름다운 것도, 우아한 것도 없습니다. "어린 양이 그 빛이 되심이라."

성경에서 말하는 빛의 또 다른 의미는 지식입니다. 무지는 어둠입니다. 자, 천국에서 성도들은 촛불이 필요 없고 해의 빛도 필요 없습니다. 그리스도에게서 충분한 빛을 받기 때문이고, 그리스도께서 그들이 알고 있는 모든 것의 원천이시기 때문입니다. 딕 박사(Dr. Dick)가 하늘의 즐거움에 관해 이야기하면서, 이 별에서 저 별로 다녀보는 것, 우주의 다른 영역들에서 하나님이 행하신 활동을 보는 것, 살아 있는 피조물들의 해부학적 구조를 보고 감탄하는 것, 지질학을 연구하는 것, 에테르의 파동을 타고 다니는 것, 이 세계에서 저 세계로 여행하는 것 같은 일들을 말했던 것 같습니다. 나는 천국이 그런 곳이라고는 잠시도 믿지 않습니다. 그런 것들이 불멸의 영들에게는 가치 있는 일이 될 것이라고 생각하지 않습니다. 내가 그렇게 생각하도록 만드는 다른 어떤 것이 없을지라도, 본문 말씀으로 충분할 것입니다. "그 성은 해나 달의 비침이 쓸 데 없으니." 하늘의 거민들을 가르치기 위한 하나님의 작품들이 필요 없습니다. "이는 하나님의 영광이 비치기" 때문입니다. 하나님의 작품들의 영광이 아니라 하나님의 아들의 영광이 그들의 빛이십니다.

"광대한 땅과 멀리 뻗은 큰 물이
지혜롭고 능력 있으신 하나님을 선포하네.
멀리 회전하는 별마다
하나님의 풍성한 영광이 반짝이네.

주의 얼굴에 영광이 서려 있고
주의 손의 지극히 고귀한 노동이
주의 눈의 기쁨의 광채가
하늘의 기이한 것들보다 더욱 빛나네."

예수님이 계시는 곳에서는 해와 달의 빛이 필요 없습니다.

해와 달이 아무리 하나님께 대해 잘 말을 할지라도, 날마다 해와 달이 떠서 온 세상에 빛을 보내고 세상 끝까지 말을 전할 필요가 없을 것입니다. 그리스도의 영광이 우리가 배워야 할 모든 것을 가르쳐 주고, 우리가 천사의 발견 능력을 가졌다 할지라도, 밝히 드러난 하나님의 영광을 보는 것이 자연의 작품을 파고드는 것보다 훨씬 나을 것이기 때문입니다. 천국에 가면, 우리가 땅에서 그리스도에 대해 평생 동안 알 것보다 더 많은 것을 5분이면 알게 될 것이라고 생각합니다.

오웬 박사(Dr. Owen)는 신학의 대가였습니다. 그렇지만 주일학교를 다니는 아주 작은 어린아이라도 천국에 올라가서 5분만 있으면 오웬 박사가 안 것보다 더 많이 그리스도에 대해 알 것입니다. 칼빈이 성경을 깊이 연구하였고, 아우구스티누스는 큰 비밀의 문 가까이에까지 간 듯 싶습니다. 그러나 아우구스티누스와 칼빈이 천국에서 그대로 있다면, 말하자면 그들이 땅에서보다 더 많은 것을 알지 못한다면, 거기에서는 어린아이에 지나지 않게 될 것입니다. 아, 천국에서는 하나님을 놀랍게 보여주는 것들이 얼마나 많겠습니까! 전에는 여러분이 결코 이해하지 못하였던 어두운 섭리의 처사들을 그때는 촛불이나 해가 없이도 밝히 알게 될 것입니다. 여러분을 당혹스럽게 만든 교리들이 많았고, 신비의 미궁을 풀 실마리를 찾을 수 없었습니다. 그러나 천국에서는 모든 것이 단순하고 분명해서 걷던 사람이 달려가면서도 보고 알 수 있을 것입니다. 여러분은 그동안 앞뒤로 왔다 갔다 하면서 많은 경험을 하였고, 자신의 무지와 타락과 연약함을 맛보았습니다. 그러나 천국에서는 인간 본성의 맨 밑바닥을 볼 것이고, 인간 타락의 유독성을 알게 될 것입니다. 그리고 하나님께서 우리를 신의 성품에 참예하도록 하기 위해서 보이신 하나님의 최고의 주권과 우리를 선택하신 기이한 사랑, 장엄한 하나님의 능력을 보게 될 것입니다.

> "거기에서 여러분은 보고 듣고 알 것이네
> 여러분이 아래에서 바라고 꿈꾸었던 모든 것을.
> 그래서 힘만 있으면 무엇이든 즐겁게 일할 것이네
> 그 기쁨의 영원한 세계에서는."

이 지식은 열등한 다른 어떤 피조물에게서 나오지 않고 여러분의 영광이 되실 주 하나님에게서 나오고, 여러분에게 모든 진리를 가르쳐 주실 예수 그리스도에게서 나올 것입니다.

나는 이 점을 더 생각하지 않고, 빛은 또한 **나타냄**을 의미한다는 한 가지 점만 말씀드리도록 하겠습니다. "악을 행하는 자마다 빛을 미워하여 빛으로 오지 아니하나니 이는 그 행위가 드러날까 함이요 진리를 따르는 자는 빛으로 오나니 이는 그 행위가 하나님 안에서 행한 것임을 나타내려 함이라"(요 3:20,21). 빛은 나타냅니다. 이 세상에서는 우리가 얼마나 위대하게 지어졌는지는 아직 나타나지 않습니다. 하나님의 백성들은 숨겨진 사람들입니다. 그들의 생명은 그리스도와 함께 하나님 안에 감추어져 있습니다. 그들은 하나님의 비밀을 갖고 있지만, 다른 사람들은 그 비밀을 발견할 수 없습니다. 하늘에서 그리스도는 하나님의 마음을 알려 주시는 위대한 계시자이십니다. 자기 백성을 천국에 데려가시면, 그리스도께서는 사랑의 지팡이로 그들을 건드려서 그의 뚜렷한 영광의 형상으로 변화시키실 것입니다. 그의 백성들이 불쌍하고 비참한 존재들이었지만, 놀랍게 변화될 것입니다! 그들의 누더기 옷은 사라지고, 그들은 왕자로 인정받습니다. 그들은 죄와 결핍으로 얼룩졌지만, 주님께서 손가락을 한 번 대시자, 해처럼 빛나고 수정처럼 투명하며, 주님께서 변화산에 계셨던 것처럼 변화하여 세탁업자가 빨 수 있는 것보다 더 깨끗하게 변화할 것입니다. 땅에 있을 때는 무지하고 연약했지만, 주께서 가르치시므로, 주님께서 그들을 아시는 것처럼 그들이 알 것입니다. 그들은 부끄러움 가운데 묻혔지만 영광 가운데 일어납니다. 연약한 가운데 무덤에 심겼지만 능력으로 일어납니다. 무자비한 죽음의 손에 끌려갔지만, 불멸과 생명으로 살아납니다. 아, 얼마나 놀랍게 나타납니까! 의인들을 위해 빛이 뿌려졌고, 그리스도는 수확물을 땅 위로 솟아나게 하는 거룩한 비이십니다. 의인들은 항상 진주입니다. 그러나 지금은 말하자면 조개 같은데 숨겨져 있는데, 그리스도께서 그들을 끄집어내십니다. 그들은 언제나 다이아몬드였는데, 멀리 죄의 더미 속에 들어 있었습니다. 그러나 그리스도께서 그들을 깊은 광산에서 캐내어 오셨습니다. 그들은 언제나 별이었지만 구름 뒤에 가려져 있었습니다. 그리스도께서 강한 바람처럼 불어 구름을 벗겨내셨습니다. 그래서 이제 그들은 창공에서 별처럼 영원히 빛납니다. 이런 의미에서 그리스도는 하늘의 빛이십니다. 모든 성도들의 참된 성품이 그리스도를 통해서 나타났기 때문입니다.

자, 내 영혼아 잠시 날아보자. 그곳은 네가 날아가기에 멀지 않으니, 날아 올라가서 황금 거리를 걸어보자. 네가 걸을 때, 거기에서 영화롭게 되신 예수 외에는 아무것도 보지 못할 것이다. 보좌 앞으로 가 보자. 보좌에 앉아 계신 그리스도를 볼 것이다. 앉아서 노래를 들어보라. 그리스도가 노래의 주제이다. 잔치에 가 보라. 그리스도께서 음식이다. 춤추는 자들과 어울려 보라. 그리스도께서 그들의 기쁨이다. 성도들의 큰 집회에 참석해 보라. 그리스도는 그들이 예배하는 하나님이시다.

> "저들이 외치기를 '죽임당하신 어린 양은
> 이같이 높임을 받으시는 것이 합당하도다' 하니
> 우리가 답하기를 '어린 양은 합당하도다
> 그가 우리를 위해 죽으셨으니' 하였도다."

### 3. 이제 마지막 요점을 생각해 봅시다.

앞의 두 가지 점에 대해서는 하나님의 약속을 믿는 믿음으로만 말할 수 있을 것입니다. 그러나 여기서 우리는 체험적인 측면에서 말할 수 있기를 바랍니다. **하늘에 속한 사람의 상태는 이런 말로 표현할 수 있습니다.**

첫째로, 땅에서도 하늘에 속한 사람의 기쁨은 피조물에 의존하지 않습니다. 형제 여러분, 어떤 의미에서 우리는 오늘 "그 성은 해나 달의 비침이 쓸 데 없다"고 말할 수 있습니다. 우리는 해가 우리에게 뿌리는 밝고 행복한 빛을 사랑하고 소중히 여깁니다. 달에 대해서도 말하자면, 파도를 은빛으로 빛내고, 비둘기 깃털처럼 조용히 자연에 빛을 뿌릴 때, 누가 그 아름다운 달빛에 감탄하지 않겠습니까! 그러나 해와 달의 빛이 필요 없습니다. 우리는 그것들이 없이도 지낼 수 있습니다. 의의 태양이 떠올라 치료하는 광선을 비추기 때문입니다. 오늘 아침 이 자리에 매우 행복한 형제자매들이 있습니다. 그러나 그분들이 해를 본 지는 오래되었습니다. 눈이 멀어서 영속적인 밤에 갇혀 있기 때문에 그들에게는 해와 달의 빛이 필요 없습니다. 주 하나님이 그들의 영광이고, 그리스도께서 그들의 빛이시기 때문입니다. 눈이 시력을 잃을지라도 우리는 이렇게 말할 수 있습니다. "달콤한 빛이여, 잘 가거라! 밝은 해와 달이여, 잘 가거라! 우리는 너를 소중히 여긴다. 하지만 우리는 너희 없이도 지낼 수 있다. 우리에게는 그리스도 예수께서 매일의 빛과 같으시다."

　　아주 뛰어난 이 두 가지 피조물 없이도 지낼 수 있듯이, 우리는 세상의 다른 복들이 없이도 행복할 수 있습니다. 사랑하는 친구들은 우리에게 매우 소중한 존재들입니다. 우리는 아내와 자식을 사랑하고, 부모님과 친구들을 사랑하지만, 이들이 필요하지는 않습니다. 하나님께서 이들을 우리에게 남겨 주시기를 구합니다! 그러나 이들을 데려가신다고 할지라도, 이들이 우리에게 절대적으로 필요한 문제가 되지 않습니다. 사랑하는 여러분, 여러분도 알다시피, 그리스도인들 가운데 육친을 다 잃은 사람이 많이 있습니다. 그는 마치 버팀목이 하나씩 하나씩 잇따라 사라진 것처럼 생각되어 슬픔으로 죽을 것 같았지만 죽지 않았습니다. 믿음으로 모든 파도를 넘었고, 여전히 하나님을 기뻐합니다. 하나님이 여러분에게서 데려간 소중한 사람들을 생각할 때, 슬픔이 봇물처럼 밀어닥치겠지만, 그럴지라도 여러분은 내가 지금 말하는 것, 곧 그리스도의 임재가 여러분의 모든 상실을 벌충할 수 있고, 주님의 얼굴의 미소가 낙원을 그처럼 즐겁게 만들며, 거기에서는 슬픔과 한숨이 전혀 들리지 않을 것이라는 이 말을 부인할 만큼 그리스도께 불성실할 것이라고 생각하지 않습니다.

　　　"항상 주님을 찬송할 것입니다.
　　　주님을 가졌으니, 나는 모든 것을 소유했습니다.
　　　내가 주님을 내어줄 수 없으니
　　　어떻게 내가 주님에게서 떨어질 수 있겠나이까?"

빵이 전혀 부족하지 않는 환경에 있게 된다는 것은 매우 기쁜 일입니다. 집이 있고 안락한 가정이 있으며 가족을 위한 충분한 음식이 있다는 것은 매우 기분 좋은 일입니다. 그러나 사랑하는 친구 여러분, 실질적인 궁핍에 처해도, 그리스도인은 이런 것이 부족하지 않습니다. 그에게는 이 땅에서도 해와 달이 필요 없습니다. 하나님의 택하신 자들 가운데 가난으로 고생하는 많은 사람들을 보십시오. 그들은 아침부터 밤까지 고생하며 일하지만 조금도 나아지지 못하고, 여전히 하루 벌어 하루 먹고 삽니다. 그러나 그들은 행복하게 삽니다. 아, 그들 가운데 어떤 성도들은, 온갖 진수성찬을 맛보고 좋은 옷으로 몸을 감싸는 부자들보다 말로 다할 수 없이 행복하게 지냅니다. 거의 거지나 다름없게 되었지만 가난한 가운데서도, 부유한 가운데 있는 사람들보다 훨씬 더 기뻐하며 지내는 사람들이 있습니다. 우리는 하나님의 성도들 가운데 구빈원(救貧院)에서 지내거나, 가구가 거의 없는 어두컴컴한 자선단체의 방에서 오랫동안 머무는 사람들이 있는 것을 봅니다. 그런데 그들이 마치 대저택이나 궁전에서 지내는 것처럼 하나님과 자기들의 상태에 대해서 아주 기쁘게 말하는 것을 들었습니다. 그렇습니다. 하나님의 자녀들 가운데 가난한 많은 사람들이 이렇게 노래하는 법을 배웠습니다.

> "나는 내 복된 신분을 바꾸지 않겠네.
> 온 세상이 좋거나 큰 것을 준다고 해도.
> 내가 믿음을 굳게 지킬 수 있는 한
> 죄인의 금을 부러워하지 않네."

이는 "그 성은 해나 달의 비침이 쓸 데 없으니 이는 하나님의 영광이 비치고 어린 양이 그 빛이 되시기" 때문입니다.

건강도 마찬가지입니다. 건강의 소중함을 누가 다 알 수 있겠습니까? 병상에 눕게 되면, 우리는 그때서야 비로소 건강이 얼마나 귀중한 은혜인가를 알기 시작합니다. 아, 그러나 그리스도인은 건강을 사랑하지만 건강 없이도 지낼 수 있습니다. 나는 그리스도인들 가운데 맹인으로 지낸 사람, 수년 동안 침대에서 일어나지 못하고 누워서만 지낸 사람, 중풍으로 손을 거의 들어 올릴 수 없는 사람, 하나님의 손의 치심을 받아 수년 동안 제 발로 서지 못했지만 주님을 기뻐한 사람들에 대한 이야기를 들어왔습니다. 그 사람들은 제대로 간호를 받지 못하고 제대로 돌봄을 받지 못한 채 누워 있으면서, 죽을 인생이 도대체 어느 정도까지 고통과 슬픔을 겪을 수 있는지를 실례로 보여주기 위해 살아갈 뿐입니다. 그런데 때때로 그런 분들의 침대 곁에 설 때, 나는 그분들이 현재의 기쁨과 미래의 전망에 대해서 아주 팔팔한 시기에 있는 하나님의 지극히 강건한 성도들보다 더 열정적으로 말하는 것을 들었습니다. 폐병으로 뺨이 창백해지고 피골이 상접하여 죽어가고 있는 소녀는 그럼에도 불구하고 신성한 힘을 지닌 위엄 있는 모습을 보였습니다. 이것을 보고 나는, 이 소녀에게는 빛을 비출 해와 달이 필요 없고, 마음을 북돋울 건강이나 힘이 필요 없다는 것을 알았습니다. 그리스도의 임재로 말미암아 그녀가 지극히 연약한 가운데서도 정복자가 되었고, 음침한 죽음을 바로 앞에 두고서도 당당하였기 때문입니다.

　사랑하는 친구 여러분, 이 신자는 지금 하나님의 팔을 의지하고 있습니다. 그는 빽빽이 모여 있는 피조물들을 뚫고서 왔습니다. 그는 모든 것이 충족한 주님께 더 가까이 가기 위해서 몰려 있는 모든 피조물들에게 물러가라고 명령하였습니다. 주님께 도달하였을 때, 피조물들이 등을 돌리고 떠난다면, 그는 이렇게 말할 것입니다. "그래, 그래, 너희는 다 가도 좋다. 이제 내게는 주님이 계신다. 나는 지금 주님을 껴안는다. 주님이 내게 입 맞추셨다. 너희는 내게 침을 뱉어도 좋다. 아마 뱉을 것이다. 이제 주님이 내게 부드럽게 말씀하셨으니, 너희는 하고 싶으면 내게 욕해도 좋다. 주님께서 내가 주님의 것이고 주님은 나의 것이라고 말씀하셨으니, 상관없다. 주님이 나를 택하여 받으셨으니 내 부모님이 버리실지라도, 괜찮다." 그렇습니다. 하늘에 속한 사람은 천국에 이르기 전이라도, 하나님의 영광이 그를 비추시므로 해와 달이 필요 없습니다.

　이제 끝으로, 그러나 그런 사람은 그리스도가 크게 필요하다는 것을, 다시 말해 그리스도 없이는 살 수 없다는 것을 살펴보고 마치도록 하겠습니다. 사랑하는 여러분, 태양을 이 천체에서 제거한다면, 세상은 참으로 초라하고 어둡고 음산하게 될 것입니다. 우리는 태양을 찾으러 나가서 더듬거릴 것이고, 죽기를 바랄 것입니다. 그러나 그것도 그리스도를 빼앗아갈 경우에 우리의 비참함에 비할 때 아무것도 아닐 것입니다. 그리스도인이여, 구주님 없이 여러분은 무엇을 할 것입니까? 한때 그리스도를 알았던 우리는 모든 사람들 가운데 가장 비참한 자들이 될 것입니다. 아, 그리스도를 모르는 여러분, 여러분은 마치 한 번도 자유를 경험한 적이 없이 노예 신분에 만족하는 불쌍한 노예처럼 그리스도 없이도 아주 잘 지낼 수 있을 것입니다. 새장에서 태어났고, 들판을 날아본 적이 없는 새는 새장 안에서도 편하게 지낼 수 있습니다. 그러나 우리가 일단 날개를 펼쳐 날아보고 자유가 무엇인지 한 번 안 후에는, 우리를 결코 주님에게서 내쫓을 수 없습니다. 비둘기가 짝을 데려가면 죽도록 슬퍼하듯이, 그리스도를 데려가면 우리도 그렇게 슬퍼할 것입니다. 우리는 빛이 없이 지낼 수 있고, 우정 없이도, 생명 없이도 지낼 수 있지만, 주님 없이는 살 수 없습니다. 아, 그리스도 없이 지낸다는 것은 상상도 할 수 없습니다! 내 영혼아, 네가 온갖 시험과 염려 가운데서 그리스도 없이 무엇을 하겠는가? 여러분이 깨어서 그날의 전투를 생각할 때, 주님 없이 오늘 아침에 무엇을 하겠습니까? 주님께서 여러분에게 손을 얹고서 "두려워하지 말라. 내가 너와 함께 있다"고 말씀하시지 않는다면, 여러분은 어떻게 하겠습니까? 여러분이 녹초가 되어 집에 왔을 때, 밤에 기도할 수가 없고 여러분과 그리스도가 만날 길이 없다면, 어떻게 하겠습니까? 시련 가운데 있을 때, 병중에 있을 때 우리는 어떻게 해야 합니까? 우리가 죽게 되었어도 푹신한 베개처럼 우리의 임종을 편안하게 만들어 줄 이가 아무도 없을 때, 어떻게 해야 합니까? 무신론자의 웃음이 진리를 담고 있다면, 그 웃음소리는 우리 귀에 통렬하게 울려 퍼질 것입니다. 그리스도는 없다! 그런 상태에서 죽는다는 것은 정말로 두려운 일입니다. 고상한 희망들을 품지만, 모든 희망이 무너지고, 큰 소리로 온갖 자랑을 떠벌이지만 영원히 입을 다물게 될 것입니다!

그러나 사랑하는 여러분, 여러분은 그런 일을 생각할 필요가 없습니다. 우리는 우리의 구속자가 살아 계신 것을 알고, 주께서 자기 손의 행사를 결코 포기하시지 않는다는 것을 알기 때문입니다. 주님은 우리 영혼과 결혼하셨기 때문에, 그의 사랑하시는 백성들 중 어느 누구와도 결코 이혼하시지 않고, 우리가 죽을 때까지 우리를 붙들고 지키며 복을 주실 것입니다. 우리는 영적 생활에서 어린 양이 빛이시라고 고백할 것입니다. 매일 밤낮으로, 모든 기쁨과 슬픔에서 어린 양은 지금까지 우리의 빛이셨고, 우리가 죽을 때까지도 우리의 빛이 되실 것입니다.

그렇다면, 어린 양을 모르는 사람들은 얼마나 깊은 어둠에 있는 것입니까! 구주님을 모르는 여러분은 얼마나 큰 비참함과 무지 가운데서 헤매고 있는 것입니까! 그리스도를 알지 않으시겠습니까? 그의 품에 기대는 행복을 맛보지 않으시겠습니까? 원하신다면 그리스도를 믿으십시오. 그를 믿는 자는 다 구원받기 때문입니다. 영혼을 유죄 판결에서 건져내는 구원하는 믿음은 그리스도를 의지하는 것입니다. "그를 믿는 자는 심판을 받지 아니하는 것이요"(요 3:18). 여러분이 죄인이라는 것을 믿고 그리스도의 구속을 의지하십시오. 그러면 그리스도의 구속이 여러분을 씻을 것입니다. 그리스도의 능력을 의지하십시오. 그 능력이 여러분에게 효력을 발휘할 것입니다. 그리스도의 지혜를 의지하십시오. 그 지혜가 여러분을 보호할 것입니다. 그리스도의 마음을 의지하십시오. 그 마음이 영원히 여러분을 사랑할 것입니다. 아멘.

제
31
장
—

# 치료하는 나무 잎사귀

—

**"그 나무 잎사귀들은 만국을
치료하기 위하여 있더라."** — 계 22:2

우리는 요한계시록 21장과 22장에서 땅 위에 임한 천국에 대한 아주 놀라운 설명을 봅니다. 나는 이 일이 언제 이루어질 것인지에 대해 어떤 예언적인 설명을 할 생각이 없습니다. 그러나 이 일이 이루어질 것에 대해서만큼은 확실히 압니다. 왜냐하면 거룩한 도성, 새 예루살렘이 하나님으로부터 하늘에서 내려올 것이며, 한 마디로 적어도 얼마 동안 땅에 천국이 있을 것이라는 점이 아주 많이 언급되기 때문입니다. 그러나 천국이 어디 있을지라도, 천국은 여전히 천국이기 때문에, 땅에 임한 천국에 대한 묘사는 현재의 기쁨과 천국 상태의 복을 우리에게 어느 정도 계시하는 데 쓸모가 있습니다. 우리가 이 구절을, 우리 앞의 수많은 사람들이 읽었듯이 읽는다면, 또 모든 일반적인 독자들이 으레 읽으려고 하듯이, 현재의 천국 상태에 대한 묘사로 읽는다면, 실수하지 않을 것입니다. 천국에 있는 것이 아니고서 하늘에서 내려올 수 있는 것이 무엇이겠습니까? 사랑의 하나님의 임재가 나타난 결과는 하나님의 성도들에게 항상 똑같을 수밖에 없습니다. 동일한 영광이 나타나고, 동일한 행복을 받고, 동일한 교제를 누리게 될 것입니다. 그러므로 우리는 지금 천국이 어떤 곳이고, 또 영원히 어떠할 것에 대한 묘사를 보고 있는 것입니다. 다만 성도들의 몸이 아직 부활하지 않았고, 따라서 세부적인 모든 사항을 충분히 밝힐 수 없다는 것은 예외로 생각해야 할 것입니다. 여기에서는 강력한 은유들이 사용되었습니다. 에덴 동산에서 끌어온 것이 분명한 이 언어는 대체로 비유적으로 보아야 하기 때문입니다. 에덴 동산은 인류의 최초의 유산이었고, 또 마지막 유산의 예표입니다. 첫 아담으로 인해 우리가 잃은 낙원을 둘째 아담이 지극한 복과 기쁨을 덧붙여서 우리에게 회복시켜 줄 것입니다. 우리는 강물이 잔잔하게 흘러 땅을 돌아가고, "그 땅의 금은 순금이요 그 곳에는 베델리엄과 호마노도 있는"(창 2:12) 곳에 거할 것입니다. 그 강은 보기에 좋은 나무마다 물을 공급하고 동산 중앙에 있는 생명나무에 아주 가깝게 흐릅니다. 천국과 에덴 사이에 유사점이 있지만, 또한 차이점도 있습니다. 지상의 낙원은 모든 것을 완벽하게 구비했지만 여전히 흙에 속한 세상이었고, 둘째 낙원은 하늘에서 내려오시는 주님처럼 천상적이고 거룩합니다. 엄숙한 경고의 말씀으로 울을 쳐서 제한한, 선악을 알게 하는 나무가 지금은 불멸의 영들의 동산에서 자랍니다. 그들이 악을 알았지만, 이제는 그들이 "여호와를 알고" 더 이상 악을 모릅니다. 더 거룩한 낙원에서는 모든 것이 더 충만하고 더 풍성합니다. 에덴 동산에서는 땅속에 있었던 금이 하늘의 낙원에서는 거리를 포장하는데 사용됩니다. 강은 땅에 그 원천이 있지 않고, "수정 같이 맑은 생명수의 강은 하나님과 및 어린 양의 보좌로부터 나옵니다"(계 22:1). 에덴 동산에서는 이따금씩만 "날이 서늘할 때에 동산에"(개역개정은 "바람이 불 때 동산에") 거니셨던 여호와께서 하늘에서는 사람들 사이에 거처를 두고 함께 지내십니다. 에덴동산에서 자라는 나무는 가을에만 열매가 익었지만, 하늘에서는 나무가 일년 내내 열매를 맺습니다.

　　에덴 동산에서는 사람이 생명나무의 열매를 먹음으로써 몸의 불멸성을 보존하였을 것이고, 따라서 사람이 범죄하였을 때, "그가 그 손을 들어 생명나무 실과도 따먹고 영생하지" 못하도록 하기 위해 에덴 동산에서 내쫓으신 것으로 생각해 왔습니다. 어떤 사람들은, 대홍수 이전 사람들의 아주 오랜 수명은 오랜 세대 동안 사람의 체질에 남아 있는 그 놀라운 음식의 영향 때문일 수 있다고까지 생각합니다. 그 점에 대해서 우리는 아무것도 알지 못합니다. 그것은 순전히 추측일 뿐입니다. 그런데 아주 관례적으로 주석가들은 에덴 동산에서 생명나무의 열매를 먹는 것을 원시시대의 성례로 말합니다. 그 나무의 열매를 먹는 것을 아담을 죽음으로부터 보존하는 중대한 수단으로 생각하는 것입니다. 그런데, 하늘에도 생명나무가 있습니다. 그러나 거기에는 이 차이가 있습니다. 하늘에 있는 생명나무는 접근하기가 더 용이합니다. 즉 아담이 완전한 상태에 있었을 때보다 더 쉽게 접근할 수 있습니다. 에덴 동산에는 생명나무가 하나밖에 없었다면, 동산이 가운데로 지나면서 여러 갈래로 갈라지는 강 때문에 지역이 나뉘었던 것이 확실하며, 따라서 동산 모든 곳에서 아무 때든지 그 나무에 이르기가 쉽지 않았을 것입니다. 본문을 보면, 강 좌우에 생명나무가 있다고 했는데, 이것은 그런 나무가 많이 있었다는 것을 뜻하고, 그런 종류의 나무는 한 가지이지만, 그 나무는 수가 많았음을 나타내는 말이라고 생각합니다. 이 그림을 마음의 눈으로 보면, 아주 넓은 거리가 있고, 그 가운데로 네덜란드의 큰 운하처럼 넓은 강이 흐르며, 강 양쪽으로 나무들이 자라고 있는데, 생명나무라고 하는 한 종류의 나무가 자라는 것을 볼 수 있을 것입니다.

우리가 이 그림을 다른 어떤 방식으로 이해할 수 있을지 모르겠습니다. 어떤 사람은 이 나무가 단 하나뿐이며, 강바닥에서 자라 물위로 솟아나와 가지를 강 좌우편으로 뻗는데, 온 도성을 그늘지게 할 만큼 크다는 식으로 설명하였습니다. 그런 생각은 거의 기괴하다고 할 정도로 이상합니다. 그보다는 생명나무가 많이 있으며, 모든 나무가 그 질과 성격이 다 같고, 모두 거리를 따라 자라고 있다고 생각하는 것이 아름다운 상(像)을 보여주며, 또 마음으로 아주 쉽게 그려볼 수 있는 것입니다. 아무튼, 하늘의 모든 거민들에게 생명나무는 모두가 항상 쉽게 접근할 수 있는 것입니다. 그들은 원할 때는 언제든지 생명나무의 열매를 먹을 수 있습니다. 그룹들이 화염검을 들고 서서 들어가지 못하도록 막는 일이 전혀 없으므로, 그들은 일년 내내 언제든지 생명나무에 가서 열매를 먹고, 치료하는 그 나무 잎사귀를 딸 수 있습니다.

> "기뻐하라
> 이 도성의 수도에서는 왕의 알현식이 거행되고
> 도성 가운데로 수정 같은 강물이 흐르는데
> 영원의 보좌로부터 끊임없이 흐르는구나.
> 강 좌우에는 생명나무가 그늘을 드리우고 있으면서
> 한결같이 달마다 익은 과일과
> 치료하는 잎사귀를 번갈아 끊임없이 내는도다."

이제 우리는 이 참된 수목(樹木)의 잎사귀에 대해서 이야기하려고 합니다. "그 나무 잎사귀들은 만국을 치료하기 위하여 있더라." 이 나무는 우리 주 예수 그리스도와 그의 구원 외에 달리 무엇을 예표한다고 말할 수 있겠습니까? 그리스도의 임재가 하늘의 거민들을 병으로부터 영원히 보존하지만, 하늘의 경계를 넘어서는, 구원하는 영향력이 나라들 가운데 흩어져 뿌려진다는 것 말고, 달리 무엇을 나타내는 것이겠습니까? 잎사귀가 나무에서 떨어지듯이, 거룩한 영향력이 하늘에서 우리 주 예수님으로부터 사람들에게로 내려옵니다. 잎사귀가 열매 맺는 나무의 아주 하찮은 산물이듯이, 예수님과 관련이 있고 또 예수님에게서 오는 것들 가운데 가장 적은 것도 치료하는 효력을 간직하고 있습니다. 본문을 천국과 관련해서는 아주 간단하게 다루겠습니다. 그 다음에 성령께서 힘주시는 대로, 본문에서 세상과의 관계를 충분히 다루도록 하려고 합니다.

### 1. 천국과의 관계.

본문의 구절을 읽어보면, 이 하늘의 도성이 온갖 즐거운 것으로 가득하다고 묘사되는 것을 알 수 있습니다. 사람들이 부를 기뻐합니까? "성의 길은 맑은 유리 같은 정금이더라"(계 21:21). 문은 진주로 되어 있고, 성벽은 보석으로 세워졌습니다. 카이사르(로마 황제)의 궁전이나 인도 무굴 제국의 어떤 궁전도 이 대왕의 도성의 화려한 부에는 도무지 따라올 수 없었습니다.

> "온갖 보석으로 장식된 이 도성은
>   마치 새로 빛을 비추는 태양처럼
>   불타는 듯한 자수정과 수많은 천체들이
>   하나가 되어 찬란히 빛나네."

우리 도시들은 빛이 매우 필요합니다. 우리 조상들이 밤에 등이 없는 거리를 가면서 길을 더듬거리거나 집마다 문 앞에 달아놓은 가물거리는 희미한 촛불에서 작은 위안을 찾았던 때는 확실히 서글픈 시대였습니다. 하늘의 도성은 밤이 없습니다. 따라서 촛불이 필요 없습니다. 사실, 그 도성의 끝없이 이어지는 낮은 해와는 상관이 없습니다. "이는 하나님의 영광이 비치고 어린 양이 그 빛이 되심이라." 오늘날 많은 대도시에서는 예배를 위한 편의시설이 절대적으로 필요합니다. 예배하는 사람들이 모일 수 있는 예배당을 세우는 것은 좋은 일입니다. 그런데 역설적으로 말해서, 천국은 이 면에서 잘 구비되어 있습니다. 그런 장소에 대한 필요가 전혀 없고, 아예 그런 장소 자체가 없기 때문입니다. "성 안에서 내가 성전을 보지 못하였으니"(계 21:22). 사실 천국 전체가 성전이고, 모든 거리가 진정한 의미에서 거룩한 땅이기 때문입니다. 참으로 복된 곳입니다. 그곳에서 우리는 하늘에 계신 아버지 하나님을 예배하기 위해 골방에 들어갈 필요가 없습니다. 그곳에서는 일반 거리에서 환히 드러난 하나님의 모습을 보게 될 것입니다. 참으로 복된 시간입니다. 그때는 안식일을 여러 번 지키지 않을 것입니다. 영원한 한 번의 안식일이 있을 것입니다! 기쁘고 기쁜 날입니다. 그때는 행복한 집회를 해산하는 일이 없을 것입니다. 총회와 장자들의 교회가 영원한 집회로 모여 하나님께 영광을 돌리는 일에 모든 시간을 쏟을 것입니다.

세상의 도시들은 깨끗함을 얻기 위해서는 더욱더 노력을 기울여야 합니다. 사람들이 깨끗해지는데 더 주의를 기울이고 있다는 것은 기쁜 일입니다. 불결하게 살던 시대가 너무 오래 지속되면서 빽빽하게 모여 사는 수많은 사람들이 질병과 죽음에 희생되었습니다. 저기 하늘에서는 위생적인 수단들이 완벽합니다. "무엇이든지 속된 것이나 가증한 일 또는 거짓말하는 자는 결코 그리로 들어가지 못할"(21:27) 것이기 때문입니다. 그곳에서는 거주민 하나하나가 다 하나님의 보좌 앞에서 흠이 없고, 점이나 주름 잡힌 것이 없습니다. 그곳에서는 모든 것이 건강하고 모든 것이 거룩합니다. 그래서 삼위 하나님께서 그들 가운데 계십니다. 영화롭게 된 자들이 처할 수 있는 궁핍에 대해서 우리는 거의 아무것도 알지 못합니다. 그러나 만약 그들이 마실 필요가 있다면, 생명수 강이 있고, 그들이 먹을 필요가 있다면, 그 놀라운 나무에 달마다 익는 열매가 풍성하게 있는 것은 확실합니다. 성도들이 필요로 하거나 바라는 것이 있을 수 있다고 하더라도, 그 모든 것이 충분히 공급될 것입니다. 성도들이 어떤 절실한 부족이나 지독한 염려 때문에 "무엇을 먹을까 무엇을 마실까 무엇을 입을까"(마 6:31) 하고 묻게 될 일이 없을 것입니다. "그들이 다시는 주리지도 아니하며 목마르지도 아니하고 해나 아무 뜨거운 기운에 상하지도 아니하리니 이는 보좌 가운데에 계신 어린 양이 그들의 목자가 되사 생명수 샘으로 인도하실 것임이라"(계 7:16,17).

단지 그들의 필수품만을 공급하는 것이 아니라, 아름다움에 대한 그들의 사랑을 고려할 것입니다. 그 성 자체가 "지극히 귀한 보석 같고 벽옥과 수정 같이 맑습니다"(21:11). 성의 기초는 온갖 보석으로 장식되어 있어서, 만국이 멀리서 성의 빛을 보고 즐거워하며 성으로 끌려갈 만큼 되었습니다. 거리에는 달콤하고 향기로운 과일이 잔뜩 달려 있는 나무가 줄지어 서 있는 성은 말로 표현할 수 없이 아름다울 것이 틀림없습니다. 사람들은 땅의 예루살렘에 대해 "터가 높고 아름다워 온 세계가 즐거워하는 시온 산"(시 48:2)이라고 하였습니다. 그렇다면 우리는 위에 있는 예루살렘에 대해서는 무엇이라고 말해야 하겠습니까? 시온이여! 시온이여! 이곳은 우리 하늘 아버지께서 거하시는 행복한 우리 집입니다. 예수께서 사랑을 나타내시는 곳이며, 그토록 많은 우리 형제들이 행복한 길을 걸어서 이른 곳이고, 우리 걸음이 항상 인도를 받아 도달할 곳입니다. 시온의 거리에 서서, 시온의 문 안에서 예배하는 사람들은 복이 있습니다! 그때 우리도 시온의 찬란한 모습을 보고, 그 복락의 강물을 마시게 되겠습니까? 이와 같이 새 예루살렘은 모든 면에서 구비되었고, 심지어 치료제까지 갖추고 있습니다. 새 예루살렘에서는 더 이상 필요한 것이 아무것도 없는 것으로 생각할 수 있지만, 이미 치료받은 사람들이라도 어떤 병에 걸리지 않도록 치료제가 있다는 것을 아는 것은 기쁜 일입니다. 치료를 위한 잎사귀가 하늘에는 풍성하게 있습니다. 그래서 그 거민들은 더 이상 "아프다"는 말을 하지 않을 것입니다.

　좋은 것은 다 있기 때문에, 거기에는 나쁜 것이 일절 없다고 본문은 넌지시 말합니다. 사람에게 일어날 수 있는 가장 나쁜 것 중의 하나가 아픈 것입니다. 사람이 병으로 고생하면, 그에게 금은 차갑고 아무 기쁨을 주지 못하는 금속일 뿐이기 때문입니다. 기운이 없어진다면, 등불도 장막 속에서 어둡게 보일 것입니다. 사람이 고통으로 초췌해진다면, 음식도 반갑지 않고 미인도 더 이상 아름답게 보이지 않습니다. 그러나 천국에는 병이 있을 수 없습니다. 생명나무가 그 그늘 아래 있는 사람들에게 모두 불멸의 건강을 주기 때문입니다. 병과 고통을 이 생명나무가 쫓아버립니다. "다시는 사망이 없고 애통하는 것이나 곡하는 것이나 아픈 것이 다시 있지 아니하리니 처음 것들이 다 지나갔음이러라"(계 21:4). 결핍이 사라졌고, 어둠을 알지 못하며, 약함이 쫓겨났고, 걱정과 의심과 두려움과 불안이 물러갔듯이, 몸과 영혼의 모든 질병도 영원히 제거될 것입니다.

　본문을 보면, 천국에 건강을 줄 뿐만 아니라 여기 아래에 있는 만국에도 건강을 가져다주는 나무가 자라는 곳도 역시 하늘입니다. 하늘은 예수님의 거처이고, 예수님이 생명나무이십니다. 사람이 죄책을 고치고자 한다면, 창세 전부터 계신,

죽임당하신 어린 양의 영원한 공로를 바라보아야 합니다. 이 어린 양이 지금 하나님의 보좌에 계십니다. 사람이 매일의 시험과 환난에서 건짐을 받으려면, 우리를 위해 중재하시고, 우리가 밀처럼 까불러질 때 우리 믿음이 떨어지지 않기를 간구하시는 영광 가운데 계신 우리의 변호자를 바라보아야 합니다. 우리 가운데 누구든지 영적 죽음으로부터 구원받고자 하면, 예수를 보아야 합니다. 이는 예수께서 성부 하나님 우편에 살아 계시기 때문이고, 그가 사시므로 우리도 살 것이기 때문입니다. "자기를 힘입어 하나님께 나아가는 자들을 온전히 구원하실 수 있으니 이는 그가 항상 살아 계셔서 그들을 위하여 간구하심이라"(히 7:25). 내가 지금 말하는 것은, 내 주님 예수 그리스도는 하늘에 계시고, 하늘에서는 그 도성 가운데 심겨진 나무에 비유될 수 있다는 것입니다. 즉 구속받은 자들이 그 넓은 그늘 아래 앉기를 기뻐하고, 그의 잎사귀들은 가볍게 땅에 내려앉을 때 건강을 가져다준다는 것입니다. 치료를 받기 원하면, 우리는 이 잎사귀들을 모아서 영혼의 상처에 붙여야 합니다. 그러면 틀림없이 회복될 것입니다. 그렇다면 우리 앞에 있는 성경 말씀을 통해 하늘을 올려다봅시다. 그리고 하늘이 온갖 좋은 것으로 가득하고, 나쁜 것은 일체 깨끗이 제거된 것을 봅시다. 또 치료하는 물을 땅에 있는 사람들에게 풍성하게 흘려보내는 큰 도관(導管)이 하늘에 있는 것을 봅시다.

### 2. 이제 본문 말씀을 실제적으로 우리 자신과 관련해서 살펴보도록 합시다.

"그 나무 잎사귀들은 만국을 치료하기 위하여 있더라." 그렇다면, 예수 그리스도와 그의 구원에는 치료하는 능력이 풍성하다는 것입니다. 그의 열매는 달콤하고 자양이 풍부할 뿐만 아니라, 그리스도에게 있어 작은 것에 불과한 그의 잎사귀조차도 치료하는 효력이 가득합니다.

본문의 진리에 대해 묵상하면서 먼저 만국이 병들어 있다는 점부터 살펴보도록 하겠습니다. 이 잎사귀들은 만국의 치료를 위해 제공됩니다. 만국이 치료받는데 필요로 하지 않으면 잎사귀들은 그냥 남아돌아가는 것이 될 것입니다. 오늘날 우리는 순수하고 소박한 종족들, 문명의 악에 때 묻지 않은, 선천적인 순진함을 간직한 아름다운 부족들을 발견했다는 이야기들을 많이 들었지만, 결국 이야기에 지나지 않았다는 것이 판명되었습니다. 여행가들이 아프리카의 오지를 지나가면서 나체로 지내는 순진무구한 이 부족들을 발견하였습니다. 그러나 그들도 결국 "피차 미워한다"(딛 3:3)는 것이 드러났습니다. 항해자들은 바다에서 아름다운 섬을 발견하여 올라갔을 때, 순박하고 천진난만한 사람들이 서로를 잡아먹는 것을 보았답니다! 사람들이 미개척지에 들어갔을 때 가엾은 인디언을 발견했습니다.

> "교육을 받지 못해서 구름에서 하나님을 보고
>   바람에서 하나님의 음성을 듣는 불쌍한 인디언을."

그러나 그런 인디언이 여우처럼 교활하고 늑대처럼 잔인하다는 것을 알게 되었습니다. 알렉산더 포프(Alexander Pope, 1688-1744. 영국의 시인)는 이렇게 말합니다. 참된 하나님은

> "모든 시대의 모든 사람들의 아버지이시라
>   모든 나라에서
>   성도들이나 야만인에게나 현인에게
>   여호와로, 제우스로, 혹은 주님으로 경배를 받으신다."

그러나 우리는 현인이든 야만인이든, 복음으로 배우지 않으면 참된 하나님을 예배하지 못한다는 것을 압니다. 그렇습니다. 미개한 민족들은 도덕적으로 매우 열악해서, 사람들이 그들의 관습을 알고서 충격을 받았고 그들을 두려워하며 피하게 되었습니다. 슬프게도, 문명의 많은 악한 발명품들에서 떨어져 있는 경우에도, 초라한 인간 본성의 질병은 끔찍하기 짝이 없습니다!

민족들이 문화와 세련됨에 의해서도 죄라는 무서운 병에서는 구원을 받지 못했습니다. 사람들은 고대 그리스인들의 놀라울 정도의 완벽함에 관해 많이 이야기합니다. 확실히 그들은 사람의 형태를 그리는 법이라든지, 신체의 우아함과 아름다움을 표현하는 방법을 잘 알았습니다. 우리는 그 조각가들의 솜씨를 도저히 따라갈 수가 없습니다. 그러나 그리스인들의 도덕적 모습을 보게 되면, 얼마나 야비하고 아름답지 못한지 알 수 없습니다! 그리스인의 일반적인 도덕은 너무 끔찍해서 설명할 수가 없을 정도입니다. 바울은 그들의 도덕에 대해서 말하

지 않을 수 없었는데, 로마서 첫 장에 그 끔찍한 실상을 기록하였습니다. 그것을 읽으면 사람은 누구든지 얼굴을 붉히지 않을 수 없고, 그런 고발이 참으로 슬프지만 정당하다는 결론을 내리지 않을 수 없습니다. 이 고대인들이 묵인하였던 추잡한 도덕이 결코 우리 가운데 되살아나서는 안 됩니다. 그들 가운데 현인이라고 하는 사람들도 입으로 말할 수 없는 악들에서 깨끗하지 않았습니다. 그러면 인도 사람, 중국 사람, 오늘날 세련 되다고 하는 사람들은 그들보다 뛰어납니까? 인도가 생각만 해도 역겨울 정도로 외설적인 냄새를 피운다는 것이 사실이 아닙니까? 아, 주 하나님이시여! 당신은 아십니다! 모든 민족이 치료받을 필요가 있고, 그들 가운데 있는 우리 자신도 치료를 받아야 합니다. 이 점을 믿지 못하겠으면, 눈을 똑바로 떠서 보고 귀를 쫑긋 세우고 들어보십시오. 온갖 죄악이 넘쳐나지 않습니까? 하나님을 모독하는 말이 바로 이 도시의 거리들에서 들리지 않습니까? 웨스트엔드(the West End: 런던의 서부 지역. 대저택 · 큰 상점 · 극장 따위가 많음 – 역주)에 가서 그곳의 유행하는 죄를 보십시오. 아니면 이스트 엔드(East End: 런던 동부에 있는 비교적 하층의 근로자들이 많이 사는 상업 지구 – 역주)에 가서 그곳의 좀 더 공공연한 악을 보십시오. 아니면 템스 강 이쪽에 있으면서 수많은 사람들의 타락을 눈여겨보십시오. 여러분이 희미한 달빛 아래에서 거리를 돌아다녀보거나 최근에 급격히 늘어난 환락의 소굴들 앞을 지나가기만 해봐도, 우리 민족이 치료가 필요하다는 증거가 여러분 앞에 역력히 나타날 것입니다.

모든 민족의 모든 개인들이 치료가 필요합니다. 우리 가운데 어떤 사람들은 병들었고, 어떤 사람들은 선천적으로 건강한 것이 아닙니다. 우리는 다 같이 타락하였고, 우리 모두 죄 가운데 태어났습니다. 악은 처음부터 우리 본성 속에 있습니다. 사람은 악을 제거할 수 있기를 꿈꿀지라도, 인간이 입수할 수 있는 어떤 것도 악을 제거할 수 없습니다.

만국을 위한 치료제는 하나밖에 없습니다. 생명나무의 잎사귀들입니다. 명성 있는 이 초목 외에는 아무데서도 치료하는 풀이 자라지 않습니다. 거기서 씻으면 건강하게 되는 거룩한 샘이 하나 있습니다. 하나밖에 없는데, 그 샘이 골고다에서 열렸습니다. 손을 얹어서 사람들을 회복시키는 위대한 의사가 한 분 계십니다. 한 분밖에 없습니다. 자기 손이 구원을 가져올 수 있는 체하고, 자기 손가락에서 떨어지는 물 몇 방울이 갱생을 가져올 수 있는 체하는 사람들은 저주를 받아야 합니다. 그렇지 않습니다. 길르앗에는 향유가 없습니다. 거기에는 의사가 없습니다. 치료하는 향유는 십자가에 있고, 위대한 의사는 하나님 우편에 계십니다.

여기서 예수님은 잎사귀로 만국을 치료하는 복된 나무로 묘사됩니다. 자, 본문의 요점은 이것입니다. 잎사귀가 사람을 치료한다고 하였는데, 이것은 그리스도께 있는 지극히 작은 것이라도 치료하는 효력이 있다는 말입니다. 시편 1편은, 복 있는 사람에 대해 "그 잎사귀가 마르지 아니할 것이라"고 말합니다. 하나님은 신자의 작은 것, 하찮은 것들까지 돌보십니다. 본문은 우리 주님에 대해서 말하기를 "그 나무 잎사귀들은 만국을 치료하기 위하여 있더라"고 합니다. 말하자면, 주님께 있는 아주 흔한 것들조차, 주님의 낮은 은혜들까지도 효험이 충만하다는 것입니다. 많은 사람들이 예수 그리스도께 관해 거의 아는 것이 없습니다. 그러나 사람들이 예수님을 믿는다면, 작은 믿음이 그들을 치료합니다. 우리 가운데 주님에 대해 많이 아는 사람은 지극히 드뭅니다. 어떤 사람들은 예수께서 죄인들을 구원하기 위해 세상에 오셨다는 것밖에 모릅니다. 나는 사람들이 그리스도께 대해 더 많이 알고, 그래서 이 생명나무의 열매를 먹을 수 있으면 좋겠습니다. 그런데 잎사귀가 만국을 치료하기 때문에, 그 열매를 먹는 것이 그들에게 구원이 된다는 것을 알기라도 했으면 좋겠습니다. 여러분은 자신이 죄인이라는 것을 압니까? 그리스도를 구주로 모실 생각이 있습니까? 영혼이여, 당신의 죄를 속하는 그리스도의 보혈을 의지할 마음이 있습니까? 그렇다면, 여러분이 아직 금 사과를 따지는 못했을지라도, 잎사귀가 여러분에게 떨어지면, 여러분을 구원할 것입니다. 주님의 손길이 닿자 귀머거리가 들었고, 침이 발라지자 맹인이 보았으며, 완고한 마음이 주님의 눈길에 닿자 부드러워졌습니다. 이 최고의 치료제는 눈곱만큼만 있어도 거기에 전능한 힘이 담겨 있습니다.

여기서 우리는 예수님을 믿는 아주 변변치 않고 지극히 소심한 믿음이라도 믿는 사람을 구원한다는 사실을 또한 배울 수 있습니다. 마음과 뜻과 힘을 다하여 예수 그리스도를 믿는다는 것은 숭고한 일입니다. 조금도 의심하지 않고 힘 있게 나가 마침내 알고 있는 것만큼 충만한 확신에 이르는 것은 기쁜 일입니다. 그러나 이렇게 독수리처럼 힘차게 날아오르지 못하고, 절뚝거리며 예수께 올지라도 여러분은 구원받을 것입니다. 겨자씨만한 믿음이라도 있으면 여러분은 구원받은 것입니다. 사람들이 붐비는 가운데서 구주님의 옷가를 만진 여인은 주님에게서 효력이 자기에게로 흘러나온 것을 발견하였습니다. 떨리는 초라한 믿음으로 이 나무에서 잎사귀를 따십시오. 잎사귀를 한 장밖에 따지 않을지라도, 그 잎이 여러분을 온전하게 만들 것입니다.

사랑하는 여러분, 우리가 예수 그리스도를 믿는 믿음으로 죄에서 구원을 받은 후에, 그리스도께 관한 모든 것이 아직 지워지지 않은 피에서 우리를 깨끗하게 하는데 도움을 준다는 것은 매우 놀라운 일입니다. 주님의 모범을 눈여겨보십시오. 주님의 아름다운 특성들, 곧 주님의 온유하심, 담대하심, 우리의 복지를 위한 주님의 헌신, 그리고 하나님의 영광을 위한 열심을 자세히 보십시오. 여러분이 주님의 이 미점들을 높이 평가할 때, 그 미점들이 여러분에게 치료하는 능력을 발휘하는 것을 알게 될 것입니다. 예수님께서 어떤 분이셨는지를 보면, 여러분은 자신이 이기적이고 게으르며 교만하다는 것을 알고 부끄러워할 것입니다. 주님을 연구하십시오. 그러면 점점 더 주님을 좋아하게 될 것입니다. 우리가 주님의 교훈을 받아들이고, 주님의 교리들을 높게 여기듯이 그 교훈들을 소중히 여긴다면, 주님의 명령은 성령께서 적용하실 때 우리 성품의 이런저런 결함을 치료하는 신성한 능력이 있습니다. 주님께서 명령하시는 대로 행하십시오. 그러면 그 명령이 여러분을 온전케 만들 것입니다.

사랑스러운 주님의 입에서 나온 말씀은 모두가, 우리 인류에게 생긴 수많은 병들 가운데 이런저런 병을 치유하는 효험이 담겨 있습니다. 주님에게서 단편적인 구절이라도 들으면 기분 좋은 일입니다. 주님의 아주 하찮은 말씀이라도 다른 사람들의 최고의 말보다 낫습니다. 주님에게서 나온 말씀을 마치 알약처럼 받아서 하루 종일 입 안에 간직하고 계십시오! 그 약이 입 속에 향기를 가득 채울 것입니다! 그래서 호흡할 때마다 숨을 향기롭게 만들 것입니다! 약속을 팔에 묶는다면 잘하는 일입니다. 약속이 팔의 근육을 아주 튼튼하게 만들 것입니다! 삶의 전투는 얼마나 힘이 드는지 모릅니다. "고벨화 송이"(아 1:14)처럼 향기로운, 기운을 북돋우는 주님의 말씀을 받아서 가슴에 품고 다니는 것은 복된 일입니다. 주님의 말씀은 슬픔을 쫓아내고 불굴의 용기를 일으키기 때문입니다. 주님의 말씀이, 주님에게서 나온 것이기 때문에 주님의 것으로 인정하고, 그래서 마음에 와 닿으면 머리와 가슴, 양심과 상상력과 욕구와 애정에 치료 효과를 가져옵니다. 생명나무 잎사귀는 죽은 자를 살리기에 적합한 약입니다. 여러분은 이 약의 효능을 즐거운 경험으로 알고 있습니까? 감사하게도, 우리 가운데 어떤 분들은 이 약을 아주 잘 알고 있고, 비할 데 없는 그 효능을 즐겁게 증거할 수 있습니다.

그 다음에, 이 약은 온갖 질병을 치료합니다. 본문은 이렇게 말합니다. "그 나무 잎사귀들은 만국을 치료하기 위하여 있더라." 본문은 이런저런 병에 대해서 말하지 않는데, 그렇게 말하지 않음으로써 이 약의 치유하는 능력이 보편적이라는 것을 가르쳐 줍니다. 그러니, 사랑하는 친구 여러분, 어떤 분이든지 이 약을 받으십시오. 이 약을 성령께서 사용하도록 하시면, 여러분에게 어떤 병이 있든지 여러분을 고칠 것입니다. 복음은 모든 병을 뿌리째 뽑기 때문입니다. 정말로 복음은 악이라는 유독한 나무의 모든 가지에 영향력을 발휘하는데, 근본을 뒤엎음으로써 그렇게 합니다. 복음은 죄를 다루는데, 불신앙의 죄, 하나님을 사랑하지 않은 죄를 다루며, 이렇게 죄를 다룸으로써, 인간 생활에서 다양한 형태로 나타나는 영적 질병을 제거합니다. 어떤 약이든지 악을 뿌리째 뽑고 건강의 원천을 새로 만들지 않는 한, 모든 병을 치료할 수 없습니다. 그런데 성령께서 사용하시는 복음은 근본적입니다. 복음은 문제의 뿌리를 건드리고, 마음에 작용하며, 생명의 출구를 정화시킵니다. 사람의 교훈과 도덕의 방법들은 가지만 치고, 생명에 관계되는 나무의 몸통은 건드리지 않은 채 내버려 둡니다. 그러나 복음은 주된 뿌리를 자르고, 흙 밑에 있는 악의 종양을 제거합니다. 바로 이 때문에 복음은 모든 질병을 제거할 수 있는 것입니다.

이 약이 질병을 치료하는 것은, 가장 깊은 본성까지 들어가기 때문입니다. 어떤 약들은 피부에만 영향을 미칩니다. 어떤 약들은 몇몇 기관들에 닿기는 하지만 지극히 중요한 기관들에는 미치지 못합니다. 그러나 복음 나무의 잎사귀는, 약으로 받아들이면 신장(腎臟)에 침투해서 심장에까지 이릅니다. 구석구석까지 미치는 이 작용은 관절과 골수를 쪼개며, 마음의 생각과 의도를 드러냅니다. 참으로 놀라운 약입니다! 이 약은 영혼을 철저히 파고들며, 사람 전체에서 죄의 모든 유해를 깨끗이 제거하여 영혼을 온전하게 만들기 전까지는 작용을 그치지 않습니다. 주님께서 우리에게 이 잎사귀들을 주십니다! 끊임없이 주십니다! 우리 속에 정한 마음을 창조하시고 우리 안에 정직한 영을 새롭게 하소서(시 51:10). "보소서 주께서는 중심이 진실함을 원하시오니 내게 지혜를 은밀히 가르치시리이다"(51:6). 그러나 주께서 지극히 뛰어난 효능이 있는 이 약을 주어 마시게 하지 않으면 우리에게 이런 일이 결코 있을 수 없습니다.

이 잎사귀들은 이후부터는 그가 만나는 모든 일에서 선한 것을 찾을 수 있게 만듦으로써 병이 재발하지 않도록 막습니다. 병든 사람이 치료를 받았을지라도, 후에 먹을 음식으로 인해 병을 다시 초래할 수 있습니다. 병을 일으키는 어떤 조건에 그 사람을 두어보십시오. 여러분이 그 사람을 치료할 수 있지만, 다시 그 조건에다 놓으면, 그는 곧 병들 수 있습니다. 여기서도 이런 식으로 말하자면, 그리스도께서 오늘 우리를 치료하셨을지라도, 그 약이 지속적인 놀라운 효능을 가지고 있지 않다면, 우리는 내일 병들어 죽을 것입니다. 그렇습니다. 우리가 변화되었기 때문에, 회심 후에 우리에게 임하는 모든 일이 변화됩니다. 하나님을 사랑하는 사람들, 곧 하나님의 뜻대로 부르심을 받은 사람들에게는 모든 것이 합력하여 선을 이룹니다. 우리에게 세상적인 기쁨이 있습니까? 우리는 더 이상 거기에 심취하지 않습니다. 이제 기쁨은 우리에게 그것을 주시는 하나님을 바라보게 합니다. 우리에게 세상적인 슬픔이 있습니까? 우리는 그 슬픔 때문에 절망하려고 하지 않습니다. 슬픔을 명하신 분이 누구이신지 알기 때문입니다. 아버지 하나님의 징계하시는 매질마다 사랑이 있다는 것을 아는 하나님의 자녀가 불평할 이유가 있겠습니까? 우리가 예전에 좋다고 했던 것이 이제 실제로 우리에게 좋습니다. 우리가 나쁘다고 한 것이 이제 더 이상 우리에게 나쁜 것이 아닙니다. 생명나무의 잎사귀들이 틀림없는 해독제이기 때문입니다. 우리에게 독이 되었을 수 있었던 것이 이제 우리의 음식이고, 우리를 파괴할 수도 있었을 것이 이제 우리를 세워 줍니다.

이 놀라운 약은 조직 안에 건강의 원천으로 오래 작용합니다. "내가 주는 물은 그 속에서 영생하도록 솟아나는 샘물이 되리라"(요 4:14). 조직 속에 받아들인 다른 약은 자기 나름대로 작용하다가 끝이 나지만, 이 약은 오래 지속합니다. 이 치료하는 잎사귀들은 삶에 필요한 피를 바꾸고, 영혼에 영향을 끼치며, 본성을 이전과 다르게 만듭니다. 저기 하늘에서, 그처럼 밝고 아름답게 보이고, 갓 태어난 아기들보다 생기가 있는 얼굴들이 그처럼 신선한 것은 이 치료하는 잎사귀들 덕분입니다. 그처럼 영광의 삶이 시작될 때까지, 이 치료하는 잎사귀의 지속적인 효능이 신자의 영혼을 항상 건강하게 유지시키고, 영원히 유지시킬 것입니다.

이 잎사귀들이 모든 질병을 치료할 것이라고 앞에서 설명하였습니다. 이 잎사귀들이 만국을 치료한다는 기쁜 진리를 잠시 생각해 보겠습니다. 이 잎사귀들은 각각 다른 나라들의 특성에 다 부합합니다. 복음은 원하지 않는 사람들이나 마음에 들어하지 않는 사람에게는 전하여지지 않았습니다. 복음은 무지한 남아프리카의 호텐토트 사람에게나 명민한 인도 사람에게나 똑같이 적합하다는 것이 드러났습니다. 어떤 사람이든지 너무 타락해서 복음이 작용하지 않거나 너무 문명화되어서 복음의 혜택을 받지 못하는 사람은 없었습니다. 복음은 그처럼 능력이 풍부해서 만국을 치료합니다. "만국" 이란 수백만 명을 포함하는 큰 단어인데, 이 나무의 잎사귀들은 셀 수 없을 정도로 많은 사람들의 무리를 치료할 수 있습니다. 이 잎사귀는

> "그 효능을 잃지 않을 것입니다.
> 하나님의 구속받은 모든 교회가
> 구원받아 더 이상 죄를 짓지 않을 때까지."

　그처럼 효능 있는 약이 지극히 단순한 방법에 의해 널리 퍼질 수 있다는 것은 복된 환경입니다. 잎사귀로 만든 이 약을 약제사이신 주님이 원하시는 곳에 전달할 수 있습니다. 그것은 귀찮은 문제가 전혀 아닙니다. 그와 같이 해서 우리는 이 복음을 세상 끝까지 전달할 수 있고, 또 전달할 것이며, 세상 모든 거민에게 보낼 것입니다. 사람이 있는 곳은 어디든지, 바람이 복음을 실어갈 것이고, 파도가 가져다 나를 것입니다. 이 잎사귀들은 천주교의 계서제(성직계급제)적 특징처럼 장애가 되지 않고, 쉽게 뿌려질 수 있으며, 이 잎사귀들이 어디에 이르든지 그 환경이 잎사귀들을 손상시키지 못합니다. 그린란드의 추위가 아무리 혹독할지라도 그린란드 사람들이 구주의 피를 기뻐하는 일을 막지 못하였고, 열대 지역의 열기가 아무리 강할지라도 신자들이 의의 태양을 기뻐하는 일을 막지 못하였습니다. 그렇습니다. 사랑하는 여러분, 복음은 나라들이 어디에 있든지 간에 치료할 수 있으며, 무섭기 짝이 없는 비참함과 지극히 어두운 죄악에서 나라들을 치료할 수 있습니다. 복음은 사람들을 지혜롭게 만들고 절약하게 만들어서 가난을 치료합니다. 복음은 사람들에게 동료 인간을 사랑하고 모든 사람의 권리를 존중하도록 가르쳐서 노예제도를 치료합니다. 복음은 술고래에게 추잡한 욕구를 버리게 하고, 그를 묶고 있는 마법에서 구원함으로써 술취함을 치료합니다. 복음은 유일한 전쟁 예방책입니다. 일단 십자가의 전사들이 그날에 승리를 거둔 후에는 피에 물든 군인이 필요 없을 것입니다. 복음은 우리의 사회 경제제

도에서 빚어진 재해인 더러운 악들, 인간의 법들이 제거하기보다는 오히려 거의 대부분 증가시킨 더러운 악들의 치료제입니다. 복음은 우리에게서 온갖 부정행위, 반역, 불만을 제거할 것입니다. 오직 복음만이 그렇게 할 것입니다. 하나님께서 이 치료하는 영향력이 발람브로사(Vallambrosa)의 나뭇잎들처럼 만국에 빽빽하게 떨어져서 세상에 도덕적 건강이 거하는 황금시대가 시작되게 해주시기를 바랍니다.

이 주제를 접기 전에 여러분에게 한 가지 말씀드려야 할 것이 있습니다. 이 약은 치료 목적으로 주시는 것이라는 점을 여러분에게 알려드리는 것은 참으로 즐거운 일입니다. 여러분에게 이 점을 주의하라고 말씀드리는 것은 오늘 아침 자신이 병들었다고 느끼는 사람을 위로하기 위해서입니다. "그 나무 잎사귀들은 만국을 치료하기 위하여 있더라." 여러분은 이 나무를 쳐다보며 말합니다. "나는 마음에 병이 들었어요. 나를 치료할 수 있는 약이 여기 있다는 것을 압니다. 하지만 내가 감히 그 약을 받을 수 있겠습니까?" 마음 놓고 받으십시오. 이 나무는 바로 당신을 위해 심은 것이기 때문입니다. 하나님은 영원한 뜻과 작정으로 만국을 치료하기 위해 그리스도를 주셨습니다. 하나님은 실제로 만국을 치유하셨습니다. 많은 나라들이 이미 부분적으로 건강을 누리고 있는데, 이는 그 나라들에 있는 수많은 개인들이 치료를 받았기 때문입니다. 바다의 섬들에 놀라운 일들이 일어났습니다. 나는 영국과 남태평양의 보석 같은 섬들, 또 마다가스카르(Madagascar)를 생각할 때, 주님께서 특별히 섬들을 사랑하시는 것 같습니다. 복음이 다른 어떤 곳보다 섬들에 더 풍성하게 뿌려졌기 때문입니다. "허다한 섬은 기뻐할지어다"(시 97:1).

이 나무는 그 잎사귀로 치료할 뜻을 가지고 심은 것입니다. 그렇다면 여러분은 망설이며 이렇게 물을 필요가 없습니다. "내가 나을 수 있을까?" 복음은 병든 자를 위하여 자라는 나무입니다. 여러분, 아프십니까? 이 나무는 여러분을 위해 자랍니다. 언젠가 나는 목이 말라서 샘으로 달려갔습니다. 나는 멈춰 서서, 마셔도 되는지 물어보지 않았습니다. 나는 샘이 거기 있는 것은 목마른 사람을 위한 것임을 알았기 때문입니다. 목이 말랐기 때문에 나는 마셨습니다. 사람이 해변가 한적한 곳에 있으면서 파도가 칠 때마다 거기에 건강이 있는 것을 발견했을 때, 옷을 벗고 파도로 뛰어들기를 잠시라도 망설이는 사람이 있습니까? 그 사람이 내가 뛰어들어도 될까 하고 묻겠습니까? 하나님께서 사람이 뛰어들어 목욕하라고 바다를 펼쳐놓으신 것이 확실합니다. 대기 중에 있으면서 숨을 쉬고 싶다면, 나는 호흡할 수 있는 자유가 있는지 묻지 않습니다. 하나님의 허락을 바라며 한숨짓지도 않습니다. 하나님께서 내게 폐를 주시고, 산들바람이 불도록 명령하시고서 숨을 쉴 자유는 주지 않으셨을 리 만무하기 때문입니다. 형제 여러분, 그리스도께서 여러분 앞에 계신 것을 아니, 그리스도를 받으십시오! 여러분은 누군가에게 그리스도를 받을 권리를 구할 필요가 없고 하나님의 허락을 갈망할 필요도 없습니다. "원하는 자는 값없이 생명수를 받으라"(계 22:17)고 예수께서 말씀하시지 않았습니까? 주님은 여러분에게 받으라고 요구하시고, 믿으라고 명령하시며, 믿지 않으면 안 된다고 여러분을 위협하십니다. 주님은 종들에게 "사람을 강권하여 데려다가 채우라"(눅 14:23)고 말씀하십니다. 그리고 오기를 거절하는 사람들에 대해서는 "믿지 않는 사람은 정죄를 받으리라"(막 16:16)고 하십니다. 이보다 더 충분한 허락이나 인가를 생각할 수 있겠습니까?

　이제 이 말씀으로 끝을 맺겠습니다. 오늘 아침 여러분은 병 중에 있습니까? 이 잎사귀들을 값없이 가져가십시오. 여러분이 정말로 아프십니까? 아프면 아플수록 바로 그 이유 때문에 여러분은 그만큼 더 이 잎사귀들을 가져가야 합니다. 여러분은 죄인입니다. 지나간 죄가 여러분을 괴롭게 합니다. 거듭거듭 말하지만, 이 잎사귀들을 가져가십시오. 그보다 더 안 좋은 것은, 악으로 향하는 성향이 여러분을 괴롭힌다는 것입니다. 여러분은 기꺼이 그 성향을 제거하려고 애쓰며, 살아 있는 한 죄를 깨끗이 씻는 그 잎사귀를 먹도록 하십시오. 그러면 그 잎사귀가 치료제로서 작용할 것입니다. 여러분이 그리스도의 공로나 능력을 다 써버리게 될지 모른다고 생각할 필요가 없습니다. 그 나무에서 열매가 일 년에 열두 번 맺힌다고 한 것을 생각할 때, 그 잎사귀는 틀림없이 참으로 풍성할 것이기 때문입니다. 그리스도께는, 모든 병든 죄인에게 필요한 것이 충분합니다. 죄인이 예수님께 오기만 한다면, 예수님의 치료하는 능력에서 아무 부족한 것을 발견하지 못할 것입니다. 병든 영혼이 온통 나병에 걸려 있을지라도, 구주님은 은혜가 충분하십니다. 자매여, 손가락을 내밀어 지금 예수님의 옷가를 만지십시오. 죄인이여, 눈을 들어 십자가에 달리신 그리스도를 보십시오. 그리스도께서 여러분에게서 멀리 떨어져 계시는 것처럼 보일지라도, 눈이 아무리 침침하고 멀게 보일지라도, 한 번 흘긋 그리스도를 보기만 하면 생명을 얻습니다. 이 나무로 오십시오. 이 나무의 잎사귀가 여러분을 치료할 것입니다.

무엇보다 여러분은 치료받았습니까? 그렇다면 이 잎사귀들을 뿌리십시오. 여러분은 구원을 받았습니까? 그렇다면 모든 사람에게 예수 그리스도를 말하십시오. 나는 여러분이 할 수만 있다면, 사람들에게 그리스도를 전부 다 가르치기를 바랍니다. 나는 언제나 내 목회 사역이, 시므온이 구주님을 팔에 안고서 "주재여 이제는 말씀하신 대로 종을 평안히 놓아 주시는도다"(눅 2:29) 하고 말했을 때 보인 행동처럼 되었으면 좋겠습니다. 지극히 높으신 이의 아들을 팔에 안은 시므온과 주님의 옷가를 만진 여인 사이에는 먼 거리가 있었습니다. 그러나 두 사람 모두 천국에 갔습니다. 그리스도를 전체로 맞이할 수 있는 그리스도인이나 떨면서 겨우 주님을 바라볼 수 있는 가엾은 소심한 사람이나 다 같이 취할 수 있는 좋은 방법이 있습니다. 여러분이 사람들에게 그리스도에 관해 모든 것을 말하고 이 나무의 열매를 줄 수 있으면, 가서 이 잎사귀들을 주십시오.

그렇게 할 수 있는 가장 손쉬운 방법은, 여러분이 오늘 우리 모든 사람의 편인 종교 소책자 협회(the Religious Tract Society: 영국의 복음주의자들이 1799년에는 초교파적으로 조직한 협회 – 역주)에 후원함으로써 그 일을 돕는 것입니다. 이 협회에 대해 한두 마디 더하겠습니다. "그 나무 잎사귀들" 말하자면, 적은 헌금과 그리스도께 관한 전도지 한두 장에 불과한 것일지라도, 그것이 사람들에게 유익을 끼칠 것입니다. 전도지마다 하나님께서 사용하시면 영혼을 구원할 만한, 그리스도께 대한 내용을 싣도록 하는 것이 전도지 협회의 규칙입니다. 전도지 한 장이라고 우습게 생각하지 말고, "이까짓 전단지"라고 말하지 마십시오. 그 안에 그리스도가 담겨 있으면, 그것은 생명나무 잎사귀이며, 하나님께서 그 잎사귀에 복을 베푸실 것이기 때문입니다. 그러니 복음 전도지를 나누어 주십시오. 복음 전도지는 만국의 치료를 위한 것입니다. 여러분은 성경과 신앙서적을 나누어 줄 방법을 모를 수 있습니다. 그러면 가는 길에 전도지를 나누어 주십시오. 우리나라 많은 곳이 여전히 전도지를 뿌려야 할 필요가 있습니다. 우리나라 밖의 세계가 복음을 필요로 하는데, 인쇄된 형태의 복음을 필요로 합니다. 전도지를 나누어 주십시오. 늦가을에 잎이 떨어지듯이 전도지를 빽빽하게 뿌리십시오. 가는 곳마다 전도지를 뿌리십시오. 전도지는 만국의 치료를 위한 것이기 때문입니다.

그러나 전도지 협회는 우리에게 아주 우수한 전도지를 제공할 뿐만 아니라 일반 주제에 대해 신앙의 어조로 쓴 책들도 출판합니다. 이런 유의 책들이 앞으로 많이 늘어날 것입니다. 사람들이 언제나 종교적 주제에 대해 쓴 책들만 읽지 않고, 다른 주제들에 대한 책도 읽을 것이기 때문입니다. 신앙의 정신으로 쓸 때, 그 책들은 매우 건강한 영향력을 발휘할 것입니다. 이 책들이 생명을 주는 나무의 열매는 아니고 잎사귀들이며, 그 안에 생명이 있습니다. 나는 협회가 오두막집 벽에 걸어둘 그림과 총천연색으로 된 작은 그림책들, 또 그와 같은 것들을 출판하는 것을 보게 되어 기쁩니다. 그리스도께 관한 것은 무엇이든지 유익을 끼칠 것이기 때문입니다. 그리스도가 안에 담겨 있다면, 지극히 작은 것이라도 영혼을 구원할 수 있다는 것이 놀라운 일입니다. "글 한 줄이 읽는 사람에게 설교 한 편의 감동을 줄 수가 있습니다."

또 벽에 걸린 그림 하나가, 같은 사상이라도 말로 했다면 들으려고 하지 않았을 사람에게 일련의 생각을 일깨울 수가 있습니다. 가디너 대령(Colonel Gardiner)과, 십자가에 달린 그리스도의 그림을 보고서 겪은 그의 남다른 회심에 대해서 생각해 보시기 바랍니다. 가디너 대령은 아주 악명 높은 곳으로 배속될 것을 기다리고 있는 동안에, "내 너를 위해 이 모든 일을 행하였건만 너는 나를 위해 무엇을 하였느냐"는 글이 밑에 쓰인, 우리 주님의 죽어가는 모습의 그림을 보았습니다. 그 배속은 이루어지지 않았고, 대령은 예수 그리스도를 위한 용감한 군인이 되었습니다. 어쩌면 우리는 화가의 솜씨를 초월하는 주제인, 십자가에 못 박힌 예수님에 대한 그림을 좋게 생각하지 않을 수 있습니다. 그러나 우리가 사람들이 마음의 눈으로 그리스도를 보되, 그들 가운데서 십자가에 못 박히신 것을 분명히 볼 수 있도록 사람들에게 말로 그리스도를 설명하는 것이 우리의 의무라는 것은 의심할 수 없는 사실입니다. 여러분은 할 수만 있다면, 지나가는 사람들이 거리 모퉁이에서마다 복음을 볼 수 있도록 하십시오. 기업 광고에 성경 본문들을 붙여 넣고, 성구를 여러분 부엌에, 거실에, 직장 휴게실에 붙여 두십시오.

그리스도인들이 천주교회의 역겨운 물건들을 예술 작품이라는 이유로 매달아 놓는 경우들이 있는데, 영 보기가 싫습니다. 인쇄물이든지 그림이든지 간에, 그런 예술 작품들은 다 불태워 버리십시오. 나는 사람들을 우상 숭배에 빠지도록 시험할 뿐인 모든 성인들의 형상과 그림들, 또 그 같은 것들을 망치를 들고서 성상 파괴자의 열심으로 다 두들겨 부수고 싶습니다. 하나님을 모욕하는 것으로 여러분의 집을 타락시키지 마십시오. 집에 장식품들을 둔다면, 사람들의 생각을 바르게 인도할 수 있는 것들을 두도록 하고, 사람이 지옥에서 이렇게 말하지 않도록 하십시오. "나는 당신 집 벽에 걸린 예술 작품을 보고 현혹되었소. 그것은 예술작품이라고 하지만 또한 마귀의 작품이었고, 악한 생각들을 일으키는 것이었소." 모든 곳에서 그리스도를 앞세우고, 나무에서 떨어진 잎사귀들처럼 그리스도의 말씀을 뿌리십시오. 그 이상은 할 수 없을지라도, 이렇게 해서 주님께 대한 감사를 나타내십시오.

제
32
장
—

# 하나님과 어린 양의 보좌

—

**"하나님과 그 어린 양의 보좌가
그 가운데에 있으리니"** — 계 22:3

　우리는 이 말씀이 천국을 가리키는 것으로 볼 것입니다. 하나님과 어린 양의 보좌가 그 가운데 있을 것이라는 말씀은 천년왕국의 도성뿐 아니라 하늘의 도성에도 아주 잘 맞는 것이 확실합니다. 더할 수 없이 흥미로운 이 주제는 신자인 우리 모두와 밀접한 관련이 있습니다. 보좌 앞에서 영원한 안식을 누리는 것은 우리가 항상 바라는 바이기 때문입니다. 이것을 그렇게 생각하지 않는다면, 도대체 우리가 하늘 문을 지나갈 것을 거의 바라지 못하게 되지 않을까 걱정입니다. 사람이 과녁이 있는 방향으로 보지 않는다면, 과녁을 맞히지 못할 것입니다. 그와 같이 사람이 천국을 향한 생각이나 열망이 없으면, 천국에 대한 포부를 확고하게 가질 수 없을 것입니다. 순례자는 자기가 도달하기를 바라는 곳을 향하여 발걸음을 옮깁니다. 그는 소망하는 목적지를 멀리서 볼 수는 없지만, 그 방향으로 눈길을 돌립니다. 맑은 날에는 언덕에 올라가서, 자기가 가려고 하는 도성의 망루나 뾰족탑, 혹은 흉벽(胸壁)을 얼핏이라도 보기 위해 눈에 힘을 주는 모습을 보게 될 것입니다. 골짜기에 내려가서, 음산한 전경이 펼쳐질 때, 그는 밤에 "하루 더 본향에 가까이 다가간 행진"을 이야기하는 노래로 스스로를 위로합니다. 친구들의 환영 인사가 있을 것을 생각하면 마음이 기쁩니다. 천국에 대한 전망은 우리의 슬픈 날들에 영광의 빛을 비추어 상당히 명랑하게 만듭니다. 반면에 이 땅에서 지내는 복된 안식일은 종종 우리에게 하늘에 있는 성소를 간절히 바라도록 만들었습니다. 사람들이 꽉 들어찬 이 태버나클 예배당에서, 우리는 산 돌로 지어진 하늘의 성전과 무수한 예배자들을 상상으로 그려보았습니다. 본문은 망원경의 도움을 받아 멀리서도 하늘의 도성을 보고 묘사할 수 있는 투명 언덕에 대해서 이야기합니다. 우리는 구름이나 안개로 전혀 시야가 가려지지 않았을 때는 먼 거리도 개의치 않고 천국을 볼 수 있었습니다. 우리는 보통 이런 경험을 주일에 하게 됩니다.

뉴캐슬 언 타인(Newcastle-on-Tyne)에 살려고 간 친구가 세들어 살려고 하는 신축 건물을 둘러보고 있었습니다. 맨 꼭대기 방에서 창 밖을 내다보고 있는데, 주인이 그에게 "주일이면 여기서 더럼(Durham) 대성당을 볼 수 있어요" 하고 말했습니다. 친구가 처음에는 주인의 말뜻을 못 알아듣고, "왜 다른 날이 아니고 주일에만 볼 수 있나요" 하고 말했습니다. 그러자 주인이 대답했습니다. "글쎄요, 주일에는 용광로가 가동이 안 되고, 그래서 연기가 올라와 대기가 시커멓게 되지 않거든요." 나는 내 친구가 지나가는 이 작은 사건 때문에 그 다음에 설교할 예화를 하나 알게 되었다는 말을 들었을 때 놀라지 않았습니다. 우리는 특별한 안식일이 되면, 본문에서 "하나님과 그 어린 양의 보좌가 그 가운데에 있다" 고 말하는 도성을 자세히 바라봅니다. 하나님께서, 본문을 묵상하는 가운데 여러분이 위의 것을 바라게 되고, 이 설교로 여러분에게 하늘을 향한 소망이 일어나게 해주시기를 바랍니다.

자, 그러면 하나님과 그 어린 양의 보좌에 대해서, 그리고 그 보좌가 있는 곳에 대해서 생각해 봅시다. 그러나 그러기 전에 잠깐 멈춰서, 주위를 둘러보고 그 장면을 미리 한 번 조사해 보기를 바랍니다. 여러분은 이 보좌가 "하나님과 그 어린 양의 보좌" 라는 것을 눈치채십니까? 틀림없이 여러분은 요한이 어디서 이 표현, 곧 "어린 양" 이라는 그리스도에 대한 명칭을 썼는지 알 것입니다. 이 표현은 요한만이 쓰는 것입니다. 여러분은 이 표현을 이사야서에서도 봅니다. 예수님이 이사야의 예언에서 어린 양으로 나옵니다. 여러분은 이 명칭을 베드로의 서신에서 듣고, 또 사도행전에 이 복음적인 선지자의 글에서 인용한 구절에서 봅니다. 그러나 이 명칭을 가장 익숙하게 사용하는 사람은 요한입니다. 예수님께 가장 사랑을 받았던 제자인 요한은 이 아름다운 상징을 사랑하여, 주님을 "어린 양" 이라고 말하기를 좋아합니다. 이 요한은 또 다른 요한, 곧 세례자 요한의 제자였습니다. 이 요한의 마음과 기억에는 세례자 요한의 중요한 최고의 설교가 아주 오래 남아 있었는데, 그 설교는 "보라 세상 죄를 지고 가는 하나님의 어린 양이로다"(요 1:29)라는 것이었습니다. 세례자 요한은 사도 요한의 일생을 통해 울리면서 소리를 낸 음을 건드렸습니다. 밧모 섬에서 요한은 생애 초기의 인상들을 회상합니다. 노인들은 젊었을 때의 장면과 말을 좋아합니다.

요한은 복음서를 쓰기 시작할 때, "말씀"에 온통 마음을 빼앗겼습니다. 이제 이상을 담은 놀라운 두루마리를 펼치면서 요한은 "그 어린 양"을 묘사합니다. 이 이름은 그의 저작들에서 구속의 으뜸음으로서 자주 되풀이 됩니다. 그런데 그의 이 마지막 책에서 이 이름이 그에게 다시 떠오르면서 모든 음악 소리가 들리고, 이 명칭에 대해 생각할 때 그에게 아주 뚜렷한 기쁨이 솟구칩니다.

"아르니온"이라는 단어는 요한계시록에서 사용된 대로 "어린 양"(a little lamb)이라고 번역할 수 있습니다. 이 단어가 헬라어 원문에서는 딘 우드하우스(Dean Woodhouse)가 말하듯이, 부드러움과 사랑을 나타내는 지소어(指小語), 즉 애칭(愛稱)입니다. 우리 구주님께서 부활 후에 베드로에게 말을 건네시면서 친히 그런 의미로 이 단어를 사용하셨습니다. "네가 나를 사랑하느냐? 내 어린 양을 먹이라"(요 21:15). 내가 이 관용구를 언급하지만 일반적인 번역이 바뀌기를 바라는 마음은 전혀 없습니다. 다만 이 단어가, 요한이 주님을 사랑하는 어린 양으로 볼 때 그 마음속에서 찬송받으실 주님을 놀라울 정도로 친밀하게 느끼고 있음을 보여준다는 생각이 듭니다. 왜냐하면 여러분도 알다시피, 우리가 애정을 표현할 때 그런 지소어를 곧잘 쓰기 때문입니다. "얘야"(my little dear) 혹은 "여보"(my little darling)라는 말들은 우리 입에서 즐겁게 흘러나오는 표현들입니다. 반면에 우리가 "내 사랑스러운 큰 딸"(my dear big daughter) 혹은 "내 사랑스런 큰 아들"(my dear tall son)이라고 말한다면, 아주 어색하게 들릴 것입니다. 우리는 좋아하는 것들에는 자연스럽게 애칭을 붙입니다.

사랑하는 친구 여러분, 여러분은 이와 같이 우리의 거룩한 주님께 지극히 높은 경외심을 불러일으키는 무한한 존엄의 이름들이 있지만, "거룩한 소자 예수"(행 4:27 난외주), "어린 양"과 같은 아주 소박한 이름들도 있다는 것을 보게 될 것입니다. 이런 이름으로 불릴 때, 예수님은 어린 아기처럼 순진무구하거나 제물로서 고난을 받는 모습으로 나타나십니다.

## 1. 죽임을 당하고, 모든 방언과 민족과 나라에서 우리를
## 그의 피로 값 주고 사서 하나님께 바치신
## 어린 양에게 천군들의 장엄한 경배가 드려집니다.

하나님과 그 어린 양의 보좌를 보려면, 먼저 어린 양을 보아야 합니다. 그래서 나는 세례자 요한의 말로 여러분에게 "세상 죄를 지고 가는 하나님의 어린 양을 보라"고 권합니다. 공생애 초기에, 곧 주님께서 사람이 볼 수 있는 모습으로 오실 때, 즉 사람으로, 그 백성 가운데서 택하신 비천한 사람으로 오실 때, 그를 보십시오. 그에게는 고운 모양이 없고, 눈에 띄는 풍채도 없으십니다. 그는 싸우거나 소리치거나 거리에서 큰 소리를 내지 않으신 분입니다. 허세를 부리거나 야망이 있는 사람이 아니었지만 자신에 대해서 "나는 마음이 온유하고 겸손하다"(마 11:29)고 말할 때 거기에 아무도 반박할 수 없었던 분이십니다. 그는 베들레헴에서 태어나셨고, 심령이 튼튼하게 자랐습니다. 지혜와 키가 자라셨습니다. 주님께서 아이였을 때는 어린아이처럼 말하고, 아는 것이 어린아이 같았고 생각하는 것도 어린아이 같았을 것으로 생각합니다. 나는 주님께서 부모님과 함께 거할 때는 부모에게 순종하셨던 것을 압니다. 나이가 들어 이스라엘에게 나타나셨을 때, 우리는 그분을 봅니다. 일반적인 기능을 지니셨고, 우리 사람과 같이 일반적인 연약함으로 고난을 겪지만 죄 없으신 분을 봅니다. 그는 비방을 받으셨고, 슬퍼하는 자들과 함께 우셨으며, 근심의 짐 아래서 신음하시고, 마음의 고통으로 괴로워하셨습니다. 그는 사셨고, 많은 증인들이 보는 앞에서 죽으셨습니다. 예수께서 가공의 인물이 아니라 실제 사람이셨다는 것, 여러분 가운데 스스로 위대한 체하는 사람과 다르게 유순한 사람이셨다는 증거를 더 이상 바랄 수 있겠습니까?

그의 성품 또한 아주 자연스러워서, 그가 보인 모범적인 미점들은 전혀 설명이 필요 없습니다. 어린아이들을 불러 모은 온유한 성향, 욕을 듣고도 화를 내지 않은 착한 마음씨, 가난하고 궁핍한 사람들에게 보인 사랑, 사회의 버림받은 자들에게 보인 관심, 그리고 무엇보다 세리와 창녀들을 길을 잃었지만 회복될 수 있는 양으로 본 인자한 태도를 생각할 때, 우리는 감사한 마음이 들고, 주님을 모든 세대를 위한 선함의 표본으로 생각하지 않을 수 없습니다. 이 땅의 모든 사람들이 궁극적으로 "세상 죄를 지고 가는 하나님의 어린 양"으로 인정하지 않을 수 없는 그 사람이 바로 그런 분이십니다. 그분은 참으로 어린 양과 같습니다!

이렇게 여러분은 사람들 가운데 계신 하나님의 어린 양을 봅니다. 이제 여러분은 그 발자국을 더 따라가서 마침내 그가 제물인 어린 양이 되어 실제로 사람의 죄를 스스로 지고 그 형벌을 받으시려고 하는 데까지 가겠습니까? 주님께서 만찬 자리에서 일어나 제자들에게 "여기를 떠나자"(요 14:31)고 말씀하셨던 밤은 참으로 특별한 날이었습니다. 주님께서는 평소에 밤새워 묵상하시던 동산으로 가셨습니다. 기도하기 위해 그리로 가셨습니다. 아, 그것은 참으로 대단한 기도였습니다. 하늘이 이전에도, 이후로도 듣지 못한 기도였음이 틀림없습니다. 고통 가운데서 주님은 더 간절히 기도하셨고, 더욱더 간절히 기도하시자 마침내 "땀이 땅에 떨어지는 핏방울 같이 되었습니다"(눅 22:44). 주님은 아버지 하나님께 부르짖었습니다. "만일 할 만하시거든 이 잔을 내게서 지나가게 하옵소서"(마 26:39). 그때 인간들 죄의 빽빽한 구름이 주님의 영혼을 가렸고, 그의 모든 백성의 죄책이 무서운 공포로 그의 영을 덮었습니다. 주님은 공포의 시간과 흑암의 권세를 견디셨습니다. 주께서 함께 떡을 먹던 자에 의해 사로잡히고, 음모자들의 손에 넘겨졌습니다. 변절한 사도에 의해, 주님은 하찮은 은 몇 푼에 팔리셨습니다. 그리고 혼자 물러나 조용히 기도드리던 곳에서 급히 끌려와 수감되고 재판을 받았습니다. 헤롯과 가야바 앞에서, 그 다음에는 본디오 빌라도 앞에서, 주님은 심문을 받으셨습니다. 밤새도록 주님은 거짓 고소를 당하고 불쾌한 조롱을 받았으며 채찍질을 당하고 침 뱉음을 받으며 더할 수 없는 모욕을 받으셨습니다. 자기에게 떨어진 사람들의 비난이 곧 하나님을 비난하는 것이었기 때문에 주님은 마음이 몹시 상하셨습니다. 제자들에게 버림을 받고 제사장들에게 비난을 받으며 사람들에게 멸시를 받고 나서 주님은 마침내 원수들의 악의에 찬 뜻대로 처분받게 되었습니다. 빌라도에게 선고를 받고서 십자가에 못 박히도록 끌려 나갔습니다. 그때도 주님의 인내는 눈에 띄었습니다. 도살당하는 양처럼 끌려갈 때도 주님은 아무 말도 하지 않으셨습니다.

이제 여러분은 죄가 "세상 죄를 지고 가는 하나님의 어린 양"을 온통 짓누르고 있는 것을 볼 것입니다. 광야 장막에서는 오실 이 하나님의 어린 양의 예표와 상징으로서 아침 저녁마다 어린 양의 제사를 드렸습니다. 어린아이라면 귀여워할, 아무것도 모르는 작고 예쁜 어린 양을 제사장에게 가져갔고, 고통 가운데 뜨거운 피를 흘리게 하고, 양을 제단에 제물로 드렸습니다. 그런데 이제 그가 오십니다. 모든 양들의 처음이자 또한 마지막인 분, 곧 다른 모든 양들은 그 예표에 지나지 않았던, 참된 양, 하나님의 어린 양이 오십니다. 사람들이, 그냥 잠잠히 서서 그대로 당하시는 그분을 잡아다가 십자가에 못 박았습니다. 주님은 해가 눈부시게 비추는 가운데 십자가에 달리셨고, 마침내는 주님의 손발의 고통이 몸에 아주 뜨거운 열을 일으켜, 주께서 "내 힘이 말라 질그릇 조각 같고 내 혀가 입 천장에 붙었나이다 주께서 또 나를 죽음의 진토 속에 두셨나이다"(시 22:15) 하고 말할 지경이었습니다. 마치 주님께서 더 이상 실제 몸을 갖지 않으신 것처럼, 그의 전(全) 구조는 그처럼 철저하게 붕괴되었습니다. 몸은 지독한 고통과 함께 녹아내렸습니다. 사람들이 조롱하는 가운데 주님이 십자가에 달려 계셨는데, 마침내 태양이 그 광경을 더 이상 볼 수 없어 주님의 얼굴을 가렸습니다. 땅이 더 이상 그런 비극의 무대가 되는 것을 견디지 못하고 흔들리고 비틀거리기 시작하였습니다. 그리고 죽은 자들까지도 마치 그런 일이 일어나고 있는 동안 무덤에서 자고 있을 수 없는 것처럼 깨어났고, 무덤이 열리며 많은 사람들이 일어났습니다. 아, 그것은 참으로 놀라운 광경이었습니다. 그 광경을 본 사람들은 가슴을 치며 그 자리를 떠났습니다. 그는 "우리가 지지 않도록 성부 하나님의 의로운 분노를 지신" 하나님의 어린 양이셨습니다.

그분을 보십시오. 여러분과 나 대신에 하나님의 공의의 심판을 받아 상함으로써, 하나님이 그의 거룩한 법을 조금도 위반하지 않고서 무한한 자비 가운데 우리에게 향하여 우리의 죄를 없애고 그의 진노의 맹렬한 불을 끄도록 하시는 그분을 보십시오. 사랑하는 여러분, 이 광경을 본 적이 있습니까? 이 시인과 함께 노래할 만큼 그 광경을 인상 깊게 본 적이 있습니까?

> "내 영혼이 돌아보니
> 주께서 지신 짐이 보이네.
> 주께서 저주받은 나무에 달리셨을 때
> 내 죄책도 거기 달렸을 것이네."

여러분은 주님을 의지합니까? 주님을 믿고 있습니까? 십자가에서 주님은 "땅의 모든 끝이여 내게로 돌이켜 구원을 받으라"(사 45:22)고 외치십니다. 여러분은 그렇게 십자가를 보았습니까? 그렇다면, 여러분은 예비 장면을 본 것입니다. 하나님께서 여러분의 이해의 눈이 더 밝아져 이 요한계시록의 이상, 곧 "하나님과 그 어린 양의 보좌"를 더 열심히 볼 수 있도록 해주시기를 바랍니다.

### 2. 보좌를 보라.

우리는 먼저 어린 양의 편에서 보좌를 보도록 합시다. 물론 거기에는 보좌가 하나밖에 없습니다. 하나님과 어린 양은 나뉘지 않습니다. 어린 양은 하나님이시고, 하나님과 어린 양의 관심사는 동일합니다. 하나님, 곧 성부 하나님의 나라는 우리 주 예수 그리스도의 나라와 동일합니다. 보좌가 하나라는 것을 인정하고, 이어서 우리는 어린 양이 주로 우리에게 주의하라고 요구하는 관점에서 보좌를 살펴봅니다. 여러분은 주님이 우리에게 "보좌 가운데에 계신 어린 양"(계 7:17)으로 묘사된다는 것을 기억할 것입니다. 우리가 계시록 5:6에서 읽듯이, 요한은 주님이 그 같이 계시는 것을 봅니다. 나는 여러분이 이 표현의 의미에 대해 조금이라도 잘못 생각하지 않기를 바랍니다. 와츠 박사(Dr. Watts)는 이 구절을 어설프게 해석해서 다음과 같이 말했습니다.

> "우리 예수님은 하늘의 보좌에서
> 　한가운데를 차지하시네."

성경에는 그런 개념이 없습니다. 보좌 가운데란 헬라어에서 보좌 앞을 뜻합니다. 어린 양은 이상에서 보좌에 앉아 계시지 않고 보좌 바로 앞에 서 계셨습니다. 그것은 우리 주 예수 그리스도께서 우리에게 보여주고자 하신 위치입니다. 내가 방금 인용한 구절과는 다르게 본문에서는 주님이 보좌에 계시다고 말합니다. 앞에 나오는 5장의 이야기에서는 어린 양이 보좌 가운데 계신 것으로 말하는데, 보좌 가운데 계시다는 것은 우리가 주님으로 말미암아 보좌 앞으로, 더 가까이 갈 수 있도록 보좌 앞에, 가운데 서 계신다는 것을 의미합니다. 중보자를 통하지 않고서는 두려우신 하나님의 보좌 앞에 나아갈 수 있는 길은 없습니다. 그러므로 주님은 우리와 보이지 않는 주권적인 하나님 사이에 중재자요 통역자로서, 양쪽 손을 잡을 수 있는 중재인으로서 보좌 앞에 서 계시는 것입니다. 이것은 아름다운 생각입니다. 계시록의 앞에 나오는 이상을 볼 때, 예수님은 보좌 앞에 계십니다. 그래서 하나님은 언제나 우리를 보시기 전에 먼저 주님을 보십니다. 나는 그리스도 안에서 하나님을 보기 전에는 하나님을 바라볼 수 없습니다.

그리고 하나님께서도 그리스도 안에서 나를 보시기 전에는 나를 그냥 두고 보실 수 없습니다. 출애굽기에 나오는 다음의 말씀은 아주 놀랍습니다. "내가 피를 볼 때에 너희를 넘어가리라"(출 12:13). 하나님은 "너희 이스라엘 백성이 그 피를 볼 때, 내가 너희를 넘어가리라"고 말씀하시지 않습니다. 이스라엘은 피를 볼 위치에 있지 않았습니다. 이스라엘 백성은 집 안에 있었고, 피는 집 밖 좌우 문설주와 인방에 있었기 때문입니다. 그들이 어린 양이 죽은 것을 본 것은 사실입니다. 이스라엘 온 회중이 두 날 저녁 사이에 양을 잡도록 했고, 그래서 그들이 피를 뿌리는 것을 보았다는 것을 여러분도 알 것입니다. 그러나 그들의 안전은 그들이 피를 보았다는데 있기보다는 하나님께서 항상 그 피를 보신다는 데 있습니다. "내가 피를 볼 때에 너희를 넘어가리라." 마찬가지로 성도의 언약의 안전은 성도들이 끊임없이 믿음을 발휘하는 데서 나오는 것이 아니라 성부 하나님께서 그의 아들 예수 그리스도를 성도의 보증과 제물로 보신다는 사실에서 나옵니다. 그러므로 우리가 찬송에서 이렇게 호소하는 것이 옳습니다.

> "그리스도를 보시고 그 다음에 죄인을 보소서
> 예수님의 상처를 통해서 나를 보시옵소서."

그래서 우리 주님께서 보좌 앞에 서서 우리를 위해 개입하여 중재하시고, 우리가 하나님께로, 곧 성부 하나님께로 나아갈 길을 여시는 것입니다.

나는 앞에서 본문의 이상의 준비 단계로서 이전의 이상을 보라고 말씀드렸습니다. 본문에서 예수 그리스도의 위치는 보좌에 계시는 것인데, 거기서 주님은 신성의 모든 능력을 옷 입고서 통치하십니다. 지금 바로 그 위치에 계시다는 것을 잊지 마십시오. 어린 양은 보좌에 계십니다. 주님은 성부 하나님과 동등이시고, 영원히 함께 하시며, 바로 하나님이시며, 언제나 하나님이셨습니다. 우리는 주님께서 성부 하나님과 함께 가지셨던 영광을 잊지 않습니다. 그러나 지금 주님은 신인이신 중보자로서 하늘의 영광을 받고 복합적인 인격으로 계십니다.

> "이분이 그분이시다.
> 우리가 보지 못하나 경배하는, 높이 되신 그분이시다.
> 그러나 우리 눈이 그의 얼굴을 볼 때

우리 마음이 그를 더욱 사랑하리라."

하나님의 아들이자 사람이신 주님의 충만한 영광은 주께서 하나님의 보좌
에 계시는 것을 볼 때 나타날 것입니다. 일찍이 죽임당하신 어린 양으로 나타나
셨던 주께서 최고의 권세로 통치하실 것입니다. 그는 찬송받으실 유일한 주권
자, 만왕의 왕이요, 만주의 주이십니다. 그것이 바로 하나님과 그 어린 양의 보좌
입니다.

이와 같이 수여되는 권세를 어린 양은 당연한 권리에 의해 소유하실 뿐만
아니라 그 권세를 행위와 진리로 행사하십니다. 부활하신 구주께서는 "하늘과
땅의 모든 권세를 내게 주셨다"고 말씀하셨습니다. 주님은 이제 무한한 지배력
으로 통치하십니다. 그리고 그리스도의 나라의 통치는 의롭습니다. 요셉이 애굽
에서 높이 되었을 때, 바로가 "내가 너를 애굽 온 땅의 총리가 되게 하노라"고 말
하였고, "무리가 그의 앞에서 소리 지르기를 엎드리라 하더라 바로가 그에게 애
굽 전국을 총리로 다스리게 하였습니다"(창 41:41,43). 예수님께 대해서도 바로
그와 같은 사실을 읽게 됩니다. "하나님이 그를 지극히 높여 모든 이름 위에 뛰
어난 이름을 주사 하늘에 있는 자들과 땅에 있는 자들과 땅 아래에 있는 자들로
모든 무릎을 예수의 이름에 꿇게 하시고 모든 입으로 예수 그리스도를 주라 시
인하여 하나님 아버지께 영광을 돌리게 하셨느니라"(빌 2:9-11). 반역하는 자들
이라고 해서 주님의 통치에서 면제되는 것이 아닙니다. 그들이 주님을 거슬러
무슨 음모를 꾸미든지 철저히 실패할 것입니다.

"애굽 온 땅에서 네 허락이 없이는 수족을 놀릴 자가 없으리라"고 하는 바로
의 명령에는 약간의 과장이 있다고 생각할 수 있습니다. 그러나 이 말을 그리스
도께 적용한다면, 거기에는 조금도 과장이 없습니다. 살아 있는 사람은 누구나
생각과 마음의 상상에 대해 예수님께 책임을 져야 하기 때문입니다. 주는 영원
히 왕이십니다. 하늘의 보좌는 하나님과 그 어린 양의 보좌입니다. 자연에 대한
주님의 통치를 생각하면 나는 언제나 즐겁습니다. 나는 바다가 큰 소리로 찬양
하고, 큰물이 손뼉 치며 주님을 찬양하는 것을 생각하기 좋아합니다. 들판을 즐
겁게 만들고 삼림의 나무를 기쁘게 하시는 이가 바로 주님이십니다. 주님은 붓
으로 꽃들을 다양한 색으로 칠하고, 그의 숨결로 꽃들이 향기를 풍기게 만드십
니다. 구름은 주님의 숨결에 밀려서 하늘을 떠다닙니다. 생사의 모든 영역의 주

이시므로, 주님의 섭리는 매듭을 짓거나 끊어지게 하는 법이 없이 복잡하게 얽힌 시간의 모든 실타래를 유유히 통과합니다. 모든 사건들, 곧 눈에 잘 띄거나 띄지 않는 혹은 크거나 작은 모든 사건들이 주님의 권세에 복종하고, 주님의 주권에 의해 촉진되기도 하고 좌절되기도 합니다. 주께서 다스리고, 그의 통치가 점점 더 확대되므로, 평화가 무궁할 것입니다.

하나님의 어린 양이시여, 주님의 국왕 대권은 모든 은혜의 영역에 미칩니다. 오, 주 예수님이시여, 주는 주께서 선하게 보시는 대로 자비를 베푸십니다. 아버지 하나님께서 죽은 자를 살리고 원하는 자를 일어나게 하시듯이, 자신에게 있는 생명을 아들에게 주어 아들이 원하는 자는 누구든지 살리게 하셨습니다. 교회의 머리로서 주님의 통치는 그의 몸의 지체들 가운데서 절대적입니다. 영적 은사를 주시고, 신성한 직분을 세우는 일에서, 주님이 다스리고 정하십니다. 그래서 아무리 작은 것도 주님의 눈길에서 벗어나는 것은 없습니다. 수욕을 당하셨던 주님께서 만물을 다스리는 하나님으로서 지극히 영광스러운 자리까지 높아지신 것을 생각할 때 제 마음이 얼마나 기쁜지 모릅니다. 내가 계속해서 주님의 이름을 전파하고 주님의 명예를 알리는 일을 하는 가운데 받을 수 있는 어떤 비난이나 상처도 높아지신 주님을 보는 내 기쁨에 비하면 조금도 중요치 않다고 생각합니다. 그리스도께서 영광을 받으시기만 한다면, 나는 다락방에서 굶어죽거나 객사해도 좋습니다. 나폴레옹 군대의 나이 든 병사들은 자기들 장군의 승리를 매우 기뻐하였습니다. 그들은 승리의 함성이 공기 중에 울려 퍼지는 소리를 들으며 전장(戰場)에서 쓰러질 때, 황제가 명성을 얻고 프랑스가 지극히 융성해지는 한 자기들 목숨을 가볍게 생각하는 것 같았습니다. 왕이신 어린 양이여, 만세! 승리하신 주님이시여, 영원히 다스리소서! 우리는 누구이며, 무엇을 하는 사람입니까? 형제 여러분, 전투가 치열한 환난의 때에 주님을 따르도록 합시다. 그러면 나팔을 불어 주님의 승리를 온 우주 앞에 알릴 때 여러분이 주님을 수행하는 무리 가운데 있게 될 것입니다. "보좌에 앉으신 이와 어린 양에게 찬송과 존귀와 영광과 권능을 세세토록 돌릴지어다"(계 5:13).

무한한 제국의 보좌에 계시는 분에게 우리가 얼마나 초라한 경배를 드리는지 모릅니다! 주께 경배를 드릴 때 우리는 지극히 겸손한 태도로 드려야 합니다. 그러나 또한 지극히 어린아이다운 신뢰를 가지고 경배해야 합니다. 사랑하는 여러분, 우리 앞에는 하나님의 장엄하심과 어린 양의 온유하심이 보입니다. 무한하신 창조주와 순진무구한 피조물이 함께 사랑의 연합으로 결합되어 있습니다. 만물 위에 계셔서 영원히 찬송받으실 하나님이신 분은 여러분의 극단적인 부족도 충분히 채우실 만큼 자원이 풍부하십니다. 여러분이 그리스도께 가까이 올 때, 한계가 있는 조력자에게 오는 것이 아닙니다. 그리스도의 피의 공로를 의지할 때, 여러분은 사죄와 평안과 용납하심에 대한 아주 유력한 구실과 충분한 보증을 갖습니다. 여러분은 어린 양의 보좌에 가는 것이고, 그 보좌는 바로 하나님의 보좌입니다. "나의 하나님이 그리스도 예수 안에서 영광 가운데 그 풍성한 대로 너희 모든 쓸 것을 채우시리라"(빌 4:19). 그러한 보고(寶庫)에서 내놓지 못할 것은 없습니다. 하나님의 영광의 모든 풍성한 것들이 그리스도 예수 안에 쌓여 있고, 그리스도께는 모든 부가 있어서 그의 구속받은 가족들 모두에게 주십니다.

　　소키누스주의자(그리스도의 신성을 부인하는 이단)들이 사람 그리스도, 혹은 천사 그리스도, 불멸의 안내자인 반신(半神) 그리스도에게 대체 무슨 소망과 기대를 품을 수 있는지 모르겠습니다. 그들이 공생애 동안의 생활의 순결함을 인해서 나사렛 예수를 존경할 수 있습니다. 그러나 나는 내 영혼을 구원하는 사람의 몸을 입으신 하나님이 필요하고, 내 죄를 깨끗이 씻는 하나님 아들의 죽음이 필요합니다. 인생의 싸움은 너무도 치열해서, 하늘을 지은 그 오른손이 아니고는 어떤 것도 내게 승리를 줄 수 없다는 것을 압니다. 나는, 피 흘리고 죽으셨고, 큰 영광에 들어가셨으며 지금 보좌에 앉아계시는 성육신하신 하나님, 곧 만유의 주를 붙듭니다. 나는 그리스도의 구원하시는 힘이 나를 붙들어 줄 것이라고 믿습니다. 청중 여러분, 여러분에게 묻겠습니다. 여러분은 주님을 믿고, 전적으로 주님만을 붙들고 있습니까? 거룩한 주님보다 못한 것에 만족할 수 있습니까? 여러분이 위로부터 난 사람이라면, 만족할 수 없을 것입니다. 그렇다면 주님의 이름을 찬양하고, 이 좋은 시간에 마음으로 주님을 예배하십시오.

　　자, 이것이 어린 양의 입장에서 본 보좌의 측면입니다. 이제는 달리 하나님의 보좌를 보도록 합시다. 하나님의 보좌는 어린 양의 보좌입니다. 우리가 죄인으로서 양심에 죄의식을 가지고 본다면, 하나님의 보좌는 공포의 대상으로, 빨리 벗어나야 할 곳입니다. 우리 시인이 다음과 같이 이야기한 것은 옳은 말이었습니다.

"일찍이 그곳은 맹렬한 불길을 쏟아내는
불타는 진노의 자리였네.
하나님은 소멸하는 불로 나타나셨고
보복이 그의 이름이었네."

　내가 하나님을 아주 두렵게 알던 때가 생각나는데, 나는 그런 내 지식이 진리에 근거한 것이었음을 압니다. 하나님께서 사함받지 못한 사람들에게는 두려운 분이시기 때문입니다. 이제 나는 어떤 사람들이 그러듯이 "주께서 전에는 내게 노하셨사오나 이제는 주의 진노가 돌아섰고 또 주께서 나를 안위하시나이다"(사 12:1) 하고 노래하는 것을 떳떳지 않게 생각하지 않습니다. 하나님께 변화가 일어난 것이 아닙니다. 변화된 것은 하나님에 대한 시각인데, 이 시각을 죄인이 가질 수 있습니다. 그 변화는 그리스도께서 일으키십니다. 영원토록 여호와는 동일하십니다. 하나님께는 아무 변화가 없습니다. 그리스도께서 성부 하나님이 우리를 사랑하시도록 하기 위해서 혹은 하나님의 반감을 녹여 애정으로 변화시키기 위해 죽으신 것이 아닙니다. 그렇지 않습니다. 하나님, 우리 주 예수 그리스도의 아버지를 찬송합시다. 하나님은 영원한 사랑으로 우리를 사랑하셨고, 창세 전에 그리스도 안에서 우리를 택하셨습니다. 우리가 범한 죄로 인해 하나님의 공의가 침해를 당하였고, 그래서 거룩하고 공의로운 주권자로서 하나님의 진노가 죄인인 우리에게 타올랐습니다. 그런데 그리스도께서 자신을 제물로 드려 우리의 죄를 없앴을 때, 자신의 죽음으로써 하나님의 진노를 다 달래셨습니다. 그의 보혈로써 충분한 속죄를 이룬 것입니다. 이제부터는 주님의 이름에 영원한 찬송을 드립시다. 하나님의 보좌는 어린 양의 보좌입니다. 그것은 의의 보좌이며, 또한 은혜의 보좌입니다. 거기 전능자의 보좌에서 자비가 통치합니다. 하나님 나라의 모든 법과 규례는 제사의 공로와 구속의 효력에 따라 반포됩니다. 제단과 보좌가 하나가 되었습니다. 그 보좌에서는 신자에게 맹렬한 번개를 내려칠 수 없습니다. 그 보좌가 하나님의 보좌일 뿐 아니라 어린 양의 보좌이기 때문입니다. 이같이 하나님의 보좌에 엄위와 자비가 결합되었다는 사실에 고난 받는 성도들에게 참으로 큰 위로가 있습니다.
　이 보좌로 표시되는 통치권은 확실히 무한합니다. 하나님의 보좌는 하늘의 군대들과 이 낮은 세상의 거민들 가운데서 자기 뜻대로 행하는 절대 군주의 왕권입니다. 그 보좌에서 이 말씀이 천둥소리처럼 선포됩니다. "여호와께서 다스리시니 만민이 떨 것이요"(시 99:1). 하나님의 통치의 보좌는 독단적인 권력의 보좌가 아닙니다. 하나님은 온전하고 거룩하시며, 그의 뜻은 지극히 공의롭기 때문입니다. 하나님의 뜻에 따라 행할 때, 하나님은 우리에게 풍성한 지혜와 선하심을 베푸십니다. 법의 엄격함이 사랑의 친절함과 결합되어 있습니다. 하늘의 보좌는 하나님의 보좌이면서 또한 어린 양의 보좌이기 때문입니다. 내 생각을 제대로 표현할 말을 찾지 못할까 걱정입니다. 하나님과 어린 양의 이 제국은 우리에게 사랑스럽게 느껴집니다. 이 제국에는 매우 매력적인 왕의 친절이 있고 위엄 있는 자비가 있습니다.

    그것이 무슨 보좌인가? 그 보좌가 누구의 것인가? 이렇게 묻는 사람이 있습니까? 거기에 대해 말씀드리겠습니다. 그것은 크고 영광스러운 하나님의 보좌이고, 겸손하고 사랑스러운 어린 양의 보좌입니다. 영광스러운 하나님이 어린아이처럼 온순하십니다. 어린 양이 사자처럼 당당합니다. 성 베르나르는 계시록 5장에 나오는 일곱 인으로 봉인된 책을 언급하면서 이렇게 말하였습니다. "요한은 사자에 대한 말을 들었고 어린 양을 보았다. 어린 양이 책을 펴자, 사자가 나타났다." 자, 여기에 "하나님과 그 어린 양의 보좌"가 있습니다. 아, 예언자여, 네 발에서 신을 벗으라. 네가 서 있는 곳은 거룩한 땅이다. 하나님이 여기에 계시기 때문이다. 어린아이들이여, 오라. 너희들을 끌 만한 매력적인 것이 있다. 어린 양이 여기 계시기 때문이다. 그것은 하나님의 보좌입니다. 그러므로 경외심과 겸손한 마음으로 그 앞에 엎드리십시오. 그것은 어린 양의 보좌입니다. 그러므로 여러분은 그 앞에 두려움 없이 설 수 있습니다. 찬란한 광채와 부드러움이 풍부하게 뒤섞인 것을 이제는 이해할 수 있습니까? 이것을 생각할 때, 어떤 느낌이 들지 않습니까? 여러분은 매력적인 아름다움과 압도적인 빛이 느껴지지 않습니까? 요한은 1장에서 그의 기분이 어떠했는지를 말합니다. 그때는 인자가 일곱 촛대 사이에서 제사장과 왕의 표지를 지니고서 그에게 나타났습니다. 첫째로 요한은 "내가 볼 때에 그의 발 앞에 엎드러져 죽은 자 같이 되었다"(계 1:17)고 말합니다. 이어서 "그가 오른손을 내게 얹고 이르시되 두려워하지 말라 나는 처음이요 마지막이니라"고 말합니다.

    아, 여러분이 그분이 누구신지 알게 되면, 두려움이 물러가고 믿음이 생기며, 떨림은 사라지고 신뢰가 생깁니다. 그러므로, 약하고 소심한 제자들이여, 용

기를 내십시오. 왜 여러분은 하늘의 은혜의 보좌에 숨을 죽이고 살금살금 걸어
옵니까? 여러분은 언제나 같은 말투로 "주여, 불쌍한 죄인인 우리를 긍휼히 여겨
주소서" 하고 외치려고 합니까? 여러분이 전에는 불쌍한 죄인이었습니다. 그러
나 지금은 그렇지 않습니다. 여러분은 어린 양의 피로 씻음을 받았습니다. 여러
분은 하나님의 귀한 자녀들입니다. 여러분은 양자의 영을 받았습니다. 그러므로
기도할 때, "하늘에 계신 우리 아버지여" 라고 말하십시오. 과거 이스라엘보다 하
나님과 더 가까이에서 교제를 갖게 된 것이 여러분의 특전이니, 그 특전을 즐거
이 누리시기 바랍니다. 그 산에 아무 제한도 두지 않았기 때문입니다. 이스라엘
백성은 멀리 서 있어야 했고, 죽을까봐 감히 가까이 나가지 못했습니다. 그들은
더 이상 자기들에게 두려운 말씀을 하시지 말아달라고 간청하기까지 했습니다.
그러나 여러분은 하나님 가까이 있는 백성이요, 하나님께서 소중히 여기는 백성
입니다. 여러분이 충성을 바쳐야 할 보좌는 하나님과 그 어린 양의 보좌입니다.

앞으로 갈수록 이 주제는 내가 파악하기에 너무 커서 설교로 담아낼 수 없
겠다는 생각이 듭니다. 이것은 설교가 아닙니다. 나는 지금까지 본문 말씀을 앞
에 놓고, 마음에 주님의 나라의 영광이 떠오르는 대로 이어지는 생각을 말해왔
을 뿐입니다. 사실 우리 가운데 누구라도 하나님과 어린 양 앞에서 무슨 말을 할
수 있겠습니까? 우리가 마땅히 취할 자세는 엎드려 예배하는 것입니다. 이사야
는 여호와께서 높이 보좌에 앉아 계시고, 하나님의 옷자락이 성전을 가득 채우
고 있는 것을 보았습니다. 보좌 둘레에 스랍들이 서 있었습니다. 죄 없고 순결한
그들이었지만, 겸손하고 공손하게 경의를 표하였습니다. 스랍들 각각은 날개가
여섯이었는데, 날개 둘로는 얼굴을 가리고, 둘로는 발을 가리며, 둘로는 날아다
녔습니다. 영원하신 하나님 앞에서, 우리는 한 목소리로 "거룩하다 거룩하다 거
룩하다 만군의 여호와여 그의 영광이 온 땅에 충만하도다"(사 6:3) 하고 소리 높
여 경배하는 것 외에는 아무 말도 할 수가 없습니다. 이밖에 소리칠 수 있는 적
합한 말은 이것뿐일 것입니다. "죽임을 당하신 어린 양은 능력과 부와 지혜와 힘
과 존귀와 영광과 찬송을 받으시기에 합당하도다"(계 5:12).

주의해서 볼 사실이 한 가지 더 있는데, 그것은 하나님과 그 어린 양의 보좌
가 하늘에 있다는 것입니다. 그러므로 하늘에 있는 보좌를 보십시오. 우리는 하나님
의 보좌를 보려면 먼저 이 세상 영역을 초월해서, 하늘의 영역을 차지하고 있는
사람들의 무리에 합류해야 합니다. 그래야 하나님의 보좌를 완전하게 볼 수 있

습니다. 하나님의 보좌를 보는 이것이야말로 하늘의 큰 기쁨이지 않겠습니까?

> "하나님의 보좌를 보기 위해서라면
> 모든 감각의 기쁨을 내놓겠습니다.
> 이루 헤아릴 수 없고 말할 수 없는
> 기쁨이 그 보좌에서 영원히 새롭게 솟아날 것입니다."

천국에 대한 생각들은 다양합니다. 그래서 "천국에 있는 것이 어떨 것 같은 가"라는 질문을 받으면 각 사람의 성품에 따라, 품고 있는 전망과 내놓는 답변이 다를 것이라고 생각합니다. 하나님께서 자기를 사랑하는 자들을 위해 준비하신 기쁨은 참으로 풍성해서, 상상할 수 있는 영역은 광대합니다. 반짝이는 열두 기초석 위에 세워진 큰 성벽이 있고, 열두 진주문이 있으며, 열두 달 열매를 맺는 생명나무도 있습니다. 하나님의 낙원을 표현하기 위해 거룩한 사람들이 사용하는 상징의 모든 의미를 다 말할 수 있는 사람이 누가 있겠습니까?

우리가 성경에서만 천국에 대한 생각을 얻는 것은 아닙니다. 우리가 이 땅에서 탄식할 때, 우리를 위하여 쌓아둔 복을 생각하게 되기 때문입니다. 일에 지친 노동자들은 천국을 휴식의 땅으로 생각하는데, 천국이 그렇다는 것을 알게 될 것입니다. 반면에, 우리가 예배에서 갖는 즐거움과 기독교 활동에서 얻는 기쁨을 생각할 때는 천국을 하나님의 종들이 밤낮으로 하나님을 섬길 수 있는 성소로 여기게 되고, 천국이 그렇다는 것을 경험하게 될 것입니다. 나는 그 두 가지 기대에 다 공감합니다. 두 가지 기대가 반대되는 것으로 들리지만, 충돌하는 것처럼 생각할 필요가 없습니다. 영화롭게 된 영들의 안식은, 생기발랄함이 멈추는 것이 아니라 오히려 열광적인 봉사 가운데서 즐겁게 원기를 회복하는 것입니다. 구속받은 무리들의 봉사는 그들을 피곤하게 만드는 것이 아니라 오히려 그들을 더 빨리 날고, 더 큰 소리로 노래하며, 하나님의 얼굴을 보면서 더 부지런히 하나님을 섬기도록 자극할 것입니다.

천국에는 죄가 없을 것을 생각하고 미소를 짓는, 시험받는 사람들이 여러분 가운데는 없습니까? 바울은 감옥에 있으면서 자기의 떠날 때가 가까운 것을 알고, 하나님의 말씀을 전하고 박해를 견디는 삶이 끝난 후에는, 의로운 재판장이신 주님께서 틀림없이 그에게 주실 의의 면류관이 있을 것을 아주 기쁘게 내다

보았습니다. 용사들이 승리의 면류관을 바라듯이, 친구들은 사귐을 바랍니다. 성도들과 중단 없는 교제를 누리는 하늘의 복이 사랑하는 사람들에게는 큰 것입니다. 이 땅에서 주님을 사랑한 사람들을 다 보는 것은 하늘에서 참으로 큰 기쁨일 것입니다. 이 복된 재결합이 이루어질 때 얼마나 행복하겠습니까. 여러분 모두, 천국 중의 천국은 "훨씬 더 좋은 일인 그리스도와 함께 있는 것"(빌 1:23), 곧 우리가 그리스도의 얼굴을 보고 그의 영광에 참여하는 것이라는 내 말에 동의하실 것입니다. 하나님과 그 어린 양의 보좌가 우리 모든 기쁨의 중심이 될 것입니다. 우리가 하늘 아버지의 집에 이르는 것, 우리의 맏형을 보는 것, 우리가 그리스도와 함께 거하고 다시는 세상에 나가지 않을 것을 확실히 아는 것. 바로 이것이 우리가 갈망하는 바입니다! 우리가 새 집에 온 것을 환영한다는 주님의 음성을 듣기를 고대합니다.

> "너 복 받은 자여, 와서 내 곁에 앉으라
> 내 생명으로 너를 속하였노라
> 와서 나의 완전한 은총을 맛보라
> 너 행복한 영아 오너라
> 너는 이제 나와 함께 집에 있을 것이다
> 너희 기쁨에 찬 저택들이여, 그에게 방을 내주어라
> 그가 영원히 머물 것이기 때문이라."

 사랑하는 여러분, 우리를 사랑하신 분을 노래합시다. 그럴지라도 우리는 주님께 대한 우리의 사랑을 사람들에게 다 말할 수 없을 것입니다. 여러분은 눈물로 주님의 발을 씻을 수 없습니다. 주께서 여러분의 눈물을 다 닦아주실 것이기 때문입니다. 여러분이 천국에서는 이 땅에서 할 수 있는 것처럼 여러분의 재산을 가지고 주님께 명예를 드릴 수 없습니다. 천국에는 여러분이 구제할 수 있는 과부와 고아가 없고, 여러분이 먹이고 옷 입히며 찾아갈 수 있는 가난하고 궁핍한 자들이 없을 것이며, 주께 하듯 제자들에게 할 수 없을 것이기 때문입니다. 그러나 주 앞에 엎드려 주님을 볼 수 있습니다! 주님은 죽임당하신 어린 양의 모습으로 계시고, 제사장의 의복을 입고 계십니다. 아, 주님을 볼 수만 있다면! 누군가가 "죽기 전에 꼭 나폴리를 보라"고 말했습니다. 그러나 우리가 세상에서 1

분만이라도 그리스도를 볼 수 있다면, 죽어서 곧바로 주님과 함께 본향에 가도 만족할 것입니다. 먼저 가서 집에 있는 식구들에게 작별을 고할 수 있게 해달라고 구하지도 않을 것입니다.

우리는 천국에서 주님과 참으로 거룩한 사귐을 가질 것입니다. 그리스도께서는 땅에 있는 그의 교회에서 우리에게 그와의 즐거운 교제를 미리 조금 맛보게 하셨습니다. 그러나 천국에서는 어린 양이 항상 성도들에게 먹을 것을 주고, 그들을 생명수 샘물로 인도하실 것입니다. 수년 동안 내 마음속에서 맴돌았던 본문이 있습니다. 나는 그 본문을 가지고 설교를 하고 싶지만, 아직은 충분히 알지 못합니다. 천국에 가기 하루 전날 그 본문으로 설교할 수 있기를 바랍니다. 그렇게 되지 않으면, 천국에서 그 의미를 충분히 깨달을 때 그 본문을 가지고 설교할 것입니다. 아, 웃지 마십시오. 천국에서도 그리스도를 증언할 기회가 있을 것입니다. 우리는 하늘에서 정사와 권세들에게 하나님의 각종 지혜를 알려줄 것이기 때문입니다. 우리가 그리스도의 헤아릴 수 없는 부를 다 조사할 수 있다는 것은 생각하기 어려운 일입니다.

내가 지금 언급하고 있는 바를 예수께서 말씀하십니다. "내 아버지 집에 거할 곳이 많도다 그렇지 않으면 너희에게 일렀으리라 내가 너희를 위하여 거처를 예비하러 가노라." 나는 도마처럼 묻고 싶은 것이 많습니다. 천국에서 준비한다는 것은 무엇을 말합니까? 천국이 어떤 의미에서 준비가 필요한 곳입니까? 나는 천국을 짓다 만 곳이나, 짓기는 다 지었지만 가구가 일부밖에 갖추어지지 않은 곳으로 생각하고 싶지 않습니다. 우리를 위해 거처를 예비한다는 것이 무슨 의미입니까? 아마도 우리 주님께서 가심으로 천국이 준비되었을 것이고, 천국의 대저택들은 주님의 제자들이 와서 거주하기를 기다릴 것입니다. 구주께서 계시지 않는다면 천국이 성도들에게 가정이 되지 못할 것입니다. 나는 천사들을 모르고, 그 가운데 하나라도 대면한 적이 없기 때문에, 예수께서 천국에 계시지 않는다면, 그래도 그들 가운데서 편하게 지낼 수 있을지 모르겠습니다. 거기에는 내가 예전에 알았고 사랑한 성도들이 몇 사람 있습니다. 그러나 사람은 천국에서 거주자들 전체, 곧 장자들의 모임과 교회에 소개되기를 바랍니다. 이 행복한 친밀함은 어떻게 생길 수 있겠습니까? 예수께서 거기에 계시므로, 우리가 그동안 알았고 또 우리를 알고 있는 친구, 천국의 모든 거주자들에게 우리를 소개시키며, 우리에게 천국의 모든 기쁨을 알려줄 수 있는 친구를 천국에 두고 있는 것입니다. 주님의 임재는 하늘의 도성의 빛이요 영광입니다. 내가 주님의 팔에 안겨 그의 편안한 가슴에 안전하게 기대고 있을 때, 내가 있을 곳이 준비될 것입니다. 영원한 건축가의 모든 계획과 뜻이 성취되려면, 건설하는 사람의 할 일이 많을 것입니다. 그 일에 대해서는 알지 못하므로 나는 할 말이 없습니다. 예수께서는 자기 백성이 거할 곳을 마련하기 위해 가셨습니다. 그리고 지금은 주께서 자기 백성들이 그곳에 갈 수 있도록 준비시키고 계시는 중이라는 것을 우리는 아주 분명하게 압니다.

자, 들어보십시오. 내가 이제 여러분에게 하려고 하는 이 결론의 말을 잘 들어보시기 바랍니다. 지금 우리는 하늘을 향하여 급히 걸음을 옮기고 있는 중입니다. 우리는 그 행복한 평원에 도달하기를 간절히 바랍니다. 거기에는 즐겁게 누릴 안식이 있을 뿐만 아니라 경축할 축제가 또한 있기 때문입니다. 어린 양의 혼인 만찬이 가까이 왔습니다. 주님의 교회는 신랑을 위해 단장한 신부처럼 준비될 것입니다. 주와 함께 있으며, 택함을 받고 부름을 받아 주님을 수행하여 따르는 신실한 우리는 이제까지는 주님과 혼인을 한 것뿐입니다. 그런데 지금은 "어린 양의 혼인 기약이 이르렀고 그의 아내가 자신을 준비하였느니라"는 음성이 들릴 곳으로 가고 있습니다. 나는 멈춰 섭니다. 한 걸음도 더 나가지 못하겠습니다. 나는 여러분을 이 무한한 기쁨의 복된 바닷가로 데려왔습니다. 이 바다에, 하나님의 지극히 깊은 사랑의 바다에 뛰어들 수 있으면 좋겠습니다. 우리 주예수 그리스도께서 이후에 그의 사랑하시는 백성을 불러들여 영원히 자기에게 결합시킬 더 친밀한 관계가 있습니까? 그동안 우리가 두렵지 않게 말하였던 교제 가운데 하나님의 사랑을 충만하게 맛보게 될 것입니까? 이것은 바울이 낙원에 끌려올라갔을 때 들었던 말로 다할 수 없었던 것 가운데 하나입니까? 옛 창조에서 주 하나님께서 아담을 위해 돕는 배필을 지으셨을 때처럼 이 혼인식 장면이 새 창조의 마지막 행동이 되겠습니까? "이 비밀이 크도다 나는 그리스도와 교회에 대하여 말하노라"(엡 5:32).

동이 트고 어둠이 물러날 때까지, 신랑이 와서 신부를 집으로 데려가시기를 기다립시다. 혼인식 날을 앞두고 있는 처녀로서 우리는 등불을 손질하여 두고 기름이 있는지 확인하도록 합시다. 그래서 우리 가운데 아무도 "보라 신랑이로다"라는 소리가 들릴 때, 꺼져가는 심지를 손봐야 하거나 절망적인 심정으로 "우리 등불이 꺼져간다"(마 25:8)고 소리치지 않도록 합시다. 우리는 문을 지나 그

성에 들어갈 수 있도록 모든 준비를 하고 있도록 합시다.

그런데 슬프게도 여러분 가운데는 이 주제가 우리 마음에 불러일으키는 기쁨을 느낄 수 없는 분들이 있습니다. 여러분은 하나님과 그 어린 양의 보좌를 보아도 기쁨을 느낄 수 없습니다. 하나님께서 여러분이 그 기쁨을 느낄 수 있게 해 주시기를 바랍니다. 자, 마음속으로 깊이 회개하고, 공적으로 믿음을 고백하고, 은혜의 보좌 앞으로 오십시오. 그것은 여러분의 죄의 성격을 아시는 하나님의 보좌입니다. 그것은 죄의 형벌을 지셨고, 그 형벌을 없애실 수 있는 어린 양의 보좌입니다. 죽임당하신 어린 양의 보좌로 오십시오. 지금 오시기를 간절히 권합니다. 그러면 여러분은 평안과 화목을 발견할 것이고, 주님의 기쁨에 참여하게 될 것입니다. 하나님께서 이 모든 회중에게 복 주시기를 예수 그리스도의 이름으로 기도합니다. 아멘.

제
33
장

—

# 하늘의 하늘

—

**"그의 종들이 그의 얼굴을 볼 터이요" ― 계 22:4**

이탈리아 사람들은 나폴리라는 도시를 어찌나 칭찬하는지 "죽기 전에 반드시 나폴리를 보라"는 속담이 있을 정도입니다. 마치 그 아름다운 만과 도시를 한 번 보고 난 후에는 더 이상 볼 곳이 없는 것처럼 말입니다. 본문에 언급된 훨씬 더 아름다운 광경을 볼 수 있다면, 사람들은 기꺼이 천 번이라도 죽을 것입니다. 우리가 주님 오시기 전에 이 세상을 떠나는 것이 하나님을 기쁘시게 한다면, 우리는 죽음이 주의 얼굴을 볼 곳으로 우리를 데려간다는 것을 알기 때문에 죽음을 비웃고 오히려 유익으로 생각할 것입니다. 옛적에 여호와께서 "내 얼굴을 보고 살 자가 없음이니라"(출 33:20)고 말씀하셨습니다. 그러나 그 말씀은 죽을 인생들에게만 해당되었고, 썩지 아니함을 입은 사람들에게는 적용되지 않습니다. 저기 영광의 땅에서 사람들은 하나님의 얼굴을 보고도 삽니다. 그렇습니다. 하나님의 얼굴을 보는 것이야말로 성도들의 생활의 핵심이고 미점입니다. 이 땅에서는 주님의 얼굴을 보는 것이 너무 강렬해서 몸과 영혼이 감당할 수 없고, 우리는 넘치는 기쁨 때문에 몸과 영혼이 고통스럽게 분리되어 죽게 될 수가 있습니다. 그러나 저기 위에서는 몸이 없는 영은 찬란한 광채를 견딜 수 있을 것이며, 몸도 죽은 자들 가운데서 부활하여 새로이 더 큰 능력을 입을 때는 감당할 수 있을 것입니다. 비할 데 없는 영광을 보면 다쳐서 시력을 잃게 될 눈이 그때에는 하나님의 영광의 광채요 그 본체의 형상이신 천군들의 주님을 영원히 볼 수 있도록 힘을 얻을 것입니다.

　　형제자매 여러분, 우리의 소망의 대상이신 그분을 생각하십시오! 우리에게 약속된 행복을 보십시오! 우리를 기다리고 있는 천국을 보십시오! 잠시 동안 여러분의 현재의 염려들을 잊어버리십시오. 여러분의 곤경과 슬픔을 잠시 동안 치워 버리십시오. 그리고 신실한 약속에 의해 철저히 보증되었기 때문에 여러분이 지금이라도 기뻐할 수 있는 미래에 잠시 동안 살도록 하십시오. 우리와 우리의 큰 상급 사이를 가로막고 있는 휘장은 아주 얇습니다. 소망은 휘장의 얇은 천을 뚫고 봅니다. 독수리의 눈을 가진 믿음은 갈망하는 눈에서 영원한 기쁨을 가리는 안개를 뚫고 봅니다. "하나님이 자기를 사랑하는 자들을 위하여 예비하신 모든 것은 눈으로 보지 못하고 귀로 듣지 못하고 사람의 마음으로 생각하지도 못하였다 함과 같으니라 오직 하나님이 성령으로 이것을 우리에게 보이셨으니 성령은 모든 것 곧 하나님의 깊은 것까지도 통달하시느니라"(고전 2:9,10). 우리는 시간이 갈 때마다 우리에게 가까이 오고 있는 이 지극한 복을 성령의 능력으로 알고 믿었으며 기대하고 살았습니다.

　　우리 주님께서 여기 땅에 계신 동안, 그의 얼굴을 보는 것이 영적인 마음을 가진 사람들에게는 큰 기쁨이었을 것입니다. 마리아가 처음으로 거룩한 아기 예수의 사랑스러운 얼굴을 보았을 때, 그녀의 마음에 얼마나 큰 기쁨이 밀려들어 왔을지, 나는 상상할 수 없지만, 아마도 여러분 어머니들 가운데는 짐작할 수 있는 분들이 있을 것입니다. 아기 예수는 특별한 아름다움이 있었을 것이라고 생각합니다. 주님처럼 절대적으로 완전한 영은 대칭이 완벽하고 매력적인 특징을 지닌 몸에 안치되었을 것이 틀림없습니다. 동정녀 마리아를 덮어 그의 기적적인 능력으로 주님을 잉태하게 하신 성령께서 아름답지 못한 몸을 지으셨을 것 같지 않고, 성부 하나님의 독생자이신 그처럼 기뻐하는 분을 위해 추한 몸을 만들어 드렸을 리 만무합니다. 주님의 어머니 마리아가 주님을 보았을 때, 박사들과 목자들이 그 사랑스러운 얼굴을 보았을 때, 그들은 모두 이 옛 시인처럼 "왕은 사람들보다 아름다우니이다"(시 45:2) 하고 말했을지 모릅니다. 그 구유는 비할 데 없이 아름다운 몸을 받았습니다. 화가들이 그 어머니와 놀라운 그의 아기를 그리기 위해 모든 솜씨를 발휘하는 것은 당연한 일입니다. 그 광경은 목자들을 양 무리에서 불러오고, 박사들을 먼 나라에서 데려오며, 천사들을 하늘에서 끌어내릴 정도로, 즉 하늘과 땅이 다 같이 그의 얼굴을 보려고 할 정도로 아름다웠기 때문입니다.

나사렛 예수께서 성년이 되어 얼굴이 기쁨으로 빛이 날 때, 그의 얼굴을 보는 것이 적지 않은 기쁨이었을 것으로 생각합니다. "그 때에 예수께서 성령으로 기뻐하시며, 아버지여 감사하나이다 하시니"(눅 10:21). 사람들은 그 죄 없는 미소의 광채에 몸을 녹이기를 좋아했을 것입니다. 그것은 마음이 청결한 사람들만이 예수님의 얼굴에 나타난 기쁨의 아름다운 표시들을 알아볼 수 있는 광경이었습니다. 그것은 참으로 신령하고 세련되며 천상적이고 거룩한 기쁨이었습니다. "아버지여, 감사하나이다." 즉 주님은 하나님께서 영원한 선택의 작정으로 말미암아 하나님 나라의 일들을 지혜롭고 슬기 있는 자들에게는 숨기시고 어린 아이들에게는 나타내신 일을 두고 하나님께 감사하며, "옳소이다 이렇게 된 것이 아버지의 뜻이니이다"(마 11:26) 하고 말씀하셨습니다. 베드로와 야고보와 요한이 본 광경도 마찬가지로 아주 드문 일이었을 것입니다. 이때 그들이 구주를 보았는데, 그 얼굴이 온통 빛을 내뿜으며 온 몸이 거룩한 광채로 빛이 났습니다. 그 광경을 볼 수 있는 혜택을 받은 목격자라면 그 산에서 죽어도 좋겠다고 생각할 것입니다. 주님의 영광이 그처럼 거룩하게 나타나는 것을 볼 때까지 산 것만으로 충분하였을 것입니다.

사랑하는 여러분, 때때로 여러분은 나처럼 슬픔과 번민 가운데 있는 주님의 얼굴만이라도 볼 수 있었으면 좋겠다고 생각한 적이 없습니까? 머지않아 예수님의 아름다움은 마음의 슬픔과 매일의 고초로 상하기 시작하였습니다. 주님은 겨우 삼십 세 되었을 때 쉰 살 먹은 사람처럼 보였습니다. 유대인들이 말하였습니다. "네가 아직 오십 세도 못되었는데 아브라함을 보았느냐"(요 8:57). 우리는 주님의 용모가 누구보다도 상하였고, 그의 풍채 또한 여느 사람들보다 상하였다는 말을 듣습니다. 이는 주님께서 친히 우리 약함을 지셨고 우리의 슬픔을 담당하시므로, 이 모든 대속의 슬픔으로 인해 주님의 복된 이마에 깊은 고랑이 파였고, 볼이 푹 꺼지며, 눈은 많이 울어서 충혈되었기 때문입니다. 그럴지라도 나는 슬픔의 아들의 얼굴을 보았으면 좋겠고, "눈은 시냇가의 비둘기 같은데 우유로 씻은 듯하고 아름답게도 박힌"(아 5:12) 그 눈, 동정의 샘이고 사랑의 우물이며, 슬픔의 샘물인 그 눈을 보았으면 좋겠습니다. 향기로운 침상 같고 아름다운 꽃 같은 그 뺨과, 향기로운 몰약이 떨어지는 백합 같은 입술을 보고 흠모하는 심정으로 탄복할 수 있었으면 좋겠습니다. 주께서 겪으신 모든 고난도 상하신 용모에서 은혜롭고 거룩한 위엄을 빼앗을 수 없고, 완전한 사람이신 주님께만 있는 정신적이고 도덕적이며 영적인 아름다운 모습을 거두어갈 수 없었을 것이기 때문입니다. 주님의 얼굴이 피 같은 땀으로 붉게 덮이고, 주님의 고난의 진홍빛 색깔이 완벽한 주님의 몸에 가득 퍼졌을 때, 주님의 용모는 참으로 끔찍했을 것입니다! 슬픔의 아들께서 "내 마음이 매우 고민하여 죽게 되었다"(마 26:38)고 말씀하셨을 때, 그 용모가 어떠했겠습니까! 주님의 머리에 가시 면류관이 씌워졌을 때, 조롱하는 자들의 부끄러운 입에서 침 뱉음을 당한 상한 뺨에 붉은 핏방울이 연이어 흘러내릴 때, 그 얼굴을 보는 것이 어떠했겠습니까? 그것은 참으로 눈뜨고 볼 수 없는 고통스러운 광경이었을 것입니다! 그렇지만 구주께서 "목마르다" 고 하시고, "나의 하나님, 나의 하나님, 어찌하여 나를 버리셨나이까" 하고 비명을 지르셨을 때, 주님의 얼굴은 훨씬 더 핼쑥하였습니다. 그때는 정말로 우주의 태양이 두려운 일식에 들어갔고, 하늘의 빛이 잠시 동안 시커먼 폭풍우 구름 속으로 사라졌습니다. 그런 상태에 있었던 얼굴을 우리는 보지 못하였고, 앞으로도 보지 못할 것입니다. 그러나 사랑하는 여러분, 우리는 주님의 얼굴을 볼 것입니다.

　바랄 수 있다면 나는 마리아, 거룩한 부녀들, 요셉과 니고데모가 십자가에서 예수님의 복된 몸을 내려 무덤에 안치시킬 때 그들과 함께 있었으면 좋았겠습니다. 그 창백하고 가없은, 죽은 얼굴을 한 번 보았다면, 즉 죽음이 그 비길 데 없는 육체에 반영되었을 때 어떻게 보였는지 보았다면 좋았겠습니다. 예수께서 정복하고 또 정복하다가 사라지셨는데, 여전히 승리자로서 몸을 약탈자의 손에 넘기고 무덤의 보고에 잠시 누웠다가, 약탈자의 굴의 모든 빗장을 깨트리고 나오셨을 때 어떤 모습으로 나타나셨는지 보았다면 좋았겠습니다!

　그러나 형제 여러분, 부활 후에 몇몇 형제들이 보았을 때, 틀림없이 주님의 얼굴에 영광스러운 변화가 있었을 것입니다. 얼굴은 같은 얼굴이었습니다. 그들은 그분이 같은 그리스도이신 것을 알았습니다. 그들은 못 자국을 만져보았고 손을 주님의 옆구리에 넣어보았습니다. 그들은 예수께서 생선 한 토막을 잡수실 때 실제 몸과 뼈를 가진 분임을 알지 않았겠습니까? 그러나 그 얼굴은 예전의 위엄과 광채를 회복하셨습니다. 아마도 그 얼굴은 돋는 아침 햇빛처럼 번쩍이는 빛으로 빛났을 것입니다. 그 빛이 지금은 얼굴에서 이글거리며 타오르고, 이에 대해 요한은 "그 얼굴은 해가 힘있게 비치는 것 같더라"(요 1:16)고 말합니다. 그 얼굴에는, 지금 영화롭게 된 성도들이 천국에서 밤낮 없이 항상 바라보고 있는 비길 데 없는 그 영광을 부드럽게 열어 보여주는 면들이 있었을 것이라고 생각합니다. 그 얼굴은 예수께서 하늘로 올라가시고 구름이 그를 가리었을 때 마지막으로 보였습니다. 그때 예수께서는 내려다보며 손을 들어 축복하시면서 제자들을 그의 증인으로 임명하고 나서 복음을 전파하라고 명하셨습니다. 주님께서 세상 끝날까지 그들과 함께 계실 것이기 때문이었습니다. 땅에서 본 그리스도의 얼굴은 그런 것이었습니다. 그 얼굴을 다시 생각하다 보면, 주님께서 우리에게 약속하셨고, 또 성령께서 우리에게 은혜를 베푸심에 따라 이제 우리가 이야기하려고 하는 그 복된 광경을 보고자 하는 거룩한 갈망이 우리에게 일어날 수 있을 것입니다.

첫째로, 형제 여러분, 나는 오늘 아침 여러분에게 복된 그 광경 자체를 보여드리고자 합니다. "그의 얼굴을 볼 터이요." 둘째로, 우리는 그 광경의 더할 수 없는 분명함을 잠시 생각해 볼 것입니다. "그의 얼굴을 볼 터이요." 어떤 의미에서 이것은 일반적인 강조 용법보다 더 분명한 것입니다. 그 다음에 셋째로, 이 광경에 포함된 지극히 귀한 특전들을 볼 것이다. 마지막으로, 이 광경을 누릴 은총을 받은 사람들에 대해 살펴볼 것입니다. "그의 종들이," 다른 어떤 사람이 아니라 "그의 종들이 그의 얼굴을 볼 터이요."

### 1. 첫째로, 복된 그 광경.

"그의 얼굴을 볼 터이요." 성도들이 거기에서 예수님을 보리라는 것은 천국의 가장 큰 복이요, 천국의 정수요, 하늘의 하늘입니다. 그 외에도 볼 것들이 있을 것입니다. 온갖 보석으로 꾸며진 샘들을 본체만체할 사람이 누가 있겠습니까? 정금으로 된 거리와 진주문을 대수롭지 않게 이야기할 사람이 누가 있겠습니까? 우리는 천국에서 천사들과 스랍들과 그룹들을 보리라는 것을 잊지 않을 것입니다. 또한 이 땅에 있는 동안 주님 안에서 함께 생활하고 교제했던 사람들과 더불어 사도들과 순교자들, 고백자들을 보리라는 것을 생각하지 않을 수 없을 것입니다. 또한 이 땅에 있을 때 우리에게 소중했고 지금도 여전히 소중한, 예수 안에서 잠자는 고인이 된 우리의 혈족들, 곧 "망한 것이 아니라 앞서 간" 이들도 틀림없이 볼 것입니다. 그러나 이 모든 점에도 불구하고, 우리가 지금 천국에 대해서 주로 생각하는 점이고, 또 천국에 이를 때는 분명히 충만하게 알게 될 점은 바로 이것입니다. 즉 우리가 예수님을 보리라는 것입니다. 우리는 천국을 상상하는 일에는 별로 마음을 쓰지 않을 것입니다. 어떤 사람들은 그런 일을 매우 매력 있게 생각하고, 심지어는 그런 상상 속에서 천국을 발견할 수 있을 것 같이 생각합니다. 작가가 하나님의 우주의 법칙을 아는 지식에서 영원한 진보를 누리는 것을 하늘의 기쁨으로 여긴 공상의 시대들에 대한 글을 읽은 적이 있습니다. 내가 생각하는 하늘은 그런 것이 아닙니다. 지식은 행복이 아니고, 오히려 많은 경우에 슬픔을 더 가중시킵니다.

지식은 그 자체로 사람을 행복하게도 거룩하게도 만들지 못합니다. 단지 아는 것 자체만을 생각할 때, 나는 선택할 수 있다면, 아는 일을 그리 앞세우고 싶지 않습니다. 많이 아는 것보다는 차라리 적게라도 사랑하는 것을 택하겠습니다. 많은 지식보다는 적은 봉사를 택하겠습니다. 나는 하나님께서 내게 가르쳐 주시려고 하는 것을 알고 싶습니다. 그러나 그 일을 떠나서는, 심지어 무지조차도 내게 복이 될 것입니다. 어떤 사람들은 상상으로 이 별에서 저 별로 날아다니면서 온 우주에 걸친 하나님의 놀라운 일들을 보고, 하나님께서 그의 광대한 통치 영역 가운데 이 영역에서는 어떻게 통치하고, 다른 영역에서는 어떻게 통치하시는지에 대해 말하였습니다. 그것은 말할 만한 일일 수 있습니다. 그러나 내게는 그것이 천국이 되지 못할 것입니다. 현재의 상태에서 판단하자면, 나는 오히려 넓디넓은 피조계를 돌아다니기보다는 집에서 그리스도의 발 앞에 앉아 있을 것입니다.

> "광대한 땅과 넓게 펼쳐진 바다가
> 지혜롭고 능력 있는 하나님을 선포하고
> 하나님의 풍성한 영광은
> 멀리서 도는 별들마다에서 반짝이며 빛나네.
>
> 그러나 그리스도의 용모에서
> 하나님의 지극히 고상하고 기이한 일의 영광이 나타나니,
> 하나님이 그의 아들 안에서
> 그의 모든 능하신 일에 뛰어난 일을 행하셨음이라."

예수께서 무한하신 분이 아니라면 그렇게 말할 수 없을 것입니다. 그러나 주님은 신적인 분이시지만, 또한 인성으로는 우리와 아주 가까운 동류여서 우리와의 사이에 깊이 공감할 수 있는 점이 있어서, 주님과 함께 하늘에 올려가는 사람들에게는 새롭게 생각할 주제들과 새롭게 즐길 거리들이 항상 있을 것입니다. 형제자매 여러분, 확실히 신자에게는 예수님이 거기 계시지 않는다면, 혹은 예수님이 거기 계실지라도 예수님과의 지극히 가깝고 소중한 교제를 누릴 수 없다면, 천국은 가고 싶은 곳이 되지 못할 것입니다. 먼저, 예수님을 보자, 우리의 슬픔이 기쁨으로 변했습니다. 예수님과 새로 교제를 나누자, 우리가 당한 현재의 염려에서 벗어나고 무거운 짐들을 질 힘을 얻게 됩니다. 천상의 교제는 어떤 것이겠습니까? 그리스도를 모시고 있으면, 우리는 빵 한 조각으로 만족하고 물 한 잔으로도 흡족해합니다. 그러나 주께서 얼굴을 가리시면, 온 세상이라도 위안을 줄 수 없고, 우리는 사랑하는 사람을 잃고 외톨이로 남겨진 것입니다. 우리의 해가 졌고, 우리의 달이 빛이 가려졌으며, 우리의 촛불이 꺼진 것입니다. 그리스도는 이 땅에서 우리에게 모든 것의 모든 것이십니다. 그러므로 우리는 그리스도께서 영원히 우리에게 모든 것의 모든 것이 되실 천국을 갈망하고 바랍니다. 하나님의 낙원은 상상 속의 엘리시움(Elysium: 영웅, 선인이 사후에 가는 낙원 – 역주), 곧 식자(識者)들의 유토피아나 시인들의 에덴 동산이 아닙니다. 그곳은 주 예수님과 친밀한 영적 교제를 나누는 천국, 곧 신실한 영혼들에게 "그의 얼굴을 볼 터이요"라고 약속된 곳입니다.

이 복된 광경에서, 하나님의 종들이 보는 것은 바로 그리스도입니다. 게다가 그들이 보는 것은 그리스도의 얼굴입니다. 그들은 모세가 여호와의 등을 본 것처럼 예수님의 옷자락을 볼 것이 아닙니다. 그들은 주님의 옷자락을 만지는 것으로 만족하거나 주님의 발 앞에서 멀리 앉아 겨우 주님의 샌들이나 볼 것이 아니라 "그의 얼굴을 볼" 것입니다. 이 말에서 나는 두 가지 점을 알게 됩니다. 첫째는, 하나님의 종들은 문자적으로 그리고 신체적으로 부활한 몸을 가지고서 실제 예수님의 얼굴을 보리라는 것입니다. 둘째는, 영적으로 그들의 지적 기능이 크게 확장되어서, 그들은 전에는 주님을 이해하지 못하였지만, 이때는 주님의 마음과 영과 성품을 들여다볼 수 있게 되어 주님을 알되, 모든 것에서 주님의 사역과 사랑을 알고 주님의 모든 것을 알게 될 것입니다. 그들은 말 그대로 주님의 얼굴을 볼 것입니다. 그리스도는 유령이 아니시기 때문입니다. 천국에서 주님은 신적이고 따라서 영적인 분이지만 여전히 사람이고 우리처럼 물질적인 면이 있으십니다. 골고다에서 고난을 겪으신 바로 그 살과 피를 가지고 하늘에 계십니다. 못에 찔렸던 그 손이 지금 이 순간에는 온 세상을 다스리는 홀을 쥐고 있고, 고통으로 숙이셨던 머리는 지금 왕관을 쓰고 계십니다. 그처럼 많이 상한 얼굴이 지금은 하늘의 보좌들 가운데서 찬란히 빛나고 있습니다. 바로 이 용모를 우리가 볼 수 있게 될 것입니다. 얼마나 놀라운 광경입니까! 세월이여 지나가라. 꾸물거리는 달과 날이여, 속히 지나가서, "우리를 피로 사서 하나님께 드리신"(계 5:9) 사랑하시는 주님을 한 번만이라도 볼 수 있게 하라. 이 주님은 우리의 주인이시고, 우리가 뜨거운 열정으로 사랑하는 분이시며, 그 품에 안겨 있을 수 있다면 우리는 만 번이라도 기꺼이 위하여서 죽을 분이십니다! 주의 종들이 이 예수님을 실제로 볼 것입니다.

　　그렇지만 주님을 영적으로 보는 것이 훨씬 더 즐거운 일일 것입니다. 본문 말씀은 내세에서 우리의 지적 능력이 지금과는 매우 달라지리라는 것을 함축하고 있다고 생각합니다. 우리는 기껏해야 아직까지 어린 아이와 같고 부분적으로밖에 알지 못하지만, 그때는 성인이 되어 "어린 아이의 일을 버릴"(고전 13:11) 것입니다. 심지어 그리스도께서 우리를 보고 아시는 것처럼 우리가 보고 알 것입니다. 우리가 알게 될 큰 일들 가운데 가장 큰 일은 우리가 그리스도를 알게 되리라는 것입니다. 즉 지식에 넘치는 그리스도의 사랑의 높이와 깊이와 길이와 넓이를 알게 될 것입니다. 그때 주님의 영원한 사랑을 아는 것은 참으로 기쁜 일일 것입니다. 태초에 혹은 땅이 있는 동안에는 언제나, 주께서 주권적으로 선택하여 영원히 그의 백성이 되게 하신 주의 사랑하시는 자들을 얼마나 신속하게 생각하셨는지요! 언약과, 그리스도께서 자기 백성들의 모든 빚을 스스로 떠맡아다 지불하고, 그들 대신에 고난을 담당하셨을 때 그 언약에서 보증인으로서 그리스도의 약속은 얼마나 기쁘게 묵상할 주제인지 알 수 없습니다! 그때 그리스도와 우리의 연합, 즉 우리가 그리스도와 혼인하여 생사가 달린 동맹으로 하나가 된 사실에 대해서 얼마나 놀라운 생각들을 많이 할 수 있겠습니까! 그러나 우리는 지금 이런 사실들에 대해 이야기를 할 뿐이고, 실제로는 잘 알지 못합니다. 우리는 땅의 거죽만을 경작하고 표토(表土)에서 추수를 거둘 뿐이며, 심토(心土)는 아래에 있습니다. 형제 여러분, 천국에서는 예수님과 가장 깊숙한 교제에 들어갈 것입니다. "우리가 그의 얼굴을 볼 터이요." 즉 우리는 주님과 관계 있는 모든 것을 아주 분명하게 볼 것입니다. 그리고 바로 이것이 천국에서 최고의 지복(至福)이 될 것입니다.

그 복된 광경에서 성도들이 예수님을 보되, 분명하게 봅니다. 또한 그들이 항상 예수님을 본다고 말할 수 있습니다. 본문이 "그의 종들이 그의 얼굴을 볼 터이요"라고 말할 때, 그것은 그들이 어느 때든지 주님이 보이지 않는 곳에 있지 않다는 뜻을 함축하고 있습니다. 그들은 한순간도 사랑하는 주님의 팔짱을 끼고 있는 팔을 풀지 않는다는 것입니다. 그들은 지금의 우리와 같지 않습니다. 때로 보좌 가까이 있지만, 이내 타락으로 멀리 떨어져 있거나, 때로 사랑으로 뜨겁다가도 다음 순간에는 무관심으로 냉랭하고, 때로는 스랍처럼 밝은 얼굴을 하다가 다음에는 구름처럼 찌푸린 얼굴을 하지 않습니다. 그러나 그들은 영원히 주님과 지극히 친밀한 교제를 나눕니다. "그들이 그의 얼굴을 볼" 것이기 때문입니다.

우선 무엇보다도, 그들은 주님의 얼굴을 지금 영광 가운데 있는 그대로 봅니다. 요한은 그 얼굴이 어떤 모습일지를 우리에게 말해 줍니다. 1장에서 요한은 그리스도의 고대성을 표시하기 위해 "그의 머리와 털의 희기가 흰 양털 같고 눈 같으며"라고 말합니다. 그분은 옛적부터 항상 계신 분이시기 때문입니다. "그의 눈은 불꽃 같고 그 얼굴은 해가 힘있게 비치는 것 같더라." 구속받은 자들이 보좌 앞에서 즐겨 보는 광경이 그런 것입니다. 그들의 주님은 지극히 밝은 분이십니다. 그에게는 슬퍼할 것이 없고, 그의 영광을 훼손할 것이 아무것도 없습니다. 놀라운 얼굴에는 일찍이 주님이 지셨던 모든 슬픔의 흔적들이 있음은 분명합니다. 그러나 이 흔적들이 이제는 주님을 더욱 영광스럽게 만들 뿐입니다. 주님은 일찍이 죽임을 당한 어린 양처럼 보이나 지금은 제사장의 옷을 입고 있습니다. 수치와 침뱉음, 죽임과 관련된 모든 것이 완전히 바뀌어서, 이제 주님의 얼굴을 보는 것은 지극히 복되고, 위로를 주며 지극히 영광스러운 일입니다. 주님의 얼굴에는 눈물을 자아내거나 한숨을 짓게 만드는 것이 전혀 없습니다. 내 입이 풀리고 생각이 자유로워져서 이 광경에 대해서 여러분에게 이 이상의 것을 말씀드릴 수 있기를 바라지만, 그런 일을 말하는 것이 죽을 인간의 입에는 주어지지 않습니다. 만일 우리가 하늘에 올려져서 주님의 얼굴을 보고 다시 돌아온다면, 우리도 바울처럼 우리가 보고 들은 바를 발설할 수 없다고 말하게 될 것이라고 생각합니다. 하나님께서는 아직까지 이런 일들을 우리에게 충만하게 계시하려고 하시지 않습니다. 최상의 포도주는 마지막을 위해 남겨두십니다. 우리는 여러분에게 그 광경을 조금 얼핏 보게 할 수 있을 뿐입니다. 사랑하는 여러분, 잠시 기다리십시오. 머지않아 여러분도 주님의 얼굴을 볼 것입니다.

### 2. 둘째로, 또 한 가지 생각, 곧 그 광경의 더할 수 없이 분명함에 대해 생각해 봅시다.

"그의 종들이 그의 얼굴을 볼 터이요." "본다" 는 이 단어는 내 귀에 뚜렷하고 풍부하며 아름다운 선율처럼 들립니다. 우리는 이 세상에서 조금밖에 보지 못합니다. 사실 이 세상은 보이는 세상이 아닙니다. "우리가 믿음으로 행하고 보는 것으로 행하지 아니함이로라"(고후 5:7). 우리 주변은 온통 안개와 구름이 두르고 있습니다. 우리가 보기는 보지만, 마치 사람들이 걸어다니는 나무인 것처럼 볼 뿐입니다. 우리가 얼핏 한 번 영의 세계를 본다면, 그것은 마치 시커먼 폭풍우 속에서 순간적으로 번개가 번쩍하고 치는 것과 같습니다. 그 번개로 순간 천국의 문이 열리고 또 눈 깜짝할 사이에 다시 닫히고, 어둠은 이전보다 더 짙어집니다. 불쌍한 우리 죽을 인간들에게는 아직 우리에게 허용되지 않은 찬란한 세계가 있다는 것을 아는 것만으로 충분하다는 것처럼 말입니다.

성도들이 하늘에서 예수님의 얼굴을 보는 것은, 그들이 죄에서 정결하게 되었기 때문입니다. 마음이 청결한 자들은 복이 있습니다. 그들은 하나님을 볼 것입니다. 그밖에 다른 사람들은 아무도 보지 못할 것입니다. 우리가 아직까지 주님의 얼굴을 보지 못하는 것은 여전히 남아 있는 우리의 더러운 죄 때문입니다. 그런데 성도들의 눈에 안약을 바르므로 그들이 보는 것입니다. 형제 여러분, 주 예수께서 우리 스스로가 부정한 행실 때문에 만들어 놓는 먼지 구름 뒤로 숨으시는 일이 얼마나 잦은지 모릅니다. 우리가 교만해지거나 이기적이 되면 혹은 게을러지거나 우리를 에워싸고 있는 어떤 죄에 떨어지면, 우리 눈은 주님의 밝은 모습을 볼 능력을 상실합니다. 그러나 저기 하늘에서 성도들은 죄를 범하지 않을 뿐만 아니라 범할 수도 없습니다. 그들은 시험을 받지 않고, 시험하는 자가 그들에게 영향을 끼칠 여지가 없으며, 성도들을 시험하도록 허락조차 받을 수 없을 것입니다. 성도들은 하나님의 보좌 앞에서 흠이 없습니다. 타고난 죄와 마음의 역병이 없는 곳, 죽음이라는 육체의 권세의 압도적인 힘에 맞서 싸우는 영적 생활의 투쟁이 영원히 끝난 곳, 확실히 이런 곳만이 천국입니다. 죄의 비늘이 눈에서 벗겨지고, 성도들이 하나님께서 청결하신 것같이 청결해졌을 때, 성도들이 주님의 얼굴을 보는 것은 당연한 일입니다.

근심의 모든 구름이 그들에게서 사라졌기 때문에, 확실히 성도들은 주님의 얼굴을 그만큼 더 분명하게 봅니다. 오늘 여기 앉아 계시는 여러분 가운데 어떤 분들은 마음을 들어 하늘을 묵상하려고 애를 써왔습니다. 그런데 그렇게 할 수가 없습니다. 사업이 이번 주에는 엉망이 되었습니다. 자녀들이 여러분의 성질을 몹시 돋우었습니다. 집안에 큰 병이 있었습니다. 여러분의 몸 상태가 아주 좋지 않아 기도를 드릴 수가 없습니다. 이 적들이 여러분의 평안을 깨트립니다. 그런데 성도들은 하늘에서 이런 일들 때문에 화를 낼 것이 없습니다. 그러므로 그들은 주님의 얼굴을 볼 수 있습니다. 그들은 마르다의 염려로 괴로움을 당하지 않습니다. 마리아처럼 주님의 발 앞에 앉아 있습니다. 그때는 여러분과 내가 농장과 상품을 치워 버렸고, 눈 깜짝할 사이에 일어나는 혼인하는 일과 장례를 치르는 일도 끝냈으며, 우리는 영원히 주님과 함께 지낼 것입니다.

> "슬픔과 죄의 세계에서 멀리 떠나
>   영원히 하나님과 함께 거할 것입니다."

성도들은 죄와 근심을 끝냈듯이 슬픔도 다 처리하였습니다. "다시는 사망이 없고 애통하는 것이나 곡하는 것이나 아픈 것이 다시 있지 아니하리니 처음 것들이 다 지나갔음이러라"(계 21:4). 우리 가운데 슬픔을 전혀 경험하지 않은 사람은 아무도 없습니다. 우리 중 어떤 사람들에게는 고통이 평생 따라다니는 친구입니다. 우리는 여전히 거무칙칙한 게달의 장막에 거합니다. 이 땅에 있는 동안에 그토록 많은 시련을 겪는 것은 어쩌면 당연한 일입니다. 성화된 슬픔은 영혼을 정련하기 때문입니다. 그러나 영광 가운데 거할 때는 아무 고통이 없습니다. 순금은 용광로가 필요 없기 때문입니다. 성도들의 눈을 흐리게 하는 눈물이 없고, 성도들과 그들의 사랑하는 주님 사이에 피어오르는 세상의 연기가 없으며, 성도들이 똑같이 죄와 근심과 슬픔에서 자유로울 때, 그들이 그리스도를 보는 것은 당연한 일입니다.

그 다음에, 영화롭게 된 사람들은, 주님과 그들 사이에 아무런 우상이 서 있지 않기 때문에 주님의 얼굴을 더 분명하게 봅니다. 세상적인 것들에 대한 맹목적인 사랑이야말로 영적인 것들을 그토록 잘 보지 못하게 만드는 주요 원인입니다. 이것 저것을 그처럼 많이 사랑하기 때문에 우리는 그리스도를 그렇게 잘 보지 못하는 것입니다. 여러분은 땅의 웅덩이에서 물을 받아 여러분의 생명의 잔을 채울 수 없습니다. 그 생명의 잔은 아무리 땅의 물을 채울지라도 하늘의 수정 같은 시냇물을 담아야 할 빈 공간이 여전히 있습니다. 그러나 성도들은 하늘에서 우상을 전혀 갖지 않습니다. 주 예수님 외에 마음을 채우는 것이 없고, 주 예수님과 경쟁하는 적수가 없습니다. 예수께서 성도들의 영 속에서 최고의 통치자로 계시므로, 그들이 그리스도의 얼굴을 봅니다.

　성도들은 하늘에서 시력을 어둡게 할 무지나 선입견이라는 덮개가 전혀 없습니다. 우리 가운데서 진리를 배우기 위해 매우 정직하게 노력하는 사람들도 그럼에도 불구하고 교육에 의해 어느 정도 포장되거나 한쪽으로 치우치게 됩니다. 우리는 할 수 있는 대로 노력합시다. 그럴지라도 주변 환경이 우리가 사물을 있는 그대로 보도록 허용하지 않을 것입니다. 우리 시각에는 편향성이 있고 공기에는 굴절 작용이 있으며, 도처에 광선을 직진하지 못하게 만드는 것이 있어서, 우리는 진리의 실체보다는 외관을 보게 됩니다. 우리는 훤히 트인 시각으로 보지 못합니다. 우리의 시각은 손상당해 있습니다. 그러나 저기 위에 금 하프들이 울리는 가운데서 성도들은 "알되, 주께서 저들을 아시는 것처럼 압니다." 그들에게는 아무 선입견이 없고, 진리를 알고자 하는 열망으로 가득합니다. 편견이 사라졌으므로 그들은 주님의 얼굴을 볼 수 있습니다. 생각만 해도 기분 좋은 복된 사실입니다!

　이것을 생각하면 사람이 가만히 앉아서 더 이상 아무 말도 하지 않기를 바랄 수 있습니다. 그렇지만 한 번 이 맛있는 음식을 한 입 입에 넣고서 거기에서 그 정수와 달콤함을 맛보도록 하십시오. "그의 종들이 그의 얼굴을 볼 터이요." 그들은 눈을 들어 멀리 바라볼 필요가 없습니다. 주님 가까이에 있고 주님의 품 안에 있기 때문입니다. 성도들은 하나님 우편에 있는 주님의 보좌에 앉아 있습니다. 하늘에서는 거기에서 물러날 일이 없어서, 그로 인해 슬퍼할 일이 없습니다. 성도들의 해는 다시는 지지 않을 것입니다. 이 땅에서 주님은 우리 벽 뒤에서 계시며, 격자무늬 창을 통해서 자신을 보여주십니다. 그러나 하늘에서는 모습을 숨기지 않으십니다. 아, 언제 영광의 긴 여름날이 우리의 것이 되고, 예수께서 영원히 우리의 불멸의 기쁨이 될 것입니까? 하늘에서 성도들은 이렇게 기도하지 않습니다.

"이 세상 구름이 일어나서
주의 종들의 눈에서 주님을 가리지 않게 하소서."

영구히, 언제까지나 그들은 햇볕을 쪼이거나, 혹은 밀턴의 천사처럼 아예 태양 안에서 삽니다. 그들은 바닷가에 와서 겨우 발목까지 차는 물을 건너는 것이 아니라 지극히 복된 가운데 영원히 헤엄칩니다. 영원한 안식의 파도 속에서, 예수님과 지극히 풍성하고 친밀한 교제를 나누며 이루 말할 수 없는 기쁨으로 장난치며 놉니다.

### 3. 오늘 아침 우리가 주의를 기울여야 할 주제의 세 번째 부분은 이 광경에 수반된 비할 데 없는 특전입니다.

우리는 "주의 종들이 그의 얼굴을 볼 터이요"라는 말에 다섯 가지 사실이 들어 있다는 것을 알 수 있습니다. 첫째로, 그 말은 확실한 구원을 의미합니다. 예수 그리스도의 얼굴은 사람들에게 두 가지 방식으로 작용합니다. 어떤 사람들에게는 공포의 얼굴입니다. "땅과 하늘이 그 앞에서 피하여 간 데 없더라"(계 20:11). 주님께 관하여는 이렇게 기록되어 있습니다. "그가 임하시는 날을 누가 능히 당하며 그가 나타나는 때에 누가 능히 서리요 그는 금을 연단하는 자의 불과 표백하는 자의 잿물과 같을 것이라"(말 3:2). 그리스도의 얼굴을 보는 것이 불경건한 자들에게는 주님 앞에서 영원히 멸망하는 일이 될 것입니다. 그러나 주님의 얼굴을 보는 사람들 가운데, 앉아서 보좌에 계신 대 심판장의 얼굴을 보고 기뻐하는 사람들이 있다면, 그들은 확실히 구원받은 사람들입니다. 그들은 주님의 오실 날을 기다리고 있고, 영원한 불꽃과 함께 거하면서도 불사름을 당하지 않습니다. 그들은 소멸하는 불이신 하나님의 품에 기대어 쉬고 있습니다. 옛적의 불타는 떨기나무처럼 주께서 영광으로 타오를지라도 성도들은 그 열에 불타지 않습니다. 다른 사람은 소멸할 수밖에 없는 곳에서 살 수 있고, 육적인 세상은 영원히 자신의 지옥을 만날 수밖에 없는 곳에서 천국을 얻을 수 있는 그들은 행복한 사람들입니다! 이것이 본문에 담겨 있는 첫 번째 사실입니다. "그의 종들이 그의 얼굴을 볼 터이요." 그렇다면 그들은 영원히 안전한 것입니다.

두 번째 특전은 그들이 주님께 대해 분명한 지식을 갖게 되리라는 것입니다. 이 점에 대해서는 앞에서 깊이 생각하였으므로, 여기서는 개요만을 간단히 언급하도록 하겠습니다. 그리스도의 얼굴을 들여다본다는 것은 주님의 신분과 직무, 성품과 사역을 잘 안다는 것입니다. 그래서 하늘에 있는 성도들은 이 땅에서 가장 앞선 사람들보다 그리스도에 대해 더 많이 알게 될 것입니다. 누군가 말했듯이, 천국에 들어간 그리스도 안의 어린 아기는 이 땅 교회들의 모든 신학자들이 그리스도에 대해 아는 것보다 많은 지식을 한 시간 만에 찾아냅니다. 그렇습니다. 우리의 요리문답과 신조들, 심지어 성경을 포함해서 이 모든 것들은 우리가 주님의 얼굴을 볼 때 발견할 것에 비하면 지극히 적은 것밖에 계시하지 못합니다.

세 번째로, 본문에는 의식적인 은총이 함축되어 있습니다. 이 본문 말씀은 "여호와는 그 얼굴을 네게로 향하여 드사"(민 6:26)라고 한 옛적의 축도가 아니었습니까? 주님께서 그 얼굴을 영화롭게 된 자들을 향하여 드셨습니다. 그래서 그들이 영원히 그 얼굴을 봅니다. 주님께서 우리를 향하여 미소를 지으시는 것은 이 땅에서 우리의 기쁨 중의 기쁨입니다. 주님께서 우리와 함께 하시면 아무도 우리를 대적할 수 없기 때문입니다. 주님께서 우리를 사랑하고 기뻐하신다는 것을 안다면, 세상과 지옥이 우리를 미워하고, 사람들이 우리를 악하다고 비방할지라도 우리에게 별 문제가 되지 않습니다. 하늘에서 성도들은 이것을 높은 특전으로 누립니다. 그들은 언제나 왕의 은총을 확보하고서 왕의 궁정에 서 있는 정신(廷臣)들입니다. 그들은 끊임없이 아버지의 사랑 가운데 살며, 아버지의 사랑을 알되 영원히 알고 기뻐하는 자녀들입니다.

본문에 들어 있는 네 번째 특전은 **친밀한 교제**의 혜택입니다. 그들은 언제나 예수님 가까이에 있습니다. 그들은 자기들이 주님과 함께 있기를 바라지 않고, 주님과 함께 있지 않을 것을 두려워하지도 않습니다. 어떤 사람들에게는 삶을 매우 불행하게 만드는 내적 갈등이 그들에게는 전혀 없습니다. 그래서 그들은 이렇게 말하지 않습니다.

"바로 이것이 내가 알고 싶은 점이야."

그들은 주님의 얼굴을 보고, 매 시간 주님과 친밀한 교제를 나눕니다. 온전한 영들은 언제나 주님과 함께 동행합니다. 그들은 언제나 주님의 뜻을 따르기 때문입니다. 영광 가운데 있을 때, 그들은 모두 하나님과 동행하는 에녹입니다.

천국에서 그들은 자기들을 피로 값 주고 사신 예수님과 가장 가깝게 교제를 나누는 곳인, 주님의 품에 영원히 거합니다.

그 다음에, 본문에는 다섯 번째 특전, 곧 완전한 변화가 들어 있습니다. "그들이 그와 같을 줄을 아는 것은 그의 참모습 그대로 볼 것이기 때문이니라"(요일 3:2). 그들이 주님의 얼굴을 본다면 주님을 얼굴을 대면하여 봄으로써 "변화하여 영광에서 영광에 이를"(고후 3:18) 것입니다. 그리스도를 보면, 그의 모습이 성도들에게 새겨집니다. 그래서 성도들이 영원히 주님을 보면, 모든 면에서 그리스도를 닮게 됩니다.

이렇게 해서 그리스도를 얼굴과 얼굴을 대하여 보는 것에 들어 있는 특전들을 아주 간단히 살펴보았습니다.

### 4. 끝으로, 하나님의 자비로 이 큰 혜택을 받는 사람들이 누구인지 살펴보도록 하겠습니다.

"그의 종들이 그의 얼굴을 볼 터이요." 이들은 누구입니까? 이들은 주님의 선택하신 모든 자들이고, 주님의 구속하신 모든 자들입니다. 주께서 실제로 부르신 자들이고, 의롭다함을 받고, 거룩하게 된 모든 자들입니다. 그들은 예수 안에서 죽고, 성령께서 "주 안에서 죽는 자들은 복이 있도다"(계 14:13)고 말씀하시는 수많은 무리들입니다. 감사하게도 우리는 지금 주님의 얼굴을 보는 자들에 대하여 외인들이 아닙니다. 젊은 날의 교제와 성년의 우정을 회고할 때, 우리는 우리보다 앞선 사람들, 곧 우리가 바라고 곧 배우기를 기대한 것들을 우리보다 오래 전에 아는 특권을 받은 많은 사람들을 기억합니다. 어떤 이들은 젊은 날에 주님의 얼굴을 보도록 데려감을 당했습니다. 감사하게도 우리의 아기들은 거룩한 조상들과 같이 동일한 천국을 받을 것이고, 그들과 같이 예수님의 얼굴을 분명하게 볼 것입니다. 그리스도를 사랑하기를 배우고, 어릴 때 그리스도의 이름을 고백한 사랑스러운 청소년들이 성인의 원숙함에 이르기까지 목숨이 보존되지 못하였습니다. 그러나 그들도 교회에서 지극히 존경을 받는 중요한 선조들과 마찬가지로 주님의 얼굴을 볼 것입니다. 나는 여기에서 다른 부차적인 기쁨들을 보지 못합니다. 나는 천국의 등급에 대한 교리를 누가 만들어냈든지 간에, 성경에서 이에 대한 기초는 연옥의 교리에 대한 기초만큼이나 적다고 봅니다. 모든 성도는 주님의 얼굴을 볼 것입니다. 십자가에 달려 죽어가던 강도는 그리스도와 함께 낙원에 있었습니다. 바울도 그보다 나을 수 없었을 것입니다. 때로 나는 옛적에 라일랜드 목사(Ryland)가 노샘프턴에서 시적인 편지를 써서 했던 것과 같은 방식으로 천국을 생각하고 싶습니다.

> "큰 자나 작은 자나
> 그들 모두 거기에 있을 것이네
> 그래서 나는 복된 성도 바울과
> 악수를 할 것일세."

틀림없이 우리도 그와 같이 할 것입니다. 젊어서 죽든 나이 들어서 죽든, 그리스도를 오래 섬긴 후에 세상을 떠나든 아니면 십자가의 그 강도처럼 회심 직후에 죽든 간에, 모든 성도에게는 본문 말씀대로 "그 종들이 그의 얼굴을 볼 터이요"라고 말할 것입니다. 사도와 순교자들이 이 이상 무엇을 더 즐길 수 있겠습니까?

여러분은 친구들이 세상을 떠난 것이 슬픕니까? 여러분은 아내와 남편, 자녀와 아버지, 조부모님이 그들의 안식에 들어간 것을 애석하게 생각합니까? 그렇게 몰인정하고 이기적으로 생각하지 마십시오. 그들에 대해서 그처럼 박정하게 생각하지 마십시오. 그러지 마십시오. 십자가의 군병이여, 또 다른 사람이 여러분보다 앞서 면류관을 얻은 것을 감사하게 생각하고, 여러분도 면류관을 얻기 위해 앞으로 나가십시오. 인생은 잠깐입니다. 영원에 비하면 얼마나 짧은지 알 수가 없습니다. 이 세상에서도 소망이 있으면 인생이 짧습니다. 조급하면 인생이 길게 느껴지지만, 믿음은 그런 생각을 바로잡고, 하나님과 함께 지내는 한 시간이 지루하기 짝이 없는 인생을 한 시간에 불과하고, 밤의 한 경점 같으며, 있다가 없어지고, 왔다가 사라진 아무것도 아닌 것처럼 만들 것을 생각나게 합니다.

이제 끝으로 한 가지만 살펴보고 설교를 끝내겠습니다. 벌써 주님의 얼굴을 보고 있는 사람들은 장차 주님의 얼굴을 볼 많은 "그의 종들" 의 일부에 지나지 않을 것입니다. 여기 아래 있는 우리 가운데 많은 사람들이 동일한 상급을 받는 길을 가고 있기 때문입니다. 그토록 많은 사람들이 죄의 짐을 느끼고 십자가 밑에 와서 다섯 군데 진홍빛 샘, 곧 예수님의 상처를 보았습니다. "그는 나의 모든 구원과 나의 모든 소원이시라"(삼하 23:5)고 말할 수 있는 사람이 그토록 많습니다. 자기들에게는 사는 목적이 그리스도인 것을 느끼고서 주님을 섬길 수 있는 사람이 그처럼 많고, 날마다 죄와 싸우고, 어린 양의 피로 말미암아 죄를 이길 사람이 그토록 많습니다. 구원에 이르는 믿음으로 말미암아 성령의 능력으로 보호를 받을 사람들이 그토록 많습니다. 그래서 그처럼 많은 사람들이 주님의 얼굴을 볼 것입니다. 주님의 얼굴을 보는 것이 내게는 소망입니다. 이 소망은 또한 여러분의 것이기도 합니다. 사랑하는 여러분, 이 소망이 여러분을 실망시키지 않고, 부끄럽게 만들지도 않을 것입니다. 우리가 주님의 얼굴을 볼 것이고, 그 광경이 우리에게 온전한 복을 가져다줄 것입니다.

나는 본문의 말씀이 여기 모인 모든 사람에게 다 적용되지는 않을까봐 염려가 됩니다. 이 말은 회심하지 않은 사람에게만 해당됩니다. 나는 여러분이 발람처럼 "내가 그를 보아도 이 때의 일이 아니며 내가 그를 바라보아도 가까운 일이 아니로다"(민 24:17) 하고 말하게 될까봐 염려가 됩니다. 모든 눈이 주님을 볼 것이고, 그를 찌른 자들도 볼 것이기 때문입니다. 그들이 주님을 볼 때 무엇이라고 말하겠습니까? 이 불경건한 자들은 어떻게 하겠습니까? 그들은 바위와 산들에게 외칠 것입니다. "우리 위에 떨어져 보좌에 앉으신 이의 얼굴에서 우리를 가리라"(계 6:16).

사랑하는 청중 여러분, 여러분 어머니나 남편에게, 혹은 여러분의 아내와 자녀에게는 천국인 그 얼굴이 여러분에게는 피하여 숨기를 바랄 얼굴이 된다면, 얼마나 두려운 일이 되겠습니까. 그런데 여러분이 무엇보다 세상에서 주님의 얼굴을 구하지 않는 한, 반드시 그렇게 될 것입니다. 어떤 헬라인들이 제자들에게 말했습니다. "선생이여 우리가 예수를 뵈옵고자 하나이다"(요 12:21). 나는 오늘 아침 여러분이 영적인 의미에서 그런 소원을 갖기를 바랍니다. 주님께서 친히 "땅의 모든 끝이여 내게로 돌이켜 구원을 받으라"(사 45:22)고 말씀하셨기 때문입니다. 여러분이 지금 단순한 믿음으로 예수님을 여러분의 구주로 본다면, 마지막 날에 예수님을 여러분의 왕이요, 친구요, 사랑하시는 분으로 보게 될 것입니다. 그러나 먼저 여러분은 이 땅에서 주님을 보고 의지해야 합니다. 그렇지 않으면 내세에서 주님을 보고 기뻐하지 못할 것입니다.

　　"여러분 죄인들이여, 하나님의 은혜를 구하라
　　　그의 진노를 감당할 수 없으니.

십자가 밑으로 대피하여
거기에서 구원을 찾으라.”

하나님, 곧 우리의 하나님께서 예수님을 인하여 여러분에게 복을 주시기 바랍니다. 아멘.

제
34
장

—

# 알파와 오메가

—

**"나는 알파와 오메가요 처음과 마지막이요
시작과 마침이라."** — 계 22:13

주일학교 어린이라면 누구나 "알파와 오메가" 라는 말에 큰 신비가 숨어 있
지 않다는 것을 압니다. 여기서 우리는 헬라어 알파벳의 첫 글자와 마지막 글자
를 봅니다. 따라서 그 의미는 헬라어로 "나는 알파와 오메가요," 즉 영어로는 "나
는 A와 Z요" 라는 말이 될 것입니다. "예수는 알파와 오메가요, 처음과 마지막이
요 시작과 마침이라."

본문은 머리말이 필요 없습니다. 정말이지 나는 알파 앞에 단 한 글자라도
놓을 수 있는 방법이 있는지 모르겠습니다. 그러므로 바로 본론으로 들어가도록
합시다.

나는 본문에 대해 세 가지 방식으로 이야기할 것입니다. 첫째로, 나는 본문
에 어떤 진리들을 갖다 붙일 것입니다. 둘째로, 실제로 본문에 들어 있는 진리들을 살
펴볼 것입니다. 그 다음에 셋째로, 본문에서 자연스럽게 흘러나오는 교훈들을 볼 것
입니다.

### 1. 첫째로, 우리는 본문에 어떤 진리들을 갖다 붙일 것입니다.

이것은 너무도 흔한 설교 방법이고, 내가 전혀 칭찬하지 않는 관행입니다.
어떤 설교자들이 본문을 택하면, 그들은 그 구절에 어떤 진리가 들어 있는지를

조사하는 것이 아니라 그 구절에 어떤 의미를 붙일까를 생각합니다. 빈약한 본문을 요리사가 새를 다루듯이 다루는 경우가 너무나 많습니다. 먼저 본문을 잡아 죽인 다음에, 거기에 온갖 상상을 집어넣어서 설교자가 아무 때라도 잘게 썰어 쓸 수 있게 만듭니다. 방금 말한 이런 점들이 본문에는 없다는 것을 솔직히 말함으로써, 나는 하나님 말씀을 남용하는 그런 방법을 용인하지 않을 것입니다. 내가 지금 말하는 생각들을 그동안 여러 주석가들이 제시하였습니다. 그런데 그 생각들이 본문에서 정당하게 추론할 수 있는 것은 아니라 할지라도, 본문과 긴밀하게 연결되어 있는 것은 확실합니다.

(1) 본문에 정당하게 갖다 붙일 수 있는 것들 중에서 먼저 이 점을 생각해 봅시다. 즉 우리 주님을 지위의 의미에서 알파와 오메가로 묘사하는 것이 당연하다는 것입니다. 주님은 알파, 즉 첫째이십니다. 모든 피조물 가운데 우두머리요, 첫째요, 장자요, 영원한 하나님이십니다. 사람은 본래 피조물들 가운데서도 첫째가 아닙니다. 천사들이 사람보다 훨씬 뛰어나기 때문입니다. 그렇지만 천사들도 우두머리가 아닙니다. 우리의 영광스러운 주님께서 천사들보다 무한히 뛰어나시기 때문입니다. 지으신 분이 지음을 받은 자들보다 큽니다. 보내시는 분이 보냄을 받은 자들보다 큽니다. 예수 그리스도는 명예롭게 알파로 계십니다. 어떤 천사도 주님과 겨룰 수 없습니다. "그가 천사보다 훨씬 뛰어남은 그들보다 더욱 아름다운 이름을 기업으로 얻으심이나"(히 1:4). "하나님께서 어느 때에 천사 중 누구에게 너는 내 아들이라 오늘 내가 너를 낳았다 하셨느냐 … 또 그가 맏아들을 이끌어 세상에 다시 들어오게 하실 때에 하나님의 모든 천사들은 그에게 경배할지어다 말씀하시며"(1:5). 이 아들에 대해서 말하자면, 하나님께서는 그를 만유의 상속자로 정하셨고, 그로 말미암아 세상을 지으셨습니다. 그러나 천사들에 대해서는 "모든 천사들은 섬기는 영으로서 구원 받을 상속자들을 위하여 섬기라고 보내심이 아니냐"(1:14) 하고 말합니다.

우리가 A라는 글자를 사용하는데 익숙한 것과 같이, 히브리인들은 최상의 것을 나타내는데 흔히 알파를 사용했습니다. 예를 들면 우리는 배에 대해서 이야기할 때, 그 배는 "A 1"이라고 말합니다. 그래서 예수 그리스도에 대해서 말할 때 진정으로 알파라고, 곧 이런 의미에서 최상이라고 할 수 있습니다. 성경에서 예수께 대해 붙인 어떤 명칭으로 예수님을 부르든지 간에, 주님은 성경에서 첫째 되시는 분입니다. 예수님은 선지자이십니까? 모든 선지자들은 다 멀리 떨어져서 주님을 증거하며 뒤따릅니다. 그는 제사장이십니까? 그렇다면 주님은 우리와 같은 성직자들 가운데서 위대한 대제사장이십니다. 주님은 제사장이 단지 예표적으로만 보인 모든 것을 성취하신 분입니다. 주님은 왕으로서 보좌에 오르십니다. 그렇다면 그는 만왕의 왕이요 만주의 주이십니다. "그 권세는 영원한 권세요 그 나라는 대대에 이르리로다"(단 3:34). 주께서 교회를 세우시는 분이라면, 주님은 지혜로운 건축가이십니다. 목자이시라면, 그는 장차 나타나실 목자장이십니다. 모퉁잇돌이시라면, 주님은 중요한 기초석이십니다. 사실, 주께서 어떤 명칭을 갖느냐 혹은 어떤 성격을 지니느냐 하는 것은 중요하지 않습니다. 주님은 모든 면에서 알파이십니다. 즉 해가 별보다 뛰어나고 바다가 이슬방울보다 뛰어나는 만큼 주님께 비교될 수 있는 모든 것보다 크게 뛰어난 분이십니다.

그러나 사랑하는 여러분, 우리의 복되신 주님은 이와 같이 알파, 곧 첫째가는 분이시지만, 일찍이 낮아지심에 있어서는 오메가, 곧 마지막이 되셨습니다. 크고 크신 주님의 비할 데 없는 낮아지심을 어떻게 다 설명할 수 있겠습니까. 주님은 성부 하나님의 지극히 높은 영광에서 내려오고, 장엄한 하나님의 신분에서 내려와 사람이 되기까지 자신을 낮추셨습니다. 하나님의 알파로부터 내려와 인간을 나타내는 작은 문자에 이르는 그 사이에는 엄청난 거리가 있습니다. 그러나 주님은 이 땅에 오셨고, 죽음의 고통을 인하여 천사보다 조금 낮게 되셨습니다. 그러나 이것이 전부가 아닙니다. 주님은 사람보다 더 자신을 낮추십니다. 그렇습니다. 주께서 생명을 가진 모든 피조물 가운데 가장 작은 존재들의 수준에까지 스스로 낮아지시는 것 같은 모습을 보이는 구절이 있습니다. 주님은 "나는 벌레요 사람이 아니라 사람의 비방거리요 백성의 조롱거리니이다"(시 22:6). 아버지 하나님께서 주님을 버리셨습니다. 하늘의 진노가 주님 위를 굴렀습니다. 주님은 철저하게 뭉개지고 깨어져 물같이 쏟아졌고 죽음의 진토 속에 들어갔습니다. 예수께서 십자가에 달리시는 그 두려운 날에 하나님의 피조물들을 순서대로 집합시켜 보십시오. 그러면 여러분은 비참함과 약함과 부끄러움을 인해서 주님을 맨 마지막에, 곧 오메가에 놓지 않을 수 없습니다. 지극히 높은 영광의 보좌에서 지극히 낮은 죽음의 심연에까지 내려오신 주님의 낮아지심의 이 엄청난 범위는 참으로 놀랍습니다. 죽음은 피조물을 가장 낮은 자리까지 끌어내리며 마치 아무것도 아니었던 것처럼 만들어 버립니다. 예수께서 죽으셨습니다. 나는 그 썩지 않을 몸이 요셉의 무덤에 놓여 있는 것을 보면서, 도대체 그 위대한 알파이신 분이 죽어서 마지막 원수의 권세 아래 복종할 만큼 그렇게 낮아지실 수 있을까 생각할 때 놀라울 뿐입니다.

사실, 이 점이 본문에는 들어 있지 않습니다. 그러나 본문이 그런 뜻을 나타낸다고 정당하게 추론할 수 있다고 봅니다. 이 구절이 그런 뜻에 가깝다고 자연스럽게 생각할 수 있습니다.

(2) 본문에 들어 있지는 않지만, 여전히 매우 귀한 진리인 또 한 가지 점을 눈여겨볼 수 있을 것입니다. 즉 예수 그리스도께서 성경책에서 알파와 오메가시라는 것입니다. 성경의 첫 장을 펴보십시오. 분별력 있는 사람이라면 창세기에서 예수 그리스도를 볼 것입니다. 우리는 여러 세계가 주님에 의해 지어졌다는 것을 압니다. "우리가 우리의 형상을 따라 우리의 모양대로 우리가 사람을 만들자"(창 1:26)는 위엄 있는 선언을 들을 때, 우리는 즉시 그분이 거룩한 삼위일체 가운데 한 분임을 알게 됩니다. 우리는 앞으로 나가다가 타락을 만나고, 에덴 동산의 입구에서 여인의 후손에 대한 약속에서 위로를 받습니다. 우리는 노아의 시대까지 나아갑니다. 자, 우리는 구주님께서, 죽음의 세계에서 벗어나 생명의 세계로 옮겨온 택함받은 무리를 실어 나르는 방주로 예표되는 것을 봅니다. 아브라함이 메시야의 날을 바라보므로, 우리는 아브라함과 동행합니다. 또 은혜로운 약속을 의지하여 살아가는 이삭과 야곱의 장막에 거합니다. 우리는 임종의 자리에서 실로에 대해 이야기하는 훌륭한 족장인 이스라엘을 떠납니다. 그리고 그의 후손들이 애굽에서 나오고, 하나님의 유월절 어린 양을 먹는 것을 봅니다. 그 다음에는 율법 시대에 이르는데, 여기서 우리는 수많은 예표들이 나오는 것을 봅니다. 잠깐 한 번 훑어보기에도 시간이 부족합니다. 그래서 성경의 거의 모든 페이지에서 예수님의 얼굴을 보고, 성경의 거의 모든 책에서 예수님의 인물됨이 생생하게 그려진다는 점을 간단히 언급하는 것으로 만족해야 하겠습니다. 선지자와 왕들, 제사장과 설교자들, 모두가 한 길을 봅니다. 그들 모두 언약궤 위를 덮고 있는 그룹들처럼 서서 속을 들여다보고, 하나님의 큰 속죄의 신비를 읽을 수 있기를 바랍니다. 신약 성경에서 우리는 우리 주님이 모든 페이지에서 끊임없이 다루어지는 주제임을 봅니다. 그 주제는 신약의 여기저기에 흩어져 있는 금괴나 얇게 뿌려져 있는 사금가루가 아닙니다. 여러분은 지금 금으로 포장된 단단한 바닥에 서 있는 것입니다. 신약 성경의 전체 내용이 십자가에 못 박히신 그리스도이기 때문입니다. 복음서 기자들에게서 그리스도를 치우면, 무엇이 남

겠습니까? 예수님을 빼버린다면, 바울의 서신들은 대체 무엇입니까? 예수님이 물러나신다면, 바울의 문헌 전체는 한순간에 가라앉고 맙니다. 베드로, 야고보, 유다, 요한이 바로 이 주제 말고 쓸 것이 무엇이 있습니까? 지금도 여전히 언급해야 하는 분은 예수님이 아닙니까? 성경을 서둘러 덮지 마십시오. 성경의 마지막 문장도 구속자의 이름으로 장식되어 있기 때문입니다. "내가 진실로 속히 오리라 하시거늘 아멘 주 예수여 오시옵소서 주 예수의 은혜가 모든 자들에게 있을지어다 아멘." 형제 여러분, 우리는 성경을 언제나 이 시각에서 읽어야 합니다. 하나님의 말씀을 그리스도께서 하늘에서 내려다보시는 거울로 생각해야 합니다. 그리고 그 거울을 볼 때, 그 속에서 유리에 비치듯이 반사된 그리스도의 얼굴을 보아야 합니다. 지금은 사실 희미하게 보이지만, 그럴지라도 그것이 우리가 주님을 대면하여 볼 때를 복되게 준비하는 방식입니다. 이 성경책은 주님께서 우리에게 쓴, 그의 사랑의 향기가 나는 편지들을 담고 있습니다. 성경의 페이지들은 우리 왕의 옷이고, 거기에서는 몰약과 침향과 계피의 냄새가 납니다. 성경은 예수께서 타고 다니시는 황금 전차인데, 그 전차는 예루살렘의 딸들에 대한 사랑으로 덮여 있습니다. 성경은 거룩한 아기 예수를 두른 포대기입니다. 그래서 이 포대기를 풀면 여러분의 구주를 만납니다. 신성한 몸을 지닌 사람이 여럿인 것처럼 말하지 마십시오. 신성한 몸을 가진 사람은 단 한 분 그리스도밖에 없습니다. 신학에 대해서 말하자면, 그리스도야말로 참된 신학입니다. 즉 하나님의 성육신하신 말씀입니다. 그리스도를 이해할 수 있다면, 여러분은 모든 진리를 파악한 것입니다. 그리스도는 우리에게 지혜가 되셨습니다. 그래서 그리스도를 알면, 여러분은 성경의 지혜를 가진 것입니다. 하나님 말씀의 진수(眞髓)는 그리스도입니다. 이 책을 증류하여 그 본질적 특성을 추출한다면, 여러분은 하나님의 아들이요 유대인의 왕이신 나사렛 예수를 발견한 것입니다. 그리스도는 거룩한 성경의 알파와 오메가이십니다.

(3) 아마 본문에는 나오지 않겠지만, 아주 잘 들어맞는 또 한 가지 사실이 있습니다. 예수 그리스도는 하나님의 큰 법의 알파와 오메가이십니다. 형제 여러분, 하나님의 법은 인간 본성에서 율법의 요구를 단 한 글자도 충족시키는 것을 발견하지 못합니다. 여러분과 나는 율법에 대해 알파도 아니고 오메가도 아닙니다. 우리는 율법을 전적으로 어겼기 때문입니다. 우리는 "네 마음을 다하여 주 너의 하나님을 사랑하라"(막 12:30)는 율법의 첫 부분을 배우지도 못했습니다.

그리고 다음 부분인 "네 이웃을 네 자신과 같이 사랑하라" 는 말씀에 대해서도 거의 아는 바가 없다고 생각합니다. 은혜로 거듭나긴 했을지라도 우리는 율법의 거룩함과 영성을 배우는데 참으로 더딥니다. 율법의 조문에 매여 비틀거리느라 율법의 정신을 까맣게 잊어버리는 경우가 종종 있습니다. 그러나 사랑하는 여러분, 이 율법이 이행되는 것을 보고 싶다면, 우리의 복되신 주님을 보십시오. 하나님께 대한 얼마나 깊은 사랑을 볼 수 있는지요! 형제 여러분, 이 사랑에 비교될 만한 것을 우리가 어디에서 찾을 수 있겠습니까? "주의 전을 사모하는 열심이 나를 삼키리라"(요 2:17). "내가 내 아버지 일에 관계하여야 될 줄을 알지 못하셨나이까"(눅 2:49). "나의 양식은 나를 보내신 이의 뜻을 행하는 이것이니라"(요 4:34). 여러분은 주님에게서 사람에 대한 놀라운 사랑을 발견합니다. 선한 사마리아인을 들먹이지 마십시오. 그보다 나은 분이 여기 계십니다. 사마리아인은 자신의 포도주와 기름을 주고 돈 몇 푼을 주었을 뿐이지만, 주님은 자신을 주고, 포도주 대신에 심장의 피를 주시며, 기름 대신에 성령의 기름 부으심을 주십니다. 그리고 불쌍한 인류가 먹고 살 수 있도록 자기 살과 피를 양식으로 주십니다. 예수께서는 우리에게 얼마나 놀라운 사랑을 보이셨는지, 우리가 목요일 밤에 말한 대로, 이제까지 사람의 가슴속에서 번쩍였던 모든 사랑을 다 합친다고 하더라도 그에 비하면 불똥 하나에 지나지 않을 사랑을 보이셨습니다. 사람에 대한 예수님의 사랑은 사람이 상상할 수 있는 것보다 일곱 배나 뜨겁게 열을 가한 타오르는 용광로와 같을 것입니다.

　　사랑하는 친구 여러분, 여러분이 그리스도 예수 안에 있다면, 주님께 순종하지 못한 일들을 기억하고서 마치 그 실패들 때문에 여러분의 영혼이 망하기라도 할 것처럼 율법의 두려움으로 괴로워하지 않도록 하십시오. 거룩함을 추구하십시오. 그러나 결코 거룩함을 의지하지 마십시오. 덕을 추구하고 갈망하십시오. 그러나 자신의 결점을 본다고 해서 낙망하지 마십시오. 여러분을 구원하는 의는 그리스도의 의입니다. 하나님께서 여러분을 받아들이시는 것은 그리스도의 완전한 순종 때문입니다. 우리는 그 점을 본문 말씀에서 다시 봅니다. 예수 그리스도는 "알파와 오메가요 처음과 마지막" 이십니다. 예수께서 가장 넓은 의미에서 이행하시지 못한 교훈은 아무것도 없습니다. 율법의 정신에 대해서 말하자면, 그 정신은 거룩함과 봉사로 일관된 주님의 생애 전체에서 내내 나타납니다. 율법의 조문에 대해서 말하자면, 주님은 그 조문을 철저히 다 이행하셨습니다. 계명이 미치는 범위가 아주 넓을 수 있지만 주님의 삶의 테두리를 벗어날 수 없습니다. 율법이 완전함을 요구할 수 있지만, 그 이름이 "여호와 우리의 공의"(렘 23:6)이신 분에게서 발견할 수 있는 완전함 이상을 요구할 수도 없고, 그런 의를 얻을 수도 없을 것입니다.

형제 여러분, 이 세 가지 점들이 본문에 있다고 단언할 수는 없지만, 그렇다고 해서 내가 그런 점들을 말한 것이 잘못이라고 할 수 있겠습니까? 이 세 가지 점은 이 구절의 정확한 의미와 너무 밀접한 관련이 있어서 결코 생략할 수 없는 것입니다. 주님께서 이 점들이 여러분에게 유익이 되도록 복 주시기를 바랍니다.

### 2. 이제는 본문 자체를 다루고, 본문에 확실히 있다고 생각되는 진리들이 어떤 것인지 살펴보도록 합시다.

(1) 우리 주 예수님은 존재의 대 시초에 있어서 알파와 오메가이십니다. 존재들을 순서대로 세 보십시오. 그러면 여러분은 "태초에 말씀이 계시니라"(요 1:1)는 말로 시작하게 됩니다. 그 다음에 결말을 생각해 봅시다. 온 우주가 아침의 흰 서리처럼 녹아 버렸다고 생각해 보십시오. 모든 세계가 용광로에서 피어오르는 불똥처럼 사라진다고, 즉 공허한 거품이 영원히 사라지듯이, 온 피조계가 사라져 버렸다고 생각해 보십시오. 그 다음에는 어떻게 됩니까? 오메가가 무엇입니까? 확실히 예수 그리스도는 그때도 "만물 위에 계셔서 세세에 찬양을 받으실 하나님"(롬 9:5)으로 계실 것입니다. 우리는 이 사상이 본문에 있다고 확신합니다. "알파요 오메가"라는 표현이 세 번이나 사용되기 때문입니다. 두 번째 이유는, 이 표현이 요한계시록 1:17에도 나오는데, 전후문맥을 보면 이 표현이 주님의 영원성과 자존을 가리키는 것이 틀림없다고 결론지을 수 있기 때문입니다. "두려워하지 말라 나는 처음이요 마지막이니 곧 살아 있는 자라 내가 전에 죽었었노라 볼지어다 이제 세세토록 살아 있어 사망과 음부의 열쇠를 가졌노라"(1:17,18). 이런 표현들은 그리스도의 영원성을 가리키는 것이 분명합니다. 그리스도의 자존하심, 그리스도께서 자기 안에 생명이 있음, 죽음이 그리스도의 자존하심을 결코 무너뜨리지 못했다는 사실, 이제 부활 후로는 그리스도께서 영원히 살아 계시고, 죽음이 더 이상 주님을 주장하지 못한다는 사실을 가리키는 것이 분명합니다. 사랑하는 여러분, 이것은 큰 주제입니다. 우리 주 예수 그리스도

라는 분의 영원성에 대해 이야기하기 시작하면서 우리는 이 주제의 영광에 압도되었습니다. 천상의 사실들을 보고 그 속에서 높이 날아오르려면 요한처럼 독수리의 눈과 독수리의 날개가 필요합니다. 나는 얼마 전에 고대 작가가 저술한 책을 읽었습니다. 하나님의 영원성을 다루는 장에서, 나는 거기에 나오는 단어가 거의 모두 한두 음절밖에 되지 않는 것을 보지 않을 수 없었습니다. 그것은 그 주제가 지극히 장엄하고, 따라서 사람으로서는 아주 단순하게 그 대강만을 볼 수밖에 없음을 나타내는 확실한 표지입니다. 여러분은 6천 년 전, 곧 세상이 흑암 가운데서 처음으로 떠오르던 때로 돌아가겠습니까? 그렇게 할 수 있다면, 지질학적 연대 같은 것들이 있다면, 그런 연대들의 모든 시대를 지나서 계속해서 뒤로 날아가겠습니까? 수백만 년 뒤로 여행할 수 있겠습니까? 그렇게 할 수 있겠습니까? 여러분은 시간의 정신에, 곧 아직 그룹들이 태어나지 않았던 때, 장엄한 침묵이 스랍의 노랫소리에 깨트려지지 않은 때, 공기 중의 에테르가 천사들의 날갯짓으로 한 번도 흔들린 적이 없었던 때에 도달할 수 있겠습니까? 그때는 세상이 없고, 해도 별도 없고, 공간만 존재합니다. 여러분은 거기에서 더 나아가 공간이 사라진 때까지 갈 수 있습니까? 그렇게 할 수는 없습니다. 그것은 불가능한 일입니다. 여러분은 길을 잃었습니다. 여러분은 오직 시간과 공간에 대해서만 생각할 수 있기 때문입니다. 그러나 여러분이 상상의 날개를 펼쳐서, 우리가 방금 공상으로 생각했던 수백만 년을 더하고, 또 더하며, 인간의 산술적인 계산이 미칠 수 있는 데까지 계속 더하고, 정말이지 천사들이 계산할 수 있는 정도를 넘어서까지 수백만 년을 더한다고 할지라도, 하나님이 홀로 거하셨던 영원을 눈곱만큼도 헤아리지 못한 것입니다.

하나님께서 홀로 거하셨던 시대, 곧 홀로 거하셨지만 외롭지 않으셨던 시대가 있었던 것이 확실합니다. 여러분이 하나님께 관해서는 "외로움" 이라는 용어를 써서는 안 된다고 교부들이 말하는데, 아주 온당한 말입니다. 삼위 하나님께서는 영원히 서로를 기뻐하셨고, 그래서 외로움을 전혀 모르셨기 때문입니다. 그러나 우리 하나님께는 홀로 계셨던 때가 있었고, 지금도 홀로 계십니다. 하나님은 만물보다 앞서기 때문입니다. 여러분은 하나님께서 홀로 영광 가운데 계시던 때를 생각할 수 있습니까? 그 영원의 때에 예수님이 계셨다는 것을 우리는 압니다. 우리가 그 얼굴을 보지 못했지만 끊임없이 경배를 드리는 주님은 그때 영원하신 아드님이셨습니다. 그 말씀은 하나님이셨습니다. 예수님은 알파이셨습니다. 다른 방향으로 멀리 날아가 보면, 곧 시간의 작은 강이 영원의 깊은 바다로 흡수되었을 때, 모든 세계가 마치 햇빛 속에서 춤추는 티끌이 햇빛이 사라지면 더 이상 보이지 않는 것처럼 사라졌을 때로 날아가 보면, 그때도 예수님은 오메가로 계실 것입니다. 길 박사(Dr. Gill)가 "알파요 오메가"라는 말은 포괄적인 것이 확실하다고, 즉 두 글자 사이에 있는 모든 것을 포함한다고 말했는데, 옳은 얘기입니다. 확실히 하나님은 모든 피조물을 파악하십니다. 하나님은, 하나님밖에는 아무것도 없고 하나님 안에 모든 것이 있는 분이십니다.

유명한 유대 학자 필로(Philo)는 크신 하나님을 나무에 비유하고, 모든 피조물은 나무에 있는 잎과 열매에 비유합니다. 그런데 이 은유는 완전하지 않습니다. 열매와 나무를 떼어놓을 수 있지만, 하나님의 권능과 뜻에서 떨어져 나와 홀로 존재할 수 있는 피조물이란 있을 수 없기 때문입니다. 여러분이 나무에서 열매를 떼어내면, 어쨌든 나무는 무엇인가를 조금 잃은 것입니다. 그러나 모든 피조물이 멸절되었다고 하더라도, 주님은 여전히 지금처럼 무한한 하나님으로 계실 것입니다. 피조물이 늘어났을지라도 하나님은 더 커지지 않으셨고, 피조물이 줄어들었을지라도 하나님은 더 작아지지 않으셨습니다. 피조물은 파도에 비유하고, 하나님은 큰 바다에 비유할 수 있습니다. 파도는 바다를 떠나서는 존재할 수 없는데, 피조물도 하나님을 떠나서 존재할 수 없습니다. 그러나 하나님에 대한 세상의 어떤 비유도 완벽할 수 없습니다. 왜냐하면 파도는 바다의 일부이지만 피조물은 하나님의 일부가 아니고, 피조물이 하나님의 본질이나 속성을 이루는데 아무것도 기여하지 않기 때문입니다. 파도가 사라진다면 바다는 줄어들 것입니다. 그러나 모든 피조물을 제거한다고 할지라도 하나님은 조금도 줄어들지 않고 지금과 마찬가지로 무한하신 하나님으로 계실 것입니다. 사실, 무한함에 대해서 이야기하기 시작하는 순간, 우리는 줄어드는 것이나 늘어나는 것을 전혀 모르는 것입니다. 형제 여러분, 우리는 공경하는 심정으로 겸손하게 입을 다물고 이 주제를 떠나야 합니다. 내 작은 배는 이미 바닷가가 보이지 않는 곳까지 왔고, 이 크고 넓은 바다를 더 이상 나가려고 해서는 안 되기 때문입니다.

> "크신 하나님, 주는 얼마나 무한하신지요!
> 우리는 얼마나 하찮은 벌레 같습니까!
> 모든 피조물은 엎드려

주께 찬송을 드려야 합니다.”

한 농아가 프랑스의 한 학회에서 하나님의 영원성에 대한 자신의 생각을 석판에 써달라는 부탁을 받고서, 다음과 같이 힘찬 시구를 썼습니다. “하나님의 영원은 시작이나 끝이 없는 기간이요, 경계나 차원이 없는 존재이며, 과거나 미래가 없는 현재이다. 하나님의 영원은 유년이나 노년이 없는 젊음이고, 출생이나 죽음이 없는 생명이며, 어제나 내일이 없는 오늘이다.” “나는 알파와 오메가요 처음과 마지막이요 시작과 마침이라.”

(2) 본문에 또 한 가지 진리가 있는 것이 확실한데, 그것은 예수 그리스도는 창조 활동의 입문에서 알파와 오메가이시라는 점입니다. 창조를 시작한 분이 누구였습니까? 천사가 아닙니다. 천사는 틀림없이 제일 먼저 창조되었을 것이기 때문입니다. 물질이 스스로를 창조하였습니까? 원인 없는 결과가 있었습니까? 그런 것을 믿는 것은 우리 경험과 이성에 어긋납니다. 제일 원인이 맨 앞에 오는데, 이 제일 원인은 삼위일체 하나님이시고, 성자 하나님은 삼위일체 가운데 한 분이십니다. 주님이 알파이신 것은, 무엇보다 그의 손이 천사에게 날개를 달아주었고, 불꽃을 자기 사역자로 삼으셨기 때문입니다. 주님이 처음에 아무것도 없는 데서 만물을 만드셨습니다. 주님은 진흙을 빚으셨고, 그 진흙으로 사람을 만드셨습니다. 만물이 그에 의해 만들어졌고, 만들어진 것 가운데 어떤 것도 그가 없이 된 것은 없었습니다. 그가 홀로 시작하셨듯이, 주의 권능이 창조 세계를 유지합니다. 만물이 그로 말미암아 존립합니다. 그리스도는 우주를 지탱하는 큰 쇠기둥이시고, 피조물들은 마치 포도나무가 지지대를 감아 올라가듯이 그리스도를 감고 있습니다. 예수께서 능력을 거두시면, 이런 것들은 꿈처럼 사라지고, 존재하지 않습니다. 그리스도는 권능의 말씀으로써 만물을 붙드십니다.

형제 여러분, 지금 이 시간에 진행되는 창조가 있을 수 있습니다. 지금도 전능자의 손에 의해 새로운 천체들이 빚어지고 있을 수 있습니다. 그렇다면, 그런 모든 것들 하나하나에 임마누엘인 주님께서 참여하십니다. 지금 이 순간에, 새로운 혜성들이 번개처럼 맹렬한 궤도를 타기 시작했을 수 있습니다. 그러나 하나님의 아들이 없이 그 일이 이루어질 수는 없습니다. 인간의 영혼들이 매시간 창조의 자궁에서 태어납니다. 그러나 그들을 세상에 내보내고 그들의 생명을 유지하는 일에는 항상 하나님께서 계십니다. 하나님의 활동들이 계속, 계속해서 확대되고 확장되며, 우주가 모든 면에서 계속, 계속해서 커질 때, 그리스도께서 여전히 거기에 계실 것입니다. 성부 하나님은 그리스도와 협의하기를 기뻐하십니다. 그래서 그리스도는 성부 하나님과 동등하게 알파와 오메가라는 이름을 쓰십니다. 이 세상을 낡은 의복처럼 둘둘 말아야 한다면, 주께서 그 일을 하실 것입니다. 별들이 빛을 잃게 된다면, 예수님의 명령에 의해 그렇게 될 것입니다. 해를 끈다면, 주님께서 입김을 불어 해의 석탄을 끄실 것입니다. 달이 거친 마포처럼 어두워진다면, 그리스도의 손이 그 등불을 끄시는 것입니다. 끝이 올 때까지 주님이 모든 일을 행하실 것입니다. 주님은 알파이실 뿐 아니라 또한 오메가이시기 때문입니다.

(3) 다시 한 번 말하지만, 본문이 그리스도께서 모든 언약적 거래에서 알파와 오메가이시라는 뜻을 나타내는 것이 분명합니다. 사랑하는 여러분, 아주 뛰어난 목사들이 많이 설교할 만한 주제가 여기 있습니다. 하나님의 생각, 영원한 작정, 여호와의 측량할 수 없는 뜻, 이런 것들은 깊은 사실입니다. 그런데 우리는 이 깊은 것들에 관해서 이 사실을 알고 있습니다. 즉 처음부터 끝까지 이 모든 것들이 그리스도를 계시한다는 것입니다. 우리 인류에 관해서, 또 인류 가운데의 선택에 관해서, 그 전체 문제는 구속자라는 분 안에 들어 있습니다. 선택에 대해서 말할까요? "내 마음에 기뻐하는 자 곧 내가 택한 사람"(사 42:1)은 바로 그리스도를 가리킵니다. 우리는 창세 전에 그리스도 안에서 택함을 받았습니다. 우리가 하나님의 자녀가 되도록 예정되었다는 것에 대해 이야기해 봅시다. 우리는 장자로 계시는 그리스도 안에서 그렇게 예정된 것뿐입니다. 택하신 족속의 개인 한 사람 한 사람은, 오직 하나님의 아들의 인격과 구속자의 인격 사이에 옛적부터 이루어진 연합의 덕분으로 말미암아 서 있는 것입니다. 우리에게까지 흘러온 하나님의 은혜의 시냇물의 원천을 찾아보십시오. 그러면 예수 그리스도께서 언약적 사랑의 샘물이시라는 것을 발견하게 됩니다. 여러분이 정말로 언약의 문서를 보게 된다면, 장래에 여러분이 영원의 방에서 상세하게 작성된 구속의 전 계획을 볼 수 있게 된다면, 모든 페이지의 여백을 따라 속죄제사의 핏줄기가 지나가고 있는 것을 알 것입니다. 처음부터 마지막까지 항상 한 가지 목표, 곧 하나님의 아들의 영광을 겨냥해 왔다는 것을 알게 될 것입니다. 성부 하나님께서 예수님을 높이는 일을 시작하시고, 예수께서 창세 전에 성부 하나님과 함께 가졌던 영광으로써 예수님을 영화롭게 하는 일을 마치십니다.

나는 이 은혜의 교리들을 그리스도와 연관지어서 생각할 때 그 교리들을 얼마나 사랑하게 되는지 모릅니다. 예수님 없이 칼빈주의 요점들을 설교하는 사람들이 있습니다. 그런 설교는 참으로 딱딱하고 건조하며 맥이 없습니다. 사랑하는 친구 여러분, 문자는 죽이는 일을 합니다. 문자는 사람들에게 다투기 좋아하는 논쟁적인 정신을 불어넣습니다. 그러나 여러분이 은혜의 교리들을 설교할 때 그리스도 안에 있는 대로 설교한다면, 즉 호커 박사(Dr. Hawker)라면 그 교리들에 대해서 설교하였을 것처럼, 러더퍼드(Rutherford) 목사가 그 교리들에 대해서 이야기하였을 것처럼 설교한다면, 그렇다면 그 교리들에 거룩한 기름 부음이 임하고, 그 교리들은 말할 수 없이 귀하게 됩니다. 그러므로 모든 신자는 이 교리들을 그리스도 안에서 받지 않는 한, 그 교리들을 마땅히 받아야 하는 대로 받지 않는 것이라는 사실을 기억해야 합니다.

어디서든지 주 예수님을 하루 친구나 주님의 지상 생애에서만의 구주로 생각해서는 안 되고, 창세 전부터 죽임을 당하신 어린 양으로, 영원부터 세워진 기름 부음받은 중보자로 생각해야 합니다. 나는 예수님이 하나님의 영원하신 아드님이신 것을 믿음으로 압니다. 나는 예수께서 하나님의 뜻에서 선택하신 자들의 언약의 머리로 계시는 것을 압니다. 나는 예수께서 때가 되어 여자에게서 나신 것을 압니다. 그러나 주님의 나심은 옛적에 영원부터 된 일이고, 샛별이 나오기 전부터 주님은 사람들을 기뻐하셨다는 것을 잊지 않습니다. 주님이 보입니다. 주께서 "다 이루었도다!" 하고 소리치십니다. 주님이 머리를 숙이십니다. 그러나 나는 주님이 죽지 않으셨다는 것을 잊지 않습니다. 세상이 사라지고 시간이 통치를 끝낼 때, 옛적부터 항상 계신 이이신 주님이 살아 계시고, 영원한 젊음을 자랑하실 것을 압니다. 그러므로 예수 그리스도는 하나님의 영원한 목적에서, 그리고 하나님의 언약적 거래에서 알파와 오메가이십니다.

(4) 예수 그리스도는 활동과 행위에서 분명히 나타나듯이 모든 구원 사역에서 확실히 알파와 오메가이십니다. 나는 이것이 본문의 의미라고 확신합니다. 알파와 오메가가 나오는 첫 구절에서, 즉 요한계시록 1:8에서 모든 구원 사역이 우리 주님에게서 나오는 것으로 돌려지는 것을 보기 때문입니다. 5절 이하를 읽어봅시다. "충성된 증인으로 죽은 자들 가운데에서 먼저 나시고 땅의 임금들의 머리가 되신 예수 그리스도로 말미암아 은혜와 평강이 너희에게 있기를 원하노라 우리를 사랑하사 그의 피로 우리 죄에서 우리를 해방하시고 그의 아버지 하

나님을 위하여 우리를 나라와 제사장으로 삼으신 그에게 영광과 능력이 세세토록 있기를 원하노라 아멘 볼지어다 그가 구름을 타고 오시리라 각 사람의 눈이 그를 볼 것이요 … 나는 알파와 오메가라."

여기서 우리는 구원하는 은혜의 위대한 사역의 개요를 봅니다. 여기서 여러분은 주님께서 우리를 사랑하셨다는 것을, 즉 세상이 있기 전에 영원한 사랑으로 우리를 사랑하셨음을 봅니다. 그 다음에는 주님이 우리를 그의 피로 죄에서 씻으셨음을 봅니다. 이 피로 말미암아 여러분이 구속을 받고, 그에 따른 죄사함과 의롭다함과 거룩함을 받는데, 이 모든 것이 그리스도로 말미암아 우리에게 옵니다. 우리의 영광에 대해서 말하자면, 그것은 주님의 재림의 결과입니다. 그러므로 "우리를 사랑하신 그에게"라는 말씀이 주님을 알파로 만들었듯이, "볼지어다 그가 오시리라"는 말씀은 주님을 오메가로 만듭니다. "천하 사람 중에 구원을 받을 만한 다른 이름을 우리에게 주신 일이 없음이라"(행 4:12)는 말씀을 아주 잘 알고, 다른 어떤 사람도 구원의 일에서 조금이라도 예수님과 협력하도록 용인될 수 없다는 것을 잘 아는 여러분에게 말을 되풀이할 필요가 없습니다. 예수께서 시작하시고 예수께서 끝맺으셔야 합니다. 계시록 21:6에서 영적 생명의 시작과 완성이 모두 예수님에게 달려 있는 것을 봅니다. "나는 알파와 오메가요 처음과 마지막이라 내가 생명수 샘물을 목마른 자에게 값없이 주리라." 그렇다면, 여러분이 조금이라도 목이 마르다면, 생명의 물을 얻기 위해서는 처음부터 예수 그리스도께로 가야 합니다. 여러분이 자신의 공허함을 알게 되었다면, 성령으로부터 의에 주리고 목마름을 받았다면, 율법에게로 가지 말고 자신의 속도 들여다보지 말며, 알파이신 예수께로 가서 마시고 만족하도록 하십시오.

반면에, 인생이 마지막에 가까이 왔다면, 여러분이 거룩함 가운데 보존되어 왔고 의 안에서 지키심을 받았다면, 지금도 오메가이신 예수님을 의지해야 한다는 것을 기억하십시오. "이기는 자는 이것들을 상속으로 받으리라 나는 그의 하나님이 되고 그는 내 아들이 되리라"는 이 말씀이 뒤따르기 때문입니다. 그와 같이 처음 생명수를 마시는 것이 예수님으로 말미암았듯이 만물을 상속받고, 모든 영적인 원수들을 정복하는 것도 예수님으로 말미암아 옵니다. 영적 폐를 부풀게 하는 첫 번째 호흡과 새롭게 열린 눈을 맞이하는 처음 빛은 처음이신 예수님에게서 옵니다. 성도들을 하나님의 낙원에 들게 할 믿음의 마지막 외침, 곧 거룩한 기쁨의 마지막 외침은 마지막이신 예수님으로부터 나올 것입니다. 사랑하는 여러분, 힘을 다해 그리스도를 의지하십시오. 전적으로 그리스도께 기대십시오. 시작하신 이가 끝을 맺으실 것입니다. 주님은 알파이면서 또한 반드시 오메가이셨습니다. 어떤 것도 주님의 뜻을 바꾸지 못할 것입니다. 하늘도 땅도 지옥도 주님을 주의 사랑의 길에서 돌이키게 할 동기를 부여하지 못합니다. "그는 뜻이 일정하시니 누가 능히 돌이키랴 그의 마음에 하고자 하시는 것이면 그것을 행하시느니라"(욥 23:13).

(5) 본문에 들어 있다고 생각하는 진리가 한 가지 더 있습니다. 예수님은 모든 성도의 개인적인 구원에서 뿐만 아니라 교회 역사의 전 과정에서도 알파와 오메가이십니다. 교회가 어디에서 시작되었다고 말해야 하겠습니까? 뱀의 후손이 태어나고, 또한 여인의 후손도 태어난 직후에 시작되었습니다. 그 경계선이 에덴 동산 입구 가까이에서 시작된 것이 확실합니다. 거기에서 우리는 믿음으로 하나님을 예배하는 아벨을 보고, 또 악한 자에게 속하였고 동생을 죽인 자인 가인을 봅니다. 우리는 이렇게 일찍부터 아벨의 제사에서 세상 죄를 지고 가는 하나님의 어린 양을 봅니다. 교회의 다양한 모든 부침의 역사를 따라 가보십시오. 그러면 교회가 항상 맨 앞에 유다 지파의 사자를 깃발로 들고 있는 것을 볼 것입니다. 교회가 양가죽과 염소 가죽을 쓰고 궁핍하고 괴로운 가운데 방랑할지라도 별 문제가 되지 않습니다. 그리스도께서 여전히 교회를 위로하시는 샛별이시기 때문입니다. 교회가 승리할 때, 그리스도의 이름이 가장 크게 울려퍼집니다. 다른 사람들은 천천을 죽였을지 모르지만 다윗의 씨는 만만을 죽였습니다. 이스라엘에서 오실 자인 메시야의 이름만큼 음유시인들을 일깨워 노래하게 만든 이름은 없었습니다. "그가 임하시되 땅을 심판하러 임하실 것임이라 그가 의로 세계를 심판하시며 그의 진실하심으로 백성을 심판하시리로다"(시 96:13)는 이 말씀만큼 시온의 처녀들이 아주 즐겁게 거룩한 춤을 추게 만들고, 예루살렘의 딸들이 기쁜 선율에 맞추어 소고를 치게 만들 수 있는 것은 없습니다.

우리 주님의 첫 번째 강림 이래로, 교회는 항상 예수님을 깃발로 들고 다니지 않았습니까? 그리스도 없는 교회를 어디에서 찾을 수 있겠습니까? 예수께서는 저기 스위스의 눈 덮인 산지들에도 계십니다. 교회들 가운데 이단, 분리주의자, 반역자, 혹은 그보다 더 부끄러운 이름을 지닌 교회들도 있지만 그리스도께서는 그의 교회와 함께 계십니다. 로마 교회는 첫 번째 남편을 잊어버리고 창기 노릇을 하여 세상의 왕들과 간음을 행하였습니다. 오히려 발도파(Waldenses: 12

세기에 프랑스인 피에르 발도가 창시한 기독교의 일파 — 역주)들 사이에 그리스도를 위한 정숙한 신부를 발견할 수 있었습니다. 그들의 가정에 예수께서 거하셨습니다. 그들은 전쟁에서 무엇을 외쳤습니까? 그들이 집 난로에 둘러서서 무슨 노래를 불렀습니까? 그들이 적이 집에 닥칠까 두려워 노래를 부를 수 없을 때는 가슴에 무슨 이름을 썼습니까? 그것은 예수라는 이름이 아니었습니까? 어두운 시대가 지나갔을 때, 저쪽에서 어떤 빛이 번뜩입니까? 루터가 무엇을 선포합니까? 칼빈이 무엇을 가르칩니까? 그들의 공통된 주제는 예수라는 위대한 이름입니다.

형제자매 여러분, 여러분은 무슨 말을 합니까? 여러분은 엄숙한 언약에 가담하여 오늘 "그의 이름이 영구함이여 그의 이름이 해와 같이 장구하리로다"(시 72:17) 하고 말하지 않습니까? 여러분은 "사람들이 그로 말미암아 복을 받으리니 모든 민족이 다 그를 복되다 할" 때를 간절히 바라지 않습니까? 여러분도 "대대로 주께서 행하시는 일을 크게 찬양하며 주의 능한 일을 선포하리로다"(시 145:4)는 약속이 성취되도록 도우려는 마음이 확실히 있을 것입니다. 그러나 끝이 옵니다. 여호와의 깃발이 곧 걷히고, 여호와의 칼이 영원히 칼집에 들어가게 될 것입니다. 고통이 없는 나라가 선포되고, 칼이 부러지고 창이 꺾이게 될 것입니다. 해 아래 다시는 전쟁터가 없을 것이고, 우주적인 평안이 지배할 것입니다. 그때는 어떻게 됩니까? 그때는 예수의 이름이 온 세상에 알려져서, 사람들이 밤낮으로 예수님에 대해 말하고 생각할 것입니다. 또한 끊임없이 주께 기도를 드리고 매일 찬송을 드릴 것입니다. 광야에 거하는 자들이 예수님 앞에 엎드리고, 그의 원수들은 굴복할 것입니다.

그때 끝이 옵니다. 심판의 보좌가 차려지고, 악인들이 소환됩니다. 오른편에 있는 의인들은 상급을 받았는데, 누구에게서 받았습니까? "내 아버지께 복 받을 자들이여 나아와라"(마 25:34). 오메가이신 주님의 손에서 받았습니다. 요한계시록의 마지막 장이 바로 그분의 축복을 구하는 기도로써 끝이 납니다. 악한 자들이 있습니다. 지옥은 그들을 삼키려고 입을 크게 벌리고 있습니다. 사자가 먹이를 삼키듯이 지옥의 불길이 수많은 사람을 태워버립니다. "저주를 받은 자들아 나를 떠나라"(25:41)는 천둥소리와 같은 선언을 하시는 이 분은 누구입니까? 그분은 오메가이십니다. 한때 눈물로 얼룩졌던 그 얼굴이 이제는 번쩍이는 빛으로 해보다 더 밝습니다. "수고하는 자들아 내게로 오라"(마 11:28)고 말씀하셨던 목소리가 이제는 "저주를 받은 자들아 나를 떠나라"고 하십니다. 그분이 시작하셨고, 그분이 끝내십니다. 알파이신 분이 또한 오메가이십니다. 그러나 그것은 영구히 끝입니다.

영원토록 하늘의 온전한 거민들 가운데서 주님의 이름이 끊임없는 찬송의 주제가 될 것입니다. 저기 아래서, 저주받은 자들은 울부짖는 가운데 자기들 의사와 어긋나게 주님의 두려운 공의를 선언할 것입니다. 그들은 영원히 신음소리를 내는 가운데서, 포도즙 틀에 있는 포도송이처럼 밟되, 피가 말의 고삐에 차기까지 흐르도록 그들을 밟을, 못 박힌 발의 권능을 선포할 것입니다. 하늘과 땅과 지옥이 예수님을 알파와 오메가로 영원히 경배할 것입니다. 할렐루야, 할렐루야, 예수 그리스도께서 지금도 전능하신 주 하나님으로, 곧 알파와 오메가로 통치하십니다!

### 3. 여러분이 조금 참아주신다면, 본문에서 흘러나오는 몇 가지 점들을 살펴보도록 하겠습니다.

(1) 첫 번째 사실은 이것입니다. 즉 죄인인 성도 여러분, 예수님께서 오늘 여러분의 신뢰에 있어서 알파와 오메가가 되도록 하십시오. 가엾은 영혼이여, 구원받기를 바라십니까? 그런데 여러분은 "나는 이런 자격이 없거나 저런 장점이 없다"고 말하는군요. 여러분 자신을 알파로 두고 시작하지 마십시오. 지금 여러분 모습 그대로 예수님께 오십시오. 예수께서 여러분에게 알파가 되시도록 하십시오. 여러분이 더럽습니까? 주님께서 여러분을 씻도록 하십시오. 여러분의 마음이 완고합니까? 주님께서 부드럽게 만드시도록 하십시오. 여러분은 죽은 것이나 다름없는 쓸모없는 인간입니까? 누더기를 입고 비참한 생활을 하고 있습니까? 여러분은 아주 망하고 몰락했습니까?

멈춰 서서 먼저 알파라는 글자를 쓰려고 하지 마십시오. 멈추고서 자신의 구원을 시작하려고 하지 마십시오. 죄인이여, 그리스도를 맞이하기 위해 필요한 준비는 없다는 것을 기억하십시오. 그냥 전적으로 예수님께 기대십시오. 우선 주님을 붙잡으십시오. 아니, 우선 주께서 여러분을 붙잡으시도록 하십시오. 지금 주님의 팔에 기대십시오. 지금 주님을 의지하십시오. 구원의 첫 글자가 그리스도가 되지 않는 한, 여러분은 결코 참된 구원을 얻을 수 없을 것입니다. 그리스도께서 알파이시기 때문입니다. 여러분이 겸손이나 회개, 양심의 가책, 혹은 그리스도 외의 다른 어떤 것으로 시작한다면, 그 모든 것을 다시 시작해야만 할 것입니다. 여러분이 그리스도로부터 시작하지 않는다면, 모든 것을 다시 시작해야만 할 것입니다. 저기 예수님이 계십니다. 그의 상처에서 피가 흐르고 있고, 그의 심장이 찢어지고 있으며, 그의 영혼은 고통 가운데 있습니다. 저기 여러분 구원의 알파가 계십니다. 보고 사십시오. "땅의 모든 끝이여 내게로 돌이켜 구원을 받으라"(사 45:22).

하나님의 자녀여, 예수께서 여러분 구원의 오메가가 되도록 하십시오. 여러분이 그리스도로부터 시작하였다면, 이제 자신을 의지하지 않도록 하십시오. 바울 사도가 갈라디아 교인들에게 하였던 말을 내가 여러분에게 해야 하겠습니까? "성령으로 시작하였다가 이제는 육체로 마치겠느냐"(갈 3:3). "너희가 그리스도 예수를 주로 받았으니 그 안에서 행하라"(골 2:6). 여러분의 첫 번째 소망은 예수를 바라보는 데 있었습니다. 그런데 이제는 여러분의 성화, 기도, 증거, 겸손, 교제를 보려고 합니까? 이런 것들이 여러분 영혼의 위로의 근거라도 되는 양 한다면, 이 모든 것을 버리십시오. 하나님의 자녀 여러분, 이 장을 시작할 때 그랬듯이, 이 장의 마지막에서도 이같이 말해야 한다는 점을 기억하시기 바랍니다.

"예수 외에는 없네, 예수 외에는 없네,
　무력한 죄인들에게 유익을 끼칠 수 있는 이는."

여러분이 방에 들어가서 큰 소리로 통곡하고 눈물을 뿌리며 하나님께로 향했지만, 오직 예수님만을 보기 전에는 아무 위로를 얻지 못했습니다. 또 다른 방에서 이마에 죽음의 습기가 무겁게 가라앉은 채 누워서 죽어가고 있을 때, 여러분은 오직 예수님 외에는 아무 위로를 얻지 못할 것입니다. 여러분이 양심의 가책이라는 강을 지났지만, 예수께서는 여러분이 그 강물에 빠져 죽는 것을 허락하지 않으셨습니다. 그리고 이제 여러분이 죽음의 강을 건널 것인데, 예수께서 여러분의 머리가 항상 물 위로 나와 있게 만드실 것입니다. 그리스도는 오늘 아침 우리 모든 사람이 의지할 분으로서 알파와 오메가가 되셔야 합니다.

(2) 사랑하는 여러분, 우리가 예수님을 의지하였다면, 예수님이 우리 사랑에 있어서 알파와 오메가가 되시도록 합시다. 젊은 자매 여러분, 여러분의 사랑에서 첫째 자리를 예수님께 드리십시오. 성령께서 여러분의 마음을 내 구주님께로 돌려주시기를 바랍니다. 여러분 마음의 꽃을 싹틀 때부터 주님께 드리도록 하십시

오. 어머니의 기쁨이자 아버지의 희망인 어린 자녀 여러분, 이른 새벽과 같은 여러분의 어린 시절을 구주님께 바치기를 바랍니다. 예수님께서 여러분에게 알파가 되도록 하십시오. 여러분 가운데 어떤 분들에게는 예수께서 지금 알파이시며, 그동안 오랜 세월 동안 알파이셨다고 믿습니다. 우리는 시편 기자의 다음과 같은 말을 사용할 수 있습니다. "내가 날 때부터 주께 맡긴 바 되었고 모태에서 나올 때부터 주는 나의 하나님이 되셨나이다"(시 22:10). "나는 진실로 주의 종이요 주의 여종의 아들이나이다"(116:16). 나이들어 머리가 하얀 여러분, 예수님을 여러분 사랑의 오메가로 삼으십시오. 여러분이 지팡이를 짚고서 마치 여러분의 무덤에 인사하듯이 허리를 구부정하고 다닐 때, 주님의 참으신 그 모든 세월과, 여러분에게 주님의 신실하심을 보이신 날들을 기억하도록 하십시오. "하나님이여 내가 늙어 백발이 될 때에도 나를 버리지 마소서"(71:18). 주님을 버리지 말고, 마지막 임종 때 주님을 여러분 영혼의 기쁨의 오메가로 굳게 붙잡도록 하십시오.

(3) 형제 여러분, 확실히 우리 주님은 우리 인생의 목적에 있어서 알파와 오메가가 되셔야 합니다. 그리스도 외에 살 만한 가치가 있는 것이 무엇입니까? 온 땅에서 예수님 외에 생각해 볼 만한 가치가 있는 것이 무엇입니까? 어떤 나이 든 작가가 이런 말을 했는데, 옳은 말입니다. "하나님만이 영원하신 분이라면, 모든 안식은 연기 한 모금에 불과하다. 그렇다면 내가 연기 몇 모금을 쌓기 위해서 살아야 할까? 죽음의 바람이 영원히 흩어버릴 연기 같은 부로 내 자신을 돋보이게 하려고 그렇게 애를 쓰고 억척같이 일해야 하겠는가?" 사랑하는 여러분, 그래서는 안 됩니다. 우리는 영원한 것들을 위해서 살도록 합시다. 우리 주님을 떠나서 택할 수 있는 영원한 것들이 무엇이겠습니까? 우리는 내년에 주님께 우리 수고의 알파를 드리도록 합시다. 우리는 주님의 포도원에서 일하고 주님의 추수하는 들판에서 수고함으로써 내년을 시작하도록 합시다. 금년은 거의 끝났습니다. 금년이 하루 이틀밖에 남지 않았습니다. 금년이 끝이 날 때까지 주님을 섬기도록 하고, 이제 날짜가 하루 이틀밖에 남지 않았으니 배나 서둘러서 나아갑시다. "주여 우리에게 우리 날 계수함을 가르치사 지혜로운 마음을 얻게 하소서"(90:12). 여러분의 시간과 재능, 자산과 에너지, 모든 것을 여러분 영혼에 알파와 오메가가 되시기에 합당한 내 주님께 드리십시오.

(4) 끝으로, 십자가에 못 박힌 예수께서 우리의 모든 설교와 가르침에서 알파와

오메가가 되셔야 합니다. 이 외에 다른 어떤 것을 복음 사역의 주요 주제로 삼는 사람에게는 화가 있을 것입니다. "내게는 우리 주 예수 그리스도의 십자가 외에 결코 자랑할 것이 없으니 그리스도로 말미암아 세상이 나를 대하여 십자가에 못 박히고 내가 또한 세상을 대하여 그러하니라"(갈 6:14). 여러분이 그리스도를 전하지 않는다면, 내게 건전한 교리를 가르친다고 말하지 마십시오. 여러분은 썩은 교리를 설교하는 것입니다. 그리스도 외에는 어떤 것도 설교하면서 추켜세우지 말고, 죄 외에는 어떤 것도 깎아내리지 마십시오. 그리스도를 설교하십시오. 모세가 광야에서 놋뱀을 높이 든 것처럼, 복음의 장대에 그리스도를 달아 높이 드십시오.

그러면 여러분은 인생의 목적을 이룰 것입니다. 그러나 여러분이 정통신앙이나 어떤 교의를 설교하는데, 그리스도를 빠트렸다면, 거기에는 하늘에서 내리는 만나가 없고, 바위에서 솟는 물이 없으며, 폭풍우를 피할 피난처가 없고, 병자를 위한 치료도, 죽은 자를 위한 생명도 없는 것입니다. 여러분이 그리스도를 빠트리면, 낮에 태양을 제거하고 밤에 달을 제거하며 바다에서 물을 뺄 것이며, 강에서 강물을 제거한 것입니다. 일 년 중에 추수를 빼고, 몸에서 영혼을 제거하고, 천국에서 기쁨을 빠트린 것입니다. 그렇습니다. 모든 것에서 모든 것을 없애버린 것입니다. 예수님을 잊어버린다면, 생각할 만하고, 여호와의 이름으로 선포할 만한 복음은 없습니다. 그러므로 우리는 사람들 가운데서 행하는 우리의 모든 복음 사역에서 예수님을 알파와 오메가로 모셔야 합니다.

사실 나는 오늘 아침 땅의 표면밖에 갈지 못했다는 것을 아주 잘 압니다. 이같이 영광스런 본문의 밑흙까지 파고들어갈 수 있었으면 좋겠습니다. 그렇게 할 수 있는 농부는 세 번째 하늘에 올라갔다 올 필요가 있는데, 그렇게 한 후에라도 실패할 것이라고 나는 생각합니다. 하나님을 본 사람들, 천국에서 하나님의 영광을 본 사람들 외에 누가 하나님에 대해서 조금이라도 알 수 있겠습니까? 우리에 대해서 말하자면, 우리 눈은 감겨 있습니다. 우리 가운데 예수님을 모시고 있지만, 예수님의 뛰어난 영광은 보지 못합니다. 베드로와 야고보와 요한처럼, 우리는 예수님이 변화되셨지만 잠자고 있습니다. 이 주제는 너무 높아서 나로서는 다 다룰 수가 없습니다. 하나님 외에 하나님을 누가 알 수 있겠습니까? 하나님의 독생자 외에 누가 하나님을 계시할 수 있겠습니까? 처음과 마지막이요 시작과 마침인 분을 누가 온전히 알 수 있겠습니까? 우리에게 구속주에 대한 구원하는 지식이 있으면 충분합니다. 그것은 우리의 평안과 기쁨에 대해 충분하지만, 은혜로우신 주님은 우리에게 그 이상을 가르쳐 주십니다. 아멘.

제
35
장

—

# 두 가지 "오라"

—

**"성령과 신부가 말씀하시기를 오라 하시는도다 듣는 자도 오라 할 것이요 목마른 자도 올 것이요 또 원하는 자는 값없이 생명수를 받으라 하시더라." ─ 계 22:17**

본문의 말씀은 마치 오늘이 금년의 끝에 서 있듯이 요한계시록의 마지막에 서 있습니다. 그런데 본문은, 이것으로써 한 해의 마지막 안식일 설교를 할 만큼 복음으로 가득합니다. 본문 말씀을 보면, 마치 성령께서 영감된 하나님 말씀의 증언에도 불구하고 그처럼 많은 사람들이 믿지 않은 채로 남아 있는 동안에는 펜을 내려놓기를 싫어하시는 것처럼 보입니다. 그래서 성경을 마무리 지으면서, 성경에 조금이라도 무엇을 보태거나 제하는 것에 대해 지극히 엄숙한 말씀으로 경고하기 전에, 성령께서 한 번 더 목마른 자들에게 그리스도에게 와서 마시라는 자유롭고 온전하며 간절하고 은혜로운 초대의 말씀을 하십니다. 금년의 마지막 페이지를 장식하는 이 날에, 나는 지금까지 우리의 전하는 말을 믿지 않은 분들이 잔치의 마지막 날인 오늘 귀를 기울여 구원의 메시지를 받아들이도록 또한 번 복음의 초청을 할 수 있기를 바랍니다. 자정의 종이 새해의 시작을 알리기 전에, 여러분이 하나님의 자녀로 태어나기를 바랍니다. 아무튼 사람들을 거듭나게 하는 진리를 여러분이 들을 수 있도록 다시 한 번 애정을 가지고 전할 것입니다. 여러분 가운데 주님을 모시고 있는 분들에게는 바로 지금 주님께 이러한 요청을 드리라고 권합니다. 그래서 지난 52주 동안 화살이 목표를 맞추지 못했을

지라도 이번에는 성령의 인도를 받아 과녁을 맞출 수 있도록 하라고 권합니다. 또 어떤 분들이 지금까지 주 예수님에 대해 마음 문을 단단히 걸어 잠그고 있었다면, 오늘 아침 하나님의 말씀을 전하는 가운데 주님이 친히 오셔서 마음 문 안으로 손을 집어넣어서 주님께로 마음이 움직이도록 해주시기를 기도합니다. 이 기도에 대한 응답으로 우리는 확실히 복을 받을 것입니다. 우리가 이 복을 기대하고, 그 기대에 따라 행하면, 사람들이 구름처럼, 자기들 집으로 날아가는 비둘기처럼 예수님께로 달려가는 것을 볼 것입니다.

　　본문은 주 예수께서 하신 말씀이 아닙니까? 이 말씀을 요한의 말로 볼 수 있습니까? 나는 그렇게 생각하지 않습니다. 왜냐하면 본문이 앞 절에 나오는 예수님의 말투가 분명한 말씀에 바로 이어지기 때문입니다. 그 구절은 이렇게 이어집니다. "나 예수는 교회들을 위하여 내 사자를 보내어 이것들을 너희에게 증언하게 하였노라 나는 다윗의 뿌리요 자손이니 곧 광명한 새벽 별이라 하시더라 성령과 신부가 말씀하시기를 오라 하시는도다." 내가 생각할 때, 이 단락은 나눌 수 없고, 그래서 본문을 부활하신 예수님, 곧 원기를 돋우는 광선으로써 영광스러운 낮이 올 것을 예고하는 새벽별의 말씀으로 보아야 합니다. 사람들의 영혼을 사랑하신 이분은 죄인들에게 말하기를 아주 끝내지 않으셨습니다. 아직 할 말이 조금 더 있었습니다. 그래서 주님은 여기서 그 말씀을 합니다. 거룩한 구속주께서 맡은 사역을 성취한 보상으로서 앉아 계시는 보좌로부터 몸을 앞으로 기울여, 위하여 기꺼이 죽으시기까지 한 그 사랑으로 죄인들을 굽어보시며 "듣는 자도 오라 할 것이요 목마른 자도 올 것이요 또 원하는 자는 값없이 생명수를 받으라"고 말씀하시는 것입니다.

　　그러므로 본문의 말씀을 금 촛대 사이에서 많은 사랑을 받으시는 주님의 귀중한 입에서 나오는 말로 보면서, 먼저 하늘을 향하여 드리는 기도의 외침을 살펴보도록 합시다. "성령과 신부가 말씀하시기를 오라 하시는도다 듣는 자도 오라 할 것이요." 이 목소리들이 그리스도께로 올라갑니다. 그 다음에, 둘째로 땅으로 향하는 초대의 소리를 들어봅시다. "목마른 자도 올 것이요 또 원하는 자는 값없이 생명수를 받으라." 이 소리는 밖으로 나가 가난하고 슬퍼하는 영들에게로 내려갑니다. 다음에, 셋째로, 우리는 잠시 멈추고서 이 두 외침 사이의 관계를 살펴볼 것입니다. 오시는 그리스도는 죄인들이 오는 것과 관계가 있기 때문입니다. 그 다음에는, 두 외침에 대한 반응을 힘닿는 데까지 관찰하고 기대할 것입니다. 이 외침은 하늘에 계시는 주님에게서 나오고, 또 여기 땅에 있는 목마른 영혼들에게서 나옵니다. 성령이시여, 하나님의 말씀에 복을 베풀어 주옵소서.

### 1. 첫째로, 본문 말씀은 하늘을 향한
### 기도의 외침으로 시작됩니다.

"성령과 신부가 말씀하시기를 오라 하시는도다 듣는 자도 오라 할 것이요." 주의 깊게 읽어보면, 이 말을 단지 성령과 신부가 죄인에게 하는 목소리로만 볼 수 없다는 것을 분명히 알게 될 것입니다. 그 의미를 생각하면 확실히 "오라"는 이 외침은 앞 절에서 "보라 내가 속히 오리니 내가 줄 상이 내게 있다"고 말씀하신 우리 주 예수님께 외치는 말로 보아야 합니다. 앞 절의 말씀이 뒷 절의 말씀을 포함하고 있는 것을 볼 수 있으며, 뒷 절의 말씀이 앞 절의 말씀을 결코 배제하지 않는다는 것을 알 수 있습니다. 우리가 본문의 말씀을 그의 오심이 우리에게 큰 소망이 되는 주님을 향하여 드리는 외침으로 먼저 보지 않으면, 그 말씀을 정직하게 대한 것이 되지 못할 것입니다.

이 외침의 내용을 먼저 살펴보도록 합시다. 그것은 그리스도의 오심입니다. "성령과 신부가 말씀하시기를 오라 하시는도다." 이것은 지금까지 언제나 예수 그리스도의 교회가 보편적으로 부르짖은 외침이었고, 지금도 그렇습니다. 이 외침의 정확한 의미에 대해서는, 공통된 한 가지 이론은 없습니다. 그러나 이런저런 형태를 띠긴 하지만, 정확한 의미를 알기를 바라는 공통된 한 가지 욕구는 있습니다. 우리 가운데 어떤 이들은 몸을 가지고 올 것을 생각하고 있습니다. 구름이 부활하신 그리스도를 가렸을 때 천사가 이렇게 말했기 때문입니다. "너희 가운데서 하늘로 올려지신 이 예수는 하늘로 가심을 본 그대로 오시리라"(행 1:11). 그러므로 우리는 주님의 오심은 말 그대로 여기서 우리 가운데 거하기 위해 친히 내려오시는 것으로 봅니다. 예수께서 오실 때는 세상을 다스려 만물을 새롭게 하고, 안식일의 휴식이 끊임없이 지속될 영광스런 천년의 기간을 자기 백성에게 가져다줄 것으로 기대하는 사람들이 있습니다. 그런가 하면 예수께서 오실 때는 세상을 심판하기 위해 오시고, 따라서 주의 나타나시는 날은 황금시대의 시작으로 보기보다는 만물의 마지막으로, 이 시대의 종말로 보아야 한다고 생각하는 사람들이 있습니다. 천년왕국은 한낱 꿈이고, 그리스도께서 친히 오시는 것은 공상에 불과한 것으로 생각하는 사람들이 있습니다. 그들은 예수께서 영적으로 오실 것으로 믿습니다. 그래서 복음이 아주 놀랍게 전파되고, 말씀의 사역이 특이한 능력을 발휘하여 민족들이 주님께로 달려가고 주의 진리를 듣고 회심할 때를 기다립니다. 사실 이런 다양한 주장들을 살펴보는 것도 매우 흥미 있는 일이겠지만, 그렇게 하고 싶지는 않습니다. 사람들이 그리스도의 오심을 어떻게 보든지 간에, 결국 하나님의 참된 백성이라면 모두 그리스도의 오심을 바라고, 또 그리스도께서 가까이 오시는 한, 만족하기 때문입니다. 사람들이 그리스도의 오시는 방식에 관해 다소간에 어떤 견해를 가질 수 있지만, 그리스도의 오심은 그리스도께서 세상을 떠나가신 이래로 언제나 하나님의 교회의 큰 소원이었고, 간절한 기도 제목이었습니다. "그럴지라도 주 예수여, 속히 오소서"라는 것이 하나님의 택하신 모든 자들의 부르짖음입니다. 어떤 사람들이 반드시 아주 칭찬할 만한 동기에서 이런 소원을 가진 것이 아니었고, 또 많은 사람들은 낙망과 슬픔 가운데 있을 때 더욱 간절하게 이 기도를 드리게 된 것도 사실입니다. 그러나 그들은 정당한 것을 바라는 것이고, 때가 되면 받을 것으로 약속된 복을 소원하는 것입니다. 슬픔이라는 쇠톱은 언제나 그리스도의 오심에 대한 열망을 더욱 예리하게 만들 것이라고 생각합니다. 루터가 한 번은 깊은 낙심 가운데 있을 때 이렇게 말했습니다. "주여, 당장에 오시옵소서! 주님께서 오셔서 심판으로 모든 문제를 즉시 끝내버리시옵소서. 개선될 여지가 전혀 보이지 않습니다." 우리가 이런 마음 상태에 떨어지면, 그런 소원이 겉으로는 옳게 보이지만, 생각하는 것만큼 아주 순수하지 않을 수 있습니다. 불신앙과 조급함에서 나오는 그런 소원과 기도는 그다지 바람직한 것일 수가 없습니다. 어쩌면 우리가 좀 더 끈기 있게 기다리고 조용히 소망할 때, 주께서 속히 오시기를 바라는 소원이 그리 뜨겁지 않을 수 있습니다. 그렇지만 그런 때 우리의 마음 상태가 더욱 뜨거운 열심을 보일 때보다 더욱 침착하고 더욱 긴장하며 더욱 받아들일 만한 것일 수가 있습니다. 기다림은 열망과 함께 가야 하고, 인내는 소망과 뒤섞여야 합니다. 주님의 "속히"가 나의 "속히"가 아닐 수 있습니다. 그럴지라도 주님께서 선하게 여기시는 대로 행하시도록 해야 합니다. 우리 주님께서 좀 더 지체하는 것이 결국에는 더 나은 일이 될 수 있습니다. 그렇게 투쟁을 좀 더 연장함으로써 주님이 성도들의 인내와 성령님의 능력을 그만큼 더 분명하게 나타내실 수 있기 때문입니다. 주님께서 아직 얼마 동안 머뭇거리실 수 있습니다. 그렇더라도, 교회가 주님의 신속한 재림을 기다리면서 주님과 다투거나 주님께 빨리 오시라고 요구하지 않을 것이며, 때와 기한을 알고자 하지도 않을 것입니다. "오소서, 주 예수여, 속히 오소서"라는 것이 교회의 깊은 소원입니다. 그러나 교회는 주님의 오심에 대한 세부 사항들은 주님의 손에 맡깁니다.

이 외침의 내용을 살펴보았으니, 다음에는 외치는 사람들을 살펴보도록 합시다. 성령님이 먼저 언급됩니다. "성령과 신부가 말씀하시기를 오라 하시는도다." 왜 성령께서 주 예수님의 오심을 바라십니까? 현재 성령께서는 말하자면 땅에 시행되는 이 통치의 대리인이십니다. 우리 주 예수님은 하늘에 들어가셨습니다. 주님께서 가시는 것이 나은 일이었기 때문입니다. 성부 하나님께서 주님의 이름으로 보내신 보혜사께서는 주님 대신에 우리의 선생이 되시고, 세상에서 계속해서 진리의 증거자로 계시며 사람들 마음속에서 진리를 증거하는 일꾼으로 계십니다. 그러나 성령 하나님께서는 오래 인내하고 투쟁하는 이 기간 동안에 매일 슬퍼하십니다. 온 세상이 얼마나 성령님을 노여우시게 하는지, 우리로서는 다 알 수가 없습니다! 이스라엘이 광야에서 보낸 40년은 19세기 동안 반역해 온 세대들의 기간에 비하면 아무것도 아닐 것입니다. 불경건한 자들은 성령님을 노엽게 하며, 그의 증거를 거절하고, 그의 작용을 거부합니다. 그런데 슬프게도 성도들도 성령님을 슬프시게 합니다. 여러분과 내가 지난 한 해 동안 자주 성령님을 슬프시게 하지 않았나 염려가 됩니다. 그래서 성령님은 이 악한 시기가 끝나기를 바라서 우리 주 예수님께 "오라"고 말하십니다. 게다가 성령님의 중요한 목적과 바람은, 바로 우리 주님께서 말씀하시는 대로 그리스도를 영화롭게 하는 것입니다. "그가 내 영광을 나타내리니 내 것을 가지고 너희에게 알리시겠음이라"(요 16:14). 그리스도께서 오시면 구속자의 영광이 충만하게 나타나게 되므로, 성령께서는 주님이 오셔서 큰 능력을 가지고 통치하시기를 바랍니다. 성령께서는 그 중대한 사건을 항상 바라보면서 우리를 "구원의 날까지"(엡 4:30) 인치십니다. 성령의 사역은 하나님의 아들들이 나타나는 날에 구원을 완성할 것입니다. 성령님은 "우리 기업의 보증이 되사 그 얻으신 것을 속량하십니다"(엡 1:14). 그러므로 성령께서는 주님이 영광스럽게 나타나시기를 바라는 성도들의 신음소리를 충분히 동정하십니다. 그리고 성령께서 우리의 연약함을 도우시고 우리를 위해 말할 수 없는 탄식으로 기도하신다고 할 때는, 특별히 이 점과 관련해서 말하는 것입니다. 이 의미에서 성령님이 "오라"고 말씀하십니다. 사실, 이 세상에서 모든 성도들이 이같이 "오라"고 외치는 것은 성령님의 부추김에서 나오는 것입니다.

　　본문은 또 "신부가 말하시기를 오라 하는도다"고 말합니다. 이 신부가 곧 교회라는 것을 우리는 다 압니다. 어쩌면 우리는 교회의 이름의 특성에 별로 주의를 기울이지 않았는지 모릅니다. 본문은 "성령과 교회가 말씀하시기를 오라 하시는도다"라고 하지 않고 "성령과 신부가"라고 말합니다. 왜냐하면 교회가 자신과 주님의 가깝고 소중한 관계와 거기에 포함된 모든 것을 깨달을 때는 언제나 더욱 뜨겁게 "오라"고 말하기 때문입니다. 자, 신부는 방금 결혼을 했든지 아니면 곧 결혼하게 되든지 간에 결혼을 가까이 두고 있는 사람입니다. 신부는 단지 시집가는 것이 아니라, 실제로 결혼 잔치의 음식을 먹지 못했을 수 있지만, 혼인을 했거나 이제 곧 혼인할 사람입니다. 이와 같이 교회가 "어린 양의 혼인 기약이 이르렀고 그의 아내가 자신을 준비하였으므로"(계 19:7)라는 말을 들을 때는, 그 중대한 시간에 아주 가깝게 이른 것입니다. 그 때문에 교회는 "보라 신랑이로다"(마 25:6)라는 소리를 들을 것을 생각하고 기쁨이 충만합니다. 교회가 그렇게 기뻐한다는 것이 이상한 일입니까? 교회가 자신의 사랑하는 주님이자 머리이신 그리스도를 보기를 간절히 바라는 마음이 없다면, 그것이 이상한 일일 것입니다. 교회가 그렇게 간절히 바라는 마음이 있기 때문에 "오라"고 말하는 것이 아니겠습니까?

　　내가 순서대로 설교할 목적으로 본문에 언급된 두 사람을 이야기하지만, 두 사람이 본문에서는 나뉘지 않는다는 사실에 여러분이 주의를 기울이시기 바랍니다. 본문은 성령께서 "오라"고 하시고, 또 신부가 "오라"고 말하는 것으로 되어 있지 않고 "성령과 신부가 말씀하시기를 오라 하시는도다"라고 되어 있습니다. 말하자면, 교회가 "오라"고 외칠 때 성령께서 교회 옆에서 말씀하시고, 교회가 그리스도께 오시라고 외치는 것은, 그렇게 외치도록 성령님의 감동을 받기 때문입니다. 참된 기도는 언제나 공동의 활동입니다. 우리 속에 계신 성령께서 우리 마음에 받아들일 수 있는 소원을 적고, 그 다음에 우리가 그 소원을 표출하는 것입니다. 성령님이 우리의 바람과 믿음을 떠나서 간구하시지 않습니다. 우리가 바라고 의도하며 간구하고 고민하지 않을 수 없는 것은, 성령께서 우리 속에서 그렇게 하도록 활동하시기 때문입니다. 우리가 하나님께 간구하는 것은, 그렇게 하도록 성령님의 자극과 인도를 받기 때문입니다. 예수께서 오시기를 부르짖는, 하늘로 올라가는 우리의 간구는, 성령께서 피로 값 주고 사신 자들의 마

음속에서 부르짖는 외침입니다. 교회는 모든 언약의 약속들 가운데 가장 큰 약
속을 이루어주시기를 성령 안에서 밤낮으로 끊임없이 기도합니다.

> "오소서, 주여, 지체하지 마소서
> 오랫동안 기다린 그날을 임하게 하소서.
> 어찌 이토록 오랫동안 기다리게 하시며
> 이 많은 세월을 미루시나이까?
>
> 오소서, 주의 성도들이 매일 탄식하며
> 여전히 기다리나이다.
> 성령과 신부가 말하나이다. 오소서.
> 주는 이 부르짖음을 듣지 아니하시나이까?"

본문의 다음 구절은, 신자 각 사람이 바로 이 소원을 토로해야 한다는 것을
나타냅니다. "듣는 자도 오라 할 것이요." 형제 여러분, 이 외침은 여러분이 이 신
부에게 속했다는 표시가 될 것입니다. 즉 여러분이 성령과 신부와 함께 "오라"
고 외친다면, 그것은 여러분이 한 성령을 받았고, 한 몸에 연합하였음을 보여주
는 표시가 될 것입니다. 경건하지 않은 사람은 그리스도의 오심을 결코 바라지
않고, 오히려 그리스도에게서 달아나고 그의 존재 자체를 잊어버리기를 바라기
때문입니다. 주 예수님께 가까이 가기를 기뻐하는 것은 우리의 선택과 부르심을
보여주는 증거입니다. 주님을 더욱더 온전히 알고 주님께 더 가까이 거하기를
바라는 것은 우리가 주의 죽으심으로 말미암아 하나님과 화목되었고, 우리 속에
새로운 본성이 심겨졌음을 보여주는 표시입니다. 주님께서 충만한 영광 가운데
나타나시기를 간절히 바라는 것은 십자가의 참된 군사라는 표시입니다. 여러분
은 이런 바람을 느끼십니까? 여러분은 주 예수님을 더 잘 알기를 바라십니까? 여
러분이 복음을 들었는데, 교회처럼 "주 예수여 오시옵소서" 하고 말합니까? 슬프
게도 많은 사람들에게는 주님의 날이 빛이 아니라 어둠이 될 것입니다. 그들은
그날을 바랄 수 없습니다. 그날이 그들에게는 두려움과 혼란의 날이 될 것이기
때문입니다. 하나님의 아들의 귀한 이름을 듣고 믿은 자들에게는 주의 오심이
기쁨과 평안이 될 것입니다. 그러므로 그들의 마음은 이같이 외칩니다. "아멘 주

예수여 오시옵소서."

    듣는 자가 이렇게 "오라" 고 외치는 것은 그리스도께서 오시리라는 사실을 그가 기쁘게 동의한다는 표지입니다. 친구 여러분, 여러분이 그리스도께서 오시리라는 말을 들었을 때, "오소서" 하고 말하는 것이 좋습니다. 주께서 통치하기 위해 오신다면, 오시기를 구합시다. 그리스도 외에는 통치할 자가 아무도 없기 때문입니다. 주께서 세상을 심판하기 위해 내려오신다면, 오시라고 말씀드립시다. 우리는 주님의 법정에서 의롭다함을 받을 것이기 때문입니다. 주님께서 오시는 목적은 우리에게 무한한 혜택이 되고 하나님께는 무한한 영광이 될 것으로 가득합니다. 그러므로 우리는 단 한 시간이라도 주님의 전차의 바퀴가 늦추어지는 것을 바라지 않을 것입니다.

> "주여, 속히 오소서! 약속된 시간이 되었나이다.
>  영광과 능력 가운데 오소서
> 주의 원수들이 아직 거꾸러지지 않았나이다.
> 자연이 새로워지기를 탄식하며 기다리나이다.
> 시간이 거의 정점에 이르렀고
> 만물이 주의 신부와 함께 '오소서' 하고 말하나이다.
> 온 세계가 경배하는 예수여,
> 오셔서 영원히 다스리소서!"

    참된 신자 각각이 하는 "오라" 는 말은 그의 마음이 배운 교훈에 대해 반응하는 표시입니다. 그리스도께서 오실 것이라는 사실을 우리는 계시에 의해서 받았습니다. 그래서 우리 영혼이 이렇게 말합니다. "아멘, 주 예수여 오시옵소서. 그렇게 오시는 것이 우리의 행복입니다."

    이와 같이, 우리는 이렇게 외치는 사람들을 살펴보았는데, 이제는 그 소리를 외치는 시제에 대해서 한 마디 하도록 하겠습니다. 그 외침은 현재 시제로 되어 있습니다. "성령과 신부가 말씀하시기를 오라 하시는도다 듣는 자도 오라 할 것이요." 성령과 신부는 그리스도께서 당장에 오시기를 열망합니다. 그리스도를 알고 사랑하는 사람은 그리스도께서 지체하시지 않기를 또한 바랍니다. 자, 형제 여러분, 우리의 보잘것없는 판단으로 보아도, 지금이 예수께서 오실 시간이라고 생각하지 않습니까? 얼마나 불의가 가득한지 보십시오! 거리들을 보십시오. 죄로 얼마나 더럽습니까! 오류들이 얼마나 많이 늘어났는지 보십시오. 이 오류들이 하나님의 교회 안에도 가득 차 있지 않습니까? 이단들이 제물을 덮치는 맹금처럼 내려와서 지극히 높으신 이의 제단마저도 더럽히려고 하지 않습니까? 지금 무신론자들이 어떻게 살아 계신 하나님을 모독하는 말을 하는지 보십시오. 그들이 어떻게 이런 질문으로써 야유하는지 보십시오. "주께서 강림하신다는 약속이 어디 있느냐 조상들이 잔 후로부터 만물이 처음 창조될 때와 같이 그냥 있다"(벧후 3:4). 또한 어떻게 적그리스도가 이 땅을 활개치며 돌아다니는지 보십시오. 여러분의 조상들이 용인할 수 없었던 미신들이 다시 여러분 가운데 성행합니다. 새긴 형상과 십자가들, 십자가상과 성례들, 옛 로마의 많은 신들과 주들이 다시 영국에서 부활하였고, 국가 교회에서 이들을 숭배합니다. 순교자들의 피로 얼룩진 영국에서, 짐승이 자기 사람들을 가르치기 위해 부양하는 사람들의 이마에 다시 한 번 짐승의 표가 보입니다! 지금이 주께서 오실 때가 아닙니까? 고색창연한 미신의 제도들이여, 다른 무엇이 너를 네 보좌에서 흔들어 떨어트릴 수 있겠는가? 미신에 사로잡힌 마음을 그토록 오랫동안 지배했던 신들이여, 다른 누가 너를 두더지와 박쥐에게 내던질 수 있겠는가? 너는, 베들레헴 외양간에서 태어난 그 밤에 보좌에 있는 너를 떨게 만든 그분을 안다. 그리고 네가 떠는 것이 당연하다. 그가 오실 때는 너를 산산이 부술 철장을 가지고 올 것이기 때문이다. 그래서 우리는 이렇게 외칩니다. "맞습니다. 오시옵소서. 주 예수여, 속히 오시옵소서. 아멘."

### 2. 둘째로, 아래로 사람들을 향하여 외치는 초대의 말을 들어봅시다.

나는 본문의 이 의미가 어떻게 그리스도의 오심에서 조용히 땅으로 내려와 죄인들에게 그리스도에게로 오라는 외침으로 변하는지를 다 설명할 수는 없지만, 그렇게 변한다는 것을 말하지 않을 수 없습니다. 뒤섞이는 색이나 서로 혼합되는 선율처럼, 첫 번째 의미는 어느덧 두 번째 의미로 변합니다. 거의 눈치챌 수 없는 이 전이(轉移)는, 내가 생각할 때, 그리스도의 오심이 모든 인류가 다 바라는 사건은 아니라는 사실을 기억한데서 생긴 것으로 보입니다. 주님께 복종하지 않은 불신자들이 있습니다. 그들은 성령과 신부가 오라고 말하는 것을 들을 때, 즉시 떨기 시작하며 속으로 이렇게 말합니다. '그가 오신다니, 어떻게 해야하나! 아, 우리가 그를 거절했으니, 그가 오면 우리는 멸망하고 말 것이다.' 그런 죄인들이 주님이 오신다는 것을 생각하기가 무섭게 바로 울고 한탄하는 소리가 들리는 것 같습니다. 그들은 주님을 찌른 자들도 주님을 보고 주님을 인해서 울지 않을 수 없다는 것을 알기 때문입니다. 주의 오심이 주님의 모든 원수들에게는 멸망이 될 수밖에 없는데, 성령과 신부가 오라고 말하는 것은 잔인한 일처럼 보이기까지 합니다. 그래서 예수께서 궁핍한 자들에게 강권하는 동안에는 자기 백성들의 기도를 슬며시 외면하는 것처럼 보입니다. 주님은 백성들의 기도가 자기에게로 향하도록 두시면서, 또한 그 기도가 불쌍한 죄인들에게로도 향하도록 하십니다. 그래서 마치 주님께서 이렇게 말씀하시는 것 같습니다. "너는 내게 오라고 요청하지만, 사람들의 구주인 나는 아직 먼 나라에 있는 네 형제자매들을 본다. 아직 우리에 들지 않아서, 내가 불러들여야 할 다른 양들을 본다. 그래서 나에게 오라고 말하는 너의 외침에 응답하여, 나는 방황하는 사람들을 향하여 이렇게 말한다. '목마른 자도 올 것이요 또 원하는 자는 값없이 생명수를 받으라.'" 이것이 그 의미가 첫 번째 방향에서 슬며시 다른 데로 넘어가는 방식이 아니겠습니까?

그러면, 이 외침이 누구에게서 나옵니까?

이 외침은 먼저 예수님에게서 나옵니다. "목마른 자도 올 것이요"라고 말하는 분은 예수님이십니다. 앞에서 이미 말한 대로, 이 구절이 확고히 서 있으므로, 우리는 이 말씀이 다윗의 뿌리요 자손이며 광명한 새벽 별이신 분의 발언이었다고 믿지 않을 수 없습니다. 그분이 하늘에서 회심하지 않은 자들에게 외치십니다. "목마른 자도 올 것이요." 그들이 이렇게 말씀하시는 분을 거절하겠습니까? 예수께서 친히 그들을 초청하시는데, 그들이 귀를 막고 듣지 않겠습니까?

다음으로, 그것은 성령님의 초청입니다. 성령께서 "오라"고 말씀하십니다. 성령께서 쓰신 책은 모든 페이지에서 사람들에게 "오라! 예수께 오라"고 말합니다. 설교가 "죄인이여, 오라, 오라"고 말하는 것 외에 무엇을 의도하겠습니까? 양심에 영향을 끼치는 은밀한 작용들, 한창 떠들썩한 유흥 가운데서 마음이 차분해지는 순간들, 마음을 파고드는 생각, 이런 것이 성령께서 사람들에게 위험을 알리고 그에게 피난처를 계시하며, 그렇게 함으로써 "오라"고 말씀하시는 성령의 활동들입니다. 온 세상에 성경과 설교자가 있는 곳은 어디에서든지, 성령님이 "오라"고 말씀하고 계시는 것입니다.

이것은 또한 교회가 성령님과 함께 외치는 말입니다. 성령께서 신부와 함께 말씀하시고, 신부는 성령님으로 말미암아 말하기 때문입니다. 교회는 항상 "오라"고 말하고 있습니다. 이것이 참으로 교회의 안식일 집회의 의미이며, 강단의 설교와 주일학교에서의 가르침, 기도와 권고의 의미입니다. 방황하고 있는 불쌍한 마음들이여, 어디에서든지 하나님의 교회는 여러분에게 "오라"고 말하고 있습니다. 만일 교회가 그렇게 하지 않는다면, 그리스도의 신부라는 참된 자기 신분답게 행하고 있지 않는 것입니다. 바로 이 목적을 위해 세상에 교회가 있습니다. 이 목적이 없다면, 우리 주님께서는 자기 백성들을 믿자마자 본향으로 데려가실 것입니다. 그러나 그렇게 하시지 않고, 이 세상에 진리가 계속해서 살아 있도록 하기 위해 그들을 이 땅에서 씨앗으로 보존하시는 것입니다. 그들이 매일 여러분을 향하여 간절히 외치는 것은 "오라, 예수께 오라"는 것입니다. "성령과 신부가 말씀하시기를 오라 하시는도다."

다음으로 이 초청의 말을 하는 사람을 "듣는 자"라고 이야기합니다. 여러분에게 들을 귀가 있고, 여러분을 구원하는 복음을 들었다면, 바로 그 다음에 여러분이 해야 할 일은 주변에 있는 사람들에게 "오라"고 말하는 것입니다. 가서 만나는 사람은 누구든지, 모든 사람에게 기회가 있는 대로 말하십시오. 온 교회가 말하고, 성령께서 말씀하시는 대로 "오라"고 하십시오. 주님의 초청의 말씀을 전하고 사랑의 뜻에서 나온 주님의 증언을 전파하며, 불쌍한 죄인들에게 예수께 오라고 하십시오. 여러분의 자녀와 하인들에게 오라고 하십시오. 이웃과 친구들에게 오라고 하십시오. 나그네와 멀리 떨어져 있는 사람들에게 오라고 하십시오. 창녀와 도둑에게 오라고 하십시오. 대로와 산울에 있는 사람들, 혐오스러운 일들로 인해 하나님에게서 멀리 떨어진 사람들, 이 모든 사람들에게도 "오라"고 말하십시오. 여러분이 그 메시지를 들었고, 그 메시지가 진실됨을 입증하였기 때문에, 여러분이 가서 다른 사람들을 사랑의 잔치에 불러들이십시오. 이렇게 개인적으로 초청을 알리는 사람들이 더 많이 있다면, 런던에 참으로 큰 복이 내릴 것입니다! 나는 지금 이 예배당에 그리스도 안에 있는 신자들이 얼마나 많이 참석해 있는지 모릅니다. 그러나 우리 가운데 5천명은 우리 교회 교인으로 가입해 있다는 것은 압니다. 그리고 이 5천명의 교인 전체가 힘을 다해 그리스도를 증거하기 시작하기만 한다면, 하나님께서 우리 노력에 복을 주실 경우, 런던 전체에 맛을 낼 소금이 이 한 예배당에 있는 것만으로도 충분할 것입니다. 형제자매 여러분, 우리 속에 계신 성령님과, 위로부터 들리는 예수님의 목소리와 온 교회가 외치는 사람들에게 말을 거는 일을 늦추지 않도록 합시다. 교인 각 사람은 도처에서 떨고 있는 죄인이 "오라"는 격려의 외침을 들을 때까지 이 초청의 말을 전하도록 합시다.

이제는, 성령과 신부가 외치는 이 "오라"는 말의 현저하게 격려하는 성격을 살펴봅시다. 이 외침은 한편으로 목마른 자들에게 향한 것입니다. "목마른 자도 올 것이요." 목마름이라는 말은 궁핍을 의미하며, 공급에 대한 욕구를 의미합니다. 여러분은 자기에게 죄가 있다고 느끼고, 용서받기를 바라십니까? 그러면 여러분은 목마른 사람입니다. 그것이 무엇인지 잘 모를 수 있지만, 어떻든 얻기를 바라서 탄식하고 울며 갈망하는 어떤 것이 있습니까? 여러분은 목마른 사람입니다. 여러분에게 "목마른 자도 올 것이요"라는 초청의 말을 아주 분명하고 적극적으로 전합니다.

나는 이 초청의 첫 번째 문장이 분명한 제한을 둔 것처럼 생각되었지만, 초청의 후반부는 전혀 제한을 두고 있지 않는 것이 얼마나 기쁜지 모릅니다! 나는 여기서 목마른 자라고 했을 때, 죄로 인해 공포의 과정을 겪었거나 혹은 양심의 가책에 압도되어서 구원에 대해 절망하게 된 사람을 의미한다고 생각하지 않습니다. 어떤 바람이나 열망이든지 "목마르다"는 표현에 포함될 것이라고 생각합니다. 그러나 어떤 사람들은 이 말에 걸려 넘어져서 "나는 충분히 목마른 것 같지 않아요"라는 말을 거듭하는데, 본문의 두 번째 구절이 목마름을 얼마나 기분 좋게 표현하는지 보십시오. "원하는 자는 누구든지 값없이 생명수를 받으라"(개역개정에는 "누구든지"라는 말이 생략되어 있음 — 역주). 여러분이 목이 마르든지 마르지 않든지 간에, 물을 마실 생각이 있습니까? 구원받고자 하는 마음이 있습니까? 죄로부터 깨끗해지고자 하는 마음, 그리스도 예수 안에서 새로운 피조물이 되고자 하는 마음이 있습니까? 영원한 생명을 얻기 원하십니까? 그러면 성령께서 여러분에게 이렇게 말씀하십니다. "원하는 자는 누구든지 값없이 생명수를 받으라."

그 죄의 무게로 인해 발 밑의 땅이 흔들리게 만든 코끼리 같은 거대한 죄인이라도 통과할 수 있는 커다란 세 개의 문을 주의해서 봅시다. 세 개의 문이 여기 있습니다. 그것은 "원하는" "누구든지" "값없이"라는 말입니다. "누구든지"라는 첫 번째 문이 있습니다. 그렇다면 누가 건방지게 그는 들여보내서는 안 된다고 감히 말할 사람이 있겠습니까? 여러분이 자신이 "누구든지"라는 말에 포함될 수 없다고 말한다면, 나는 여러분에게 그 자체로 너무 넓어서 무한하다시피한 단어를 어떻게 여러분이 감히 좁히려고 하는지 묻겠습니다. "누구든지"라는 말은 이제까지 살았거나 앞으로 살게 될 모든 사람을 의미함에 틀림없습니다. 자, 그 다음에 "원하는"이라는 단어가 있습니다. 이 말에는 과거의 성격도, 현재의 성격도 없고, 지식이나 느낌에 관한 것도 없고 원하는 의지 외에는 아무것도 없습니다. 즉 "원하는 자는 누구든지"라는 말입니다. 조금 열려 있는 문에 대해서 이야기해 봅시다! 내가 볼 때, 이 말은 오른쪽 문을 떼서 가져가버리는 것과 같습니다. "원하는 자는 누구든지." 여러분의 가는 길에 아무 장애가 없습니다. 그 다음에 "값없이"라는 말이 있습니다. 하나님의 선물은 어떤 기대나 보상 혹은 어떤 요구나 조건이 없이 주어집니다. "그는 값없이 생명수를 받으라." 여러분은 좋은 느낌이나 좋은 바람, 혹은 선한 행실을 가져올 필요가 없습니다. 그냥 와서 하나님께서 아무 대가 없이 여러분에게 주시는 것을 무료로 받으면 됩니다. 심지어 여러분은 은혜를 얻기 위해 회개와 믿음을 가지고 오지 않아도 됩니다. 여러분은 와서 회개와 믿음을 하나님의 선물로, 성령의 활동으로 받으면 됩니다. 이 얼마나 넓은 자비의 문입니까! 자기에게 오는 영혼들을 위하여 사랑이 마련한 입구는 참으로 넓습니다! "누구든지!" "원하는" "값없이!"

이 초청의 말이 죄인에게 행하라고 요구하는 그 사역을 어떻게 요약해서 말하는지 봅시다. 첫째로, 그에게 오라고 명령합니다. 자, 그리스도께 오라는 것은 단순히 영혼이 그리스도를 의지함으로써 그에게 가까이 가는 것을 의미합니다. 구원을 얻기 위해 여러분이 짐을 지라든지 혹은 그리스도를 위해서 일하라고 요구하는 것이 아닙니다. 그냥 그리스도께 오라는 것입니다. 뛰어서 오든 기어서 오든, 혹은 담대하게 오든 소심하게 오든, 오는 방식에 대해 아무 말도 하지 않습니다. 여러분이 예수님께 오기만 한다면, 예수께서는 결코 여러분을 내쫓지 않으실 것입니다. 주 예수님께 대한 단순한 신뢰가 영생을 얻는데 반드시 필요한 것입니다.

그리고 그 다음 지시는 "받으라"는 것입니다. "원하는 자는 누구든지 받으라." 그것이 전부입니다. "받으라"는 이 말은 복음을 표현하는 중요한 단어입니다. 세상의 복음은 "가지고 오라"(bring)는 것이고, 그리스도의 복음은 "받으라"(take)는 것입니다. 자연의 복음은 "만들라"(make)는 것입니다. 여기서 단 한 글자만 바꾸면, 여러분은 "받으라"(take)는 은혜의 복음을 만나게 됩니다. 사랑하는 친구 여러분, 여기에 물이 있습니다. 여러분은 물을 얻기 위해 샘을 팔 필요가 없습니다. 그냥 물을 받으면 됩니다. 여기에 하늘의 빵이 있습니다. 여러분은 밀가루를 빻거나 빵을 구울 필요가 없습니다. 그냥 빵을 가져가면 됩니다. 여기 솔기가 없이 통으로 짠 옷이 있습니다. 여러분은 그 옷에 술을 달 필요가 없습니다. 그냥 가져가기만 하면 됩니다. 구원의 길은 "받으라"는 이 한 마디로 요약할 수 있습니다. 여러분은 그리스도를 원하십니까? 그리스도를 받으십시오. 죄사함을 바라십니까? 죄사함을 받으십시오. 새 마음이 필요합니까? 새 마음을 받으십시오. 땅에서 평안을 원하십니까? 평안을 받으십시오. 그것이 전부입니다. "원하는 자는 누구든지 값없이 생명수를 받으라."

　　내가 깊이 생각하고 싶은 단어가 한 가지 더 있습니다. 그 단어는 두 번에 걸쳐 나옵니다. "목마른 자도 올 것이요 또 원하는 자는 값없이 생명수를 받으라"(let him that is athirst come, and whosoever will let him take). 그것은 은혜롭게 하는 말입니다. 이 말은 마치 주 예수 그리스도께서 불쌍한 영혼이 주님의 사랑의 맑은 샘물 곁에 목이 마른 채 서 있는 것을 보신 것처럼 생각됩니다. 그런데 거기에 마귀가 서서 그에게 이렇게 속삭입니다. "신성한 샘물이 보이지. 그렇지만 이 샘물은 너를 위해서 흐르는 것이 아니야. 이 샘물이 네게 필요한 것이지만, 너는 그 샘물을 마셔서는 안 돼. 이것은 너를 위한 것이 아니야." 들어보십시오. 구름 뒤에서 크게 외치는 소리가 납니다. "원하는 자는 받으라!" 마귀는 뒤로 물러가고, 원하는 자는 나오라! 그는 물을 마시려고 입을 갖다대고 있습니다. 그는 이제 그 명령이 무슨 뜻인지 압니다. 그런데 그때 수많은 그의 옛 죄들이 마치 날개달린 하피들(harpy: 그리스 신화. 얼굴과 상반신은 추녀로, 날개 · 꼬리 · 발톱은 새; 죽은 사람의 영혼을 나름 ― 역주)처럼 그에게 달려와서 소리칩니다. "물러가. 너는 가까이 와서는 안 돼. 이 샘은 너를 위한 것이 아니야. 이렇게 깨끗하고 맑은 샘물이 너처럼 불결한 입 때문에 더러워져서는 안 돼." 다시 한 번 사랑의 보좌로부터 이 복된 암호가 들립니다. "원하는 자는 와서 받으라." 그것은 어떤 사람이 법정에서 증인석에 서도록 요구받는 때와 같습니다. 그 사람이 무리들 가운데 서 있을 때 그의 이름이 호명됩니다. 그러면 어떤 일이 벌어집니까? 그는 자기 이름을 듣자, 곧바로 자기 자리로 가기 위해서 무리를 뚫고 나가기 시작합니다. 어떤 사람이 말합니다. "당신, 뭐하는 거요?" "내 이름이 호명 되었소" 하고 그는 말합니다. "물러가요. 왜 이렇게 밀치고 그래요?" 하고 또 다른 사람이 말합니다. "재판관이 나를 불렀다 말이요" 하고 그는 말합니다. 덩치 큰 경찰이 따집니다. "당신, 왜 법정에서 그렇게 소란을 피웁니까?" 그 사람이 대답합니다. "아, 내 이름이 호명되었어요. 내 이름을 불렀기 때문에 앞으로 가야 해요." 그가 갈 수 없다면, 그가 무리를 지나갈 수 없다면, 관헌 중의 한 사람이 큰 소리로 말합니다. "그 사람에게 길을 비켜 주세요. 재판관이 그 사람을 불렀어요."

지금 주 예수께서 목마른 사람을 불러 말씀하십니다. "원하는 자는 누구든지 오라!" 의심이여, 길을 비켜라. 죄들이여, 길을 비켜라. 두려움이여, 길을 비켜라. 마귀여, 길을 비켜라. 너희 모두, 길을 비켜라. 대왕이요 만민의 재판장이신 예수 그리스도께서 "원하는 자는 오라!" 말씀하셨다. 예수께서 허락하시는데, 누가 감히 방해할 수 있겠습니까? 하나님의 부르심을 받은 사람은 반드시 예수께 올 것입니다. 그의 길을 누가 방해하든지 간에, 그는 올 것입니다. 오늘 아침 나는 다시 한 번 예수님께 갈 수 있을 것 같습니다. 나는 예수님께 갈 것입니다. 사랑하는 형제 여러분, 여러분도 그렇게 느끼지 않습니까? 그러면, 사랑하는 형제자매 여러분, 여러분이 그리스도께 온 후에, 돌아서서 이 귀한 복음의 초청을 주위의 모든 사람에게 선포하여 말하십시오. "와서 값없이 생명수를 받으라."

### 3. 세 번째 요점은,
### 이 두 가지 오는 것 사이의 관계입니다.

그리스도께서 하늘에서 땅으로 내려오심과, 불쌍한 죄인들이 그리스도께 와서 그를 의지하는 것 사이에 무슨 관계가 있습니까?

거기에는 첫째로 이 관계가 있습니다. 이 두 가지 오는 것이 성경을 끝내면서 이 구절에서 모두 제시됩니다. 요한은 주님의 목소리를 듣고서, 이 완성된 하나님의 책에 조금이라도 무엇을 보태거나 빼서는 안 된다는 말을 이제 막 쓰려고 합니다. 주님의 교회는 이렇게 말합니다. "하나님의 마음을 선포할 선지자가 더 이상 없고, 오류 없는 권위로 성경을 쓸 사도가 더 이상 없으며, 새로운 관계들을 설명하거나 새로운 약속을 가져올 교사가 더 이상 없다면, 그때는 오직 주께서 오시는 일만 남는다." "자, 주 예수여 오시옵소서" 하고 교회는 말합니다. 여기에 죄인들이 둘러서 있습니다. 그들은 이와 다른 어떤 복음을 기대하지 않으며, 이 책에 기록된 것들에 더해야 할 계시가 없다는 말을 듣습니다. 다른 속죄가 없고, 다른 구원의 길이 없으며, 그러므로 그들이 당장 예수께 오는 것이 지혜라는 말을 듣습니다. 성령과 신부가 한 목소리로 죄인들에게 당장 오라고 외치는 것은 이 책이 곧 끝을 내리려고 하기 때문입니다. 새로운 복음을 기다릴 필요가 없습니다. 그러므로 죄인들은 당장에 오도록 하십시오. 그들이 조금이라도 더 지체해야 할 이유가 무엇입니까? 소와 살진 가축들을 잡았으니, 만찬에 오십시오! 모든 것이 준비되었습니다. 더 이상 할 일도, 더 이상 계시될 것도 없습니다. 세상의 끝이 우리에게 이르렀습니다. "다 이루었다"는 말씀이 하늘과 땅에 울려 퍼졌습니다. 그러므로

　　　　"오라. 환영합니다. 죄인이여 오라!"

　　나는 여기에 또 한 가지 관계가 있다고 생각합니다. 즉 그리스도께 끊임없이 오시라고 외칠 만큼 진정으로 그리스도를 사랑하는 사람은 분명코 죄인들도 사랑하여 그들에게도 "오라"고 말하리라는 것입니다. 그리스도의 오심에 대해서는 말을 많이 하면서도 다른 사람들의 영혼에 대한 관심은 조금밖에 보이지 않는 사람이 없는 것은 아닙니다. 그렇다면 그것은 말뿐입니다. 주님의 재림을 기다린다고 공언하면서도 멸망하는 사람들에게 "그리스도께 오라"고 말하지 않는다면, 그것은 순전히 말에 불과합니다. 그리스도를 사랑하는 사람은 죄인들도 마땅히 사랑해야 합니다. 그리스도를 그토록 사랑한다고 하면서 자신에게만 열중하고 죽어가는 수많은 주위 사람들은 잊은 채 물러가서, 갑작스럽게 나타날 영광만을 보려고 하는 사람은 자기가 하는 말을 알지 못하는 것입니다. 그가 주님을 사랑하였다면, 그는 주님을 위하는 일을 시작하고, 그리스도의 나라를 확장시키기 위해 노력함으로써 그리스도께서 오시기를 바란다는 것을 보일 것입니다.

　　그리스도께서 오시기 전에, 주님의 택하신 사람들의 정한 수를 반드시 모으게 되어 있다는 이 관계가 또한 있습니다. 정한 무리가 말씀의 전파로 말미암아 영생을 얻게 될 때까지는 그리스도께서 오시지 않을 것입니다. 그렇다면 형제 여러분, 방황하는 자들이 본향으로 오도록 애쓰는 것이 우리의 할 일입니다. 그렇게 함으로써 우리의 힘이 미치는 한, 우리는 사랑하는 주님께서 오실 시간을 앞당기는 것이기 때문입니다.

다시 한 번 말하지만, 여기에서 말하는 첫 번째 의미는 아닐지라도, 거기에 포함될 수 있는 종류의 그리스도의 오심이 있습니다. 왜냐하면 그것이 죄인이 그리스도께 오는 핵심의 문제를 다루기 때문입니다. 형제 여러분, 우리가 "주 예수여, 오시옵소서" 하고 외칠 때, 주님께서 기도에 응답하여 우리에게 성령을 좀 더 충만하게 주셔서 그리스도께서 우리에게 영적으로 오신다면, 회개하는 영혼들을 확실하게 주님의 발 앞으로 데려올 수 있을 것입니다. 주 예수님이 모임에 친히 계시는 곳은 어디서든지, 확실히 마음이 깨어지고, 회개가 나타날 것이라는 사실을 우리는 압니다. 예수 그리스도께서 능력으로 임재해 계시는 곳은 어디에서든지, 반드시 부흥이 있을 것입니다. 죽은 영혼들이 그리스도 안에서 틀림없이 살아날 것이기 때문입니다. 우리에게 다른 무엇보다 필요한 중대한 일은 영광스러운 이 약속을 붙잡는 것입니다. "볼지어다 내가 세상 끝날까지 너희와 항상 함께 있으리라." 우리가 이 의미로 그리스도의 오심을 받아들일 때, 죄인들이 와서 생명수 받는 것을 볼 것입니다.

### 4. 그 다음에, 마지막으로,
### 그에 대한 대답은 무엇입니까?

우리는 하늘을 향하여 큰 소리로 "오라"고 말했습니다. 그에 대한 대답은 "볼지어다, 내가 속히 오리라"는 것입니다. 그것은 아주 만족스러운 답변입니다. 여러분은 잠시 기다려야 할 수도 있습니다. 그러나 여러분의 외침을 주께서 들으셨습니다. 주님께서 여러분 생전에 오시지 않을지라도, 여러분이 주님의 오심을 바라도록 만든 그 마음의 준비는, 주님께서 사자를 보내어 여러분을 죽음에 의해 집으로 데려오게 하실 때, 여러분에게 복되게 작용할 것입니다. 그 기다림과 바라봄은 어느 경우로든지 응답받을 것입니다. 그러므로 여러분은 두 가지 오심 가운데 어느 것이 일어날 것인지에 대해 조금도 고민할 필요가 없습니다.

이제 그것 말고, 다른 "오라"는 외침에 대해 생각해 봅시다. 우리는 죄인들에게 오라고 말합니다. 우리는 네 가지 목소리로 그들에게 오라고 말하였습니다. 예수님, 성령님, 신부, 듣는 자가 모두 "오라"고 하였습니다. 죄인들이 올 것입니까? 형제자매 여러분, 이것은 내가 대답할 수 없는 문제입니다. 나에게 물어서는 안 됩니다. 나는 모르기 때문입니다. 여러분은 그 사람들에게 묻는 것이 낫습니다. 그들이 나이가 들었으니, 그들에게 물어보십시오.

　　그런데 여러분이 오지 않는다고 생각해 봅시다. 여러분은 초대를 받았습니다. 가난한 사람들을 위하여 성탄절 잔치를 마련하였는데, 많은 걸인들이 밖에서 진눈깨비를 맞으며 떨고 있으면서, 간절히 오라고 권해도 들어오지 않는다면, 우리는 이렇게 말합니다. "자, 여러분을 초대했어요. 무엇이 더 필요합니까?" 여러분이 아주 진심으로 초대받았다는 점을 기억하십시오. 성령께서, 신부가, 듣는 자가, 그리고 예수님 자신이 모두 여러분에게 "오라"고 말하였습니다. 나는 듣는 자와 같은데, 나도 "오라"고 말했습니다. 나는 어떻게 해야 내가 지금까지 말했던 것보다 더 간절하게 말해야 할 줄 모르겠습니다. 여기 계시는 모든 분이 지금 당장 그리스도께 온다면, 얼마나 기쁠지 알 수 없습니다! 나는 금년을 마무리하는데 이보다 더 큰 기쁨은 없을 것이라고 생각합니다. 여러분을 초대합니다. 진정으로 여러분을 초대합니다. 여기에 무엇이 더 필요합니까? 여러분이 오지 않는다면, 이 생각이 영원히 여러분을 따라다닐 것입니다. "나는 초대를 받았고, 거듭거듭 권함을 받았지만 나는 가려고 하지 않았다."

　　여러분은 또한 지금 당장 오라고 부름을 받았다는 사실을 기억하시기를 바랍니다. 여러분이 내일은 여러 가지 이유로 오라는 말을 듣지 못할 수가 있습니다. 여러분이 살아 있지 못할 수가 있고, 혹은 여러분 가까이에 간절히 여러분을 초대하는 사람이 없을 수가 있습니다. 오늘보다 나은 날이 있을 수 있겠습니까? 여러분은 항상 "내일"이라고 말해 왔습니다. 그렇지만 지금 여러분은 어디에 있습니까? 여러분 가운데 어떤 분들은 10년 전보다 단 한 걸음도 앞으로 나가지 못했습니다. 여러분은 여러분을 그처럼 떨게 만들었던 설교가 생각나십니까? 여러분은 "하나님의 뜻이라면, 여기서 나갑니다. 하나님의 얼굴을 구하겠습니다" 하고 말했습니다. 그리고는 그 일을 미루어 버렸습니다. 여러분은 지금 그 자리에서 조금이라도 앞으로 나왔습니까? 여러분은 아직까지 강을 건너지 않고 앉아서 강물이 다 지나갈 때까지 기다리겠다고 말한 농부의 이야기를 압니다. 그는 오랫동안 기다렸지만 헛수고였습니다. 그 사람은 아마도 영원히 기다릴 것입니다. 강물은 항상 흐르기 때문입니다. 여러분도 좀 더 편한 기회가 올 때까지, 모든 어려움이 다 지나갈 때까지 기다리고 있습니다. 어리석기 그지없는 일을 그치십시오. 어려움은 항상 있을 것이고, 강물은 언제나 흐를 것입니다. 사람이여, 지혜롭게 행하십시오. 강물에 뛰어들어 헤엄쳐서 건너십시오. 지금은 받아들여지는 때요 지금은 구원의 날입니다(고후 6:2). 주 예수님의 피와 공로를 의지하

십시오. 이제 큰 일을 마쳤습니다. 주님께서 여러분이 그같이 의지하도록 도우
시기 바랍니다. 아멘.

## 독자 여러분들께 알립니다!

'CH북스'는 기존 '크리스천다이제스트'의 영문명 앞 2글자와
도서를 의미하는 '북스'를 결합한 출판사의 새로운 이름입니다.

스펄전 설교전집 35

## 요한계시록

**초판 발행** 2011년 8월 30일
**중쇄 발행** 2020년 4월 13일

**발행인** 박명곤
**사업총괄** 박지성
**편집** 신안나, 임여진, 이은빈
**디자인** 구경표, 한승주
**마케팅** 김민지, 유진선
**재무** 김영은
**펴낸곳** CH북스
**출판등록** 제406-1999-000038호
**대표전화** 070-4917-2074  **팩스** 031-944-9820
**주소** 경기도 파주시 회동길 37-20
**홈페이지** www.hdjisung.com  **이메일** main@hdjisung.com
**제작처** 영신사 월드페이퍼

# 세계기독교고전 목록